Dostojewskij

Die Brüder Karamasow

Fjodor M. Dostojewskij
Die Brüder Karamasow

Roman

Parkland Verlag Stuttgart

Vollständige Ausgabe. Aus dem Russischen übertragen
von Hans Ruoff und Richard Hoffmann.

ISBN 3—88059—032—x

Schutzumschlag und Einband Dieter Seebe, Stuttgart.

Wahrlich, wahrlich, ich sage euch: Es sei denn, daß das Weizenkorn in die Erde falle und ersterbe, so bleibt es allein; wo es aber erstirbt, so bringet es viel Früchte.

Ev. Johannes 12,24

VORWORT DES AUTORS

Schon zu Anfang der Lebensbeschreibung meines Helden Alexej Fjodorowitsch Karamasow bin ich in einiger Verlegenheit. Denn obwohl ich Alexej Fjodorowitsch meinen Helden nenne, weiß ich selber, daß er keineswegs ein Mensch von großem Format ist, und sehe daher unvermeidlich Fragen voraus wie etwa diese: Inwiefern ist denn Ihr Alexej Fjodorowitsch so bemerkenswert, daß Sie ihn zu Ihrem Helden erwählt haben? Was hat er Besonderes vollbracht? Wem ist er bekannt und wodurch? Weshalb soll ich, der Leser, Zeit darauf verwenden, die Begebenheiten seines Lebens kennenzulernen?

Die letzte Frage ist die fatalste, denn ich kann auf sie nur antworten: »Vielleicht werden Sie das selber aus dem Roman ersehen.« Nun, wenn man aber den Roman durchliest und es nicht ersieht, nicht einverstanden ist mit der Beachtenswürdigkeit meines Alexej Fjodorowitsch? Ich sage das, weil ich es mit Betrübnis voraussehe. Für mich *ist* er beachtenswert, doch bezweifle ich entschieden, ob es mir gelingen wird, das dem Leser zu beweisen. Die Sache ist die, daß er wohl ein Mann der Tat, aber zu wenig ausgeprägt und über sich selbst noch nicht im klaren ist. Übrigens wäre es sonderbar, in einer Zeit wie der unsrigen von den Menschen Klarheit zu verlangen. Eines freilich steht wohl außer Zweifel: er ist ein seltsamer, ja wunderlicher Mensch. Aber Seltsamkeit und Wunderlichkeit schaden eher, als daß sie ein Anrecht auf Beachtung geben, zumal wenn alle bestrebt sind, alles Besondere zu vereinheitlichen und in der allgemeinen Sinnlosigkeit wenigstens irgendeinen Gesamtsinn zu finden. Ein wunderlicher Mensch indessen ist in der Mehrzahl der Fälle etwas Besonderes und Isoliertes. Ist es nicht so?

Wenn Sie aber mit dieser letzten These nicht einverstanden sind und antworten: »Das ist nicht so!« oder: »Das ist nicht immer so!« – dann werde ich, was die Bedeutung meines Helden Alexej Fjodorowitsch anbelangt, am Ende noch Mut fassen. Denn ein wunderlicher Mensch ist nicht nur »nicht immer«

etwas Besonderes und Isoliertes, sondern es kommt im Gegenteil vor, daß gerade er den Kern des Ganzen in sich trägt, während alle übrigen Menschen seiner Epoche – wie von einem launischen Wind erfaßt – für eine Zeitlang die Verbindung mit dem Ganzen verloren haben.

Ich hätte mich übrigens auf diese uninteressanten und verworrenen Erläuterungen gar nicht einzulassen brauchen, sondern ganz einfach ohne Vorwort beginnen können: gefällt das Buch – so wird man es ohnehin lesen; doch das Schlimme ist, daß ich nur *eine* Lebensbeschreibung, aber zwei Romane vorzulegen habe. Der Hauptroman ist der zweite – er schildert die Tätigkeit meines Helden bereits in unserer Zeit, gerade im gegenwärtigen Augenblick. Der erste Roman hingegen hat sich schon vor dreißig Jahren zugetragen und ist eigentlich nicht einmal ein Roman, sondern nur ein kleiner Ausschnitt aus der ersten Jugend meines Helden. Ohne diesen ersten Roman aber kann ich nicht auskommen, denn sonst wäre vieles im zweiten Roman unverständlich. Hierdurch wird jedoch die ursprüngliche Schwierigkeit für mich noch größer: wenn schon ich, das heißt der Biograph selber, finde, daß bereits ein einziger Roman für einen so bescheidenen und unausgeprägten Helden zuviel wäre, wie dürfte ich dann mit zweien kommen und womit könnte ich eine solche Anmaßung begreiflich machen?

Da ich nicht weiß, wie diese Fragen zu lösen wären, entschließe ich mich, über sie hinwegzugehen, ohne sie auf irgendeine Weise zu klären. Der scharfsinnige Leser wird natürlich schon längst erraten haben, daß ich von Anfang an dazu neigte, und wird über mich aufgebracht sein, daß ich fruchtlos Worte und kostbare Zeit vergeude. Hierauf will ich nun genau antworten: ich vergeude fruchtlos Worte und kostbare Zeit erstens aus Höflichkeit und zweitens aus Schlauheit – das heißt also, ich habe im voraus auf etwas aufmerksam gemacht. Ich bin übrigens sogar froh darüber, daß mein Roman »bei wesentlicher Einheit des Ganzen« von selbst in zwei Erzählungen zerfällt: wenn der Leser sich mit der ersten Erzählung vertraut gemacht hat, wird er schon selber feststellen, ob es sich für ihn lohnt, die zweite vorzunehmen. Natürlich ist niemand durch irgend etwas gebunden, man kann das Buch bereits nach zwei Seiten der ersten Erzählung aus der Hand legen, um es nicht mehr aufzuschlagen. Doch es gibt ja so gewissenhafte Leser, die unbedingt bis zu Ende lesen wollen, um in ihrem unparteiischen Urteil nicht fehlzugehen; solche Leser sind zum Beispiel alle russischen Kritiker. Nun ist mir ihnen gegenüber immerhin leichter ums Herz: biete ich ihnen doch ungeachtet all ihrer Sorgfalt und Gewissenhaftigkeit einen sehr berechtigten Vorwand, die Erzählung schon bei der ersten Episode des Romans beiseite zu legen. Nun; das ist mein ganzes Vorwort. Ich gebe zu, es ist überflüssig, da es aber einmal geschrieben ist, mag es auch stehenbleiben.

Und nun zur Sache.

ERSTER TEIL

ERSTES BUCH

DIE GESCHICHTE EINER FAMILIE

I

Fjodor Pawlowitsch Karamasow

Alexej Fjodorowitsch Karamasow war der dritte Sohn des Gutsbesitzers aus unserem Landkreis Fjodor Pawlowitsch Karamasow, der seinerzeit wegen seines tragischen und dunklen Endes, das sich vor genau dreizehn Jahren zutrug und worüber ich an gehöriger Stelle berichten werde, allgemein bekannt war (und dessen man sich bei uns auch heute noch erinnert). Jetzt aber will ich über diesen »Gutsbesitzer« (wie man ihn bei uns nannte, obwohl er sein ganzes Leben lang sich fast niemals auf seinem Landgut aufhielt) nur sagen, daß er ein Mensch von sonderbarem Schlag war, wie sie jedoch ziemlich oft vorkommen, nämlich der Typ eines nichtsnutzigen und lasterhaften, zugleich aber auch unverständigen Menschen – doch war er einer von jenen Unverständigen, die ihre kleinen Vermögensangelegenheiten – freilich, so möchte man meinen, bloß diese allein – vortrefflich zu behandeln wissen. Fjodor Pawlowitsch hatte zum Beispiel mit so gut wie nichts angefangen, er war ein ganz kleiner Gutsbesitzer, schnorrte bei anderen Leuten als Tischgast herum und hatte es darauf abgesehen, als Schmarotzer dahinzuleben; indessen besaß er bei seinem Tode an die hunderttausend Rubel Bargeld. Und trotzdem blieb er während seines ganzen Lebens nach wie vor einer der unverständigsten Querköpfe in unserem ganzen Landkreis. Ich wiederhole: Hier lag nicht Dummheit vor, solche Querköpfe sind ja meistens ziemlich klug und schlau, sondern es war eben Unverstand und dazu noch ein ganz besonderer, ein national bedingter.

Er war zweimal verheiratet gewesen und hatte drei Söhne – den ältesten, Dmitrij Fjodorowitsch, von der ersten Frau, die beiden anderen, Iwan und Alexej, von der zweiten. Die erste Gattin des Fjodor Pawlowitsch stammte aus dem ziemlich wohlhabenden und angesehenen Adelsgeschlecht der Miusows, die auch Gutsbesitzer unseres Landkreises waren. Wie es kam, daß ein junges Mädchen mit reicher Mitgift, das noch dazu hübsch war und außerdem zu jenen rührigen und klugen Frauen gehörte, die bei uns in der heutigen Generation gar nicht so selten sind, aber auch schon in der vorherigen zu finden waren – wie es kam, daß dieses junge Mädchen einen solchen »Jammerlappen« heiraten konnte, wie man ihn damals allgemein nannte, will ich nicht weiter erörtern. Habe ich doch noch in der vorvergangenen, der »romantischen« Generation ein junges Mädchen gekannt, das nach einigen Jahren einer rätselhaften Liebe zu einem Herrn, den sie übrigens jederzeit hätte heiraten können, sich schließlich unüberwindliche Hindernisse ausdachte und in einer stürmischen Nacht sich von einem hohen Ufer, das einem Felsen ähnelte, in einen ziemlich tiefen und reißenden Fluß stürzte und darin den Tod fand, und das rein aus einer Laune heraus, einzig und allein, um Shakespeares Ophelia zu gleichen; zudem noch: wäre dieser »Fels«, den sie schon seit langem ins Auge gefaßt und zu ihrem Lieblingsplatz erwählt hatte, nicht so malerisch gewesen, hätte sich dort nur ein prosaisches flaches Ufer erstreckt, so wäre es vielleicht überhaupt nicht zu einem Selbstmord gekommen. Diese Begebenheit ist völlig wahr, und es ist anzunehmen, daß es in unserem russischen Leben in den zwei oder drei letzten Generationen nicht selten solche oder ähnliche Vorfälle gegeben hat. Ebenso war auch der Schritt der Adelaida Iwanowna Miusowa zweifellos ein Widerhall der geistigen Strömungen ihrer Umwelt und eine Folge ihrer Exaltiertheit und ihrer befangenen Denkweise. Sie wollte vielleicht ihre weibliche Selbständigkeit bekunden, sich gegen die gesellschaftlichen Verhältnisse, gegen den Despotismus ihrer Verwandtschaft und Familie auflehnen, und ihre dienstwillige Phantasie mochte ihr, vielleicht nur für einen Augenblick, eingeredet haben, daß Fjodor Pawlowitsch trotz seinem Schmarotzertum doch einer der kühnsten und spöttischsten Leute jener Epoche des Übergangs zu allgemein besseren Zeiten sei, während er in Wirklichkeit nur ein boshafter Hanswurst war und sonst weiter nichts. Die Pikanterie bestand zudem darin, daß nur eine Entführung in Frage kam, und das hatte Adelaida Iwanowna sehr gereizt. Fjodor Pawlowitsch aber war schon damals wegen seiner sozialen Stellung sehr zu allen derartigen Streichen aufgelegt, denn er sehnte sich danach, ein gesichertes Dasein zu erlangen, gleichviel auf welchem Wege; sich in eine gute Familie einzuschleichen und eine Mitgift an sich zu bringen verlockte ihn daher sehr. Was aber die gegenseitige Liebe anbelangt, so schien sie überhaupt nicht vorhanden zu sein – weder bei der Braut noch bei ihm, ungeachtet der Schönheit Adelaida Iwanownas. Somit war das vielleicht ein in seiner Art einziger Fall im Leben des Fjodor Pawlowitsch, der sein Lebtag der lüsternste Mensch war, stets bereit, sich an jeden beliebigen Weiberrock zu hängen, sobald dieser ihn reizte. Dennoch hat allein diese Frau in sinnlicher Beziehung keinerlei besonderen Eindruck auf ihn gemacht.

Adelaida Iwanowna sah gleich nach ihrer Entführung ein, daß sie für ihren Mann nie etwas anderes als Verachtung empfinden könne. Die Folgen dieser Heirat zeigten sich daher außerordentlich rasch. Obwohl die Familie sich sogar recht bald mit dem Geschehenen abfand und der Ausreißerin die Mitgift auszahlte, fing für die Neuvermählten ein ganz ungeordnetes Leben mit unaufhörlichen Szenen an. Man erzählte sich, die junge Frau habe hierbei unvergleichlich mehr Vornehmheit und Würde bewiesen als Fjodor Pawlowitsch, der, wie man jetzt weiß, ihr schon damals ihr gesamtes Geld, an die fünfundzwanzigtausend Rubel, auf einen Schlag abluchste, kaum daß sie diese erhalten hatte, so daß die Tausende für sie auf Nimmerwiedersehen verloren waren. Das kleine Landgut indessen und ein ganz ansehnliches Stadthaus, die sie auch als Mitgift erhalten hatte, suchte er lange Zeit und mit allen Kräften auf seinen Namen überschreiben zu lassen und hätte das sicherlich auch erreicht, schon allein weil seine Frau wegen der Verachtung und des Widerwillens, die er unaufhörlich durch seine schamlosen Erpressungen und Betteleien in ihr gegen sich erweckte, seiner müde geworden wäre und nachgegeben hätte, nur um vor ihm Ruhe zu haben. Doch glücklicherweise legte sich die Familie der Adelaida Iwanowna ins Mittel und wies den Erpresser in die Schranken. Es ist verbürgt, daß es zwischen den Eheleuten nicht selten zu Schlägereien kam, doch war es laut Überlieferung nicht Fjodor Pawlowitsch, der schlug, sondern Adelaida Iwanowna, die eine heißblütige, mutige, ungeduldige Dame von dunklem Teint und außerordentlicher Körperkraft war. Schließlich kehrte sie dem Haus den Rücken, ging dem Fjodor Pawlowitsch mit einem vor Armut halb verhungerten Seminarlehrer durch und ließ den dreijährigen Mitja in den Händen ihres Mannes zurück. Fjodor Pawlowitsch legte sich im Handumdrehen in seinem Hause einen ganzen Harem zu und ergab sich der tollsten Völlerei, in den Zwischenpausen jedoch fuhr er fast im ganzen Gouvernement umher und jammerte unter Tränen allen und jedem vor, daß Adelaida Iwanowna ihn im Stich gelassen habe, wobei er Einzelheiten aus seinem Eheleben mitteilte, die zu erzählen jeder andere Ehemann sich geschämt hätte. Vor allem schien es ihm angenehm zu sein und ihm sogar zu schmeicheln, allen gegenüber die lächerliche Rolle des gekränkten Ehegatten zu spielen und dazu noch die Einzelheiten des ihm widerfahrenen Unrechts auszuschmükken und auszumalen. »Man könnte meinen, Fjodor Pawlowitsch, Sie hätten einen Titel erhalten, so zufrieden sind Sie trotz Ihrem ganzen Kummer«, sagten Spötter zu ihm. Viele fügten sogar noch hinzu, er sei froh, sich in einer neuen Hanswurstmaske präsentieren zu können, und gebe sich, um das Gelächter zu verstärken, absichtlich den Anschein, als entginge ihm die Komik seiner Lage. Aber wer weiß, vielleicht war er auch so naiv. Schließlich gelang es ihm, seiner Ausreißerin auf die Spur zu kommen. Die Arme befand sich in Petersburg, wohin sie mit ihrem Seminarlehrer übergesiedelt war und wo sie sich hemmungslos einer völligen Emanzipation ergab. Fjodor Pawlowitsch begann unverzüglich Vorkehrungen zu treffen und wollte nach Petersburg reisen, doch wozu eigentlich – das wußte er natürlich selber nicht. Vielleicht wäre er damals auch wirklich hingefahren; doch kaum hatte er einen solchen Entschluß gefaßt, hielt er sich auch schon für besonders berechtigt, sich vor der Reise zu seiner Ermutigung von neuem einer grenzenlosen Völlerei zu ergeben. Und gerade zu dieser Zeit nun traf bei der Familie seiner Frau die Nachricht ein, sie sei in Petersburg gestorben. Sie war plötzlich gestorben, irgendwo in einer Dachkammer, nach der einen Lesart an Typhus, nach der anderen an Hunger. Als Fjodor Pawlowitsch vom Tod seiner Frau erfuhr, war er gerade betrunken. Man erzählt sich, er sei die Straße entlanggelaufen, habe vor Freude die Hände zum Himmel erhoben und immer wieder ausgerufen: »Herr, nun lässest du deinen Diener in Frieden fahren!« Andere aber sagen, er habe laut geschluchzt wie ein kleines Kind, so sehr, daß man, wie es heißt, bei seinem Anblick geradezu Mitleid empfinden mußte, trotz allem Widerwillen vor ihm. Es ist sehr gut möglich, daß sowohl das eine wie das andere zutraf, das heißt, daß er sich über seine Befreiung freute wie auch seine Befreierin beweinte – beides zugleich. Sind doch die Menschen, selbst die Bösewichter unter ihnen, meistenteils weit naiver und aufrichtiger, als wir im allgemeinen denken. Ja, auch wir selber sind es.

2

Den ersten Sohn hat er sich vom Halse geschafft

Man kann sich natürlich vorstellen, welch ein Erzieher und Vater ein solcher Mensch sein mußte. Und so handelte er denn als Vater gerade so, wie es zu erwarten war, das heißt, er scherte sich überhaupt nicht mehr um das Kind, das er mit Adelaida Iwanowna gezeugt hatte, nicht etwa aus Gehässigkeit oder aus irgendwelchen verletzten Gattengefühlen, sondern einfach deshalb, weil er es völlig vergessen hatte. Während er noch jedermann mit seinen Tränen und Klagen belästigte, sein Haus jedoch in eine Lasterhöhle verwandelte, nahm den dreijährigen Mitja ein treuer Diener dieses Hauses, Grigorij, in seine Obhut, und hätte er sich damals nicht um ihn gekümmert, so wäre vielleicht niemand dagewesen, der dem Kindchen hätte das Hemd wechseln können. Dazu kam noch, daß auch die Verwandten mütterlicherseits den Knaben in der ersten Zeit vergessen zu haben schienen. Sein Großvater, Herr Miusow, der Vater Adelaida Iwanownas, war damals nicht mehr am Leben; seine Witwe, Mitjas Großmutter, war nach Moskau übergesiedelt und dort schwer erkrankt, die Schwestern der Mutter hatten geheiratet, so daß Mitja fast ein ganzes Jahr bei dem Diener Grigorij bleiben und im Gesindehaus wohnen mußte. Auch wenn übrigens der Vater sich seiner erinnert hätte (denn es war doch wirklich undenkbar, daß er von seiner Existenz nichts gewußt hätte), so hätte er selber ihn wieder ins Gesindehaus zurückgeschickt, weil das Kind ihm bei seinen Schwelgereien im Wege gewesen wäre. Aber es fügte sich, daß ein Vetter der verstorbenen Adelaida Iwanowna, Pjotr Alexandrowitsch Miusow, aus Paris zurückkehrte, der später eine ganze Reihe von Jahren im Ausland verbrachte, damals indessen noch ein ganz junger Mensch war. Er unterschied sich sehr von den andern Miusows: er war ein aufgeklärter Großstädter, kannte das Ausland, war zudem zeit seines Lebens europäisch gesinnt und an seinem Lebensabend ein Liberaler der vierziger und fünfziger Jahre. Im Laufe seines Werdeganges stand er mit vielen höchst liberalen Leuten seiner Epoche in Rußland wie auch im Ausland in Verbindung, kannte persönlich sowohl Proudhon als auch Bakunin und erinnerte sich – schon gegen Ende seiner Wanderschaft – besonders gern der drei Tage der Pariser Februarrevolution vom Jahre achtundvierzig, wobei er, wenn er davon erzählte, anzudeuten pflegte, er selber habe sie so gut wie auf den Barrikaden mitgemacht. Das war für ihn eine seiner erfreulichsten Jugenderinnerungen. Er besaß ein Vermögen, über das er selbständig verfügen konnte und das nach dem früheren Maßstab ungefähr tausend Seelen entsprach. Sein prachtvolles Landgut lag dicht am Rande unseres Städtchens und grenzte an die Ländereien unseres berühmten Klosters; gegen dieses begann Pjotr Alexandrowitsch noch in jungen Jahren, kaum hatte er die Erbschaft angetreten, sofort einen endlosen Prozeß – wegen des Rechtes, irgendwo in einem Fluß zu fischen, oder wegen unbefugter Abholzungen in einem Wald, ich weiß es nicht genau; jedenfalls hielt er es als Staatsbürger und aufgeklärter Mann für seine Pflicht, gegen die »Klerikalen« zu prozessieren. Als ihm alle Einzelheiten über Adelaida Iwanowna, deren er sich natürlich erinnerte und die ihm sogar einmal aufgefallen war, zu Ohren kamen und als er erfuhr, daß sie Mitja hinterlassen hatte, mischte er sich ungeachtet seines jugendlichen Unwillens über Fjodor Pawlowitsch und der Verachtung, die er gegen ihn hegte, in diese Angelegenheit ein. Gerade dabei nun machte er die erste Bekanntschaft mit Fjodor Pawlowitsch. Miusow erklärte ihm unumwunden, daß er die Erziehung des Kindes übernehmen wolle. Später erwähnte er noch lange Zeit als einen charakteristischen Zug Fjodor Pawlowitschs, dieser habe, als er, Miusow, mit ihm über Mitja sprechen wollte, eine Zeitlang eine Miene gemacht, als verstünde er gar nicht, von welchem Kinde die Rede sei, und er scheine sich sogar gewundert zu haben, daß irgendwo in seinem Hause ein kleiner Sohn von ihm existiere. Selbst wenn in der Erzählung des Pjotr Alexandrowitsch einiges übertrieben gewesen sein mag, so muß sie doch auch etwas Wahres enthalten haben. Fjodor Pawlowitsch hat sich tatsächlich sein ganzes Leben lang gern verstellt oder jemandem plötzlich irgendeine unerwartete Rolle vorgespielt, und das oft ohne jegliche Notwendigkeit, ja sogar zu seinem eigenen Nachteil wie zum Beispiel in diesem Fall. Dieser Zug eignet übrigens außerordentlich vielen Menschen und selbst sehr gescheiten, nicht nur solchen wie Fjodor Pawlowitsch. Pjotr Alexandrowitsch nahm sich der Sache mit großem Eifer an und wurde auch (zusammen mit Fjodor Pawlowitsch) zum Vormund des Kindes bestellt, da die Mutter immerhin ein kleines Landgut, ein Haus und Grundbesitz hinterlassen hatte. Mitja siedelte tatsächlich zu diesem Onkel zweiten Grades über, aber Miusow hatte keine eigene Familie, und da er selber, sobald er seine Einkünfte aus seinen Gütern geregelt und gesichert hatte, unverzüglich wieder auf lange Zeit nach Paris eilte, vertraute er das Kind einer seiner Tanten zweiten Grades an, einer Moskauer Dame. Der Zufall fügte es, daß auch er, nachdem er sich in Paris eingelebt hatte, das Kind vergaß, insbesondere als die schon erwähnte Februarrevolution ausbrach, die seine Einbildungskraft so sehr erregte und an die er sein ganzes Leben lang denken mußte. Die Moskauer Dame jedoch starb, und Mitja kam zu einer ihrer verheirateten Töchter. Er scheint auch später noch, zum viertenmal, das Nest gewechselt zu haben. Doch hierüber will ich mich jetzt nicht weiter auslassen, zumal von diesem Erstling des Fjodor Pawlowitsch noch viel zu erzählen sein wird; ich werde mich jetzt nur auf die notwendigsten Angaben über ihn beschränken, ohne die ich den Roman nicht beginnen könnte.

Vor allem war dieser Dmitrij Fjodorowitsch der einzige von den drei Söhnen des Fjodor Pawlowitsch, der in der Überzeugung heranwuchs, daß er immerhin einiges Vermögen besitze und, sobald er volljährig wäre, unabhängig sein werde. Seine Knaben- und Jünglingsjahre verliefen ungeordnet: er beendete das Gymnasium nicht, kam dann auf eine Militärschule, wurde darauf nach dem Kaukasus versetzt, erwarb Offiziersrang, schlug sich im Duell, wurde degradiert, diente sich wieder in die Höhe, führte ein sehr flottes Zecherleben und verbrauchte verhältnismäßig viel Geld. Von Fjodor Pawlowitsch erhielt er vor seiner Volljährigkeit nichts, und bis dahin machte er beträchtliche Schulden. Fjodor Pawlowitsch, seinen Vater, lernte er erst nach seiner Volljährigkeit kennen, er sah ihn zum erstenmal, als er eigens zu dem Zweck in unsere Provinz kam, sich mit ihm wegen seines Vermögens auseinanderzusetzen. Sein Vater scheint ihm schon damals nicht gefallen zu haben; er blieb nicht lange bei ihm und reiste rasch wieder ab, nachdem es ihm lediglich gelungen war, eine gewisse Summe von ihm zu erhalten und mit ihm eine Abmachung über die weitere Auszahlung der Einkünfte aus dem Landgut zu treffen, über dessen Einträglichkeit und Wert (das ist eine beachtenswerte Tatsache) er diesmal trotz allen Bemühungen keine Auskunft von Fjodor Pawlowitsch zu erlangen vermochte. Fjodor Pawlowitsch fiel es damals sofort auf (auch das ist im Gedächtnis zu behalten), daß Mitja von seinem Vermögen eine übertriebene und falsche Vorstellung hatte. Fjodor Pawlowitsch war im Hinblick auf seine eigenen besonderen Absichten sehr froh darüber. Er schloß daraus, daß der junge Mann leichtsinnig, ungestüm, von Leidenschaften beherrscht, ungeduldig und ein Zechbruder sei, dem es nur darauf ankomme, ab und zu etwas Geld zu erwischen, und der sich dann sofort, wenn auch natürlich nur für kurze Zeit, beruhige. Gerade das begann Fjodor Pawlowitsch nun auszunutzen, das heißt, er suchte ihn sich durch kleine Almosen, durch gelegentliche Geldsendungen vom Halse zu halten, und schließlich kam es dahin, daß Mitja – das war bereits vier Jahre später – die Geduld verlor und ein zweitesmal in unserem Städtchen erschien, um die geschäftlichen Angelegenheiten zwischen sich und seinem Vater endgültig zu bereinigen. Da stellte es sich zu seiner größten Bestürzung plötzlich heraus, daß er rein gar nichts mehr besaß, daß es sogar schwierig war, eine Abrechnung aufzustellen, daß er durch die von Fjodor Pawlowitsch erhaltenen Zahlungen bereits den Wert seines Besitztums überzogen hatte und ihm vielleicht sogar selber etwas schuldete, daß er nach irgendwelchen Abmachungen, in die er selber irgendwann eingewilligt hatte, gar nicht einmal das Recht hatte, noch etwas zu fordern, und so weiter und so weiter. Der junge Mann war bestürzt, argwöhnte Unrecht, Betrug, geriet fast außer sich und schien den Verstand zu verlieren. Gerade dieser Umstand hat zu der Katastrophe geführt, die zu schildern Gegenstand meines ersten, einleitenden Romans oder, besser gesagt, dessen äußerer Rahmen sein wird. Doch bevor ich zu diesem Roman übergehe, muß ich noch von den zwei anderen Söhnen des Fjodor Pawlowitsch, den Brüdern Mitjas, erzählen und erklären, wo sie herkamen.

3

Die zweite Ehe und die Kinder aus ihr

Als Fjodor Pawlowitsch sich des vierjährigen Mitja entledigt hatte, heiratete er sehr bald danach zum zweitenmal. Diese zweite Ehe dauerte ungefähr acht Jahre. Seine zweite Frau – auch sie war eine noch sehr junge Person und hieß Sofja Iwanowna – holte er sich aus einem anderen Gouvernement, in das er mit einem Juden gereist war, um dort mit ihm ein kleines Kompaniegeschäft zu machen. Fjodor Pawlowitsch lebte zwar in Saus und Braus, trank und ergab sich Ausschweifungen, hörte jedoch nie auf, sich mit der Anlage seines Kapitals zu befassen, und brachte seine kleinen Geschäfte stets zu einem erfolgreichen Abschluß, wenn auch natürlich fast immer in einer ziemlich niederträchtigen Weise. Sofja Iwanowna war eine Waise und hatte von Kind auf keine Anverwandten; sie war die Tochter eines ungebildeten Diakons und in dem reichen Haus ihrer Wohltäterin, Erzieherin und Peinigerin, einer angesehenen alten Generalin, der Witwe des Generals Worochow, aufgewachsen. Nähere Einzelheiten sind mir nicht bekannt, ich habe nur gehört, daß man die sanfte, gutherzige und demütige Pflegetochter einmal aus der Schlinge befreit habe, die sie in der Rumpelkammer an einem Nagel befestigt hatte – so schwer war es ihr gefallen, die Launenhaftigkeit und die ewigen Vorwürfe dieser augenscheinlich nicht bösen, aber durch Müßiggang zur unausstehlichen Despotin gewordenen Alten zu ertragen. Fjodor Pawlowitsch hielt um ihre Hand an, man erkundigte sich über ihn und jagte ihn davon, und nun schlug er wie bei seiner ersten Heirat der Waise vor, sie zu entführen. Es ist sehr gut möglich, daß selbst dieses Mädchen ihn um keinen Preis geheiratet hätte, wenn ihr rechtzeitig etwas genauere Einzelheiten über ihn zu Ohren gekommen wären. Doch die Sache trug sich ja in einem anderen Gouvernement zu, und was hätte zudem ein sechzehnjähriges Mädchen anderes denken können, als daß es besser wäre, sich im Fluß zu ertränken, statt bei ihrer Wohltäterin zu bleiben? Und so tauschte denn die Ärmste ihre Wohltäterin gegen einen Wohltäter ein. Fjodor Pawlowitsch bekam freilich keinen Heller, weil die Generalin sich ärgerte: sie gab nichts und verfluchte obendrein noch beide; doch diesmal hatte er gar nicht darauf gerechnet, etwas zu bekommen, sondern sich nur von der außerordentlichen Schönheit des keuschen Mädchens und vor allem von ihrem unschuldigen Aussehen verlocken lassen, das ihn, den Lüstling, der bisher nur ein lasterhafter Verehrer derber weiblicher Schönheit gewesen war, tief beeindruckt hatte. »Diese unschuldigen Äuglein schnitten mir damals wie ein Rasiermesser in die Seele«, pflegte er später zu sagen, wobei er in seiner widerlichen Art kicherte. Bei diesem verderbten Menschen konnte übrigens auch das nur eine wollüstige Neigung sein. Da er indessen keinerlei Vermögen eingeheimst hatte, machte Fjodor Pawlowitsch mit seiner Frau keine Umstände: er nutzte es aus, daß sie sozusagen »in seiner Schuld stand« und daß er sie fast »aus der Schlinge befreit« hatte, und trat bei ihrer ungewöhnlichen Sanftmut und Nachgiebigkeit selbst die elementarsten Regeln des ehelichen Anstands mit Füßen. In seinem Haus versammelten sich sogleich wieder anrüchige Frauenzimmer, und es wurden Orgien gefeiert. Als einen charakteristischen Zug möchte ich erwähnen, daß der Diener Grigorij, ein finsterer, dummer und eigensinniger Nörgler, der die frühere Herrin Adelaida Iwanowna gehaßt hatte, für die neue Herrin Partei ergriff, sie in Schutz nahm und sich ihretwegen mit Fjodor Pawlowitsch in einer Weise zankte, wie es für einen Diener kaum statthaft ist, und einmal sprengte er sogar eine Orgie und jagte alle die schamlosen Frauenspersonen, die sich als Gäste eingestellt hatten, mit Gewalt davon. Die unglückliche, von Kind auf eingeschüchterte junge Frau wurde später von einem nervösen Frauenleiden befallen, dem man am häufigsten im einfachen Volke bei den Bauernweibern begegnet; sie werden wegen dieser Krankheit »Klikuschi*« genannt. Infolge dieser Krankheit, die mit furchtbaren hysterischen Anfällen verbunden ist, verlor die Kranke zeitweilig sogar den Verstand. Sie gebar jedoch dem Fjodor Pawlowitsch zwei Söhne, Iwan und Alexej, den einen im ersten Jahr der Ehe, den zweiten drei Jahre später. Als sie starb, war der Knabe Alexej noch nicht ganz vier Jahre alt, und wenn es auch seltsam klingt, so hat er sich doch, wie ich weiß, sein ganzes Leben lang seiner Mutter erinnert, natürlich nur traumhaft. Nach ihrem Tode erging es den beiden Knaben fast genauso wie dem erstgeborenen Mitja: sie wurden von ihrem Vater völlig vernachlässigt und vergessen und gerieten zu demselben Grigorij und ebenfalls ins Gesindehaus. Dort fand sie die despotische Generalin, die Wohltäterin und Erzieherin ihrer Mutter. Sie war noch am Leben und hatte die ganze Zeit über die Kränkung nicht vergessen können, die man ihr angetan hatte. Über Leben und Treiben ihrer Sofja hatte sie während der ganzen acht Jahre unter der Hand die genauesten Nachrichten erhalten, und wenn sie hörte, wie krank sie war und welche Abscheulichkeiten rings um sie vorgingen, sagte sie ein-, zwei- oder auch dreimal zu ihren Schmarotzerinnen: »Das geschieht ihr ganz recht, Gott hat das für ihre Undankbarkeit über sie verhängt.«

Genau drei Monate nach dem Tode der Sofja Iwanowna erschien die Generalin plötzlich höchstpersönlich in unserer

* Wörtlich »Schreierinnen«. Diese Krankheit äußert sich in heftigen Krampfanfällen, in lautem Schreien und Kreischen (Anmerkung des Übersetzers).

Stadt und eilte unmittelbar in die Wohnung des Fjodor Pawlowitsch. Im ganzen hielt sie sich nur etwa eine halbe Stunde im Städtchen auf, brachte aber viel zuwege. Es war zur Abendzeit. Fjodor Pawlowitsch, den sie die ganzen acht Jahre hindurch nicht gesehen hatte, empfing sie in angeheitertem Zustand. Man erzählt sich, sie habe ihm sofort und ohne jegliche Erklärung, kaum daß sie ihn erblickte, zwei kräftige und schallende Ohrfeigen gegeben und ihn dreimal aus Leibeskräften am Haarschopf gezogen; dann habe sie sich, ohne ein Wort zu verlieren, geradewegs ins Gesindehaus zu den zwei Knaben begeben. Da sie gleich auf den ersten Blick sah, daß sie ungewaschen waren und schmutzige Wäsche anhatten, gab sie sofort auch noch dem Grigorij eine Ohrfeige und erklärte ihm, sie werde die beiden Kinder zu sich nehmen, führte sie dann, so wie sie waren, hinaus, hüllte sie in eine Reisedecke, setzte sie in ihren Wagen und brachte sie weg in ihre Stadt. Grigorij nahm diese Ohrfeige hin wie ein ergebener Knecht, ohne ein grobes Wort, und als er die alte Dame zum Wagen geleitet hatte, verneigte er sich tief und sagte eindringlich, Gott werde ihr vergelten, was sie für die Waisen getan habe. »Dennoch bist du ein Tölpel!« rief die Generalin ihm im Fortfahren zu. Als Fjodor Pawlowitsch sich die ganze Sache überlegte, fand er, es sei gut so, und bei seiner formellen Einwilligung, die Kinder bei der Generalin erziehen zu lassen, erklärte er sich später mit allem einverstanden. Von den erhaltenen Ohrfeigen indessen erzählte er selber, indem er von Haus zu Haus fuhr, in der ganzen Stadt.

Der Zufall wollte es, daß auch die Generalin bald darauf starb, doch hatte sie in ihrem Testament jedem der beiden Kinder tausend Rubel vermacht, »zu ihrer Schulausbildung, und damit dieses Geld unbedingt für sie verwendet werde, jedoch so, daß es bis zu ihrer Volljährigkeit ausreicht, weil auch ein derartiges Geschenk mehr als genug ist für solche Kinder; aber wenn es jemandem beliebt, so möge er selber seinen Beutel auftun«, und so weiter. Ich selber habe das Testament nicht gelesen, doch habe ich gehört, daß etwas Seltsames dieser Art darin stand und daß es höchst eigentümlich ausgedrückt war. Als Haupterbe der Alten stellte sich jedoch ein redlicher Mann heraus, der Gouvernements-Adelsmarschall Jefim Petrowitsch Polenow. Als er sich mit Fjodor Pawlowitsch brieflich verständigt und sofort erraten hatte, daß bei ihm kein Geld für die Erziehung seiner Kinder zu holen sei (obwohl dieser sich nie geradeheraus weigerte, sondern in solchen Fällen die Sache nur in die Länge zog, wobei er sich manchmal auch vor Sentimentalitäten nicht scheute), nahm er persönlich Anteil an den Waisen und gewann besonders den jüngeren von ihnen, Alexej, so lieb, daß er ihn sogar eine längere Zeit hindurch in seiner Familie aufziehen ließ. Ich bitte den Leser, das gleich von Anfang an zu beachten. Und wenn die jungen Leute ihr ganzes Leben lang jemandem für ihre Erziehung und Bildung zu Dank verpflichtet waren, so eben diesem Jefim Petrowitsch, einem überaus edlen und humanen Manne, dessengleichen man nur selten begegnet. Er bewahrte jedem der Kleinen die tausend Rubel unangetastet auf, die ihnen die Generalin hinterlassen hatte, so daß sie bis zu ihrer Volljährigkeit mit den Zinsen auf je zweitausend Rubel anwuchsen, erzog sie auf seine Kosten und gab natürlich weit mehr als tausend Rubel für jeden aus. Auf eine ausführliche Schilderung ihrer Kindheit und Jugend will ich mich wieder vorläufig nicht einlassen, sondern nur deren wichtigste Umstände angeben. Von dem älteren, Iwan, möchte ich nur mitteilen, daß er als mürrischer und in sich verschlossener, doch keineswegs schüchterner Knabe aufwuchs, der aber schon mit zehn Jahren dahintergekommen war, daß sie in einer fremden Familie und dank fremder Gunst auferzogen wurden und daß sie einen Vater hatten, von dem auch nur zu sprechen man sich schämen mußte. Dieser Knabe begann sehr bald, schon seit seiner frühesten Kindheit (so erzählte man wenigstens), ungewöhnliche und glänzende Fähigkeiten an den Tag zu legen. Genaueres weiß ich nicht, doch fügte es sich auf irgendeine Weise so, daß er sich, vielleicht erst dreizehn Jahre alt, von der Familie des Jefim Petrowitsch trennte und als Schüler eines Moskauer Gymnasiums zu einem erfahrenen und damals berühmten Pädagogen in Pension kam, der von Kind auf mit Jefim Petrowitsch befreundet war. Iwan selber erzählte später, das alles sei sozusagen vom »edlen Tatendrang« des Jefim Petrowitsch gekommen, der sich für die Idee begeistert habe, daß ein Knabe mit genialen Fähigkeiten auch bei einem genialen Pädagogen erzogen werden müsse. Übrigens waren weder Jefim Petrowitsch noch der geniale Pädagoge mehr am Leben, als der junge Mann das Gymnasium verließ und auf die Universität kam. Da Jefim Petrowitsch mangelhaft disponiert hatte und die Auszahlung des Geldes, das die despotische Generalin den Kindern vermacht hatte und das mit den Zinsen schon auf zweitausend Rubel angewachsen war, sich wegen verschiedener bei uns ganz unvermeidlicher Formalitäten und Hindernisse verzögerte, hatte der junge Mann in den zwei ersten Jahren seines Universitätsstudiums sehr viel auszustehen, denn er war gezwungen, während dieser ganzen Zeit seinen Lebensunterhalt selbst zu verdienen und zugleich zu studieren. Ich muß erwähnen, daß er damals nicht einmal den Versuch machen wollte, sich mit seinem Vater brieflich zu verständigen – vielleicht aus Stolz, aus Verachtung gegen ihn, vielleicht aber auch aus kühler, gesunder Überlegung, die ihm sagte, daß er von seinem Vater auch nicht die geringste ernsthafte Unterstützung erhalten werde. Wie dem auch sei, der junge Mann verlor keineswegs den Kopf und verschaffte sich Arbeit, indem er zuerst für zwanzig Kopeken Stunden gab, dann von einer Zeitungsredaktion zur andern lief und ihnen kleine zehnzeilige Berichte über Straßenvorfälle brachte mit der Unterschrift: »Ein Augenzeuge«. Diese kleinen Berichte, sagt man, waren stets so unterhaltsam und pikant abgefaßt, daß sie rasch Absatz fanden, und schon allein dadurch bewies der junge Mann seine praktische und geistige Überlegenheit über jenen großen, ewig notleidenden und unglücklichen Teil unserer studierenden Jugend beiderlei Geschlechts, der in den Hauptstädten vom Morgen bis zum Abend die Redaktionen verschiedener Zeitungen und Zeitschriften durch seine häufigen Besuche zu belästigen pflegt und sich nichts Besseres auszudenken weiß, als ewig ein und dieselbe Bitte um Übersetzungen aus dem Französischen oder um Schreibarbeit zu wiederholen. Nachdem Iwan Fjodorowitsch mit den Redaktionen Fühlung bekommen hatte, ließ er die Verbindung mit ihnen nie abreißen und veröffentlichte in den letzten Jahren seines Universitätsbesuchs sehr talentierte Besprechungen von Büchern, die verschiedene Spezialfragen behandelten, so daß er sogar in literarischen Zirkeln bekannt wurde. Übrigens gelang es ihm in der allerletzten Zeit zufällig, auf einmal die Aufmerksamkeit eines weit größeren Leserkreises auf sich zu lenken, so daß ihn damals mit einem Schlag sehr viele beachteten und im Gedächtnis behielten. Das war ein recht interessanter Fall. Als Iwan Fjodorowitsch bereits die Universität verlassen hatte und sich anschickte, von seinen zweitausend Rubel ins Ausland zu reisen, veröffentlichte er einmal in einer der großen Tageszeitungen einen Artikel, der sogar die Aufmerksamkeit von Nichtfachleuten auf sich zog und vor allem von einem Gegenstand handelte, mit dem er, wie man meinen möchte, gar nicht vertraut war, denn er hatte Naturwissenschaften studiert. Der

Artikel befaßte sich mit der damals überall erörterten Frage der kirchlichen Gerichtsbarkeit. Iwan Fjodorowitsch besprach darin einige schon von anderen vorgebrachte Meinungen zu dieser Frage und äußerte dann auch seine persönliche Ansicht. Vor allem fiel der Ton auf und die außerordentlich überraschende Schlußfolgerung. Viele Kleriker hielten den Autor für einen der Ihrigen. Doch plötzlich begannen zugleich mit ihnen nicht nur die Zivilrechtler, sondern sogar die Atheisten Beifall zu spenden. Zu guter Letzt kamen einige gescheite Leute auf den Gedanken, daß der ganze Artikel nur eine freche Farce und eine Verhöhnung sei. Ich erwähne diesen Vorfall insbesondere deshalb, weil der Artikel gerade rechtzeitig auch in unser berühmtes, in der Nähe unseres Städtchens gelegenes Kloster Eingang fand, wo man sich überhaupt für die akut gewordene Frage der kirchlichen Gerichtsbarkeit interessierte; er rief dort völlige Ratlosigkeit hervor. Als man den Namen des Autors erfuhr, interessierte man sich auch deshalb dafür, weil er aus unserem Städtchen gebürtig und ein Sohn »dieses vielgenannten Fjodor Pawlowitsch« war. Und da erschien plötzlich um die gleiche Zeit bei uns der Autor selbst.

Weshalb Iwan Fjodorowitsch damals zu uns kam – das fragte ich mich, wie ich mich entsinne, auch damals schon fast mit einer gewissen Unruhe. Diese so verhängnisvolle und folgenschwere Ankunft blieb für mich noch lange nachher, eigentlich für immer, eine unklare Sache. Wenn man es sich überlegt, war es doch sonderbar, daß ein junger Mann, der so gelehrt und dem Anschein nach so stolz und vorsichtig war, plötzlich in einem solch abscheulichen Haus und bei solch einem Vater erschien, der ihn sein ganzes Leben lang ignoriert hatte, ihn nicht kannte und sich seiner nicht erinnerte; der seinem Sohn, wenn der ihn darum gebeten hätte, natürlich um keinen Preis und in keinem Fall Geld gegeben hätte und zeit seines Lebens fürchtete, daß auch seine Söhne Iwan und Alexej einmal kommen und um Geld bitten könnten. Und nun läßt sich der junge Mann im Hause dieses Vaters nieder, lebt mit ihm einen Monat und noch einen zusammen, und beide vertragen sich, wie man es sich besser nicht wünschen könnte. Besonders das letzte setzte nicht nur mich, sondern auch viele andere in Erstaunen. Pjotr Alexandrowitsch Miusow, von dem ich schon vorher gesprochen habe, ein ferner Verwandter des Fjodor Pawlowitsch von seiner ersten Frau her, weilte damals zufällig wieder auf seinem in der Nähe unserer Stadt gelegenen Gut.

Er war aus Paris gekommen, wo er sich bereits für immer niedergelassen hatte. Ich entsinne mich, daß gerade er sich am meisten wunderte, als er den jungen Mann kennenlernte, der ihn außerordentlich interessierte und mit dem er zuweilen wegen seiner Kenntnisse nicht ohne ein schmerzliches Gefühl aneinandergeriet. »Er ist stolz«, sagte er zu uns, »er wird sich stets Geld zu verschaffen wissen. Auch jetzt hat er genug, um ins Ausland zu reisen – was hat er also hier zu suchen? Allen ist es doch klar, daß er nicht des Geldes wegen zu seinem Vater gekommen ist, denn der wird ihm auf keinen Fall etwas geben. Für Trinken und ein ausschweifendes Leben hat er nichts übrig, und doch kann der Alte ohne ihn nicht auskommen, so gut haben sie sich miteinander eingelebt!« Das war wirklich so; der junge Mann übte sogar einen sichtlichen Einfluß auf den Alten aus; dieser schien ihm manchmal schon fast zu gehorchen, obwohl er ungemein und zuweilen in einer geradezu boshaften Weise eigensinnig war; er begann sogar, sich manchmal anständiger zu benehmen . . .

Erst später stellte sich heraus, daß Iwan Fjodorowitsch zum Teil auf Bitten und in Sachen seines älteren Bruders Dmitrij Fjodorowitsch gekommen war. Er lernte ihn zu der gleichen Zeit, nämlich während dieses Aufenthalts, zum erstenmal im Leben kennen, war mit ihm jedoch wegen einer wichtigen Sache, die mehr den Dmitrij Fjodorowitsch betraf, noch vor seiner Ankunft aus Moskau in Briefwechsel getreten. Was für eine Sache das war, wird der Leser zu gegebener Zeit ausführlich erfahren. Nichtsdestoweniger kam mir Iwan Fjodorowitsch, auch als ich bereits von diesem besonderen Umstand wußte, rätselhaft vor, und seine Ankunft schien mir unerklärlich.

Ich füge noch hinzu, daß Iwan Fjodorowitsch damals den Eindruck eines Vermittlers und Friedensstifters zwischen dem Vater und dem älteren Bruder Dmitrij Fjodorowitsch machte, der zu jener Zeit einen großen Streit mit seinem Vater begonnen hatte und ihn sogar gerichtlich belangen wollte.

Diese Familie, ich wiederhole das, kam damals zum erstenmal im Leben zusammen, und einige ihrer Mitglieder sahen sich überhaupt zum erstenmal. Nur der jüngste Sohn, Alexej Fjodorowitsch, lebte schon seit beinahe einem Jahr bei uns und war also vor seinen Brüdern zu uns gekommen. Von diesem Alexej in meiner gegenwärtigen einleitenden Erzählung zu reden, ehe ich ihn auf dem Schauplatz des Romans erscheinen lasse, fällt mir nachgerade am schwersten. Doch werde ich auch über ihn eine Einleitung schreiben müssen, um wenigstens vorläufig über etwas sehr Sonderbares Aufschluß zu geben: ich bin nämlich genötigt, den Lesern meinen künftigen Helden in der ersten Szene meines Romans im Novizenhabit vorzustellen. Ja, schon seit beinahe einem Jahr lebte er in unserem Kloster und beabsichtigte, so schien es, sich darin für sein ganzes Leben von der Welt abzuschließen.

4

Der dritte Sohn Aljoscha

Er war damals erst zwanzig Jahre alt (sein Bruder Iwan stand im vierundzwanzigsten Lebensjahr und der älteste Bruder Dmitrij im achtundzwanzigsten). Vor allem möchte ich erklären, daß dieser Jüngling Aljoscha durchaus kein Fanatiker und, wenigstens meiner Ansicht nach, nicht einmal ein Mystiker war; er war einfach von Kind an ein Menschenfreund, und wenn er schnurstracks den Weg ins Kloster eingeschlagen hatte, so nur deshalb, weil zu jener Zeit bloß er ihn fasziniert und sich ihm sozusagen als ein idealer Ausweg dargeboten hatte für seine Seele, die aus dem Dunkel der weltlichen Bosheit zum Licht der Liebe hinstrebte. Und dieser Weg hatte ihn nur deshalb fasziniert, weil er auf ihm einem seiner Meinung nach außergewöhnlichen Wesen begegnet war – unserem berühmten Starez Sosima, an den er sich mit der ganzen Glut der ersten Liebe seines unersättlichen Herzens hing. Ich bestreite übrigens nicht, daß er auch damals schon, ja von der Wiege an sehr absonderlich war. Nebenbei gesagt, ich erwähnte bereits, daß er, obwohl er beim Tode seiner Mutter erst im vierten Lebensjahr stand, sich später sein ganzes Leben lang ihrer erinnerte, ihres Gesichtes, ihrer Liebkosungen, »ganz so, als stünde sie lebend vor mir«. Solche Erinnerungen können (und das ist allgemein bekannt) schon aus weit früherer Zeit, selbst aus dem zweiten Lebensjahr, erhalten bleiben, doch treten sie das ganze Leben hindurch nur gleichsam als lichte Punkte aus dem Dunkel hervor, als hätte jemand ein Stückchen herausgerissen aus einem riesigen Bild, das sonst ganz erloschen und unsichtbar geworden ist mit Ausnahme nur dieses einen Stückchens. Genauso war es auch bei ihm. Er hatte einen Abend im Gedächtnis behalten, einen stillen Sommerabend: ein geöffnetes Fenster, die schrägen Strahlen der untergehenden Sonne (gerade diese schrägen Strahlen hatten sich ihm am tiefsten eingeprägt), im Zimmer, in der vorderen Ecke, die Ikone, davor das brennende Lämpchen, und vor der Ikone kniet wie in einem hysterischen Anfall seine Mutter und schluchzt, kreischt und schreit. Sie hat ihn in die Arme genommen, ihn so fest umschlungen, daß es schmerzt, und betet für ihn zur Muttergottes, wobei sie ihn aus ihrer Umarmung heraus mit beiden Händen der Ikone entgegenstreckt, als wollte sie ihn dem Schutz der Muttergottes übergeben ... und plötzlich stürzt die Kinderfrau herein und entreißt ihn ihr voller Schrecken. Welch ein Bild! Dem kleinen Aljoscha prägte sich in jenem Augenblick auch das Gesicht seiner Mutter ein: er sagte, soweit er sich erinnern könne, sei es ekstatisch, aber schön gewesen. Doch vertraute er diese Erinnerung nur ungern und selten jemandem an. In der Kindheit und im Jünglingsalter war er zurückhaltend in seinen Gefühlsäußerungen und wenig gesprächig, jedoch nicht aus Mißtrauen, nicht aus Schüchternheit oder griesgrämiger Menschenscheu, sondern im Gegenteil aus einem ganz anderen Grunde, infolge einer inneren Sorge, einer ganz persönlichen, die sonst niemanden etwas anging, ihm aber so wichtig war, daß er die anderen darüber zu vergessen schien. Aber er liebte die Menschen: er lebte, so schien es, sein ganzes Leben lang in völligem Vertrauen auf die Menschen, und doch hielt ihn nie jemand für beschränkt oder naiv. Es war etwas an ihm, das jedem die Überzeugung einflößte (auch in seinem ganzen späteren Leben), daß er nicht Richter über die Menschen sein wolle, daß er es von sich weise, andere zu verdammen, und um keinen Preis jemanden verurteilen werde. Es schien sogar, daß er alles gelten ließ und nie etwas auch nur im geringsten verurteilte, obwohl er über vieles bitter betrübt war. Nicht genug damit, hatte er es in dieser Hinsicht so weit gebracht, daß niemand ihn in Erstaunen zu setzen oder zu erschrecken vermochte, und zwar von seiner frühesten Jugend an. Als er mit zwanzig Jahren zu seinem Vater kam, in ein Haus, das wahrlich eine Höhle schmutziger Laster war, pflegte er, der Keusche und Reine, sich nur wortlos zu entfernen, wenn es unerträglich wurde mit anzusehen, was dort vor sich ging, tat das aber ohne den mindesten Anschein von Verachtung oder Tadel wem auch immer gegenüber. Sein Vater indessen, der als ehemaliger Schmarotzer empfindlich und leicht beleidigt war, hatte ihn anfangs mißtrauisch und mürrisch empfangen (»er schweigt mir zuviel und hängt zu sehr seinen Gedanken nach«, sagte er von ihm), endete jedoch bald, schon nach ungefähr zwei Wochen, damit, daß er ihn schrecklich oft umarmte und küßte, allerdings mit Tränen der Trunkenheit und mit der Rührseligkeit des Berauschten, aber es war doch zu erkennen, daß er ihn aufrichtig und tief liebgewonnen hatte, wie es einem Menschen gleich ihm natürlich noch nie gelungen war, jemanden zu lieben.

Diesen Jüngling liebten ja alle, wo immer er sich zeigen mochte, und das war seit seiner frühesten Kindheit so gewesen. Als er in das Haus seines Wohltäters und Erziehers Jefim Petrowitsch Polenow kam, fesselte er in dieser Familie alle so sehr an sich, daß man dort das Kind ganz und gar als einen leiblichen Verwandten betrachtete. Dabei war er zu jener Zeit noch ein sehr kleines Kind, bei dem auf keinen Fall berechnende Schlauheit, Durchtriebenheit oder die Kunst, sich einzuschmeicheln und zu gefallen, und die Fähigkeit, andere zur Liebe zu zwingen, zu erwarten sind. Mithin besaß er die Gabe, eine besondere Liebe zu sich zu erwecken, sozusagen von Natur, ungekünstelt und unmittelbar. Ebenso ging es ihm in der Schule, wenn man auch hätte meinen können, er gehöre gerade zu jenen Kindern, die bei den Kameraden Mißtrauen, zuweilen Spott und wohl auch Haß gegen sich hervorzurufen pflegen. Er war zum Beispiel nachdenklich und schien sich abzusondern. Er liebte es schon von Kind auf, sich in einen Winkel zurückzuziehen und Bücher zu lesen, und dennoch gewannen ihn seine Kameraden so lieb, daß man ihn während seiner ganzen Schulzeit unbestritten den Liebling aller nennen konnte. Er war selten ausgelassen, selten auch nur vergnügt, aber jeder, der ihn ansah, erkannte sofort, daß dies keineswegs von Verdrießlichkeit herrührte, sondern daß er im Gegenteil gleichmäßig und klar war. Unter seinen Altersgenossen suchte er sich nie hervorzutun, und vielleicht fürchtete er gerade deshalb nie jemanden. Dabei begriffen die Knaben sofort, daß er auf seine Furchtlosigkeit durchaus nicht stolz war; er schaute vielmehr so drein, als wüßte er gar nicht, daß er kühn und furchtlos war. Eine Kränkung trug er nie nach. Es kam vor, daß er schon eine Stunde später dem, der ihn gekränkt hatte, mit so vertrauensvollem und klarem Blick antwortete oder selber mit ihm ein Gespräch begann, als wäre gar nichts zwischen ihnen vorgefallen. Und dabei sah er gar nicht so aus, als hätte er die Kränkung zufällig vergessen oder absichtlich verziehen, er hielt sie eben einfach nicht für eine Kränkung, und das bezauberte die Kinder geradezu und machte sie ihm unterwürfig. Ihm eignete nur ein einziger Zug, der in allen Klassen des Gymnasiums, von der untersten bis zur obersten, in seinen Kameraden ständig das Verlangen erweckte, ihn zu hänseln, aber nicht aus Bosheit oder Spottsucht, sondern nur, weil es ihnen Spaß machte. Dieser Zug an ihm war – eine seltsam überspannte Schamhaftigkeit und Keuschheit. Er konnte gewisse Ausdrücke und gewisse Gespräche über Frauen nicht anhören. Diese »gewissen« Ausdrücke und Gespräche sind leider in den Schulen nicht auszurotten. Knaben, die rein an Herz und Seele und fast noch Kinder sind, reden sehr oft in den Klassen untereinander und sogar laut gern von Dingen, Bildern und Vorstellungen, von denen selbst Soldaten nur selten sprechen; außerdem wissen und begreifen Soldaten vieles nicht, was so jungen Menschen unserer intelligenten und höheren Gesellschaft an solchen Dingen schon bekannt ist. Eine sittliche Verderbtheit liegt hier wahrscheinlich noch nicht vor, auch kein wirklicher, lasterhafter innerer Zynismus, wohl aber ein äußerer, und gerade der gilt bei ihnen nicht selten als apart, fein, verwegen und nachahmenswert. Als sie sahen, daß »Aljoschka Karamasow«, wenn sie »davon« zu sprechen begannen, sich rasch die Ohren zuhielt, scharten sie sich manchmal absichtlich um ihn, rissen ihm gewaltsam die Hände von den Ohren und schrien ihm von beiden Seiten Unflätigkeiten hinein; er jedoch strebte von ihnen fort, ließ sich zu Boden fallen, legte sich längelang hin, hielt sich die Hände vor das Gesicht und tat das alles, ohne ein Wort zu ihnen zu sagen, ohne zu schimpfen, indem er die Kränkung stumm ertrug. Doch zu guter Letzt ließen sie ihn in Ruhe und neckten ihn nicht mehr »das Mädchen«, sondern sahen ihn in dieser Beziehung eher voll Mitleid an. Er gehörte übrigens immer zu den besten Schülern, doch wurde er niemals Klassenerster.

Als Jefim Petrowitsch gestorben war, blieb Aljoscha noch zwei Jahre auf dem Gymnasium der Gouvernementsstadt. Die untröstliche Gattin des Jefim Petrowitsch reiste fast unmittelbar nach seinem Tode mit ihrer ganzen Familie, die nur aus Personen weiblichen Geschlechts bestand, auf längere Zeit nach Italien, Aljoscha indessen kam zu zwei Damen ins Haus, die er vorher nie gesehen hatte und die mit Jefim Petrowitsch weitläufig verwandt waren; doch unter welchen Bedingungen er dort aufgenommen wurde, das wußte er selber nicht. Ein für ihn ebenfalls sehr charakteristischer Zug war, daß er sich nie darum Sorgen machte, auf wessen Kosten er lebte. Darin war er das völlige Gegenteil seines älteren Bruders Iwan Fjodorowitsch, der seine zwei ersten Universitätsjahre in Not und Elend verbracht hatte, indem er sich von seiner eigenen Arbeit ernährte, und der es von Kind auf bitter empfunden hatte, daß er bei einem Wohltäter fremdes Brot essen mußte. Aber diesen sonderbaren Zug in Alexejs Charakter darf man wohl nicht allzu streng verurteilen, denn jeder, der ihn auch nur ein klein wenig kannte, kam sofort zu der Überzeugung, daß Alexej unbedingt einer von den Jünglingen in der Art der heiligen Narren sei, daß, wenn ihm plötzlich ein ganzes Kapital zufiele, er es ohne weiteres auf die erste Bitte hin hergeben würde, entweder für einen guten Zweck oder vielleicht sogar einfach einem durchtriebenen Menschen, wenn der ihn darum anginge. Ja, er schien den Wert des Geldes überhaupt nicht zu kennen, was selbstverständlich nicht im buchstäblichen Sinne gemeint ist. Wenn man ihm Taschengeld gab, um das er nie selber bat, wußte er entweder wochenlang nicht, was er damit anfangen sollte, oder er ging so unachtsam damit um, daß es im Nu verschwunden war. Pjotr Alexandrowitsch Miusow, der in Geldsachen und, was bürgerliche Ehrenhaftigkeit anging, sehr empfindlich war, tat später einmal, nachdem er Alexej aufmerksam beobachtet hatte, folgenden Ausspruch: »Das ist vielleicht der einzige Mensch auf der Welt, der, wenn man ihn plötzlich ohne Geld auf einem Platz in einer ihm unbekannten Millionenstadt allein ließe, unter keinen Umständen zugrunde ginge und nicht vor Hunger und Kälte stürbe, weil man ihm sofort zu essen geben und ihn sofort unterbringen würde; täte man das aber nicht, so würde er sich selber unterbringen, und das würde ihn keinerlei Mühe und Erniedrigung kosten und dem, der ihn unterbringt, keinerlei Last sein, sondern im Gegenteil ein Vergnügen.«

Das Gymnasium beendete er nicht; er hätte es noch ein ganzes Jahr besuchen müssen, als er seinen Damen plötzlich erklärte, er reise in einer Sache, die ihm in den Sinn gekommen sei, zu seinem Vater. Die Damen bedauerten das sehr und wollten ihn erst nicht fortlassen. Die Fahrt kostete sehr wenig, und die Damen erlaubten ihm nicht, seine Uhr zu versetzen – ein Geschenk der Familie seines Wohltäters vor ihrer Abreise ins Ausland –, sondern versahen ihn mehr als reichlich mit Geldmitteln, ja sogar mit neuen Kleidern und mit Wäsche. Er gab ihnen jedoch die Hälfte des Geldes wieder zurück und erklärte, er wolle unbedingt dritter Klasse fahren. Als er in unserem Städtchen eintraf, antwortete er so gut wie gar nichts auf die ersten Erkundigungen seines Vaters, warum er eigentlich gekommen sei, bevor er die Schule beendet habe, sondern blieb, wie man sich erzählt, nach seiner gewohnten Art in Nachdenken versunken. Bald darauf kam es an den Tag, daß er das Grab seiner Mutter suchte. Er ließ damals sogar selber durchblicken, daß er nur deswegen gekommen sei. Doch war das wohl kaum der einzige Grund seiner Reise. Am wahrscheinlichsten ist, daß er damals selber nicht wußte und um keinen Preis hätte erklären können, was da eigentlich gleichsam plötzlich in seiner Seele aufgestiegen war und ihn unwiderstehlich auf eine neue, unbekannte, aber unvermeidliche Bahn getrieben hatte. Fjodor Pawlowitsch konnte ihm nicht angeben, wo er seine zweite Frau begraben habe, weil er, seit man das Grab zugeschüttet hatte, nie mehr an ihrer Ruhestätte gewesen und ihm in der langen Zwischenzeit völlig entfallen war, wo man sie damals beerdigt hatte ...

Nebenbei noch einiges über Fjodor Pawlowitsch. Er hatte sich vordem längere Zeit außerhalb unserer Stadt aufgehalten. Drei oder vier Jahre nach dem Tode seiner zweiten Frau war er in den Süden Rußlands gereist und zuletzt nach Odessa geraten, wo er dann mehrere Jahre lang lebte. Dort lernte er zuerst, wie er selber sich ausdrückte, »viele Juden, Jüdchen, Jüdlein und Judenbengel« kennen und wurde zum Schluß nicht nur bei Juden, sondern »auch bei Hebräern« empfangen. Es ist anzunehmen, daß er in diesem Abschnitt seines Lebens die besondere Fähigkeit in sich entwickelte, Geld zusammenzukratzen und zu erpressen. In unser Städtchen kehrte er erst ungefähr drei Jahre vor Aljoschas Ankunft endgültig zurück. Seine früheren Bekannten fanden ihn sehr gealtert, obwohl er noch gar nicht so bejahrt war. Doch benahm er sich nicht nur nicht vornehmer, sondern eher noch rüpelhafter als ehedem. So hatte sich zum Beispiel bei dem ehemaligen Hanswurst das schamlose Bedürfnis eingestellt, auch anderen das Narrengewand umzuhängen. Mit den Frauenzimmern trieb er nicht nur gern Unfug wie früher, sondern sogar in noch widerlicherer Art. In unserem Landkreis gründete er innerhalb kurzer Zeit eine Menge neuer Schenken. Es war ersichtlich, daß er an die hunderttausend

Rubel oder nur um ein geringes weniger besaß. Viele unter den Einwohnern des Städtchens und des Landkreises gerieten bei ihm sofort in Schulden, doch gewährte er ihnen natürlich nur gegen sicherstes Unterpfand Kredit. In der allerletzten Zeit war er krankhaft dick und schwammig geworden, er begann in einer eigentümlichen Weise Gleichmaß und Selbstkritik zu verlieren, verfiel sogar in einen gewissen Leichtsinn, fing das eine an und endete mit etwas anderem, verzettelte sich sonderbar und betrank sich immer öfter, und wenn nicht der schon erwähnte Diener Grigorij gewesen wäre, der zu jener Zeit bereits recht gealtert war und ihn zuweilen fast wie ein Erzieher beaufsichtigte, so hätte Fjodor Pawlowitsch wohl nicht so sorglos dahinleben können. Die Ankunft Aljoschas schien auf ihn eine moralische Wirkung auszuüben, es war, als ob in der Seele dieses vorzeitig gealterten Mannes etwas wiedererwacht wäre, was schon längst erloschen war. »Weißt du«, sagte er oft zu Aljoscha, wenn er ihn betrachtete, »daß du mit ihr Ähnlichkeit hast, mit der Klikuscha?« So nannte er seine verstorbene Frau, die Mutter Aljoschas. Das bescheidene Grab der »Klikuscha« wies schließlich dem Aljoscha der Diener Grigorij. Er führte ihn auf unseren städtischen Friedhof, und dort, in einem entlegenen Winkel, zeigte er ihm eine nicht gerade teure, aber saubere gußeiserne Grabplatte, die sogar eine Inschrift mit Namen, Stand, Alter und Todesjahr der Verstorbenen trug, und darunter stand zudem noch so etwas wie eine vierzeilige Strophe aus einem der altertümlichen Friedhofsgedichte, wie sie auf den Gräbern von Leuten des mittleren Standes allgemein gebräuchlich sind. Diese Platte erwies sich erstaunlicherweise als ein Liebeswerk Grigorijs. Er selber hatte sie auf dem Grab der armen »Klikuscha« auf eigene Kosten errichten lassen, nachdem Fjodor Pawlowitsch, den er schon oft durch seine Mahnungen wegen dieses Grabes geärgert hatte, schließlich nach Odessa gefahren war und nicht nur von Gräbern, sondern überhaupt von seinem früheren Leben nichts mehr wissen wollte. Aljoscha zeigte am Grab seiner Mutter keinerlei besondere Rührung; er hörte Grigorijs würdige und verständige Erzählung von der Errichtung der Platte an, blieb eine Weile gesenkten Kopfes stehen und ging dann fort, ohne ein Wort zu sagen. Seitdem hatte er vielleicht das ganze Jahr hindurch den Friedhof nicht mehr besucht. Doch auf Fjodor Pawlowitsch übte diese kleine Episode eine sehr seltsame Wirkung aus. Er nahm plötzlich tausend Rubel und brachte sie in unser Kloster, damit man dort Seelenmessen lese für seine Frau, aber nicht für die zweite, die Mutter Aljoschas, die »Klikuscha«, sondern für die erste, Adelaida Iwanowna, die ihn geprügelt hatte. Am Abend jenes Tages betrank er sich und schimpfte Aljoscha gegenüber auf die Mönche. Er selber gehörte keineswegs zu den religiösen Menschen; dieser Mann hatte vielleicht noch nie eine Fünfkopekenkerze vor einem Heiligenbild aufgestellt. Seltsame plötzliche Gefühlsanwandlungen und Gedanken haben solche Kreaturen zuweilen.

Ich sagte schon, daß er sehr dick und schwammig geworden war. Sein Gesicht zeugte zu jener Zeit deutlich davon, auf welche Art und Weise er sein ganzes bisheriges Leben verbracht hatte. Unter seinen kleinen Augen, die immer unverschämt, mißtrauisch und spöttisch dreinblickten, hatte er lange und fleischige Säcke, eine Menge tiefe Runzeln durchzogen sein kleines, aber fettes Gesicht, außerdem hing unter seinem spitzen Kinn ein großer Adamsapfel wie ein fleischiger, länglicher Geldbeutel, und das alles verlieh ihm ein widerlich wollüstiges Aussehen. Man füge noch einen sinnlichen breiten Mund mit dicken Lippen hinzu, hinter denen die kleinen Stummel schwarzer, fast verfaulter Zähne zu sehen waren. Er spritzte jedesmal mit Speichel, wenn er zu reden begann. Über sein Gesicht machte er sich übrigens gern selber lustig, obwohl er mit ihm zufrieden zu sein schien. Insbesondere pflegte er auf seine Nase hinzuweisen, die nicht sehr groß, aber sehr schmal und stark gebogen war: »Eine echt römische Nase«, sagte er dann, »zusammen mit dem Adamsapfel das echte Gesicht eines römischen Patriziers der Verfallszeit.« Und darauf schien er stolz zu sein.

Bald nachdem Aljoscha das Grab seiner Mutter gefunden hatte, eröffnete er plötzlich dem Vater, er wolle ins Kloster eintreten, und die Mönche seien bereit, ihn als Novizen aufzunehmen. Er erklärte, das sei sein innigster Wunsch, und er bitte ihn als seinen Vater um seine feierliche Einwilligung. Der Alte wußte schon, daß der Starez Sosima, der in der Einsiedelei des Klosters ein bußfertiges Leben führte, auf seinen »stillen Jungen« einen ungewöhnlichen Eindruck gemacht hatte.

»Dieser Starez ist dort sicherlich noch der ehrlichste von allen Mönchen«, sagte er, nachdem er Aljoscha schweigend und nachdenklich zugehört hatte, war über dessen Bitte jedoch kaum verwundert. »Hm ... dahin willst du also, mein stiller Junge!« Er hatte einen Rausch und lächelte plötzlich sein langes trunkenes Lächeln, das jedoch nicht ohne gewisse

Schlauheit und Hinterlist war: »Hm ... ich hatte ja schon geahnt, daß es bei dir auf irgend so etwas Ähnliches hinauslaufen wird, kannst du dir das vorstellen? Gerade das war dein Ziel. Na, warum denn nicht, meinetwegen, du hast ja deine hübschen zweitausend, damit hast du eine Aussteuer, ich aber werde dich, mein Engel, nie im Stich lassen und auch jetzt für dich etwas einzahlen, soviel sich gehört, wenn sie es verlangen. Na, und wenn sie nichts verlangen, wozu sollten wir uns dann aufdrängen, nicht wahr? Du verbrauchst ja nur soviel Geld wie ein Kanarienvogel, zwei Körnchen bloß in der Woche ... Hm ... Weißt du, es gibt ein Kloster und in seiner Nähe eine Vorstadtsiedlung, und es ist schon allgemein bekannt, daß in ihr nur ‚Klosterweiber' wohnen, so nennt man sie dort, etwa dreißig Stück sind es, glaube ich ... Ich bin mal dort gewesen, und weißt du, es ist interessant, in seiner Art, versteht sich, im Sinne der Abwechslung. Das Schlimme daran ist nur, daß da ein schrecklicher Russizismus herrscht, Französinnen gibt es dort noch gar nicht, es könnte aber welche geben, es sind ja beträchtliche Mittel vorhanden. Wenn sie das erfahren, werden sie schon kommen. Na, und hier gibt es nichts dergleichen, hier gibt es keine Klosterweiber, dafür aber Mönche, wohl zweihundert Stück. Es geht bei ihnen redlich zu. Sie halten ihre Fasten ein. Das gebe ich zu ... Hm ... Du willst also zu den Mönchen? Mir tut es aber doch leid um dich, Aljoscha, wahrhaftig, ob du's wohl glaubst, ich habe dich liebgewonnen ... Übrigens, das trifft sich ganz günstig: du wirst für uns Sünder beten, wir haben, während wir hier hockten, schon allzuviel gesündigt. Ich habe immerzu darüber nachgedacht: wer wird einmal für mich beten? Gibt es auf der Welt solch einen Menschen? Du mein lieber Junge, ich bin ja in dieser Hinsicht so schrecklich dumm. Du glaubst es vielleicht nicht? Ja, schrecklich dumm. Siehst du: wie dumm ich auch bin, denke ich doch immerzu darüber nach, bisweilen, versteht sich, nicht in einem fort. Es ist doch nicht möglich, denke ich, daß die Teufel es vergessen werden, mich mit ihren Haken zu sich hinabzuzerren, wenn ich sterbe. Na, und da denke ich dann: Haken? Woher haben sie die? Woraus sind sie? Aus Eisen? Wo werden sie denn geschmiedet? Haben sie dort etwa eine Fabrik? Die Mönche dort im Kloster nehmen sicherlich an, in der Hölle gebe es zum Beispiel eine Decke. Ich indessen bin bereit, an die Hölle zu glauben, nur dürfte sie keine Decke haben; das wäre feiner, aufgeklärter, das heißt lutherisch. Doch im Grunde, ist es nicht einerlei, ob mit oder ohne Decke? Aber das ist ja gerade die verdammte Frage! Na, und wenn es keine Decke gibt, dann gibt es folglich auch keine Haken. Und wenn es keine Haken gibt, dann fällt auch alles andere fort, also ist es wiederum unwahrscheinlich, denn wer wird mich dann mit Haken fortschleppen? Wenn man mich aber nicht davonschleppt, was wäre dann, wo gäbe es dann eine letzte Gerechtigkeit in der Welt? Il faudrait les inventer, diese Haken, eigens für mich, für mich allein, denn wenn du wüßtest, Aljoscha, was für ein Schandkerl ich bin!...«

»Dort gibt es keine Haken«, sagte leise und ernst Aljoscha, der seinen Vater aufmerksam betrachtete.

»Stimmt, stimmt, nur Schatten von Haken. Ich weiß, ich weiß. Das ist, wie ein Franzose die Hölle beschrieben hat: ‚J'ai vu l'hombre d'un cocher, qui avec l'hombre d'une brosse frottait l'hombre d'une carosse.' Woher weißt du denn, Liebster, daß es dort keine Haken gibt? Wenn du erst eine Weile bei den Mönchen bist, wirst du ein anderes Liedchen singen. Doch übrigens, geh nur hin, suche herauszubringen, wie es in Wahrheit damit steht, und dann komm her und erzähle: es wird doch immerhin erträglicher sein, ins Jenseits einzugehen, wenn man mit Sicherheit weiß, wie es dort aussieht. Auch steht es dir mehr zu, bei den Mönchen zu leben als bei mir, in Gesellschaft eines versoffenen alten Kerls und liederlicher Mädchen ... obschon dir wie einem Engel nichts etwas anzuhaben vermag. Na, vielleicht wird dir auch dort nichts etwas anhaben, das ist es ja, warum ich es dir erlaube, denn darauf hoffe ich. Verstand hast du mehr, als der Teufel verdauen kann. Du wirst eine Weile brennen und dann erlöschen, wirst genesen und zurückkommen. Ich aber werde auf dich warten; denn ich fühle ja, daß du der einzige Mensch auf Erden bist, der nicht den Stab über mich gebrochen hat, du mein lieber Junge, ich fühle das doch, ich kann ja nicht anders, als es fühlen! . . .«

Und er fing sogar an zu heulen. Er war sentimental. Er war boshaft *und* sentimental.

5

Die Starzen

Vielleicht wird jemand unter den Lesern denken, mein junger Mann wäre von Natur krankhaft, ekstatisch und dürftig entwickelt gewesen, ein bleicher Träumer, verkümmert und abgezehrt. Im Gegenteil, Aljoscha war zu jener Zeit ein stattlicher und rotwangiger Jüngling von neunzehn Jahren mit leuchtendem Blick und strotzte von Gesundheit. Er war damals sogar sehr hübsch: schlank, mittelgroß, dunkelblond, hatte ein regelmäßiges, wenn auch etwas längliches, ovales Gesicht und glänzende, dunkelgraue Augen, die weit auseinanderstanden, und war sehr nachdenklich und augenscheinlich sehr ruhig. Man wird vielleicht einwenden, rote Wangen schlössen weder Fanatismus noch Mystizismus aus; mir jedoch scheint es, daß Aljoscha sogar mehr als sonst jemand Realist war. Oh, gewiß, im Kloster glaubte er steif und fest an Wunder, doch meiner Ansicht nach werden Wunder einen Realisten niemals beirren. Nicht Wunder bewegen den Realisten zum Glauben. Der wahre Realist wird, wenn er nicht gläubig ist, stets die Kraft und die Fähigkeit in sich finden, auch an ein Wunder nicht zu glauben; wenn aber das Wunder ihm als unumstößliche Tatsache begegnet, so wird er eher seinen Sinnen mißtrauen als die Tatsache zugeben. Wenn er sie jedoch gelten läßt, so als eine natürliche Tatsache, die ihm nur bisher unbekannt war. Beim Realisten kommt nicht der Glaube aus dem Wunder, sondern das Wunder aus dem Glauben. Wenn der Realist einmal glaubt, so muß er gerade seines Realismus wegen unbedingt auch das Wunder zugeben. Der Apostel Thomas erklärte, er werde nicht eher glauben, als bis er sähe, und als er sah, sprach er: »Mein Herr und mein Gott!« Hatte ihn etwa das Wunder zum Glauben gebracht? Am wahrscheinlichsten ist es, daß dem nicht so war, sondern er kam einzig und allein deshalb zum Glauben, weil er glauben *wollte*, und vielleicht glaubte er in seinem geheimsten Inneren sogar schon damals, als er sagte: »So ich es nicht sehe, vermag ich es nicht zu glauben.«

Man wird vielleicht sagen, Aljoscha sei stumpf und ungebildet gewesen, er habe die Schule vorzeitig verlassen und dergleichen mehr. Die Schule hatte er nicht beendet, das ist wahr, aber zu behaupten, er sei stumpf oder dumm gewesen, wäre eine große Ungerechtigkeit. Ich wiederhole einfach, was ich schon gesagt habe: diesen Weg hatte er nur deshalb eingeschlagen, weil zu jener Zeit nur er ihn fasziniert und sich ihm auf einmal als ein idealer Ausweg dargeboten hatte für seine Seele, die aus dem Dunkel zum Licht strebte. Man nehme noch hinzu, daß er in mancher Hinsicht schon ein Jüngling unserer letzten Zeit war, das heißt, daß er von Natur ehrlich war, Wahrheit forderte, sie suchte, an sie glaubte und, als er zum festen Glauben an sie gelangt war, mit der ganzen Kraft seiner Seele begehrte, sofort an ihr teilzuhaben, und daß er sich nach rascher Tat sehnte, mit dem unumstößlichen Wunsch, um dieser Tat willen alles zu opfern, selbst das Leben. Freilich, diese Jünglinge begreifen zum Unglück oft nicht, daß das Opfer des Lebens in den meisten Fällen das leichteste von allen Opfern sein mag und daß zum Beispiel viele von ihnen in keiner Weise die Kraft besitzen, von ihrem vor Jugend schäumenden Leben fünf oder sechs Jahre einem schweren, mühsamen wissenschaftlichen Studium zu opfern, sei es auch nur, um ihre Kräfte zu verzehnfachen für den Dienst an ebendieser Wahrheit und um ebendieser Tat willen, die sie erwählt und die zu vollbringen sie sich vorgenommen haben. Aljoscha hatte nur einen Weg gewählt, der dem der anderen entgegengesetzt war, jedoch mit dem gleichen Drang nach rascher Tat. Kaum hatte er nach ernstlichem Nachdenken die feste Überzeugung gewonnen, daß es eine Unsterblichkeit und einen Gott gibt, sagte er sich natürlich sofort: Ich will für die Unsterblichkeit leben, auf die Halbheit eines Kompromisses lasse ich mich nicht ein. Ebenso wäre er, wenn er endgültig entschieden hätte, daß es keine Unsterblichkeit und keinen Gott gebe, auf der Stelle unter die Atheisten und Sozialisten gegangen (denn der Sozialismus ist nicht nur eine Arbeiterfrage oder eine Frage des sogenannten vierten Standes, sondern hauptsächlich eine atheistische Frage, die Frage der Verwirklichung des Atheismus in unserer Zeit, die Frage des Babylonischen Turmes, der ja ohne Gott gebaut wird, nicht um den Himmel von der Erde aus zu erreichen, sondern um den Himmel auf die Erde herabzuziehen). Aljoscha kam es geradezu sonderbar und unmöglich vor, so weiterzuleben wie bisher. Es steht geschrieben: »Willst du vollkommen sein, so gib alles, was du hast, den Armen und folge mir nach.« Und so sagte sich Aljoscha: Ich kann doch nicht statt allem nur zwei Rubel hergeben und statt Ihm nachzufolgen nur regelmäßig zum Gottesdienst gehen. Unter den Erinnerungen an seine Kindheit waren in ihm vielleicht noch einige an das Kloster vor unserer Stadt lebendig, wohin er mit seiner Mutter zum Gottesdienst gefahren sein mochte. Vielleicht wirkten auch noch die schrägen Strahlen der untergehenden Sonne vor der Ikone nach, der seine Mutter, die »Klikuscha«, ihn entgegengestreckt hatte. Nachdenklich kam er damals zu uns, vielleicht nur um sich zu vergewissern, ob man hier alles hergebe oder auch nur zwei Rubel, und – begegnete im Kloster diesem Starez . . .

Dieser Starez war, wie ich schon erwähnte, der Starez Sosima. Doch wäre es hier am Platz, auch ein paar Worte darüber zu sagen, was diese »Starzen« in unseren Klöstern eigentlich sind, und da tut es mir nun leid, daß ich mich auf diesem Gebiet nicht zuständig und sicher genug fühle. Ich will jedoch versuchen, in knappen Worten eine oberflächliche Darlegung zu geben. Vor allem: sachkundige und kompetente Leute behaupten, die Starzen und das Starzentum seien bei uns, in unseren russischen Klöstern, erst vor sehr kurzer Zeit aufgekommen, vor noch nicht einmal hundert Jahren, während es sie im ganzen orthodoxen Osten, besonders auf dem Sinai und dem Berge Athos, schon seit weit über tausend Jahren gebe. Es wird behauptet, das Starzentum habe auch bei uns in Rußland in den ältesten Zeiten existiert oder müsse unbedingt existiert haben, aber infolge der Mißgeschicke Rußlands, der Tatarenherrschaft, der Zeit der Wirren, des Abbruchs unserer früheren Beziehungen zum Osten nach dem Fall Konstantinopels, sei diese Einrichtung bei uns in Vergessenheit geraten, und es habe dann keine Starzen mehr gegeben. Wiederbelebt wurde diese Einrichtung bei uns seit dem Ende des vorigen Jahrhunderts durch Paisij Welitschkowskij, einen der großen Glaubensstreiter (so nennt man ihn), und seine Schüler, doch besteht sie auch jetzt noch, nach fast hundert Jahren, erst in sehr wenigen Klöstern und ist sogar zuweilen als eine in Rußland unerhörte Neuerung fast Verfolgungen ausgesetzt gewesen. Insbesondere gedieh sie bei uns in Rußland in einer berühmten Einsiedelei, der Optina Pustyn bei Koselsk. Wann und durch wen sie auch in unserem in der Nähe der Stadt gelegenen Kloster eingeführt wurde, vermag ich nicht zu sagen, doch zählte man in ihm bereits die dritte Generation von Starzen. Der Starez Sosima war der letzte von ihnen, aber auch er war vor Schwäche und Krankheit schon dem Tode nahe, und man wußte nicht einmal, durch wen man ihn ersetzen sollte. Für unser Kloster war das eine wichtige Frage, weil es bis dahin noch durch nichts sonderlich berühmt war: in ihm gab es weder Gebeine gottgefälliger Heiliger noch »nicht von Menschenhand geschaffene« wundertätige Ikonen, es gab nicht einmal ruhmvolle, mit unserer Geschichte verbundene Überlieferungen, es hatte keine historischen Taten und Verdienste um das Vaterland aufzuweisen. Aufgeblüht und in ganz Rußland bekannt geworden war es gerade durch seine Starzen, die zu sehen und zu hören die Wallfahrer in Scharen aus ganz Rußland Tausende von Werst weit her zu uns zusammenströmten. Nun also, was ist eigentlich ein Starez? Ein Starez – das ist einer, der eines anderen Seele, eines anderen Willen in seine Seele und in seinen Willen aufnimmt. Wer einen Starez gewählt hat, gibt den eigenen Willen auf und liefert ihn unter völligem Selbstverzicht zu unbedingtem Gehorsam dem Starez aus. Diese Prüfung, diese furchtbare Schulung nimmt einer, der sich ihr weiht, freiwillig auf sich, in der Hoffnung, nach langer Probezeit sich selber zu überwinden, sich so sehr in die Gewalt zu bekommen, daß er schließlich durch lebenslänglichen Gehorsam die völlige Freiheit zu erreichen vermag, das heißt die Freiheit von sich selbst, und so dem Los derer zu entgehen, die ihr ganzes Leben verbringen, ohne zu sich selber zu finden. Diese Einrichtung, das heißt das Starzentum, ist nicht aus theoretischen Erwägungen hervorgegangen, sondern hat sich im Osten aus der Praxis ergeben, die bereits tausend Jahre alt ist. Die Pflichten dem Starez gegenüber sind etwas anderes als das übliche »Noviziat«, das es auch in unseren russischen Klöstern schon immer gegeben hat. Hier müssen vielmehr alle, die um ihr Seelenheil kämpfen, ständig dem Starez beichten, und es besteht eine unlösbare Verbindung zwischen dem, der gebunden hat, und dem, der gebunden ist. Man erzählt sich zum Beispiel, in den ältesten Zeiten des Christentums habe einst ein solcher zum Gehorsam Verpflichteter, der eine Buße, die ihm von seinem Starez auferlegt worden war, nicht erfüllt hatte, das Kloster verlassen und sei in ein anderes Land gegangen, von Syrien nach Ägypten. Dort ward er schließlich, nachdem er lange Zeit große Taten der Entsagung vollbracht hatte, vom Himmel würdig befunden, die Folter und den Märtyrertod um des Glaubens willen zu erleiden. Als aber die Kirche seinen Leib bestattete und ihn bereits wie einen Heiligen ehrte, da schnellte plötzlich beim Ausruf des Diakons: »Katechumenen, gehet hinaus!« der Sarg mit dem Leib des Märtyrers von seinem Platz hoch und ward aus dem Gotteshaus hinausgeschleudert, und das dreimal. Schließlich erfuhr man, daß dieser heilige Dulder den Gehorsam gebrochen und von seinem Starez weggegangen war, und darum konnte ihm ohne die Erlaubnis des Starez auch nicht verziehen werden, ungeachtet selbst seiner großen asketischen Leistungen. Erst als der herbeigerufene Starez ihn vom Gehorsam entbunden hatte, konnte seine Bestattung vorgenommen werden. Das alles ist natürlich nur eine alte Legende; doch nun noch eine wahre Geschichte, die sich unlängst begeben hat. Einer von unseren zeitgenössischen Mönchen führte auf dem Athos ein bußfertiges Leben, doch plötzlich befahl ihm sein Starez, den Athos zu verlassen, den er als Heiligtum, als stillen Zufluchtsort bis in die Tiefe seiner Seele liebgewonnen hatte, und zuerst nach den heiligen Stätten Jerusalems zu wallfahrten, dann nach Rußland zurückzukehren und nach dem Norden, nach Sibirien zu gehen: »Dort ist dein Platz, nicht hier.« Der tief erschütterte und vor Leid zu Tode betrübte Mönch erschien in Konstantinopel beim Ökumenischen Patriarchen und flehte ihn an, ihn vom Gehorsam zu entbinden, und da antwortete ihm der höchste geistliche Würdenträger der Ökumene: Nicht nur er, der Ökumenische Patriarch, könne ihn nicht entbinden, sondern in der ganzen Welt gebe es keine Macht und könne es keine geben, die ihn vom Gehorsam gegen seinen Starez zu entbinden vermöchte, außer allein die Macht dieses Starez selber. Die Starzen sind also mit einer Gewalt ausgestattet, die in gewissen Fällen grenzenlos und unfaßlich ist. Das ist es auch, warum das Starzentum bei uns in vielen Klöstern fast einer Verfolgung ausgesetzt war. Indessen begegnete das Volk den Starzen sofort mit hoher Verehrung. Zu den Starzen unseres Klosters strömten zum Beispiel sowohl die einfachsten wie auch die vornehmsten Leute, um sich vor ihnen niederzuwerfen, ihnen ihre Zweifel, ihre Sünden, ihr Leid zu beichten und Rat und Belehrung von ihnen zu erbitten. Als die Gegner der Starzen das sahen, zeterten sie, wobei sie zugleich auch mit anderen Beschuldigungen vorbrachten, hier werde das Sakrament der Beichte durch eigenmächtigen und leichtfertigen Gebrauch herabgewürdigt – obwohl die ununterbrochene Seelenbeichte des dienenden Klosterbruders oder des Laien durchaus nicht als eine heilige Handlung vor sich geht. Das Starzentum behauptete sich jedoch schließlich und beginnt nach und nach in den russischen Klöstern Fuß zu fassen. Allerdings mag es wohl wahr sein, daß dieses erprobte und schon tausend Jahre alte Werkzeug zur Wiedergeburt des Menschen aus der Knechtschaft zur Freiheit und zur sittlichen Vervollkommnung sich in eine zweischneidige Waffe verwandeln kann, so daß es am Ende manchen statt zu Demut und letzter Selbstbeherrschung im Gegenteil zu satanischem Stolz, das heißt zu Ketten und nicht zur Freiheit, führen wird.

Der Starez Sosima war ungefähr fünfundsechzig Jahre alt; er stammte aus Gutsbesitzerskreisen, war einstmals in ganz jungen Jahren Kadett gewesen und hatte dann im Kaukasus als Offizier gedient. Zweifellos hatte er Aljoscha durch irgendeine besondere Eigenschaft seiner Seele tief beeindruckt. Aljoscha wohnte in der Zelle des Starez selbst, der ihn sehr liebgewonnen und ihm bei sich Unterkunft gewährt hatte. Ich muß noch erwähnen, daß Aljoscha, als er damals im Kloster lebte, noch durch nichts gebunden war, daß er hingehen durfte, wohin es ihm beliebte, sei es auch für ganze Tage; und wenn er einen Mönchsrock trug, so tat er das freiwillig, um sich im Kloster von niemandem zu unterscheiden. Jedoch gefiel ihm das natürlich auch selber. Vielleicht hatten auf die jugendliche Einbildungskraft Aljoschas die Macht und der Ruhm, die seinen Starez ständig umgaben, eine starke Wirkung ausgeübt. Von dem Starez Sosima sagten viele, er habe dadurch, daß er während so vieler Jahre allen bei sich Zutritt gewährte, die zu ihm kamen, um ihm ihr Herz auszuschütten, und die nach seinem Rat und heilenden Wort lechzten, so viele Eröffnungen, Kümmernisse und Geständnisse in seine Seele aufgenommen und schließlich eine so große Sehergabe erlangt, daß er bei dem ersten Blick auf das Gesicht eines Unbekannten, der vor ihn trete, erraten könne, womit dieser zu ihm gekommen sei, was ihm not tue, und sogar, welcher Art die Qual sei, die sein Gewissen peinige; und er habe den Ankömmling zuweilen, bevor dieser noch ein Wort gesprochen, in Erstaunen, Verlegenheit und fast in Schrecken gesetzt durch solche Kenntnis seiner Geheimnisse. Dabei fiel es Aljoscha beinahe immer auf, daß viele, ja so gut wie alle, die zum erstenmal zu dem Starez kamen, um mit ihm unter vier Augen zu sprechen, voller Angst und Unruhe bei ihm eintraten, jedoch fast stets heiter und freudig von ihm gingen und daß selbst das finsterste Gesicht sich in ein glückliches verwandelte. Auf Aljoscha machte es auch einen außerordentlichen Eindruck, daß der Starez ganz und gar nicht streng war; im Gegenteil, er war fast immer heiter im Umgang. Die Mönche sagten von ihm, er schlösse sich mit seiner Seele gerade an den an, der sündiger sei als andere, und wer von allen der sündigste sei, den gewinne er am meisten lieb. Unter den Mönchen gab es, selbst noch kurz vor dem Lebensende des Starez, auch solche, die ihn haßten und beneideten, aber ihre Zahl war schon im Abnehmen begriffen, und sie schwiegen, obwohl sich unter ihnen ein paar sehr bekannte und im Kloster hoch angesehene Personen befanden wie zum Beispiel einer der ältesten Mönche, ein großer Schweiger und ungewöhnlicher Faster. Doch hielt zweifellos eine weit überwiegende Mehrheit zum Starez Sosima, und sehr viele von ihnen liebten ihn sogar von ganzem Herzen, heiß und aufrichtig; einige hingen beinahe fanatisch an ihm. Diese sagten geradeheraus, wenn freilich auch nur im Flüsterton, er sei ein Heiliger, darüber bestehe kein Zweifel, und da sie sein nahes Ende voraussahen, erwarteten sie sofortige Wunder und für das Kloster in allernächster Zukunft großen Ruhm durch den Entschlafenen. An die wundertätige Kraft des Starez glaubte widerspruchslos auch Aljoscha, genauso wie er widerspruchslos an die Erzählung von dem Sarg glaubte, der aus der Kirche geflogen sei. Er sah, wie von denen, die mit kranken Kindern oder erwachsenen Angehörigen gekommen waren und gefleht hatten, der Starez möge seine Hände auf sie legen und über ihnen ein Gebet sprechen, viele in kurzer Zeit, manche sogar schon am nächsten Tag, wiederkehrten und, indem sie unter Tränen vor dem Starez niederfielen, ihm für die Heilung ihrer Kranken dankten. Ob das nun wirklich eine Heilung oder nur eine natürliche Besserung im Verlauf der Krankheit war – das bedeutete für Aljoscha keine Frage, denn er glaubte bereits fest an die geistige Kraft seines Lehrers, und dessen Ruhm war gleichsam sein eigener Triumph. Besonders dann jedoch bebte sein Herz und strahlte sein ganzes Gesicht, wenn der Starez zu der Menge der Wallfahrer aus dem einfachen Volk hinausging, die an der Pforte der Einsiedelei auf sein Erscheinen warteten und eigens, um den Starez zu sehen und seinen Segen zu empfangen, aus ganz Rußland zusammengeströmt waren. Sie warfen sich vor ihm nieder, weinten, küßten seine Füße, küßten die Erde, auf der er stand, wehklagten, die Weiber streckten ihm ihre Kinder entgegen oder führten kranke »Klikuschi« zu ihm hin. Der Starez redete mit ihnen, sprach ein kurzes Gebet über ihnen, segnete und entließ sie. In der letzten Zeit wurde er durch die Anfälle seiner Krankheit manchmal so geschwächt, daß er kaum noch imstande war, die Zelle zu verlassen, und die Wallfahrer warteten zuweilen im Kloster mehrere Tage auf sein Erscheinen. Für Aljoscha war es gar kein Problem, warum sie ihn so liebten, warum sie sich vor ihm niederwarfen und vor Rührung weinten, sobald sie nur sein Gesicht erblickten. Oh, er begriff sehr wohl, daß es für die demütige Seele der Russen aus dem einfachen Volke, die ermattet ist von Arbeit und Kummer und vor allem von der immerwährenden Ungerechtigkeit und der immerwährenden Sünde, der eigenen wie auch jener der ganzen Welt, kein stärkeres Bedürfnis und keinen mächtigeren Trost gibt, als ein Heiligtum oder einen Heiligen zu finden, vor ihm niederzufallen und ihn anzubeten: Wenn bei uns Sünde, Ungerechtigkeit und Versuchung herrschen, so gibt es doch immerhin irgendwo auf Erden einen Heiligen und Höheren; bei ihm ist letzte Gerechtigkeit zu finden, er kennt sie, die Wahrheit; also stirbt sie nicht aus auf Erden, und folglich wird sie einmal auch zu uns kommen und auf der ganzen Erde zur Herrschaft gelangen, wie es verheißen ist. Aljoscha wußte, daß das Volk gerade in dieser Weise fühlt und urteilt, und er begriff es; daß aber der Starez dieser Heilige, dieser Hüter der göttlichen Wahrheit und Gerechtigkeit sei – daran zweifelte auch er selber nicht im geringsten, ebensowenig wie diese weinenden Bauern und ihre kranken Weiber, die ihre Kinder dem Starez entgegenstreckten. Die Überzeugung indessen, daß der entschlafene Starez dereinst dem Kloster einen ungewöhnlichen Ruhm verschaffen werde, beherrschte Aljoschas Seele vielleicht sogar noch mehr als die irgendeines anderen im Kloster. Überhaupt entbrannte in dieser ganzen letzten Zeit eine tiefe, flammende innere Begeisterung immer stärker und stärker in seinem Herzen. Ihn beirrte es nicht im geringsten, daß der Starez als eine einmalige Erscheinung vor ihm stand: Gleichviel, er ist heilig, sein Herz birgt das Geheimnis der Erneuerung aller, jene Macht, die endlich letzte Gerechtigkeit auf Erden herbeiführen wird – und alle werden dann heilig sein und einander lieben, und es wird weder Reiche noch Arme, weder solche, die sich selbst erhöhen, noch Erniedrigte geben, sondern es werden alle wie Kinder Gottes sein, und das wahre Reich Christi wird anbrechen. Das war es, wovon das Herz Aljoschas träumte.

Augenscheinlich machte die Ankunft der beiden Brüder Aljoschas, die er bis dahin noch gar nicht gekannt hatte, auf ihn einen sehr starken Eindruck. Mit seinem Stiefbruder Dmitrij Fjodorowitsch freundete er sich rascher und näher an, obgleich dieser später gekommen war, als mit dem anderen, seinem leiblichen Bruder Iwan Fjodorowitsch. Es reizte ihn außerordentlich, seinen Bruder Iwan kennenzulernen, doch obwohl dieser nun schon seit zwei Monaten da war und sie sich ziemlich oft sahen, waren sie sich immer noch nicht nähergekommen. Aljoscha war ja auch selber schweigsam, schien auf etwas zu warten und sich wegen irgend etwas zu schämen, sein Bruder Iwan aber, obwohl Aljoscha im Anfang seine langen und neugierigen Blicke hatte auf sich ruhen fühlen, dachte bald allem Anschein nach nicht einmal mehr an ihn. Aljoscha stellte das mit einer gewissen Verwirrung fest. Er führte die Gleichgültigkeit des Bruders auf den Unterschied ihres Alters und besonders ihrer Bildung zurück. Doch hatte Aljoscha auch noch einen anderen Gedanken: Eine so geringe Teilnahme ihm gegenüber könne bei Iwan vielleicht von etwas herrühren, das ihm, Aljoscha, gänzlich unbekannt sei. Aus irgendeinem Grunde kam es ihm immer so vor, als wäre Iwan mit etwas beschäftigt, das für seine Seele sehr wichtig war, als strebte er nach irgendeinem Ziel, einem vielleicht sehr schwer erreichbaren, so daß es ihm jetzt nicht um den Bruder zu tun sei, und das sei der einzige Grund, weswegen er Aljoscha so zerstreut ansehe. Auch darüber machte Aljoscha sich Gedanken: ob sich dahinter nicht eine gewisse Verachtung des gelehrten Atheisten ihm, dem einfältigen Novizen, gegenüber verberge. Er wußte sehr gut, daß sein Bruder Atheist war. Eine solche Verachtung hätte er, wenn sie wirklich vorhanden gewesen wäre, nicht übelnehmen können, aber dennoch wartete er mit einer Verwirrung, die ihm selber unverständlich war und ihn ängstigte, wann sein Bruder ihm endlich werde nähertreten wollen. Dmitrij Fjodorowitsch äußerte sich über ihren Bruder Iwan Fjodorowitsch mit größter Achtung, und er sprach von ihm mit einer besonderen Wärme. Durch ihn erfuhr Aljoscha auch alle Einzelheiten jener wichtigen Angelegenheit, die in der letzten Zeit seine beiden älteren Brüder auf so merkwürdige und enge Weise verbunden hatte. Dmitrijs begeisterte Äußerungen über seinen Bruder Iwan waren in Aljoschas Augen um so bezeichnender, als Dmitrij im Vergleich zu Iwan fast gänzlich ungebildet war und die beiden, wenn man sie miteinander verglich, als Persönlichkeiten und Charaktere einen so krassen Gegensatz darzustellen schienen, daß man sich wohl kaum zwei Menschen denken konnte, die einander weniger ähnlich gewesen wären.

Eben zu dieser Zeit nun fand in der Zelle des Starez die Zusammenkunft oder, besser gesagt, das Zusammentreffen aller

Mitglieder dieser disharmonischen Familie statt, das auf Aljoscha einen so außerordentlichen Einfluß ausübte. Was man als Zweck dieses Treffens angab, war in Wirklichkeit nur ein Vorwand. Gerade damals hatten die Meinungsverschiedenheiten über die Erbschaft und über die Vermögensabrechnungen zwischen Dmitrij Fjodorowitsch und seinem Vater, Fjodor Pawlowitsch, augenscheinlich ins Ausweglose geführt. Ihre Beziehungen hatten sich zugespitzt und waren unerträglich geworden. Fjodor Pawlowitsch regte wohl als erster und, wie es schien, nur im Scherz an, sie alle sollten sich in der Zelle des Starez treffen und, wenn auch ohne geradezu seine Vermittlung zu suchen, sich doch immerhin auf irgendeine anständigere Weise einigen, wobei die Würde und die Person des Starez einen gewissen Einfluß ausüben und versöhnlich wirken könnten. Dmitrij Fjodorowitsch, der noch niemals beim Starez gewesen war und ihn nicht einmal gesehen hatte, dachte natürlich, man wolle ihm mit dem Starez Angst einjagen; da er sich aber selber schon insgeheim Vorwürfe machte wegen der vielen besonders heftigen Ausfälle, die er sich in letzter Zeit im Streit gegen seinen Vater erlaubt hatte, nahm er die Aufforderung an. Nebenbei gesagt, er wohnte nicht im Hause seines Vaters wie Iwan Fjodorowitsch, sondern für sich allein am anderen Ende der Stadt. Nun traf es sich, daß Pjotr Alexandrowitsch Miusow, der zu der Zeit gerade bei uns in der Stadt weilte, sich besonders für diese Idee des Fjodor Pawlowitsch begeisterte. Als Liberaler der vierziger und fünfziger Jahre, Freigeist und Atheist nahm er, vielleicht aus Langerweile, vielleicht aber auch zu leichtfertigem Zeitvertreib an dieser Angelegenheit außerordentlichen Anteil. Er wollte plötzlich das Kloster und den »Heiligen« sehen. Da seine alten Streitigkeiten mit dem Kloster immer noch fortdauerten und der Prozeß um die Grenzen ihrer Besitzungen, um irgendwelche Holzungsrechte, den Fischfang im Flüßchen und dergleichen mehr sich immer noch hinzog, beeilte er sich, das unter dem Vorwand auszunutzen, er wolle gern selber mit dem Vater Abt besprechen, ob die Streitigkeiten nicht auf irgendeine Weise gütlich beigelegt werden könnten. Einen Gast mit so guten Vorsätzen würde man natürlich im Kloster aufmerksamer und zuvorkommender empfangen als einen, der aus bloßer Neugier kam. Wenn all diese Erwägungen zuträfen, könnte man auch über das Kloster selbst einen Einfluß auf den kranken Starez ausüben, der in letzter Zeit seine Zelle fast gar nicht mehr verließ und wegen seiner

Krankheit sogar seine üblichen Besucher abwies. Es endete damit, daß der Starez seine Einwilligung gab und der Tag festgesetzt wurde. »Wer hat mich zum Erbschichter über sie gesetzt?« sagte er nur mit einem Lächeln zu Aljoscha.

Als Aljoscha von der Verabredung erfuhr, geriet er in große Verwirrung. Wenn jemand von denen, die hier in Streit und Hader miteinander lagen, diese Zusammenkunft ernst nehmen konnte, dann zweifellos nur sein Bruder Dmitrij; alle übrigen indessen würden aus leichtfertigen und für den Starez vielleicht beleidigenden Gründen kommen – das war es, was Aljoscha begriff. Sein Bruder Iwan und Miusow würden vielleicht aus schamlosester Neugier kommen, und sein Vater hatte möglicherweise vor, irgendeine Hanswurstiade und Komödiantenszene aufzuführen. Oh, wenn Aljoscha auch schwieg, so kannte er seinen Vater doch schon zur Genüge und hatte ihn bis auf den Grund durchschaut. Ich wiederhole: dieser Junge war keineswegs so arglos gutmütig, wie alle von ihm glaubten. Schweren Herzens sah er dem festgesetzten Tag entgegen. Zweifellos war er in seinem Innersten sehr darum besorgt, daß all diese Familienzwistigkeiten auf irgendeine Weise ein Ende nehmen möchten. Nichtsdestoweniger galt seine Hauptsorge dem Starez: er zitterte für ihn, für seinen Ruhm, fürchtete, er könnte beleidigt werden, besonders durch die feinen, höflichen Spötteleien Miusows und die herablassenden Andeutungen des gelehrten Iwan. So stellte er sich das alles vor. Er wollte es sogar wagen, den Starez zu warnen, ihn über die Personen aufzuklären, deren Besuch bevorstand, doch überlegte er es sich und schwieg still. Er ließ nur am Vorabend des festgesetzten Tages seinem Bruder Dmitrij durch einen Bekannten mitteilen, daß er ihn sehr liebhabe und von ihm die Erfüllung seines Versprechens erwarte. Dmitrij zerbrach sich den Kopf, da er sich an nichts erinnern konnte, das er ihm versprochen hätte, und antwortete nur in einem Brief, er werde sich der »Niedertracht gegenüber« mit allen Kräften beherrschen, und wenn er auch den Starez und den Bruder Iwan tief verehre, so sei er doch überzeugt, daß man ihm da eine Falle stellen oder ihn in eine unwürdige Komödie hineinziehen wolle. »Nichtsdestoweniger werde ich mir eher die Zunge abbeißen, als es an Achtung fehlen lassen dem heiligen Mann gegenüber, den Du so sehr verehrst«, schloß Dmitrij seinen Brief, der Aljoscha nicht sonderlich ermutigte.

ZWEITES BUCH

EINE UNANGEBRACHTE ZUSAMMENKUNFT

I

Sie kommen im Kloster an

Es war ein wunderschöner, warmer und klarer Tag. Der August ging zur Neige. Die Zusammenkunft mit dem Starez war für die Zeit gleich nach dem Mittagsgottesdienst vereinbart, auf ungefähr halb zwölf Uhr. Unsere Klostergäste erschienen jedoch nicht zum Gottesdienst, sondern trafen erst in dem Augenblick ein, als die Kirchenbesucher schon auseinander gingen. Sie kamen in zwei Wagen an: in dem ersten, einer eleganten Kalesche mit kostbarem Zweigespann, saß Pjotr Alexandrowitsch Miusow mit seinem entfernten Verwandten Pjotr Fomitsch Kalganow, einem noch sehr jungen Mann von etwa zwanzig Jahren. Dieser junge Mann hatte vor, eine einheimische Universität zu besuchen; Miusow indessen, bei dem er aus irgendeinem Grunde vorläufig wohnte, redete ihm zu, mit ihm ins Ausland zu fahren, nach Zürich oder Jena, um dort sein Universitätsstudium zu beginnen und auch zu beenden. Der junge Mann war noch unschlüssig. Er war nachdenklich und, wie es schien, zerstreut. Er hatte ein angenehmes Gesicht, war kräftig und von ziemlich hohem Wuchs. In seinem Blick lag zuweilen etwas seltsam Unbewegliches: wie alle sehr zerstreuten Menschen starrte er einen dann lange an, ohne einen jedoch überhaupt zu bemerken. Er war schweigsam und ein wenig linkisch, manchmal aber – was übrigens nur vorkam, wenn er mit jemandem unter vier Augen war – wurde er auf einmal ungemein gesprächig, ungestüm und lachlustig, ohne daß man wußte, worüber er lachte. Seine Lebhaftigkeit pflegte jedoch ebenso schnell und plötzlich zu erlöschen, wie sie aufgeflackert war. Er war stets gut, ja sogar gewählt gekleidet; er besaß bereits ein gewisses Vermögen, über das er frei verfügen konnte, und hatte ein noch bedeutend größeres zu erwarten. Mit Aljoscha war er befreundet.

In einer uralten, knarrenden, aber geräumigen Mietkutsche mit zwei alten Grauschimmeln davor, die weit hinter Miusows

Kalesche zurückblieben, kam auch Fjodor Pawlowitsch mit seinem Sohn Iwan Fjodorowitsch angefahren. Dmitrij Fjodorowitsch war schon am vorhergehenden Tage Zeit und Stunde mitgeteilt worden, aber er hatte sich verspätet. Die Gäste ließen die Wagen an der Klostermauer beim Gasthof stehen und traten zu Fuß durch das Klostertor ein. Außer Fjodor Pawlowitsch hatten die übrigen drei augenscheinlich noch nie ein Kloster gesehen, und Miusow mochte wohl schon seit dreißig Jahren nicht mehr in einer Kirche gewesen sein. Er schaute mit einer Neugier um sich, die nicht ohne eine gewisse gekünstelte Ungezwungenheit war. Doch bot sich seinen aufmerksamen Blicken außer den Kirchen- und Wirtschaftsgebäuden, die übrigens sehr einfach waren, innerhalb der Klostermauern nichts weiter dar. Entblößten Hauptes und sich bekreuzend kamen die letzten Kirchgänger vorbei. Neben dem einfachen Volk waren hier und da auch Fremde aus der höheren Gesellschaft zu sehen, unter anderem ein paar Damen und ein hochbetagter General; sie waren alle im Gasthof abgestiegen. Bettler umringten sofort unsere Ankömmlinge, doch niemand gab ihnen etwas. Nur Petruscha Kalganow nahm ein Zehnkopekenstück aus seiner Geldbörse, steckte es eilig und, Gott weiß weshalb, verlegen einem Weibe zu und sagte dabei hastig: »Teilt es gleichmäßig.« Keiner von seinen Gefährten äußerte etwas darüber, so daß er keinen Grund hatte, verlegen zu werden; dennoch wurde er, als er es bemerkte, noch verwirrter.

Eines jedoch war sonderbar; es hätte sich eigentlich gehört, daß man sie erwartet und womöglich einigermaßen ehrenvoll empfangen hätte. Denn einer von ihnen hatte erst vor kurzem tausend Rubel gespendet, und ein anderer war ein steinreicher Gutsbesitzer und immerhin ein hochgebildeter Mann, von dem das ganze Kloster hinsichtlich des Fischfanges im Fluß im Falle einer Wendung des Prozesses in etwa abhängig war. Und dennoch hatte niemand von den offiziellen Persönlichkeiten sie bewillkommnet. Miusow blickte zerstreut auf die Grabsteine neben der Kirche und war schon im Begriff zu bemerken, daß diese Gräber wegen des Vorrechts, an einem so »heiligen« Ort bestattet zu werden, die Hinterbliebenen wohl recht teuer zu stehen gekommen seien, verlor aber dann doch kein Wort darüber: seine gewöhnliche liberale Ironie schlug schon geradezu in Zorn um.

»Zum Teufel, bei wem könnte man sich hier nur erkundigen, in diesem albernen Durcheinander . . . Das müßte man herausfinden, denn die Zeit verrinnt«, sagte er auf einmal, als spräche er mit sich selber.

Plötzlich trat ein bejahrter, kahlköpfiger Herr auf sie zu. Er trug einen weiten Sommermantel und hatte liebedienerische kleine Augen. Er lüftete den Hut und stellte sich mit honigsüßem Gelispel als Gutsbesitzer Maximow aus dem Gouvernement Tula vor. Im Handumdrehen hatte er die Betreuung unserer Ankömmlinge übernommen.

»Der Starez Sosima wohnt in der Einsiedelei, völlig abgesondert in der Einsiedelei, vierhundert Schritt etwa vom Kloster entfernt, jenseits des Wäldchens, jenseits des Wäldchens ...«

»Das weiß ich selber, daß er jenseits des Wäldchens wohnt«, entgegnete ihm Fjodor Pawlowitsch; »doch der Weg dorthin ist mir nicht mehr genau erinnerlich, bin ich doch seit langem nicht mehr hier gewesen.«

»Nun, durch dieses Tor hier und dann geradeaus durch das Wäldchen ... durch das Wäldchen. Kommen Sie. Darf ich bitten ... ich will selber ... ich selbst ... Sehen Sie, hierhin, hierhin ...«

Sie gingen durch das Tor und betraten den Wald. Der Gutsbesitzer Maximow, ein Mann an die Sechzig, schritt nicht eigentlich, sondern lief vielmehr beinahe neben ihnen her und betrachtete alle mit einer so krampfhaften, geradezu unschicklichen Neugier, daß seine Augen förmlich etwas Glotzendes bekamen.

»Sehen Sie, wir wollen in einer Sache, die nur uns selber angeht, zu dem Starez«, bemerkte Miusow streng; »‚diese hohe Persönlichkeit‘ hat uns sozusagen eine Audienz gewährt. So dankbar wir Ihnen also sind, daß Sie uns den Weg weisen, müssen wir Sie doch bitten, nicht mit uns zusammen dort einzutreten.«

»Ich war, ich war schon, ich war schon dort ... Un chevalier parfait!« Und dabei schnalzte der Gutsbesitzer mit den Fingern.

»Wer ist ein chevalier?« fragte Miusow.

»Der Starez, der prächtige Starez, der Starez ... Er gereicht dem Kloster zu Ruhm und Ehre. Sosima! Das ist einmal ein Starez ...«

Seine wirre Rede wurde jedoch von einem sehr blassen und ausgemergelten kleinen Mönch mit hoher Kappe unterbrochen, der die Wanderer eingeholt hatte. Fjodor Pawlowitsch und Miusow blieben stehen. Der Mönch sagte mit einer außerordentlich höflichen tiefen Verbeugung: »Der Vater Abt bittet

Sie alle, meine Herren, nach Ihrem Besuch in der Einsiedelei bei ihm zu speisen. Sie möchten sich nicht später als um ein Uhr bei ihm einfinden. Und Sie ebenfalls«, fügte er hinzu, indem er sich an Maximow wandte.

»Das werde ich unbedingt tun!« rief Fjodor Pawlowitsch, aufs höchste erfreut über die Einladung, »unbedingt! Und wissen Sie, wir haben alle einander versprochen, uns hier anständig zu benehmen... Und Sie, Pjotr Alexandrowitsch, werden Sie auch kommen?«

»Warum sollte ich nicht kommen? Wozu bin ich denn hergefahren, wenn nicht, um mir all die hiesigen Bräuche anzusehen? Nur eins bringt mich in Verlegenheit, daß ich nämlich jetzt mit Ihnen, Fjodor Pawlowitsch...«

»Dmitrij Fjodorowitsch ist ja noch nicht zur Stelle.«

»Und es wäre auch sehr gut, wenn er überhaupt wegbliebe. Ist mir denn etwa diese ganze unsaubere Geschichte angenehm, zudem Sie noch dabei sind? Wir werden also zum Essen erscheinen, richten Sie dem ehrwürdigen Vater Abt unseren Dank aus«, wandte er sich an den Mönch.

»Nein, ich bin beauftragt, Sie zum Starez zu geleiten«, entgegnete der Mönch.

»Und ich gehe, wenn das so ist, zum Vater Abt, ich gehe unterdessen unmittelbar zum hochehrwürdigen Abt«, plapperte der Gutsbesitzer Maximow.

»Der Vater Abt ist zur Stunde beschäftigt, aber wie Sie belieben...« sagte unschlüssig der Mönch.

»Ein äußerst zudringlicher alter Kerl«, bemerkte Miusow laut, als der Gutsbesitzer Maximow zum Kloster zurücklief.

»Er ähnelt Herrn von Son«, sagte plötzlich Fjodor Pawlowitsch.

»Sie wissen wohl nichts anderes als das zu sagen?... Wieso ähnelt er von Son? Haben Sie denn selber den von Son gesehen?«

»Seine Photographie habe ich gesehen. Er ähnelt ihm, wenn auch nicht in den Gesichtszügen, so doch in etwas Unerklärlichem. Der reinste Abklatsch des von Son ist er. Ich erkenne das stets allein schon an der Physiognomie.«

»Na, mag sein; Sie sind ja ein Kenner auf diesem Gebiet. Aber noch eins, Fjodor Pawlowitsch: Sie beliebten soeben selber zu erwähnen, daß wir einander versprochen haben, uns anständig zu benehmen, wie Sie sich entsinnen werden. Ich sage Ihnen: beherrschen Sie sich! Sollten Sie aber anfangen, sich als Narr aufzuspielen, so bin ich nicht gewillt, mich mit Ihnen auf eine Stufe stellen zu lassen . . . Sehen Sie, was für ein Mensch das ist«, wandte er sich an den Mönch, »ich scheue mich geradezu, mit ihm zusammen bei gesitteten Leuten einzutreten.«

Auf den blassen, blutleeren Lippen des Mönchs zeigte sich ein feines, durch das Gelübde des Schweigens gebotenes Lächeln, das nicht frei von einer Art Verschlagenheit war, doch er entgegnete nichts, und es war nur allzu deutlich, daß er sich im Gefühl seiner Würde in Schweigen hüllte. Miusow verzog sein Gesicht noch mehr.

Oh, der Teufel soll sie alle holen, das hier ist ja nichts als eine Äußerlichkeit, die sich in Jahrhunderten herausgebildet hat, im Grunde aber ist alles Scharlatanerie und Mumpitz! fuhr es ihm durch den Kopf.

»Da ist auch schon die Einsiedelei; wir sind angelangt!« rief Fjodor Pawlowitsch. »Doch das Tor in der Mauer ist verschlossen.« Und er fing sofort an, sich umständlich vor den Heiligen zu bekreuzigen, die über und neben dem Tor an die Wand gemalt waren. »Wer ein fremdes Kloster besucht, soll sich nach dessen Regel richten«, bemerkte er. »In dieser Einsiedelei führen fünfundzwanzig Heilige ein bußfertiges Leben, passen aufeinander auf und ernähren sich von Kohl. Und durch dieses Tor, das ist besonders beachtenswert, darf keine einzige Frau eintreten. Und das ist wirklich so. Doch wieso ist es dann möglich, daß der Starez, wie ich gehört habe, auch Damen empfängt?« wandte er sich plötzlich an den Mönch.

»Aus dem gemeinen Volk sind auch jetzt Frauen hier; dort an der kleinen Galerie liegen sie und warten. Für Damen der höheren Kreise jedoch sind hier bei der Galerie, aber außerhalb der Einfriedung, zwei Zimmerchen angebaut – sehen Sie die Fenster dort –, und der Starez kommt, wenn er gesund ist, durch einen im Innern befindlichen Gang zu ihnen heraus, das heißt also ebenfalls vor die Einfriedung. So wartet dort auch jetzt eine Dame, eine Gutsbesitzerin aus dem Gouvernement Charkow, Frau Chochlakowa, mit ihrer gelähmten Tochter. Wahrscheinlich hat er versprochen, zu ihnen herauszukommen, obwohl er in letzter Zeit so schwach geworden ist, daß er sich selbst dem Volk kaum noch zeigt.«

»Also hat man doch immerhin ein Hintertürchen offengelassen, um von der Einsiedelei zu den Damen gelangen zu können. Sie dürfen nicht meinen, heiliger Vater, daß ich mir dabei irgend etwas denke, ich sage das nur so hin. Wissen Sie, auf dem Athos, das werden Sie wohl gehört haben, ist nicht nur der Besuch von Frauen untersagt, sondern dort darf es überhaupt keine Frauen geben, nicht einmal irgendwelche Tiere weiblichen Geschlechts wie Hennen, Puten oder Kuhkälber . . .«

»Fjodor Pawlowitsch, ich werde gleich umkehren und Sie hier allein lassen, und man wird Sie, wenn ich nicht mitgehe, hinauswerfen, das prophezeie ich Ihnen.«

»Was stört Sie denn an mir, Pjotr Alexandrowitsch? Schauen Sie mal«, rief er plötzlich, als er die Einsiedelei betrat, »schauen Sie, in welch einem Rosental diese Leute leben!«

Tatsächlich gab es dort, wenn auch keine Rosen mehr, so doch eine Menge seltener und wunderschöner Herbstblumen, überall, wo man sie nur hatte pflanzen können. Augenscheinlich wurden sie von einer erfahrenen Hand gepflegt. Die Blumenbeete waren innerhalb der Einfriedung und zwischen den Gräbern angelegt. Rings um das Häuschen, in dem sich die Zelle des Starez befand – ein einstöckiges Holzhäuschen mit einer Galerie vor dem Eingang –, waren ebenfalls Blumen angepflanzt.

»War das denn zur Zeit des früheren Starez Warsonofij auch so? Der hat doch, wie es heißt, Schönheit nicht geliebt, er soll sogar manchmal jäh aufgesprungen sein und das zarte Geschlecht mit dem Stock geschlagen haben«, bemerkte Fjodor Pawlowitsch, während er die kleine Freitreppe hinaufstieg.

»Der Starez Warsonofij erweckte tatsächlich manchmal den Eindruck eines christlichen Narren, aber es wird auch viel dummes Zeug geredet. Mit dem Stock jedoch hat er nie jemanden geschlagen«, entgegnete der Mönch. »Warten Sie jetzt einen kleinen Augenblick, meine Herren, ich will Sie anmelden.«

»Fjodor Pawlowitsch, hören Sie zum letztenmal meine Bedingung: führen Sie sich gut auf, sonst werde ich es Ihnen heimzahlen«, konnte Miusow gerade noch murmeln.

»Ich weiß gar nicht, weshalb Sie sich so aufregen«, bemerkte spöttisch Fjodor Pawlowitsch. »Oder haben Sie etwa Angst wegen Ihrer kleinen Sünden? Er erkennt ja, wie es heißt, an den Augen, womit einer zu ihm kommt. Und wie hoch Sie die Meinung dieser Leute schätzen, Sie, ein Pariser und fortschrittlicher Herr! Sie setzen mich geradezu in Erstaunen, muß ich sagen!«

Doch Miusow kam nicht mehr dazu, auf diese Bosheit zu

antworten; man bat sie hereinzukommen. Gereizt trat er ein ...

Na, jetzt weiß ich schon im voraus, wie es gehen wird, ich kenne mich, ich bin gereizt, werde zu streiten anfangen ... werde in Zorn geraten – und mich selber und meine Idee entwürdigen, schoß es ihm durch den Kopf.

2

Der alte Hanswurst

Sie betraten das Zimmer fast gleichzeitig mit dem Starez, der bei ihrer Ankunft sofort aus seiner kleinen Schlafkammer herauskam. In der Zelle hatten schon vorher zwei Mönchpriester der Einsiedelei auf das Erscheinen des Starez gewartet. Der eine war der Vater Bibliothekar, der andere Vater Paisij, ein kranker, noch nicht alter, doch, wie es hieß, sehr gelehrter Mann. Außer ihnen wartete dort noch in einer Ecke – wo er auch die ganze Zeit über stehen blieb – ein junger Bursche, dem Aussehen nach etwa zweiundzwanzig Jahre alt, im Zivilrock, ein Seminarist und künftiger Theologe, der aus irgendeinem Grund vom Kloster und von der Brüderschaft protegiert wurde. Er war ziemlich groß, hatte ein frisches Gesicht, breite Backenknochen und kluge, aufmerksame, schmale braune Augen. Sein Gesicht trug den Ausdruck größter, anständiger und aufrichtiger Ehrerbietung. Die eingetretenen Gäste begrüßte er, als hielte er sich nicht für eine gleichgestellte, sondern im Gegenteil für eine untergeordnete und abhängige Person, nicht einmal mit einer Verbeugung.

Der Starez Sosima erschien in Begleitung eines Novizen und Aljoschas. Die Mönchpriester erhoben sich und begrüßten ihn mit einer sehr tiefen Verbeugung, indem sie mit den Fingern den Boden berührten, dann empfingen sie seinen Segen und küßten ihm die Hand. Nachdem er ihnen seinen Segen erteilt hatte, verneigte sich der Starez vor jedem von ihnen ebenso tief, wobei er ebenfalls mit den Fingern den Boden berührte, und bat jeden von ihnen, ihn auch zu segnen. Die ganze Zeremonie vollzog sich unter großem Ernst, gar nicht wie eine alltägliche Handlung, sondern fast wie von tiefem Gefühl getragen. Miusow kam es jedoch vor, als geschähe das alles in der Absicht, Eindruck zu machen. Er stand vor den Gefährten, die mit ihm gekommen waren. Es hätte sich gehört – und er hatte sich das sogar noch gestern abend überlegt –, ungeachtet seiner sonstigen Ansichten, einfach aus Höflichkeit (da hier nun einmal solche Bräuche herrschten), vorzutreten und sich von dem Starez segnen zu lassen, wenn auch ohne ihm die Hand zu küssen. Als er aber jetzt all diese Verneigungen und Küsse der Mönchpriester sah, änderte er im Nu seinen Entschluß: würdig und ernst machte er eine ziemlich tiefe Verbeugung auf weltliche Art und ging danach auf einen Stuhl zu. Genauso verfuhr auch Fjodor Pawlowitsch, der diesmal wie ein Affe Miusow alles nachmachte. Iwan Fjodorowitsch verneigte sich sehr würdig und höflich, hielt aber dabei ebenfalls die Hände an der Hosennaht, während Kalganow so verlegen wurde, daß er sich überhaupt nicht verneigte. Der Starez ließ die Hand, die er schon zum Segen erhoben hatte, wieder herabsinken, verneigte sich ein zweitesmal vor allen und forderte sie auf, Platz zu nehmen. Aljoscha schoß das Blut in die Wangen; er schämte sich. Seine schlimmen Vorahnungen gingen in Erfüllung.

Der Starez setzte sich auf ein kleines, sehr altmodisches, mit Leder bezogenes Sofa aus Mahagoniholz, während er die Gäste, außer den zwei Mönchpriestern, an der gegenüberliegenden Wand Platz nehmen ließ, alle vier in einer Reihe auf vier Stühlen aus Mahagoniholz, die mit stark abgewetztem schwarzem Leder bezogen waren. Die Mönchpriester setzten sich zu beiden Seiten nieder, der eine neben die Tür, der andere ans Fenster. Der Seminarist, Aljoscha und der Novize blieben stehen. Die ganze Zelle war nicht sonderlich geräumig und hatte etwas Verwelktes in ihrem Aussehen. Die Einrichtung war plump und ärmlich und beschränkte sich auf das Allernotwendigste. Zwei Blumenstöcke standen auf dem Fensterbrett und in der einen Ecke viele Ikonen – eine von ihnen, eine Muttergottes, war riesig groß und wahrscheinlich schon lange vor der Kirchenspaltung gemalt. Vor ihr brannte ein Öllämpchen. Neben ihr hingen zwei andere Ikonen mit glänzenden Einfassungen, außerdem zierliche kleine Cherubim, Ostereier aus Porzellan, ein katholisches Kruzifix aus Elfenbein, von der Mater dolorosa umarmt, und ein paar ausländische Stiche nach großen italienischen Meistern der vergangenen Jahrhunderte. Neben diesen schönen und kostbaren Stichen prangten ein paar Bogen der volkstümlichsten russischen Lithographien von Heiligen, Märtyrern, Metropoliten und andern, wie sie für ein paar Kopeken auf allen Jahrmärkten verkauft werden. Auch ein paar lithographische Porträts zeitgenössischer und früherer russischer Bischöfe waren da, hingen aber an den anderen Wänden. Miusow musterte flüchtig diesen ganzen »geschmacklosen Kram« und heftete dann seinen Blick unverwandt auf den Starez. Er hielt viel von seinem Blick, doch diese Schwäche war jedenfalls bei ihm verzeihlich, wenn man in Betracht zieht, daß er schon fünfzig Jahre alt war – ein Alter, in dem ein gescheiter, weltgewandter und in gesicherten Verhältnissen lebender Mann, manchmal sogar ohne es zu merken, größere Achtung vor sich selbst gewinnt.

Der Starez hatte ihm vom ersten Augenblick an mißfallen. In seinem Gesicht lag tatsächlich etwas, das auch vielen anderen, nicht nur Miusow, mißfallen hätte. Er war ein mittelgroßer, gebeugter Mann mit sehr schwachen Beinen, erst fünfundsechzig Jahre alt, erschien aber wegen seiner Kränklichkeit weit älter, mindestens um zehn Jahre. Sein sehr hageres Gesicht war ganz mit feinen Runzeln übersät, besonders um die Augen herum. Die hellen Augen waren nicht sehr groß und bewegten sich hurtig und glänzten wie zwei leuchtende Punkte. Nur ein paar graue Härchen an den Schläfen waren übriggeblieben, der winzige und schüttere Bart am Kinn lief in eine Spitze aus; die Lippen, die häufig lächelten, waren schmal wie zwei Schnüre. Die Nase war nicht gerade lang, aber spitz wie ein Vogelschnabel.

Allen Anzeichen nach eine boshafte und kleinlich-anmaßende Seele, huschte es Miusow durch den Kopf. Er war überhaupt in sehr unzufriedener Stimmung.

Das Schlagen einer Uhr brachte das Gespräch in Gang. Eine billige kleine Wanduhr mit Gewichten zeigte mit raschen Schlägen zwölf Uhr an.

»Jetzt ist genau die vereinbarte Stunde!« rief Fjodor Pawlowitsch, »doch mein Sohn Dmitrij Fjodorowitsch ist immer noch nicht da. Ich bitte für ihn um Entschuldigung, heiliger Starez!« Aljoscha zuckte bei diesem »heiliger Starez« förmlich zusammen. »Ich selbst aber bin stets pünktlich auf die Minute, denn ich vergesse nicht, daß Pünklichkeit die Höflichkeit der Könige ist.«

»Aber Sie sind ja überhaupt kein König«, brummte Miusow, der sich gleich zu Anfang nicht beherrschen konnte.

»Ja, das stimmt, ein König bin ich nicht. Und stellen Sie sich vor, Pjotr Alexandrowitsch, das habe ich auch selber gewußt, bei Gott! Aber immer muß ich so etwas Unpassendes sagen!

Euer Ehrwürden!« rief er in einem jähen Anfall von Pathos, »Sie sehen einen Hanswurst vor sich, wahrhaftig, einen Hanswurst! Als einen solchen stelle ich mich Ihnen denn auch vor. Eine alte Angewohnheit, leider! Wenn ich jedoch manchmal zur unrechten Zeit flunkere, so geschieht das mit Absicht, um andere zum Lachen zu bringen und ihnen angenehm zu sein. Das soll man doch wohl, nicht wahr? Vor etwa sieben Jahren kam ich da einmal in ein Städtchen, ich mußte dort etliche Geschäfte abwickeln und wollte mit ein paar kleinen Kaufleuten eine Kompanie gründen. Wir gehen zum Isprawnik*, weil wir ihn um einiges bitten wollten und ihn daher zum Essen einladen mußten. Der Isprawnik tritt zu uns heraus, ein großer, dicker, blonder, mürrischer Mann – das sind in solchen Fällen die allergefährlichsten Subjekte: mit der Leber haben sie es, mit der Leber! Ich gehe geradewegs auf ihn zu und sage mit der Ungezwungenheit eines Mannes von Welt: ‚Herr Isprawnik, seien Sie sozusagen unser Naprawnik!' – ‚Was meinen Sie damit?' sagt er. Ich sehe schon in der ersten halben Sekunde, daß die Sache schiefgeht; er steht da und starrt mich an. ‚Ich wollte nur einen kleinen Witz machen', sage ich, ‚zur allgemeinen Belustigung, denn Herr Naprawnik ist ein bekannter russischer Kapellmeister, und auch wir brauchen zum harmonischen Verlauf unseres Unternehmens so etwas wie einen Kapellmeister ...' Damit hatte ich doch den Vergleich vernünftig erklärt, nicht wahr? ‚Entschuldigen Sie', sagt er, ‚ich bin Isprawnik und kann es nicht dulden, daß man meinen Titel zu einem Kalauer benutzt.' Er dreht sich um und geht. Ich rufe ihm nach: ‚Ja, ja, Sie sind Isprawnik und nicht Naprawnik!' – ‚Nein', sagt er, ‚wenn es schon ausgesprochen worden ist, so bin ich also Naprawnik!' Und stellen Sie sich vor, unser Unternehmen kam nicht zustande! Und immer ist das so bei mir, immer. Ich schade mir unvermeidlich selber durch meine Liebenswürdigkeit! – Einmal, vor vielen Jahren schon, sage ich zu einer sehr einflußreichen Persönlichkeit: ‚Ihre Gemahlin ist eine kitzlige Frau', das sollte heißen: was die Ehre, sozusagen die moralischen Eigenschaften anbelangt. Doch er erwidert darauf sofort: ‚Haben Sie sie denn gekitzelt?' Ich kann nicht an mich halten, gleich fällt mir ein: Wart, ich will den Liebenswürdigen spielen. ‚Ja', sage ich, ‚ich habe sie gekitzelt.' Na, da hat er mich dann auch sozusagen gekitzelt ... Allein, das hat sich schon vor langer Zeit zugetragen, so daß ich mich

* Kreispolizeichef (Anmerkung des Übersetzers).

nicht mehr schäme, es zu erzählen. Ja, immerwährend schade ich mir auf solche Weise selber.«

»Sie tun das auch jetzt«, brummte Miusow voller Ekel.

Der Starez blickte stumm vom einen zum andern.

»Anscheinend! Stellen Sie sich vor, auch das war mir klar, Pjotr Alexandrowitsch; und wissen Sie: ich fühlte schon, was ich da tat, kaum daß ich zu reden anfing; noch mehr, ich sah sogar voraus, daß Sie als erster mich darauf aufmerksam machen würden. In dem Augenblick, da ich sehe, daß mir ein Scherz nicht gelingt, Euer Ehrwürden, beginnen bei mir beide Wangen am unteren Zahnfleisch kleben zu bleiben, fast so, als wenn mich ein Krampf befiele. Das rührt noch von meiner Jugendzeit her, als ich bei Adeligen herumschmarotzte und mir so mein täglich Brot verschaffte. Ich bin ein eingefleischter Hanswurst von Geburt an, ein einfältiger Narr, Euer Ehrwürden; ich will nicht bestreiten, daß vielleicht auch ein unreiner Geist in mir steckt, wenngleich keiner von großem Kaliber – ein bedeutenderer hätte sich einen anderen als Behausung ausgesucht, nur nicht Sie, Pjotr Alexandrowitsch, denn auch Sie sind ja keine vornehme Behausung. Dafür bin ich aber gläubig, ich glaube an Gott. Erst in letzter Zeit sind mir Zweifel gekommen, dafür sitze ich aber jetzt hier und erwarte große Offenbarungen. Ich, Euer Ehrwürden, bin wie der Philosoph Diderot. Ist Ihnen bekannt, heiligster Vater, wie der Philosoph Diderot zur Zeit der Kaiserin Katharina beim Metropoliten Platon erschienen ist? Er tritt bei ihm ein und platzt heraus: ‚Es gibt keinen Gott.' Worauf der große Kirchenfürst den Finger erhebt und antwortet: ‚Die Toren sprechen in ihrem Herzen: Es ist kein Gott!' Diderot, so wie er war, ihm zu Füßen: ‚Ich glaube', schreit er, ‚und will die Taufe empfangen!' Und so taufte man ihn denn gleich auf der Stelle. Die Fürstin Daschkowa war Patin und Potjomkin Pate . . .«

»Fjodor Pawlowitsch, das ist unerträglich! Sie wissen doch selber, daß Sie flunkern und daß diese dumme Anekdote nicht wahr ist. Was bezwecken Sie eigentlich mit Ihren Possen?« sagte mit zitternder Stimme Miusow, der jetzt jede Selbstbeherrschung verlor.

»Mein ganzes Leben lang habe ich geahnt, daß sie nicht wahr ist!« rief Fjodor Pawlowitsch begeistert. »Ich will Ihnen, meine Herren, nun die volle Wahrheit sagen: Großer Starez! Verzeihen Sie mir, ich habe das letzte, das von der Taufe Diderots, jetzt eben selber hinzugedichtet, gerade erst in diesem Augenblick, während ich erzählte, früher jedoch ist es mir niemals in den Sinn gekommen. Der Pikanterie halber habe ich es hinzugedichtet. Deshalb treibe ich ja auch Possen, Pjotr Alexandrowitsch: um mich beliebt zu machen. Ich weiß übrigens manchmal selber nicht weshalb. Was aber Diderot anbelangt, so habe ich das: ‚Die Toren sprechen...' schon in meinen jungen Jahren an die zwanzigmal von hiesigen Gutsbesitzern gehört, als ich bei ihnen lebte; von Ihrem Tantchen, Pjotr Alexandrowitsch, von Mawra Fominitschna, habe ich es unter anderem auch gehört. Sie sind jetzt noch davon überzeugt, daß der Atheist Diderot zum Metropoliten Platon gekommen sei, um mit ihm über Gott zu streiten...«

Miusow erhob sich, er hatte nicht nur die Geduld verloren, sondern schien überhaupt nicht mehr zu wissen, was er tat. Er war wütend und wußte selbst, daß er dadurch lächerlich wirkte. Wahrhaftig, in der Zelle ging etwas ganz Unmögliches vor sich. In dieser selben Zelle hatten sich vielleicht schon seit vierzig oder fünfzig Jahren, schon zur Zeit der früheren Starzen, Besucher versammelt, aber das war nie anders als in tiefster Ehrfurcht geschehen. Fast alle, denen Zutritt gewährt wurde, pflegten einzusehen, daß man ihnen dadurch eine große Gnade erwies. Viele warfen sich auf die Knie und erhoben sich nicht während der ganzen Dauer ihres Besuches. Selbst viele aus den Kreisen der »höchstgestellten« Persönlichkeiten und größten Gelehrten, ja sogar einige von den Freidenkern, die entweder aus Neugierde oder einem anderen Grunde kamen, machten es sich alle ohne Ausnahme zur vordringlichsten Pflicht, ob sie nun zusammen mit anderen die Zelle betraten oder allein empfangen wurden, während der ganzen Zeit der Audienz sich tiefster Ehrerbietung und größten Anstandes zu befleißigen. Und das um so mehr, als hier alles Pekuniäre als ungehörig ausschied, vielmehr auf der einen Seite Liebe und Gnade herrschten und auf der anderen Reue und das sehnsüchtige Verlangen, irgendeine schwierige seelische Frage zu lösen oder einen Ausweg aus einer Bedrängnis des eigenen Herzens zu finden. Ein solch närrisches Benehmen, wie Fjodor Pawlowitsch es plötzlich an den Tag legte und das jede Ehrfurcht vor dem Ort vermissen ließ, an dem er sich befand, rief daher bei den Zeugen, wenigstens bei einigen von ihnen, Verwunderung und Ratlosigkeit hervor. Die Mönchpriester, deren Gesichtsausdruck sich übrigens nicht im geringsten verändert hatte, erwarteten mit ernster Aufmerksamkeit, was der Starez sagen werde, doch schienen sie bereits Anstalten zu treffen, gleich Miusow aufzustehen. Aljoscha war nahe daran, in Tränen auszubrechen, und stand gesenkten Hauptes da. Am sonderbarsten kam es ihm vor, daß sein Bruder Iwan Fjodorowitsch, der einzige, auf den er hoffte und der allein einen solchen Einfluß auf den Vater hatte, daß er ihm hätte Einhalt gebieten können, jetzt mit gesenktem Blick ganz regungslos auf seinem Stuhl saß und offenbar mit einer geradezu gespannten Neugier wartete, womit das alles enden werde, als wäre er selbst an allem ganz unbeteiligt. Auf Rakitin, den Seminaristen, den Aljoscha auch kannte und mit dem er beinahe eng befreundet war, traute er sich nicht einmal einen Blick zu werfen: er kannte seine Gedanken (und nur Aljoscha allein im ganzen Kloster kannte sie).

»Verzeihen Sie mir . . .« begann Miusow, zum Starez gewandt, »falls Sie vielleicht den Eindruck haben sollten, daß auch ich an dieser unwürdigen Posse beteiligt sei. Mein Fehler liegt darin, daß ich geglaubt hatte, selbst solch ein Mensch wie Fjodor Pawlowitsch werde, wenn er eine so ehrwürdige Persönlichkeit besucht, gewillt sein, seine Pflichten zu begreifen . . . Ich hatte mir nicht überlegt, daß ich gezwungen sein würde, gerade deswegen um Verzeihung zu bitten, weil ich mit ihm zusammen eingetreten bin . . .« Pjotr Alexandrowitsch sprach nicht zu Ende und wollte schon ganz niedergeschlagen das Zimmer verlassen.

»Machen Sie sich keine Sorgen, ich bitte Sie«, sagte der Starez, der sich für einen Augenblick von seinem Sitz erhob und sich auf seine schwachen Beine stellte, und nötigte Pjotr Alexandrowitsch, indem er ihn bei beiden Händen ergriff, wieder auf seinem Sessel Platz zu nehmen. »Beruhigen Sie sich, ich bitte Sie. Ich bitte besonders Sie, mein Gast zu sein.« Dann wandte er sich mit einer Verbeugung von ihm ab und setzte sich wieder auf sein kleines Sofa.

»Erhabener Starez, sprechen Sie es aus, beleidige ich Sie durch meine Lebhaftigkeit oder nicht?« schrie plötzlich Fjodor Pawlowitsch, der mit beiden Händen die Armlehnen seines Sessels umklammert hatte und sich gleichsam vorbereitete aufzuspringen, je nachdem wie die Antwort ausfiele.

»Auch Sie bitte ich inständig, sich keine Sorgen zu machen und sich keinen Zwang aufzuerlegen«, sagte der Starez eindringlich zu ihm. »Benehmen Sie sich ungezwungen, tun Sie ganz so, als wären Sie zu Hause. Und vor allem, schämen Sie sich nicht so sehr Ihrer selbst, denn nur daher kommt das alles.«

»Ganz als wäre ich zu Hause? Das heißt: so, wie ich von Natur bin? Oh, das ist zuviel, viel zuviel, jedoch – ich nehme es mit Rührung an! Wissen Sie aber, gesegneter Vater, fordern Sie mich nicht zu einem völlig natürlichen Benehmen auf, riskieren Sie das nicht... bis zu einem völlig natürlichen Benehmen würde ich auch selber nicht gehen. Ich mache Sie im voraus darauf aufmerksam, um Sie zu schützen. Na, alles übrige ruht immer noch tief im Dunkel des Unbekannten, obwohl gewisse Leute gern ein Phantasiebild von mir entwerfen würden. Das ist an Ihre Adresse gerichtet, Pjotr Alexandrowitsch. Ihnen aber, heiligstes Wesen, Ihnen sage ich dies: mein Herz strömt über von Begeisterung!« Er richtete sich halb auf, hob die Hände empor und sagte: »‚Selig ist der Leib, der dich getragen hat, und die Brüste, die du gesogen hast‘, besonders die Brüste! Sie haben mich soeben mit Ihrer Bemerkung: ‚Schämen Sie sich nicht so sehr Ihrer selbst, denn nur daher kommt das alles‘, Sie haben mich mit dieser Bemerkung gleichsam aufgestochen wie ein Geschwür und in mein Inneres geschaut. Mir kommt es nämlich immer so vor, wenn ich mich unter Menschen begebe, als wäre ich niederträchtiger als alle anderen und als hielten mich alle für einen Hanswurst; da sage ich mir dann: Nun will ich mal tatsächlich den Hanswurst spielen, ich fürchte euer Urteil nicht, denn ihr seid alle bis auf den letzten noch niederträchtiger als ich! Gerade darum gebe ich mich als Hanswurst, aus Scham tue ich es, erhabener Starez, aus Scham. Auch Händel suche ich allein aus Argwohn. Ja, wäre ich erst überzeugt, daß, wenn ich unter Menschen komme, alle mich sofort für den nettesten und klügsten Menschen hielten – Herrgott, was für ein guter Mensch wäre ich dann! Mein Lehrer!« Er warf sich plötzlich auf die Knie: »Was soll ich denn tun, um das ewige Leben zu ererben?«

Auch jetzt war schwer zu entscheiden, ob er Possen trieb oder tatsächlich so ergriffen war.

Der Starez richtete seine Augen auf ihn und sagte mit einem Lächeln: »Sie wissen längst selber, was Sie tun müssen, Verstand haben Sie ja genug: geben Sie sich nicht der Trunksucht hin und der Unenthaltsamkeit im Reden, auch nicht der Wollust und insbesondere nicht der Vergötterung des Geldes, und schließen Sie Ihre Schenken oder, wenn Ihnen das nicht möglich ist, wenigstens zwei oder drei. Vor allem aber, vor allem – lügen Sie nicht.«

»Das heißt, Sie meinen damit wohl das von Diderot?«

»Nein, nicht das, was Sie von Diderot erzählten. Belügen Sie vor allem nicht sich selber. Wer sich selbst belügt und seine eigenen Lügen anhört, kommt schließlich so weit, daß er keine Wahrheit mehr, weder in sich noch außer sich, zu erkennen vermag und daher sich selber wie auch andere zu mißachten beginnt. Wer jedoch niemanden achtet, hört auf zu lieben; um sich aber, wenn er keine Liebe hegt, zu beschäftigen und zu zerstreuen, ergibt er sich den Leidenschaften und rohen Lüsten und vertiert völlig in seinen Lastern, und das alles, weil er fortwährend log, sich selber wie auch anderen gegenüber. Wer sich selber belügt, wird sich auch eher beleidigt fühlen als andere. Es ist doch zuweilen sehr angenehm, sich gekränkt zu fühlen, nicht wahr? Und doch weiß der Mensch, daß niemand ihn gekränkt hat, daß er selber sich die Kränkung ausgedacht und zur Beschönigung übertrieben und gelogen hat, um sich selbst zu überzeugen; daß er sich an ein Wort geklammert und aus einer Mücke einen Elefanten gemacht hat – er weiß es selber, fühlt sich aber dennoch als erster beleidigt, bis zum Wohlbehagen, bis zum Empfinden eines großen Vergnügens beleidigt, und kommt gerade dadurch zu wahrer Feindschaft ... Aber stehen Sie doch auf und setzen Sie sich, ich bitte Sie sehr, das sind doch auch nur verlogene Gesten.«

»Heiliger Mann! Lassen Sie mich Ihre liebe Hand küssen«, rief Fjodor Pawlowitsch aus, sprang auf und drückte rasch einen schmatzenden Kuß auf die hagere Hand des Starez. »Ganz recht, ganz recht, es ist angenehm, sich beleidigt zu fühlen. Das haben Sie so schön gesagt, wie ich es noch nie gehört habe. Das ist es, das ist es, mein ganzes Leben lang habe ich mich immer wieder beleidigt gefühlt bis zum Wohlbehagen, mich um der Schönheit willen beleidigt gefühlt, denn es ist nicht nur angenehm, sondern manchmal auch schön, beleidigt zu sein – das haben Sie vergessen, großer Starez: es ist schön! Das werde ich mir ins Notizbuch schreiben! Und gelogen, gelogen habe ich mein ganzes Leben lang, an jedem Tag und zu jeder Stunde. Fürwahr, ich bin die Lüge selbst, der Vater der Lüge! Übrigens, wie mir scheint, nicht der Vater der Lüge, ich irre mich da immer wieder im Text, aber doch wenigstens ein Sohn der Lüge, auch das dürfte genügen. Nur ... Sie mein Engel ... über Diderot darf man von Zeit zu Zeit lügen. Diderot wird nicht schaden, wohl aber manches andere Wörtchen. Großer Starez, noch etwas anderes, fast hätte ich es vergessen, ich habe mir ja schon seit drei Jahren vorgenommen, hier nachzufragen, gerade hierher zu fahren und mich dringend zu erkundigen und zu bitten – untersagen Sie nur Pjotr Alexandrowitsch, mich zu unterbrechen. Ich möchte Sie also fragen: stimmt es, erhabener Vater, daß in den *Lese-Menäen** irgendwo von einem heiligen Wundertäter berichtet wird, den man um seines Glaubens willen gemartert habe und der, als man ihn schließlich enthauptet hatte, aufgestanden sei, seinen Kopf aufgehoben und ihn ‚liebevoll geküßt' habe und lange umhergegangen sei, den Kopf in seinen Händen tragend und ihn ‚liebevoll küssend'? Ist das wahr oder nicht, ehrenwerter Vater?«

»Nein, das ist nicht wahr«, sagte der Starez.

»In sämtlichen *Menäen* steht nichts dergleichen. Von welchem Heiligen, meinen Sie, soll denn das geschrieben worden sein?« fragte der eine Mönchpriester, der Vater Bibliothekar.

»Das weiß ich selber nicht, von welchem. Ich weiß es nicht, habe keine Ahnung davon. Man hat mich irregeführt, hat davon erzählt. Ich hörte es, und wissen Sie, wer es erzählte? Hier, dieser Pjotr Alexandrowitsch Miusow, der soeben wegen des Diderot ungehalten wurde, kein anderer als er hat es erzählt.«

»Niemals habe ich Ihnen das erzählt. Ich rede überhaupt nie mit Ihnen.«

»Das ist wahr, Sie haben es nicht mir erzählt; aber Sie erzählten es in einer Gesellschaft, in der auch ich mich befand; vor drei Jahren war es. Ich habe es auch nur deshalb erwähnt, weil Sie durch diese lächerliche Geschichte meinen Glauben erschüttert haben, Pjotr Alexandrowitsch. Sie wußten nichts davon, ahnten es nicht, ich jedoch kehrte mit erschüttertem Glauben nach Hause zurück und werde seitdem mehr und mehr in ihm erschüttert. Ja, Pjotr Alexandrowitsch, Sie waren die Ursache eines tiefen Falles. Das ist schon etwas anderes als der Diderot!«

Fjodor Pawlowitsch war in pathetischen Zorn geraten, doch war es allen völlig klar, daß er sich schon wieder verstellte. Miusow aber fühlte sich dennoch tief verletzt.

»Welch ein Unsinn, das alles ist ja Unsinn«, brummte er. »Ich habe vielleicht wirklich einmal davon gesprochen ... nur nicht zu Ihnen. Mir selber hat man es so erzählt. Ich habe in Paris, von einem Franzosen, gehört, daß man es bei uns

* Erbauliche Schriften, vor allem Heiligenlegenden, nach den Monaten (griechisch μήν = Monat) angeordnet (Anmerkung des Übersetzers).

während des Mittagsgottesdienstes aus den *Menäen* vorlese ... Das war ein sehr gelehrter Mann, der sich besonders mit dem Studium der russischen Statistiken befaßte ... und lange in Rußland gelebt hatte ... Ich selber habe die *Menäen* nicht gelesen ... und werde sie auch nicht lesen ... Was wird nicht alles bei Tisch geschwatzt ... Wir aßen damals gerade zu Mittag ...«

»Ja, Sie aßen damals zu Mittag, ich jedoch verlor meinen Glauben!« neckte ihn Fjodor Pawlowitsch geflissentlich weiter.

Was kümmert mich denn Ihr Glaube! wollte Miusow ihn schon anschreien, hielt aber noch an sich und sagte voll Verachtung: »Sie besudeln buchstäblich alles, was Sie anrühren.«

Der Starez erhob sich plötzlich von seinem Platz.

»Verzeihen Sie, meine Herren, wenn ich Sie vorläufig verlasse, nur für wenige Minuten«, sagte er, indem er sich an alle Besucher wandte, »es warten noch Leute auf mich, die vor Ihnen gekommen sind. Sie aber sollten trotz allem nicht lügen«, fügte er, zu Fjodor Pawlowitsch gewandt, mit heiterem Gesicht hinzu.

Er schickte sich an, die Zelle zu verlassen, und Aljoscha und der Novize eilten herbei, um ihn die Treppe hinunterzuführen. Aljoscha war ganz außer Atem, er war froh, gehen zu dürfen, aber auch froh, daß der Starez sich nicht beleidigt fühlte und heiter war. Der Starez ging auf die Galerie zu, um die auf ihn Wartenden zu segnen. Aber Fjodor Pawlowitsch hielt ihn noch an der Zellentür auf: »Heiligster Mann!« rief er gefühlvoll, »erlauben Sie mir, noch einmal Ihre liebe Hand zu küssen! Nein, mit Ihnen kann man noch reden, mit Ihnen kann man auskommen! Sie meinen wohl, daß ich immer so lüge und den Hanswurst spiele? So sollen Sie denn wissen, daß ich die ganze Zeit über absichtlich Komödie gespielt habe, um Sie auf die Probe zu stellen. Ich habe Sie die ganze Zeit über gleichsam abgetastet, ob man mit Ihnen wohl leben kann, ob meine Demut wohl Platz hat neben Ihrem Stolz. Ich stelle Ihnen einen Belobigungsschein aus: man kann mit Ihnen auskommen! Jetzt aber will ich schweigen, ich verstumme für die ganze Zeit. Ich werde mich in den Sessel setzen und verstummen. Jetzt, Pjotr Alexandrowitsch, müssen Sie das Wort ergreifen, jetzt sind Sie die Hauptperson ... auf zehn Minuten.«

3
Die gläubigen Weiber

Unten bei der kleinen Holzgalerie, die an der Außenseite der Einfriedung angebracht war, drängten sich an diesem Tage lauter Frauen, ungefähr zwanzig Bauernweiber. Man hatte sie benachrichtigt, der Starez werde nun endlich herauskommen, und sie hatten sich voller Erwartung versammelt. Auch die Gutsherrinnen Chochlakow waren auf die Galerie herausgekommen; sie hatten ebenfalls auf den Starez gewartet, jedoch in einem für vornehme Besucher bestimmten Raum. Die beiden Damen waren Mutter und Tochter. Frau Chochlakowa, die Mutter, eine wohlhabende und stets mit Geschmack gekleidete Frau, war eine noch ziemlich junge und sehr anmutige Person, ein wenig blaß, mit sehr lebhaften und fast schwarzen Augen. Sie war kaum dreiunddreißig Jahre alt und schon seit etwa fünf Jahren Witwe. Ihre vierzehnjährige Tochter war an den Beinen gelähmt. Das arme Mädchen konnte schon seit ungefähr einem halben Jahr nicht mehr gehen, und man fuhr sie in einem langen bequemen Rollstuhl umher. Sie war ein sehr hübsches Persönchen, durch die Krankheit etwas abgemagert, aber von heiterer Gemütsart. Etwas Schelmisches leuchtete in ihren dunklen großen Augen mit den langen Wimpern. Schon seit dem Frühjahr hatte die Mutter vorgehabt, sie ins Ausland zu bringen, aber es war Sommer geworden, und man hatte sich verspätet, weil die Gutswirtschaft zu regeln war. Sie weilten schon fast eine Woche in unserer Stadt, mehr geschäftlicher Angelegenheiten als der Wallfahrt halber, hatten aber schon einmal, vor drei Tagen, den Starez besucht. Jetzt waren sie plötzlich wiedergekommen, obwohl sie wußten, daß der Starez fast niemanden mehr empfangen konnte, und hatten inständig um »das Glück gebeten, den großen Arzt nochmals von Angesicht schauen zu dürfen«. Während sie auf das Erscheinen des Starez warteten, saß die Mutter auf einem Stuhl neben dem Rollsessel der Tochter, und zwei Schritte von ihnen entfernt stand ein alter Mönch, der nicht im hiesigen Kloster lebte, sondern aus einem fernen, im Norden gelegenen und wenig bekannten Kloster gekommen war. Er wollte sich ebenfalls von dem Starez segnen lassen. Doch der Starez, der auf die Galerie herausgetreten war, wandte sich zunächst geradewegs zum Volk. Die Menge drängte sich zu den drei Stufen des Aufgangs, der die niedrige kleine Galerie mit dem freien Platz davor verband. Der Starez blieb auf der obersten Stufe stehen, nahm das Epitrachelion um und begann die Frauen zu segnen, die sich um ihn drängten. Man zog eine »Klikuscha« an beiden Händen zu ihm heran. Kaum hatte sie den Starez erblickt, so begann sie plötzlich unsinnig zu kreischen und zu schlucken und am ganzen Leibe zu zittern wie in einem epileptischen Anfall. Der Starez legte ihr das Epitrachelion auf den Kopf und sprach über ihr ein kurzes Gebet, worauf sie sogleich still wurde und sich beruhigte. Ich weiß nicht, wie es heutzutage damit steht, doch in meiner Kindheit hatte ich oft Gelegenheit, in Dörfern und Klöstern solche »Klikuschi« zu sehen und zu hören. Man pflegte sie zum Gottesdienst zu führen, sie winselten oder bellten wie Hunde, daß man es in der ganzen Kirche hören konnte, doch sobald man die geweihten Gaben des heiligen Abendmahls herausgetragen und die Klikuschi zu ihnen hingeführt hatte, hörte die »Besessenheit« sofort auf, und die Kranken beruhigten sich für einige Zeit. Als Kind verwunderte und erschütterte mich das sehr. Doch erklärten mir damals schon auf meine Fragen hin einige Gutsbesitzer und besonders meine städtischen Lehrer, das sei alles nur Verstellung, um nicht arbeiten zu müssen, und durch gehörige Strenge ließe sich das stets ausmerzen, wobei zur Bestätigung eine ganze Reihe Anekdoten angeführt wurden. Später aber erfuhr ich zu meinem Erstaunen durch Fachärzte, daß es sich hierbei keineswegs um Verstellung, sondern vielmehr um eine furchtbare Frauenkrankheit handle; sie komme anscheinend vornehmlich bei uns in Rußland vor und zeuge vom harten Los unserer Landfrauen, da diese Krankheit von der aufreibenden Arbeit herrühre, die sie allzu bald nach schweren, unsachgemäßen und ohne jede ärztliche Hilfe vor sich gehenden Entbindungen leisten müßten, außerdem aber von ausweglosem Leid, von Schlägen und dergleichen mehr, was manche weibliche Naturen, obgleich sie überall das gleiche vor Augen hätten, nun einmal nicht zu ertragen vermöchten. Die seltsame und sofortige Heilung der tobenden und sich wie eine Besessene gebärdenden Frau aber, kaum daß man sie zu den heiligen Gaben hingeführt habe, die man mir als Verstellung ausgedeutet hatte und obendrein als einen Hokuspokus, den die »Kleriker« wohl sicherlich selber in Szene gesetzt hätten – diese Heilung ginge wahrscheinlich auf die natürlichste Weise vor sich. Die Weiber, welche die Kranke zu den heiligen Gaben hinführten, und vor allem diese selber glaubten wie an eine feststehende Wahrheit daran, daß der unreine Geist, der sich der Kranken bemächtigt habe, es nicht ertragen könne, wenn man sie, die Kranke, zu den heiligen Gaben hinführe und sich vor ihnen verneigen lasse. Darum trete stets (und müsse auch eintreten) bei der nervösen und natürlich auch geistesgestörten Frau eine gleichsam unvermeidliche Erschütterung des ganzen Organismus in dem Augenblick ein, wo sie sich vor den heiligen Gaben verneige – eine Erschütterung, hervorgerufen durch die bestimmte Erwartung des Wunders der Heilung und durch den unbedingten Glauben daran, daß es geschehen werde. Und es geschehe denn auch, wenn auch nur für kurze Zeit. – Genauso vollzog es sich auch jetzt, kaum daß der Starez die Kranke mit dem Epitrachelion bedeckt hatte.

Viele von den Frauen, die sich zu ihm hindrängten, vergossen unter dem Eindruck dieses Augenblicks Tränen der Rührung und des Entzückens; andere rissen sich darum, wenigstens den Saum seines Gewandes küssen zu dürfen, manche murmelten andächtig irgendwelche Gebete vor sich hin. Er segnete alle, und mit einigen sprach er. Die »Klikuscha« kannte er bereits, man hatte sie von nicht weither zu ihm gebracht, aus einem Dorf, das nur sechs Werst von dem Kloster entfernt lag, zudem war sie auch früher schon des öfteren zu ihm geführt worden.

»Und das ist eine von weither!« wies er auf eine noch gar nicht alte, aber schon sehr hagere und ausgemergelte Frau, deren Gesicht von der Sonne geradezu schwarz gebrannt war. Sie lag auf den Knien und blickte unverwandt auf den Starez, mit einem wahrhaft ekstatischen Ausdruck in den Augen.

»Von weither, Väterchen, von weither, dreihundert Werst von hier. Von weither, Vater, von weither«, sagte die Frau in singendem Tonfall, wobei sie in einer eigentümlichen Weise den Kopf gleichmäßig hin und her wiegte und die Wange auf die Handfläche stützte. Sie sprach, als stimmte sie einen Klagegesang an.

Es gibt im Volk ein stummes und vielgeduldiges Leid; es verschließt sich in sich selber und schweigt. Doch es gibt auch ein Leid, das aus sich herausdrängt: es bricht unter Tränen hervor und geht von dem Augenblick an in ein klagendes Gemurmel über. Das ist besonders bei Frauen so. Es ist aber nicht leichter als das stumme Leid. Dieses Klagen gewährt nur dadurch Linderung, daß es das Herz noch mehr aufwühlt und zerreißt. Solch ein Leid will auch gar keinen Trost, es nährt sich von dem Gefühl seiner Unstillbarkeit. Das Klagen entspringt nur dem Bedürfnis, die Wunde immerfort aufzureißen.

»Bist wohl vom Stande der Kleinbürger?« fuhr der Starez fort, der sie neugierig musterte.

»Städter sind wir, Vater, ja, Städter, aus dem Bauernstande sind wir und dennoch Städter, wir leben in der Stadt. Dich zu sehen, Vater, bin ich gekommen. Wir haben von dir gehört, Väterchen, ja, gehört. Mein kleines Söhnchen habe ich begraben, dann ging ich wallfahrten. In drei Klöstern bin ich gewesen, doch man hat mir geraten: ‚Geh, Nastasjuschka, auch dorthin', zu Euch heißt das, mein Liebling, zu Euch. Und so kam ich, war gestern beim Nachtgottesdienst und bin heute zu Euch gekommen.«

»Worüber weinst du denn?«

»Um mein Söhnchen ist es mir leid, Väterchen, dreijährig war es, nur drei Monate noch, dann wäre es drei Jahre alt gewesen. Um mein Söhnchen leide ich Qualen, Vater, um mein Söhnchen. Mein letztes Söhnchen war es, vier haben wir gehabt, ich und Nikituschka, aber die Kinderchen bleiben nicht bei uns, sie bleiben nicht, Ersehnter, sie bleiben nicht. Die drei ersten hab ich begraben, es war mir gar nicht sehr leid um sie, diesen letzten aber hab ich begraben und kann ihn nicht vergessen. Es ist mir, als ob er hier vor mir stünde und nicht von der Stelle wiche. Die Seele hat es mir ausgedörrt. Wenn ich auf seine kleine Wäsche blicke, auf sein Hemdchen oder seine Stiefelchen, da fange ich an zu weinen. Ich breite vor mir aus, was von ihm zurückgeblieben ist, jegliches Ding von ihm, sehe es an und weine. Ich sage zu Nikituschka, meinem Mann: ‚Laß mich fort, Hausherr, laß mich wallfahrten gehen.' Fuhrmann ist er, und wir sind nicht arm, Vater, nicht arm, wir betreiben selbständig das Fuhrgeschäft, alles gehört uns selber, die Pferdchen wie auch die Wagen. Doch was nützt uns jetzt die Habe? Zu trinken hat er angefangen, seit ich weg bin, mein Nikituschka, das ist gewiß so, und auch früher war es so: kaum wende ich mich ab, wird er auch schon schwach. Jetzt aber denke ich gar nicht mehr an ihn. Nun bin ich schon den dritten Monat von zu Hause fort. Vergessen habe ich ihn, hab alles vergessen und mag nicht daran zurückdenken; was soll ich auch jetzt mit ihm? Schluß gemacht habe ich mit ihm, Schluß gemacht, mit allem Schluß gemacht. Nicht einmal anblicken möchte ich jetzt mein Haus und meine Habe, und ich möchte überhaupt nichts mehr sehen!«

»Hör zu, Mutter«, sagte der Starez, »einstmals in uralten Zeiten erblickte ein großer Heiliger im Tempel eine Mutter, die ebenso weinte wie du, und sie weinte gleichfalls um ihr kleines Kind, um ihr einziges, das Gott auch zu sich gerufen hatte. ‚Weißt du denn nicht', sprach zu ihr der Heilige, ‚wie keck diese Kinder sind vor dem Throne Gottes? Ja, es gibt sogar niemanden im Himmelreich, der kecker ist als sie. Du, Herr, schenktest uns das Leben, sagen sie zu Gott, und kaum hatten wir es erschaut, nahmst du es uns wieder. Und sie bitten und flehen so keck, daß der Herr ihnen sogleich den Rang von Engeln verleiht. Und darum', sprach der Heilige, ‚freue auch du dich, Weib, statt zu weinen, auch dein Kindlein weilt jetzt bei Gott dem Herrn in der Schar seiner Engel.' Das ist es, was der Heilige zu dem weinenden Weibe sagte in uralten Zeiten. Er war jedoch ein großer Heiliger und hätte es nicht vermocht, ihr die Unwahrheit zu sagen. Darum wisse, Mutter, daß auch dein Kindlein jetzt gewißlich vor dem Throne Gottes steht und sich freut und fröhlich ist und bei Gott Fürbitte tut für dich. Und darum weine auch du nicht, sondern freue dich.«

Die Frau hörte ihm zu, die Wange in die Hand gestützt und den Blick zu Boden gesenkt. Sie seufzte tief auf.

»Ebenso hat auch Nikituschka mich zu trösten gesucht, Wort für Wort sprach er wie du. ‚Du Unvernünftige', sagte er, ‚warum weinst du, unser Söhnchen singt jetzt bestimmt vor Gott dem Herrn zusammen mit den Engeln.' Er sagt das zu mir, doch auch er selber weint, ich sehe es, er weint ebenso wie ich. ‚Das weiß ich, Nikituschka', sage ich, ‚wo sollte er denn sonst sein, wenn nicht bei Gott dem Herrn, doch hier bei uns, Nikituschka, ist er jetzt nicht mehr, so wie er früher hier saß!' Wenn ich doch nur ein einziges Mal auf ihn blicken könnte, nur ein einziges Mal ihn kurz wieder anblicken, ich würde nicht einmal zu ihm hingehen, nichts sagen, würde mich in einen Winkel verkriechen, wenn ich nur ein einziges Augenblickchen ihn sehen, ihn hören könnte, wie er auf dem Hofe spielt oder, wie so manchmal, herbeikommt und mit seinem Stimmchen ruft: ‚Mütterchen, wo bist du?' Wenn ich nur ein einziges Mal hören könnte, wie er mit seinen Füßchen durch das Zimmer geht, ein einziges kurzes Mal nur, und mit seinen Füßchen trapp-trapp macht, und so rasch geht das, so rasch. Ich erinnere mich noch, wie er so manchesmal zu mir gelaufen kam und schrie und lachte. Wenn ich nur seine Füßchen hören könnte, ich würde ihn erkennen! Aber er ist nicht mehr,

Väterchen, er ist nicht mehr, und ich werde ihn nie mehr hören! Hier ist sein Gürtelchen, er selber aber ist nicht mehr da, und nie mehr werde ich ihn sehen, nie hören! . . .«

Sie holte einen kleinen mit Borten besetzten Gürtel ihres Bübchens hervor, den sie unter dem Kleid am Busen trug, und kaum hatte sie ihn angeblickt, brach sie auch schon in ein Schluchzen aus, daß es sie nur so schüttelte, bedeckte mit den Händen ihre Augen, und die Tränen sprudelten plötzlich wie Bächlein zwischen den Fingern hervor.

»Es ist«, sagte der Starez, »es ist wie in uralten Zeiten: ‚Rahel beweinte ihre Kinder und wollte sich nicht trösten lassen, denn es war aus mit ihnen.' So ist nun einmal das Los, das euch Müttern auf Erden beschieden ist. Tröste dich also nicht, du brauchst dich nicht zu trösten, tröste dich nicht und weine, nur rufe dir jedesmal, wenn du weinst, fest ins Gedächtnis, daß dein Söhnchen einer von den Engeln Gottes ist, von dort auf dich herniederschaut und dich sieht, sich über deine Tränen freut und Gott den Herrn auf sie hinweist. Und lange noch wird dir dieses heilige mütterliche Weinen auferlegt sein, doch schließlich wird es sich wandeln in eine stille Freude, und deine bitteren Tränen werden dann Tränen einer stillen Rührung sein und einer Läuterung des Herzens, die vor Sünden bewahrt. Deines Kindleins aber will ich in meinem Gebet gedenken, auf daß Gott seiner Seele Ruhe schenke. Wie hieß es denn?«

»Alexej, Väterchen.«

»Ein lieber Name. Nach Alexej, dem Gottesmenschen?«

»Dem Gottesmenschen, Väterchen, dem Gottesmenschen, nach Alexej, dem Gottesmenschen!«

»Welch ein Heiliger! Ich werde für ihn beten, Mutter, ich werde für ihn beten, auch deiner Trauer werde ich gedenken in meinem Gebet, und um deines Gatten Gesundheit werde ich beten. Aber es ist eine Sünde von dir, ihn zu verlassen. Gehe zu deinem Mann und habe Nachsicht mit ihm. Wenn dein Knäblein von droben sieht, daß du seinen Vater im Stich gelassen hast, wird es weinen über euch. Warum störst du seine Seligkeit? Er lebt ja, er lebt, denn die Seele ist lebendig in alle Ewigkeit, und wenn er auch nicht in eurem Hause ist, so ist er doch unsichtbar bei euch. Wie aber soll er in euer Haus kommen, wenn du sagst, daß dich Haß ergriffen hat gegen dein Haus? Zu wem soll er denn gehen, wenn er euch, den Vater und die Mutter, nicht beisammen findet? Siehst du, er erscheint dir jetzt im Traum, und du quälst dich, dann aber wird er dir sanfte Träume senden. Geh zu deinem Manne, Mutter, heute noch geh zu ihm.«

»Ich werde hingehen, du mein Lieber, wie du mich geheißen hast. In meinem Herzen hast du gelesen. Nikituschka, du mein Nikituschka, du erwartest mich, mein Liebling, erwartest mich«, begann sie von neuem vor sich hinzumurmeln, der Starez aber hatte sich bereits einem alten Mütterchen zugewandt, das nicht wie eine Pilgerin, sondern nach städtischer Art gekleidet war. Man sah es ihren Augen an, daß sie irgendein Anliegen hatte und gekommen war, um es mitzuteilen. Sie sagte, sie sei die Witwe eines Unteroffiziers, komme nicht von weit her, nicht weiter als aus unserer Stadt. Ihr Sohn Wassenka habe irgendwo bei einem Kommissariat in Diensten gestanden, sei dann aber nach Sibirien gefahren, nach Irkutsk. Zweimal habe er von dort geschrieben, aber nun schon seit einem Jahr nicht mehr. Sie habe versucht, sich nach ihm zu erkundigen, wisse jedoch in Wirklichkeit nicht, wo sie eigentlich anfragen solle. »Nun sagt mir neulich Stepanida Iljinischna Bedrjagina, das ist eine Kaufmannsfrau, eine reiche: ‚Nimm doch, Prochorowna', sagt sie, ‚ein Blättchen Papier und schreib den Namen deines lieben Sohnes darauf für die Totenmesse, trag es in die Kirche und laß dort für die ewige Ruhe seiner Seele beten. Seine Seele', sagt sie, ‚wird dann anfangen sich nach dir zu sehnen, und er wird dir einen Brief schreiben. Und das', sagt Stepanida Iljinischna, ‚hilft bestimmt, es ist vielfach erprobt.' Nur habe ich noch Bedenken ... Du unser Augenlicht, ist das auch wirklich wahr, und wird es nicht eine Sünde sein, so etwas zu tun?«

»Laß dir das ja nicht einfallen! Du solltest dich schämen, so etwas auch nur zu fragen. Wie könnte denn jemand für eine lebende Seele die Totenmesse lesen lassen, und noch dazu die leibliche Mutter! Das ist eine große Sünde, ähnlich der Zauberei, nur deiner Unwissenheit wegen sei sie dir verziehen. Bete lieber zur Himmelskönigin, der eifrigen Beschützerin und Helferin, um seine Gesundheit, und daß sie dir deine unrechten Gedanken verzeihe. Auch das will ich dir noch sagen, Prochorowna: entweder wird er selber bald zu dir zurückkehren, dein lieber Sohn, oder er wird dir bestimmt einen Brief schicken. Das laß dir gesagt sein. Geh also und sei von nun an unbesorgt. Dein Sohn lebt, sage ich dir.«

»Du unser Lieber, Gott vergelte es dir, du unser Wohltäter, der du für uns alle betest und Abbitte tust für unsere Sünden!«

Der Starez hatte unterdessen in der Menge zwei glühend auf ihn gerichtete Blicke bemerkt, die Blicke einer abgezehrten, ihrem Aussehen nach schwindsüchtigen, wenn auch noch jungen Bäuerin. Sie sah ihn stumm an, ihre Augen baten um irgend etwas, aber sie scheute sich anscheinend näher zu kommen.

»Was führt dich her, meine Liebe?«

»Erlöse meine Seele, du Guter«, sagte sie leise und ruhig, kniete nieder und verneigte sich vor ihm bis zur Erde. »Gesündigt habe ich, mein Vater, mir ist angst wegen meiner Sünde.«

Der Starez setzte sich auf die unterste Stufe, die Frau kam zu ihm heran, ohne sich von den Knien zu erheben.

»Witwe bin ich, schon das dritte Jahr«, begann sie halb flüsternd, und es war, als schauderte sie dabei. »Schwer hatte ich es in der Ehe, alt war er und hat mich arg verprügelt. Er lag krank darnieder; da denke ich, wie ich ihn so ansehe: Wenn er nun wieder gesund wird und aufsteht, was dann? Und da kam mir der Gedanke . . .«

»Halt«, sagte der Starez und näherte sein Ohr ganz dicht ihren Lippen. Die Frau sprach leise flüsternd weiter, so daß fast nichts mehr zu vernehmen war. Als sie nach kurzer Zeit schwieg, fragte der Starez: »Das dritte Jahr?«

»Das dritte Jahr. Zuerst dachte ich nicht daran, nun aber habe ich angefangen zu kränkeln, und da hat mich eine Herzensunruhe befallen.«

»Kommst du von weit her?«

»Fünfhundert Werst von hier.«

»Hast du es in der Beichte gesagt?«

»Ich habe es gesagt, zweimal habe ich es gesagt.«

»Hat man dich zum Abendmahl zugelassen?«

»Man ließ mich zu. Ich fürchte mich; vor dem Sterben fürchte ich mich.«

»Fürchte nichts, und fürchte dich niemals, und gräme dich nicht. Wenn nur die Reue in dir nicht erlahmt – dann wird Gott dir alles vergeben. Solch eine Sünde gibt es nicht in der ganzen Welt und kann es gar nicht geben, die Gott der Herr einem wahrhaft Reuigen nicht verziehe. Ein Mensch kann gar nicht eine so große Sünde begehen, daß sie die unendliche Liebe Gottes erschöpfte. Oder kann es eine so schwere Sünde geben, daß sie Gottes Liebe überwöge? Um Reue nur sei besorgt, um unablässige Reue, die Furcht jedoch scheuche gänzlich von dir.

Glaube daran, daß Gott dich so sehr liebt, wie du es dir nicht einmal vorstellen kannst, dich sogar mit deiner Sünde und in deiner Sünde liebt. Über einen Sünder, der Buße tut, wird im Himmel mehr Freude sein als über zehn Gerechte, so steht seit langem geschrieben. Geh also und fürchte dich nicht. Laß dich nicht erbittern gegen die Menschen, ärgere dich nicht, wenn dir Unrecht geschieht. Dem Verstorbenen vergib in deinem Herzen alles, womit er dich gekränkt hat, versöhne dich mit ihm in Wahrheit. Wenn du bereust, so liebst du auch. Liebst du aber, so bist du auch schon Gottes . . . Durch Liebe wird alles erkauft, alles gerettet. Wenn schon ich, ein ebenso sündiger Mensch wie du, deinetwegen Rührung und Mitleid empfand, um wieviel mehr wird es dann Gott tun. Die Liebe ist ein so unsäglich großer Schatz, daß man damit die ganze Welt kaufen könnte, nicht nur die eigenen Sünden kannst du damit loskaufen, sondern auch fremde. Geh denn und fürchte dich nicht.«

Er segnete sie dreimal mit dem Zeichen des Kreuzes, nahm ein kleines Heiligenbild von seinem Hals und hängte es ihr um. Sie verneigte sich schweigend vor ihm bis zur Erde. Er erhob sich und blickte vergnügt auf ein gesundes Weib, das einen Säugling in den Armen hielt.

»Aus Wyschegorje komme ich, du Lieber.«

»Das sind immerhin sechs Werst, wirst dich abgeplackt haben mit dem Kindchen im Arm. Was möchtest du?«

»Einen Blick auf dich zu werfen, bin ich gekommen. Ich war ja schon einmal bei dir, hast es wohl vergessen? Mußt ein schwaches Gedächtnis haben, wenn du mich schon vergessen hast. Bei uns sagte man, daß du krank bist, da dachte ich: Will mal selber hingehen und ihn besuchen. Und nun sehe ich dich, doch was bist du schon für ein Kranker? Zwanzig Jahre noch wirst du leben, wahrhaftig, Gott sei mit dir! Gibt es denn nicht genug Leute, die für dich beten, und da solltest du krank sein?«

»Dank sei dir für alles, Liebe.«

»Übrigens habe ich eine kleine Bitte: hier sind sechzig Kopeken, gib sie, du Lieber, einer, die ärmer ist als ich. Als ich mich hierher auf den Weg machte, da dachte ich: Es wird besser sein, wenn ich das Almosen durch ihn gebe, er weiß schon, wem er es geben muß.«

»Danke, meine Liebe, danke, du Gute. Ich habe dich lieb. Ich werde deine Bitte gewiß erfüllen. Ist das Kind in deinen Armen ein Mädchen?«

»Ein Mädchen, du mein Augenlicht, Lisaweta mit Namen.«

»Gott segne euch beide, dich und das Kindchen Lisaweta. Das Herz hast du mir froh gemacht, Mutter. Lebt wohl, ihr Lieben, lebt wohl, ihr Teuren, Geliebten!«

Er segnete alle und verneigte sich tief vor allen.

4

Die kleingläubige Dame

Die von auswärts gekommene Gutsbesitzerin, die zugesehen hatte, wie der Starez sich mit dem einfachen Volk unterhielt und es segnete, vergoß stille Tränen und trocknete sie mit ihrem Taschentüchlein. Sie war eine empfindsame Weltdame und in vieler Hinsicht aufrichtig gut gesinnt. Als der Starez endlich auf sie zutrat, begrüßte sie ihn begeistert: »Ich habe soviel, soviel empfunden, als ich diese rührende Szene mit ansah . . .« Sie sprach vor Erregung nicht zu Ende. »Oh, ich begreife, daß das Volk Sie liebt, ich selber liebe das Volk, ich möchte es lieben, und wie sollte man das Volk nicht lieben, unser prächtiges, in seiner Größe so arglos gutmütiges russisches Volk!«

»Wie geht es Ihrer Tochter? Sie wünschten mich wieder zu sprechen?«

»Oh, ich habe inständig gebeten, ich habe gefleht, ich war bereit, auf die Knie zu fallen und, sei es auch drei Tage lang, vor Ihren Fenstern zu knien, bis Sie mich eingelassen hätten. Wir sind zu Ihnen hergefahren, großer Arzt, um Ihnen all unseren begeisterten Dank auszusprechen. Haben Sie doch meine Lise geheilt, völlig geheilt, und wodurch? Dadurch, daß Sie am Donnerstag über ihr ein Gebet gesprochen und ihr die Hände aufgelegt haben. Wir sind hergeeilt, diese Hände zu küssen, unser Herz auszuschütten und unsere Ehrfurcht zu bekunden!«

»Wieso habe ich sie geheilt? Sie liegt doch immer noch im Rollstuhl!«

»Aber die nächtlichen Fieberanfälle haben völlig aufgehört, seit zwei Tagen schon, gerade vom Donnerstag an«, sagte die Dame in nervöser Hast. »Nicht genug damit: ihre Beine haben sich gekräftigt. Heute früh stand sie gesund auf, sie hat die ganze Nacht geschlafen, sehen Sie doch ihre rosigen Wangen an, ihre leuchtenden Augen. Sonst hat sie immerzu geweint, jetzt aber lacht sie, ist lustig und voller Freude. Heute verlangte sie, man solle sie auf die Füße stellen, und sie stand dann eine volle Minute allein, ohne jegliche Stütze. Sie wettete mit mir, daß sie in zwei Wochen Quadrille tanzen werde. Ich ließ den hiesigen Arzt Herzenstube kommen; er zuckte mit den Achseln und sagte: ‚Ich staune, ich kann es nicht fassen!' Und da wollen Sie, daß wir Sie nicht belästigen, daß wir es über uns bringen, nicht förmlich herzufliegen und Ihnen zu danken? Lise, bedanke dich doch, bedanke dich!«

Das niedliche, lachende Gesichtchen Lises wurde plötzlich ernst, sie erhob sich in ihrem Rollstuhl, soweit sie es vermochte, und legte, den Blick auf den Starez gerichtet, vor ihm ihre Hände gegeneinander, konnte sich aber nicht bezwingen und brach auf einmal in Gelächter aus ...

»Über ihn lache ich, über ihn!« rief sie und deutete auf Aljoscha, voll kindlichen Unwillens über sich selber, weil sie sich nicht hatte bezwingen können und auf einmal losgelacht hatte. Wer Aljoscha angeblickt hätte, der einen Schritt hinter dem Starez stand, hätte bemerkt, wie sich eine flammende Röte im Nu über seine Wangen ergoß. Seine Augen blitzten auf und senkten sich zu Boden.

»Sie hat Ihnen etwas auszurichten, Alexej Fjodorowitsch ... Wie geht es Ihnen?« fuhr die Mama fort, wandte sich plötzlich an Aljoscha und reichte ihm ihre reizend behandschuhte Hand. Der Starez blickte sich um und sah Aljoscha aufmerksam an. Dieser näherte sich Lise und streckte ihr mit einem sonderbaren und verlegenen Lächeln die Hand entgegen. Lise machte ein wichtiges Gesicht.

»Katerina Iwanowna schickt Ihnen das hier durch mich«, sagte sie und überreichte ihm ein Briefchen. »Sie bittet Sie dringend, Sie möchten zu ihr kommen, und zwar recht bald, so bald wie möglich, und Sie möchten sie nicht enttäuschen, sondern unbedingt kommen.«

»Sie bittet *mich*, zu ihr zu kommen? Zu ihr, mich? ... Weswegen denn?« murmelte Aljoscha tief verwundert. Sein Gesicht hatte auf einmal einen ganz bekümmerten Ausdruck.

»Oh, wegen Dmitrij Fjodorowitsch und ... all dieser jüngsten Vorfälle«, erläuterte flüchtig die Mama. »Katerina Iwanowna ist jetzt zu einem Entschluß gelangt ... aber dazu muß sie Sie unbedingt sprechen ... Warum? Das weiß ich natürlich nicht, aber sie bat, Sie möchten so bald wie möglich kommen. Und Sie werden das tun, werden es sicherlich tun, das gebietet schon das christliche Empfinden.«

»Ich habe sie nur ein einziges Mal gesehen«, fuhr Aljoscha fort, immer noch in der gleichen Ratlosigkeit.

»Oh, sie ist ein so edles, ein so einzigartiges Geschöpf! ... Schon allein um dessentwillen, was sie gelitten hat ... Bedenken Sie, was sie durchgemacht hat, was sie jetzt durchmacht, bedenken Sie, was sie noch erwartet ... das alles ist entsetzlich, entsetzlich!«

»Gut, ich werde kommen«, entschied Aljoscha, nachdem er das kurze und rätselhafte Briefchen überflogen hatte, das außer der inständigen Bitte, zu kommen, keinerlei Aufklärung enthielt.

»Ach, wie nett und prächtig ist das von Ihnen!« rief Lise ganz begeistert aus. »Dabei habe ich zu Mama gesagt: ‚Um keinen Preis wird er hingehen, er führt ja das Leben eines Büßers.' Was für ein reizender Mensch Sie doch sind! Das habe ich mir ja immer gedacht, und sehen Sie, es ist mir angenehm, Ihnen das jetzt sagen zu können!«

»Lise!« wies die Mama sie zurecht, gleich danach aber lächelte sie. »Sie haben auch uns vergessen, Alexej Fjodorowitsch, Sie besuchen uns gar nicht mehr; dabei hat Lise mir zweimal gesagt, sie fühle sich nur in Ihrer Gesellschaft wohl.«

Aljoscha hob seine zu Boden gerichteten Augen, wurde plötzlich aufs neue rot und lächelte auf einmal wieder, ohne zu wissen warum. Der Starez beobachtete ihn übrigens nicht mehr. Er hatte ein Gespräch mit dem Mönch begonnen, der von auswärts gekommen war und, wie bereits erwähnt, neben Lises Rollstuhl auf das Erscheinen des Starez gewartet hatte. Augenscheinlich war er einer von den ganz einfachen Mönchen, das heißt ein Mann niedriger Herkunft, mit einer sehr beschränkten, starren Weltanschauung, aber gläubig und in seiner Art eigensinnig. Er sagte, er käme aus dem hohen Norden, aus Obnorsk, vom heiligen Silvester, aus einem armen Kloster mit nur neun Mönchen. Der Starez segnete ihn und forderte ihn auf, ihn in seiner Zelle zu besuchen, wann es ihm beliebe.

»Wie erkühnen Sie sich nur, solche Werke zu vollbringen?« fragte auf einmal der Mönch und deutete feierlich und mit Nachdruck auf Lise. Er spielte auf ihre »Heilung« an.

»Davon zu reden ist natürlich noch zu früh. Eine Besserung ist noch keine völlige Heilung und kann hier auch aus anderen Gründen eingetreten sein. Doch selbst wenn irgend etwas geschehen sein sollte, dann durch niemandes Kraft, es sei denn, daß Gott es so gefügt hat. Alles kommt von Gott. Besuchen Sie mich, Vater«, fügte er, zu dem Mönch gewandt, hinzu; »denn ich bin nicht immer bei Kräften; ich kränkle und weiß, daß meine Tage gezählt sind.«

»O nein, nein, Gott wird Sie uns nicht nehmen, Sie werden noch lange, lange leben!« rief die Mama aus. »Ja, und was fehlt Ihnen denn? Sie sehen so gesund aus, so vergnügt und glücklich.«

»Ich fühle mich heute besser als sonst, weiß aber, daß es nur eine ganz kurze Zeit so bleiben wird. Über meine Krankheit gebe ich mich jetzt keiner Täuschung mehr hin. Wenn ich Ihnen jedoch vergnügt vorkomme, so hätten Sie mich durch nichts mehr erfreuen können als durch diese Bemerkung. Denn zum Glücklichsein sind die Menschen erschaffen, und wer völlig glücklich ist, der ist geradezu gewürdigt worden, sich sagen zu dürfen: Ich habe den Willen Gottes hier auf Erden erfüllt. Alle Gerechten, alle Heiligen, alle heiligen Märtyrer sind glücklich gewesen.«

»Oh, wie Sie reden, welch kühne und hohe Worte!« rief die Mama aus. »Sie sagen etwas und durchbohren einen gleichsam damit. Indessen das Glück, das Glück – wo ist es? Wer kann von sich sagen, er sei glücklich? Oh, wenn Sie schon so gütig waren, uns heute zu gestatten, Sie nochmals zu sehen, so hören Sie denn auch alles an, was ich das vorigemal nicht mehr sagen konnte, nicht zu sagen wagte, alles, worunter ich so leide, und so lange schon, so lange! Ich leide, verzeihen Sie mir, ich leide ...«

Und in einem heftigen Gefühlsausbruch legte sie vor ihm die Hände gegeneinander.

»Worunter denn besonders?«

»Ich leide ... unter meinem Unglauben ...«

»Sie glauben nicht an Gott?«

»O nein, nein, daran wage ich nicht einmal zu denken; aber das Leben nach dem Tode – das ist solch ein Rätsel! Und niemand, niemand vermag es zu lösen! Hören Sie mich an, Sie Kenner und Arzt der menschlichen Seele; ich wage natürlich nicht zu fordern, daß Sie mir völlig glauben, aber ich versichere Ihnen mit dem heiligsten Eid, daß ich jetzt nicht aus Leichtsinn rede und daß der Gedanke an das Leben nach dem Tode mich bis zur Qual aufregt, bis zum Entsetzen und Schrecken ... Und ich weiß nicht, an wen ich mich wenden soll, ich habe mein ganzes Leben lang nicht den Mut gehabt ... Und jetzt habe ich den Mut, mich an Sie zu wenden ... O Gott, wofür werden Sie mich jetzt halten!« Sie schlug die Hände über dem Kopf zusammen.

»Machen Sie sich keine Sorge um meine Meinung«, entgegnete der Starez. »Ich glaube völlig an die Aufrichtigkeit Ihres Kummers.«

»Oh, wie dankbar bin ich Ihnen! Sehen Sie, ich schließe die Augen und denke: Wenn alle gläubig sind, woher kommt das denn? Da wird nun behauptet, das sei anfangs aus Furcht vor den bedrohlichen Naturerscheinungen geschehen, in Wirklichkeit gäbe es das alles überhaupt nicht. Wie ist das denn, denke ich, mein ganzes Leben lang war ich gläubig – und wenn ich nun sterbe, wird plötzlich nichts mehr sein, und nur ‚Kletten werden wachsen auf dem Grabe', wie ich bei einem Schriftsteller gelesen habe. Das ist entsetzlich! Wodurch kann ich den Glauben wiedererlangen, wodurch? Übrigens habe ich nur als kleines Kind geglaubt, mechanisch, ohne an irgend etwas zu denken ... Wodurch aber, wodurch kann man diesen Glauben beweisen? Nun bin ich gekommen, mich vor Ihnen niederzuwerfen und Sie um Rat zu fragen. Denn wenn ich die jetzige Gelegenheit versäume, wird mir in meinem ganzen Leben niemand mehr eine Antwort geben können. Womit kann man es beweisen, wodurch sich überzeugen? Oh, das ist mein Unglück! Ich stehe da und sehe rings um mich, daß allen alles gleichgültig ist, fast allen, niemand kümmert sich darum, und nur ich allein kann es nicht ertragen. Das ist mörderisch, mörderisch!«

»Ohne Zweifel, das ist mörderisch! Aber beweisen läßt sich da nichts, sich jedoch davon überzeugen, das kann man wohl.«

»Wie denn? Wodurch?«

»Durch die Erfahrung der werktätigen Liebe. Geben Sie sich Mühe, Ihre Nächsten tätig und unermüdlich zu lieben. In dem Maße, wie Sie Fortschritte machen in der Liebe, werden Sie sich vom Dasein Gottes überzeugen wie auch von der Unsterblichkeit Ihrer Seele. Sobald Sie aber in der Liebe zum Nächsten bis zur vollen Selbstverleugnung gelangt sind, werden Sie auch fest glauben, und nicht der geringste Zweifel mehr wird dann zu Ihrer Seele Zugang finden können. Das ist erprobt, es ist bestimmt so.«

»Werktätige Liebe? Das ist nun wieder eine Frage, und welch eine Frage, was für eine Frage! Sehen Sie: ich liebe die Menschheit so sehr, daß ich – werden Sie es mir wohl glauben? –

manchmal davon träume, alles von mir zu werfen, alles, was ich besitze, Lise zu verlassen und Barmherzige Schwester zu werden. Ich schließe die Augen, denke und träume, und in solchen Augenblicken spüre ich in mir eine unüberwindliche Kraft. Keinerlei Wunden, keinerlei Eiterbeulen könnten mich schrecken. Ich würde sie mit meinen eigenen Händen waschen und verbinden, ich würde bei diesen Leidenden wachen, ich wäre bereit, diese eiternden Wunden zu küssen . . .«

»Auch das ist schon etwas Großes und Gutes, daß sich Ihre Gedanken darauf richten und nicht auf etwas anderes. Und ganz unversehens werden Sie tatsächlich irgendein gutes Werk tun.«

»Ja, doch wie lange würde ich ein solches Leben aushalten?« fuhr die Dame leidenschaftlich und fast außer sich fort. »Das ist die Hauptfrage! Das ist die Frage, die mich am meisten quält. Ich schließe die Augen und frage mich: Würdest du es lange aushalten auf diesem Wege? Und wenn der Kranke, dessen Wunden du wäschst, dir nicht sogleich mit seiner Dankbarkeit antwortet, sondern dich im Gegenteil mit Launen zu quälen anfängt, ohne deine menschenfreundlichen Dienste zu schätzen, ja ohne sie zu beachten, wenn er dich anschreit, in grobem Ton etwas von dir verlangt, sich gar bei irgendeinem Vorgesetzten über dich beklagt, wie das bei Schwerkranken ja oft vorkommt – was dann? Wird deine Liebe noch fortdauern oder nicht? Und stellen Sie sich vor, mit Schaudern habe ich das schon entschieden: wenn es irgend etwas gibt, was meine ‚werktätige' Liebe zur Menschheit sofort abkühlen könnte, dann wäre das einzig und allein Undankbarkeit. Kurz gesagt: mir geht es um den Lohn, ich verlange sofort meinen Lohn, das heißt Lob und Bezahlung meiner Liebe durch Gegenliebe. Jemanden auf eine andere Weise zu lieben, bin ich nicht fähig!«

Sie hatte einen Anfall aufrichtiger Selbstgeißelung, und als sie geendet hatte, blickte sie mit herausfordernder Entschlossenheit den Starez an.

»Das stimmt ganz genau mit dem überein, was mir, übrigens schon vor langer Zeit, ein Arzt erzählt hat«, bemerkte der Starez.

»Er war ein bereits bejahrter und zweifellos auch ein kluger Mann. Er sprach ebenso freimütig wie Sie, wenn er auch scherzte, unter Tränen scherzte. ‚Ich liebe die Menschheit', sagte er, ‚doch wundere ich mich über mich selber: je mehr ich die Menschheit als Ganzes liebe, desto weniger liebe ich die Menschen im einzelnen, das heißt als einzelne Personen. In meinen Träumereien', sagte er, ‚habe ich mich zuweilen bis zu sonderbaren Plänen verstiegen, wie ich der Menschheit dienen könnte, und vielleicht hätte ich mich wirklich für die Menschen kreuzigen lassen, wenn das aus irgendwelchen Gründen plötzlich notwendig gewesen wäre; dabei bin ich außerstande, zwei Tage lang mit jemandem zusammen in einem Zimmer zu wohnen, das weiß ich aus Erfahrung. Kaum ist er in meiner Nähe, so stört auch schon seine Person meine Eigenliebe und beengt meine Freiheit. Im Laufe eines einzigen Tages kann ich selbst den besten Menschen zu hassen anfangen: den einen, weil er zu lange bei Tisch sitzt, den anderen, weil er Schnupfen hat und sich ständig schneuzt. Ich werde ein Menschenfeind', sagte er, ‚sobald jemand nur mit mir in Berührung kommt. Dafür aber war es immer so, daß, je mehr ich die Menschen im einzelnen haßte, meine Liebe zur Menschheit als Ganzem immer flammender wurde.'«

»Doch was soll man denn tun? Was tut man in solch einem Falle? Muß man da nicht in Verzweiflung geraten?«

»Nein, denn es genügt schon, daß Sie sich darüber härmen. Tun Sie, was in Ihrer Macht steht, und es wird Ihnen angerechnet werden. Sie haben jedoch schon viel getan, denn Sie haben es vermocht, sich selber so tief und aufrichtig zu erkennen! Wenn Sie aber jetzt mit mir nur deshalb so aufrichtig gesprochen haben, um, wie es soeben geschehen ist, Lob zu ernten für Ihre Wahrhaftigkeit, so werden Sie es natürlich nie zu Taten der werktätigen Liebe bringen, es wird bei Ihnen alles nur auf Träumereien beschränkt bleiben, und das ganze Leben wird wie ein Trugbild an Ihnen vorüberhuschen. Dann werden Sie selbstverständlich auch vergessen, an das Leben im Jenseits zu denken, und schließlich auf irgendeine Weise sich von selber beruhigen.«

»Sie haben mich vernichtet! Erst jetzt, in diesem Augenblick, während Sie sprachen, habe ich begriffen, daß ich tatsächlich nur Ihr Lob für meine Aufrichtigkeit erwartet habe, als ich Ihnen davon erzählte, daß ich Undankbarkeit nicht ertragen würde. Sie haben mir geholfen, mich selber zu erkennen, Sie haben mich durchschaut und mir die Augen über mich selber geöffnet!«

»Sagen Sie das in vollem Ernst? Nun, jetzt, nach einem solchen Geständnis, glaube ich, daß Sie aufrichtig und von

Herzen gut sind. Wenn Sie auch nicht zum Glück gelangen, so seien Sie doch stets dessen eingedenk, daß Sie auf dem rechten Wege sind, und bemühen Sie sich, nicht von ihm abzuweichen. Vor allem: vermeiden Sie die Lüge, jegliche Lüge, insbesondere die Lüge sich selbst gegenüber. Überwachen Sie Ihre Gedanken und beobachten Sie sie genau, zu jeder Stunde, in jeder Minute. Hüten Sie sich auch, Abscheu vor anderen oder vor sich selber zu hegen: das, was Sie in Ihrem Inneren an Schlechtem erkennen, wird schon allein dadurch geläutert, daß Sie es in sich bemerkt haben. Meiden Sie auch die Furcht, denn die Furcht ist ja nur eine Folge der Lüge. Erschrecken Sie niemals, wenn Sie kleinmütig werden in Ihrem Streben nach Liebe, erschrecken Sie nicht einmal allzusehr über die schlechten Handlungen, die Sie dabei begehen. Ich bedaure, daß ich Ihnen nichts Erfreulicheres sagen kann, denn die werktätige Liebe ist im Vergleich zu der, die sich nur in Träumereien ergeht, etwas Hartes und Entsetzliches. Die träumerische Liebe lechzt nach schneller Tat, die sich rasch vollbringen läßt und die Blicke aller auf sich lenkt. Dabei kann es tatsächlich so weit kommen, daß man sogar das Leben hingäbe, wenn alles nur nicht zu lange dauerte, sondern sich so rasch abspielte wie auf der Bühne, und wenn alle zuschauten und lobten. Die werktätige Liebe hingegen – die ist Arbeit und Ausdauer und für manche wohl sogar eine ganze Wissenschaft. Doch eines sage ich Ihnen voraus: in demselben Augenblick, in dem Sie mit Entsetzen sehen werden, daß Sie trotz allen Bemühungen sich Ihrem Ziel nicht genähert, sondern sich von ihm sogar entfernt haben – in diesem selben Augenblick werden Sie auf einmal das Ziel erreicht haben und an sich deutlich die wundertätige Kraft Gottes erfahren, der Sie immerfort geliebt und immerfort heimlich gelenkt hat. Verzeihen Sie, daß ich nicht länger bei Ihnen bleiben kann, man wartet auf mich. Auf Wiedersehen!«

Die Dame weinte.

»Lise, Lise! – so segnen Sie sie doch, segnen Sie sie!« rief sie in jähem Erschrecken.

»Die ist es nicht einmal wert, daß man sie gern hat. Ich habe gesehen, wie sie fortwährend Unsinn getrieben hat«, sagte scherzend der Starez. »Warum haben Sie in einem fort über Alexej gelacht?«

Lise hatte sich tatsächlich die ganze Zeit über mit dieser Kinderei befaßt. Es war ihr schon seit langem, bereits bei ihrem vorigen Besuch, aufgefallen, daß Aljoscha in ihrer Gegenwart verlegen wurde und sich bemühte, sie nicht anzusehen, und gerade das begann sie ungeheuer zu belustigen. Sie wartete aufmerksam und suchte seinen Blick zu erhaschen: denn obgleich Aljoscha ihren unverwandt auf ihn gerichteten Blick nicht zu ertragen vermochte, blickte er zuweilen unwillkürlich, wie von einer unwiderstehlichen Macht getrieben, Lise an, und sofort lächelte sie ihm triumphierend gerade ins Gesicht. Aljoscha wurde dadurch noch verlegener und ärgerte sich immer mehr über sich selber. Schließlich wandte er sich ganz von ihr ab und versteckte sich hinter dem Starez. Ein paar Minuten später aber wandte er sich, von derselben unwiderstehlichen Macht getrieben, ihr wieder zu, um zu sehen, ob sie auf ihn blicke oder nicht, und da gewahrte er, daß Lise, die sich fast völlig aus dem Rollstuhl herausgebeugt hatte, von der Seite her nach ihm Ausschau hielt und gespannt darauf wartete, daß er zu ihr herübersähe; als sie jedoch seinen Blick aufgefangen hatte, lachte sie so laut auf, daß es selbst dem Starez zuviel wurde.

»Weshalb machen Sie ihn so verlegen, Sie Wildfang?«

Lise errötete plötzlich ganz unerwarteterweise, in ihren Augen blitzte es auf, ihr Gesichtchen wurde tiefernst, und auf einmal brach sie gereizt und heftig in einen Strom leidenschaftlicher Klagen aus: »Warum hat er denn alles vergessen? Er hat mich, als ich noch klein war, auf den Armen getragen, wir haben zusammen gespielt. Er kam ja, mich lesen zu lehren, wissen Sie das? Er sagte vor zwei Jahren beim Abschied, er werde nie vergessen, daß wir ewig Freunde seien, ewig, so sagte er! Und nun hat er auf einmal Angst vor mir! Will ich ihn etwa fressen? Warum kommt er nicht näher, warum unterhält er sich nicht mit mir? Weshalb will er uns nicht besuchen? Lassen Sie ihn etwa nicht fort? Wir wissen doch, daß er überall hingeht. Es schickt sich nicht für mich, ihn einzuladen, er hätte als erster daran denken sollen, wenn er mich nicht überhaupt vergessen hat. Nein, er ist jetzt um sein Seelenheil besorgt! Warum haben Sie ihm diesen langschößigen Mönchsrock angezogen? ... Wenn er läuft, muß er ja hinfallen ...«

Und plötzlich konnte sie nicht mehr an sich halten, verdeckte ihr Gesicht mit der Hand und lachte, lachte unaufhaltsam ihr lang anhaltendes, nervöses, bebendes und unhörbares Lachen. Der Starez hatte ihr lächelnd zugehört und segnete sie voller Zärtlichkeit; als sie ihm jedoch die Hand küßte, drückte sie sie plötzlich an ihre Augen und brach in Tränen aus: »Seien Sie mir nicht böse, ich bin ein dummes, nichtsnutziges Mädchen ... und Aljoscha hat vielleicht recht, sehr recht, wenn er ein so komisches Mädchen nicht besuchen will.«

»Ich werde ihn bestimmt zu Ihnen schicken«, entschied der Starez.

5

So sei es, so sei es!

Der Starez war ungefähr fünfundzwanzig Minuten von der Zelle abwesend. Die Uhr zeigte schon nach halb eins, doch Dmitrij Fjodorowitsch, dessentwegen alle sich versammelt hatten, war immer noch nicht da. Man schien ihn jedoch schon vergessen zu haben, und als der Starez wieder in die Zelle trat, traf er seine Gäste in einem sehr lebhaften allgemeinen Gespräch an. An ihm beteiligten sich vor allem Iwan Fjodorowitsch und die beiden Mönchpriester. Auch Miusow suchte sich ins Gespräch einzumischen, und zwar augenscheinlich in sehr hitziger Weise, aber er hatte wieder kein Glück: er war sichtlich in den Hintergrund gedrängt worden, man antwortete ihm sogar kaum, und dieser neue Umstand steigerte die Gereiztheit, die sich in ihm angesammelt hatte, nur noch mehr. Es war nämlich auch früher schon zwischen ihm und Iwan Fjodorowitsch zu einigen Sticheleien wegen seiner Kenntnisse gekommen, und er konnte zudem eine gewisse Geringschätzung von dessen Seite nicht kaltblütig ertragen. Bis jetzt wenigstens stand ich auf der Höhe alles dessen, was es in Europa an Fortschrittlichem gibt, diese neue Generation aber nimmt überhaupt keine Notiz von uns, dachte er. Fjodor Pawlowitsch, der aus eigenem Antrieb sein Wort gegeben hatte, sich auf den Stuhl zu setzen und nichts mehr zu reden, hatte wirklich eine Zeitlang geschwiegen, dabei aber mit einem spöttischen Lächeln seinen Nachbarn Pjotr Alexandrowitsch beobachtet und sich über dessen Reizbarkeit offenkundig gefreut. Er hatte schon seit langem vorgehabt, ihm einiges heimzuzahlen, und wollte sich jetzt die Gelegenheit nicht entgehen lassen. Schließlich hielt er es nicht mehr aus, beugte sich zur Schulter seines Nachbarn hinüber und neckte ihn mit halblauter Stimme: »Warum sind Sie denn vorhin nach dem ‚liebevoll geküßt‘

nicht gegangen, sondern haben sich bereit gefunden, in einer so unanständigen Gesellschaft zu bleiben? Wahrscheinlich sind Sie nur geblieben, weil Sie sich erniedrigt und beleidigt fühlten und zur Revanche Ihr Licht leuchten lassen wollten. Nun dürfen Sie aber auch nicht gehen, bevor Sie nicht Ihr Licht haben leuchten lassen.«

»Fangen Sie schon wieder an? Im Gegenteil, ich gehe sofort.«

»Später, später als alle anderen werden Sie sich auf den Weg machen!« stichelte Fjodor Pawlowitsch nochmals. Gleich darauf kehrte der Starez zurück.

Der Streit verstummte für eine kurze Weile, doch nachdem der Starez sich an seinen früheren Platz gesetzt hatte, blickte er alle an, als fordere er sie freundlich auf, in ihrem Gespräch fortzufahren. Aljoscha, der fast jeden Ausdruck seines Gesichts kannte, sah deutlich, daß er furchtbar müde war und sich zusammennehmen mußte. In der letzten Zeit seiner Krankheit hatte er manchmal vor Erschöpfung Ohnmachtsanfälle gehabt. Fast die gleiche Blässe wie vor einer solchen Ohnmacht breitete sich auch jetzt über sein Gesicht aus, und seine Lippen waren weiß geworden. Doch augenscheinlich wollte er die Versammlung nicht auflösen; er schien irgendeinen Zweck zu verfolgen – aber welchen? Aljoscha beobachtete ihn aufmerksam.

»Wir sprechen über einen außerordentlich interessanten Aufsatz dieses Herrn«, sagte der Mönchpriester Iosif, der Bibliothekar, indem er sich an den Starez wandte und auf Iwan Fjodorowitsch hindeutete. »Er zieht darin viele neue Schlüsse, doch scheint die Grundidee eine zweischneidige Sache zu sein. Er hat in der Frage der öffentlichen Gerichtsbarkeit der Kirche und ihres Geltungsbereichs in einem Zeitungsaufsatz einem Geistlichen geantwortet, der über diese Frage ein ganzes Buch geschrieben hat . . .«

»Ihren Aufsatz habe ich leider nicht gelesen, doch habe ich von ihm gehört«, entgegnete der Starez, wobei er Iwan Fjodorowitsch aufmerksam und scharf anschaute.

»Der Herr verficht einen sehr interessanten Standpunkt«, fuhr der Vater Bibliothekar fort, »augenscheinlich lehnt er in der Frage der öffentlichen Gerichtsbarkeit der Kirche die Trennung von Staat und Kirche völlig ab.«

»Das ist interessant, in welchem Sinne jedoch?« fragte der Starez Iwan Fjodorowitsch.

Dieser antwortete ihm; aber nicht herablassend-höflich, wie Aljoscha noch kurz vorher befürchtet hatte, sondern bescheiden und zurückhaltend, mit sichtlicher Zuvorkommenheit und offenbar ohne den geringsten Hintergedanken.

»Ich gehe von der These aus, daß die Vermengung der Elemente, das heißt der Wesenheiten Kirche und Staat als solcher, natürlich ewig bestehen bleiben wird, obgleich sie eigentlich unmöglich ist und man sie niemals in einen einigermaßen annehmbaren, geschweige denn befriedigenden Zustand wird bringen können, weil diese Sache auf einer Lüge beruht. Ein Kompromiß zwischen Staat und Kirche in solchen Fragen wie zum Beispiel der Gerichtsbarkeit ist meines Erachtens im tiefsten Grunde genommen unmöglich. Der Geistliche, gegen den ich opponierte, behauptete, die Kirche nehme im Staat eine klare und bestimmte Stellung ein. Ich jedoch entgegnete ihm, die Kirche müsse umgekehrt den ganzen Staat in sich einschließen, nicht aber nur einen Winkel in ihm einnehmen, und wenn das jetzt aus irgendeinem Grunde unmöglich sei, so müsse das doch dem Wesen der Sache nach zweifellos zum nächsten und hauptsächlichen Ziel der ganzen weiteren Entwicklung der christlichen Gesellschaft gemacht werden.«

»Ganz richtig«, sagte mit nervöser Bestimmtheit Vater Paisij, der schweigsame und gelehrte Mönchpriester.

»Reinster Ultramontanismus!« schrie Miusow auf, der voller Ungeduld ein Bein über das andere schlug.

»Äh, bei uns gibt es ja gar keine Berge!« rief Vater Iosif aus und fuhr, zum Starez gewandt, fort: »Der Herr antwortet unter anderem auf folgende ‚grundlegende und wesentliche' Thesen seines Gegners, einer geistlichen Person wohlgemerkt: erstens: ‚Kein einziger gesellschaftlicher Verband kann und darf sich die Macht anmaßen, über die bürgerlichen und politischen Rechte seiner Mitglieder zu verfügen.' Zweitens: ‚Die straf- und zivilrechtliche Befugnis darf nicht in Händen der Kirche liegen und ist unvereinbar mit ihrem Wesen als einer göttlichen Institution wie auch als einer Vereinigung von Menschen zu religiösen Zwecken', und schließlich drittens: ‚Die Kirche ist ein Reich nicht von dieser Welt' ...«

»Ein für einen Geistlichen höchst unwürdiges Spiel mit Worten!« unterbrach wieder Vater Paisij, der nicht mehr an sich zu halten vermochte. »Ich habe das Buch gelesen, gegen das Sie opponiert haben«, wandte er sich an Iwan Fjodorowitsch, »und ich war erstaunt über die Worte des Geistlichen, die Kirche sei ein Reich nicht von dieser Welt. Wenn sie nicht von dieser Welt wäre, könnte sie ja überhaupt nicht auf Erden existieren. Im heiligen Evangelium sind die Worte: ‚Nicht von dieser Welt' in einem anderen Sinne gebraucht. Mit solchen Worten zu spielen geht nicht an. Unser Herr Jesus Christus ist doch gerade deswegen gekommen, um auf Erden die Kirche zu errichten. Das himmlische Reich ist selbstverständlich nicht von dieser Welt, es ist im Himmel, doch gelangt man nicht anders hinein als durch die Kirche, die auf Erden gegründet und errichtet ist. Und darum ist das Spiel mit weltlichen Worten über diesen Gegenstand unmöglich und unwürdig. Die Kirche indessen ist in Wahrheit ein Reich, sie ist ausersehen zu herrschen und muß zu guter Letzt zweifelsohne als ein Reich in Erscheinung treten, das sich über die ganze Erde erstreckt – hierüber haben wir eine Verheißung . . .«

Er war plötzlich verstummt, als hätte er sich Einhalt geboten. Iwan Fjodorowitsch, der ihm ehrerbietig und aufmerksam zugehört hatte, wandte sich an den Starez und fuhr mit außerordentlicher Ruhe nach wie vor bereitwillig und offenherzig fort: »Der Grundgedanke meines Aufsatzes besteht darin, daß das Christentum in den frühen Zeiten, während der ersten drei Jahrhunderte, hienieden nur als Kirche in Erscheinung trat und auch nur Kirche war. Als aber das heidnische römische Imperium ein christliches Reich werden wollte, da geschah das zweifellos in der Weise, daß es, wenn es auch christlich wurde, die Kirche bloß in sich einschloß, selber jedoch in äußerst vielen Einrichtungen nach wie vor ein heidnischer Staat blieb. Und zweifellos hatte es auch so kommen müssen. Im römischen Staat war allzuviel von der heidnischen Zivilisation und Weisheit lebendig geblieben, wie zum Beispiel schon die Ziele und Grundlagen des Staates selbst. Die Kirche Christi indessen konnte, als sie in diesen Staat Eingang fand, zweifellos nichts von ihren Grundlagen, diesem Fels, auf dem sie stand, aufgeben und konnte nichts anderes verfolgen als ihre eigenen Ziele, die ihr nun einmal vom Herrn selber gesetzt und gewiesen waren, unter anderem: die ganze Welt und also auch das ganze heidnische Reich in eine Kirche umzuwandeln. Somit – das heißt im Hinblick auf die Zukunft – hat nicht die Kirche sich einen bestimmten Platz im Staat zu suchen wie ‚jeder gesellschaftliche Verband' oder wie ‚eine Vereinigung von Menschen zu religiösen Zwecken' – wie der Autor, dem ich entgegne, die Kirche nennt –, sondern im Gegenteil: jeder Staat auf Erden soll sich in der Folge völlig zur Kirche umwandeln, alle Ziele verwerfen, die mit den kirchlichen nicht übereinstimmen, und nichts anderes werden als Kirche. Das alles würde ihn in keiner Weise erniedrigen, ihm weder seine Ehre noch seinen Ruhm als großer Staat nehmen oder den Ruhm seiner Herrscher beeinträchtigen, sondern es würde ihn lediglich von dem falschen, noch heidnischen und irrtümlichen Weg auf den richtigen und wahren Weg bringen, der allein zu den ewigen Zielen führt. Darum hätte der Autor des Buches *Die Grundlagen der öffentlichen Gerichtsbarkeit der Kirche* richtig geurteilt, wenn er beim Ermitteln und Darlegen dieser Grundlagen in ihnen lediglich einen zeitweiligen, in unserer sündigen und unerfüllten Zeit noch notwendigen Kompromiß gesehen hätte und sonst nichts weiter. Sobald aber der Autor dieser *Grundlagen* sich erdreistet zu erklären, daß die Grundsätze, die er jetzt aufstellt und von denen Vater Iosif soeben einen Teil aufzählte, unerschütterlich, elementar und ewig seien, wendet er sich unmittelbar gegen die Kirche und ihre heilige, ewige und unabänderliche Bestimmung. Das ist mein ganzer Aufsatz, sein wesentlicher Inhalt.«

»Das heißt also, kurz zusammengefaßt«, sagte wieder Vater Paisij, wobei er auf jedes Wort Nachdruck legte, »nach gewissen Theorien, die sich in unserem neunzehnten Jahrhundert bereits allzu deutlich ausprägen, soll die Kirche sich in einen Staat umbilden, gleichsam aus einer niedereren Gattung in eine höhere aufsteigen, um dann ganz in ihm aufzugehen und der Wissenschaft, dem Zeitgeist und der Zivilisation den Vorrang zu überlassen. Wenn sie das aber nicht will und sich widersetzt, so wird ihr im Staat gewissermaßen nur ein Winkel eingeräumt, aber auch der steht unter Aufsicht, und so ist das heutzutage überall in den modernen europäischen Staaten. Nach russischer Auffassung und Zuversicht jedoch muß nicht die Kirche sich in einen Staat umgestalten, so wie ein niederer Typus in einen höheren übergeht, sondern der Staat muß im Gegenteil zuletzt dahin kommen, daß er sich würdig erweist, einzig und allein Kirche zu werden und nichts anderes. Und so sei es auch, so sei es!«

»Nun, ich gebe zu, Sie haben mich jetzt ein wenig ermutigt«, sagte mit einem leicht spöttischen Lächeln Miusow und schlug wieder ein Bein über das andere. »Wenn ich richtig verstanden habe, handelt es sich also um die Verwirklichung eines Ideals, eines unendlich fernen, in den Zeiten der Wiederkunft Christi. Dagegen habe ich nichts einzuwenden. Ein wunderschöner utopischer Traum vom Aufhören der Kriege, vom Verschwinden der Diplomaten, der Banken und so weiter. Etwas, das geradezu Ähnlichkeit hat mit dem Sozialismus. Ich jedoch hatte schon gemeint, das alles sei Ernst, und die Kirche solle bereits *jetzt* beispielsweise über Schwerverbrecher zu Gericht sitzen, zu Ruten und Zwangsarbeit verurteilen, ja am Ende gar auch die Todesstrafe verhängen.«

»Selbst wenn es jetzt einzig und allein eine öffentliche Gerichtsbarkeit der Kirche gäbe, so würde die Kirche auch jetzt nicht zur Zwangsarbeit verschicken oder die Todesstrafe verhängen. Das Verbrechen und die Einstellung zu ihm müßten sich dann ohne Zweifel ändern, nach und nach, versteht sich, nicht plötzlich und nicht sofort, immerhin jedoch ziemlich rasch ...« sagte Iwan Fjodorowitsch ruhig, und ohne mit der Wimper zu zucken.

»Meinen Sie das im Ernst?« Miusow sah ihn unverwandt an.

»Wenn alles Kirche wäre, würde sie den Verbrecher und den Unbotmäßigen aus ihrer Gemeinschaft ausstoßen, aber nicht Köpfe abschlagen«, fuhr Iwan Fjodorowitsch fort. »Ich frage Sie nun: Wohin ginge dann der Ausgestoßene? Er müßte sich ja dann nicht nur, wie jetzt, von den Menschen abkehren, sondern auch von Christus. Denn er hätte sich doch durch sein Verbrechen nicht nur gegen die Menschen aufgelehnt, sondern auch gegen die Kirche Christi. Das ist, streng genommen, natürlich auch heute so, aber es wird immerhin nicht proklamiert, und das Gewissen des heutigen Verbrechers schließt sehr, sehr häufig mit sich selber Kompromisse. Ich habe gestohlen, sagt er sich, wende mich aber nicht gegen die Kirche, bin kein Feind Christi – das ist es, was der heutige Verbrecher sich gewöhnlich sagt; wenn aber die Kirche an die Stelle des Staates getreten sein wird, dann wird es ihm schwerfallen, so etwas zu sagen, es sei denn, er verneinte die gesamte Kirche auf der ganzen Welt. Alle, müßte er sich sagen, irren sich, alle sind abgewichen, alle sind eine Scheinkirche, ich allein, der Mörder und Dieb, bin die wahre christliche Kirche. Sich so etwas zu sagen ist jedoch sehr schwer, es setzt ganz ungewöhnliche Verhältnisse und Umstände voraus, wie sie selten vorkommen. Nehmen Sie nun andrerseits die Einstellung der Kirche selber zum Verbrechen: müßte sie sich nicht ändern gegenüber der heutigen, fast heidnischen, müßte nicht an Stelle der mechanischen Abtrennung eines kranken Gliedes, wie das heute zum Schutz der Gesellschaft geschieht, etwas anderes treten, müßte sie sich nicht wandeln, und zwar in Wahrheit und nicht bloß dem Schein nach, im Sinne der Wiedergeburt des Menschen, seiner Auferstehung und seiner Rettung?...«

»Was meinen Sie denn damit? Ich kann wieder nichts mehr verstehen«, unterbrach ihn Miusow. »Das ist wieder irgend so ein Phantasiebild, so etwas Formloses, ja Unverständliches. Wieso denn eine Ausstoßung, was für eine Ausstoßung? Ich hege den Verdacht, Sie machen sich einfach über uns lustig, Iwan Fjodorowitsch.«

»Eigentlich ist das auch heute so«, sagte auf einmal der Starez, und alle wandten sich sofort ihm zu; »denn wenn es heute keine Kirche Christi gäbe, so gäbe es für den Verbrecher keinerlei Hemmung bei seiner Missetat und hinterher nicht einmal eine Strafe dafür, das heißt eine wirkliche Strafe, nicht eine mechanische, wie der Herr soeben sagte, die in der Mehrzahl der Fälle das Herz nur reizt, sondern eine wirkliche Strafe, die einzig wirksame, die einzig abschreckende und beruhigende, die in dem Urteil des eigenen Gewissens liegt.«

»Wieso denn, wenn man es erfahren darf?« fragte Miusow mit lebhaftem Interesse.

»Sehen Sie, das ist so«, begann der Starez. »All diese Verschickungen zur Zwangsarbeit, die früher auch noch mit der Auspeitschung verbunden waren, bessern niemanden, doch vor allem schrecken sie fast keinen Verbrecher ab, und die Zahl der Verbrechen verringert sich nicht nur nicht, sondern erhöht sich immer mehr. Das werden Sie doch zugeben müssen. Daraus folgt also, daß die Gesellschaft auf diese Weise gar nicht geschützt ist; denn wenn auch das schädliche Glied mechanisch abgetrennt und weit weg verschickt wird, damit es einem aus den Augen kommt, so taucht doch statt seiner sofort ein anderer Verbrecher auf, ja vielleicht sind es sogar zwei. Wenn aber selbst in unserer Zeit irgend etwas die Gesellschaft schützt, ja sogar den Verbrecher selber bessert und zu einem anderen Menschen macht, so ist das wiederum allein das Gebot Christi, das sich in der Stimme des eigenen Gewissens offenbart. Nur wenn er sich seiner Schuld bewußt wird als Sohn der Gemeinschaft Christi, das heißt der Kirche, wird der Verbrecher sich seiner Schuld gegenüber der Gemeinschaft selbst, das heißt der Kirche, bewußt. Demnach ist der Verbrecher in unserer Zeit nur imstande, der Kirche gegenüber seine Schuld einzusehen, nicht aber gegenüber dem Staat. Wenn nun die Gerichtsbarkeit in Händen der Gemeinschaft als Kirche läge, dann wüßte die Gemeinschaft, wen von den Ausgestoßenen sie zurückholen und wieder zu sich aufnehmen darf. Heutzutage jedoch, da die Kirche keinerlei Gerichtsbarkeit ausübt und nur die Möglichkeit sittlicher Verurteilung hat, hält sie selber sich von einer Bestrafung des Verbrechers fern. Sie stößt ihn nicht aus und versagt ihm nicht einmal die väterliche Belehrung. Nicht genug damit, bemüht sie sich sogar, die Verbindung zwischen dem Verbrecher und der Kirche aufrecht zu erhalten: sie läßt ihn zu den Gottesdiensten und zum heiligen Abendmahl zu, gibt ihm Almosen und behandelt ihn mehr wie einen Verführten als wie einen Schuldigen. Und wie erginge es dem Verbrecher, o du mein Gott, wenn auch die christliche Gemeinschaft, das heißt die Kirche, ihn ebenso verstieße, wie das bürgerliche Gesetz ihn verstößt und absondert? Was wäre, wenn auch die Kirche ihn mit Ausstoßung bestrafte, sofort und jedesmal gleich nach seiner Bestrafung durch das staatliche Gesetz? Eine größere Verzweiflung könnte es ja gar nicht geben, wenigstens nicht für den russischen Verbrecher, denn die russischen Verbrecher sind noch gläubig. Denn wer weiß: vielleicht geschähe dann etwas Furchtbares – vielleicht verlöre das verzweifelte Herz des Verbrechers den Glauben, und was dann? Aber die Kirche hält sich als zärtliche und liebende Mutter davon fern, ihn zu bestrafen, da der Schuldige auch ohne ihre Strafe schon durch das staatliche Gericht allzu hart bestraft ist und wenigstens irgend jemand mit ihm Mitleid haben muß. Vor allem aber steht sie deshalb davon ab, weil das kirchliche Gericht das einzige Gericht ist, das die Wahrheit in sich birgt und infolgedessen seinem Wesen nach und aus sittlichen Gründen mit keinem anderen Gericht auch nur einen zeitweiligen Kompromiß schließen kann. Kompromisse hierin sind überhaupt unmöglich. Der ausländische Verbrecher, heißt es, empfinde selten Reue, denn die neuesten Lehren bestärken ihn sogar in dem Gedanken, daß sein Verbrechen gar kein Verbrechen sei, sondern nur eine Auflehnung gegen eine Gewalt, die ihn ungerechterweise unterdrückt. Die Gesellschaft trennt ihn mittels der über ihn triumphierenden Gewalt völlig mechanisch von sich ab und verbindet diese Ausstoßung mit Haß – so wenigstens behaupten sie es von sich in Europa –, mit Haß und mit äußerster Gleichgültigkeit, und vergißt sein, des eigenen Bruders, weiteres Schicksal. So geht alles ohne das geringste Mitleid von seiten der Kirche vor sich, denn in vielen Fällen gibt es dort gar keine Kirche mehr; nur die Diener der Kirche und prächtige Kirchenbauten sind übriggeblieben, die Kirchen selber jedoch streben dort schon lange danach, von der niedereren Gattung, der Kirche, zu der höheren, dem Staat, überzugehen und sich dann in ihm völlig zu verlieren. So scheint es wenigstens in den lutherischen Ländern zu sein. In Rom aber ist schon seit tausend Jahren statt der Kirche der Staat proklamiert. Und darum empfindet der Verbrecher selber sich nicht mehr als Glied der Kirche und verfällt als Ausgestoßener der Verzweiflung. Kehrt er jedoch in die Gesellschaft zurück, so geschieht das nicht selten mit einem solchen Haß, daß die Gesellschaft selbst ihn wieder ausstößt. Womit das endet, können Sie sich denken. In vielen Fällen, sollte man meinen, ist es auch bei uns so; aber das ist es ja eben, daß es bei uns außer den ordentlichen Gerichten noch eine Kirche gibt, die niemals die Verbindung mit dem Verbrecher als ihrem lieben und immer noch teuren Sohn verliert, und überdies besteht und hält sich noch, wenn auch nur als Idee, ein kirchliches Gericht, das jetzt zwar nicht tätig ist, aber immerhin für die Zukunft lebt und vom Verbrecher selbst, kraft des Instinktes seiner Seele, zweifellos anerkannt wird. Richtig ist auch das, was hier soeben gesagt wurde: wenn wirklich die kirchliche Gerichtsbarkeit käme, und zwar in ihrer ganzen Gewalt, das heißt, wenn die ganze Gesellschaft sich in eine einzige Kirche umwandelte, dann hätte das kirchliche Gericht nicht nur einen solchen Einfluß auf die Besserung des Verbrechers, wie es ihn heute nie hat, sondern es würden sich vielleicht tatsächlich die Verbrechen bis zu einem unwahrscheinlichen Bruchteil verringern. Auch würde dann die Kirche zweifellos in vielen Fällen ganz anderer Ansicht über den Verbrecher und das Verbrechen sein und den Ausgestoßenen zurückzuholen, den auf Böses Sinnenden zu warnen und den Gefallenen wieder aufzurichten wissen. Allerdings« – der Starez lächelte – »ist die christliche Gesellschaft vorläufig selber noch nicht so weit und steht nur auf den sieben Gerechten; da diese aber nicht schwach werden, bleibt sie trotz allem unerschütterlich bestehen und wartet auf ihre volle Umwandlung aus einer Gesellschaft, die fast noch ein heidnischer Verband ist, in eine einzige ökumenische und herrschende Kirche. Und so sei es auch, so sei es, wenn auch erst am Ende aller Zeiten, denn nur diesem allein ist es vorbestimmt, sich zu erfüllen! Und man braucht sich nicht zu beunruhigen wegen der Zeiten und Fristen, denn das Geheimnis der Zeiten und Fristen liegt in der Weisheit Gottes, in seiner Vorsehung und seiner Liebe. Und was nach menschlicher

Berechnung noch in sehr, sehr weiter Ferne liegen mag, das steht nach Gottes Vorherbestimmung vielleicht schon kurz vor seinem Eintritt, dicht vor der Tür. Und das sei so, es sei so.«

»So sei es, so sei es!« bekräftigte andächtig und streng Vater Paisij.

»Sonderbar, im höchsten Grade sonderbar!« sagte Miusow, wenn auch nicht heftig, so doch gleichsam mit einer Art von verhaltenem Unwillen.

»Was kommt Ihnen denn so sonderbar vor?« erkundigte sich vorsichtig Vater Iosif.

»Ja wirklich, was ist denn das?« rief Miusow, als könnte er plötzlich nicht mehr an sich halten. »Der Staat wird auf Erden beseitigt und die Kirche in den Rang eines Staates erhoben! Das ist nicht nur Ultramontanismus, das ist Erz-Ultramontanismus! So etwas hat selbst Papst Gregor VII. sich nicht träumen lassen!«

»Sie belieben das ganz verkehrt aufzufassen!« sagte streng Vater Paisij. »Nicht die Kirche verwandelt sich in den Staat, begreifen Sie das doch. Das ist Rom und sein Traum. Das ist die dritte Versuchung des Teufels! Im Gegenteil, der Staat verwandelt sich in die Kirche, erhebt sich zur Kirche und wird zur Kirche auf der ganzen Erde – was dem Ultramontanismus Roms wie auch Ihrer Auslegung völlig entgegengesetzt und die große Bestimmung nur der Orthodoxie auf Erden ist. Von Osten wird das Licht der Welt kommen.«

Miusow schwieg eine Weile bedeutungsvoll. Seine ganze Gestalt nahm den Ausdruck eines ungewöhnlichen Selbstbewußtseins an. Ein hochmütig herablassendes Lächeln zeigte sich auf seinen Lippen. Aljoscha beobachtete alles mit stark klopfendem Herzen. Dieses Gespräch hatte ihn bis auf den Grund seiner Seele erregt. Sein Blick fiel zufällig auf Rakitin; der stand regungslos auf seinem früheren Platz bei der Tür, lauschte aufmerksam und ließ sich nichts entgehen, obwohl er die Augen gesenkt hielt. Doch an der lebhaften Röte seiner Wangen erkannte Aljoscha, daß auch Rakitin erregt war, nicht weniger als er selbst, wie es schien, und Aljoscha wußte, weswegen er erregt war.

»Erlauben Sie mir, meine Herren, Ihnen eine kleine Anekdote zu erzählen«, sagte Miusow plötzlich eindringlich und mit einer besonders würdevollen Miene. »In Paris, vor einigen Jahren schon, kurz nach dem Dezember-Umsturz, besuchte ich eines Tages einen Bekannten von mir, einen sehr, sehr angesehenen und damals der Regierung angehörenden Mann, und traf bei ihm einen außerordentlich interessanten Herrn. Dieses Individuum war zwar nicht gerade ein Geheimagent der Kriminalpolizei, aber so etwas wie der Chef eines ganzen Kommandos politischer Spitzel – in seiner Art ein ziemlich einflußreicher Posten. Ich faßte die Gelegenheit beim Schopfe und knüpfte aus brennender Neugierde ein Gespräch mit ihm an; da er aber nicht als Bekannter empfangen wurde, sondern als untergeordneter Beamter, der mit einem Rapport gewisser Art kam, und da er sah, wie ich von seinem Vorgesetzten empfangen wurde, würdigte er mich einer gewissen Offenherzigkeit – nun, selbstverständlich nur bis zu einem gewissen Grade, das heißt, er war eher höflich als offenherzig, wie eben Franzosen zu sein wissen, um so mehr, als er in mir einen Ausländer erkannt hatte. Doch ich begriff ihn sehr gut. Das Gespräch handelte von den revolutionären Sozialisten, die man übrigens damals verfolgte. Ich übergehe den Hauptinhalt des Gesprächs und will nur eine sehr interessante Bemerkung anführen, die diesem Herrn plötzlich entschlüpfte. ‚Wir fürchten eigentlich all diese Anarchosozialisten, Atheisten und Revolutionäre nicht besonders‘, sagte er, ‚wir überwachen sie, und ihre Schachzüge sind uns bekannt. Es gibt aber unter ihnen, wenn auch nicht viele, so doch ein paar eigenartige Leute: sie glauben an Gott und sind Christen, zugleich aber auch Sozialisten. Gerade diese fürchten wir am meisten, denn sie sind ein schreckliches Volk! Der christliche Sozialist ist mehr zu fürchten als der atheistische.‘ Diese Worte haben mich schon damals überrascht, und jetzt, in Ihrem Kreise, meine Herren, sind sie mir auf einmal wieder eingefallen . . .«

»Das heißt, Sie wenden sie auf uns an und betrachten uns als Sozialisten?« fragte geradeheraus und ohne Umschweife Vater Paisij. Doch bevor noch Pjotr Alexandrowitsch sich eine Antwort überlegen konnte, ging die Tür auf, und herein kam Dmitrij Fjodorowitsch, der sich so sehr verspätet hatte. Man schien ihn tatsächlich nicht mehr erwartet zu haben, und sein plötzliches Erscheinen erweckte im ersten Augenblick sogar einiges Erstaunen.

6

Wozu lebt ein solcher Mensch?

Dmitrij Fjodorowitsch war ein achtundzwanzigjähriger junger Mann von mittlerer Größe und mit einem angenehmen Gesicht, sah aber weit älter aus, als seinen Jahren entsprochen hätte. Er war muskulös und ließ eine beträchtliche Körperkraft vermuten, nichtsdestoweniger schien in seinem Gesicht etwas Krankhaftes zu liegen. Es war hager, die Wangen waren eingefallen, und ihre Farbe spielte in ein ungesundes Gelb hinüber. Der Blick der ziemlich großen dunklen, hervorstehenden Augen wirkte fest und beharrlich und doch wieder eigentümlich unbestimmt. Selbst wenn Dmitrij gereizt war und mit erregter Stimme redete, schien sein Blick nicht seiner inneren Stimmung zu gehorchen und etwas anderes auszudrücken, das manchmal gar nicht der gegebenen Situation entsprach. »Es ist schwer dahinterzukommen, woran er eigentlich denkt«, äußerten sich zuweilen Leute, die sich mit ihm unterhalten hatten. Manche, die in seinen Augen etwas Nachdenkliches und Düsteres wahrgenommen hatten, waren erstaunt, wenn sein plötzliches Lachen ihnen auf einmal bewies, daß er von heiteren und spielerischen Gedanken erfüllt gewesen war, als er so düster dreingeblickt hatte. Das etwas krankhafte Aussehen im jetzigen Augenblick war übrigens begreiflich: wußten doch alle von dem äußerst bewegten und schwelgerischen Leben, dem er sich gerade in der letzten Zeit in unserem Städtchen ergeben hatte, oder sie hatten zum mindesten davon gehört; ebenso allgemein bekannt war, wie außerordentlich gereizt er während der Auseinandersetzungen mit seinem Vater über die strittigen Gelder gewesen war. In der Stadt liefen hierüber bereits einige Anekdoten um. Allerdings war er schon von Natur reizbar, »sprunghaften und anomalen Gemüts«, wie unser Friedensrichter, Semjon Iwanowitsch Katschalnikow, sich in einer Gesellschaft einmal sehr bezeichnend über ihn geäußert hatte.

Dmitrij Fjodorowitsch trat tadellos und elegant gekleidet ein, in zugeknöpftem Gehrock, mit schwarzen Handschuhen, den Zylinder in der Hand. Als erst vor kurzem verabschiedeter Offizier trug er nur einen Schnurrbart und war im übrigen glatt rasiert. Sein dunkelblondes Haar war kurz geschoren und an den Schläfen eigentümlich nach vorn gebürstet. Sein Schritt war soldatisch fest und weit ausgreifend. Für einen Augenblick blieb er auf der Schwelle stehen und überflog alle mit seinem Blick, dann ging er geradeaus auf den Starez zu, in dem er den Hausherrn erraten hatte. Er verneigte sich tief vor ihm. Der Starez erhob sich ein wenig und segnete ihn; Dmitrij Fjodorowitsch küßte ihm ehrerbietig die Hand und sagte ungemein erregt, beinahe gereizt: »Verzeihen Sie großmütig, daß ich so lange habe auf mich warten lassen. Aber der Diener Smerdjakow, den mein Vater zu mir geschickt hatte, antwortete mir auf meine nachdrückliche Frage nach dem Zeitpunkt der Zusammenkunft zweimal im entschiedensten Ton, daß sie auf ein Uhr festgesetzt sei. Nun erfahre ich plötzlich . . .«

»Beunruhigen Sie sich nicht«, unterbrach ihn der Starez, »es macht nichts, Sie haben sich ein wenig verspätet, das ist nicht schlimm . . .«

»Ich bin Ihnen außerordentlich dankbar und habe allerdings von Ihrer Güte nicht weniger erwartet.« Nach dieser knappen Antwort verneigte sich Dmitrij Fjodorowitsch nochmals, dann wandte er sich plötzlich zu seinem Vater um und machte auch vor ihm eine ebenso ehrerbietige und tiefe Verbeugung. Man merkte ihm an, daß er sie sich im voraus überlegt hatte und daß er sie aufrichtig meinte, weil er es für seine Pflicht hielt, dadurch seine Ehrerbietung und seine guten Absichten zum Ausdruck zu bringen. Fjodor Pawlowitsch, der sich zunächst überrumpelt fühlte, faßte sich jedoch sofort auf seine Art: als Erwiderung auf die Verbeugung des Dmitrij Fjodorowitsch sprang er von seinem Sessel auf und verbeugte sich genauso tief vor dem Sohn. Sein Gesicht nahm auf einmal einen würdigen und bedeutungsvollen Ausdruck an, was ihm jedoch ein entschieden böses Aussehen verlieh. Hierauf machte Dmitrij Fjodorowitsch eine allgemeine stumme Verbeugung vor allen, die sich im Zimmer befanden, und ging mit seinen großen und festen Schritten zum Fenster, setzte sich auf den einzigen Stuhl, der noch frei war, nicht weit von Vater Paisij, und war, auf dem Stuhl vorgeneigt, sofort bereit, der Fortsetzung des von ihm unterbrochenen Gesprächs zuzuhören.

Seit dem Erscheinen Dmitrij Fjodorowitschs waren nicht mehr als etwa zwei Minuten vergangen, und so hätte das Gespräch ohne weiteres wiederaufgenommen werden können. Doch Pjotr Alexandrowitsch hielt es nicht für notwendig, auf die eindringliche und fast gereizte Frage des Vaters Paisij zu antworten.

»Erlauben Sie mir, auf dieses Thema nicht einzugehen«,

sagte er mit einer gewissen weltmännischen Lässigkeit. »Es ist zudem ein verzwicktes Thema. Wie Sie sehen, lächelt Iwan Fjodorowitsch über uns; wahrscheinlich weiß er auch hierzu etwas Interessantes vorzubringen. Fragen Sie doch ihn.«

»Nichts Besonderes, außer einer kleinen Bemerkung«, antwortete Iwan Fjodorowitsch sofort, »die darin besteht, daß der europäische Liberalismus und sogar unser russischer liberaler Dilettantismus häufig und schon seit langem die Endergebnisse des Sozialismus mit denen des Christentums verwechseln. Diese unsinnige Schlußfolgerung ist natürlich ein charakteristischer Zug. Übrigens verwechseln, wie sich zeigt, nicht nur die Liberalen und Dilettanten den Sozialismus mit dem Christentum, sondern in vielen Fällen mit ihnen auch die Gendarmen* – nur die ausländischen natürlich. Ihre Pariser Anekdote, Pjotr Alexandrowitsch, ist recht bezeichnend.«

»Ich bitte nochmals um die Erlaubnis, dieses Thema überhaupt aufzugeben«, wiederholte Pjotr Alexandrowitsch. »Statt dessen möchte ich Ihnen, meine Herren, eine andere Anekdote über Iwan Fjodorowitsch selbst erzählen, die für ihn sehr interessant und charakteristisch ist. Vor nicht mehr als fünf Tagen hat er in einer hiesigen, hauptsächlich aus Damen bestehenden Gesellschaft in einem Wortgefecht feierlich erklärt, es gebe auf der ganzen Welt schlechthin nichts, das die Menschen zwingen könnte, ihresgleichen zu lieben; ein Naturgesetz, daß der Mensch die Menschheit lieben müsse, existiere nicht, und wenn es auf Erden Liebe gebe und bisher gegeben habe, so nicht kraft eines Naturgesetzes, sondern allein deshalb, weil die Menschen an ihre Unsterblichkeit glaubten. Iwan Fjodorowitsch fügte hierbei in Parenthese hinzu, gerade darin bestünde das ganze Naturgesetz; wenn man also den Glauben der Menschheit an die eigene Unsterblichkeit vernichtete, würde in ihr sofort nicht nur die Liebe versiegen, sondern auch jede lebendige Kraft, das irdische Leben fortzusetzen. Nicht genug damit: dann werde es nichts Unsittliches mehr geben, alles wäre erlaubt, sogar die Menschenfresserei. Aber auch damit nicht genug, schloß er mit der Behauptung, daß für jeden einzelnen zum Beispiel von uns hier, sobald er weder an Gott noch an die Unsterblichkeit glaube, das natürliche Sittengesetz sich sofort in das völlige Gegenteil des früheren religiösen Gesetzes umwandeln müsse und daß der Egoismus, selbst

* Mit den Gendarmen ist die politische Polizei gemeint (Anmerkung des Übersetzers).

bis zum Verbrechen, dem Menschen nicht nur erlaubt sein, sondern sogar als unumgänglich notwendiger, vernünftigster und, wie es beinahe scheinen möchte, edelster Ausweg aus seiner Lage anerkannt werden müsse. Aus einem solchen Paradoxon können Sie, meine Herren, auf alles übrige schließen, was unser lieber Freund des Exzentrischen und Paradoxen, Iwan Fjodorowitsch, zu verkünden beliebt und was er vielleicht noch zu verkünden beabsichtigt.«

»Erlauben Sie«, rief plötzlich Dmitrij Fjodorowitsch ganz unerwartet, »ich habe mich doch nicht etwa verhört: ,Das Verbrechen muß nicht nur erlaubt sein, sondern sogar als der unumgänglich notwendigste und vernünftigste Ausweg aus der Lage eines jeden Gottesleugners anerkannt werden!' – ist es so oder nicht?«

»Genauso«, sagte Vater Paisij.

»Das werde ich mir merken.«

Nachdem Dmitrij Fjodorowitsch das gesagt hatte, verstummte er ebenso plötzlich, wie er sich in das Gespräch eingemischt hatte. Alle blickten voller Neugier auf ihn.

»Sind Sie wirklich überzeugt, daß es solche Folgen hätte, wenn bei den Menschen der Glaube an die Unsterblichkeit ihrer Seele versiegen würde?« fragte auf einmal der Starez den Iwan Fjodorowitsch.

»Ja, ich habe das behauptet. Es gibt keine Tugend, wenn es keine Unsterblichkeit gibt.«

»Selig sind Sie, wenn Sie dieses Glaubens sind – oder Sie sind sehr unglücklich!«

»Warum denn unglücklich?« fragte Iwan Fjodorowitsch lächelnd.

»Weil Sie selber aller Wahrscheinlichkeit nach weder an die Unsterblichkeit Ihrer Seele glauben noch auch nur an das, was Sie über die Kirche und die Kirchenfrage geschrieben haben.«

»Vielleicht haben Sie recht! . . . Dennoch habe ich nicht nur im Scherz gesprochen . . .« gestand auf einmal sonderbarerweise Iwan Fjodorowitsch, wobei er übrigens im Nu errötete.

»Nicht nur im Scherz haben Sie gesprochen, das ist wahr. Dieses Problem ist in Ihrem Herzen noch nicht gelöst und quält Sie. Jedoch auch der Märtyrer liebt es zuweilen, sich aus seiner Verzweiflung ein Vergnügen zu machen, gleichsam auch aus Verzweiflung. Vorläufig machen auch Sie aus Ihrer Verzweiflung ein Vergnügen, indem Sie Zeitungsaufsätze schreiben wie auch glänzende Wortgefechte führen, ohne selber an Ihre Dialektik zu glauben, über die Sie wehen Herzens bei sich lächeln . . . In Ihnen ist diese Frage noch nicht entschieden, und darin besteht Ihr großer Kummer, denn sie verlangt dringend nach einer Lösung . . .«

»Doch kann sie denn in mir entschieden werden? Entschieden werden in bejahendem Sinne?« fragte Iwan Fjodorowitsch weiter und sah hierbei immerfort mit einem rätselhaften Lächeln den Starez an.

»Wenn sie nicht in bejahendem Sinne entschieden werden kann, so wird sie doch auch nie in verneinendem zu entscheiden sein. Sie kennen ja selber diese Eigenschaft Ihres Herzens, und darin besteht seine ganze Qual. Aber danken Sie dem Schöpfer, daß er Ihnen ein höher geartetes Herz gegeben hat, das fähig ist, sich mit solcher Qual zu quälen. ‚Trachtet nach dem, was droben ist, und suchet, was droben ist, denn unser Wandel ist im Himmel.' Gebe Gott, daß die Entscheidung Ihres Herzens Ihnen noch auf Erden widerfahre, und möge Gott Ihre Wege segnen!«

Der Starez erhob die Hand und war schon im Begriff, von seinem Platz aus Iwan Fjodorowitsch mit dem Zeichen des Kreuzes zu segnen. Doch dieser stand plötzlich von seinem Stuhle auf, ging zu dem Starez hin, empfing seinen Segen und kehrte, nachdem er ihm die Hand geküßt hatte, schweigend an seinen Platz zurück. Er sah entschlossen und ernst aus. Dieses sein Verhalten, ja schon das ganze Gespräch vorher mit dem Starez, das man von Iwan Fjodorowitsch nicht erwartet hätte, hatte durch seine Rätselhaftigkeit und sogar durch eine gewisse Feierlichkeit alle Anwesenden so verblüfft, daß alle eine Minute lang stillschwiegen, während in Aljoschas Gesicht sich fast Schrecken zeigte. Doch da zuckte Miusow plötzlich mit den Achseln, und im gleichen Augenblick sprang Fjodor Pawlowitsch von seinem Stuhle auf.

»Göttlicher und heiligster Starez!« schrie er auf und deutete auf Iwan Fjodorowitsch. »Das ist mein Sohn, Fleisch von meinem Fleische, mein innigstgeliebtes Fleisch! Das ist sozusagen mein ehrerbietiger Karl Moor, *der* da aber, mein Sohn Dmitrij Fjodorowitsch, der jetzt erst gekommen ist und gegen den ich bei Ihnen mein Recht suche, das ist der durchaus unehrerbietige Franz Moor, beide aus Schillers *Räubern*; ich jedoch, ich selber, bin in diesem Falle dann der regierende Graf von Moor! Seien Sie unser Schiedsrichter und retten Sie uns! Wir bedürfen nicht nur Ihrer Gebete, sondern auch Ihrer prophetischen Worte.«

»Reden Sie ohne Narrenspossen, und beginnen Sie nicht mit einer Beleidigung Ihrer Angehörigen«, entgegnete der Starez mit schwacher, erschöpfter Stimme. Er wurde sichtlich immer müder und kam von Kräften.

»Eine unwürdige Komödie, die ich schon ahnte, als ich hierher unterwegs war!« rief Dmitrij Fjodorowitsch voll Unwillen und sprang ebenfalls von seinem Platz auf. »Verzeihen Sie, ehrwürdiger Vater«, wandte er sich an den Starez, »ich bin ein ungebildeter Mensch und weiß nicht einmal, wie ich Sie anzureden habe, doch man hat Sie hintergangen, und es war allzu gütig von Ihnen, daß Sie uns erlaubten, bei Ihnen zusammenzukommen. Mein Vater braucht nur einen Skandal – wozu, das kommt auf seine Absichten an. Er ist stets berechnend. Doch glaube ich jetzt zu wissen wozu . . .«

»Alle beschuldigen sie mich, alle!« schrie Fjodor Pawlowitsch seinerseits, »auch Pjotr Alexandrowitsch beschuldigt mich. Beschuldigt haben Sie mich, Pjotr Alexandrowitsch, beschuldigt!« wandte er sich plötzlich an Miusow, obwohl der gar nicht daran dachte, ihn zu unterbrechen. »Man beschuldigt mich, ich hätte das Geld meiner Kinder in den Stiefel gesteckt und damit gewuchert; aber erlauben Sie mal, gibt es denn keine Gerichte? Dort wird man Ihnen vorrechnen, Dmitrij Fjodorowitsch, nach Ihren eigenen Quittungen, Briefen und Verträgen, wieviel Sie besessen haben, wieviel Sie durchgebracht haben und wieviel Ihnen übrigbleibt. Warum hält denn Pjotr Alexandrowitsch mit seiner Meinung hinter dem Berge? Dmitrij Fjodorowitsch ist doch für ihn kein Fremder. Darum, weil alle über mich herfallen und Dmitrij Fjodorowitsch mir letzten Endes noch etwas schuldet, zudem nicht bloß eine Kleinigkeit, sondern einige Tausende, worüber ich Belege habe! Die ganze Stadt dröhnt und kracht in ihren Fugen von seinen Trinkgelagen! Und dort, wo er früher gedient hat, dort hat er tausend, ja zweitausend Rubel gezahlt, um ehrbare junge Mädchen zu verführen; das, Dmitrij Fjodorowitsch, ist uns bekannt, in den verschwiegensten Einzelheiten, und ich werde es beweisen . . . Heiligster Vater, können Sie es glauben: er hat dem edelsten aller Mädchen den Kopf verdreht, einem Mädchen aus gutem Hause, mit Vermögen, der Tochter seines früheren Vorgesetzten, eines tapferen und verdienten Obersten, der den Annenorden mit Schwertern am Halse trug, er hat das Mädchen dadurch kompromittiert, daß er ihr seine Hand antrug; jetzt ist sie hier, sie ist jetzt Waise, ist seine Verlobte, er jedoch geht vor ihren Augen zu einer hiesigen Verführerin. Doch obwohl diese Verführerin sozusagen in Zivilehe mit einem ehrbaren Mann gelebt hat, so hat sie doch einen unabhängigen Charakter und ist für jedermann eine unbezwingbare Festung, so gut wie eine rechtmäßige Gattin, denn sie ist tugendhaft – ja, heilige Väter, sie ist tugendhaft! Dmitrij Fjodorowitsch jedoch will diese Festung mit einem goldenen Schlüssel öffnen, deswegen tut er jetzt mir gegenüber so wichtig und will mir Geld abzwacken, unterdessen aber hat er schon Tausende für diese Verführerin vertan; deswegen borgt er sich auch immerfort Geld, und unter anderem, was meinen Sie wohl, bei wem? Soll ich es sagen oder nicht, Mitja?«

»Halten Sie den Mund!« schrie Dmitrij Fjodorowitsch, »warten Sie, bis ich hinausgegangen bin, und unterstehen Sie sich nicht, in meiner Gegenwart ein hochedles junges Mädchen in den Schmutz zu ziehen ... Schon allein, daß Sie gewagt haben, sie zu erwähnen, ist für sie eine Schande ... Ich dulde das nicht!« Er rang nach Atem.

»Mitja! Mitja!« schrie Fjodor Pawlowitsch nervös auf und quetschte ein paar Tränen aus den Augen. »Ist dir denn der väterliche Segen gar nichts wert? Wenn ich dich nun verfluche, was dann?«

»Schamloser Heuchler!« brüllte Dmitrij Fjodorowitsch wütend.

»So geht er mit seinem Vater um, seinem Vater! Und wie erst mit anderen! Meine Herren, stellen Sie sich das vor: es lebt hier ein unbemittelter, aber ehrbarer Mann, ein verabschiedeter Hauptmann; er hatte Pech gehabt, wurde aus dem Dienst entlassen, jedoch nicht unter öffentlicher Bekanntgabe, nicht auf Grund eines Gerichtsurteils, sondern unter Wahrung seiner vollen Ehre; zudem trägt er die Bürde einer zahlreichen Familie. Und nun hat ihn vor drei Wochen unser Dmitrij Fjodorowitsch in einem Wirtshaus am Bart gepackt, ihn an diesem selben Bart auf die Straße hinausgezerrt und dort vor aller Leute Augen verprügelt, und das alles deswegen, weil dieser Mann bei einem meiner Geschäftchen mein inoffizieller Bevollmächtigter ist.«

»Das ist alles Lüge! Dem Äußeren nach ist es Wahrheit, inwendig Lüge!« Dmitrij Fjodorowitsch bebte vor Wut am ganzen Leibe. »Vater, ich will meine Handlungsweise nicht rechtfertigen; ja, vor aller Welt gestehe ich es: wie ein Tier bin ich mit diesem Hauptmann verfahren, und jetzt bedaure ich es und verabscheue mich wegen meines tierischen Zornes; jedoch dieser Ihr Hauptmann, Ihr Bevollmächtigter, war zu derselben Dame gegangen, von der Sie sagen, sie sei eine Verführerin, und hatte ihr in Ihrem Namen vorgeschlagen, sie solle meine Wechsel übernehmen, die sich in Ihren Händen befinden, und gegen mich Klage erheben, um mich auf Grund dieser Wechsel einsperren zu lassen, falls ich Ihnen bei der Abrechnung über mein Vermögen gar zu lästig werden sollte. Sie jedoch werfen mir jetzt vor, ich hätte eine Schwäche für diese Dame, während Sie selber sie angestiftet haben, mich an sich zu locken! Sie erzählt es einem ja ins Gesicht, sie selber hat es mir erzählt und dabei über Sie gelacht! Einsperren lassen aber wollen Sie mich nur deshalb, weil Sie ihretwegen auf mich eifersüchtig sind, weil Sie selber angefangen haben, diese Frau mit Ihrer Liebe zu bestürmen, und das ist wiederum mir bekannt, und sie hat abermals gelacht – hören Sie! –, sie hat es mir wiedererzählt und dabei über Sie gelacht. Da haben Sie es, heilige Männer, so ist dieser Mensch, dieser Vater, der seinem ausschweifenden Sohn Vorwürfe macht! Meine Herren Zeugen, verzeihen Sie mir meinen Zorn, aber ich habe es schon geahnt, daß dieser hinterlistige Alte Sie alle zu einem Skandal hierher zusammengerufen hat. Ich kam her, um ihm zu verzeihen, wenn er mir die Hand hingestreckt hätte, um ihm zu verzeihen und ihn um Verzeihung zu bitten! Da er aber soeben nicht nur mich beleidigt hat, sondern auch ein hochedles junges Mädchen, das ich so verehre, daß ich nicht einmal ihren Namen unnütz auszusprechen wage, so habe ich beschlossen, sein ganzes Spiel öffentlich aufzudecken, obwohl er mein Vater ist . . .«

Er konnte nicht weiterreden. Seine Augen funkelten, er atmete schwer. Doch auch die übrigen in der Zelle waren erregt. Alle außer dem Starez erhoben sich voller Unruhe von ihren Plätzen. Die Mönchpriester blickten streng drein, warteten jedoch ab, welchen Willen der Starez bekunden werde. Der aber saß da, ganz bleich, aber nicht vor Aufregung, sondern vor Schwäche. Ein flehendes Lächeln lag auf seinen Lippen; ab und zu hob er die Hand, als wollte er den Rasenden Einhalt gebieten, und natürlich hätte schon eine einzige Geste von ihm genügt, um dem Auftritt ein Ende zu machen; aber er schien selber noch irgend etwas abzuwarten und paßte angespannt auf, als wollte er noch etwas begreifen, als hätte er sich über irgend etwas noch keine Klarheit verschafft. Zu guter Letzt fühlte sich Pjotr Alexandrowitsch endgültig beleidigt und entehrt.

»An dem Skandal, der hier vorgefallen ist, sind wir alle schuld!« sagte er heftig, »doch ich habe ja nichts geahnt, als ich hierher unterwegs war, obwohl ich wußte, mit wem ich es zu tun habe ... Dem muß sofort ein Ende gemacht werden! Euer Ehrwürden, glauben Sie mir, daß ich alle Einzelheiten, die hier an den Tag gekommen sind, nicht genau gekannt habe, an sie nicht glauben wollte und erst jetzt zum erstenmal davon erfahre ... Der Vater ist eifersüchtig auf seinen Sohn wegen eines Frauenzimmers von liederlichem Lebenswandel und verabredet sogar mit dieser Kreatur, seinen Sohn ins Gefängnis stecken zu lassen ... Und in solcher Gesellschaft hat man mich hier zu erscheinen gezwungen ... Ich bin hintergangen worden, ich erkläre allen, daß ich nicht weniger hintergangen worden bin als die anderen ...«

»Dmitrij Fjodorowitsch!« brüllte plötzlich Fjodor Pawlowitsch mit eigentümlich fremder Stimme, »wären Sie nicht mein Sohn, hätte ich Sie auf der Stelle zum Duell gefordert ... auf Pistolen, auf drei Schritte Distanz ... über dem Schnupftuch, über dem Schnupftuch!« schloß er, indem er mit beiden Füßen aufstampfte.

Bei alten Lügnern, die ihr ganzes Leben lang Komödie gespielt haben, gibt es Augenblicke, in denen sie sich dermaßen zu produzieren beginnen, daß sie vor Erregung wirklich zittern und weinen, ungeachtet dessen, daß sie noch im selben Augenblick (oder doch nur eine Sekunde danach) sich zuraunen könnten: Du lügst ja, du schamloser alter Kerl, du bist ja auch jetzt noch ein Komödiant, trotz all deines »heiligen« Zornes und der »heiligen« Minute des Zornes.

Dmitrij Fjodorowitschs Gesicht verfinsterte sich, und er blickte mit unsagbarer Verachtung seinen Vater an.

»Ich hatte gedacht ... ich hatte gedacht«, sagte er eigentümlich leise und beherrscht, »ich würde mit dem Engel meiner Seele, mit meiner Braut, in die Heimat zurückkehren, um den Vater in seinem Alter zu pflegen, und nun sehe ich vor mir nur einen ausschweifenden Lüstling und einen ganz gemeinen Komödianten!«

»Zum Duell!« brüllte wieder der Alte, der nach Luft schnappte und bei jedem Wort mit Geifer um sich spritzte. »Und Sie, Pjotr Alexandrowitsch Miusow, sollen wissen, mein Herr, daß es vielleicht in Ihrer ganzen Sippe keine erhabenere und redlichere – hören Sie, keine redlichere! – Frau gibt und gegeben hat als diese ‚Kreatur', wie Sie soeben gewagt haben sie zu nennen! Und Sie, Dmitrij Fjodorowitsch, haben Ihre Braut gegen diese selbe ‚Kreatur' eingetauscht, Sie haben also selber erkannt, daß Ihre Braut nicht einmal die Schuhsohle der anderen wert ist. So steht es in Wirklichkeit um diese ‚Kreatur'!«

»Schandbar!« entfuhr es jäh dem Vater Iosif.

»Schandbar und schmählich!« rief plötzlich Kalganow, der während der ganzen Zeit geschwiegen hatte, mit seiner noch knabenhaften, vor Erregung zitternden Stimme und wurde über und über rot.

»Wozu lebt ein solcher Mensch!« knurrte Dmitrij Fjodorowitsch, schon fast rasend vor Zorn, wobei er die Schultern so eigentümlich und auffällig hochzog, daß er sich fast zu krümmen schien, »nein, sagen Sie mir, darf man es noch dulden, daß er mit seiner Person die Erde schändet?« Er blickte, mit der Hand auf den Alten deutend, der Reihe nach alle Anwesenden an. Er hatte langsam und mit Nachdruck gesprochen.

»Hört ihr, hört ihr ihn, ihr Mönche, den Vatermörder?« Dann fiel Fjodor Pawlowitsch über den Vater Iosif her. »Da haben Sie die Antwort auf Ihr ‚schandbar'! Was ist schandbar? Diese ‚Kreatur', dieses ‚Frauenzimmer von liederlichem Lebenswandel' ist vielleicht heiliger als ihr selber, meine Herren Mönchpriester, die ihr hier ein bußfertiges Leben führt! Sie ist vielleicht, durch ihre Umwelt verdorben, in ihrer Jugend gefallen, aber sie ‚hat viel geliebt', und jener, die viel geliebt hatte, hat Christus selbst vergeben ...«

»Nicht einer solchen Liebe wegen hat Christus ihr vergeben ...« entfuhr es in der Ungeduld dem sanften Vater Iosif.

»Doch, einer solchen wegen, gerade dieser Liebe wegen, ihr Mönche, eben dieser wegen! Ihr sucht euer Seelenheil im Kohlessen und meint Gerechte zu sein! Gründlinge eßt ihr, jeden Tag einen einzigen Gründling, und glaubt, mit den Gründlingen Gott bestechen zu können!«

»Unmöglich, unmöglich!« schrie es in der Zelle von allen Seiten.

Doch diese so sehr ins Häßliche ausgeartete Szene endete in einer ganz unerwarteten Weise. Der Starez erhob sich plötzlich von seinem Platz. Aljoscha, der aus Angst um ihn und um alle anderen schon fast die Fassung verloren hatte, konnte ihn jedoch noch rechtzeitig am Arm stützen. Der Starez schritt auf Dmitrij Fjodorowitsch zu und sank, als er dicht an ihn herangekommen war, vor ihm in die Knie. Aljoscha meinte schon, er sei vor Schwäche zusammengebrochen, aber so war es nicht. Der kniende Starez verneigte sich tief vor Dmitrij Fjodorowitsch, es war eine regelrechte, deutliche, bewußte Verbeugung, und berührte sogar mit der Stirn den Boden. Aljoscha war so verblüfft, daß er nicht einmal mehr dazu kam, ihn zu stützen, als er sich wieder aufrichtete. Ein schwaches Lächeln schimmerte kaum wahrnehmbar auf den Lippen des Starez.

»Verzeiht! Verzeiht alle!« sagte er, indem er sich zum Abschied nach allen Seiten vor seinen Gästen verbeugte.

Dmitrij Fjodorowitsch stand einige Augenblicke wie vom Donner gerührt: ein Fußfall vor *ihm* – was sollte denn das? Schließlich rief er plötzlich: »O Gott!« und stürzte, das Gesich mit den Händen bedeckend, aus dem Zimmer. Hinter ihm her liefen dicht aneinandergedrängt auch alle übrigen Gäste hinaus, ohne sich in ihrer Verwirrung auch nur zu verabschieden oder die Verbeugung des Hausherrn zu erwidern. Nur die Mönchpriester waren wieder zum Starez hingetreten, um seinen Segen zu empfangen.

»Warum hat er denn einen Fußfall gemacht, war das irgendein Symbol?« fragte Fjodor Pawlowitsch, der aus irgendeinem Grunde plötzlich sanft geworden war und ein Gespräch anzuknüpfen versuchte, ohne übrigens zu wagen, sich an jemanden persönlich zu wenden. Sie verließen in diesem Augenblick gerade die Einfriedung der Einsiedelei.

»Für ein Irrenhaus und für Verrückte bin ich nicht verantwortlich«, erwiderte Miusow sofort erbost, »dafür aber befreie ich mich von Ihrer Gesellschaft, Fjodor Pawlowitsch, und das, glauben Sie mir, für immer. Wo ist denn dieser Mönch von vorhin? ...«

Doch »dieser Mönch von vorhin«, das heißt jener, der sie zum Mittagessen beim Abt eingeladen hatte, ließ nicht auf sich warten. Er war sofort auf die Gäste zugekommen, kaum daß sie die Treppe von der Zelle des Starez hinabgestiegen waren, als hätte er die ganze Zeit über auf sie gewartet.

»Tun Sie mir den Gefallen, ehrwürdiger Vater, bezeugen Sie dem Vater Abt meine volle Hochachtung und entschuldigen Sie mich, Miusow, bei Seiner Hochehrwürden, da ich wegen plötzlich eingetretener unvorhergesehener Umstände auf keinen Fall die Ehre haben kann, an seinem Gastmahl teilzunehmen, trotz meinem aufrichtigsten Wunsch«, sagte Pjotr Alexandrowitsch gereizt zu dem Mönch.

»Und dieser unvorhergesehene Umstand – das bin ich!« fiel Fjodor Pawlowitsch ihm sofort ins Wort. »Hören Sie, Vater, Pjotr Alexandrowitsch will nicht mit mir zusammenbleiben, sonst würde er auf der Stelle hingehen. Und Sie *werden* hingehen, Pjotr Alexandrowitsch, bemühen Sie sich nur bitte hin zum Vater Abt und – guten Appetit! Mögen Sie wissen, daß ich es bin, der sich drückt, und nicht Sie. Ich fahre nach Hause, nach Hause! Ich werde zu Hause essen, hier fühle ich mich dazu unfähig, Pjotr Alexandrowitsch, mein liebster Verwandter.«

»Ich bin nicht Ihr Verwandter und bin es nie gewesen, Sie gemeiner Mensch!«

»Ich habe das auch nur in der Absicht gesagt, Sie ein wenig zu ärgern, weil Sie die Verwandtschaft von sich weisen, obwohl Sie dennoch verwandt mit mir sind, wenn Sie sich auch noch soviel drehen und wenden; ich werde es durch das Kirchenbuch beweisen. Dich, Iwan Fjodorowitsch, lasse ich zur rechten Zeit mit dem Wagen abholen, bleib auch du da, wenn du willst. Ihnen jedoch, Pjotr Alexandrowitsch, gebietet es allein schon der Anstand, jetzt beim Vater Abt zu erscheinen; Sie müssen sich dafür entschuldigen, daß wir beide dort Unfug getrieben haben ...«

»Ist es denn auch wahr, daß Sie heimfahren? Lügen Sie nicht?«

»Pjotr Alexandrowitsch, wie sollte ich das wagen nach dem, was vorgefallen ist! Ich habe mich hinreißen lassen, verzeihen Sie, meine Herren, ich habe mich hinreißen lassen! Und außerdem bin ich erschüttert! Auch schäme ich mich. Meine Herren, der eine hat ein Herz wie Alexander der Große, der andere jedoch eins wie das Hündchen Fidelka. Ich habe eins wie das Hündchen Fidelka. Ich habe den Mut verloren! Na, wie könnte ich denn nach einer solchen Eskapade auch noch zu einem Mittagsmahl gehen und mit Genuß Klostersoßen essen? Ich schäme mich, ich kann es nicht, verzeihen Sie!«

Weiß der Teufel! Wenn er uns nun hinters Licht führt, was dann? fragte sich Miusow, der nachdenklich stehengeblieben war und mit ratlosem Blick den sich entfernenden Hanswurst verfolgte. Dieser wandte sich um, und als er merkte, daß Pjotr Alexandrowitsch ihn beobachtete, warf er ihm eine Kußhand zu.

»Gehen denn Sie zum Abt?« fragte Miusow schroff den Iwan Fjodorowitsch.

»Warum nicht? Zudem bin ich gestern vom Abt noch besonders eingeladen worden.«

»Unglücklicherweise fühle ich mich tatsächlich fast gezwungen, zu diesem verdammten Mittagessen zu erscheinen«, fuhr Miusow mit der gleichen bitteren Gereiztheit fort, ohne im geringsten darauf zu achten, daß der kleine Mönch zuhörte. »Wir müssen uns dort wenigstens wegen des Vorgefallenen entschuldigen und klarstellen, daß nicht wir es gewesen sind... Was meinen Sie?«

»Ja, man muß klarstellen, daß nicht wir es gewesen sind. Zudem wird ja mein Vater nicht dort sein,« bemerkte Iwan Fjodorowitsch.

»Es wäre schlimm, wenn Ihr Vater hinkäme! Dieses verdammte Mittagessen!«

Und so gingen sie alle hin. Der kleine unscheinbare Mönch schwieg und hörte zu. Auf dem Wege durch das Wäldchen sagte er nur, der Vater Abt warte schon lange, und sie hätten sich um mehr als eine halbe Stunde verspätet. Man antwortete ihm nicht. Miusow warf einen haßerfüllten Blick auf Iwan Fjodorowitsch.

Da geht er nun zu dem Mittagsmahl, als wäre gar nichts vorgefallen! dachte er. Eine freche Stirn und ein Karamasowsches Gewissen.

7

Der streberhafte Seminarist

Aljoscha führte seinen Starez in dessen Schlafkämmerchen und bat ihn, sich auf das Bett zu setzen. Es war ein sehr kleines Zimmer, nur mit dem unentbehrlichsten Mobiliar versehen. Die eiserne Bettstatt war schmal, und statt einer Matratze lag nur eine Filzmatte darauf. In der vorderen Ecke, bei den Ikonen, stand ein Lesepult, darauf lagen ein Kreuz und ein Evangelium. Der Starez ließ sich erschöpft auf das Bett nieder; seine Augen glänzten, und er atmete schwer. Als er sich gesetzt hatte, blickte er Aljoscha aufmerksam an, als überlege er sich etwas.

»Geh, du Lieber, geh nur, mir genügt auch Porfirij, du aber beeile dich. Dich braucht man dort, geh zum Vater Abt und bediene beim Essen.«

»Lassen Sie mich hierbleiben«, sagte Aljoscha mit bittender Stimme.

»Man braucht dich dort notwendiger. Dort herrscht Unfriede. Du wirst bedienen und dich nützlich machen. Wenn die bösen Geister sich erheben, dann sprich ein Gebet. Und wisse, Söhnchen«, so nannte ihn der Starez gern, »daß auch künftig dein Platz nicht hier ist. Merke dir das, Jüngling. Sobald Gott mich für würdig hält, in die Ewigkeit einzugehen, verlaß das Kloster. Geh ganz fort.«

Aljoscha zuckte zusammen.

»Was hast du? Nicht hier ist vorläufig dein Platz. Ich erlege dir auf, dich in der Welt zu bewähren. Eine weite Pilgerschaft steht dir noch bevor. Auch heiraten wirst du müssen, du sollst es. Alles wirst du durchmachen müssen, bevor du wieder hierherkommst. Und du wirst viel zu tun haben. Doch an dir zweifle ich nicht, darum sende ich dich auch aus. Christus ist mit dir. Bewahre Ihn in dir, so wird Er dich bewahren. Großes Leid wirst du erschauen und in diesem Leid glücklich sein. Hier hast du mein Vermächtnis: Suche im Leid dein Glück. Arbeite, arbeite unermüdlich. Behalte immer im Gedächtnis, was ich dir jetzt gesagt habe, denn wenn ich auch noch mit dir reden werde, so sind doch meine Tage gezählt, ja sogar meine Stunden.«

In Aljoschas Gesicht äußerte sich eine tiefe Ergriffenheit. Seine Mundwinkel zuckten.

»Was hast du nur wieder?« Der Starez lächelte sanft. »Mögen die Weltlichen ihren Toten nachweinen, wir hier freuen uns, wenn einer von uns Vätern das Zeitliche segnet. Wir freuen uns und beten für ihn. Verlaß mich also. Ich muß beten. Geh und beeile dich. Bleib in der Nähe deiner Brüder, nicht nur des einen, sondern beider.«

Der Starez hob die Hand zum Segen. Etwas einzuwenden war unmöglich, obwohl Aljoscha außerordentlich gern geblieben wäre. Auch lag ihm die Frage auf der Zunge, und fast wäre sie ihm sogar entschlüpft, was für eine Vorbedeutung dieser Fußfall vor seinem Bruder Dmitrij habe, doch er wagte nicht zu fragen. Er wußte, daß der Starez es ihm auch ungefragt erklärt hätte, wenn es möglich gewesen wäre. Also wollte er es nicht. Dieser Fußfall hatte Aljoscha ungemein überrascht; er glaubte blind daran, daß in ihm eine geheimnisvolle Bedeutung liege, eine geheimnisvolle und vielleicht auch eine furchtbare.

Als er die Einfriedung der Einsiedelei verlassen hatte, um

noch rechtzeitig zum Beginn des Mittagsmahls beim Abt im Kloster zu sein (natürlich nur, um bei Tisch zu bedienen), zog sich ihm auf einmal das Herz schmerzlich zusammen, und er blieb stehen: ihm war, als hörte er aufs neue die Worte des Starez, die sein so nahes Ende voraussagten. Was der Starez voraussagte, und zudem noch mit solcher Bestimmtheit voraussagte, das mußte zweifellos eintreffen, daran glaubte Aljoscha felsenfest. Wie aber sollte er bestehen, ohne ihn mehr zu sehen und zu hören? Und wohin sollte er gehen? O Gott, er solle nicht weinen und solle das Kloster verlassen, hatte der Starez ihm befohlen. Schon seit langem hatte Aljoscha keinen solchen Kummer mehr erlebt. Er ging schneller durch den Wald, der die Einsiedelei von dem Kloster trennte, und da seine Gedanken ihn so bedrückten, daß es geradezu über seine Kraft ging, sie zu ertragen, betrachtete er die hundertjährigen Föhren zu beiden Seiten des Waldpfads. Er brauchte nicht weit zu gehen, fünfhundert Schritt etwa, nicht mehr; und zu dieser Stunde war es auch sehr unwahrscheinlich, daß ihm jemand begegnen würde, doch an der ersten Biegung des Fußwegs bemerkte er plötzlich Rakitin, der auf jemanden zu warten schien.

»Wartest du etwa auf mich?« fragte Aljoscha, als er bei ihm angelangt war.

»Jawohl, auf dich.« Rakitin lächelte. »Du eilst zum Vater Abt. Ich weiß, er hat eine Tischgesellschaft. Seit der Zeit, als er den Bischof und den General Pachatow empfing – entsinnst du dich noch? –, hat er keine solche Tischgesellschaft mehr gegeben. Ich werde nicht zugegen sein, du aber geh nur hin und reiche die Soßen herum. Sag mir doch eines, Alexej: was soll dieser Spuk bedeuten? Das ist es, was ich dich fragen wollte.«

»Welcher Spuk?«

»Na, dieser Fußfall vor deinem Bruder Dmitrij Fjodorowitsch. Und wie er mit dem Schädel aufschlug!«

»Sprichst du vom Vater Sosima?«

»Ja, vom Vater Sosima.«

»Mit dem Schädel?«

»Ah, ich habe mich unehrerbietig ausgedrückt! Na wenn schon. Was soll also dieser Spuk bedeuten?«

»Ich weiß es nicht, Mischa, was er bedeuten soll!«

»Ich habe mir gleich gedacht, daß er es dir nicht erklären werde. Es ist natürlich gar nicht schwer dahinterzukommen, es scheinen die üblichen Albernheiten zu sein, wie er sie mit ernster Miene betreibt. Aber der Hokuspokus war absichtlich in Szene gesetzt. Da werden nun alle frommen Heuchler in der Stadt zu reden anfangen und im Gouvernement verbreiten: Was soll wohl dieser Spuk bedeuten? Meiner Ansicht nach ist der Alte tatsächlich hellsichtig: er hat ein Verbrechen gewittert. Es stinkt bei euch.«

»Was für ein Verbrechen?«

Rakitin wollte sich augenscheinlich irgend etwas von der Seele reden.

»In eurer Familie wird es geschehen, dieses Verbrechen. Zwischen deinen Brüdern und deinem reichen Vater wird es sich zutragen. Darum hat Vater Sosima für alle künftigen Fälle die Stirn auf den Boden geschlagen. Wenn später etwas passiert, wird es heißen: Ach, das hat ja der heilige Starez vorhergesagt, er hat es prophezeit. Obwohl, was könnte schon für eine Prophezeiung darin liegen, daß er mit der Stirn den Boden berührt? Nein, wird es heißen, das war ein Symbol, eine Allegorie und der Teufel weiß was! Ausposaunen wird man es und sich daran erinnern: ein Verbrechen habe er vorausgesagt, den Verbrecher bezeichnet. Bei den Narren in Christo ist das immer so: vor der Schenke bekreuzigen sie sich, auf die Kirche jedoch werfen sie mit Steinen. So ist es auch bei deinem Starez: den Gerechten jagt er mit dem Stock davon, vor dem Mörder aber macht er einen Fußfall.«

»Welches Verbrechen? Vor welchem Mörder? Was redest du da?« Aljoscha war wie angewurzelt stehengeblieben, auch Rakitin hielt im Gehen inne.

»Vor welchem? Als ob du es nicht wüßtest! Ich wette, du hast schon selber daran gedacht. Nebenbei gesagt, das ist interessant: höre, Aljoscha, du sprichst immer die Wahrheit, obwohl du dich dadurch immer zwischen zwei Stühle setzt: hast du daran gedacht oder nicht? Antworte!«

»Ich habe daran gedacht«, antwortete Aljoscha leise. Da war sogar Rakitin bestürzt.

»Wie? Auch du hast schon daran gedacht?« rief er aus.

»Ich . . . nicht daß ich es geradezu gedacht hätte«, murmelte Aljoscha, »doch als du jetzt so seltsam davon zu reden begannst, da war es mir, als hätte ich selber schon daran gedacht.«

»Siehst du – und wie klar du das ausgedrückt hast – siehst du? Als du heute auf deinen Vater und auf deinen Bruder Mitjenka blicktest, kam dir da der Gedanke an ein Verbrechen? Ich täusche mich also nicht?«

»So warte doch, warte doch mal«, unterbrach ihn Aljoscha voller Unruhe, »woraus ersiehst denn *du* das alles? . . . Vor allem: weshalb beschäftigt dich das so?«

»Das sind zwei verschiedene, aber berechtigte Fragen. Ich will jede einzeln beantworten. Woraus ich es ersehe? Nichts hätte ich ersehen, wenn ich nicht Dmitrij Fjodorowitsch, deinen Bruder, heute plötzlich ganz verstanden hätte, so wie er ist, auf einen Schlag und plötzlich, ganz wie er ist. An einem einzigen Zug habe ich mit einemmal den ganzen Menschen erkannt. Für solche sehr ehrlichen, aber wollüstigen Menschen gibt es eine Grenze, über die sie nicht hinausgehen dürfen. Andernfalls – ja, andernfalls versetzt so einer selbst seinem Vater einen Messerstich. Der Vater aber ist ein trunksüchtiger und hemmungsloser Wüstling, der nie und in keiner Sache maßzuhalten verstanden hat – sie werden beide den Halt verlieren und beide in den Graben plumpsen . . .«

»Nein, Mischa, nein, wenn es nur das ist, dann hast du mir wieder Mut gemacht. So weit wird es nicht kommen.«

»Und warum zitterst du dann am ganzen Leibe? Weißt du, wenn er auch ein ehrlicher Mensch sein mag, der Mitjenka – er ist dumm, aber ehrlich –, so ist er doch ein Wollüstling. Damit sind seine Person und sein ganzes inneres Wesen gekennzeichnet. Das hat er vom Vater, der hat ihm seine gemeine Wollust vererbt. Ich wundere mich ja nur über dich, Aljoscha: wieso hast du noch deine Unschuld bewahrt? Du bist doch auch ein Karamasow! In eurer Familie ist ja die Wollust bis zur Weißglut gediehen. Diese drei Wollüstlinge aber passen jetzt aufeinander auf . . . mit dem Messer im Stiefelschaft. Die drei sind mit der Stirn gegeneinandergerannt, und du wirst am Ende noch der vierte sein.«

»Über jene Frau täuschst du dich. Dmitrij . . . verachtet sie«, sagte Aljoscha, der eigentümlich zusammenzuckte.

»Die Gruschenka? Nein, mein Lieber, er verachtet sie nicht. Wenn er schon unverhohlen seine Braut gegen sie eingetauscht hat, so verachtet er sie nicht. Da . . . da ist etwas, mein Lieber, das du noch nicht verstehen kannst. Wenn sich einer in etwas Schönes verliebt, in einen weiblichen Körper oder auch nur in einen Teil davon – nur ein Wollüstling kann das begreifen –, so wird er dafür seine eigenen Kinder hingeben, Verrat üben an Vater und Mutter, an Rußland und dem Vaterland; obwohl er ehrlich ist, wird er hingehen und stehlen; obwohl er sanftmütig ist, wird er morden, obwohl er treu ist – verraten.

Puschkin, der Sänger der Frauenfüßchen, hat diese Füßchen in Versen besungen; andere besingen sie nicht, können diese Füßchen aber nicht anblicken, ohne zu erzittern. Aber es sind ja nicht nur die Füßchen allein ... Hier, mein Lieber, hilft keine Verachtung, selbst wenn er Gruschenka wirklich verachten sollte: er verachtet sie und kann sich doch nicht von ihr losreißen.«

»Das verstehe ich«, platzte Aljoscha heraus.

»Wirklich? Da du aber gleich beim ersten Wort damit herausgeplatzt bist, daß du es verstehst, so begreifst du es also wirklich«, sagte Rakitin mit Schadenfreude. »Du bist unversehens damit herausgeplatzt, es ist dir einfach entschlüpft. Um so wertvoller ist das Eingeständnis: das Thema ist dir also bereits bekannt, du hast darüber schon nachgedacht, über die Wollust! Ach, du Unschuld! Du bist ein stiller und sanfter Mensch, Aljoscha, du bist ein Heiliger, ich gebe es zu, aber du bist eben ein Stiller, und weiß der Teufel, über was alles du schon nachgedacht hast, weiß der Teufel, was alles dir schon bekannt ist! Eine Unschuld bist du und bist doch schon in solche Tiefen hinabgestiegen, ich beobachte dich seit langem. Du bist selber ein Karamasow, du bist in allem ein Karamasow – also haben Rasse und Vererbung doch etwas zu bedeuten. Vom Vater her bist du ein Wollüstling, von der Mutter her ein christlicher Narr. Warum zitterst du denn? Weil es wahr ist, was ich sage? Weißt du, Gruschenka hat mich gebeten: ‚Bring ihn' – das heißt dich – ‚doch mal mit, ich werde ihm schon den Mönchsrock vom Leibe ziehen.' Und wie inständig sie gebeten hat, immer und immer wieder: ‚Bring ihn doch her!' Ich dachte mir nur: Wodurch mag er bloß ihre Neugier so sehr reizen? Weißt du, sie ist schon eine ungewöhnliche Frau!«

»Grüße sie von mir und sage ihr, ich käme nicht«, entgegnete Aljoscha mit einem schiefen Lächeln. »Sprich das zu Ende, Michail, wovon du zu reden angefangen hattest, ich werde dir dann sagen, was ich denke.«

»Was ist da noch zu Ende zu reden, es ist doch alles klar. Das alles, mein Lieber, ist eine alte Geschichte. Wenn sogar in dir ein Wollüstling steckt, was ist dann mit Iwan, deinem leiblichen Bruder? Er ist doch auch ein Karamasow. Darin besteht ja eure ganze Karamasow-Frage: ihr seid Wollüstlinge, Habgierige und christliche Narren! Dein Bruder Iwan veröffentlicht vorläufig, aus irgendeiner ganz dummen, unbekannten Berechnung heraus, zum Spaß theologische Artikelchen, obwohl er Atheist ist, und gibt diese Gemeinheit selber zu – dieser dein Bruder Iwan. Außerdem sucht er seinem Bruder Mitja die Braut abspenstig zu machen, na, und dieses Ziel wird er wohl erreichen. Noch dazu mit Zustimmung Mitjenkas selber, denn Mitjenka selber tritt ihm seine Braut ab, nur um sie loszuwerden und möglichst bald zu Gruschenka übergehen zu können. Und das alles bei seiner vornehmen Gesinnung und Uneigennützigkeit, merk dir das! Gerade solche Leute sind die gefährlichsten! Der Teufel soll aus euch klug werden: da ist sich einer seiner Gemeinheit bewußt und tappt doch in sie hinein! Höre weiter: dem Mitjenka tritt jetzt der Alte in den Weg – der Vater! Der ist plötzlich ganz versessen auf die Gruschenka, ihm wässert der Mund, wenn er sie nur anblickt. Nur ihretwegen hat er soeben in der Zelle einen solchen Skandal gemacht, nur darum, weil Miusow es gewagt hatte, sie eine verderbte Kreatur zu nennen. Schlimmer als ein Kater ist er verliebt. Früher hat sie ihm hier nur bei irgendwelchen dunklen Geschäften mit seinen Schankwirtschaften gegen Entgelt Handlangerdienste geleistet, jetzt jedoch ist er plötzlich darauf gekommen, sie sich genauer anzusehen, ist in Raserei geraten und bedrängt sie mit seinen Angeboten, nicht mit ehrbaren natürlich. Na, und da, auf diesem Weg, werden sie zusammenprallen, der Papa und das Söhnchen. Gruschenka indessen schlägt sich weder auf des einen noch des anderen Seite, sie laviert vorläufig noch und stachelt beide an; sie möchte herausbekommen, wer ihr mehr Vorteile bietet, denn wenn auch beim Papa viel Geld zu holen wäre, so würde er sie doch nicht heiraten, sondern wohl gar zum Schluß noch knauserig werden und den Geldbeutel zuschnüren. In einem solchen Falle hätte auch Mitjenka seinen Wert: Geld besitzt er zwar keins, dafür wäre er aber imstande, sie zu heiraten. Jawohl, er wäre imstande, sie zu heiraten! Die Braut im Stich zu lassen, die unvergleichliche Schönheit Katerina Iwanowna, die reich, adlig und die Tochter eines Obersten ist, und Gruschenka zu heiraten, die ehemalige Mätresse des alten Krämers, Wüstlings und Stadtoberhauptes Samsonow. Das alles könnte tatsächlich zu einem Zusammenstoß krimineller Art führen. Und gerade darauf wartet dein Bruder Iwan, der dann mitten im Himbeerbusch säße und die reifen Früchte pflücken könnte: er würde Katerina Iwanowna bekommen, nach der er vor Sehnsucht vergeht, und auch ihre sechzigtausend Rubel Mitgift ergattern. Für einen kleinen Mann und armen Schlucker wie ihn ist das als Antang sogar sehr verführerisch. Und wohlgemerkt: damit würde er Mitja nicht nur nicht kränken, sondern ihn sich bis ins Grab verpflichten. Denn ich weiß ganz bestimmt, daß Mitjenka selber noch in der vergangenen Woche, als er betrunken mit Zigeunerinnen im Wirtshaus saß, laut hinausgeschrien hat, er sei seiner Braut, der Katenka, nicht würdig, sein Bruder Iwan jedoch, der sei ihrer würdig. Und Katerina Iwanowna selber, die wird natürlich einen solchen Herzensbrecher wie Iwan Fjodorowitsch schließlich nicht verschmähen; sie schwankt ja schon jetzt zwischen den beiden. Wodurch nur hat dieser Iwan euch alle so bezaubert, daß ihr voller Ehrfurcht zu ihm emporschaut? Er jedoch lacht euch aus: ich sitze im Himbeerbusch, sagt er sich, und tue mich gütlich auf eure Kosten.«

»Wieso weißt du das alles? Warum sprichst du mit solcher Bestimmtheit?« fragte plötzlich Aljoscha schroff und mit finsterer Miene.

»Und warum fragst du das jetzt und fürchtest schon im voraus meine Antwort? Du gibst also selber zu, daß ich die Wahrheit gesagt habe.«

»Du magst Iwan nicht. Iwan wird sich nicht durch Geld verlocken lassen.«

»Wirklich nicht? Und die Schönheit der Katerina Iwanowna? Hier geht es nicht um Geld allein, obschon – auch sechzigtausend Rubel sind eine verlockende Sache.«

»Iwan hat Höheres im Auge. Iwan wird sich selbst durch Tausende nicht verlocken lassen. Iwan trachtet nicht nach Geld, nicht nach Ruhe. Er sucht vielleicht – Qual.«

»Was soll denn das wieder bedeuten? Ach, ihr ... Adeligen!«

»Oh, Mischa, seine Seele ist stürmisch. Sein Geist ist von etwas gefangengenommen. Er wird von einem großen, aber noch unklaren Gedanken beherrscht. Er gehört zu denen, die nicht Millionen brauchen, sondern ein Problem lösen müssen.«

»Das ist literarischer Diebstahl, Aljoscha. Du bringst das vor, was dein Starez gesagt hat, nur mit anderen Worten. Was für ein Rätsel Iwan euch doch aufgegeben hat!« rief Rakitin mit sichtlicher Bosheit. Sein Gesicht hatte sich verzerrt, und er verzog die Lippen. »Und überdies ist es noch ein dummes Rätsel, an dem man nicht lange herumzuraten braucht. Streng dein Gehirn ein wenig an – dann wirst du dahinterkommen. Sein Artikel ist lächerlich und abgeschmackt. Du hast ja vorhin seine dumme Theorie gehört: ‚Gibt es keine Unsterblichkeit der Seele, so gibt es auch keine Tugend, also ist alles erlaubt.' –

Und dein Brüderchen Mitjenka, nebenbei gesagt – erinnerst du dich noch, wie er rief: ‚Das werde ich mir merken!' Eine verführerische Theorie für Schurken ... doch ich schimpfe, das ist töricht ... nicht für Schurken, sondern für schuljungenhafte Großmäuler von ‚unergründlicher Gedankentiefe'. Ein Prahler ist er, dabei läuft alles darauf hinaus: Einerseits kann man nicht umhin zu gestehen, andrerseits kann man nicht umhin zu bekennen! Seine ganze Theorie ist eine Gemeinheit! Die Menschheit wird in sich selbst die Kraft finden, der Tugend zu leben, auch ohne an die Unsterblichkeit der Seele zu glauben! In der Liebe zur Freiheit, zur Gleichheit, zur Brüderlichkeit wird sie sie finden ...« Rakitin hatte sich in Feuer geredet und konnte kaum mehr an sich halten. Doch auf einmal hielt er inne, als erinnerte er sich an etwas. »Na, genug«, sagte er und lächelte noch schiefer als vorher. »Warum lachst du? Denkst du etwa, ich sei ein Banause?«

»Nein, es fällt mir gar nicht ein zu denken, du seist ein Banause. Du bist gescheit, aber ... schon gut, ich lächelte nur so, aus Torheit. Ich verstehe, daß du in Hitze geraten kannst, Mischa. An deiner Leidenschaftlichkeit habe ich gemerkt, daß auch dir Katerina Iwanowna nicht gleichgültig ist. Ich habe das schon seit langem geargwöhnt, mein Lieber, und darum magst du auch meinen Bruder Iwan nicht. Bist du eifersüchtig auf ihn?«

»Und auf ihr Geld bin ich wohl auch eifersüchtig? Willst du das nicht hinzufügen?«

»Nein, ich werde nichts über das Geld hinzufügen, ich will dich nicht beleidigen.«

»Ich glaube es dir, weil du es sagst, aber der Teufel hole dich mitsamt deinem Bruder Iwan! Keiner von euch will begreifen, daß man ihn, auch von Katerina Iwanowna abgesehen, sehr wenig mögen kann. Und weswegen sollte ich ihn denn gern haben, zum Teufel? Er beschimpft mich ja auch. Weshalb sollte ich denn nicht das Recht haben, über ihn zu schimpfen?«

»Ich habe nie gehört, daß er auch nur irgend etwas über dich gesagt hätte, Gutes oder Schlechtes, er spricht überhaupt nicht von dir.«

»Ich dagegen habe gehört, daß er mich vorgestern bei Katerina Iwanowna heruntergemacht hat, was das Zeug hält – da siehst du, wie sehr er sich für meine Wenigkeit interessiert. Und wer, mein Lieber, hiernach auf wen eifersüchtig ist – das weiß ich nicht! Er hat geruht, den Gedanken zu äußern, wenn ich mich nicht in sehr naher Zukunft bereit erklärte, die Würde eines Archimandriten anzustreben, und mich nicht entschlösse, die Mönchsweihe zu empfangen, so würde ich unbedingt nach Petersburg gehen und dort Mitarbeiter an einer dicken Zeitschrift werden, und zwar unbedingt in der Sparte Kritik; ich würde etwa zehn Jahre schreiben und zu guter Letzt die Zeitschrift auf meinen Namen übertragen lassen. Dann würde ich sie weiter herausgeben, nunmehr ganz sicher mit einer liberalen und atheistischen Tendenz, aber mit sozialistischem Einschlag, mit einem schwachen äußeren Schein von Sozialismus, würde dabei aber auf der Hut sein, das heißt, es mit den einen und den anderen halten und den Dummköpfen Sand in die Augen streuen. Das Ende meiner Laufbahn wird nach der Auffassung deines Bruders darin bestehen, daß der sozialistische Einschlag mich nicht hindern werde, die Abonnementsgelder auf ein Konto zurückzulegen und bei Gelegenheit unter Anleitung eines Jüdchens so lange in Umlauf zu setzen, bis ich mir in Petersburg ein großes Haus gebaut habe, um die Redaktion dorthin zu verlegen und die übrigen Stockwerke zu vermieten. Sogar den Platz für das Haus hat er bestimmt: an der Neuen Steinernen Brücke über die Newa, die, wie es heißt, in Petersburg zwischen der Litejnaja und der Wiborger Seite geplant ist . . .«

»Ach, Mischa, das wird wohl alles in Erfüllung gehen, sogar bis ins letzte Wort!« rief Aljoscha aus, der nicht mehr an sich halten konnte, und lächelte vergnügt.

»Auch Sie verlegen sich auf Sarkasmus, Alexej Fjodorowitsch.«

»Nein, nein, ich scherze nur, verzeih. Ich habe etwas ganz anderes im Sinne. Erlaube jedoch: wer könnte dir solche Einzelheiten mitgeteilt und von wem könntest du sie gehört haben? Du kannst doch nicht bei Katerina Iwanowna gewesen sein, als er von dir sprach?«

»Ich war nicht dort, wohl aber Dmitrij Fjodorowitsch, und ich habe das mit meinen eigenen Ohren von Dmitrij Fjodorowitsch gehört; das heißt, wenn du es genau wissen willst, er hat es nicht mir gesagt, sondern ich habe es angehört, ohne es zu wollen, versteht sich, denn ich saß in Gruschenkas Schlafzimmer und konnte es nicht verlassen, solange Dmitrij Fjodorowitsch sich in dem Zimmer nebenan befand.«

»Ach ja, ich hatte vergessen, sie ist ja verwandt mit dir . . .«

»Verwandt mit mir? Diese Gruschenka verwandt mit mir?«

rief Rakitin aus und wurde ganz rot. »Du bist wohl übergeschnappt? Bei dir stimmt es wohl nicht ganz im Oberstübchen.«

»Wieso? Ist sie denn nicht mit dir verwandt? Ich hatte es so gehört...«

»Wo hast du das hören können? Nein, ihr Herren Karamasow spielt euch auf, als wäret ihr von hohem und altem Adel, während doch dein Vater als Hanswurst an den Tafeln fremder Leute herumschmarotzte und zu den aus Barmherzigkeit Aufgenommenen zählte. Zugegeben, ich bin nur ein Popensohn und im Vergleich zu euch Adeligen nur eine Laus, aber beleidigen Sie mich nicht so frohgemut und leichtfertig. Auch ich habe meine Ehre, Alexej Fjodorowitsch. Ich kann nicht mit Gruschenka, einem Freudenmädchen, verwandt sein, ich bitte das zu begreifen!«

Rakitin war tief erregt.

»Verzeih mir um Himmels willen, ich konnte das durchaus nicht ahnen, und zudem, wieso ist sie ein Freudenmädchen? Ist sie denn ... so eine?« Aljoscha errötete plötzlich. »Ich wiederhole es dir, ich habe gehört, sie sei deine Verwandte. Du gehst oft zu ihr und hast mir selber gesagt, du habest keine Liebesbeziehungen zu ihr ... Ich hätte nie gedacht, daß du sie so verachtest! Verdient sie das denn wirklich?«

»Wenn ich sie besuche, so kann ich meine Gründe dafür haben, na, und das mag dir genügen. Was aber die Verwandtschaft anbelangt, so wird eher dein Brüderchen oder gar dein Papa selber sie *dir* als Verwandte aufhalsen, aber nicht mir. Nun sind wir auch schon da. Geh lieber in die Küche! Oh, was ist denn hier los, was ist das? Sind wir etwa zu spät gekommen? Sie können doch das Mittagessen nicht so rasch beendet haben? Oder haben die Karamasows sich auch hier wieder eine Ungezogenheit erlaubt? So wird es wohl sein. Da ist auch schon dein Papa und hinter ihm Iwan Fjodorowitsch. Sie sind dem Abt davongelaufen. Und der Vater Isidor ruft ihnen von den Eingangsstufen herab etwas nach. Auch dein Vater schreit und fuchtelt mit den Armen, offenbar schimpft er. Pah, da ist auch Miusow in seiner Kalesche davongefahren, siehst du, dort fährt er. Da läuft auch der Gutsbesitzer Maximow – hier muß es einen Skandal gegeben haben; das Mittagessen hat also nicht stattgefunden! Sie werden doch nicht etwa den Abt verprügelt haben? Oder hat man am Ende sie selber verprügelt? Das hätte sich gelohnt! ...«

Rakitins Ausrufe waren der Wahrheit ziemlich nahe gekommen. Einen Skandal hatte es tatsächlich gegeben, einen unerhörten und unerwarteten Skandal. Es war alles »in der Eingebung« geschehen.

8

Der Skandal

Schon als Miusow und Iwan Fjodorowitsch zum Abt hingingen, kam es in Pjotr Alexandrowitsch, einem von ganzem Herzen anständigen und feinfühligen Mann, rasch zu einem in seiner Art delikaten Vorgang: er begann sich seines Zornes zu schämen. Er hatte das Gefühl, der nichtsnutzige Fjodor Pawlowitsch sei es im Grunde gar nicht wert, daß er in der Zelle des Starez seine Kaltblütigkeit und Fassung derart verloren hatte, wie es geschehen war. Wenigstens trifft die Mönche hier keinerlei Schuld, entschied er plötzlich auf den Eingangsstufen zur Wohnung des Abts; und wenn man auch hier anständige Leute vor sich hat – dieser Vater Nikolaj, der Abt, scheint ja ebenfalls adeliger Herkunft zu sein –, warum sollte man dann nicht ihnen gegenüber nett, liebenswürdig und höflich sein? . . . Ich werde nicht streiten, werde allem beistimmen, sie durch Liebenswürdigkeit hinzureißen suchen und . . . und . . . ihnen schließlich beweisen, daß ich kein Kumpan dieses Äsops, dieses Hanswursts, dieses Pierrots und genauso wie sie alle nur in eine schiefe Lage geraten bin . . .

Die strittigen Abholzungs- und Fischereirechte jedoch (um welchen Wald und welche Stelle des Flusses es sich dabei handelte, wußte er selber nicht) beschloß er ihnen endgültig und ein für allemal heute noch abzutreten und alle seine Klagen gegen das Kloster zurückzunehmen, um so mehr, als diese Dinge ja nur einen sehr geringen Wert hatten.

Diese guten Vorsätze festigten sich noch mehr, als er zusammen mit den anderen das Speisezimmer des Vater Abtes betrat. Ein richtiges Speisezimmer besaß der Abt übrigens nicht, denn in Wirklichkeit bestand seine ganze Wohnung nur aus zwei Zimmern, die allerdings bedeutend geräumiger und bequemer waren als die des Starez. Doch die Einrichtung der Zimmer zeichnete sich auch nicht gerade durch besonderen Komfort aus: die Möbel aus Mahagoniholz waren mit Leder bezogen und in der veralteten Mode der zwanziger Jahre verfertigt; die Fußböden waren nicht einmal gestrichen, dafür aber blinkte alles vor Sauberkeit, und an den Fenstern standen viele kostbare Blumenstöcke. Den Hauptluxus aber bildete in diesem Augenblick der prächtig gedeckte Tisch, obwohl das übrigens auch nur relativ gesagt werden konnte: das Tischtuch war sauber, das Geschirr blitzblank; dazu gab es drei Sorten vortrefflich gebackenes Brot, zwei Flaschen Wein, zwei Flaschen herrlichen Klostermet und einen großen Glaskrug mit Klosterkwas, der in der ganzen Umgegend rühmlich bekannt war. Wodka fehlte ganz. Rakitin erzählte später, daß für dieses Essen fünf Gänge vorbereitet gewesen seien: Sterletsuppe mit Fischpastetchen; dann gekochter Fisch, der ausgezeichnet und auf eine besondere Art zubereitet war; ferner Koteletts aus Knorpelfisch, Gefrorenes und Kompott und zum Schluß Fruchtpudding in der Art eines Blanc-manger. Das alles hatte Rakitin ausgeschnüffelt, der sich nicht hatte enthalten können, eigens deswegen einen Blick in die Küche des Abtes zu werfen, zu der er ebenfalls seine Beziehungen hatte. Er hatte überall Beziehungen und wußte überall Leute zu finden, durch die er alles erfahren konnte. Er hatte ein sehr unruhiges und neidisches Herz. Seiner beachtlichen Fähigkeiten war er sich völlig bewußt, überschätzte sie jedoch in seinem nervösen Eigendünkel. Er war überzeugt, daß er einmal ein in seiner Art für die Öffentlichkeit bedeutsamer Mann sein werde, doch Aljoscha, der sehr an ihm hing, quälte es, daß sein Freund Rakitin ehrlos war und das durchaus nicht einsah, sondern sich im Gegenteil, da er wußte, daß er niemals Geld vom Tisch stehlen werde, für einen höchst ehrenhaften Menschen hielt. Niemand, auch Aljoscha nicht, hätte ihn davon abbringen können.

Rakitin hatte als eine unwichtige Person nicht zu dem Mittagessen eingeladen werden können, dafür aber waren Vater Iosif und Vater Paisij und mit ihnen noch ein Mönchpriester geladen. Sie warteten bereits im Speisezimmer des Abtes, als Pjotr Alexandrowitsch, Kalganow und Iwan Fjodorowitsch hereinkamen. Etwas abseits wartete auch der Gutsbesitzer Maximow. Der Abt ging bis in die Mitte des Zimmers, um seine Gäste zu begrüßen. Er war ein hochgewachsener, hagerer, aber noch kräftiger alter Mann mit schwarzem, stellenweise schon stark ergrautem Haar und länglichem, scheinheiligem und hochmütigem Gesicht. Er verneigte sich schweigend vor den Gästen, doch diese traten zu ihm heran, um seinen Segen zu empfangen. Miusow war sogar schon im Begriff, ihm die Hand zu küssen, doch der Abt zog sie noch rechtzeitig zurück, und so kam der Kuß nicht zustande. Dafür ließen sich aber Iwan Fjodorowitsch und Kalganow diesmal in aller Form segnen, das heißt nach der Art des Volkes mit einem treuherzigen Kuß auf die Hand des Abtes.

»Wir müssen uns sehr entschuldigen, Euer Hochehrwürden«, begann Pjotr Alexandrowitsch mit liebenswürdigem Lächeln, doch in ernstem und ehrerbietigem Ton, »wir müssen uns entschuldigen, daß wir allein erscheinen, ohne unseren von Ihnen ebenfalls eingeladenen Gefährten Fjodor Pawlowitsch; er war gezwungen, Ihrem Mahl fernzubleiben, und das nicht ohne Grund. In der Zelle des ehrwürdigen Vaters Sosima hat er sich durch den unseligen Familienhader mit seinem Sohn dazu hinreißen lassen, ein paar völlig unangebrachte ... genauer gesagt, ganz unschickliche Worte auszusprechen ... was, wie es scheint« – er warf einen Blick auf die Mönchpriester –, »Euer Hochehrwürden schon bekannt ist. Da er sich aber seiner Schuld bewußt ist und sie aufrichtig bereut, empfindet er eine unüberwindliche Scham und hat daher uns, mich und seinen Sohn Iwan Fjodorowitsch, gebeten, Ihnen sein aufrichtiges Bedauern, seine Zerknirschung und Reue kundzutun ... Kurzum, er hofft und hat den Willen, später alles wiedergutzumachen, jetzt aber bittet er Sie, ihm Ihren Segen zuteil werden zu lassen und das Vorgefallene zu vergessen ...«

Miusow verstummte. Als er die letzten Worte seiner Tirade gesprochen hatte, war er völlig mit sich zufrieden, so sehr sogar, daß auch nicht eine Spur von seiner vorherigen Gereiztheit in seiner Seele zurückgeblieben war. Er liebte die Menschheit wieder aufrichtig und von ganzem Herzen. Der Abt, der ihm würdevoll zugehört hatte, neigte ein wenig den Kopf und gab zur Antwort: »Ich bedaure von Herzen, daß er ferngeblieben ist. Vielleicht hätte er uns bei unserem Mahl liebgewonnen, und wir auch ihn. Ich bitte Sie zu Tisch, meine Herren.«

Er stellte sich vor das Heiligenbild und begann ein Gebet zu sprechen. Alle neigten ehrfurchtsvoll den Kopf; der Gutsbesitzer Maximow drängte sich sogar besonders weit vor und legte in ungewöhnlicher Andacht die Hände mit den Innenflächen gegeneinander.

Und gerade da nun leistete sich Fjodor Pawlowitsch seinen letzten Streich. Er hatte tatsächlich schon heimfahren wollen und es wirklich unmöglich gefunden, nach seinem schmachvollen Benehmen in der Zelle des Starez zum Mittagsmahl des Abtes zu gehen, als wäre nichts vorgefallen. Nicht daß er sich seiner selbst gar zu sehr geschämt und sich schuldig gefühlt hätte; vielleicht sogar war das Gegenteil der Fall; immerhin aber hatte er das Gefühl, daß es unanständig wäre, jetzt an dem Essen teilzunehmen. Kaum war aber seine ratternde Kutsche bei der Freitreppe des Gasthofs vorgefahren, als er, schon im Begriff einzusteigen, auf einmal innehielt. Ihm waren seine eigenen Worte, die er beim Starez gesprochen hatte, eingefallen: »Mir ist immer so, wenn ich irgendwohin komme, als wäre ich niederträchtiger als alle anderen und als hielten mich alle für einen Hanswurst; da sage ich mir dann: Nun will ich mal tatsächlich den Hanswurst spielen, denn ihr seid alle bis auf den letzten noch dümmer und niederträchtiger als ich.« Und in ihm regte sich das Verlangen, sich für seine eigenen Gemeinheiten an allen zu rächen. Zugleich kam ihm in den Sinn, wie man ihn früher einmal gefragt hatte: »Warum hassen Sie den und den so?« In einem Anfall seiner närrischen Schamlosigkeit hatte er damals geantwortet: »Ich will Ihnen sagen warum: er hat mir zwar nichts getan, dafür aber habe ich ihm gegenüber eine schändliche Gemeinheit begangen, und kaum hatte ich das getan, haßte ich ihn auch schon deswegen.« Als er sich jetzt dessen erinnerte, lächelte er in kurzem Nachdenken still und boshaft. In seinen Augen blitzte es auf, und seine Lippen begannen sogar zu zittern. Hast du etwas angefangen, mußt du es auch zu Ende führen! entschied er plötzlich. Sein geheimstes Gefühl in diesem Augenblick ließe sich mit folgenden Worten ausdrücken: Rehabilitieren kann ich mich nun doch nicht mehr, so will ich denn hingehen und ihnen noch deutlicher, bis zur Schamlosigkeit deutlich zeigen, daß ich auf sie pfeife, daß ich mich durchaus nicht vor ihnen schäme. Er befahl dem Kutscher zu warten, er selber aber kehrte mit schnellen Schritten zum Kloster zurück und ging geradewegs zum Abt. Er wußte noch nicht recht, was er tun werde, doch er wußte, daß er sich nicht mehr in der Gewalt hatte und beim geringsten Anlaß sofort bis zur äußersten Grenze, bis zu irgendeiner Abscheulichkeit gehen werde – übrigens nur bis zu einer Abscheulichkeit, keineswegs jedoch bis zu einem Verbrechen oder einer verrückten Tat, für die ihn das Gericht bestrafen könnte. Dicht vor dieser Grenze wußte er immer an sich zu halten, und das setzte manchmal sogar ihn selber in Erstaunen.

Er erschien im Speisezimmer des Abtes gerade in dem Augenblick, als das Gebet beendet war und alle auf den Tisch zugingen. Er blieb auf der Schwelle stehen, betrachtete die Gesellschaft und brach in ein langes dreistes und boshaftes Gelächter aus, wobei er allen verwegen in die Augen blickte.

»Und die dachten, ich sei weggefahren, doch da bin ich!« rief er durch den ganzen Saal.

Einen Augenblick lang starrten ihn alle an und schwiegen, doch plötzlich fühlten sie, daß es gleich zu etwas Widerlichem, Unsinnigem, ja zweifellos zu einem Skandal kommen werde. Pjotr Alexandrowitsch geriet unverzüglich aus der heitersten Stimmung in die grimmigste. Alles, was in seinem Herzen schon fast erloschen und erstorben war, flammte auf einen Schlag wieder auf und wurde lebendig.

»Nein, das kann ich nicht ertragen!« rief er aus. »Ich kann es ganz und gar nicht ... kann es auf keinen Fall!«

Das Blut schoß ihm in den Kopf. Er hatte sich sogar beim Reden verhaspelt, aber ihm kam es nicht mehr auf seine Ausdrucksweise an, er griff nach seinem Hut.

»Was kann er nicht?« schrie Fjodor Pawlowitsch, »was kann er ganz und gar nicht und auf keinen Fall? Euer Ehrwürden, soll ich hereinkommen oder nicht? Nehmen Sie mich als Tischgenossen an?«

»Seien Sie von ganzem Herzen willkommen«, antwortete der Abt. »Meine Herren! Ich erlaube mir«, fügte er rasch hinzu, »Sie aufs herzlichste zu bitten, Ihre zufälligen Zwistigkeiten beiseite zu lassen und sich in Liebe und verwandtschaftlicher Eintracht, mit einem Gebet zu Gott, bei unserem bescheidenen Mahl zusammenzufinden ...«

»Nein, nein, das ist unmöglich«, rief Pjotr Alexandrowitsch wie außer sich.

»Wenn es Pjotr Alexandrowitsch unmöglich ist, so ist es auch mir unmöglich, auch ich bleibe nicht. Das habe ich mir schon vorgenommen, als ich herkam. Ich werde von nun an Pjotr Alexandrowitsch nirgends von der Seite weichen: wenn Sie jetzt gehen, Pjotr Alexandrowitsch, so gehe ich auch, bleiben Sie – bleibe auch ich. Mit der verwandtschaftlichen Eintracht haben Sie ihn nur noch mehr gereizt, Vater Abt: er erkennt mich ja nicht als Verwandten an. Stimmt es, von Son? Da steht ja auch von Son. Guten Tag, von Son.«

»Sagen ... Sie das zu mir?« stammelte der Gutsbesitzer Maximow verwundert.

»Natürlich zu dir«, rief Fjodor Pawlowitsch. »Zu wem denn sonst? Der Vater Abt kann doch nicht von Son sein!«

»Aber auch ich bin ja nicht von Son, ich bin Maximow.«

»Nein, du bist von Son. Euer Ehrwürden, wissen Sie, wer von Son ist? Es hat einmal seinetwegen einen Kriminalprozeß gegeben: man hatte ihn in einem Hurenhaus umgebracht – so nennt man, glaube ich, bei euch diese Örtlichkeiten –, umgebracht und beraubt, dann hatte man ihn ungeachtet seines ehrwürdigen Alters in eine Kiste gestopft, sie fest zugenagelt und, mit einer Nummer versehen, im Gepäckwagen von Petersburg nach Moskau geschickt. Und während man die Kiste zunagelte, sangen unzüchtige Tänzerinnen Lieder und spielten auf der Harfe, das heißt auf dem Tanzklavier. So war das, und der da ist niemand anders als dieser von Son. Er ist von den Toten auferstanden, stimmt es, von Son?«

»Was soll das? Was soll das heißen?« rief es aus der Gruppe der Mönchpriester.

»Gehen wir!« rief Pjotr Alexandrowitsch, zu Kalganow gewandt.

»Nein, erlauben Sie!« fuhr Fjodor Pawlowitsch weinerlich dazwischen und kam noch einen Schritt weiter ins Zimmer herein. »Erlauben Sie mir, erst zu Ende zu reden. Man hat mich verleumdet, ich hätte mich dort in der Zelle unehrerbietig aufgeführt, und zwar deshalb, weil ich mit erhobener Stimme etwas über Gründlinge gesagt habe. Pjotr Alexandrowitsch Miusow, mein Verwandter, hat es gern, wenn in der Rede plus de noblesse que de sincérité enthalten ist, ich hingegen habe es gern, wenn meine Rede plus de sincérité que de noblesse enthält, und ich pfeife auf die noblesse! Ist es nicht so, von Son? Erlauben Sie, Vater Abt, wenn ich auch ein Hanswurst bin und den Hanswurst spiele, so bin ich doch ein Ritter der Ehre und will meine Meinung äußern. Jawohl, ich bin ein Ritter der Ehre, in Pjotr Alexandrowitsch aber steckt nur gekränkte Eigenliebe und weiter nichts. Ich bin ja vielleicht nur darum hierher gefahren, um mich ein wenig umzuschauen und meine Meinung zu äußern. Mein Sohn Alexej führt hier ein bußfertiges Leben; ich bin sein Vater, ich kümmere mich um sein Los und muß mich darum kümmern. Bisher habe ich in einem fort zugehört und mich verstellt und heimlich beobachtet, nun aber will ich Ihnen auch den letzten Akt meines Stückes vorspielen. Wie ist es denn bei uns zulande? Was bei uns zulande fällt, das liegt auch schon. Was bei uns einmal gefallen ist, das mag auch in alle Ewigkeit liegenbleiben. Das paßt mir nicht! Ich will mich erheben. Heilige Väter, ich bin empört über Sie! Die Beichte ist eine hochheilige Handlung, vor der ich Ehrfurcht empfinde und bereit bin mich auf mein Antlitz niederzuwerfen, aber dort in der Zelle liegen mit einemmal alle auf den Knien und beichten laut. Ist es denn erlaubt, laut zu beichten? Die heiligen Kirchenväter haben die Ohrenbeichte vorgeschrieben, nur als solche wird eure Beichte ein Sakrament sein, und so ist es von alters her. Wie könnte ich denn in Gegenwart aller erklären, daß ich zum Beispiel das und das ... na, ich meine, das und das ... verstehen Sie? Zuweilen ist es ja geradezu unanständig, es auch nur zu sagen. Das ist doch ein Skandal! Nein, ihr Väter, wenn man mit euch hier Umgang hat, könnte man am Ende noch eine Vorliebe für das Geißlertum* fassen ... Ich werde bei erster Gelegenheit an den Synod schreiben, und meinen Sohn Alexej nehme ich sofort nach Hause mit ...«

Hier ist eine Zwischenbemerkung nötig. Fjodor Pawlowitsch hatte einmal von ferne etwas läuten hören, daß es böse Klatschereien gegeben hatte (nicht nur in unserem Kloster, sondern auch in anderen, in denen das Starzentum sich durchgesetzt hat), die sogar dem Erzbischof zu Ohren gekommen waren: die Starzen genössen zuviel Achtung, sogar zum Nachteil der Würde des Abtes, und sie mißbrauchten unter anderem das Sakrament der Beichte und so weiter, und so weiter. Das waren unsinnige Anschuldigungen, die denn auch seinerzeit sowohl bei uns wie auch anderswo von selber in sich zusammengebrochen waren. Aber der dumme Teufel, der Fjodor Pawlowitsch gepackt hatte und ihn an seinen Nerven immer tiefer und tiefer in den Abgrund der Schande zog, raunte ihm diese alte Anschuldigung zu, von der Fjodor Pawlowitsch auch nicht ein Wort verstand. Auch wußte er sie nicht richtig zu formulieren, zumal an diesem Tag niemand in der Zelle des Starez gekniet und laut gebeichtet hatte, so daß Fjodor Pawlowitsch nichts dergleichen hatte sehen können und bloß die alten Gerüchte und Klatschereien nachsprach, die er sich nur mit Mühe ins Gedächtnis zurückrief. Als er seine dumme Äußerung gemacht hatte, fühlte er daher auch sofort, daß er einen schrecklichen Unsinn vom Stapel gelassen hatte, aber es verlangte ihn auf einmal, seinen Zuhörern und vor allem sich

* Die russischen Geißler verwarfen Kirche, Sakramente und Geistlichkeit (Anmerkung des Übersetzers).

selber zu beweisen, daß es durchaus kein Unsinn war. Und obwohl er sehr gut wußte, daß er mit jedem weiteren Wort noch mehr und noch schlimmeren Unsinn vorbringen werde, konnte er nicht mehr an sich halten und sauste hinab wie auf einer Rutschbahn.

»Welch eine Gemeinheit!« rief Pjotr Alexandrowitsch.

»Verzeihen Sie«, sagte plötzlich der Abt. »Es steht seit alters geschrieben: ‚Die Menschen redeten allerlei Übles wider mich. Da ich das aber hörte, sagte ich bei mir: Diese Arznei hat Jesus mir gesandt, meine hoffärtige Seele gesund zu machen.' Und darum danken wir Ihnen in Demut, werter Gast!« Und er verneigte sich tief vor Fjodor Pawlowitsch.

»Ta-ta-ta! Scheinheiligkeit und abgedroschene Phrasen! Die alten Phrasen und die alten Gesten! Die alte verlogene Konvention, sich bis zur Erde zu verneigen! Wir kennen diese Verneigungen. ‚Küsse auf den Lippen, Schwerter im Busen', wie in Schillers *Räubern*. Ich mag keine Heuchelei, Väter, ich will Wahrheit! Aber nicht in den Gründlingen liegt die Wahrheit, das habe ich bereits verkündet! Ihr Väter Mönche, warum fastet ihr? Warum erwartet ihr dafür eine Belohnung im Himmel? Um einer solchen Belohnung willen könnte sogar ich zu fasten anfangen! Nein, heiliger Mönch, sei du im Leben tugendhaft, suche der menschlichen Gesellschaft zu nützen, ohne ein zurückgezogenes Klosterleben bei freier Kost zu führen und ohne dort droben eine Belohnung zu erwarten – das wäre wohl etwas schwieriger. Ja, auch ich, Vater Abt, verstehe mich darauf, gescheit zu reden. Was ist denn da alles aufgetischt?« Er ging zur Tafel hin. »Alter Factory Porto, Médoc, auf Flaschen gefüllt von den Gebrüdern Jelisejew*, schau mal einer an, diese Väter! Das sieht freilich nicht nach Gründlingen aus. Wieviel Flaschen sie da aufgebaut haben, die Väter, hahaha! Und wer bezahlt das alles? Der russische Bauer, der unermüdlich arbeitet und die paar Kopeken, die er mit seinen schwieligen Händen verdient, der Familie und den Bedürfnissen des Staates entzieht und hierherträgt! Ihr heiligen Väter, ihr saugt ja das Volk aus!«

»Das ist nichtswürdig von Ihnen«, sagte Vater Iosif. Vater Paisij schwieg hartnäckig. Miusow stürzte aus dem Zimmer, Kalganow ihm hinterher.

»Nun, ihr Väter, auch ich folge Pjotr Alexandrowitsch. Zu

* Das vornehmste und teuerste Wein- und Delikatessenhaus im alten St. Petersburg (Anmerkung des Übersetzers).

euch komme ich nicht mehr; selbst wenn ihr mich kniefällig darum bätet, würde ich nicht kommen. Ich habe euch tausend Rubel geschickt, und schon macht ihr wieder begehrliche Augen, hahaha! Nein, mehr gebe ich nicht. Ich räche mich für meine vergangene Jugend, für all meine Erniedrigung!« rief er und hämmerte in einem Anfall gespielter Leidenschaft mit der Faust auf den Tisch. »Viel hat dieses Kloster in meinem Leben bedeutet! Viele bittere Tränen habe ich seinetwegen vergossen! Ihr habt meine Frau, die Klikuscha, gegen mich aufgehetzt. Ihr habt mich auf sieben Kirchenversammlungen verflucht, in der ganzen Umgegend habt ihr mich schlechtgemacht! Genug, ihr Väter, wir haben jetzt ein liberales Zeitalter, das Zeitalter der Dampfschiffe und Eisenbahnen. Weder tausend noch hundert Rubel, nicht einmal hundert Kopeken, nichts bekommt ihr mehr von mir!«

Nochmals eine Zwischenbemerkung: Niemals hatte unser Kloster etwas Besonderes in seinem Leben bedeutet, und niemals hatte er seinetwegen bittere Tränen vergossen. Doch hatte er sich jetzt von seinen eingebildeten Tränen dermaßen hinreißen lassen, daß er einen Augenblick lang beinahe selber daran glaubte; er wäre sogar vor Rührung fast in Tränen ausgebrochen; im gleichen Augenblick aber fühlte er, daß es Zeit war, den Rückzug anzutreten. Auf seine boshafte Lüge hin hatte der Abt den Kopf gesenkt und sagte abermals eindringlich: »Es steht wiederum geschrieben: ‚Ertrage verständig und mit Freuden Beschimpfung, die dir ohne dein Verschulden widerfährt, und ärgere dich nicht noch hasse den, der dich beschimpft.' So werden auch wir tun.«

»Tatata! ‚Widerstrebe nicht dem Übel' und dergleichen Schwätzereien mehr! Meinetwegen, widerstrebet nicht, ihr Väter, ich aber gehe jetzt. Und meinen Sohn Alexej nehme ich kraft meiner väterlichen Gewalt auf immer von hier fort. Iwan Fjodorowitsch, mein ehrerbietigster Sohn, erlauben Sie, daß ich Ihnen befehle, mir zu folgen! Von Son, wozu solltest du noch hierbleiben? Komm sofort zu mir in die Stadt. Bei mir geht es lustig zu. Es ist kaum eine Werst von hier, und statt Fastenöl werde ich dir Spanferkel mit Grütze vorsetzen; wir werden zu Mittag speisen; mit gutem Kognak werde ich dich bewirten und dann mit einem Likörchen; ich habe Mamurowka* im Hause ... Hei, von Son, versäume nicht dein Glück!«

* Likör aus den Früchten der subarktischen Aackerbeere, der sogenannten Mamura (Anmerkung des Übersetzers).

Er ging schreiend und gestikulierend hinaus. Gerade in diesem Augenblick sah Rakitin ihn herauskommen und machte Aljoscha auf ihn aufmerksam.

»Alexej!« rief ihm sein Vater von weitem zu, als er ihn erblickte, »heute noch ziehst du wieder ganz zu mir, nimm auch dein Kissen und deine Matratze mit und verdufte endgültig von hier.«

Aljoscha blieb wie angewurzelt stehen und beobachtete aufmerksam, ohne ein Wort zu sagen, was sich vor seinen Augen abspielte. Fjodor Pawlowitsch war unterdessen in den Wagen gestiegen, und nach ihm wollte schon schweigend und mürrisch Iwan Fjodorowitsch Platz nehmen, der sich nicht einmal zu einem Abschiedsgruß nach Aljoscha umgeschaut hatte, da ereignete sich ein grotesker und fast unglaublicher Zwischenfall, der dem Ganzen die Krone aufsetzte. Am Trittbrett des Wagens tauchte plötzlich der Gutsbesitzer Maximow auf. Er war ganz außer Atem herbeigelaufen, um nicht zu spät zu kommen. Rakitin und Aljoscha sahen ihn laufen. Er war so in Eile, daß er in seiner Ungeduld schon den Fuß auf das Trittbrett setzte, auf dem noch der linke Fuß von Iwan Fjodorowitsch stand, und indem er sich an der Karosserie festhielt, wollte er in den Wagen springen.

»Ich auch, ich will auch mit!« rief er hüpfend unter dünnem, fröhlichem Lachen, Seligkeit im Gesicht und zu allem bereit. »Nehmen Sie mich auch mit!«

»Na, habe ich es nicht gesagt«, rief Fjodor Pawlowitsch entzückt, »daß er von Son ist? Daß er der echte, von den Toten auferstandene von Son ist? Wie bist du denn von dort entwischt? Was hast du dort angestellt und wie hast gerade du vom Mittagessen weglaufen können? Dazu muß man doch eine freche Stirn haben! Ich habe sie, aber daß du sie hast, mein Lieber, darüber staune ich! Spring auf, spring rasch auf! Laß ihn herein, Wanja, es wird lustig werden. Er kann hier provisorisch zu unseren Füßen liegen. Willst du das, von Son? Oder soll man ihn beim Kutscher auf dem Bock unterbringen? ... Spring auf den Bock, von Son!«

Doch Iwan Fjodorowitsch, der bereits Platz genommen hatte, stieß plötzlich, ohne ein Wort zu sagen, Maximow mit aller Kraft vor die Brust, so daß dieser ein Stück weit zurückflog. Wenn er nicht zu Boden stürzte, so war das nur ein Zufall.

»Fahr los!« rief Iwan Fjodorowitsch wütend dem Kutscher zu.

»Na, was hast du denn? Was paßt dir nicht? Weshalb hast du

ihn so gestoßen?« fiel Fjodor Pawlowitsch über ihn her, doch der Wagen fuhr bereits. Iwan Fjodorowitsch antwortete nicht. »Sieh mal an, was du für einer bist!« begann Fjodor Pawlowitsch von neuem, nachdem er ein paar Minuten geschwiegen hatte, und schielte dabei zu seinem Sohn hinüber. »Du hast doch selber diesen ganzen Klosterbesuch ausgeheckt, hast mich selber dazu angespornt und ihn gutgeheißen, warum ärgerst du dich also jetzt?«

»Hören Sie auf, dummes Zeug zu reden, ruhen Sie sich doch jetzt etwas aus«, wies Iwan Fjodorowitsch ihn barsch zurecht.

Fjodor Pawlowitsch schwieg wieder ein paar Minuten. »Ein Gläschen Kognak täte jetzt gut«, bemerkte er gedankenvoll. Doch Iwan Fjodorowitsch antwortete wieder nicht. »Wenn wir heimkommen, wirst auch du eins trinken.«

Iwan Fjodorowitsch schwieg immer noch.

Fjodor Pawlowitsch wartete nochmals ein paar Minuten, dann sagte er: »Aljoscha werde ich aber doch aus dem Kloster nehmen, obwohl Ihnen das sehr unangenehm sein wird, ehrerbietigster Karl von Moor.«

Iwan Fjodorowitsch zuckte verächtlich mit den Achseln, wandte sich ab und richtete seinen Blick auf die Straße. Danach sprachen sie nicht mehr, bis sie heimkamen.

DRITTES BUCH

DIE WOLLÜSTLINGE

I

In der Bedientenstube

Das Haus Fjodor Pawlowitsch Karamasows lag bei weitem nicht im Zentrum der Stadt, jedoch auch nicht gerade in einem Randbezirk. Obwohl es ziemlich baufällig war, hatte es ein ansprechendes Äußeres: es war einstöckig mit einem Halbgeschoß, grau angestrichen und hatte ein rotes Blechdach. Übrigens konnte es noch sehr lange halten und war geräumig und wohnlich. In ihm gab es eine Menge kleiner Kammern, verschiedene Schlupfwinkel und unvermutete Treppchen. Auch Ratten waren dort zu finden, doch Fjodor Pawlowitsch ärgerte sich nicht über sie und meinte: »Immerhin langweilt man sich nicht so an den Abenden, wenn man allein bleibt.« Er hatte tatsächlich die Angewohnheit, die Dienstboten über Nacht in das Nebengebäude zu schicken und sich für die ganze Nacht allein im Hause einzuschließen. Dieses Nebengebäude stand im Hof, es war groß und massiv; Fjodor Pawlowitsch hatte angeordnet, daß dort auch das Essen zubereitet werde, obwohl das Haus ebenfalls eine Küche hatte; er konnte den Küchengeruch nicht leiden, und darum brachte man das Essen sommers wie winters über den Hof herüber. Das Haus war eigentlich für eine große Familie gebaut, und man hätte das Fünffache an Herrschaft und Bediensteten in ihm unterbringen können. Doch zur Zeit unserer Erzählung wohnte bloß Fjodor Pawlowitsch mit Iwan Fjodorowitsch darin, während im Gesindehaus insgesamt nur drei Diener wohnten: der alte Grigorij, seine Frau, die alte Marfa, und der Diener Smerdjakow, ein noch junger Mensch. Über diese drei Dienstboten muß ich etwas ausführlicher berichten. Von dem alten Grigorij Wassiljewitsch Kutusow habe ich übrigens schon zur Genüge gesprochen. Er war ein standhafter und unbeugsamer Mann, der beharrlich und gradlinig seinem Ziel zustrebte, sobald er es aus irgendwelchen, oft erstaunlich unlogischen Gründen für unumstößlich richtig hielt. Allgemein gesagt: er war ehrlich und unbestechlich. Seine Frau, Marfa Ignatjewna, die sich ihr ganzes Leben lang widerspruchslos dem Willen ihres Mannes beugte, hatte ihn dessenungeachtet gleich nach der Aufhebung der Leibeigenschaft sehr mit der Bitte belästigt, von Fjodor Pawlowitsch weg nach Moskau zu ziehen und dort irgendeinen kleinen Handel zu beginnen (sie besaßen etwas Geld); doch Grigorij hatte schon damals, und zwar ein für allemal, entschieden, sein Weib rede leeres Geschwätz, »weil jedes Weib ehrvergessen ist«, und er dürfe seinen ehemaligen Herrn, was für ein Mensch der auch sein möge, nicht verlassen, »weil das jetzt unsere Pflicht ist«.

»Begreifst du, was Pflicht ist?« hatte er Marfa Ignatjewna gefragt.

»Was Pflicht ist, begreife ich wohl, Grigorij Wassiljewitsch, doch wieso es unsere Pflicht sein soll hierzubleiben, kann ich ganz und gar nicht begreifen«, hatte Marfa Ignatjewna mit Festigkeit geantwortet.

»Wenn du es auch nicht begreifst, so ist es doch so. Und in Zukunft halte den Mund.«

So kam es dann auch: sie zogen nicht fort, Fjodor Pawlowitsch setzte für sie einen Lohn fest, keinen hohen freilich, und zahlte ihn auch aus. Grigorij wußte zudem, daß er auf seinen Herrn einen unbestreitbaren Einfluß ausübte. Er fühlte das, und es war auch recht und billig; denn wenn auch der schlaue und eigensinnige Hanswurst Fjodor Pawlowitsch, wie er selber sich ausdrückte, »in einigen Dingen des Lebens« einen sehr festen Charakter bewies, so pflegte er in anderen »Dingen des Lebens« zu seinem eigenen Erstaunen sehr charakterschwach zu sein. Er wußte selber, in welchen Dingen, wußte es und fürchtete sich vor vielem. In gewissen Lebenslagen galt es auf der Hut zu sein, und das war schwierig ohne einen zuverlässigen Menschen; Grigorij aber war der denkbar zuverlässigste Mensch. Es war sogar so, daß Fjodor Pawlowitsch im Laufe seines Lebens oftmals in die Gefahr geriet, verprügelt zu werden, und zwar auf schmerzhafte Weise, doch stets war Grigorij ihm beigesprungen, wenn er ihm auch jedesmal hinterher eine Moralpredigt hielt. Aber Prügel allein hätten Fjodor Pawlowitsch nicht erschreckt: es gab Fälle ernsterer Art, sehr subtile und verwickelte Fälle, in denen auch Fjodor Pawlowitsch wahrscheinlich außerstande gewesen wäre, jenes ungewöhnliche Bedürfnis nach einem zuverlässigen und vertrauten Menschen zu definieren, das er zuweilen plötzlich zu empfinden begann, ohne es ergründen zu können. Das waren fast krankhafte Zustände: den so überaus lasterhaften und in seiner Wollust oftmals wie ein böses Insekt grausamen Fjodor Pawlowitsch überfielen manchmal, wenn er betrunken war, eine seelische Angst und eine moralische Erschütterung, die sich fast physisch auswirkten. »Es ist dann, als zitterte mir die Seele in der Gurgel«, sagte er zuweilen. Gerade in solchen Augenblicken hatte er es gern, wenn er bei sich, in seiner Nähe, wenn auch nicht im selben Zimmer, so doch im Nebengebäude, einen solchen ergebenen und in sich gefestigten Menschen wußte, der, ganz anders als er, nicht lasterhaft war und der, wenn er auch die ganze Sittenlosigkeit sah und alle seine Geheimnisse kannte, dennoch aus Ergebenheit alles duldete, sich nicht widersetzte, vor allem aber – keine Vorwürfe machte und mit nichts drohte, weder für das diesseitige Leben noch für das jenseitige, und der ihn im Notfall auch beschützt hätte ... vor wem? Vor jemand Unbekanntem, aber Unheimlichem und Gefährlichem. Es handelte sich gerade darum, daß unbedingt ein *anderer* Mensch da war, ein altvertrauter und freundschaftlich gesinnter, den er in einem Augenblick krankhafter Bedrängnis rufen konnte, wenn auch nur, um ihm ins Gesicht zu schauen oder ein Wort mit ihm zu wechseln, und sei es auch ein ganz belangloses; und wenn der sich nichts daraus machte, nicht ungehalten war, so wurde ihm leichter ums Herz, wenn er aber ungehalten war, nun, dann wurde ihm noch trauriger zumute. Es kam sogar vor (wenngleich außerordentlich selten), daß Fjodor Pawlowitsch nachts in das Nebengebäude hinüberging, um Grigorij zu wecken, damit er auf ein Weilchen zu ihm käme. Der kam dann auch, und Fjodor Pawlowitsch fing an, von ganz unerheblichen Dingen zu reden, und entließ ihn bald wieder, manchmal sogar unter leichtem Spott und mit einem kleinen Scherz, doch ihm selber war alles gleich, er war erleichtert, legte sich zu Bett und schlief bald schon den Schlaf des Gerechten. Etwas Ähnliches geschah mit Fjodor Pawlowitsch auch nach der Ankunft Aljoschas. Aljoscha gewann sein Herz dadurch, daß er »lebte, alles sah und nichts verurteilte«. Außerdem brachte er etwas mit, das noch nie dagewesen war: er verachtete ihn nicht, den Alten, sondern begegnete ihm immer mit einer Freundlichkeit und einer ganz natürlichen offenherzigen Anhänglichkeit, die er so wenig verdiente. Das alles war für den alten familienlosen Herumtreiber, der bisher nur »das Garstige« geliebt hatte, eine völlige Überraschung, etwas ganz Unerwartetes. Als Aljoscha ihn verlassen hatte, gestand Fjodor Pawlowitsch sich ein, daß er einiges begriffen habe, das er bisher nicht hatte begreifen wollen.

Ich erwähnte bereits zu Anfang meiner Erzählung, welch einen Haß Grigorij gegen Adelaida Iwanowna, die erste Frau des Fjodor Pawlowitsch und die Mutter seines ersten Sohnes, Dmitrij Fjodorowitsch, gehegt und wie sehr er im Gegenteil seine zweite Frau, die »Klikuscha« Sofja Iwanowna, gegen seinen eigenen Herrn und gegen jeden in Schutz genommen hatte, der es sich hatte einfallen lassen, ein schlechtes oder leichtfertiges Wort über sie zu äußern. Seine Sympathie für diese Unglückliche hatte sich in etwas Geheiligtes verwandelt, so daß er auch zwanzig Jahre später nicht einmal eine häßliche Andeutung über sie, von wem sie auch kommen mochte, ertragen und dem Beleidiger sofort widersprochen hätte. Seinem Äußeren nach war Grigorij ein kühler und ernster Mensch, der Geschwätzigkeit verabscheute und nur gewichtige, wohlbedachte Worte von sich gab. Auch wäre es unmöglich gewesen, auf den ersten Blick zu erkennen, ob er seine demütige Frau liebte oder nicht; dabei liebte er sie wirklich, und sie wußte das auch. Diese Marfa Ignatjewna war nicht nur nicht dumm, sondern vielleicht sogar klüger als ihr Mann, zum mindesten in Dingen des praktischen Lebens vernünftiger; dennoch unterwarf sie sich ihm demütig und ergeben vom Beginn ihrer Ehe an und achtete ihn zweifellos wegen seiner geistigen Überlegenheit. Bemerkenswert ist, daß beide ihr ganzes Leben lang außerordentlich wenig miteinander sprachen, es sei denn über die notwendigsten Dinge des täglichen Lebens. Der würdige und majestätische Grigorij bedachte alle seine Angelegenheiten und Sorgen stets allein, und Marfa Ignatjewna hatte schon längst ein für allemal begriffen, daß er ihre Ratschläge gar nicht brauchte. Sie fühlte, daß ihr Mann ihr Schweigen schätzte und darin ein Zeichen ihrer Klugheit erblickte. Geschlagen hatte er sie lediglich ein einziges Mal, und auch da nur wenig. Im ersten Jahr der Ehe der Adelaida Iwanowna mit Fjodor Pawlowitsch hatten sich einmal auf dem Landgut die Bäuerinnen und jungen Mädchen des Dorfes, die damals noch Leibeigene waren, auf dem Herrenhof versammeln müssen, um zu tanzen und zu singen. Sie begannen mit dem Lied »Auf den Wiesen«, und plötzlich sprang Marfa Ignatjewna, die damals noch eine junge Frau war, aus dem Chor heraus und tanzte die

»Russkaja*« auf eine besondere Art, nämlich nicht wie die anderen Frauen nach bäuerlicher Weise, sondern so, wie sie sie einstmals als Hofmagd bei den reichen Miusows im gutsherrlichen Haustheater getanzt hatte, wo ein aus Moskau bestellter Tanzmeister den Schauspielern Tanzunterricht erteilt hatte. Grigorij hatte gesehen, wie seine Frau tanzte, und eine Stunde später, bei sich zu Hause in der Hütte, belehrte er sie dann durch eine kleine Tracht Prügel, wobei er sie ein wenig an den Haaren zog. Doch damit hatte das Schlagen ein für allemal für ihr ganzes Leben ein Ende, zumal Marfa Ignatjewna sich damals gelobt hatte, nie wieder zu tanzen.

Kinder hatte Gott ihnen nicht geschenkt. Ein Kindchen hatten sie einmal gehabt, aber das war gestorben. Grigorij liebte jedoch Kinder. Er verhehlte es nicht einmal, das heißt, er schämte sich nicht, es rundheraus zu sagen. Als Adelaida Iwanowna ihrem Mann davongelaufen war, hatte er den dreijährigen Knaben Dmitrij Fjodorowitsch zu sich genommen und sich fast ein Jahr lang mit ihm abgegeben, ihm mit einem kleinen Kamm das Haar in Ordnung gehalten und ihn sogar selber in einem Waschtrog gebadet. Dann hatte er sich mit Iwan Fjodorowitsch und später mit Aljoscha abgeplackt, wofür er schließlich eine Ohrfeige erhielt; doch von alledem habe ich ja schon erzählt. An seinem eigenen Kind indessen erlebte er nur die Freuden hoffnungsvoller Erwartung, solange Marfa Ignatjewna noch in gesegneten Umständen war. Als es aber geboren wurde, erfüllte es sein Herz mit Kummer und Entsetzen. Damit hatte es folgende Bewandtnis: dieser Knabe kam nämlich sechsfingerig zur Welt. Als Grigorij das sah, war er so niedergeschlagen, daß er bis zum Tag der Taufe nicht nur in Schweigen verharrte, sondern absichtlich in den Garten ging, um mit niemandem reden zu müssen. Es war Frühling, und so grub er drei ganze Tage lang im Blumen- und Gemüsegarten Beete um. Am dritten Tag mußte das Kind getauft werden; Grigorij hatte sich inzwischen einiges überlegt. Als er seine Hütte betrat, in der sich die Geistlichkeit und die Gäste versammelt hatten und schließlich auch Fjodor Pawlowitsch persönlich erschienen war, um das Kind aus der Taufe zu heben, erklärte Grigorij plötzlich, man brauche das Kind überhaupt nicht zu taufen – erklärte es mit halblauter Stimme, preßte die Worte mühsam zwischen den Zähnen hervor und ließ sich nicht weiter darüber aus, sondern blickte nur stumpf und unverwandt den Priester an.

* Der russische Nationaltanz (Anmerkung des Übersetzers).

»Warum denn?« erkundigte sich der Priester voll heiterer Verwunderung.

»Weil das ... ein Drache ist ...« murmelte Grigorij.

»Wieso ein Drache, was für ein Drache?«

Grigorij schwieg eine Weile.

»In der Natur ist eine Verwechslung geschehen ...« murmelte er, wenn auch höchst undeutlich, so doch sehr bestimmt und wollte sichtlich nicht ausführlicher werden.

Man lachte darüber und taufte das arme Kind natürlich. Grigorij betete andächtig am Taufbecken, änderte aber seine Meinung über das Neugeborene nicht. Danach machte er übrigens keine Schwierigkeiten mehr, nur blickte er den kränklichen Knaben während der ganzen zwei Wochen, die er am Leben blieb, fast gar nicht an, ja wollte von ihm nicht einmal Notiz nehmen und hielt sich meist außerhalb der Hütte auf. Als aber der Knabe am Milchfieber gestorben war, da legte er ihn selber in den kleinen Sarg und betrachtete ihn voll tiefer Betrübnis, und als sein flaches kleines Grab zugeschüttet war, kniete er nieder und verneigte sich vor dem Grabhügel bis zur Erde. Seitdem erwähnte er viele Jahre lang sein Kind kein einziges Mal, auch Marfa Ignatjewna gedachte in seiner Gegenwart nie ihres Kindes, und wenn sie einmal gelegentlich mit jemandem von ihrem »Kindchen« sprach, so flüsterte sie nur, selbst wenn Grigorij Wassiljewitsch nicht zugegen war. Wie Marfa Ignatjewna sagte, begann er, seitdem das kleine Grab zugeschüttet war, sich hauptsächlich mit »heiligen Dingen« zu beschäftigen, er las die *Menäen*, meist still und für sich allein, wozu er jedesmal seine große silberne Brille mit den kreisrunden Gläsern aufsetzte. Nur selten las er laut, höchstens während der großen Fasten. Er liebte das Buch Hiob, hatte sich irgendwoher eine Abschrift der Worte und Predigten »unseres von Gott erfüllten Vaters Isaak des Syrers« verschafft, las beharrlich jahrelang darin, verstand fast gar nichts, schätzte und liebte aber dieses Buch vielleicht gerade deshalb am meisten. In der letzten Zeit begann er seine Aufmerksamkeit dem Geißlertum zuzuwenden und sich mit ihm vertraut zu machen, wozu sich in der Nachbarschaft Gelegenheit bot; er war sichtlich erschüttert, fand es aber nicht für gut, zu einem anderen Glauben überzutreten. Seine Belesenheit in »heiligen Dingen« verlieh natürlich seinem Gesicht noch mehr Würde.

Vielleicht neigte er sowieso zum Mystizismus. Und nun trafen noch wie vorherbestimmt Geburt und Tod seines sechsfingrigen Kindes gerade mit einem anderen sehr seltsamen, unerwarteten und eigenartigen Vorfall zusammen, der seiner Seele, wie er später einmal selbst sagte, ein »Siegel« aufprägte. Der Zufall wollte es, daß Marfa Ignatjewna gerade in der Nacht nach dem Tage, an dem man das sechsfingrige Kerlchen begraben hatte, aus dem Schlaf erwachte und das Weinen eines neugeborenen Kindes zu hören vermeinte. Sie erschrak und weckte ihren Mann. Der hörte aufmerksam hin und sagte dann, daß da wohl eher jemand stöhne, wahrscheinlich eine Frau. Er stand auf und zog sich an; es war eine ziemlich warme Mainacht. Als er auf die Vortreppe hinaustrat, hörte er deutlich, daß das Stöhnen aus dem Garten kam. Der Garten wurde aber über Nacht vom Hof aus abgeschlossen, und außer durch das Pförtchen konnte man nicht hineingelangen, weil um den ganzen Garten herum ein fester und hoher Zaun lief. Grigorij kehrte ins Haus zurück, zündete eine Laterne an, nahm den Gartenschlüssel und ging – ohne das hysterische Gerede seiner Frau zu beachten, die immer noch versicherte, sie höre das Weinen eines Kindes, und es weine da sicherlich ihr Junge und rufe sie – schweigend in den Garten. Hier erkannte er deutlich, daß das Stöhnen aus ihrer kleinen Badstube kam, die nicht weit vom Pförtchen im Garten stand, und daß da wirklich eine Frau stöhnte. Als er die Tür der Badstube öffnete, bot sich ihm ein Anblick, vor dem er erstarrte: die stadtbekannte Geistesgestörte mit dem Spitznamen Lisaweta Smerdjastschaja – »Lisaweta die Stinkende« –, die in den Straßen umherzuirren pflegte, hatte sich in die Badstube eingeschlichen und dort soeben ein Kind geboren. Das Kind lag neben ihr, sie aber war dem Tode nahe. Sie sagte kein Wort, schon weil sie überhaupt nicht zu sprechen verstand. Doch das alles muß ich gesondert erläutern . . .

2

Lisaweta Smerdjastschaja

Mit diesem Vorfall hatte es eine besondere Bewandtnis, und er erschütterte Grigorij tief, weil er ihm einen unangenehmen und abscheulichen Verdacht, den er schon vorher gehegt hatte, zur Gewißheit machte. Diese Lisaweta Smerdjastschaja war ein junges Frauenzimmer von sehr kleinem Wuchs, »nur wenig über zwei Arschin* groß«, wie sich nach ihrem Tod viele unter den gottesfürchtigen alten Frauen unseres Städtchens voller Rührung erinnerten. Ihr zwanzigjähriges Gesicht, gesund, breit und rotwangig, war völlig das einer Idiotin; der Blick ihrer Augen war starr und unangenehm, wenn auch sanft. Sie ging ihr ganzes Leben lang, sommers wie winters, barfuß und trug nur ein hanfenes Hemd. Ihr fast schwarzes, außergewöhnlich dichtes Haar, das gekräuselt war wie die Wolle eines Schafbocks, saß gleichsam wie eine riesengroße Kappe auf ihrem Kopf. Außerdem war es stets mit Erde und Unrat beschmutzt und voller kleiner Blätter, Holzsplitter und Hobelspäne, weil sie immer auf der Erde und im Schmutz schlief. Ihr Vater war der obdachlose, heruntergekommene und kränkliche Kleinbürger Ilja, ein starker Trinker, der schon seit vielen Jahren als eine Art Knecht bei wohlhabenden Leuten lebte, die ebenfalls Kleinbürger unserer Stadt waren. Lisawetas Mutter war längst gestorben. Der ewig kränkelnde und gehässige Ilja schlug Lisaweta unmenschlich, wenn sie zu ihm kam. Sie kam aber selten, weil sie als Närrin Gottes sich in der ganzen Stadt herumtrieb. Iljas Herren wie auch er selber und sogar viele mitleidige Einwohner der Stadt, hauptsächlich Kaufleute und deren Frauen, versuchten mehr als einmal, Lisaweta anständiger zu kleiden als nur mit einem Hemd, und zogen ihr, wenn es auf den Winter zuging, immer einen Schafpelz und Stiefel an; sie ließ sich alles widerspruchslos gefallen, lief dann aber gewöhnlich weg und legte unfehlbar irgendwo, vorzugsweise auf den Eingangsstufen der großen Stadtkirche, alles wieder ab, was man ihr gespendet hatte – ob es nun ein Kopftuch war, ein Rock, ein Schafpelz oder Stiefel –; alles ließ sie dort zurück und ging von dannen, barfuß und nur mit einem Hemd bekleidet wie vordem. Es begab sich einmal, daß der neue Gouverneur unseres Gouvernements, der bei einem Besuch unser Städtchen besichtigte, sich in seinen heiligsten Empfindungen beleidigt fühlte, als er Lisaweta erblickte; obwohl er begriff, daß sie, wie man ihm ja auch gemeldet hatte, eine »Närrin Gottes« war, wandte er dennoch ein, ein junges Mädchen, das nur mit einem Hemd bekleidet umherlaufe, verletze den Anstand, und darum dürfe das in Zukunft nicht mehr vorkommen. Doch der Gouverneur fuhr wieder weg, Lisaweta aber ließ man, wie sie war. Schließlich starb ihr Vater, und als Waise wurde sie allen gottesfürchtigen Leuten in der Stadt

* Ein Arschin = 71,11 cm (Anmerkung des Übersetzers).

nur noch lieber. In der Tat schienen alle sie geradezu liebzuhaben, selbst die kleinen Jungen neckten und beleidigten sie nicht, obgleich doch unsere Jungen, besonders die Schüler unter ihnen, ein übermütiges Volk sind. Sie betrat fremde Häuser, und niemand jagte sie davon, im Gegenteil, jedermann war freundlich zu ihr und gab ihr eine halbe Kopeke. Gab man ihr eine halbe Kopeke, so trug sie das Geldstück sogleich zu irgendeiner Sammelbüchse, an einer Kirche oder am Gefängnis, und warf es hinein. Reichte man ihr auf dem Markt einen Kringel oder einen Kalatsch*, so schenkte sie ihn stets dem ersten kleinen Kind, das ihr begegnete, oder ging auf eine unserer wohlhabendsten Damen zu und gab ihn ihr; und die Damen nahmen ihn mit Freuden an. Sie selber aber nährte sich ausschließlich von Schwarzbrot und Wasser. Manchmal ging sie in einen vornehmen Laden hinein und setzte sich, doch obwohl da oft teure Waren lagen und auch unverwahrtes Geld, nahmen sich die Ladeninhaber nie vor ihr in acht, denn sie wußten, wenn man auch Tausende in ihrem Beisein auf den Ladentisch legte und dort vergäße, so würde sie keine Kopeke davon nehmen. In eine Kirche ging sie nur selten. Sie schlief entweder auf den Eingangsstufen oder kletterte über einen Flechtzaun (bei uns gibt es auch heute noch viele Zäune aus Flechtwerk statt aus Latten) und übernachtete in irgendeinem Gemüsegarten. Nach Hause, das heißt in das Haus der Leute, bei denen ihr verstorbener Vater gelebt hatte, kam sie ungefähr einmal in der Woche, im Winter jedoch täglich, aber nur zur Nacht, und schlief dann entweder im Flur oder im Kuhstall. Man wunderte sich, daß sie ein solches Leben aushielt, doch sie war es nicht anders gewohnt; wenn sie auch klein von Wuchs war, so war sie doch ungewöhnlich kräftig gebaut. Auch behaupteten einige Leute aus unserer Herrenschicht, sie tue das alles nur aus Stolz, aber das entsprach nicht den Tatsachen: sie war ja nicht einmal imstande, ein einziges Wort auszusprechen, bewegte nur hin und wieder die Zunge und stieß unartikulierte Laute aus – wo sollte da der Stolz bleiben!

Nun traf es sich einmal (es ist schon recht lange her), daß in einer hellen und warmen Septembernacht, bei Vollmond, nach unseren Begriffen schon zu sehr später Stunde, eine betrunkene Schar unserer bummelnden Herren – es waren fünf oder sechs kräftige Männer – hinter den Häusern entlang vom

* Eine Art Weißbrötchen mit kreisförmigem Griff (Anmerkung des Übersetzers).

Klub heimgingen. Zu beiden Seiten der Gasse zogen sich Flechtzäune hin, hinter denen die Gemüsegärten der an die Straße angrenzenden Häuser lagen; die Gasse führte zu einem Steg über unsere stinkende und langgestreckte Pfütze, die man bei uns zuweilen »das Flüßchen« nannte. An einem der Flechtzäune, inmitten von Brennesseln und Kletten, entdeckte unsere Gesellschaft die schlafende Lisaweta. Die angeheiterten Herren blieben unter Gelächter bei ihr stehen und begannen die unflätigsten Witze zu reißen. Ein junger Herr hatte plötzlich den Einfall, die völlig überspannte und unmögliche Frage zu stellen: »Könnte wohl irgend jemand, wer es auch sei, solch ein Tier für ein Weib nehmen, beispielsweise jetzt, und so weiter?« Alle entschieden mit stolzem Abscheu, das sei undenkbar. Doch zufällig befand sich Fjodor Pawlowitsch unter ihnen, und er sprang sofort vor und meinte, man könne sie sehr wohl für ein Weib nehmen, es sei daran sogar etwas besonders Pikantes, und so weiter, und so weiter. Zu jener Zeit erbot er sich freilich schon allzu übertrieben, den Hanswurst zu spielen, liebte es, sich vorzudrängen und die Herren zu belustigen, dem Anschein nach natürlich als Gleichgestellter, in Wirklichkeit aber als vollendeter Liebediener. Damals hatte er gerade aus Petersburg die Nachricht vom Tode seiner ersten Frau, der Adelaida Iwanowna, erhalten, und den Trauerflor am Hut, trank er so unmäßig und trieb solchen Unfug, daß er bei den Einwohnern der Stadt, selbst den leichtfertigsten, häufig Anstoß erregte. Die Bande brach über seine unerwartete Meinungsäußerung in ein Gelächter aus; einer aus der Schar spornte Fjodor Pawlowitsch sogar an, doch die übrigen bekundeten ihren Abscheu noch stärker, wenn auch immer unter äußerster Heiterkeit, und schließlich gingen alle ihres Weges. Später versicherte Fjodor Pawlowitsch unter Schwüren, auch er sei damals mit allen anderen zusammen fortgegangen; vielleicht stimmte das auch, niemand weiß es und wußte es jemals genau, doch fünf oder sechs Monate danach begann man allgemein in der Stadt aufrichtig und außergewöhnlich entrüstet davon zu reden, daß Lisaweta schwanger sei, und fragte und forschte, wer der Sünder sei, der ihr das angetan habe. Und da nun verbreitete sich in der ganzen Stadt das seltsame Gerücht, der Missetäter sei niemand anders als Fjodor Pawlowitsch. Woher kam dieses Gerücht? Von jenen bummelnden Herren weilte zu dieser Zeit nur noch ein einziger in der Stadt, zudem war das ein bejahrter und achtbarer Staatsrat, der eine Familie und erwachsene Töchter hatte und keinesfalls etwas erzählt hätte, selbst wenn etwas vorgefallen wäre; die übrigen indessen, etwa fünf Mann, hatten damals schon alle die Stadt verlassen. Das Gerücht wies jedoch schnurgerade und beharrlich auf Fjodor Pawlowitsch hin. Der erhob nicht einmal viel Einspruch: irgendwelche Krämer und Kleinbürger hätte er auch gar keiner Antwort gewürdigt. Er war damals stolz und redete mit niemandem außer mit seinem engeren Kreis von Beamten und Adeligen, die er so gut zu belustigen verstand. Gerade damals setzte sich Grigorij energisch und aus allen Kräften für seinen Herrn ein und nahm ihn nicht nur gegen alle Verleumdungen in Schutz, sondern ließ sich seinetwegen sogar in Zank und Wortwechsel ein und stimmte auch viele um. »Sie selber, die Niederträchtige, ist daran schuld«, behauptete er, und der Missetäter sei kein anderer als der »Karp mit der Schraube« (so hieß ein damals stadtbekannter gefürchteter Sträfling, der eben zu dieser Zeit aus dem Gouvernementsgefängnis entwichen war und sich heimlich in unserer Stadt aufhielt). Diese Vermutung schien glaubwürdig, man erinnerte sich noch an Karp, hatte nicht vergessen, daß er gerade in jenen Herbstnächten sich in der Stadt herumgetrieben und drei Personen beraubt hatte. Doch dieser ganze Vorfall und all das Gerede darüber entzogen der armen Idiotin nicht nur nicht die allgemeine Teilnahme, sondern alle begannen sich nur noch mehr um sie zu kümmern und sie zu beschützen. Die wohlhabende Kaufmannswitwe Kondratjewna nahm Lisaweta gegen Ende April zu sich und wollte sie bis zur Entbindung bei sich behalten. Man bewachte sie unermüdlich; es kam aber so, daß Lisaweta sich am Abend des letzten Tages auf einmal trotz aller Wachsamkeit heimlich von der Kondratjewna davonstahl und im Garten des Fjodor Pawlowitsch einfand. Wie sie in ihrem Zustand über den hohen und festen Zaun des Gartens hatte klettern können, ist ein Rätsel geblieben. Die einen versicherten, »man« habe sie hinübergehoben, die anderen, »es« habe sie hinübergehoben. Am wahrscheinlichsten ist, daß alles, wenn auch auf sehr wunderliche, so doch natürliche Weise geschehen war und daß Lisaweta, die ja über Flechtzäune in fremde Gemüsegärten zu klettern verstand, um dort zu übernachten, auch wohl auf irgendeine Weise den Zaun des Fjodor Pawlowitsch erklettert hatte und von dort, ungeachtet ihres Zustandes, in dem ihr das hätte schaden können, in den Garten hinuntergesprungen war . . .

Grigorij stürzte zu Marfa Ignatjewna und schickte sie Lisaweta zu Hilfe, er selber aber lief zu einer alten Hebamme, einer Kleinbürgerin, die nicht weit entfernt wohnte. Das Kind wurde gerettet, Lisaweta aber starb bei Tagesanbruch. Grigorij nahm das Neugeborene, brachte es ins Haus, hieß seine Frau sich hinsetzen und legte ihr das Kind auf den Schoß, dicht an die Brust. »Das Kind kommt aus Gottes Hand – als Waise ist es mit allen verwandt, mit dir und mir erst recht. Unser verstorbenes Söhnchen hat es uns geschickt, und es stammt von einem Teufelssohn und einer Gerechten. Nähre es und weine künftig nicht mehr.« So zog denn Marfa Ignatjewna das Kindchen auf. Man taufte es auf den Namen Pawel, und als Vatersnamen setzten dann alle ganz von selbst, ohne daß jemand sie dazu bestimmt hätte, Fjodorowitsch hinzu. Fjodor Pawlowitsch wandte nichts dagegen ein und fand es sogar drollig, obwohl er immer noch alles mit Entschiedenheit ableugnete. In der Stadt gefiel es, daß er den Findling aufgenommen hatte. Später dachte sich Fjodor Pawlowitsch für den Findling auch einen Familiennamen aus: er nannte ihn Smerdjakow nach dem Spitznamen seiner Mutter, der Lisaweta Smerdjastschaja. Dieser Smerdjakow wurde dann der zweite Diener des Fjodor Pawlowitsch und lebte zu der Zeit, als unsere Erzählung ihren Anfang nahm, zusammen mit dem alten Grigorij und der alten Marfa im Nebengebäude. Er wurde als Koch verwendet. Es wäre sehr notwendig, auch über ihn einige besondere Worte zu sagen, doch schäme ich mich, die Aufmerksamkeit meiner Leser so lange auf solche gewöhnlichen Dienstboten abzulenken, und deshalb gehe ich wieder zu meiner Erzählung über und hoffe, daß in ihrem weiteren Verlauf sich noch auf irgendeine Weise ganz von selbst Gelegenheit bieten wird, das Nötige über Smerdjakow mitzuteilen.

3

Die Beichte eines heißen Herzens
In Versen

Als Aljoscha den Befehl gehört hatte, den sein Vater ihm bei seiner Abfahrt vom Kloster aus dem Wagen zurief, rührte er sich eine Weile in großer Ratlosigkeit nicht vom Fleck. Nicht daß er wie eine Säule dagestanden hätte, so etwas kam bei ihm nicht vor. Im Gegenteil, trotz all seiner Aufregung nahm er sich noch die Zeit, zuerst in die Küche des Abtes zu gehen und dort zu erkunden, was sein Vater oben angestellt habe. Dann jedoch machte er sich auf, denn er hoffte, es werde ihm gelingen, auf dem Weg zur Stadt die ihn quälende Aufgabe auf irgendeine Weise zu lösen. Ich möchte im vorhinein sagen: der gellende Zuruf seines Vaters und sein Befehl, »mit Kissen und Matratze« nach Hause überzusiedeln, hatten ihm nicht im geringsten Angst gemacht. Hatte er doch nur zu gut begriffen, daß der Befehl umzuziehen nur »in einer Aufwallung der Leidenschaft« und sozusagen zur Steigerung des schauspielerischen Effekts so laut und mit ostentativ erhobener Stimme erteilt worden war – so etwa wie kurz vorher in unserem Städtchen ein schwer betrunkener Kleinbürger an seinem eigenen Namenstag und in Gegenwart der Gäste aus Zorn darüber, daß man ihm keinen Branntwein mehr geben wollte, plötzlich sein eigenes Geschirr zerschlagen, seine und seines Weibes Kleider zerrissen, die eigenen Möbel zertrümmert und schließlich die Fensterscheiben des Hauses eingeschlagen hatte, und auch das nur um des schauspielerischen Effekts willen. In ähnlicher Weise hatte es jetzt Aljoschas Vater gemacht. Am nächsten Tage, als der betrunkene Kleinbürger wieder nüchtern geworden war, tat es ihm natürlich um die zerschlagenen Tassen und Teller leid. Aljoscha wußte, auch der Alte werde ihn sicherlich schon morgen wieder ins Kloster zurückkehren lassen, ja vielleicht noch heute. Auch war er fest überzeugt, daß sein Vater wohl einen anderen, nicht jedoch ihn werde kränken wollen. Aljoscha war sich überhaupt dessen sicher, daß niemand in der ganzen Welt ihn jemals werde kränken wollen, ja, daß es niemand nicht nur nicht wolle, sondern auch nicht vermöge. Das war für ihn ein Axiom, stand ein für allemal fest, vertrug keine Einwendungen, und in dieser Zuversicht ging er ohne jegliche Bedenken weiter.

Doch regte sich in ihm in diesem Augenblick eine Angst, die von ganz anderer Art und um so qualvoller war, als auch er selber sie nicht hätte bei Namen nennen können, nämlich die Angst vor dem Weibe – vor Katerina Iwanowna, die ihn in dem kurzen Brief, den Frau Chochlakowa ihm am selben Tag übergeben hatte, aus irgendeinem Grunde so inständig angefleht hatte, zu ihr zu kommen. Diese dringende Aufforderung und die Notwendigkeit, unbedingt hinzugehen, hatten sein Herz sofort mit einem quälenden Gefühl erfüllt, und im Laufe des Morgens war dieses Gefühl immer schmerzlicher geworden, ungeachtet all der Szenen und Vorfälle, die dann im Kloster und soeben beim Abt gefolgt waren. Er hatte nicht deshalb Angst, weil er nicht wußte, worüber sie mit ihm reden wollte und was er ihr antworten sollte. Auch nicht das Weib in ihr beängstigte ihn: die Frauen kannte er natürlich wenig, immerhin aber hatte er sein ganzes Leben lang, von seiner frühesten Kindheit an bis zum Eintritt ins Kloster, nur unter Frauen gelebt. Er fürchtete gerade diese Frau, gerade Katerina Iwanowna. Er fürchtete sie seit der Zeit, als er sie zum erstenmal erblickt hatte. Gesehen hatte er sie im ganzen nur ein- oder zweimal, vielleicht auch dreimal, und einmal hatte er zufällig ein paar Worte mit ihr gesprochen. Er erinnerte sich an sie als an ein schönes, stolzes und gebieterisches junges Mädchen. Doch nicht ihre Schönheit quälte ihn, sondern etwas anderes. Und gerade, daß er sich seine Angst nicht erklären konnte, steigerte sie noch mehr. Dieses junge Mädchen hatte die edelsten Absichten, das wußte er: sie strebte danach, seinen Bruder Dmitrij zu retten, der ihr gegenüber bereits schuldig war, und sie strebte danach einzig und allein aus Großmut. Doch trotz dieser Einsicht und obwohl er nicht umhin konnte, all diesen schönen und großmütigen Regungen Gerechtigkeit widerfahren zu lassen, lief ihm ein kalter Schauer über den Rücken, je mehr er sich dem Hause näherte, in dem sie wohnte.

Er überlegte sich, daß er seinen Bruder Iwan Fjodorowitsch, der ihr so nahestand, nicht bei ihr antreffen werde: Iwan war sicherlich beim Vater. Dmitrij indessen würde er noch sicherer dort nicht antreffen, und er ahnte auch weshalb nicht. Das Gespräch würde also unter vier Augen stattfinden. Vor diesem schicksalhaften Gespräch hätte er gar zu gern seinen Bruder Dmitrij gesehen und ihn zu diesem Zweck besucht. Ohne den Brief zu zeigen, hätte er mit ihm einiges besprechen können. Doch sein Bruder Dmitrij wohnte weit weg und war jetzt auch gewiß nicht zu Hause. Nachdem er einen Augenblick stehengeblieben war, entschied er sich endgültig. Er bekreuzigte sich eilig, wie er es gewohnt war, und lächelte aus irgendeinem Grunde, dann begab er sich festen Schrittes zu der gefürchteten Dame.

Das Haus, in dem sie wohnte, kannte er. Doch wenn er zur Großen Straße und über den Platz gegangen wäre, so hätte er einen ziemlich weiten Weg vor sich gehabt. Unser Städtchen ist außerordentlich weitläufig, und die Entfernungen sind manchmal ziemlich groß. Zudem wartete auf ihn der Vater, der seinen Befehl vielleicht noch nicht vergessen hatte und in übler Laune sein konnte, darum mußte er sich beeilen, um überall rechtzeitig hinzukommen. Und so beschloß er nach all diesen Erwägungen, den Weg abzukürzen, indem er hinter den Häusern entlangging; all diese Durchgänge der Stadt kannte er wie seine fünf Finger. Hinter den Häusern entlang, das hieß fast ohne Weg, längs öder Zäune, wobei man zuweilen sogar über fremde Flechtzäune klettern und an fremden Höfen vorbeigehen mußte, wo ihn übrigens jedermann kannte und alle ihn grüßten. Auf solche Weise war es nur halb so weit bis zur Großen Straße. An einer Stelle freilich mußte er nahe am väterlichen Haus vorbeigehen, nämlich an dessen Nachbargarten, der zu einem baufälligen und windschiefen Häuschen mit vier Fenstern gehörte. Besitzerin dieses Häuschens war, wie Aljoscha wußte, eine Kleinbürgerin unseres Städtchens, eine alte Frau mit gelähmten Beinen; sie lebte hier mit ihrer Tochter, die sich durch ihren Aufenthalt als Stubenmädchen in der Metropole bereits Manieren erworben hatte und noch vor kurzem nur bei Herrschaften mit Generalsrang gedient hatte, nun aber schon seit ungefähr einem Jahr wegen der Krankheit der Alten wieder daheim war und mit ihren feinen Kleidern großtat. Diese Alte und ihre Tochter waren jedoch gänzlich verarmt und holten sich sogar täglich aus der Küche ihres Nachbarn Fjodor Pawlowitsch Brot und Suppe. Marfa Ignatjewna gab es ihnen gern. Doch obwohl die Tochter sich Suppe holen mußte, verkaufte sie kein einziges von ihren Kleidern, und eines von ihnen hatte sogar eine ellenlange Schleppe. Diese letzte Einzelheit hatte Aljoscha, natürlich ganz zufällig, durch seinen Freund Rakitin erfahren, dem schlechthin alles im Städtchen bekannt war, und selbstverständlich hatte er es sofort, nachdem er es gehört hatte, wieder vergessen. Als er aber jetzt bei dem Garten der Nachbarin angelangt war, erinnerte er sich auf einmal gerade an diese Schleppe, hob rasch seinen nachdenklich gesenkten Kopf und ... hatte plötzlich eine ganz unerwartete Begegnung.

Hinter dem Flechtzaun des Nachbargartens war sein Bruder Dmitrij Fjodorowitsch zu sehen. Er war auf irgend etwas hinaufgestiegen und ragte bis zur Brust über den Zaun; dabei machte er ihm mit den Armen aus Leibeskräften Zeichen, winkte und lockte ihn herbei, da er sich augenscheinlich scheute, auch nur ein lautes Wort zu sagen, geschweige denn zu rufen, um nicht von jemand anderem gehört zu werden. Aljoscha lief sofort zum Flechtzaun.

»Wie gut, daß du dich von selbst umgeschaut hast; ich hätte dich schon fast gerufen«, raunte Dmitrij Fjodorowitsch ihm freudig und eilig zu. »Klettre herüber! Rasch! Ach, wie prächtig, daß du gekommen bist. Ich hatte soeben erst an dich gedacht . . .«

Auch Aljoscha freute sich, wußte nur nicht recht, wie er über den Flechtzaun klettern sollte. Doch Mitja faßte ihn mit seiner riesigen Hand unter dem Ellenbogen und half ihm springen. Aljoscha raffte sein Novizenhabit hoch und sprang mit der Gewandtheit eines barfüßigen Gassenjungen hinüber.

»Na, bist ja ein toller Bursche, gehen wir!« flüsterte Mitja entzückt.

»Wohin denn?« flüsterte auch Aljoscha, der nach allen Seiten Umschau hielt und sich in einem völlig einsamen Garten sah, in dem außer ihnen beiden niemand war. Der Garten war klein, doch das Häuschen der Besitzerin war immerhin noch etwa fünfzig Schritte weit von ihnen entfernt. »Hier ist ja niemand, weshalb flüsterst du also?«

»Weshalb ich flüstere? Ach, zum Teufel«, rief Dmitrij Fjodorowitsch plötzlich mit lauter Stimme, »weshalb flüstere ich denn? Na, da siehst du es selber, zu was für einem Durcheinander es plötzlich in der Natur kommen kann. Ich stehe hier auf geheimem Horchposten und laure einem Geheimnis auf. Erklärung folgt. Da ich aber daran dachte, daß ich auf geheimem Horchposten stehe, begann ich plötzlich auch geheimnisvoll zu reden und flüsterte wie ein Dummkopf, während das gar nicht notwendig ist. Gehen wir! Dort hinüber! Bis dahin schweig still. Küssen möchte ich dich!

Ehre dem Höchsten hienieden,
Ehre dem Höchsten in mir! . . .

Das habe ich eben erst, als ich hier saß, bevor du kamst, vor mich hingesagt . . .«

Der Garten war etwa eine Deßjatine* groß oder auch ein wenig mehr, jedoch nur ringsherum, an allen vier Zäunen, mit Bäumen bepflanzt, mit Apfelbäumen, Ahorn, Linde und Birke. In der Mitte des Gartens stand nichts, dort war eine Wiese, auf der im Sommer mehrere Pud Heu gemäht wurden. Der Garten

* 1 Deßjatine = 1,09 ha (Anmerkung des Übersetzers).

wurde von der Besitzerin im Frühjahr für ein paar Rubel verpachtet. Es waren auch Beete mit Himbeeren, Stachelbeeren und Johannisbeeren da, sie lagen ebenfalls alle an den Zäunen; in der Nähe des Hauses befanden sich Gemüsebeete, die übrigens erst vor kurzem angelegt worden waren. Dmitrij Fjodorowitsch führte seinen Gast in einen Winkel des Gartens, der am weitesten vom Haus entfernt lag. Dort zeigte sich plötzlich inmitten dicht beisammen stehender Linden und alten Gesträuchs aus Johannisbeeren und Holunder, Schneeball und Flieder so etwas wie die Ruine einer uralten grünen Laube mit Gitterwänden, die bereits schwarz geworden war und sich zur Seite geneigt hatte, aber noch ein heiles Dach besaß, so daß man bei Regen in ihr Schutz finden konnte. Die Laube war Gott weiß wann gebaut worden, der Überlieferung nach vor ungefähr fünfzig Jahren von dem damaligen Besitzer des Häuschens, Alexander Karlowitsch von Schmidt, einem verabschiedeten Oberstleutnant. Aber alles war schon vermodert, der Fußboden war morsch, die Dielenbretter wackelten, und es roch nach feuchtem Holz. In der Laube stand ein grüner Holztisch, dessen Fuß in die Erde eingerammt war, und rings um ihn liefen Bänke, die ebenfalls grün waren und auf denen man noch sitzen konnte. Aljoscha war sofort der exaltierte Zustand seines Bruders aufgefallen, als er aber in die Laube trat, erblickte er auf dem Tisch eine halbe Flasche Kognak und ein Gläschen.

»Das ist Kognak!« rief Mitja lachend, »du aber machst gleich Augen, als wolltest du sagen: Säuft er wieder? Traue nicht dem Phantom.

Trau nicht der hohlen, lügnerischen Menge,
Vergiß die Zweifel, die du hegst ...

Ich saufe nicht, sondern ‚nasche' bloß, wie dein Rakitin, dieses Schwein, zu sagen pflegt, der Staatsrat werden und immer noch ‚ich nasche' sagen wird. Setz dich. Ich möchte dich jetzt packen, Aljoscha, und an meine Brust drücken, so fest, daß ich dich zerdrücken würde, denn ... in Wirklichkeit ... in Wirk-lichkeit ... beachte das! beachte das! ... liebe ich auf der ganzen Welt nur dich allein!« Die letzten Worte sprach er fast wie in Ekstase. »Nur dich allein und dann noch eine ‚Niederträchtige', in die ich mich verliebt habe, weshalb ich auch verloren bin. Aber sich verlieben heißt noch nicht lieben. Sich verlieben kann man auch, wenn man haßt. Merke dir das!

Vorläufig spreche ich noch heiteren Mutes! Setz dich hierher an den Tisch, und ich werde mich neben dich setzen und dich ansehen und immerzu reden. Du wirst die ganze Zeit schweigen, und ich werde immerzu reden, denn jetzt ist es nötig. Doch übrigens, weißt du, ich denke, daß ich wirklich leise sprechen muß, weil hier ... hier ... sich ganz unerwartete Lauscher einstellen können. Ich werde dir alles erklären; wie gesagt: Erklärung folgt. Warum brannte ich darauf, dich zu sehen, warum sehnte ich mich jetzt eben nach dir, in all diesen Tagen und jetzt eben? – Nun sind es schon fünf Tage, daß ich hier vor Anker liege. – Warum in allen diesen Tagen? Weil ich nur dir allein alles sagen will, weil das notwendig ist, weil ich dich notwendig brauche, weil ich morgen aus den Wolken herabstürze, weil morgen mein Leben enden und von neuem beginnen wird. Hast du schon einmal erlebt, hast du schon einmal im Traum erfahren, wie das ist, wenn man von einem Berg in einen Abgrund fällt? Nun, so stürze ich jetzt, aber nicht im Traum. Und ich fürchte mich nicht, auch du brauchst dich nicht zu fürchten. Das heißt, ich fürchte mich wohl, aber das ist mir angenehm. Das heißt, nicht angenehm, sondern es ist eine Wonne ... Na, hol's der Teufel, es ist einerlei, was es auch sei. Starker Geist, schwacher Geist, weibischer Geist – was es auch sei! Laß uns die Natur lobpreisen: du siehst ja, wie prall die Sonne scheint, wie rein der Himmel ist, die Blätter sind noch alle grün, ganz sommerlich ist es noch, wir haben vier Uhr nachmittag. Und diese Stille! Wohin gingst du denn eigentlich?«

»Ich ging zum Vater, und vorher wollte ich noch Katerina Iwanowna besuchen.«

»Zu ihr und zum Vater! Ah! Wie sich das trifft! Ja, weswegen habe ich dich denn gerufen, weswegen dich herbeigewünscht, weswegen lechzte und sehnte ich mich nach dir mit allen Fasern meines Herzens, aus voller Brust, ja? Um gerade dich zum Vater zu schicken und dann auch zu ihr, zu Katerina Iwanowna, und Schluß zu machen mit ihr wie auch mit dem Vater. Um einen Engel hinzuschicken. Ich hätte jedermann hinschicken können, aber ich wollte einen Engel schicken. Und nun gehst du gerade zu ihr und zum Vater.«

»Wolltest du mich wirklich hinschicken?« entschlüpfte es Aljoscha, und sein Gesicht nahm einen schmerzlichen Ausdruck an.

»Halt, du hast das gewußt. Und ich sehe, du hast alles sofort begriffen. Aber schweig still, sag vorderhand nichts. Hab kein

Mitleid und weine nicht!« Dmitrij Fjodorowitsch erhob sich, wurde nachdenklich und legte den Finger an die Stirn: »Sie selber hat dich gerufen, sie hat dir einen Brief geschrieben, oder was es gewesen sein mag. Darum hast du dich zu ihr auf den Weg gemacht, denn hättest du es wohl sonst auch getan?«

»Hier ist der Brief.« Aljoscha zog ihn aus der Tasche. Mitja überflog ihn rasch.

»Und du gingst hinter den Häusern entlang! O ihr Götter! Ich danke euch, daß ihr ihn hinter den Häusern entlang gelenkt habt und er so zu mir geriet wie im Märchen das goldene Fischlein ins Netz des alten dummen Fischers. Höre, Aljoscha, höre, Bruder. Jetzt will ich dir alles sagen. Einem Engel im Himmel habe ich es schon gesagt, aber ich muß es auch einem Engel auf Erden sagen. Du bist ein Engel auf Erden. Du wirst mich anhören, du wirst dir ein Urteil bilden, und du wirst mir verzeihen ... Und gerade das tut mir not, daß ein Höherer mir verzeihe. Höre: wenn zwei Wesen sich plötzlich von allem Irdischen losreißen und ins Ungewöhnliche davonfliegen, oder wenigstens das eine der zwei Wesen, und wenn es, bevor es davonfliegt oder zugrunde geht, zu einem anderen Menschen kommt und sagt: Tue für mich das und das, etwas, um das man nie jemanden bittet und um das man nur auf dem Sterbebett bitten darf – wäre es möglich, daß der es nicht täte ... wenn er sein Freund, sein Bruder ist?«

»Ich täte es, aber sage, was es ist, und sage es rasch«, antwortete Aljoscha.

»Rasch ... Hm. Laß dir Zeit, Aljoscha: du eilst und machst dir Sorgen. Jetzt braucht man nicht zu eilen. Jetzt geht die Welt einen neuen Weg. Ach, Aljoscha, schade, daß du noch nie bis zum Rausch nachgedacht hast! Doch übrigens, was sage ich denn da? Du – und nicht so weit nachgedacht! Was rede ich nur, ich Dummkopf:

Edel sei der Mensch!

Von wem ist dieser Vers?«

Aljoscha beschloß abzuwarten. Er hatte begriffen, daß seine Aufgaben jetzt vielleicht tatsächlich nur hier lagen. Mitja, der den Ellbogen auf den Tisch gestützt und den Kopf auf die Hand gelegt hatte, überlegte einen Augenblick.

»Ljoscha«, sagte Mitja, »nur du wirst nicht lachen! Ich möchte gern ... meine Beichte ... mit Schillers *Hymne an die Freude* beginnen. Aber ich kann kein Deutsch und weiß nur das eine: ‚An die Freude'. Du darfst auch nicht denken, daß ich schwatze, weil ich betrunken bin. Das bin ich durchaus nicht. Kognak ist Kognak, doch ich brauche zwei Flaschen, um betrunken zu werden –

Und Silen mit seiner roten Fratze
Auf dem gestrauchelten Esel –,

ich aber habe nicht einmal eine Viertelflasche getrunken und bin nicht Silen. Ich bin nicht Silen, sondern stark*, weil ich einen Entschluß gefaßt habe für ewig. Verzeih mir diesen Kalauer, du mußt mir heute vieles verzeihen, noch ganz andere Dinge als Kalauer. Sei unbesorgt, ich werde nicht viel Worte machen, ich rede zur Sache und werde im Nu zur Sache kommen. Ich will nicht lange herumlamentieren. Warte mal, wie war das doch ...« Er hob den Kopf, dachte ein wenig nach und begann plötzlich begeistert:

»Scheu in des Gebirges Klüften
Barg der Troglodyte sich;
Der Nomade ließ die Triften
Wüste liegen, wo er strich.
Mit dem Wurfspieß, mit dem Bogen
Schritt der Jäger durch das Land;
Weh dem Fremdling, den die Wogen
Warfen an den Unglücksstrand!

Und auf ihrem Pfad begrüßte,
Irrend nach des Kindes Spur,
Ceres die verlaßne Küste,
Ach, da grünte keine Flur!
Daß sie hier vertraulich weile,
Ist kein Obdach ihr gewährt,
Keines Tempels heitre Säule
Zeuget, daß man Götter ehrt.

Keine Frucht der süßen Ähren
Lädt zum reinen Mahl sie ein;
Nur auf gräßlichen Altären
Dorret menschliches Gebein.

* Ein Wortspiel, das darauf beruht, daß im Russischen die Worte »Silen« und »stark« (siljon) zwar gleich geschrieben, aber verschieden ausgesprochen werden. Das Zitat stammt aus dem Gedicht *Das Basrelief* von A. N. Maikow (Anmerkung des Übersetzers).

Ja, soweit sie wandernd kreiste,
Fand sie Elend überall,
Und in ihrem großen Geiste
Jammert sie des Menschen Fall!«

Ein Schluchzen entrang sich plötzlich Mitjas Brust. Er faßte Aljoscha bei der Hand.

»Freund, Freund, er ist gefallen, gefallen auch jetzt. Schrecklich viel hat der Mensch auf Erden zu ertragen, schrecklich viel Leid trifft ihn! Glaub nicht, ich sei nichts weiter als ein Rohling im Offiziersrang, der Kognak trinkt und ein ausschweifendes Leben führt. Bruder, ich denke ja fast nur hieran, an diesen gefallenen Menschen, wofern ich nicht lüge. Gott gebe, daß ich jetzt nicht lüge und nicht mich selber lobe. Ich denke an diesen Menschen, weil ich selber solch ein Mensch bin.

Daß der Mensch zum Menschen werde,
Stift er einen ewgen Bund
Gläubig mit der frommen Erde,
Seinem mütterlichen Grund.

Allein, es handelt sich eben darum: wie stifte ich einen ewigen Bund mit der Erde? Ich küsse die Erde nicht, ich reiße ihr nicht die Brust auf: soll ich etwa Bauer oder Hirt werden? Ich gehe umher und weiß nicht, ob ich in Gestank und Schande geraten bin oder ins Licht und in die Freude. Das ist ja eben das Schlimme, alles auf Erden ist ein Rätsel! Und jedesmal, wenn ich in die tiefste Schmach und Schande versank – und das widerfuhr mir immer wieder –, las ich dieses Gedicht von der Ceres und dem Menschen. Hat es mich gebessert? Niemals! Weil ich ein Karamasow bin. Weil ich, wenn ich schon in einen Abgrund stürze, dann schnurstracks und kopfüber stürze und sogar zufrieden bin, daß ich gerade in einer solch erniedrigenden Haltung falle, und das schön finde. Und in dieser Schande nun stimme ich plötzlich die Hymne an. Mag ich verflucht sein, mag ich schlecht und gemein sein, aber man lasse auch mich den Saum des Gewandes küssen, in das mein Gott sich hüllt; mag ich auch zur selben Zeit dem Teufel folgen, so bin ich doch gleichwohl auch Dein Sohn, Herr, ich liebe Dich und empfinde Freude, ohne welche die Welt nicht sein und nicht bestehen kann.

Freude heißt die starke Feder
In der ewigen Natur.
Freude, Freude treibt die Räder
In der großen Weltenuhr.
Blumen lockt sie aus den Keimen,
Sonnen aus dem Firmament,
Sphären rollt sie in den Räumen,
Die des Sehers Rohr nicht kennt.

Freude trinken alle Wesen
An den Brüsten der Natur;
Alle Guten, alle Bösen
Folgen ihrer Rosenspur.
Küsse gab sie uns und Reben,
Einen Freund, geprüft im Tod;
Wollust ward dem Wurm gegeben,
Und der Cherub steht vor Gott.

Doch genug der Verse! Ich habe Tränen vergossen, und du mußt mich noch ein wenig weinen lassen. Das mag eine Torheit sein, über die jedermann lachen wird, nur du wirst nicht lachen. Auch deine Augen glänzen ja. Genug der Verse. Ich will dir jetzt von dem Wurm erzählen, den Gott zur Wollust befähigt hat:

Wollust ward dem Wurm gegeben.

Bruder, dieser Wurm bin ja ich, und das ist auch eigens über mich gesagt. Und wir Karamasows sind alle von der gleichen Sorte, auch in dir, du Engel, lebt dieser Wurm und erregt Stürme in deinem Blut! Ja, Stürme, denn die Wollust ist ein Sturm, schlimmer als ein Sturm! Schönheit ist etwas Unheimliches und Furchtbares! Etwas Unheimliches, weil sie unerklärbar ist, und erklären kann man sie nicht, weil Gott uns nur Rätsel aufgegeben hat. Hier berühren sich die Ufer, hier wohnen alle Gegensätze friedlich beisammen. Ich bin sehr ungebildet, Bruder, aber ich habe hierüber viel nachgedacht. Es gibt schrecklich viel Geheimnisse! Zu viele Rätsel lasten hienieden auf dem Menschen. Man muß sie lösen, so gut man's vermag, damit man mit heiler Haut davonkommt. Schönheit! Ich kann es nicht ertragen, wenn sogar mancher hochherzige und kluge Mann bei dem Ideal der Madonna beginnt und bei dem Ideal Sodoms endet. Noch schrecklicher ist es, wenn jemand schon das Ideal Sodoms in der Seele trägt und doch auch das Ideal der Madonna nicht ablehnt, wenn vielmehr sein Herz davon brennt, ja, in Wahrheit, in Wahrheit brennt wie in den makellosen Jahren seiner Jugend. Nein, breit ist der Mensch, allzu breit sogar, ich würde ihn enger machen. Weiß der Teufel, was das ist! Was dem Verstand eine Schmach dünkt, das erscheint dem Herzen durchweg als Schönheit. Ist denn in Sodom Schönheit? Glaub mir, für die weit überwiegende Zahl der Menschen wohnt sie gerade in Sodom – kanntest du dieses Geheimnis oder nicht? Das Schreckliche ist, daß Schönheit nicht nur etwas Furchtbares, sondern auch etwas Geheimnisvolles ist. Hier ringt der Teufel mit Gott, und das Kampffeld sind die Herzen der Menschen. Übrigens: wes das Herz voll ist, des geht der Mund über. Höre zu, jetzt komme ich zur Sache selber.«

4

Die Beichte eines heißen Herzens
In Anekdoten

»Ich habe dort ein flottes Leben geführt. Vater sagte vorhin, ich hätte des öfteren mehrere Tausende aufgewendet, um junge Mädchen zu verführen. Das ist eine Ausgeburt seiner schweinischen Phantasie; so etwas ist nie vorgekommen, wenn aber wirklich etwas war, so brauchte ich ,dafür' eigentlich kein Geld. Bei mir ist Geld nur ein *accessoire*, ein Mittel, die Seele in Glut zu versetzen und die richtige Umgebung zu schaffen. Heute liebe ich eine Dame, morgen statt ihrer eine kleine Straßendirne. Der einen wie der anderen bereite ich ein lustiges Leben, werfe das Geld mit vollen Händen hinaus: die Musik spielt, Zigeunerinnen singen, es gibt einen tollen Betrieb. Wenn nötig, gebe ich auch ihnen Geld, denn sie nehmen, mit Leidenschaft nehmen sie, das muß man zugeben, und sind zufrieden, und sind dankbar. Die jungen Damen mochten mich gern, nicht alle, aber es kam vor, es kam vor; doch ich hatte immer eine Vorliebe für kleine Gassen, für einsame dunkle Winkel hinter einem Platz – dort gibt es Abenteuer, dort gibt es Überraschungen, dort findet man Perlen im Schmutz. Ich rede jetzt bildlich, Bruder. In dem Städtchen, wo ich lebte, gab es im materiellen Sinne keine solchen Gäßchen, aber im moralischen Sinne gab es sie wohl. Wärest du wie ich, so begriffest du, was diese Gäßchen bedeuten. Ich liebte die Ausschweifung, liebte auch die Schande der Ausschweifung. Ich liebte die Grausamkeit: bin ich denn nicht eine Wanze, ein giftiger Wurm? Wie gesagt – ich bin ein Karamasow! Eines Tages wurde von der ganzen Stadt ein Picknick veranstaltet, wir fuhren in sieben Troikas los; in der Dunkelheit, im Schlitten – es war Winter – begann ich die Hand meiner Nachbarin, eines jungen Mädchens, zu drücken und nötigte dieses Mädchen zu Küssen; die Tochter eines Beamten war sie, ein armes, liebes, sanftes und stilles Geschöpf. Sie ließ es zu, vieles ließ sie zu in der Dunkelheit. Sie dachte, die arme Kleine, ich würde sie morgen mit dem Wagen abholen und ihr einen Heiratsantrag machen – man schätzte mich ja vor allem als Heiratskandidaten; doch ich sprach danach kein Wort mehr mit ihr, fünf Monate lang auch nicht eine Silbe. Ich sah, wie ihre Augen mich aus der Saalecke verfolgten, wenn getanzt wurde – und bei uns wurde immerfort getanzt –, sah, wie ein Flämmchen in ihnen flackerte, ein Flämmchen sanften Unmuts. Dieses Spiel ergötzte jedoch nur die Wollust des Wurmes, den ich in mir nährte. Fünf Monate später heiratete sie einen Beamten und fuhr weg . . . zürnend und vielleicht immer noch voller Liebe zu mir. Jetzt leben sie glücklich. Beachte: ich hatte niemandem etwas gesagt, sie nicht in Verruf gebracht; wenn ich auch gemein bin in meinen Wünschen und das Gemeine liebe, so bin ich doch nicht ehrlos. Du errötest, deine Augen blitzen. Dieser Schmutz wird dir genügen. Dabei mag das alles noch hingehen, das war nur ein Anfang im Stil Paul de Kocks, obwohl der grausame Wurm in meiner Seele schon wuchs und sich breitmachte. Ja, Bruder, da gibt es ein ganzes Album voll Erinnerungen. Möge Gott ihnen, den niedlichen Dingern, Gesundheit schenken. Wenn ich mit einer brach, liebte ich es nicht, mich zu streiten. Ich habe nie eine verraten, nie auch nur eine einzige in Verruf gebracht. Doch genug. Hast du wirklich gedacht, daß ich dich nur dieses Krams wegen hergebeten habe? Nein, ich werde dir etwas Interessanteres erzählen; aber wundere dich nicht, daß ich mich vor dir nicht schäme, sondern mich sogar noch zu freuen scheine.«

»Das sagst du, weil ich rot werde«, bemerkte Aljoscha plötzlich. »Ich werde nicht über deine Reden und nicht über deine Taten rot, sondern deswegen, weil ich ebenso bin wie du.«

»Du? Na, da gehst du etwas zu weit.«

»Nein, nicht zu weit«, sagte Aljoscha voll Eifer (augenscheinlich trug er diesen Gedanken schon lange mit sich herum). »Es sind doch immer Stufen von derselben Art. Ich stehe auf der untersten, und du stehst irgendwo oben, ungefähr auf der dreizehnten. So sehe ich die Sache an. Das ist alles ein und dasselbe, etwas völlig Gleichartiges. Wer seinen Fuß auf die unterste Stufe gesetzt hat, der wird unbedingt auch auf die oberste kommen.«

»Man soll sie also überhaupt nicht betreten?«

»Wer es vermag, soll es ganz unterlassen.«

»Und du – vermagst du es?«

»Wohl kaum.«

»Schweig, Aljoscha, schweig, du Lieber, die Hand möchte ich dir küssen, so, aus Rührung. Dieser Schelm Gruschenka versteht sich auf Menschen, sie sagte mir eines Tages, irgendwann einmal werde sie dich noch fressen ... Ich schweige schon, ich schweige! Laß uns nun von diesen Abscheulichkeiten, diesem Fliegendreck, zu meiner Tragödie übergehen, einem Gegenstand, der ebenfalls von Fliegen, das heißt von allerhand Gemeinheit, besudelt ist. Die Sache ist die: das von der Verführung unschuldiger Mädchen hat der Alte zwar erlogen, aber im Grunde hat es in meiner Tragödie etwas Derartiges gegeben, wenn auch nur ein einziges Mal, und selbst da ist zuletzt nichts daraus geworden. Der Alte, der mir erdichtete Dinge vorwarf, weiß auch gar nicht von diesem Schmerz: ich habe nie jemandem davon erzählt, dir werde ich gleich als erstem davon erzählen. Iwan bildet natürlich eine Ausnahme, Iwan weiß alles. Er weiß es schon viel länger als du. Aber Iwan ist ein Grab.«

»Iwan ist ein Grab?«

»Ja.«

Aljoscha hörte außerordentlich aufmerksam zu.

»Wenn ich in diesem Bataillon, einer Linientruppe, auch Fähnrich war, so stand ich doch gewissermaßen unter Aufsicht, so etwa wie ein Deportierter. Das Städtchen aber nahm mich ungemein gut auf. Ich warf mit Geld um mich, man glaubte, ich sei reich, und ich glaubte es auch selber. Doch hatte ich mich wahrscheinlich noch durch irgend etwas anderes bei den Leuten eingeschmeichelt. Wenn sie auch den Kopf schüttelten, so hatten sie mich doch wirklich gern. Mein Oberstleutnant aber, der schon ein alter Mann war, empfand plötzlich eine Abneigung gegen mich. Er fing an, mich zu schurigeln; doch ich hatte Protektion, zudem stand die ganze Stadt auf meiner Seite, und so konnte er mich nicht allzusehr schikanieren. Schuld war ich selber, denn ich erwies ihm absichtlich nicht die gebührende Achtung. Ich war stolz. Dieser alte Dickkopf, der durchaus kein übler Mensch und der gutmütigste Gastgeber war, hatte zwei Frauen gehabt, beide waren gestorben. Die eine, die erste, war einfacher Herkunft und hatte ihm eine Tochter hinterlassen, die sich ebenfalls einfach gab. Zu meiner Zeit war diese Tochter schon ungefähr vierundzwanzig Jahre alt und lebte beim Vater, zusammen mit einer Tante, der Schwester ihrer verstorbenen Mutter. Die Tante war eine stumm ergebene Einfalt, ihre Nichte jedoch, die ältere Tochter des Oberstleutnants, eine muntere Einfalt. Wenn ich Erinnerungen nachhänge, sage ich gern über jemanden ein gutes Wort: niemals, mein Liebster, habe ich einen prächtigeren Frauencharakter kennengelernt als dieses Mädchen. Agafja hieß sie, stell dir das vor, Agafja Iwanowna. Auch sah sie gar nicht übel aus und entsprach dem russischen Geschmack – sie war hochgewachsen, kräftig, üppig, hatte wunderschöne Augen, nur waren ihre Züge etwas grob, das muß ich zugeben. Sie heiratete nicht, obwohl zwei Männer um sie anhielten, sie wies sie ab und verlor doch nicht ihre Heiterkeit. Ich fand mich mit ihr zusammen – nicht in der bewußten Weise, nein, hier war alles rein, sondern nur so, ganz freundschaftlich. Ich habe mich ja oftmals ganz harmlos, rein freundschaftlich mit Frauen zusammengefunden. Ich schwatzte mit ihr freimütig über allerhand Dinge . . . doch sie lachte nur. Viele Frauen lieben freimütige Äußerungen, merk dir das, sie aber war zudem noch ein unberührtes Mädchen, was mich sehr amüsierte. Und noch etwas: man hätte sie durchaus nicht als junge Dame bezeichnen können. Sie und ihre Tante lebten beim Vater in einer Art von freiwilliger Erniedrigung und wagten nicht, sich mit der ganzen übrigen Gesellschaft auf eine Stufe zu stellen. Alle hatten sie gern und brauchten sie, denn sie war eine sehr gute Schneiderin: sie hatte Talent, verlangte für ihre Dienste kein Geld, tat alles aus Liebenswürdigkeit, wenn man ihr aber etwas schenkte, so weigerte sie sich nicht, es anzunehmen. Der Oberstleutnant hingegen, ja der! Der Oberstleutnant war eine der ersten Persönlichkeiten in unserem Ort. Er lebte auf großem Fuße, empfing bei sich die ganze Stadt, veranstaltete Soupers und Tanzabende. Als ich ankam und ins Bataillon eintrat, begann man im ganzen Städtchen davon zu reden, in Kürze werde die zweite Tochter des Oberstleutnants, eine vollkommene Schönheit, aus der Hauptstadt zu uns kommen, sie habe dort soeben erst ein aristokratisches Institut besucht. Diese zweite Tochter war niemand anders als Katerina Iwanowna, das Kind der zweiten Frau des Oberstleutnants. Diese zweite Frau – sie war bereits verstorben – stammte aus einem hoch angesehenen Generalshause, doch hatte auch sie, wie mir zuverlässig bekannt ist, dem Oberstleutnant kein Geld in die Ehe mitgebracht. Sie besaß nichts als eine vornehme Verwandtschaft, vielleicht noch irgendwelche Aussichten auf Erbschaft, an barem Gelde aber hatte sie nichts. Als dann die Institutsschülerin eintraf – nur zu Besuch, nicht auf immer –, da lebte unser ganzes Städtchen gleichsam auf, unsere angesehensten Damen – zwei Exzellenzen, eine Oberstin und nach diesen auch alle, alle anderen – zeigten sofort eine rege Teilnahme, rissen sich um die junge Dame, sorgten für ihre Unterhaltung, machten sie zur Königin der Bälle und Picknicks, veranstalteten lebende Bilder zum Besten irgendwelcher Gouvernanten. Ich schwieg dazu und führte weiter ein flottes Leben, und gerade damals hatte ich mir einen so tollen Streich geleistet, daß die ganze Stadt darüber zeterte. Mir war einmal aufgefallen, wie sie mich mit ihrem Blick maß, beim Batteriechef war das, doch ich ging damals nicht zu ihr hin: ich lege keinen Wert darauf, sollte das heißen, mit dir Bekanntschaft zu machen. Erst einige Zeit später ging ich auf sie zu, ebenfalls auf einer Abendgesellschaft, und richtete ein paar Worte an sie, doch sie blickte mich kaum an und verzog nur verächtlich die Lippen. Na warte, dachte ich, das werde ich dir heimzahlen! Ich war damals ein ganz ungeschliffener Patron und fühlte das selber. Vor allem hatte ich das Gefühl, ‚Katenka' sei durchaus kein unschuldiges Institutsgänschen, sondern eine Person mit Charakter, stolz und wirklich tugendhaft, hauptsächlich aber klug und gebildet; ich hingegen war weder das eine noch das andere. Du meinst wohl, ich hätte ihr einen Heiratsantrag machen wollen? Nicht im geringsten, ich wollte mich nur dafür rächen, daß sie nicht fühlte, was für ein forscher Kerl ich war. Fürs erste aber zechte und wüstete ich weiter. Schließlich gab mir der Oberstleutnant drei Tage Arrest. Gerade zu dieser Zeit schickte mir der Vater sechstausend Rubel, nachdem ich ihm eine formelle Verzichterklärung gesandt hatte, des Inhalts, daß wir quitt seien und ich nichts mehr verlangen werde. Ich verstand damals nichts von diesen Dingen. Bruder, bis zu meiner Ankunft hier und selbst bis zu den allerletzten Tagen, ja vielleicht bis heute, habe ich von all meinen Geldstreitigkeiten mit dem Vater nichts verstanden. Doch zum Teufel damit, davon später. Damals nun, als ich diese sechstausend erhalten hatte, erfuhr ich plötzlich zuverlässig aus einem Brief, den mir ein Freund schrieb, eine für mich sehr interessante Sache: man sei mit unserem Oberstleutnant unzufrieden, verdächtige ihn einiger Unregelmäßigkeiten, kurzum, seine Feinde seien im Begriff, ihm eine Suppe einzubrocken. Und tatsächlich kam der Divisionskommandeur und wusch ihm tüchtig den Kopf. Bald darauf erhielt er den Befehl, seinen Abschied einzureichen. Ich will dir nicht ausführlich erzählen, wie es zu alledem gekommen war und ob er tatsächlich Feinde hatte, doch machte sich plötzlich in der Stadt eine außerordentliche Abkühlung in den Beziehungen zu ihm und seiner ganzen Familie bemerkbar, und es war, als rückten auf einmal alle von ihm ab. Und da leistete ich mir denn mein erstes Stückchen. Als ich einmal Agafja Iwanowna begegnete, der ich auch weiterhin meine Freundschaft bewahrt hatte, sagte ich zu ihr: ‚Ihrem Vater fehlen ja in der Kasse viertausendfünfhundert Rubel Regimentsgeld.‘ – ‚Aber wie können Sie so etwas behaupten? Vor kurzem noch ist der General hier gewesen, und das ganze Geld war da . . .‘ – ‚Damals schon, jetzt aber nicht mehr.‘ Sie erschrak furchtbar: ‚Machen Sie mir bitte keine Angst, von wem haben Sie es gehört?‘ – ‚Seien Sie unbesorgt, ich werde es niemandem sagen, Sie wissen doch, daß ich in dieser Hinsicht verschwiegen bin wie ein Grab, doch möchte ich noch – sozusagen für alle Fälle – hinzufügen: wenn man von Ihrem Vater die viertausendfünfhundert Rubel verlangt, er sie aber nicht hat, so daß er Gefahr läuft, vor Gericht gestellt und auf seine alten Tage zum gemeinen Soldaten degradiert zu werden, so schicken Sie dann schon lieber Ihr Fräulein Schwester heimlich zu mir; man hat mir gerade Geld gesandt, ich würde ihr viertausend Rubel geben und das Geheimnis heilig bewahren.‘ – ‚Ach‘, sagte sie, ‚was für ein Schuft Sie sind‘ – so sagte sie wörtlich –, ‚was für ein gemeiner Schuft Sie sind! Wie können Sie sich unterstehen!‘ Tief entrüstet ging sie davon, worauf ich ihr noch nachrief, daß das Geheimnis heilig und unverbrüchlich gewahrt bleiben werde. Diese beiden Weiber, das heißt Agafja und ihre Tante – das möchte ich vorausschicken –, erwiesen sich in dieser ganzen Geschichte als reine Engel, sie vergötterten fürwahr die Schwester, die stolze Katja, erniedrigten sich vor ihr, waren ihr in allem zu Diensten . . . Agafja erzählte ihr jedoch damals von dieser Sache, das heißt von unserem Gespräch. Ich erfuhr das später in allen Einzelheiten. Sie hatte es nicht für sich behalten, na, und das war es ja gerade gewesen, was ich wollte.

Plötzlich trifft ein neuer Major ein und will das Bataillon übernehmen. Er übernimmt es. Der alte Oberstleutnant wird auf einmal krank, kann sich nicht rühren, sitzt zwei Tage zu Hause, und die Kasse übergibt er nicht. Unser Doktor Krawtschenko versicherte, er sei tatsächlich krank. Doch ich hatte im Vertrauen schon seit langem genau erfahren, daß die Summe nach jeder Revision auf einige Zeit wieder verschwinde, und das schon seit vier Jahren. Der Oberstleutnant lieh sie einem sehr zuverlässigen Mann, dem in unserer Stadt ansässigen Kaufmann Trifonow, einem bärtigen alten Witwer mit goldener Brille. Der fuhr auf den Jahrmarkt, machte dort den Umsatz, den er brauchte, und gab dann dem Oberstleutnant sofort das ganze Geld wieder zurück, zugleich brachte er Jahrmarktsgeschenke und außerdem die Zinsen mit. Diesmal jedoch – ich erfuhr das alles ganz zufällig durch einen halbwüchsigen, schmutzigen Jungen, den Sohn und Erben Trifonows, den ungeratensten Bengel, den die Welt je hervorgebracht hat –, diesmal, sage ich, kehrte Trifonow vom Jahrmarkt heim und zahlte nichts zurück. Der Oberstleutnant stürzte zu ihm. ‚Niemals habe ich etwas von Ihnen erhalten und konnte es auch nicht erhalten', das war die Antwort. Na, und so saß denn unser Oberstleutnant zu Hause, hatte sich ein Handtuch um den Kopf gewickelt, und alle drei Frauen legten ihm Eis auf den Scheitel; und plötzlich kommt eine Ordonnanz mit dem Quittungsbuch und dem Befehl: ‚Die Kasse ist sofort zu übergeben, ohne Verzug, binnen zwei Stunden.' Er bescheinigte den Empfang des Befehls – ich habe später selber seine Unterschrift in dem Buch gesehen –, stand auf, sagte, er wolle seine Uniform anziehen, lief in sein Schlafzimmer, nahm eine doppelläufige Jagdflinte, lud sie, steckte eine Soldatenkugel hinein, zog den rechten Stiefel aus, stützte sich mit der Brust auf die Flinte und begann mit dem Fuß nach dem Abzug zu suchen. Doch Agafja, die sich meiner Worte noch erinnerte, hatte bereits Argwohn geschöpft, sie war herbeigeschlichen und hatte alles heimlich beobachtet: sie stürmte herein, warf sich von hinten auf ihn, umfaßte ihn, die Flinte ging los, nach oben in die Decke, und verletzte niemanden; die übrigen kamen herzugelaufen, ergriffen ihn, nahmen ihm die Flinte weg, hielten ihn an den Armen fest ... Das alles erfuhr ich später bis in alle Einzelheiten. Ich saß damals zu Hause, der Abend dämmerte, ich wollte gerade ausgehen, hatte mich angezogen, frisiert, mein Taschentuch parfümiert und griff schon nach der Mütze, als plötzlich die Tür aufging, und – vor mir, in meiner Wohnung stand Katerina Iwanowna.

Manchmal geschehen doch wunderliche Dinge: niemand hatte sie damals auf der Straße bemerkt, als sie zu mir ging, so daß es in der Stadt nie ruchbar geworden ist. Ich wohnte bei zwei Beamtenwitwen, zwei uralten Frauen, die mich auch bedienten; sie waren ehrerbietige Frauenzimmer, gehorchten mir in allem, und auf meinen Befehl schwiegen sie hernach beide wie gußeiserne Prellböcke.

Ich begriff natürlich sofort alles. Sie war hereingekommen und sah mich offen an, ihre dunklen Augen blickten entschlossen, ja sogar keck, doch auf den Lippen und um die Lippen herum, das sah ich, lag Unentschlossenheit.

‚Meine Schwester hat gesagt, Sie würden viertausendfünfhundert Rubel geben, wenn ... ich selbst zu Ihnen ... käme, sie abzuholen. Ich bin gekommen ... geben Sie mir das Geld! ...‘ Sie konnte nicht weiterreden, der Atem stockte ihr, sie schrak zusammen, ihre Stimme versagte, ihre Mundwinkel und die Fältchen um die Lippen herum zuckten. – Aljoschka, hörst du zu oder schläfst du?«

»Mitja, ich weiß, du wirst die nackte Wahrheit sagen«, entgegnete Aljoscha erregt.

»Das werde ich auch. Wenn du die nackte Wahrheit wissen willst, so höre, wie es war, ich will schonungslos sein gegen mich selbst. Mein erster Gedanke – war ein karamasowscher. Bruder, mich hat einmal eine giftige Spinne gebissen, ich lag danach zwei Wochen im Fieber; nun, so fühlte ich auch jetzt plötzlich, wie eine giftige Spinne mich ins Herz biß, ein böses Insekt, verstehst du? Ich maß sie mit dem Blick. Hast du sie gesehen? Sie ist ja eine Schönheit. Doch nicht ihres Äußeren wegen war sie damals schön. In jenem Augenblick war sie schön, weil sie edel, ich aber ein Schuft war, weil sie in der Majestät ihrer Großmut und ihrer Aufopferung für den Vater vor mir stand, während ich nur eine Wanze war. Und von mir, einer Wanze und einem Schuft, war sie jetzt *gänzlich* abhängig, völlig, ganz und gar, mit Seele und Leib. Sie war wie gebannt. Ich will es dir geradeheraus sagen: dieser Gedanke, der Gedanke an die giftige Spinne, hatte sich dermaßen meines Herzens bemächtigt, daß es vor Qual beinahe verblutet wäre. Ein Ringen mit sich selber, so hätte man meinen sollen, war da gar nicht mehr möglich: nicht anders als eine Wanze hätte ich mich verhalten müssen, wie eine böse Tarantel, ohne jegliches Erbarmen ... Auch mir stockte der Atem. Höre: ich wäre doch selbstverständlich gleich am nächsten Tage gekommen und hätte um ihre Hand angehalten, um alles sozusagen auf die vornehmste Weise zum Abschluß zu bringen, so daß also niemand etwas erfahren hätte und hätte erfahren können. Denn wenn ich auch ein Mensch mit niedrigen Begierden bin, so bin ich doch ein Ehrenmann. Aber plötzlich, in derselben Sekunde, raunte mir jemand ins Ohr: ‚Aber morgen wird doch solch ein Mädchen, wenn du mit einem Heiratsantrag kommst, dich nicht einmal empfangen, sondern ihrem Kutscher befehlen, dich zum Tor hinauszuwerfen. Bringe mich nur bei der ganzen Stadt in Verruf, würde das bedeuten, ich fürchte dich nicht!‘ Ich blickte das Mädchen an, meine innere Stimme hatte nicht gelogen: ja, natürlich, so würde es auch sein. Man würde mich hinausschmeißen, das war schon jetzt an ihrem Gesicht zu erkennen. Ich kochte vor Wut, mich gelüstete es, mir das gemeinste, schweinischste, einer Krämerseele würdige Stückchen zu leisten: sie höhnisch anzublicken und sie auf der Stelle, während sie noch vor mir stand, durch ein paar Worte aus der Fassung zu bringen, in einem Tonfall, wie nur ein Krämer zu sprechen vermag: Viertausend! Wo denken Sie hin, ich hatte doch nur gescherzt! Sie waren zu leichtgläubig, meine Gnädige, wenn Sie darauf gerechnet haben. Zweihundert Rubelchen etwa würde ich am Ende noch geben, sogar gern und mit Vergnügen, aber viertausend sind doch keine so geringfügige Summe, mein Fräulein, daß man sie so leichtfertig hinauswürfe. Sie haben sich unnütz zu bemühen geruht.

Siehst du, ich hätte dann natürlich alles verloren, sie wäre davongelaufen, dafür wäre es aber eine infernalische Rache und alles übrigen würdig gewesen. Selbst wenn ich mein ganzes Leben lang vor Reue heulen muß, aber ihr nur jetzt diesen Streich spielen! dachte ich mir. Glaubst du wohl, keiner Frau, auch nicht einer einzigen, gegenüber hat es das bei mir jemals gegeben, daß ich sie in einem solchen Augenblick voller Haß angeblickt hätte – und doch, ich schwöre es beim Zeichen des Kreuzes: diese blickte ich damals drei oder fünf Sekunden lang mit einem furchtbaren Haß an, mit jenem Haß, der von der Liebe, der wahnsinnigen Liebe, nur um Haaresbreite entfernt ist! Ich ging zum Fenster, legte die Stirn an die vereiste Scheibe, und ich erinnere mich noch, daß das Eis mich an der Stirn brannte wie Feuer. Ich hielt das Mädchen nicht lange auf – mach dir keine Sorge –, ich wandte mich um, ging zum Tisch, öffnete die Schublade und nahm ein fünfprozentiges Wertpapier über fünftausend Rubel ohne Angabe des Eigentümers heraus – es lag in meinem französischen Wörterbuch. Dann zeigte ich es ihr schweigend, faltete es zusammen und gab es ihr, öffnete ihr selbst die Tür zum Flur, trat einen Schritt zur Seite und empfahl mich ihr mit einer sehr ehrerbietigen, aufrichtigen Verbeugung, glaub es mir! Sie zitterte am ganzen Leibe, blickte mich eine Sekunde lang unverwandt an, wurde schrecklich bleich, weiß wie ein Laken, und plötzlich, ebenfalls ohne ein Wort zu sagen, sank sie – nicht jäh, sondern ganz sacht und langsam – in sich zusammen und warf sich mir zu Füßen – die Stirn am Boden. Das war nicht Institutsart, sondern echt russisch! Dann sprang sie auf und lief davon. Als sie fort war, zog ich den Degen, den ich umgeschnallt trug, und wollte mich auf der Stelle erstechen, weswegen weiß ich nicht, es wäre natürlich eine furchtbare Dummheit gewesen, aber ich wollte es wohl vor Wonne. Begreifst du, daß man sich vor Wonne töten kann? Doch ich erstach mich nicht, sondern küßte bloß den Degen und steckte ihn wieder in die Scheide – was ich übrigens dir gegenüber nicht hätte zu erwähnen brauchen. Und ich habe auch, wie mir scheint, als ich dir soeben von all meinen inneren Kämpfen erzählte, ein wenig zu stark aufgetragen, um mich herauszustreichen. Aber schon gut, lassen wir es dabei, und der Teufel hole alle Spione des Menschenherzens! Da hast du nun diesen ganzen ‚Vorfall‘, der sich zwischen mir und Katerina Iwanowna zugetragen hat. Jetzt wissen also davon Bruder Iwan und du – sonst niemand.«

Dmitrij Fjodorowitsch erhob sich, machte in der Erregung ein paar Schritte, nahm das Taschentuch heraus und wischte sich den Schweiß von der Stirn, dann setzte er sich wieder, aber nicht auf den Platz, wo er vorher gesessen hatte, sondern auf die Bank gegenüber, an der anderen Wand, so daß Aljoscha sich ganz zu ihm umwenden mußte.

5

Die Beichte eines heißen Herzens
»Kopfüber hinab«

»Nun kenne ich die erste Hälfte dieser Angelegenheit«, sagte Aljoscha.

»Die erste Hälfte begreifst du: sie ist ein Drama, und es spielte sich dort ab. Die zweite Hälfte jedoch ist eine Tragödie und wird sich hier abspielen.«

»Von der zweiten Hälfte«, sagte Aljoscha, »begreife ich vorläufig noch gar nichts.«

»Und ich? Begreife ich sie etwa?«

»Warte mal, Dmitrij, da ist noch etwas Wichtiges. Sag mir: du bist doch mit ihr verlobt, bist es auch jetzt noch?«

»Verlobt habe ich mich nicht sofort, sondern erst drei Monate nach jenem Vorfall. Am Tag darauf sagte ich mir, die Sache sei erledigt und beendet, und eine Fortsetzung werde es nicht geben. Ihr einen Heiratsantrag zu machen, hielt ich für niedrig. Auch sie ließ während der ganzen sechs Wochen danach, die sie noch in unserer Stadt verbrachte, kein Sterbenswörtchen von sich hören. Außer einem einzigen Mal allerdings: am Tage nach ihrem Besuch huschte ihr Stubenmädchen zu mir herein und übergab mir, ohne ein Wort zu sagen, ein Päckchen. Auf dem Päckchen stand die Adresse: an den und den. Ich öffnete es – und fand darin den Rest von den fünftausend. Sie hatten nur viertausendfünfhundert gebraucht, aber beim Verkauf des Wertpapiers hatte sich ein Verlust von mehr als zweihundert Rubel ergeben. Sie schickte mir, glaube ich, nur zweihundertsechzig Rubel, genau weiß ich es nicht mehr, und nur das Geld – keinen Zettel, kein Wörtchen, keine Erklärung. Ich suchte in dem Päckchen nach irgendeinem Bleistiftzeichen – nichts! Nun ja, ich stürzte mich einstweilen mit meinen restlichen paar Rubel in ein so flottes Prasserleben, daß schließlich auch der neue Major sich genötigt sah, mir einen Verweis zu geben. Na, und der Oberstleutnant lieferte das Geld glücklich ab, worüber man sich allgemein wunderte, denn niemand hatte vermutet, daß er noch die ganze Summe besäße. Er lieferte es ab und erkrankte gleich danach, legte sich hin und hütete drei Wochen lang das Bett, dann bekam er plötzlich Gehirnerweichung und starb innerhalb fünf Tagen. Man beerdigte ihn mit allen militärischen Ehren, denn er hatte noch nicht seinen Abschied genommen. Katerina Iwanowna, ihre Schwester und die Tante fuhren, kaum hatten sie den Vater begraben, das heißt ungefähr zehn Tage später, nach Moskau. Und erst kurz vor ihrer Abreise, an dem Tag, als sie wegfuhren – ich sah sie nicht mehr und gab ihnen nicht das Geleit –, erhielt ich ein winziges blaues Briefchen, es war bloß ein Stückchen von einer Papierspitze, und darauf stand mit Bleistift lediglich eine einzige Zeile: ‚Ich werde Ihnen schreiben, warten Sie. K.' Und sonst nichts.

Das weitere will ich dir jetzt in ein paar Worten erzählen. In Moskau nahmen ihre Angelegenheiten schlagartig eine ganz unerwartete Wendung, wie in einem arabischen Märchen. Das Oberhaupt der Verwandtschaft, eine alte Generalin, verlor auf einmal ihre zwei nächsten Erbinnen, zwei Nichten – beide starben in ein und derselben Woche an den Pocken. Die erschütterte Alte freute sich über Katja wie über eine leibliche Tochter, wie über einen glückverheißenden Stern, stürzte sich auf sie und änderte sofort das Testament zu ihren Gunsten ab, doch das galt für die Zukunft, vorläufig aber, unmittelbar auf die Hand, zahlte sie ihr achtzigtausend Rubel aus. ‚Das ist deine Mitgift', sagte sie, ‚mach damit, was du willst.' Ein hysterisches Frauenzimmer, ich lernte sie später in Moskau näher kennen. Nun also, da erhalte ich plötzlich mit der Post viertausendfünfhundert Rubel, bin natürlich verdutzt und sprachlos vor Erstaunen. Drei Tage danach kommt der versprochene Brief. Ich habe ihn auch jetzt bei mir, trage ihn stets bei mir und werde ihn auch ins Grab mitnehmen – soll ich ihn dir zeigen? Du mußt ihn unbedingt lesen: sie bietet sich mir darin als Braut an, sie selber bietet sich an. ‚Ich liebe Sie wahnsinnig', schreibt sie, ‚wenn Sie mich auch nicht lieben, einerlei, werden Sie nur mein Mann. Seien Sie nicht bange – ich werde Sie in nichts behindern, werde nur Ihr Möbel sein, der Teppich, auf dem Sie gehen . . . Ich will Sie ewig lieben, will Sie vor sich selber retten . . .' Aljoscha, ich bin es nicht einmal wert, diese Zeilen mit meinen gemeinen Worten und in meinem gemeinen Ton wiederzugeben, meinem üblichen gemeinen Ton, den ich mir nie habe abgewöhnen können! Dieser Brief ging mir durch Mark und Bein und tut es auch heute noch, denn habe ich es jetzt etwa leicht, habe ich es heute leicht? Damals antwortete ich ihr sofort in einem Brief – nach Moskau zu fahren war mir ganz unmöglich. Ich schrieb ihn unter Tränen; über eines aber werde ich mich ewig schämen: ich erwähnte, daß sie jetzt reich sei und eine Mitgift habe, während ich nur ein bettelarmer ungeschliffener Patron sei – ich erwähnte das Geld! Ich hätte das unterlassen sollen, doch es entschlüpfte der Feder. Zugleich schrieb ich nach Moskau an Iwan und erklärte ihm alles, soweit das in einem Brief möglich ist – es war ein Brief von sechs Bogen –, und schickte Iwan zu ihr. Was schaust du denn so, warum blickst du mich so an? Na ja, Iwan verliebte sich in sie, er ist auch jetzt noch in sie verliebt, das weiß ich; eurer Ansicht nach, der Ansicht der privilegierten Kreise nach, habe ich eine Dummheit begangen, doch vielleicht wird gerade diese Dummheit uns alle jetzt retten! Ach! Siehst du denn nicht, wie sie ihn verehrt, wie sie ihn schätzt? Kann sie denn, wenn sie uns beide vergleicht, einen solchen Menschen lieben, wie ich es bin, noch dazu nach dem, was hier vorgefallen ist?«

»Ich jedoch bin überzeugt, daß sie gerade einen solchen Menschen liebt, wie du es bist, und nicht einen solchen, wie er ist.«

»Sie liebt ihre Tugend und nicht mich«, entfuhr es Dmitrij Fjodorowitsch unwillkürlich und fast gehässig. Er lachte auf, doch schon nach einer Sekunde blitzten seine Augen, er wurde über und über rot und schlug wuchtig mit der Faust auf den Tisch.

»Ich schwöre, Aljoscha«, rief er mit einem furchtbaren und aufrichtigen Zorn auf sich selber, »du magst es glauben oder nicht, aber so wahr Gott heilig und Christus unser Herr ist, schwöre ich: wenn ich auch soeben über ihre höchsten Gefühle gelacht habe, so weiß ich doch, daß ich in meiner Seele millionenmal nichtiger bin als sie und daß ihre besten Gefühle aufrichtig sind wie die eines himmlischen Engels! Darin liegt ja das Tragische, daß ich das ganz gewiß weiß. Was ist denn dabei, wenn einer ein wenig deklamiert? Deklamiere ich etwa nicht? Und dennoch bin ich aufrichtig, ja, aufrichtig. Was aber Iwan anlangt, so begreife ich, wie er jetzt die ganze Welt verwünschen muß, bei seinem Verstande! Wer, was wurde bevorzugt? Ein Unmensch wurde bevorzugt, der auch hier noch, selbst als Verlobter, und obwohl die Augen aller auf ihn gerichtet waren, von seinem ausschweifenden Lebenswandel nicht lassen konnte – und das, obwohl er eine Braut hat, ja, eine Braut! Und gerade so einer wie ich wird bevorzugt, während der andere verschmäht wird. Und warum? Weil das Mädchen aus Dankbarkeit ihrem Leben und Schicksal Gewalt antun will! Welch ein Unsinn! Ich habe zu Iwan in diesem

Sinne nie etwas gesagt, auch Iwan hat natürlich mir gegenüber nie eine Silbe hierüber verlauten lassen und nicht die geringste Andeutung gemacht; doch das Schicksal wird sich erfüllen und der Würdige den Platz einnehmen, der ihm gebührt, der Unwürdige jedoch wird auf ewig in einer Nebengasse verschwinden – in seiner schmutzigen Nebengasse, seiner geliebten und ihm gemäßen Nebengasse, und dort, im Schmutz und Gestank, freiwillig und mit Genuß zugrunde gehen. Ich habe jetzt etwas zu stark aufgetragen, mein ganzer Wortschatz hat sich verbraucht, ich wähle die Worte auf gut Glück, aber so, wie ich es beschrieben habe, wird es auch kommen. Ich werde in einer Nebengasse verkommen, und sie wird Iwan heiraten.«

»Warte mal, Bruder«, unterbrach ihn Aljoscha ungewöhnlich erregt, »über eines hast du mich bis jetzt immer noch nicht aufgeklärt: du bist doch mit ihr verlobt, bist immerhin ihr Verlobter! Wie willst du denn mit ihr brechen, wenn sie, deine Braut, es nicht will?«

»Ich bin ihr Verlobter, ihr erklärter und eingesegneter Bräutigam, die ganze Zeremonie fand nach meiner Ankunft in Moskau statt, mit allem Gepränge, mit Ikonen und in schönster Form. Die Generalin segnete uns und – glaubst du es wohl? – beglückwünschte Katja sogar. ‚Du hast gut gewählt‘ sagte sie, ‚ich durchschaue ihn bis auf den Grund.‘ Und glaubst du wohl, den Iwan mochte und beglückwünschte sie nicht. In Moskau besprach ich noch vieles mit Katja, ich gab ihr, wenn auch auf eine vornehme Weise, ein genaues und wahres Bild meines Charakters. Sie hörte sich alles an:

> Wie sie lieblich sich verwirrte,
> Wie sie traute Worte sprach! . . .

Na, es fielen auch stolze Worte. Sie zwang mir das feierliche Versprechen ab, mich zu bessern. Ich gab es ihr. Und nun . . .«

»Was nun?«

»Und nun, heute, am heutigen Tage – merke ihn dir! – rief ich dich zu mir heran und half dir über den Zaun herüber, um dich gerade heute zu Katerina Iwanowna zu schicken und . . .«

»Und?«

»Und ihr durch dich zu sagen, ich käme nie mehr zu ihr und ließe mich empfehlen.«

»Ja, geht das denn?«

»Darum schicke ich ja dich an meiner Statt, weil es anders nicht geht, denn wie sollte ich es ihr selber sagen?«

»Und wohin willst du denn nun?«

»In die Nebengasse.«

»Das heißt also zu Gruschenka!« rief Aljoscha bekümmert und schlug die Hände über dem Kopf zusammen. »Sollte denn wirklich stimmen, was Rakitin gesagt hat? Und ich hatte gedacht, du hättest sie eine Zeitlang nur so besucht und nun damit Schluß gemacht.«

»Sie besuchen, obwohl ich verlobt bin? Ja, ist denn das möglich, noch dazu, wenn man eine solche Braut hat, vor den Augen von aller Welt? Ich habe doch wohl noch eine Ehre im Leibe. Kaum fing ich an, zu Gruschenka zu gehen, war ich auch schon kein Bräutigam mehr und kein Ehrenmann, das begreife ich doch. Was schaust du mich so an? Siehst du, das erstemal ging ich zu ihr hin, um sie zu prügeln. Ich hatte erfahren und weiß es jetzt ganz sicher, daß der Hauptmann, der Bevollmächtigte unseres Vaters, der Gruschenka einen auf mich ausgestellten Wechsel übergeben hatte, damit sie ihn einklage und ich Ruhe gäbe. Man wollte mich einschüchtern. Und so machte ich mich auf den Weg, Gruschenka zu prügeln. Ich hatte sie auch vordem schon flüchtig gesehen. Sie machte mir keinen überwältigenden Eindruck. Von dem alten Kaufmann, der jetzt krank ist und entkräftet darniederliegt, ihr aber immerhin einen hübschen Batzen Geld hinterlassen wird, wußte ich. Auch wußte ich, daß sie sich zu bereichern liebt, indem sie gegen Wucherzinsen Geld ausleiht, diese durchtriebene Person, dieses erbarmungslose, schurkische Weib. Ich ging zu ihr hin, um sie zu verprügeln, und – blieb bei ihr. Das Gewitter entlud sich, die Pest brach aus, ich wurde angesteckt und bin es auch heute noch, und ich weiß, daß alles aus ist und nie mehr etwas anderes kommen wird. Der Kreislauf der Zeiten hat sich erfüllt. So steht es um mich. Und ausgerechnet damals mußte ich, ein armer Schlucker, dreitausend Rubel in der Tasche haben. Ich fuhr mit ihr nach Mokroje, das sind von hier fünfundzwanzig Werst, ließ Zigeuner und Zigeunerinnen kommen, verschaffte mir Champagner, bewirtete damit alle Bauern, alle Weiber und Mädchen, bis sie betrunken waren, und ließ die Tausender nur so springen. Nach drei Tagen war ich arm wie eine Kirchenmaus, aber immerhin stolz wie ein Falke. Du glaubst wohl, der Falke hätte etwas erreicht? Nicht einmal von weitem hat sie mich etwas sehen lassen. Ich sage dir: diese geschwungene Linie! Diese Spitzbübin Gruschenka hat so eine besondere Linie, auch an ihren Füßchen wiederholt sie sich, sogar an der kleinen Zehe des linken Füßchens. Ich sah sie dort und küßte sie, aber auch nur das – ich schwöre es dir! Sie sagte: ‚Wenn du willst, heirate ich dich, du bist ja ein armer Schlucker. Versprich mir, daß du mich nicht schlagen und mir erlauben wirst, alles zu tun, was ich will, dann heirate ich dich vielleicht', und sie lachte. Auch jetzt lacht sie!«

Dmitrij Fjodorowitsch erhob sich fast wütend von seinem Platz, er sah plötzlich betrunken aus. Seine Augen waren blutunterlaufen.

»Und du willst sie wirklich heiraten?«

»Wenn sie es will, auf der Stelle, und wenn sie es nicht will, bleibe ich auch so bei ihr; ich werde bei ihr auf dem Hof den Hausknecht machen. Du ... du, Aljoscha ...« Er war plötzlich vor ihm stehengeblieben, faßte ihn an den Schultern und schüttelte ihn kräftig. »Ja begreifst du denn nicht, du unschuldiger Knabe, daß das alles ein Fieberwahn ist, ein unvorstellbarer Fieberwahn, denn hier beginnt die Tragödie! Wisse denn, Alexej, daß ich ein niedriger Mensch sein kann, mit niedrigen und verderblichen Leidenschaften, aber ein Dieb, ein Taschendieb, ein kleiner Vorzimmerdieb kann ein Dmitrij Karamasow niemals sein. Nun, so wisse denn jetzt, daß ich trotzdem ein kleiner Dieb bin, ein Taschen- und Vorzimmerdieb! Gerade bevor ich zu Gruschenka ging, sie zu prügeln, hatte mich am selben Morgen Katerina Iwanowna rufen lassen und mich ganz im Vertrauen, damit es vorläufig niemand erfahre – warum weiß ich nicht, aber augenscheinlich war das notwendig –, darum gebeten, in die Gouvernementsstadt zu fahren und von dort durch die Post dreitausend Rubel an Agafja Iwanowna zu senden, nach der Stadt sollte ich fahren, damit man hier nichts davon erführe. Mit diesen dreitausend Rubel in der Tasche fand ich mich damals bei der Gruschenka ein, mit ihnen bestritt ich auch unseren Ausflug nach Mokroje. Später tat ich so, als wäre ich flugs in der Stadt gewesen, legte ihr aber keine Postquittung vor, sondern sagte, ich hätte das Geld abgeschickt und würde die Quittung noch bringen, doch bis jetzt brachte ich keine und entschuldigte mich damit, daß ich sie vergessen hätte. Nun, was meinst du wohl, du gehst heute zu ihr hin und sagst zu ihr: Er läßt sich Ihnen empfehlen. Sie aber wird dich fragen: Und das Geld? Du könntest noch sagen: Er ist ein niedriger Wollüstling und ein gemeines Geschöpf mit ungezügelten Leidenschaften. Er hat damals Ihr Geld nicht abgeschickt, sondern es veruntreut, weil er sich wie ein Tier nicht zu beherrschen vermochte. Doch du könntest immerhin noch hinzufügen: Deshalb ist er aber noch kein Dieb, hier sind Ihre dreitausend, er schickt sie Ihnen zurück, übersenden Sie sie selber an Agafja Iwanowna, er aber läßt sich Ihnen empfehlen. Nun fragt sie dich aber plötzlich: Und wo ist das Geld?«

»Mitja, du bist unglücklich, gewiß! Aber doch nicht so sehr, wie du meinst – gräme dich nicht zu Tode vor Verzweiflung, tu das nicht!«

»Du glaubst wohl, ich würde mich erschießen, wenn ich mir die dreitausend nicht verschaffen kann, um sie zurückzugeben? Das ist es ja, daß ich mich nicht erschießen werde. Dazu bin ich jetzt außerstande, später vielleicht, jetzt aber will ich zu Gruschenka gehen . . . Nun ist mir alles gleich.«

»Und was willst du bei ihr?«

»Ich werde ihr Mann sein, mich bemühen, daß sie mich würdigt, ihr Gemahl zu werden, und wenn ein Liebhaber kommt, gehe ich ins andere Zimmer. Ich werde ihren Freunden die schmutzigen Gummiüberschuhe reinigen, werde den Samowar anfachen, ihren Laufburschen machen . . .«

»Katerina Iwanowna wird alles verstehen«, sagte Aljoscha auf einmal feierlich, »sie wird dieses Leid verstehen in seiner ganzen Tiefe und sich mit allem abfinden. Sie hat eine hohe Seele und wird deshalb selber einsehen, daß man nicht unglücklicher sein kann als du.«

»Sie wird sich nicht mit allem abfinden«, sagte Mitja lächelnd. »Hier ist etwas, Bruder, womit keine Frau sich abfinden kann. Aber weißt du, was das Beste wäre?«

»Nun?«

»Ihr die dreitausend zurückzugeben.«

»Doch woher willst du sie nehmen? Hör mal, ich besitze zweitausend, Iwan wird auch tausend geben, das wären dreitausend, nimm sie und gib sie ihr.«

»Wann aber werden sie eintreffen, deine dreitausend? Zudem bist du noch minderjährig, es ist aber unbedingt, unbedingt notwendig, daß du ihr noch heute meinen Abschiedsgruß ausrichtest, mit dem Geld oder ohne das Geld, weil ich es nicht länger hinausschieben kann, die Sache steht kritisch. Morgen wäre es schon zu spät. Ich werde dich zum Vater schicken.«

»Zum Vater?«

»Ja, zum Vater, bevor du zu ihr gehst. Von ihm sollst du die dreitausend verlangen.«

»Er wird sie doch nicht geben, Mitja.«

»Natürlich wird er sie mir nicht geben, ich weiß, daß er sie mir nicht geben wird. Alexej, weißt du, was Verzweiflung bedeutet?«

»Ich weiß es.«

»Höre: rechtlich schuldet er mir nichts mehr. Alles habe ich aus ihm herausgeholt, alles, das weiß ich. Aber moralisch steht er doch in meiner Schuld, ist es so oder nicht? Er hat ja mit den achtundzwanzigtausend meiner Mutter angefangen und hat es damit auf hunderttausend gebracht. Gäbe er mir nur dreitausend von den achtundzwanzigtausend, nur dreitausend, so entrisse er meine Seele der Hölle, auch würde ihm das auf viele Sünden angerechnet werden! Mit diesen dreitausend – das verspreche ich dir heilig – wäre für mich alles abgetan, er würde nichts mehr von mir hören. Zum letztenmal gebe ich ihm Gelegenheit, sich als Vater zu zeigen. Sag ihm, Gott selber sende ihm diese Gelegenheit.«

»Mitja, er wird dir um keinen Preis etwas geben.«

»Ich weiß, daß er mir nichts geben wird, ich weiß das sehr gut, und besonders jetzt nicht. Nicht genug damit, ich weiß noch etwas: jetzt, erst seit den letzten Tagen, vielleicht erst seit gestern, weiß er *bestimmt* – ich betone dieses ‚bestimmt' –, daß Gruschenka vielleicht wirklich nicht spaßt und mit mir den Sprung in die Ehe wagen will. Er kennt diesen Charakter, kennt diese Katze. Na, sollte er da wirklich noch obendrein Geld geben, um mir Vorschub zu leisten, und das jetzt, wo er doch selber in sie vernarrt ist? Aber auch damit noch nicht genug, ich kann dir noch mehr sagen: ich weiß, daß bei ihm schon seit ungefähr fünf Tagen dreitausend Rubel bereit liegen, sie sind in Hundertrubelscheine gewechselt und in einem fünffach versiegelten Briefumschlag verwahrt, der dazu noch mit einem roten Baumwollbändchen über Kreuz zugebunden ist. Siehst du, wie genau ich das bis in alle Einzelheiten weiß! Und auf dem Umschlag steht geschrieben: ‚Meinem Engel, der Gruschenka, falls sie gewillt ist, zu mir zu kommen', das hat er selber draufgekritzelt, still und heimlich, und niemand weiß, daß bei ihm das Geld liegt, nur der Diener Smerdjakow ist unterrichtet, auf dessen Ehrlichkeit er sich verläßt wie auf sich selber. Nun wartet er schon den dritten oder vierten Tag auf Gruschenka und hofft, sie werde kommen, es abzuholen, er hat es sie wissen lassen, und sie hat ihm geantwortet: ‚Vielleicht werde ich kommen.' Wenn sie nun zu dem Alten kommt, kann ich sie denn da noch heiraten? Begreifst du jetzt, weswegen ich hier auf geheimem Horchposten sitze und auf wen ich lauere?«

»Auf sie?«

»Ja. Bei den liederlichen Weibern, den Besitzerinnen dieses Hauses, wohnt in einer Kammer ein gewisser Foma. Foma stammt aus unserer Gegend, er war früher Soldat. Er leistet ihnen kleine Dienste, hält nachts Wache, tags jedoch geht er Birkhähne schießen, davon lebt er. Bei ihm habe ich mich nun versteckt; weder er noch die Hauswirtinnen wissen von dem Geheimnis, das heißt, daß ich hier auf der Lauer liege.«

»Nur Smerdjakow weiß davon?«

»Er allein. Er wird es mich auch wissen lassen, wenn sie zu dem Alten kommt.«

»Hat er dir von dem Briefumschlag mit dem Geld erzählt?«

»Ja. Aber es ist eine höchst geheime Sache. Sogar Iwan weiß nichts von dem Geld noch von sonst irgend etwas. Und der Alte schickt Iwan für zwei bis drei Tage auf eine Spazierfahrt nach Tschermaschnja: es hat sich ein Käufer für das Wäldchen gemeldet, der achttausend dafür bietet, und nun bestürmt der Alte den Iwan mit Bitten. ‚Hilf mir', sagt er, ‚fahr du hin', das heißt also für ungefähr zwei bis drei Tage. Das will er, damit Gruschenka in Iwans Abwesenheit kommt.«

»Also wartet er auch heute auf Gruschenka?«

»Nein, heute wird sie nicht kommen. Gewisse Anzeichen sprechen dafür, daß sie bestimmt nicht kommen wird!« rief Mitja plötzlich. »Auch Smerdjakow nimmt das an. Vater trinkt jetzt, er sitzt mit unserem Bruder Iwan bei Tisch. Geh hin, Alexej, verlange von ihm die dreitausend . . .«

»Mitja, du Lieber, was ist mit dir?« rief Aljoscha, sprang von seinem Platz auf und sah den ganz außer sich geratenen Dmitrij Fjodorowitsch unverwandt an. Einen Augenblick glaubte er, sein Bruder habe den Verstand verloren.

»Was hast du? Ich bin nicht von Sinnen«, sagte Dmitrij Fjodorowitsch, wobei er den Bruder angespannt und sogar feierlich ansah. »Sei unbesorgt, ich schicke dich zum Vater und weiß, was ich sage: ich glaube an ein Wunder.«

»An ein Wunder?«

»An ein Wunder nach Gottes Ratschluß. Gott kennt mein Herz. Er sieht meine ganze Verzweiflung. Er sieht alles. Wird Er wirklich zulassen, daß etwas Furchtbares geschieht? Aljoscha, ich glaube an ein Wunder, geh!«

»Ich werde gehen. Sag, wirst du hier warten?«

»Ja. Ich begreife, daß es eine Weile dauern wird, daß du nicht hinkommen und gleich damit herausplatzen kannst! Er ist jetzt betrunken. Ich werde warten, drei Stunden, vier, fünf, sechs, sieben Stunden, aber vergiß nur nicht, daß du heute, und sei es auch um Mitternacht, bei Katerina Iwanowna erscheinen mußt, *mit dem Geld oder ohne das Geld*, um ihr zu sagen: Er läßt sich Ihnen empfehlen. Ich will, daß du es ihr gerade mit diesen Worten sagst: Er läßt sich Ihnen empfehlen.«

»Mitja! Wenn aber Gruschenka plötzlich heute käme ... und wenn nicht heute, dann morgen oder übermorgen?«

»Gruschenka? Ich werde auf der Lauer liegen, werde hineinstürmen und es verhindern ...«

»Wenn aber ...«

»Wenn – ja wenn ... dann gibt es einen Mord. So überlebe ich es nicht.«

»Wen wirst du ermorden?«

»Den Alten. Sie werde ich nicht töten.«

»Bruder, was redest du!«

»Ich weiß es ja noch nicht, ich weiß es nicht ... Vielleicht werde ich ihn nicht ermorden, vielleicht aber doch. Ich fürchte, mich wird plötzlich, gerade in dem Augenblick, wegen seines Gesichts der Haß überwältigen. Ich hasse ja seinen Adamsapfel, seine Nase, seine Augen, seinen schamlosen Spott. Ich empfinde geradezu einen körperlichen Ekel vor ihm. Das ist es, was ich fürchte. Und so werde ich mich nicht beherrschen können.«

»Ich gehe hin, Mitja. Ich glaube daran, daß Gott alles nach Seinem besseren Wissen fügen wird, damit das Entsetzliche nicht geschehe.«

»Und ich werde hier sitzen und auf das Wunder warten. Wenn aber keins geschieht, dann ...«

Nachdenklich machte sich Aljoscha auf den Weg zu seinem Vater.

6

Smerdjakow

Er traf seinen Vater wirklich noch bei Tisch an. Der Tisch war wie üblich im Saal gedeckt, obwohl es im Hause auch ein richtiges Speisezimmer gab. Dieser Saal war der größte Raum des Hauses und mit altmodischem Aufwand eingerichtet. Die Möbel waren sehr alt, weiß lackiert und mit roter Halbseide bezogen, die bereits sehr abgenutzt war. In die Pfeiler zwischen den Fenstern waren Spiegel eingelassen, mit verschnörkelten Rahmen in altertümlicher Schnitzerei, ebenfalls in Weiß mit Gold gehalten. An den Wänden, die mit weißen und an vielen Stellen schon gerissenen Papiertapeten bedeckt waren, prangten zwei große Porträts – das eine war das Bildnis irgendeines Fürsten, der vor ungefähr dreißig Jahren Generalgouverneur des hiesigen Regierungsbezirks gewesen war, und auf dem anderen war ein Erzbischof zu sehen, der auch schon längst das Zeitliche gesegnet hatte. In der vorderen Ecke hingen mehrere Ikonen, vor denen zur Nacht ein Öllämpchen angezündet wurde . . . weniger aus Ehrfurcht, als damit das Zimmer nachts erleuchtet sei. Fjodor Pawlowitsch pflegte sich sehr spät schlafen zu legen, erst um drei oder vier Uhr morgens, und bis dahin immerfort im Zimmer umherzugehen oder im Lehnstuhl zu sitzen und nachzudenken. Das war er nun mal so gewohnt. Mitunter brachte er die Nacht ganz allein im Hause zu, nachdem er die Dienstboten ins Nebengebäude geschickt hatte, doch meistens blieb der Diener Smerdjakow bei ihm und schlief dann im Vorzimmer auf einer Truhe.

Als Aljoscha eintrat, war das Mittagessen schon beendet, doch man hatte noch Kaffee und Konfitüre aufgetischt. Fjodor Pawlowitsch liebte es, als Nachtisch Süßigkeiten zu essen und dazu ein Gläschen Kognak zu trinken. Iwan Fjodorowitsch saß auch noch am Tisch und trank Kaffee. Die Diener, Grigorij und Smerdjakow, standen neben dem Tisch. Die Herrschaft wie auch die Diener befanden sich offenbar in ungewöhnlich heiterer Laune. Fjodor Pawlowitsch lachte laut; Aljoscha hatte schon vom Flur aus sein quiekendes Lachen vernommen, das ihm von früher her so bekannt war, und aus dem Ton dieses Lachens sofort geschlossen, daß sein Vater bei weitem noch nicht betrunken sei, sondern sich vorläufig nur in friedvoller Stimmung befinde.

»Da ist ja auch er, da ist er ja!« brüllte Fjodor Pawlowitsch, der sich auf einmal über Aljoschas Kommen schrecklich freute. »Leiste uns Gesellschaft, setz dich, trink ein Täßchen Kaffee – das ist doch ein Fastengetränk, ja, ein Fastengetränk, zudem ist er heiß und sehr gut! Kognak biete ich dir gar nicht an, du fastest ja, oder möchtest du doch, möchtest du? Nein, ich gebe dir lieber ein Gläschen Likör, er ist ganz vorzüglich! – Smerdjakow, geh mal zum Schrank, im zweiten Fach rechts, hier sind die Schlüssel, rasch!«

Aljoscha machte einen Versuch, den Likör abzulehnen.

»Er kommt sowieso auf den Tisch, wenn nicht für dich, dann für uns.« Fjodor Pawlowitsch strahlte. »Doch halt, hast du schon zu Mittag gegessen oder nicht?«

»Ich habe schon gegessen«, sagte Aljoscha, der in Wirklichkeit in der Küche des Abtes nur eine Scheibe Brot gegessen und ein Glas Kwas getrunken hatte. »Aber heißen Kaffee würde ich gern trinken.«

»Du Lieber! Du Braver! Er wird ein Täßchen Kaffee trinken. Soll man ihn aufwärmen? Doch nein, er ist ja noch siedend heiß. Es ist ein ganz vorzüglicher Kaffee, ein Smerdjakowscher. Was Kaffee und Piroggen betrifft, ist mein Smerdjakow ein Virtuose, allerdings auch was Fischsuppe anlangt. Komm doch mal zur Fischsuppe, laß es mich aber vorher wissen ... Aber warte mal, warte mal, ich hatte dir doch vorhin befohlen, heute noch mit Matratze und Kissen zu mir überzusiedeln! Hast du die Matratze mitgebracht? Hehehe! ...«

»Nein, ich habe sie nicht mitgebracht.« Auch Aljoscha lächelte.

»Aber erschrocken bist du, erschrocken bist du doch vorhin, nicht wahr? Ach, du mein Liebling, wie könnte ich dir Unrecht tun! Hör mal, Iwan, ich kann es nicht mit ansehen, wie er einem so in die Augen blickt und lacht, ich kann es nicht. Mein ganzes Inneres fängt an zu lachen, ich liebe ihn ja so! Aljoschka, laß mich dir meinen väterlichen Segen erteilen.«

Aljoscha erhob sich, doch Fjodor Pawlowitsch hatte sich rechtzeitig eines anderen besonnen.

»Nein, nein, ich will dich jetzt nur mit dem Zeichen des Kreuzes segnen, siehst du, so, und nun setz dich. Na, jetzt sollst du deinen Spaß haben, das schlägt gerade in dein Gebiet. Du wirst dich schieflachen. Bei uns hat Bileams Eselin den Mund aufgetan, und wie sie redet, wie sie redet!«

Als Bileams Eselin erwies sich der Diener Smerdjakow. Er war ein noch junger Mann, erst ungefähr vierundzwanzig Jahre alt, und äußerst ungesellig und schweigsam. Nicht daß er menschenscheu gewesen wäre oder sich wegen irgend etwas geschämt hätte, nein, im Gegenteil, seinem Charakter nach war er arrogant und schien jedermann zu verachten. Doch nun läßt es sich nicht mehr vermeiden, daß ich wenigstens ein paar Worte über ihn sage, und zwar gerade jetzt. Aufgezogen hatten ihn

Marfa Ignatjewna und Grigorij Wassiljewitsch, doch der Knabe wuchs, wie Grigorij sich auszudrücken pflegte, »ohne jegliche Dankbarkeit« als ein scheues Kind auf, das die Welt von einer Ecke aus betrachtete. In seiner Kindheit liebte er es sehr, Katzen aufzuhängen und sie danach feierlich zu begraben. Zu diesem Zweck legte er sich ein Bettlaken um, das so etwas wie einen Priesterornat vorstellen sollte, sang und schwenkte irgend etwas über der toten Katze, als weihräucherte er. Das alles tat er verstohlen und in größter Heimlichkeit. Grigorij ertappte ihn eines Tages bei dieser Beschäftigung und bestrafte ihn empfindlich mit der Rute. Der Knabe verkroch sich in einen Winkel und blickte etwa eine Woche lang mißtrauisch daraus hervor. »Er mag uns beide nicht, dieses Scheusal«, sagte Grigorij zu Marfa Ignatjewna; »er mag niemanden. Bist du denn überhaupt ein Mensch?« wandte er sich plötzlich unmittelbar an Smerdjakow. »Du bist gar kein Mensch, der Nässe der Badstube bist du entsprossen, nun weißt du, was du bist . . .« Wie sich später herausstellte, hat Smerdjakow ihm diese Worte nie verzeihen können. Grigorij brachte ihm das Lesen und Schreiben bei und begann ihn, als er zwölf Jahre alt geworden war, in der biblischen Geschichte zu unterrichten. Doch dieses Vorhaben endete sofort ergebnislos. Eines Tages, schon in der zweiten oder dritten Unterrichtsstunde, lächelte der Knabe plötzlich.

»Was hast du?« fragte Grigorij und blickte ihn drohend unter seiner Brille hervor an.

»Nichts. Gott der Herr schuf das Licht am ersten Tage, aber die Sonne, den Mond und die Sterne erst am vierten. Woher kam dann das Licht am ersten Tage?«

Grigorij war ganz starr. Der Knabe blickte seinen Lehrer spöttisch an. In seinem Blick lag etwas Hochmütiges. Grigorij hielt das nicht aus. »Daher!« schrie er und schlug seinen Schüler wütend ins Gesicht. Der Knabe nahm die Backpfeife hin, ohne ein Wort zu sagen, verkroch sich aber wieder für ein paar Tage in einen Winkel. Der Zufall wollte es, daß eine Woche später bei ihm zum erstenmal die Epilepsie zum Ausbruch kam, an der er dann bis an sein Lebensende litt. Als Fjodor Pawlowitsch hiervon erfuhr, schien er plötzlich den Knaben mit anderen Augen anzusehen. Früher hatte er sich ihm gegenüber gleichgültig verhalten, wenn er ihn auch nie gescholten und ihm, sooft er ihm begegnete, eine Kopeke gegeben hatte. Wenn er gut gelaunt war, hatte er dem Jungen zuweilen vom

Tische eine Süßigkeit geschickt. Doch nun, als er von seiner Krankheit erfahren hatte, begann er sich ernsthaft um ihn zu kümmern, ließ einen Arzt kommen und wollte den Knaben behandeln lassen, aber es stellte sich heraus, daß eine Heilung unmöglich war. Die Anfälle kamen durchschnittlich einmal monatlich, jedoch in ungleichen Abständen. Auch waren sie unterschiedlich stark – manche waren leicht, andere sehr heftig. Fjodor Pawlowitsch verbot es dem Grigorij aufs strengste, den Knaben körperlich zu züchtigen, und ließ ihn von nun an zuweilen zu sich heraufkommen. Auch verbot er, ihm vorderhand irgendwelchen Unterricht zu erteilen. Doch eines Tages, als der Knabe schon fünfzehn Jahre alt war, fiel es Fjodor Pawlowitsch auf, daß er in der Nähe des Bücherschranks umherstrich und durch die Glasscheibe die Buchtitel las. Fjodor Pawlowitsch besaß ziemlich viele Bücher, es waren über hundert Bände, doch niemand hatte ihn jemals mit einem Buch in der Hand gesehen. Er übergab Smerdjakow sofort den Schrankschlüssel. »Na, lies nur, du wirst mein Bibliothekar sein; statt dich auf dem Hof herumzutreiben, setz dich hin und lies«, sagte Fjodor Pawlowitsch und nahm für ihn Gogols *Abende auf dem Meierhof Dikanka* heraus.

Der Knabe las das Buch, war aber nicht befriedigt davon. Er lächelte kein einziges Mal, sondern beendete es im Gegenteil mit mürrischer Miene.

»Nun, ist es nicht lustig?« fragte Fjodor Pawlowitsch.

Smerdjakow schwieg.

»Gib Antwort, du Dummkopf.«

»Was da geschrieben steht, ist alles nicht wahr«, murmelte Smerdjakow mit einem selbstgefälligen Grinsen.

»Na, dann scher dich zum Teufel, du Lakaienseele. Halt, hier hast du Smaragdows *Allgemeine Weltgeschichte*, was darin steht, ist alles wahr, lies das.«

Smerdjakow las jedoch keine zehn Seiten im Smaragdow, es kam ihm langweilig vor. Und so schloß sich der Bücherschrank wieder für ihn. Bald danach meldeten Marfa und Grigorij dem Fjodor Pawlowitsch, daß sich bei Smerdjakow nach und nach ein starkes Ekelgefühl gezeigt habe: er sitze vor der Suppe, nehme den Löffel und suche, suche nach etwas in der Suppe, beuge sich vor, schaue hinein, schöpfe den Löffel voll und halte ihn ans Licht.

»Ist etwa ein Kakerlak darin?« pflegte dann Grigorij zu sagen.

»Vielleicht eine Fliege«, bemerkte hierauf Marfa.

Der reinliche Jüngling gab nie eine Antwort, doch war es mit dem Brot, dem Fleisch und mit allen Speisen das gleiche: er pflegte einen Bissen auf der Gabel ans Licht zu halten, ihn genau zu betrachten wie durch ein Mikroskop, eine ganze Weile mit einem Entschluß zu ringen, ihn schließlich zu fassen und den Bissen in den Mund zu befördern. »Schau mal an, was für ein feiner junger Herr aus ihm geworden ist«, murmelte Grigorij bei seinem Anblick. Als Fjodor Pawlowitsch von dieser neuen Eigenschaft Smerdjakows erfuhr, beschloß er sofort, ihn zu seinem Koch zu machen, und gab ihn nach Moskau in die Lehre. Dort verbrachte er mehrere Jahre und kehrte mit stark verändertem Aussehen zurück. Er war ungewöhnlich und unverhältnismäßig gealtert, war zusammengeschrumpft, hatte eine gelbe Hautfarbe bekommen und ähnelte einem Kastraten. Doch im Wesen war er der gleiche geblieben, der er vor der Abfahrt nach Moskau gewesen war: er war immer noch ebenso menschenscheu und empfand nicht das geringste Bedürfnis nach irgendwelcher Gesellschaft. Auch in Moskau hatte er, wie man später erzählte, immerzu geschwiegen; die Stadt selbst hatte bei ihm sehr wenig Interesse erweckt, so daß er dort nur einiges kennengelernt, von allem übrigen jedoch keinerlei Notiz genommen hatte. Er hatte zwar einmal das Theater besucht, war jedoch still und unzufrieden heimgekehrt. Dafür war er bei seiner Rückkehr aus Moskau gut gekleidet, trug einen sauberen Rock und weiße Wäsche, bürstete seine Kleider zweimal am Tage sehr sorgfältig aus und liebte es sehr, seine eleganten kalbsledernen Stiefel mit einer besonderen englischen Schuhwichse zu putzen, daß sie wie ein Spiegel blinkten. Er zeigte sich als vorzüglicher Koch. Fjodor Pawlowitsch setzte ihm einen Lohn aus, den Smerdjakow fast ausschließlich für Kleider, Pomade, Parfüms und so weiter verwendete. Doch das weibliche Geschlecht schien er ebenso zu verachten wie das männliche und verhielt sich ihm gegenüber gesetzt und fast unnahbar. Fjodor Pawlowitsch begann nun noch in einer anderen Hinsicht ein wachsames Auge auf ihn zu haben. Damit hatte es folgende Bewandtnis: Smerdjakows epileptische Anfälle hatten sich gehäuft und waren schlimmer geworden, und an solchen Tagen mußte das Essen von Marfa Ignatjewna zubereitet werden, was Fjodor Pawlowitsch gar nicht paßte.

»Wie kommt es, daß du jetzt häufiger Anfälle hast?« fragte er argwöhnisch und mißfällig seinen neuen Koch, wobei er ihm unverwandt ins Gesicht blickte. »Wenn du wenigstens heiraten wolltest! Möchtest du, daß ich dich verheirate?...«

Smerdjakow wurde über solche Reden nur blaß vor Ärger, antwortete aber nichts. Fjodor Pawlowitsch pflegte dann mit der Hand durch die Luft zu fahren und sich zu entfernen. Die Hauptsache war für ihn, daß er von Smerdjakows Ehrlichkeit überzeugt war, und das ein für allemal. Er war sicher, daß Smerdjakow nie etwas fortnehmen oder stehlen werde. Der Zufall wollte es, daß Fjodor Pawlowitsch einmal in angeheitertem Zustande auf seinem eigenen Hof drei Hundertrubelscheine, die er eben erst erhalten hatte, im Schmutz verlor und sie erst am nächsten Tage vermißte. Kaum hatte er sich darangemacht, sie in seinen Taschen zu suchen, sah er sie auf einmal auf seinem Tisch liegen. Wie kamen sie dahin? Smerdjakow hatte sie aufgelesen und am gleichen Tag noch hingebracht. »Na, mein Lieber, solch einen wie dich habe ich noch nie gesehen«, hatte Fjodor Pawlowitsch damals kurz hingeworfen und ihm zehn Rubel geschenkt. Ich muß hinzufügen, daß er nicht nur von Smerdjakows Ehrlichkeit überzeugt war, sondern ihn aus irgendeinem Grunde sogar liebhatte, obwohl der Bursche ihn ebenso scheel ansah wie alle anderen und immerzu schwieg. Nur selten tat er von selbst den Mund auf. Wenn es zu jener Zeit jemandem eingefallen wäre, bei seinem Anblick zu fragen, wofür sich dieser Bursche interessiere und was zumeist in seinem Kopf vorgehe, so hätte man diese Frage, wenn man ihn so ansah, wahrhaftig nicht beantworten können. Dabei blieb er manchmal irgendwo im Hause, im Hof oder auf der Straße stehen, versank in Nachdenken und verharrte in dieser Haltung oft bis zu zehn Minuten. Hätte ein Physiognomiker ihn dabei beobachtet, er hätte gesagt, es handle sich hier weder um ein Sinnieren noch ein Nachdenken, sondern um eine Art von Beschaulichkeit. Es gibt ein hervorragendes Bild von dem Maler Kramskoj, das *Der Beschauliche* heißt: darauf ist ein Wald im Winter dargestellt, und in dem Wald steht auf einem Wege in zerschlissenem Kaftan und in Bastschuhen mutterseelenallein, in tiefster Einsamkeit, ein Bäuerlein, das sich verlaufen hat; es steht da, als ob es in Gedanken versunken wäre, doch es denkt nicht, sondern ist nur »beschaulich«. Stieße man es an, so würde es zusammenfahren und einen anblicken wie jemand, der eben aus dem Schlaf erwacht ist, aber nichts begreifen. Allerdings würde es sofort zu sich kommen, doch fragte man es, worüber es nachgedacht habe, als es so dastand, so würde es sich bestimmt an nichts erinnern können, dafür aber sicherlich den Eindruck, den es während seiner Beschaulichkeit gehabt hatte, heimlich in seiner Seele bewahren. Solche Eindrücke sind ihm teuer, und es sammelt sie sicherlich unvermerkt und sogar, ohne sich dessen bewußt zu werden – wozu und weswegen, das weiß es natürlich auch nicht: vielleicht wird es, wenn es die Eindrücke vieler Jahre gesammelt hat, alles stehen und liegen lassen und nach Jerusalem gehen, um dort ein Pilgerdasein zu führen und sein Seelenheil zu suchen, vielleicht jedoch wird es plötzlich sein Heimatdorf in Brand stecken, und möglicherweise wird sowohl das eine wie das andere geschehen. Beschauliche gibt es genug im Volke. Und einer von diesen Beschaulichen war sicherlich auch Smerdjakow, und sicherlich sammelte auch er gierig seine Eindrücke, fast ohne noch selber zu wissen weswegen.

7

Die Kontroverse

Doch Bileams Eselin tat plötzlich den Mund auf. Es traf sich, daß man gerade ein sonderbares Thema angeschnitten hatte: Grigorij hatte am Morgen von dem Kaufmann Lukjanow, als er bei ihm Lebensmittel einkaufte, gehört, daß ein russischer Soldat, der irgendwo, weit weg an der Landesgrenze, bei den Asiaten in Gefangenschaft geraten war und unter Androhung eines qualvollen und sofortigen Todes gezwungen werden sollte, dem christlichen Glauben zu entsagen und zum Islam überzutreten, sich geweigert habe, seinem Glauben untreu zu werden, und Martern auf sich genommen habe, sich habe die Haut abziehen lassen und, Christum lobend und preisend, gestorben sei – eine Großtat, von der gerade in der Zeitung berichtet wurde, die an diesem Tag eingetroffen war. Hiervon begann nun Grigorij bei Tische zu erzählen. Fjodor Pawlowitsch hatte auch vordem schon jeweils nach Tisch, beim Dessert, gern ein wenig gelacht und geplaudert, sei es auch nur mit Grigorij. Diesmal indessen befand er sich in einer besonders unbeschwerten und aufgeschlossenen Stimmung. Er trank gemächlich von seinem geliebten Kognak ein Gläschen nach dem anderen und sagte, als er die erwähnte Nachricht angehört hatte, ein solcher Soldat sollte sofort heiliggesprochen und seine abgezogene Haut irgendeinem Kloster übergeben werden: »Wie da das Volk in hellen Haufen herbeiströmen würde, und wieviel Geld das einbrächte!« Grigorij verzog das Gesicht, als er sah, daß Fjodor Pawlowitsch nicht im geringsten gerührt war, sondern seiner ständigen Gewohnheit gemäß über Religion und Glauben zu spotten begann. Und da geschah es, daß Smerdjakow, der an der Tür stand, plötzlich lächelte. Smerdjakow hatte auch früher schon sehr oft in der Nähe des Tisches stehen dürfen, wenn auch nur gegen Ende der Mahlzeit. Doch seit Iwan Fjodorowitsch in unsere Stadt gekommen war, erschien er fast jedesmal beim Mittagessen.

»Was hast du?« fragte Fjodor Pawlowitsch, dem das Lächeln sofort aufgefallen war und der natürlich begriff, daß es Grigorij galt.

»Was mich angeht«, begann plötzlich Smerdjakow unerwartet und laut, »so meine ich: wenn auch die Tat dieses löblichen Soldaten sehr groß gewesen ist, so wäre es andererseits meiner Ansicht nach keine Sünde, sich in einem solchen Fall beispielsweise von Christi Namen und der eigenen Taufe loszusagen, um sich so das Leben zu retten für gute Taten und durch sie im Laufe der Jahre den eigenen Kleinmut zu sühnen ...«

»Wieso wäre das keine Sünde? Du redest Unsinn! Geradewegs in die Hölle kämst du dafür, und man würde dich dort wie Hammelfleisch braten«, fiel Fjodor Pawlowitsch ihm ins Wort.

In diesem Augenblick nun war Aljoscha erschienen. Fjodor Pawlowitsch hatte sich, wie wir schon sahen, über Aljoschas Kommen ungemein gefreut.

»Das schlägt in dein Gebiet, gerade in deins!« kicherte er freudig und forderte Aljoscha auf, Platz zu nehmen und zuzuhören.

»Das mit dem Hammelfleisch stimmt nicht, zudem wird mir dort nichts dafür geschehen und darf es von Rechts wegen auch nicht«, bemerkte Smerdjakow gemessen.

»Wieso von Rechts wegen?« rief Fjodor Pawlowitsch noch vergnügter und stieß dabei Aljoscha mit dem Knie an.

»Ein Halunke ist er, das steht nun mal fest!« entschlüpfte es plötzlich Grigorij. Zornig blickte er Smerdjakow gerade in die Augen.

»Was den Halunken angeht, so warten Sie damit ein wenig, Grigorij Wassiljewitsch«, gab Smerdjakow ruhig und beherrscht zurück, »und überlegen Sie lieber: wenn ich schon mal in die Gefangenschaft der Christenpeiniger geraten bin und die von mir verlangen, daß ich dem Namen Gottes fluchen und meine heilige Taufe verleugnen soll, so bin ich dazu von meiner eigenen Vernunft voll ermächtigt, denn es wäre dann keine Sünde.«

»Das hast du ja schon gesagt, mach nicht so viele Worte, sondern beweise es!« schrie Fjodor Pawlowitsch.

»Bouillonheld!« brummte Grigorij verächtlich.

»Was den Bouillonhelden angeht, so warten Sie auch damit ein wenig und überlegen Sie, ohne zu schimpfen, Grigorij Wassiljewitsch. Denn kaum hätte ich zu den Peinigern gesagt: ‚Nein, ich bin kein Christ, und ich verfluche meinen wahren Gott', so wäre ich auch schon sofort und speziell von Gottes höchstem Gericht verflucht und aus der heiligen Kirche ausgestoßen, ganz wie ein Heide, und zwar so, daß ich im selben Augenblick verstoßen bin, ehe noch eine Viertelsekunde verstrichen ist, und nicht erst, wenn ich es ausgesprochen habe, sondern sobald ich nur daran denke, es auszusprechen – ist es so oder nicht, Grigorij Wassiljewitsch?«

Er wandte sich mit sichtlichem Vergnügen immer wieder an Grigorij, obwohl er im Grunde nur auf die Fragen des Fjodor Pawlowitsch antwortete und das auch sehr gut wußte. Aber er tat absichtlich so, als stellte Grigorij ihm diese Fragen.

»Iwan!« rief plötzlich Fjodor Pawlowitsch. »Beuge dich mal ganz nahe zu mir herüber. Das bringt er alles nur vor, damit du ihn lobst. Lobe ihn also.«

Iwan Fjodorowitsch hörte die begeisterte Mitteilung seines Vaters ganz ernst an.

»Halt, Smerdjakow, schweig mal einen Augenblick still«, rief Fjodor Pawlowitsch wieder. »Iwan, beug dich nochmals ganz nahe zu mir herüber.«

Iwan Fjodorowitsch beugte sich von neuem mit der ernstesten Miene zu ihm hinüber.

»Ich habe dich ebenso lieb wie den Aljoschka. Du darfst nicht denken, ich hätte dich nicht lieb. Ein Gläschen Kognak?«

»Ich habe nichts dagegen«, sagte Iwan Fjodorowitsch und blickte dabei seinen Vater aufmerksam an, als wollte er sagen: Du selbst hast dich ja tüchtig vollaufen lassen. Den Smerdjakow indessen beobachtete er mit einer ungewöhnlichen Neugier.

»Verflucht bist du auch jetzt schon«, brauste Grigorij auf

einmal auf, »und du Halunke wagst es noch zu räsonieren, wenn . . .«

»Schimpf nicht, Grigorij, schimpf nicht!« unterbrach ihn Fjodor Pawlowitsch.

»Warten Sie ein wenig ab, Grigorij Wassiljewitsch, wenn auch nur ein ganz kleines Weilchen, und hören Sie mir weiter zu, ich habe noch nicht alles gesagt. Denn zur selben Zeit, wo ich von Gott verflucht bin, in demselben hochwichtigen Augenblick bin ich auch schon soviel wie ein Heide geworden, und die Taufe wird von mir genommen und gilt nicht mehr – ist wenigstens das so?«

»Komm zum Schluß, Freund, komm schneller zum Schluß«, drängte Fjodor Pawlowitsch ihn zur Eile und schlürfte mit Genuß sein Gläschen.

»Und wenn ich kein Christ mehr bin, so habe ich also auch meine Peiniger nicht angelogen, als sie mich fragten, ob ich Christ sei oder nicht, denn ich war bereits durch Gott selber meines christlichen Glaubens entbunden, schon allein meiner Absicht wegen, und bevor ich noch zu meinen Peinigern auch nur ein Wort sagen konnte. Wenn ich jedoch bereits entbunden war, wie und mit welchem Recht könnte man mich dann in jener Welt als Christen dafür zur Rechenschaft ziehen, daß ich mich von Christus losgesagt habe, wo doch schon allein meiner Absicht wegen, noch bevor ich mich von ihm lossagte, die Taufe bereits von mir genommen war? Wenn ich kein Christ mehr bin, kann ich mich also auch nicht von Christus lossagen, denn es wäre ja nichts mehr da, wovon ich mich lossagen könnte. Wer, Grigorij Wassiljewitsch, wird denn einen heidnischen Tataren, sei es auch im Himmel, dafür zur Rechenschaft ziehen, daß er nicht als Christ zur Welt gekommen ist, und wer wird ihn denn dafür strafen, wenn er sich überlegt, daß man doch nicht einem Ochsen zwei Häute abziehen kann? Auch wird Gott der Allmächtige, selbst wenn Er den Tataren nach dessen Tode zur Rechenschaft zöge, ihm wohl, so nehme ich an, nur eine ganz geringe Strafe auferlegen – denn ihn gar nicht zu strafen ginge doch nicht an –, weil Er sich sagen wird, daß der Tatare doch gar nichts dafür kann, daß er von heidnischen Eltern als Heide in die Welt gesetzt wurde. Gott der Herr kann doch nicht den Tataren gewaltsam zu sich nehmen und von ihm behaupten, auch er sei Christ gewesen? Das hieße ja dann, daß Gott der Allmächtige die ausgemachte Unwahrheit spräche. Doch kann denn Gott, der allmächtige Herrscher des

Himmels und der Erde, lügen, und sei es auch nur in einem einzigen Wort?«

Grigorij war starr und sah mit weit aufgerissenen Augen den Redner an. Er verstand zwar nicht ganz, was jener gesagt hatte, hatte aber trotzdem plötzlich irgend etwas von diesem Gerede begriffen und stand da wie jemand, der unversehens mit der Stirn gegen eine Wand gestoßen ist. Fjodor Pawlowitsch leerte sein Gläschen und brach in ein quiekendes Gelächter aus.

»Aljoschka, Aljoschka, wie findest du das! Ach, du Kasuist! Er scheint irgendwo bei den Jesuiten gewesen zu sein, Iwan. Ach, du stinkender Jesuit, wer hat dir das nur beigebracht? Jedoch, du redest Unsinn, du Kasuist, Unsinn, Unsinn und wiederum Unsinn. Weine nicht, Grigorij, wir werden ihn sofort nach Strich und Faden widerlegen. Sag mir nur eines, du Eselin Bileams: wenn du deinen Peinigern gegenüber auch recht haben magst, so hast du dich doch immerhin in deinem Inneren von deinem Glauben losgesagt und behauptest selber, du seiest zur selben Stunde ausgestoßen und verflucht worden. Doch wenn du schon mal ausgestoßen bist, so wird man in der Hölle nicht Nachsicht gegen dich üben. Was meinst du wohl dazu, mein trefflicher Jesuit?«

»Darüber kann kein Zweifel bestehen, daß ich mich in meinem Inneren losgesagt habe, dennoch war auch das keine besondere Sünde, und selbst wenn es eine kleine Sünde war, dann doch nur eine ganz übliche.«

»Wieso eine ganz übliche?«

»Du redest Unsinn, Verfluchter«, zischte Grigorij.

»Überlegen Sie selber, Grigorij Wassiljewitsch«, fuhr Smerdjakow ruhig und gemessen fort, der sich seines Sieges bewußt war und so tat, als wollte er dem geschlagenen Gegner gegenüber den Großmütigen spielen, »überlegen Sie selber, Grigorij Wassiljewitsch, es heißt doch in der Heiligen Schrift: So ihr Glauben habt als ein Senfkorn und saget zu diesem Berge, er solle ins Meer hinabrutschen, so wird er es auch tun, ohne im geringsten zu zögern, und sobald ihr es nur befehlt. Nun, Grigorij Wassiljewitsch, wenn ich ein Ungläubiger bin, Sie aber so fest im Glauben sind, daß Sie mich sogar ununterbrochen schelten, so versuchen Sie es doch selber, zu diesem Berge zu sagen, er solle, wenn auch nicht ins Meer – weil es zum Meer von hier zu weit ist –, so doch wenigstens in unser stinkendes Flüßchen hinabrutschen, das da bei uns hinter dem Garten vorbeifließt. Da werden Sie im gleichen Augenblick selber sehen, daß nichts hinabrutscht, sondern alles nach wie vor im gleichen Zustand und in Ordnung bleibt, soviel Sie auch schreien mögen. Und das bedeutet, daß auch Sie, Grigorij Wassiljewitsch, nicht glauben, wie es sich gehört, sondern nur andere ihres Unglaubens wegen auf jede Weise schelten. Wenn man weiter bedenkt, daß heutzutage niemand, nicht nur Sie, sondern schlechthin niemand, von den höchstgestellten Personen bis zum letzten Bauern, einen Berg ins Meer hinabzustoßen vermag, es sei denn ein einziger Mensch auf der ganzen Welt, und wenn es hoch kommt zwei, und auch die führen vielleicht irgendwo dort in der ägyptischen Wüste ein Büßerleben im Verborgenen, so daß sie überhaupt nicht zu finden sind – wenn es so ist, wenn alle übrigen sich als Ungläubige erweisen, wird denn Gott der Herr dann all diese übrigen, das heißt die Bevölkerung der ganzen Erde außer diesen zwei Einsiedlern in der Wüste, wirklich verfluchen und bei seiner so wohlbekannten Barmherzigkeit keinem von ihnen vergeben? Darum hoffe auch ich, daß mir, obwohl ich einmal gezweifelt habe, vergeben werden wird, wenn ich Tränen der Reue vergieße.«

»Halt!« kreischte Fjodor Pawlowitsch im Überschwang des Entzückens. »Du nimmst also immerhin an, daß es zwei solche Menschen gibt, die Berge zu versetzen vermögen? Iwan, präge dir das ein, schreib es dir auf: daraus spricht der echte Russe!«

»Sie haben ganz richtig bemerkt, daß dies ein nationaler Zug des russischen Glaubens ist«, stimmte Iwan Fjodorowitsch mit einem beifälligen Lächeln zu.

»Du stimmst zu! Also ist es auch so, wenn sogar du zustimmst! Aljoschka, es ist doch wahr? Der echte russische Glaube ist doch so?«

»Nein, Smerdjakow hat keineswegs den russischen Glauben«, sagte Aljoscha ernst und fest.

»Ich meine ja nicht seinen Glauben, sondern diesen Zug, diese zwei Einsiedler, nur diesen einen kleinen Zug: das ist doch russisch, echt russisch?«

»Ja, dieser Zug ist echt russisch«, sagte Aljoscha mit einem Lächeln.

»Dein Wort ist zehn Rubel wert, du Eselin Bileams, und ich werde sie dir heute noch schicken, doch in allem übrigen hast du trotzdem nicht recht, nicht recht und nochmals nicht recht: denn du mußt wissen, du Dummkopf, daß wir alle hier nur aus Leichtfertigkeit ungläubig sind, weil wir keine Zeit haben; erstens fressen uns die Geschäfte auf, und zweitens hat uns Gott zu wenig Zeit gegeben, für den ganzen Tag nur vierundzwanzig Stunden, so daß man nicht einmal dazu kommt, sich auszuschlafen, geschweige denn zu bereuen. Du jedoch hast dich dort angesichts deiner Peiniger losgesagt, obwohl du doch an nichts weiter zu denken brauchtest als an deinen Glauben und obwohl du deinen Glauben gerade hättest beweisen müssen! So verhält es sich doch, mein Freund, nicht wahr?«

»Das ist wohl so, aber überlegen Sie, Grigorij Wassiljewitsch, es ist gerade darum leichter zu ertragen, weil es sich so verhält. Denn hätte ich damals in Wahrheit geglaubt, wie es sich gehört zu glauben, so wäre es wirklich eine Sünde gewesen, wenn ich die Marter um meines Glaubens willen nicht auf mich genommen hätte und zu dem heidnischen Glauben Mohammeds übergetreten wäre. Aber bis zur Marter wäre es ja dann auch gar nicht gekommen, denn ich hätte in jenem Augenblick nur zu diesem Berge zu sagen brauchen: Rücke von der Stelle und erdrücke meine Peiniger, und er wäre von der Stelle gerückt und hätte sie zerquetscht wie Kakerlaken, und ich wäre meines Weges gegangen, als wäre nichts vorgefallen, und hätte Gott gelobt und gepriesen. Wenn ich aber gerade in jenem selben Augenblick das alles schon ausprobiert und ausdrücklich diesem Berg zugerufen hätte: Erdrücke diese Peiniger! und er hätte sie nicht erdrückt, wie hätte ich dann, sagen Sie mir doch, damals nicht zweifeln sollen, zumal in einer so furchtbaren Stunde größter Todesangst? Ich hätte ohnehin gewußt, daß ich doch nicht so leicht ins Himmelreich kommen würde – denn der Berg ist ja auf meinen Befehl nicht von der Stelle gerückt, also traute man meinem Glauben dort nicht allzusehr, und mich erwartete in jener Welt keine gar zu große Belohnung –, wozu sollte ich dann, überdies noch ohne jeglichen Vorteil, mir die Haut abziehen lassen? Denn selbst wenn man mir die Haut vom Rücken schon halb abgezogen hätte, wäre dieser Berg auch dann auf meinem Befehl oder Ruf nicht von der Stelle gerückt. In einem solchen Augenblick können einem nicht nur Zweifel kommen, sondern man kann sogar vor Angst den Verstand verlieren, so daß man nicht einmal mehr überlegen kann. Und folglich: inwiefern trifft mich hier eine besondere Schuld, wenn ich, da ich weder hier noch dort einen Vorteil oder eine Belohnung sehe, wenigstens meine Haut rette? Und darum vertraue ich sehr auf Gottes Barmherzigkeit und hege die Hoffnung, daß mir völlig vergeben werden wird.«

8

Bei einem Gläschen Kognak

Der Disput war beendet. Doch seltsamerweise wurde Fjodor Pawlowitsch, der so lustig gewesen war, zum Schluß auf einmal mürrisch. In seiner verdrießlichen Laune stürzte er noch einen Kognak hinunter, und das war schon ein Glas zuviel.

»Schert euch fort, ihr Jesuiten«, schrie er die Diener an. »Mach, daß du fortkommst, Smerdjakow. Die versprochenen zehn Rubel werde ich dir heute schicken, nun aber raus. Weine nicht, Grigorij, geh zu Marfa, sie wird dich trösten und zu Bett bringen. Diese Kanaillen lassen einen nach Tisch nicht ein bißchen in Ruhe dasitzen«, sagte er plötzlich scharf und ärgerlich, als die Diener sich auf seinen Befehl hin sofort entfernt hatten. »Smerdjakow schleicht sich jetzt jedesmal nach dem Essen hier ein, weil du ihn so interessierst. Wodurch hast du ihn nur so betört?« fügte er, zu Iwan Fjodorowitsch gewandt, hinzu.

»Durch rein gar nichts«, antwortete der, »es ist ihm eingefallen, mich zu verehren; er ist ein Lakai und ein Speichellecker. Übrigens das beste Material, wenn einmal die Zeit kommt.«

»Wieso das beste?«

»Es wird auch noch andere und Bessere geben, aber auch solche. Zuerst werden es solche sein und nach ihnen Bessere.«

»Und wann wird die Zeit kommen?«

»Es wird eine Rakete aufleuchten, doch vielleicht bald wieder erlöschen. Das Volk hört vorläufig solchen Bouillonhelden nicht besonders gern zu.«

»Das ist es ja, mein Lieber, solch eine Eselin Bileams denkt und denkt, doch weiß der Teufel, was sie sich im stillen noch ausdenkt.«

»Sie sammelt Gedanken«, sagte Iwan und lächelte.

»Siehst du, ich weiß, daß er mich nicht leiden kann, wie er alle übrigen nicht ausstehen kann, dich auch nicht, wenn es dir auch so vorkommt, als wäre es ihm eingefallen, dich zu verehren. Den Aljoschka mag er erst recht nicht, den Aljoschka verachtet er. Aber er stiehlt nicht, das ist es, er klatscht nicht, trägt keinen Unrat aus dem Hause, bäckt vorzügliche Piroggen, doch trotz alledem soll ihn, um die Wahrheit zu sagen, der Teufel holen. Lohnt es sich da also noch, von ihm zu reden?«

»Natürlich lohnt es sich nicht.«

»Doch was die Dinge anbelangt, die er sich da ausdenkt, so

sollte man den russischen Bauern, allgemein gesagt, prügeln. Das habe ich schon immer behauptet. Unser Bauer ist ein Gauner, er ist keines Mitleids wert, und es ist gut, daß man ihn auch heute noch zuweilen mit Birkenruten auspeitscht. Rußland ist stark durch die Birke. Vernichtet man die Wälder, ist auch Rußland verloren. Ich halte es mit den verständigen Leuten. Wir prügeln die Bauern nicht mehr, weil wir so gescheit sind, doch sie prügeln sich selber weiter. Mit welcherlei Maß ihr messet, wird man euch wiedermessen, oder wie heißt es dort? ... Kurzum, Maß für Maß. Rußland aber ist eine Schweinerei. Mein Freund, wenn du wüßtest, wie ich Rußland hasse ... das heißt nicht Rußland, sondern all diese Laster ... doch am Ende auch Rußland. Tout cela c'est de la cochonnerie. Weißt du, was ich liebe? Witz liebe ich.«

»Sie haben schon wieder ein Gläschen getrunken. Nun sollten Sie aufhören.«

»Warte, ich trinke noch eins, und noch eins, und dann mache ich Schluß. Nein, halt mal, du hast mich unterbrochen. In Mokroje fragte ich einmal auf der Durchfahrt einen alten Mann, und er sagte zu mir: ‚Wir lieben es über alles, die Mädchen zu Ruten zu verurteilen, und das Auspeitschen überlassen wir dann immer den jungen Burschen. Am nächsten Tag nimmt dann der Bursche jene, die er ausgepeitscht hat, zur Braut, so daß es bei uns für die Mädchen verlockend ist, bestraft zu werden.' Was sagst du zu diesem Marquis de Sade, wie? Aber wie du willst, jedenfalls ist es witzig. Sollten wir nicht hinfahren und es uns ansehen, wie? Aljoschka, du bist rot geworden? Schäme dich nicht, Kindchen. Schade, daß ich mich vorhin bei dem Abt nicht an den Tisch gesetzt und den Mönchen von den Mädchen in Mokroje erzählt habe. Aljoschka, sei mir nicht böse, daß ich vorhin deinen Abt beleidigt habe. Mich übermannte die Wut, mein Lieber. Denn wenn es einen Gott gibt, wenn er existiert – na, dann bin ich natürlich schuldig und trage die Verantwortung; wenn es Ihn aber überhaupt nicht gibt, müßte man dann nicht noch ganz anders mit ihnen verfahren, mit deinen Vätern? Dann genügte es ja nicht, sie zu köpfen, denn sie halten doch die Entwicklung auf. Glaubst du es mir, Iwan, daß das mein Gefühl peinigt? Nein, du glaubst es nicht, das erkenne ich an deinen Augen. Du glaubst den Leuten, daß ich nichts als ein Hanswurst sei. Aljoscha, glaubst du, daß ich nicht nur ein Hanswurst bin?«

»Ich glaube es, daß Sie nicht nur ein Hanswurst sind.«

»Und ich glaube dir, daß du das glaubst und daß du aufrichtig sprichst. Du blickst aufrichtig und sprichst aufrichtig. Iwan aber nicht. Iwan ist hochmütig ... Dennoch würde ich mit deinem Klösterchen Schluß machen. Man sollte diese ganze Mystik einfach auf einen Schlag in ganz Rußland beseitigen, um alle Dummköpfe endgültig zur Vernunft zu bringen. Wieviel Silber und Gold dann in den Münzhof flösse!«

»Aber weshalb denn beseitigen?« fragte Iwan.

»Damit die Wahrheit rascher erstrahlt, deshalb.«

»Aber wenn diese Wahrheit erstrahlt, wird man doch Sie als ersten berauben und dann ... beseitigen.«

»Pah, am Ende hast du recht. Ach, ich Esel«, sagte Fjodor Pawlowitsch plötzlich erregt und schlug sich leicht vor die Stirn. »Na, wenn es so ist, dann mag dein Klösterlein stehenbleiben, Aljoschka. Und wir gescheiten Leute werden im Warmen sitzen und Kognak trinken. Weißt du, Iwan, daß dies wahrscheinlich von Gott selber so eingerichtet worden ist? Iwan, sag: gibt es einen Gott oder nicht? Halt: sprich die Wahrheit, sprich im Ernst! Warum lachst du wieder?«

»Ich lache darüber, wie Sie selber vorhin über Smerdjakows Glauben, daß es zwei Einsiedler gebe, die Berge zu versetzen vermögen, eine witzige Bemerkung gemacht haben.«

»Ist denn, was ich jetzt frage, dem ähnlich?«

»Sehr.«

»Na, dann bin also auch ich ein echter Russe und habe einen russischen Zug, und dich, den Philosophen, kann man in der gleichen Weise auf einem solchen Zug ertappen. Wenn du willst, werde ich es tun. Wetten wir, daß ich dich morgen schon ertappe? Aber sag trotzdem: gibt es einen Gott oder nicht? Aber im Ernst! Ich muß es jetzt im Ernst wissen.«

»Nein, es gibt keinen Gott.«

»Aljoschka, gibt es einen Gott?«

»Es gibt einen Gott.«

»Iwan, gibt es eine Unsterblichkeit, irgendeine, wenigstens eine kleine, winzige?«

»Es gibt auch keine Unsterblichkeit.«

»Gar keine?«

»Gar keine.«

»Das heißt absolut null und nichts? Aber vielleicht ist doch noch irgend etwas da? Das wäre doch immerhin nicht nichts!«

»Nein, absolut nichts.«

»Aljoschka, gibt es eine Unsterblichkeit?«

»Es gibt eine.«

»Einen Gott und eine Unsterblichkeit?«

»Einen Gott wie auch eine Unsterblichkeit. In Gott liegt ja die Unsterblichkeit.«

»Hm. Wahrscheinlicher ist, daß Iwan recht hat. Mein Gott, wenn man bloß daran denkt, wieviel Glauben der Mensch dafür aufgewendet hat, wieviel Kräfte aller Art er auf diesen Traum vergeudet hat, und das schon so viele tausend Jahre lang! Wer macht sich denn nur so über den Menschen lustig? Iwan! Zum letztenmal und endgültig: gibt es einen Gott oder nicht? Ich frage zum letztenmal!«

»Und zum letztenmal: nein.«

»Wer macht sich denn über die Menschen lustig, Iwan?«

»Wahrscheinlich der Teufel.« Iwan Fjodorowitsch lächelte.

»Gibt es denn einen Teufel?«

»Nein, auch einen Teufel gibt es nicht.«

»Schade. Hol's der Teufel, was täte ich wohl mit dem, der als erster Gott erdacht hat? Es genügte nicht, ihn an einer Espe aufzuhängen.«

»Dann gäbe es überhaupt keine Zivilisation, wenn man Gott nicht erdacht hätte.«

»Es gäbe keine? Ohne Gott gäbe es keine Zivilisation?«

»Ja. Auch Kognak gäbe es nicht. Den Kognak werde ich Ihnen nun aber doch wegnehmen müssen.«

»Halt, halt, halt, mein Lieber, ein Gläschen noch. Ich habe Aljoscha beleidigt. Du bist mir doch nicht böse, Alexej? Alexejtschik, du mein lieber Alexejtschik!«

»Nein, ich bin Ihnen nicht böse. Ich kenne Ihre Gedanken. Ihr Herz ist besser als Ihr Kopf.«

»Mein Herz besser als mein Kopf? Herrgott! Und wer sagt mir das! Iwan, liebst du den Aljoschka?«

»Ich liebe ihn.«

»Liebe ihn.« Fjodor Pawlowitsch wurde immer betrunkener. »Höre, Aljoscha, ich war vorhin grob gegen deinen Starez. Aber ich war erregt. Dabei ist dieser Starez witzig. Was meinst du, Iwan?«

»Das mag sein.«

»Doch, doch, il y a du Piron là-dedans. Er ist ein Jesuit, ein russischer Jesuit. Da er ein edles Wesen ist, brodelt in ihm ein geheimer Unwille darüber, daß er sich verstellen muß . . . daß er gezwungen ist, sich den Anschein der Heiligkeit zu geben.«

»Aber er glaubt doch an Gott.«

»Nicht im geringsten. Hast du das nicht gewußt? Er selbst sagt es doch jedermann, das heißt nicht jedermann, sondern nur allen gescheiten Leuten, die zu ihm kommen. Dem Gouverneur Schulz hat er klipp und klar gesagt: ,Credo, aber ich weiß nicht woran.'«

»Wirklich?«

»Genau so. Aber ich schätze ihn. Er hat etwas Mephistophelisches oder, besser gesagt, etwas von diesem . . . Arbenin – oder wie war doch sein Name? – in Lermontows *Ein Held unserer Zeit**. Er ist ein Wollüstling; er ist ein solcher Wollüstling, daß ich auch jetzt noch um meine Tochter bangte oder um meine Frau, wenn sie zu ihm beichten ginge. Weißt du, wenn der zu erzählen anfängt . . . Im vorvergangenen Jahr lud er uns zu sich zum Tee ein, es gab auch Likör – den schicken ihm die Damen –, doch als er dann anfing, von alten Zeiten zu erzählen, da haben wir uns krank gelacht . . . besonders als er erzählte, wie er eine Gelähmte geheilt habe. ,Wenn mir die Füße nicht schmerzten', sagte er, ,würde ich Ihnen einen Tanz vortanzen.' Ist das nicht allerhand? ,Ich habe in meinem Leben nicht wenig heiligen Hokuspokus angestellt', sagte er. Dem Kaufmann Demidow hat er sechzigtausend Rubel geklaut.«

»Wie, gestohlen?«

»Der hatte sie zu ihm gebracht, da er ihn für einen guten Menschen hielt: ,Verwahre sie, Freund, denn morgen ist bei mir Haussuchung.' Er verwahrte sie auch. ,Du hast sie doch für die Kirche gespendet', sagte er. Ich sagte zu ihm: ,Du bist ein Schuft.' – ,Nein', sagte er, ,ich bin kein Schuft, sondern ich bin eine großzügige Natur' . . . Übrigens war das nicht er . . . Es war ein anderer. Ich habe ihn mit einem anderen verwechselt . . . und es gar nicht gemerkt. Na, jetzt noch ein Gläschen, und dann ist es genug; tu die Flasche weg, Iwan. Ich habe aufgeschnitten, warum hast du mich nicht unterbrochen, Iwan . . . und nicht gesagt, daß ich aufschneide?«

»Weil ich wußte, daß Sie von selbst aufhören werden.«

»Du lügst, du hast es aus Bosheit unterlassen, einzig und allein aus Bosheit. Du verachtest mich. Du bist zu mir gezogen und verachtest mich in meinem eigenen Hause.«

»Ich werde auch wieder wegfahren; der Kognak bekommt Ihnen nicht.«

* Fjodor Pawlowitsch irrt sich in seiner Betrunkenheit, Arbenin ist der Held des Dramas *Die Maskerade* von Lermontow (Anmerkung des Übersetzers).

»Ich habe dich gebeten, um Gottes willen nach Tschermaschnja zu fahren . . . auf einen Tag oder zwei, du aber fährst nicht.«

»Ich werde morgen hinfahren, wenn Sie so darauf bestehen.«

»Du wirst nicht fahren. Du willst mich hier belauern, das möchtest du, du schlechte Seele, darum wirst du auch nicht fahren.«

Der Alte konnte sich nicht beruhigen. Er hatte jenes Stadium der Betrunkenheit erreicht, in dem manche Betrunkene, die bis dahin friedlich waren, ein unwiderstehliches Verlangen empfinden, sich zu erbosen und ihr wahres Gesicht zu zeigen.

»Was schaust du mich so an? Was machst du für Augen? Deine Augen blicken mich an und sagen: Du versoffene Schnauze. Argwöhnisch sind deine Augen, Verachtung liegt in deinen Augen . . . Du führst etwas im Schilde, darum bist du hergekommen. Siehst du, Aljoschka schaut mich an, und seine Augen strahlen. Aljoscha verachtet mich nicht. Alexej, liebe den Iwan nicht . . .«

»Seien Sie meinem Bruder nicht böse, hören Sie auf, ihn zu beleidigen«, sagte Aljoscha plötzlich mit Nachdruck.

»Na, meinetwegen. Ach, ich habe Kopfweh. Tu den Kognak weg, Iwan, zum drittenmal sage ich es schon.« Er wurde nachdenklich und lächelte auf einmal breit und pfiffig: »Sei nicht böse auf mich alten kranken Mann, Iwan. Ich weiß, daß du mich nicht liebst, aber sei mir trotzdem nicht böse. Du hast ja auch keine Ursache, mich zu lieben. Du wirst nach Tschermaschnja fahren, ich werde dann auch hinkommen und ein Gastgeschenk mitbringen. Ich werde dir dort ein Mädel zeigen, ich habe es schon vor langer Zeit entdeckt. Vorderhand läuft es noch barfuß herum. Laß dich nicht abschrecken von den Barfüßigen, verachte sie nicht – sie sind Perlen! . . .«

Er küßte sich schmatzend auf die Fingerspitzen.

»Für mich« – er wurde auf einmal ganz lebhaft, als wäre er, kaum war er auf sein Lieblingsthema gekommen, für einen Augenblick nüchtern geworden –, »für mich . . . ach, ihr Kinder! Kinderchen, kleine Ferkel seid ihr, für mich . . . hat es in meinem ganzen Leben keine häßliche Frau gegeben, das ist meine Grundregel! Könnt ihr mich verstehen? Wie solltet ihr das denn begreifen: ihr habt ja noch Milch in den Adern statt Blut, ihr seid noch nicht aus dem Ei gekrochen! Nach meiner Grundregel kann man an jeder Frau, hol mich der Teufel, etwas außerordentlich Interessantes finden, das man bei keiner einzigen anderen findet – man muß es nur zu finden wissen, da steckt der Haken! Dazu gehört Talent. Häßliche Frauen hat es für mich nie gegeben: schon das eine, daß sie Weiber sind, schon das ist die Hälfte vom Ganzen ... doch wie solltet ihr das begreifen! Selbst bei alten Jungfern findet man zuweilen noch so etwas Gewisses, daß man sich über die übrigen Dummköpfe nur so wundert, wieso es möglich ist, daß sie die alt werden ließen, ohne sie jemals zu beachten! Die Barfüßigen und die Häßlichen muß man vor allem zunächst in Erstaunen setzen – so muß man sich an sie heranmachen. Und ihr wußtet das noch nicht? In Erstaunen muß man sie setzen, bis zur tiefsten Erschütterung, bis sie sich darüber schämen, daß ein so feiner Herr sich in ein so unansehnliches Ding verlieben konnte. Es ist wirklich prächtig, daß es auf Erden immer Herren und Knechte gegeben hat und geben wird, denn dann wird es auch immer so eine kleine Scheuermagd geben und immer auch einen Herrn für sie, und mehr braucht es ja nicht zum Lebensglück! Halt ... höre, Aljoschka, deine selige Mutter habe ich stets in Erstaunen gesetzt, jedoch auf eine andere Art. Ich pflegte nie zärtlich zu ihr zu sein, aber plötzlich, wenn der Augenblick kam, da schüttete ich mich mit einemmal vor ihr aus, rutschte vor ihr auf den Knien, küßte ihr die Füßchen und brachte sie stets, stets – ich erinnere mich daran noch ganz deutlich – zu so einem kleinen, unaufhaltsamen, hellen, nicht lauten, nervösen, besonderen Lachen. Nur sie konnte so lachen. Ich wußte, daß damit immer ihre Krankheit anfing, daß sie am nächsten Tag schon schreien würde wie eine Besessene und daß dieses kleine Lachen jetzt durchaus kein Entzücken bedeutete; aber wenn es auch eine Täuschung war, so sah es doch wie ein Entzücken aus! Da seht ihr, was es heißt, bei allen so einen kleinen Zug herausfinden zu können! Eines Tages geschah es, daß Beljawskij – das war ein hübscher und reicher junger Mann, der ihr den Hof machte und uns häufig besuchte – mir in ihrer Gegenwart plötzlich eine Ohrfeige gab. Wie sie, dieses Lamm, da auf mich losfuhr – ich dachte schon, sie wolle mich wegen dieser Ohrfeige verprügeln! ‚Du bist jetzt ein Geschlagener', sagte sie, ‚ein Geschlagener bist du, eine Ohrfeige hast du von ihm bekommen! Du hast mich', sagte sie, ‚an ihn verkauft ... Wie konnte er es wagen, dich in meinem Beisein zu schlagen! Unterstehe dich niemals mehr, dich mir zu nähern, niemals! Lauf ihm sofort nach und fordere ihn zum Duell ...' Ich brachte sie damals zur Beruhigung ins Kloster, und die heiligen Väter sprachen Gebete über ihr. Aber Gott ist mein Zeuge, Aljoscha, ich habe meiner kleinen Klikuscha niemals etwas zuleide getan! Ein einziges Mal höchstens, noch im ersten Jahr: sie betete damals schon sehr eifrig, besonders die Muttergottestage hielt sie streng ein und jagte mich dann stets in mein Zimmer zurück. Da dachte ich mir: Wart, diese Mystik werde ich dir schon austreiben! ‚Siehst du', sagte ich, ‚siehst du, hier ist deine Ikone, hier ist sie, nun nehme ich sie herunter. Paß auf, du hältst sie für wundertätig, doch ich werde sie gleich in deiner Gegenwart anspucken, und mir wird nichts dafür geschehen!'... Als sie das sah ... mein Gott, ich dachte, jetzt wird sie mich totschlagen, doch sie sprang nur auf, schlug die Hände über dem Kopf zusammen, bedeckte dann plötzlich mit den Händen ihr Gesicht, erzitterte am ganzen Leibe und fiel zu Boden ... sie sank nur so in sich zusammen ... Aljoscha, Aljoscha! Was ist mit dir?«

Der Alte sprang erschrocken auf. Seit er begonnen hatte, von Aljoschas Mutter zu sprechen, hatte Aljoschas Gesicht sich allmählich verändert. Er war rot geworden, seine Augen glühten, die Lippen zitterten ihm ... Der betrunkene Alte spritzte mit Speichel um sich und merkte nichts bis zu dem Augenblick, da mit Aljoscha plötzlich etwas sehr Sonderbares geschah, und zwar wiederholte sich an ihm ganz genau das gleiche, was der Alte soeben noch von der »Klikuscha« erzählt hatte. Aljoscha sprang auf einmal vom Tisch auf, schlug genauso wie seine Mutter die Hände über dem Kopf zusammen, bedeckte dann mit ihnen sein Gesicht, fiel wie vom Blitz getroffen auf den Stuhl zurück und erbebte am ganzen Körper in einem hysterischen Anfall jähen und lautlosen Weinens. Die ungewöhnliche Ähnlichkeit mit der Mutter verblüffte den Alten besonders.

»Iwan, Iwan! Gib ihm rasch Wasser. Das ist wie bei ihr, ganz genauso wie bei ihr, wie damals bei seiner Mutter. Nimm Wasser in den Mund und besprenge ihn damit, so habe ich es auch mit ihr gemacht. Das kam über ihn wegen seiner Mutter, wegen seiner Mutter ...« raunte er Iwan zu.

»Seine Mutter war doch, denke ich, auch die meine, glauben Sie nicht?« brach es plötzlich mit unbezwinglicher, zorniger Verachtung aus Iwan heraus. Der Alte zuckte unter seinem funkelnden Blick zusammen. Doch hier geschah etwas sehr Sonderbares, allerdings nur für eine Sekunde: dem Alten schien tatsächlich die Vorstellung ganz entschwunden zu sein, daß die Mutter Aljoschas auch die Mutter Iwans war ...

»Wieso deine Mutter?« murmelte er verständnislos. »Wie meinst du das? Von welcher Mutter redest du? ... ja, ist sie denn ... Ach, Teufel! Sie ist ja auch die deine! Ach, Teufel! Na, mein Lieber, das war ja eine Umnachtung wie noch nie, verzeih, und ich dachte, Iwan ... Hehehe!« Er hielt inne. Ein breites, betrunkenes, halb idiotisches Grinsen verzerrte sein Gesicht. Und gerade in diesem Augenblick fing es im Flur schrecklich zu lärmen und zu poltern an, es erhob sich ein rasendes Geschrei, die Saaltür flog auf, und herein stürzte Dmitrij Fjodorowitsch. Der Alte flüchtete entsetzt zu Iwan: »Er bringt mich um, er bringt mich um! Laß es nicht zu, laß es nicht zu«, stieß er immer wieder hervor und krallte sich am Rockschoß des Iwan Fjodorowitsch fest.

9

Die Wollüstlinge

Gleich nach Dmitrij Fjodorowitsch kamen auch Grigorij und Smerdjakow in den Saal gerannt. Sie hatten im Flur mit ihm gerungen und ihn nicht hereinlassen wollen (wie Fjodor Pawlowitsch selber ihnen schon vor ein paar Tagen befohlen hatte). Grigorij nutzte es geschickt aus, daß Dmitrij Fjodorowitsch für einen Augenblick im Saal stehengeblieben war, um sich umzuschauen, lief um den Tisch herum und schloß beide Flügel der Tür, die dem Eingang gegenüberlag und zu den inneren Räumen führte; dann stellte er sich mit ausgebreiteten Armen vor die geschlossene Tür, bereit, den Eingang sozusagen bis zum letzten Blutstropfen zu verteidigen. Als Dmitrij das sah, schrie, ja kreischte er geradezu auf und stürzte sich auf Grigorij.

»Sie ist also dort! Man hat sie dort versteckt! Weg, du Schuft!« Er wollte Grigorij von der Tür wegreißen, aber der stieß ihn zurück. Außer sich vor Wut, holte Dmitrij weit aus und versetzte Grigorij mit aller Kraft einen Schlag. Der alte Mann fiel zu Boden wie umgemäht, während Dmitrij über ihn hinwegsprang und sich so gewaltsam Eintritt verschaffte. Smerdjakow blieb am anderen Saalende und schmiegte sich bleich und zitternd an Fjodor Pawlowitsch.

»Sie ist hier«, schrie Dmitrij Fjodorowitsch, »ich habe sie

eben erst zum Haus einbiegen sehen, nur konnte ich sie nicht einholen. Wo ist sie? Wo ist sie?«

Der Schrei: »Sie ist hier!« machte auf Fjodor Pawlowitsch einen unbeschreiblichen Eindruck. Seine ganze Angst war von ihm gewichen.

»Haltet ihn, haltet ihn«, brüllte er und stürzte Dmitrij Fjodorowitsch nach. Grigorij hatte sich unterdessen vom Boden erhoben, schien aber noch etwas benommen zu sein. Iwan Fjodorowitsch und Aljoscha rannten ihrem Vater nach. Plötzlich hörte man im dritten Zimmer etwas zu Boden fallen und klirrend zerbrechen: es war eine große Glasvase (keine von den teueren) auf marmornem Postament, die Dmitrij Fjodorowitsch im Vorbeilaufen gestreift hatte.

»Packt ihn!« brüllte der Alte. »Hilfe!«

Iwan Fjodorowitsch und Aljoscha holten den Alten jedoch ein und brachten ihn mit Gewalt in den Saal zurück.

»Warum jagen Sie ihm nach! Er wird Sie wirklich noch erschlagen!« schrie Iwan Fjodorowitsch zornig seinen Vater an.

»Wanjetschka, Ljoschetschka, sie ist also hier, Gruschenka ist hier, er sagte selber, er habe sie vorbeilaufen sehen . . .«

Er verschluckte sich an seinen eigenen Worten. Er hatte Gruschenka gar nicht erwartet, und die plötzliche Nachricht, daß sie hier sei, hatte ihn ganz aus dem Häuschen gebracht. Er zitterte am ganzen Leibe und schien völlig von Sinnen zu sein.

»Sie haben doch selber gesehen, daß sie nicht gekommen ist!« schrie Iwan.

»Aber vielleicht durch den anderen Eingang.«

»Der ist doch verschlossen, der andere Eingang, und den Schlüssel haben Sie . . .«

Dmitrij erschien plötzlich wieder im Saal. Er hatte natürlich den anderen Eingang verschlossen gefunden, und der Schlüssel dazu befand sich tatsächlich in Fjodor Pawlowitschs Tasche. Auch die Fenster aller Zimmer waren verriegelt; Gruschenka hätte folglich nirgends hereinkommen und nirgends hinausspringen können.

»Haltet ihn!« kreischte Fjodor Pawlowitsch, kaum hatte er Dmitrij wieder erblickt. »Er hat dort bei mir im Schlafzimmer das Geld gestohlen!« Er riß sich von Iwan los und stürzte sich wieder auf Dmitrij. Der aber hob die Hände hoch und packte plötzlich den Alten an den letzten zwei Haarbüscheln, die ihm noch an den Schläfen geblieben waren, und riß ihn daran, daß er mit Gepolter zu Boden schlug. Es gelang ihm noch, den

Liegenden zwei- oder dreimal mit dem Absatz ins Gesicht zu treten. Der Alte stöhnte laut auf. Iwan Fjodorowitsch, obzwar er nicht so stark war wie sein Bruder Dmitrij, umfaßte ihn mit den Armen und riß ihn mit aller Kraft von dem Alten weg. Aljoscha half ihm, indem er seine ganze schwache Kraft zusammennahm und den Bruder von vorne umschlang.

»Wahnsinniger, du hast ihn ja erschlagen!« rief Iwan.

»Das geschieht ihm ganz recht!« rief Dmitrij völlig außer Atem. »Und wenn ich ihn nicht erschlagen habe, so werde ich kommen und es noch tun. Ihr werdet ihn nicht davor bewahren können!«

»Dmitrij! Geh sogleich fort von hier!« rief Aljoscha gebieterisch.

»Alexej, sag du mir, dir allein will ich glauben: war sie soeben hier oder nicht? Ich habe sie selbst gesehen, wie sie soeben von der Gasse an dem Flechtzaun vorbei hierherhuschte. Ich rief sie, aber sie lief davon . . .«

»Ich schwöre dir, sie ist nicht hier gewesen, und niemand hat sie hier überhaupt erwartet!«

»Aber ich habe sie gesehen . . . Also ist sie . . . Ich werde gleich herausbekommen, wo sie ist . . . Leb wohl, Alexej! Dem Äsop jetzt kein Wort von dem Geld, zu Katerina Iwanowna aber geh unverzüglich und sag ihr unbedingt: Er läßt sich empfehlen, ja, empfehlen! Ausdrücklich empfehlen, und er verabschiedet sich! Beschreib ihr die Szene hier!«

Inzwischen hatten Iwan und Grigorij den Alten aufgehoben und in einen Lehnstuhl gesetzt. Sein Gesicht war blutüberströmt, aber er war bei Besinnung und hörte gierig dem Geschrei Dmitrijs zu. Er glaubte immer noch, Gruschenka sei wirklich irgendwo im Hause. Dmitrij Fjodorowitsch warf im Weggehen einen haßerfüllten Blick auf ihn.

»Dein Blut reut mich nicht!« rief er. »Hüte dich, Alter, hüte deinen Traum, denn auch ich habe einen! Ich verfluche dich und sage mich gänzlich von dir los . . .«

Er lief aus dem Zimmer.

»Sie ist hier, sie ist bestimmt hier! Smerdjakow, Smerdjakow«, ächzte kaum hörbar der Alte und winkte mit dem Finger Smerdjakow zu sich heran.

»Sie ist nicht hier, Sie verrückter alter Mann«, schrie Iwan ihn böse an. »Aha, er ist ohnmächtig geworden! Wasser, ein Handtuch! Mach rasch, Smerdjakow!«

Smerdjakow rannte nach Wasser. Schließlich entkleidete

man den Alten, trug ihn ins Schlafzimmer und legte ihn zu Bett. Den Kopf verband man ihm mit einem nassen Handtuch. Geschwächt vom Kognak, von der heftigen Erregung und den Schlägen, schloß er, kaum hatte er das Kissen berührt, die Augen und verfiel in einen Dämmerzustand. Iwan Fjodorowitsch und Aljoscha kehrten in den Saal zurück. Smerdjakow trug die Scherben der zerschlagenen Vase hinaus, während Grigorij düster und mit gesenktem Blick am Tisch stand.

»Sollte man nicht auch dir einen feuchten Umschlag um den Kopf machen, und solltest du dich nicht auch zu Bett legen?« wandte sich Aljoscha an Grigorij. »Wir werden hier auf ihn achtgeben; mein Bruder hat dir ja einen sehr kräftigen Schlag versetzt ... zudem noch auf den Kopf.«

»Er hat sich gegen mich erdreistet!« sagte Grigorij finster, und indem er jedes Wort nachdrücklich betonte.

»Er hat sich auch gegen den Vater erdreistet, nicht nur gegen dich!« bemerkte Iwan Fjodorowitsch mit verzogenem Mund.

»Ich habe ihn in einem Waschtrog gebadet ... und er hat sich gegen mich erdreistet!« wiederholte Grigorij.

»Zum Teufel, wenn ich ihn nicht weggerissen hätte, dann hätte er ihn womöglich doch noch erschlagen. Gehört denn bei dem Äsop viel dazu?« raunte Iwan Fjodorowitsch seinem Bruder Aljoscha zu.

»Gott verhüte es!« rief Aljoscha aus.

»Warum soll Er es denn verhüten?« fuhr Iwan, immer noch im gleichen Flüsterton, mit böse verzerrtem Gesicht fort. »Ein Scheusal wird das andere fressen, damit geschähe ihnen beiden recht.«

Aljoscha fuhr zusammen.

»Ich werde selbstverständlich einen Mord nicht zulassen, wie ich ihn auch jetzt nicht zugelassen habe. Bleib hier, Aljoscha, ich gehe ein bißchen auf den Hof an die frische Luft, ich habe Kopfschmerzen bekommen.«

Aljoscha ging zu seinem Vater ins Schlafzimmer und blieb ungefähr eine Stunde hinter dem Wandschirm am Kopfende seines Bettes sitzen. Plötzlich öffnete der Alte die Augen und sah Aljoscha lange schweigend an. Augenscheinlich versuchte er sich an etwas zu erinnern und überlegte. Auf einmal malte sich auf seinem Gesicht eine ungewöhnliche Erregung.

»Aljoscha«, flüsterte er ängstlich, »wo ist Iwan?«

»Auf dem Hof, er hat Kopfschmerzen. Er bewacht uns.«

»Reich mir den kleinen Spiegel, dort steht er, reich ihn mir.«

Aljoscha gab ihm den kleinen runden Klappspiegel, der auf der Kommode stand. Der Alte sah eine Weile hinein: die Nase war ziemlich stark angeschwollen, und auf der Stirn, über der linken Braue, war ein ziemlich großer blutunterlaufener blauroter Fleck.

»Was sagt Iwan? Aljoscha, du mein lieber, einziger Sohn, ich habe Angst vor Iwan; ich fürchte Iwan mehr als den anderen, nur dich allein fürchte ich nicht.«

»Auch vor Iwan brauchen Sie keine Angst zu haben, Iwan ist Ihnen wohl böse, aber er wird Sie schützen.«

»Aljoscha, aber der andere? Er ist zu Gruschenka gelaufen. Du, mein lieber Engel, sag mir die Wahrheit: war Gruschenka vorhin hier oder nicht?«

»Niemand hat sie gesehen. Das war eine Täuschung, sie ist nicht hiergewesen!«

»Der Mitjka will sie doch heiraten, ja, heiraten!«

»Sie wird ihn nicht nehmen.«

»Sie nimmt ihn nicht, sie nimmt ihn nicht, sie nimmt ihn nicht, sie nimmt ihn nicht, um keinen Preis nimmt sie ihn! ...« rief der Alte, wobei er vor Freude nur so auffuhr, als hätte man ihm in diesem Augenblick nichts Erfreulicheres sagen können. Entzückt ergriff er Aljoschas Hand und drückte sie fest an sein Herz. Sogar Tränen glänzten in seinen Augen. »Die kleine Ikone, die der Muttergottes, von der ich vorhin erzählte, nimm sie nur an dich, nimm sie mit. Auch ins Kloster zurückzukehren erlaube ich dir ... vorhin hatte ich nur gescherzt, nimm es mir nicht übel. Der Kopf tut mir weh, Aljoscha ... Ljoscha, tröste du mein Herz, sei ein Engel, sag mir die Wahrheit!«

»Sie kommen immer noch nicht davon los, ob sie hier war oder nicht«, sagte Aljoscha kummervoll.

»Nein, nein, nein, ich glaube dir. Aber weißt du was? Geh du selber zu Gruschenka oder triff dich irgendwo mit ihr: frage sie rasch, so bald wie möglich, versuche mit deinen eigenen Augen zu erraten, zu wem sie will, zu mir oder zu ihm. Wie? Was? Kannst du es oder nicht?«

»Wenn ich sie sehe, werde ich sie fragen«, murmelte Aljoscha verlegen.

»Nein, sie wird es dir nicht sagen«, unterbrach ihn der Alte, »sie ist ein Racker. Sie wird anfangen, dich zu küssen, und sagen, sie wolle dich heiraten. Sie ist eine Betrügerin, sie ist schamlos, nein, du darfst nicht zu ihr gehen, du darfst es nicht!«

»Und es wäre auch nicht gut, lieber Vater, es wäre gar nicht gut.«

»Wohin schickte er dich vorhin, als er im Weglaufen rief: ‚Geh hin'?«

»Er schickte mich zu Katerina Iwanowna.«

»Um Geld? Sollst du sie um Geld bitten?«

»Nein, nicht um Geld.«

»Er hat kein Geld, kein bißchen. Höre, Aljoscha, ich will die ganze Nacht hier liegenbleiben und überlegen, du aber geh vorläufig. Vielleicht begegnest du ihr auch ... Nur komm morgen früh bestimmt zu mir her, bestimmt. Ich werde dir morgen etwas sagen; wirst du kommen?«

»Ich werde kommen.«

»Wenn du kommst, so gib dir den Anschein, als kämest du von selbst, um mich zu besuchen. Sag niemandem, daß ich dich dazu aufgefordert habe. Sag Iwan kein Wort davon.«

»Gut.«

»Leb wohl, mein Engel, vorhin bist du für mich eingetreten. Mein Lebtag werde ich dir das nicht vergessen. Morgen will ich dir etwas sagen ... ich muß nur erst noch ein wenig nachdenken ...«

»Wie fühlen Sie sich denn jetzt?«

»Morgen schon, morgen werde ich wieder aufstehen und herumlaufen, ganz gesund, ganz gesund, ganz gesund! ...«

Als Aljoscha über den Hof ging, fand er seinen Bruder Iwan auf der Bank beim Tor; er saß da und schrieb mit Bleistift irgend etwas in sein Notizbuch. Aljoscha teilte ihm mit, daß der Alte aufgewacht und bei Bewußtsein sei und ihm erlaubt habe, im Kloster zu nächtigen.

»Aljoscha, ich träfe mich sehr gern morgen früh mit dir«, sagte Iwan, der sich erhoben hatte, mit einer Freundlichkeit, die Aljoscha geradezu überraschte.

»Ich werde morgen bei Chochlakows sein«, entgegnete Aljoscha. »Zu Katerina Iwanowna gehe ich morgen vielleicht auch, wenn ich sie jetzt nicht antreffe ...«

»Jetzt gehst du also zu Katerina Iwanowna? Um ihr auszurichten, er ließe ‚sich empfehlen', jawohl, ‚sich empfehlen'?« sagte Iwan und lächelte plötzlich. Aljoscha wurde ganz verlegen. »Ich glaube aus seinen Ausrufen vorhin und aus manchem, was vorangegangen ist, alles verstanden zu haben. Dmitrij hat dich sicherlich gebeten, zu ihr hinzugehen und ihr mitzuteilen, daß er ... na ... daß er ‚sich empfiehlt'?«

»Bruder, womit wird all dieser Greuel zwischen dem Vater und Dmitrij enden?« rief Aljoscha.

»Das kann man nicht mit Sicherheit erraten. Mit nichts vielleicht, die Sache wird vielleicht im Sande verlaufen. Dieses Weib ist eine Bestie. Jedenfalls muß man den Alten im Hause halten und darf Dmitrij nicht hereinlassen.«

»Bruder, erlaube mir noch eine Frage: Hat denn wirklich jeder Mensch das Recht, darüber zu entscheiden, wer von seinen Mitmenschen würdig ist zu leben und wer dessen nicht mehr würdig ist?«

»Warum soll man denn die Entscheidung von der Würdigkeit abhängig machen? Diese Frage wird in den Herzen der Menschen meist gar nicht auf Grund der Würdigkeit entschieden, sondern auf Grund anderer Dinge, die weit natürlicher sind. Was aber das Recht angeht – wer hätte denn nicht das Recht, zu wünschen?«

»Doch nicht den Tod eines anderen?«

»Und warum nicht seinen Tod? Wozu soll man sich belügen, wenn alle Menschen so leben und wohl auch nicht anders leben können. Fragst du das wegen meiner Worte vorhin, daß ‚zwei Scheusale einander auffressen werden'? Wenn das so ist, so erlaube auch mir eine Frage: Hältst du auch mich, wie Dmitrij, für fähig, das Blut des Äsop zu vergießen . . . ihn zu töten, wie?«

»Wo denkst du hin, Iwan! So etwas ist mir nie auch nur in den Sinn gekommen! Auch Dmitrij halte ich dessen nicht für fähig . . .«

»Schon allein dafür danke ich dir«, sagte Iwan und lächelte. »Du mußt wissen, daß ich ihn immer schützen werde. Doch in meinen Wünschen behalte ich mir in diesem Falle völlige Ungebundenheit vor. Auf Wiedersehen bis morgen. Verurteile mich nicht und halte mich nicht für einen Bösewicht«, fügte er mit einem Lächeln hinzu.

Sie drückten einander die Hand so fest wie noch nie zuvor. Aljoscha hatte das Gefühl, daß sein Bruder ihm zum erstenmal einen Schritt entgegengekommen war und dies zu irgendeinem Zweck und sicherlich mit Absicht getan habe.

10

Beide zusammen

Als Aljoscha das Haus seines Vaters verließ, war er in einem noch zerrisseneren und bedrückteren Gemütszustand als vorhin, da er gekommen war. Auch seine Gedanken waren gleichsam zersplittert und zerstreut, während er zugleich eine Scheu empfand, das Zerstreute wieder zu vereinigen und aus all den qualvollen Widersprüchen, die er an diesem Tag erlebt hatte, einen zusammenfassenden Schluß zu ziehen. Es war da etwas, das fast an Verzweiflung grenzte und in Aljoschas Herzen noch nie geherrscht hatte. Über allem ragte wie ein Berg die wichtigste, fatale und unlösbare Frage: Womit wird all das zwischen seinem Vater, dem Bruder Dmitrij und diesem schrecklichen Weib enden? Jetzt war er ja selber Zeuge gewesen; er war zugegen gewesen und hatte gesehen, wie sie sich gegenüberstanden. Unglücklich, in Wahrheit schrecklich unglücklich konnte übrigens nur sein Bruder Dmitrij sein: auf ihn lauerte zweifellos ein Unheil. Es gab aber noch andere Menschen, die das alles anging, die es vielleicht sogar noch mehr anging, als Aljoscha früher gemeint haben konnte. Es ergab sich sogar etwas Rätselhaftes. Sein Bruder Iwan hatte sich ihm um einen Schritt genähert, was Aljoscha sich schon so lange gewünscht hatte, und nun hatte er aus irgendeinem Grunde das Gefühl, daß ihn diese Annäherung erschreckte. Und jene Frauen? Sonderbar: vorhin war er ungewöhnlich verwirrt gewesen, als er sich zu Katerina Iwanowna auf den Weg gemacht hatte, jetzt jedoch empfand er gar keine Verwirrung; im Gegenteil, er eilte zu ihr, als erwartete er, bei ihr Rat zu finden. Dennoch war es jetzt augenscheinlich schwieriger als vorhin, ihr den Auftrag auszurichten: die Sache mit den dreitausend war endgültig entschieden, und sein Bruder Dmitrij, der sich jetzt für ehrlos hielt und keine Hoffnung mehr hegte, würde natürlich nicht mehr davon abzuhalten sein, sich noch mehr zu erniedrigen. Zudem hatte er auch noch befohlen, Katerina Iwanowna von der Szene zu berichten, die sich eben erst bei seinem Vater abgespielt hatte.

Es war schon sieben Uhr, und der Abend dämmerte bereits, als Aljoscha bei Katerina Iwanowna ankam, die ein sehr geräumiges und bequemes Haus an der Großen Straße bewohnte. Aljoscha wußte, daß sie dort zusammen mit zwei Tanten lebte. Die eine von ihnen war übrigens nur eine Tante ihrer Schwester Agafja Iwanowna; sie war jene schweigsame Person, die im Hause ihres Vaters zusammen mit der Schwester für sie gesorgt hatte, als sie aus dem Institut zu ihnen gekommen war. Die andere Tante war eine aufgeblasene und wichtigtuerische Moskauer Dame, obwohl sie zu den Mittellosen gehörte. Es hieß, daß beide sich Katerina Iwanowna in allem unterordneten und nur aus Gründen der Etikette bei ihr wohnten. Katerina Iwanowna jedoch gehorchte nur ihrer Wohltäterin, der Generalin, die krankheitshalber in Moskau geblieben war und der sie wöchentlich zwei Briefe mit ausführlichen Nachrichten über sich zu schreiben hatte.

Als Aljoscha das Vorzimmer betrat und das Dienstmädchen, das ihm geöffnet hatte, ihn anzumelden bat, wußte man im Saal offenbar schon von seiner Ankunft (vielleicht hatte man ihn vom Fenster aus kommen sehen), denn er hörte plötzlich ein Geräusch wie von eiligen Frauenschritten und das Rauschen von Kleidern, als liefen zwei oder drei Frauen hinaus. Aljoscha kam es sonderbar vor, daß sein Kommen eine solche Aufregung hervorrufen konnte. Man führte ihn jedoch sofort in den Saal, ein großes Zimmer, das mit vielen eleganten Möbeln keineswegs provinziell eingerichtet war. Die Ausstattung bestand aus vielen Sofas und Diwanen verschiedener Größe, großen und kleinen Tischen, Bildern an den Wänden, Vasen und Lampen auf den Tischen, vielen Blumenstöcken und sogar einem Aquarium am Fenster. Wegen der Dämmerung war es im Zimmer etwas dunkel. Aljoscha erkannte auf einem Sofa, auf dem augenscheinlich soeben jemand gesessen hatte, einen hingeworfenen seidenen Umhang und auf dem Tisch vor dem Sofa zwei halb geleerte Tassen Schokolade, Biskuits, einen Kristallteller mit Rosinen und einen zweiten mit Konfekt. Man hatte also jemanden bewirtet. Aljoscha erriet, daß er auf Gäste gestoßen war, und er verzog das Gesicht. Doch im gleichen Augenblick hob sich die Portiere, und mit hastigen Schritten kam Katerina Iwanowna herein und streckte Aljoscha mit einem freudigen, entzückten Lächeln beide Hände entgegen. Zugleich brachte ein Dienstmädchen zwei brennende Kerzen herein und stellte sie auf den Tisch.

»Gott sei Dank! Da sind Sie ja endlich. Den ganzen Tag habe ich Gott angefleht, daß Sie kommen möchten! Nehmen Sie Platz!«

Die Schönheit Katerina Iwanownas hatte Aljoscha auch damals schon verblüfft, als sein Bruder Dmitrij ihn vor drei Wochen zum erstenmal zu ihr mitgenommen hatte, um ihn ihr auf ihren eigenen dringenden Wunsch hin vorzustellen. Zu einem Gespräch zwischen ihnen war es bei jener Begegnung übrigens nicht gekommen. Da Katerina Iwanowna zu bemerken glaubte, daß Aljoscha sehr leicht verlegen wurde, hatte sie ihn damals gleichsam geschont und die ganze Zeit über nur mit Dmitrij Fjodorowitsch gesprochen. Aljoscha hatte geschwiegen, aber sehr vieles deutlich erkannt. Ihn hatten das gebieterische Wesen, die stolze Ungezwungenheit und die Selbstsicherheit des hochmütigen jungen Mädchens überrascht. Und diese Eigenschaften waren zweifellos bei ihr vorhanden, Aljoscha fühlte, daß er nicht übertrieb. Er fand, daß ihre großen schwarzen leuchtenden Augen wunderschön waren und besonders gut zu ihrem blassen, gelblichen ovalen Gesicht paßten. Aber in diesen Augen wie auch in der Kontur der wunderhübschen Lippen lag etwas, in das sein Bruder sich zwar wahnsinnig verlieben konnte, das er aber vielleicht nicht lange zu lieben imstande war. Diesen Gedanken hatte er Dmitrij gegenüber ziemlich unumwunden geäußert, als dieser nach dem Besuch in ihn drang und ihn anflehte, ihm nicht zu verheimlichen, welchen Eindruck er bei diesem Besuch von seiner Braut gewonnen habe.

»Du wirst mit ihr glücklich sein, aber vielleicht ... wird es kein ruhiges Glück sein.«

»Das ist es ja eben, Bruder, solche Geschöpfe bleiben so, wie sie sind, sie schicken sich nicht in ihr Los. Du meinst also, ich werde sie nicht ewig lieben?«

»Nein, du wirst sie vielleicht ewig lieben, aber du wirst vielleicht nicht immer mit ihr glücklich sein ...«

Aljoscha war rot geworden, als er damals seine Meinung äußerte, und hatte sich über sich selber geärgert, daß er den Bitten seines Bruders nachgegeben und so »törichte« Gedanken ausgesprochen hatte. Denn ihm selber kam diese Meinung, kaum hatte er sie geäußert, furchtbar dumm vor. Auch schämte er sich, sein Urteil über eine Frau so autoritativ abgegeben zu haben. Um so betroffener war er, als er jetzt beim ersten Blick auf Katerina Iwanowna, die ihm entgegeneilte, erkannte, daß er sich damals vielleicht sehr getäuscht hatte. Diesmal strahlte ihr Gesicht von unverfälschter, offenherziger Güte, von gerader und warmer Aufrichtigkeit. Von dem früheren »Stolz und Hochmut«, die ihn damals so frappiert hatten, waren jetzt nur noch eine kühne, edle Energie und ein klarer, fester Glaube an sich selbst wahrzunehmen. Aljoscha begriff gleich beim ersten Blick und nach ihren ersten Worten, daß die ganze Tragik ihrer Stellung dem von ihr so geliebten Mann gegenüber für sie durchaus kein Geheimnis war und daß sie vielleicht schon alles, schlechthin alles wußte. Und doch war dessenungeachtet soviel Licht in ihrem Gesicht, soviel Glaube an die Zukunft. Aljoscha kam es plötzlich vor, als hätte er ihr ernstlich und vorsätzlich Unrecht getan. Er fühlte sich sofort besiegt und zu ihr hingezogen. Außerdem merkte er gleich bei ihren ersten Worten, daß sie sehr erregt war, was bei ihr vielleicht ungewöhnlich war – so erregt, daß es fast wie Entzücken aussah.

»Ich habe darum so sehr auf Sie gewartet, weil ich nur von Ihnen allein jetzt die ganze Wahrheit erfahren kann – von sonst niemandem!«

»Ich bin gekommen . . .« stammelte Aljoscha verwirrt, »ich . . . er schickte mich . . .«

»Ah, er hat Sie geschickt, nun, das habe ich schon geahnt. Jetzt weiß ich alles, alles!« rief Katerina Iwanowna, und ihre Augen blitzten jäh auf. »Warten Sie, Alexej Fjodorowitsch, ich will Ihnen erst sagen, weshalb ich Sie so erwartet habe. Sehen Sie, ich weiß vielleicht weit mehr als Sie selber; ich brauche Ihre Nachrichten nicht. Was ich von Ihnen brauche, ist: ich will wissen, welchen Eindruck Sie selber zuletzt von ihm gehabt haben, ich will, daß Sie mir in offenster, ganz ungeschminkter, in schonungslosester Form – oh, so schonungslos, wie Sie nur wollen! – erzählen, wie Sie selber ihn und seine Lage jetzt, nach Ihrer heutigen Begegnung mit ihm, beurteilen. Das ist vielleicht besser, als wenn ich, zu der er nicht mehr kommen will, mich persönlich mit ihm auseinandersetze. Haben Sie nun begriffen, was ich von Ihnen will? Sagen Sie mir jetzt, mit welchem Auftrag er Sie zu mir geschickt hat – ich habe doch gewußt, daß er Sie herschicken wird! –, sagen Sie es geradeheraus, sagen Sie alles bis aufs letzte Wort! . . .«

»Er läßt sich . . . empfehlen, und er werde nie mehr kommen . . . läßt sich Ihnen aber empfehlen.«

»Empfehlen? Sagte er so, drückte er sich gerade so aus?«

»Ja.«

»Hat er sich vielleicht in der Eile versehentlich im Wort vergriffen, nicht den richtigen Ausdruck gebraucht?«

»Nein, er trug mir auf, gerade dieses Wort ‚empfehlen' zu übermitteln. Er bat mich dreimal darum, ich solle nicht vergessen, es zu übermitteln.«

Katerina Iwanowna wurde flammendrot.

»Helfen Sie mir jetzt, Alexej Fjodorowitsch, gerade jetzt brauche ich Ihre Hilfe; ich will Ihnen sagen, was ich denke, und Sie sagen mir, ob ich das Richtige denke oder nicht. Hören Sie, wenn er so obenhin gesagt hätte, er lasse sich empfehlen, ohne auf wörtlicher Wiedergabe zu bestehen und ohne dieses Wort hervorzuheben, dann läge alles darin .... Das wäre das Ende! Wenn er aber besonders auf diesem Wort bestand, wenn er Sie besonders beauftragte, mir diese *Empfehlung* auszurichten, so war er also erregt, vielleicht außer sich. Er hatte einen Entschluß gefaßt und war über seinen Entschluß selbst erschrokken! Er ist nicht festen Schrittes von mir gegangen, sondern er hat sich gleichsam von einem Berge herabgestürzt. Daß er dieses Wort so hervorgehoben hat, kann nur eine Prahlerei gewesen sein ...«

»So ist es, so ist es!« bestätigte Aljoscha leidenschaftlich. »Mir kommt es jetzt selber so vor.«

»Wenn es so ist, dann ist er noch nicht verloren! Er ist nur in Verzweiflung, aber ich kann ihn noch retten. Warten Sie: hat er Ihnen nicht irgend etwas von Geld gesagt, von dreitausend Rubel?«

»Er hat nicht nur davon gesprochen, sondern sich gerade darüber vielleicht am meisten gegrämt. Er sagte, er sei jetzt entehrt, und es sei ihm alles einerlei«, antwortete Aljoscha voll Eifer, da er fühlte, wie neue Hoffnung in sein Herz strömte, und daß es vielleicht wirklich noch einen Ausweg und eine Rettung für seinen Bruder gebe. »Aber wieso wissen Sie denn ... von diesem Geld?« fügte er hinzu und verstummte plötzlich.

»Schon seit langem weiß ich davon, und zwar alles. Ich habe in Moskau telegraphisch angefragt und weiß seit langem, daß das Geld nicht eingetroffen ist. Er hat das Geld nicht abgeschickt, aber ich habe geschwiegen. In der vergangenen Woche habe ich erfahren, wie sehr er Geld brauchte und noch braucht ... Ich verfolge ja in dieser ganzen Sache nur ein einziges Ziel: er soll wissen, zu wem er zurückkehren kann und wer sein treuester Freund ist. Nein, er will es nicht glauben, daß ich sein treuester Freund bin, er will mich nicht wirklich kennenlernen, er sieht in mir nur das Weib. Mich hat die ganze Woche lang eine schreckliche Sorge gequält: wie soll ich es nur anstellen, daß er sich vor mir nicht schämt, weil er diese dreitausend Rubel veruntreut hat? Das heißt, er mag sich vor allen andern schämen und vor sich selber, aber nicht vor mir. Gott sagt er doch wohl alles, ohne sich zu schämen. Warum weiß er denn immer noch nicht, wieviel ich um seinetwillen zu ertragen vermag? Warum, warum kennt er mich immer noch nicht, wie bringt er es fertig, nach allem, was vorgefallen ist, mich nicht zu kennen? Ich will ihn für ewig retten. Möge er vergessen, daß ich seine Braut bin! Und nun fürchtet er sich vor mir wegen seiner Ehre! Sich Ihnen, Alexej Fjodorowitsch, anzuvertrauen, hat er sich doch nicht gescheut? Warum habe ich mir denn bislang noch immer nicht das gleiche Vertrauen verdient?«

Weinend hatte sie die letzten Worte gesprochen; die Tränen stürzten ihr aus den Augen.

»Ich muß Ihnen noch mitteilen«, sagte Aljoscha, ebenfalls mit zitternder Stimme, »was soeben zwischen ihm und dem Vater vorgefallen ist.« Und er schilderte die ganze Szene, erzählte, daß er nach Geld geschickt worden war, daß Dmitrij hereingestürzt war, den Vater geschlagen und danach ihm, Aljoscha, nochmals besonders nachdrücklich eingeschärft hatte, zu ihr zu gehen und ihr seine »Empfehlung« auszurichten ... »Er ist zu dieser Frau gegangen ...« fügte Aljoscha leise hinzu.

»Und Sie glauben, daß ich diese Frau nicht dulden werde? Und er glaubt, daß ich es nicht überwinden werde? Aber er wird sie gar nicht heiraten« – sie lachte plötzlich nervös –, »denn kann ein Karamasow etwa von einer solchen Leidenschaft ewig entflammt bleiben? Das ist Leidenschaft und nicht Liebe, er wird sie nicht heiraten, weil sie ihn nicht nehmen wird ...« sagte Katerina Iwanowna und lächelte wieder seltsam.

»Er wird sie vielleicht doch heiraten«, sagte Aljoscha bekümmert und senkte die Augen.

»Er wird sie nicht heiraten, sage ich Ihnen! Dieses Mädchen ist ein Engel, wissen Sie das? Sie wissen es!« rief Katerina Iwanowna plötzlich mit ungewöhnlicher Leidenschaft. »Sie ist das phantastischste von allen phantastischen Geschöpfen! Ich weiß, wie bezaubernd sie ist, aber ich weiß auch, wie gut sie ist, wie charakterfest und vornehm. Warum sehen Sie mich so an, Alexej Fjodorowitsch? Wundern Sie sich vielleicht über meine Worte und glauben Sie mir nicht? Agrafena Alexandrowna, mein Engel!« rief sie plötzlich jemandem zu, indem sie ins andere Zimmer blickte, »kommen Sie zu uns, hier ist ein lieber Mensch, es ist Aljoscha, er weiß von allen unseren Angelegenheiten, zeigen Sie sich ihm!«

»Ich habe ja hinter dem Vorhang nur darauf gewartet, daß

Sie mich rufen«, antwortete eine zarte, etwas süßlich klingende Frauenstimme.

Die Portiere wurde zurückgeschlagen und ... Gruschenka selbst kam fröhlich lachend an den Tisch. Aljoscha hatte das Gefühl, als durchzuckte ihn etwas. Sein Blick hing wie gebannt an ihr, er konnte die Augen nicht von ihr wenden. Da war sie also, dieses schreckliche Weib - diese »Bestie«, welches Wort erst vor einer halben Stunde seinem Bruder Iwan entschlüpft war und ihr galt. Doch nun stand, so hätte man meinen sollen, ein ganz durchschnittliches und einfaches Geschöpf vor ihm – ein gutes, liebes Mädchen, das zwar hübsch war, aber allen anderen schönen, jedoch ebenfalls »durchschnittlichen« Frauen so sehr glich! Allerdings war sie schön, sogar sehr schön – eine russische Schönheit, wie sie von vielen bis zur Leidenschaft geliebt wird. Sie war von ziemlich hohem Wuchs, aber etwas kleiner als Katerina Iwanowna (die sehr groß war), üppig, mit weichen, gleichsam lautlosen Körperbewegungen, die ebenso wie ihre Stimme bis zu einer gewissen, ganz besonderen süßlichen Geziertheit verzärtelt schienen. Sie war nicht wie Katerina Iwanowna mit kraftvollen festen Schritten hereingekommen, sondern im Gegenteil gleichsam lautlos. Es war überhaupt nicht zu hören, wenn ihre Füße den Boden berührten. Weich ließ sie sich auf einen Sessel nieder, weich rauschte ihr prächtiges schwarzes Seidenkleid, verzärtelt hüllte sie ihren schneeweißen, vollen Hals und die breiten Schultern in einen kostbaren schwarzen Wollschal. Sie war zweiundzwanzig Jahre alt, und ihr Gesicht entsprach völlig diesem Alter. Sie hatte ein sehr weißes Gesicht mit einem blaßroten Anflug auf den Wangen. Das Gesicht war etwas zu rund, und der Unterkiefer trat sogar ein wenig vor. Die Oberlippe war schmal, die untere aber, die etwas vorstand, war doppelt so dick, als wäre sie geschwollen. Aber das wunderbare, sehr üppige dunkelblonde Haar, die dunklen Augenbrauen, die an Zobelfell erinnerten, und die entzückenden graublauen Augen mit den langen Wimpern hätten auch den gleichgültigsten und zerstreutesten Mann unbedingt dazu gebracht, wenn er ihr irgendwo in der Menge, auf der Promenade, im Gedränge begegnet wäre, vor diesem Gesicht plötzlich stehenzubleiben und es lange im Gedächtnis zu behalten. Am meisten überraschte Aljoscha an diesem Gesicht der kindliche, treuherzige Ausdruck. Sie schaute wie ein Kind drein, freute sich über irgend etwas wie ein Kind, sie war fröhlich an den Tisch herangekommen, als erwartete sie etwas mit ungeduldiger und vertrauensvoller kindlicher Neugier. Ihr Blick machte die Seele froh – das fühlte Aljoscha. Und es war noch etwas anderes an ihr, worüber er sich nicht hätte Rechenschaft geben können, was sich ihm aber vielleicht unbewußt einprägte, nämlich wiederum diese Weichheit und Zartheit, diese katzenhafte Lautlosigkeit der Bewegungen ihres Körpers. Und doch war es ein kraftvoller und üppiger Körper. Unter dem Schal zeichneten sich weiche, volle Schultern ab und eine hohe, noch sehr jugendliche Brust. Dieser Körper ließ die Formen einer Venus von Milo ahnen, wenn er auch zweifellos schon jetzt zu stark entwickelt war. Kenner der russischen Frauenschönheit hätten beim Anblick Gruschenkas mit Sicherheit voraussagen können, daß diese frische, noch jugendliche Schönheit mit dreißig Jahren ihr Ebenmaß einbüßen und sozusagen auseinanderfließen werde, daß das Gesicht aufgedunsen sein werde, um die Augen herum und auf der Stirn schnell Runzeln bekommen, seine Zartheit verlieren und eine bläulichrote Farbe annehmen werde – kurzum, es war eine Schönheit für den Augenblick, eine sehr vergängliche Schönheit, wie sie gerade bei russischen Frauen so oft vorkommt. Aljoscha dachte natürlich nicht hieran, aber wenn er auch bezaubert war, so fragte er sich doch mit einem unangenehmen Gefühl und gleichsam mit Bedauern: Warum zieht sie die Worte so in die Länge und warum kann sie nicht natürlich sprechen? Sie tat das augenscheinlich, weil sie dieses Auseinanderziehen und die übersteigert süßliche Betonung der Silben und Laute schön fand. Das war selbstverständlich nur eine üble Angewohnheit, eine schlechte Manier, die von einer mangelhaften Erziehung und einem von Kind auf angeeigneten vulgären Anstandsbegriff zeugte. Und doch schienen Aljoscha diese Aussprache und der Tonfall der Worte einen fast unmöglichen Widerspruch zu dem kindlich-einfältigen und fröhlichen Gesichtsausdruck zu bilden, zu diesem wie bei einem kleinen Kinde sanften und glücklichen Strahlen der Augen! Katerina Iwanowna ließ sie sofort in einem Sessel Aljoscha gegenüber Platz nehmen und küßte sie entzückt mehrmals auf die lieben lachenden Lippen. Sie war geradezu verliebt in sie.

»Wir zwei Frauen sehen uns zum erstenmal, Alexej Fjodorowitsch«, sagte sie entzückt, »ich wollte Gruschenka kennenlernen, sie sehen, ich wollte zu ihr gehen, doch sie kam, sowie sie von meinem Wunsch erfuhr, selbst zu mir. Ich wußte doch, daß wir beide, sie und ich, über alles ins klare kommen würden, über alles! Mein Herz hatte es geahnt... Man hatte mich inständig gebeten, diesen Schritt zu unterlassen, aber ich sah das Ergebnis voraus und habe mich nicht getäuscht. Gruschenka hat mir alles erklärt, alle ihre Absichten; sie ist herbeigeschwebt wie ein guter Engel und hat mir Ruhe und Freude gebracht...«

»Sie haben mich nicht verabscheut, liebes, wertes Fräulein«, sagte Gruschenka in gedehntem, singendem Tonfall und immer noch mit dem gleichen lieben, freudigen Lächeln.

»Unterstehen Sie sich nicht, mir so etwas zu sagen, Sie Betörerin, Sie Zauberin! Ich Sie verabscheuen? Da muß ich Sie doch gleich noch einmal auf Ihre liebe Unterlippe küssen. Sie ist ja schon wie geschwollen, nun also, damit sie noch mehr anschwillt, und noch einmal, und noch einmal... Schauen Sie, Alexej Fjodorowitsch, wie sie lacht, das Herz hüpft einem im Leibe, wenn man diesen Engel ansieht...«

Aljoscha wurde rot, und ein nicht wahrzunehmendes feines Zittern befiel ihn.

»Sie verhätscheln mich, liebes Fräulein, dabei bin ich vielleicht Ihrer Zärtlichkeit gar nicht wert.«

»Nicht wert! Sie und nicht wert!« rief Katerina Iwanowna wieder mit der gleichen Begeisterung. »Sie müssen wissen, Alexej Fjodorowitsch, daß wir ein phantastisches Köpfchen sind, daß wir ein eigenwilliges, aber stolzes, sehr stolzes Herzchen sind! Wir sind edel, Alexej Fjodorowitsch, wir sind großherzig, wissen Sie das? Wir waren nur unglücklich. Wir waren allzu rasch bereit, einem vielleicht unwürdigen oder leichtsinnigen Mann jedes Opfer zu bringen. Es war da einer, auch ein Offizier, wir hatten ihn liebgewonnen, wir opferten ihm alles, das ist schon lange her, fünf Jahre ungefähr, doch er vergaß uns, er heiratete. Jetzt ist er verwitwet, hat geschrieben, er sei hierher unterwegs – und Sie müssen wissen, daß wir nur ihn, nur ihn allein unser ganzes Leben lang geliebt haben und auch jetzt noch lieben! Er wird kommen, und Gruschenka wird wieder glücklich sein, während sie diese ganzen fünf Jahre unglücklich war. Aber wer wird ihr denn Vorwürfe machen, wer kann sich ihrer Zuneigung rühmen! Nur dieser lahme Alte, der Kaufmann – aber der war eher unser Vater, unser Freund und Beschützer. Er traf uns damals in Verzweiflung an, in Nöten, verlassen von dem, den wir so liebten... sie wollte sich ja damals ertränken, dieser Alte rettete sie, ja, er hat sie gerettet!«

»Sie nehmen mich gar zu sehr in Schutz, liebes Fräulein, Sie überstürzen alles«, sagte Gruschenka wieder in gedehntem Ton.

»Ich nehme Sie in Schutz? Steht es mir denn an, Sie in Schutz zu nehmen, und darf ich mich denn überhaupt unterstehen, Sie in Schutz zu nehmen? Gruschenka, mein Engel, geben Sie mir Ihr Händchen, schauen Sie dieses mollige, kleine, hübsche Händchen an, Alexej Fjodorowitsch. Sehen Sie es? Glück hat es mir gebracht und mich wieder zum Leben erweckt, und nun werde ich es gleich küssen, von außen und von innen, so, so, und so!« Und sie küßte dreimal wie berauscht die wirklich hübsche, vielleicht nur etwas zu fleischige Hand Gruschenkas. Die aber hielt ihr die Hand hin und beobachtete mit einem nervösen, hellen, reizenden Lachen das »liebe Fräulein«, und es war ihr sichtlich angenehm, daß man ihr so die Hand küßte. Vielleicht ist das wirklich zuviel Begeisterung, fuhr es Aljoscha durch den Kopf. Er errötete. Sein Herz war die ganze Zeit über eigentümlich unruhig.

»Es wird Ihnen ja nicht gelingen, liebes Fräulein, mich dadurch zu beschämen, daß Sie in Gegenwart Alexej Fjodorowitschs mir so die Hand küssen.«

»Habe ich Sie denn dadurch beschämen wollen?« sagte Katerina Iwanowna etwas verwundert. »Ach, meine Liebe, wie wenig Sie mich verstehen!«

»Sie verstehen mich vielleicht auch nicht ganz, liebes Fräulein, ich bin vielleicht weit schlechter, als es Ihnen scheint. Ich habe ein schlechtes Herz, ich bin eigenwillig. Ich habe dem armen Dmitrij Fjodorowitsch damals nur zum Hohn den Kopf verdreht.«

»Aber Sie werden ihn jetzt doch auch retten. Sie haben es mir versprochen. Sie werden ihn zur Vernunft bringen, Sie werden ihm gestehen, daß Sie einen anderen lieben, schon seit langem, und daß der jetzt um Ihre Hand anhält . . .«

»Ach nein, das habe ich Ihnen nicht versprochen. Sie selbst haben das alles zu mir gesagt, aber ich habe es nicht versprochen.«

»Also habe ich Sie falsch verstanden«, sagte Katerina Iwanowna leise und schien ein wenig bleich zu werden. »Sie versprachen . . .«

»Ach nein, Engelsfräulein, nichts habe ich Ihnen versprochen«, unterbrach Gruschenka sie leise und ruhig, immer noch mit der gleichen fröhlichen und unschuldigen Miene. »Nun sehen Sie es, wertes Fräulein, wie garstig und eigenmächtig ich

Ihnen gegenüber bin. Was mir gerade in den Sinn kommt, das tue ich auch. Vorhin habe ich Ihnen vielleicht etwas versprochen, jetzt aber denke ich: Am Ende gefällt er mir plötzlich wieder, der Mitja – er hat mir ja schon einmal sehr gefallen, fast eine Stunde lang gefiel er mir sogar. Vielleicht gehe ich nun gleich zu ihm hin und sage ihm, er solle von heute an bei mir bleiben ... So unbeständig bin ich ...«

»Vorhin sagten Sie ... etwas ganz anderes ...« flüsterte Katerina Iwanowna kaum vernehmbar.

»Ach, vorhin! Mein Herz ist doch so zart und dumm. Man stelle sich nur vor, was er meinetwegen ausgestanden hat! Wenn ich nun nach Hause komme und plötzlich Mitleid mit ihm habe – was dann?«

»Ich hatte nicht erwartet ...«

»Ach, Fräulein, wie gut und edel Sie doch im Vergleich zu mir sind. Jetzt werden Sie mich Närrin meines Charakters wegen am Ende nicht mehr lieben. Geben Sie mir Ihr liebes Händchen, Sie Engelsfräulein«, bat sie zärtlich und ergriff wie in Ehrfurcht die Hand Katerina Iwanownas. »Nun nehme ich Ihr Händchen, liebes Fräulein, und werde es ebenso küssen wie Sie das meine. Sie küßten es dreimal, ich aber müßte das Ihre dreihundertmal küssen, damit wir quitt sind. Meinetwegen, dann aber wie Gott will, vielleicht werde ich ganz Ihre Sklavin werden und Ihnen alles recht zu machen suchen. Wie Gott es fügt, so mag es geschehen, ohne irgendwelche Verabredungen und Versprechungen. Ihr Händchen, wie lieb Ihr Händchen ist, ja, dieses Händchen! Sie liebes Fräulein, Sie unvergleichliche Schönheit!«

Sie führte »dieses Händchen« sachte an ihre Lippen und tat das wirklich mit der sonderbaren Absicht, durch Küsse mit Katerina Iwanowna »quitt zu sein«. Katerina Iwanowna zog ihre Hand nicht zurück: mit scheuer Hoffnung hörte sie das letzte, wenn auch sehr sonderbar ausgedrückte Versprechen Gruschenkas an, es ihr »sklavisch« recht zu machen; gespannt blickte sie ihr in die Augen: sie sah darin immer noch den gleichen offenherzigen, zutraulichen Ausdruck, immer noch die gleiche klare Heiterkeit ... Sie ist vielleicht allzu naiv! huschte es wie eine Hoffnung durch das Herz Katerina Iwanownas. Unterdessen hob Gruschenka, als wäre sie über das »liebe Händchen« entzückt, die Hand langsam an ihre Lippen. Doch kurz vor ihren Lippen hielt sie plötzlich einen Augenblick inne, als überlegte sie sich etwas.

»Wissen Sie, Engelsfräulein«, sagte sie auf einmal gedehnt mit der zärtlichsten und süßesten Stimme, »wissen Sie, ich werde Ihr Händchen nun doch nicht küssen.« Und sie lachte ein kleines, sehr heiteres Lachen.

»Wie Sie wünschen ... Was haben Sie denn?« Katerina Iwanowna fuhr plötzlich zusammen.

»Nun, vergessen Sie es nur nicht, daß Sie mir die Hand geküßt haben, aber ich die Ihre nicht.« In ihren Augen blitzte etwas auf. Sie sah Katerina Iwanowna ungemein angespannt an.

»Unverschämte!« sagte plötzlich Katerina Iwanowna, als hätte sie auf einmal etwas begriffen, wurde flammendrot und sprang von ihrem Platz auf. In aller Gemächlichkeit erhob sich auch Gruschenka.

»Gleich werde ich es auch Mitja erzählen, wie Sie mir die Hand geküßt haben, ich aber die Ihre nicht. Wie der da lachen wird!«

»Hinaus, Sie Scheusal!«

»Ach, schämen Sie sich, Fräulein, ach, schämen Sie sich, es gehört sich nicht für Sie, solche Worte zu gebrauchen, liebes Fräulein.«

»Hinaus, Sie käufliche Kreatur!« schrie Katerina Iwanowna. Jeder Muskel zitterte in ihrem völlig verzerrten Gesicht.

»Nun soll ich auch noch käuflich sein. Sie selbst sind ja als junges Mädchen in der Dämmerung zu Kavalieren um Geld gegangen, wollten Ihre Schönheit verkaufen, das weiß ich doch.«

Katerina Iwanowna schrie auf und wollte sich auf sie stürzen, doch Aljoscha hielt sie mit aller Gewalt zurück: »Keinen Schritt, kein Wort mehr! Sagen Sie nichts, antworten Sie nichts, sie wird gehen, sofort gehen!«

In diesem Augenblick kamen auf das Geschrei hin die beiden Verwandten Katerina Iwanownas ins Zimmer gerannt, auch das Dienstmädchen lief herzu. Alle stürzten zu ihr hin.

»Ich gehe schon«, sagte Gruschenka und nahm ihren Umhang vom Sofa. »Aljoscha, du Lieber, begleite mich!«

»Gehen Sie, gehen Sie rasch!« flehte Aljoscha sie mit gefalteten Händen an.

»Lieber Aljoschenka, begleite mich! Ich werde dir unterwegs etwas sehr, sehr Schönes sagen! Diese Szene habe ich für dich aufgeführt, Aljoschenka. Begleite mich, Liebling, es wird dir hinterher nicht leid tun.«

Aljoscha wandte sich von ihr ab und rang die Hände. Gruschenka lief mit schallendem Lachen aus dem Haus.

Katerina Iwanowna bekam einen Nervenanfall. Sie schluchzte, Weinkrämpfe erstickten sie fast. Alle bemühten sich um sie.

»Ich hatte Sie gewarnt«, sagte die ältere Tante zu ihr, »ich habe Sie von diesem Schritt abzuhalten versucht ... Sie sind zu impulsiv ... wie konnten Sie sich zu einem solchen Schritt entschließen! Sie kennen diese Kreaturen nicht, und von dieser sagt man, sie sei die schlimmste von allen ... Nein, Sie sind zu eigenwillig!«

»Sie ist ein Tiger!« schrie Katerina Iwanowna. »Warum haben Sie mich zurückgehalten, Alexej Fjodorowitsch, ich hätte sie geschlagen, ja, geschlagen!«

Sie war außerstande, sich vor Aljoscha zusammenzunehmen, vielleicht wollte sie es auch nicht.

»Auspeitschen lassen müßte man sie, auf dem Schafott, durch den Henker, vor allem Volke! ...«

Aljoscha wich zur Tür zurück.

»Aber mein Gott!« rief Katerina Iwanowna plötzlich und schlug die Hände über dem Kopf zusammen. »Er! Wie konnte er so ehrlos, so unmenschlich sein! Er hat diesem Weib erzählt, was dort geschehen ist, damals, an dem verhängnisvollen, verfluchten, ewig verfluchten Tage! ‚Sie gingen hin, Ihre Schönheit zu verkaufen, liebes Fräulein!' Sie weiß es also. Ihr Bruder ist ein Schuft, Alexej Fjodorowitsch!«

Aljoscha hätte gern etwas gesagt, aber er fand kein einziges Wort. Das Herz zog sich ihm vor Schmerz zusammen.

»Gehen Sie, Alexej Fjodorowitsch! Ich schäme mich, mir ist fürchterlich zumute! Morgen ... ich flehe Sie auf den Knien an, kommen Sie morgen. Verurteilen Sie mich nicht, verzeihen Sie mir, ich weiß nicht, was ich noch mit mir anstellen werde!«

Taumelnd erreichte Aljoscha die Straße. Er hätte weinen mögen gleich ihr. Doch da holte ihn das Dienstmädchen ein.

»Das gnädige Fräulein hat vergessen, Ihnen dieses Briefchen von Frau Chochlakowa zu übergeben, es lag schon seit heute mittag bei ihr.«

Aljoscha nahm mechanisch den kleinen rosa Brief und steckte ihn, fast ohne sich dessen bewußt zu sein, in die Tasche.

11

Noch ein ruinierter Ruf

Von der Stadt bis zum Kloster war es höchstens eine gute Werst. Aljoscha schlug eilig den zu dieser Stunde einsamen Weg ein. Es war schon fast Nacht, auf dreißig Schritt war kaum noch etwas zu erkennen. Auf halbem Wege befand sich ein Kreuzweg. Dort, unter einer einsamen Weide, wurde eine Gestalt sichtbar. Kaum hatte Aljoscha die Kreuzung erreicht, löste sich die Gestalt von der Stelle, stürzte jäh auf ihn zu und schrie mit wilder Stimme: »Geld oder Leben!«

»So, du bist es, Mitja!« wunderte sich Aljoscha, der heftig zusammengefahren war.

»Hahaha! Das hattest du wohl nicht erwartet? Ich dachte mir: Wo könnte ich nur auf ihn warten? Bei ihrem Haus? Von dort führen drei Wege weg, und ich hätte dich verfehlen können. Schließlich kam ich auf den Gedanken, hier zu warten, denn hier, sagte ich mir, wird er unbedingt vorbeikommen, einen anderen Weg zum Kloster gibt es nicht. Nun, sag mir die Wahrheit, zerdrücke mich wie einen Kakerlaken ... Aber was hast du denn?«

»Nichts, Bruder ... das kommt nur von dem Schrecken. Ach, Dmitrij! Vorhin das Blut des Vaters ...« Aljoscha brach in Tränen aus, er hatte schon lange weinen wollen, jetzt aber war ihm, als wäre auf einmal irgend etwas in seiner Seele gerissen. »Du hättest ihn fast getötet ... hast ihn verflucht ... und jetzt ... hier ... soeben ... treibst du auch noch Spaß ... Geld oder Leben!«

»Na, was ist denn schon dabei? Ist es etwa ungehörig? Paßt es nicht zu meiner Lage?«

»Ach nein ... ich meinte nur so ...«

»Halt! Schau dir die Nacht an: sieh, wie finster sie ist, diese Wolken, welch ein Wind sich erhoben hat! Ich hatte mich hier unter der Weide versteckt, hatte auf dich gewartet und dachte plötzlich – ich schwöre es dir bei Gott! –: Wozu sich noch plagen, worauf noch warten? Hier steht eine Weide, ich habe ein Taschentuch bei mir, habe ein Hemd, kann einen Strick daraus drehen, obendrein habe ich noch Hosenträger und – ich brauche nicht mehr die Erde zu belasten, sie nicht mehr durch meine elende Gegenwart zu entehren! Da hörte ich dich kommen – Herrgott, das war, als ob plötzlich etwas auf mich niederstürzte: Also gibt es doch noch einen Menschen, den auch ich liebe, da ist er ja, dieser Mensch, mein lieber Bruder ist es, den ich mehr liebe als sonst jemanden auf der Welt und den allein ich liebe! Und so lieb gewann ich dich da, so sehr liebte ich dich in diesem Augenblick, daß ich dachte: Jetzt werfe ich mich ihm an den Hals! Doch da kam mir der dumme Gedanke: Ich will ihm einen kleinen Schabernack spielen, ihn erschrecken. Und so schrie ich wie ein Narr: ‚Geld oder Leben!' Verzeih mir die Narrheit – das ist doch nur Unsinn, und in meiner Seele ... sieht es auch entsprechend aus ... Na, zum Teufel damit! Doch erzähle, wie war es dort? Was hat sie gesagt? Zermalme mich, schmettere mich zu Boden, schone mich nicht! Geriet sie außer sich?«

»Nein, das nicht ... Es war alles ganz anders, Mitja. Dort... ich traf sie dort soeben beide zusammen an.«

»Welche beiden?«

»Gruschenka und Katerina Iwanowna.«

Dmitrij Fjodorowitsch war starr.

»Unmöglich!« rief er. »Du phantasierst! Gruschenka war bei ihr?«

Aljoscha erzählte alles, was er seit dem Augenblick erlebt hatte, da er zu Katerina Iwanowna gekommen war. Er erzählte ungefähr zehn Minuten lang, nicht gerade fließend und zusammenhängend, gab aber doch einen klaren Bericht, indem er die wichtigsten Worte und Gebärden hervorhob und dabei, oft nur durch einen einzigen Zug, die eigenen Gefühle genau wiedergab. Sein Bruder hörte schweigend zu und blickte in unheimlicher Regungslosigkeit starr vor sich hin, aber Aljoscha erkannte deutlich, daß er bereits alles begriffen und den ganzen Zusammenhang erfaßt hatte. Doch Dmitrijs Gesicht wurde, je weiter die Erzählung voranschritt, immer finsterer, ja sogar drohend. Er zog die Brauen zusammen, biß die Zähne aufeinander, und sein regungsloser Blick schien noch regungsloser, noch starrer, noch furchtbarer zu werden ... Um so überraschender war es, als sein ganzes Gesicht, das bislang zornig und grimmig gewesen war, sich plötzlich mit einer unfaßlichen Schnelligkeit veränderte; die zusammengekniffenen Lippen öffneten sich, und Dmitrij Fjodorowitsch brach auf einmal in ein ganz unbändiges, echtes Gelächter aus. Es schüttelte ihn buchstäblich vor Lachen, so daß er geraume Zeit nicht einmal sprechen konnte.

»Sie hat ihr also die Hand nicht geküßt! Hat sie nicht geküßt und ist einfach davongelaufen!« rief er immer wieder in einer Art von krankhaftem Entzücken – in schamlosem Entzücken, könnte man auch sagen, wenn dieses Entzücken nicht so ungekünstelt gewesen wäre. »Und die andere hat geschrien, sie sei ein Tiger! Ein Tiger ist sie auch! Also aufs Schafott müsse man sie bringen? Ja, ja, das müßte man, der Meinung bin ich auch, daß man es müßte, schon lange müßte man es! Siehst du, Bruder, meinethalben aufs Schafott, aber zuerst muß man gesund werden. Ich verstehe diese Königin der Unverschämtheit, daraus spricht ihr ganzes Wesen, in diesem Handkuß hat sie sich ganz offenbart, das teuflische Weib! Sie ist die Königin aller teuflischen Weiber, die man sich nur denken kann. In ihrer Art kann sie einen entzücken! Sie ist also nach Hause gelaufen? Ich werde gleich ... ach ... Ich werde mal zu ihr hinlaufen! Aljoschka, verurteile mich nicht, ich bin ja einverstanden damit, daß es zu wenig wäre, sie zu erwürgen ...«

»Und Katerina Iwanowna?« rief Aljoscha traurig.

»Auch die, auch die durchschaue ich völlig und besser als je! Das ist wie eine Entdeckung aller vier Erdteile, das heißt aller fünf! Welch ein Schritt! Das ist ganz und gar Katjenka, das Institutsmädel, das in der großmütigen Absicht, ihren Vater zu retten, sich nicht gescheut hat, zu einem albernen, ungehobelten Offizier zu laufen, obwohl sie dabei riskierte, furchtbar beleidigt zu werden! Aber sie ist eben stolz, hat das Bedürfnis nach einem Risiko, sie will das Schicksal herausfordern, der Unendlichkeit den Fehdehandschuh hinwerfen! Du sagst, ihre Tante habe versucht, sie zurückzuhalten? Diese Tante, weißt du, ist selbst eigenmächtig, sie ist doch die leibliche Schwester jener Moskauer Generalin, sie hat die Nase noch höher getragen als die, aber ihr Mann wurde der Veruntreuung von Geldern, die der Krone gehörten, überführt, verlor alles, sein Landgut und das gesamte Vermögen, und da stimmte die stolze Gattin plötzlich ihren Ton herab und hat sich seitdem nicht wieder aufgerappelt. Sie hat also Katja zurückhalten wollen, aber die hat ihr nicht gehorcht. Alles, sagte sie sich, kann ich besiegen, alles ist mir untertänig; wenn ich will, werde ich auch Gruschenka behexen – und sie hat ja sich selbst geglaubt, hat vor sich selbst wichtig getan, wen trifft denn da die Schuld? Du meinst, sie habe in schlauer Berechnung absichtlich als erste der Gruschenka die Hand geküßt? Nein, sie hat sich wirklich, wirklich in Gruschenka verliebt, das heißt nicht in Gruschenka, sondern in ihren eigenen Traum, in ihre eigene Phantasie – weil es *ihr* Traum, *ihre* Phantasie ist! Liebling, Aljoscha, wie hast du dich nur vor diesen Weibern gerettet? Du hast wohl deinen Mönchsrock hochgerafft und bist davongelaufen? Hahaha!«

»Bruder, dir scheint es nicht einmal aufgefallen zu sein, wie sehr du Katerina Iwanowna beleidigt hast, als du Gruschenka von jenem Tag erzähltest, so daß sie ihr ins Gesicht schleudern konnte, sie selbst sei ‚insgeheim zu Kavalieren gegangen, um ihre Schönheit zu verkaufen'! Bruder, kann es denn etwas Schlimmeres geben als diese Beleidigung?« Was Aljoscha am meisten quälte, war der Gedanke, daß sein Bruder sich über die Erniedrigung Katerina Iwanownas zu freuen schien, obwohl das natürlich undenkbar war.

»Pah!« Dmitrij Fjodorowitsch schaute plötzlich unheimlich finster drein und schlug sich mit der Hand vor die Stirn. Erst jetzt begriff er das, obwohl Aljoscha ihm kurz vorher von allem erzählt hatte, von der Beleidigung wie auch von dem Schrei Katerina Iwanownas: »Ihr Bruder ist ein Schuft!« – »Ja, wirklich, vielleicht habe ich Gruschenka auch von jenem ‚verhängnisvollen Tag' erzählt, wie Katja sich ausdrückte. Ja, das stimmt, ich habe ihr davon erzählt, nun erinnere ich mich! Das war damals in Mokroje, ich war betrunken, die Zigeunerinnen sangen ... Aber ich schluchzte ja, ich schluchzte ja damals selber, ich lag auf den Knien, ich betete vor Katjas Bild, und Gruschenka begriff das. Sie hat damals alles begriffen, nun erinnere ich mich, sie selber weinte ... Ach, Teufel! Könnte es denn jetzt anders sein? Damals weinte sie, und jetzt ... Jetzt ‚Schwerter im Busen'! So ist das bei den Weibern.«

Er senkte den Blick und wurde nachdenklich.

»Ja, ich bin ein Schuft! Zweifellos ein Schuft«, sagte er plötzlich düster. »Einerlei, ob ich geweint habe oder nicht, einerlei, ich bin ein Schuft! Sag dort, daß ich diese Benennung annehme, wenn sie das trösten kann. Na, genug davon, leb wohl, wozu noch mehr schwatzen! Das alles ist so unerfreulich. Geh du deines Weges, und ich werde den meinigen gehen. Ich will dich nicht mehr wiedersehen, erst in der allerletzten Minute vielleicht. Leb wohl, Alexej!« Er drückte Aljoscha kräftig die Hand und schritt, immer noch mit gesenktem Blick und ohne den Kopf zu heben, als stürzte er jäh davon, rasch auf die Stadt zu. Aljoscha blickte ihm nach und konnte es nicht glauben, daß er so unvermittelt auf immer davongegangen sei.

»Halt, Alexej, noch ein Geständnis, das nur du allein hören sollst!« Dmitrij Fjodorowitsch kam plötzlich zurück. »Sieh mich an, sieh mich aufmerksam an: siehst du, hier, hier – bereitet sich eine furchtbare Gemeinheit vor.« Als Dmitrij »hier« sagte, schlug er sich mit der Faust gegen die Brust, in einer so seltsamen Weise, als läge die Gemeinheit gerade hier verwahrt, an seiner Brust, an irgendeiner Stelle, vielleicht in einer Tasche, oder als hinge sie in einem Beutel an seinem Halse. »Du kennst mich schon: ich bin ein Schuft, ein erklärter Schuft! Doch du mußt wissen, was auch immer ich getan habe, früher oder jetzt, oder was ich noch tun werde – nichts, nichts kann sich in seiner Niedrigkeit mit jener Gemeinheit vergleichen, die ich gerade jetzt, gerade in diesem Augenblick hier an meiner Brust trage, hier, hier, die sich schon auswirkt und geschieht, die zu unterlassen völlig in meiner Macht liegt, die ich unterlassen oder begehen kann, merk dir das! Nun, du mußt wissen, daß ich sie begehen und nicht unterlassen werde. Ich habe dir vorhin alles erzählt, das aber habe ich dir nicht erzählt, weil sogar ich nicht die Stirn dazu habe! Ich kann noch innehalten: wenn ich es tue, kann ich noch morgen die volle Hälfte meiner verlorenen Ehre zurückgewinnen, aber ich werde nicht innehalten, sondern meine gemeine Absicht verwirklichen, und du sollst künftig mein Zeuge sein, daß ich das im voraus und wissentlich gesagt habe! Verderben und Finsternis! Ich brauche dir nichts zu erklären, du wirst es zu seiner Zeit erfahren. Stinkende Gasse und teuflisches Weib! Leb wohl. Bete nicht für mich, ich bin es nicht wert, auch ist es gar nicht notwendig, gar nicht notwendig ... das brauche ich gar nicht! Fort!«

Und er entfernte sich plötzlich, diesmal aber endgültig. Alexej ging zum Kloster. Wieso, wieso werde ich ihn nie mehr wiedersehen, was redet er da? dachte er befremdet. Morgen noch werde ich ihn bestimmt sehen, ihn ausfindig machen, ich werde ihn absichtlich aufsuchen, was redet er da nur! ...

Er machte einen Bogen um das Kloster und ging durch das Föhrenwäldchen geradewegs zur Einsiedelei. Dort öffnete man ihm, obwohl man sonst zu dieser Stunde niemanden mehr einzulassen pflegte. Das Herz klopfte ihm, als er die Zelle des Starez betrat. Warum, warum war er fortgegangen, weshalb hatte der Starez ihn »in die Welt« geschickt? Hier war Ruhe, hier war Heiligkeit, dort aber war Unruhe, dort war Finsternis, in der man sich sofort verlor und auf Abwege geriet ...

In der Zelle befanden sich der Novize Porfirij und der Mönchpriester Vater Paisij, der den ganzen Tag über allstündlich gekommen war, um sich nach dem Befinden des Vater Sosima zu erkundigen, dem es, wie Aljoscha mit Schrecken erfuhr, immer schlechter ging. Sogar die übliche Abendunterredung mit der Brüderschaft hatte diesmal nicht stattfinden können. Abends, zwischen Gottesdienst und Nachtruhe, versammelte sich gewöhnlich die Brüderschaft des Klosters in der Zelle des Starez, und jeder beichtete ihm laut die Sünden, die er während des Tages begangen hatte, seine sündigen Vorstellungen, Gedanken, Versuchungen, sogar ihre Streitigkeiten untereinander beichteten sie, wenn solche vorgekommen waren. Manche beichteten kniend . . . Der Starez sprach sie von ihren Sünden los, versöhnte, unterwies sie, erlegte ihnen Bußen auf, segnete und entließ sie. Gerade gegen diese »Beichten« der Brüderschaft lehnten sich die Gegner des Starzentums auf und sagten, das sei eine Profanierung des Beichtsakraments, fast ein Sakrileg, obwohl das hier etwas ganz anderes war. Sie hielten sogar der Eparchialobrigkeit vor, solche Beichten verfehlten nicht nur ihren guten Zweck, sondern führten tatsächlich und unfehlbar zu Sünde und Versuchung. Vielen von den Brüdern fiele es schwer, zu dem Starez zu gehen, sie kämen nur gezwungenermaßen, weil alle hingingen, damit man sie nicht für stolz hielte und dächte, sie hätten rebellische Absichten. Man erzählte sich, daß einige von den Brüdern, wenn sie zur Abendbeichte gingen, sich vorher untereinander verabredeten: »Ich werde sagen, daß ich am Morgen auf dich zornig geworden sei, und du bestätigst es«, damit sie etwas zu sagen hätten und sich aus der Verlegenheit helfen könnten. Aljoscha wußte, daß dem wirklich zuweilen so war. Ebenso wußte er, daß es unter den Brüdern einige gab, die auch darüber sehr ungehalten waren, daß sogar Briefe von Verwandten, die für die Einsiedler eintrafen, gewöhnlich erst zum Starez gebracht wurden, damit er sie öffne und noch vor den Empfängern lese. Selbstverständlich wurde vorausgesetzt, das alles müsse freiwillig und aufrichtig, aus freudigem Herzen, um freiwilliger Demut und heilsamer Belehrung willen geschehen, in Wirklichkeit aber geschah es manchmal, wie sich zeigte, in sehr unaufrichtiger, gekünstelter und heuchlerischer Weise. Doch die ältesten und erfahrensten der Brüderschaft bestanden darauf, denn sie waren der Meinung: Wer mit der aufrichtigen Absicht hergekommen ist, ein bußfertiges Leben zu führen, für den werden all diese Gehorsamsdienste und asketischen Übungen zweifellos heilsam und von großem Nutzen sein; wer sie dagegen als lästig empfindet und darüber murrt, der ist ohnehin kein echter Mönch und umsonst ins Kloster gekommen, sein Platz ist in der Welt. Vor Sünden und dem Teufel kann man sich weder in der Welt noch im Gotteshaus bewahren, also darf man gegen die Sünde nicht zu nachsichtig sein.

»Er ist schwach geworden, und der Schlaf hat ihn übermannt«, teilte Vater Paisij im Flüsterton Aljoscha mit, nachdem er ihn gesegnet hatte. »Man kann ihn kaum aufwecken. Aber das soll man auch nicht. Er erwachte für fünf Minuten, bat, der Brüderschaft seinen Segen zu überbringen, und ließ sie bitten, für ihn Nachtgebete zu sprechen. Morgen früh will er noch einmal das heilige Abendmahl nehmen. Er gedachte deiner, Alexej, fragte, ob du gegangen seist, man antwortete ihm, du seist in der Stadt. ‚Dazu habe ich ihm meinen Segen erteilt; dort ist vorläufig sein Platz, nicht hier', so sprach er von dir. Liebevoll gedachte er deiner, mit Sorge – begreifst du, wessen du gewürdigt worden bist? Weshalb mag er dir nur befohlen haben, eine Zeitlang in der Welt zu leben? Also sieht er wohl einiges von deinem Schicksal voraus! Begreife, Alexej, wenn du auch in die Welt zurückkehren sollst, so doch nur zu gehorsamem Dienst, den dein Starez dir auferlegt hat, und nicht zu eitlem Leichtsinn und weltlicher Freude . . .«

Vater Paisij ging hinaus. Für Aljoscha stand es außer Zweifel, daß die Todesstunde des Starez nahte, wenn er auch noch ein oder zwei Tage leben konnte. Und so nahm er sich fest und heilig vor, morgen das Kloster nicht zu verlassen und bis zum Tod seines Starez bei ihm zu bleiben, obwohl er versprochen hatte, den Vater, die Chochlakows, den Bruder und Katerina Iwanowna zu besuchen. Sein Herz entbrannte in Liebe, und er warf sich voll Bitterkeit vor, daß er dort, in der Stadt, auch nur für einen Augenblick hatte vergessen können, wen er im Kloster auf dem Sterbebett zurückgelassen hatte und wen er über alles in der Welt schätzte. Er ging in das kleine Schlafzimmer des Starez, kniete nieder und verneigte sich vor dem Schlafenden bis zur Erde. Der Starez schlief sanft und reglos, er atmete gleichmäßig und beinahe nicht wahrnehmbar. Sein Gesicht war ruhig.

Ins andere Zimmer zurückgekehrt – es war das gleiche, in dem der Starez am Morgen seine Gäste empfangen hatte –, legte sich Aljoscha, ohne sich auszukleiden, und indem er sich nur seiner Stiefeln entledigte, auf das harte und schmale kleine Ledersofa, auf dem er schon seit langem jede Nacht schlief.

Er pflegte nur ein Kissen mitzubringen, die Matratze jedoch, von der sein Vater vorhin gezetert hatte, hatte er schon seit geraumer Zeit auszubreiten vergessen. Gewöhnlich legte er nur sein Novizenhabit ab und verwendete es als Decke. Doch bevor er sich hinlegte, warf er sich auf die Knie und betete lange. In seinem heißen Gebet bat er Gott nicht, ihm in seiner Verwirrung Klarheit zu verschaffen, sondern er lechzte nur nach der freudigen Rührung, die früher stets in seine Seele eingezogen war, wenn er Gott gelobt und gepriesen hatte, worin gewöhnlich sein ganzes Gebet vor der Nachtruhe bestand. Diese Freude, die über ihn kam, pflegte ihm dann einen leichten und ruhigen Schlaf zu bringen. Während er auch jetzt so betete, fühlte er plötzlich in der Tasche den kleinen rosa Brief, der ihm unterwegs von dem Dienstmädchen Katerina Iwanownas, das ihn auf der Straße eingeholt hatte, übergeben worden war. Er geriet in Verwirrung, beendete aber sein Gebet. Dann erst öffnete er nach einigem Schwanken den Umschlag. Er enthielt ein Briefchen, unterschrieben von Lise, der kleinen Tochter der Frau Chochlakowa, die am Morgen in Gegenwart des Starez so über ihn gelacht hatte.

»Alexej Fjodorowitsch«, schrieb sie, »ich schreibe Ihnen ganz im geheimen, niemand ahnt es, auch Mama nicht, und ich weiß, daß das nicht recht ist. Aber ich kann nicht mehr leben, wenn ich Ihnen nicht sage, was in meinem Herzen vor sich gegangen ist, und das darf vorderhand niemand außer uns beiden wissen. Doch wie sage ich Ihnen das, was ich Ihnen so gerne sagen möchte? Papier, so heißt es, kann nicht erröten, aber ich versichere Ihnen, daß das nicht wahr ist und daß es genauso errötet, wie jetzt ich selbst über und über rot werde. Lieber Aljoscha, ich liebe Sie, liebe Sie schon seit meiner Kindheit, seit Moskau, wo Sie noch ganz anders waren als jetzt, und ich liebe Sie fürs ganze Leben. Ich habe Sie in meinem Herzen erwählt, um mich mit Ihnen zu vereinigen und im Alter mein Leben gemeinsam mit Ihnen zu beschließen. Natürlich unter der Voraussetzung, daß Sie das Kloster verlassen. Was unser Alter angeht, werden wir so lange warten, wie es das Gesetz vorschreibt. Bis dahin werde ich bestimmt gesund sein, werde gehen und tanzen können. Darüber ist kein Wort zu verlieren.

Sehen Sie, wie ich mir alles überlegt habe? Nur eines kann ich mir nicht vorstellen: was werden Sie von mir denken, wenn Sie das lesen? Ich lache immerzu und treibe Unsinn, ich habe Sie vorhin geärgert, aber ich versichere Ihnen, daß ich, bevor ich zur Feder griff, vor der Ikone der Muttergottes gebetet habe, und auch jetzt bete ich und weine fast.

Mein Geheimnis ist nun in Ihren Händen, und ich weiß nicht, wie ich Sie ansehen soll, wenn Sie morgen zu uns kommen. Ach, Alexej Fjodorowitsch, wenn ich mich nun wieder nicht werde beherrschen können, wie eine Närrin, und bei Ihrem Anblick wieder lachen werde wie vorhin, was dann? Sie werden mich ja für eine abscheuliche Spötterin halten und meinem Brief nicht glauben. Und darum flehe ich Sie an: wenn Sie Mitleid mit mir haben, dann blicken Sie mir nicht allzu gerade in die Augen, wenn Sie morgen kommen, denn sobald ich den Ihren begegne, werde ich sicherlich in Lachen ausbrechen, zudem werden Sie dieses lange Gewand anhaben ... Schon jetzt wird mir ganz kalt, wenn ich daran denke, sehen Sie mich darum, wenn Sie kommen, eine Zeitlang überhaupt nicht an, sondern blicken Sie auf Mama oder auf das Fenster ...

Nun habe ich Ihnen einen Liebesbrief geschrieben, mein Gott, was habe ich angestellt! Aljoscha, verachten Sie mich nicht, und wenn ich etwas Schlechtes getan und Sie betrübt habe, so verzeihen Sie mir. Jetzt ist das Geheimnis meines vielleicht auf ewig ruinierten Rufs in Ihren Händen.

Ich werde heute bestimmt weinen. Auf Wiedersehen, bis zu dem *schrecklichen* Wiedersehen. Lise.

P. S. Aljoscha, kommen Sie doch unbedingt, unbedingt, unbedingt! Lise.«

Aljoscha las mit Verwunderung, las zweimal, überlegte eine Weile und lachte plötzlich leise und herzlich. Er fuhr fast zusammen, denn dieses Lachen erschien ihm sündhaft. Doch kurz danach lachte er wieder, ebenso leise und ebenso glücklich. Langsam steckte er den Brief in den Umschlag, bekreuzte sich und legte sich hin. Die Verwirrung in seiner Seele hatte sich plötzlich gelöst. »Herr, erbarme Dich ihrer aller, behüte die Unglücklichen und Ungestümen und lenke sie. Dein sind die Wege: auf den Wegen, die nur Du weißt, errette sie. Du bist die Liebe, Du wirst allen auch Freude senden!« murmelte Aljoscha, bekreuzte sich wieder und schlief friedlich ein.

ZWEITER TEIL

VIERTES BUCH

ÜBERSPANNTHEIT

I

Vater Ferapont

Am frühen Morgen, noch vor Tagesanbruch, wurde Aljoscha aus dem Schlaf geweckt. Der Starez war erwacht und fühlte sich sehr schwach, äußerte jedoch den Wunsch, aufzustehen und sich in seinen Lehnstuhl zu setzen. Er war bei voller Besinnung; sein Gesicht sah zwar sehr erschöpft aus, war aber klar, ja fast freudig, und sein Blick war heiter, freundlich und lebhaft. »Vielleicht werde ich den heutigen Tag nicht überleben«, sagte er zu Aljoscha; dann begehrte er unverzüglich zu beichten und das heilige Abendmahl zu empfangen. Sein Beichtvater war schon immer Vater Paisij gewesen. Als beide Sakramente vollzogen waren, begann die Letzte Ölung. Es versammelten sich die Mönchpriester, und die Zelle füllte sich nach und nach mit Mönchen aus der Einsiedelei. Unterdessen war es Tag geworden. Nun kamen auch Mönche aus dem Kloster. Als die heilige Handlung beendet war, bekundete der Starez den Wunsch, sich von allen zu verabschieden, und küßte einen jeden. Da die Zelle nicht geräumig genug war, gingen die, die früher gekommen waren, hinaus und machten anderen Platz. Aljoscha stand neben dem Starez, der sich wieder in den Lehnstuhl gesetzt hatte. Er sprach und lehrte noch, soweit er das vermochte; seine wenn auch schwache Stimme war noch ziemlich fest. »Nun habe ich euch schon viele Jahre lang unterwiesen und so viele Jahre lang gesprochen, daß ich es mir anscheinend angewöhnt habe, zu reden und, wenn ich spreche, euch zu unterweisen; ich habe es mir so sehr angewöhnt, daß es mir fast schwerer fiele zu schweigen, als zu reden, meine lieben Väter und Brüder, selbst jetzt noch, bei meiner Schwäche«, scherzte er und blickte dabei gerührt auf die sich um ihn Drängenden. Aljoscha behielt für immer einiges von dem im Gedächtnis, was der Starez damals sagte. Wenn er aber auch vernehmlich und mit hinlänglich fester Stimme sprach, so war seine Rede doch ziemlich zusammenhangslos. Er sprach über vieles, es schien, als wolle er vor dem Augenblick des Todes noch alles sagen, noch alles aussprechen, was im Laufe seines Lebens ungesagt geblieben war, und das nicht nur um der Unterweisung willen, sondern weil er danach lechzte, seine Freude und Begeisterung mit allen und jedem zu teilen und noch einmal im Leben sein Herz auszuschütten . . .

»Liebet einander, ihr Väter«, lehrte der Starez (soweit Aljoscha sich später erinnern konnte). »Liebet Gottes Volk. Sind wir doch, wenn wir auch hierhergekommen sind und uns hinter diesen Wänden von der Welt abgeschlossen haben, nicht heiliger als die Weltlichen, im Gegenteil, jeder, der hierhergekommen ist, hat schon allein damit, daß er herkam, bei sich erkannt, daß er schlechter ist als alle Weltlichen und als alle und jeder auf Erden . . . Und je länger ein Mönch hinter diesen Wänden lebt, desto schmerzlicher muß er das erkennen. Andernfalls hätte er gar nicht herzukommen brauchen. Erst wenn er einsieht, daß er nicht nur schlechter ist als alle Weltlichen, sondern auch schuldig ist vor allen Menschen, Schuld trägt an allen Sünden der Menschen, denen der ganzen Welt und denen jedes einzelnen, erst dann ist der Zweck unserer Gemeinschaft erfüllt. Denn ihr müßt wissen, meine Lieben, daß jeder einzelne von uns zweifellos Schuld trägt für alle und jeden auf Erden, nicht nur kraft der allgemeinen Weltschuld, sondern ein jeder einzeln für alle Menschen und für einen jeden Menschen hienieden. Diese Erkenntnis ist das krönende Ziel des mönchischen Weges, ja auch des Lebens jedes Menschen auf Erden. Denn die Mönche sind keine anderen Menschen als die Weltlichen, sie sind nur so, wie alle Menschen auf Erden sein sollten. Erst wenn wir das einsehen, wird unser Herz von grenzenloser, weltumfassender Liebe erfüllt werden, die keine Sättigung kennt. Dann wird jeder von euch imstande sein, durch Liebe die ganze Welt zu gewinnen und sie mit seinen Tränen reinzuwaschen von ihren Sünden . . . Ein jeder wache über sein Herz, ein jeder beichte unermüdlich sich selber. Fürchtet euch nicht vor eurer Sünde, selbst wenn ihr sie erkannt habt; empfindet Reue, aber rechtet nicht mit Gott. Nochmals sage ich euch: Seid nicht hochmütig. Seid nicht hochmütig den Geringen gegenüber, seid auch nicht hochmütig den Mächtigen gegenüber. Hasset auch nicht, die euch nicht anerkennen, euch in Verruf bringen, schmähen und verleumden. Hasset nicht die Atheisten, die Irrlehrer, die Materialisten, nicht einmal die Bösen unter ihnen, geschweige denn die Guten, denn auch unter ihnen gibt es viele Gute, besonders in unserer Zeit. Gedenket ihrer im Gebet mit den Worten: Herr, erlöse alle, die niemanden haben, der für sie betet, erlöse auch jene, die nicht zu Dir beten wollen. Und füget hinzu: Nicht aus Stolz bitte ich darum, Herr, denn auch ich bin schlecht, mehr noch als alle und jeder ... Liebet Gottes Volk, und lasset euch eure Herden nicht von Fremdlingen wegnehmen, denn wenn ihr einschlaft in eurer Trägheit und in eurem geringschätzigen Hochmut und, noch ärger, in eurer Habsucht, dann werden sie aus allen Ländern kommen und euch eure Herden wegnehmen. Deutet unermüdlich dem Volke das Evangelium ... Treibet nicht Wucher ... Hänget euer Herz nicht an Silber und Gold, entäußert euch seiner ... Glaubet und haltet das Banner fest in den Händen. Erhebet es hoch ...«

Der Starez sprach übrigens nicht so zusammenhängend, wie es hier wiedergegeben ist und wie Aljoscha es später niederschrieb. Manchmal brach er seine Rede ganz ab, als sammelte er Kräfte, rang nach Atem, war aber wie in Verzückung. Man hörte ihm mit Rührung zu, obwohl viele sich über seine Worte wunderten und sie dunkel fanden ... Später erinnerten sich alle dieser Worte. Als Aljoscha die Zelle auf einen Augenblick verlassen mußte, war er tief beeindruckt von der allgemeinen Aufregung und Erwartung der Brüderschaft, die sich in und auch vor der Zelle drängte. Die Erwartung war bei manchen fast unruhig, bei anderen feierlich. Alle erwarteten, daß nach dem Hinscheiden des Starez sofort etwas Großes geschehen werde. Diese Erwartung schien in einer Hinsicht fast leichtfertig zu sein, aber selbst die strengsten Starzen unterlagen ihr. Am strengsten war das Gesicht des alten Mönchpriesters Paisij. Aljoscha hatte nur deshalb aus der Zelle hinausgehen müssen, weil Rakitin, der mit einem sonderbaren Brief der Frau Chochlakowa für Aljoscha aus der Stadt gekommen war, ihn durch einen Mönch heimlich hatte herausrufen lassen. Frau Chochlakowa teilte Aljoscha eine interessante Nachricht mit, die zu sehr gelegener Zeit eintraf. Es handelte sich darum, daß sich gestern unter den gläubigen Frauen aus dem einfachen Volke, die gekommen waren, um sich vor dem Starez zu verneigen und sich von ihm segnen zu lassen, eine alte Frau aus der Stadt, die Unteroffizierswitwe Prochorowna, befunden hatte. Sie hatte den Starez gefragt, ob sie für ihren Sohn Wassenka, der dienstlich nach Sibirien, nach Irkutsk, gefahren war und von dem sie schon ein Jahr lang keinerlei Nachricht hatte, in der Kirche eine Seelenmesse lesen lassen dürfe wie für einen

Verstorbenen. Der Starez hatte ihr darauf streng geantwortet und es ihr verboten, wobei er eine solche Seelenmesse als etwas der Zauberei Ähnliches bezeichnete. Dann aber hatte er ihr wegen ihrer Unwissenheit verziehen und, »als blickte er ins Buch der Zukunft« (so drückte sich Frau Chochlakowa in ihrem Brief aus), hinzugefügt, um sie zu trösten: ihr Sohn Wassja sei zweifellos noch am Leben und werde entweder bald selber zu ihr kommen oder ihr einen Brief schicken; sie solle nach Hause gehen und darauf warten. »Und was glauben Sie wohl?« fügte Frau Chochlakowa begeistert hinzu: »Die Prophezeiung ist buchstäblich in Erfüllung gegangen, und sogar noch mehr als das ist geschehen.« Kaum war die alte Frau heimgekehrt, als man ihr auch schon den erwarteten Brief aus Sibirien übergab. Aber nicht genug damit: in diesem Brief, den Wassja von unterwegs, aus Jekaterinburg, geschrieben hatte, benachrichtigte er seine Mutter, er komme selber nach Rußland, er kehre mit einem Beamten zurück und hoffe, drei Wochen nach dem Eintreffen dieses Briefes »seine Mutter umarmen zu können«. Frau Chochlakowa flehte Aljoscha eindringlich und mit warmen Worten an, dieses neue »Wunder der Prophezeiung« unverzüglich dem Abt und der ganzen Brüderschaft mitzuteilen: »Das müssen alle, alle erfahren!« schloß ihr Brief. Er war hastig, in aller Eile geschrieben, und die Erregung der Schreiberin sprach aus jeder Zeile. Doch Aljoscha brauchte der Brüderschaft nichts mehr mitzuteilen, denn alle wußten schon alles: Rakitin hatte den Mönch, den er zu Aljoscha geschickt hatte, um ihn herauszubitten, außerdem beauftragt, »auch Seiner Hochehrwürden, dem Vater Paisij, ehrerbietigst zu melden, er, Rakitin, habe ein Anliegen an ihn, das aber so wichtig sei, daß er es nicht wage, die Mitteilung auch nur um eine Minute hinauszuschieben, und er bitte kniefällig, ihm seine Dreistigkeit zu verzeihen«. Da jedoch der Mönch die Bitte Rakitins dem Vater Paisij früher ausgerichtet hatte als dem Aljoscha, blieb diesem nach seiner Rückkehr nichts weiter übrig, als den Brief zu lesen und ihn sofort dem Vater Paisij als Dokument zu übergeben. Und selbst dieser strenge und mißtrauische Mann konnte, nachdem er die Nachricht von dem »Wunder« mit verdüsterter Miene gelesen hatte, sein inneres Gefühl nicht völlig verbergen. Seine Augen blitzten auf, und seine Lippen umspielte plötzlich ein gewichtiges und bedeutsames Lächeln.

»Ob wir nur das erschauen werden?« entschlüpfte es ihm gleichsam unwillkürlich.

»Ob wir nur das erschauen werden, ob wir nur das erschauen werden!« wiederholten rings um ihn die Mönche, aber Vater Paisij machte von neuem eine düstere Miene und bat alle, niemandem gegenüber etwas davon verlauten zu lassen, »wenigstens nicht, bevor es sich nicht bestätigt hat, denn die Weltlichen sind sehr leichtfertig, auch kann sich das auf ganz natürliche Weise zugetragen haben«, fügte er vorsichtig hinzu, wie um sein Gewissen zu entlasten, doch glaubte er selber nicht recht an seinen Vorbehalt, was auch die Zuhörer sehr wohl erkannten. Selbstverständlich erfuhren von dem »Wunder« noch zur gleichen Stunde das ganze Kloster und sogar viele von den Weltlichen, die zum Gottesdienst ins Kloster gekommen waren. Am meisten jedoch schien über das Wunder der kleine Mönch verblüfft zu sein, der am vorhergehenden Tage vom »heiligen Silvester«, einem kleinen Kloster in Obnorsk im fernen Norden, eingetroffen war. Er hatte gestern, als er neben Frau Chochlakowa stand, sich vor dem Starez verneigt und, indem er auf die »geheilte« Tochter dieser Dame deutete, den Starez eindringlich gefragt: »Wie erkühnen Sie sich nur, solche Werke zu vollbringen?«

Jetzt war er in einiger Ratlosigkeit und wußte fast nicht mehr, was er davon halten sollte. Gestern noch, gegen Abend, hatte er den Klostervater Ferapont in seiner Zelle hinter dem Bienenstand besucht, und diese Begegnung hatte auf ihn einen außerordentlichen und erschreckenden Eindruck gemacht und ihn tief erschüttert. Dieser Vater Ferapont war jener hochbetagte Mönch, ein großer Faster und Schweiger, den wir bereits als einen Gegner des Starez Sosima und vor allem des Starzentums erwähnten, das er für eine schädliche und leichtfertige Neuerung hielt. Er war ein sehr gefährlicher Gegner, obwohl er als Schweiger fast mit niemandem auch nur ein Wort redete. Gefährlich vor allem deshalb, weil ein bedeutender Teil der Brüderschaft mit ihm sympathisierte, während viele von den weltlichen Besuchern ihn als einen großen Gerechten und Glaubensstreiter achteten, obwohl sie ihn zweifellos auch für einen christlichen Narren hielten. Aber gerade seine Narrheit nahm für ihn ein. Den Starez Sosima besuchte dieser Vater Ferapont niemals. Er lebte zwar in der Einsiedelei, aber man belästigte ihn nicht allzusehr mit der dortigen Regel, und das wiederum deshalb, weil er sich geradezu wie ein christlicher Narr aufführte. Er war ungefähr fünfundsiebzig Jahre alt, wenn nicht noch älter, und lebte hinter dem Bienenstand der

Einsiedelei, in einem Winkel bei der Einfriedung, in einer alten, fast dem Einsturz nahen Holzzelle, die hier in uralten Zeiten, schon im vorigen Jahrhundert, für einen ebenfalls großen Faster und Schweiger errichtet worden war, für den Vater Iona, der hundertundfünf Jahre gelebt hatte und von dessen asketischen Leistungen sogar noch jetzt im Kloster und in seiner Umgebung viele sehr interessante Erzählungen umliefen. Der Vater Ferapont hatte es schließlich durchgesetzt, daß man ihn vor ungefähr sieben Jahren in dieser abgelegenen Zelle unterbrachte, die eigentlich nur eine Hütte war, aber sehr viel Ähnlichkeit mit einer Kapelle hatte, denn sie enthielt eine Unmenge geopferter Ikonen, vor denen ebenfalls geopferte Ewige Lämpchen brannten, die zu versorgen und anzuzünden der Vater Ferapont gleichsam angestellt war. Er aß, wie es hieß (und das stimmte auch), nur zwei Pfund Brot in drei Tagen, nicht mehr; die brachte ihm alle drei Tage der Imker, der gleichfalls dort bei dem Bienenstand wohnte, aber sogar mit diesem Imker, der ihm aufwartete, sprach Vater Ferapont nur selten ein Wort. Diese vier Pfund Brot bildeten zusammen mit dem sonntäglichen geweihten kleinen Brot, das der Abt regelmäßig nach dem Mittagsgottesdienst dem heiligen Narren schickte, seine ganze wöchentliche Nahrung. Sein Wasserkrug jedoch wurde täglich neu gefüllt. Zum Gottesdienst erschien er selten. Wallfahrer, die zu ihm kamen, hatten gesehen, wie er manchmal den ganzen Tag im Gebet zubrachte, ohne sich von den Knien zu erheben und ohne sich umzuschauen. Doch wenn er sich auch mitunter mit ihnen in ein Gespräch einließ, so sprach er nur kurz und abrupt und war wunderlich und fast grob. Es geschah sehr selten, daß er mit seinen Besuchern ins Gespräch kam, und dann sagte er meist nur irgendein einziges sonderbares Wort, das dem Besucher ein großes Rätsel aufgab, und fügte dem, ungeachtet aller Bitten, keinerlei Erklärung hinzu. Die Priesterwürde besaß er nicht, er war nur ein einfacher Mönch. Es lief ein sonderbares Gerücht um, übrigens nur unter ganz ungebildeten Leuten, daß Vater Ferapont mit himmlischen Geistern Verbindung habe und mit ihnen Gespräche führe, darum schweige er auch den Menschen gegenüber.

Der kleine Mönch aus Obnorsk schlich sich zum Bienenstand und ging dann nach Weisung des Imkers, eines ebenfalls sehr schweigsamen und mürrischen Mönches, auf den Winkel zu, wo die kleine Zelle des Vater Ferapont stand. »Es kann sein, daß er mit dir reden wird, da du ein Fremder bist, es kann aber auch sein, daß du bei ihm nichts erreichst«, hatte der Imker ihn aufmerksam gemacht. Der kleine Mönch näherte sich, wie er später selber erzählte, in größter Angst der Zelle. Es war schon zu ziemlich später Stunde. Vater Ferapont saß an diesem Tage vor der Tür der Zelle auf einem niedrigen Bänkchen. Über ihm rauschte sacht eine alte Ulme. Abendliche Kühle senkte sich herab. Das Obnorsker Mönchlein warf sich vor dem Gottesnarren nieder und bat um seinen Segen.

»Willst du etwa, daß auch ich vor dir niederfalle, Mönch?« sagte Vater Ferapont. »Erhebe dich!«

Das Mönchlein erhob sich.

»Segne mich und sei gesegnet, setze dich neben mich. Woher hat es dich hierher verschlagen?«

Den armen kleinen Mönch setzte am meisten in Erstaunen, daß Vater Ferapont, obwohl er zweifellos ein großer Faster und schon hochbetagt war, noch das Aussehen eines kräftigen, hochgewachsenen, ungebeugten Mannes mit frischem, zwar hagerem, aber doch gesundem Gesicht hatte. Zweifellos hatte er sich auch noch viel von seiner Kraft bewahrt. Seine Gestalt war athletisch. Ungeachtet seines hohen Alters war sein dichtes Haupt- und Barthaar, das früher tiefschwarz gewesen sein mußte, noch nicht einmal ganz ergraut. Seine Augen waren grau, groß und leuchtend, doch hielt er sie weit aufgesperrt, was sehr auffiel. Beim Sprechen hob er das O stark hervor. Er trug einen langen rostbraunen Bauernrock aus grobem »Sträflingstuch«, wie man es früher nannte, und war mit einem dicken Strick umgürtet. Hals und Brust waren entblößt. Ein Hemd aus sehr dicker Leinwand, das er schon monatelang nicht gewechselt hatte und das daher fast ganz schwarz war, schaute unter dem Rock hervor. Man erzählte sich, daß er unter dem Rock dreißigpfündige Ketten zu tragen pflege. An den bloßen Füßen hatte er alte Schuhe, die schon fast auseinanderfielen.

»Aus dem kleinen Obnorsker Kloster komme ich, vom heiligen Silvester«, antwortete demütig das Mönchlein, das mit seinen flinken, neugierigen, wenn auch etwas ängstlichen Augen den Einsiedler beobachtete.

»Bei deinem Silvester bin ich einmal gewesen. Habe dort gelebt. Ist er bei guter Gesundheit, der Silvester?«

Das Mönchlein wurde verlegen.

»Unverständige Leute seid ihr! Wie haltet ihr das Fasten ein?«

»Unsere Speiseordnung ist nach alter Einsiedlerart so geregelt: während der vierzigtägigen Fasten vor Ostern gibt es mittwochs und freitags überhaupt nichts zu essen. Dienstags und donnerstags gibt es für die Brüderschaft weiße Brote, Brei mit Honig, Moltebeeren oder Sauerkraut und Haferbrei, sonnabends Weißkohlsuppe, Nudeln mit Erbsen, Brei mit Hanfsaft, alles mit Öl, und sonntags zur Kohlsuppe Trockenfisch und Grütze. In der Karwoche vom Montag bis zum Samstagabend, sechs Tage lang, Brot mit Wasser und nur ungekochtes Kraut, auch das mit Enthaltsamkeit; wenn es möglich ist, soll man nicht jeden Tag Speise zu sich nehmen, wie es angeordnet ist für die erste Fastenwoche. Am heiligen Karfreitag darf nichts gegessen werden, ebenso müssen wir am Karsamstag bis drei Uhr fasten, und dann dürfen wir etwas Brot mit Wasser und jeder einen Becher Wein trinken. Am heiligen Gründonnerstag aber essen wir Gekochtes ohne Öl, trinken Wein und essen bisweilen trockene Speisen. Denn das Konzil zu Laodicea hat über den Gründonnerstag so bestimmt: ‚Wer von der vierzigtägigen Fastenzeit den Donnerstag der letzten Woche freigibt, der entweiht damit die ganze Fastenzeit.‘ So ist es bei uns. Aber was ist das im Vergleich zu Ihnen, großer Vater«, fügte das Mönchlein, das Mut gefaßt hatte, hinzu, »denn Sie nähren sich das runde Jahr, ja sogar zu Ostern, nur von Brot und Wasser, und mit der Brotmenge, die wir in zwei Tagen essen, kommen Sie die ganze Woche aus. Wahrlich, wunderbar ist Ihre so große Enthaltsamheit.«

»Und die Pfifferlinge?« fragte plötzlich Vater Ferapont.

»Die Pfifferlinge?« fragte das erstaunte Mönchlein zurück.

»Ja, die. Fortgehen werde ich von ihrem Brot, das ich gar nicht brauche, fortgehen in den Wald, und werde dort von Pfifferlingen leben oder von Beeren, sie aber können nicht von ihrem Brot lassen, also sind sie an den Teufel gebunden. Heutzutage sagen die Ungläubigen, es habe keinen Sinn, so streng zu fasten. Eine hochmütige und ungläubige Ansicht ist das.«

»Oh, das ist wahr«, seufzte das Mönchlein.

»Hast du bei denen die Teufel gesehen?« fragte Vater Ferapont.

»Bei wem denn?« erkundigte sich schüchtern das Mönchlein.

»Im vergangenen Jahr bin ich zu Pfingsten beim Abt gewesen, seitdem nicht mehr. Da sah ich, bei dem einen sitzt er auf der Brust und versteckt sich unter dem Mönchsrock, nur die Hörner lugen hervor; bei einem anderen schaut er aus der Tasche heraus, mit flinken Augen, hat Angst vor mir; bei einem dritten hat er sich im Bauch eingenistet, mitten in seinem unsauberen Wanst, und wieder bei einem hängt er am Halse, hat sich festgeklammert, und so trägt ihn der herum, sieht ihn aber gar nicht.«

»Und Sie . . . sehen das?« erkundigte sich das Mönchlein.

»Ich sagte doch, daß ich es sehe, ganz deutlich sehe ich es. Als ich vom Abt fortging, da sah ich, wie sich einer vor mir hinter der Tür versteckte, so ein kräftiger, anderthalb Arschin groß oder noch mehr, mit dickem, braunem, langem Schwanz, und mit dem Schwanzende war er in die Türspalte geraten, ich aber, nicht dumm, schlug plötzlich die Tür zu und klemmte ihm den Schwanz ein. Wie er da winselte und zappelte! Ich jedoch machte über ihm das Zeichen des Kreuzes, dreimal sogar, und kreuzte ihn tot. Auf der Stelle krepierte er wie eine zerdrückte Spinne. Jetzt muß er dort in der Ecke verfault sein und stinken, die aber sehen es nicht, noch riechen sie es. Ein Jahr schon gehe ich nicht mehr hin. Nur dir verrate ich es, weil du ein Fremder bist.«

»Furchtbar sind Ihre Worte! Doch wie steht es, großer und gottgefälliger Vater« – das Mönchlein wurde immer mutiger –, »ist es wahr, daß Sie, wie selbst in fernsten Gegenden das laute Gerücht geht, mit dem Heiligen Geist in ununterbrochener Verbindung stehen?«

»Er schwebt herab. Das kommt vor.«

»Wie schwebt er denn herab? In welcher Gestalt?«

»Als Vogel.«

»Der Heilige Geist in Gestalt einer Taube?«

»Das wäre der Heilige Geist, bei mir aber ist es der Heiliggeist. Der Heiliggeist ist etwas anderes, der kann auch als ein anderer Vogel herniederkommen: bisweilen als Schwalbe, bisweilen als Stieglitz und bisweilen auch als Meise.«

»Wie unterscheiden Sie ihn denn von einer Meise?«

»Er spricht.«

»Wie spricht er denn, in welcher Sprache?«

»In menschlicher.«

»Was sagt er Ihnen denn?«

»Heute hat er mir verkündet, ein Dummkopf werde mich besuchen und ungehörige Fragen stellen. Du willst zuviel wissen, Mönch.«

»Furchtbar sind Ihre Worte, gottgefälligster und heiligster Vater«, sagte das Mönchlein kopfschüttelnd. In seinen ängstichen Augen zeigte sich übrigens auch Mißtrauen.

»Siehst du diesen Baum hier?« fragte nach kurzem Schweigen Vater Ferapont.

»Ich sehe ihn, gottgefälliger Vater.«

»Deiner Meinung nach ist das eine Ulme, meiner Meinung nach aber etwas anderes.«

»Was denn?« Der Mönch schwieg eine Weile in vergeblicher Erwartung.

»Es geschieht in der Nacht. Siehst du diese zwei Äste? Nachts aber sind das Christi Arme, die er mir entgegenstreckt und mit denen er nach mir sucht, ich sehe es deutlich und zittere. Unheimlich, oh, unheimlich ist das!«

»Wieso ist es unheimlich, wenn es Christus selber ist?«

»Wenn er mich aber ergreift und emporträgt?«

»Bei lebendigem Leibe?«

»,Im Geist und in der Kraft Elias', hast du denn nie davon gehört? Er wird mich umfassen und davontragen ...«

Obwohl der kleine Mönch aus Obnorsk nach diesem Gespräch ziemlich ratlos in die Zelle zurückkehrte, die ihm bei einem der Brüder angewiesen worden war, so neigte sein Herz doch zweifellos mehr zum Vater Ferapont als zum Starez Sosima. Der kleine Mönch aus Obnorsk war vor allem fürs Fasten, und so war er nicht weiter erstaunt, daß ein solch großer Faster wie Vater Ferapont auch »Wunderdinge erschaute«. Seine Worte muteten zwar unsinnig an, aber Gott weiß, was sich hinter ihnen verbarg, und bei allen Narren in Christo kommen noch ganz andere Worte und Taten vor. An den eingeklemmten Teufelsschwanz indessen war er nicht nur im allegorischen, sondern auch im buchstäblichen Sinne gern und von ganzem Herzen zu glauben bereit. Außerdem hatte er schon früher, noch bevor er in dieses Kloster gekommen war, ein großes Vorurteil gegen das Starzentum gehegt, das er bisher nur aus Erzählungen gekannt und nach dem Vorbild anderer entschieden für eine schädliche Neuerung gehalten hatte. Während seines eintägigen Aufenthalts in dem Kloster hatte er bereits das geheime Murren einiger leichtfertiger Klosterbrüder vernommen, die mit dem Starzentum nicht einverstanden waren. Zudem war er seiner Natur nach geschäftig und ein Hansdampf in allen Gassen, der auf alles neugierig war. Das war auch der Grund, warum die bedeutsame Nachricht von dem neuen »Wunder«, das der Starez Sosima vollbracht hatte, ihn in außerordentliche Ratlosigkeit versetzte. Aljoscha erinnerte sich später, wie er unter den Mönchen, die sich zu dem

Starez und um seine Zelle drängten, immer wieder die kleine Gestalt des neugierigen Gastes aus Obnorsk hatte auftauchen sehen, der seine Ohren überall hatte und alle ausfragte. Doch damals hatte er ihn wenig beachtet, und erst später kam er ihm wieder in den Sinn. Auch war ihm nicht um ihn zu tun gewesen: der Starez Sosima, der sich wieder müde fühlte, sich hingelegt hatte und schon am Einschlafen war, erinnerte sich plötzlich seiner und ließ ihn zu sich rufen. Aljoscha eilte sogleich zu ihm. Bei dem Starez befanden sich damals nur Vater Paisij, der Mönchpriester Iosif und der Novize Porfirij. Der Starez öffnete seine müden Augen, blickte Aljoscha aufmerksam an und fragte ihn plötzlich: »Warten die Deinen auf dich, Söhnchen?«

Aljoscha wurde verlegen.

»Brauchen sie dich nicht? Hast du gestern jemandem versprochen, heute zu ihm zu kommen?«

»Ich habe es versprochen ... dem Vater ... den Brüdern, auch anderen ...«

»Siehst du. Geh unbedingt hin. Sei nicht traurig. Du sollst wissen, daß ich nicht sterben werde, ohne in deiner Gegenwart mein letztes Wort auf Erden gesagt zu haben. Dir werde ich es sagen, Söhnchen, dir werde ich es vermachen; dir, liebes Söhnchen, denn du liebst mich. Jetzt aber geh zuerst zu allen, denen du es versprochen hast.«

Aljoscha gehorchte sofort, wenn es ihm auch schwerfiel, jetzt wegzugehen. Aber das Versprechen, das letzte Wort des Starez auf Erden hören zu dürfen, und vor allem die Verheißung, daß es ihm, Aljoscha, vermacht werden solle, hatten seine Seele begeistert und erschüttert. Er beeilte sich, um in der Stadt alles erledigen und so bald wie möglich zurückkehren zu können. Auch Vater Paisij gab ihm ein Wort auf den Weg mit, das einen sehr starken und unerwarteten Eindruck auf ihn machte. Das geschah, als sie beide die Zelle des Starez schon verlassen hatten.

»Denke unablässig daran, Jüngling«, so begann geradeheraus und ohne jegliche Einleitung Vater Paisij, »daß die weltliche Wissenschaft, die zu einer großen Macht geworden ist, insbesondere im letzten Jahrhundert alles zergliedert hat, was uns an Himmlischem in den heiligen Büchern überliefert ist, und daß nach der erbarmungslosen Analyse von allem, was vormals heilig war, bei den Gelehrten dieser Welt rein nichts übriggeblieben ist. Doch sie zergliederten nur Teile, übersahen aber das Ganze, und es ist geradezu erstaunlich, mit welcher Blindheit sie das taten. Steht doch das Ganze unerschüttert vor ihren Augen wie vordem, und die Pforten der Hölle sollen es nicht überwältigen. War es denn nicht neunzehn Jahrhunderte lang lebendig, ist es denn nicht auch jetzt lebendig in den Regungen der einzelnen Seele und in den Bewegungen der Volksmassen? Sogar in den seelischen Regungen jener selben Atheisten, die alles zerstört haben, ist es nach wie vor unerschütterlich lebendig! Denn auch jene, die sich vom Christentum losgesagt haben und sich dagegen auflehnen, tragen im Grunde genommen das Antlitz Christi und sind die gleichen geblieben, denn bis jetzt war weder ihre Weisheit noch die Glut ihres Herzens imstande, ein anderes, höheres Vorbild für den Menschen und seine Würde zu schaffen als das Vorbild, das einst Christus gewiesen hat. Aus all ihren Versuchen in dieser Richtung haben sich nichts als Ungeheuerlichkeiten ergeben. Behalte das besonders im Gedächtnis, Jüngling, denn von deinem scheidenden Starez bist du für die Welt bestimmt worden. Vielleicht wirst du, wenn du dieses großen Tages gedenkst, auch meine Worte nicht vergessen, die ich dir von Herzen als Geleit mitgebe, denn du bist jung, die Versuchungen der Welt aber sind stark, und deine Kräfte werden nicht ausreichen, ihnen zu widerstehen. Nun, so geh jetzt, du Waise.«

Bei diesen Worten segnete ihn Vater Paisij. Als Aljoscha das Kloster verließ und über all diese unerwarteten Worte nachdachte, begriff er plötzlich, daß dieser bisher gegen ihn so strenge und rauhe Mönch ihm jetzt als neuer, unverhoffter Freund und liebevoller Lehrer gegenüberstand – als hätte der sterbende Starez Sosima ihn dem Vater Paisij als Vermächtnis anvertraut. Vielleicht ist das wirklich zwischen ihnen abgemacht worden, dachte Aljoscha plötzlich. Gerade die unerwartete und gelehrte Rede des Vater Paisij, die er soeben angehört hatte, zeugte wie nichts anderes von dessen feurigem Herzen: er beeilte sich bereits, den jungen Geist möglichst bald zum Kampf gegen die Versuchungen zu wappnen und die ihm anvertraute junge Seele mit einer Schutzwehr zu umgeben, wie er selbst sie sich nicht stärker vorstellen konnte.

2

Beim Vater

Zunächst ging Aljoscha zu seinem Vater. Kurz vor dessen Hause fiel ihm ein, daß der Vater am Tage vorher besonders darauf bestanden hatte, er solle leise hereinkommen, damit sein Bruder Iwan es nicht merke. Warum nur? dachte Aljoscha jetzt. Wenn der Vater mir allein etwas heimlich sagen will, weshalb muß ich mich dann zu ihm hineinschleichen? Wahrscheinlich hat er gestern in der Erregung noch etwas anderes sagen wollen, ist aber nicht mehr dazu gekommen, entschied er schließlich. Nichtsdestoweniger war er sehr froh, als Marfa Ignatjewna, die ihm das Pförtchen öffnete (Grigorij war erkrankt und lag im Nebenbau zu Bett), ihm auf seine Frage mitteilte, Iwan Fjodorowitsch habe schon vor zwei Stunden das Haus verlassen.

»Und der Vater?«

»Er ist aufgestanden und sitzt beim Kaffee«, antwortete Marfa Ignatjewna eigentümlich trocken.

Aljoscha trat ein. Der Alte saß in Pantoffeln und in einem alten schäbigen Mantel am Tisch und sah zum Zeitvertreib, jedoch ziemlich unaufmerksam, irgendwelche Rechnungen durch. Er war ganz allein im Hause (Smerdjakow war auch weggegangen, um Einkäufe fürs Mittagessen zu machen). Aber nicht die Rechnungen beschäftigten ihn. Obwohl er früh am Morgen aufgestanden war und sich jetzt zusammenriß, sah er doch müde und schwach aus. Seine Stirn, auf der sich über Nacht große blaurote blutunterlaufene Flecke ausgebreitet hatten, war mit einem roten Tuch verbunden. Die Nase war über Nacht stark angeschwollen, und auf ihr waren ebenfalls einige, wenn auch unbedeutende blutunterlaufene Flecke entstanden, die seinem Gesicht ein entschieden böses und gereiztes Aussehen verliehen. Der Alte wußte das selber und blickte den eintretenden Aljoscha unfreundlich an.

»Der Kaffee ist kalt«, rief er barsch, »darum biete ich dir keinen an. Bei mir, mein Lieber, gibt es heute nichts als Fasten-Fischsuppe, und daher lade ich niemanden ein. Weswegen bist du gekommen?«

»Um mich nach Ihrem Befinden zu erkundigen«, sagte Aljoscha.

»So! Und außerdem habe ich dir gestern selber befohlen zu

kommen. Unsinn ist das alles. Du hast dich umsonst herbemüht. Ich hatte mir übrigens gedacht, daß du möglichst bald kommen würdest ...«

Er sagte das in der feindseligsten Stimmung. Unterdessen hatte er sich vom Stuhl erhoben und blickte besorgt in den Spiegel (vielleicht zum vierzigstenmal an diesem Morgen). Er betrachtete darin seine Nase. Auch versuchte er, das rote Tuch etwas gefälliger um seine Stirn herumzulegen.

»Ein rotes ist besser, ein weißes sieht nach Krankenhaus aus«, bemerkte er belehrend. »Na, wie steht es dort bei dir? Was macht dein Starez?«

»Um ihn steht es sehr schlimm, er wird vielleicht heute noch sterben«, antwortete Aljoscha, aber der Vater hörte nicht einmal hin, er hatte seine Frage sofort wieder vergessen.

»Iwan ist weggegangen«, sagte er unvermittelt. »Er sucht dem Mitjka mit aller Gewalt die Braut abspenstig zu machen, deswegen hält er sich auch hier auf«, fügte er gehässig hinzu und sah Aljoscha mit verzerrtem Munde an.

»Er hat Ihnen das doch nicht etwa selber gesagt?« fragte Aljoscha.

»Doch, schon vor langer Zeit hat er es gesagt. Was denkst du wohl: schon vor ungefähr drei Wochen hat er es gesagt. Er wird doch nicht hergekommen sein, um mich heimlich umzubringen? Zu irgendeinem Zweck wird er doch wohl gekommen sein?«

»Wo denken Sie hin? Warum reden Sie so?« fragte Aljoscha ganz bestürzt.

»Um Geld bittet er mich allerdings nicht, aber er wird auch nichts von mir bekommen. Liebster Alexej Fjodorowitsch, ich habe vor, möglichst lange zu leben, damit Sie's wissen, darum brauche ich jede Kopeke, und je länger ich lebe, desto notwendiger werde ich sie brauchen«, fuhr er fort, wobei er von einer Zimmerecke zur anderen wanderte, die Hände in die Taschen seines weiten, speckigen gelben Sommermantels vergraben. »Vorläufig bin ich noch ein ganzer Mann, erst fünfundfünfzig Jahre alt, und ich will noch etwa zwanzig Jahre lang für einen Mann gelten; wenn ich erst alt bin, werde ich widerlich sein, dann werden sie nicht mehr gutwillig zu mir kommen, die Weiber, und da werde ich dann das Geld brauchen. Darum sammle ich jetzt immer mehr und mehr davon an, nur für mich allein, mein lieber Sohn Alexej Fjodorowitsch, damit Sie es wissen, weil ich bis ans Ende in meiner Liederlichkeit leben will. In Liederlichkeit zu leben ist angenehmer: alle schimpfen darüber, doch alle leben so, nur tun sie es heimlich, ich aber tue es offen. Gerade wegen dieser meiner Offenheit fallen alle Liederlichen über mich her. In dein Paradies aber, Alexej Fjodorowitsch, mag ich nicht, damit du es weißt. Für einen anständigen Menschen schickt es sich auch nicht, in dein Paradies zu kommen, selbst wenn es eins gibt. Meiner Ansicht nach schläft man einfach ein und wacht nicht mehr auf, und alles ist aus. Laßt eine Seelenmesse für mich halten, wenn ihr wollt, und wenn ihr es nicht wollt, dann mag euch der Teufel holen. Das ist meine Philosophie. Gestern hat Iwan hier gut geredet, wenn wir auch alle betrunken waren. Iwan ist ein Prahlhans, zudem ist er gar nicht so gelehrt . . . auch eine besondere Bildung besitzt er nicht, er schweigt und lacht über einen, ohne etwas zu sagen – das ist sein einziger Trumpf.«

Aljoscha hörte ihm zu und schwieg.

»Warum redet er nicht mit mir? Und wenn er redet, verstellt er sich; ein Schuft ist dein Iwan! Die Gruschka aber werde ich heiraten, sobald ich es will. Denn hat man Geld, so braucht man nur zu wollen, Alexej Fjodorowitsch, und alles klappt. Gerade das fürchtet Iwan, und deshalb paßt er auf mich auf, damit ich nicht heirate, und deswegen hetzt er den Mitjka auf, die Gruschka zu heiraten: auf diese Weise will er mich von Gruschka fernhalten – als ob ich ihm Geld hinterließe, wenn ich Gruschka nicht heirate! –, und wenn Mitja die Gruschka heiratet, wird Iwan sich dessen reiche Braut nehmen, darin besteht seine Berechnung! Ein Schuft ist dein Iwan!«

»Wie gereizt Sie sind. Das kommt von gestern; Sie sollten sich hinlegen«, sagte Aljoscha.

»Da sagst du das nun«, bemerkte plötzlich der Alte, als wäre es ihm zum erstenmal in den Sinn gekommen, »du sagst es, und ich ärgere mich nicht über dich, über Iwan aber würde ich mich ärgern, hätte er mir das gesagt. Allein wenn ich mit dir zusammen war, hatte ich Augenblicke, in denen ich gut war, sonst bin ich ein böser Mensch.«

»Sie sind kein böser Mensch, Sie sind nur verdorben worden«, sagte Aljoscha lächelnd.

»Hör mal, diesen Räuber Mitjka wollte ich eigentlich heute einsperren lassen, aber ich weiß jetzt noch nicht, wie ich mich entscheiden werde. Gewiß, in unserer modernen Zeit ist es üblich, die Achtung vor Vater und Mutter für ein Vorurteil zu halten, aber nach dem Gesetz ist es, glaube ich, auch heutzutage nicht erlaubt, alte Väter an den Haaren zu ziehen und ihnen mit den Absätzen ins Gesicht zu treten, wenn sie am Boden liegen, in ihrem eigenen Hause, und damit zu prahlen, man werde kommen und sie ganz totschlagen – alles in Gegenwart von Zeugen. Wenn ich wollte, könnte ich ihn für das, was gestern geschehen ist, festnehmen und einsperren lassen.«

»Sie wollen ihn also nicht verklagen?«

»Iwan hat mir davon abgeraten. Auf Iwan gebe ich ja nichts, doch ich weiß etwas anderes ...« Er beugte sich zu Aljoscha vor und fuhr in vertraulichem Flüsterton fort: »Wenn ich ihn einsperren lasse, diesen Schuft, wird sie es erfahren und sofort zu ihm laufen. Hört sie aber heute, daß er mich, einen alten schwachen Mann, halb totgeschlagen hat, so läßt sie ihn am Ende im Stich und besucht mich ... Einen solchen Charakter hat sie nun einmal, sie tut immer nur das Gegenteil von dem, was man ihr sagt. Ich kenne sie durch und durch. Aber willst du nicht ein Gläschen Kognak trinken? Nimm doch etwas kalten Kaffee, ich gieße dir ein Viertelgläschen dazu, das ist gut für den Geschmack, mein Lieber.«

»Nein, nicht nötig, danke. Ich will dieses Brötchen mitnehmen, wenn Sie erlauben«, sagte Aljoscha, nahm ein Dreikopekenbrötchen und steckte es in die Tasche seines Novizenhabits. »Auch Sie sollten keinen Kognak trinken«, riet er besorgt und sah dabei aufmerksam das Gesicht des Alten an.

»Du hast recht, er regt nur auf, statt zu beruhigen. Aber nur noch ein einziges Gläschen ... Ich muß ihn ja erst aus dem Schränkchen holen ...«

Er öffnete mit dem Schlüssel das Schränkchen, schenkte sich ein Gläschen ein, trank es aus, schloß dann das Schränkchen wieder zu und steckte den Schlüssel in die Tasche.

»Und damit soll es genug sein, von einem Gläschen werde ich doch nicht krepieren.«

»Nun sind Sie auch freundlicher geworden«, sagte Aljoscha und lächelte.

»Hm! Ich habe dich auch ohne Kognak lieb, aber Schuften gegenüber gebe ich mich auch als Schuft. Wanja fährt nicht nach Tschermaschnja – warum nicht? Er muß ausspionieren, ob ich der Gruschenka viel gebe, wenn sie kommt. Alle sind sie Schufte! Und Iwan erkenne ich überhaupt nicht an. Ich kenne ihn überhaupt nicht. Von wo ist so einer nur hergekommen! Er ist ganz aus der Art geschlagen. Und gerade ihm sollte ich etwas hinterlassen? Nicht einmal ein Testament werde ich hinterlassen, damit ihr es wißt. Und den Mitjka werde ich zerdrücken wie einen Kakerlaken. Ich pflege nachts die schwarzen Kakerlaken mit dem Pantoffel zu zerdrücken: das knackt nur so, wenn man drauftritt. Deinem Mitjka wird es ebenso ergehen. *Deinem* Mitjka, denn du liebst ihn ja. Du liebst ihn, mich aber macht es nicht bange, daß du ihn liebst. Wenn jedoch Iwan ihn liebte, so würde ich für mich selber fürchten. Aber Iwan liebt niemanden, Iwan gehört nicht zu uns. Solche Leute wie Iwan, mein Lieber, gehören nicht zu uns, sie sind aufgewirbelter Staub ... Bläst der Wind, so verweht der Staub ... Gestern ist mir etwas Dummes eingefallen, als ich dir befahl, heute herzukommen: ich wollte durch dich erfahren, ob Mitjka, dieser Habenichts und Halunke, wenn ich ihm tausend oder zweitausend Rubel gäbe, sich bereit fände, sich ganz von hier fortzumachen, auf fünf Jahre, besser noch auf fünfunddreißig, aber ohne Gruschka, und ganz auf sie zu verzichten, wie?«

»Ich ... ich werde ihn fragen ...« stammelte Aljoscha. »Wenn Sie ihm die ganzen dreitausend gäben, würde er vielleicht ...«

»Unsinn! Du brauchst ihn jetzt nicht zu fragen, es ist gar nicht nötig! Ich habe es mir anders überlegt. Mir war das gestern nur so aus Dummheit eingefallen. Nichts werde ich ihm geben, gar nichts, ich brauche mein Geld selber.« Der Alte fuchtelte erregt mit der Hand. »Ich werde ihn ohnehin wie einen Kakerlaken zerdrücken. Sag ihm nichts, sonst hofft er noch auf etwas. Auch du hast gar nichts mehr bei mir zu suchen, geh nur! Diese Braut, die Katerina Iwanowna, die er die ganze Zeit über so sorgfältig vor mir versteckt hat, heiratet sie ihn nun oder nicht? Du bist doch gestern, glaube ich, bei ihr gewesen?«

»Sie will ihn um keinen Preis verlassen.«

»Ja, gerade für solche Kerle entbrennen diese zarten jungen Damen in Liebe, für die Bummler und Schufte! Sie taugen nichts, sage ich dir, diese blassen jungen Damen, da gibt es ganz andere ... Na, wenn ich noch so jung wäre wie er und mein damaliges Gesicht hätte – denn mit achtundzwanzig Jahren sah ich besser aus als er –, dann würde ich genauso wie er Siege davontragen. Eine Kanaille ist er! Aber die Gruschenka bekommt er doch nicht, er bekommt sie nicht ... Zu Dreck werde ich ihn machen!« Bei den letzten Worten war er von neuem in Wut geraten. »Geh auch du, heute hast du nichts mehr bei mir zu suchen«, warf er barsch hin.

Aljoscha trat auf ihn zu, um Abschied zu nehmen, und küßte ihn auf die Schulter.

»Was soll das?« fragte der Alte ein wenig verwundert. »Wir sehen uns ja noch ... Oder meinst du, wir sehen uns nicht mehr?«

»Durchaus nicht, ich habe es nur so getan, ganz unversehens.«

»Nun ja, auch ich habe es nur so gesagt ...« Der Alte blickte ihn an. »Hör mal, hör«, rief er ihm nach, »komm doch recht bald einmal zur Fischsuppe her, ich werde eine Fischsuppe kochen lassen, eine besondere, nicht so eine wie die heutige, komm unbedingt! Komm doch morgen, hörst du, komm morgen!«

Kaum war Aljoscha zur Tür hinaus, ging der Alte wieder ans Schränkchen und kippte noch ein halbes Gläschen hinunter.

»Jetzt lasse ich's aber sein!« murmelte er, räusperte sich, schloß das Schränkchen wieder ab und steckte den Schlüssel in die Tasche; dann ging er in sein Schlafzimmer, legte sich erschöpft aufs Bett und schlief sofort ein.

3

Er läßt sich mit Schuljungen ein

Gott sei Dank, daß er mich nicht nach Gruschenka gefragt hat, dachte Aljoscha, als er das Haus seines Vaters verlassen hatte und sich zu Frau Chochlakowa auf den Weg machte, sonst hätte ich ihm am Ende von meiner gestrigen Begegnung mit Gruschenka erzählen müssen. Aljoscha empfand es schmerzlich, daß die Kämpfer über Nacht neue Kräfte gesammelt und ihre Herzen sich mit dem anbrechenden Tag wieder verstockt hatten. Der Vater ist gereizt und böse, er hat sich etwas ausgedacht und beharrt darauf. Und was ist mit Dmitrij? Auch der hat sich über Nacht gewappnet, er muß ebenfalls gereizt und böse sein und hat sich natürlich auch etwas ausgedacht ... Oh, ich muß ihn heute um jeden Preis finden ...

Doch Aljoscha kam nicht mehr dazu, lange nachzudenken: unterwegs begegnete ihm etwas, das zwar nicht sehr wichtig zu sein schien, ihn jedoch tief erschütterte. Kaum hatte er den Stadtplatz überquert und war in eine Nebengasse eingebogen, um auf die Michailowskaja Straße zu gelangen, die der Großen Straße parallel läuft und von ihr nur durch einen kleinen Graben getrennt ist (unsere ganze Stadt ist von kleinen Gräben durchzogen), erblickte er unten vor einer Brücke eine kleine Schar von Schülern, alle nicht älter als neun bis zwölf Jahre. Sie gingen, ihre Ränzchen auf dem Rücken oder lederne Büchersäcke an Riemen über die Schulter gehängt, von der Schule heim; einige hatten nur Jäckchen an, andere Mäntelchen, und manche trugen Stulpenstiefel mit Falten an den Schäften, in denen kleine Kinder, die von ihren wohlhabenden Eltern verwöhnt werden, so gern einherstolzieren. Die ganze Gruppe redete lebhaft von irgend etwas, augenscheinlich beriet man sich. Aljoscha konnte nie teilnahmslos an Kindern vorbeigehen, das war schon in Moskau so gewesen, und obwohl er eine besondere Vorliebe für ungefähr dreijährige Kinder hatte, so fand er doch auch viel Gefallen an Schülern von zehn oder elf Jahren. Und darum verlangte es ihn plötzlich, so bekümmert er jetzt auch war, zu ihnen hinzugehen und mit ihnen ein Gespräch anzuknüpfen. Während er auf sie zuging, betrachtete er ihre rotwangigen lebhaften kleinen Gesichter und sah auf einmal, daß jeder Junge einen Stein in der Hand hielt und mancher sogar zwei. Jenseits des Grabens, ungefähr dreißig Schritt von der Gruppe entfernt, stand an einem Zaun noch ein Junge, ebenfalls ein Schüler, auch er mit einem Büchersack an der Seite, dem Wuchs nach etwa zehn Jahre alt, vielleicht sogar jünger – blaß, kränklich, mit funkelnden schwarzen Augen. Er beobachtete aufmerksam und forschend die Gruppe von sechs Schülern, die offenbar seine Kameraden waren und mit ihm zusammen die Schule verlassen hatten, mit denen er aber verfeindet schien. Aljoscha ging zu ihnen hin, wandte sich an einen krausköpfigen, blonden, rotbackigen Jungen in schwarzem Jäckchen und sagte, nachdem er ihn gemustert hatte: »Als ich noch so einen Büchersack trug wie du, pflegten wir ihn an der linken Seite zu tragen, um ihn mit der rechten Hand bequem erreichen zu können; bei dir aber hängt er an der rechten Seite, und es ist für dich unbequem, ihn zu erreichen.«

Aljoscha hatte ohne jeglichen Vorbedacht gerade mit dieser sachlichen Bemerkung begonnen, indessen darf ein Erwachsener gar nicht anders anfangen, wenn er das Zutrauen eines Kindes und insbesondere einer ganzen Gruppe von Kindern gewinnen will. Man muß vor allem ernst und sachlich anfangen und sich völlig auf gleichen Fuß mit ihnen stellen; Aljoscha begriff das instinktiv.

»Er ist ja ein Linkshänder«, antwortete sofort ein anderer

Knabe, der forsch und gesund aussah und etwa elf Jahre alt war. Alle übrigen fünf Jungen starrten Aljoscha an.

»Er wirft auch die Steine mit der linken Hand«, bemerkte ein dritter Junge. In diesem Augenblick flog ein Stein mitten in die Gruppe hinein und streifte den Linkshänder, aber nur leicht, obwohl er geschickt und mit viel Kraft geschleudert worden war. Geworfen hatte ihn der Knabe jenseits des Grabens.

»Gib's ihm, gib's ihm, Smurow!« schrien alle. Doch Smurow – der Linkshänder – ließ ohnehin nicht auf sich warten und zahlte sofort mit gleicher Münze; er warf einen Stein nach dem Knaben auf der anderen Seite des Grabens, aber ohne Erfolg: der Stein fiel auf die Erde. Der Knabe jenseits des Grabens schleuderte sofort noch einen Stein in die Gruppe, diesmal geradewegs auf Aljoscha, und traf ihn ziemlich schmerzhaft an der Schulter. Er hatte sich reichlich mit Steinen versorgt, das sah man auf dreißig Schritt an den abstehenden Taschen seines Mäntelchens.

»Er hat auf Sie gezielt, auf Sie, absichtlich auf Sie. Sie sind doch ein Karamasow, ein Karamasow?« schrien die Jungen lachend. »Na, alle zugleich auf den dort: Feuer!«

Und sechs Steine flogen zugleich aus der Gruppe. Einer traf den Knaben am Kopf; er fiel um, sprang aber sofort wieder auf und antwortete mit heftigen Steinwürfen nach der Gruppe. Nun wurde von beiden Seiten ununterbrochen geworfen, und es zeigte sich, daß auch einige von der Gruppe einen Vorrat an Steinen in den Taschen hatten.

»Was tut ihr? Schämt ihr euch nicht? Sechs gegen einen, ihr werdet ihn noch töten!« rief Aljoscha.

Er sprang vor und stellte sich den fliegenden Steinen entgegen, um mit seinem Körper den Jungen jenseits des Grabens zu schützen. Drei oder vier der Jungen hörten für einen Augenblick mit dem Werfen auf.

»Er hat selber angefangen!« rief mit erregter Kinderstimme ein Junge in rotem Hemd. »Er ist ein Schuft, vorhin hat er in der Klasse den Krasotkin mit einem Taschenmesser gestochen, und das Blut ist nur so geflossen. Krasotkin hat ihn nur nicht verpetzen wollen, man muß ihn aber verprügeln ...«

»Warum denn? Ihr habt ihn wahrscheinlich geneckt?«

»Jetzt hat er Ihnen wieder einen Stein in den Rücken gefeuert. Er kennt Sie«, schrien die Kinder. »Er wirft jetzt nach Ihnen, nicht nach uns. Na, wieder alle auf ihn! Verfehl ihn nicht, Smurow!«

Und wieder begann das Kreuzfeuer, das diesmal sehr erbittert war. Der Knabe jenseits des Grabens wurde von einem Stein an der Brust getroffen; er schrie auf, brach in Tränen aus und lief bergauf zur Michailowskaja Straße. In der Gruppe erhob sich ein Geschrei: »Aha, du hast Angst bekommen und läufst davon, du Bastwisch!«

»Sie wissen nicht, Karamasow, wie gemein er ist, es genügte nicht einmal, ihn totzuschlagen«, sagte mit glühenden Augen ein Knabe, der eine Jacke trug und anscheinend der älteste war.

»Was habt ihr denn gegen ihn?« fragte Aljoscha. »Petzt er etwa?«

Die Jungen sahen sich an und schienen hämisch zu lächeln.

»Gehen Sie auch dorthin, in die Michailowskaja Straße?« fuhr der Knabe fort. »So holen Sie ihn doch ein . . . sehen Sie, er ist stehengeblieben, er wartet und blickt auf Sie.«

»Auf Sie blickt er, auf Sie!« stimmten die anderen Knaben ein.

»Fragen Sie ihn doch, ob er einen Badstuben-Bastwisch liebt, einen zerzausten. Hören Sie, fragen Sie ihn gerade das.«

Es erscholl ein allgemeines Gelächter. Aljoscha sah die Jungen an und sie ihn.

»Gehen Sie nicht hin, er wird Sie hauen«, schrie warnend Smurow.

»Nach dem Bastwisch werde ich ihn nicht fragen, weil ihr ihn sicherlich damit aufzieht, aber ich werde mich bei ihm erkundigen, weshalb ihr ihn so haßt . . .«

»Tun Sie das nur, tun Sie das nur«, sagten die Jungen lachend.

Aljoscha ging über die Brücke und dann bergauf am Zaun vorbei gerade auf den geächteten Knaben zu.

»Passen Sie auf«, riefen ihm die Jungen warnend nach, »er wird vor Ihnen keine Angst haben und Sie plötzlich hinterrücks stechen . . . wie den Krasotkin . . .«

Der Knabe wartete auf ihn, ohne sich von der Stelle zu rühren. Als Aljoscha dicht an ihn herangekommen war, sah er vor sich ein Kind von nicht mehr als neun Jahren, klein und schwächlich, mit einem blassen und mageren länglichen Gesichtchen und großen dunklen Augen, die ihn gehässig anblickten. Der Knabe hatte ein ziemlich altes Mäntelchen an, aus dem er herausgewachsen war, und das ließ ihn grotesk erscheinen. Seine nackten Arme schauten aus den Ärmeln hervor. Auf dem rechten Knie der Hose saß ein großer Flicken, und der rechte Stiefel hatte an der Spitze bei der großen Zehe ein beträchtliches Loch, dem man ansah, daß es dick mit Tinte überschmiert war. Beide Taschen seines Mantels standen ab, sie waren voll Steine. Aljoscha blieb zwei Schritte vor ihm stehen und sah ihn fragend an. Der Junge, der sofort an Aljoschas Augen erraten hatte, daß er ihn nicht schlagen wollte, bekam Mut und begann von selber: »Ich bin allein, und sie sind sechs . . . Ich werde sie ganz allein alle verhauen«, sagte er mit funkelnden Augen.

»Der eine Stein muß dich sehr schmerzhaft getroffen haben«, bemerkte Aljoscha.

»Und ich habe Smurow am Kopf getroffen«, rief der Knabe.

»Die andern haben mir gesagt, daß du mich kennst; aus welchem Grund hast du denn einen Stein nach mir geworfen?« fragte Aljoscha.

Der Knabe sah ihn finster an.

»Ich kenne dich nicht. Kennst du mich denn?« fragte Aljoscha weiter.

»Lassen Sie mich in Frieden!« rief plötzlich der Knabe gereizt, ohne sich jedoch von der Stelle zu rühren, als wartete er noch ab, und wieder blitzte es böse in seinen Augen auf.

»Gut, ich gehe«, sagte Aljoscha, »nur kenne ich dich nicht und necke dich auch nicht. Die andern haben mir erzählt, wie sie dich aufziehen, aber ich will dich nicht aufziehen, leb wohl.«

»Mönch in Hosen!« rief der Knabe, der Aljoscha immer noch mit dem gleichen gehässigen und herausfordernden Blick beobachtete und sich auch schon in Positur gestellt hatte, da er damit rechnete, daß Aljoscha sich jetzt unbedingt auf ihn stürzen werde. Doch Aljoscha wandte sich um, blickte ihn an und ging davon. Noch hatte er jedoch keine drei Schritte gemacht, als ihn der größte Stein, den der Knabe in der Tasche gehabt hatte, empfindlich in den Rücken traf.

»Von hinten wirfst du? Dann ist es also wahr, wenn sie von dir sagen, daß du hinterrücks angreifst?« Aljoscha hatte sich wieder umgewandt, doch abermals schleuderte der Junge wütend einen Stein auf ihn, und diesmal gerade ins Gesicht. Aljoscha konnte sich jedoch noch rechtzeitig schützen, und so traf ihn der Stein am Ellenbogen.

»Daß du dich nicht schämst! Was habe ich dir denn getan?« rief er.

Der Knabe wartete stumm und trotzig nur auf das eine, daß Aljoscha sich nun zweifellos auf ihn stürzen werde; als er jedoch sah, daß Aljoscha auch jetzt nichts dergleichen tat, geriet er ganz außer sich vor Wut wie ein kleines Tier: er stürzte sich seinerseits auf Aljoscha, und bevor sich der noch rühren konnte, packte der boshafte Junge, den Kopf vorgestreckt, mit beiden Händen seine linke Hand und biß ihn in den Mittelfinger. Er biß sich mit den Zähnen darin fest und ließ ihn zehn Sekunden lang nicht los. Aljoscha schrie auf vor Schmerz und suchte mit aller Kraft seinen Finger zurückzuziehen. Der Junge ließ ihn schließlich los und sprang auf seinen früheren Platz zurück. Der Finger war dicht am Nagel bis auf den Knochen durchgebissen. Das Blut strömte. Aljoscha nahm das Taschentuch heraus und wickelte es fest um die verletzte Hand. Dazu brauchte er fast eine Minute. Der Knabe stand unterdessen da und wartete. Schließlich richtete Aljoscha seinen sanften Blick auf ihn.

»Na gut«, sagte er, »siehst du, wie arg du mich gebissen hast? Nun ist es genug, nicht wahr? Jetzt sag mir: was habe ich dir getan?«

Der Knabe sah ihn verwundert an.

»Ich kenne dich zwar gar nicht und sehe dich zum erstenmal«, fuhr Aljoscha immer noch ebenso ruhig fort, »aber es kann doch nicht sein, daß ich dir nichts getan habe – du hättest mir doch nicht ohne Grund so weh getan. Was habe ich dir nur getan, und wodurch bin ich schuldig vor dir? Sag es mir.«

Statt zu antworten, fing der Junge plötzlich laut zu weinen an und lief davon. Aljoscha ging ihm ruhig bis zur Michailowskaja Straße nach, und noch lange sah er den Knaben in der Ferne laufen. Er verlangsamte nicht seinen Schritt, blickte sich nicht um und weinte wahrscheinlich immer noch laut. Aljoscha beschloß, ihn, sobald er nur Zeit fände, unbedingt aufzusuchen und dieses Rätsel zu lösen, das ihn tief erschüttert hatte. Jetzt hatte er dazu keine Zeit.

4

Bei den Chochlakows

Bald gelangte er bei dem Haus der Frau Chochlakowa an, einem zweistöckigen steinernen Privathaus, das zu den schönsten in unserem Städtchen zählte. Frau Chochlakowa hielt sich zwar meist in einem anderen Gouvernement auf, wo sie ein Landgut hatte, oder sie lebte in Moskau, wo ihr ein Haus gehörte, doch besaß sie auch in unserem Städtchen ein Haus, das sie von ihren Eltern und Großeltern ererbt hatte. Ihr Gut in unserem Landkreis war das größte von ihren drei Gütern, dennoch war sie bis jetzt nur selten in unserem Gouvernement gewesen.

Sie kam Aljoscha schon entgegen, als er noch im Vorzimmer war.

»Haben Sie den Brief über das neue Wunder erhalten, haben Sie ihn erhalten?« begann sie eilig und nervös.

»Ja, ich habe ihn erhalten.«

»Haben Sie ihn allen gezeigt und die Nachricht verbreitet? Er hat der Mutter den Sohn zurückgegeben!«

»Er wird heute sterben«, sagte Aljoscha.

»Ich habe davon gehört, ich weiß es, oh, wie gern würde ich mit Ihnen über all das reden! Mit Ihnen oder mit irgend jemand anderem. Nein, mit Ihnen, mit Ihnen! Und wie schade, daß es sich auf keine Weise ermöglichen läßt, ihn zu sehen! Die ganze Stadt ist erregt, alle sind voll Erwartung. Aber jetzt ... wissen Sie, daß Katerina Iwanowna jetzt bei uns ist?«

»Ach, wie gut sich das trifft!« rief Aljoscha aus. »Nun kann ich sie ja auch bei Ihnen sprechen, sie hat mir gestern gesagt, ich solle heute unbedingt zu ihr kommen.«

»Ich weiß alles, ich weiß alles. Ich habe bis ins letzte von allem gehört, was gestern bei ihr vorgefallen ist ... und von all dem Greuel mit dieser ... Kreatur. C'est tragique, und ich hätte an ihrer Stelle – ich weiß nicht, was ich an ihrer Stelle getan hätte! Aber auch Ihr Bruder Dmitrij Fjodorowitsch – nein, ich bin ganz konfus! Stellen Sie sich vor: dort sitzt Ihr Bruder, das heißt nicht der, nicht der Schreckliche von gestern, sondern der andere, der Iwan Fjodorowitsch, er sitzt dort und spricht mit ihr; das Gespräch, das sie führen, ist feierlich ... Und wenn Sie es nur glauben wollten, was jetzt zwischen ihnen vorgeht – das ist schrecklich, das ist, sage ich Ihnen, etwas so Überspanntes, das ist eine so grausige Geschichte, daß man unter keinen Umständen an sie glauben möchte: beide richten sich zugrunde, niemand weiß weswegen, sie sind sich dessen bewußt und finden Genuß daran. Ich habe auf Sie gewartet! Ich habe mich nach Ihnen gesehnt. Das kann ich vor allem nicht ertragen. Ich werde Ihnen gleich alles erzählen, jetzt aber etwas anderes, und zwar das Allerwichtigste – ach, ich hatte ja ganz vergessen, daß dies das Wichtigste ist: sagen Sie, warum hat Lise wieder einen hysterischen Anfall bekommen? Kaum hatte sie gehört, daß Sie sich dem Hause nähern, da bekam sie auch schon einen Anfall!«

»Maman, Sie selber sind hysterisch, nicht ich«, zwitscherte plötzlich Lises Stimmchen durch den Türspalt des Zimmers nebenan. Die Tür stand nur ganz wenig offen, und das Stimmchen klang gequetscht, genauso, wie wenn jemand schrecklich gern lachen möchte, aber mit aller Kraft das Lachen unterdrückt. Aljoscha bemerkte sofort diesen Türspalt, und Lise blickte sicherlich von ihrem Rollstuhl aus auf Aljoscha, aber er konnte das nicht sehen.

»Es wäre nicht zu verwundern, Lise, durchaus nicht zu verwundern ... durch deine Launen könnte auch ich noch einen Anfall bekommen. Übrigens ist sie sehr krank, Alexej Fjodorowitsch, sie war die ganze Nacht sehr krank, hatte Fieber und stöhnte! Mit knapper Not habe ich den Morgen und den Doktor Herzenstube erwarten können. Er sagt, er könne nichts begreifen, und man müsse abwarten. Wenn dieser Herzenstube kommt, sagt er immer nur, er könne nichts begreifen. Kaum näherten Sie sich dem Haus, schrie sie auf, bekam einen Anfall und verlangte, man solle sie hierher ins Zimmer schieben ...«

»Maman, ich wußte gar nicht, daß er schon kommt, ich wollte gar nicht seinetwegen in dieses Zimmer geschoben werden.«

»Das ist nicht wahr, Lise. Julia kam zu dir gelaufen, um dir zu sagen, daß Alexej Fjodorowitsch schon in der Nähe sei, sie hatte ja für dich Ausschau gehalten.«

»Mein liebes Mamachen, das ist sehr wenig scharfsinnig von Ihnen. Aber wenn Sie es wiedergutmachen und jetzt etwas sehr Kluges sagen wollen, liebe Mama, dann sagen Sie dem soeben gekommenen verehrten Herrn Alexej Fjodorowitsch, er habe seinen Mangel an Scharfsinn schon allein dadurch bewiesen, daß er es gewagt habe, nach dem, was gestern vorgefallen ist, und obwohl alle über ihn lachen, heute zu uns zu kommen.«

»Lise, du erlaubst dir zuviel, ich versichere dir, daß ich schließlich zu strengen Maßnahmen greifen werde. Wer lacht denn über ihn? Ich bin so froh, daß er gekommen ist, ich brauche ihn, er ist mir ganz unentbehrlich. Oh, Alexej Fjodorowitsch, ich bin tief unglücklich!«

»Ja, was ist denn mit dir, Mama, Liebling?«

»Ach, deine Launen, Lise, deine Unbeständigkeit, deine

Krankheit, diese schreckliche Fiebernacht, vor allem dieser schreckliche ewige Herzenstube, der ewige, ewige Herzenstube! Und schließlich alles, alles ... und zuletzt auch noch dieses Wunder! Oh, wie dieses Wunder mich in Erstaunen gesetzt, mich erschüttert hat, lieber Alexej Fjodorowitsch! Und dann jetzt dort im Salon diese Tragödie, die ich nicht mit ansehen kann, ich kann es nicht, ich sage es Ihnen im voraus, ich kann es nicht. Vielleicht ist es eine Komödie und keine Tragödie. Sagen Sie, wird der Starez Sosima noch bis morgen leben, wird er das noch? Oh, mein Gott! Was ist mit mir? Ich schließe alle Augenblicke die Augen und sehe, daß alles Unsinn, Unsinn ist.«

»Ich möchte Sie sehr bitten«, unterbrach Aljoscha sie plötzlich, »mir irgendein sauberes Läppchen zu geben, damit ich mir den Finger verbinden kann, ich habe ihn mir stark verletzt, und er tut sehr weh.«

Aljoscha nahm das Taschentuch von seinem verletzten Finger. Es war ganz blutdurchtränkt. Frau Chochlakowa schrie auf und drückte die Augen zu.

»O Gott, was für eine Wunde, das ist ja entsetzlich!«

Kaum hatte Lise durch den Türspalt Aljoschas Finger erblickt, riß sie auch schon mit aller Wucht die Tür auf.

»Kommen Sie herein, kommen Sie zu mir herein«, rief sie eindringlich und gebieterisch, »jetzt keine Dummheiten mehr! O Gott, warum haben Sie denn so lange dagestanden und nichts gesagt? Er hätte verbluten können, Mama! Wo ist Ihnen das passiert, wie haben Sie das gemacht? Vor allem Wasser, Wasser! Man muß die Wunde auswaschen, den Finger in kaltes Wasser stecken, damit der Schmerz vergeht, und einfach im Wasser halten, immer hineinhalten ... Rasch, rasch Wasser, Mama, in der Spülschale. Mach doch schneller«, schloß sie nervös. Sie war ganz erschrocken; Aljoschas Wunde hatte auf sie einen furchtbaren Eindruck gemacht.

»Sollte man nicht Herzenstube holen lassen?« rief Frau Chochlakowa.

»Mama, Sie werden noch mein Tod sein. Ihr Herzenstube wird kommen und sagen, er könne nichts begreifen! Wasser, Wasser! Mama, um Himmels willen, gehen Sie selber, treiben Sie Julia zur Eile an, die sicherlich wieder irgendwo herumtrödelt und nie rasch kommen kann! Aber schneller doch, Mama, sonst sterbe ich ...«

»Das ist doch nur eine Kleinigkeit!« rief Aljoscha, der über den Schreck der beiden selbst erschrocken war.

Julia kam mit Wasser gelaufen. Aljoscha tauchte den Finger hinein.

»Mama, um Himmels willen, bringen Sie Scharpie, Scharpie und diese ätzende trübe Flüssigkeit für Schnittwunden – na, wie heißt sie doch? Wir haben sie, haben sie . . . Mama, Sie wissen selber, wo die Flasche steht, in Ihrem Schlafzimmer rechts im Schränkchen, dort ist die Flasche und Scharpie . . .«

»Ich bringe gleich alles, Lise, schrei nur nicht und reg dich nicht auf. Du siehst doch, wie mannhaft Alexej Fjodorowitsch sein Unglück trägt. Wo haben Sie sich nur so schrecklich verletzt, Alexej Fjodorowitsch?«

Frau Chochlakowa ging eilig hinaus. Nur darauf hatte Lise gewartet.

»Antworten Sie mir vor allem auf eine Frage«, wandte sie sich rasch an Aljoscha. »Wo haben Sie sich so verletzt? Erst dann werde ich mit Ihnen von etwas anderem reden. Na?«

Aljoscha fühlte instinktiv, daß ihr die Zeit bis zur Rückkehr ihrer Mutter kostbar war, und so erzählte er ihr eilig und dennoch, obwohl er vieles wegließ oder abkürzte, getreu und klar von seiner rätselhaften Begegnung mit den Schuljungen. Als Lise ihn angehört hatte, schlug sie die Hände zusammen: »Wie können Sie nur, noch dazu in diesem Gewand, sich mit kleinen Jungen einlassen!« rief sie zornig, als hätte sie ein Recht über ihn. »Nach alledem sind Sie ja selber ein kleiner Junge, der kleinste, den es nur geben kann! Aber Sie müssen unbedingt auf irgendeine Weise herausbekommen, was es mit diesem garstigen Bengel auf sich hat, und mir dann alles erzählen, denn da steckt irgendein Geheimnis dahinter. Jetzt das andere, doch vorher noch eine Frage: sind Sie imstande, Alexej Fjodorowitsch, ungeachtet der Schmerzen, die Sie leiden, von ganz nebensächlichen Dingen zu reden, aber mit Vernunft?«

»Das kann ich durchaus, auch empfinde ich jetzt keinen so starken Schmerz mehr.«

»Das kommt daher, weil Ihr Finger im Wasser steckt. Es muß gleich gewechselt werden, denn es erwärmt sich im Nu. Julia, bring rasch ein Stück Eis aus dem Keller und eine andere Spülschale mit Wasser. So, jetzt ist sie weg, und ich komme zur Sache: lieber Alexej Fjodorowitsch, geben Sie mir sofort meinen Brief zurück, den ich Ihnen gestern geschickt habe – sofort, denn Mama kann gleich wieder da sein, und ich will nicht . . .«

»Ich habe den Brief nicht bei mir.«

»Das ist nicht wahr, Sie haben ihn bei sich. Ich hatte mir

schon gedacht, daß Sie so antworten würden. Sie haben ihn in der Tasche. Ich habe diesen dummen Scherz die ganze Nacht über so bereut. Geben Sie mir den Brief sofort zurück, geben Sie ihn mir!«

»Er ist dort in der Zelle liegengeblieben.«

»Aber Sie können mich doch nicht für ein kleines Mädchen halten, für ein ganz, ganz kleines Mädchen, nach diesem meinem Brief mit einem so dummen Scherz! Ich bitte Sie um Verzeihung wegen des dummen Scherzes, aber den Brief müssen Sie mir unbedingt bringen, wenn Sie ihn wirklich nicht bei sich haben – heute noch müssen Sie ihn mir bringen, unbedingt, unbedingt!«

»Heute ist das ganz unmöglich, weil ich ins Kloster zurückgehe und zwei, drei, vielleicht auch vier Tage nicht zu Ihnen kommen werde, denn der Starez Sosima ...«

»Vier Tage, welch ein Unsinn! Hören Sie, haben Sie sehr über mich gelacht?«

»Ich habe kein bißchen gelacht.«

»Warum nicht?«

»Weil ich alles geglaubt habe.«

»Sie beleidigen mich!«

»Nicht im geringsten. Als ich den Brief gelesen hatte, dachte ich sofort, alles werde so kommen, denn sobald der Starez Sosima gestorben ist, muß ich das Kloster verlassen. Ich werde dann wieder das Gymnasium besuchen und meine Abgangsprüfung machen, und wenn Sie das vom Gesetz vorgeschriebene Alter erreicht haben, werden wir heiraten. Ich werde Sie lieben. Obwohl ich noch keine Zeit hatte, darüber nachzudenken, glaube ich doch, daß ich keine bessere Frau finden kann als Sie, zudem hat der Starez mir gesagt, ich müsse heiraten ...«

»Aber ich bin doch eine Mißgeburt, man fährt mich im Rollstuhl umher!« sagte Lise lachend, während ihre Wangen sich röteten.

»Ich selber werde Sie im Rollstuhl umherfahren, doch bin ich überzeugt, daß Sie bis dahin genesen sind.«

»Sie sind wohl nicht bei Verstand«, sagte Lise nervös, »wie können Sie aus diesem Scherz einen solchen Unsinn folgern!... Ach, da ist ja schon Mama, vielleicht gerade zur rechten Zeit. Mama, daß Sie sich doch immer verspäten, wie kann man nur zu allem so lange brauchen! Da kommt auch schon Julia und bringt das Eis!«

»Lise, schrei vor allem nicht so – schrei nicht. Von diesem Geschrei bekomme ich ... Was kann denn ich dafür, wenn du die

Scharpie anderswohin gesteckt hast... Ich habe gesucht und gesucht . . . Ich habe den Verdacht, du hast das absichtlich getan.«

»Ich konnte doch nicht wissen, daß er mit einem Biß im Finger kommen wird, sonst hätte ich es vielleicht wirklich absichtlich getan. Engelsmama, Sie fangen an, sehr geistreiche Dinge zu sagen.«

»Sollen sie meinetwegen geistreich sein, aber was man alles durchmachen muß, Lise, wegen des Fingers von Alexej Fjodorowitsch und all dem anderen! Ach, lieber Alexej Fjodorowitsch, nicht die Einzelheiten, nicht irgend so ein Herzenstube, sondern alles zusammen bereitet mir Kummer; das Ganze ist es, was ich nicht ertragen kann.«

»Genug, Mama, genug von Herzenstube« – Lise lachte vergnügt –, »geben Sie rasch die Scharpie her, Mama, und das Wasser. Das ist bloß Bleiwasser, Alexej Fjodorowitsch, mir ist jetzt der Name eingefallen, aber man kann damit sehr gut Umschläge machen. Mama, stellen Sie sich vor, er hat unterwegs auf der Straße mit Schuljungen gerauft, und einer von ihnen hat ihn gebissen, na, ist er da nicht selber ein kleiner Junge und kann er nach alledem heiraten? Denn stellen Sie sich vor, er will heiraten, Mama. Stellen Sie ihn sich verheiratet vor, na, ist das nicht zum Lachen, ist das nicht schrecklich?«

Und Lise lachte immerzu ihr nervöses kleines Lachen, wobei sie Aljoscha pfiffig ansah.

»Wieso denn heiraten, Lise, wie kommst du darauf? So etwas zu sagen schickt sich gar nicht für dich . . . Dieser kleine Junge hatte vielleicht die Tollwut.«

»Ach, Mama! Gibt es denn tollwütige Knaben?«

»Warum denn nicht, Lise? Als ob ich eine Dummheit gesagt hätte! Diesen Jungen hat vielleicht ein toller Hund gebissen, dadurch ist er selbst tollwütig geworden und beißt nun jemanden. Wie gut sie Ihnen den Finger verbunden hat, Alexej Fjodorowitsch, das hätte ich nie fertiggebracht. Spüren Sie noch Schmerzen?«

»Nur noch ein bißchen.«

»Sind Sie etwa wasserscheu?« fragte Lise.

»Nun ist es aber genug, Lise, ich habe vielleicht tatsächlich zu voreilig von einem tollwütigen Jungen gesprochen, und du hast daraus gleich deine Schlüsse gezogen. Katerina Iwanowna hat eben erst erfahren, daß Sie gekommen sind, Alexej Fjodorowitsch, sie stürzte nur so auf mich zu, sie lechzt nach Ihnen, lechzt nach Ihnen.«

»Ach, Mama! Gehen Sie allein in den Salon, er kann jetzt nicht hingehen, er leidet zu sehr.«

»Ich leide gar nicht, ich kann sehr wohl hingehen ...« sagte Aljoscha.

»Wie! Sie gehen? *So* sind Sie also? *So* sind Sie?«

»Wieso? Sobald ich dort fertig bin, komme ich doch wieder zurück, und wir können wieder sprechen, soviel Sie wollen. Mir liegt sehr viel daran, Katerina Iwanowna recht bald zu sprechen, weil ich heute unter allen Umständen so rasch wie möglich ins Kloster zurückkehren will.«

»Mama, gehen Sie und nehmen Sie ihn mit. Alexej Fjodorowitsch, bemühen Sie sich nicht, nach Ihrem Gespräch mit Katerina Iwanowna nochmals zu mir zu kommen, sondern gehen Sie geradewegs in Ihr Kloster, wohin Sie auch gehören. Ich will jetzt schlafen, die ganze Nacht habe ich kein Auge zugetan.«

»Ach, Lise, das sind doch nur Narrheiten! Wie wäre es aber, wenn du wirklich etwas schliefest?« rief Frau Chochlakowa.

»Ich weiß nicht, wodurch ich ... Ich bleibe noch drei Minuten, wenn Sie wollen, sogar fünf«, stammelte Aljoscha.

»Sogar fünf! So führen Sie ihn doch rasch hinaus, Mama, er ist ja ein Monstrum!«

»Lise, du bist nicht bei Sinnen. Gehen wir, Alexej Fjodorowitsch, sie ist heute allzu launisch, ich fürchte sie zu reizen. Oh, man hat sein Kreuz mit einem so nervösen Frauenzimmer, Alexej Fjodorowitsch! Dabei ist sie vielleicht tatsächlich in Ihrer Gegenwart müde geworden. Wie haben Sie das nur fertiggebracht, sie so schnell schläfrig zu machen, und wie glücklich trifft sich das!«

»Ach, Mama, was für nette Dinge Sie jetzt sagen, dafür küsse ich Sie, Mamachen.«

»Ich dich auch, Lise. Hören Sie, Alexej Fjodorowitsch«, flüsterte Frau Chochlakowa rasch in geheimnisvollem und wichtigtuerischem Ton, als sie mit Aljoscha fortging, »ich will Sie in keiner Weise beeinflussen noch den Schleier von diesen Dingen lüften, aber gehen Sie hinein, und Sie werden selber alles sehen, was dort vorgeht; das ist etwas Entsetzliches, das ist eine ganz phantastische Komödie: sie liebt Ihren Bruder Iwan Fjodorowitsch und will sich mit aller Gewalt einreden, daß sie Ihren Bruder Dmitrij Fjodorowitsch liebe. Das ist entsetzlich! Ich werde mit Ihnen zusammen hineingehen und, wenn man mich nicht fortschickt, das Ende abwarten.«

5

Überspanntheit im Salon

Doch die Unterredung im Salon ging bereits ihrem Ende entgegen. Katerina Iwanowna war sehr erregt, obwohl sie entschlossen aussah. In dem Augenblick, da Aljoscha und Frau Chochlakowa eintraten, erhob sich Iwan Fjodorowitsch gerade, um zu gehen. Sein Gesicht war etwas bleich, und Aljoscha blickte ihn besorgt an. Sollte doch jetzt einer von seinen Zweifeln behoben und ein Rätsel gelöst werden, das ihn seit einiger Zeit beunruhigt und gequält hatte! Schon vor einem Monat war mehrfach und von verschiedenen Seiten versucht worden, ihm einzureden, sein Bruder Iwan liebe Katerina Iwanowna und beabsichtige tatsächlich, sie dem Mitja »auszuspannen«. Bis zur allerletzten Zeit war das Aljoscha ungeheuerlich vorgekommen und hatte ihn sehr beunruhigt. Er hatte beide Brüder lieb, und eine solche Rivalität zwischen ihnen beängstigte ihn. Inzwischen hatte Dmitrij Fjodorowitsch selbst ihm gestern geradeheraus erklärt, er freue sich sogar über die Rivalität seines Bruders Iwan, und sie werde ihm, Dmitrij, in vielem helfen. Inwiefern nur? Sollte sie ihm helfen, Gruschenka zu heiraten? Einen solchen Schritt aber hielt Aljoscha für einen letzten Verzweiflungsakt. Außerdem hatte Aljoscha noch bis zum gestrigen Abend fest geglaubt, daß Katerina Iwanowna seinen Bruder Dmitrij leidenschaftlich und hartnäckig liebe – aber nur bis zum gestrigen Abend hatte er das geglaubt. Darüber hinaus hatte er sich aus irgendeinem Grunde eingebildet, sie könne einen solchen Menschen wie Iwan nicht lieben, sondern sie liebe nur seinen Bruder Dmitrij, und zwar gerade so, wie er war, ungeachtet der ganzen Ungeheuerlichkeit einer solchen Liebe. Gestern jedoch, bei dem Vorfall mit Gruschenka, war ihm plötzlich etwas ganz anderes klargeworden. Bei dem Wort »überspannt«, das Frau Chochlakowa soeben erst ausgesprochen hatte, wäre er fast zusammengefahren, weil er gerade in dieser Nacht, als er kurz vor Tagesanbruch halb aufgewacht war, wahrscheinlich auf einen Traum hin, plötzlich ausgerufen hatte: »Überspannt, überspannt!« Während der ganzen Nacht hatte ihm nämlich von dem gestrigen Vorfall bei Katerina Iwanowna geträumt. Die offene und hartnäckige Versicherung Frau Chochlakowas, daß Katerina Iwanowna seinen Bruder Iwan liebe und nur aus Spielerei, aus »Überspanntheit«

absichtlich sich selber betrüge und mit ihrer eingebildeten Liebe zu Dmitrij aus einer Art von Dankbarkeit heraus sich selber quäle, machte Aljoscha jetzt plötzlich stutzig: vielleicht lag in diesen Worten tatsächlich die volle Wahrheit? In welcher Lage befand sich aber in diesem Fall sein Bruder Iwan? Aljoscha fühlte instinktiv, daß ein Charakter wie der Katerina Iwanownas herrschen müsse. Das konnte sie aber nur über einen Menschen wie Dmitrij, keineswegs über jemanden wie Iwan. Denn nur Dmitrij könnte sich ihr (wenn auch erst nach langer Zeit) schließlich »zu seinem eigenen Glück« fügen (was Aljoscha sogar gewünscht hätte), Iwan aber nicht. Iwan würde sich ihr nicht fügen können, und selbst wenn es ihm gelänge, würde ihm das kein Glück bringen. Diese Vorstellung hatte Aljoscha sich aus irgendeinem Grunde unwillkürlich von Iwan gebildet. All diese Erwägungen und Bedenken huschten ihm nun in dem Augenblick durch den Kopf, als er den Salon betrat. Es tauchte auch noch ein anderer Gedanke in ihm auf, unvermittelt und unabweisbar: Was aber, wenn sie keinen liebt, weder den einen noch den anderen? Ich möchte erwähnen, daß Aljoscha sich seiner Gedanken gleichsam geschämt und sich ihretwegen Vorwürfe gemacht hatte, wenn sie ihm im letzten Monat gelegentlich gekommen waren: Was verstehe ich denn von Liebe und Frauen, und wie kann ich solche Schlüsse ziehen? hatte er voller Selbstvorwürfe nach jedem derartigen Gedanken oder Einfall gedacht. Und doch war es unmöglich, nicht so zu denken. Er begriff instinktiv, daß zum Beispiel jetzt diese Rivalität seiner Brüder für ihr Schicksal wichtig war und zuviel davon abhing. »Ein Scheusal wird das andere auffressen«, hatte gestern sein Bruder Iwan gesagt, als er in seiner Erregung von seinem Vater und seinem Bruder Dmitrij gesprochen hatte. Also war Dmitrij in seinen Augen ein Scheusal, war es vielleicht schon lange? Etwa seit der Zeit, da Iwan Katerina Iwanowna kennengelernt hatte? Diese Worte waren Iwan natürlich unwillkürlich entschlüpft, aber gerade darum waren sie um so wichtiger. Wenn sich das so verhielt, wie konnte es dann Frieden geben? War dann nicht im Gegenteil ein neuer Anlaß zu Haß und Feindschaft in ihrer Familie vorhanden? Vor allem aber, wen sollte er, Aljoscha, bemitleiden? Und was sollte er jedem wünschen? Er liebte sie beide, aber was sollte er jedem von ihnen in einem so furchtbaren Zwiespalt wünschen? In diesem Durcheinander konnte man sich ganz verirren, Aljoschas Herz aber konnte keine Ungewißheit vertragen, weil seine Liebe stets nach der Tat verlangte. Passiv zu lieben, war er außerstande. Wenn er jemanden liebgewonnen hatte, machte er sich sofort daran, ihm auch zu helfen. Dazu jedoch mußte er sich ein Ziel setzen, er mußte genau wissen, was für jeden von ihnen gut und notwendig war; hatte er sich aber von der Richtigkeit des Zieles überzeugt, so lag es auf der Hand, daß er jedem von ihnen helfen mußte. Doch statt eines festen Zieles herrschte überall nur Unklarheit und Wirrwarr. »Überspanntheit« – dieses Wort war jetzt gefallen! Doch was verstand er von dieser Überspanntheit? Selbst das erste Wort in diesem ganzen Wirrwarr verstand er nicht!

Als Katerina Iwanowna Aljoscha erblickte, sagte sie eilig und freudig zu Iwan Fjodorowitsch, der sich schon von seinem Platz erhoben hatte und gehen wollte: »Einen Augenblick! Bleiben Sie noch einen Augenblick. Ich möchte die Meinung gerade dieses Menschen hören, dem ich von ganzem Herzen vertraue. Katerina Osipowna, gehen auch Sie nicht fort«, fügte sie, zu Frau Chochlakowa gewandt, hinzu. Sie forderte Aljoscha auf, neben ihr Platz zu nehmen, während Frau Chochlakowa sich ihr gegenüber neben Iwan Fjodorowitsch setzte.

»Hier habe ich nun alle meine Freunde bei mir, alle, die ich in der Welt besitze, meine lieben Freunde«, begann sie leidenschaftlich. In ihrer Stimme zitterte aufrichtiges Leid, und Aljoschas Herz wandte sich ihr sofort wieder zu. »Sie, Alexej Fjodorowitsch, waren gestern Zeuge dieses ... Greuels und sahen mich, wie ich war. Sie haben es nicht gesehen, Iwan Fjodorowitsch, er aber hat es gesehen. Was er gestern von mir gedacht hat, weiß ich nicht, nur das eine weiß ich: wiederholte sich das gleiche hier und jetzt, so würde ich die gleichen Gefühle wie gestern äußern – die gleichen Gefühle, die gleichen Worte ... und sogar die gleichen Bewegungen machen. Sie entsinnen sich meiner Bewegungen, Alexej Fjodorowitsch, Sie selbst hielten mich ja von einer zurück ...« Als sie das sagte, errötete sie, und ihre Augen funkelten. »Ich erkläre Ihnen, Alexej Fjodorowitsch, daß ich mich mit nichts aussöhnen kann. Hören Sie, Alexej Fjodorowitsch, ich weiß nicht einmal, ob ich *ihn* jetzt noch liebe. Er tut mir jetzt *leid*, das ist ein schlechtes Zeichen für meine Liebe. Wenn ich ihn liebte, ihn noch immer liebte, täte er mir jetzt vielleicht nicht leid, im Gegenteil, ich würde ihn wohl hassen ...«

Ihre Stimme bebte, und Tränen blitzten an ihren Wimpern. Aljoscha zuckte innerlich zusammen: Dieses Mädchen ist wahrheitsliebend und aufrichtig, dachte er, und ... sie liebt Dmitrij nicht mehr!

»Das stimmt, das stimmt!« rief Frau Chochlakowa.

»Warten Sie, liebe Katerina Osipowna, das Wichtigste habe ich noch nicht gesagt, ich habe noch nicht gesagt, was ich heute nacht endgültig beschlossen habe. Ich fühle, daß mein Entschluß vielleicht furchtbar ist – für mich; aber ich fühle im voraus, daß ich ihn um keinen Preis mehr ändern werde, um keinen Preis, mein ganzes Leben lang nicht, es bleibt dabei. Mein lieber, guter, ständiger und großmütiger Berater, der einzige Freund, den ich auf der Welt habe, der tiefe Herzenskenner Iwan Fjodorowitsch stimmt mir in allem bei und lobt meinen Entschluß ... er kennt ihn.«

»Ja, ich billige ihn«, sagte Iwan Fjodorowitsch mit leiser, aber fester Stimme.

»Aber ich will, daß auch Aljoscha – ach, Alexej Fjodorowitsch, verzeihen Sie, daß ich Sie einfach Aljoscha genannt habe –, ich will, daß auch Alexej Fjodorowitsch mir jetzt, in Gegenwart meiner beiden Freunde, sagt, ob ich recht habe oder nicht. Ich fühle instinktiv, daß Sie, Aljoscha, mein lieber Bruder – denn Sie sind mein lieber Bruder«, sagte sie wieder begeistert, wobei sie mit ihrer heißen Hand seine kalte Rechte ergriff –, »ich fühle im voraus, daß Ihre Entscheidung, Ihre Zustimmung mir, ungeachtet all meiner Qualen, Ruhe geben wird, weil ich nach Ihren Worten still werden und mich in alles schicken werde – das fühle ich im voraus!«

»Ich weiß nicht, wonach Sie mich fragen werden«, sagte Aljoscha, der rot geworden war, »ich weiß nur, daß ich Sie liebhabe und Ihnen in diesem Augenblick mehr Glück wünsche als mir selbst! ... Aber ich verstehe ja nichts von diesen Dingen ...« beeilte er sich aus irgendeinem Grunde hinzuzufügen.

»In diesen Dingen, Alexej Fjodorowitsch, in diesen Dingen ist jetzt die Hauptsache – Ehre und Pflicht und, ich weiß nicht, was noch, aber jedenfalls etwas Höheres, vielleicht sogar etwas Höheres als Pflicht. Mein Herz spricht mir von diesem unbezwinglichen Gefühl, das mich unwiderstehlich treibt. Das alles läßt sich übrigens mit ein paar Worten sagen, ich habe mich schon entschieden: selbst wenn er diese ... Kreatur heiratet«, begann sie feierlich, »der ich nie, nie werde verzeihen können, werde ich ihn *dennoch nicht im Stich lassen!* Von nun an werde ich ihn nie, nie mehr im Stich lassen!« sagte sie mit müder, erzwungener Begeisterung, die an Überspanntheit grenzte. »Das heißt nicht, daß ich ihm nachlaufen, ihm jeden Augenblick unter die Augen zu kommen suchen, ihn quälen werde – o nein, ich werde in eine andere Stadt fahren, wohin Sie wollen, aber ich werde ihn mein ganzes Leben lang, mein ganzes Leben lang unablässig im Auge behalten. Sollte er jedoch mit jener Person unglücklich werden – und das wird unbedingt und sehr schnell geschehen –, so möge er zu mir kommen, und er wird in mir einen Freund, eine Schwester finden ... natürlich nur eine Schwester, und das wird für ewig so bleiben. Er wird sich endlich davon überzeugen, daß diese Schwester tatsächlich seine Schwester ist, die ihn liebt und ihm ihr ganzes Leben geopfert hat. Ich werde das erreichen, ich werde darauf bestehen, daß er mich endlich erkennt und mir alles sagt, ohne sich zu schämen!« rief sie wie in Ekstase. »Ich werde sein Gott sein, zu dem er betet – und das ist das mindeste, was er mir für seinen Verrat und für das schuldet, was ich gestern seinetwegen durchgemacht habe. Und er soll sein ganzes Leben lang sehen, daß ich ihm allezeit treu sein werde, ihm und meinem Wort, das ich ihm einmal gegeben habe, obwohl er mir untreu geworden ist und mich verraten hat. Ich werde ... ich will ein Mittel zu seinem Glück werden – oder wie könnte man es nennen? ... ein Instrument, das Triebwerk seines Glückes, und das fürs ganze Leben, fürs ganze Leben; er soll es fühlen sein ganzes Leben lang! Da haben Sie meinen Entschluß! Iwan Fjodorowitsch pflichtet mir in allem bei.«

Sie war ganz außer Atem. Vielleicht hätte sie ihre Gedanken gern würdiger, geschickter und natürlicher ausgedrückt, aber es war zu eilig und zu unverblümt geschehen. Viel jugendliche Unbeherrschtheit drückte sich darin aus, aus vielem sprachen nur die gestrige Gereiztheit und das Bedürfnis, sich zu brüsten, das fühlte sie selber. Ihr Gesicht hatte sich eigentümlich verdüstert, ihre Augen hatten einen unguten Ausdruck bekommen. Aljoscha merkte das alles sofort, und in seinem Herzen regte sich Mitleid. Und da fügte auch noch sein Bruder Iwan hinzu: »Ich habe nur meine Meinung geäußert. Bei jeder anderen hätte das alles überreizt und gequält geklungen, bei Ihnen aber nicht. Eine andere hätte unrecht gehabt, Sie aber haben recht. Ich weiß nicht, wie man das begründen könnte, aber ich sehe, daß Sie im höchsten Grade aufrichtig sind, und darum sind Sie auch im Recht ...«

»Aber doch nur in diesem Augenblick ... was aber ist dieser Augenblick? Doch nur eine Folge der gestrigen Beleidigung, und sonst nichts!« rief Frau Chochlakowa, die nicht mehr an sich halten konnte. Sie hatte sich augenscheinlich nicht einmischen wollen, vermochte sich nun aber nicht mehr zu beherrschen und sprach unerwartet einen sehr richtigen Gedanken aus.

»Richtig, richtig«, fiel ihr Iwan ins Wort, der plötzlich in Wut geriet und sichtlich erbost war, daß man ihn unterbrochen hatte. »Richtig, bei einer anderen wäre das natürlich nur eine Folge der gestrigen Erschütterung und dauerte nur einen Augenblick, aber bei dem Charakter der Katerina Iwanowna wird dieser Augenblick ihr ganzes Leben lang fortdauern. Was für andere nur ein Versprechen wäre, das ist für sie eine ewige, vielleicht schwere und düstere, aber ständige Pflicht. Und sie wird von dem Gefühl zehren, diese Pflicht erfüllt zu haben! Ihr Leben, Katerina Iwanowna, wird zuerst in duldender Betrachtung Ihrer eigenen Gefühle, Ihrer eigenen aufopfernden Tat und Ihres eigenen Leids verlaufen, doch später wird dieses Leid sich mildern, und Ihr Leben wird zu einem wonnevollen Betrachten eines ein für allemal gefaßten und erfüllten, festen und stolzen Vorsatzes werden, eines tatsächlich in seiner Art stolzen, jedenfalls aber verzweifelten Vorsatzes, der von Ihnen ausgeführt wurde. Und dieses Bewußtsein wird Ihnen endlich volle Befriedigung gewähren und Sie mit allem übrigen aussöhnen . . .«

Er hatte das in einem entschiedenen Ton und mit einer gewissen Bosheit gesagt, mit offenkundiger Absicht, und vielleicht wollte er nicht einmal diese Absicht, spöttisch zu reden, verhehlen.

»O Gott, wie wenig stimmt doch das alles!« rief wieder Frau Chochlakowa.

»Alexej Fjodorowitsch, äußern Sie sich doch! Es quält mich, ich muß wissen, was Sie dazu sagen!« rief Katerina Iwanowna und brach in Tränen aus. Aljoscha erhob sich vom Sofa. »Das macht nichts, das macht nichts!« fuhr sie unter Tränen fort. »Das kommt nur von der Aufregung, von der heutigen Nacht, aber neben zwei solchen Freunden, wie Sie und Ihr Bruder es sind, fühle ich mich noch stark . . . denn ich weiß . . . Sie beide werden mich nicht verlassen.«

»Unglücklicherweise muß ich vielleicht morgen schon nach Moskau reisen und Sie für lange Zeit verlassen . . . Und das ist leider nicht mehr zu ändern . . .« sagte plötzlich Iwan Fjodorowitsch.

»Morgen! Nach Moskau!« Das Gesicht Katerina Iwanownas

verzerrte sich auf einmal. »Aber ... aber du mein Gott, wie glücklich sich das trifft!« rief sie mit jäh veränderter Stimme und unterdrückte ihre Tränen so rasch, daß keine Spur mehr von ihnen zu sehen war. Im Handumdrehen war mit ihr eine erstaunliche Wandlung vorgegangen, die Aljoscha außerordentlich verblüffte: statt eines armen, beleidigten jungen Mädchens, das soeben noch in einem Gefühlsüberschwang geweint hatte, der an Überspanntheit grenzte, sah er plötzlich eine Frau vor sich, die sich völlig in der Gewalt hatte und mit irgend etwas zufrieden war, ja, sich über irgend etwas zu freuen schien.

»Oh, nicht daß ich Sie verliere, ist, was sich glücklich trifft, natürlich nicht«, verbesserte sie sich plötzlich mit einem freundlichen, überlegenen Lächeln, »ein Freund wie Sie könnte das auch gar nicht so auffassen; ich bin im Gegenteil nur zu unglücklich darüber, daß ich Sie verliere.« Sie stürzte auf Iwan Fjodorowitsch zu, ergriff seine Hände und drückte sie leidenschaftlich. »Aber was sich glücklich trifft, ist, daß Sie jetzt in Moskau meiner Tante und Agascha meine ganze Lage persönlich werden schildern können, das wirklich Entsetzliche meiner Lage, wobei Sie mit Agascha ganz offen reden können, meine Tante aber nach Möglichkeit schonen sollten. Sie können sich nicht vorstellen, wie unglücklich ich gestern und heute früh war, denn ich war ganz ratlos, wie ich diesen schrecklichen Brief an sie schreiben sollte ... weil sich so etwas in einem Brief ... gar nicht wiedergeben läßt ... Jetzt jedoch wird es für mich ein leichtes sein, ihnen zu schreiben, weil Sie ihnen ja alles mündlich erklären werden. Oh, wie froh bin ich! Aber ich bin nur darüber froh, das müssen Sie mir glauben. Sie selbst sind für mich natürlich unersetzlich ... Ich laufe sofort los und schreibe den Brief«, schloß sie plötzlich und machte schon einen Schritt, um das Zimmer zu verlassen.

»Und Aljoscha? Und die Meinung Alexej Fjodorowitschs, die Sie unbedingt hören wollten?« rief Frau Chochlakowa. Ihre Worte hatten einen bissigen und zornigen Unterton.

»Ich habe das nicht vergessen.« Katerina Iwanowna war plötzlich stehengeblieben. »Warum sind Sie in einem solchen Augenblick so feindselig gegen mich, Katerina Osipowna?« sagte sie mit bitterem, heißem Vorwurf. »Bei dem, was ich gesagt habe, bleibe ich auch. Ich brauche seine Meinung, nicht genug damit: ich brauche seine Entscheidung! Was er sagt, wird auch geschehen – so sehr lechze ich nach Ihren Worten, Alexej Fjodorowitsch ... Aber was haben Sie?«

»Das hätte ich nie gedacht, das hätte ich mir nicht vorstellen können!« rief Aljoscha bekümmert.

»Was denn? Was denn?«

»Er fährt nach Moskau, und Sie rufen aus, Sie seien froh darüber – das haben Sie mit Absicht ausgerufen! Dann aber haben Sie sofort erklärt, Sie seien nicht froh darüber, sondern Sie bedauerten im Gegenteil, daß . . . Sie einen Freund verlieren – aber auch das haben Sie nur in einer bestimmten Absicht gespielt . . . wie im Theater, wie in einer Komödie! . . .«

»Im Theater? Wie? . . . Was soll denn das?« rief Katerina Iwanowna höchst verwundert, wurde über und über rot und zog die Brauen zusammen.

»Wie sehr Sie ihm auch versichern, daß es Ihnen leid tue, mit ihm einen Freund zu verlieren, so beharren Sie ihm gegenüber doch offen darauf, daß seine Abreise Sie glücklich mache...« sagte Aljoscha ganz atemlos. Er stand am Tisch und setzte sich nicht.

»Wovon reden Sie, ich verstehe Sie nicht . . .«

»Ich weiß es auch selbst nicht . . . Mir ist auf einmal gleichsam eine Erleuchtung gekommen . . . Ich weiß, daß es nicht recht ist, wenn ich es sage, aber ich werde dennoch alles sagen«, fuhr Aljoscha, immer noch mit zitternder und versagender Stimme, fort. »Meine Erleuchtung besteht in der Erkenntnis, daß Sie meinen Bruder Dmitrij vielleicht überhaupt nicht lieben . . . und nie geliebt haben . . . Auch Dmitrij liebt Sie vielleicht überhaupt nicht . . . und hat Sie nie geliebt . . . sondern achtet Sie nur . . . Ich weiß wirklich nicht, wieso ich es wage, das alles jetzt zu sagen, aber irgend jemand muß doch die Wahrheit sagen . . . denn niemand will das hier ja tun...«

»Welche Wahrheit?« rief Katerina Iwanowna, und ihre Stimme hatte etwas Hysterisches.

»Diese Wahrheit . . .« stammelte Aljoscha, und ihm war, als fiele er in die Tiefe. »Lassen Sie sofort Dmitrij holen – ich werde ihn finden – möge er herkommen und Sie bei der Hand nehmen, dann soll er die Hand seines Bruders Iwan nehmen und beide Hände zusammenfügen. Denn Sie quälen Iwan nur deshalb, weil Sie ihn lieben . . . Sie quälen ihn deshalb, weil Sie Dmitrij nur aus Überspanntheit und nicht wirklich lieben... weil Sie sich das nur eingeredet haben . . .«

Aljoscha brach ab und verstummte.

»Sie . . . Sie . . . Sie sind ein kleiner Gottesnarr, das sind Sie!« sagte Katerina Iwanowna scharf. Sie war blaß geworden, und ihre Lippen waren vor Zorn verzerrt. Iwan Fjodorowitsch lachte auf und erhob sich. Er hatte schon den Hut in der Hand.

»Du täuschst dich, mein guter Aljoscha«, sagte er mit einem Gesichtsausdruck, den Aljoscha noch nie an ihm gesehen hatte – mit dem Ausdruck jugendlicher Aufrichtigkeit und starken, unbezwingbar offenherzigen Gefühls, »niemals hat Katerina Iwanowna mich geliebt! Sie hat die ganze Zeit über gewußt, daß ich sie liebe, obwohl ich ihr nie auch nur ein einziges Wort von meiner Liebe gesagt habe – sie hat es gewußt, hat mich aber nicht geliebt. Ihr Freund bin ich auch nie gewesen, keinen einzigen Tag lang: das stolze Weib brauchte meine Freundschaft nicht. Sie hielt mich in ihrer Nähe, um sich ununterbrochen an mir zu rächen. Sie rächte sich an mir für alle Beleidigungen, die sie stets und ständig in dieser ganzen Zeit von Dmitrij zu ertragen hatte, von ihrer ersten Begegnung an ... Denn auch ihre erste Begegnung mit ihm trägt sie immer noch als eine Beleidigung in ihrem Herzen. So ist ihr Herz! Die ganze Zeit über habe ich nichts anderes getan als zugehört, wenn sie von ihrer Liebe zu ihm sprach. Ich reise jetzt ab, doch Sie müssen wissen, Katerina Iwanowna, daß Sie nur ihn wirklich lieben. Sie lieben ihn um so stärker, je mehr er Sie kränkt. Gerade darin besteht Ihre Überspanntheit. Sie lieben ihn gerade so, wie er ist, Sie lieben in ihm Ihren Beleidiger. Wenn er sich besserte, würden Sie sich sofort nicht mehr um ihn kümmern und überhaupt aufhören, ihn zu lieben. Aber Sie brauchen ihn, um ununterbrochen Ihre Treue bewundern und ihm seine Untreue vorwerfen zu können. Das alles kommt von Ihrem Stolz. Oh, es ist viel Demütigung und Erniedrigung dabei, aber auch das kommt von Ihrem Stolz ... Ich bin noch zu jung und habe Sie zu sehr geliebt. Ich weiß, daß ich Ihnen das nicht sagen sollte, es wäre würdiger, Sie einfach zu verlassen; das wäre auch nicht so kränkend für Sie. Aber ich fahre ja weit weg und werde nie zurückkommen. Ich gehe ja für ewig... Ich will solche Überspanntheiten nicht mit ansehen ... Übrigens weiß ich nicht recht, was ich noch reden soll, ich habe alles gesagt ... Leben Sie wohl, Katerina Iwanowna, Sie dürfen sich nicht über mich ärgern, denn ich bin hundertmal mehr bestraft als Sie: bestraft schon allein dadurch, daß ich Sie nie mehr wiedersehen werde. Leben Sie wohl, Sie brauchen mir nicht die Hand zu geben. Sie haben mich zu bewußt gequält, als daß ich Ihnen in diesem Augenblick verzeihen könnte. Später werde ich Ihnen verzeihen, jetzt aber brauchen Sie mir nicht die Hand zu geben. ‚Den Dank, Dame, begehr ich nicht!'« fügte er mit einem schiefen Lächeln hinzu, womit er, übrigens ganz unerwarteterweise, zeigte, daß auch er imstande war, Schiller zu lesen, bis er ihn auswendig wußte, was Aljoscha früher nicht geglaubt hätte. Er verließ das Zimmer, ohne sich auch nur von der Herrin des Hauses, Frau Chochlakowa, zu verabschieden. Aljoscha schlug die Hände über dem Kopf zusammen.

»Iwan«, rief er ihm wie verloren nach, »komm zurück, Iwan! Nein, nein, jetzt wird er um keinen Preis zurückkehren!« rief er wieder in schmerzlicher Erkenntnis. »Aber ich, ich bin daran schuld, ich habe damit angefangen! Iwan hat im Zorn gesprochen, häßlich hat er gesprochen, ungerecht und im Zorn ... Er muß wieder herkommen, muß zurückkehren ...« Aljoscha rief es wie ein Wahnsinniger.

Katerina Iwanowna ging plötzlich in das Zimmer nebenan.

»Sie haben nichts angerichtet, Sie haben vortrefflich gehandelt, wie ein Engel«, raunte Frau Chochlakowa rasch und begeistert dem betrübten Aljoscha zu. »Ich werde alles daransetzen, daß Iwan Fjodorowitsch nicht wegfährt ...« Ihr Gesicht strahlte zur größten Betrübnis Aljoschas vor Freude.

Katerina Iwanowna kehrte wieder zurück. Sie hielt zwei Hundertrubelscheine in der Hand.

»Ich möchte Sie sehr um etwas bitten, Alexej Fjodorowitsch«, wandte sie sich an Aljoscha mit anscheinend ruhiger und gleichmäßiger Stimme, als wäre soeben nicht das geringste vorgefallen. »Vor einer Woche – ja, ich glaube, es war vor einer Woche – hat Dmitrij Fjodorowitsch eine hitzige und ungerechte, eine ganz abscheuliche Tat begangen. Es gibt hier ein anrüchiges Lokal, eine Schankwirtschaft. Dort traf er diesen verabschiedeten Offizier, diesen Hauptmann, den Ihr Vater bei irgendwelchen Geschäften gebraucht hat. Dmitrij Fjodorowitsch hatte sich aus irgendeinem Grunde über diesen Hauptmann geärgert, packte ihn am Bart und zog ihn in dieser erniedrigenden Lage auf die Straße hinaus; dort führte er ihn noch lange so herum, und man erzählt sich, daß der Sohn dieses Hauptmanns, ein kleiner Junge, der die hiesige Schule besucht, als er das sah, die ganze Zeit nebenhergelaufen sei, laut geweint und für den Vater gefleht habe, dann sei er zu allen hingestürzt und habe sie gebeten, seinen Vater zu schützen, doch alle hätten nur gelacht. Verzeihen Sie, Alexej Fjodorowitsch, ich kann nicht ohne Unwillen an diese schmachvolle

Tat zurückdenken, die *er* begangen hat . . . eine von den Taten, die nur Dmitrij Fjodorowitsch in seinem Zorn wagen kann . . . in seiner Leidenschaft! Ich kann es nicht einmal richtig erzählen, dazu bin ich außerstande . . . Ich finde nicht die richtigen Worte. Ich habe mich nach dem beleidigten Mann erkundigt und erfahren, daß er sehr arm ist. Er heißt Snegirjow. Er hatte sich im Dienst etwas zuschulden kommen lassen und mußte seinen Abschied nehmen, ich kann Ihnen das nicht alles erzählen, und jetzt sitzt er mit seiner Familie da, einer unglücklichen Familie, die aus kranken Kindern und seiner, wie ich glaube, geistesgestörten Frau besteht, und ist in schreckliche Armut geraten. Er ist schon lange hier in der Stadt, hat irgendeine Beschäftigung, war irgendwo Schreiber, doch jetzt zahlt man ihm plötzlich nichts mehr. Nun habe ich an Sie gedacht . . . das heißt, ich meinte – ich weiß nicht, ich bin ganz konfus . . . Sehen Sie, ich wollte Sie bitten, Alexej Fjodorowitsch, mein bester Alexej Fjodorowitsch, zu ihm hinzugehen, diese Leute, das heißt diesen Hauptmann, unter irgendeinem Vorwand zu besuchen – o Gott, wie konfus ich bin! – und dezent, vorsichtig, wie nur Sie das zu tun wissen« – Aljoscha wurde plötzlich rot –, »ihm eine Unterstützung zu übergeben, diese zweihundert Rubel hier. Er wird sie sicherlich annehmen . . . das heißt, Sie müssen ihm zureden, daß er sie annimmt . . . Oder nein, wie machen wir das? Sehen Sie, das soll ja kein Schmerzensgeld sein, damit er sich nicht beschwert – denn er wollte sich, glaube ich, beschweren –, sondern ein Zeichen meines Mitleids, meines Wunsches, ihm zu helfen, das von mir, von mir, von der Braut des Dmitrij Fjodorowitsch, kommt und nicht von ihm selber . . . Kurzum, Sie werden es schon zu machen wissen . . . Ich wäre selber hingefahren, aber Sie werden das weit besser zu machen wissen als ich. Er wohnt in der Osernaja Straße im Haus der Kleinbürgerin Kalmykowa . . . Alexej Fjodorowitsch, tun Sie mir um Gottes willen den Gefallen, und jetzt . . . jetzt bin ich ein bißchen müde. Auf Wiedersehen . . .«

Sie wandte sich plötzlich um und war so rasch hinter der Portiere verschwunden, daß Aljoscha nicht mehr dazu kam, auch nur ein Wort zu sagen – dabei hätte er gern etwas gesagt. Er hätte sie gern um Verzeihung gebeten, sich beschuldigt – überhaupt irgend etwas gesagt, denn sein Herz war übervoll, und er wollte das Zimmer unter keinen Umständen vorher verlassen. Aber Frau Chochlakowa ergriff ihn bei der Hand und führte ihn hinaus. Im Vorzimmer hielt sie ihn wieder wie vorhin auf.

»Sie ist stolz, sie kämpft mit sich selbst, aber sie ist gut, sie ist prächtig, ist hochherzig!« rief Frau Chochlakowa halblaut. »Oh, wie ich sie liebe, besonders manchmal, und wie sehr ich mich jetzt wieder über alles, alles freue! Lieber Alexej Fjodorowitsch, Sie haben das ja nicht gewußt: aber wir alle, alle – ich, ihre beiden Tanten –, nun, wir alle, sogar Lise, haben uns nun schon seit einem ganzen Monat nur das eine gewünscht und darum gefleht, daß sie sich von Ihrem Lieblingsbruder Dmitrij Fjodorowitsch lossage, der nichts von ihr wissen will und sie nicht im geringsten liebt, und daß sie Iwan Fjodorowitsch heirate, diesen gebildeten und trefflichen jungen Mann, der sie über alles auf der Welt liebt. Wir haben hier eine richtige Verschwörung angezettelt, und ich reise sogar vielleicht nur deswegen nicht ab ...«

»Aber sie weinte doch, war wieder beleidigt!« rief Aljoscha.

»Trauen Sie nicht den Tränen einer Frau, Alexej Fjodorowitsch – in solchen Fällen bin ich immer gegen die Frauen und für die Männer.«

»Mama, Sie verderben ihn und richten ihn zugrunde«, ertönte hinter der Tür hervor Lises dünnes Stimmchen.

»Nein, die Ursache von allem bin ich, ich bin an allem schuld!« wiederholte der untröstliche Aljoscha in einem Anfall qualvoller Scham wegen seines Verhaltens und bedeckte sein Gesicht mit den Händen.

»Im Gegenteil, Sie haben wie ein Engel gehandelt, wie ein Engel, und ich bin bereit, Ihnen das tausend- und aber tausendmal zu wiederholen.«

»Mama, wieso hat er wie ein Engel gehandelt?« ertönte wieder Lises Stimmchen.

»Ich bildete mir plötzlich aus irgendeinem Grunde ein, als ich das alles sah«, fuhr Aljoscha fort, als hätte er Lise gar nicht gehört, »daß sie Iwan liebe, und da sagte ich diese Dummheit... Was soll jetzt nur daraus werden?«

»Woraus denn, woraus?« rief Lise. »Mama, Sie wollen mich wohl noch töten. Ich frage Sie – und Sie antworten mir nicht.«

In diesem Augenblick kam das Dienstmädchen hereingelaufen.

»Katerina Iwanowna ist es schlecht ... sie weint ... sie hat einen hysterischen Anfall.«

»Was gibt es denn nur?« rief Lise. Ihre Stimme klang erregt.

»Mama, einen hysterischen Anfall werde ich bekommen, nicht sie!«

»Lise, um Gottes willen, schrei nicht, bring mich nicht um. In deinem Alter braucht man noch nicht alles zu wissen, was Erwachsene wissen. Ich werde schon kommen und dir alles erzählen, was man dir mitteilen darf. O mein Gott! Ich laufe, ich laufe ja schon ... Ein hysterischer Anfall ist ein gutes Zeichen, Alexej Fjodorowitsch, es ist vortrefflich, daß sie einen hysterischen Anfall hat. Das geschieht ihr ganz recht. In solchen Fällen bin ich immer gegen die Frauen, gegen all diese hysterischen Anfälle und Weibertränen. Julia, lauf zu ihr hin und sag ihr, daß ich schon geflogen komme. Daß aber Iwan Fjodorowitsch so fortgegangen ist, daran ist sie selber schuld. Aber er wird nicht abreisen. Lise, um Himmels willen, schrei nicht! Ach ja, du schreist ja gar nicht, ich bin es, die schreit, verzeih deiner Mama, aber ich bin entzückt, bin so entzückt! Ist Ihnen aufgefallen, Alexej Fjodorowitsch, daß Iwan Fjodorowitsch wie ein netter junger Mann aussah, als er vorhin hinausging, als er das alles gesagt hatte und hinausging? Ich hatte gedacht, er sei ein solcher Gelehrter, ein Akademiker, dabei war er auf einmal so leidenschaftlich offen und jugendlich, so unerfahren und jugendlich, und das war so wunderbar ... ganz so wie Sie ... Und wie er diese deutsche Verszeile zitierte, genauso wie Sie! Aber ich laufe ja schon, ich laufe, Alexej Fjodorowitsch, beeilen Sie sich mit diesem Auftrag und kehren Sie möglichst bald zurück. Lise, brauchst du etwas? Um Himmels willen, halte Alexej Fjodorowitsch keinen Augenblick auf, er kehrt sofort zu dir zurück.«

Frau Chochlakowa lief endlich davon. Aljoscha wollte, bevor er ging, noch Lises Tür öffnen.

»Auf keinen Fall!« rief Lise. »Jetzt unter keinen Umständen! Sprechen Sie so, durch die Tür. Weswegen sind Sie denn unter die Engel geraten? Nur das möchte ich wissen.«

»Wegen einer schrecklichen Dummheit, Lise! Leben Sie wohl!«

»Unterstehen Sie sich, so wegzugehen!« rief Lise.

»Lise, ich habe einen ernstlichen Kummer! Ich kehre sofort zurück, aber ich habe einen großen, großen Kummer!«

Und er lief aus dem Zimmer.

6

Überspanntheit in der Hütte

Er hatte in der Tat einen ernstlichen Kummer, wie er ihn bis jetzt nur selten erlebt hatte. Er hatte sich vorgedrängt und »eine Dummheit begangen« – und in welch einer Sache: in Liebesdingen! Doch was verstehe ich denn davon? wiederholte er sich im stillen zum hundertstenmal und wurde rot. Ach, Schande wäre noch nicht so schlimm, Schande wäre nur die Strafe, die mir gebührte – das Schlimme ist, daß ich jetzt zweifellos die Ursache neuen Unheils sein werde ... Der Starez jedoch hat mich in die Welt geschickt, damit ich versöhne und vereinige. Vereinigt man denn auf diese Weise? Hier fiel ihm ein, wie er Hände hatte »zusammenfügen« wollen, und er schämte sich wieder schrecklich. Ich habe das zwar alles aus aufrichtigem Herzen getan, aber in Zukunft muß ich klüger sein, folgerte er und lächelte nicht einmal über seine Schlußfolgerung.

Um den Auftrag der Katerina Iwanowna auszuführen, mußte er in die Osernaja Straße gehen, sein Bruder Dmitrij wohnte jedoch gerade auf dem Wege dorthin, in einer Seitengasse unweit der Osernaja Straße. Aljoscha beschloß, ihn jedenfalls zu besuchen, bevor er zu dem Hauptmann ginge, obwohl er ahnte, daß er den Bruder nicht antreffen werde. Er hegte den Verdacht, sein Bruder werde sich jetzt absichtlich vor ihm versteckt halten, doch er mußte ihn um jeden Preis finden. Die Zeit indessen verstrich ungenutzt; und der Gedanke an den Starez, der vielleicht unterdessen aus dem Leben schied, hatte ihn keine Minute, keine Sekunde verlassen, seit er aus dem Kloster fortgegangen war.

An dem Auftrag Katerina Iwanownas war ihm etwas aufgefallen, das ihn ungemein interessierte: als Katerina Iwanowna den kleinen Jungen, den Sohn des Hauptmanns, erwähnte, der laut weinend neben seinem Vater hergelaufen sei, war Aljoscha der Gedanke gekommen, dieser Knabe sei wahrscheinlich jener Schuljunge, der ihn in den Finger gebissen hatte, als er, Aljoscha, ihn fragte, was er ihm denn zuleide getan habe. Jetzt war sich Aljoscha dessen schon fast sicher, obwohl er nicht wußte warum. Ganz mit solchen nebensächlichen Überlegungen beschäftigt und durch sie abgelenkt, beschloß er, nicht mehr an das »Unheil« zu denken, das er soeben angerichtet hatte, und sich nicht mit Reuegedanken zu quälen, sondern nach dem Gebot der Stunde zu handeln, mochte kommen, was da wollte. Dieser Gedanke munterte ihn endgültig auf. Als er in die Seitengasse zu seinem Bruder Dmitrij einbog und Hunger verspürte, nahm er das Brötchen aus der Tasche, das er bei seinem Vater eingesteckt hatte, und aß es unterwegs auf. Das stärkte ihn.

Dmitrij war nicht zu Hause. Seine Wirtsleute – ein alter Tischler, sein Sohn und eine kleine alte Frau, seine Gattin – blickten Aljoscha argwöhnisch an. »Er schläft schon seit drei Tagen nicht mehr hier, vielleicht ist er auch irgendwohin verreist«, antwortete der alte Mann auf Aljoschas beharrliche Fragen. Aljoscha begriff, daß er so antwortete, wie man es ihm eingeschärft hatte. Auf seine Frage, ob Dmitrij etwa bei Gruschenka sei oder sich wieder bei Foma verberge (Aljoscha nahm absichtlich kein Blatt vor den Mund), blickten ihn die Wirtsleute geradezu ängstlich an. Sie haben ihn also gern und halten deswegen zu ihm, dachte Aljoscha; das ist gut.

Schließlich fand er in der Osernaja Straße das Haus der Kleinbürgerin Kalmykowa, eine uralte windschiefe Hütte mit nur drei Fenstern zur Straße und einem schmutzigen Hof, in dessen Mitte eine einsame Kuh stand. Der Eingang führte vom Hof in einen Flur. Links von dem Flur wohnten die hochbetagte Hauswirtin und ihre ebenfalls bejahrte Tochter, die beide taub zu sein schienen. Auf Aljoschas Frage nach dem Hauptmann, die er mehrmals wiederholte, deutete die eine von ihnen, als sie endlich verstanden hatte, daß er nach den Untermietern fragte, mit dem Finger über den Flur hinweg auf eine Tür, die in den Wohnraum des Hauses führte. Die Wohnung des Hauptmanns bestand tatsächlich nur aus einer einfachen Stube. Aljoscha wollte schon nach der eisernen Klinke greifen und die Tür öffnen, als ihn auf einmal die ungewöhnliche Stille hinter der Tür stutzig machte; er wußte ja doch durch Katerina Iwanowna, daß der Hauptmann Familie hatte. Entweder schlafen sie alle, dachte er, oder sie haben vielleicht gehört, daß ich gekommen bin, und warten, bis ich die Tür öffne; es ist besser, ich klopfe erst an – und er klopfte. Es wurde ihm auch geantwortet, aber nicht sofort, sondern erst etwa zehn Sekunden später.

»Wer ist dort?« rief jemand mit lauter und gemacht zorniger Stimme.

Aljoscha öffnete daraufhin die Tür und trat über die Schwelle.

Er befand sich in einer Stube, die zwar ziemlich geräumig, aber mit Menschen wie auch mit allerhand Hausrat überfüllt war. Links stand ein großer russischer Ofen. Vom Ofen war durch das ganze Zimmer bis zum linken Fenster ein Strick gespannt, an dem allerlei Lumpen hingen. An zwei Wänden, links und rechts, stand je ein Bett mit gehäkelter Decke. Auf dem einen von ihnen, dem linken, waren vier Kopfkissen in Kattunbezügen aufgetürmt, eins immer kleiner als das andere. Rechts auf dem anderen Bett war nur ein einziges kleines Kissen zu sehen. In der vorderen Ecke war ein kleiner Raum durch einen Vorhang oder ein Bettlaken abgeteilt; es hing ebenfalls an einem Strick, der quer über die Ecke gespannt war. Hinter diesem Vorhang war noch ein Bett zu erkennen, das auf einer Bank und einem herangerückten Stuhl aufgeschlagen war. Vor dem mittleren Fenster stand, aus der vorderen Ecke weggerückt, ein einfacher quadratischer Bauerntisch. Alle drei Fenster – jedes hatte vier kleine, grüne, schimmelbedeckte Scheiben – waren sehr trüb und dicht geschlossen, so daß es in der Stube ziemlich stickig und nicht besonders hell war. Auf dem Tisch stand eine Bratpfanne mit den Resten von Spiegeleiern, daneben lag ein angebissenes Stück Brot, und außerdem war dort noch eine Flasche mit einer kärglichen Neige des Inbegriffs aller irdischen Güter zu sehen. Neben dem linken Bett saß auf einem Stuhl eine Frau, die wie eine Dame aussah und ein Kattunkleid anhatte. Ihr Gesicht war sehr hager und gelb; die stark eingefallenen Wangen zeugten davon, daß sie leidend war. Doch am meisten erschütterte Aljoscha der Blick der armen Dame, der sehr forschend und zugleich äußerst hochmütig war. Und die ganze Zeit über, während die Dame schwieg und Aljoscha mit dem Hauptmann sprach, wanderten ihre großen braunen Augen mit dem gleichen hochmütigen und fragenden Blick vom einen zum andern. Neben dieser Dame stand am linken Fenster ein junges Mädchen mit ziemlich reizlosem Gesicht, dürftigem rötlichem Haar und in ärmlicher, wenn auch sehr ordentlicher Kleidung. Sie musterte Aljoscha geringschätzig. Rechts, ebenfalls beim Bett, saß noch ein junges Mädchen. Es war ein sehr kümmerliches Geschöpf, etwa zwanzig Jahre alt, aber bucklig und gelähmt; wie man Aljoscha später sagte, waren ihre Beine abgestorben. Ihre Krücken standen neben ihr in der Ecke zwischen Bett und Wand. Die auffallend schönen und gütigen Augen des armen Mädchens blickten Aljoscha mit gelassener Sanftmut an. Am Tisch saß ein Herr von etwa fünfundvierzig Jahren und verzehrte die Reste der Spiegeleier; er war mittelgroß, dürr, von schwächlichem Körperbau, hatte rötliches Haar und einen schütteren rötlichen Spitzbart, der sehr viel Ähnlichkeit mit einem zerzausten Bastwisch hatte (dieser Vergleich drängte sich Aljoscha, dem das Wort »Bastwisch« irgendwie vertraut vorkam, beim ersten Blick auf, daran erinnerte er sich später). Offenbar hatte niemand anders als dieser Herr hinter der Tür gerufen: »Wer ist dort?« denn außer ihm war kein Mann im Zimmer. Doch als Aljoscha hereinkam, fuhr der Herr förmlich von der Bank hoch, auf der er am Tisch gesessen hatte, wischte sich mit einer zerrissenen Serviette rasch den Mund ab und stürzte auf Aljoscha zu.

»Der Mönch will um eine Gabe für sein Kloster bitten – da ist er an den Rechten gekommen!« sagte unterdessen laut das Mädchen, das in der linken Ecke stand. Aber der Herr, der auf Aljoscha zugelaufen war, drehte sich blitzschnell auf dem Absatz zu ihr um und entgegnete ihr mit erregter, sich überschlagender Stimme: »Nein, Warwara Nikolajewna, das stimmt nicht, Sie haben es nicht erraten. Gestatten Sie mir zu fragen«, wandte er sich gleich danach wieder an Aljoscha, »was Sie veranlaßt hat ... diese Höhle zu besuchen?«

Aljoscha betrachtete ihn aufmerksam; er sah diesen Mann zum erstenmal. Es war etwas Eckiges, Hastiges und Gereiztes an ihm. Er hatte zwar offenbar eben erst getrunken, war aber nicht betrunken. In seinem Gesicht drückte sich äußerste Unverfrorenheit aus, zugleich aber auch – das war sonderbar – sichtliche Feigheit. Er sah aus wie jemand, der sich lange Zeit hatte unterordnen und viel erdulden müssen, sich aber plötzlich aufgerafft hat und sich wichtig machen will. Oder, besser noch, wie jemand, der einen gar zu gern schlagen möchte, aber auch schreckliche Angst hat, daß man ihn schlagen könnte. In seinen Reden und dem Tonfall seiner ziemlich schrillen Stimme lag eine Art von närrischem Humor, der bald boshaft, bald ängstlich war, den Ton nicht durchhielt und immer wieder abbrach. Die Frage nach der »Höhle« hatte er gleichsam am ganzen Körper zitternd und mit weit aufgerissenen Augen gestellt; dabei war er Aljoscha derart auf den Leib gerückt, daß dieser unwillkürlich einen Schritt zurückwich. Der Herr trug einen dunklen, sehr schäbigen Mantel aus nankingartigem Stoff, der voller Flicken und Flecken war. Seine Hosen waren auffallend hell, wie sie seit langem niemand mehr trug, kariert und aus einem sehr dünnen Stoff, unten zusammengeknautscht und daher hochgerutscht, so daß es aussah, als wäre er wie ein kleiner Junge aus ihnen herausgewachsen.

»Ich bin . . . Alexej Karamasow . . .« begann Aljoscha.

»Das kann ich mir sehr gut denken«, entgegnete der Herr barsch und gab damit zu verstehen, daß er ohnehin wisse, wen er vor sich habe. »Ich bin Hauptmann Snegirjow, dennoch würde ich gern wissen, was Sie eigentlich veranlaßt hat . . .«

»Ich bin gerade vorbeigekommen. Eigentlich wollte ich Ihnen etwas in eigener Sache sagen . . . wenn Sie erlauben . . .«

»In diesem Falle – hier ist ein Stuhl, geruhen Sie Platz zu nehmen. So sagte man in den alten Komödien: ‚Geruhen Sie Platz zu nehmen' . . .« und der Hauptmann ergriff hastig einen freien Stuhl (einen einfachen Bauernstuhl, aus Holz und unbezogen) und stellte ihn in die Mitte des Zimmers; dann griff er nach einem ebensolchen Stuhl für sich, setzte sich Aljoscha gegenüber und rückte ihm ebenso wie vorhin dicht auf den Leib, so daß ihre Knie sich fast berührten.

»Ich bin Nikolai Iljitsch Snegirjow, vormals russischer Infanteriehauptmann – wenn ich auch durch meine Verfehlungen in Schande geraten bin, so bin ich doch noch Hauptmann. Wodurch aber könnte ich Ihr Interesse erweckt haben, denn ich lebe in Verhältnissen, die eine Gastfreundschaft gänzlich unmöglich machen?«

»Ich bin . . . in jener Sache gekommen . . .«

»In welcher Sache?« unterbrach ihn der Hauptmann ungeduldig.

»Wegen jener Begegnung zwischen Ihnen und meinem Bruder Dmitrij Fjodorowitsch«, antwortete Aljoscha unbeholfen.

»Wegen welcher Begegnung denn? Etwa wegen der bewußten? Also wegen des Bastwischs, des Badebastwischs?« Er rückte plötzlich so dicht heran, daß er diesmal tatsächlich an Aljoschas Knie stieß. Seine Lippen preßten sich zu einem schmalen Strich zusammen.

»Was für ein Bastwisch?« stammelte Aljoscha.

»Papa, er ist gekommen, um sich über mich zu beklagen!« rief hinter dem Eckvorhang hervor ein Stimmchen, das Aljoscha schon kannte. »Ich habe ihn vorhin in den Finger gebissen!« Der Vorhang wurde zurückgeschoben, und Aljoscha erblickte seinen kleinen Feind von vorhin; er lag unter den Heiligenbildern auf dem Bett, das auf der Bank und dem herangerückten Stuhl aufgeschlagen war. Der Knabe war mit seinem Mäntelchen und einer alten Steppdecke zugedeckt. Er war offenbar krank, und nach seinen glühenden Augen zu urteilen, hatte er Fieber. Er blickte Aljoscha jetzt furchtlos an, nicht ängstlich wie vorhin, als wollte er sagen: Zu Hause kannst du mir nichts tun.

»Wieso in den Finger gebissen?« Der Hauptmann fuhr von seinem Stuhl hoch. »Hat er etwa Sie in den Finger gebissen?«

»Ja, mich. Vorhin warfen auf der Straße er und andere Jungen aufeinander mit Steinen; sie warfen zu sechst auf ihn, und er war ganz allein. Ich ging auf ihn zu, doch er warf mit einem Stein nach mir und traf mich mit einem zweiten am Kopf. Ich fragte ihn, was ich ihm getan hätte. Da stürzte er plötzlich auf mich zu und biß mich tief in den Finger; warum, weiß ich nicht.«

»Ich werde ihn sofort durchhauen! Auf der Stelle werde ich ihn durchhauen«, rief der Hauptmann und sprang nun wirklich vom Stuhl auf.

»Ich beklage mich ja gar nicht, ich erzähle nur . . . Ich will gar nicht, daß Sie ihn durchhauen. Auch scheint er jetzt krank zu sein . . .«

»Und Sie dachten, ich würde ihn wirklich durchhauen? Den Iljuschetschka hernehmen und ihn sofort vor Ihren Augen zu Ihrer vollen Genugtuung durchhauen? Haben Sie es damit so eilig?« sagte der Hauptmann und wandte sich Aljoscha jäh mit einer Gebärde zu, als wollte er sich auf ihn stürzen. »Ich bedaure Sie wegen Ihres Fingers, Herr, aber wenn Sie wollen, so werde ich mir, bevor ich Iljuschetschka durchhaue, gleich vor Ihren Augen mit diesem Messer hier vier Finger abhacken, um Ihnen Genugtuung zu verschaffen. Vier Finger, denke ich, werden Ihnen wohl genügen, um Ihren Rachedurst zu stillen, den fünften werden Sie doch nicht auch noch verlangen? . . .« Er hielt auf einmal inne, als wäre ihm der Atem ausgegangen. Jeder Muskel in seinem Gesicht zuckte, doch sein Blick war sehr herausfordernd. Er schien ganz außer sich zu sein.

»Ich glaube jetzt alles verstanden zu haben«, antwortete Aljoscha, der sitzengeblieben war, leise und traurig. »Ihr Junge ist also ein guter Junge; er liebt seinen Vater und hat sich auf mich gestürzt, weil ich der Bruder Ihres Beleidigers bin . . . Ich verstehe jetzt alles«, wiederholte er nachdenklich. »Aber mein Bruder Dmitrij Fjodorowitsch bereut seine Tat, das weiß ich, und sobald es ihm nur möglich sein wird, zu Ihnen zu kommen oder, was das Beste wäre, Sie am gleichen Ort wiederzutreffen, wird er Sie in Gegenwart aller um Verzeihung bitten . . . wenn Sie das wünschen.«

»Er hat mir den Bart ausgerissen und wird mich jetzt um Verzeihung bitten ... Damit, meint er wohl, sei die Sache abgetan und mir Genugtuung gewährt, nicht wahr?«

»O nein, im Gegenteil, er wird alles tun, was Sie nur wünschen und wie Sie es wünschen!«

»Wenn ich also Seine Erlaucht bäte, in dem besagten Wirtshaus – es heißt ‚Zur Hauptstadt' – oder auf dem Stadtplatz vor mir niederzuknien, so würde er es tun?«

»Ja, er würde niederknien.«

»Sie haben mich bis ins Mark getroffen. Sie haben mich zu Tränen gerührt und bis ins Mark getroffen. Ich bin nur allzu geneigt, die Großmut Ihres Bruders anzuerkennen. Gestatten Sie, daß ich Ihnen in aller Form meine ganze Familie vorstelle: meine zwei Töchter und mein Sohn – meine Brut. Wenn ich sterbe, wer wird sie dann lieben? Solange ich aber lebe, wer würde da mich garstiges Kerlchen lieben außer ihnen? Gott der Herr hat jedem meinesgleichen etwas Großes gewährt. Denn auch einen Menschen wie mich muß wenigstens irgend jemand lieben können ...«

»Ach, das ist sehr richtig!« rief Aljoscha aus.

»So hören Sie doch endlich mit Ihren Possen auf. Es braucht nur irgendein Dummkopf zu kommen, und schon benehmen Sie sich, daß es eine Schande ist!« rief unerwartet das Mädchen am Fenster mit geringschätziger und verächtlicher Miene ihrem Vater zu.

»Gedulden Sie sich noch ein bißchen, Warwara Nikolajewna, und erlauben Sie mir, den Stil zu wahren«, rief ihr der Vater in befehlendem Ton, doch mit einem sehr billigenden Blick zu. »So ist nun einmal ihr Charakter«, wandte er sich wieder an Aljoscha. »Doch erlauben Sie mir jetzt, Sie auch meiner Frau vorzustellen: da, Arina Petrowna, eine Dame mit gelähmten Beinen, dreiundvierzig Jahre alt, sie kann wohl gehen, aber nur ein wenig. Sie ist einfacher Herkunft. Arina Petrowna, setzen Sie eine freundliche Miene auf: das ist Alexej Fjodorowitsch Karamasow. Erheben Sie sich, Alexej Fjodorowitsch!« Er nahm ihn bei der Hand und zog ihn plötzlich mit einer Kraft hoch, die man bei ihm gar nicht erwartet hätte: »Sie werden einer Dame vorgestellt, da müssen Sie sich erheben ... Das ist nicht jener Karamasow, der ... hm ... und so weiter, sondern sein Bruder, der sich durch demütige Tugenden auszeichnet. Gestatten Sie, Arina Petrowna, gestatten Sie, Mamachen, gestatten Sie, Ihnen vorher die Hand zu küssen.«

Und er küßte ehrerbietig, sogar zärtlich seiner Frau die Hand. Das Mädchen am Fenster kehrte dieser Szene empört den Rücken. Das hochmütig fragende Gesicht der Frau nahm auf einmal den Ausdruck ungewöhnlicher Freundlichkeit an.

»Guten Tag, setzen Sie sich, Herr Tschernomasow«, sagte sie.

»Karamasow, Mamachen, Karamasow«, verbesserte der Hauptmann. »Sie ist einfacher Herkunft«, raunte er Aljoscha wieder zu.

»Nun, Karamasow, oder wie Sie sonst heißen, ich sage immer Tschernomasow ... Setzen Sie sich doch, wozu hat er Sie aufstehen lassen? Eine Dame mit gelähmten Beinen, sagt er – Beine habe ich wohl, aber sie sind angeschwollen, sind dick wie Fässer, ich selbst aber bin verdorrt. Früher, da war ich dick, jetzt aber bin ich, als hätte ich eine Nadel verschluckt ...«

»Sie ist einfacher, ganz einfacher Herkunft«, flüsterte abermals der Hauptmann.

»Papa, ach, Papa!« sagte plötzlich das bucklige Mädchen, das bis jetzt auf seinem Stuhl geschwiegen hatte, und bedeckte mit dem Taschentuch ihre Augen.

»Hanswurst!« platzte das Mädchen am Fenster heraus.

»Sehen Sie, was für Neuigkeiten es bei uns gibt!« sagte die Mama, die mit ausgebreiteten Armen auf ihre Töchter deutete. »Wie die Wolken ziehen sie vorbei; sind die Wolken vorüber, beginnt wieder die alte Musik. Früher, als mein Mann noch beim Militär war, kamen zu uns viele solche Gäste. Ich will damit nichts gesagt haben. Wer jemanden liebt, der mag ihn lieben. Damals kam einmal die Frau des Diakons zu uns und sagte: ‚Alexander Alexandrowitsch ist ein herzensguter Mensch, aber Nastasja Petrowna', sagte sie, ‚ist eine Ausgeburt der Hölle.' – ‚Nun', antwortete ich darauf, ‚je nachdem wie einer jemanden achtet; du bist nur ein kleines Häufchen, stinkst jedoch gewaltig.' – ‚Dich aber', sagte sie, ‚muß man in Gehorsam halten.' – ‚Ach du schwarze Eule', sagte ich, ‚wen zu belehren bist du denn hergekommen?' – ‚Ich', sagte sie, ‚lasse frische Luft herein, du aber schlechte.' – ‚Frag nur mal alle Herren Offiziere', antwortete ich, ‚ob ich reine Luft in mir habe oder eine andere!' Und das lastet mir seit der Zeit so sehr auf der Seele, daß ich neulich, als ich hier saß wie jetzt und sah, wie der General hereinkam, der schon zu Ostern hiergewesen war, zu ihm sagte: ‚Euer Exzellenz, kann man wohl zu einer vornehmen Dame frische Luft hereinlassen?' – ‚Ja', antwortete er, ‚bei Ihnen müßte man das Klappfenster oder die Tür aufmachen, weil bei Ihnen die Luft nicht frisch ist.‘ Na, und so sind sie alle! Was haben sie nur gegen meine Luft? Tote riechen noch viel schlechter. ‚Eure Luft‘, sage ich, ‚verderbe ich nicht, aber Schuhe werde ich mir bestellen und weggehen.‘ Meine Lieben, macht doch eurer leiblichen Mutter keine Vorwürfe! Nikolaj Iljitsch, mein Lieber, mache ich es dir etwa nicht recht? Ich habe ja niemanden, ich habe ja nur den Iljuschetschka, der lieb zu mir ist, wenn er aus der Schule heimkommt. Gestern hat er mir einen Apfel mitgebracht. Verzeiht mir, meine Lieben, verzeiht eurer leiblichen Mutter, verzeiht mir, die ich ganz einsam bin! Wodurch nur ist euch meine Luft so zuwider geworden?«

Und die arme Geistesgestörte fing auf einmal an zu schluchzen, ihre Tränen flossen in Strömen. Der Hauptmann stürzte zu ihr hin.

»Mamachen, Mamachen, mein Liebling, hör auf, hör auf. Du bist nicht einsam. Alle lieben dich, alle vergöttern dich!« Und er küßte ihr wieder die Hände und streichelte ihr zärtlich mit beiden Händen das Gesicht; dann ergriff er die Serviette und wischte ihr die Tränen ab. Aljoscha schien es, als ob auch in den Augen des Hauptmanns Tränen glänzten. »Na, haben Sie es gesehen? Haben Sie es gehört?« wandte sich der Hauptmann eigentümlich unvermittelt voller Grimm an Aljoscha, indem er mit der Hand auf die arme Schwachsinnige deutete.

»Ich sehe und höre«, murmelte Aljoscha.

»Papa, Papa! Willst du wirklich mit ihm ... Laß ihn doch, Papa!« rief der Knabe, der sich auf seinem Bett aufgerichtet hatte und seinen Vater mit glühendem Blick ansah.

»So hören Sie doch endlich auf mit Ihren Possen und Ihren dummen Mätzchen, die doch nie zu etwas führen! ...« rief aus ihrer Ecke Warwara Nikolajewna und stampfte mit dem Fuß auf.

»Diesmal geraten Sie ganz mit Recht außer sich, Warwara Nikolajewna, und ich werde Sie sofort zufriedenstellen. Nun, Alexej Fjodorowitsch, setzen Sie Ihr Käppchen auf, ich nehme meine Mütze – und gehen wir! Ich muß noch ein ernstes Wörtchen mit Ihnen reden, aber außerhalb dieser Wände. Das Mädchen, das dort sitzt, ist meine Tochter Nina Nikolajewna, ich habe vergessen, sie Ihnen vorzustellen – sie ist ein Engel in Menschengestalt ... der zu den Sterblichen herniedergeschwebt ist ... wenn Sie das verstehen können ...«

»Er zittert ja am ganzen Leibe, als hätte er Krämpfe«, warf Warwara Nikolajewna wieder empört ein.

»Und die dort, die jetzt mit dem Fuß stampft und mich vorhin einen Hanswurst genannt hat, ist auch ein Engel in Menschengestalt und hat mich mit Recht so benannt. Gehen wir, Alexej Fjodorowitsch, wir müssen zu einem Ende kommen . . .«

Und er faßte Aljoscha am Arm und führte ihn aus dem Zimmer geradewegs auf die Straße.

7

Und an der frischen Luft

»Hier herrscht frische Luft, in meiner Wohnung aber ist es wirklich muffig, in jeder Beziehung. Lassen Sie uns ganz langsam gehen, mein Herr. Ich würde Sie zu gern für mich interessieren.«

»Auch ich habe ein sehr wichtiges Anliegen an Sie . . .« bemerkte Aljoscha, »nur weiß ich nicht, wie ich anfangen soll.«

»Wie sollte ich nicht gleich erkannt haben, daß Sie ein Anliegen an mich haben! Andernfalls hätten Sie mich doch nie besucht. Oder waren Sie wirklich nur gekommen, um sich über den Jungen zu beklagen? Das ist doch unwahrscheinlich. Bei der Gelegenheit will ich aber gleich einiges über den Jungen sagen; ich konnte Ihnen dort nicht alles auseinandersetzen, jetzt aber will ich Ihnen diesen ganzen Vorfall schildern. Sehen Sie, der Bastwisch war vordem dichter, noch vor einer Woche war er es – ich meine damit meinen Spitzbart; man hat ja meinen Bart Bastwisch genannt, die Schuljungen hauptsächlich. Nun also, Ihr Bruder Dmitrij Fjodorowitsch zog mich damals an meinem Bart, für nichts und wieder nichts – er hatte randaliert, und ich war ihm gerade in die Quere gekommen –, er zog mich aus der Gastwirtschaft heraus auf den Stadtplatz, und da kamen gerade die Jungen aus der Schule, unter ihnen auch Iljuscha. Als er mich in dieser Lage sah, stürzte er zu mir: ‚Papa‘, rief er, ‚Papa!‘ Er klammerte sich an mich, umfaßte mich, wollte mich wegreißen, rief meinem Beleidiger zu: ‚Lassen Sie ihn los, lassen Sie ihn los, das ist mein Papa, mein Papa, verzeihen Sie ihm‘ – ja, er rief: ‚Verzeihen Sie ihm!‘ –, griff mit seinen Händen nach ihm, nach seiner Hand, und küßte diese Hand . . . Ich erinnere mich noch, was für ein Gesicht er in dem Augenblick machte, ich habe es nicht vergessen und werde es nie vergessen! . . .«

»Ich schwöre Ihnen«, rief Aljoscha, »mein Bruder wird Ihnen in der aufrichtigsten, umfassendsten Weise Reue bekunden, und sei es kniend auf dem nämlichen Stadtplatz . . . Ich werde ihn dazu zwingen, sonst soll er nicht mehr mein Bruder sein.«

»Aha, das haben Sie sich also vorerst nur vorgenommen. Das geht nicht von ihm selber aus, sondern entspringt nur dem Edelmut Ihres feurigen Herzens. Das hätten Sie gleich sagen sollen. Nein, gestatten Sie mir in diesem Falle, mich auch über den hohen ritterlichen Offiziersedelmut Ihres Bruders erschöpfend zu äußern, denn den hat er damals an den Tag gelegt. Er ließ also meinen Bastwisch los und sagte zu mir: ‚Du bist Offizier, und ich bin Offizier – wenn du einen anständigen Menschen als Sekundanten finden kannst, so schicke ihn zu mir, ich werde dir Genugtuung geben, obwohl du ein Schurke bist!' Das war es, was er sagte. Das war wahrhaft ritterliche Gesinnung! Darauf entfernten wir uns, ich und Iljuscha, das Bild dieses Vorfalls aber hat sich dem Herzen Iljuschas auf ewig als Symbol seiner Familie eingeprägt. Wie könnte ich mich da noch als Adeligen ansehen! Urteilen Sie doch selber, Sie sind ja soeben in meiner Wohnung gewesen – was haben Sie dort gesehen? Da saßen drei Damen, die eine gelähmt an den Beinen und schwachsinnig, die zweite mit gelähmten Beinen und bucklig, und die dritte mit gesunden Beinen, aber schon gar zu klug, sie studiert an einer Frauenhochschule und brennt darauf, wieder nach Petersburg zu kommen, um dort an den Ufern der Newa die Gleichberechtigung der russischen Frau zu erkämpfen. Von Iljuscha rede ich gar nicht, er ist erst neun Jahre alt und mutterseelenallein. Wenn ich sterbe – was wird dann aus dieser ganzen Höhle werden? Das frage ich Sie. Wenn ich nun Ihren Bruder zum Duell fordere, und er tötet mich auf der Stelle, was dann? Was wird dann aus ihnen allen werden? Noch schlimmer wäre es, wenn er mich nicht tötete, sondern nur zum Krüppel machte: dann könnte ich nicht mehr arbeiten, der Mund aber bliebe mir doch, wer würde ihn dann füttern, meinen Mund, und wer würde sie alle ernähren? Oder soll ich dann etwa Iljuscha statt in die Schule täglich zum Betteln ausschicken? Das würde es für mich bedeuten, wenn ich ihn zum Duell forderte; eine dumme Redensart ist das, weiter nichts.«

»Er wird Sie um Verzeihung bitten, er wird mitten auf dem Stadtplatz Ihnen zu Füßen fallen«, rief Aljoscha wieder mit flammendem Blick.

»Ich wollte ihn verklagen«, fuhr der Hauptmann fort, »aber schlagen Sie mal in unseren Gesetzbüchern nach, ob ich für eine persönliche Beleidigung von meinem Beleidiger eine wirkliche Genugtuung erhalten würde. Da bestellt mich plötzlich Agrafena Alexandrowna zu sich und schreit: ‚Unterstehe dich, auch nur daran zu denken! Wenn du ihn verklagst, werde ich es aller Welt kundzutun wissen, daß er dich wegen deiner Gaunerei geschlagen hat, und dann kommst du selber vor Gericht.‘ Doch nur Gott allein weiß, durch wen es zu dieser Gaunerei gekommen ist und auf wessen Befehl ich als kleiner Mann handelte, ob ich es nicht etwa auf ihre eigene Anordnung und die des Fjodor Pawlowitsch hin tat. ‚Außerdem‘, fügte sie hinzu, ‚werde ich dich auf immer davonjagen, und du wirst künftig nichts mehr bei mir verdienen. Meinem Kaufmann werde ich es auch sagen‘ – ja, so nennt sie den alten Mann: mein Kaufmann –, ‚und dann wird auch der dich zum Teufel jagen.‘ Da dachte ich bei mir: Wenn der Kaufmann mich ebenfalls davonjagt, bei wem kann ich dann noch etwas verdienen? Mir sind ja nur diese zwei geblieben, denn Ihr Vater Fjodor Pawlowitsch hat mir nicht nur aus einem nebensächlichen Grunde sein Vertrauen entzogen, sondern will mich, nachdem er sich meine Quittungen gesichert hat, selber vor Gericht bringen. Infolgedessen bin ich still geworden, und meine Höhle haben Sie gesehen. Und nun erlauben Sie mir die Frage: Hat es sehr weh getan, als Iljuscha Sie vorhin in den Finger biß? In meiner Wohnung und in seiner Gegenwart konnte ich mich nicht dazu entschließen, auf diese Einzelheiten einzugehen.«

»Ja, es tat sehr weh, aber er war ja sehr gereizt. Er hat Sie an mir rächen wollen, weil ich ein Karamasow bin, das ist mir jetzt klar. Sie hätten aber sehen sollen, wie er und seine Schulkameraden einander mit Steinen bewarfen. Das ist sehr gefährlich, sie können ihn ja töten; sie sind törichte Kinder, der Stein aber fliegt und kann ihm den Schädel einschlagen.«

»Er ist auch schon getroffen worden, wenn auch nicht am Kopf, so doch an der Brust, etwas oberhalb des Herzens. Erst heute hat ihn dort ein Stein getroffen, man sieht es an dem blauen Fleck; er kam nach Hause, weinte und stöhnte, und nun ist er krank.«

»Und wissen Sie, er griff sie alle als erster an; er ist ihnen Ihretwegen böse; sie sagen, er habe vorhin einen Jungen, den Krasotkin, mit dem Taschenmesser in die Seite gestochen . . .«

»Auch davon habe ich gehört, das ist gefährlich: dieser Krasotkin ist der Sohn eines hiesigen Beamten, da könnte ich noch Unannehmlichkeiten bekommen . . .«

»Ich würde Ihnen raten«, fuhr Aljoscha mit Feuereifer fort, »ihn eine Zeitlang überhaupt nicht in die Schule zu schicken, bis er sich beruhigt hat . . . und dieser Zorn in ihm vergangen ist . . .«

»Zorn!« fiel der Hauptmann ein. »Ja, es ist nicht anderes als Zorn. Er ist ein kleines Geschöpf, aber sein Zorn ist groß. Sie wissen das alles noch nicht. Erlauben Sie mir, Ihnen diese ganze Geschichte auseinanderzusetzen. Die Sache ist die, daß alle Schuljungen ihn seit jenem Vorfall mit dem Bastwisch necken. Die Schulkinder sind ein erbarmungsloses Volk; einzeln sind sie Engel, zusammen aber sind sie sehr oft erbarmungslos. Als sie ihn zu necken begannen, erwachte in Iljuscha sein adeliger Sinn. Ein Durchschnittsjunge, ein schwacher Sohn – der hätte sich gefügt, sich seines Vaters geschämt, er aber lehnte sich allein gegen alle auf und setzte sich für seinen Vater ein. Für seinen Vater und für die Wahrheit, die Gerechtigkeit. Denn was er damals ausgestanden hat, als er Ihrem Bruder die Hand küßte und ihm zurief: ‚Verzeihen Sie meinem Papa, verzeihen Sie meinem Papa!' – das weiß nur Gott allein und ich. So lernen unsere Kinder – das heißt nicht Ihre, sondern unsere Kinder, die Kinder verachteter, aber adliger armer Schlucker – schon mit neun Jahren die Wahrheit auf Erden kennen. Wie sollten die Reichen das können: die blicken ihr ganzes Leben lang nicht in solche Abgründe; mein Iljuschka aber hat in dem Augenblick, da er Ihrem Bruder auf dem Stadtplatz die Hand küßte, die ganze Wahrheit erfahren. Diese Wahrheit ist über ihn hereingebrochen und hat ihn auf ewig verletzt«, sagte der Hauptmann leidenschaftlich und wieder wie außer sich, wobei er mit der rechten Faust in seine linke Hand schlug, als wollte er damit anschaulich zeigen, wie die »Wahrheit« seinen Iljuscha verletzt habe. »Am gleichen Tag bekam er Fieber und phantasierte die ganze Nacht. Er sprach den ganzen Tag wenig mit mir, oder vielmehr, er schwieg überhaupt, nur fiel mir auf, wie er mich immer wieder aus seiner Ecke hervor anblickte, sich aber meist zum Fenster neigte und sich den Anschein gab, als mache er seine Schulaufgaben, doch ich sah, daß es nicht die Schulaufgaben waren, die ihn beschäftigten. Am nächsten Tag betrank ich mich, und daher kann ich mich an vieles nicht mehr erinnern ... ich sündiger Mensch betrank mich aus Kummer. Das Mamachen hatte begonnen zu weinen – das Mamachen habe ich sehr lieb – na, und so trank ich aus Kummer eins über den Durst, von meinem letzten Geld. Verachten Sie mich nicht, Herr: in Rußland sind die Trinker die besten Menschen. Die besten Menschen sind bei uns die ärgsten Trinker. Ich lag also an jenem Tag und kann mich daher nicht mehr recht erinnern, was damals mit Iljuscha war, doch gerade an jenem Tag begannen die Jungen ihn in der Schule schon vom Morgen an auszulachen. ‚Bastwisch', riefen sie ihm zu, ‚deinen Vater hat man an seinem Bastwisch aus der Gastwirtschaft herausgezogen, und du bist nebenhergelaufen und hast um Verzeihung gebeten.' Am dritten Tag kam er aus der Schule heim, ich sehe ihn an – er ist ganz blaß und verstört. ‚Was hast du?' sage ich. Er schweigt. Nun, in der Wohnung konnten wir nicht gut miteinander reden, denn da hätten sich die Mama und die Mädchen gleich eingemischt – zudem hatten die Mädchen schon alles erfahren, gleich am ersten Tag. Warwara Nikolajewna fing schon an zu brummen: ‚Ihr Hanswurste, ihr Hampelmänner, kann es denn bei euch etwas Vernünftiges geben?' – ‚Ganz recht, Warwara Nikolajewna', sagte ich, ‚kann es denn bei uns etwas Vernünftiges geben?' So schaffte ich sie mir für diesmal noch vom Halse. Am Abend ging ich mit dem Jungen spazieren. Sie müssen wissen, daß wir auch vordem schon allabendlich spazierengegangen waren, genau auf dem gleichen Weg, auf dem wir beide, Sie und ich, jetzt gehen, von unserem Pförtchen bis zu jenem großen Stein, der dort drüben am Weg einsam an dem Flechtzaun liegt, wo die städtische Viehweide beginnt; es ist ein ganz einsamer und wunderschöner Platz. Ich gehe also mit Iljuscha, sein Händchen liegt wie immer in meiner Hand; er hat eine kleine Hand, die Fingerchen sind dünn und kalt – er leidet ja an der Brust. ‚Papa', sagt er, ‚Papa!' – ‚Was ist denn?' frage ich und sehe, wie seine Augen funkeln. ‚Papa, wie er dich damals ... Papa!' – ‚Was soll ich denn machen, Iljuscha?' sage ich. ‚Versöhne dich nicht mit ihm, Papa, versöhne dich nicht. Die Schüler sagen, er habe dir zehn Rubel dafür gegeben.' – ‚Nein, Iljuscha', sage ich, ‚ich werde jetzt um keinen Preis Geld von ihm annehmen.' Da zitterte er nur so am ganzen Leibe, nahm mit beiden Händchen meine Hand und küßte sie. ‚Papa', sagt er, ‚Papa, fordere ihn zum Duell, man neckt mich in der Schule damit, daß du ein Feigling wärest und ihn nicht zum Duell fordertest, sondern zehn Rubel von ihm annähmest.' – ‚Zum Duell, Iljuscha, kann ich ihn nicht fordern', antworte ich und erkläre ihm kurz alles, was ich soeben auch Ihnen erzählt habe. Er hört mich an: ‚Papa', sagt er, ‚versöhne dich trotzdem nicht mit ihm; wenn ich groß bin, werde ich ihn fordern und ihn töten!' Seine Augen blitzten und glühten. Nun, bei alledem bin ich doch sein Vater, ich mußte ihm also die Wahrheit sagen: ‚Es ist eine Sünde, zu töten', sage ich zu ihm, ‚sei es auch bei einem Duell.' – ‚Papa', sagt er, ‚Papa, ich werde ihn zur Strecke bringen, wenn ich groß bin, ich werde ihm mit meinem Säbel den seinen aus der Hand schlagen, mich auf ihn stürzen, ihn umwerfen, werde mit dem Säbel gegen ihn ausholen und zu ihm sagen: Ich könnte dich jetzt töten, aber ich verzeihe dir, da hast du's!' – Sehen Sie, sehen Sie, mein Herr, was da in diesen zwei Tagen in seinem Köpfchen vorgegangen ist? Er hatte Tag und Nacht gerade über diese Rache mit dem Säbel nachgedacht, hatte nachts wahrscheinlich davon phantasiert. Nur kam er von nun an immer arg zugerichtet aus der Schule heim, doch habe ich erst vorgestern alles erfahren, und Sie haben recht: ich werde ihn nicht mehr in diese Schule schicken. Ich erfuhr, daß er allein gegen die ganze Klasse vorgeht und alle herausfordert, er hatte sich erbost, sein Herz hatte sich entflammt – mir wurde damals bange um ihn. Wieder gingen wir spazieren. ‚Papa', fragt er mich, ‚Papa, die Reichen sind doch die Mächtigsten auf der Welt?' – ‚Ja, Iljuscha', sage ich, ‚es gibt auf der Welt keinen Mächtigeren als einen Reichen.' – ‚Papa', sagt er, ‚ich werde reich werden, ich werde Offizier werden und alle Feinde schlagen, der Zar wird mich auszeichnen, ich werde wiederkommen, und dann wird es niemand mehr wagen ...' Darauf schwieg er eine Weile, und als er weitersprach, zuckten seine Lippen immer noch. ‚Papa', sagt er, ‚wie häßlich doch unsere Stadt ist!' – ‚Ja, Iljuschetschka', sage ich, ‚unsere Stadt ist nicht besonders schön.' – ‚Papa, laß uns in eine andere Stadt ziehen, in eine schöne', sagt er, ‚wo man von uns nichts weiß.' – ‚Wir werden umziehen', sage ich, ‚wir werden umziehen, Iljuscha – ich muß nur erst Geld zusammensparen.' Ich freute mich über diese Gelegenheit, ihn von seinen düsteren Gedanken ablenken zu können, und nun begannen wir uns auszumalen, wie wir uns ein Pferdchen und einen Wagen kaufen und in eine andere Stadt ziehen würden. Das Mamachen und die Schwestern würden wir in den Wagen setzen und sie zudecken, selber aber nebenhergehen, nur hin und wieder würde ich auch ihn hineinsetzen, ich selbst aber würde nebenhergehen, denn ich müßte unser Pferdchen schonen, also könnten wir uns nicht alle hineinsetzen, und so würden wir davonziehen. Er war darüber entzückt, vor allem, weil wir dann ein eigenes Pferdchen hätten und er darauf reiten könnte. Ein russischer Knabe kommt ja bekanntlich mit einem Pferdchen zur Welt. Wir plauderten lange. Gott sei Dank, dachte ich, nun habe ich ihn abgelenkt und getröstet. Das war vorgestern abend, doch gestern abend zeigte sich ein ganz anderes Bild. Er war am Morgen wieder in die Schule gegangen und kehrte finster heim, schon gar zu finster. Am Abend nahm ich ihn bei der Hand und ging mit ihm spazieren, doch er schwieg, sagte kein Wort. Es erhob sich ein Wind, die Sonne versteckte sich hinter Wolken, es roch nach Herbst, auch dunkelte es schon. Wir gingen, und beiden war uns traurig zumute. ‚Nun, mein Junge', sagte ich, ‚wie werden wir uns denn auf die Reise machen?' Ich wollte ihn auf unser Gespräch vom Tag vorher bringen. Er schwieg. Nur seine Fingerchen, das spürte ich, zuckten in meiner Hand. Ach, dachte ich, es steht schlimm, es ist wieder etwas vorgefallen. Wir kamen, wie wir jetzt, zu diesem Stein, ich setzte mich auf ihn, am Himmel aber standen lauter Drachen, sie surrten und knatterten, es waren etwa dreißig Drachen. Jetzt ist doch die Jahreszeit der Drachen. ‚Nun, Iljuscha', sage ich, ‚jetzt ist es auch für uns Zeit, unseren Drachen vom vorigen Jahr wieder steigen zu lassen. Ich will ihn mal instand setzen, wohin hast du ihn nur gesteckt?' Mein Junge schweigt, blickt weg und hat sich zur Seite gewandt. Da heulte plötzlich der Wind und wirbelte den Sand auf ... Iljuscha stürzte auf mich zu, umschlang mit seinen Ärmchen meinen Hals und drückte mich an sich. Wissen Sie, wenn kleine Kinder schweigsam und stolz sind und lange ihre Tränen zurückhalten, dann aber, kommt ein großer Kummer, auf einmal in Tränen ausbrechen, so rinnen die Tränen nicht nur, sondern sprudeln wie Bäche. Und mit diesen warmen Bächen benetzte er mein ganzes Gesicht. Er schluchzte krampfhaft, zitterte und drückte mich an sich, und ich sitze auf dem Stein. ‚Papachen', ruft er, ‚Papachen, liebes Papachen, wie er dich erniedrigt hat!' Da schluchzte auch ich, wir sitzen und schluchzen zusammen. ‚Papachen', sagt er, ‚Papachen!' – ‚Iljuscha', sage ich zu ihm, ‚Iljuschetschka!' Niemand hat uns damals gesehen, Gott allein sah uns, vielleicht wird er es mir zugute halten. Richten Sie Ihrem Bruder meinen Dank aus, Alexej Fjodorowitsch. Nein, ich werde meinen Jungen nicht zu Ihrer Genugtuung durchhauen!«

Er hatte wieder mit seiner boshaften und närrischen Redewendung von vorhin geschlossen. Aljoscha fühlte jedoch, daß der Hauptmann bereits Vertrauen zu ihm hatte und daß er sich mit keinem anderen Menschen in dieser Weise unterhalten und ihm das mitgeteilt hätte, was er ihm eben erzählt hatte. Das ermunterte Aljoscha, dessen Herz gleichsam in Tränen bebte.

»Ach, wie gern würde ich mich mit Ihrem Jungen aussöhnen!« rief er. »Wenn Sie das doch zuwege brächten ...«

»Ganz recht«, murmelte der Hauptmann.

»Doch jetzt etwas anderes, etwas ganz anderes, hören Sie zu«, rief Aljoscha wieder, »hören Sie zu! Ich habe einen Auftrag an Sie: mein Bruder Dmitrij hat auch seine Braut beleidigt, ein sehr edles Mädchen, von dem Sie sicherlich schon gehört haben. Ich bin berechtigt, zu Ihnen offen von der Beleidigung zu sprechen, die sie erlitten hat, ich muß das sogar tun, weil sie, als sie von der Ihnen widerfahrenen Beleidigung und Ihrer mißlichen Lage erfuhr, mich sofort... vorhin... beauftragte, Ihnen eine Unterstützung von ihr zu überbringen... aber nur von ihr allein, keineswegs von Dmitrij, der sie verlassen hat, und nicht von mir, seinem Bruder, und von keinem sonst, sondern von ihr, nur von ihr allein! Sie fleht Sie an, ihre Hilfe anzunehmen ... Sie sind beide von ein und demselben Menschen beleidigt worden ... sie erinnerte sich Ihrer erst, als sie von ihm eine ebensolche Beleidigung erlitten hatte wie Sie! Sie will Ihnen also zu Hilfe kommen wie eine Schwester dem Bruder ... Sie hat mich beauftragt, Sie zu überreden, von ihr zweihundert Rubel anzunehmen wie von einer Schwester, da sie weiß, daß Sie in solcher Not sind. Niemand wird etwas davon erfahren, es können keinerlei Klatschereien daraus entstehen ... Hier sind diese zweihundert Rubel, und ich beschwöre Sie – Sie müssen sie annehmen, sonst ... sonst müßten alle Menschen auf Erden Feinde sein! Aber es gibt doch auch Brüder auf Erden ... Sie haben ein edles Herz ... Sie müssen das begreifen, Sie müssen es! ...«

Und Aljoscha hielt ihm zwei ganz neue regenbogenfarbene Hundertrubelscheine hin. Sie standen gerade beide bei dem großen Stein am Zaun, und ringsum war niemand zu sehen.

Die Geldscheine schienen auf den Hauptmann einen unheimlichen Eindruck zu machen: er zuckte zusammen, jedoch anfangs wohl nur vor Verwunderung – etwas Derartiges ging über seine Vorstellungskraft, und einen solchen Ausgang hatte er nicht erwartet. An eine Hilfe von irgend jemandem, zudem noch an eine so bedeutende Hilfe, hatte er noch nicht einmal im Traume gedacht. Er nahm die Geldscheine und war fast eine Minute lang außerstande, ein Wort zu erwidern; etwas ganz Neues zeigte sich in seinem Gesicht.

»Das soll für mich sein, für mich, soviel Geld, zweihundert Rubel! Herr du meine Güte! Schon seit vier Jahren habe ich nicht mehr soviel Geld gesehen! Mein Gott! Und sie sagt, wie eine Schwester ... ist das denn wahr, wirklich wahr?«

»Ich schwöre Ihnen, daß alles, was ich Ihnen gesagt habe, wahr ist!« rief Aljoscha. Der Hauptmann wurde rot.

»Hören Sie, mein Lieber, wenn ich die Scheine annehme, so werde ich doch kein Schuft sein? In Ihren Augen, Alexej Fjodorowitsch, werde ich doch kein Schuft sein? Nein, Alexej Fjodorowitsch, hören Sie mich an, hören Sie mich an«, sagte er hastig und berührte dabei Aljoscha immer wieder mit beiden Händen, »Sie wollen mich dadurch, daß sie es mir ‚als Schwester' schicke, zur Annahme des Geldes überreden, aber in Ihrem Herzen – werden Sie da keine Verachtung mir gegenüber empfinden, wenn ich es annehme, wie?«

»Aber nein doch, nein! Bei meiner Seligkeit schwöre ich Ihnen, daß es nicht so ist! Und niemand wird je davon erfahren, nur wir wissen es: ich, Sie und sie ... und noch eine Dame, ihre beste Freundin ...«

»Was geht mich die Dame an! Hören Sie, Alexej Fjodorowitsch, hören Sie mich an, nun ist es schon so, daß Sie mich anhören müssen, denn Sie können sich gar nicht vorstellen, was diese zweihundert Rubel für mich bedeuten«, fuhr der Arme fort, der nach und nach in eine wilde, geradezu chaotische Begeisterung geriet. Er schien ganz außer Fassung zu sein, sprach außerordentlich hastig und sich überstürzend, als fürchtete er, man werde ihn nicht ausreden lassen. »Abgesehen davon, daß dieses Geld ehrlich erworben ist und von einer so ehrenwerten und heiligen ‚Schwester' kommt, kann ich jetzt, wissen Sie, die Mama und Ninotschka, meinen buckligen Engel, meine Tochter, kurieren lassen. Doktor Herzenstube ist in seiner Seelengüte bei uns gewesen und hat beide eine Stunde lang untersucht: ‚Ich begreife nichts', sagte er, aber das Mineralwasser, das es hier in der Apotheke gibt – er hat es verschrieben – werde ihr zweifellos helfen, auch Fußbäder und die Medikamente dazu hat er ihr verschrieben. Das Mineralwasser kostet dreißig Kopeken, und sie muß ungefähr vierzig Krüge davon trinken. Und so nahm ich das Rezept und legte es auf das Wandbrett unter die Ikonen, dort liegt es noch. Und der Ninotschka verschrieb er Bäder in irgendeiner Lösung, heiße Bäder, zweimal täglich, morgens und abends. Aber wie sollen wir denn so eine Kur bei uns in der Wohnung durchführen, ohne Dienstboten, ohne fremde Hilfe, ohne Geschirr und ohne Wasser? Dabei ist Ninotschka sehr rheumatisch, das habe ich Ihnen noch gar nicht gesagt, nachts schmerzt sie die ganze rechte Körperseite, sie quält sich, aber glauben Sie mir, sie nimmt sich zusammen, dieser Engel, um uns nicht zu stören, und stöhnt nicht, um uns nicht zu wecken. Wir essen, was wir gerade haben und was wir uns verschaffen können, und da nimmt sie dann stets das schlechteste Stück, wie man es nur einem Hund hinwirft. Ich bin dieses Stück nicht wert, ich nehme es euch nur fort, bin für euch nur eine Last. Das ist es, was ihr Engelsblick ausdrücken will. Wenn wir sie bedienen, so bedrückt sie das: ‚Ich bin es nicht wert, ich bin ein nichtswürdiger Krüppel, bin zu nichts nütze' – wie sollte sie es nicht wert sein, da sie doch durch ihre Engelssanftmut für uns alle von Gott Verzeihung erwirkt hat; ohne sie, ohne ihr sanftes Wort wäre es bei uns die Hölle, selbst Warja hat sie besänftigt. Auch Warwara Nikolajewna dürfen Sie nicht verurteilen, auch sie ist ein Engel, auch sie ist eine Beleidigte. Sie ist im Sommer zu uns gekommen und hat sechzehn Rubel mitgebracht, die hatte sie mit Stunden verdient und für die Rückreise zurückgelegt, um im September, das heißt also jetzt, davon nach Petersburg zurückzufahren. Wir aber haben ihr das Geld genommen und es verbraucht, und nun hat sie keins, um zurückfahren zu können, so ist das. Auch kann sie gar nicht zurückfahren, weil sie wie ein Sträfling für uns arbeiten muß, wir haben sie ja wie ein Pferd eingespannt. Sie sorgt für alle, flickt, wäscht, kehrt den Boden, bringt die Mama zu Bett, die Mama aber ist launisch, sie weint andauernd; sie hat den Verstand verloren! ... Von diesen zweihundert Rubel aber kann ich ein Dienstmädchen nehmen, verstehen Sie, Alexej Fjodorowitsch, kann diese lieben Geschöpfe eine Kur machen lassen, Warja zum Studium nach Petersburg schicken, Rindfleisch kaufen, eine neue Diät einführen. Herrgott, das ist ja ein Traum!«

Aljoscha war herzlich froh, daß er soviel Glück hatte bringen können und daß der Arme bereit war, sich beglücken zu lassen.

»Warten Sie, Alexej Fjodorowitsch, warten Sie«, rief der Hauptmann, der sich an einen neuen, ihm plötzlich vorschwebenden Traum verlor, und geriet wieder in einen ekstatischen Redeschwall, »wissen Sie auch, daß Iljuscha und ich jetzt vielleicht tatsächlich unseren Traum verwirklichen werden: einen gedeckten Wagen zu kaufen und ein Pferdchen, einen Rappen, er bat mich, daß es unbedingt ein Rappe sein solle, und uns auf den Weg zu machen, wie wir es uns vorgestern ausgemalt haben. Ich kenne im Gouvernement K. einen Advokaten, er ist von Kind auf mein Freund gewesen. Er hat mich durch einen zuverlässigen Menschen wissen lassen, er würde mich, wenn ich käme, in seinem Büro als Schreiber anstellen; wer weiß, vielleicht wird er es wirklich tun ... Nun, dann setzen wir also die Mama und Ninotschka in den Wagen, Iljuschetschka wird kutschieren, und ich gehe zu Fuß nebenher und werde so alle dorthin bringen ... Herrgott, wenn ich nur noch eine kleine ausgeliehene Summe, die ich schon abgeschrieben habe, zurückerhalten könnte, so würde es vielleicht dafür reichen!«

»Es wird reichen, es wird reichen!« rief Aljoscha. »Katerina Iwanowna wird Ihnen noch mehr schicken, soviel Sie wollen, und wissen Sie, ich habe auch Geld, nehmen Sie, soviel Sie brauchen, wie von einem Bruder, einem Freunde, Sie können es mir später zurückgeben ... Sie werden reich werden, sehr reich! Und wissen Sie, niemals hätten Sie sich etwas Besseres ausdenken können als diesen Umzug in ein anderes Gouvernement! Das ist die Rettung für Sie, vor allem aber für Ihren Jungen – und wissen Sie, das sollten Sie so bald wie möglich tun, vor dem Winter noch, ehe es kalt wird, und Sie werden uns von dort schreiben, und wir werden Brüder bleiben ... Nein, das ist kein Traum!«

Aljoscha wollte ihn schon umarmen, so zufrieden war er. Doch als er ihn anblickte, hielt er plötzlich inne. Der Hauptmann stand mit vorgestrecktem Halse da, er hatte die Lippen verzogen, sein Gesicht war bleich vor Wut, seine Lippen bewegten sich, als wollte er etwas sagen; es war kein Laut zu hören, doch er bewegte immerzu die Lippen, und es lag etwas Unheimliches darin.

»Was haben Sie?« fragte Aljoscha und fuhr zusammen.

»Alexej Fjodorowitsch ... ich ... Sie ...« stammelte der

Hauptmann, der ihn seltsam wild anstarrte wie jemand, der sich in einen Abgrund stürzen will; zur gleichen Zeit aber schienen seine Lippen zu lächeln. »Ich ... Sie ... wenn Sie wollen, zeige ich Ihnen jetzt ein kleines Kunststück!« flüsterte er auf einmal rasch und fest und ohne ins Stocken zu geraten.

»Was für ein Kunststück?«

»Ein kleines Kunststück, so einen Hokuspokus«, sagte immer noch flüsternd der Hauptmann; sein Mund verzog sich nach links, sein linkes Auge blinzelte, er blickte Aljoscha wie gebannt an.

»Was ist denn mit Ihnen? Was für ein Kunststück?« rief Aljoscha ganz erschrocken.

»Das da, schauen Sie her!« kreischte der Hauptmann. Dann zeigte er ihm die zwei regenbogenfarbenen Scheine, die er die ganze Zeit über, während des ganzen Gesprächs, mit Daumen und Zeigefinger der rechten Hand an einer Ecke festgehalten hatte, packte sie wütend, zerknüllte sie und preßte sie fest in der rechten Faust zusammen. »Haben Sie gesehen, haben Sie gesehen?« schrie er Aljoscha bleich und wütend an, hob die Faust und schleuderte die beiden zerknitterten Scheine in den Sand. »Haben Sie gesehen?« kreischte er wieder auf und deutete mit dem Finger auf die Scheine. »Na, da haben Sie's!...« Und er hob den rechten Fuß und begann in wilder Wut mit dem Absatz auf den Scheinen herumzustampfen, wobei er bei jedem Fußtritt aufschrie und immer mehr außer Atem kam. »Da haben Sie Ihr Geld! Da haben Sie Ihr Geld! Da haben Sie Ihr Geld! Da haben Sie Ihr Geld!« Plötzlich sprang er zurück und nahm vor Aljoscha stramme Haltung an. Seine ganze Erscheinung drückte unsäglichen Stolz aus.

»Melden Sie denen, die Sie hergeschickt haben, daß der Bastwisch seine Ehre nicht verkauft!« schrie er mit weit ausgestrecktem Arm. Dann wandte er sich rasch um und stürzte davon; doch noch war er keine fünf Schritte gelaufen, als er sich jäh umdrehte und Aljoscha eine Kußhand zuwarf. Dann, ehe er noch weitere fünf Schritte getan hatte, wandte er sich wieder um, und jetzt war sein Gesicht nicht mehr von Lachen verzerrt, sondern zuckte vor Schluchzen.

Tränenüberströmt und mit sich überschlagender Stimme rief er: »Was hätte ich meinem Jungen gesagt, wenn ich von Ihnen Geld für unsere Schande angenommen hätte?« Nach diesen Worten stürzte er davon und wandte sich nicht mehr um. Aljoscha blickte ihm mit unaussprechlicher Trauer nach. Oh, er begriff: der Hauptmann hatte bis zum letzten Augenblick nicht gewußt, daß er die Scheine zusammenknüllen und hinwerfen werde. Im Laufen wandte er sich kein einziges Mal mehr um, und Aljoscha wußte auch, daß er sich nicht mehr umwenden werde. Ihn verfolgen und rufen wollte er nicht, er wußte warum. Als der Hauptmann seinen Blicken entschwunden war, hob Aljoscha beide Geldscheine auf. Sie waren nur sehr zusammengeknüllt, zerknittert und in den Sand hineingestampft, sonst aber noch völlig unversehrt und knisterten sogar wie neue Scheine, als Aljoscha sie wieder glättete. Dann faltete er sie zusammen, steckte sie in die Tasche und machte sich auf den Weg zu Katerina Iwanowna, um sie von dem Ergebnis seines Auftrags zu unterrichten.

FÜNFTES BUCH

PRO UND CONTRA

I

Das Verlöbnis

Frau Chochlakowa kam Aljoscha wieder als erste entgegen. Sie hatte es eilig, denn es war etwas Wichtiges vorgefallen: der hysterische Anfall Katerina Iwanownas hatte mit einer Ohnmacht geendet, dann hatte sich bei ihr »eine entsetzliche, schreckliche Schwäche« eingestellt, sie hatte sich hingelegt, die Augen geschlossen und zu phantasieren begonnen. »Jetzt hat sie Fieber; man hat nach Herzenstube geschickt und nach den Tanten. Die Tanten sind schon da, aber Herzenstube noch nicht. Alle sitzen in ihrem Zimmer und warten. Was mag daraus noch werden? Sie ist besinnungslos. Wenn es nun ein Nervenfieber wird, was dann?«

Als Frau Chochlakowa das ausrief, sah sie ehrlich erschrokken aus. »Das ist etwas Ernstes, etwas sehr Ernstes!« wiederholte sie immer wieder, als wäre alles, was ihr bis jetzt begegnet war, nicht ernst gewesen. Aljoscha hörte sie bekümmert an. Er wollte ihr schon seine Erlebnisse schildern, doch sie unterbrach ihn gleich bei den ersten Worten: sie hätte keine Zeit und bäte ihn, sich zu Lise zu setzen und dort auf sie zu warten.

»Liebster Alexej Fjodorowitsch«, flüsterte sie ihm fast ins Ohr, »Lise hat mich soeben eigentümlich in Erstaunen gesetzt, aber auch gerührt, und darum verzeihe ich ihr alles in meinem Herzen. Stellen Sie sich vor, kaum waren Sie gegangen, als sie plötzlich aufrichtig zu bereuen begann, daß sie sich gestern und heute über Sie lustig gemacht habe. Aber das hat sie ja gar nicht, sie hat nur gescherzt. Doch sie bereute so tief, fast unter Tränen, daß ich mich wunderte. Sie hat früher niemals ernstliche Reue empfunden, wenn sie sich über mich lustig gemacht hatte, sie hat es immer nur im Scherz getan. Und Sie wissen doch, daß sie alle Augenblicke über mich lacht. Jetzt aber ist es ihr ernst damit, jetzt nimmt sie alles ernst. Sie schätzt Ihre Meinung sehr, Alexej Fjodorowitsch, und wenn Sie können, so nehmen Sie ihr nichts übel und seien Sie nicht beleidigt. Ich selbst tue ja nichts anderes als sie schonen, denn sie ist ja ein so kluges Persönchen, glauben Sie es mir wohl? Sie sagte soeben, Sie seien der Freund ihrer Kindheit gewesen – ‚der aufrichtigste Freund meiner Kindheit' –, stellen Sie sich das vor, der aufrichtigste Freund – und ich? Sie hat, was Sie angeht, außerordentlich ernste Gefühle und Erinnerungen, und vor allem bedient sie sich so merkwürdiger Redewendungen und Wörter, ganz überraschender Wörter, die man gar nicht von ihr erwartet, aber plötzlich sind sie ihr entschlüpft. So sprach sie zum Beispiel vor kurzem von einer Föhre. Bei uns im Garten stand, als sie noch ein ganz kleines Kind war, eine Föhre, vielleicht steht sie auch jetzt noch dort, so daß man davon nicht in der Vergangenheit zu sprechen braucht. Föhren sind keine Menschen, sie bleiben lange Zeit unverändert, Alexej Fjodorowitsch. ‚Mama', sagte sie, ‚ich erinnere mich an diese Föhre, als wäre ich eben erst erwacht' – sie drückte sich irgendwie anders aus, aber ich habe es durcheinandergebracht; Föhre ist ein dummes Wort, doch sagte sie mir in diesem Zusammenhang etwas so Originelles, daß ich es gar nicht wiedergeben kann. Auch habe ich alles schon vergessen. Nun, auf Wiedersehen, ich bin sehr erschüttert und werde sicherlich den Verstand verlieren. Ach, Alexej Fjodorowitsch, ich habe zweimal im Leben den Verstand verloren und wurde ärztlich behandelt. Gehen Sie zu Lise. Muntern Sie sie auf, wie Sie das immer so gut verstehen. Lise«, rief sie, indem sie zur Tür ging, »hier bringe ich dir Alexej Fjodorowitsch, den du so beleidigt hast, ich versichere dir, er zürnt dir nicht im geringsten, im Gegenteil, er wundert sich, wie du das hast denken können!«

»Merci, maman, treten Sie ein, Alexej Fjodorowitsch.«

Aljoscha trat ein. Lise blickte eigentümlich verlegen drein und wurde auf einmal ganz rot. Sie schämte sich anscheinend aus irgendeinem Grunde und begann, wie das in solchen Fällen immer zu sein pflegt, schnell von etwas ganz Nebensächlichem zu reden, als interessierte sie sich in diesem Augenblick nur dafür.

»Alexej Fjodorowitsch, Mama hat mir soeben erst die ganze Geschichte von diesen zweihundert Rubel und Ihrem Auftrag ... an diesen Offizier erzählt und diese schreckliche Geschichte, wie man ihn beleidigt hat. Und wissen Sie, obwohl Mama sehr verworren erzählt – sie springt immer von einer Sache zur anderen über –, so habe ich doch zugehört und dabei geweint. Was ist nun, haben Sie ihm das Geld ausgehändigt, und was macht jetzt dieser Unglückliche? ...«

»Das ist es ja, daß ich es ihm nicht ausgehändigt habe; das ist eine sehr dumme Geschichte«, antwortete Aljoscha, der seinerseits so tat, als bedrückte ihn vor allem, daß er das Geld nicht übergeben hatte, doch Lise merkte sehr wohl, daß auch er zur Seite sah und sich offenbar bemühte, von etwas Nebensächlichem zu reden. Aljoscha setzte sich an den Tisch und begann zu erzählen, doch gleich nach den ersten Worten verlor sich seine Verlegenheit, und er riß Lise mit sich fort. Er sprach unter dem Einfluß eines heftigen Gefühls und des außerordentlichen Eindrucks von vorhin, und es gelang ihm, alles gut und ausführlich zu erzählen. Er hatte Lise auch früher schon, in Moskau, während ihrer Kindheit, gern besucht und ihr von dem erzählt, was ihm kurz vorher begegnet war, was er gelesen hatte, oder er hatte von seiner Kindheit gesprochen. Manchmal hatten sie sich zusammen Träumereien hingegeben und zu zweit ganze Geschichten erfunden, die aber meist lustig oder komisch gewesen waren. Jetzt war es, als wären sie beide plötzlich in die alte Moskauer Zeit vor zwei Jahren zurückversetzt. Lise war von seiner Erzählung außerordentlich gerührt. Aljoscha hatte es verstanden, ihr mit warmem Gefühl ein Bild Iljuschetschkas zu entwerfen. Als er ausführlich beschrieben hatte, wie der Unglückliche auf dem Geld herumgestampft war, schlug Lise die Hände über dem Kopf zusammen und rief in einem jähen Gefühlsausbruch: »Sie haben ihm also das Geld nicht ausgehändigt, Sie haben ihn weglaufen lassen! Mein Gott, wenn Sie ihm doch wenigstens nachgelaufen wären und ihn eingeholt hätten . . .«

»Nein, Lise, es ist besser, daß ich ihm nicht nachgelaufen bin«, sagte Aljoscha, erhob sich vom Stuhl und ging bekümmert im Zimmer auf und ab.

»Wieso besser, inwiefern besser? Jetzt haben sie nichts zu essen und werden zugrunde gehen!«

»Sie werden nicht zugrunde gehen, denn diese zweihundert Rubel werden sie doch bekommen. Er wird sie morgen trotz allem nehmen. Morgen nimmt er sie bestimmt«, sagte Aljoscha, der nachdenklich auf und ab ging. »Sehen Sie, Lise«, fuhr er fort und blieb plötzlich vor ihr stehen, »ich selbst habe einen Fehler gemacht, doch auch dieser Fehler ist zum Besten gewesen.«

»Was für ein Fehler, und warum zum Besten?«

»Nun, dieser Mann ist feige und charakterschwach. Er quält sich ab, aber er ist ein sehr guter Mensch. Da frage ich mich jetzt immerzu: Wodurch war er auf einmal so beleidigt, und warum hat er das Geld zerstampft? Denn ich versichere Ihnen, er hatte bis zum letzten Augenblick nicht gewußt, daß er es zerstampfen würde. Und nun habe ich den Eindruck, daß er durch vieles beleidigt war ... in seiner Lage konnte das auch nicht anders sein ... Erstens kränkte ihn schon das eine, daß er sich in meiner Gegenwart allzusehr über das Geld gefreut und diese Freude nicht verhehlt hatte. Hätte er sich etwas weniger gefreut oder sich die Freude nicht anmerken lassen, sich bei der Annahme des Geldes geziert, wie andere das zu tun pflegen, nun, dann hätte er es vielleicht noch ertragen und das Geld annehmen können; er aber hatte sich allzu aufrichtig gefreut, und gerade das hat ihn gekränkt. Ach, Lise, er ist ein aufrichtiger und guter Mensch, das ist ja gerade das Unglück in solchen Fällen! Die ganze Zeit über, während er sprach, war seine Stimme so schwach, so gedämpft, und er sprach so schnell, so schnell, kicherte so eigentümlich, oder er weinte sogar ... wirklich, er weinte, so sehr war er entzückt ... und er sprach von seinen Töchtern ... von der Stellung, die er in der anderen Stadt erhalten würde ... Und kaum hatte er sein Herz ausgeschüttet, schämte er sich plötzlich, daß er so unverhüllt seine ganze Seele gezeigt hatte. Da haßte er mich sofort. Er gehört ja zu den ganz besonders verschämten Armen. Vor allem aber kränkte es ihn, daß er mich allzu schnell für seinen Freund gehalten und mir so schnell nachgegeben hatte; zuerst war er über mich hergefallen und hatte mich erschrecken wollen, dann aber begann er, kaum hatte er das Geld erblickt, mich zu umarmen. Denn er umarmte mich, er berührte mich immerfort mit seinen Händen. Gerade das mußte er als Erniedrigung empfinden, und da nun beging ich diesen Fehler, einen sehr gewichtigen Fehler: ich sagte ihm plötzlich, wenn ihm das Geld für den Umzug in eine andere Stadt nicht reichen sollte, so werde man ihm noch mehr geben, auch ich selbst würde ihm von meinem Geld geben, soviel er wolle. Das machte ihn auf einmal stutzig: warum, fragte er sich wohl, wollte auch ich ihm meine Hilfe aufdrängen? Wissen Sie, Lise, es ist sehr hart für einen gekränkten Menschen, wenn alle seine Wohltäter sein wollen ... ich habe davon gehört, der Starez hat es mir einmal gesagt. Ich weiß nicht, wie ich es ausdrücken soll, aber ich habe das auch selbst oft beobachtet. Ich würde ja genauso empfinden. Vor allem aber hat er zwar bis zum letzten Augenblick nicht gewußt, daß er die

Geldscheine zerstampfen würde, doch er hat es immerhin vorausgefühlt, das unbedingt. Darum war er ja auch so entzückt, weil er es vorausfühlte . . . Und wenn das alles auch sehr schlimm ist, so ist es doch zum Besten. Ich glaube sogar zum Allerbesten, denn besser konnte es gar nicht kommen . . .«

»Warum konnte es nicht besser kommen, warum?« rief Lise, die Aljoscha sehr verwundert ansah.

»Darum, Lise, weil er, wenn er die Geldscheine nicht zerstampft, sondern angenommen hätte, nachher zu Hause, vielleicht eine Stunde später schon, über seine Erniedrigung geweint hätte. Das wäre bestimmt so gekommen. Er hätte geweint und wäre wohl morgen in aller Frühe zu mir gekommen und hätte mir die Geldscheine hingeworfen und sie zerstampft wie vorhin. Nun aber ist er ungemein stolz und triumphierend davongegangen, obwohl er weiß, daß er sich ‚ins Verderben gestürzt hat'. Und daher gibt es jetzt nichts Leichteres, als ihn zu zwingen, diese zweihundert Rubel spätestens morgen anzunehmen, denn er hat ja nun sein Ehrgefühl bereits bewiesen, das Geld hingeworfen und zerstampft . . . Er hat ja, als er es zerstampfte, nicht wissen können, daß ich es ihm morgen wiederbringen würde. Dabei braucht er doch dieses Geld sehr notwendig. Wenn er auch jetzt sehr stolz ist, so wird er doch heute noch denken, was für eine Hilfe er von sich gewiesen hat. In der Nacht wird er noch mehr daran denken, er wird davon träumen, und morgen früh wird er wohl bereit sein, zu mir zu laufen und mich um Verzeihung zu bitten. Und da werde ich bei ihm erscheinen und ihm sagen: Sie sind ein stolzer Mensch, das haben Sie bewiesen, nun nehmen Sie das Geld und verzeihen Sie uns. Und dann wird er es nehmen!«

Diesen letzten Satz: »Und dann wird er es nehmen!« hatte Aljoscha wie im Taumel gesprochen. Lise klatschte in die Hände.

»Ach, das ist wahr, ich kann das auf einmal so schrecklich gut verstehen! Ach, Aljoscha, woher wissen Sie nur das alles? Sie sind noch so jung und wissen doch schon, was in der Seele vorgeht . . . Ich wäre nie auf all das gekommen . . .«

»Man muß ihn jetzt vor allem davon überzeugen, daß er mit uns allen auf gleichem Fuße steht, obwohl er von uns Geld annimmt«, fuhr Aljoscha in seinem Taumel fort, »und nicht nur auf gleichem, sondern sogar auf höherem Fuße als wir . . .«

»‚Auf höherem Fuße' – das haben Sie prächtig gesagt, Alexej Fjodorowitsch, aber reden Sie weiter, reden Sie weiter!«

»Das heißt, ich habe mich nicht richtig ausgedrückt ... als ich das von dem höheren Fuße sagte ... aber das macht nichts, weil ...«

»Ach, es macht nichts, es macht nichts, natürlich macht es nichts! Verzeihen Sie, Aljoscha, Sie Lieber ... Wissen Sie, ich habe Sie bis jetzt nicht recht geachtet ... das heißt, ich habe Sie wohl geachtet, aber nur als auf gleichem Fuße stehend, jetzt aber werde ich Sie als auf höherem stehend achten ... Sie Lieber, seien Sie mir nicht böse, daß ich solche Dummheiten rede«, fügte sie sofort pathetisch hinzu. »Ich bin ja nur ein kleines lächerliches Mädchen, aber Sie, Sie ... Hören Sie, Alexej Fjodorowitsch, liegt nicht in unserer ganzen Erörterung, das heißt, in der Ihren ... nein, lieber doch in der unseren ... liegt nicht Verachtung gegen ihn, gegen diesen Unglücklichen darin, daß wir jetzt seine Seele so von oben herab zerpflücken? Darin, daß wir jetzt so bestimmt entschieden haben, er werde das Geld nehmen, wie?«

»Nein, Lise, darin liegt keine Verachtung«, antwortete Aljoscha fest, als wäre er auf diese Frage gefaßt gewesen, »ich habe schon selber darüber nachgedacht, als ich hierherging. Überlegen Sie nur, wie könnte das Verachtung sein, da doch wir selber und auch alle andern ebenso sind wie er. Denn wir sind ja nicht anders, nicht besser. Und selbst wenn wir besser wären, so wären wir doch an seiner Stelle nicht anders als er ... Ich weiß nicht, wie Sie darüber denken, Lise, ich aber bin der Ansicht, daß ich in vielem ein kleinliches Herz habe. Er aber hat kein kleinliches, sondern im Gegenteil ein sehr zartfühlendes ... Nein, Lise, darin liegt gar keine Verachtung gegen ihn! Wissen Sie, Lise, mein Starez hat einmal zu mir gesagt: ‚Man muß alle Menschen wie kleine Kinder warten, manche von ihnen aber wie Kranke in den Spitälern ...'«

»Ach, Alexej Fjodorowitsch, ach, Liebster, lassen Sie uns die Menschen wie Kranke warten!«

»Lassen Sie uns das tun, Lise, ich bin bereit, nur bin ich selber nicht ganz gerüstet dazu, ich bin manchmal ungeduldig, und mitunter bin ich sogar wie blind. Bei Ihnen ist das anders.«

»Ach, das glaube ich nicht! Alexej Fjodorowitsch, wie glücklich ich bin!«

»Wie schön, daß Sie das sagen, Lise.«

»Alexej Fjodorowitsch, Sie sind bewundernswert gut, aber zuweilen scheinen Sie ein Pedant zu sein; wenn man Sie aber so ansieht, sind Sie durchaus kein Pedant. Gehen Sie doch zur Tür, öffnen Sie sie vorsichtig und sehen Sie nach, ob Mama nicht horcht«, raunte Lise ihm plötzlich nervös und hastig zu.

Aljoscha ging zur Tür, öffnete sie ein wenig und meldete, daß niemand horche.

»Kommen Sie her, Alexej Fjodorowitsch«, fuhr Lise fort, die immer tiefer errötete, »geben Sie mir Ihre Hand, sehen Sie, so. Hören Sie, ich muß Ihnen ein großes Geständnis machen: den gestrigen Brief an Sie habe ich nicht im Scherz geschrieben, sondern im Ernst ...«

Und sie bedeckte ihre Augen mit der Hand. Man konnte es ihr ansehen, daß sie sich sehr schämte, dieses Geständnis zu machen. Plötzlich ergriff sie seine Hand und küßte sie eilig dreimal.

»Ach, Lise, das ist doch vortrefflich«, rief Aljoscha freudig. »Ich war ja völlig überzeugt, daß Sie ihn im Ernst geschrieben haben.«

»Überzeugt, man stelle sich das vor!« Sie schob plötzlich seine Hand zurück, ohne sie loszulassen, errötete tief und lachte ein kleines, glückliches Lachen. »Ich habe ihm die Hand geküßt, und er sagt bloß: ‚Das ist doch vortrefflich.'«

Aber ihr Vorwurf war unberechtigt: auch Aljoscha war sehr verwirrt.

»Ich möchte Ihnen immer gefallen, Lise, aber ich weiß nicht, wie ich das machen soll«, brachte er mit Mühe und Not hervor und wurde ebenfalls rot.

»Mein lieber Aljoscha, Sie sind kalt und dreist. Man denke doch nur: er hat geruht, mich zu seiner Frau zu erwählen, und läßt es dabei bewenden! Er war überzeugt, ich hätte ihm im Ernst geschrieben, wie finden Sie das! Aber das ist doch eine Dreistigkeit!«

»Ist es denn schlimm, daß ich davon überzeugt war?« sagte Aljoscha und lachte auf einmal.

»Ach, Aljoscha, im Gegenteil, es ist schrecklich gut«, entgegnete Lise, die ihn zärtlich und glücklich anblickte. Aljoscha stand immer noch da, seine Hand in der ihren. Plötzlich beugte er sich vor und küßte sie mitten auf die Lippen.

»Was soll denn das noch? Was fällt Ihnen ein?« rief Lise. Aljoscha verlor völlig seine Fassung.

»Nun, verzeihen Sie, wenn ich etwas Verkehrtes getan habe ... Das war vielleicht schrecklich dumm von mir ... Sie hatten gesagt, ich sei kalt, und da nahm und küßte ich Sie ... Doch nun sehe ich, daß es dumm von mir war ...«

Lise lachte auf und bedeckte ihr Gesicht mit den Händen.

»Zudem noch in diesem Gewand!« entschlüpfte es ihr mitten unterm Lachen, doch auf einmal hörte sie auf zu lachen und wurde ganz ernst, ja fast streng. »Nein, Aljoscha, mit dem Küssen wollen wir noch etwas warten, denn wir können es beide noch nicht richtig, warten aber müssen wir noch sehr lange«, schloß sie plötzlich. »Sagen Sie mir lieber, warum Sie mich, ein so dummes, krankes Mädchen, ausgesucht haben, Sie, der Sie so klug sind, soviel nachdenken und gleich alles merken? Ach, Aljoscha, ich bin schrecklich glücklich, weil ich Ihrer gar nicht wert bin!«

»Sie sind es, Lise. Ich werde dieser Tage das Kloster endgültig verlassen. Wenn man in die Welt geht, muß man heiraten, das weiß ich. So hat *er* es mir befohlen. Wen könnte ich denn Besseres finden als Sie . . . und wer außer Ihnen würde mich nehmen? Ich habe darüber schon nachgedacht. Erstens kennen Sie mich von Kind auf, und zweitens haben Sie sehr viele Fähigkeiten, die mir ganz und gar fehlen. Ihre Seele ist heiterer als die meine; vor allem sind Sie unschuldiger als ich, denn ich bin schon mit vielem, vielem in Berührung gekommen . . . Ach, Sie wissen es nicht, aber auch ich bin doch ein Karamasow! Was liegt schon daran, daß Sie lachen und sich auch über mich lustig machen, im Gegenteil, lachen Sie nur, ich freue mich darüber . . . Sie lachen zwar wie ein kleines Mädchen, denken aber bei sich wie eine Märtyrerin . . .«

»Wie eine Märtyrerin? Wieso das?«

»Ja, Lise, da war zum Beispiel vorhin Ihre Frage, ob nicht Verachtung gegen den Unglücklichen darin liege, daß wir seine Seele so zerpflücken – das war die Frage einer Märtyrerin . . . Sehen Sie, ich weiß das gar nicht auszudrücken, aber wer auf solche Fragen kommt, der ist selber fähig zu leiden. Während Sie im Rollstuhl saßen, müssen Sie schon über vieles nachgedacht haben . . .«

»Aljoscha, geben Sie mir Ihre Hand, warum ziehen Sie sie zurück?« sagte Lise mit einer vor Glück schwachen, gesenkten Stimme. »Hören Sie, Aljoscha, was werden Sie anziehen, wenn Sie das Kloster verlassen, was für einen Anzug werden Sie tragen? Lachen Sie nicht, seien Sie mir nicht böse, das ist sehr, sehr wichtig für mich.«

»An den Anzug, Lise, habe ich noch nicht gedacht, aber ich werde mich kleiden, wie Sie es wollen.«

»Ich will, daß Sie eine dunkelblaue Samtjacke tragen, eine

weiße Pikeeweste und einen weichen grauen Velourhut ... Sagen Sie, haben Sie vorhin, als ich meinen gestrigen Brief verleugnete, wirklich geglaubt, ich liebte Sie nicht?«

»Nein, ich habe es nicht geglaubt.«

»Oh, Sie unausstehlicher Mensch, Sie unverbesserlicher!«

»Sehen Sie, ich wußte, daß Sie mich ... wahrscheinlich lieben, aber ich tat, als glaubte ich Ihnen, daß Sie mich nicht lieben, um es Ihnen ... recht zu machen ...«

»Das ist ja noch schlimmer! Schlimmer und zugleich das Beste. Aljoscha, ich liebe Sie schrecklich. Ich hatte mir vorhin, kurz bevor Sie kamen, vorgenommen: Ich werde ihn nach dem gestrigen Brief fragen, und wenn er ihn ruhig hervorzieht und ihn mir gibt – mit so etwas kann man bei ihm immer rechnen –, so bedeutet das, daß er mich überhaupt nicht liebt, nichts für mich empfindet, sondern einfach ein dummer und nichtswürdiger Junge ist, und dann bin ich verloren. Aber Sie haben den Brief in der Zelle gelassen, und das hat mir Mut gemacht: nicht wahr, Sie haben ihn in der Zelle gelassen, weil Sie ahnten, daß ich ihn zurückverlangen würde, also um ihn nicht abgeben zu müssen? Ist es so? Es ist doch so?«

»Ach, Lise, es ist gar nicht so, ich habe doch den Brief auch jetzt bei mir und hatte ihn auch vorhin bei mir, hier in dieser Tasche, hier ist er!«

Aljoscha holte lachend den Brief hervor und zeigte ihn ihr von weitem.

»Nur gebe ich ihn Ihnen nicht, Sie dürfen ihn nur so in meinen Händen ansehen.«

»Wie? Sie haben also vorhin gelogen? Sie, ein Mönch, und gelogen?«

»Mag sein«, Aljoscha lachte wieder. »Ich habe gelogen, um den Brief nicht zurückgeben zu müssen. Er ist mir sehr teuer«, fügte er plötzlich tief bewegt hinzu und wurde von neuem rot, »und das auf ewig, ich werde ihn nie jemandem geben!«

Lise sah ihn entzückt an.

»Aljoscha«, flüsterte sie wieder, »sehen Sie an der Tür nach, ob Mama nicht horcht.«

»Gut, Lise, ich werde nachsehen, aber wäre es nicht besser, es nicht zu tun? Warum sollen wir Ihre Mutter einer solchen Niedrigkeit verdächtigen?«

»Wieso Niedrigkeit? Welcher Niedrigkeit? Wenn sie an der Tür ihrer Tochter horcht, so ist das ihr gutes Recht, aber keine Niedrigkeit.« Lise wurde flammendrot. »Seien Sie überzeugt,

Alexej Fjodorowitsch, wenn ich einmal selber Mutter bin und eine ebensolche Tochter habe wie mich, so werde ich unbedingt bei ihr horchen.«

»Wirklich, Lise? Das ist nicht recht.«

»Ach, mein Gott, was wäre das schon für eine Niedrigkeit? Wenn ich irgendein alltägliches Gespräch belauschen wollte, so wäre das eine Niedrigkeit. Hier aber hat sich ihre leibliche Tochter mit einem jungen Mann eingeschlossen . . . Hören Sie, Aljoscha, Sie müssen wissen, daß ich auch auf Sie heimlich aufpassen werde, sobald wir getraut sind, und Sie müssen auch wissen, daß ich alle Ihre Briefe öffnen und alles lesen werde . . . Das sei Ihnen im voraus gesagt . . .«

»Ja, natürlich, wenn das so ist . . .« murmelte Aljoscha. »Nur ist das nicht schön . . .«

»Ach, welch eine Verachtung! Aljoscha, Sie Lieber, wir wollen uns nicht gleich beim erstenmal streiten – ich will Ihnen lieber die volle Wahrheit sagen: es ist natürlich sehr häßlich zu horchen, und natürlich habe ich nicht recht, sondern Sie, aber ich werde trotzdem horchen.«

»Tun Sie es nur. Sie werden bei mir nichts Besonderes feststellen können«, sagte Aljoscha lachend.

»Aljoscha, werden Sie sich mir auch unterordnen? Auch darüber muß man im voraus ins klare kommen.«

»Sehr gern, Lise, unbedingt, nur nicht im Wichtigsten. Wenn Sie im Wichtigsten mit mir nicht einverstanden sein werden, so werde ich dennoch das tun, was die Pflicht mir gebietet.«

»So muß es auch sein. Und ich, müssen Sie wissen, bin im Gegenteil nicht nur bereit, mich im Wichtigsten unterzuordnen, sondern ich werde Ihnen in allem nachgeben, und ich schwöre es Ihnen schon jetzt – in allem, mein ganzes Leben lang«, rief Lise leidenschaftlich aus, »und ich werde dabei glücklich sein, glücklich! Nicht genug damit, schwöre ich Ihnen noch, daß ich Sie nie belauschen werde, kein einziges Mal, niemals, und daß ich keinen einzigen Ihrer Briefe lesen werde, weil Sie recht haben, ich aber nicht. Und wenn ich auch furchtbar gern lauschen würde, das weiß ich, so werde ich es doch nicht tun, weil Sie das für unfein halten. Sie sind jetzt gleichsam meine Vorsehung . . . Hören Sie, Alexej Fjodorowitsch, warum waren Sie all diese Tage, gestern und auch heute, so traurig? Ich weiß, Sie haben Sorgen und Verdruß, aber ich sehe außerdem, daß Sie einen besonderen Kummer haben – einen geheimen vielleicht?«

»Ja, Lise, ich habe auch einen geheimen Kummer«, sagte Aljoscha traurig. »Ich sehe, daß Sie mich lieben, weil Sie das erraten haben.«

»Was für einen Kummer denn? Worüber? Können Sie es mir sagen?« fragte Lise zaghaft bittend.

»Ich werde es Ihnen später erzählen, Lise ... später ...« sagte Aljoscha verwirrt. »Jetzt wäre es wohl unverständlich für Sie. Auch wüßte ich es wohl nicht richtig auszudrücken.«

»Ich weiß auch, daß Sie sich schwere Sorgen um Ihre Brüder und um Ihren Vater machen.«

»Ja, auch um meine Brüder«, sagte Aljoscha wie in Gedanken versunken.

»Ich mag Ihren Bruder Iwan Fjodorowitsch nicht, Aljoscha«, meinte Lise plötzlich.

Aljoscha war über diese Bemerkung etwas verwundert, ging aber nicht auf sie ein.

»Meine Brüder richten sich zugrunde«, fuhr er fort, »mein Vater ebenso. Und zugleich richten sie auch andere zugrunde. Aber das ist die ‚karamasowsche Erdenkraft', wie Vater Paisij sich vorhin ausdrückte – eine ungestüme, rohe Erdenkraft ... Ob über dieser Kraft der Geist Gottes schwebt? Nicht einmal das weiß ich. Ich weiß nur, daß auch ich ein Karamasow bin ... Bin ich ein Mönch, ein Mönch? Bin ich ein Mönch, Lise? Sie sagten doch soeben, ich sei ein Mönch?«

»Ja, das habe ich gesagt.«

»Dabei glaube ich vielleicht gar nicht an Gott.«

»Sie glauben nicht? Was ist mit Ihnen?« fragte Lise leise und vorsichtig. Aber Aljoscha antwortete nicht darauf. In den Worten, die er soeben ganz unerwartet ausgestoßen hatte, lag etwas gar zu Geheimnisvolles und Persönliches, etwas, das vielleicht auch ihm selber unklar war, ihn aber zweifellos quälte.

»Und nun scheidet außerdem noch mein Freund aus dem Leben, der beste Mensch der Welt verläßt die Erde. Wenn Sie wüßten, wenn Sie wüßten, Lise, wie sehr ich seelisch mit diesem Menschen verbunden, an ihn gekettet bin! Und nun bleibe ich allein ... Ich werde zu Ihnen kommen, Lise ... Hinfort werden wir zusammen sein ...«

»Ja, zusammen, zusammen! Von nun an werden wir immer, unser ganzes Leben lang, zusammen sein. Hören Sie, geben Sie mir einen Kuß, ich erlaube es.«

Aljoscha küßte sie.

»Und jetzt gehen Sie, Christus sei mit Ihnen!« Sie schlug das Kreuz über ihm. »Gehen Sie rasch zu *ihm*, solange er noch lebt. Ich sehe, daß ich Sie sehr lange aufgehalten habe. Ich werde heute für ihn und für Sie beten. Aljoscha, wir werden glücklich sein! Werden wir glücklich sein, werden wir es?«

»Ich glaube, wir werden es, Lise.«

Als Aljoscha Lise verlassen hatte, hielt er es nicht für angezeigt, noch bei Frau Chochlakowa vorzusprechen, und wollte, ohne sich von ihr zu verabschieden, aus dem Hause gehen. Doch kaum hatte er die Tür geöffnet und das Treppenhaus betreten, da tauchte vor ihm, Gott weiß woher, Frau Chochlakowa auf. Gleich beim ersten Wort erriet Aljoscha, daß sie hier absichtlich auf ihn gewartet hatte.

»Alexej Fjodorowitsch, das ist entsetzlich. Das alles sind Kindereien und Unsinn. Ich hoffe, Sie werden es sich nicht einfallen lassen, Luftschlösser zu bauen ... Dummheiten, Dummheiten, nichts als Dummheiten sind das!« fiel sie über ihn her.

»Aber sagen Sie das nicht zu ihr«, entgegnete Aljoscha, »sonst wird sie sich aufregen, und das könnte ihr jetzt schaden.«

»Ich höre ein vernünftiges Wort von einem vernünftigen jungen Mann. Soll ich es so verstehen, daß Sie ihr nur deshalb beigestimmt haben, weil Sie aus Mitleid mit ihrem krankhaften Zustand sie nicht durch Widerspruch reizen wollten?«

»O nein, keineswegs, ich habe ganz im Ernst mit ihr gesprochen«, erklärte Aljoscha fest.

»Ernst ist hier unmöglich, ist undenkbar; erstens werde ich Sie überhaupt nicht mehr empfangen, und zweitens werde ich wegfahren und sie mitnehmen, damit Sie es wissen.«

»Ja, warum denn«, sagte Aljoscha, »bis dahin ist ja noch lange Zeit, anderthalb Jahre, so lange werden wir noch warten müssen.«

»Ach, Alexej Fjodorowitsch, das ist natürlich wahr, und in den anderthalb Jahren werden Sie sich noch tausendmal mit ihr zanken und davonlaufen. Aber ich bin so unglücklich, so unglücklich! Wenn das alles auch Lappalien sind, so wirft es mich doch um. Jetzt geht es mir wie Famusow im letzten Auftritt*; Sie sind Tschazkij, Lise ist Sofja, und stellen Sie sich vor, ich bin absichtlich hierher ins Treppenhaus gelaufen, um Sie zu treffen, auch in dem Stück spielt sich ja das ganze Ver-

* In dem Stück *Verstand bringt Leiden* von Gribojedow (Anmerkung des Übersetzers).

hängnis im Treppenhaus ab. Ich habe alles gehört, ich habe mich kaum noch auf den Beinen halten können. Das also ist die Erklärung für all das Entsetzliche dieser Nacht und für die hysterischen Anfälle von vorhin! Der Tochter Liebe ist der Mutter Tod. Ich kann mich jetzt begraben lassen. Nun das zweite und Wichtigste: was ist das für ein Brief, den sie an Sie geschrieben hat? Zeigen Sie ihn mir sofort, auf der Stelle!«

»Nein, das ist nicht nötig. Sagen Sie, wie geht es Katerina Iwanowna? Ich muß es unbedingt wissen.«

»Sie liegt immer noch und phantasiert, sie ist noch nicht wieder zu sich gekommen; ihre Tanten sind hier, sie jammern nur und betragen sich hochmütig gegen mich. Auch Herzenstube ist gekommen und erschrak so, daß ich nicht wußte, was ich mit ihm anfangen sollte und wie ich ihn retten könnte; ich wollte schon nach einem Arzt schicken. Man hat ihn in meiner Equipage heimgebracht. Und nun, um allem die Krone aufzusetzen und das Maß vollzumachen, kommen noch Sie mit diesem Brief! Allerdings ist bis dahin noch anderthalb Jahre Zeit. Im Namen alles Großen und Heiligen, im Namen Ihres sterbenden Starez: zeigen Sie mir diesen Brief, Alexej Fjodorowitsch, mir, der Mutter! Wenn Sie wollen, halten Sie ihn zwischen Ihren Fingern, und ich werde ihn dann in Ihren Händen lesen.«

»Nein, ich werde ihn nicht zeigen, Katerina Osipowna, selbst wenn sie es erlaubt hätte, würde ich ihn nicht zeigen. Ich werde morgen kommen und, wenn Sie wollen, vieles mit Ihnen besprechen, jetzt aber – leben Sie wohl!«

Und Aljoscha lief aus dem Treppenhaus auf die Straße.

2

Smerdjakow mit der Gitarre

Er hatte keine Zeit zu verlieren. Während er von Lise Abschied nahm, war ihm ein Gedanke durch den Kopf geschossen. Der Gedanke, wie er seinen Bruder Dmitrij, der sich offenbar vor ihm verbarg, jetzt auf die schlaueste Weise ausfindig machen könne. Es war nicht mehr früh am Tag, schon bald drei Uhr nachmittags. Aljoscha trachtete von ganzer Seele danach, ins Kloster zu seinem »großen« Sterbenden zurückzukehren, doch das Bedürfnis, seinen Bruder Dmitrij zu sprechen, war stärker als alles andere: in seinem Geiste wuchs mit jeder Stunde die Überzeugung, daß eine furchtbare Katastrophe unvermeidbar sei und schon hereinzubrechen drohe. Worin eigentlich diese Katastrophe bestehe und was er jetzt seinem Bruder mitteilen wolle, das hätte er wohl selber nicht sagen können. Mag auch mein Wohltäter in meiner Abwesenheit sterben, dachte er, ich werde mir wenigstens nicht mein ganzes Leben lang vorwerfen müssen, daß ich vielleicht etwas hätte retten können, es aber unterlassen habe, daß ich daran vorbeigegangen und nach Hause geeilt bin. Wenn ich so handle, dann tue ich nach seinem großen Gebot . . .

Sein Plan bestand darin, seinen Bruder Dmitrij zu überraschen. Er wollte wie gestern über den Flechtzaun klettern, dann in den Garten eindringen und sich in der Laube auf die Lauer legen. Wenn er aber dort nicht ist, dachte Aljoscha, so werde ich, ohne Foma und der Hausbesitzerin etwas zu sagen, mich in der Laube verstecken und, sei es auch bis zum Abend, da warten. Wenn er nach wie vor auf Gruschenkas Erscheinen lauert, ist es sehr gut möglich, daß er in die Laube kommt . . . Aljoscha dachte übrigens nicht allzuviel über die Einzelheiten seines Plans nach, sondern beschloß nur, ihn auszuführen, selbst wenn er deshalb heute nicht mehr ins Kloster zurückkehren könnte . . .

Alles gelang, ohne daß er dabei gestört wurde. Er stieg fast an der gleichen Stelle wie gestern über den Flechtzaun und schlich sich heimlich in die Laube. Er wollte nicht gesehen werden: die Hausbesitzerin wie auch Foma, wenn er da war, konnten zu seinem Bruder halten und seinen Befehlen gehorchen, also entweder Aljoscha nicht in den Garten hereinlassen oder seinen Bruder rechtzeitig davon unterrichten, daß man ihn suche und nach ihm frage. In der Laube war niemand. Aljoscha setzte sich auf seinen gestrigen Platz und wartete. Er sah sich in der Laube um, sie schien ihm aus irgendeinem Grunde weit baufälliger als gestern zu sein; so armselig kam sie ihm diesmal vor. Es war übrigens ein ebenso klarer Tag wie gestern. Auf dem grünen Tisch war ein kreisförmiger Fleck zu sehen, der wahrscheinlich von einem übergelaufenen Kognakglas zurückgeblieben war. Wie immer, wenn er lange warten mußte, gingen ihm nichtige und abwegige Gedanken durch den Kopf: warum er sich zum Beispiel, als er hergekommen war, genau auf den gleichen Platz gesetzt hatte wie gestern und nicht auf einen anderen. Schließlich wurde ihm sehr traurig zumute; die Ungewißheit begann ihn zu beunruhigen. Doch noch hatte er keine Viertelstunde dagesessen, als auf einmal irgendwo in der Nähe Gitarrenakkorde ertönten. Etwa zwanzig Schritt weit von ihm entfernt, keinesfalls weiter, saß jemand irgendwo im Gebüsch oder hatte sich eben erst dort niedergelassen. Aljoscha erinnerte sich plötzlich, daß er gestern, als er von seinem Bruder aus der Laube fortging, links in dem Gebüsch am Zaun eine niedrige grüne alte Gartenbank gesehen hatte. Auf ihr hatte also jetzt jemand Platz genommen. Aber wer? Eine Männerstimme begann auf einmal in süßlichem Fistelton ein Couplet zu singen, und der Sänger begleitete sich auf der Gitarre:

»Mit Macht, die niemand brechen kann,
Bin ich der Liebsten zugetan.
Hab Erbarmen, Herr,
Mit ihr und mir,
Mit ihr und mir,
Mit ihr und mir!«

Die Stimme hielt inne. Es war ein Lakaientenor, und die Art zu singen war lakaienmäßig. Eine andere, weibliche Stimme sagte gleich danach in zärtlichem und gleichsam schüchternem, jedoch sehr geziertem Ton: »Warum sind Sie so lange nicht zu uns gekommen, Pawel Fjodorowitsch, warum verachten Sie uns?«

»Das ist damit nicht gesagt«, antwortete die Männerstimme, wenn auch höflich, so doch energisch und mit unerschütterlicher Würde. Offenbar hatte der Mann die Oberhand, während die Frau eben erst ihr Spiel zu treiben begann. Der Mann scheint Smerdjakow zu sein, dachte Aljoscha, wenigstens der Stimme nach, und die Dame ist sicherlich die Haustochter, die aus Moskau gekommen ist, ein Kleid mit einer Schleppe trägt und bei Marfa Ignatjewna Suppe zu holen pflegt ...

»Ich liebe Verse schrecklich, wenn sie wohlgefügt sind«, fuhr die weibliche Stimme fort. »Warum singen Sie denn nicht weiter?«

Die Männerstimme begann von neuem:

»Ich gäbe hin des Zaren Krone,
Daß Krankheit die Liebste verschone.
Hab Erbarmen, Herr,
Mit ihr und mir,
Mit ihr und mir,
Mit ihr und mir!«

»Das vorigemal gelang es Ihnen noch besser«, bemerkte die weibliche Stimme. »Sie sangen damals nach der Krone: ‚Daß Krankheit mein *Liebchen* verschone.‘ Das klang zärtlicher, Sie haben es heute sicherlich vergessen.«

»Verse sind Unsinn«, sagte Smerdjakow barsch.

»Ach, nein, ich liebe Verse sehr.«

»Was die Verse angeht, so sind sie glatter Unsinn. Urteilen Sie doch selbst: wer in der Welt spricht denn in Reimen? Und wenn wir alle in Reimen sprächen, beispielsweise auf Befehl der Obrigkeit, könnten wir dann wohl viel sagen? Mit Versen läßt sich nicht viel anfangen, Marja Kondratjewna.«

»Wie gescheit Sie sind, wie haben Sie es nur in allem so weit gebracht?« schmeichelte die weibliche Stimme immer mehr.

»Ich könnte und wüßte noch ganz andere Dinge, wenn mein Los von frühester Kindheit an nicht so traurig gewesen wäre. Mit der Pistole erschösse ich den im Duell, der mir zu sagen wagte, ich sei ein Mann niederer Herkunft, weil ich die ‚Stinkende‘ zur Mutter hätte und nicht wüßte, wer mein Vater sei; das hat man mir schon in Moskau unter die Nase gerieben, dank Grigorij Wassiljewitsch war es von hier bis dorthin durchgesickert. Grigorij Wassiljewitsch wirft mir vor, daß ich mich gegen meine Geburt auflehne. ‚Du hast ihr den Mutterleib aufgerissen‘, sagt er. Mag sein, doch ich hätte mich gern im Mutterleib töten lassen, nur um überhaupt nicht auf die Welt zu kommen. Man hat auf dem Markt davon geredet, und Ihre Mutter fing auch an, mir in ihrer großen Taktlosigkeit zu erzählen, meine Mutter sei mit einem Weichselzopf herumgelaufen und nur *um ein weniges* größer gewesen als zwei Arschin. Warum denn ‚um ein weniges‘, wenn man einfach ‚etwas größer‘ sagen könnte, wie es alle Leute tun? Sie wollte sich rührselig ausdrücken, aber das ist doch nur bäuerische Weinerlichkeit, und bäuerisch sind auch ihre Gefühle. Kann denn ein russischer Bauer einem gebildeten Menschen gegenüber Gefühle haben? Bei seiner Unbildung kann er überhaupt keine Gefühle haben. Und von Kind auf ist es mir, wenn ich dieses ‚um ein weniges‘ höre, als müßte ich die Wände hochgehen. Ich hasse ganz Rußland, Marja Kondratjewna.«

»Wenn Sie ein kleiner Fähnrich wären oder ein junger Husar, würden Sie nicht so sprechen, sondern den Säbel ziehen und Rußland verteidigen.«

»Ich will aber kein Husar sein, Marja Kondratjewna; ich möchte im Gegenteil, daß alle Soldaten ausgerottet würden.«

»Wenn aber der Feind kommt, wer wird uns dann schützen?«

»Das ist gar nicht nötig. Im Jahre zwölf fand ein großer Feldzug Kaiser Napoleons I. von Frankreich, des Vaters des heutigen Kaisers, gegen Rußland statt, und es wäre gut gewesen, wenn die Franzosen uns damals unterworfen hätten: eine kluge Nation hätte eine dumme unterworfen und sie sich einverleibt. Dann sähe es bei uns ganz anders aus.«

»Als ob es dort anders aussieht als bei uns! Ich würde manchen von unseren Gecken nicht einmal gegen drei junge Engländer eintauschen«, sagte Marja Kondratjewna zärtlich und begleitete wahrscheinlich in diesem Augenblick ihre Worte mit sehr schmachtenden Blicken.

»Je nun, das ist Geschmackssache.«

»Sie wirken ja selber wie ein Ausländer, wie der vornehmste Ausländer, das muß ich Ihnen bekennen, obwohl ich mich schäme, das zu sagen.«

»Wenn Sie es durchaus wissen wollen: was liederliches Leben angeht, so sind sie alle, die Ausländer wie auch die unseren, gleich. Alle sind sie Spitzbuben, nur mit dem Unterschied, daß sie dort Lackstiefel tragen, während bei uns der Spitzbube vor Armut stinkt und daran nichts Schlimmes findet. Das russische Volk muß geprügelt werden, wie Fjodor Pawlowitsch gestern richtig gesagt hat, wenn er auch, genauso wie seine Kinder, ein verrückter Mensch ist.«

»Sie haben doch selbst gesagt, daß Sie Iwan Fjodorowitsch sehr hochachten.«

»Er aber hat von mir behauptet, ich sei ein stinkender Lakai. Er denkt, ich sei fähig, mich aufzulehnen; doch da täuscht er sich. Wenn ich genug Geld in der Tasche hätte, wäre ich längst nicht mehr hier. Dmitrij Fjodorowitsch ist schlimmer als jeder Lakai, was sein Benehmen, seinen Verstand und seine Armut angeht, und er kann nichts, wird aber von jedermann geachtet. Ich bin zwar nur ein Bouillonheld, aber ich kann, wenn ich Glück habe, in Moskau auf der Petrowka ein Café-Restaurant eröffnen. Denn ich bereite alles auf eine besondere Art zu, während niemand in Moskau, abgesehen von den Ausländern, etwas Besonderes auftischen kann. Dmitrij Fjodorowitsch ist ein armer Schlucker, wenn er jedoch den vornehmsten Grafensohn zum Duell forderte, so nähme der die Forderung an. Inwiefern aber ist er besser als ich? Wohl weil er unvergleichlich dümmer ist als ich. Wieviel Geld hat er schon sinnlos durchgebracht!«

»Ein Duell muß etwas sehr Schönes sein, denke ich«, bemerkte Marja Kondratjewna.

»Warum denn?«

»Dabei geht es doch so grausig und heldenhaft zu, besonders wenn junge Offiziere mit Pistolen in der Hand aufeinander schießen wegen irgendeines Mädchens. Das ist geradezu wunderschön. Ach, wenn man doch die Mädchen zuschauen ließe, ich würde schrecklich gern zuschauen.«

»Das ist schön und gut, wenn man selber am Schießen ist, wenn aber ein anderer einem auf die Schnauze zielt, so ist das ein ganz dummes Gefühl. Sie würden auf der Stelle davonlaufen, Marja Kondratjewna.«

»Würden denn Sie davonlaufen?«

Aber Smerdjakow würdigte sie keiner Antwort. Nach kurzem Schweigen erklang wieder ein Akkord, und die Fistelstimme sang noch ein Couplet:

»Kannst noch so sehr dich mühen,
Von dannen werd ich ziehen,
Genüssen mich ergeben
Und in der Hauptstadt leben.
Ich werde mich nicht grämen,
Mich auch kein bißchen grämen,
Das fällt mir gar nicht ein!«

Hier geschah etwas Unerwartetes: Aljoscha nieste plötzlich. Auf der Bank wurde es sofort still. Aljoscha erhob sich und ging auf die Bank zu. Es war tatsächlich Smerdjakow, er hatte sich in Gala geworfen, trug Lackschuhe, war pomadisiert, und es sah fast so aus, als hätte er sich Locken gebrannt. Die Gitarre lag auf der Bank. Seine Dame war Marja Kondratjewna, die Tochter der Hausbesitzerin; sie trug ein hellblaues Kleid mit einer ellenlangen Schleppe; das Mädchen war noch jung und sah nicht übel aus, hatte aber ein gar zu rundes Gesicht mit furchtbar vielen Sommersprossen.

»Kommt mein Bruder Dmitrij bald zurück?« fragte Aljoscha, so ruhig er konnte.

Smerdjakow erhob sich langsam von der Bank; auch Marja Kondratjewna stand auf.

»Warum sollte ich denn über Dmitrij Fjodorowitsch Bescheid wissen? Etwas anderes wäre es, wenn ich sein Hüter wäre«, antwortete Smerdjakow leise, gemessen und geringschätzig.

»Ich fragte nur, ob Sie es nicht zufällig wüßten«, erklärte Aljoscha.

»Ich weiß nichts davon, wo er sich aufhält, und will es auch nicht wissen.«

»Mein Bruder hat mir aber gesagt, daß Sie ihn von allem, was im Hause vorgeht, unterrichten und daß Sie ihm versprochen haben, ihn zu benachrichtigen, sobald Agrafena Alexandrowna kommt.«

Smerdjakow richtete langsam und gelassen seine Augen auf ihn: »Und wie beliebten Sie diesmal hier hereinzukommen, denn das Tor ist doch schon seit einer Stunde verriegelt?« fragte er und sah Aljoscha dabei unverwandt an.

»Ich bin von der Seitengasse über den Zaun gestiegen und geradewegs in die Laube gegangen. Sie werden mir das, hoffe ich, verzeihen«, wandte er sich an Marja Kondratjewna, »ich muß meinen Bruder so bald wie möglich treffen.«

»Ach, wie könnten wir Ihnen denn etwas übelnehmen?« sagte in gedehntem Ton Marja Kondratjewna, die sich durch Aljoschas Entschuldigung geschmeichelt fühlte. »Da auch Dmitrij Fjodorowitsch oft auf diese Weise in die Laube kommt, wissen wir nie, ob er nicht schon dort sitzt.«

»Ich suche ihn dringend und würde ihn sehr gern sprechen oder von Ihnen erfahren, wo er jetzt ist. Glauben Sie mir, es handelt sich um etwas für ihn sehr Wichtiges.«

»Er pflegt sich nicht bei uns zu melden«, lispelte Marja Kondratjewna.

»Obwohl ich nur herkomme, um meine Bekannte zu besuchen«, begann Smerdjakow von neuem, »bedrängt er mich hier unmenschlich mit seinen unaufhörlichen Fragen nach dem gnädigen Herrn: wie es bei ihm steht, wer bei ihm aus und ein geht, und ob ich nicht noch etwas anderes mitteilen könnte. Zweimal hat er mir sogar mit dem Tode gedroht.«

»Wieso mit dem Tode?« fragte Aljoscha verwundert.

»Was macht ihm das schon aus bei seinem Charakter, den Sie ja gestern selber zu beobachten beliebten. ‚Wenn du Agrafena Alexandrowna hereinläßt', sagte er, ‚und sie übernachtet hier, so wirst du als erster dein Leben lassen müssen.' Ich fürchte ihn sehr, und ich würde ihn bei der Stadtobrigkeit anzeigen, wenn ich mich dann nicht noch mehr fürchten müßte. Gott weiß, was er noch anstellen wird.«

»Neulich hat er zu ihm gesagt: ‚Im Mörser werde ich dich zerstampfen'«, fügte Marja Kondratjewna hinzu.

»Nun, das vom Mörser ist doch wohl nur eine Redensart . . .« bemerkte Aljoscha. »Wenn ich ihn jetzt träfe, könnte ich ihm auch darüber etwas sagen . . .«

»Nur das eine kann ich Ihnen mitteilen«, sagte Smerdjakow, als wäre ihm plötzlich etwas eingefallen. »Ich pflege nur aus alten nachbarlichen Beziehungen herzukommen, und warum sollte ich das nicht? Andererseits hat Iwan Fjodorowitsch mich in aller Frühe zu ihm in seine Wohnung auf der Osernaja Straße geschickt, ohne Brief, aber mit dem mündlichen Auftrag, Dmitrij Fjodorowitsch solle unbedingt in das Gasthaus am Stadtplatz kommen, um dort mit ihm zu Mittag zu essen. Ich ging hin, traf jedoch Dmitrij Fjodorowitsch in seiner Wohnung nicht an, obgleich es schon acht Uhr war. ‚Er ist dagewesen', sagten mir seine Wirtsleute, ‚ist aber wieder weggegangen.' Es ist, als ob sie sich untereinander verschworen hätten. Vielleicht sitzt er in diesem Augenblick mit seinem Bruder Iwan Fjodorowitsch in dem Gasthaus, denn Iwan Fjodorowitsch ist zum Essen nicht nach Hause gekommen, und Fjodor Pawlowitsch hat vor einer Stunde allein gespeist und sich jetzt zur Ruhe niedergelegt. Ich bitte Sie aber inständig, ihm nichts davon zu sagen, daß ich Ihnen das mitgeteilt habe, denn sonst bringt er mich um.«

»Mein Bruder Iwan hat also Dmitrij heute ins Gasthaus bestellt?« fragte Aljoscha rasch.

»Jawohl.«

»In das Gasthaus ‚Zur Hauptstadt' auf dem Stadtplatz?«

»Ja, dorthin.«

»Das ist sehr gut möglich!« sagte Aljoscha in großer Erregung. »Ich danke Ihnen, Smerdjakow, das ist eine wichtige Nachricht, ich gehe sofort hin.«

»Verraten Sie mich nicht«, rief Smerdjakow ihm nach.

»O nein, ich werde wie zufällig im Gasthaus erscheinen, machen Sie sich keine Sorge.«

»Ja, wohin gehen Sie denn? Ich schließe Ihnen das Pförtchen auf«, rief Marja Kondratjewna.

»Nein, hier ist es näher, ich steige wieder über den Flechtzaun.«

Die Nachricht hatte Aljoscha sehr erschüttert. Er eilte zum Gasthaus. Es in seiner Mönchstracht zu betreten war nicht angängig, aber er konnte sich ja im Treppenhaus erkundigen und ihn herausrufen lassen. Doch kaum hatte er sich dem Gasthaus genähert, als sich plötzlich ein Fenster öffnete und sein Bruder Iwan ihm zurief: »Aljoscha, könntest du gleich zu mir hereinkommen, oder geht das nicht? Du tätest mir einen großen Gefallen.«

»Das kann ich sehr gut, nur weiß ich nicht, wie ich das in meiner Mönchskleidung tun soll.«

»Ich bin gerade in einem separaten Zimmer, geh zum Eingang, ich laufe dir entgegen . . .«

Eine Minute später saß Aljoscha neben seinem Bruder. Iwan war allein und aß zu Mittag.

3

Die Brüder lernen sich kennen

Iwan hatte jedoch kein separates Zimmer. Er hatte bloß einen Platz am Fenster, der von dem übrigen Raum durch einen Wandschirm abgeteilt war, so daß die anderen Gäste die Dahintersitzenden nicht sehen konnten. Das Zimmer lag vorn am Eingang, an der Seitenwand befand sich das Büfett. Alle Augenblicke huschten Kellner durch den Raum. An Gästen war nur ein alter Herr da, ein verabschiedeter Offizier, der in einer Ecke Tee trank. Dafür herrschte in den übrigen Zimmern des Gasthauses der übliche Wirtshauslärm, man hörte das Rufen nach den Kellnern, das Entkorken von Bierflaschen, das Klicken von Billardbällen, das Dröhnen eines Orchestrions. Aljoscha wußte, daß Iwan dieses Gasthaus fast nie besuchte und überhaupt für Gasthäuser wenig übrig hatte. Also ist er nur deswegen hier, dachte Aljoscha, um sich, wie verabredet, mit Dmitrij zu treffen. Doch Dmitrij war nicht da.

»Ich werde für dich Fischsuppe oder etwas anderes bestellen, denn du lebst doch wohl nicht von Tee allein«, rief Iwan, der augenscheinlich sehr froh war, Aljoscha hereingelockt zu haben. Er selbst war schon mit Essen fertig und trank jetzt Tee.

»Laß mir Fischsuppe bringen und dann Tee, ich bin ausgehungert«, sagte Aljoscha vergnügt.

»Und Kirschkonfitüre? Die gibt es hier. Erinnerst du dich noch, wie gern du als kleiner Junge bei Polenow Kirschkonfitüre gegessen hast?«

»Weißt du das denn noch? Laß mir auch Konfitüre kommen, ich esse sie noch jetzt gern.«

Iwan klingelte nach dem Kellner und bestellte Fischsuppe, Tee und Konfitüre.

»Ich erinnere mich noch an alles, Aljoscha, ich entsinne mich deiner bis zu deinem elften Lebensjahr, ich war damals fast fünfzehn Jahre alt. Fünfzehn und elf, das ist ein solcher Unterschied, daß Brüder in diesem Alter nie Kameraden zu sein pflegen. Ich weiß nicht einmal, ob ich dich damals mochte. Als ich nach Moskau gegangen war, dachte ich in den ersten Jahren überhaupt nicht an dich. Dann, als du auch nach Moskau kamst, sahen wir uns, glaube ich, nur ein einziges Mal irgendwo. Und hier lebe ich nun schon den vierten Monat, doch wir haben bis jetzt noch kein Wort miteinander gesprochen. Morgen fahre ich weg, und als ich hier saß, dachte ich: Wie könnte ich ihn wohl treffen, um von ihm Abschied zu nehmen? Da kamst du gerade vorbei.«

»Wünschtest du denn sehr, mich zu sehen?«

»Sehr; ich möchte dich ein für allemal kennenlernen, und ich möchte, daß auch du mich kennenlernst. Und damit will ich von dir Abschied nehmen. Meiner Ansicht nach ist es am besten, sich vor einer Trennung kennenzulernen. Mir ist nicht entgangen, wie du mich während dieser ganzen drei Monate angesehen hast, in deinen Augen lag eine ständige Erwartung, und gerade das vertrage ich nicht. Darum habe ich mich dir auch nicht genähert. Doch zum Schluß habe ich dich achten gelernt; dieser Mensch steht fest, dachte ich. Beachte wohl, wenn ich jetzt auch lache, so rede ich doch im Ernst. Du stehst doch fest, nicht? Ich liebe solche feste Menschen, worauf auch immer sie stehen mögen, und selbst wenn sie so kleine Jungen sind wie du. Dein erwartungsvoller Blick war mir am Schluß gar nicht mehr zuwider; im Gegenteil, ich gewann ihn schließlich lieb, deinen erwartungsvollen Blick ... Du scheinst mich aus irgendeinem Grunde liebzuhaben, Aljoscha?«

»Ich habe dich lieb, Iwan. Dmitrij sagt von dir: Iwan ist ein Grab. Ich sage von dir: Iwan ist ein Rätsel. Du bist mir auch jetzt noch ein Rätsel, doch etwas an dir habe ich bereits begriffen, und das erst heute früh!«

»Was ist es denn?« fragte Iwan lachend.

»Wirst du mir auch nicht böse sein?« fragte Aljoscha und lachte ebenfalls.

»Nun?«

»Daß du genauso jung bist wie alle anderen jungen Leute mit dreiundzwanzig Jahren, daß du ein ebenso kluger, jugendlicher, frischer und prächtiger Junge bist – kurz, ein Gelbschnabel! Habe ich dich damit zu sehr gekränkt?«

»Im Gegenteil, du hast mich verblüfft, weil wir darin übereinstimmen«, rief Iwan vergnügt und mit Eifer. »Glaubst du mir wohl, nach unserer Begegnung vorhin bei ihr dachte ich mir immer nur das eine, daß ich ein dreiundzwanzigjähriger Gelbschnabel sei, und nun fängst du gerade davon an, als hättest du es erraten. Ich saß soeben hier, und weißt du, was ich mir sagte? Ich sagte mir: Selbst wenn ich nicht mehr ans Leben glaubte, den Glauben an die geliebte Frau und an die Ordnung der Dinge verlöre, wenn ich sogar zu der Überzeugung käme, alles sei im Gegenteil ein ungeordnetes, verfluchtes und vielleicht teuflisches Chaos, und wenn alle Schrecken menschlicher Enttäuschung über mich hereinbrächen – so würde ich dennoch leben wollen und, da ich schon diesen Kelch an meine Lippen geführt habe, ihn nicht mehr absetzen, bis ich ihn ganz geleert hätte! Übrigens werde ich mit dreißig Jahren den Kelch sicherlich wegwerfen, auch wenn ich ihn noch nicht ganz geleert habe, und davongehen ... wohin weiß ich nicht. Aber bis zu meinem dreißigsten Lebensjahr, das weiß ich bestimmt, wird meine Jugend über alles siegen – über jegliche Enttäuschung, über jeglichen Lebensüberdruß. Ich habe mich oft gefragt: Gibt es in der Welt eine Verzweiflung, die diesen rasenden, vielleicht unanständigen Lebensdurst in mir besiegen könnte? Und ich entschied: Es gibt sie wohl nicht; aber auch das gilt wiederum nur bis zu meinem dreißigsten Lebensjahr, denn dann werde ich selbst nicht mehr wollen, so scheint es mir. Manche schwindsüchtigen und rotznäsigen Moralisten nennen diesen Lebensdurst gemein, besonders die Dichter. Zum Teil ist er ein karamasowscher Zug, dieser Lebensdurst, das ist wahr. Trotz allem steckt er bestimmt auch in dir, doch warum soll er gemein sein? Zentripetalkraft gibt es noch ungeheuer viel auf unserem Planeten, Aljoschka. Ich will leben, und ich lebe, wenn auch entgegen aller Logik. Mag ich auch nicht an die Ordnung der Dinge glauben – teuer sind mir dennoch die harzigen Blättchen, die sich im Frühling entfalten, teuer ist mir der blaue Himmel, teuer mancher Mensch, den man zuweilen (ob du es wohl glaubst?) liebhat, obwohl man nicht weiß warum, teuer manche menschliche Großtat, an die man vielleicht schon lange nicht mehr glaubt, die man aber immerhin aus alter Anhänglichkeit in seinem Herzen achtet. – Jetzt hat man deine Fischsuppe gebracht. Laß sie dir wohl bekommen! Die Fischsuppe ist vorzüglich, man kocht hier gut. Ich will nach Europa reisen, Aljoscha, gleich von hier aus. Und wenn ich auch weiß, daß ich nur zu einem Friedhof fahre, so ist es doch der mir teuerste, allerteuerste Friedhof, das ist es! Teure Tote ruhen dort. Jeder Grabstein kündet von so leidenschaftlichem vergangenem Leben, von so leidenschaftlichem Glauben an die eigene Tat, an die eigene Wahrheit, an den eigenen Kampf und die eigene Wissenschaft, daß ich, das weiß ich im voraus, mich zu Boden werfen, diese Steine küssen und über ihnen weinen werde – zugleich aber werde ich von ganzem Herzen überzeugt sein, daß alles das schon lange ein Friedhof ist und keinesfalls mehr als das. Und nicht aus Verzweiflung werde ich weinen, sondern einfach deshalb, weil ich glücklich sein werde über meine vergossenen Tränen. An meiner eigenen Rührung werde ich mich berauschen. Die harzigen Frühlingsblättchen, den blauen Himmel liebe ich, das ist es! Hier geht es nicht um Verstand, nicht um Logik, hier liebt man mit allen Sinnen, mit dem Leibe, seine eigenen ersten Jugendkräfte liebt man ... Begreifst du etwas von dem Unsinn, den ich rede, Aljoschka, oder nicht?« fragte Iwan und lachte plötzlich.

»Ich begreife nur allzugut, Iwan: mit allen Sinnen und dem Leibe willst du lieben – das hast du sehr schön gesagt, und ich bin sehr froh, daß du so gern leben willst«, rief Aljoscha. »Ich glaube, jedermann sollte über alles auf der Welt das Leben lieben.«

»Soll man das Leben mehr lieben als den Sinn des Lebens?«

»Unbedingt; man soll es *vor* der Logik lieben, wie du sagst, unbedingt *vor* der Logik, dann erst wird man auch den Sinn begreifen. Das habe ich schon lange geahnt. Die Hälfte deiner Aufgabe ist erfüllt, Iwan, und bewältigt: du liebst das Leben. Jetzt mußt du dich bemühen, auch die zweite Hälfte zu vollbringen, dann bist du gerettet.«

»Du suchst mich schon zu retten, obwohl ich vielleicht noch gar nicht am Abgrund stehe! Worin besteht sie denn, diese zweite Hälfte?«

»Darin, daß du deine Toten auferwecken mußt, die in Wirklichkeit vielleicht niemals gestorben sind. Nun, gib mir den Tee. Ich bin froh, daß wir miteinander reden, Iwan.«

»Du bist, wie ich sehe, in einer Art Begeisterung. Ich liebe ungemein derartige professions de foi solcher ... Novizen. Ein fester Mensch bist du, Alexej. Ist es wahr, daß du das Kloster verlassen willst?«

»Es ist wahr. Mein Starez schickt mich in die Welt.«

»Wir werden uns also in der Welt noch wiedersehen, uns bis zu meinem dreißigsten Lebensjahr noch begegnen, in dem ich beginnen werde, mich von dem Kelch loszureißen. Der Vater will sich bis zum siebzigsten Lebensjahr nicht von seinem Kelch losreißen, sogar vom achtzigsten träumt er, wie er selber sagt; er meint das nur allzu ernst, wenn er auch ein Hanswurst ist. Er steht auf seiner Wollust ebenfalls wie auf einem Fels ... nach dem dreißigsten Jahre kann man allerdings wohl auf nichts anderem stehen als darauf ... Aber bis zum siebzigsten Jahr, das ist gemein, dann schon lieber nur bis dreißig: so kann man noch einen ‚Schimmer von Vornehmheit' wahren, ohne sich selbst zu betrügen. Du hast Dmitrij heute nicht gesehen?«

»Nein, aber Smerdjakow habe ich gesehen.« Und Aljoscha erzählte seinem Bruder eilig und doch ausführlich von seiner Begegnung mit Smerdjakow. Iwan hörte besorgt zu und ließ sich sogar einiges wiederholen.

»Nur bat er mich, Dmitrij nichts davon zu sagen, daß er von ihm gesprochen habe«, fügte Aljoscha hinzu.

Iwan legte die Stirn in Falten und wurde nachdenklich.

»Machst du Smerdjakows wegen ein so finsteres Gesicht?« fragte Aljoscha.

»Ja, seinetwegen. Der Teufel soll ihn holen! Ich wollte tatsächlich Dmitrij sehen, doch jetzt ist es nicht mehr nötig ...« sagte Iwan widerwillig.

»Fährst du wirklich so bald weg, Bruder?«

»Ja.«

»Was wird nur mit Dmitrij und dem Vater? Womit wird das bei ihnen enden?« fragte Aljoscha beunruhigt.

»Du bleibst immer noch bei deinem alten Lied! Was habe ich damit zu schaffen? Soll ich meines Bruders Dmitrij Hüter sein?« sagte Iwan schroff und gereizt, doch dann lächelte er plötzlich bitter: »Kains Antwort an Gott auf die Frage nach dem erschlagenen Bruder, wie? Daran denkst du wohl in diesem Augenblick? Zum Teufel, ich kann doch wahrhaftig nicht als ihr Hüter hierbleiben! Ich habe meine Angelegenheiten erledigt und fahre. Du glaubst doch nicht etwa, ich sei eifersüchtig auf Dmitrij und hätte ihm während dieser ganzen drei Monate seine schöne Katerina Iwanowna abspenstig machen wollen? Äh, zum Teufel, ich hatte mit meinen eigenen Sachen zu tun, habe sie erledigt und fahre. Ich habe vorhin mit allen diesen Dingen reinen Tisch gemacht, du warst ja Zeuge davon.«

»Du meinst vorhin bei Katerina Iwanowna?«

»Ja, bei ihr. Auf einen Schlag habe ich mich von ihr losgemacht. Und was ist denn dabei? Was geht mich Dmitrij an? Dmitrij hat nichts damit zu tun! Was sich zwischen mir und Katerina Iwanowna abspielte, war nur meine Sache. Du weißt jedoch, daß Dmitrij sich so aufgeführt hat, als hätte er sich mit mir verschworen. Ich habe ihn aber in keiner Weise darum gebeten, sondern er selbst hat sie mir feierlich übergeben und uns seinen Segen erteilt. Das kommt mir alles fast wie Hohn vor. Nein, Aljoscha, nein, wenn du wüßtest, wie erleichtert ich mich jetzt fühle! Da saß ich hier, aß zu Mittag, und glaubst du es wohl, ich wollte mir schon Champagner bestellen, um die erste Stunde meiner Freiheit zu feiern. Pfui, fast ein halbes Jahr lang – und plötzlich habe ich mit einem Schlag alles von mir abgeschüttelt. Hätte ich gestern auch nur ahnen können, daß es mir, wenn ich wollte, ein leichtes wäre, damit Schluß zu machen?«

»Sprichst du von deiner Liebe, Iwan?«

»Von meiner Liebe, wenn du willst, ja. Ich hatte mich in eine junge Dame, in ein Institutsmädel verliebt. Ich quälte mich mit ihr, und sie quälte mich. Sie hat mich so beschäftigt . . . und auf einmal ist alles aus und vorbei. Vorhin habe ich begeistert gesprochen, doch als ich hinausgegangen war, brach ich in ein Gelächter aus – glaubst du mir das? Ja, es war buchstäblich so.«

»Auch jetzt sagst du es ganz vergnügt«, bemerkte Aljoscha, der aufmerksam Iwans tatsächlich aufgeheitertes Gesicht betrachtete.

»Wie konnte ich denn wissen, daß ich sie gar nicht liebe! Haha! Nun hat es sich ja erwiesen, daß ich sie nicht liebe. Und wie hatte sie mir doch gefallen! Wie sehr gefiel sie mir sogar vorhin, als ich ihr die Leviten las. Und weißt du, auch jetzt gefällt sie mir ungemein, und doch, wie leicht wird es mir dabei, sie zu verlassen. Du meinst wohl, ich schneide auf?«

»Nein, nur war das vielleicht keine Liebe.«

»Aljoschka«, sagte Iwan lachend, »laß dich nicht auf Erörterungen über die Liebe ein! Für dich schickt sich das nicht. Vorhin, ja vorhin warst du naseweis, o weh! Ich habe vergessen, dich dafür zu küssen . . . Und wie sie mich gequält hat! Was ich da erlebt habe, war wirklich überspannt. Oh, sie wußte, daß ich sie liebte! Sie liebte mich, nicht Dmitrij«, beharrte Iwan vergnügt. »Ihre Liebe zu Dmitrij ist nichts als Überspanntheit. Alles, was ich ihr vorhin sagte, ist völlig wahr. Die Hauptsache aber ist, daß sie vielleicht fünfzehn oder zwanzig Jahre brauchen wird, um dahinterzukommen, daß sie Dmitrij überhaupt nicht liebt, sondern nur mich, den sie quält, doch am Ende wird sie nie dahinterkommen, trotz der heutigen Lektion. Na, daher war es auch besser, daß ich aufstand und auf immer wegging. Übrigens, was ist jetzt mit ihr? Was ist dort geschehen, nachdem ich gegangen war?«

Aljoscha erzählte ihm von dem hysterischen Anfall und davon, daß sie jetzt anscheinend bewußtlos sei und phantasiere.

»Lügt da nicht die Chochlakowa?«

»Ich glaube nicht.«

»Man müßte sich erkundigen. An einem hysterischen Anfall ist übrigens noch niemand gestorben. Und wenn sie auch einen hysterischen Anfall hat – Gott gab den Frauen die Hysterie aus Liebe zu ihnen. Ich werde überhaupt nicht mehr hingehen. Wozu soll ich mich wieder aufdrängen!«

»Du hast ihr doch vorhin gesagt, sie habe dich nie geliebt.«

»Das sagte ich absichtlich. Aljoschka, ich werde Champagner bestellen, trinken wir auf meine Freiheit. Nein, wenn du wüßtest, wie froh ich bin!«

»Nein, Bruder, trinken wir lieber nicht«, sagte Aljoscha, »außerdem ist mir so traurig zumute.«

»Ja, dir ist schon seit langem traurig zumute, ich habe das schon längst gesehen.«

»Du fährst also morgen früh bestimmt weg?«

»Morgen früh? Ich habe nicht gesagt, daß ich in der Frühe fahre . . . Vielleicht übrigens doch früh. Glaubst du mir wohl, ich habe heute nur deshalb hier gegessen, um nicht mit dem Alten essen zu müssen, dermaßen ist er mir zuwider geworden. Wenn es nur um ihn ginge, wäre ich schon längst weggefahren. Warum beunruhigt es dich so, daß ich wegfahre? Bis zu meiner Abfahrt haben wir beide noch Gott weiß wieviel Zeit. Eine ganze Ewigkeit!«

»Wieso denn eine Ewigkeit, wenn du morgen wegfährst?«

»Was geht das uns beide an?« sagte Iwan und lachte. »Wir haben doch noch Zeit, uns über alles auszusprechen, dessentwegen wir hergekommen sind. Warum siehst du mich so verwundert an? Antworte: weswegen haben wir uns hier getroffen? Um von meiner Liebe zu Katerina Iwanowna, von dem Alten und von Dmitrij zu sprechen? Vom Ausland? Von der verhängnisvollen Lage Rußlands? Vom Kaiser Napoleon? Etwa deswegen?«

»Nein, nicht deswegen.«

»Du begreifst also selber weswegen. Anderen geht es um solche Dinge, uns Gelbschnäbeln aber geht es um etwas anderes, wir müssen vor allem die letzten Probleme lösen, das ist unsere Sorge. Das ganze junge Rußland redet jetzt von nichts anderem als von den letzten Problemen. Gerade jetzt, wo die Alten alle angefangen haben, sich mit praktischen Fragen zu befassen. Weswegen hast du mich während dieser ganzen drei Monate voller Erwartung angesehen? Um mich zu fragen: Woran glaubst du, oder glaubst du überhaupt nicht? – das war es doch, Alexej Fjodorowitsch, weshalb Ihre Blicke mich drei Monate lang verfolgten, nicht wahr?

»Am Ende ist es wirklich so«, sagte Aljoscha und lächelte. »Du machst dich doch jetzt nicht über mich lustig, Bruder?«

»Ich mich lustig machen? Ich werde doch mein Brüderchen, das mich drei Monate lang so erwartungsvoll angeblickt hat, nicht betrüben wollen. Aljoscha, sieh mir einmal in die Augen: ich bin doch selber genau solch ein kleiner Junge wie du, nur daß ich kein Novize bin. Was tun denn die russischen Knaben bis jetzt, wenigstens manche von ihnen? Da ist zum Beispiel dieses stinkende Wirtshaus, da kommen sie zusammen und setzen sich in eine Ecke. Ihr ganzes bisheriges Leben über haben sie sich nicht gekannt, und verlassen sie das Wirtshaus, so werden sie sich wieder vierzig Jahre lang nicht kennen. Na, und worüber werden sie reden, wenn sie sich gerade für diesen einen kurzen Augenblick im Wirtshaus getroffen haben? Doch über nichts anderes als über die Weltfragen: Gibt es einen Gott, gibt es eine Unsterblichkeit? Und die nicht an Gott glauben, die werden über den Sozialismus und über den Anarchismus reden, über eine Umgestaltung der ganzen Menschheit nach einer neuen Ordnung; weiß der Teufel, was dabei herauskommt, das sind doch alles die gleichen Fragen, nur vom anderen Ende her gesehen. Und eine Unmenge der originellsten Knaben tun bei uns heutzutage nichts anderes, als über die letzten Probleme reden. Ist es nicht so?«

»Ja, für die echten Russen sind die Fragen, ob es einen Gott gibt und eine Unsterblichkeit, oder, wie du sagst, die Fragen vom anderen Ende natürlich die ersten und vordringlichsten, und so muß es auch sein«, sagte Aljoscha, der seinen Bruder immer noch mit dem gleichen stillen und forschenden Lächeln anblickte.

»Siehst du, Aljoscha, ein russischer Mensch zu sein ist manchmal gar nicht klug, doch kann man sich nichts Dümmeres vorstellen als das, womit sich jetzt die russischen Knaben beschäftigen. Aber *einen* russischen Knaben, den Aljoschka, habe ich schrecklich lieb.«

»Wie nett du das angebracht hast«, sagte Aljoscha lachend.

»Nun, sag also, womit wir beginnen sollen, befiehl du selber. Mit Gott? Ob es einen Gott gibt, damit etwa?«

»Beginne, womit du willst, und sei es ‚vom anderen Ende'. Du hast doch gestern beim Vater verkündet, es gebe keinen Gott.« Aljoscha blickte seinen Bruder forschend an.

»Gestern, als wir beim Alten zu Tisch saßen, neckte ich dich absichtlich damit und sah, wie deine Augen blitzten. Jetzt aber bin ich durchaus nicht abgeneigt, mit dir darüber zu reden; das sage ich in vollem Ernst. Ich möchte mich mit dir anfreunden, Aljoscha, weil ich keine Freunde habe, ich will es versuchen. Nun, stell dir vor, vielleicht lasse auch ich Gott gelten.« Iwan lachte. »Überrascht dich das?«

»Ja, natürlich, wenn du nur nicht auch jetzt bloß scherzt.«

»Scherzen – man hat gestern beim Starez gesagt, daß ich scherze. Siehst du, Liebling, im achtzehnten Jahrhundert hat es einen alten Sünder gegeben, der hat gesagt, wenn es keinen Gott gäbe, so müßte man ihn erfinden, s'il n'existait pas Dieu il faudrait l'inventer. Und in der Tat, der Mensch hat Gott erfunden. Und nicht daß Gott tatsächlich existiert, ist seltsam und wunderbar, sondern es ist wunderbar, daß ein solcher Gedanke – der Gedanke von der Unentbehrlichkeit Gottes – einem so wilden und bösen Tier, wie es der Mensch ist, in den Kopf kommen konnte, dermaßen heilig, dermaßen rührend, dermaßen weise ist dieser Gedanke, und dermaßen macht er dem Menschen Ehre. Was mich angeht, so habe ich schon längst beschlossen, nicht mehr darüber nachzudenken, ob der Mensch Gott geschaffen hat oder Gott den Menschen. Auch werde ich selbstverständlich nicht alle diesbezüglichen zeitgenössischen Axiome russischer Knaben durchgehen, die durch die Bank aus europäischen Hypothesen abgeleitet sind; denn was dort eine Hypothese ist, das ist bei den russischen Knaben sofort ein Axiom, und nicht nur bei den Knaben, sondern wohl auch bei ihren Professoren; auch unsere russischen

Professoren sind heutzutage sehr oft nichts anderes als russische Knaben. Darum übergehe ich alle Hypothesen. Worin besteht denn nun meine Aufgabe dir gegenüber? Darin, dir so rasch wie möglich mein ganzes Wesen zu erklären, das heißt, was für ein Mensch ich bin, woran ich glaube und worauf ich hoffe – so ist es doch? Und darum erkläre ich, daß ich Gott unumwunden und ohne Vorbehalt anerkenne. Doch ist dabei eines zu beachten: wenn es einen Gott gibt und wenn Er tatsächlich die Welt erschaffen hat, so hat Er sie, wie wir sehr gut wissen, nach der euklidischen Geometrie erschaffen, und Er hat den menschlichen Verstand nur mit dem Vermögen ausgestattet, drei Dimensionen zu erfassen. Indessen gab es und gibt es auch heute noch Mathematiker und Philosophen, sogar sehr bedeutende, die daran zweifeln, daß das Weltall oder, noch umfassender, das ganze Sein nur nach der euklidischen Geometrie erschaffen ist, ja sie sind sogar so dreist, sich vorzustellen, daß zwei Parallelen, die sich nach Euklid unter keinen Umständen auf der Erde treffen können, sich vielleicht doch irgendwo in der Unendlichkeit treffen. Nun sage ich mir, mein Lieber, wenn ich nicht einmal das begreifen kann, wie soll ich dann etwas von Gott begreifen? Ich gestehe demütig, daß ich keinerlei Fähigkeiten besitze, solche Fragen zu lösen, ich habe einen euklidischen Verstand, einen irdischen – wie sollte ich da über etwas entscheiden, das nicht von dieser Welt ist? Auch dir, Freund Aljoscha, rate ich, hierüber nicht nachzudenken, vor allem nicht über Gott, ob es Ihn gibt oder nicht. Das alles sind Fragen, die einem Verstand nicht liegen, der mit der Vorstellung von nur drei Dimensionen erschaffen wurde. Nun also, ich erkenne nicht nur Gott gerne an, sondern auch seine Allwissenheit und sein Ziel – das uns völlig unbekannt ist –, ich glaube an die ewige Harmonie, in der wir angeblich alle aufgehen werden, ich glaube an das Wort, zu dem das Weltall hinstrebt und das selbst ‚bei Gott war' und selbst Gott ist, na, und so weiter und so weiter ad infinitum. Darüber sind ja viele Worte gemacht worden. Es scheint, ich befinde mich bereits auf gutem Wege, wie? Nun aber stell dir vor, daß ich letzten Endes diese Gotteswelt nicht anerkenne, und wenn ich auch weiß, daß sie existiert, so gebe ich es durchaus nicht zu. Nicht Gott erkenne ich nicht an, verstehe mich recht, sondern die Welt, die Er erschaffen hat, die Gotteswelt erkenne ich nicht an, und ich kann mich nicht bereit erklären, sie anzuerkennen. Ich will mich deutlicher ausdrücken: ich bin überzeugt, daß die Leiden sich mildern und sich ausgleichen werden, daß die ganze kränkende Komik der menschlichen Widersprüche verschwinden wird wie ein armseliges Trugbild, wie eine abscheuliche Erfindung des schwachen euklidischen Menschenverstandes, der so klein ist wie ein Atom, daß schließlich beim Weltfinale, im Augenblick der ewigen Harmonie, etwas Wertvolles geschehen und erscheinen wird, das ausreicht, alle Herzen zu erfüllen, allen Unwillen zu beschwichtigen und alle von Menschen begangenen Missetaten zu sühnen, und das es möglich machen wird, nicht nur alles, was den Menschen geschehen ist, zu verzeihen, sondern auch zu rechtfertigen. Aber wenn das alles auch so sein und kommen mag, so erkenne ich es doch nicht an und will es nicht anerkennen! Mögen sogar die Parallelen sich treffen, und mag ich es selber sehen, so werde ich es sehen und sagen, daß sie sich getroffen haben, es aber dennoch nicht anerkennen. Das ist mein Wesen, Aljoscha, das ist meine These. Das habe ich dir in allem Ernst gesagt. Ich habe absichtlich unser Gespräch so begonnen, wie man es dümmer nicht hätte beginnen können, habe es aber zu meiner Beichte fortgeführt, denn nur die brauchtest du ja. Nicht von Gott wolltest du hören, sondern du wolltest nur erfahren, was deinen geliebten Bruder zutiefst beschäftigt. Und das habe ich dir gesagt.»

Iwan hatte seine lange Rede auf einmal sonderbar gefühlvoll beendet.

»Und warum hast du so begonnen, wie man nicht dümmer anfangen kann?« fragte Aljoscha, der ihn nachdenklich ansah.

»Erstens, um dem russischen Brauch treu zu bleiben: die Gespräche von Russen über dieses Thema werden alle so geführt, wie man es nicht dümmer tun kann. Und zweitens: je dümmer, desto näher kommt man der Sache. Je dümmer, um so klarer. Die Dummheit geht gerade auf ihr Ziel los und ist nicht listig, der Verstand aber macht Ausflüchte und versteckt sich. Der Verstand ist ein Schuft, die Dummheit aber ist aufrichtig und ehrlich. Ich habe die Sache bis zu meiner Verzweiflung fortgeführt, und je dümmer ich sie dargestellt habe, desto vorteilhafter für mich.«

»Wirst du mir erklären, warum du ‚die Welt nicht anerkennst'?« sagte Aljoscha.

»Selbstverständlich werde ich dir das erklären, es ist doch kein Geheimnis, darauf wollte ich ja hinaus. Mein lieber Bruder, ich wollte dich nicht verführen und von deinem festen

Standort wegrücken, ich wollte vielleicht durch dich genesen«, sagte Iwan und lächelte plötzlich wie ein kleiner sanfter Knabe. Noch nie hatte Aljoscha ihn so lächeln sehen.

4

Die Auflehnung

»Ich muß dir ein Geständnis machen«, begann Iwan. »Ich habe nie begreifen können, wie man seinen Nächsten lieben kann. Gerade die Nächsten kann man meiner Ansicht nach nicht lieben, sondern höchstens die Fernsten. Ich las einmal irgendwo von ‚Johann dem Barmherzigen', einem Heiligen, er habe, als ein hungriger und durchfrorener Mann zu ihm kam und ihn bat, sich bei ihm wärmen zu dürfen, sich mit ihm zusammen hingelegt, ihn umarmt und ihm in den von einer furchtbaren Krankheit eitrigen und übelriechenden Mund gehaucht. Ich bin überzeugt, daß er das mit innerer Überwindung tat, mit einer unaufrichtigen Überwindung, aus pflichtgebotener Liebe, als eine sich selbst gewaltsam auferlegte Buße. Will man einen Menschen liebgewinnen, so muß er verborgen bleiben, kaum aber zeigt er sein Gesicht, so ist die Liebe auch schon dahingeschwunden.«

»Davon hat der Starez Sosima mehr als einmal gesprochen«, bemerkte Aljoscha, »er sagte auch, das Gesicht eines Menschen hindere viele, die in der Liebe noch unerfahren seien, ihn zu lieben. Doch gibt es in der Menschheit auch viel Liebe, die fast der Liebe Christi gleicht, das weiß ich, Iwan . . .«

»Nun, ich weiß das vorläufig noch nicht und kann es deshalb nicht begreifen, und unzählige andere Menschen begreifen es ebensowenig. Die Frage ist nur die, ob das von den schlechten Eigenschaften der Menschen kommt oder davon, daß ihre Natur nun einmal so ist. Meiner Ansicht nach ist Christi Liebe zu den Menschen ein in seiner Art auf Erden unmögliches Wunder. Allerdings war Er ein Gott. Wir aber sind keine Götter. Sollte ich zum Beispiel schwer leiden, so vermöchte doch ein anderer nie zu ermessen, wie sehr ich leide, weil er ein anderer ist und nicht ich, außerdem wird ein Mensch nur selten bereit sein, einen anderen als Leidenden anzuerkennen – ganz als ob das ein Rang wäre. Warum wird er nicht dazu bereit sein, was meinst du wohl? Beispielsweise deshalb, weil von mir ein schlechter Geruch ausgeht, weil ich ein dummes Gesicht habe, weil ich ihm einmal auf den Fuß getreten bin. Zudem gibt es verschiedene Arten des Leidens: ein Leiden, das mich erniedrigt, Hunger zum Beispiel, wird mein Wohltäter noch gelten lassen, aber ein etwas höheres Leiden, zum Beispiel für eine Idee, nein, das wird er nur in den seltensten Fällen gelten lassen, denn er wird nach einem Blick auf mich sogleich sehen, daß ich gar nicht das Gesicht habe, das nach seiner Vorstellung ein Mensch haben muß, der für die und die Idee leidet. So entzieht er mir sofort seine Wohltaten, und das nicht einmal aus bösem Herzen. Bettler, besonders solche vornehmer Herkunft, sollten sich nie zeigen, sondern durch die Zeitungen um Almosen bitten. Abstrakt kann man den Nächsten vielleicht lieben, manchmal auch aus der Ferne; wenn er einem aber nah ist, fast nie. Wenn alles so wäre wie auf der Bühne oder im Ballett, wo die Bettler in seidenen Lumpen und zerrissenen Spitzen auftreten und graziös tanzend um Almosen bitten, könnte man an ihnen noch Gefallen finden, aber lieben könnte man sie doch nicht. – Doch genug davon. Ich mußte dir erst mal meinen Standpunkt klarmachen. Ich wollte mit dir von den Leiden der ganzen Menschheit reden, doch beschränken wir uns lieber auf die Leiden der Kinder. Das wird den Umfang meiner Erörterungen um das Zehnfache verringern, also ist es besser, nur von den Kindern zu reden. Um so unvorteilhafter wird es natürlich für mich sein. Aber erstens kann man Kinder sogar lieben, wenn man sie vor sich hat, mögen sie auch schmutzig sein und ein häßliches Gesicht haben – ich glaube jedoch, daß Kinder nie ein häßliches Gesicht haben. Zweitens werde ich auch deshalb nicht von den Erwachsenen reden, weil sie, abgesehen davon, daß sie abscheulich sind und keine Liebe verdienen, schon ihren Lohn dahin haben: sie haben vom Apfel gegessen, sind ‚wie Gott' geworden und wissen, was Gut und Böse ist. Auch jetzt noch essen sie vom Apfel. Die kleinen Kinder dagegen haben noch nicht davon gegessen und sind vorläufig noch ganz unschuldig. Liebst du kleine Kinder, Aljoscha? Ich weiß, daß du sie liebst, und du wirst begreifen, weshalb ich jetzt nur von ihnen sprechen will. Wenn auch sie auf Erden schrecklich leiden, so geschieht es natürlich um ihrer Väter willen. Sie werden wegen ihrer Väter gestraft, die von dem Apfel gegessen haben – doch das ist eine Erwägung aus einer anderen Welt, die dem menschlichen Herzen hier auf Erden unverständlich ist. Ein Unschuldiger darf doch nicht um eines anderen willen leiden, wenn er zudem noch so unschuldig ist! Wundere dich nur über mich, Aljoscha, auch ich liebe kleine Kinder innig. Und merke dir, grausame Menschen, leidenschaftliche, wollüstige Menschen, solche vom Schlage der Karamasows, hegen manchmal eine große Liebe zu Kindern. Kinder, solange sie wirklich noch Kinder sind, bis zum siebenten Jahr ungefähr, unterscheiden sich sehr von den Erwachsenen: als ob sie ganz andere Wesen wären und eine ganz andere Natur hätten. Ich habe einen Räuber im Gefängnis gekannt: er hatte ganze Familien in ihren Häusern ermordet, in die er nachts einstieg, um dort zu stehlen, und dabei gelegentlich auch einige Kinder umgebracht. Als er aber im Gefängnis saß, faßte er eine geradezu erstaunliche Liebe zu ihnen. Er tat nichts anderes, als vom Gefängnisfenster aus zusehen, wie im Gefängnishof die Kinder spielten. Einen kleinen Jungen hatte er dazu gebracht, zu ihm ans Fenster zu kommen, und der hatte sich mit ihm angefreundet ... Du weißt wohl nicht, weshalb ich das alles erzähle, Aljoscha? Der Kopf tut mir weh, und mir ist traurig zumute.«

»Du sprichst mit so sonderbarer Miene«, bemerkte Aljoscha besorgt, »als wärest du nicht ganz bei Sinnen!«

»Übrigens erzählte mir vor kurzem in Moskau ein Bulgare«, fuhr Iwan Fjodorowitsch fort, als hätte er den Bruder gar nicht gehört, »wie die Türken und Tscherkessen dort bei ihnen in Bulgarien überall wüten, da sie einen allgemeinen Aufstand der Slawen befürchten – sie brandschatzen, massakrieren, vergewaltigen Frauen und Kinder, nageln die Gefangenen mit den Ohren an die Zäune und lassen sie so bis zum Morgen, am Morgen aber hängen sie sie auf und so weiter, das alles kann man sich gar nicht vorstellen. Tatsächlich, man spricht manchmal von der ‚tierischen' Grausamkeit des Menschen, doch das ist ganz ungerecht und eine Beleidigung für die Tiere: ein Tier kann niemals so grausam sein wie der Mensch, so virtuos, so raffiniert grausam. Der Tiger beißt und zerreißt einfach, nur das kennt er. Ihm käme es nie in den Sinn, Menschen für eine Nacht an den Ohren festzunageln, selbst wenn er das könnte. Diese Türken quälten unter anderem auch Kinder mit wahrer Wollust: sie schnitten sie mit dem Dolch aus dem Mutterleib, warfen Säuglinge in die Höhe und fingen sie vor den Augen der Mütter mit dem Bajonett auf. Gerade daß es vor den Augen der Mütter geschah, bereitete ihnen am meisten Vergnügen. Doch nun ein Bild, das mir einen besonderen Eindruck machte. Stell dir vor: ein Säugling in den Armen seiner zitternden Mutter, ringsherum die eingedrungenen Türken. Sie haben sich etwas Lustiges ausgedacht: sie liebkosen das kleine Kind, lachen es an, um es zum Lachen zu bringen, und es gelingt ihnen, der Säugling lacht. In diesem Augenblick richtet ein Türke aus nächster Nähe eine Pistole auf das Gesicht des Kindes. Der kleine Junge lacht freudig, streckt die Ärmchen aus, um nach der Pistole zu greifen, und plötzlich drückt dieser Tausendsasa die Pistole ab, dem Kinde mitten ins Gesicht, und zerschmettert ihm das Köpfchen ... virtuos nicht wahr? Übrigens heißt es, die Türken hätten eine große Vorliebe für Süßigkeiten.«

»Bruder, was soll das alles?« fragte Aljoscha.

»Ich glaube, wenn der Teufel nicht existiert und ihn also der Mensch nur erfunden hat, so hat er ihn nach seinem Ebenbilde erschaffen.«

»Das heißt: ebenso, wie er Gott erschaffen hat?«

»Es ist erstaunlich, wie du die Worte zu drehen verstehst – ganz wie Polonius im *Hamlet*«, bemerkte Iwan lachend. »Du hast mich beim Wort gefaßt; meinetwegen, es freut mich. Da muß ja dein Gott ein netter Gott sein, wenn der Mensch Ihn nach seinem Ebenbilde erschaffen hat. Du fragtest mich soeben, wozu ich das alles erzähle: siehst du, ich bin ein Liebhaber und Sammler gewisser Tatsachen und, du magst es glauben oder nicht, sammle und notiere mir aus Zeitungen und Erzählungen, wie es sich gerade trifft, bestimmte Anekdoten; ich besitze schon eine hübsche Sammlung davon. Die Türken sind natürlich in die Sammlung hineingekommen, doch das sind Ausländer. Ich habe aber auch einheimische Geschichten, und die sind sogar noch besser als die türkischen. Weißt du, bei uns herrscht das Schlagen mit der Rute und Peitsche vor, und das ist eine nationale Sitte: bei uns sind angenagelte Ohren undenkbar, wir sind doch immerhin Europäer, aber die Rute, die Peitsche, die gehören zu uns und können uns nicht genommen werden. Im Ausland scheint man jetzt überhaupt nicht mehr zu schlagen, vielleicht weil die Sitten sich verfeinert haben oder weil Gesetze erlassen worden sind, die den Menschen davon abhalten, seinesgleichen zu schlagen; dafür haben sie sich aber mit etwas anderem entschädigt, etwas ebenfalls rein Nationalem; so national, daß es bei uns wohl undenkbar wäre, obwohl es übrigens auch bei uns schon Wurzeln schlägt, insbesondere seit der religiösen Bewegung in unserer höheren Gesellschaft. Ich besitze eine köstliche kleine Broschüre, eine Übersetzung aus dem Französischen; sie handelt davon, wie in Genf vor nicht langer Zeit, erst vor fünf Jahren, ein Missetäter und Mörder namens Richard hingerichtet wurde, ein, glaube ich, dreiundzwanzigjähriger Bursche, der kurz vor seiner Hinrichtung Buße getan und den christlichen Glauben angenommen hatte. Dieser Richard war ein uneheliches Kind, seine Eltern hatten ihn, als er ungefähr sechs Jahre alt war, irgendwelchen Schweizer Berghirten ‚geschenkt', und die hatten ihn aufgezogen, um ihn später für sich arbeiten zu lassen. Er wuchs bei ihnen auf wie ein kleines wildes Tier, die Hirten lehrten ihn nichts, im Gegenteil, sie ließen ihn schon mit sieben Jahren die Herde hüten, bei Nässe und Kälte, fast ohne Kleidung und Nahrung. Und keiner von ihnen machte sich darüber Gedanken, keiner empfand Reue, im Gegenteil, sie glaubten völlig im Recht zu sein, denn Richard war ihnen ja geschenkt worden wie eine Sache, und sie hielten es nicht einmal für notwendig, ihn zu ernähren. Richard selbst bezeugte, daß er in jenen Jahren wie der verlorene Sohn im Evangelium sehr gern von den Trebern gegessen hätte, mit denen man die für den Verkauf bestimmten Schweine fütterte, aber nicht einmal die habe man ihm gegönnt, sondern man habe ihn geschlagen, wenn er sie den Schweinen stahl. So hatte er seine ganze Kindheit und Jugend verbracht, bis er, herangewachsen und zu Kräften gekommen, stehlen ging. Dieser Wilde fing an, sich in Genf als Tagelöhner Geld zu verdienen, vertrank seinen Lohn, lebte wie ein Unmensch und endete damit, daß er einen alten Mann ermordete und beraubte. Er wurde festgenommen, vor Gericht gestellt und zum Tode verurteilt. Dort ist man ja nicht sentimental. Und nun, im Gefängnis, umringten ihn sofort Pastoren und Mitglieder verschiedener christlicher Brüderschaften, wohltätige Damen und so weiter. Sie brachten ihm im Gefängnis Lesen und Schreiben bei, erklärten ihm das Evangelium, redeten ihm ins Gewissen, suchten ihn zu überzeugen, bedrängten ihn, setzten ihm zu, trieben ihn in die Enge, und schließlich gestand er feierlich sein Verbrechen ein. Er war bekehrt, schrieb selber ans Gericht, er sei ein Unmensch; aber Gott habe ihn endlich erleuchtet und gesegnet. Ganz Genf geriet in Aufregung, das ganze wohltätige und fromme Genf. Alles, was es an hochgestellten und wohlerzogenen Persönlichkeiten gab, stürzte zu ihm ins Gefängnis; man küßte und umarmte Richard; ‚Du bist unser Bruder, auf dich ist die Gnade herniedergekommen.' Richard selber weinte vor Rührung: ‚Ja, die Gnade ist auf mich herniedergekommen! Früher, in meiner Kindheit und Jugend, freute ich mich schon über Schweinefutter, heute aber ist die Gnade auf mich herniedergekommen, und ich sterbe im Herrn!' – ‚Ja, ja, Richard, stirb im Herrn, du hast Blut vergossen und mußt im Herrn sterben. Magst du auch nicht daran schuld sein, daß du Gott nicht gekannt hast, als du die Schweine um ihr Futter beneidetest und man dich schlug, weil du ihnen das Futter stahlst – womit du sehr unrecht tatest, denn man darf nicht stehlen –, aber du hast Blut vergossen und mußt sterben.' Und nun kam der letzte Tag. Richard, der ganz von Kräften gekommen war, weinte und tat nichts anderes, als nur alle Augenblicke zu wiederholen: ‚Das ist mein schönster Tag, ich gehe ein zum Herrn!' – ‚Ja', riefen die Pastoren, die Richter und die wohltätigen Damen, ‚das ist dein glücklichster Tag, denn du gehst ein zum Herrn!' Alle zogen, zu Fuß und in Equipagen, hinter dem Schinderkarren her, auf dem Richard zum Schafott gefahren wurde. Nun war man dort angelangt. ‚Stirb, Bruder!' rief man Richard zu. ‚Stirb im Herrn, denn die Gnade ist auf dich herniedergekommen!' Und dann schleppte man den mit Bruderküssen überhäuften Bruder Richard aufs Schafott, legte ihn unter die Guillotine und hackte ihm brüderlich den Kopf ab – dafür, daß der Segen auf ihn herniedergekommen war. Das ist charakteristisch! Diese Broschüre ist von irgendwelchen mit dem Luthertum sympathisierenden Wohltätern der höheren Gesellschaft ins Russische übersetzt und zur Aufklärung des russischen Volkes als Beilage mit Zeitungen und anderen Publikationen gratis versandt worden. Die Geschichte von diesem Richard zeichnet sich dadurch aus, daß sie national ist. Es wäre bei uns unsinnig, einen Bruder nur deshalb köpfen zu wollen, weil er unser Bruder geworden und der Segen auf ihn herniedergekommen ist, aber ich wiederhole, wir haben unsere eigenen Besonderheiten, die kaum schlechter sind. Wir kennen von jeher den unmittelbaren Genuß an der Mißhandlung durch Schläge. Nekrassow schildert in einem seiner Gedichte, wie ein Bauer sein Pferd mit der Peitsche auf die Augen schlägt, ‚auf die sanften Augen'. Wer hätte das nicht schon gesehen? Das ist echt russisch. Er beschreibt, wie das schwache Pferdchen mit der überladenen

Fuhre im Straßenschlamm steckenbleibt und sie nicht wieder herausziehen kann. Der Bauer peitscht es, peitscht es erbittert, peitscht es schließlich unaufhörlich, ohne zu wissen, was er tut, berauscht vom Schlagen: ‚Und wenn es auch über deine Kräfte geht, so zieh! Verrecke, aber zieh!' Der arme Klepper gibt sich alle Mühe, und nun beginnt der Bauer ihn, den Schutzlosen, auf die tränenden ‚sanften Augen' zu schlagen. Außer sich, zieht der Klepper noch einmal kräftig an und zerrt die Fuhre heraus, dann läuft er, am ganzen Leib zitternd und ohne Atem, eigentümlich seitwärts, als hüpfte er, unnatürlich und schmählich. Bei Nekrassow liest sich das ganz schrecklich. Doch es ist ja nur ein Pferd, und die Pferde hat Gott selber dem Menschen gegeben, damit er sie peitsche. So haben die Tataren uns belehrt, und zum Andenken haben sie uns die Knute geschenkt. Doch man kann ja auch Menschen peitschen. Und so peitschten nun ein intelligenter, gebildeter Herr und seine Frau ihr eigenes Töchterchen, ein siebenjähriges Kind, mit Ruten – das ist bei mir ausführlich notiert. Der Papa freut sich, daß die Ruten Ästchen haben, das wird schmerzhafter sein, sagt er und beginnt seine eigene Tochter zu schlagen. Ich weiß bestimmt, es gibt Leute, die beim Schlagen mit jedem Hieb mehr in Hitze geraten, bis zur Wollust, buchstäblich bis zur Wollust. Sie schlagen eine Minute lang, schlagen schließlich fünf Minuten, zehn Minuten lang, je länger, desto stärker, desto schneller, desto schmerzhafter. Das Kind schreit, es kann schließlich nicht mehr schreien, es keucht: ‚Papa, Papa, Papachen, Papachen!' Die Sache kommt durch irgendeinen verteufelten Zufall vor Gericht. Ein Anwalt wird genommen. Das russische Volk nennt schon seit langem den Advokaten ein ‚gedungenes Gewissen'. Der Anwalt verteidigt seinen Mandanten, er ruft: ‚Es handelt sich doch um eine ganz einfache, alltägliche Familienangelegenheit, der Vater hat seine Tochter ein bißchen verhauen, und nun ist das zur Schande unserer Zeit vor Gericht gekommen!' Den Geschworenen leuchtet das ein, sie ziehen sich zur Beratung zurück und sprechen ihn nicht schuldig. Das Publikum grölt, beglückt darüber, daß man den Peiniger freigesprochen hat. – Schade, daß ich nicht dort war, ich hätte mit lauter Stimme vorgeschlagen, zu Ehren des Folterknechts ein Stipendium zu stiften! ... Das sind prächtige kleine Bilder. Doch ich habe noch bessere, ich habe sehr, sehr viele über russische Kinder gesammelt, Aljoscha. Da wurde zum Beispiel ein fünfjähriges kleines Mädchen von ihrem Vater und ihrer Mutter gehaßt, die ‚sehr ehrenwerte, gebildete und wohlerzogene Leute aus dem Beamtenstand' waren. Siehst du, ich behaupte nochmals, daß viele Menschen eine besondere Vorliebe dafür haben, Kinder zu mißhandeln, aber eben nur Kinder. Allen anderen Mitgliedern des Menschengeschlechts gegenüber verhalten sich diese Folterknechte sogar wohlwollend und sanft wie gebildete, humane Europäer, doch quälen sie sehr gern Kinder, ja sie lieben sogar die Kinder aus diesem Grunde. Gerade die Schutzlosigkeit dieser Geschöpfe verlockt ihre Peiniger, die engelgleiche Zutraulichkeit des Kindes, das nicht weiß, wo es sich verstecken und zu wem es gehen könnte – gerade das erhitzt das böse Blut des Peinigers. In jedem Menschen verbirgt sich zweifellos ein Tier – ein Tier, das in Wut geraten kann, ein Tier, das wollüstig erregt wird durch die Schreie des gepeinigten Opfers, ein Tier, das, von der Kette losgelassen, keine Hemmung kennt, ein Tier mit manchen durch Ausschweifung verursachten Krankheiten wie Podagra, Leberleiden und so weiter. Dieses arme fünfjährige Mädchen wurde von ihren gebildeten Eltern allen möglichen Mißhandlungen unterzogen. Sie schlugen es, peitschten es, stießen es mit Füßen, ohne selbst zu wissen weswegen, bis sein ganzer Körper mit blauen Flecken bedeckt war; schließlich dachten sie sich eine ganz raffinierte Folter aus: in der Kälte, bei Frost, sperrten sie das Kind die ganze Nacht über im Abtritt ein, und das dafür, weil es sich nachts nicht gemeldet hatte – als ob ein fünfjähriges Kind, das seinen engelsreinen tiefen Schlaf schläft, in diesem Alter lernen könnte, sich zu melden! –, sie beschmierten ihm zur Strafe dafür das ganze Gesicht mit seinem eigenen Kot und zwangen es, diesen Kot zu essen, dazu zwang es die Mutter, die eigene Mutter! Und diese Mutter konnte schlafen, während nachts das arme Kind stöhnte, das in dem gemeinen Ort eingesperrt war. Kannst du das fassen: ein kleines Geschöpf, das noch nicht einmal begreifen kann, was mit ihm geschieht, schlägt sich an dem gemeinen Ort, in Dunkelheit und Kälte, mit seinen winzigen Fäustchen an die Brust und fleht mit arglosen sanften Tränen seinen ‚lieben Gott' an, Er solle es beschützen – kannst du diesen Aberwitz fassen, mein Freund und Bruder, du mein demütiger Gottesnovize, kannst du es fassen, wozu dieser Aberwitz notwendig und geschaffen ist? Ohne ihn, heißt es, könne der Mensch auf Erden nicht leben, denn ohne ihn würde er Gut und Böse nicht erkennen. Doch wozu muß er dieses verdammte Gut und Böse erkennen, wenn es so teuer erkauft wird? Die ganze Welt mit ihrer Erkenntnis ist doch nicht die Tränen dieses kleinen Kindes wert. Ich spreche nicht von den Leiden der Erwachsenen, die haben vom Apfel gegessen, und der Teufel soll sie holen. Aber die Kinder, die Kinder! Ich quäle dich, Aljoschka, du scheinst ganz geistesabwesend zu sein. Ich werde aufhören, wenn du willst.«

»Das macht nichts, auch ich will ja Qualen leiden«, murmelte Aljoscha.

»Ein Bild noch, nur eins, und zwar, weil es interessant und sehr charakteristisch ist. Ich habe es eben erst in einer Sammlung unserer Altertümer, im *Archiv* oder in der *Alten Zeit*, gelesen, ich müßte nachschauen, ich habe vergessen, wo ich es gelesen habe. Es war in der düstersten Zeit der Leibeigenschaft, noch am Anfang des Jahrhunderts – hoch lebe der Befreier unseres Volkes! Zu Anfang des Jahrhunderts gab es einen General mit guten Beziehungen, der auch ein steinreicher Gutsbesitzer war, aber zu jenen Leuten gehörte – es waren ihrer allerdings schon damals, glaube ich, nur wenige –, die, wenn sie in den Ruhestand traten, fast überzeugt waren, daß sie sich das Recht über Leben und Tod ihrer Untergebenen verdient hätten. Solche gab es damals. Nun, dieser General lebt auf seinem Gut, einem Gut von zweitausend Seelen, tut groß, behandelt seine kleineren Nachbarn, als wären sie seine Schmarotzer und Narren. Er besitzt eine Meute aus Hunderten von Hunden mit fast hundert Hundewärtern, alle tragen sie Uniform und sind beritten. Und nun wirft eines Tages ein erst achtjähriger kleiner Junge, der Sohn eines Leibeigenen, beim Spielen einen Stein und verletzt den Lieblingsjagdhund des Generals am Bein. ‚Warum hinkt mein Lieblingshund?‘ fragt der General. Man meldet ihm, daß der kleine Junge einen Stein geworfen und den Hund am Bein verletzt habe. ‚Ah, du warst das‘, sagt der General und mustert ihn von oben bis unten, ‚greift ihn!‘ Man griff ihn, nahm ihn der Mutter weg, und die ganze Nacht saß er im Arrestlokal. Am nächsten Morgen, kaum ist es hell geworden, will der General in vollem Staat zur Jagd reiten. Er setzt sich aufs Pferd, umringt von seinen Schmarotzern, den Hundewärtern und Jägermeistern, die alle beritten sind, und den Hunden. Das ganze Hofgesinde ist versammelt, und vorn, vor allen anderen, steht die Mutter des schuldigen Knaben. Man führt den Knaben aus dem Arrestlokal heraus. Es ist ein düsterer, kalter, nebeliger Herbsttag, prachtvoll zur Jagd. Der General befiehlt, den Knaben zu entkleiden, das Kind wird ausgekleidet, es zittert, ist vor Angst von Sinnen und traut sich nicht zu mucksen. ‚Hetzt ihn!' kommandiert der General. ‚Lauf, lauf!' rufen ihm die Hundewärter zu, und der Knabe läuft ... ‚Ihm nach!' brüllt der General und läßt die ganze Meute der Windhunde auf ihn los. Vor den Augen der Mutter hetzte er das Kind zu Tode, und die Hunde rissen es in Stücke! ... Den General hat man, glaube ich, unter Kuratel gestellt. Nun ... was hätte man sonst mit ihm machen sollen? Ihn erschießen? Ihn zur Befriedigung des sittlichen Gefühls erschießen? Sag doch, Aljoschka!«

»Ja, erschießen!« sagte Aljoscha leise und erhob mit einem schwachen, verzerrten Lächeln seinen Blick zu dem Bruder.

»Bravo!« brüllte Iwan in einer Art Begeisterung. »Wenn sogar du das sagst, dann... Du bist mir ein Mönch! Sieh mal an, was für ein kleiner Teufel in deinem Herzen sitzt, Aljoschka Karamasow!«

»Ich habe etwas Unsinniges gesagt, aber ...«

»Das ist es ja gerade, das ‚aber' ...« rief Iwan. »Damit du's weißt, Novize: das Unsinnige ist nur allzu notwendig auf Erden. Auf dem Unsinnigen beruht die Welt, und ohne das würde auf Erden vielleicht überhaupt nichts geschehen. Ich weiß, was ich weiß!«

»Was weißt du denn?«

»Ich begreife nichts«, fuhr Iwan fort, als spräche er im Fieber, »ich will jetzt auch nichts begreifen. Ich will bei den Tatsachen bleiben. Ich habe schon längst beschlossen, nichts mehr zu begreifen. Wenn ich etwas begreifen wollte, würde ich sofort den Tatsachen untreu werden, ich aber habe beschlossen, bei den Tatsachen zu bleiben ...«

»Warum stellst du mich auf die Probe?« rief Aljoscha bekümmert. »Wirst du mir es nun endlich sagen?«

»Natürlich werde ich es dir sagen. Es dir zu sagen war ja meine einzige Absicht. Du bist mir teuer, ich will nicht, daß du mir entkommst, und ich werde dich deinem Sosima nicht abtreten.«

Iwan schwieg ungefähr eine Minute, sein Gesicht wurde auf einmal sehr traurig.

»Hör mich an: ich habe nur die kleinen Kinder herausgegriffen, damit es um so deutlicher werde. Von den Tränen der übrigen Menschen, mit denen die ganze Erde durchtränkt ist, von ihrer Rinde bis zum Mittelpunkt – davon will ich kein Wort reden, ich habe mein Thema absichtlich beschränkt. Ich bin eine Wanze und gestehe in all meiner Niedrigkeit, daß ich überhaupt nicht begreifen kann, wozu alles so eingerichtet ist. Die Menschen sind offenbar selber schuld: ihnen war das Paradies gegeben, sie aber wollten Freiheit und raubten das Feuer vom Himmel, obwohl sie selber wußten, daß sie unglücklich werden würden. Man braucht sie also nicht zu bedauern. Oh, nach meinem jämmerlichen, irdischen euklidischen Verstand weiß ich nur, daß es Leiden gibt, aber keine Schuldigen, daß alles unmittelbar und einfach eines aus dem anderen folgt, daß alles fließt und sich ausgleicht – aber das ist doch nur euklidischer Unsinn, das weiß ich doch, ich kann mich doch nicht bereit erklären, danach zu leben! Was habe ich schon davon, daß es keine Schuldigen gibt, daß alles unmittelbar und einfach eines aus dem anderen folgt und daß ich das weiß – ich brauche Vergeltung, sonst vernichte ich mich selber. Und zwar eine Vergeltung nicht irgendwo und irgendwann in der Unendlichkeit, sondern noch hier auf Erden und so, daß ich selbst sie sehen kann. Ich habe an sie geglaubt, nun will ich sie auch selber sehen, sollte ich aber bis dahin schon tot sein, so möge man mich auferstehen lassen; denn wenn alles in meiner Abwesenheit geschähe, so wäre das zu kränkend für mich. Ich habe doch nicht dazu gelitten, daß ich, daß meine Missetaten und Leiden als Dünger dienen für irgendwessen künftige Harmonie. Ich will mit eigenen Augen sehen, wie die Hindin sich neben den Löwen legt und wie der Ermordete aufsteht und seinen Mörder umarmt. Ich will dabeisein, wenn alle plötzlich erfahren, weswegen alles so gewesen ist. Auf diesem Wunsch beruhen alle Religionen der Erde, und ich bin gläubig. Doch da sind nun die kleinen Kinder, und was fange ich mit ihnen an? Das ist eine Frage, die ich nicht zu lösen vermag. Zum hundertsten Male wiederhole ich: es gibt eine Menge von Fragen, doch ich habe nur die kleinen Kinder herausgegriffen, weil an ihnen unwiderleglich klar wird, was ich zu sagen habe. Höre: wenn alle leiden müssen, um mit ihrem Leiden die ewige Harmonie zu erkaufen, was haben dann die Kinder damit zu tun? Sag mir das bitte! Es ist gar nicht zu begreifen, weswegen auch sie leiden und mit ihren Leiden die Harmonie erkaufen müssen. Weswegen sind denn auch sie unter das Material geraten und haben als Dünger für irgendwessen künftige Harmonie dienen müssen? Die Solidarität der Menschen in der Sünde begreife ich, auch ihre Solidarität in der Vergeltung, aber die kleinen Kinder sind doch nicht mit ihnen solidarisch in der Sünde, und wenn die Wahrheit wirklich darin bestehen sollte, daß sie zusammen mit ihren Vätern für all deren Missetaten solidarisch büßen, so ist diese Wahrheit selbstverständlich nicht von dieser Welt und mir unbegreiflich. Mancher Spaßvogel wird wohl sagen, das Kind werde ohnehin heranwachsen und dann eben auch sündigen, aber nun ist es ja gar nicht herangewachsen, man hat es im achten Lebensjahr mit Hunden zu Tode gehetzt. Oh, Aljoscha, das soll keine Gotteslästerung sein! Begreife ich doch, wie gewaltig die Erschütterung des Weltalls wird sein müssen, wenn alles im Himmel und unter der Erde zu einer einzigen Stimme des Lobes verschmelzen und alles, was lebt und gelebt hat, ausrufen wird: ‚Gerecht bist Du, Herr, denn geoffenbart haben sich Deine Wege!‘ Wenn selbst die Mutter den Peiniger umarmt, der ihren Sohn von Hunden zerfleischen ließ, und alle drei unter Tränen ausrufen: ‚Gerecht bist Du, Herr!‘ dann ist natürlich der Gipfel der Erkenntnis erreicht, und alles findet seine Erklärung. Doch da steckt ja gerade der Haken, denn dem kann ich nicht zustimmen. Und solange ich noch auf Erden bin, beeile ich mich, meine Maßnahmen zu ergreifen. Siehst du, Aljoscha, vielleicht wird es ja tatsächlich so kommen, daß auch ich, wenn ich diesen Augenblick noch erlebe oder auferstehe, um zugegen zu sein, am Ende mit allen zusammen beim Anblick der Mutter, die den Peiniger ihres Kindes umarmt hält, ausrufen werde: ‚Gerecht bist Du, Herr!‘ Ich will aber dann nicht rufen. Solange noch Zeit ist, beeile ich mich, mich zu schützen, und verzichte darum völlig auf die höhere Harmonie. Sie ist nicht einmal eine einzige Träne auch nur des einen gequälten Kindes wert, das sich mit den Fäustchen an die Brust schlug und in dem übelriechenden Loch mit ungesühnten Tränen zu seinem ‚lieben Gott‘ betete. Sie ist es nicht wert, weil seine Tränen ungesühnt geblieben sind. Sie müssen gesühnt werden, sonst kann es keine Harmonie geben. Womit aber soll man sie sühnen? Ist das überhaupt möglich? Etwa dadurch, daß sie gerächt werden? Doch was soll mir die Rache, was nützt es mir, wenn die Peiniger in die Hölle kommen, was kann die Hölle wiedergutmachen, wenn die Kinder schon zu Tode gequält sind? Und was ist das für eine Harmonie, wenn es noch eine Hölle gibt? Ich will verzeihen und umarmen, ich will nicht, daß noch gelitten wird.

Und wenn die Leiden der Kinder dazu verwendet wurden, jene Summe von Leiden vollzumachen, die für den Kauf der Wahrheit notwendig war, so behaupte ich im voraus, daß die ganze Wahrheit einen solchen Preis nicht wert ist. Schließlich will ich auch gar nicht, daß die Mutter den Peiniger umarmt, der ihren Sohn von Hunden zerreißen ließ! Sie darf sich nicht unterstehen, ihm zu verzeihen! Wenn sie will, mag sie verzeihen, soweit es sie selber angeht; sie mag dem Peiniger ihr maßloses Mutterleid verzeihen: aber die Leiden ihres zerfleischten Kindes zu verzeihen, hat sie kein Recht; sie darf es nicht wagen, dem Peiniger zu verzeihen, auch wenn das Kind selber ihm verziehe! Wenn sich das aber so verhält, wenn sie es nicht wagen darf, ihm zu verzeihen, wo bleibt dann die Harmonie? Gibt es denn in der ganzen Welt ein Wesen, das verzeihen könnte und ein Recht dazu hätte? Ich will keine Harmonie, aus Liebe zur Menschheit will ich sie nicht. Ich will es lieber bei den ungerächten Leiden belassen. Lieber belasse ich es bei meinem ungerächten Leiden und bei meinem ungestillten Zorn, *selbst wenn ich nicht recht haben sollte*. Auch hat man die Harmonie zu hoch bewertet, es geht über meine Verhältnisse, soviel für den Eintritt zu zahlen. Darum beeile ich mich, meine Eintrittskarte zurückzugeben. Und wenn ich ein ehrlicher Mann bin, so bin ich verpflichtet, sie so bald wie möglich zurückzugeben. Das tue ich auch. Nicht Gott lehne ich ab, Aljoscha, sondern ich gebe Ihm nur ehrerbietigst die Eintrittskarte zurück.«

»Das ist Auflehnung«, sagte Aljoscha leise mit gesenktem Blick.

»Auflehnung? Dieses Wort hätte ich von dir nicht hören wollen«, sagte Iwan eindringlich. »Kann man denn in Auflehnung leben? Ich aber will leben. Sage mir geradeheraus, ich fordere dich dazu auf, antworte: stell dir vor, du selbst errichtetest das Gebäude des Menschenschicksals mit dem Endziel, die Menschen zu beglücken, ihnen endlich Frieden und Ruhe zu geben, aber du müßtest dazu unbedingt und unvermeidlich nur ein einziges winziges Geschöpf zu Tode quälen, beispielsweise jenes kleine Kind, das sich mit den Fäustchen an die Brust schlug, und auf seine ungerächten Tränen dieses Gebäude gründen – wärest du unter dieser Bedingung bereit, der Architekt zu sein? Sag es, ohne zu lügen!«

»Nein, ich wäre nicht bereit«, sagte Aljoscha leise.

»Und könntest du es für möglich halten, daß die Menschen,

für die du baust, bereit wären, ihr Glück um den Preis des ungerechtfertigten Blutes eines zu Tode gequälten Kindes zu empfangen und danach für ewig glücklich zu bleiben?«

»Nein, ich hielte es nicht für möglich, Bruder«, sagte Aljoscha plötzlich mit funkelnden Augen, »du sagtest soeben: Gibt es denn in der ganzen Welt ein Wesen, das verzeihen könnte und ein Recht dazu hätte? Dieses Wesen gibt es, und Es kann alles verzeihen, allem und jedem, denn Es selbst hat Sein unschuldiges Blut hingegeben für alle und alles. Ihn hast du vergessen, doch auf Ihn gründet sich das Gebäude, und Ihm wird man zurufen: ‚Gerecht bist Du, Herr, denn geoffenbart haben sich Deine Wege!' ...«

»Ah, das ist der ‚Einzig Sündlose' und Sein Blut! Nein, ich habe Ihn nicht vergessen und mich im Gegenteil die ganze Zeit gewundert, daß du Ihn so lange nicht genannt hast, denn gewöhnlich führen alle deinesgleichen vor allem Ihn ins Treffen. Weißt du, Aljoscha, lache nicht, ich habe einmal ein Poem verfaßt, ungefähr vor einem Jahr. Wenn du mir noch zehn Minuten widmen kannst, werde ich es dir erzählen.«

»Du hast ein Poem geschrieben?«

»O nein, geschrieben nicht«, Iwan lachte, »und nie im Leben habe ich auch nur zwei Verse gedichtet. Aber ich habe dieses Poem ersonnen und im Gedächtnis behalten. Voller Begeisterung habe ich es ersonnen. Du wirst mein erster Leser, das heißt der erste Zuhörer sein. Wahrhaftig, warum sollte ein Autor auch nur einen einzigen Zuhörer verlieren?« fügte Iwan lächelnd hinzu. »Soll ich es erzählen oder nicht?«

»Ich bin ganz Ohr«, sagte Aljoscha.

»Mein Poem heißt *Der Großinquisitor*, es ist abgeschmacktes Zeug, doch ich möchte es dir gern mitteilen.«

5

Der Großinquisitor

» Auch hier kann man nicht ohne Vorwort auskommen, das heißt ohne ein literarisches Vorwort, pfui!« begann Iwan und lachte. »Doch was bin ich schon für ein Schriftsteller! Siehst du, die Zeit der Handlung ist bei mir das sechzehnte Jahrhundert, und damals – das mußt du übrigens noch von der

Schule her wissen –, damals war es üblich, in poetischen Werken himmlische Mächte auf die Erde herniederkommen zu lassen. Von Dante rede ich schon gar nicht. In Frankreich gaben die Gerichtsschreiber wie auch die Mönche in den Klöstern ganze Vorstellungen, in denen sie die Madonna, Engel, Heilige, Christus und Gott selber auf die Bühne brachten. Damals geschah das alles in großer Herzenseinfalt. In Victor Hugos *Notre Dame de Paris* wird unter Ludwig XI. zur Feier der Geburt des französischen Dauphins im Rathaussaal in Paris eine unentgeltliche erbauliche Vorstellung für das Volk gegeben, unter dem Titel: *Le bon jugement de la très sainte et gracieuse Vierge Marie*, in der Sie selbst persönlich auftritt und ihr bon jugement verkündet. Auch bei uns in Moskau fanden ab und zu in der Zeit vor Peter dem Großen ähnliche dramatische Vorstellungen statt, insbesondere aus dem Alten Testament; auch waren damals, zur Zeit dieser dramatischen Vorstellungen, in der ganzen Welt viele Erzählungen und Gedichte in Umlauf, in denen je nach Bedarf Heilige, Engel und alle himmlischen Mächte handelnd auftraten. Auch in unseren Klöstern befaßte man sich mit dem Übersetzen, Abschreiben und sogar Verfassen solcher Poeme. Und wann geschah das? Zur Zeit des Tatarenjochs. So gibt es zum Beispiel ein kleines, natürlich aus dem Griechischen übersetztes Klosterpoem: *Der Muttergottes Wanderung durch die Stätten der Qual*, mit Bildern von einer Kühnheit, die der Danteschen nicht nachsteht. Die Muttergottes besucht die Hölle, und der Erzengel Michael führt sie durch die ‚Stätten der Qual'. Dort gibt es unter anderem eine sehr interessante Sorte von Sündern in einem brennenden See: einige von ihnen versinken in diesem See so tief, daß sie nicht mehr herausschwimmen können, und ‚die Gott schon vergißt' – ein Ausdruck von außerordentlicher Tiefe und Kraft. Und nun fällt die bestürzte Muttergottes weinend vor dem Throne Gottes nieder und bittet um Gnade für alle in der Hölle, für alle ohne Unterschied, die sie dort gesehen hat. Ihr Gespräch mit Gott ist ungeheuer bemerkenswert. Sie fleht, sie weicht nicht von der Stelle, und als Gott auf die Nägelmale an den Händen und Füßen ihres Sohnes hinweist und fragt: ‚Wie könnte ich Seinen Peinigern vergeben?' da befiehlt sie allen Heiligen, allen Märtyrern, allen Engeln und Erzengeln, mit ihr zusammen niederzufallen und um Gnade zu flehen für alle ohne Unterschied. Zu guter Letzt erfleht sie von Gott die alljährliche Unterbrechung der Qualen vom Karfreitag bis

Pfingsten, und die Sünder in der Hölle danken sogleich dem Herrn und rufen laut zu Ihm: ‚Gerecht bist Du, Herr, da Du so gerichtet hast!‘ Nun, auch mein kleines Poem wäre von der gleichen Art gewesen, wenn es zu jener Zeit erschienen wäre. Bei mir betritt Er den Schauplatz der Handlung; allerdings sagt Er in dem Poem nichts, sondern erscheint nur und geht wieder. Fünfzehn Jahrhunderte sind schon vergangen, seit Er verheißen hat, Er werde kommen in Seinem Reich, fünfzehn Jahrhunderte, seit Sein Jünger geschrieben hat: ‚Siehe, ich komme bald.‘ ‚Von dem Tag aber und von der Stunde weiß niemand, auch der Sohn nicht, sondern allein der Vater‘, wie Er es auch selbst noch auf Erden gesagt hat. Doch die Menschheit erwartet Ihn mit dem früheren Glauben und mit der früheren Sehnsucht. Oh, sogar mit noch größerem Glauben, denn es sind schon fünfzehn Jahrhunderte seit der Zeit vergangen, da der Himmel dem Menschen das letzte Pfand lieh:

Du mußt glauben, du mußt wagen,
Denn die Götter leihn kein Pfand.

Geblieben war nur der Glaube an das, was das Herz kündet! Allerdings gab es damals auch viele Wunder. Es gab Heilige, die wunderbare Heilungen vollbrachten; zu manchen Gerechten kam, wie es in ihren Lebensbeschreibungen heißt, die Himmelskönigin selber herab. Doch der Teufel ist wachsam, und in der Menschheit erhoben sich bereits Zweifel an der Echtheit dieser Wunder. Im Norden, in Deutschland, war damals gerade eine furchtbare neue Ketzerei entstanden. Ein großer Stern, ‚ähnlich einer Fackel‘ – das heißt der Kirche –, ‚fiel auf die Wasserbrunnen, und sie wurden bitter.‘ Die Ketzer leugneten gotteslästerlich die Wunder. Doch um so feuriger glaubten die Treugebliebenen. Die Tränen der Menschheit stiegen nach wie vor zu Ihm auf, man wartete auf Ihn, liebte Ihn, hoffte auf Ihn, man lechzte danach, für Ihn zu leiden und zu sterben, wie vordem ... Und so viele Jahrhunderte lang hatte die Menschheit voller Glauben und Inbrunst gefleht: ‚O Herr, erscheine uns!‘ so viele Jahrhunderte lang hatte sie zu Ihm gerufen, daß es Ihn in Seiner unermeßlichen Barmherzigkeit verlangte, zu den Flehenden hinabzusteigen. Auch vordem schon war er hinabgestiegen und hatte manche Gerechte, Märtyrer und heilige Einsiedler noch auf Erden besucht, wie es in ihren *Vitae* geschrieben steht. Bei uns hat Tjutschew, der an die Wahrheit seiner Worte tief glaubte, verkündet:

Er, der für die Welt gelitten,
Seiner Kreuzeslast erlegen,
Hat in Knechtsgestalt durchschritten
Dich mit Seinem Himmelssegen.

Das ist auch ganz gewiß so gewesen, muß ich dir sagen. Und so verlangte es Ihn, und sei es auch nur für einen Augenblick, dem Volke zu erscheinen – dem sich quälenden, leidenden, dumpf sündigenden, aber Ihn kindlich liebenden Volke. Die Handlung spielt bei mir in Spanien, in Sevilla, in der schrecklichsten Zeit der Inquisition, als zum Ruhme Gottes im Lande täglich die Scheiterhaufen loderten und man

In prunkvollen Autodafés
Die bösen Ketzer verbrannte.

Oh, das war natürlich nicht jene Herabkunft, bei der Er, wie Er versprochen hat, am Ende der Zeiten in all Seiner himmlischen Herrlichkeit erscheinen wird, urplötzlich, ‚gleich wie der Blitz ausgehet vom Anfang und scheinet bis zum Niedergang'. Nein, Ihn hatte es danach verlangt, wenn auch nur für einen Augenblick, Seine Kinder zu besuchen, und zwar gerade dort, wo die Scheiterhaufen der Ketzer prasselten. In seiner unendlichen Barmherzigkeit wandelt Er noch einmal unter den Menschen in derselben Menschengestalt, in der Er vor fünfzehn Jahrhunderten dreiunddreißig Jahre lang unter ihnen gewandelt ist. Er steigt hinab auf die glühenden Plätze der südlichen Stadt, in der gerade erst am Tage vorher in ‚prunkvollem Autodafé' in Gegenwart des Königs, des Hofes, der Ritter, der Kardinäle und der schönsten Hofdamen der Kardinal-Großinquisitor vor der zahlreichen Einwohnerschaft ganz Sevillas fast ein ganzes Hundert Ketzer auf einmal hat ad majorem gloriam Dei verbrennen lassen.

Er ist leise und unauffällig erschienen, doch alle – das ist seltsam – erkennen Ihn. Das könnte eine der besten Stellen meines Poems sein: warum alle Ihn erkennen. Das Volk strebt mit unbezwinglicher Macht zu Ihm hin, es umringt Ihn, sammelt sich um Ihn und folgt Ihm nach. Stumm schreitet Er unter ihnen mit einem sanften Lächeln unendlichen Mitleids. Die Sonne der Liebe glüht in Seinem Herzen, Strahlen des Lichtes, der Erleuchtung und der Kraft brechen aus Seinen Augen, ergießen sich über die Menschen und machen ihre Herzen von Gegenliebe erbeben. Er streckt seine Hände über sie aus, Er segnet sie, und von der Berührung mit Ihm, ja nur mit Seinem Gewande geht heilende Kraft aus. Da ruft aus der Menge ein Greis, der von Kind auf blind gewesen ist: ‚Herr, heile mich, damit auch ich Dich schaue'! und wie Schuppen fällt es von seinen Augen, und der Blinde sieht Ihn. Das Volk weint und küßt die Erde, über die Er geht. Die Kinder streuen Blumen auf Seinen Weg, singen und rufen Ihm zu: ‚Hosianna!' – ‚Das ist Er, das ist Er selbst', wiederholen alle, ‚das muß Er sein, das ist niemand anderer als Er!' Am Portal der Kathedrale von Sevilla bleibt er stehen, gerade in dem Augenblick, als man unter Weinen einen offenen weißen Kindersarg hineinträgt: in ihm liegt ein siebenjähriges Mädchen, die einzige Tochter eines angesehenen Bürgers. Das tote Kind ist ganz in Blumen gebettet. ‚Er wird dein Kind auferwecken!' ruft man aus der Menge der weinenden Mutter zu. Der Geistliche, der aus der Kathedrale dem Sarg entgegengekommen ist, blickt befremdet und runzelt die Stirn. Doch da beginnt die Mutter des toten Kindes laut zu wehklagen. Sie wirft sich Ihm zu Füßen: ‚Wenn Du es bist, so erwecke mein Kind!' ruft sie und streckt Ihm die Hände entgegen. Die Prozession bleibt stehen, man stellt den kleinen Sarg vor dem Portal zu Seinen Füßen nieder. Er blickt voller Mitleid, und Seine Lippen sprechen leise noch einmal: ‚Talitha kumi! – Mägdlein, ich sage dir, stehe auf!' Das Mädchen erhebt sich im Sarg, setzt sich auf und blickt lächelnd mit verwunderten, weit geöffneten Augen um sich. In den Händen hält es den Strauß weißer Rosen, mit dem es im Sarg gelegen hat. Im Volk herrscht Bestürzung, Schreie und Schluchzen werden laut, und gerade in diesem Augenblick geht über den Platz, an der Kathedrale vorbei, der Kardinal-Großinquisitor selbst. Er ist ein Greis von fast neunzig Jahren, groß und aufrecht, mit vertrocknetem Gesicht und eingesunkenen Augen, aus denen jedoch noch ein Glanz wie von Feuerfunken leuchtet. Oh, er trägt nicht sein prächtiges Kardinalsgewand, in dem er gestern vor dem Volke prangte, als man die Feinde des römischen Glaubens verbrannte – nein, in diesem Augenblick hat er nur seine alte, grobe Mönchskutte an. Ihm folgen in einiger Entfernung seine finsteren Helfer und Knechte und die ‚heilige' Wache. Er bleibt vor der Menge stehen und beobachtet von weitem. Er hat alles gesehen; er hat gesehen, wie man den Sarg vor Seinen Füßen niederstellte, hat gesehen, wie das Mädchen auferwachte, und sein Gesicht hat sich verdüstert. Er zieht seine dichten greisen Brauen zusammen, und in seinen Augen glüht ein unheilverkündendes Feuer. Er streckt den Finger aus und befiehlt den Wächtern, Ihn zu ergreifen. Und so groß ist seine Macht, so gut abgerichtet, so unterwürfig und ihm ängstlich gehorsam ist das Volk, daß die Menge sofort vor den Wächtern auseinanderweicht; diese legen in der Grabesstille, die jäh eingetreten ist, Hand an Ihn und führen Ihn ab. Und augenblicklich verneigt sich die ganze Menge wie ein Mann vor dem greisen Inquisitor tief bis zur Erde; er segnet schweigend das Volk und geht weiter. Die Wache bringt den Gefangenen in einen engen und düsteren gewölbten Kerker in dem alten Bau des Heiligen Tribunals und schließt Ihn dort ein. Der Tag vergeht, die dunkle, schwüle und ,tote' Nacht von Sevilla bricht an. Die Luft ,duftet nach Lorbeer und Zitrone'. Da öffnet sich plötzlich im tiefen Dunkel die eiserne Tür des Kerkers, und herein kommt langsam, eine Leuchte in der Hand, der greise Großinquisitor selbst. Er ist allein, hinter ihm schließt sich sofort die Tür. Er bleibt am Eingang stehen und blickt lange, eine Minute oder zwei, Ihm ins Gesicht. Endlich tritt er leise näher, stellt die Leuchte auf den Tisch und sagt zu Ihm: ,Bist Du es? Du?' Doch bevor er noch eine Antwort erhält, fügt er rasch hinzu: ,Antworte nicht, schweige. Was könntest Du auch sagen? Ich weiß nur zu gut, was Du sagen würdest. Auch hast Du gar kein Recht, dem etwas hinzuzufügen, was Du schon früher gesagt hast. Warum bist Du gekommen, uns zu stören? Denn Du bist gekommen, uns zu stören, und Du weißt das selbst. Weißt Du aber, was morgen geschehen wird? Ich weiß nicht, wer Du bist, und will auch gar nicht wissen, ob Du es wirklich bist oder nur Sein Ebenbild, doch morgen noch werde ich Dich richten und als den schlimmsten aller Ketzer auf dem Scheiterhaufen verbrennen lassen, und dasselbe Volk, das heute Deine Füße geküßt hat, wird morgen auf einen Wink von mir herbeistürzen, um Kohlen auf Deinen Scheiterhaufen zu schaufeln. Weißt Du das? Ja, vielleicht weißt Du es', fügt er in tiefem Nachdenken hinzu, ohne auch nur für eine Sekunde seinen Gefangenen aus den Augen zu lassen.«

»Ich verstehe nicht ganz, Iwan, was das soll«, sagte mit einem Lächeln Aljoscha, der die ganze Zeit über schweigend zugehört hatte. »Ist das nur uferlose Phantasie oder ein Irrtum des Greises, irgendein unmögliches quid pro quo?«

»Nimm meinetwegen das letztere an«, entgegnete Iwan mit einem Auflachen, »wenn der heutige Realismus dich schon so verdorben hat und du nichts Phantastisches mehr vertragen kannst; willst du ein quid pro quo, so mag es so sein. Allerdings« – und er lachte wieder auf –, »der Greis war schon neunzig Jahre alt und konnte über seiner Idee schon längst den Verstand verloren haben. Möglicherweise hatte der Gefangene ihn durch sein Äußeres stutzig gemacht. Schließlich konnte es einfach ein Fieberwahn, eine Vision des neunzigjährigen Greises vor seinem Tode sein, zumal er noch von dem gestrigen Autodafé, bei dem hundert Ketzer verbrannt worden waren, erregt war. Aber kann es uns beiden nicht einerlei sein, ob es ein quid pro quo oder eine uferlose Phantasie war? Es handelt sich hier doch nur darum, daß der Greis sich aussprechen mußte und daß er sich nun endlich nach neunzig Jahren ausspricht und das sagt, worüber er ganze neunzig Jahre lang geschwiegen hat.«

»Und der Gefangene schweigt? Er sieht ihn an und sagt kein Wort?«

»So muß es auch sein, unter allen Umständen sogar«, sagte Iwan und lachte wieder. »Der Greis selbst gibt Ihm doch zu verstehen, Er habe gar kein Recht, dem etwas hinzuzufügen, was Er schon früher gesagt habe. Wenn du willst, liegt gerade darin der Grundzug des römischen Katholizismus, meiner Meinung nach wenigstens: ‚Alles ist von Dir dem Papst übergeben worden, und alles liegt jetzt folglich in Händen des Papstes, Du aber sollst jetzt überhaupt nicht mehr kommen, störe uns wenigstens vorderhand nicht.‘ In diesem Sinne reden sie nicht nur, sondern schreiben sie auch, die Jesuiten wenigstens. Das habe ich bei ihren Theologen selbst gelesen. – ‚Hast Du das Recht, uns auch nur ein einziges Geheimnis jener Welt zu verkünden, aus der Du gekommen bist?‘ fragt Ihn mein Greis und antwortet selbst an Seiner Statt: ‚Nein, Du hast es nicht, denn Du darfst dem, was Du schon früher gesagt hast, nichts hinzufügen und darfst den Menschen nicht die Freiheit nehmen, für die Du so sehr eingetreten bist, als Du noch auf Erden warst. Alles, was Du neu verkünden würdest, wäre ein Anschlag auf die Glaubensfreiheit der Menschen, denn es käme einem Wunder gleich; die Freiheit ihres Glaubens aber ging Dir damals, vor anderthalbtausend Jahren, über alles. Hast nicht gerade Du damals so oft gesagt: Ich will euch frei machen? Nun hast Du sie gesehen, diese freien Menschen!‘ fügt der Greis mit nachdenklichem, spöttischem Lächeln hinzu. ‚Ja, das ist uns teuer zu stehen gekommen‘, fährt er fort und blickt Ihn streng an, ‚doch wir haben dieses Werk schließlich zu Ende geführt, in Deinem Namen. Fünfzehn Jahrhunderte lang haben wir uns mit dieser Freiheit herumgeplagt, doch jetzt ist unser Werk vollendet, für alle Zeiten vollendet. Du glaubst nicht, daß es für alle Zeiten vollendet ist? Du blickst mich sanft an und würdigst mich nicht einmal Deines Unwillens? Doch Du mußt wissen: gerade jetzt, gerade heutzutage sind die Menschen mehr als je davon überzeugt, völlig frei zu sein; dabei haben sie selbst uns ihre Freiheit gebracht und sie uns demütig vor die Füße gelegt. Das ist unser Werk, hast Du aber das gewollt, eine solche Freiheit?‘«

»Ich verstehe wieder nicht«, unterbrach ihn Aljoscha. »Redet er ironisch, will er sich über Ihn lustig machen?«

»Nicht im geringsten. Er rechnet es sich und den Seinen als Verdienst an, daß sie endlich die Freiheit niedergerungen haben und daß sie das taten, um die Menschen glücklich zu machen. ‚Denn jetzt‘ – er spricht natürlich von der Inquisition – ‚ist es zum erstenmal möglich geworden, an das Glück der Menschen zu denken. Der Mensch ist seiner Anlage nach ein Empörer; können denn Empörer glücklich sein? Man hat Dich gewarnt‘, sagt er zu Ihm, ‚es fehlte Dir nicht an Warnungen und Hinweisen, aber Du hörtest nicht auf die Warnungen, Du verschmähtest den einzigen Weg, auf dem man die Menschen hätte glücklich machen können. Doch zum Glück hast Du, als Du von hinnen schiedest, die Sache uns übergeben. Du hast es versprochen, Du hast es durch Dein Wort bekräftigt, Du hast uns das Recht verliehen, zu binden und zu lösen, und jetzt darfst Du selbstverständlich nicht einmal daran denken, uns dieses Recht wieder zu nehmen. Warum bist Du also gekommen, uns zu stören?‘«

»Was heißt das: ‚Es fehlte Dir nicht an Warnungen und Hinweisen?‘« fragte Aljoscha.

»Gerade darin besteht das Wichtigste, was der Greis zu sagen hat. ‚Der furchtbare und kluge Geist, der Geist der Selbstvernichtung und des Nichtseins‘, fährt der Greis fort, ‚der große Geist hat mit Dir in der Wüste gesprochen, und es ist uns in der Schrift überliefert, er habe Dich dort versucht. Trifft das zu? Und hätte man wohl etwas Wahreres sagen können als das, was er Dir in den drei Fragen verkündete und was Du von Dir wiesest und was in der Schrift ‚Versuchungen‘ genannt wird? Wenn jemals auf Erden ein wirkliches, gewaltiges Wunder vollbracht worden ist, so an jenem Tage, am Tage dieser drei Versuchungen. Gerade darin, daß diese drei Fragen auftauchten, bestand das Wunder. Wenn man sich, nur zur Probe und als Beispiel, vorstellen wollte, daß diese drei Fragen des furchtbaren Geistes spurlos aus der Schrift verschwunden wären und wiederhergestellt, von neuem erdacht und formuliert werden müßten, um sie wieder in die Schrift einzusetzen, und daß man zu diesem Zweck alle Weisen der Erde, alle Herrscher, Erzpriester, Gelehrten, Philosophen und Dichter versammelte und ihnen die Aufgabe stellte: ersinnt und formuliert drei Fragen, die nicht nur der Größe des Ereignisses entsprechen, sondern überdies noch in drei Worten, in drei Sätzen die ganze künftige Geschichte der Welt und der Menschheit enthalten – glaubst Du wohl, alle Weisheit der Welt vermöchte, wenn sie sich vereinigte, etwas zu ersinnen, das an Kraft und Tiefe den drei Fragen gleichkäme, die Dir damals in der Wüste von dem mächtigen und klugen Geist vorgelegt wurden? Schon allein an diesen Fragen, allein schon an dem Wunder, daß sie gestellt wurden, ist zu erkennen, daß man es hier nicht mit der vergänglichen menschlichen Vernunft zu tun hat, sondern mit der ewigen und absoluten. Denn in diesen drei Fragen ist die gesamte weitere Geschichte der Menschheit gleichsam zusammengefaßt und vorausgesagt, und in ihnen werden drei Symbole gezeigt, die alle unlösbaren historischen Widersprüche der menschlichen Natur auf Erden in sich vereinen. Damals war das noch nicht so ersichtlich, denn die Zukunft war unbekannt, heute aber, nachdem fünfzehn Jahrhunderte vergangen sind, sehen wir: in diesen drei Fragen ist alles dermaßen genau dargestellt und vorausgesagt, und es hat sich so sehr bewahrheitet, daß sich ihnen nichts mehr hinzufügen und nichts von ihnen wegnehmen läßt.

Entscheide nun selbst, wer recht hatte: Du oder jener, der Dich damals fragte? Erinnere Dich der ersten Frage! Wenn auch nicht wörtlich, so doch dem Sinne nach lautete sie: ›Du willst in die Welt gehen und gehst mit leeren Händen, mit dem vagen Versprechen einer Freiheit, das sie in ihrer Einfalt und angeborenen Zuchtlosigkeit nicht einmal begreifen können, vor dem sie sich fürchten und das sie beängstigt – denn nichts ist jemals dem Menschen und der menschlichen Gesellschaft unerträglicher gewesen als die Freiheit! Siehst Du die Steine in dieser nackten und glühenden Wüste? Verwandle sie in Brote, und die Menschheit wird Dir nachlaufen wie eine Herde, dankbar und gehorsam, wenn sie auch ewig zittern wird, Du könntest Deine Hand zurückziehen, und Deine Brote würden ein Ende nehmen.‹ Doch Du wolltest den Menschen nicht der Freiheit berauben und lehntest den Vorschlag ab, denn was wäre das für eine Freiheit, dachtest Du, wenn der Gehorsam mit Broten erkauft würde? Du entgegnetest, der Mensch lebe nicht vom Brot allein, aber Du weißt auch, daß im Namen gerade dieses irdischen Brotes der Geist der Erde sich gegen Dich erheben und mit Dir kämpfen und Dich besiegen wird und daß alle ihm mit dem Ruf folgen werden: ›Wer ist dem Tier gleich, es hat uns das Feuer vom Himmel gegeben!‹ Weißt Du auch, daß Jahrhunderte vergehen werden und die Menschheit durch den Mund ihrer Weisheit und Wissenschaft verkünden wird, es gebe kein Verbrechen und folglich auch keine Sünde, sondern es gebe nur Hungrige? ›Mache sie zuerst satt, und dann verlange von ihnen Tugend!‹ Das werden sie auf das Panier schreiben, das sie gegen Dich erheben werden und durch das Dein Tempel zerstört werden wird. An Stelle Deines Tempels wird ein neues Gebäude, ein neuer furchtbarer babylonischer Turm errichtet werden, und obwohl auch der unvollendet bleiben wird wie der ehemalige, so hättest Du doch den Bau dieses neuen Turms abwenden und die Leiden der Menschen um tausend Jahre abkürzen können – denn sie werden ja zu uns kommen, nachdem sie sich tausend Jahre lang mit ihrem Turm abgeplagt haben! Sie werden uns dann wieder unter der Erde, in den Katakomben, unserem Versteck suchen (denn man wird uns von neuem verfolgen und martern), sie werden uns finden und uns anflehen: ›Sättigt uns, denn die uns das Feuer vom Himmel versprachen, haben es uns nicht gegeben!‹ Und dann werden wir ihren Turm vollenden, denn vollenden wird ihn, wer sie satt macht, und sie satt machen werden nur wir, und wir werden ihnen vorlügen, es geschehe in Deinem Namen. Oh, nie, nie werden sie sich ohne uns sättigen können! Keine Wissenschaft kann ihnen Brot geben, solange sie frei bleiben, doch es wird damit enden, daß sie uns ihre Freiheit zu Füßen legen und zu uns sagen werden: ›Knechtet uns lieber, aber macht uns satt!‹ Sie werden endlich selber einsehen, daß beides, Freiheit und genügend Brot für jeden, zusammen undenkbar sind, denn nie werden sie untereinander zu teilen wissen! Zudem werden sie sich davon überzeugen, daß sie auch niemals frei sein können, weil sie schwach, lasterhaft, nichtig und aufrührerisch sind. Du hast ihnen himmlisches Brot versprochen, ich aber sage nochmals: läßt es sich denn in den Augen des schwachen, ewig lasterhaften und ewig undankbaren Menschengeschlechts mit dem irdischen vergleichen? Und wenn auch um des himmlischen Brotes willen Tausende und Zehntausende Dir nachfolgen werden, was geschieht dann mit den Millionen und Milliarden von Geschöpfen, die nicht die Kraft haben, das irdische Brot um des himmlischen willen zu verschmähen? Oder liegen Dir nur die Zehntausende von Großen und Starken am Herzen, und sollen die übrigen Millionen, die schwach sind und zahllos wie der Sand am Meer, aber Dich lieben, den Großen und Starken nur als Material dienen? Nein, uns sind auch die Schwachen lieb. Sie sind lasterhaft und aufrührerisch, aber zu guter Letzt werden sie sich fügen. Sie werden uns anstaunen und uns für Götter halten, weil wir, die wir uns an ihre Spitze stellten, uns bereit erklärt haben, die Freiheit zu ertragen, vor der sie erschraken, und über sie zu herrschen – so schrecklich wird es ihnen zuletzt erscheinen, frei zu sein! Aber wir werden sagen, daß wir Dir gehorsam sind und in Deinem Namen herrschen. Wir werden sie wieder betrügen, denn Dich werden wir nicht mehr zu uns lassen. In diesem Betrug wird unsere Qual bestehen, denn wir werden lügen müssen. – Das bedeutet die erste Frage in der Wüste, und das hast Du im Namen der Freiheit abgelehnt, die Du über alles stelltest. Und doch war in dieser Frage das große Geheimnis dieser Welt enthalten. Hättest Du die Brote angenommen, so hättest Du der allgemeinen und ewigen menschlichen Sehnsucht, des einzelnen wie auch der ganzen Menschheit, entsprochen: ›Wen sollen wir anbeten?‹ Es gibt für den Menschen, wenn er frei bleibt, keine hartnäckigere und qualvollere Sorge als die, möglichst schnell jemanden zu finden, den er anbeten kann. Doch der Mensch strebt danach, etwas anzubeten, das über allen Zweifel erhaben ist, so hoch erhaben, daß alle Menschen zugleich bereit sind, es gemeinsam anzubeten. Denn die Sorge dieser jämmerlichen Geschöpfe besteht nicht nur darin, etwas zu finden, das ich oder ein anderer anbeten könnte, sondern etwas zu finden, woran alle glauben und was alle, unbedingt *alle zusammen*, anbeten könnten. Gerade dieses Bedürfnis nach einer *Gemeinsamkeit* in der Anbetung war die größte Qual jedes einzelnen Menschen und der gesamten Menschheit seit dem Anfang der Zeiten. Um der gemeinsamen Anbetung willen rotteten sie einander mit dem Schwerte aus. Sie schufen Götter und forderten einander auf: ›Verlaßt eure Götter und kommt, die unsrigen anzubeten, oder ihr und eure Götter sollt des Todes sein!‹ Und so wird es bleiben bis zum

Ende der Welt, selbst dann, wenn die Welt entgöttert sein wird: einerlei, sie werden sich vor Götzen niederwerfen. Du kanntest dieses Grundgeheimnis der menschlichen Natur, es ist undenkbar, daß Du es nicht gekannt hast, aber Du hast das einzige absolute Zeichen verschmäht, das Dir angeboten wurde und womit Du alle hättest zwingen können, Dich ohne Widerrede anzubeten – das Zeichen des irdischen Brotes, und Du hast es verschmäht im Namen der Freiheit und des himmlischen Brotes. – Siehe, was Du weiter getan hast, wiederum im Namen der Freiheit. Ich sage Dir, der Mensch kennt keine qualvollere Sorge, als jemanden zu finden, dem er möglichst bald jenes Geschenk der Freiheit übergeben könnte, mit dem er, dieses unglückselige Geschöpf, auf die Welt kommt. Doch nur der kann sich der Freiheit der Menschen bemächtigen, der ihr Gewissen zu beruhigen vermag. In dem Brot wurde Dir ein unanfechtbares Zeichen angeboten: gibst Du Brot, so wird der Mensch Dich anbeten, denn es gibt nichts, das sich weniger anzweifeln ließe als Brot; unterwirft sich aber zur gleichen Zeit neben Dir ein anderer das Gewissen der Menschen – oh, dann werden sie sogar Dein Brot von sich werfen und dem nachfolgen, der ihr Gewissen verführt. Darin hattest Du recht. Denn das Geheimnis des menschlichen Seins liegt nicht darin, daß der Mensch lebt, sondern darin, wozu er lebt. Ohne eine feste Vorstellung davon, wozu er leben soll, wird der Mensch nicht leben wollen und sich eher vernichten, als auf Erden bleiben, selbst wenn er Brot in Hülle und Fülle hätte. So ist das, was aber machtest Du daraus? Statt Dich der Freiheit der Menschen zu bemächtigen, hast Du sie noch mehr erweitert! Oder hast Du vergessen, daß Ruhe und selbst der Tod dem Menschen lieber sind als freie Wahl in der Erkenntnis von Gut und Böse? Nichts kann den Menschen mehr verführen als Gewissensfreiheit, aber auch nichts ist qualvoller für ihn. Doch statt ihm feste Grundlagen zu geben, damit er sein Gewissen ein für allemal beruhigen könnte, wiesest Du ihm alles zu, was es an Ungewöhnlichem, Rätselhaftem und Unbestimmtem gibt, alles, was über die Kräfte der Menschen geht. Du handeltest also, als liebtest Du sie überhaupt nicht – und wer hat das getan? Der, der gekommen war, Sein Leben für sie zu lassen! Statt Dich der Freiheit der Menschen zu bemächtigen, hast Du sie vermehrt und ihre Qualen auf ewig der menschlichen Seele aufgebürdet. Du wolltest, der Mensch solle in Freiheit lieben, damit er, von Dir bezaubert und gebannt, Dir freiwillig folge. Statt nach dem festen alten Gesetz sollte der Mensch hinfort in der Freiheit des Herzens selber entscheiden, was gut und was böse sei, und nur Dein Vorbild als Richtschnur vor sich haben – aber hast Du denn nicht daran gedacht, daß er schließlich sogar Dein Vorbild und Deine Wahrheit ablehnen und bestreiten wird, wenn man ihm ein so furchtbares Joch wie die Wahlfreiheit aufbürdet? Die Menschen werden schließlich ausrufen, die Wahrheit sei nicht in Dir, denn es war unmöglich, sie in größerer Verwirrung und Qual zurückzulassen, als Du es getan hast, der Du ihnen soviel Sorgen und unlösbare Aufgaben hinterließest. Auf diese Weise hast Du selbst die Zerstörung Deines Reiches angebahnt, miß also niemand anderem die Schuld daran bei. Was aber wurde Dir angeboten? Es gibt drei Mächte, nur drei Mächte auf Erden, die das Gewissen dieser kraftlosen Rebellen zu ihrem eigenen Glück auf ewig besiegen und gefangennehmen können – diese Mächte sind: das Wunder, das Geheimnis und die Autorität. Du hast die eine wie die andere und auch die dritte verworfen und bist selbst mit gutem Beispiel vorangegangen. Als der furchtbare und weise Geist Dich auf des Tempels Zinne stellte und zu Dir sprach: ›Wenn Du wissen willst, ob Du Gottes Sohn bist, so stürze Dich hinab, denn es steht geschrieben von Ihm, daß Engel Ihn auffangen und tragen werden und Er nicht fallen noch sich verletzen wird – dann wirst Du wissen, ob Du Gottes Sohn bist, und beweisen, wie stark Dein Glaube an Deinen Vater ist.‹ Doch Du hörtest den Vorschlag an und wiesest ihn zurück, Du gabst nicht nach und stürztest Dich nicht hinab. Oh, gewiß, Du hast stolz und großartig gehandelt wie ein Gott, doch die Menschen, dieses schwache, aufrührerische Geschlecht – sind sie denn Götter? Oh, Du begriffst damals: tätest Du nur einen Schritt, nur eine Bewegung, um Dich hinabzustürzen, so würdest Du damit sofort Gott versuchen wie auch Deinen ganzen Glauben an Ihn verlieren und an der Erde zerschellen, die zu erlösen Du gekommen warst, und der böse Geist, der Dich versuchte, würde darüber frohlocken. Doch ich wiederhole: gibt es denn viele, die sind wie Du? Und konntest Du wirklich nur einen Augenblick lang annehmen, auch die Menschen seien einer solchen Versuchung gewachsen? Ist denn die Natur des Menschen so beschaffen, daß er das Wunder ausschlagen und in so furchtbaren Augenblicken des Lebens, in Augenblicken der schrecklichsten, wichtigsten und qualvollsten Seelenfragen, mit der freien Entscheidung seines

Herzens auskommen könnte? Oh, Du wußtest, daß Deine Tat in der Schrift aufbewahrt bleiben, die Tiefe der Zeiten und die äußersten Grenzen der Erde erreichen wird, und Du hofftest, daß auch der Mensch Deinem Beispiel folgen und kein Wunder brauchen werde, um seinen Glauben an Gott zu bewahren. Aber Du wußtest nicht, daß der Mensch, sobald er das Wunder ablehnt, auch Gott ablehnt, denn den Menschen verlangt es nicht so sehr nach Gott als nach Wundern. Und da der Mensch außerstande ist, ohne Wunder auszukommen, wird er sich neue, eigene Wunder schaffen und das Wunder der Scharlatane, die Hexerei alter Weiber anbeten, wenn er auch hundertmal ein Aufrührer, ein Ketzer und ein Gottesleugner ist. Du bist nicht vom Kreuz herabgestiegen, als sie Dir unter Hohn und Spott zuriefen: ›Steig herab vom Kreuz, und wir werden glauben, daß Du es bist!‹ Du bist nicht herabgestiegen, weil Du wiederum den Menschen nicht durch ein Wunder knechten wolltest, weil Du nach seinem freien Glauben lechztest und nicht nach Wunderglauben. Du lechztest nach Liebe in Freiheit und nicht nach der knechtischen Begeisterung eines Sklaven angesichts einer Macht, die ihm ein für allemal Schrecken eingeflößt hat. Aber auch darin hattest Du eine zu hohe Meinung von den Menschen, denn sie sind selbstverständlich Sklaven, wenn auch Aufrührer von Natur. Blicke um Dich und urteile; fünfzehn Jahrhunderte sind vergangen; geh hin und sieh Dir die Menschen an: wen hast Du zu Dir emporgehoben? Ich schwöre Dir, der Mensch ist schwächer und niedriger, als Du gedacht hast! Vermag er denn zu vollbringen, was Du vollbracht hast? In Deiner hohen Achtung vor ihm hast Du so gehandelt, als hättest Du kein Mitleid mehr mit ihm, denn Du verlangtest zuviel von ihm – Du, der Du ihn mehr liebst als Dich selbst! Hättest Du ihn weniger geachtet, so hättest Du auch weniger von ihm verlangt, und das wäre der Liebe näher gekommen, denn seine Bürde wäre dann leichter gewesen. Er ist schwach und gemein. Was hat es schon zu besagen, wenn er jetzt allerorten gegen unsere Herrschaft rebelliert und darauf auch noch stolz ist? Das ist nur der Stolz eines Kindes, eines Schuljungen. Sie sind wie kleine Kinder, die sich im Klassenzimmer empört und den Lehrer hinausgejagt haben. Doch auch ihre Freude wird ein Ende nehmen, und sie wird sie teuer zu stehen kommen. Sie werden die Kirchen niederreißen und die Erde mit Blut überschwemmen. Aber bei all ihrer Torheit werden sie schließlich einsehen, daß sie zwar Aufrührer, aber nur schwache Aufrührer sind, die ihren eigenen Aufruhr nicht ertragen können. Sie werden in ihrer Blindheit Tränen vergießen und eingestehen, der sie zu Empörern erschaffen hat, habe sich zweifellos über sie lustig machen wollen. Sie werden das in Verzweiflung sagen, und ihre Worte werden eine Gotteslästerung sein, die sie noch unglücklicher machen wird; denn die menschliche Natur verträgt keine Gotteslästerung und rächt sich zuletzt stets dafür. Unruhe, Verwirrung und Unglück – das ist somit das heutige Los der Menschen nach alledem, was Du für ihre Freiheit erduldet hast! Dein großer Prophet sagt in seinem Gesicht und Gleichnis, er habe alle Teilnehmer der ersten Auferstehung gesehen, und es seien von jedem Geschlechte zwölftausend gewesen. Doch wenn ihrer auch so viele gewesen sind, so waren sie trotzdem gleichsam nicht Menschen, sondern Götter. Sie hatten Dein Kreuz auf sich genommen, sie hatten jahrzehntelang in der unfruchtbaren und kahlen Wüste ausgehalten, sich von Heuschrecken und Wurzeln genährt – und freilich, voller Stolz kannst Du auf sie hinweisen, auf diese Kinder der Freiheit, der Liebe in Freiheit, des freien und großartigen Opfers in Deinem Namen. Doch bedenke, es waren ihrer nur einige tausend, überdies waren es Götter – und die übrigen? Was können die übrigen, die schwachen Menschen dafür, daß sie nicht das gleiche zu ertragen vermochten wie die Starken? Was kann eine schwache Seele dafür, daß sie nicht imstande ist, so furchtbare Gaben in sich zu fassen? Bist Du denn wirklich nur zu den Auserwählten und für die Auserwählten gekommen? Trifft das zu, so handelt es sich hier um ein Geheimnis, das wir nicht begreifen können. Und handelt es sich um ein Geheimnis, so hatten auch wir das Recht, ein Geheimnis zu predigen und die Menschen zu lehren, wichtig sei nicht der freie Entschluß ihres Herzens und nicht die Liebe, sondern das Geheimnis, dem sie blind gehorchen müßten, selbst gegen ihr Gewissen. Das haben wir getan. Wir haben Deine Tat verbessert und sie auf das *Wunder*, das Geheimnis und die Autorität gegründet. Und die Menschen freuten sich, daß sie wieder geführt wurden wie eine Herde und daß ihnen die furchtbare Gabe, die ihnen soviel Qual gebracht hatte, endlich vom Herzen genommen war. Sag, hatten wir nicht recht, als wir so lehrten und handelten? Haben wir die Menschheit nicht geliebt, als wir so demütig ihre Ohnmacht erkannten, in Liebe ihre Bürde erleichterten und ihrer schwachen Natur sogar die Sünde, freilich nur mit unserer Einwilligung, gestatteten? Warum bist Du jetzt gekommen, uns zu stören? Und was blickst Du mich stumm und durchdringend an mit Deinen sanften Augen? Zürne mir doch, ich will Deine Liebe nicht, weil ich selber Dich nicht liebe. Und was sollte ich vor Dir verbergen? Weiß ich etwa nicht, mit wem ich rede? Alles, was ich Dir zu sagen habe, ist Dir schon bekannt; ich lese es in Deinen Augen. Könnte ich denn vor Dir unser Geheimnis verbergen? Vielleicht willst Du es gerade aus meinem Munde vernehmen. So höre denn: wir sind nicht mit Dir, sondern mit *ihm*, das ist unser Geheimnis! Wir sind schon längst nicht mehr mit Dir, sondern mit *ihm*, schon seit acht Jahrhunderten. Vor genau acht Jahrhunderten haben wir von ihm das angenommen, was Du entrüstet zurückgewiesen hattest, jene letzte Gabe, die er Dir anbot, als er Dir alle Reiche der Welt zeigte: wir nahmen von ihm Rom und das Schwert des Kaisers und erklärten uns selbst zu irdischen Königen, zu den einzigen Königen, wenn es uns auch bis heute nicht gelungen ist, unser Werk zu vollenden. Doch wer ist daran schuld? Oh, dieses Werk steckt bis jetzt noch in den Anfängen, aber es hat begonnen. Lange noch wird man warten müssen, bis es vollendet ist, und viel wird die Welt noch zu erleiden haben, aber wir werden unser Ziel erreichen und werden Kaiser sein, und dann werden wir an das Glück der ganzen Menschheit denken. Dabei hättest Du schon damals das Schwert des Kaisers in die Hand nehmen können. Warum hast Du diese letzte Gabe zurückgewiesen? Hättest Du diesen dritten Rat des mächtigen Geistes angenommen, so hättest Du alles erfüllen können, wonach es den Menschen hienieden verlangt: Du hättest ihm gezeigt, wen er anbeten, wem er sein Gewissen überantworten könnte und auf welche Weise alle sich endlich zu einem einzigen allgemeinen und einträchtigen Ameisenhaufen vereinigen könnten, denn das Bedürfnis nach einem erdumfassenden Zusammenschluß ist die dritte und letzte Qual der Menschen. Hat doch die Menschheit als Ganzes schon immer danach gestrebt, sich zu einer die ganze Erde umspannenden Gemeinschaft zu verbinden. Es hat viele große Völker mit großer Geschichte gegeben, doch je höher diese Völker standen, desto unglücklicher waren sie, denn stärker als anderen kam ihnen das Bedürfnis nach einem weltumfassenden Zusammenschluß der Menschen zum Bewußtsein. Die großen Eroberer, ein Timur und Dschingis-Khan, jagten wie ein Wirbelwind über die Erde und wollten die ganze Welt erobern, aber auch sie bekundeten, wenn auch unbewußt, das gleiche große Bedürfnis der Menschheit nach einer weltumfassenden und allgemeinen Einigung. Hättest Du die Welt und den Purpur des Kaisers angenommen, so hättest Du ein Weltreich begründen und der ganzen Welt Ruhe bringen können. Denn wer anders sollte denn über die Menschen herrschen, wenn nicht die, in deren Händen ihr Gewissen und ihr Brot sind? Wir haben das Schwert des Kaisers genommen, und damit verwarfen wir natürlich Dich und folgten *ihm*. Oh, es werden noch Jahrhunderte vergehen, in denen der Unfug des freien Verstandes, ihre Wissenschaft und Menschenfresserei herrschen werden, denn sie, die ihren babylonischen Turm ohne uns zu bauen begannen, werden bei der Menschenfresserei enden. Dann aber wird das Tier zu uns gekrochen kommen und wird uns die Füße lecken und sie mit den blutigen Tränen seiner Augen benetzen. Und wir werden uns auf das Tier setzen und den Kelch erheben, und auf ihm wird geschrieben stehen: *Das Geheimnis!* Dann erst, und nur dann, wird für die Menschen das Reich der Ruhe und des Glückes anbrechen. Du bist stolz auf Deine Auserwählten, doch Du hast nur Auserwählte, wir aber werden allen Ruhe bringen. Und nicht nur das: wie viele von diesen Auserwählten, von den Starken, die hätten Auserwählte werden können, sind schließlich des Wartens auf Dich müde geworden und haben die Kräfte ihres Geistes und die Glut ihres Herzens auf einen anderen Acker getragen und werden sie noch dorthin tragen und zuletzt ihr Panier der *Freiheit* gegen Dich erheben? Dieses Panier aber hast Du selbst aufgerichtet. Bei uns jedoch werden alle glücklich sein und weder rebellieren noch einander ausrotten, wie es unter Deiner Freiheit allerorten geschieht. Oh, wir werden sie davon überzeugen, daß sie erst dann frei sein werden, wenn sie zu unseren Gunsten auf ihre Freiheit verzichtet und sich uns unterworfen haben. Nun, werden wir damit recht haben, oder wird das eine Lüge sein? Sie werden sich selbst davon überzeugen, daß wir recht haben, denn sie werden sich erinnern, zu welchen Schrecknissen der Sklaverei und der Verwirrung Deine Freiheit sie geführt hat. Die Freiheit, der freie Geist und die Wissenschaft werden sie in solche Wirrnisse führen und vor solche Wunder und unlösbare Geheimnisse stellen, daß die einen von ihnen, die Unbotmäßigen und Wilden, sich selbst vernichten und die anderen, die Unbotmäßigen, aber Schwachen, sich gegenseitig ausrotten werden, während die übriggebliebenen dritten, die Schwachen und Unglücklichen, zu unseren Füßen gekrochen kommen und laut zu uns rufen werden: ›Ja, ihr hattet recht, ihr allein besaßet Sein Geheimnis, und wir kehren zu euch zurück; rettet uns vor uns selbst!‹ Wenn sie von uns Brot erhalten, werden sie natürlich erkennen, daß wir ihnen ihr eigenes, mit ihren eigenen Händen erworbenes Brot nehmen, um es ohne jedes Wunder wieder an sie zu verteilen; sie werden sehen, daß wir nicht Steine in Brot verwandelt haben, doch fürwahr, mehr noch als über das Brot werden sie sich darüber freuen, daß sie es aus unseren Händen erhalten! Denn nur zu gut werden sie sich erinnern, daß früher, ohne uns, das Brot, das sie erarbeitet hatten, sich in ihren Händen in Steine verwandelte, daß aber, seit sie zu uns zurückkehrten, die Steine in ihren Händen zu Brot wurden. Nur zu gut werden sie zu schätzen wissen, was es heißt, sich ein für allemal zu unterwerfen! Und solange die Menschen das nicht begreifen, werden sie unglücklich sein. Wer hat am meisten zu diesem Unverständnis beigetragen? Sprich! Wer hat die Herde auseinandergesprengt und auf unbekannte Pfade zerstreut? Doch die Herde wird sich wieder sammeln und sich wieder unterwerfen, und dann ein für allemal. Dann werden wir ihnen das stille, bescheidene Glück schwacher Wesen geben, als die sie erschaffen sind. Oh, wir werden sie endlich überreden, nicht stolz zu sein, Du aber hast sie emporgehoben und dadurch gelehrt, stolz zu sein; wir werden ihnen beweisen, daß sie schwach und nur armselige Kinder sind, daß aber Kinderglück süßer ist als jedes andere. Sie werden schüchtern werden und zu uns emporblicken und sich in ihrer Angst an uns schmiegen wie die Küken an die Glucke. Sie werden uns anstaunen und fürchten und stolz darauf sein, daß wir so mächtig und klug sind und daher eine so wilde Herde von tausend Millionen zu bändigen vermochten. Ohnmächtig werden sie vor unserem Zorn zittern, ihr Geist wird verzagen, ihre Augen werden tränenreich sein wie die der Kinder und Frauen, doch ebenso leicht werden sie auf einen Wink von uns zur Heiterkeit und zum Lachen, zu heller Freude und glücklichen Kinderliedern übergehen. Ja, wir werden sie zwingen zu arbeiten, aber ihre arbeitsfreien Stunden werden wir zu einem kindlichen Spiel gestalten, mit Kinderliedern, Chorgesang und harmlosen Tänzen. Oh, wir werden ihnen auch die Sünde erlauben, denn sie sind ja schwach und ohnmächtig, und sie werden uns wie Kinder dafür lieben, daß wir ihnen erlauben zu sündigen. Wir werden ihnen sagen, daß jede Sünde getilgt werde, wenn sie mit unserer Erlaubnis begangen worden sei; daß wir ihnen erlaubten zu sündigen, weil wir sie liebten, und daß wir die Strafe für solche Sünden auf uns nehmen wollten. Und wir werden sie auch auf uns nehmen, und sie werden uns als ihre Wohltäter vergöttern, die vor Gott ihre Sünden tragen. Und sie werden keinerlei Geheimnisse vor uns haben. Wir werden ihnen erlauben oder verbieten, mit ihren Frauen und Geliebten zu leben, Kinder zu haben oder nicht – je nach ihrem Gehorsam –, und sie werden sich uns freudig und gern unterwerfen. Mit den qualvollsten Geheimnissen ihres Gewissens – mit allem, allem werden sie zu uns kommen, und wir werden alles entscheiden, und sie werden unserer Entscheidung freudig glauben, denn sie wird sie von einer großen Sorge und von den jetzigen furchtbaren Qualen der persönlichen und freien Entscheidung erlösen. Und alle werden glücklich sein, all die Millionen Geschöpfe; nur die hunderttausend nicht, die über sie herrschen. Denn wir allein, die wir das Geheimnis bewahren, wir allein werden unglücklich sein. Es wird Tausende Millionen glücklicher Kinder geben und hunderttausend Dulder, die den Fluch der Erkenntnis von Gut und Böse auf sich genommen haben. Still werden sie sterben, still erlöschen in Deinem Namen und jenseits des Grabes nichts als den Tod finden. Doch wir werden das Geheimnis bewahren und sie um ihres Glückes willen mit dem himmlischen und ewigen Lohne locken. Denn selbst wenn es im Jenseits etwas gäbe, so doch natürlich nicht für solche Menschen wie sie. Es heißt und wird prophezeit, Du werdest kommen und von neuem siegen, Du werdest kommen mit Deinen Auserwählten, mit Deinen Stolzen und Mächtigen; doch wir werden sagen, daß sie nur sich selbst, wir aber alle erlöst haben. Es heißt, daß die große Hure, die auf dem Tier sitzt und das *Geheimnis* in ihren Händen hält, beschimpft werden wird, daß die Schwachen sich von neuem empören, den Purpur der Hure zerreißen und ihren eklen Leib entblößen werden. Dann aber werde ich mich erheben und Dich hinweisen auf die Tausende von Millionen glücklicher Kinder, die keine Sünde gekannt haben. Und wir, die wir um ihres Glückes willen ihre Sünden auf uns genommen haben, wir werden vor Dich hintreten und zu Dir sagen: ›Richte uns, wenn Du es kannst und wagst!‹ Du mußt wissen, daß ich Dich nicht fürchte. Du mußt wissen, daß auch ich in der Wüste gewesen bin, daß auch ich mich von Heuschrecken und Wurzeln genährt habe, daß auch ich die Freiheit gesegnet habe, mit der Du die Menschen gesegnet hast; auch ich hatte vor, einer von Deinen Auserwählten, einer von den Mächtigen und Starken zu werden, und lechzte danach, ›die Zahl zu vervollständigen‹. Doch ich kam zur Besinnung und wollte nicht mehr dem Wahnsinn dienen. Ich kehrte zurück und schloß mich der Schar derer an, die *Deine Tat verbesserten*. Ich verließ die Stolzen und kehrte zu den Demütigen zurück, um ihres Glückes willen. Was ich Dir sage, wird in Erfüllung gehen, und unser Reich wird errichtet werden. Ich sage Dir nochmals: morgen noch wirst Du diese gehorsame Herde sehen, die auf meinen ersten Wink herbeistürzen wird, um glühende Kohlen auf den Scheiterhaufen zu schaufeln, auf dem ich Dich verbrennen werde, weil Du gekommen bist, uns zu stören. Denn wenn jemand den Scheiterhaufen verdient, so bist Du es. Morgen werde ich Dich verbrennen. Dixi.'«

Iwan hielt inne. Er war, während er sprach, in Feuer geraten und hatte mit Enthusiasmus geredet; als er geendet hatte, lächelte er auf einmal.

Aljoscha hatte ihm die ganze Zeit über schweigend zugehört, war jedoch zum Schluß in außerordentliche Erregung geraten und hatte mehrmals versucht, die Rede seines Bruders zu unterbrechen, aber er hatte sich sichtlich bezwungen. Nun brach er plötzlich los, als könnte ihn nichts mehr zurückhalten.

»Aber ... das ist ja unsinnig!« rief er errötend aus. »Dein Poem ist eine Lobpreisung Jesu, und nicht eine Schmähung ... wie du es gewollt hattest. Und wer wird dir glauben, was du von der Freiheit sagtest? Ist sie denn *so*, *so* aufzufassen? Wird sie etwa von unserer Orthodoxie *so* aufgefaßt? ... Das ist Rom, ja nicht einmal das ganze Rom, das ist nicht wahr – das sind die schlimmsten Vertreter des Katholizismus, die Inquisitoren, die Jesuiten! ... Auch ist eine so phantastische Gestalt wie dein Inquisitor ganz undenkbar. Was sind das für Sünden der Menschen, die sie auf sich nahmen? Was sind das für Träger des Geheimnisses, die um des Glückes der Menschen willen einen Fluch auf sich genommen haben? Wann hätte es sie je gegeben? Die Jesuiten kennen wir, man spricht schlecht von ihnen, doch sind sie denn so, wie du sie hinstellst? Sie sind durchaus nicht so, ganz und gar nicht ... Sie sind einfach die römische Armee für ein künftiges irdisches Weltreich, mit einem Imperator – dem Oberhaupt der römischen Kirche – an der Spitze ... *das* ist ihr Ideal, aber ohne irgendwelche Geheimnisse und ohne erhabene Betrübnis ... Ihr Geheimnis besteht ganz einfach in dem Verlangen nach Macht, nach schmutzigen irdischen Gütern, nach Knechtung ... in der Art einer künftigen Leibeigenschaft, bei der sie die Gutsherren wären ... das ist alles, was sie wollen. An Gott glauben sie vielleicht nicht einmal. Dein leidender Inquisitor ist nichts als ein Hirngespinst ...«

»So warte doch, warte«, sagte lächelnd Iwan; »wie du dich ereiferst! Ein Hirngespinst, sagst du? Meinetwegen! Gewiß, ein Hirngespinst. Doch erlaube: glaubst du wirklich, diese ganze katholische Bewegung der letzten Jahrhunderte beruhe tatsächlich nur auf dem Verlangen nach Macht, allein um schmutziger irdischer Güter willen? Das hat dich doch nicht etwa Vater Paisij gelehrt?«

»Nein, nein, im Gegenteil, Vater Paisij hat sogar einmal etwas Ähnliches gesagt wie du ... doch es war natürlich nicht das gleiche, ganz und gar nicht das gleiche«, besann sich Aljoscha plötzlich.

»Das ist immerhin eine wertvolle Mitteilung, ungeachtet du meinst, es sei ‚ganz und gar nicht das gleiche'. Ich frage dich: Warum sollten sich die Jesuiten und Inquisitoren nur um elender materieller Güter willen verbündet haben? Warum sollte es unter ihnen keinen einzigen Dulder geben können, der von großem Leid gepeinigt wäre und die Menschheit liebte? Nimm doch einmal an, es fände sich unter all denen, welche nur nach materiellen und schmutzigen Gütern gieren, auch nur ein einziger von der Art meines greisen Inquisitors, der selber in der Wüste Wurzeln gegessen und, sein Fleisch bezähmend, sich wie ein Besessener gebärdet hätte, um frei und vollkommen zu werden, der aber sein ganzes Leben lang die Menschheit geliebt hätte und plötzlich erleuchtet worden wäre und erkannt hätte, daß es nur geringe sittliche Glückseligkeit gewähre, die vollkommene Herrschaft über den Willen erreicht zu haben, wenn man sich zugleich davon überzeugen müsse, daß die übrigen Millionen von Gottesgeschöpfen nur zum Hohn erschaffen seien, daß sie nie imstande wären, mit ihrer Freiheit fertigzuwerden, daß aus den erbärmlichen Empörern nie Giganten hervorgehen könnten, die den Turmbau vollbrächten, und daß nicht um solcher Tröpfe willen der große Idealist von seiner Harmonie geträumt haben könne. Nachdem er das alles erkannt hätte, wäre er zurückgekehrt und hätte sich ... den klugen Leuten angeschlossen. Hätte das nicht geschehen können?«

»Wem hätte er sich angeschlossen, welchen klugen Leuten?« rief Aljoscha heftig aus. »Sie haben gar keinen so großen Verstand und gar keine solchen Geheimnisse ... es sei denn allein die Gottlosigkeit, darin besteht ihr ganzes Geheimnis. Dein Inquisitor glaubt nicht an Gott, das ist sein ganzes Geheimnis!«

»Gesetzt den Fall, es wäre so! Endlich hast du es erraten. Tatsächlich ist es auch so, tatsächlich besteht nur darin das ganze Geheimnis, doch ist das etwa keine Qual, selbst für einen solchen Menschen wie ihn, der sein ganzes Leben der Askese in der Wüste geopfert hat und sich doch nicht von seiner Liebe zur Menschheit zu heilen vermochte? Am Abend seines Lebens gewinnt er die klare Überzeugung, daß nur die Ratschläge des großen furchtbaren Geistes dazu beitragen können, das Dasein der schwachen Empörer, dieser ‚unfertigen, nur zur Probe und zum Hohn erschaffenen Wesen', wenigstens einigermaßen erträglich zu gestalten. Und nun, nachdem er sich davon überzeugt hat, sieht er, daß man der Weisung des klugen Geistes, des furchtbaren Geistes des Todes und der Zerstörung, folgen muß und daß man darum Lüge und Betrug auf sich nehmen und die Menschen bewußt in Tod und Zerstörung führen und sie dabei auf dem ganzen Weg betrügen muß, damit sie nicht auf irgendeine Weise merken, wohin man sie führt, und damit diese bedauernswerten Blinden sich wenigstens unterwegs für glücklich halten. Und merke es dir: der Betrug geschieht im Namen Desjenigen, an Dessen Ideal der Greis sein Leben lang so leidenschaftlich geglaubt hat! Ist das etwa kein Unglück? Und wenn auch nur ein einziger solcher Mensch an der Spitze dieser ganzen Armee stünde, ‚die nur um schmutziger Güter willen nach Macht giert' – genügte da nicht dieser eine, damit es zu einer Tragödie käme? Mehr noch: auch ein einziger solcher Mensch an der Spitze genügte, damit sich endlich eine wirkliche Leitidee für die ganze römische Sache mit all ihren Armeen und Jesuiten, damit sich die höchste Idee für Rom fände. Ich sage dir geradeheraus: ich glaube fest daran, daß es unter denen, die an der Spitze der Bewegung stehen, nie an einem solchen einzigen Menschen gemangelt hat. Wer weiß, vielleicht hat es auch unter den Oberhäuptern der römischen Kirche solche einzigen Menschen gegeben. Wer weiß, vielleicht existiert dieser verfluchte Greis, der die Menschheit so hartnäckig und so sehr auf seine besondere Art liebt, auch jetzt noch in Gestalt einer ganzen Schar solcher Greise, und zwar nicht durch Zufall, sondern als Gemeinschaft, als geheimer Bund, der schon vor langer Zeit gegründet worden ist, um das Geheimnis zu wahren, es vor den unglücklichen und schwachen Menschen zu wahren und sie dadurch glücklich zu machen. Das ist sicherlich so, und es muß auch so sein. Mich dünkt, daß sogar die Freimaurer etwas in der Art dieses Geheimnisses zu ihrer Grundlage haben und daß die Katholiken gerade darum die Freimaurer so hassen, weil sie in ihnen Konkurrenten und somit eine Gefahr für die Einheit der Idee erblicken, während doch *eine* Herde und *ein* Hirte sein sollen ... Übrigens erwecke ich, wenn ich meinen Gedanken verfechte, den Eindruck eines Autors, der deine Kritik nicht vertragen kann. Genug davon.«

»Du bist vielleicht selbst ein Freimaurer!« platzte Aljoscha heraus. »Du glaubst nicht an Gott«, fügte er, von tiefer Traurigkeit ergriffen, hinzu. Zudem kam es ihm vor, als sähe sein Bruder ihn spöttisch an. »Womit endet denn dein Poem?« fragte er unvermittelt, den Blick zu Boden gerichtet. »Oder ist es schon zu Ende?«

»Ich wollte es so enden lassen: Nachdem der Inquisitor verstummt ist, wartet er eine Weile, was sein Gefangener ihm antworten werde. Dessen Schweigen bedrückt ihn. Er hat bemerkt, wie der Gefangene ihm die ganze Zeit über zugehört und eindringlich und ruhig in die Augen geblickt hat und ihm offenbar nichts hat entgegnen wollen. Der Greis möchte, daß Er ihm etwas sage, sei es auch etwas Bitteres, Furchtbares. Er aber nähert sich schweigend dem Greis und küßt ihn still auf seine blutleeren neunzigjährigen Lippen. Das ist Seine ganze Antwort. Der Greis fährt zusammen. Seine Mundwinkel zucken; er geht zur Tür, öffnet sie und sagt zu Ihm: ‚Geh und komm nicht wieder ... komm nie, nie mehr wieder ... niemals, niemals!‘ Und er läßt Ihn hinaus auf die dunklen Straßen und Plätze der Stadt. Der Gefangene geht.«

»Und der Greis?«

»Der Kuß brennt in seinem Herzen, doch der Greis bleibt seiner Idee treu.«

»Und du mit ihm, auch du?« rief Aljoscha betrübt. Iwan lachte.

»Das ist doch alles bloß Unsinn, Aljoscha, das ist doch nur das einfältige Poem eines einfältigen Studenten, der nie auch nur zwei Verse geschrieben hat. Warum nimmst du das so ernst? Du glaubst doch nicht etwa, daß ich jetzt geradewegs zu den Jesuiten fahren werde, um mich der Schar der Leute anzuschließen, die Seine Tat verbessern? O Gott, was geht das mich an! Ich habe dir doch gesagt: ich möchte es nur auf dreißig Lebensjahre bringen und dann – den Becher am Boden zerschmettern!«

»Und die harzigen Blättchen, und die teuren Gräber, und der blaue Himmel, und die Geliebte? Wie willst du denn leben, wie willst du sie lieben?« rief Aljoscha schmerzlich. »Ist das denn möglich mit einer solchen Hölle in Brust und Kopf? Nein, du fährst hin, um dich ihnen anzuschließen ... wenn du es aber nicht tust, so nimmst du dir das Leben, denn du kannst es so nicht länger ertragen!«

»Es gibt eine Kraft, die alles erträgt!« sagte Iwan mit einem kalten Lächeln.

»Was ist das für eine Kraft?«

»Die karamasowsche ... die Kraft der karamasowschen Niedertracht.«

»Das heißt: im Laster ertrinken, die Seele in Schande erstikken, nicht wahr?«

»Am Ende auch das ... nur werde ich dem vielleicht doch bis zu meinem dreißigsten Lebensjahr entgehen, dann aber ...«

»Wie willst du dem entgehen? Wodurch? Bei deinen Anschauungen ist das unmöglich.«

»Wiederum auf karamasowsche Weise.«

»Du meinst wohl damit jenes ‚alles ist erlaubt'? Alles ist erlaubt, nicht wahr, das meinst du doch?«

Iwans Gesicht verzog sich und wurde plötzlich seltsam bleich.

»Ah, du hast gestern die Äußerung aufgeschnappt, die Miusow so gekränkt hat ... und die Dmitrij, der sich so vordrängte, dann in etwas veränderter Form so naiv wiederholte?« fragte Iwan mit einem schiefen Lächeln. »Meinetwegen – ‚alles ist erlaubt', da das Wort nun einmal gefallen ist. Ich nehme es nicht zurück. Zudem war Mitjenkas Fassung dieses Satzes gar nicht übel.«

Aljoscha sah ihn schweigend an.

»Ich dachte, Bruder, wenn ich wegfahre, werde ich auf der ganzen Welt wenigstens dich haben«, sagte Iwan auf einmal mit unerwarteter Wärme, »jetzt aber sehe ich, daß auch in deinem Herzen, du mein lieber Einsiedler, kein Platz für mich ist. Den Ausspruch: ‚Alles ist erlaubt' werde ich nicht widerrufen; wirst du dich nun deswegen von mir lossagen – wirst du es?«

Aljoscha stand auf, trat zu ihm und küßte ihn still auf die Lippen.

»Das ist literarischer Diebstahl!« rief Iwan, den plötzlich eine Art Begeisterung überkam. »Das hast du aus meinem Poem gestohlen! Aber dennoch, habe Dank! Komm, Aljoscha, laß uns gehen, es ist Zeit, für mich wie für dich.«

Sie gingen hinaus, blieben aber am Eingang des Wirtshauses stehen.

»Weißt du, Aljoscha«, sagte Iwan mit fester Stimme, »wenn ich tatsächlich noch fähig sein sollte, mich über die harzigen Blättchen zu freuen, so werde ich sie nur in Erinnerung an dich lieben. Mir wird es genügen, daß du hier irgendwo bist, und die Lust am Leben werde ich noch nicht verlieren. Genügt dir das? Wenn du willst, kannst du es als eine Liebeserklärung auffassen. Jetzt aber geh du nach rechts, und ich gehe nach links und – genug davon, hörst du, genug. Falls ich morgen nicht abreise – ich glaube aber, ich werde bestimmt abreisen – und wir uns noch auf irgendeine Weise begegnen sollten, so rede über alle diese Themen kein Wort mehr mit mir. Ich bitte dich inständig darum. Auch von Dmitrij – darum bitte ich dich besonders – sprich mir gegenüber nie mehr«, fügte er auf einmal gereizt hinzu, »es ist alles erschöpft, alles beredet, nicht wahr? Ich werde dir dafür auch meinerseits ein Versprechen geben: wenn mich im dreißigsten Lebensjahr danach verlangt, ‚den Becher am Boden zu zerschmettern‘, so werde ich, wo immer du sein magst, zu dir kommen, um noch einmal mit dir zu sprechen . . . und sei es auch aus Amerika, das verspreche ich dir. Ich werde eigens deswegen kommen. Es wird mich sehr interessieren, dann zu erfahren, was aus dir geworden ist. Ein ziemlich feierliches Versprechen, wie du siehst. Vielleicht nehmen wir wirklich auf sieben bis zehn Jahre Abschied. So, und jetzt geh zu deinem Pater Seraphicus, er liegt ja im Sterben; stirbt er in deiner Abwesenheit, so wirst du mir am Ende noch böse sein, daß ich dich aufgehalten habe. Auf Wiedersehen, küsse mich noch einmal. So. Und nun geh . . .«

Iwan drehte sich jäh um und ging seines Weges, ohne sich noch einmal umzublicken. Das erinnerte Aljoscha daran, wie gestern Dmitrij von ihm gegangen war, wenn es sich auch in einer ganz anderen Weise abgespielt hatte. Diese seltsame kleine Beobachtung fuhr Aljoscha, der besorgt und traurig war, wie ein Blitz durch den Sinn. Er wartete eine Weile und blickte dem Bruder nach. Dabei fiel ihm auf, daß sein Bruder Iwan eigentümlich schwankend ging und daß seine rechte Schulter, von hinten gesehen, niedriger zu sein schien als die linke. Das hatte er früher nie bemerkt. Doch plötzlich drehte auch er sich um und eilte fast im Laufschritt zum Kloster. Es dunkelte bereits sehr, und ihm war beinahe unheimlich zumute; irgend etwas Neues erstand in ihm, eine Frage tauchte auf, auf die er keine Antwort wußte. Wie gestern erhob sich ein Wind, und die uralten Föhren rauschten düster rings um ihn, als er das Wäldchen der Einsiedelei betrat. Er lief beinahe. Pater Seraphicus – diesen Namen hat er irgendwoher genommen – doch woher? schoß es Aljoscha durch den Kopf. Iwan, armer Iwan, wann werde ich dich wiedersehen? . . . Da ist schon die Einsiedelei, mein Gott! Ja, ja, er, der Pater Seraphicus, wird mich retten . . . vor ihm und für ewig!

In seinem späteren Leben erinnerte er sich noch öfter an diese Begegnung mit Iwan, und immer war es ihm unbegreiflich, wie er, nachdem er sich von ihm getrennt hatte, seinen Bruder Dmitrij so völlig hatte vergessen können, obwohl er am Morgen, nur wenige Stunden vorher, sich vorgenommen hatte, ihn unbedingt ausfindig zu machen, selbst wenn er deswegen in dieser Nacht dem Kloster fernbleiben müßte.

6

Ein vorläufig noch sehr unklares Kapitel

Als Iwan Fjodorowitsch sich von Aljoscha getrennt hatte, machte er sich auf den Heimweg zum Haus Fjodor Pawlowitschs. Doch sonderbarerweise befiel ihn plötzlich eine Schwermut, die unerträglich war und, je mehr er sich dem Hause näherte, immer größer wurde. Nicht die Schwermut selbst war das Sonderbare, vielmehr der Umstand, daß Iwan Fjodorowitsch durchaus nicht dahinterkommen konnte, was ihr eigentlicher Grund sein mochte. Auch früher schon hatte er oft an Schwermut gelitten, und so war es eigentlich nicht zu verwundern, daß sie ihn gerade in dem Augenblick befiel, da er mit allem, was ihn hierhergezogen, plötzlich gebrochen hatte und sich anschickte, morgen schon von seinem bisherigen Weg schroff abzubiegen und einen neuen, ganz unbekannten Weg einzuschlagen. Von diesem neuen Weg, obwohl er ebenso einsam sein würde wie der frühere, erhoffte er vieles, aber er wußte nicht was; er erwartete viel, allzuviel vom Leben, konnte jedoch weder über seine Erwartungen noch über seine Wünsche ins klare kommen. Und doch quälte ihn in diesem Augenblick, obgleich tatsächlich das beängstigende Gefühl von etwas Neuem und Unbekanntem seine Seele erfüllte, etwas ganz anderes. Ist es etwa der Abscheu vor dem väterlichen Hause? dachte er. Das könnte wohl sein, so sehr ist es mir zuwider geworden, und wenn ich auch heute zum letztenmal diese garstige Schwelle überschreite, es bleibt mir doch zuwider... Doch nein, das war es nicht. War es etwa der Abschied von Aljoscha und das Gespräch, das er mit ihm gehabt hatte? So viele Jahre habe ich der ganzen Welt gegenüber geschwiegen und sie keines Wortes gewürdigt, und plötzlich habe ich soviel Unsinn zusammengeredet! In der Tat, es konnte der jugendliche Ärger über seine jugendliche Unerfahrenheit und jugendliche Ehrsucht sein, der Ärger darüber, daß er es nicht verstanden hatte, sich auszusprechen, zudem noch einem Menschen wie Aljoscha gegenüber, auf den er in seinem Herzen zweifellos große Hoffnungen gesetzt hatte. Natürlich war es auch dies, dieser Ärger, er mußte es sein; und doch – auch das war es nicht, das alles war es nicht. Es ist eine Schwermut bis zur Übelkeit, und doch bin ich außerstande dahinterzukommen, was ich eigentlich will. Wäre es nicht besser, gar nicht zu denken?

Iwan Fjodorowitsch versuchte, »nicht zu denken«, aber auch das nützte nichts. Vor allem war diese Schwermut deshalb so ärgerlich und erregend für ihn, weil sie von einer zufälligen, ganz äußerlichen Ursache herrührte; das fühlte er. Ihm war, als stünde oder ragte irgendein Wesen oder Gegenstand vor ihm in die Höhe, wie man manchmal etwas vor Augen hat, das man lange, etwa bei der Arbeit oder während eines hitzigen Gesprächs, nicht beachtet, das einen aber sichtlich reizt, ja fast quält, bis man schließlich auf den Gedanken kommt, den störenden Gegenstand zu beseitigen, einen oftmals ganz nichtigen und lächerlichen Gegenstand, den man fortzuräumen vergaß, ein zu Boden gefallenes Taschentuch, ein nicht in den Schrank zurückgestelltes Buch und so weiter und so weiter.

Endlich erreichte Iwan Fjodorowitsch in übelster Laune und höchst aufgebracht das väterliche Haus, und plötzlich, als er ungefähr fünfzig Schritte vor dem Pförtchen auf das Tor blickte, erriet er, was ihn so gequält und beunruhigt hatte.

Auf der Bank vor dem Tor saß der Diener Smerdjakow, der sich an der Abendluft erfrischte, und Iwan Fjodorowitsch begriff beim ersten Blick auf ihn, daß auch in seiner Seele der

Diener Smerdjakow saß und daß gerade diesen Menschen seine Seele nicht ertragen konnte. Nun wurde ihm auf einmal alles klar. Schon vorher, bei der Erzählung Aljoschas von seiner Begegnung mit Smerdjakow, war etwas Düsteres und Widerliches in sein Herz gedrungen und hatte darin Erbitterung hervorgerufen. Dann, während des Gesprächs, hatte er Smerdjakow für eine Weile vergessen, doch er war in seiner Seele geblieben, und kaum hatte sich Iwan Fjodorowitsch von Aljoscha getrennt und sich allein auf den Heimweg gemacht, war die vergessene Empfindung rasch wieder zum Vorschein gekommen. Kann mich denn dieser nichtsnutzige Halunke in einem solchen Maße beunruhigen! dachte er mit unerträglichem Widerwillen.

Damit hatte es folgende Bewandtnis: Iwan Fjodorowitsch hatte tatsächlich in der letzten Zeit, besonders in den allerletzten Tagen, eine sehr starke Abneigung gegen Smerdjakow empfunden, und er spürte selbst, wie seine Abneigung gegen ihn fast zum Haß wurde. Vielleicht hatte sich diese Entwicklung gerade deshalb so zugespitzt, weil sich in Iwan Fjodorowitsch anfangs, kurz nach seiner Ankunft, ganz andere Gefühle geregt hatten. Damals hatte Iwan Fjodorowitsch besonderen Anteil an Smerdjakow genommen und ihn sogar sehr originell gefunden. Er hatte ihn dazu gebracht, mit ihm zu reden, sich jedoch immer über eine gewisse Verworrenheit oder, besser gesagt, eine gewisse Unruhe seines Geistes gewundert und nicht begriffen, was »diesen Beschaulichen« so unablässig beunruhigen könnte. Sie sprachen auch über philosophische Fragen, sogar darüber, wie es am ersten Schöpfungstage habe Licht werden können, wenn doch Sonne, Mond und Sterne erst am vierten Tag erschaffen wurden, und wie das zu verstehen sei; doch Iwan Fjodorowitsch kam bald zu der Überzeugung, daß es sich für Smerdjakow gar nicht um Sonne, Mond und Sterne handle, sondern daß Sonne, Mond und Sterne für ihn zwar etwas Interessantes, aber ganz Drittrangiges seien und es ihm auf etwas ganz anderes ankomme. Wie dem auch sei, jedenfalls begann Smerdjakow eine grenzenlose Eigenliebe zu zeigen, die geradezu den Charakter des Gekränktseins trug. Iwan Fjodorowitsch mißfiel das sehr, und das war auch die Ursache seiner Abneigung. Danach hatten sich im Hause die Mißhelligkeiten eingestellt, Gruschenka war aufgetaucht, die Geschichten mit dem Bruder Dmitrij fingen an, es gab Scherereien – auch darüber sprachen sie, doch obwohl Smerdjakow dabei stets große Erregung an den Tag legte, war doch auf keine Weise herauszubekommen, was er selber wollte. Man mußte sich vielmehr über die Unlogik und Verworrenheit mancher seiner Wünsche wundern, die er unwillkürlich äußerte, die jedoch immer unklar blieben. Smerdjakow fragte immerzu, stellte indirekte und augenscheinlich wohlüberlegte Fragen, plötzlich aber, im entscheidenden Augenblick, verstummte er oder ging zu etwas ganz anderem über. Was aber vor allem Iwan Fjodorowitsch erregt und ihm eine solche Abneigung eingeflößt hatte, das war die widerliche und eigentümliche Familiarität, die Smerdjakow ihm gegenüber in hohem Maße anzunehmen begann, und zwar je länger, desto mehr. Nicht daß er sich erlaubt hätte, unhöflich zu sein, im Gegenteil, er sprach stets außerordentlich ehrerbietig; doch schließlich war es dahin gekommen, daß Smerdjakow sich offenbar, Gott weiß warum, in irgend etwas mit Iwan Fjodorowitsch für solidarisch zu halten begann und stets in einem Ton sprach, als wäre zwischen ihnen beiden schon eine Abrede getroffen worden über etwas Geheimes, das, einmal von beiden ausgesprochen, nur ihnen beiden bekannt, den anderen Sterblichen um sie herum aber ganz unverständlich wäre. Iwan Fjodorowitsch hatte jedoch auch dann noch längere Zeit hindurch diesen wahren Grund seiner wachsenden Abneigung nicht erkannt und schließlich erst in der allerletzten Zeit erraten, worum es sich handelte.

Gereizt und mit einem Gefühl des Ekels wollte er jetzt, ohne etwas zu sagen und ohne Smerdjakow anzublicken, an ihm vorbei durch das Pförtchen gehen, doch Smerdjakow erhob sich von der Bank, und schon allein aus dieser Bewegung erriet Iwan Fjodorowitsch im Nu, daß Smerdjakow mit ihm ein besonderes Gespräch zu führen wünschte. Iwan Fjodorowitsch sah ihn an und blieb stehen, und gerade daß er so plötzlich stehengeblieben und nicht vorbeigegangen war, wie er es noch kurz vorher gewollt hatte, erboste ihn so, daß er zitterte. Voll Zorn und Widerwillen blickte er auf das kastratenhaft ausgemergelte Gesicht Smerdjakows mit dem zurückgekämmten Schläfenhaar und dem hochgewellten kleinen Schopf. Sein linkes, leicht zusammengekniffenes Auge zwinkerte und lächelte, als wollte er sagen: Warum gehst du weiter, du wirst ja doch nicht vorbeigehen, du siehst doch, daß wir zwei klugen Leute etwas zu besprechen haben. Iwan Fjodorowitsch fuhr zusammen.

Fort, du Halunke, was habe ich mit dir zu schaffen, du Dummkopf! lag es ihm auf der Zunge, doch zu seiner größten Verwunderung entschlüpfte ihm etwas ganz anderes.

»Schläft mein Vater noch, oder ist er erwacht?« fragte er ruhig und sanftmütig, ganz unerwartet für sich selbst, und setzte sich ebenso unerwartet auf die Bank. Für einen Augenblick wurde ihm beinahe unheimlich zumute, wie er sich später erinnerte. Smerdjakow stand ihm gegenüber, hielt die Hände auf dem Rücken und blickte ihn selbstsicher, fast streng an.

»Er beliebt noch zu ruhen«, sagte er gemächlich. Zugleich aber dachte er: Hast selbst als erster angefangen, nicht ich. »Ich wundere mich über Sie, Herr«, fügte er nach kurzem Schweigen hinzu, wobei er eigentümlich geziert die Augen senkte, den rechten Fuß vorsetzte und mit der Spitze des Lackschuhs spielte.

»Weshalb wunderst du dich über mich?« sagte Iwan Fjodorowitsch kurz und streng, indem er sich mit allen Kräften bezwang, und voll Widerwillen erkannte er plötzlich, daß er die äußerste Neugier empfand und um keinen Preis weggehen würde, ehe er sie nicht befriedigt hätte.

»Warum fahren Sie nicht nach Tschermaschnja, Herr?« Smerdjakow blickte auf und lächelte ihn vertraulich an. Sein zusammengekniffenes linkes Auge sagte gleichsam: Worüber ich gelächelt habe, mußt du selber begreifen, wenn du ein kluger Mann bist.

»Wozu soll ich nach Tschermaschnja fahren?« fragte Iwan Fjodorowitsch verwundert.

Smerdjakow schwieg wieder eine Weile.

»Sogar Fjodor Pawlowitsch selbst hat Sie so inständig darum gebeten«, sagte er schließlich, ohne sich zu beeilen, als mäße er seiner Antwort keinerlei Bedeutung bei. Doch im stillen dachte er: Ich helfe mir mit irgendeiner nebensächlichen Begründung aus der Verlegenheit, nur um etwas zu sagen.

»Ach, zum Teufel, drück klarer aus, was du eigentlich willst!« rief endlich Iwan Fjodorowitsch zornig, indem er von Sanftmut zu Grobheit überging.

Smerdjakow setzte den rechten Fuß neben den linken, nahm eine strammere Haltung an, blickte aber immer noch ebenso ruhig und mit dem gleichen Lächeln drein wie zuerst.

»Es liegt nichts Wesentliches vor ... ich wollte nur das Gespräch in Gang halten ...«

Wieder trat Schweigen ein. Sie schwiegen fast eine Minute lang. Iwan Fjodorowitsch wußte, daß er sofort aufstehen und zornig werden würde, während Smerdjakow vor ihm stand und abzuwarten schien: Ich will doch mal sehen, ob du in Wut geraten wirst oder nicht! So wenigstens kam es Iwan Fjodorowitsch vor. Schließlich machte er eine Bewegung, um aufzustehen. Smerdjakow hatte diesen Augenblick genau abgepaßt.

»Meine Lage ist entsetzlich, Iwan Fjodorowitsch, ich weiß gar nicht, wie ich mir helfen soll«, sagte er plötzlich fest und deutlich und seufzte beim letzten Wort. Iwan Fjodorowitsch setzte sich sofort wieder. »Beide sind völlig unberechenbar, beide sind ganz kindisch geworden«, fuhr Smerdjakow fort. »Ich spreche von Ihrem Vater und Ihrem Bruder Dmitrij Fjodorowitsch. Wenn Fjodor Pawlowitsch jetzt aufsteht, wird er mich sofort wieder alle Augenblicke mit seinen Fragen belästigen: ‚Ist sie noch nicht gekommen? Warum ist sie nicht gekommen?' – und so geht es fort bis Mitternacht, ja sogar über Mitternacht hinaus. Und wenn Agrafena Alexandrowna nicht kommt – vielleicht weil sie überhaupt nicht die Absicht hat, jemals zu kommen –, so wird er morgen früh wieder über mich herfallen: ‚Warum ist sie nicht gekommen? Weshalb ist sie nicht gekommen?' als wenn ich daran schuld wäre. Andrerseits steht die Sache so: Sobald es jetzt dunkel wird, ja schon vorher, wird Ihr Bruder mit einer Waffe in der Hand in der Nachbarschaft erscheinen: ‚Paß auf, du Schuft, du Bouillonheld', wird er sagen, ‚wenn du sie übersiehst und mich nicht wissen läßt, daß sie gekommen ist, bringe ich dich als ersten um.' Ist dann die Nacht vorbei, so wird auch er mich wie Fjodor Pawlowitsch grausam quälen: ‚Warum ist sie nicht gekommen? Wird sie sich bald blicken lassen?' als wäre wiederum ich daran schuld, daß seine Dame weggeblieben ist. Und sie zürnen mir alle beide mit jedem Tag und jeder Stunde mehr, so daß ich manchmal daran denke, mir aus Angst das Leben zu nehmen. Ich bin vor ihnen nicht mehr sicher, Herr.«

»Und warum hast du dich eingemischt? Warum hinterbringst du jetzt alles Dmitrij Fjodorowitsch?« sagte Iwan Fjodorowitsch gereizt.

»Wie hätte ich mich nicht einmischen sollen? Auch habe ich mich eigentlich gar nicht eingemischt, wenn Sie es ganz genau wissen wollen. Ich habe von Anfang an immerzu geschwiegen und nicht gewagt zu widersprechen. Er selbst hat mich zu seinem Diener ernannt – zu seinem ergebenen Diener. Seitdem weiß er nur das eine zu sagen: ‚Ich bringe dich um, du Schuft, wenn du sie hineinläßt!' Ich nehme mit Sicherheit an, Herr, daß ich morgen einen langen Epileptischen bekommen werde.«

»Was ist das, ein langer Epileptischer?«

»So ein langer Anfall, ein außerordentlich langer. Er dauert ein paar Stunden oder gar einen Tag und einen zweiten. Einmal dauerte er bei mir drei Tage, ich war damals vom Dachboden heruntergefallen. Die Zuckungen hörten auf, dann begannen sie wieder; ich konnte ganze drei Tage lang nicht zur Besinnung kommen. Fjodor Pawlowitsch schickte damals nach Herzenstube, dem hiesigen Arzt, der legte mir Eis auf den Kopf und wendete noch ein anderes Mittel an ... Ich hätte sterben können.«

»Aber es heißt doch, man könne bei der Fallsucht nicht voraussehen, daß man in der und der Stunde einen Anfall bekommen werde. Wie kannst du dann behaupten, daß du morgen einen haben wirst?« erkundigte sich Iwan Fjodorowitsch mit besonders gereizter Neugier.

»Das stimmt, man kann es nicht im voraus wissen.«

»Zudem warst du damals vom Dachboden heruntergefallen.«

»Auf den Dachboden steige ich jeden Tag, auch morgen kann ich von dort herunterfallen. Und wenn ich nicht vom Dachboden herunterfalle, so kann ich in den Keller stürzen, auch in den Keller gehe ich jeden Tag, weil ich immer etwas daraus brauche.«

Iwan Fjodorowitsch sah ihn lange an.

»Du faselst, wie ich sehe, und ich verstehe dich nicht recht«, sagte er leise, aber drohend. »Willst du dich etwa von morgen an drei Tage lang verstellen, als hättest du einen Anfall? Wie?«

Smerdjakow, der zu Boden geblickt und wieder mit der Spitze des rechten Fußes gespielt hatte, zog den rechten Fuß zurück und setzte statt dessen den linken vor, hob den Kopf und sagte lächelnd: »Selbst wenn ich das könnte, das heißt mich verstellen, was für einen erfahrenen Menschen nicht schwierig ist, so hätte ich das volle Recht, dieses Mittel anzuwenden, um mein Leben zu retten; denn wenn ich krank darniederliege, so kann er, auch wenn Agrafena Alexandrowna zu seinem Vater kommt, mich kranken Mann dann nicht fragen: ‚Warum hast du es mir nicht gemeldet?' Er würde sich schämen.«

»Zum Teufel«, fuhr Iwan Fjodorowitsch ihn plötzlich mit wutverzerrtem Gesicht an. »Warum bangst du immerzu um dein eigenes Leben! All diese Drohungen meines Bruders Dmitrij sind nur im Jähzorn hingeworfene Worte und sonst nichts. Er wird dich nicht umbringen; er wird jemanden umbringen, aber nicht dich!«

»Wie eine Fliege wird er mich töten, mich zuallererst. Mehr noch als das aber fürchte ich etwas anderes: daß man mich für seinen Helfershelfer halten könnte, wenn er seinem Vater etwas antut.«

»Warum sollte man dich für seinen Helfershelfer halten?«

»Weil ich ihm unter der größten Verschwiegenheit jene Zeichen verraten habe.«

»Was für Zeichen? Wem verraten? Der Teufel soll dich holen, drücke dich klarer aus!«

»Ich muß offen gestehen«, sagte Smerdjakow gedehnt und mit pedantischer Ruhe, »daß ich mit Fjodor Pawlowitsch zusammen ein Geheimnis habe. Wie Sie selber wissen – vorausgesetzt, daß Sie es zu wissen belieben –, pflegt der Herr sich seit ein paar Tagen, sobald es Nacht oder auch nur Abend wird, sofort in seiner Wohnung einzuschließen. In der letzten Zeit sind Sie stets früh heimgekehrt und gleich nach oben auf Ihr Zimmer gegangen, und gestern haben Sie das Haus überhaupt nicht verlassen, darum wissen Sie vielleicht noch nicht, wie sorgfältig er sich jetzt über Nacht einschließt. Selbst wenn Grigorij Wassiljewitsch käme, würde er ihm nicht öffnen, es sei denn, er hätte ihn an der Stimme erkannt. Doch Grigorij Wassiljewitsch kommt nicht, denn jetzt bediene ich allein in den Zimmern – so hat es der Herr selbst angeordnet seit dem Augenblick, da er sich in die Sache mit Agrafena Alexandrowna eingelassen hat. Für die Nacht aber entferne auch ich mich jetzt auf seine Anordnung hin und nächtige im Nebengebäude, doch darf ich bis Mitternacht nicht schlafen, sondern muß Dienst tun, hin und wieder aufstehen, einen Rundgang durch den Hof machen und aufpassen, ob Agrafena Alexandrowna kommt, denn er erwartet sie schon seit ein paar Tagen wie ein Besessener. Er überlegt so: ‚Sie fürchtet ihn, den Dmitrij Fjodorowitsch' – er nennt ihn immer Mitjka –, ‚darum wird sie etwas später in der Nacht hinter den Häusern entlang zu mir kommen; du aber', sagt er, ‚laure auf sie bis Mitternacht und darüber hinaus. Und wenn sie kommt, so laufe zur Tür und gib mir dort oder vom Garten aus am Fenster ein Klopfzeichen, die ersten zwei Male etwas langsamer: eins – zwei, und gleich danach dreimal etwas schneller: tuck-tuck-tuck. Dann werde ich sofort verstehen', sagt er, ,daß sie gekommen ist, und dir leise die Tür öffnen.' Für den Fall, daß etwas Außergewöhnliches geschieht, hat er mir ein anderes Zeichen angegeben – zuerst zweimal rasch: tuck-tuck, und nach einigem Warten noch einmal viel stärker. Daraus wird er dann ersehen, daß etwas Unerwartetes vorgefallen ist und daß ich ihn dringend sprechen muß, und er wird mir dann ebenfalls öffnen, und ich werde eintreten und berichten. Das gilt für den Fall, daß Agrafena Alexandrowna nicht selbst kommen kann, sondern irgendeine Nachricht schickt. Außerdem könnte auch Dmitrij Fjodorowitsch kommen, da muß ich dann melden, daß er in der Nähe ist. Er fürchtet sich sehr vor Dmitrij Fjodorowitsch, so daß ich sogar dann, wenn Agrafena Alexandrowna schon dasein und er sich mit ihr eingeschlossen haben sollte, Dmitrij Fjodorowitsch aber unterdessen irgendwo in der Nähe auftauchen sollte, ihm das unbedingt sofort durch dreimaliges Klopfen melden muß. Somit bedeutet das erste Zeichen, das fünfmalige Klopfen: ,Agrafena Alexandrowna ist gekommen', und das zweite Zeichen, das dreimalige Klopfen: ,Es ist sehr dringend.' Er hat mir das selber ein paarmal vorgemacht und auseinandergesetzt. Da aber auf der ganzen Welt nur ich und er von diesen Zeichen wissen, so wird er ohne jegliches Bedenken öffnen, ohne sich durch Zuruf zu vergewissern, wer an der Tür ist, denn laut zu rufen fürchtet er sich sehr. Diese Zeichen nun kennt jetzt auch Dmitrij Fjodorowitsch.«

»Wieso kennt er sie? Hast du sie ihm mitgeteilt? Wie konntest du es wagen, sie ihm mitzuteilen?«

»Ich tat es nur aus Angst. Wie hätte ich es denn wagen können, sie ihm zu verschweigen? Dmitrij Fjodorowitsch bedrängt mich tagtäglich: ,Du betrügst mich, du verheimlichst mir etwas! Ich breche dir alle Knochen entzwei!' Und da teilte ich ihm diese geheimen Zeichen mit, damit er wenigstens meine unterwürfige Ergebenheit sieht und sich davon überzeugt, daß ich ihn nicht betrüge, sondern mich auf jede Weise bemühe, ihm alles zu hinterbringen.«

»Wenn du meinst, daß er von diesen Zeichen Gebrauch machen und eindringen will, so verhindere es.«

»Wenn ich aber in einem Anfall darniederliege, wie soll ich es dann verhindern, gesetzt, ich fände überhaupt den Mut dazu, wo ich doch weiß, wie verwegen er ist?«

»Ach, zum Teufel! Warum bist du so sicher, daß du einen Anfall bekommen wirst? Machst du dich etwa über mich lustig?«

»Wie könnte ich es wagen, mich über Sie lustig zu machen, und ist einem wohl lustig zumute, wenn man eine solche Angst hat? Ich fühle im voraus, daß ich einen Anfall bekommen werde, ich habe so ein Vorgefühl, aus bloßer Angst werde ich einen bekommen.«

»Wenn du darniederliegst, wird Grigorij Wache halten. Verständige Grigorij beizeiten, der wird ihn schon nicht einlassen.«

»Von den Zeichen wage ich Grigorij Wassiljewitsch ohne Erlaubnis des Herrn auf keinen Fall etwas zu sagen. Was aber das anbelangt, daß Grigorij Wassiljewitsch an meiner Statt Wache halten soll, so ist er gerade heute infolge des gestrigen Vorfalls erkrankt, und Marfa Ignatjewna hat vor, ihn morgen auszukurieren. So haben sie es vorhin vereinbart. Diese Kur ist sehr eigenartig: Marfa Ignatjewna kennt da so eine Tinktur und hält sie ständig vorrätig, es ist ein starker Auszug von irgendeinem Kraut, dessen geheime Wirkung sie kennt. Und mit diesem Geheimmittel behandelt sie Grigorij Wassiljewitsch etwa dreimal im Jahr, wenn sein Kreuz ganz steif wird, als wäre er gelähmt, was, wie gesagt, ungefähr dreimal im Jahr vorkommt. Sie nimmt dann ein Handtuch, feuchtet es mit dieser Tinktur an und reibt ihm damit eine halbe Stunde lang den ganzen Rücken ab, bis er trocken ist. Der Rücken wird dann ganz rot und schwillt an, und was in der Flasche übrigbleibt, das läßt sie ihn mit einem gewissen Gebet trinken, jedoch nicht alles, denn einen kleinen Teil behält sie bei dieser Gelegenheit für sich zurück und trinkt ihn selbst aus. Und beide, muß ich Ihnen sagen, fallen, weil sie das Trinken nicht gewohnt sind, auf der Stelle um und schlafen sehr lange und fest; und wenn Grigorij Wassiljewitsch dann erwacht, so ist er fast immer gesund, Marfa Ignatjewna aber hat nach dem Erwachen immer Kopfschmerzen. Wenn also Marfa Ignatjewna morgen ihre Absicht ausführt, so wird er wohl kaum etwas hören und daher Dmitrij Fjodorowitsch nicht den Zutritt verwehren können. Denn sie werden schlafen.«

»Welch ein Unsinn! Das alles soll ausgerechnet zusammentreffen: dein epileptischer Anfall und der besinnungslose Schlaf der beiden anderen!« rief Iwan Fjodorowitsch. »Willst du es etwa gar selber dahin bringen, daß es zusammentrifft?«

entschlüpfte es ihm plötzlich, und er zog drohend die Brauen zusammen.

»Wie sollte ich es dahin bringen ... und wozu auch, da doch hier alles nur von Dmitrij Fjodorowitsch und seinen Absichten abhängt ... Wenn er sich etwas vornimmt, so führt er es auch aus, und wenn nicht, so werde ich ihn doch nicht eigens holen, um ihn zu seinem Vater hineinzustoßen.«

»Doch weshalb sollte er zum Vater kommen, und noch dazu heimlich, wenn Agrafena Alexandrowna, wie du selbst sagst, gar nicht kommen wird?« fuhr Iwan Fjodorowitsch, bleich vor Zorn, fort. »Du selbst sagst es doch – und auch ich bin, seit ich hier wohne, davon überzeugt, daß der Alte nur phantasiert und daß diese Kreatur nicht zu ihm kommen wird. Weshalb sollte also Dmitrij bei dem Alten eindringen, wenn sie nicht kommt? Sprich! Ich will wissen, was du dir denkst.«

»Sie geruhen selbst zu wissen, weshalb er kommen wird, wozu brauchen Sie also zu wissen, was ich mir denke? Er wird schon deshalb kommen, weil er erbittert ist, oder er wird, weil er so argwöhnisch ist, wenn ich beispielsweise krank bin, Zweifel hegen und aus Ungeduld in den Zimmern nachsehen wollen wie gestern, ob sie nicht doch auf irgendeine Weise heimlich hereingekommen ist. Auch weiß er sehr gut, daß Fjodor Pawlowitsch dreitausend Rubel in einem dreifach versiegelten großen Briefumschlag bereit liegen hat, der mit einem Bändchen zugebunden ist und auf dem von seiner eigenen Hand geschrieben steht: ‚Meinem Engel, der Gruschenka, falls sie gewillt ist, zu mir zu kommen‘, und etwa drei Tage später hat er noch hinzugefügt: ‚und meinem Küken‘. Gerade das muß seinen Argwohn erwecken.«

»Unsinn!« rief Iwan Fjodorowitsch fast außer sich. »Dmitrij wird nicht kommen, um das Geld zu rauben und den Vater zu erschlagen. Er hätte ihn gestern Gruschenkas wegen umbringen können, weil er ein überspannter, gehässiger Dummkopf ist, aber auf Raub ausgehen wird er nicht!«

»Er braucht aber jetzt sehr notwendig Geld, äußerst notwendig, Iwan Fjodorowitsch. Sie wissen gar nicht, wie notwendig er es braucht«, erklärte Smerdjakow auffallend ruhig und mit einer merkwürdigen Bestimmtheit. »Diese besagten dreitausend hält er zudem sozusagen für sein Eigentum; er hat mir das selbst folgendermaßen klargemacht: ‚Mein Vater‘, sagte er, ‚schuldet mir noch genau dreitausend Rubel.‘ Und zu alledem, Iwan Fjodorowitsch, müssen Sie noch eine gewisse unleugbare Wahrheit in Betracht ziehen: es ist ja meiner Ansicht nach so gut wie sicher, daß Agrafena Alexandrowna, sobald sie nur will, den gnädigen Herrn, das heißt also Fjodor Pawlowitsch, zwingen könnte, sie zu heiraten – sobald sie nur will, und sie wird es ja vielleicht wollen. Ich behaupte doch nur, daß sie nicht kommen wird, vielleicht aber wird sie viel mehr als das wollen, das heißt, sie wird schlankweg die gnädige Frau werden wollen. Ich weiß selber, daß ihr Freund, der Kaufmann Samsonow, ganz offen zu ihr gesagt hat, das wäre gar keine so dumme Sache, und daß er dabei gelacht hat. Und sie selbst ist nicht dumm. Wie käme sie dazu, einen armen Schlucker wie Dmitrij Fjodorowitsch zu heiraten? Ziehen Sie das in Betracht und überlegen Sie selbst, Iwan Fjodorowitsch, daß dann für Dmitrij Fjodorowitsch wie auch für Sie und Ihren Bruder Alexej Fjodorowitsch nach dem Tode Ihres Vaters rein nichts übrigbleiben wird, kein einziger Rubel, denn Agrafena Alexandrowna wird ihn ja nur heiraten, damit er ihr alles vermacht und alle Kapitalien auf sie überschreibt. Stirbt aber Ihr Vater jetzt, solange noch nichts dergleichen geschehen ist, so bekommt jeder von Ihnen sofort sichere vierzigtausend, sogar Dmitrij Fjodorowitsch, den er so haßt, denn ein Testament hat er ja noch nicht gemacht ... Das alles weiß Dmitrij Fjodorowitsch sehr gut ...«

Iwans Gesicht verzerrte sich. Er wurde plötzlich rot.

»Warum aber«, unterbrach er Smerdjakow, »rätst du mir trotz alledem, nach Tschermaschnja zu fahren? Was willst du damit sagen? Wenn ich fortfahre, könnte bei euch doch gerade etwas passieren.« Iwan Fjodorowitsch rang nach Atem.

»Ganz richtig«, sagte Smerdjakow ruhig und bedachtsam und beobachtete aufmerksam Iwan Fjodorowitsch.

»Wieso: ganz richtig?« fragte Iwan Fjodorowitsch; er hielt nur mit Mühe an sich, und seine Augen funkelten drohend.

»Ich sagte es aus Mitleid mit Ihnen. An Ihrer Stelle würde ich, wenn es nur um mich ginge, das alles hier im Stich lassen ... statt so eine Sache mit anzusehen ...« antwortete Smerdjakow, wobei er mit der offenherzigsten Miene in die funkelnden Augen Iwan Fjodorowitschs blickte. Beide schwiegen eine Weile.

»Du scheinst ein großer Idiot zu sein und bist gewißlich ... ein schrecklicher Schurke!« sagte Iwan Fjodorowitsch und erhob sich jäh von der Bank. Er wollte durch das Pförtchen gehen, blieb aber unerwartet stehen und wandte sich zu

Smerdjakow um. Nun geschah etwas Seltsames: Iwan Fjodorowitsch biß sich wie in einem Krampf auf die Lippen, ballte die Fäuste, und einen Augenblick schien es, als wollte er sich auf Smerdjakow stürzen. Der merkte das sofort, fuhr zusammen und wich mit dem ganzen Körper zurück. Doch der Augenblick verging, ohne daß Smerdjakow etwas geschah, und Iwan Fjodorowitsch bog schweigend, wie in einer gewissen Ratlosigkeit, ins Pförtchen ein.

»Ich reise morgen nach Moskau, wenn du es wissen willst; morgen früh – das ist alles!« sagte er plötzlich deutlich und laut in gehässigem Ton, und später wunderte er sich, warum er das zu Smerdjakow gesagt hatte.

»Das wird auch das beste sein«, stimmte dieser zu, als hätte er nur darauf gewartet, »allerdings könnte es sein, daß man Sie aus Moskau telegraphisch herbemüht, falls etwas vorfallen sollte.«

Iwan Fjodorowitsch blieb wieder stehen, und abermals wandte er sich rasch zu Smerdjakow um. Doch auch dieser schien verändert zu sein. Seine ganze Vertraulichkeit und seine nachlässige Haltung waren jäh verschwunden; sein Gesicht drückte außerordentliche Aufmerksamkeit und Erwartung aus, doch nun wirkte er schüchtern und kriecherisch. Wirst du nicht noch etwas sagen, nicht noch etwas hinzufügen? war nur zu deutlich in seinem aufmerksamen Blick zu lesen, der sich gleichsam an Iwan Fjodorowitsch festgesaugt hatte.

»Würde man mich denn aus Tschermaschnja nicht auch herrufen, wenn irgend etwas vorfiele?« brüllte Iwan Fjodorowitsch plötzlich, aus unerfindlichem Grunde mit unheimlich erhobener Stimme.

»Auch aus Tschermaschnja würde man Sie ... herbemühen ...« murmelte Smerdjakow fast im Flüsterton, als wäre er ganz verwirrt, sah aber dabei Iwan Fjodorowitsch immer noch überaus aufmerksam in die Augen.

»Nur ist Moskau weiter und Tschermaschnja näher, ist es dir also um das Fahrgeld leid, wenn du auf Tschermaschnja bestehst, oder bedauerst du mich, weil ich einen so großen Umweg machen müßte?«

»Ganz richtig ...« murmelte Smerdjakow mit stockender Stimme, wobei er widerlich grinste und sich wieder krampfhaft bereit machte, rechtzeitig zurückzuspringen. Doch zu Smerdjakows Erstaunen lachte Iwan Fjodorowitsch mit einemmal auf und ging, immer noch lachend, durch das

Pförtchen. Wer ihm ins Gesicht geblickt hätte, der hätte sich gewiß gesagt, daß er keineswegs deswegen lache, weil ihm so fröhlich zumute sei. Auch er selbst hätte durchaus nicht erklären können, was in ihm in jenem Augenblick vor sich ging. Er bewegte sich und ging wie in einem Krampfzustand.

7

»*Ist einer gescheit, so verlohnt es sich auch, mit ihm zu reden*«

Den hatte er auch. Als er, kaum war er heimgekommen, im Saal Fjodor Pawlowitsch begegnete, winkte er ihm mit beiden Händen ab und rief: »Ich gehe nach oben auf mein Zimmer und komme nicht zu Ihnen, auf Wiedersehen!« Er ging an seinem Vater vorbei und bemühte sich sogar, ihn dabei nicht anzublicken. Es ist sehr gut möglich, daß der Alte ihm in diesem Augenblick gar zu verhaßt war, doch eine so unverfrorene Kundgebung seiner feindseligen Gesinnung überraschte selbst Fjodor Pawlowitsch. Offenbar hatte der Alte ihm rasch etwas mitteilen wollen und war daher absichtlich in den Saal gekommen, um ihn zu treffen; als er jedoch so wenig liebenswürdige Worte zu hören bekam, blieb er wortlos stehen und sah nur mit spöttischer Miene dem Sohne auf seinem Weg zur Mezzanintreppe nach, bis er seinen Blicken entschwunden war.

»Was hat er nur?« fragte er schnell Smerdjakow, der gleich nach Iwan Fjodorowitsch hereingekommen war.

»Er ärgert sich über irgend etwas, wer kann denn aus ihm klug werden?« murmelte der ausweichend.

»Hol ihn der Teufel! Mag er sich ärgern! Bring den Samowar und mach dann, daß du fortkommst, aber rasch. Gibt es etwas Neues?«

Und nun folgten jene Fragen, über die sich Smerdjakow eben erst Iwan Fjodorowitsch gegenüber beklagt hatte; sie betrafen alle die erwartete Besucherin; wir lassen sie hier weg. Eine halbe Stunde später war das Haus abgeschlossen, und der verrückte Alte ging allein in den Zimmern umher, in zitternder Erwartung, daß jeden Augenblick das vereinbarte fünfmalige Klopfen ertönen könnte. Von Zeit zu Zeit warf er einen Blick durch die dunklen Fenster, doch nichts war draußen zu sehen als die Nacht.

Es war schon sehr spät, doch Iwan Fjodorowitsch schlief immer noch nicht, sondern überlegte. In dieser Nacht ging er spät zu Bett, erst gegen zwei Uhr. Doch wir wollen nicht den ganzen Gang seiner Gedanken wiedergeben, auch haben wir jetzt keine Zeit, uns mit dieser Seele zu befassen: sie kommt noch dort, wo es ihr zusteht, an die Reihe. Und selbst wenn wir versuchen wollten wiederzugeben, was ihn bewegte, so wäre das sehr schwierig, denn es waren nicht Gedanken, es war vielmehr etwas sehr Unbestimmtes, das ihn sehr erregte. Er fühlte selber, daß er nicht mehr ein noch aus wußte. Auch quälten ihn verschiedene seltsame, ihm fast völlig unbegreifliche Wünsche; zum Beispiel empfand er bald nach Mitternacht mit einemmal das unwiderstehliche Verlangen, hinunterzugehen, die Tür aufzuschließen, sich ins Nebengebäude zu begeben und Smerdjakow zu verprügeln; hätte man ihn aber gefragt weswegen, so wäre er entschieden außerstande gewesen, auch nur einen einzigen Grund anzugeben, außer vielleicht, daß dieser Diener ihm so verhaßt geworden sei wie jemand, der ihm die schwerste Beleidigung, die man sich nur denken könne, zugefügt habe. Dann wieder bemächtigte sich seiner Seele in dieser Nacht mehrmals eine unerklärliche und erniedrigende Zaghaftigkeit, durch die er – das fühlte er – sogar seine physischen Kräfte zu verlieren schien. Der Kopf tat ihm weh, und ihn schwindelte. Ein Gefühl des Hasses beklemmte seine Seele, ihm war, als müsse er sich an jemandem rächen. Er haßte sogar Aljoscha, wenn er an das Gespräch zurückdachte, das er vorhin mit ihm geführt hatte, und zeitweilig empfand er auch einen tiefen Haß gegen sich selbst. An Katerina Iwanowna dachte er fast gar nicht mehr, und darüber wunderte er sich später sehr, zumal er sich genau erinnerte, wie er sich noch gestern früh, als er sich bei Katerina Iwanowna so herausfordernd gebrüstet hatte, er werde morgen nach Moskau fahren, in seiner Seele zugeflüstert hatte: Das ist ja Unsinn, du wirst nicht fahren, und es wird dir gar nicht so leicht fallen, dich loszureißen, wie du jetzt prahlst! Wenn er sich später, lange danach, diese Nacht ins Gedächtnis zurückrief, erinnerte sich Iwan Fjodorowitsch mit besonderem Abscheu daran, wie er sich ab und zu vom Sofa erhoben und leise, als hätte er gefürchtet, daß jemand ihn heimlich beobachten könnte, die Tür geöffnet hatte, auf die Treppe hinausgegangen war und nach unten, nach den unteren Zimmern hinab, gehorcht hatte, wie sich dort Fjodor Pawlowitsch bewegte und umherging; längere Zeit, wohl fünf Minuten lang, hatte er gelauscht, mit einer seltsamen Neugier, mit angehaltenem Atem und klopfendem Herzen, ohne selber zu wissen, weshalb er das alles tat, weswegen er lauschte. Dieses Verhalten nannte er sein ganzes späteres Leben hindurch »abscheulich«, und er hielt es tief in seinem Inneren, im verborgensten Winkel seines Herzens, für die gemeinste Tat seines Lebens. Fjodor Pawlowitsch gegenüber empfand er in jenen Minuten nicht einmal Haß; er war nur sehr neugierig zu wissen, wie er wohl dort unten umhergehen und was er wohl jetzt in seinem Zimmer tun mochte. Er überlegte und suchte zu erraten, wie er wohl dort unten zu den dunklen Fenstern hinausblicken, plötzlich mitten im Zimmer stehenbleiben und gespannt warten mochte, ob nicht jemand klopfen werde. Iwan Fjodorowitsch ging zu diesem Zweck zweimal auf die Treppe hinaus. Als alles still geworden war und Fjodor Pawlowitsch sich hingelegt hatte, ungefähr um zwei Uhr, ging auch Iwan Fjodorowitsch zu Bett, mit dem festen Vorsatz, möglichst bald einzuschlafen, denn er fühlte sich sehr erschöpft. Er sank auch wirklich gleich in einen tiefen, traumlosen Schlaf, erwachte jedoch schon früh, gegen sieben Uhr, kaum daß es hell geworden war. Als er die Augen öffnete, spürte er zu seiner Verwunderung auf einmal eine ungewöhnliche Energie, sprang rasch aus dem Bett und zog sich schnell an, dann holte er seinen Koffer hervor und begann unverzüglich in aller Eile zu packen. Seine Wäsche hatte er gerade gestern früh von der Wäscherin zurückerhalten. Iwan Fjodorowitsch lächelte bei dem Gedanken, daß alles so gut klappte und daß seiner plötzlichen Abreise nichts im Wege stand. Seine Abreise kam ihm tatsächlich unerwartet. Denn obwohl Iwan Fjodorowitsch gestern noch zu Katerina Iwanowna, zu Aljoscha und zu Smerdjakow gesagt hatte, er werde morgen fahren, so hatte er doch, als er sich schlafen legte – dessen erinnerte er sich sehr wohl –, gar nicht an eine Abreise gedacht, zum mindesten aber in keiner Weise geahnt, daß seine erste Bewegung am Morgen nach dem Erwachen sein werde, sich eiligst ans Packen des Koffers zu machen. Endlich waren Koffer und Reisetasche fertig. Es war schon gegen neun Uhr, als Marfa Ignatjewna bei ihm erschien und ihre tägliche Frage stellte: »Wo wünschen Sie den Tee einzunehmen, hier in Ihrem Zimmer, oder kommen Sie nach unten?« Iwan Fjodorowitsch ging hinunter, er sah fast heiter aus, obwohl er selbst und seine Worte und Gebärden etwas Zerfahrenes und Hastiges an sich hatten. Nachdem er seinen Vater freundlich begrüßt und sich sogar besonders teilnahmsvoll nach seinem Befinden erkundigt hatte, erklärte er mit einemmal, ohne übrigens die Antwort seines Vaters bis zu Ende anzuhören, er reise in einer Stunde für immer nach Moskau ab und bitte daher, anspannen zu lassen. Der Alte nahm diese Mitteilung, ohne sich im geringsten zu wundern, entgegen, er vergaß sogar höchst unschicklicherweise, über die Abreise des Sohnes ein wenig Betrübnis zu zeigen; statt dessen wurde er auf einmal außerordentlich lebhaft, da ihm gerade noch zur rechten Zeit eine wichtige eigene Angelegenheit eingefallen war.

»Ach du! So einer bist du also! Gestern hast du mir nichts davon gesagt . . . na, einerlei, das können wir auch jetzt noch in Ordnung bringen. Tu mir den großen Gefallen, mein Lieber, mach einen Abstecher nach Tschermaschnja. Du brauchst doch nur von der Station Wolowja nach links abzubiegen, es sind nur knapp zwölf Werst, und schon bist du in Tschermaschnja.«

»Aber ich bitte Sie, das kann ich nicht: bis zur Eisenbahn sind es achtzig Werst, und der Zug nach Moskau verläßt um sieben Uhr abends die Station – ich werde ihn nur ganz knapp erreichen.«

»Du kannst ja morgen fahren oder übermorgen, heute aber mußt du einen Abstecher nach Tschermaschnja machen. Was kostet es dich schon, deinen Vater zu beruhigen! Wenn ich nicht hier zu tun hätte, wäre ich schon längst selber mal rasch hingefahren, denn es handelt sich um eine eilige und außerordentlich wichtige Sache, hier bei mir aber . . . kurzum, ich habe keine Zeit . . . Siehst du, da ist dieses Wäldchen, das mir gehört, es liegt in zwei Revieren, in Begitschewo und in Djatschkino, inmitten unbebauten Landes. Die Maslows, der Alte und sein Sohn, Handelsleute, bieten nur achttausend für das Holz, im vergangenen Jahr aber fand ich einen Käufer, der bot zwölftausend, nur ist er nicht von hier, das ist der Haken. Denn die Einheimischen haben zur Zeit keinen Absatz: die Maslows, Vater und Sohn, besitzen Hunderttausende und treiben damit Wucher; was sie bieten, muß man nehmen, und von den Einheimischen wagt es keiner, mit ihnen zu konkurrieren. Doch am vergangenen Donnerstag hat mir der Priester von Iljinskoje geschrieben, Gorstkin sei eingetroffen. Der ist auch ein Handelsmann, ich kenne ihn, er hat den Vorteil, daß er kein Einheimischer, sondern aus Pogrebowo ist, er fürchtet also die Maslows nicht. ‚Elftausend', sagte er, ‚gebe ich für das Wäldchen', hörst du? Er bleibt abei nur eine Woche, schreibt der Priester. Da solltest du nun hinfahren und mit ihm handelseinig werden . . .«

»Schreiben Sie doch an den Priester, der kann das auch tun.«

»Das ist es ja eben, er kann es nicht. Dieser Priester weiß nicht die Augen offenzuhalten. Als Mensch ist er Gold wert, ich würde ihm sofort zwanzigtausend Rubel ohne Quittung anvertrauen, aber die Augen weiß er nicht offenzuhalten, als wäre er gar kein Mensch; jeder Hans Guckindieluft könnte ihn betrügen. Dabei ist er ein gelehrter Mann, stell dir das bloß vor. Dieser Gorstkin ist dem Aussehen nach ein Bauer in langschößigem blauem Überrock, seinem Charakter nach aber ist er ein ausgemachter Schurke, das ist eben das Schlimme für uns alle: er lügt, da liegt der Hund begraben. Manchmal lügt er derart, daß man sich nur wundern muß, weshalb er das eigentlich tut. Im vorvergangenen Jahr log er mir vor, seine Frau sei gestorben, und er habe schon eine andere geheiratet, dabei war nichts dergleichen geschehen, stell dir das nur vor. Seine Frau ist gar nicht gestorben, sie lebt auch heute noch und verprügelt ihn alle drei Tage. Darum muß man herausbekommen, ob er jetzt lügt oder aber die Wahrheit spricht, wenn er sagt, daß er kaufen und elftausend geben wolle.«

»Da werde auch ich nichts zuwege bringen, denn ich weiß ebenfalls nicht die Augen offenzuhalten.«

»Halt, warte, du wirst wohl dazu taugen, denn ich werde dir von all seinen Eigenheiten berichten, von denen des Gorstkin, verstehst du, ich habe ja schon seit langem mit ihm zu tun. Siehst du: man muß ihm auf den Kinnbart blicken; er hat ein widerliches, schütteres rötliches Bärtchen. Sobald der Bart zittert, während er redet und sich ärgert – dann ist alles in Ordnung, dann spricht er die Wahrheit und will das Geschäft machen; streicht er sich aber den Bart mit der linken Hand, und lächelt er dabei – na, dann will er dich übers Ohr hauen, dann lügt er. In die Augen darfst du ihm nie schauen, an den Augen kannst du nichts erkennen, stille Wasser trügen, ein Spitzbube ist er – du mußt ihm auf den Bart sehen. Ich werde dir einen Zettel mitgeben, den zeige ihm vor. Er nennt sich Gorstkin, heißt aber gar nicht Gorstkin, sondern Ljagawyj*. So darfst du

* Gebräuchlicher Name für Pferde, die nach hinten ausschlagen (Anmerkung des Übersetzers).

ihn jedoch nicht nennen, sonst fühlt er sich beleidigt. Wenn du mit ihm handelseinig wirst und siehst, daß alles klappt, so schreibe mir sofort. Schreib nur: ‚Er lügt nicht.' Bestehe auf elftausend, einen Tausender darfst du nachlassen, mehr aber nicht. Bedenke: acht und elf – das ist ein Unterschied von dreitausend. Diese dreitausend fallen mir geradezu in den Schoß, denn ein anderer Käufer ließe sich wohl nicht so rasch finden, das Geld aber brauche ich sehr dringend. Läßt du mich wissen, daß er es ernst meint, so komme ich schleunigst hin und schließe den Kauf ab, auf irgendeine Weise werde ich die Zeit dafür schon erübrigen. Wozu sollte ich jetzt hinfahren, wenn der Pope das alles vielleicht nur erfunden hat? Na, fährst du hin oder nicht?«

»Oh, ich habe keine Zeit, ersparen Sie mir das.«

»Ach, tu doch deinem Vater den Gefallen, ich werde es dir nicht vergessen! Herzlos seid ihr alle, das ist es! Was macht schon für dich ein Tag aus oder zwei? Wohin willst du denn jetzt, nach Venedig? In zwei Tagen wird dein Venedig nicht in Trümmer sinken. Ich hätte Aljoschka hingeschickt, doch was versteht denn Aljoschka von solchen Dingen? Ich bitte dich ja nur deshalb, weil du ein kluger Mensch bist. Sehe ich das denn nicht? Mit Holz handelst du zwar nicht, aber du hast Augen im Kopf. Hier kommt es nur darauf an, zu erkennen, ob der Mann es ernst meint oder nicht. Ich sage dir, blicke ihm auf den Bart: zittert der Bart – dann meint er es ernst.«

»Sie selbst also drängen mich, nach diesem verdammten Tschermaschnja zu fahren, wie?« rief Iwan Fjodorowitsch mit gehässigem Lächeln.

Fjodor Pawlowitsch bemerkte die Gehässigkeit nicht oder wollte sie nicht bemerken, doch das Lächeln entging ihm nicht: »Du fährst also hin, du fährst? Ich schreibe sofort den Zettel für dich.«

»Ich weiß nicht, ob ich hinfahre, ich weiß es noch nicht, ich werde mich unterwegs entscheiden.«

»Warum denn erst unterwegs, entscheide dich gleich. Lieber, entscheide dich! Bist du mit ihm handelseinig geworden, schreibst du zwei Zeilen an mich, gibst sie dem Priester, und der wird mir dein Briefchen sofort zuschicken. Dann halte ich dich nicht mehr auf, fahre du nur nach Venedig. Zur Station Wolowja wird dich der Priester mit seinen Pferden zurückbringen . . .«

Der Alte war geradezu entzückt und schrieb den Zettel; man

schickte nach Pferden, und ein Imbiß und Kognak wurden aufgetischt. Wenn der Alte sich freute, begann er im allgemeinen seine Gefühle recht stürmisch zu äußern, doch diesmal schien er an sich zu halten. Über Dmitrij Fjodorowitsch zum Beispiel ließ er kein einziges Wort verlauten. Die Trennung indessen rührte ihn gar nicht. Es war sogar, als fände er nichts, wovon er reden könnte; Iwan Fjodorowitsch fiel das auf, und er dachte: Er muß meiner von Herzen überdrüssig geworden sein. Erst als der Alte den Sohn die Vortreppe hinuntergeleitete, schien er unruhig zu werden: er machte schon den Versuch, sich ihm zu nähern und ihn zu küssen. Doch Iwan Fjodorowitsch streckte ihm rasch die Rechte zum Händedruck hin, um den Küssen zu entgehen. Der Alte begriff sofort und stand augenblicklich von seinem Vorhaben ab.

»Na, Gott befohlen, Gott befohlen!« wiederholte er von der Vortreppe herab. »Du wirst doch noch mal im Leben herkommen? Na, komm nur, es wird mich jederzeit freuen. Nun, der Herr segne deine Wege!«

Iwan Fjodorowitsch stieg in den Wagen.

»Leb wohl, Iwan, schimpf nicht zu sehr über mich!« rief ihm der Vater noch als letztes zu.

Alle Dienstboten – Smerdjakow, Marfa und Grigorij – waren herausgekommen, dem Abreisenden das Geleit zu geben. Iwan Fjodorowitsch schenkte jedem von ihnen zehn Rubel. Als er schon im Wagen Platz genommen hatte, sprang Smerdjakow herzu, um den Fußteppich zurechtzurücken.

»Siehst du . . . nun fahre ich nach Tschermaschnja . . .« entschlüpfte es plötzlich Iwan Fjodorowitsch ganz von selbst, geradeso wie gestern, und er lachte nervös auf. Noch lange später dachte er oft daran zurück.

»Die Leute haben also recht, wenn sie sagen: Ist einer gescheit, so verlohnt es sich auch, mit ihm zu reden«, entgegnete Smerdjakow fest und blickte dabei Iwan Fjodorowitsch eindringlich an.

Der Wagen setzte sich in Bewegung und jagte davon. In der Seele des Reisenden sah es trübe aus, doch begierig blickte er ringsum auf die Felder, auf die Hügel, auf die Bäume, auf einen Zug Wildgänse, der hoch über ihm am klaren Himmel vorbeiflog. Und auf einmal wurde ihm so wohl zumute. Er versuchte, mit dem Fuhrmann ein Gespräch anzuknüpfen, und irgend etwas an den Antworten des Bauers erweckte sein Interesse, doch kurz danach merkte er, daß er nur halb hingehört und in Wirklichkeit nichts verstanden hatte. Er verstummte; auch so war es schön: die Luft war rein, frisch und kühl, der Himmel klar. Vor seinem Geiste wollten schon die Gestalten Aljoschas und Katerina Iwanownas erstehen; doch er lächelte still vor sich hin, blies leise auf die lieben Trugbilder, und sie entschwebten: ihre Zeit kommt noch, dachte er. Die Strecke bis zur ersten Station legten sie rasch zurück, sie wechselten die Pferde und jagten nach Wolowja. Warum verlohnt es sich, mit einem gescheiten Menschen zu reden? Was hat er damit sagen wollen? fuhr es ihm durch den Kopf, und dieser Gedanke benahm ihm den Atem. Und warum habe ich ihm gesagt, daß ich nach Tschermaschnja fahre? Im Galopp erreichten sie die Station Wolowja. Iwan Fjodorowitsch stieg aus. Die Fuhrleute umringten ihn. Man einigte sich über den Fahrpreis nach Tschermaschnja; es waren noch zwölf Werst, ein Feldweg führte dorthin, und er mußte mit Mietpferden fahren. Er befahl anzuspannen. Dann ging er ins Stationsgebäude, schaute sich darin um, warf einen Blick auf die Frau des Posthalters und trat plötzlich wieder auf die Vortreppe heraus.

»Ich fahre nicht nach Tschermaschnja. Ob ich wohl bis sieben Uhr noch zur Bahn komme, Leute?«

»Das geht gerade noch, wir werden Sie zufriedenstellen. Soll angespannt werden?«

»Ja, sofort. Fährt nicht einer von euch morgen in die Stadt?«

»Freilich, Mitrij fährt hin.«

»Könntest du mir einen Gefallen tun, Mitrij? Geh zu meinem Vater, zu Fjodor Pawlowitsch Karamasow, und sag ihm, daß ich nicht nach Tschermaschnja gefahren bin. Kannst du das oder nicht?«

»Warum sollte ich nicht? Ich werde hingehen, den Fjodor Pawlowitsch kenne ich schon sehr lange.«

»Da hast du ein Trinkgeld, denn er wird dir wahrscheinlich keins geben«, sagte Iwan Fjodorowitsch und lachte vergnügt.

»Er wird mir ganz gewiß keins geben«, entgegnete Mitrij und lachte auch. »Danke, Herr, ich werde Ihren Auftrag bestimmt ausführen.«

Um sieben Uhr abends stieg Iwan Fjodorowitsch in den Zug und fuhr nach Moskau. Fort mit allem Vergangenen, dachte er, Schluß mit meinem bisherigen Leben; und keine Nachricht, kein Ruf von dort soll mich erreichen! Auf in eine neue Welt, an neue Orte, ohne Zögern! Doch statt eines freudigen Gefühls breitete sich in seiner Seele auf einmal eine solche

Düsternis aus, und eine solche Betrübnis begann an seinem Herzen zu nagen, wie er sie noch nie empfunden hatte. Die ganze Nacht hindurch überlegte er hin und her; der Zug raste dahin, und erst bei Tagesanbruch, als er schon in Moskau einfuhr, kam Iwan Fjodorowitsch auf einmal gleichsam wieder zu sich.

»Ich bin ein Schuft!« flüsterte er vor sich hin.

Fjodor Pawlowitsch indessen war, nachdem er seinem Sohn das Geleit gegeben hatte, recht zufrieden. Ganze zwei Stunden lang fühlte er sich fast glücklich und trank von Zeit zu Zeit ein Gläschen Kognak; doch plötzlich ereignete sich im Hause ein Vorfall, der für all seine Bewohner sehr ärgerlich und unangenehm war und Fjodor Pawlowitsch in tiefe Bestürzung versetzte: Smerdjakow war aus irgendeinem Grund in den Keller gegangen und von der obersten Stufe hinuntergefallen. Zum Glück war Marfa Ignatjewna zufällig auf dem Hof gewesen und hatte es rechtzeitig gehört. Sie hatte ihn nicht stürzen sehen, dafür aber seinen Schrei gehört, einen eigenartigen, seltsamen, ihr jedoch schon längst bekannten Schrei – den Schrei des Epileptikers, der im Anfall hinstürzt. Ob Smerdjakow den Anfall in dem Augenblick bekommen hatte, da er die Stufen hinunterging, so daß er daraufhin besinnungslos hinuntergestürzt war, oder ob im Gegenteil Smerdjakow erst durch den Sturz und die Erschütterung seinen Anfall bekommen hatte – das ließ sich nicht ergründen, jedenfalls fand man ihn auf dem Boden des Kellers liegen; er wand sich in Krämpfen und Zuckungen und hatte Schaum vor dem Munde. Zuerst dachte man, er habe sich bestimmt etwas gebrochen, einen Arm oder ein Bein, und sich auch sonst verletzt, doch »Gott hatte ihn bewahrt«, wie Marfa Ignatjewna sich ausdrückte: es war nichts dergleichen geschehen, nur war es schwierig, ihn aufzuheben und aus dem Keller ins Freie zu tragen. Doch man bat die Nachbarn um Hilfe und brachte es so mit Mühe und Not zustande. Bei dieser ganzen Prozedur war auch Fjodor Pawlowitsch zugegen und half selbst mit, sichtlich erschreckt und aus der Fassung geraten. Der Kranke kam jedoch nicht zur Besinnung: die Anfälle hörten zwar zeitweilig auf, kamen aber immer wieder, und alle schlossen daraus, es werde das gleiche geschehen wie im vergangenen Jahr, als er versehentlich vom Dachboden heruntergefallen war. Man erinnerte sich, daß man ihm damals Eis auf den Scheitel gelegt hatte. Im Keller fand sich noch etwas Eis, und Marfa Ignatjewna traf die notwendigen Maßnahmen, während Fjodor Pawlowitsch gegen Abend

Doktor Herzenstube holen ließ, der auch unverzüglich erschien. Nachdem er den Kranken sorgfältig untersucht hatte (er war der sorgfältigste und aufmerksamste Arzt im ganzen Gouvernement, ein bejahrter und sehr ehrwürdiger Herr), kam er zu dem Schluß, daß es ein außergewöhnlicher Anfall sei und »Gefahr drohe«, daß er, Herzenstube, vorläufig noch nicht alles begreife, daß er jedoch morgen früh, falls die bisherigen Maßnahmen nichts nützen sollten, sich entschließen werde, andere zu ergreifen. Man brachte den Kranken ins Nebengebäude, in das kleine Zimmer neben dem Raum, den Grigorij und Marfa Ignatjewna bewohnten. Danach erlitt Fjodor Pawlowitsch den ganzen Tag über ein Mißgeschick nach dem anderen: das Essen hatte Marfa Ignatjewna zubereitet, und die Suppe schmeckte im Vergleich zu der, die Smerdjakow sonst gekocht hatte, »wie Spülwasser«, während das Huhn dermaßen ausgedörrt war, daß man es nicht kauen konnte. Marfa Ignatjewna entgegnete auf die bitteren, wenn auch berechtigten Vorwürfe ihres Herrn, das Huhn sei ohnehin schon sehr alt gewesen, und sie sei kein gelernter Koch. Gegen Abend kam noch eine andere Sorge hinzu: man meldete Fjodor Pawlowitsch, daß Grigorij, der seit vorgestern krank war, gerade jetzt so gut wie bettlägerig geworden sei, er habe ein ganz steifes Kreuz bekommen. Fjodor Pawlowitsch trank daher seinen Tee möglichst früh und schloß sich dann allein im Haus ein. Er war in ungemein angespannter und unruhiger Erwartung. Denn gerade an diesem Abend erwartete er nahezu mit Gewißheit Gruschenkas Besuch; wenigstens hatte er schon früh am Morgen von Smerdjakow die Zusicherung erhalten, sie habe versprochen, ganz bestimmt zu kommen. Das Herz des ruhelosen Alten schlug heftig, er ging in seinen leeren Zimmern umher und horchte. Es galt, auf der Hut zu sein: konnte doch Dmitrij Fjodorowitsch irgendwo auf sie lauern; sobald sie ans Fenster klopfte (Smerdjakow hatte noch vorgestern Fjodor Pawlowitsch versichert, er habe ihr gesagt, wo und wie sie klopfen müsse), mußte er möglichst rasch die Tür öffnen, und auf keinen Fall durfte er Gruschenka auch nur eine Sekunde länger als nötig im Flur aufhalten, damit sie ja nicht, was Gott verhüten möge, über irgend etwas erschrecke und davonlaufe. Fjodor Pawlowitsch war in großer Sorge, noch nie aber hatte sein Herz sich in süßerer Hoffnung gewiegt: konnte man doch fast mit Gewißheit sagen, daß sie diesmal bestimmt kommen werde!...

SECHSTES BUCH

EIN RUSSISCHER MÖNCH

I

Der Starez Sosima und seine Gäste

Als Aljoscha, Unruhe und Schmerz im Herzen, die Zelle des Starez betrat, blieb er wie bestürzt stehen: statt einen Kranken vorzufinden, der, wie er befürchtet hatte, in den letzten Zügen lag und vielleicht schon bewußtlos war, sah er den Starez, wenn auch erschöpft und schwach, so doch mit frischem und vergnügtem Gesicht im Lehnstuhl sitzen und, von Gästen umgeben, mit ihnen ein ruhiges und heiteres Gespräch führen. Übrigens hatte er kaum eine Viertelstunde vor Aljoschas Kommen das Bett verlassen; die Gäste hatten sich schon vorher in der Zelle versammelt und auf sein Erwachen gewartet, da Vater Paisij mit Bestimmtheit versichert hatte, »der Meister werde gewiß aufstehen, um sich noch einmal mit denen, die seinem Herzen teuer seien, zu unterhalten, wie er selbst noch am Morgen gesagt und versprochen habe«. An dieses Versprechen wie überhaupt an jedes Wort des dahinscheidenden Starez glaubte Vater Paisij fest, so fest, daß er, selbst wenn er ihn schon ganz bewußtlos, ja entseelt gesehen, aber sein Versprechen gehabt hätte, er werde sich noch einmal erheben und von ihm Abschied nehmen, vielleicht sogar an seinen Tod nicht geglaubt und immer noch erwartet hätte, der Tote werde noch einmal zu sich kommen und das Versprochene erfüllen. Am Morgen nun hatte ihm der Starez kurz vor dem Einschlafen mit Bestimmtheit gesagt: »Ich werde nicht eher sterben, als bis ich mich an einem Gespräch mit euch, ihr Geliebten meines Herzens, noch einmal erlabt, eure lieben Gesichter angeblickt und meine Seele noch einmal vor euch ausgeschüttet habe.« Die zu diesem wahrscheinlich letzten Gespräch mit dem Starez Versammelten waren seit Jahren seine treuesten Freunde. Es waren ihrer vier: die Mönchpriester Vater Iosif und Vater Paisij; als dritter Mönchpriester Vater Michail, Vorsteher der Einsiedelei, ein noch nicht sehr alter Mann, bei weitem nicht so gelehrt wie die anderen und einfacher Herkunft, doch von starkem Geist, unerschütterlich und schlicht gläubig, von strengem Äußeren, doch sehr weichen Herzens, was er geradezu schamhaft zu verbergen suchte. Der vierte Gast war ein schon sehr alter, einfacher Mönch von ärmster bäuerlicher Herkunft, der Bruder Anfim; er konnte kaum lesen und schreiben, war schweigsam und still, sprach nur selten mit jemandem, war unter allen Demütigen der Demütigste und hatte das Aussehen eines Menschen, den irgend etwas Großes und Furchtbares, für seinen Verstand Unfaßliches auf ewig erschreckt hat. Diesen gleichsam vor Angst bebenden Menschen liebte und achtete der Starez Sosima sehr, obwohl er in seinem ganzen Leben zu niemandem weniger gesprochen hatte als zu ihm, mit dem er doch einst viele Jahre lang durch das ganze heilige Rußland gepilgert war. Das war schon sehr lange her, ungefähr vierzig Jahre, als der Starez Sosima in einem armen, wenig bekannten Kloster des Gouvernements Kostroma sein entsagungsvolles Mönchsleben begonnen hatte und bald danach Vater Anfim bei seinen Pilgerfahrten begleitete, auf denen sie Opfergaben für ihr armes Kloster sammelten. Alle, der Hausherr wie auch seine Gäste, hatten sich ins zweite Zimmer des Starez gesetzt, in dem sein Bett stand und das, wie schon erwähnt, sehr klein war, so daß alle vier (außer dem Novizen Porfirij, der stehenblieb) mit ihren Stühlen, die aus dem ersten Zimmer herübergebracht worden waren, rund um den Lehnstuhl des Starez kaum Platz hatten. Die Abenddämmerung brach schon herein, das Zimmer war nur von den Öllämpchen und den Wachskerzen vor den Ikonen erhellt. Als der Starez Aljoscha erblickte, der verwirrt unter der Tür stehengeblieben war, lächelte er ihm freudig zu und streckte ihm die Hand entgegen: »Sei gegrüßt, du Stiller, sei gegrüßt, du Lieber, da bist du ja! Ich wußte doch, daß du kommen wirst.«

Aljoscha ging zu ihm hin, verneigte sich vor ihm bis zur Erde und brach in Tränen aus. Das Herz wollte ihm zerspringen, seine Seele zitterte, er hätte laut schluchzen mögen.

»Was hast du? Warte noch mit dem Weinen!« Der Starez lächelte und legte seine rechte Hand auf Aljoschas Kopf. »Du siehst doch, ich sitze hier und unterhalte mich, vielleicht werde ich noch zwanzig Jahre leben, wie es mir gestern die Gute, die Liebe aus Wyschegorje gewünscht hat, die ihr Töchterchen Lisaweta in den Armen hielt. Herr, gedenke der Mutter und ihres Töchterchens Lisaweta!« Er bekreuzte sich. »Porfirij, hast du ihre Gabe hingebracht, wie ich es dir befohlen hatte?«

Ihm waren die sechzig Kopeken eingefallen, die von seiner fröhlichen Verehrerin gespendet worden waren, damit er sie einer gebe, die ärmer sei als sie selbst. Solche Spenden pflegen Bußen zu sein, die man sich aus irgendeinem Grunde freiwillig auferlegt, und müssen unbedingt aus Geld bestehen, das man durch eigene Arbeit erworben hat. Der Starez hatte Porfirij noch am Abend mit dem Gelde zu einer Kleinbürgerin unserer Stadt, einer Witwe mit Kindern, geschickt, die vor kurzem durch einen Brand alles verloren hatte und nun betteln gehen mußte. Porfirij beeilte sich zu melden, daß die Sache schon erledigt sei und daß er, wie ihm befohlen war, das Geld als »Spende einer unbekannten Wohltäterin« übergeben habe.

»Steh auf, du Lieber«, fuhr der Starez, zu Aljoscha gewandt, fort, »laß dich anschauen. Warst du bei den Deinen und hast du deinen Bruder gesehen?«

Aljoscha kam es sonderbar vor, daß er so bestimmt nur nach *einem* seiner Brüder fragte – doch nach welchem? Also hatte er ihn wohl gerade um dieses Bruders willen gestern und heute weggeschickt.

»Einen meiner Brüder habe ich gesehen«, antwortete Aljoscha.

»Ich meine den von gestern, den älteren, vor dem ich gestern den Fußfall gemacht habe.«

»Den habe ich nur gestern gesehen, heute konnte ich ihn beim besten Willen nicht finden«, sagte Aljoscha.

»Beeile dich, ihn zu finden, geh morgen wieder hin und beeile dich, laß alles andere und beeile dich. Vielleicht gelingt es dir noch, etwas Furchtbares zu verhüten. Ich bin gestern vor ihm niedergefallen, weil ihm große Pein bevorsteht.«

Er verstummte jäh und schien in Nachdenken zu versinken. Seine Worte waren seltsam. Vater Iosif, ein Zeuge des gestrigen Fußfalls, wechselte einen Blick mit Vater Paisij. Aljoscha konnte nicht an sich halten.

»Vater und Meister«, sagte er ungewöhnlich erregt, »Ihre Worte sind gar zu dunkel . . . Was meinen Sie mit der Pein, die ihm bevorsteht?«

»Bezwinge deine Neugier. Mir ahnte gestern etwas Furchtbares . . . es war, als zeigte sich in seinem Blick sein ganzes Schicksal, in einem einzigen Blick . . . so daß ich mich in meinem Herzen darüber entsetzte, was dieser Mensch sich selber bereitet. Ein- oder zweimal in meinem Leben habe ich bei anderen den gleichen Gesichtsausdruck gesehen, der ihr ganzes Schicksal zu enthüllen schien, und o weh, es hat sich jedesmal erfüllt. Ich hatte dich zu ihm geschickt, Alexej, weil ich dachte, daß dein Bruderantlitz ihm helfen könnte. Doch alles kommt von Gott, auch alle Fügungen unseres Schicksals. ‚Es sei denn, daß das Weizenkorn in die Erde falle und ersterbe, so bleibt es allein; wo es aber erstirbt, so bringet es viel Früchte.‘ Präge dir das ein. Dich, Alexej, habe ich oft gesegnet um deines Antlitzes willen, mußt du wissen«, sagte der Starez mit einem sanften Lächeln. »Über dich denke ich so: du wirst hinausgehen in die Welt, doch in ihr wie ein Mönch leben. Du wirst viele Gegner haben, aber selbst deine ärgsten Feinde werden dich lieben. Viel Mißgeschick wird dir das Leben bringen, doch gerade dadurch wirst du glücklich sein, und du wirst das Leben segnen und, was das Wichtigste ist, auch andere dazu bringen, es zu segnen. Nun, so bist du. Meine Väter und Lehrer«, wandte er sich mit gerührtem Lächeln an seine Gäste, »bis zum heutigen Tage habe ich noch nie, nicht einmal ihm selbst gegenüber, davon gesprochen, weswegen das Antlitz dieses Jünglings meinem Herzen so lieb war. Erst jetzt will ich es sagen: Sein Antlitz war für mich gleichsam eine Mahnung und eine Prophezeiung. In der Frühzeit meines Lebens, als ich noch ein kleines Kind war, hatte ich einen älteren Bruder, der als Jüngling, erst siebzehn Jahre alt, vor meinen Augen starb. Und später, im Laufe meines Lebens, überzeugte ich mich allmählich, daß dieser Bruder in meinem Schicksal wohl ein Fingerzeig und eine Vorausbestimmung von oben gewesen war, denn wäre er nicht in meinem Leben erschienen, hätte es ihn überhaupt nicht gegeben, so wäre ich vielleicht nie in den Mönchsstand getreten und hätte nicht diesen hehren Weg eingeschlagen. Diese erste Erscheinung fiel in meine Kindheit, und jetzt, an der Neige meines Lebenswegs, wiederholt sie sich gleichsam vor meinen Augen. Es ist seltsam, meine Väter und Lehrer, daß Alexej, obwohl er ihm im Gesicht nicht gar zu sehr, sondern nur ein wenig gleicht, geistig so viel Ähnlichkeit mit ihm zu haben scheint, daß ich ihn oft geradezu für jenen Jüngling, meinen Bruder, gehalten habe, der am Ende meines Lebenswegs auf geheimnisvolle Weise zu mir gekommen sei, um mich an etwas zu erinnern und mich zu erleuchten. Ich habe mich über mich selbst und über dieses Trugbild geradezu gewundert. Hörst du es, Porfirij?« wandte er sich an den Novizen, der ihn bediente. »Oftmals sah ich in deinem Gesicht so etwas wie Betrübnis darüber, daß ich Alexej mehr liebhabe als dich. Nun weißt du, woher das kam, doch liebe ich auch dich, das sollst du wissen, und ich grämte mich oft darüber, daß du betrübt warst. Euch aber, liebe Gäste, will ich von diesem Jüngling, meinem Bruder, erzählen, denn es hat in meinem Leben keine mir teurere Erscheinung gegeben als diese, keine prophetischere und keine, die mich mehr ergriffen hätte. Mein Herz ist gerührt, und ich sehe in diesem Augenblick mein ganzes Leben vor mir, als durchlebte ich es von neuem ...«

Hier muß ich bemerken, daß dieses letzte Gespräch des Starez mit den Gästen, die ihn am Tage seines Hinscheidens besuchten, zum Teil in einer Niederschrift erhalten geblieben ist. Alexej Fjodorowitsch Karamasow hat es einige Zeit nach dem Tode des Starez aus dem Gedächtnis niedergeschrieben. Ob das aber nur das damalige Gespräch war oder ob er in seinen Aufzeichnungen auch einiges aus früheren Gesprächen mit seinem Starez hinzugefügt hat, vermag ich nicht zu entscheiden. Zudem sieht es nach diesen Aufzeichnungen so aus, als hätte der Starez ununterbrochen gesprochen und sein Leben den Freunden in Form einer Erzählung dargestellt, während es, nach späteren Berichten zu schließen, in Wirklichkeit ohne Zweifel ein wenig anders war. Denn an jenem Abend wurde eine allgemeine Unterhaltung geführt, und obwohl die Gäste den Hausherrn nur selten unterbrachen, so sprachen doch auch sie zuweilen, ja teilten vielleicht auch ihrerseits etwas aus ihrem Leben mit. Außerdem konnte der Starez gar nicht ununterbrochen reden: er geriet ab und zu in Atemnot, verlor die Stimme und legte sich sogar zum Ausruhen auf sein Bett, wenn er auch nicht einschlief und die Gäste ihre Plätze nicht verließen. Ein- oder zweimal wurde das Gespräch durch Vorlesen aus dem Evangelium unterbrochen. Vater Paisij las vor. Bemerkenswert ist noch, daß keiner von ihnen annahm, der Starez werde noch in dieser Nacht sterben, schien er doch an diesem letzten Abend seines Lebens, nachdem er tagsüber fest geschlafen hatte, auf einmal neue Kraft in sich gefunden zu haben, die ihn während seiner ganzen langen Unterhaltung mit den Freunden aufrecht hielt. Es war, als wenn ihn eine letzte Rührung ungemein belebt hätte, jedoch nur auf kurze Frist, denn sein Leben erlosch ganz jäh ... Aber davon später. Jetzt möchte ich nur noch so viel sagen, daß ich es vorgezogen habe, das Gespräch nicht in aller Ausführlichkeit wiederzugeben und mich auf die Erzählung des Starez zu beschränken, wie sie im

Manuskript des Alexej Fjodorowitsch Karamasow steht. Das wird kürzer und nicht so ermüdend sein, obwohl Aljoscha, wie schon gesagt, wohl auch vieles aus früheren Gesprächen aufgenommen und alles zu einem Ganzen verknüpft hat.

2

Aus dem Leben des in Gott verschiedenen Mönchpriesters Starez Sosima, zusammengestellt nach dessen eigenen Worten von Alexej Fjodorowitsch Karamasow

Biographische Mitteilungen

a) Von dem jungen Bruder des Starez Sosima

Geliebte Väter und Lehrer! Geboren bin ich in einem fernen nördlichen Gouvernement, in der Stadt W., als Sohn eines Edelmanns, der jedoch weder einem angesehenen Adelsgeschlecht angehörte noch einen hohen Rang bekleidete. Er starb, als ich erst zwei Jahre alt war, und ich kann mich seiner überhaupt nicht erinnern. Er hinterließ meiner Mutter ein kleines Holzhaus und etwas Vermögen, das nicht gerade groß war, aber immerhin so weit ausreichte, daß sie mit den Kindern davon leben konnte, ohne Not zu leiden. Die Mutter hatte nur uns beide: mich, Sinowij, und meinen älteren Bruder Markel. Er war acht Jahre älter als ich, von aufbrausendem und reizbarem Charakter, aber doch gut; er war kein Spötter und merkwürdig wortkarg, besonders zu Hause, mir, der Mutter und den Dienstboten gegenüber. Im Gymnasium war er ein guter Schüler, doch freundete er sich mit seinen Mitschülern nicht an, wenn er sich auch mit ihnen nicht stritt – so wenigstens erinnerte sich unsere Mutter. Ein halbes Jahr vor seinem Tode, als er schon siebzehn Jahre alt war, machte er es sich zur Gewohnheit, einen ganz zurückgezogen in unserer Stadt lebenden Mann zu besuchen, der so etwas wie ein politisch Verbannter war; man hatte ihn wegen Freidenkerei aus Moskau zu uns deportiert. Dieser Verbannte war ein bedeutender Gelehrter und ein angesehener Philosoph an der Universität. Aus irgendeinem Grunde hatte er Markel liebgewonnen und empfing ihn bei sich. Der Jüngling verbrachte bei ihm ganze Abende, und das ging so einen vollen Winter hindurch, bis man den Verbannten auf seine eigene Bitte hin in den Staatsdienst nach Petersburg zurückberief, denn er hatte dort Gönner. Es begannen die großen Fasten, doch Markel wollte nicht fasten, schimpfte und machte sich über diesen Brauch lustig. »Das ist alles Unsinn«, sagte er, »und es gibt gar keinen Gott!« Damit versetzte er meine Mutter und die Dienstboten in Schrecken, ja sogar mich, denn wenn ich auch erst neun Jahre alt war, so erschrak ich doch sehr, als ich diese Worte hörte. Unsere Dienstboten, insgesamt vier, waren alle Leibeigene und auf den Namen eines mit uns bekannten Gutsbesitzers gekauft. Ich erinnere mich noch, wie meine Mutter eine von diesen vier, die Köchin Afimja – sie hinkte und war schon hoch in Jahren –, für sechzig Papierrubel verkaufte und statt ihrer eine Nichtleibeigene in Dienst nahm. In der sechsten Fastenwoche verschlimmerte sich plötzlich das Befinden meines Bruders, der schon immer kränklich gewesen war: er hatte ein Brustleiden, war schwächlich und neigte zur Schwindsucht; er war nicht gerade klein von Wuchs, doch schmal und zart, hatte aber ein sehr schönes Gesicht. Vielleicht hatte er sich erkältet, jedenfalls wurde ein Arzt geholt, und dieser raunte alsbald meiner Mutter zu, es handle sich um galoppierende Schwindsucht, und mein Bruder werde den Frühling nicht überleben. Die Mutter brach in Tränen aus und bat meinen Bruder mit aller Vorsicht – hauptsächlich wohl, um ihn nicht zu erschrecken –, er möge doch die Kirche besuchen, fasten und das heilige Abendmahl nehmen, denn damals war er noch nicht bettlägerig. Als er das hörte, geriet er in Zorn und erging sich in Schmähreden auf das Gotteshaus, dann jedoch wurde er nachdenklich: es war ihm auf einmal klargeworden, daß er gefährlich krank war und daß die Mutter ihn darum aufgefordert hatte, solange er noch bei Kräften sei, die Kirche zu besuchen, zu fasten und das heilige Abendmahl zu nehmen. Er wußte übrigens selbst schon seit langem, daß er krank war, und hatte schon ein Jahr vorher einmal bei Tisch zu mir und der Mutter kaltblütig gesagt: »Ich werde nicht mehr lange bei euch auf Erden weilen, vielleicht lebe ich nicht einmal mehr ein Jahr.« Und damit hatte er gleichsam eine Prophezeiung ausgesprochen. – Drei Tage später begann die Karwoche. Und nun ging mein Bruder vom Dienstagmorgen an zur Kirche, um sich auf das Abendmahl vorzubereiten. »Ich tue das eigentlich nur deinetwegen, Mutter, um dir eine Freude zu machen und dich zu beruhigen«, sagte er zu ihr. Die Mutter brach vor Freude, aber auch vor Kummer in Tränen aus: »Sein Ende muß also nahe sein, wenn auf einmal eine solche Wandlung in ihm vorgegangen ist.« Doch er konnte nicht mehr lange zur Kirche gehen, denn er mußte sich ins Bett legen, so daß Beichte und Abendmahl im Hause vollzogen werden mußten. Es kamen helle, klare Tage voll Wohlgeruch, Ostern fiel diesmal spät. Die ganzen Nächte hindurch – ich erinnere mich dessen noch – hustete er und schlief schlecht, doch am Morgen kleidete er sich stets an und versuchte, in dem weichen Lehnstuhl zu sitzen. So ist er mir auch in Erinnerung geblieben: still und sanft saß er da und lächelte, und so krank er auch war, bewahrte er doch ein heiteres, freudiges Gesicht. Er hatte sich seelisch völlig verändert – wunderbar war die Wandlung, die sich in ihm auf einmal vollzogen hatte! Die alte Kinderwärterin trat zu ihm ins Zimmer: »Erlaube, mein Liebling, daß ich auch bei dir das Öllämpchen vor der Ikone anzünde.« Früher hatte er das nicht zugelassen und das Lämpchen sogar wieder ausgeblasen. »Zünde es an, meine Liebe, zünde es an, ein Unmensch war ich damals, als ich es dir verbot. Du betest zu Gott, während du das Lämpchen anzündest, und ich freue mich über dich und bete auch. Also beten wir zu ein und demselben Gott.« Seltsam kamen uns diese Worte vor; die Mutter indessen ging in ihr Zimmer und weinte immerzu, nur bevor sie bei ihm eintrat, trocknete sie ihre Tränen und nahm eine heitere Miene an. »Mutter, weine nicht, Liebste«, pflegte er zu sagen, »ich werde noch lange leben, noch lange mit euch fröhlich sein, und das Leben ist ja so heiter, so freudevoll!« – »Ach, Liebster, wie kannst du denn fröhlich sein, wenn du nachts im Fieber brennst und hustest, daß es dir fast die Brust zerreißt?« – »Mama«, antwortete er ihr, »weine nicht, das Leben ist ein Paradies, und wir alle sind im Paradiese, nur wollen wir es nicht begreifen; doch wenn wir es begreifen wollten, so wäre schon morgen die ganze Welt ein Paradies.« Und alle wunderten sich über seine Worte, die er so sonderbar und so entschieden gesprochen hatte; wir waren gerührt und weinten. Es kamen Bekannte zu uns. »Ihr Lieben«, sagte er zu ihnen, »ihr Teuren, wodurch habe ich es nur verdient, daß ihr mich liebhabt, weswegen habt ihr einen solchen Menschen wie mich lieb, und wie kommt es, daß ich das früher nicht erkannt und nicht zu schätzen gewußt habe?« Zu den Dienstboten, die zu ihm kamen, sagte er alle Augenblicke: »Meine Lieben, meine Teuren, warum bedient ihr mich? Bin ich es denn wert, daß man mich bedient? Wenn Gott sich meiner erbarmte und mich am Leben ließe, würde ich euch dienen, denn alle sollen einander dienen.« Als die Mutter das hörte, schüttelte sie den Kopf: »Du mein Lieber, nur weil du krank bist, sprichst du so.« – »Mama, du meine Freude«, sagte er, »es muß Herren und Diener geben, aber laß mich auch der Diener meiner Diener sein und ihnen ebenso dienen, wie sie mir dienen. Auch möchte ich dir noch sagen, Mutter, daß jeder von uns allen anderen gegenüber schuldig ist; aber ich bin am meisten schuldig.« Da lächelte die Mutter, sie weinte und lächelte: »Na, und wodurch bist du denn allen anderen gegenüber mehr als die übrigen schuldig? Unter ihnen gibt es Mörder und Räuber, doch welche Sünde könntest du denn begangen haben, daß du dich mehr als alle anderen beschuldigst?« – »Mutter, du mein Herzblut«, sagte er – damals begann er sich solcher freundlichen, unerwarteten Worte zu bedienen –, »du mein liebes Herzblut, du Freudige, du mußt wissen, daß in Wahrheit jeder allen gegenüber die Schuld aller und an allem trägt. Ich weiß nicht, wie ich dir das erklären soll, aber ich fühle, daß es so ist, bis zur Qual fühle ich es. Und wie haben wir nur so leben können, verärgert und ohne etwas davon zu wissen!« So erhob er sich, jeden Tag weicher und freudiger gestimmt und vor Liebe erbebend, vom Schlaf. Wenn der Arzt kam – der alte Doktor Eisenschmidt, ein Deutscher, kam hin und wieder –, pflegte er mit ihm zu scherzen: »Na, Doktor, wie steht's, werde ich noch einen kleinen Tag auf Erden leben?« – »Nicht nur einen Tag, viele Tage noch werden Sie leben«, antwortete ihm der Doktor, »sogar Monate und Jahre werden Sie noch leben.« – »Wozu denn Jahre, wozu denn Monate!« rief er aus. »Wozu die Tage zählen, wenn doch schon ein einziger Tag dem Menschen genügt, um das ganze Glück zu erfahren. Meine Lieben, warum streiten wir denn, warum rühmen wir uns voreinander, warum tragen wir einander Kränkungen nach? Laßt uns doch lieber in den Garten gehen und feiern und uns tummeln, einander lieben und loben und uns küssen und unser Leben preisen.« – »Er wird nicht mehr lange leben, Ihr Sohn«, sagte der Doktor zur Mutter, als sie ihn zur Haustür geleitete, »infolge seiner Krankheit verwirrt sich sein Geist.« Die Fenster seines Zimmers gingen auf den Garten hinaus. Wir hatten einen schattigen Garten mit alten Bäumen, die Bäume hatten Frühlingsknospen angesetzt, die ersten Vögel waren gekommen, sie zwitscherten und sangen vor seinen Fenstern. Und als er sie so anschaute und mit Wohlgefallen betrachtete, begann er auf einmal auch sie um Vergebung zu bitten: »Ihr Vöglein Gottes, ihr fröhlichen Vöglein, vergebt auch ihr mir, denn auch euch gegenüber habe ich gesündigt.« Das konnte damals keiner von uns begreifen, er aber weinte vor Freude. »Ja«, sagte er, »es war eine solche Herrlichkeit Gottes rings um mich: die Vöglein, die Bäume, die Wiesen, der Himmel, nur ich allein lebte in Schande, ich allein hatte alles entehrt, die Schönheit und Herrlichkeit jedoch gar nicht bemerkt.« – »Schon gar zuviel Sünden nimmst du auf dich«, sagte die Mutter und weinte. »Mutter, du meine Freude, ich weine ja vor Lust und nicht vor Kummer; ich selbst möchte ja vor ihnen schuldig sein, nur kann ich es dir nicht erklären, denn ich weiß nicht, wie ich sie lieben soll. Möge ich doch allen gegenüber voll Sünde sein, so werden dafür auch alle mir vergeben, das ist eben das Paradies. Bin ich denn jetzt nicht im Paradiese?«

Und viele solche Dinge gab es, auf die ich mich nicht mehr besinnen und die ich deswegen hier nicht erzählen kann. Ich erinnere mich noch, wie ich einmal zu ihm kam, als niemand bei ihm war. Das war zur Abendstunde eines strahlend hellen Tages, die Sonne ging gerade unter, und ihre schrägen Strahlen erleuchteten das ganze Zimmer. Als er mich erblickte, winkte er mich zu sich heran, ich trat zu ihm hin, er faßte mich mit beiden Händen an den Schultern und blickte mir voll Rührung liebevoll ins Gesicht; er sagte nichts, sah mich nur wohl eine Minute lang an. »Nun«, sagte er schließlich, »geh jetzt, spiele, lebe statt meiner!« Ich verließ ihn darauf und ging spielen. Doch in meinem späteren Leben dachte ich oftmals unter Tränen daran zurück, wie er mir befohlen hatte, statt seiner zu leben. Gar viele solche wundersamen und schönen, wenn auch uns damals unverständlichen Worte hat er noch gesprochen. Er starb in der dritten Woche nach Ostern, bei vollem Bewußtsein, und wenn er auch nicht mehr zu sprechen vermochte, so blieb er doch bis zu seiner letzten Stunde der gleiche: freudig blickte er drein, Frohsinn sprach aus seinen Augen, mit seinen Blicken suchte er uns, lächelte er uns zu, rief er uns. Sogar in der Stadt sprach man viel von seinem Tod. Alles das erschütterte mich damals, jedoch nicht allzu tief, wenngleich ich sehr weinte, als man ihn begrub. Ich war ja jung, ein Kind noch, doch in meinem Herzen blieb alles unauslöschlich als ein tief verborgenes Gefühl bewahrt. Zu seiner Zeit mußte das alles wiedererstehen und Widerhall finden. So kam es auch.

b) Von der heiligen Schrift im Leben des Vaters Sosima

Da waren wir nun allein, meine Mutter und ich. Alsbald rieten ihr gute Bekannte: »Nun ist Ihnen nur ein einziger Sohn geblieben, und arm sind Sie nicht, denn Sie besitzen einiges Vermögen, warum sollten Sie da nicht, nach dem Beispiel anderer, Ihren Sohn nach Petersburg schicken? Wenn Sie ihn hier behalten, bringen Sie ihn vielleicht um eine glänzende Zukunft.« Und sie empfahlen meiner Mutter, mich nach Petersburg in die Kadettenanstalt zu geben, damit ich später in die kaiserliche Garde eintreten könnte. Meine Mutter schwankte lange: sollte sie sich auch noch von ihrem letzten Sohne trennen? Dennoch entschloß sie sich dazu, wenn auch unter vielen Tränen, glaubte sie doch, mein Glück dadurch zu fördern. Sie brachte mich nach Petersburg in die Anstalt, und seitdem sah ich sie nicht wieder, denn drei Jahre später starb sie. Die ganzen drei Jahre hatte sie in Gram und Trauer um uns beide verbracht. Aus dem elterlichen Hause habe ich nur liebe Erinnerungen davongetragen, denn es gibt keine lieberen Erinnerungen als die an die erste Kindheit im elterlichen Hause; das ist fast immer so, selbst wenn in der Familie nur sehr wenig Liebe und Zusammenhalt herrschen. Selbst an die schlechteste Familie kann man liebe Erinnerungen bewahren, wenn nur die Seele fähig ist, das Liebenswerte herauszufinden. Zu den Erinnerungen an mein Elternhaus rechne ich auch die an die Biblische Geschichte, die kennenzulernen ich, obwohl ich noch ein Kind war, sehr begierig war. Ich besaß damals ein Buch mit wunderschönen Bildern. Es hatte den Titel: *Hundertundvier heilige Geschichten aus dem Alten und Neuen Testament*, und an Hand dieses Buches lernte ich lesen. Auch jetzt noch liegt es hier bei mir auf dem Wandbord, ich bewahre es als liebes Andenken auf. Doch erinnere ich mich auch, wie mir, bevor ich noch lesen gelernt hatte, zum erstenmal eine geistige Erleuchtung zuteil ward; ich war zu dieser Zeit erst acht Jahre alt. Meine Mutter hatte mich allein (ich erinnere mich nicht mehr, wo mein Bruder damals war) am Montag in der Karwoche zum Gottesdienst in die Kirche mitgenommen. Es war ein heller Tag, und wenn ich jetzt daran zurückdenke, ist mir, als sähe ich wieder, wie der Weihrauch aus dem Räucherfaß quoll und langsam emporstieg und wie sich von oben, durch das schmale Fenster der Kuppel, die Strahlen der Sonne Gottes in die Kirche und über uns ergossen und wie der Weihrauch, der ihnen entgegenwogte, gleichsam in ihnen zerrann. Voller Rührung sah ich dem zu, und zum erstenmal im Leben nahm ich damals den Samen des göttlichen Wortes mit Verständnis in meine Seele auf. In die Mitte der Kirche trat ein Knabe mit einem großen Buch. Es war so groß, daß er es, so kam es mir damals vor, nur mit Mühe tragen konnte; er legte es auf das Pult, schlug es auf und begann zu lesen, und da verstand ich plötzlich zum erstenmal etwas von dem, was im Gotteshaus vorgelesen wird. »Es war ein Mann im Lande Uz, der war gerecht und gottesfürchtig, und er besaß großen Reichtum, soundsoviel Kamele, soundsoviel Schafe und Esel, und seine Kinder lebten in Freuden, und er liebte sie sehr und betete zu Gott für sie, denn er dachte: Sie mögen gesündigt haben in ihrem Wohlleben. Es begab sich aber auf einen Tag, da die Kinder Gottes kamen und vor den Herrn traten, daß auch der Satan unter ihnen war und zum Herrn sagte, er habe das Land umher durchzogen. ‚Hast du nicht acht gehabt auf Meinen Knecht Hiob?' fragte ihn Gott. Und Gott rühmte sich vor dem Satan Seines großen heiligen Knechtes. Doch Satan lächelte hämisch über Gottes Worte: ‚Übergib ihn mir, und Du wirst sehen, daß Dein Knecht murren und Deinen Namen verfluchen wird.' Und Gott übergab Seinen Gerechten, den Er so liebte, dem Satan, und Satan vernichtete seine Kinder, sein Vieh und seinen Reichtum, alles auf einmal, wie mit einem Donnerschlag Gottes. Da zerriß Hiob seine Kleider und warf sich zu Boden und rief: ‚Ich bin nacket von meiner Mutter Leib kommen; nacket werde ich wieder dahinfahren. Der Herr hat's gegeben, der Herr hat's genommen, der Name des Herrn sei gelobt von nun an in alle Ewigkeit!'« – Väter und Lehrer, vergebt mir die Tränen, die ich jetzt vergieße, denn meine ganze Kindheit ersteht wieder vor mir, und ich atme jetzt, wie ich damals mit meiner kleinen achtjährigen Kinderbrust geatmet habe, und ich empfinde wie damals Verwunderung und Verwirrung und Freude. Wie beschäftigten damals meine Einbildungskraft die Kamele, wie beschäftigten mich Satan, der so mit Gott sprach, und Gott, der Seinen Knecht dem Verderben preisgab, und Sein Knecht, der ausrief: »Gelobt sei Dein Name, obwohl Du mich strafst!« und der leise und süße Gesang in der Kirche: »Möge mein Gebet erhört werden!« und wieder der Weihrauch aus dem Räucherfaß des Priesters und das im Knien gesprochene Gebet! Seitdem kann ich diese hochheilige Erzählung, die ich noch gestern wieder vornahm, nicht ohne Tränen lesen. Enthält sie doch soviel Großes, Geheimnisvolles und Unvorstellbares! Später hörte ich Spötter und Lästerer hochmütig fragen, wieso Gott denn den liebsten Seiner Heiligen dem Spotte Satans habe aussetzen, ihm seine Kinder nehmen, ihn selber mit Krankheit und Schwären habe schlagen können, so daß er seine Geschwüre mit Scherben abschaben mußte, und wozu Er das getan habe? Nur um sich vor dem Satan rühmen zu können: »Sieh, was Mein Heiliger um Meinetwillen zu ertragen vermag?« Doch darin besteht ja gerade das Große, daß hier ein Geheimnis vorliegt, daß die vergängliche irdische Erscheinung und die ewige Wahrheit sich hier berühren. Das Walten der ewigen Wahrheit hat den Vorrang vor der irdischen Gerechtigkeit. Wie der Schöpfer jeden der ersten Schöpfungstage mit dem Lob abschloß: »Es ist gut, was Ich erschaffen habe!« so blickt er hier auf Hiob und rühmt sich von neuem Seines Werkes. Und wenn Hiob Gott lobt, dient er nicht nur Ihm, sondern Seiner ganzen Schöpfung von Geschlecht zu Geschlecht und in alle Ewigkeit, denn das war ihm vorherbestimmt. Mein Gott, welch ein Buch und welche Lehren! Welch ein Buch ist sie, die Heilige Schrift, welch ein Wunder und welche Kraft ist in ihr dem Menschen gegeben! Sie ist geradezu ein Abbild der Welt und des Menschen und des menschlichen Charakters, und alles ist darin genannt und gezeigt für alle Ewigkeit. Und wie viele gelöste und geoffenbarte Geheimnisse: Gott macht Hiob wieder glücklich, schenkt ihm wieder Reichtum, es vergehen wieder viele Jahre, und schon hat er neue Kinder, andere, er liebt sie – mein Gott! Doch wie konnte er, so sollte man meinen, diese neuen Kinder lieben, wenn die früheren nicht mehr da waren, wenn er sie verloren hatte? Konnte er denn, wenn er ihrer gedachte, mit den neuen Kindern vollkommen glücklich sein wie früher, mochten sie ihm auch noch so lieb sein? Doch er konnte es, er konnte es: verwandelt sich doch alter Kummer dank dem großen Geheimnis des menschlichen Lebens allmählich in stille, gerührte Freude; an die Stelle des jungen, brausenden Blutes tritt das sanfte, klare Alter. Täglich preise ich den Aufgang der Sonne, und nach wie vor jubelt mein Herz ihm zu, mehr jedoch liebe ich ihren Untergang, ihre langen schrägen Strahlen und mit ihnen die stillen, sanften Erinnerungen, die lieben Bilder aus meinem ganzen langen und gesegneten Leben – und über allem schwebt die Gerechtigkeit Gottes, die weich stimmt, versöhnt und alles vergibt! Mein Leben geht zu

Ende, ich weiß und spüre es, doch fühle ich an jedem Tag, der mir bleibt, wie mein irdisches Leben sich schon mit dem neuen, unendlichen, unbekannten, aber nahen künftigen Leben berührt, bei dessen Vorgefühl meine Seele in Entzücken erbebt, mein Geist leuchtet und mein Herz vor Freude weint... Freunde und Lehrer, mehr als einmal hörte ich, und in letzter Zeit vernimmt man es noch häufiger, wie bei uns die Priester Gottes, besonders die auf dem Lande, allerorts bitter über ihr geringes Gehalt und ihre erniedrigende Lage klagen und geradeheraus versichern, sogar in der Presse – ich habe es selbst gelesen –, sie seien nicht mehr imstande, dem Volke die Heilige Schrift auszulegen, denn sie hätten ein zu geringes Gehalt; und wenn bereits Lutheraner und Ketzer kämen und ihnen ihre Herde abspenstig zu machen versuchten, so sollten sie es nur tun, denn sie selbst hätten ein zu geringes Gehalt. Herr des Himmels! denke ich, möge Gott ihnen doch mehr von diesem für sie so wichtigen Gehalt geben – denn ihre Klage ist berechtigt –, in Wahrheit aber sage ich: Wenn jemand daran schuld ist, so sind es zur Hälfte wir selbst! Denn mag einer auch wenig Zeit haben und mit Recht behaupten, er sei mit Arbeit und Amtshandlungen überlastet, so braucht er doch dafür nicht seine ganze Zeit und wird im Laufe der Woche wenigstens eine Stunde erübrigen können, um auch an Gott zu denken. Auch hat er ja nicht das volle Jahr hindurch zu arbeiten. Versammle er doch bei sich einmal in der Woche zur Abendstunde zunächst wenigstens die Kinder – wenn die Eltern davon hören, werden auch sie kommen. Dazu braucht er nicht erst ein geräumiges Haus zu bauen, sondern er kann sie einfach in seiner Hütte aufnehmen; keine Angst, sie werden ihm seine Hütte nicht verunreinigen, denn er versammelt sie ja nur auf eine Stunde darin. Er schlage das Buch auf und lese daraus vor, ohne weise Reden, ohne Hochmut und Überheblichkeit, sondern mit Rührung und Sanftmut, und er freue sich, daß er ihnen vorliest und daß sie ihm zuhören und ihn verstehen, weil er selbst diese Worte liebt. Nur hin und wieder halte er inne und erkläre das eine oder andere dem einfachen Volke unverständliche Wort. Er mache sich keine Sorge, sie werden alles verstehen, das rechtgläubige Herz versteht alles! Er lese ihnen vor von Abraham und Sara, von Isaak und Rebekka, davon, wie Jakob zu Laban ging und wie er im Traume mit Gott rang und sprach: »Heilig ist diese Stätte!« Und er wird damit den frommen Sinn des einfachen Volkes tief beeindrucken. Er lese ihnen, und besonders den Kindern, davon vor, wie die Brüder ihren leiblichen Bruder, den lieben Knaben Joseph, den großen Träumer und Propheten, in die Knechtschaft verkauften, dem Vater aber sagten, ein wildes Tier habe seinen Sohn zerrissen, und wie sie ihm seinen blutigen Rock zeigten. Er lese ihnen vor, wie die Brüder darauf nach Ägypten kamen, um Getreide zu kaufen, und wie Joseph, der damals schon der Regent im Lande war, aber von ihnen nicht erkannt wurde, sie quälte, sie beschuldigte und seinen Bruder Benjamin zurückbehielt. Das alles aber tat er aus Liebe, nur aus Liebe: »Ich liebe euch und quäle euch aus Liebe.« Denn zeit seines Lebens hatte er ständig daran gedacht, wie sie ihn irgendwo dort in der glühenden Steppe, bei einem Brunnen, an Kaufleute verschachert hatten und wie er die Hände gerungen, geweint und die Brüder angefleht hatte, ihn nicht als Sklaven in ein fremdes Land zu verkaufen. Und nun, da er sie nach so vielen Jahren wiedersah, gewann er sie von neuem grenzenlos lieb, peinigte und quälte sie jedoch aus Liebe. Schließlich verläßt er sie, da er die Qualen seines Herzens nicht mehr zu ertragen vermag, wirft sich auf sein Lager und weint; dann wischt er die Tränen aus seinem Angesicht und tritt strahlend und heiter zu ihnen heraus und verkündet ihnen: »Brüder, ich bin Joseph, euer Bruder!« – Sodann lese er ihnen vor, wie der greise Jakob sich freute, als er erfuhr, daß sein lieber Knabe noch lebe, und wie er das Land seiner Väter verließ und nach Ägypten zog und in der Fremde starb, nachdem er in seinem Vermächtnis das große Wort ausgesprochen hatte, das während seines ganzen Lebens als Geheimnis in seinem sanften und furchtsamen Herzen verwahrt gewesen war: daß aus seinem Geschlechte, dem Stamme Juda, die große Hoffnung der Welt, ihr Versöhner und Erlöser kommen werde! Väter und Lehrer, vergebt mir und seid nicht ungehalten, daß ich wie ein Kind von dem rede, was ihr schon längst wißt und worüber ihr mich hundertmal geschickter und schöner belehren könntet. Nur aus Begeisterung sage ich das alles; vergebt mir meine Tränen, denn ich liebe dieses Buch! Möge auch er weinen, der Priester Gottes, und sehen, daß die Herzen seiner Zuhörer daraufhin erbeben werden. Nur ein kleines, ein winziges Samenkorn ist notwendig: er werfe es in die Seele des einfachen Mannes, und es wird nicht sterben, es wird sein ganzes Leben lang in seiner Seele leben, in ihr verborgen liegen inmitten der Finsternis, inmitten des Gestankes seiner Sünden, als lichter Punkt, als eine große Mahnung. Und es ist nicht notwendig, gar nicht notwendig, viel zu erklären und zu belehren, er wird alles auch ohne das verstehen. Glaubt ihr etwa, der einfache Mann werde es nicht verstehen? Versucht es doch, lest ihm noch die rührende und ergreifende Geschichte von der schönen Esther und der hochmütigen Vasthi vor; oder die wunderbare Erzählung von dem Propheten Jona im Leibe des Walfisches. Vergeßt auch nicht die Gleichnisse des Herrn, vor allem nicht die im Evangelium des Lukas – so habe ich es gemacht –, und dann verlest aus der Apostelgeschichte die Bekehrung des Saulus – diese unbedingt, unbedingt! – und schließlich aus den *Lese-Menäen* beispielsweise die Lebensgeschichte des Mannes Gottes Alexej und die Geschichte der Größten unter den Großen, der freudigen Dulderin, Gottesseherin und Christusträgerin, der Maria von Ägypten – und ihr werdet mit diesen schlichten Erzählungen sein Herz erschüttern. Und dafür braucht ihr im ganzen nur eine Stunde in der Woche, ungeachtet eures geringen Gehaltes, nur eine kleine Stunde. Und ihr werdet selber sehen, daß unser Volk gütig und dankbar ist und es euch hundertfältig vergelten wird; eingedenk der Beflissenheit des Priesters und seiner rührenden Worte, wird es ihm freiwillig auf seinem Acker und in seinem Hause helfen, ihm auch mehr Achtung zollen als früher – und damit wäre auch schon sein Gehalt erhöht. Die Sache ist so einfach, daß man sich manchmal geradezu scheut, darüber zu reden, denn man muß damit rechnen, ausgelacht zu werden, und doch, wie wahr ist sie! Wer nicht an Gott glaubt, der wird auch nicht an das Volk Gottes glauben. Wer aber an das Volk Gottes glaubt, der wird auch Gottes Heiligkeit erkennen, selbst wenn er vorher an sie nicht geglaubt hat. Nur das Volk und seine künftige geistige Kraft werden imstande sein, unsere Atheisten zu bekehren, die von ihrem Heimatlande abgefallen sind. Und was ist das Wort Christi ohne Vorbild? Ohne das Wort Gottes droht dem Volke der Untergang, denn seine Seele lechzt nach dem Wort und nach der Aufnahme alles Schönen. In meiner Jugend, es ist schon lange her, fast vierzig Jahre, wanderte ich mit Vater Anfim in ganz Rußland umher, um Almosen für das Kloster zu sammeln, und wir nächtigten einmal am Ufer eines großen schiffbaren Flusses zusammen mit Fischern. Da setzte sich ein wohlgestalter Jüngling zu uns, ein Bauer, dem Aussehen nach etwa achtzehn Jahre alt; er war an seinen Bestimmungsort geeilt, um am nächsten Tag eine

Handelsbarke zu trecken. Ich sah, wie er weich gestimmt und heiter vor sich hinblickte. Es war eine helle, stille, warme Julinacht, der Fluß war breit, Nebel stiegen von ihm auf und brachten uns Kühlung, ab und zu sprang mit leisem Plätschern ein kleiner Fisch hoch, die Vöglein waren verstummt, alles war ruhig und schön, alles betete zu Gott. Und nur wir beide, ich und der Jüngling, schliefen nicht, wir sprachen von der Schönheit dieser Gotteswelt und von ihrem großen Geheimnis. Jedes Gräschen, jedes Käferchen, die Ameise, die goldene Biene, sie alle kennen, daß man staunen muß, ihren Weg, obwohl sie keine Vernunft besitzen, zeugen vom Geheimnis Gottes und vollziehen es unablässig an sich selbst. Und ich sah, daß das Herz des Jünglings entflammt war. Er erzählte mir, er liebe den Wald und die Vögel des Waldes. Er war Vogelfänger, kannte ihre Stimmen und wußte jeden Vogel anzulocken: »Etwas Schöneres als den Wald kenne ich nicht«, sagte er; »alles ist schön.« – »Wahrhaftig«, antwortete ich ihm, »alles ist schön und herrlich, denn alles ist Wahrheit. Sieh das Pferd an«, sagte ich zu ihm, »das gewaltige Tier, das dem Menschen nahesteht, oder den Ochsen, den mürrischen und nachdenklichen, der ihn ernährt und für ihn arbeitet, sieh ihre Augen an: welch eine Sanftmut, welch eine Anhänglichkeit an den Menschen, der das Tier oft erbarmungslos schlägt, welch eine Arglosigkeit, welch eine Zutraulichkeit und welch eine Schönheit liegen in ihrem Blick. Rührend ist es zu wissen, daß keinerlei Sünde auf ihnen lastet, denn alles ist vollkommen, alles außer dem Menschen ist frei von Sünde, und Christus ist noch eher mit ihnen als mit uns.« – »Ist denn Christus wirklich auch mit ihnen?« fragte der Jüngling. – »Wie könnte es denn anders sein«, sagte ich zu ihm, »da das Wort für alle bestimmt ist; die ganze Schöpfung und jede Kreatur, jedes Blättchen strebt hin zum Wort, preist Gott, weint zu Christo, sich selbst unbewußt, und vollbringt das kraft des Geheimnisses seines sündenlosen Daseins. Siehe«, sagte ich zu ihm, »dort im Walde lebt der schreckliche Bär, er ist grausam und wild und trägt doch in keiner Weise Schuld daran.« Und ich erzählte ihm, wie einmal ein Bär zu einem großen Heiligen kam, der im Walde in einer kleinen Zelle ein Büßerleben führte, und der große Heilige erbarmte sich seiner, kam furchtlos zu ihm heraus und gab ihm ein Stück Brot. »Geh«, sagte er, »Christus sei mit dir!« Und das grimmige Tier ging gehorsam und sanft davon, ohne ihm etwas zuleide zu tun. Der Jüngling war gerührt darüber, daß der Bär davongegangen war, ohne dem Heiligen etwas anzutun, und daß Christus auch mit ihm war. »Ach«, sagte er, »wie schön ist das, wie gut und wunderbar ist doch alles, was von Gott kommt!« Er saß da und versank in stilles, seliges Nachdenken. Ich sah, er hatte verstanden. Und er schlief neben mir ein; leicht und unschuldsvoll war sein Schlaf. Herr, segne die Jugend! Und ich betete für ihn, bevor ich einschlief. Herr, sende Frieden und Licht Deinen Menschen!

c) Erinnerungen des Starez Sosima aus der Knaben- und Jünglingszeit seines weltlichen Lebens. Das Duell

In Petersburg, in der Kadettenanstalt, blieb ich lange Zeit, fast acht Jahre, und die neue Erziehung brachte es mit sich, daß viele Eindrücke meiner Kindheit verblaßten, wenn ich auch keinen von ihnen vergaß. Statt dessen eignete ich mir so viele neue Gewohnheiten und sogar Anschauungen an, daß ich mich in ein nahezu wildes, hartherziges und albernes Geschöpf verwandelte. Zugleich mit der Kenntnis der französischen Sprache erwarb ich mir äußeren Schliff, Höflichkeit und gesellschaftliches Benehmen; doch die Soldaten, die uns in der Anstalt bedienten, betrachteten wir alle, auch ich, als ausgemachtes Vieh – ich selbst vielleicht am meisten, denn von sämtlichen Kameraden war ich für alles am empfänglichsten. Als wir die Anstalt als Offiziere verließen, waren wir bereit, für die beleidigte Ehre unseres Regiments unser Blut zu vergießen, was aber Ehre in Wirklichkeit ist, wußte fast keiner von uns, und wenn einer es erfahren hätte, so hätte er als erster darüber gespottet. Auf unsere Trunksucht, unseren ausschweifenden Lebenswandel und unsere Tollheit waren wir geradezu stolz. Ich will nicht sagen, daß wir schlecht gewesen wären; alle diese jungen Leute waren im Grunde gut, nur führten sie sich schlecht auf, und am schlechtesten führte ich selbst mich auf. Vor allem hatte ich Geld, darum machte ich mich daran, meinem Vergnügen zu leben, und segelte mit vollem Winde und mit dem ganzen Ungestüm der Jugend unaufhaltsam dahin. Doch eines ist erstaunlich: ich las damals auch Bücher, sogar sehr gern; nur die Bibel schlug ich zu jener Zeit fast nie auf, trennte mich aber nie von ihr, sondern nahm sie überallhin mit: fürwahr, ich verwahrte, ohne mir dessen bewußt zu sein, dieses Buch »für den Tag und die Stunde, für den Monat und das Jahr«. Nach etwa vierjähriger Dienstzeit kam ich schließlich in die Stadt K., den damaligen Standort unseres Regiments. Die Gesellschaft dieser Stadt war bunt zusammengewürfelt, zahlreich und lustig, gastfreundlich und wohlhabend, und man nahm mich überall gut auf, denn ich hatte ein fröhliches Gemüt, zudem galt ich für nicht gerade arm, was in der Welt nicht wenig zu bedeuten hat. Da ereignete sich etwas, womit alles weitere seinen Anfang nahm. Ich faßte eine Zuneigung zu einem schönen, klugen und achtbaren jungen Mädchen von klarem und edlem Charakter; sie war die Tochter angesehener Eltern. Sie waren keine geringen Leute, besaßen Vermögen, hatten Einfluß und Macht und nahmen mich freundlich und gastlich auf. Und da schien mir, als sei das Mädchen mir herzlich zugetan – und mein Herz entbrannte bei dieser Vorstellung. Erst später kam mir deutlich zum Bewußtsein, daß ich sie vielleicht gar nicht so sehr geliebt, sondern nur ihren Verstand und ihren edlen Charakter geachtet hatte, wie das auch nicht anders sein konnte. Meine Eigenliebe hinderte mich jedoch daran, damals um ihre Hand anzuhalten: es kam mir schwer, ja schrecklich vor, in so jungen Jahren, zudem ich auch Geld besaß, auf die Annehmlichkeiten eines ausschweifenden und ungebundenen Junggesellenlebens zu verzichten. Dennoch machte ich ihr Andeutungen, schob aber jeden entscheidenden Schritt für später auf. Doch plötzlich wurde ich auf zwei Monate nach einem anderen Landkreis abkommandiert. Als ich nach zwei Monaten zurückkehrte, erfuhr ich zu meiner Überraschung, das junge Mädchen habe bereits einen wohlhabenden, in der Nähe der Stadt ansässigen Gutsbesitzer geheiratet, der zwar älter als ich, aber immerhin noch jung sei, Verbindungen zur Hauptstadt und zu der besten Gesellschaft habe, die mir fehlten, und ein sehr liebenswürdiger und außerdem gebildeter Mann sei, während ich gar keine Bildung besaß. Dieses unerwartete Ereignis erschütterte mich dermaßen, daß ich geradezu von Sinnen kam. Das schlimmste aber war, daß dieser junge Gutsbesitzer, wie ich damals ebenfalls erfuhr, schon seit langem ihr Verlobter gewesen war; ich war ihm schon oftmals im Hause ihrer Eltern begegnet, hatte jedoch, von meinen eigenen Vorzügen geblendet, nichts gemerkt. Gerade das kränkte mich am meisten: wieso hatten fast alle davon gewußt, nur ich allein nicht? Und ich empfand auf einmal einen unerträglichen Zorn. Unter Erröten erinnerte ich mich, wie oft ich ihr beinahe meine Liebe gestanden hätte, und da sie mich nicht davon abgehalten und mich nicht gewarnt hatte, so hatte sie also, folgerte ich, sich über mich lustig gemacht. Später erkannte ich natürlich, wenn ich mir alles wieder vergegenwärtigte, daß sie sich keineswegs lustig gemacht hatte, sondern im Gegenteil solche Gespräche auf eine scherzhafte Weise abzubrechen und auf andere Gegenstände zu lenken pflegte – damals jedoch vermochte ich das nicht zu begreifen und dürstete nach Rache. Mit Verwunderung denke ich daran zurück, daß diese Rachsucht und dieser Zorn mir selbst äußerst lästig und zuwider waren, denn bei meinem leichtherzigen Charakter konnte ich niemandem lange böse sein. Darum stachelte ich mich gleichsam selber künstlich auf und wurde schließlich gemein und albern. Ich wartete einen günstigen Augenblick ab, und eines Tages gelang es mir in einer großen Gesellschaft, meinen »Nebenbuhler« bei einem ganz nebensächlichen Anlaß zu beleidigen, indem ich seine Ansicht über ein damals wichtiges Ereignis bespöttelte – das war im Jahre 1826 –, und ich brachte es fertig, wie die Leute sagten, ihn auf geistreiche und geschickte Weise zu verspotten. Dann zwang ich ihn zu einer Auseinandersetzung und wurde dabei so grob, daß er meine Forderung annahm, ungeachtet des großen Unterschieds zwischen uns, denn ich war jünger als er, unbedeutend und von geringem Range. Erst später erfuhr ich mit Bestimmtheit, daß er meine Forderung aus einem Gefühl von Eifersucht mir gegenüber angenommen hatte: er war auch früher schon wegen seiner Frau, die damals noch seine Braut gewesen war, ein wenig auf mich eifersüchtig gewesen; jetzt dachte er, wenn sie erführe, daß er von mir beleidigt worden sei, sich aber nicht entschlossen habe, mich zum Duell zu fordern, werde sie ihn unwillkürlich verachten und in ihrer Liebe zu ihm wankend werden. Einen Sekundanten fand ich bald in einem Kameraden, einem Oberleutnant unseres Regiments. Obwohl Duelle damals streng bestraft wurden, waren sie unter Offizieren geradezu Mode – so fest können rohe Vorurteile manchmal Fuß fassen. Es war Ende Juni, am nächsten Tag sollten wir uns um sieben Uhr morgens außerhalb der Stadt treffen. Und fürwahr, gerade da widerfuhr mir etwas gleichsam Schicksalhaftes. Als ich am Abend wütend und mißgelaunt nach Hause zurückkehrte, ärgerte ich mich über meinen Burschen Afanasij und schlug ihn aus aller Kraft zweimal ins Gesicht, so daß er blutete. Er stand erst seit kurzem in meinen Diensten, und es war auch früher schon vorgekommen, daß ich ihn geschlagen hatte, aber noch niemals hatte ich es mit einer so bestialischen Roheit getan. Und ihr dürft mir glauben, meine Lieben, vierzig Jahre sind seitdem vergangen, doch auch heute noch denke ich mit Scham und Qual daran zurück. Ich legte mich hin, schlief drei Stunden, und als ich erwachte, brach bereits der Tag an. Ich stand sofort auf, denn ich mochte nicht mehr schlafen, trat ans Fenster, öffnete es – es ging auf den Garten – und sah hinaus: die Sonne ging auf, es war warm und wundervoll, und die Vöglein zwitscherten. Warum nur, dachte ich, empfinde ich in meiner Seele etwas Schmachvolles und Niedriges? Kommt das etwa daher, weil ich im Sinne habe, Blut zu vergießen? Nein, dachte ich, nicht daher scheint es zu kommen. Oder kommt es etwa daher, weil ich den Tod fürchte, weil ich fürchte, getötet zu werden? Nein, das ist es auch nicht, ganz und gar nicht ... Und plötzlich wurde mir klar, woran es lag: ich hatte am Abend Afanasij mißhandelt! Mir war auf einmal alles wieder so gegenwärtig, als ob es sich noch einmal ereignete: er stand vor mir, und ich schlug ihn mit voller Wucht ins Gesicht, während er – die Hände an der Hosennaht, den Kopf aufrecht und die Augen weit aufgerissen wie in der Front – bei jedem Schlag zusammenzuckte und sich nicht einmal getraute, die Hand zu erheben, um sich zu schützen. Und es war ein Mensch, der so weit gebracht worden war, und es war ein Mensch, der einen Menschen schlug! Welch ein Verbrechen! Mir war, als führe mir eine spitze Nadel durchs Herz. Sprachlos stand ich da, die liebe Sonne aber leuchtete, die Blättchen freuten sich und glänzten, und die Vöglein, die Vöglein priesen Gott ... Da bedeckte ich mit beiden Händen mein Gesicht, warf mich aufs Bett und brach in lautes Schluchzen aus. Und dann erinnerte ich mich meines Bruders Markel und der Worte, die er vor seinem Tode zu den Dienstboten gesprochen hatte: »Meine Lieben, Teuren, weshalb dient ihr mir, weshalb liebt ihr mich, bin ich es denn wert, daß man mir dient?« Ja, bin ich es denn wert? fuhr es mir plötzlich durch den Kopf. Wahrhaftig, wieso bin ich es wert, daß ein anderer Mensch, der ebenso wie ich ein Ebenbild Gottes ist, mir dient? Diese Frage kam mir damals zum erstenmal in meinem Leben in den Sinn. »Mutter, du mein Herzblut, in Wahrheit trägt jeder allen gegenüber die Schuld aller, nur wissen die Menschen das nicht, sähen sie es aber ein – so hätten wir sofort das Paradies auf Erden!« Mein Gott, sollte das nicht wahr sein? dachte ich bei mir und weinte; fürwahr, vielleicht trage ich allen Menschen gegenüber die größte Schuld, vielleicht bin ich schlechter als alle Menschen auf Erden! Und plötzlich stand mir die ganze Wahrheit in aller Deutlichkeit vor Augen: Was habe ich im Sinn? Ich will einen guten, klugen, edlen Menschen töten, der sich mir gegenüber nichts hat zuschulden kommen lassen, und seine Frau will ich auf ewig ihres Glückes berauben, ich will ihr Qualen bereiten und sie in den Tod treiben. So lag ich auf dem Bett, das Gesicht ins Kissen gedrückt, und merkte gar nicht, wie die Zeit verging. Plötzlich kommt mein Kamerad, der Oberleutnant, mit den Pistolen herein, um mich abzuholen. »Ah«, sagt er, »das ist gut, daß du schon wach bist, es ist Zeit, laß uns gehen.« Da warf ich mich ganz verstört auf dem Bett hin und her, aber schließlich gingen wir doch hinaus, um uns in den Wagen zu setzen. »Warte hier ein wenig«, sagte ich zu ihm, »ich bin im Nu wieder da, ich habe meinen Geldbeutel vergessen.« Und ich lief allein in die Wohnung zurück, geradewegs in die Kammer Afanasijs. »Afanasij«, sagte ich, »gestern habe ich dich zweimal ins Gesicht geschlagen, vergib mir!« Er fuhr zusammen, als wäre er erschrocken, und starrte mich an – und da sah ich, daß dies zu wenig, noch viel zu wenig war, und warf mich, so wie ich war, in voller Uniform, ihm jäh zu Füßen, die Stirn am Boden. »Vergib mir!« sagte ich. Da wurde er ganz starr: »Euer Wohlgeboren, Väterchen, Herr, wie können Sie nur ... ja, bin ich es denn wert? ...« Und er brach auf einmal in Tränen aus, genauso wie vorher ich, bedeckte mit beiden Händen sein Gesicht, drehte sich zum Fenster um und zitterte am ganzen Körper vor Schluchzen. Ich aber lief hinaus, sprang in den Wagen und rief: »Fahr zu!« Dann wandte ich mich meinem Kameraden zu. »Hast du schon mal einen Sieger gesehen?« rief ich. »Hier hast du ihn vor dir!« Ich war so entzückt, lachte während der ganzen Fahrt, redete und redete, ich weiß nicht mehr, was ich alles geredet habe. Er sah mich an: »Na, Bruderherz«, sagte er, »du bist ein forscher Kerl, ich sehe, du wirst der Uniform Ehre machen.« So langten wir an Ort und Stelle an. Man stellte uns auf, zwölf Schritt voneinander entfernt, mein Gegner hatte den ersten Schuß. Ich stehe heiter vor ihm, Auge in Auge, ohne mit der Wimper zu zucken, und schaue ihn liebevoll an: ich weiß, was ich tun werde. Er schießt, die Kugel schrammt nur leicht meine Wange und streift mein Ohr. »Gott sei Dank«, rufe ich, »Sie haben keinen Menschen getötet!« Dann drehe ich mich um und schleudere meine Pistole in hohem Bogen in den Wald. »Dahin«, rief ich, »gehörst du!« Darauf wandte ich mich meinem Gegner zu: »Mein Herr«, sagte ich, »verzeihen Sie mir, einem dummen jungen Menschen, daß ich Sie durch mein eigenes Verschulden gekränkt und Sie gezwungen habe, auf mich zu schießen. Ich bin zehnmal schlechter als Sie, wenn nicht gar noch schlechter. Sagen Sie das der Frau, die Sie über alles auf der Welt achten.« Kaum hatte ich das gesagt, fingen sie alle drei an zu schreien. »Aber ich bitte Sie«, sagte mein Gegner geradezu verärgert, »wenn Sie sich nicht duellieren wollten, wozu haben Sie uns dann herbemüht?« – »Gestern war ich noch dumm, heute aber bin ich klüger geworden«, antwortete ich ihm vergnügt. »Das von gestern glaube ich Ihnen«, sagte er, »wie es aber mit dem Heute steht, ist aus Ihrer Äußerung schwer zu schließen.« – »Bravo«, rief ich ihm zu und klatschte in die Hände, »auch darin bin ich mit Ihnen einverstanden, ich habe es verdient!« – »Werden Sie nun schießen, mein Herr, oder nicht?« – »Ich werde es nicht tun«, sagte ich, »aber wenn Sie wollen, so schießen Sie noch einmal; freilich wäre es besser, wenn Sie es nicht täten.« Auch die Sekundanten schrien, besonders der meinige: »Wie kann man nur dem Regiment eine solche Schande antun, an der Barriere stehen und um Verzeihung bitten! Wenn ich das gewußt hätte!« Da stellte ich mich vor sie alle hin, und nun lachte ich nicht mehr: »Meine Herren«, sagte ich, »muß man sich denn wirklich heutzutage so wundern, wenn man einem Menschen begegnet, der seine Dummheit bereut und seine Schuld öffentlich eingesteht?« – »Aber doch nicht an der Barriere!« schrie wieder mein Sekundant. »Das ist es ja eben«, antwortete ich, »das ist allerdings verwunderlich, denn ich hätte mich gleich nach unserer Ankunft und noch vor dem Schuß meines Gegners schuldig bekennen sollen, statt ihn zu einer Todsünde zu verleiten; doch wir selber haben unser Leben auf Erden in einer so abscheulichen Weise geregelt, daß es fast unmöglich war, so zu handeln; denn erst nachdem ich dem Schuß meines Gegners auf zwölf Schritt Distanz standgehalten hatte, konnten meine Worte für ihn etwas bedeuten. Hätte ich sie aber vor dem Schuß, gleich nach unserer Ankunft, gesprochen, so hätte man einfach gesagt, ich sei ein Feigling, ich hätte Angst bekommen vor der Pistole, und es lohne sich nicht, mich anzuhören. Meine Herren«, rief ich auf einmal aus vollem Herzen aus, »schauen Sie um sich und sehen Sie die Gaben Gottes an: diesen klaren Himmel, diese reine Luft, das zarte Gras, die Vöglein, die wunderschöne und sündelose Natur! Wir aber, nur wir allein sind gottlos und dumm und begreifen nicht, daß das Leben ein Paradies ist; denn wir brauchten das nur begreifen zu wollen, so bräche es sofort in all seiner Schönheit an, und wir würden uns umarmen und weinen . . .« Ich wollte noch fortfahren, vermochte es aber nicht, es verschlug mir den Atem; mir war so selig, so jugendlich zumute, und in meinem Herzen verspürte ich ein solches Glück, wie ich es noch nie im Leben empfunden hatte. »Das alles ist vernünftig und fromm«, sagte mein Gegner, »und jedenfalls sind Sie ein origineller Mensch.« – »Spotten Sie nur«, sagte ich zu ihm und lachte ihn an, »später werden Sie mich loben.« – »Ich bin auch jetzt bereit, Sie zu loben«, sagte er, »erlauben Sie, daß ich Ihnen die Hand reiche, denn Sie scheinen tatsächlich ein aufrichtiger Mensch zu sein.« – »Nein«, sagte ich, »jetzt nicht, aber später, wenn ich mich gebessert und Ihre Achtung verdient habe, dann reichen Sie mir Ihre Hand – Sie werden damit gut handeln.« Wir fuhren heim, mein Sekundant schimpfte während der ganzen Fahrt, ich aber küßte ihn. Alle Kameraden erfuhren sofort von meinem Verhalten bei dem Duell und versammelten sich noch am selben Tag, um über mich zu Gericht zu sitzen. »Er hat die Uniform entehrt«, hieß es, »er soll seinen Abschied einreichen.« Es fanden sich auch solche, die mich in Schutz nahmen: »Dem Schuß hat er immerhin standgehalten«, sagten sie. »Ja, aber vor den weiteren Schüssen hatte er Angst, und daher bat er an der Barriere um Verzeihung.« – »Wenn er vor den weiteren Schüssen Angst gehabt hätte«, erwiderten meine Verteidiger, »so hätte er zuerst seine Pistole abgeschossen und dann um Verzeihung gebeten; er aber hat sie geladen in den Wald geworfen. Nein, hier hat sich etwas anderes zugetragen, etwas Einmaliges.« Ich hörte zu, und mir war bei ihrem Anblick fröhlich zumute. »Meine lieben Freunde und Kameraden«, sagte ich, »macht euch keine Sorgen, ob ich meinen Abschied einreichen soll oder nicht, denn ich habe es schon getan, heute früh bereits habe ich auf der Kanzlei darum nachgesucht, und sobald ich ihn erhalten habe, gehe ich sofort ins Kloster; denn nur deshalb habe ich meinen Abschied verlangt.« Kaum hatte ich das gesagt, brachen alle bis auf den letzten in ein Gelächter aus: »Davon hättest du uns gleich zu Anfang unterrichten sollen! Nun erklärt sich alles. Über einen

Mönch können wir nicht zu Gericht sitzen.« Sie lachten und konnten sich nicht beruhigen, doch lachten sie durchaus nicht spöttisch, sondern freundlich und fröhlich, und alle hatten mich auf einmal liebgewonnen, sogar meine eifrigsten Ankläger; den ganzen folgenden Monat, bis ich meinen Abschied erhielt, trugen sie mich geradezu auf Händen. »Ach, du Mönch«, sagten sie. Und jeder hatte ein freundliches Wort für mich. Sie versuchten, mich von meinem Vorhaben abzubringen, und bedauerten mich sogar: »Was willst du dir da antun?«– »Nein«, sagten sie, »er ist tapfer, er hat dem Schuß standgehalten und hätte auch selbst geschossen, doch ihm hatte in der Nacht vorher geträumt, er solle Mönch werden, daher kam es.« Fast das gleiche geschah in der Gesellschaft unserer Stadt. Früher hatte man mich dort nicht besonders beachtet, sondern mich nur gastlich aufgenommen, jetzt aber kannten mich auf einmal alle und luden mich um die Wette zu sich ein: sie lachten über mich, hatten mich aber lieb. Ich möchte hier bemerken, daß die Obrigkeit, obwohl damals von unserem Duell allgemein gesprochen wurde, die Sache vertuschte. Mein Gegner war ein naher Verwandter unseres Generals, und da alles ohne Blutvergießen abgelaufen war, als hätte es sich nur um einen Scherz gehandelt, und ich meinen Abschied eingereicht hatte, faßte man alles wirklich nur als einen Scherz auf. Ich begann damals laut und furchtlos von dem Vorfall zu reden, ungeachtet des Gelächters meiner Zuhörer, denn dieses Gelächter war nicht boshaft, sondern gutherzig. All diese Gespräche fanden meist abends in Damengesellschaft statt, die Frauen waren damals mehr als früher geneigt, mir zuzuhören, und zwangen auch die Männer dazu. »Wie wäre es möglich, daß ich Schuld trüge für alle«, sagte mir jeder lachend ins Gesicht; »könnte ich denn zum Beispiel für Sie Schuld tragen?« – »Wie sollten Sie das auch begreifen«, antwortete ich ihnen, »da doch die ganze Welt schon seit langem einen anderen Weg eingeschlagen hat und wir ausgemachte Lügen für Wahrheit halten, ja auch von anderen ebensolche Lügen verlangen. Da habe ich nun einmal im Leben aufrichtig gehandelt, und was war die Folge davon? Daß ich jetzt für Sie alle so etwas wie ein heiliger Narr bin, denn obwohl Sie mich liebgewonnen haben, lachen Sie doch alle über mich.« – »Wie sollte man Sie auch nicht lieben, so wie Sie sind?« sagte die Frau des Hauses laut zu mir und lachte mich an; es war gerade eine zahlreiche Gesellschaft bei ihr versammelt. Plötzlich sehe ich, wie sich die jüngste unter den Damen erhebt, derentwegen ich meinen Gegner zum Duell gefordert und die ich noch vor kurzem zu meiner Braut ausersehen hatte – mir war es gar nicht aufgefallen, daß auch sie zu der Abendgesellschaft erschienen war. Sie erhob sich, kam auf mich zu, reichte mir die Hand und sagte: »Erlauben Sie mir, Ihnen zu erklären, daß ich als erste nicht über Sie lache, sondern im Gegenteil Ihnen unter Tränen danke und Ihnen für Ihr Verhalten meine Achtung bekunde.« Nun trat auch ihr Mann herzu, und danach drängten sich auf einmal, einer nach dem anderen, auch alle übrigen um mich und hätten mich fast geküßt. Mir wurde ganz froh zumute; vor allem aber fiel mir damals ein schon älterer Herr auf, der auch auf mich zukam; ich kannte ihn zwar dem Namen nach, aber nicht näher, und hatte mit ihm bis zu diesem Abend noch nie auch nur ein Wort gesprochen.

d) Der geheimnisvolle Gast

Er stand schon seit langer Zeit in unserer Stadt in Staatsdiensten, bekleidete einen angesehenen Posten und war ein allgemein geachteter, wohlhabender Mann; er hatte eine beträchtliche Summe für ein Altersheim und ein Waisenhaus gestiftet und außerdem im verborgenen, ohne es an die große Glocke zu hängen, viele Wohltaten erwiesen, was alles erst später, nach seinem Tode, an den Tag kam. Ungefähr fünfzig Jahre alt, sah er beinahe streng aus und redete wenig; verheiratet war er seit höchstens zehn Jahren mit einer noch jungen Frau, von der er drei noch minderjährige Kinder hatte.

Am nächsten Abend saß ich nun bei mir zu Hause, als plötzlich die Tür aufging und dieser Herr zu mir hereinkam. Doch muß ich erwähnen, daß ich damals nicht mehr meine frühere Wohnung innehatte, sondern gleich, nachdem ich meinen Abschied eingereicht hatte, in eine andere umgezogen war, die ich bei einer alten Frau, einer Beamtenwitwe, mit Bedienung gemietet hatte. In diese Wohnung war ich nur deshalb gezogen, weil ich Afanasij sofort nach meiner Heimkehr vom Duell, am selben Tage noch, zu seiner Kompanie zurückgeschickt hatte, denn nach dem, wie ich mich ihm gegenüber verhalten hatte, schämte ich mich, ihm in die Augen zu sehen – so sehr neigt der noch im weltlichen Denken Befangene dazu, sich manchmal sogar seiner gerechtesten Tat zu schämen.

»Ich habe Ihnen schon seit ein paar Tagen in verschiedenen Häusern mit großem Interesse zugehört«, sagte der Herr, der zu mir gekommen war, »und ich wollte Sie endlich persönlich kennenlernen, um mich mit Ihnen ausführlich zu unterhalten. Könnten Sie, mein Herr, mir diesen großen Gefallen erweisen?« – »Das kann ich wohl«, sagte ich, »mit großem Vergnügen will ich es tun, und es wird mir eine besondere Ehre sein.« So sprach ich zu ihm, doch zugleich erschrak ich fast, so stark war der Eindruck, den er schon bei diesen ersten Worten auf mich gemacht hatte. Denn wenn man mir bisher auch zugehört und sich für mich interessiert hatte, so war doch noch niemand mit solch ernster und strenger, verinnerlichter Miene an mich herangetreten. Und dieser Mann war sogar zu mir in meine Wohnung gekommen. Er setzte sich. »Ich stelle bei Ihnen eine große Charakterstärke fest«, fuhr er fort; »denn Sie haben sich nicht gescheut, der Wahrheit in einer Sache zu dienen, bei der Sie Gefahr liefen, um Ihrer Redlichkeit willen die Verachtung aller zu ernten.« – »Ihr Lob ist wohl sehr übertrieben«, sagte ich zu ihm. »Nein, es ist nicht übertrieben«, antwortete er, »glauben Sie mir, eine solche Tat zu vollbringen ist weit schwieriger, als Sie meinen. Mich hat eigentlich«, fuhr er fort, »nur das so tief beeindruckt, und deswegen bin ich auch zu Ihnen gekommen. Beschreiben Sie mir, wenn Sie vor meiner vielleicht recht unschicklichen Neugier keinen Abscheu empfinden, was Sie in dem Augenblick empfanden, da Sie sich während des Duells entschlossen, um Verzeihung zu bitten, wenn Sie sich dessen noch erinnern können. Halten Sie meine Frage nicht für leichtfertig; ich verfolge im Gegenteil, indem ich eine solche Frage stelle, einen geheimen Zweck, den ich Ihnen wahrscheinlich später auseinandersetzen werde, wenn es Gott gefallen sollte, uns einander näherzubringen.«

Während er sprach, hatte ich ihm unverwandt ins Gesicht gesehen, und auf einmal fühlte ich ein sehr großes Zutrauen zu ihm, aber auch eine ungewöhnliche Neugier, denn ich ahnte, daß er irgendein besonderes Geheimnis in seiner Seele trug.

»Sie fragen, was ich in dem Augenblick empfand, da ich meinen Gegner um Verzeihung bat«, antwortete ich ihm, »doch ich will Ihnen lieber zuerst erzählen, was ich anderen noch nicht erzählt habe.« Und ich erzählte ihm alles, was zwischen mir und Afanasij vorgefallen war, und wie ich mich vor ihm bis zum Boden verneigt hatte. »Daraus können Sie selber ersehen«, schloß ich, »daß mir während des Duells bereits leichter ums Herz war, denn ich hatte schon zu Hause den Anfang gemacht, und kaum hatte ich diesen Weg eingeschlagen, verlief alles weitere nicht nur ohne Schwierigkeit, sondern sogar freudig und heiter.«

Er hatte mir zugehört und blickte mich sehr freundlich an: »All das«, sagte er, »ist außerordentlich interessant, ich werde noch öfter zu Ihnen kommen.« Seitdem kam er fast jeden Abend zu mir, und wir hätten uns sehr angefreundet, wenn er mir auch von sich erzählt hätte. Doch von sich redete er fast kein Wort, sondern er fragte mich immer nur über mich aus. Dessenungeachtet gewann ich ihn sehr lieb und vertraute ihm all meine Gefühlsregungen an, denn ich dachte bei mir: Wozu brauche ich seine Geheimnisse zu wissen, ich sehe ja ohnehin, daß er ein Gerechter ist. Zudem ist er ein so ernster, mir an Jahren überlegener Mensch und kommt doch zu mir, einem Jüngling, und nimmt mit mir fürlieb. Und ich lernte von ihm viel Nützliches, denn er war ein Mann von hohem Verstande. »Darüber, daß das Leben ein Paradies ist«, sagte er einst plötzlich, »denke ich schon seit langem nach«, und auf einmal fügte er hinzu: »Nur darüber denke ich ja nach.« Er sah mich an und lächelte. »Ich bin mehr davon überzeugt als Sie«, sagte er, »Sie werden später erfahren warum.« Als ich das hörte, dachte ich: Sicherlich will er mir etwas eröffnen. »Das Paradies«, sagte er, »liegt in jedem von uns verborgen, auch in mir verbirgt es sich jetzt, und wenn ich wollte, würde es schon morgen Wirklichkeit für mich werden, Wirklichkeit für mein ganzes Leben.« Ich sah, wie ihn beim Sprechen Rührung überkam und er mich geheimnisvoll anblickte, als wollte er mich ausforschen. »Doch darüber«, fuhr er fort, »daß jeder Mensch für alle und über seine eigenen Sünden hinaus an allem Schuld trägt, darüber haben Sie ganz richtig geurteilt, und es ist erstaunlich, wie Sie diesen Gedanken auf einmal so vollständig erfassen konnten. Und es trifft fürwahr zu, daß für die Menschen, sobald ihnen dieser Gedanke einleuchtet, das himmlische Reich nicht mehr nur ein Traum ist, sondern tatsächlich anbrechen wird.« – »Doch wann«, rief ich voller Gram aus, »wird das geschehen, und wird es überhaupt jemals so weit kommen? Ist das nicht nur ein Traum?« – »Nun glauben Sie selber nicht mehr daran«, sagte er, »Sie predigen es, glauben aber nicht daran. Damit Sie es wissen: dieser Traum, wie Sie es nennen, wird ohne Zweifel in Erfüllung gehen, glauben Sie es mir, jedoch noch nicht jetzt, denn jedes Geschehen vollzieht sich nach seinem Gesetz. Das ist ein seelischer Vorgang, ein psychischer. Will man die Welt neu gestalten, so müssen erst die Menschen selbst im Bereich des Seelischen einen anderen Weg einschlagen. Bevor wir nicht wirklich eines jeden Menschen Bruder geworden sind, kann es keine Brüderlichkeit geben. Ungeachtet aller Wissenschaft und aller Vorteile werden die Menschen sich nie gerecht in ihr Eigentum und ihre Rechte zu teilen wissen. Immer wird jeder unzufrieden sein, und immer werden sie murren, einander beneiden und sich gegenseitig ausrotten. Sie fragen, wann dieser Traum in Erfüllung gehen wird? Er *wird* in Erfüllung gehen, doch erst muß die Periode der menschlichen *Isolierung* beendet sein.« – »Was meinen Sie damit?« fragte ich ihn. – »Die Isolierung, die jetzt überall herrscht, besonders in unserem Jahrhundert«, antwortete er. »Sie ist noch nicht ganz vorüber, und ihre Frist ist noch nicht abgelaufen. Strebt doch heute jeder danach, sich möglichst abzusondern und die Fülle des Lebens in sich selbst auszukosten. Dabei ist das Ergebnis all seiner Bemühungen statt der Fülle des Lebens nur reiner Selbstmord, denn statt zu einer vollen Entfaltung seines Lebens zu gelangen, verfällt er in völlige Isolierung. Die Gesamtheit hat sich in unserem Zeitalter in einzelne aufgespaltet, jeder zieht sich in seine Höhle zurück, jeder entfernt sich vom anderen, verbirgt sich und das, was er besitzt, und endet damit, daß er die Menschen zurückstößt und die Menschen ihn zurückstoßen. Einsam sammelt er Reichtum an und denkt: Wie mächtig bin ich jetzt und wie gesichert – dabei weiß der Unbesonnene nicht einmal, daß er, je mehr er ansammelt, um so tiefer in selbstmörderische Ohnmacht versinkt. Denn er ist es gewohnt, sich nur auf sich selbst zu verlassen, und hat sich als einzelner vom Ganzen abgesondert, hat seine Seele daran gewöhnt, an menschliche Hilfe, an die Menschen und die Menschheit nicht zu glauben, und bangt nur darum, sein Geld und seine erworbenen Rechte zu verlieren. Der menschliche Geist beginnt heutzutage allenthalben in lächerlicher Weise zu verkennen, daß die wahre Sicherheit des einzelnen nicht durch seine isolierten Bemühungen herbeigeführt wird, sondern nur durch die Solidarität der gesamten Menschheit gewährleistet werden kann. Doch auch diese furchtbare Isolierung wird bestimmt einmal ein Ende nehmen, und dann werden alle auf einmal begreifen, wie unnatürlich es war, sich voneinander abzusondern. Das wird der Geist der neuen Zeit sein, und die

Menschen werden sich wundern, wie sie so lange hatten im Dunkeln sitzen können, ohne das Licht zu sehen. Dann wird auch das Zeichen des Menschensohnes am Himmel erscheinen . . . Doch bis dahin muß das Zeichen trotz allem gehütet werden, und ab und zu muß, wenn es auch nur selten geschieht, ein Mensch mit gutem Beispiel vorangehen und die Seele aus der Isolierung heraus zu der selbstlosen Tat der brüderlichen Gemeinschaft führen, selbst wenn man ihn dann für einen heiligen Narren hielte. Das ist notwendig, damit der große Gedanke nicht sterbe . . .«

In solchen leidenschaftlichen und begeisternden Gesprächen verging uns ein Abend nach dem andern. Ich gab es sogar auf, mich in der Gesellschaft zu zeigen, und folgte weit seltener einer Einladung, zumal ich auch wieder außer Mode zu kommen begann. Ich sage das nicht, um jemanden zu tadeln, denn man hatte mich nach wie vor gern und war freundlich zu mir; daß aber die Mode tatsächlich in der Gesellschaft eine Königin von nicht geringer Macht ist, das läßt sich nicht leugnen. Von meinem geheimnisvollen Gast indessen war ich schließlich geradezu bezaubert, denn abgesehen von dem Genuß, den seine Klugheit mir bereitete, begann ich zu ahnen, daß er eine bestimmte Absicht hegte und sich vielleicht zu einer großen Tat rüstete. Möglicherweise gefiel es ihm auch, daß ich für sein Geheimnis keine Neugier bekundete und ihn weder geradeheraus noch durch Andeutungen auszufragen versuchte. Doch endlich fiel es mir auf, daß ihn selbst immer mehr das Verlangen quälte, mir etwas zu eröffnen. Ungefähr einen Monat nach dem Beginn seiner Besuche bei mir war das jedenfalls schon ziemlich deutlich zu erkennen. »Wissen Sie«, fragte er mich eines Tages, »daß man sich in der Stadt sehr für uns beide interessiert und sich über meine so häufigen Besuche bei Ihnen wundert? Doch mögen sie nur, denn *bald wird alles offenbar werden.*« Zuweilen erfaßte ihn auf einmal eine ungewöhnliche Aufregung, und fast immer stand er dann auf und ging weg. Manchmal jedoch sah er mich lange und scharf an – und ich dachte dann schon: Gleich wird er etwas sagen. Doch er wechselte plötzlich den Gesprächsstoff und fing von etwas schon Bekanntem und Alltäglichem zu sprechen an. Auch begann er oft über Kopfschmerzen zu klagen. Und eines Tages, ganz unerwartet, sah ich, wie er, nachdem er lange und feurig geredet hatte, auf einmal blaß wurde, wie sich sein ganzes Gesicht verzerrte und er mich anstarrte.

»Was haben Sie denn?« fragte ich. »Ist Ihnen schlecht?« Er hatte eben erst über Kopfschmerzen geklagt.

»Ich habe ... wissen Sie ... ich habe ... einen Mord begangen.«

Als er das gesagt hatte, lächelte er und war dabei kreidebleich. Warum lächelt er? Dieser Gedanke fuhr mir durch den Sinn, ehe ich noch etwas begreifen konnte. Ich fühlte, daß auch ich blaß wurde.

»Nein! Ist das denn möglich?« rief ich.

»Sehen Sie nun«, antwortete er mir mit einem dünnen Lächeln, »wieviel es mich gekostet hat, das erste Wort zu sagen? Jetzt habe ich es ausgesprochen und glaube auf dem rechten Weg zu sein. Ich will ihn weitergehen.«

Es dauerte lange, bis ich ihm glaubte, auch schenkte ich ihm nicht gleich dieses Mal Glauben, sondern erst, nachdem er dreimal bei mir gewesen war und mir alles ausführlich erzählt hatte. Ich hielt ihn zunächst für wahnsinnig, überzeugte mich aber schließlich mit größtem Kummer und größter Verwunderung von der Wahrheit seiner Worte. Er hatte vor vierzehn Jahren ein furchtbares Verbrechen an einer wohlhabenden Dame begangen, einer jungen und schönen Person, der Witwe eines Gutsbesitzers, die in unserer Stadt ein Haus besaß, wo sie bei ihren Stadtbesuchen abzusteigen pflegte. Da er eine starke Zuneigung zu ihr empfand, hatte er ihr eine Liebeserklärung gemacht und wollte sie dazu bringen, ihn zu heiraten. Doch sie hatte ihr Herz bereits einem anderen geschenkt, einem angesehenen Offizier von hohem Rang, der damals im Felde stand, dessen baldige Rückkehr sie jedoch erwartete. Darum lehnte sie den Antrag meines Gastes ab und bat ihn, nicht mehr zu ihr zu kommen. Darauf stellte er seine Besuche bei ihr ein; da er aber mit den Räumlichkeiten ihres Hauses vertraut war, stieg er nachts vom Garten aus über das Dach mit größter Dreistigkeit bei ihr ein, obwohl er Gefahr lief, dabei ertappt zu werden. Doch mit ungewöhnlicher Frechheit unternommene Vergehen gelingen ja meist am besten. Nachdem er durch eine Luke auf den Dachboden des Hauses gelangt war, stieg er die Bodentreppe hinunter in ihre Wohnräume, denn er wußte, daß die Tür am Ende der Treppe infolge der Nachlässigkeit der Dienstboten nicht immer abgeschlossen wurde. Auf diese Fahrlässigkeit hatte er auch diesmal seine Hoffnung gesetzt und sich nicht getäuscht. Als er sich in die Wohnräume eingeschlichen hatte, ging er im Dunkeln in ihr Schlafzimmer, in dem vor den Ikonen ein Öllämpchen brannte. Und wie dazu angestiftet, waren beide Dienstmädchen heimlich und ohne Erlaubnis zu einer Namenstagfeier in der Nachbarschaft gegangen. Die übrigen Dienstboten schliefen in den Gesindestuben und in der Küche im untersten Stockwerk. Als er die Schlafende erblickte, loderte in ihm die Leidenschaft auf, dann aber wurde sein Herz von einem rachedurstigen und eifersüchtigen Zorn ergriffen, und seiner selbst nicht mehr bewußt, fiel er wie ein Trunkener über sie her und stieß ihr das Messer mitten ins Herz, so daß sie nicht einmal aufschreien konnte. Mit höllischer und höchst verbrecherischer Berechnung richtete er es darauf so ein, daß der Verdacht auf die Dienstboten fiel: er scheute sich nicht, ihren Geldbeutel an sich zu nehmen, öffnete mit den Schlüsseln, die er unter dem Kopfkissen hervorholte, ihre Kommode und entnahm ihr einige Sachen, in genau der Weise, wie es ein ungebildeter Dienstbote getan hätte, das heißt, die Wertpapiere ließ er liegen und entwendete nur das Geld und einige größere Goldsachen, während er die zehnmal wertvolleren, jedoch kleineren nicht anrührte. Auch nahm er noch einiges als Andenken mit, doch davon später. Nachdem er dieses schreckliche Verbrechen begangen hatte, verließ er auf dem gleichen Weg wie vorher das Haus. Weder am nächsten Tag, als die Öffentlichkeit alarmiert wurde, noch irgendwann später kam es jemandem in den Sinn, den wirklichen Missetäter zu verdächtigen! Auch wußte ja niemand von seiner Liebe zu ihr, denn er war schon immer schweigsam und wenig mitteilsam gewesen, und einen Freund, dem er sein Herz hätte ausschütten können, besaß er nicht. Man hielt ihn einfach für einen Bekannten der Ermordeten und vermutete nicht einmal, daß er ihr besonders nahegestanden hätte, denn in den letzten zwei Wochen hatte er sie nicht besucht. Man verdächtigte indessen sofort ihren leibeigenen Diener Pjotr, und alle Umstände bekräftigten diesen Verdacht. Dieser Diener wußte nämlich, und die Verstorbene selber hatte es nicht verhehlt, daß sie ihn unter die Soldaten stecken wollte in Anrechnung auf den nächsten Rekruten, den sie von ihren leibeigenen Bauern zu stellen hatte, weil er allein stand und sich außerdem schlecht aufführte. Man hatte gehört, wie er in einer Schenke, als er betrunken war, voller Wut gedroht hatte, sie umzubringen. Zwei Tage vor ihrem Tode war er davongelaufen und hatte sich irgendwo in der Stadt an unbekanntem Ort aufgehalten. Am

Tage nach dem Mord fand man ihn auf der Landstraße vor der Stadt; er war besinnungslos betrunken und hatte ein Messer in der Tasche, zudem war seine rechte Handfläche mit Blut besudelt. Er behauptete, er habe Nasenbluten gehabt, aber man glaubte ihm nicht. Die Dienstmädchen gestanden, daß sie zur Namenstagfeier gegangen waren und daß die Haustür bis zu ihrer Rückkehr unverschlossen geblieben war. Auch ergaben sich noch eine Reihe ähnlicher Verdachtsmomente, auf Grund deren man den unschuldigen Diener festnahm. Gegen ihn wurde ein Gerichtsverfahren eingeleitet, doch schon nach einer Woche erkrankte der Verhaftete an einem Nervenfieber und starb im Krankenhaus, ohne die Besinnung wiedererlangt zu haben. Damit fand die Sache ihr Ende, man fügte sich dem Willen Gottes, und alle, die Richter wie auch die Obrigkeit und die ganze Gesellschaft, waren nach wie vor überzeugt, niemand anders als der verstorbene Diener habe das Verbrechen begangen. Doch danach begann die Strafe.

Der geheimnisvolle Gast, der nun bereits mein Freund geworden war, erzählte mir, er habe anfangs gar nicht unter Gewissensbissen gelitten. Er habe wohl gelitten, aber nur unter dem Schmerz, daß er die geliebte Frau getötet hatte, daß sie nun nicht mehr am Leben war und daß er, indem er sie tötete, auch seine Liebe getötet hatte, während das Feuer der Leidenschaft in seinem Blute weiterbrannte. Daran aber, daß er unschuldiges Blut vergossen, daß er einen Menschen ermordet hatte, dachte er damals fast gar nicht. Daß sein Opfer die Frau eines anderen hätte werden können, erschien ihm undenkbar, und darum war er lange Zeit in seinem Gewissen überzeugt, daß er nicht anders habe handeln können. Anfangs quälte es ihn ein wenig, daß man den Diener verhaftet hatte, doch die kurze Krankheit und darauf der Tod des Verhafteten beruhigten ihn wieder, denn dieser war allem Anschein nach – so überlegte er damals – nicht infolge seiner Verhaftung oder seines Schreckens, sondern an einer Erkältung gestorben, die er sich in den Tagen seiner Flucht zugezogen hatte, als er eine ganze Nacht besinnungslos betrunken auf der nassen Erde gelegen hatte. Die gestohlenen Sachen und das entwendete Geld beunruhigten ihn wenig, denn der Diebstahl – so überlegte er wiederum – war nicht aus Gewinnsucht verübt worden, sondern um den Verdacht in eine andere Richtung zu lenken. Die gestohlene Summe war unbedeutend, und er stiftete bald darauf den ganzen Betrag und sogar noch weit mehr für ein

Altersheim, das in unserer Stadt gegründet wurde. Er tat das absichtlich, um sein Gewissen wegen des Diebstahls zu beschwichtigen, und es ist bemerkenswert, daß ihm das, wie er mir sagte, tatsächlich und sogar für längere Zeit gelang. Er stürzte sich damals in eine ausgedehnte dienstliche Tätigkeit, erbat sich selber einen mühevollen und schwierigen Auftrag, der ihn ungefähr zwei Jahre lang beschäftigte, und da er einen festen Charakter hatte, vergaß er das Vorgefallene fast gänzlich; wenn es ihm aber wieder einfiel, bemühte er sich, jeden Gedanken daran zu unterdrücken. Er widmete sich auch der Wohltätigkeit, schuf in unserer Stadt viele gemeinnützige Einrichtungen und spendete dafür die Mittel, tat sich auch in den Hauptstädten hervor und wurde in Moskau und Petersburg zum Mitglied der dortigen Wohltätigkeitsvereine gewählt. Dennoch begann er sich schließlich Gedanken zu machen, und das bereitete ihm eine Qual, die über seine Kräfte ging. Da gefiel ihm ein schönes und verständiges junges Mädchen, und er heiratete sie bald darauf, da er hoffte, durch die Ehe die Seelenangst, die ihm die Einsamkeit einflößte, verscheuchen zu können und auf diesem neuen Wege durch eifrige Pflichterfüllung seiner Frau und seinen Kindern gegenüber von seinen alten Erinnerungen ganz loszukommen. Doch es geschah gerade das Gegenteil von dem, was er erwartet hatte. Schon im ersten Monat seiner Ehe peinigte ihn ununterbrochen der Gedanke: Meine Frau liebt mich – was wäre aber, wenn sie alles erführe? Als sie ihr erstes Kind erwartete und es ihm mitteilte, war er zutiefst bestürzt: Ich schenke Leben und habe doch selbst Leben vernichtet. Es kamen weitere Kinder: Wie kann ich es wagen, sie zu lieben, sie zu belehren und zu erziehen, wie sollte ich zu ihnen von Tugend reden – ich habe doch Blut vergossen. Die Kinder wuchsen prächtig heran, er hätte sie gern geliebkost: Ich kann ja ihre unschuldigen, sonnigen Gesichter nicht anschauen, ich bin dessen nicht würdig. Schließlich begannen ihn furchtbare und bittere Wahnvorstellungen zu verfolgen, von dem Blut des ermordeten Opfers, von dessen vernichtetem jungem Leben, von ihrem Blut, das nach Rache schrie. Schreckliche Träume suchten ihn heim. Da er aber ein starkes Herz hatte, ertrug er die Qual lange: Ich werde alles durch meine geheime Qual sühnen, dachte er im stillen. Doch auch diese Hoffnung trog. Je länger er litt, desto schlimmer wurde es. In der Gesellschaft achtete man ihn wegen seiner Wohltätigkeit, obwohl alle seinen strengen und düsteren Charakter fürchteten, doch je mehr man ihn achtete, desto unerträglicher wurde es für ihn. Er gestand mir, er habe daran gedacht, sich das Leben zu nehmen. Doch statt dessen tauchte ein anderer Plan in ihm auf – ein Plan, den er zuerst für unmöglich und wahnwitzig hielt, der sich aber schließlich so fest in seinem Herzen einnistete, daß er ihn nicht mehr loswerden konnte. Er trug sich mit dem Gedanken, sich aufzuraffen, vor das Volk zu treten und allen kundzutun, daß er einen Mord begangen habe. Drei Jahre lang trug er sich mit diesem Gedanken, der ihm immer wieder in den verschiedensten Formen vorschwebte. Zu guter Letzt glaubte er von ganzem Herzen daran, daß seine Seele, wenn er sein Verbrechen öffentlich kundgäbe, zweifellos genesen und ein für allemal Ruhe finden werde. Als er aber zu diesem Glauben gelangt war, spürte er in seinem Herzen ein Entsetzen; denn wie sollte er sein Vorhaben ausführen? Und gerade da kam es zu dem Vorfall bei meinem Duell. »Dank Ihrem Vorbild habe ich mich jetzt entschlossen«, sagte er. Ich sah ihn an.

»Ist es denn möglich«, rief ich und schlug die Hände zusammen, »daß ein so geringfügiger Vorfall Sie zu einer solchen Entschlossenheit gebracht hat?«

»Ich habe drei Jahre gebraucht, um zu dieser Entschlossenheit zu kommen«, antwortete er mir, »der Vorfall bei Ihrem Duell hat mir nur noch den letzten Anstoß gegeben. Angesichts Ihres Beispiels machte ich mir Vorwürfe und beneidete Sie«, sagte er geradezu streng zu mir.

»Man wird Ihnen nicht glauben«, bemerkte ich, »es sind doch schon vierzehn Jahre seitdem vergangen.«

»Ich habe schlagende Beweise, die werde ich beibringen.«

Da brach ich in Tränen aus und küßte ihn.

»Über eines sollen allein Sie entscheiden, über eines«, sagte er zu mir, als hinge jetzt alles nur von mir ab: »Meine Frau, meine Kinder! Meine Frau wird vielleicht vor Gram sterben, und die Kinder werden, wenn sie auch nicht Adel und Vermögen verlieren, dennoch die Sprößlinge eines Zuchthäuslers sein, und das für immer. Und die Erinnerung . . . welch eine Erinnerung werde ich in ihren Herzen hinterlassen!«

Ich schwieg.

»Und mich von ihnen trennen, sie auf immer verlassen? Es wäre doch auf immer, auf immer!«

Ich saß da und flüsterte im stillen ein Gebet vor mich hin. Schließlich erhob ich mich, mir war unheimlich zumute.

»Was ist nun?« Er sah mich an.

»Gehen Sie«, sagte ich, »erzählen Sie es den Leuten. Alles vergeht, die Wahrheit allein besteht. Wenn Ihre Kinder heranwachsen, werden sie begreifen, wieviel Hochherzigkeit in Ihrer großen Entschlossenheit lag.«

Er ging damals von mir, als wäre er tatsächlich vollkommen entschlossen. Dennoch kam er danach zwei Wochen lang jeden Abend zu mir, rüstete sich dauernd und konnte sich immer noch nicht entschließen. Er quälte mein Herz bis aufs Blut. Dann wieder kam er festen Sinnes und sagte gerührt: »Ich weiß, daß für mich das Paradies anbrechen wird, sobald ich ein Geständnis ablege. Vierzehn Jahre lang war mein Leben eine Hölle. Ich will leiden. Ich werde die Qual auf mich nehmen und anfangen zu leben. Mit Lügen kommt man nicht weiter. Jetzt wage ich weder meinen Nächsten noch selbst meine Kinder zu lieben. Mein Gott, meine Kinder werden ja vielleicht einmal begreifen, was mich meine Qual gekostet hat, und nicht abfällig über mich urteilen! Gott ist nicht in der Gewalt, sondern in der Wahrheit.«

»Alle werden Ihren selbstlosen Schritt begreifen«, sagte ich zu ihm, »wenn auch nicht jetzt, so doch später; denn Sie haben der Wahrheit gedient, der höheren Wahrheit, der überirdischen . . .«

Und er ging von mir, als wäre er getröstet, doch am nächsten Tag kam er auf einmal wieder, böse und bleich, und sagte spöttisch: »Jedesmal, wenn ich bei Ihnen eintrete, sehen Sie mich so neugierig an, als dächten Sie: Hat er immer noch kein Geständnis abgelegt? Warten Sie, verachten Sie mich nicht zu sehr. Das ist ja nicht so leicht getan, wie es Ihnen vorkommt. Vielleicht werde ich es überhaupt nicht tun. Sie werden dann doch nicht hingehen und mich anzeigen, wie?«

Ich jedoch scheute mich nicht nur, ihn mit unvernünftiger Neugierde anzusehen, sondern ihn überhaupt nur anzublicken. Erschöpft war ich und nahe daran, krank zu werden, und meine Seele war voller Tränen. Sogar den nächtlichen Schlaf hatte ich eingebüßt.

»Ich komme soeben von meiner Frau«, fuhr er fort. »Begreifen Sie, was das heißt – meine Frau? Als ich wegging, riefen mir meine Kinder nach: ‚Leb wohl, Papa, komm recht bald wieder, um mit uns das Kinderbuch zu lesen.‘ Nein, das können Sie nicht verstehen! Fremdes Leid macht nicht gescheit.«

Seine Augen funkelten, seine Lippen zuckten. Plötzlich schlug er mit der Faust auf den Tisch, daß die Gegenstände, die darauf lagen, hochsprangen – dabei war er solch ein sanfter Mensch, und zum erstenmal war es mit ihm so weit gekommen.

»Ist es denn notwendig?« rief er. »Ist es denn notwendig? Es ist doch niemand verurteilt worden, niemand ist meinetwegen zur Zwangsarbeit deportiert worden, der Diener ist ja an einer Krankheit gestorben. Und für das vergossene Blut bin ich durch meine Qualen bestraft. Auch wird man mir gar nicht glauben, keinem von meinen Beweisen wird man Glauben schenken. Muß ich denn ein Geständnis ablegen, muß ich es? Ich bin bereit, um des vergossenen Blutes willen mein ganzes Leben lang Qualen zu leiden, wenn ich nur meine Frau und meine Kinder vor Unheil bewahren kann. Wäre es denn gerecht, sie mit mir zusammen zugrunde zu richten? Täuschen wir uns nicht? Wo ist hier die Wahrheit? Und werden die Menschen die Wahrheit erkennen, sie schätzen, sie achten?«

Mein Gott, dachte ich bei mir, in einem solchen Augenblick denkt er an die Achtung der Menschen! Und er tat mir damals so leid, daß ich gern sein Los mit ihm geteilt hätte, nur um es ihm zu erleichtern. Ich sah es ihm an: er war wie von Sinnen. Ich war entsetzt, als ich nicht nur mit dem Verstand allein, sondern zutiefst im Herzen erkannte, was ein solcher Entschluß kostet.

»Entscheiden Sie über mein Schicksal!« rief er wieder.

»Gehen Sie hin und zeigen Sie sich an«, raunte ich ihm zu. Die Stimme versagte mir fast, doch ich raunte es ihm in entschiedenem Ton zu. Dann nahm ich das Neue Testament in russischer Übersetzung vom Tisch und zeigte ihm im Evangelium Johannis den vierundzwanzigsten Vers des zwölften Kapitels: »Wahrlich, wahrlich, ich sage euch: Es sei denn, daß das Weizenkorn in die Erde falle und ersterbe, so bleibt es allein; wo es aber erstirbt, so bringet es viel Früchte.« Diesen Vers hatte ich eben erst vor seinem Kommen gelesen.

Er las ihn. »Das ist wahr«, sagte er, lächelte jedoch bitter. »Ja«, fuhr er nach kurzem Schweigen fort, »es ist unheimlich, auf was alles man in diesen Büchern stößt, sie einem unter die Nase zu reiben ist leicht. Und wer hat sie geschrieben, waren es wirklich Menschen?«

»Der Heilige Geist hat sie geschrieben«, sagte ich.

»Sie haben gut reden.« Er lächelte nochmals, diesmal aber fast voller Haß. Ich nahm wieder das Buch, schlug es an einer anderen Stelle auf und zeigte ihm im Brief an die Hebräer den einunddreißigsten Vers des zehnten Kapitels. Er las: »Schrecklich ist es, in die Hände des lebendigen Gottes zu fallen.«

Als er das gelesen hatte, warf er das Buch heftig beiseite. Er zitterte am ganzen Körper.

»Ein furchtbarer Vers«, bemerkte er, »ich muß schon sagen, Sie haben ihn gut gewählt.« Er erhob sich vom Stuhl. »Na«, sagte er, »leben Sie wohl. Vielleicht komme ich nicht mehr zu Ihnen ... wir sehen uns im Paradies wieder. Vierzehn Jahre sind es also schon, daß ich ‚in die Hände des lebendigen Gottes gefallen' bin – *so* heißt es demnach von diesen vierzehn Jahren! Morgen werde ich diese Hände bitten, mich in Frieden fahren zu lassen ...«

Ich wollte ihn umarmen und küssen, wagte es aber nicht – sein Gesicht war so verzerrt und sein Blick ganz hart. Er ging hinaus. Mein Gott, dachte ich, wohin geht er? Dann warf ich mich vor der Ikone auf die Knie und weinte um ihn vor der hochheiligen Muttergottes, der nie säumenden Beschützerin und Helferin. Eine halbe Stunde etwa war vergangen, seit ich unter Tränen gebetet hatte, es war schon spät in der Nacht, gegen zwölf Uhr. Da sah ich, wie die Tür sich auf einmal öffnete und er wieder hereinkam. Ich war verblüfft.

»Wo sind Sie gewesen?« fragte ich ihn.

»Ich habe«, sagte er, »ich habe wahrscheinlich etwas hier liegenlassen ... mein Taschentuch, glaube ich ... Na, wenn ich auch nichts habe liegenlassen, so erlauben Sie trotzdem, daß ich mich setze ...«

Er setzte sich auf einen Stuhl. Ich stand vor ihm. »Setzen Sie sich auch«, sagte er. Ich setzte mich. So saßen wir etwa zwei Minuten, er sah mich unverwandt an und lächelte plötzlich – das hat sich mir eingeprägt –, dann stand er auf, umarmte mich fest und gab mir einen Kuß ...

»Vergiß es nicht«, sagte er, »wie ich nochmals zu dir gekommen bin. Hörst du, vergiß es nicht!«

Zum erstenmal hatte er du zu mir gesagt. Dann ging er. Morgen, dachte ich.

So kam es auch. Ich hatte an jenem Abend nicht gewußt, daß gerade auf den nächsten Tag sein Geburtstag fiel. In der letzten Zeit war ich nicht aus dem Hause gekommen und hatte es darum auch von niemandem erfahren können. An diesem Tag gab er alljährlich eine große Gesellschaft, zu der sich die ganze Stadt einfand. So war es auch diesmal. Und da nun, nach dem

Festmahl, trat er mitten unter seine Gäste: in den Händen hielt er ein Schriftstück – einen formellen Bericht an seine Vorgesetzten. Da aber seine Vorgesetzten auch zugegen waren, las er das Schriftstück, in dem sein Verbrechen ausführlich beschrieben war, allen Versammelten laut vor. »Als einen Unmenschen stoße ich mich selber aus der Mitte der Menschen aus, Gott hat mich heimgesucht«, schloß das Schriftstück, »ich will dafür leiden!« Darauf holte er alles, womit er sein Verbrechen zu beweisen meinte und was er vierzehn Jahre lang aufbewahrt hatte, und legte es auf den Tisch: die Goldsachen der Ermordeten, die er geraubt hatte, um den Verdacht von sich abzulenken, das Medaillon und das Kreuz, die er ihr vom Halse genommen – das Medaillon enthielt ein Bildnis ihres Verlobten –, ihr Notizbuch und endlich zwei Briefe: einen Brief des Verlobten an sie mit der Nachricht von seiner baldigen Rückkehr, und ihre Antwort auf diesen Brief, die sie angefangen, aber unbeendigt auf dem Tisch hatte liegen lassen und am nächsten Tag hatte abschicken wollen. Beide Briefe hatte er mitgenommen – wozu? Weshalb hatte er sie vierzehn Jahre lang aufbewahrt, statt sie, die doch Beweisstücke waren, zu vernichten? Und nun geschah folgendes: alle gerieten in Verwunderung und Entsetzen, und keiner wollte es glauben; wohl hatten alle ihm mit außerordentlichem Interesse zugehört, aber nur wie einem Kranken. Und einige Tage später hatte man sich bereits in allen Häusern endgültig dahin entschieden, daß der unglückliche Mensch den Verstand verloren habe. Seine Vorgesetzten und das Gericht sahen sich zwar gezwungen, die Sache weiterzuverfolgen, ließen sie aber bald wieder fallen: obwohl die vorgelegten Gegenstände und Briefe zu denken gaben, kam man zu dem Schluß, selbst wenn diese Dokumente sich als echt erweisen sollten, ließe sich allein auf Grund ihrer keine Anklage erheben. Auch konnte er ja, da er mit der Frau bekannt gewesen war, all diese Dinge von ihr selbst anvertraut erhalten haben. Ich hörte übrigens, daß die Echtheit der Gegenstände später durch viele Bekannte und Verwandte der Ermordeten nachgeprüft wurde und außer Zweifel stand. Doch auch dieser Sache war es nicht beschieden, zu einem Abschluß zu kommen. Fünf Tage später erfuhren alle, daß der Vielgeprüfte erkrankt sei und man für sein Leben fürchte. Woran er erkrankt war, kann ich nicht sagen; es hieß, an einer Störung der Herztätigkeit, doch sprach es sich herum, daß auf Drängen seiner Frau ein Ärztekonsilium auch seinen

Geisteszustand untersucht hatte und zu dem Schluß gekommen war, es liege wirklich eine Geistesstörung vor. Ich verriet nichts, obwohl man mich mit Fragen bestürmte; doch als ich ihn besuchen wollte, verwehrte man es mir lange, vor allem seine Frau: »Sie sind es, der ihn um seine Ruhe gebracht hat«, sagte sie zu mir, »auch früher schon ist er schwermütig gewesen, doch im letzten Jahr fiel allen seine ungewöhnliche Erregung und sein seltsames Verhalten auf, und gerade da haben Sie ihn ins Verderben gestürzt; Sie waren es, der ihn durch Bücherweisheit verwirrt hat, einen ganzen Monat lang hat er immerzu bei Ihnen gesessen.« Und nicht nur seine Frau, sondern alle in der Stadt fielen über mich her und beschuldigten mich. »An alledem sind nur Sie schuld«, sagte sie. Ich schwieg und war froh in meiner Seele, denn ich hatte die offensichtliche Gnade Gottes dem gegenüber erkannt, der sich gegen sich selber aufgelehnt und sich selber gestraft hatte. Daß er geistesgestört sei, konnte ich nicht glauben. Endlich ließ man auch mich zu ihm, er selbst hatte es inständig verlangt, weil er von mir Abschied nehmen wollte. Als ich bei ihm eintrat, erkannte ich sofort, daß nicht nur seine Tage, sondern seine Stunden gezählt waren. Er war schwach, gelb im Gesicht, seine Hände zitterten, er rang nach Atem, blickte aber gerührt und freudig drein.

»Es ist vollbracht!« sagte er zu mir. »Schon lange sehne ich mich danach, dich zu sehen. Warum bist du nicht gekommen?«

Ich sagte ihm nicht, daß man mich nicht zu ihm gelassen hatte.

»Gott hat sich meiner erbarmt und ruft mich zu sich. Ich weiß, daß es mit mir zu Ende geht, und doch empfinde ich zum erstenmal nach so vielen Jahren Freude und Frieden. Kaum hatte ich es vollbracht, was not tat, fühlte ich sofort in meiner Seele das Paradies. Jetzt getraue ich mich bereits, meine Kinder zu lieben und sie zu küssen. Man glaubt mir nicht, niemand hat mir geglaubt, weder meine Frau noch meine Richter; auch meine Kinder werden es niemals glauben. Darin erblicke ich Gottes Gnade gegenüber meinen Kindern. Wenn ich sterbe, wird mein Name für sie rein bleiben. Doch jetzt ahne ich Gott, mein Herz frohlockt wie im Paradiese . . . ich habe meine Pflicht erfüllt . . .«

Er konnte nicht weitersprechen, der Atem ging ihm aus, er drückte mir innig die Hand und sah mich mit leuchtendem Blick an. Doch wir konnten uns nicht lange unterhalten, seine Frau schaute alle Augenblicke zu uns herein. Dennoch gelang es ihm, mir zuzuflüstern: »Erinnerst du dich noch, wie ich an jenem Abend nochmals zu dir kam, um Mitternacht? Ich sagte dir noch, du solltest es nicht vergessen. Weißt du, weshalb ich gekommen war? Ich kam, um dich zu ermorden!«

Ich fuhr zusammen.

»Damals ging ich von dir in die Dunkelheit hinaus, irrte in den Straßen umher und kämpfte mit mir. Und auf einmal haßte ich dich so sehr, daß mein Herz es kaum ertragen konnte. Jetzt, dachte ich, ist er der einzige, der mich gebunden hat und mein Richter ist, ich kann mich morgen meiner Strafe nicht mehr entziehen, denn er weiß alles. Nicht daß ich gefürchtet hätte, du würdest mich anzeigen – kein Gedanke daran –, aber ich sagte mir: Wie soll ich ihm in die Augen sehen, wenn ich mich nicht selber anzeige? Und wenn du auch am Ende der Welt gelebt hättest, so wäre mir doch der Gedanke unerträglich gewesen, daß du lebst, alles weißt und mich verurteilst. Ich haßte dich, als wärest du die Ursache von allem und an allem schuld. Ich kehrte damals zu dir zurück, und ich erinnere mich noch, daß bei dir auf dem Tisch ein Dolch lag. Ich setzte mich und bat auch dich, Platz zu nehmen, dann überlegte ich eine ganze Minute lang. Hätte ich dich getötet, so wäre ich wegen dieses Mordes ohnehin verloren gewesen, selbst wenn ich mein früheres Verbrechen nicht eingestanden hätte. Doch daran dachte ich nicht im geringsten, und ich wollte in jenem Augenblick auch nicht daran denken. Ich haßte dich und trachtete nur mit aller Kraft danach, mich an dir für alles zu rächen. Doch Gott hat den Teufel in meinem Herzen niedergerungen. Damit du es aber weißt: noch nie bist du dem Tode näher gewesen als damals.«

Eine Woche später starb er. Seinem Sarg gab die ganze Stadt bis zum Grabe das Geleit. Der Oberpriester hielt eine gefühlvolle Rede. Man beklagte die schreckliche Krankheit, die seinem Leben ein Ende gemacht hatte. Doch nach seiner Beerdigung empörte sich die ganze Stadt gegen mich, und man wollte mich nicht einmal mehr empfangen. Allerdings begannen einige, zuerst nur wenige, später aber immer mehr, an die Richtigkeit seiner Aussagen zu glauben; sie besuchten mich eifrig und fragten mich mit großer Neugier und Schadenfreude aus; denn der Mensch sieht gern den Fall des Gerechten und seine Schande. Doch ich schwieg und verließ bald danach die Stadt für immer. Fünf Monate später fand Gott mich würdig, den festen und herrlichen Weg einzuschlagen, und ich pries den unsichtbaren Finger, der mir so deutlich diesen Weg gewiesen hatte. Des vielgeprüften Knechtes Gottes Michail aber gedenke ich auch heute noch Tag für Tag in meinen Gebeten.

3

Aus den Gesprächen und Belehrungen des Starez Sosima

e) Einiges über den russischen Mönch und seine mögliche Bedeutung

Väter und Lehrer, was ist ein Mönch? In der aufgeklärten Welt wird dieses Wort heutzutage von manchem bereits mit Spott gebraucht, einige aber benutzen es auch als Schimpfwort. Und das je länger, desto mehr. Es ist wahr, ach, nur allzu wahr, auch unter den Mönchen gibt es viele Müßiggänger, Wollüstlinge, Genußsüchtige und dreiste Vagabunden. Darauf weisen die gebildeten Weltlichen hin: »Ihr seid Faulenzer und unnütze Mitglieder der Gesellschaft«, sagen sie, »ihr lebt von fremder Arbeit, ihr schamlosen Bettler.« Indessen, wie viele Demütige und Sanfte, die nach Einsamkeit und inbrünstigem Gebet in der Stille lechzen, gibt es doch unter den Mönchen! Auf diese weist man weniger hin, ja, man übergeht sie völlig mit Stillschweigen, und wie würde man sich wundern, wenn ich sagte, daß von diesen Sanften und nach einsamem Gebet Lechzenden vielleicht einmal die Rettung Rußlands kommen wird! Denn fürwahr, sie sind in der Stille vorbereitet »auf den Tag und die Stunde und den Monat und das Jahr«. Das Bild Christi bewahren sie vorläufig in ihrer Einsamkeit, herrlich und unverfälscht, in der Reinheit der göttlichen Wahrheit, wie es von den ältesten Vätern, den Aposteln und Märtyrern, überliefert ist, und wenn es not tut, werden sie es der ins Wanken geratenen Wahrheit der Welt vorzeigen. Das ist ein großer Gedanke. Von Osten wird das Licht der Welt kommen.

So denke ich über den Mönch, und sollte das wirklich falsch, sollte es anmaßend sein? Seht doch die Weltlichen an und die ganze Welt, die sich über das Volk Gottes erhaben dünkt – ist nicht in ihnen das Antlitz Gottes und Seine Wahrheit entstellt? Sie haben allein die Wissenschaft und in der Wissenschaft nur das, was den Sinnen zugänglich ist. Die geistige Welt jedoch, die erhabnere Hälfte des menschlichen Wesens, wird gänzlich geleugnet und mit einem gewissen Triumph, ja sogar mit Haß verbannt. Die Welt hat die Freiheit proklamiert, besonders in der letzten Zeit, und was sehen wir in ihrer Freiheit? Nur Sklaverei und Selbstmord! Denn die Welt sagt: »Du hast Bedürfnisse, befriedige sie also, denn du hast die gleichen Rechte wie die angesehensten und reichsten Leute. Scheue dich nicht, sie zu befriedigen, sondern steigere sie noch.« Das ist die heutige Lehre der Welt. Darin erblickt man die Freiheit. Und was ist die Folge dieses Rechtes auf Steigerung der Bedürfnisse? Bei den Reichen *Vereinsamung* und geistiger Selbstmord und bei den Armen Neid und Totschlag; denn Rechte hat man ihnen zwar gegeben, aber man hat ihnen noch nicht gezeigt, wie sie ihre Bedürfnisse befriedigen sollen. Man versichert, daß die Welt sich immer mehr einigt und sich zu einer brüderlichen Gemeinschaft zusammenschließt, da sie die Entfernungen überbrückt und Gedanken durch die Luft übermittelt. Oh, glaubt nicht an eine solche Einigung der Menschen! Da sie unter Freiheit nur die Steigerung und rasche Befriedigung ihrer Bedürfnisse verstehen, verderben sie ihre Natur, denn sie rufen in sich eine Menge sinnloser und törichter Wünsche und Gewohnheiten und albernster Einfälle hervor. Sie leben nur, um einander zu beneiden und um ihre Wollust und Eitelkeit zu befriedigen. Festessen, Ausfahrten, Equipagen, hoher Rang und sklavisch ergebene Diener – das alles wird für so unentbehrlich gehalten, daß man Leben, Ehre und Menschenliebe opfert, um diese Bedürfnisse zu befriedigen, und sich sogar das Leben nimmt, wenn man sie nicht befriedigen kann. Bei denen, die nicht reich sind, sehen wir das gleiche, doch die Armen betäuben ihre unbefriedigten Bedürfnisse und ihren Neid vorläufig noch dadurch, daß sie sich dem Trunk ergeben. Bald aber werden sie sich statt an Branntwein an Blut berauschen, so weit wird man sie noch bringen. Ich frage euch: ist ein solcher Mensch frei? Ich habe einen Mann gekannt, der »für eine Idee kämpfte«. Er erzählte mir, er habe, als man ihm im Gefängnis den Tabak entzog, so darunter gelitten, daß er beinahe seine »Idee« verraten hätte, nur damit man ihm Tabak gebe. Dabei sagt solch ein Mann: »Ich will für die Menschheit kämpfen!« Nun, wo will er denn kämpfen und wozu ist er befähigt? Zu einer raschen Tat vielleicht, aber lange ausharren wird er nicht. Und es ist kein Wunder, daß sie, statt zur Freiheit zu gelangen, in Sklaverei verfallen und, statt der Bruderliebe und der Einigung der Menschheit zu dienen, im Gegenteil in *Absonderung* und Vereinsamung geraten sind, wie mir in meiner Jugend mein geheimnisvoller Gast und Lehrer sagte. Und darum erlischt in der Welt mehr und mehr der Gedanke vom Dienst an der Menschheit, von der Brüderlichkeit und Zusammengehörigkeit der Menschen. Und fürwahr, dieser Gedanke wird nur mit Spott aufgenommen, denn wie könnte man sich von seinen Gewohnheiten losmachen? Wohin will solch ein Unfreier sich wenden, der es gewohnt ist, die zahllosen Bedürfnisse zu befriedigen, die er sich selbst ausgedacht hat? Er ist vereinsamt, und was schiert ihn die Gesamtheit? Und sie haben mit all ihrem Streben nur erreicht, daß sie mehr Dinge angesammelt, aber weniger Freude haben.

Etwas ganz anderes ist es um den mönchischen Weg. Über den Gehorsamsdienst, das Fasten und das Gebet lacht man zwar, doch sie allein weisen den Weg zur wirklichen, wahren Freiheit: ich unterdrücke in mir die überflüssigen und unnötigen Bedürfnisse, geißle und bändige meinen selbstsüchtigen und stolzen Willen durch Gehorsam und erlange dadurch mit Gottes Hilfe die Freiheit des Geistes und damit geistige Freude! Wer von beiden ist eher imstande, einen erhabenen Gedanken zu verherrlichen und ihm zu dienen – der vereinsamte Reiche oder dieser von der Tyrannei der Dinge und Gewohnheiten *Befreite*? Dem Mönch wirft man seine zurückgezogene Lebensweise vor: »Du hast dich zurückgezogen, um hinter den Mauern des Klosters deinem Seelenheil zu leben, den brüderlichen Dienst an der Menschheit aber hast du vergessen!« Doch es muß sich erst zeigen, wer sich die Bruderliebe mehr angelegen sein läßt. Denn nicht wir haben uns abgesondert, sondern sie haben es getan, nur merken sie es nicht. Aus unserer Mitte aber sind seit alters die hervorgegangen, die für das Volk tätig waren; warum sollte es sie nicht auch heute noch geben können? Es werden wieder demütige und sanfte Faster und Schweiger erstehen und Großes vollbringen. Vom Volk wird Rußlands Rettung kommen. Das russische Kloster aber stand von jeher zum Volke. Lebt jedoch das Volk für sich, so tun wir es auch. Das Volk glaubt auf unsere Art, ein ungläubiger Mann des öffentlichen Lebens aber wird bei uns in Rußland nichts erreichen, selbst wenn er aufrichtigen Herzens und genial wäre. Prägt euch das ein. Das Volk wird sich dem Atheisten entgegenstellen und ihn niederringen, und es wird ein einiges rechtgläubiges Rußland kommen. Bewahrt also das

Volk und behütet sein Herz. Erzieht es in der Stille. Das ist eure mönchische Aufgabe, denn dieses Volk trägt Gott im Herzen.

f) Einiges über Herren und Diener und darüber, ob Herren und Diener zu Brüdern im Geiste werden können

Mein Gott, wer wollte es leugnen, auch das Volk ist nicht frei von Sünde. Die Flamme der Zersetzung nimmt sogar sichtlich und stündlich zu, sie kommt von oben. Auch das Volk beginnt sich zu isolieren: Ausbeuter und Schmarotzer tauchen auf; schon möchte der Kaufmann immer mehr geachtet sein, er strebt danach, sich als Gebildeter aufzuspielen, ohne die geringste Bildung zu besitzen, und mißachtet zu diesem Zweck in schändlicher Weise die alten Bräuche, ja schämt sich sogar des Glaubens seiner Väter. Er besucht Fürsten und ist dabei doch nur ein verdorbener Bauer. Das Volk ist durch Trunksucht zugrunde gerichtet und kann nicht mehr von ihr ablassen. Und wieviel Grausamkeit herrscht in der Familie, der Frau und selbst den Kindern gegenüber; all das kommt von der Trunksucht. In den Fabriken habe ich neunjährige Kinder gesehen: sie waren kränklich, verkümmert, gebeugt und schon verdorben. Ein stickiger Arbeitsraum, das Stampfen der Maschine, den ganzen Gottestag lang Arbeit, Zoten und Branntwein, Branntwein – ist es denn das, was die Seele eines noch so kleinen Kindes braucht? Es braucht Sonne, kindliche Spiele, ein gutes Beispiel in allem und Liebe, und sei es auch nur ein Tröpfchen Liebe. So etwas darf es nicht mehr geben, ihr Mönche, die Mißhandlung von Kindern muß aufhören, lehnt euch dagegen auf und prangert sie an, rasch, rasch! Doch Gott wird Rußland retten, denn obwohl der gemeine Mann verdorben ist und auf die stinkende Sünde nicht mehr verzichten kann, so weiß er doch, daß seine Sünde von Gott verflucht ist und daß er schlecht handelt, wenn er sündigt. Unser Volk glaubt also noch unerschütterlich an die Wahrheit, erkennt Gott an und weint voller Rührung. Anders ist es bei den Höhergestellten. Die wollen ihr Leben gemäß der Wissenschaft und allein mit dem Verstande gerecht gestalten, nicht mehr, wie es früher war, mit Christus, und sie haben bereits verkündet, es gebe kein Verbrechen, es gebe keine Sünde mehr. In ihrer Weise haben sie auch recht: denn wenn es keinen Gott gibt, wie könnte es dann ein Verbrechen geben? In Europa erhebt sich schon das Volk mit Gewalt gegen die Reichen, und die Volksführer treiben es überall zum Blutvergießen und lehren es, sein Zorn sei gerecht. Doch »verflucht sei ihr Zorn, daß er so heftig ist«. Aber Gott wird Rußland retten, wie er es schon oftmals errettet hat. Aus dem Volke wird die Rettung kommen, aus seinem Glauben und seiner Demut. Väter und Lehrer, hütet den Glauben des Volkes! Das ist kein Hirngespinst: zeit meines Lebens hat mich an unserem Volke seine wundervolle und wahrhafte Würde tief beeindruckt. Ich habe sie gesehen und kann sie bezeugen. Ich habe sie gesehen und habe gestaunt; ich habe sie gesehen ungeachtet des Sündengestankes und des armseligen Aussehens unseres Volkes. Unser Volk ist nicht kriecherisch, trotz zwei Jahrhunderten Knechtschaft. Es ist ungezwungen in seinem Äußeren und im Umgang, ohne daß dies im geringsten verletzend wirkte. Und es ist nicht rachsüchtig, nicht neidisch. »Du bist angesehen, bist reich, bist klug und talentiert – meinetwegen, Gott segne dich. Ich achte dich, doch ich weiß, daß auch ich ein Mensch bin. Gerade dadurch, daß ich dich neidlos achte, beweise ich dir meine Menschenwürde.« Fürwahr, wenn sie das auch nicht sagen – denn sie wissen es noch nicht zu sagen –, so *handeln* sie doch in dieser Weise, ich habe es selber gesehen, es selber erlebt, und ihr dürft glauben: je ärmer und geringer ein Russe ist, desto mehr ist von diesem wundervollen Gerechtigkeitssinn bei ihm zu finden; denn die reichen Ausbeuter und Schmarotzer unter ihnen sind zum größten Teil schon verdorben, und vieles, vieles davon ist eine Folge unserer Nachlässigkeit und Unachtsamkeit! Doch Gott wird die Seinen erretten, denn groß ist Rußland in seiner Demut. Ich träume davon, unsere Zukunft zu sehen, und mir ist, als sähe ich sie schon deutlich; es wird so kommen, daß selbst der verderbteste Reiche sich bei uns vor den Armen seines Reichtums schämen wird; der Arme aber wird diese Demut verstehen, wird Nachsicht üben und diese edle Scham mit Freude und Güte beantworten. Glaubt mir, so wird es enden; darauf läuft es hinaus. Nur in der geistigen Würde des Menschen gibt es Gleichheit, und das wird man nur bei uns begreifen. Erst wenn die Menschen Brüder sind, wird es auch Brüderlichkeit geben, solange es aber keine Brüderlichkeit gibt, werden sie nie untereinander zu teilen wissen. Wir bewahren das Bild Christi, und wie ein kostbarer Diamant wird es der ganzen Welt erstrahlen ... So sei es, so sei es!

Väter und Lehrer, ich hatte einmal ein rührendes Erlebnis. Bei einer Pilgerfahrt begegnete ich eines Tages in der Gouvernementsstadt K. meinem ehemaligen Burschen Afanasij. Seit ich mich von ihm getrennt hatte, waren bereits acht Jahre vergangen. Er sah mich zufällig auf dem Markt, erkannte mich und kam auf mich zugelaufen. Mein Gott, wie er sich freute, er stürzte nur so auf mich los. »Liebster gnädiger Herr, sind Sie es wirklich? Sehe ich recht?« Er führte mich in sein Heim. Er hatte bereits den Dienst quittiert, hatte geheiratet und war Vater von zwei Kindern. Er lebte mit seiner Frau vom Kleinhandel auf dem Markt. Sein Stübchen war ärmlich, aber sauber und freundlich. Er forderte mich auf, Platz zu nehmen, stellte den Samowar auf und schickte nach seiner Frau, als hätte ich ihm durch mein Kommen einen Festtag bereitet. Dann holte er seine Kinder: »Segnen Sie sie, mein Lieber«, sagte er. – »Kommt es mir zu, sie zu segnen?« antwortete ich ihm. »Ich bin nur ein schlichter und demütiger Mönch, ich will zu Gott für sie beten, für dich aber, Afanasij Pawlowitsch, bete ich täglich zu Gott seit jenem Tage; denn durch dich ist ja alles so geworden.« Und ich erklärte ihm alles, so gut ich konnte. Doch was tat der Mann? Er sah mich an und konnte es immer noch nicht fassen, daß ich, sein früherer Herr, der Offizier, nun in solch einem Gewande vor ihm saß. Er fing sogar an zu weinen. »Warum weinst du?« sagte ich zu ihm. »Du unvergeßlicher Mensch, freue dich lieber über mich von Herzen, du Lieber, denn freudig und licht ist mein Weg.« Er sprach nicht viel, sondern seufzte nur immerzu und wiegte gerührt den Kopf. »Wo ist denn Ihr Reichtum geblieben?« fragte er. Ich antwortete ihm: »Ich habe ihn dem Kloster überlassen, wir leben dort in Gemeinschaft.« Nach dem Tee nahm ich von ihm Abschied; da brachte er mir plötzlich fünfzig Kopeken als Spende für das Kloster und drückte mir weitere fünfzig eilig in die Hand: »Das ist für Sie«, sagte er, »den Pilger auf der Wanderschaft, es wird Ihnen vielleicht einmal zustatten kommen, mein Teurer.« Ich nahm das Geld, verneigte mich vor ihm und seiner Frau und ging froh von dannen. Unterwegs dachte ich: Jetzt werden wir wohl beide, er bei sich zu Hause und ich auf meiner Wanderschaft, seufzen und in der Freude unseres Herzens lächeln, den Kopf wiegen und daran denken, wie Gott es gefügt hat, daß wir uns begegneten. Seitdem habe ich ihn nie wiedergesehen. Ich war sein Herr gewesen und er mein Diener, nun aber, nachdem wir uns liebevoll und in geistiger Rührung geküßt hatten, hatte sich zwischen uns die große menschliche Einigung vollzogen. Ich habe viel darüber nachgedacht und bin zu der Ansicht gelangt: Sollte es denn wirklich für den Verstand so unfaßlich sein, daß diese große und aufrichtige Einigung einmal überall in unserem russischen Volke zustande kommen könnte? Ich glaube daran, daß sie zustande kommen wird und daß die Zeit nahe ist.

Über die Dienstboten möchte ich noch folgendes hinzufügen: Früher, als Jüngling, habe ich mich viel über sie geärgert – bald hatte die Köchin das Essen zu heiß aufgetragen, bald der Bursche meine Kleider nicht gereinigt. Doch damals erleuchtete mich auf einmal ein Gedanke meines lieben Bruders, den ich ihn in meiner Kindheit hatte aussprechen hören: »Bin ich es denn wert, daß ein anderer mir dient, und darf ich ihn, weil er arm und unwissend ist, schlecht behandeln?« Und ich wunderte mich damals, wie spät die einfachsten, verständlichsten Gedanken uns in den Sinn kommen. Ohne Dienstboten geht es nun einmal im weltlichen Leben nicht, aber richte es so ein, daß deine Dienstboten sich in geistiger Beziehung freier fühlen, als sie es tun würden, wenn sie keine Dienstboten wären. Und warum sollte ich nicht der Diener meines Dieners sein können, und zwar so, daß er es gar nicht merkt, ohne jeglichen Hochmut von meiner und ohne Mißtrauen von seiner Seite? Warum sollte ich mich nicht meinem Diener gegenüber so verhalten, als wäre er verwandt mit mir, so daß ich ihn schließlich in meine Familie aufnehme und mich dessen freue? Das ist auch jetzt schon möglich und könnte als Grundlage dienen für die künftige großartige Einigung der Menschen, nach welcher der Mensch nicht mehr sich Diener suchen und seinesgleichen sich dienstbar machen wollen wird, wie es heute geschieht, sondern im Gegenteil mit allen Kräften danach trachten wird, gemäß dem Evangelium zum Diener aller zu werden. Und ist es denn wirklich bloß ein Hirngespinst, daß der Mensch schließlich nur in Taten der Erleuchtung und der Barmherzigkeit seine Freude finden wird und nicht, wie heute, in rohen Genüssen – in Üppigkeit, Unzucht, Hoffart, Prahlerei und neidischer Überheblichkeit? Ich glaube fest daran, daß das kein Hirngespinst und daß diese Zeit nahe ist. Man lacht und fragt: Wann wird diese Zeit kommen, und sieht es so aus, als käme sie? Ich aber denke, daß wir mit Christi Hilfe diese große Aufgabe lösen werden. Wie viele Ideen hat es in der

Geschichte der Menschheit auf Erden gegeben, die noch zehn Jahre vorher undenkbar waren, dann aber plötzlich auftauchten, als ihre geheimnisvolle Zeit gekommen war, und die sich über die ganze Welt verbreiteten! So wird es auch bei uns sein, unser Volk wird vor der ganzen Welt erstrahlen, und alle werden sagen: »Der Stein, den die Bauleute verworfen haben, ist zum Eckstein geworden.« Die Spötter aber sollte man fragen: Wenn unsere Idee nur ein Hirngespinst ist, so sagt, wann werdet denn ihr euer Gebäude errichten und euer Leben nur mit Hilfe eures Verstandes und ohne Christus gerecht gestalten? Und wenn sie auch behaupten, daß im Gegenteil gerade sie eine Einigung anstreben, so glauben daran fürwahr nur die Einfältigsten unter ihnen, und über diese Einfalt kann man sich nur wundern. Fürwahr, sie haben mehr träumerische Phantasie als wir. Sie gedenken, ihr Leben gerecht zu gestalten, werden aber, da sie Christum verwerfen, damit enden, daß sie die Welt mit Blut überschwemmen. Wer aber das Schwert nimmt, der soll durchs Schwert umkommen. Und wenn die Verheißung Christi nicht wäre, so würden sie einander bis auf die letzten zwei Menschen auf Erden ausrotten. Auch diese zwei Letzten würden in ihrem Stolz einander nicht zu bändigen wissen, so daß der Letzte den Vorletzten und dann auch sich selber vernichtete. So würde es geschehen, wenn Christi Verheißung nicht wäre, daß um der Sanften und Demütigen willen es nicht so weit kommen werde. Damals, nach meinem Duell, als ich noch die Offiziersuniform trug, kam ich einmal in einer Gesellschaft auf die Dienstboten zu sprechen, und alle, ich erinnere mich dessen noch, wunderten sich über mich. »Sollen wir etwa unsere Dienstboten auf dem Sofa Platz nehmen lassen und ihnen Tee vorsetzen?« sagten sie. Ich antwortete ihnen: »Warum denn nicht, wenn auch nur ab und zu.« Da lachten sie alle. Ihre Frage war leichtfertig und meine Antwort nicht klar genug, aber ich denke, ein Körnchen Wahrheit lag doch darin.

g) Vom Gebet, von der Liebe und von der Berührung mit anderen Welten

Jüngling, vergiß nicht des Gebetes. Jedesmal wird während des Gebets, wenn es aufrichtig ist, eine neue Empfindung in dir aufleuchten und damit auch ein neuer Gedanke, den du zuvor nicht gekannt hast und der dich wieder ermutigen wird; und du wirst begreifen, daß Gebet Erziehung ist. Präge dir noch etwas ein: an jedem Tag, sooft du nur kannst, wiederhole für dich: »Herr, erbarme Dich aller, die heute vor Dir erschienen sind.« Denn in jeder Stunde und in jedem Augenblick scheiden auf Erden Tausende aus dem Leben, und ihre Seelen erscheinen vor dem Herrn – und wie viele von ihnen gingen einsam von hinnen, ohne daß es jemand bemerkte, in Kummer und Gram darüber, daß niemand ihnen nachweint, ja überhaupt nur weiß, ob sie gelebt haben oder nicht. Und nun erhebt sich, vielleicht vom anderen Ende der Welt, dein Gebet um seine Seelenruhe zu Gott, obwohl du den Verstorbenen nicht kanntest und er nicht dich. Wie bewegt wird seine Seele sein, wenn sie in Angst vor Gott steht und in diesem Augenblick fühlt, daß auch für sie jemand betet und es auf Erden ein menschliches Wesen gibt, das auch sie liebt. Auch Gott wird gütiger auf euch beide schauen; denn hast selbst du soviel Mitleid mit ihm, um wieviel mehr wird Er Mitleid haben, der unendlich barmherziger und liebevoller ist als du. Und Er wird ihm um deinetwillen vergeben.

Brüder, laßt euch nicht abschrecken durch die Sünde der Menschen, liebt den Menschen auch in seiner Sünde, denn das gleicht der Liebe Gottes und ist der Gipfel der Liebe auf Erden. Liebt die ganze Schöpfung Gottes, das gesamte All wie auch jedes Sandkörnchen. Jedes Blättchen liebt, jeden Sonnenstrahl Gottes! Liebt die Tiere, liebt die Pflanzen, liebt jegliches Ding. Wer jegliches Ding liebt, wird auch das Geheimnis Gottes in den Dingen erfassen. Hat er es einmal erfaßt, so wird er es auch Tag für Tag immer mehr erkennen. Und schließlich wird er die ganze Welt lieben in ungeteilter, allumfassender Liebe. Liebt die Tiere: Gott hat ihnen die Uranfänge des Denkens und die ungetrübte Freude gegeben. Die stört ihnen nicht, quält sie nicht, nehmt ihnen nicht die Freude, widersetzt euch nicht dem Gedanken Gottes. O Mensch, überhebe dich nicht den Tieren gegenüber: sie sind sündlos, du aber in all deiner Erhabenheit verseuchst die Erde durch dein Erscheinen auf ihr und hinterlässest die Spuren deiner Fäulnis – das tut fast jeder von uns! Liebt besonders die Kinder, denn auch sie sind sündlos wie Engel und leben, um uns zu rühren, um unsere Herzen zu läutern und als ein Hinweis für uns. Wehe dem, der einem Kinde etwas zuleide tut. Mich hat Vater Anfim gelehrt, die Kinder zu lieben. Er, der Liebe und Schweigsame, kaufte auf unseren Pilgerfahrten von den Kupfermünzen, die wir als Almosen erhalten hatten, Lebkuchen und Zuckerwerk und verteilte beides unter sie; er konnte nicht an Kindern vorübergehen, ohne zutiefst ergriffen zu werden. Ein solcher Mensch war er!

So manches Mal hält man ratlos inne, besonders wenn man die Sünden der Menschen sieht, und fragt sich: Soll ich es mit Gewalt versuchen oder mit demütiger Liebe? Entscheide dich stets für die demütige Liebe. Wer sich ein für allemal für sie entschieden hat, wird die ganze Welt bezwingen können. Die liebevolle Demut ist eine furchtbare Macht, die stärkste von allen; es gibt nichts, das ihr gleichkäme. Jeden Tag und jede Stunde, jede Minute beobachte dich und gib acht, daß dein Aussehen würdig sei. Da bist du beispielsweise an einem kleinen Kinde vorbeigekommen, du gingst erbost, mit einem häßlichen Wort auf den Lippen und zornerfüllter Seele an ihm vorüber; du hast das Kind vielleicht gar nicht bemerkt, aber das Kind hat dich gesehen, und dein unschönes, ruchloses Angesicht mag sich seinem schutzlosen kleinen Herzen eingeprägt haben. Du weißt es nicht einmal, hast aber damit vielleicht schon eine böse Saat in sein Herz gestreut, und die wird am Ende aufgehen; und das alles nur, weil du dich in Gegenwart des Kindes nicht in acht genommen und weil du dich nicht zu umsichtiger, tätiger Liebe erzogen hast. Brüder, die Liebe ist unsere Lehrmeisterin, doch man muß sie zu erwerben wissen; sie ist schwer zu erwerben, sie wird teuer erkauft durch beharrliche Arbeit und erst nach langer Zeit, denn man soll ja nicht zufällig und nur für einen Augenblick lieben, sondern für immer. Zufällig kann jeder lieben, auch ein Bösewicht. Mein Bruder bat als Jüngling die Vöglein um Vergebung: das erscheint unsinnig, und doch hatte er recht; denn alles ist wie ein Ozean, alles fließt und berührt sich, bringt man es an einer Stelle in Bewegung, so hallt es vom anderen Ende der Welt wider. Mag es auch unsinnig sein, die Vöglein um Vergebung zu bitten, so hätten es doch die Vöglein und die Kinder und jedes Tier leichter in deiner Nähe, wenn du selber würdiger wärest, als du es jetzt bist. Sie hätten es leichter, und wäre es auch nur ein wenig. Alles ist wie ein Ozean, sage ich euch. Dann würdest du auch zu den Vöglein beten wie in Verzükkung, gequält von deiner allumfassenden Liebe, und würdest sie anflehen, auch sie möchten dir deine Sünde vergeben. Diese Verzückung aber halte hoch, wie sinnlos sie den Menschen auch erscheinen mag.

Meine Freunde, bittet Gott um Fröhlichkeit. Seid fröhlich wie die Kinder und wie die Vöglein unter dem Himmel. Und laßt euch in eurem Tun nicht irremachen durch die Sünde der Menschen, fürchtet nicht, daß sie euch bei eurem Werk hindern und seine Vollendung unmöglich machen werde, sagt nicht: Stark ist die Sünde, stark ist die Ruchlosigkeit, stark ist die schlechte Umwelt, wir aber stehen allein und sind machtlos, die schlechte Umwelt wird uns zermürben und uns unser gutes Werk nicht vollenden lassen. Meidet solche Verzagtheit, Kinder! Hier gibt es nur *eine* Rettung: mache dich selber für alle Sünden der Menschen verantwortlich. Mein Freund, das ist ja auch wahr; denn sobald du dich aufrichtig für alles und für alle verantwortlich machst, wirst du einsehen, daß es tatsächlich so ist und daß du allen gegenüber an allem Schuld trägst. Wenn du aber die Schuld an deiner Trägheit und Ohnmacht auf die Menschen schiebst, wirst du schließlich in satanischen Hochmut verfallen und wider Gott murren. Über den satanischen Hochmut aber denke ich so: Schwer ist es für uns auf Erden, ihn zu erkennen, und darum können wir uns so leicht täuschen und ihm verfallen und dabei noch meinen, etwas Erhabenes und Herrliches zu tun. Viele von den stärksten Gefühlen und Regungen unserer Natur können wir hier auf Erden nicht begreifen. Laß dich auch dadurch nicht verführen und denke nicht, daß dir das als Rechtfertigung dienen könnte, denn der ewige Richter wird von dir nur das verlangen, was du begreifen konntest, und nicht das, was du nicht begreifen konntest. Davon wirst du dich selber überzeugen, denn du wirst dann alles klar erkennen und nicht mehr rechten. Auf Erden aber irren wir fürwahr umher, und hätten wir nicht Christi kostbares Vorbild vor Augen, so wären wir verloren und verirrten uns völlig, wie das Menschengeschlecht vor der Sintflut. Vieles auf Erden ist uns verborgen, doch statt dessen ist uns in unserem tiefsten Inneren das Gefühl unserer lebendigen Verbundenheit mit einer anderen Welt gegeben, einer erhabenen und höheren Welt. Die Wurzeln unserer Gedanken und Gefühle ruhen nicht hier, sondern in anderen Welten. Darum behaupten auch die Philosophen, das Wesen der Dinge ließe sich auf Erden nicht erkennen. Gott nahm die Samen aus anderen Welten und säte sie auf dieser Erde aus, und alles ging auf, was aufgehen konnte, und es erwuchs Sein Garten. Doch alles, was aufgegangen ist, lebt und ist lebendig allein dank dem Gefühl seiner Berührung mit geheimnisvollen anderen Welten; erlahmt in dir dieses Gefühl oder hört es auf, so stirbt auch, was in dir aufgekeimt war. Dann wirst du auch dem Leben gegenüber gleichgültig werden und es sogar hassen. So denke ich.

h) Kann man Richter sein über seinesgleichen? Vom Glauben bis ans Ende

Sei besonders dessen eingedenk, daß du niemandes Richter sein kannst. Denn niemand auf Erden darf über einen Verbrecher zu Gericht sitzen, ehe er nicht eingesehen hat, daß er ein ebensolcher Verbrecher ist wie jener, der vor ihm steht, und daß er an dem Verbrechen des vor ihm Stehenden vielleicht die meiste Schuld trägt. Wenn er das eingesehen hat, kann er Richter sein. Wie unsinnig das auch anmutet, so ist es doch wahr. Denn wäre ich selber gerecht, so gäbe es vielleicht auch nicht den Verbrecher, der vor mir steht. Vermagst du das Verbrechen dessen, der vor dir steht und den du in deinem Herzen verurteilst, auf dich zu nehmen, so tue es unverzüglich und leide für ihn, ihn aber entlasse ohne Vorwurf. Selbst wenn das Gesetz dich zu seinem Richter bestimmt hat, so handle trotzdem soweit wie möglich in diesem Sinne, denn dann wird er weggehen und sich noch bitterer verurteilen, als du es getan hättest. Geht er aber weg, ohne für deine Küsse Verständnis zu haben, und lacht er über dich, so laß dich auch dadurch nicht um deine Ruhe bringen: das bedeutet, daß seine Zeit noch nicht gekommen ist; sie wird aber kommen. Kommt sie jedoch nicht, so ist das gleichgültig; wenn nicht er, so wird ein anderer statt seiner zur Einsicht gelangen und sich bezichtigen, wird sich verurteilen und leiden, und der Gerechtigkeit wird Genüge geschehen. Glaube daran, glaube fest daran, denn gerade darin liegt die ganze Zuversicht und der ganze Glaube der Heiligen.

Sei unermüdlich tätig. Wenn dir nachts beim Einschlafen einfällt: Ich habe zu tun versäumt, was not tat! so erhebe dich unverzüglich und tue es. Wenn du böse und gefühllose Menschen um dich hast, die dich nicht anhören wollen, so falle vor ihnen nieder und bitte sie um Vergebung, denn fürwahr, auch du bist schuld daran, daß sie dich nicht anhören wollen. Wenn du aber mit den Erbosten nicht mehr reden kannst, so diene ihnen schweigend und in Erniedrigung, ohne jemals die Hoffnung zu verlieren. Wenn aber alle dich verlassen und dich mit

Gewalt vertreiben, so falle, wenn du allein bist, auf die Erde nieder und küsse sie, benetze sie mit deinen Tränen, und die Erde wird Frucht bringen aus deinen Tränen, wenn dich auch niemand gesehen noch gehört hat in deiner Vereinsamung. Glaube bis ans Ende, selbst wenn es geschehen sollte, daß alle hienieden vom rechten Glauben abwichen und nur du allein ihm treu bliebest: bringe auch dann dein Opfer und preise Gott als der einzige, der Ihm treu geblieben ist. Wenn sich aber zwei solche Menschen wie du begegnen, so ist das schon die ganze Welt, die Welt der lebendigen Liebe. Umarmet euch gerührt und preiset den Herrn: denn wenn auch nur in euch zweien, so hat sich doch Seine Wahrheit erfüllt.

Wenn du selber gesündigt hast und zu Tode betrübt bist über deine Sünden oder auch nur über eine unvermutete Sünde, so freue dich über einen anderen, freue dich über den Gerechten, freue dich darüber, daß, wenn du auch gesündigt hast, er gerecht ist und nicht gesündigt hat.

Wenn aber die Bosheit der Menschen dich mit Unwillen und unerträglichem Gram erfüllt und es dich sehnlichst danach verlangt, an den Übeltätern Rache zu nehmen, so hüte dich am meisten vor dieser Regung; gehe sofort und suche dir Qualen, als wärest du selber an dieser Bosheit der Menschen schuld. Nimm diese Qualen auf dich und ertrage sie, und dein Herz wird sich beruhigen, und du wirst einsehen, daß du selbst schuld bist, denn du hättest als einzig Sündloser den Übeltätern voranleuchten können, hast es aber nicht getan. Hättest du ihnen geleuchtet, so hättest du mit deinem Licht auch anderen den Weg erhellt, und der die Missetat begangen hat, hätte sie in deinem Licht vielleicht unterlassen. Und selbst wenn du ihnen leuchtest, aber siehst, daß die Menschen trotz deinem Licht nicht ihr Seelenheil suchen, so bleibe fest und zweifle nicht an der Kraft des himmlischen Lichtes; glaube daran, daß sie, wenn auch nicht jetzt, so doch später ihr Seelenheil finden werden. Finden sie es auch später nicht, so werden ihre Kinder es finden, denn dein Licht wird nicht sterben, auch nicht nach deinem Tode. Der Gerechte scheidet dahin, doch sein Licht bleibt. Die Menschen bekehren sich immer erst nach dem Tode des Bekehrers. Das Menschengeschlecht erkennt seine Propheten nicht an und mißhandelt sie, doch die Menschen lieben ihre Märtyrer und achten diejenigen, die sie zu Tode gemartert haben. Du aber arbeitest für das Ganze, du wirkst für die Zukunft. Trachte nie nach Belohnung, denn ohnehin ist dein Lohn hienieden groß: er besteht in der geistigen Freude, die nur der Gerechte erlangt. Fürchte weder die Angesehenen noch die Mächtigen, sondern sei weise und immer voll Würde. Halte Maß und tue alles zur rechten Zeit; das mußt du lernen. Bist du für dich allein, so bete. Wirf dich gern nieder und küsse die Erde. Küsse die Erde und liebe unermüdlich, unersättlich, liebe alle, liebe alles, trachte nach dieser Wonne und Verzückung. Benetze die Erde mit den Tränen deiner Freude und liebe diese Tränen. Schäme dich dieser Verzückung nicht, sondern halte sie wert, denn sie ist ein Geschenk Gottes, ein großes Geschenk, und sie wird nicht vielen zuteil, sondern nur den Auserwählten.

i) Von der Hölle und dem Höllenfeuer. Eine mystische Betrachtung

Väter und Lehrer, ich frage mich: Was ist die Hölle? Ich denke, sie ist der Schmerz darüber, daß man nicht mehr lieben kann. Einmal wurde im unendlichen Sein, das weder Zeit noch Raum kennt, einem geistigen Wesen durch sein Erscheinen auf Erden die Fähigkeit verliehen, sich zu sagen: Ich bin, und ich liebe. Einmal, nur ein einziges Mal wurde ihm ein Augenblick tätiger, *lebendiger* Liebe gewährt, und dazu wurde ihm das irdische Leben gegeben und mit ihm Zeiten und Fristen. Und was geschah? Dieses glückliche Wesen wies die kostbare Gabe zurück, wußte sie nicht zu schätzen, fand an ihr kein Gefallen, blickte voller Spott und blieb gefühllos. Nachdem es von hinnen geschieden war, sah es Abrahams Schoß und redete mit Abraham, wie uns das Gleichnis vom reichen Mann und vom armen Lazarus lehrt, und schaute das Paradies und konnte zum Herrn eingehen; doch gerade das quälte den Abgeschiedenen, daß er zu Gott eingehen werde, ohne geliebt zu haben; daß er mit denen in Berührung kommen werde, die geliebt hatten und deren Liebe er verschmäht hatte. Denn er sah klar und sagte zu sich selbst: Jetzt habe ich das Wissen, und wenn ich auch danach lechze, zu lieben, so wird doch meine Liebe nicht mehr selbstlos und ein Opfer sein, denn mein Erdenleben ist beendet. Abraham wird nicht kommen, um auch nur mit einem Tropfen lebendigen Wassers – das heißt mit einer Gabe des früheren tätigen Erdenlebens – die Glut meines Durstes nach geistiger Liebe zu kühlen, die jetzt in mir lodert, nachdem ich sie auf Erden verschmäht habe; vorbei ist das Leben, und seine Zeit kehrt nicht mehr wieder! Wenn ich auch froh wäre, mein Leben für andere hinzugeben, so kann ich es nicht mehr, denn vergangen ist jenes Leben, das ich der Liebe hätte zum Opfer bringen können, und nun liegt ein Abgrund zwischen jenem Leben und diesem Sein. – Man redet von einem materiellen Höllenfeuer, doch ich will dieses Geheimnis nicht untersuchen und scheue mich davor. Aber ich meine, selbst wenn es ein wirkliches Feuer gäbe, so würde man sich fürwahr darüber freuen; denn ich stelle mir vor, daß die physische Qual uns, wenn auch nur für einen Augenblick, die weit schrecklichere geistige Qual vergessen machen könnte. Auch ist es unmöglich, die Menschen von dieser geistigen Qual zu befreien, denn sie ist keine äußere Qual, sondern eine innere. Und selbst wenn es möglich wäre, sie davon zu befreien, so würden sie, denke ich, dadurch noch unglücklicher werden. Denn wenn die Gerechten im Paradiese beim Anblick ihrer Qualen ihnen auch vergäben und sie in ihrer unendlichen Liebe zu sich riefen, so würden sie dadurch ihre Qualen noch vermehren, da sie die Flamme ihres Durstes nach tätiger und dankbarer Gegenliebe, die ihnen nicht mehr gegeben werden kann, noch stärker anfachen würden. In der Schüchternheit meines Herzens denke ich jedoch, daß allein schon das Bewußtsein dieser Unmöglichkeit ihnen schließlich Erleichterung verschaffen würde, denn indem sie die Liebe der Gerechten annehmen, ohne sie erwidern zu können, werden sie in dieser Ergebenheit und als Folge dieser Demut schließlich eine Vorstellung von jener tätigen Liebe gewinnen, die sie auf Erden verschmäht hatten, und eine ihr ähnliche Wirkung empfinden ... Ich bedaure, meine Brüder und Freunde, daß ich das nicht klar auszudrücken weiß. Doch wehe denen, die auf Erden sich selbst vernichtet haben, wehe den Selbstmördern! Ich denke, unglücklicher als sie kann niemand sein. Es sei eine Sünde, sagt man uns, für sie zu beten, und die Kirche stößt sie aus ihrer Gemeinschaft aus. Doch im Innersten meiner Seele denke ich, daß man auch für sie beten darf. Christus wird doch nicht über Liebe zürnen. Für solche Menschen habe ich heimlich zeit meines Lebens gebetet, das beichte ich euch, Väter und Lehrer, auch jetzt noch bete ich für sie jeden Tag.

Oh, auch in der Hölle gibt es solche, die hochmütig und grausam geblieben sind, obwohl sie unleugbar zur Erkenntnis gelangt sind und die unabweisbare Wahrheit geschaut haben; es gibt Abscheuliche, die sich ganz dem Satan und seinem stolzen Geist hingegeben haben. Sie haben die Hölle selber gewollt, und sie können sich an ihr nicht ersättigen; sie sind freiwillige Märtyrer. Denn sie haben sich selber verflucht, indem sie Gott und das Leben verfluchten. Sie zehren von ihrem bösen Hochmut, wie ein Hungriger in der Wüste das eigene Blut aus seinem Körper saugt. Doch sie sind unersättlich in alle Ewigkeit und verschmähen die Vergebung. Sie verfluchen Gott, der sie ruft. Den lebendigen Gott können sie nicht ohne Haß anschauen, und sie verlangen, daß es keinen Gott des Lebens gebe, daß Gott Sich und Seine ganze Schöpfung vernichte. Und sie werden ewig im Feuer ihres Zornes brennen und nach Tod und Nichtsein lechzen. Doch sie werden den Tod nicht erlangen . . .

Hier endet das Manuskript des Alexej Fjodorowitsch Karamasow. Ich wiederhole: es ist unvollständig und besteht aus lauter Bruchstücken. Die biographischen Mitteilungen zum Beispiel erstrecken sich nur auf die frühe Jugend des Starez. Seine Lehren und Ansichten sind augenscheinlich zu einem Ganzen vereinigte Äußerungen, die er zu verschiedenen Zeiten und bei verschiedenen Anlässen gemacht hat. Alles aber, was der Starez in den letzten Stunden seines Lebens gesprochen hat, ist nicht wörtlich wiedergegeben, sondern es ist nur versucht worden, einen Begriff vom Geist und Charakter dieses Gesprächs im Vergleich zu dem zu vermitteln, was im Manuskript des Alexej Fjodorowitsch aus früheren Belehrungen angeführt wurde. – Das Ableben des Starez erfolgte ganz unerwartet. Wenn auch bei allen, die sich an diesem letzten Abend um ihn versammelt hatten, völlige Klarheit darüber herrschte, daß sein Tod nahe sei, so konnten sie sich doch nicht vorstellen, daß er so plötzlich eintreten werde. Im Gegenteil, seine Freunde waren, wie ich schon erwähnte, überzeugt, da sie ihn in dieser Nacht scheinbar so munter und gesprächig sahen, daß sein Befinden sich merklich gebessert habe, sei es auch nur für kurze Zeit. Selbst fünf Minuten vor seinem Ableben hatten sie, wie sie später mit Verwunderung erzählten, noch nichts geahnt. Er empfand plötzlich einen heftigen Schmerz in der Brust, erbleichte und preßte die Hand aufs Herz. Alle erhoben sich von ihren Plätzen und stürzten auf ihn zu; er aber blickte sie, obwohl er litt, immer noch mit einem Lächeln an, ließ sich vom

Lehnstuhl sacht zu Boden gleiten und kniete nieder, dann neigte er sein Antlitz tief zur Erde, breitete die Arme aus, und während er gleichsam in freudiger Begeisterung die Erde küßte und betete – wie er selber gelehrt hatte –, gab er sanft und freudig seine Seele in Gottes Hand. Die Nachricht von seinem Ableben verbreitete sich unverzüglich in der Einsiedelei und gelangte auch ins Kloster. Die nächsten Freunde des Verstorbenen und diejenigen, denen es ihrem Range nach zukam, kleideten den Toten nach dem herkömmlichen Ritus, während die ganze Brüderschaft sich in der Hauptkirche versammelte. Und noch vor Tagesanbruch hatte die Nachricht vom Tode des Starez, wie man später gerüchtweise erfuhr, die Stadt erreicht. Am Morgen schon sprach fast die ganze Stadt von dem Ereignis, und die Stadtbewohner strömten in Scharen zum Kloster. Doch davon werde ich im nächsten Buch erzählen, ich möchte aber schon im voraus erwähnen, daß noch kein Tag vergangen war, als sich etwas ereignete, das für alle so unerwartet kam und, nach dem Eindruck zu urteilen, den es im Kloster und in der Stadt machte, so seltsam, beunruhigend und verwirrend war, daß man sich auch heute noch, nach so vielen Jahren, in unserer Stadt aufs lebhafteste dieses für viele so aufregenden Tages erinnert.

DRITTER TEIL

SIEBENTES BUCH

ALJOSCHA

I

Der Verwesungsgeruch

Die Leiche des entschlafenen Mönchpriesters strengster Regel, des Vater Sosima, hatte man nach dem vorgeschriebenen Ritus zur Bestattung hergerichtet. Die verstorbenen Mönche aller Grade werden bekanntlich nicht in der sonst üblichen Weise gewaschen. In dem *Großen Ritualbuch* heißt es: »Wenn ein Mönch zum Herrn eingeht, so reibe der dazu bestimmte Mönch den Körper des Toten mit warmem Wasser ab, nachdem er zuvor mit dem Schwamm auf der Stirn des Verstorbenen, auf seiner Brust, seinen Händen, seinen Füßen und Knien das Zeichen des Kreuzes gemacht hat, und weiter nichts.« Alles das verrichtete Vater Paisij selber an dem Entschlafenen. Danach zog er ihm das Mönchsgewand an und hüllte ihn in den Mantel, von dem er der Vorschrift gemäß zwei Streifen abschnitt und kreuzweise um den Toten schlang. Über den Kopf zog er ihm die Kapuze mit dem achtarmigen Kreuz. Die Kapuze wurde offen gelassen, das Gesicht des Entschlafenen aber mit einem schwarzen Schleier verdeckt. In die Hände legte man ihm eine Heilands-Ikone. So bettete man ihn gegen Morgen in den Sarg, den man schon lange für ihn bereit gehalten hatte. Den Sarg beabsichtigte man den ganzen Tag in der Zelle stehen zu lassen, in dem schon erwähnten vorderen großen Zimmer, wo der verstorbene Starez die Brüderschaft und die Weltlichen zu empfangen pflegte. Da der Entschlafene ein Mönchpriester strengster Regel gewesen war, mußten Mönchpriester und Hierodiakone an seinem Sarg statt des Psalters das Evangelium lesen. Gleich nach der Totenmesse begann Vater Iosif mit dem Lesen; Vater Paisij, der danach den ganzen Tag und die ganze Nacht lesen wollte, war vorläufig noch sehr beschäftigt, und zudem hatte er große Sorgen, ebenso wie der Vorsteher der Einsiedelei; denn es zeigte sich plötzlich, und je länger, desto deutlicher, unter der Klosterbrüderschaft wie auch unter den Weltlichen, die aus den

Klostergasthöfen und aus der Stadt in Scharen herbeiströmten etwas Ungewöhnliches, eine unerhörte und geradezu »ungebührliche« Aufregung und ungeduldige Erwartung. Der Vorsteher sowie Vater Paisij gaben sich alle Mühe, die so geschäftig Aufgeregten nach Möglichkeit zu beruhigen. Als es schon ziemlich hell geworden war, fanden sich aus der Stadt sogar Leute ein, die ihre kranken Angehörigen, vor allem Kinder, mitbrachten, als hätten sie eigens auf diesen Augenblick gewartet; offenbar hofften sie auf die heilende Kraft, die, wie sie glaubten, unverzüglich von dem Toten ausgehen müsse. Und erst jetzt kam es zutage, wie sehr sich bei uns alle daran gewöhnt hatten, den entschlafenen Starez schon bei Lebzeiten für einen wahrhaft großen Heiligen zu halten. Übrigens waren die Ankömmlinge bei weitem nicht nur Leute aus dem einfachen Volk. Diese gespannte Erwartung der Gläubigen, die sich so eilig und unverhüllt, ja sogar voller Ungeduld und fast gebieterisch äußerte, sah Vater Paisij als ein offensichtliches Ärgernis an, und wenn er es auch schon lange vorausgeahnt hatte, so übertraf es doch seine Befürchtungen. Jedem aufgeregten Mönch, dem er begegnete, erteilte er sogar einen Verweis. »In solcher Weise zu erwarten, es müsse unverzüglich etwas Großes geschehen«, sagte er, »ist eine Leichtfertigkeit, die nur unter Weltlichen möglich ist, sich für uns aber nicht geziemt.« Freilich hörte man wenig auf ihn, und Vater Paisij merkte das mit Besorgnis; doch obwohl selbst er – wenn man schon wahrheitsgetreu über alles berichten will – über die allzu ungeduldigen Erwartungen empört war und sie für leichtfertig und eitel hielt, erwartete er insgeheim, in der Tiefe seiner Seele, trotzdem fast das gleiche wie alle diese Erregten, und er konnte nicht umhin, sich das einzugestehen. Dennoch waren ihm manche Begegnungen besonders unangenehm, da sie in ihm ein unbestimmtes banges Vorgefühl erweckten. So entdeckte er zum Beispiel mit tiefem Widerwillen – den er sich auf der Stelle zum Vorwurf machte – in der Menge, die sich in der Zelle des Entschlafenen drängte, Rakitin und den Mönch aus dem fernen Obnorsk, der sich immer noch als Gast im Kloster aufhielt; beide kamen dem Vater Paisij auf einmal aus irgendeinem Grunde verdächtig vor, obwohl nicht sie allein sich auffällig benahmen. Der Mönch aus Obnorsk stach unter allen Aufgeregten durch seine Geschäftigkeit hervor; man konnte ihn allenthalben, an allen Orten erblicken: überall zog er Erkundigungen ein, überall horchte er, überall tuschelte er mit sonderbar geheimnisvoller Miene. Sein Gesicht drückte höchste Ungeduld, ja sogar fast Erregung darüber aus, daß das Erwartete immer noch nicht eintrat. Was Rakitin betrifft, so hatte er, wie sich später herausstellte, im besonderen Auftrag der Frau Chochlakowa sich so früh in der Einsiedelei eingefunden. Diese gute, aber charakterschwache Frau, die in die Einsiedelei nicht eingelassen werden konnte, war gleich nach ihrem Erwachen, als sie Nachricht vom Hinscheiden des Starez erhielt, von einer so lebhaften Neugierde befallen worden, daß sie unverzüglich Rakitin in die Einsiedelei schickte, damit er dort alles beobachte und ihr etwa jede halbe Stunde von allem, was dort vor sich gehe, brieflich berichte. Sie hielt Rakitin für einen sehr frommen und gläubigen jungen Mann – so gut wußte er mit jedermann umzugehen und den Mantel nach dem Wind zu hängen, wenn er darin nur den geringsten Vorteil für sich erblickte.

Es war ein klarer und heller Tag, und viele von den eingetroffenen Wallfahrern drängten sich bei den Gräbern der Einsiedelei, die rings um die Kirche am dichtesten nebeneinander lagen, aber auch über die ganze Einsiedelei verstreut waren. Bei seinem Rundgang durch die Einsiedelei erinnerte sich Vater Paisij plötzlich Aljoschas; ihm fiel ein, daß er ihn schon lange, fast seit der Nacht, nicht mehr gesehen hatte. Und kaum hatte er an ihn gedacht, erblickte er ihn auch schon im entlegensten Winkel der Einsiedelei an der Einfriedung auf dem Grabstein eines vor geraumer Zeit verstorbenen und durch seine asketischen Leistungen berühmten Mönches. Er saß mit dem Rükken zur Einsiedelei und mit dem Gesicht zur Einfriedung, als wollte er sich hinter dem Grabmal verbergen. Als Vater Paisij näher an ihn herangekommen war, sah er, daß Aljoscha sein Gesicht mit beiden Händen bedeckt hatte und lautlos, aber bitterlich weinte, so daß sein ganzer Körper vor Schluchzen bebte. Vater Paisij blieb eine Weile bei ihm stehen.

»Genug, mein lieber Sohn, genug, mein Freund«, sagte er schließlich mit bewegter Stimme. »Was hast du? Freue dich, statt zu weinen. Oder weißt du nicht, daß dieser Tag der größte von seinen Tagen ist? Wo ist er jetzt, in diesem Augenblick? Denk doch nur an dies eine!«

Aljoscha wollte ihn schon anblicken, er enthüllte sein Gesicht, das vom Weinen angeschwollen war wie bei einem kleinen Kinde, wandte sich aber, ohne ein Wort zu sagen, sofort wieder ab und bedeckte sein Gesicht von neuem mit beiden Händen.

»Am Ende ist es doch das Richtige«, sagte Vater Paisij nachdenklich, »meinetwegen, weine nur, Christus hat dir diese Tränen gesandt.« Deine Tränen der Rührung erquicken nur deine Seele und werden zur Erheiterung deines lieben Herzens dienen, fügte er bei sich hinzu, als er Aljoscha verließ und liebevoll an ihn dachte. Er entfernte sich übrigens so schnell wie möglich, denn er fühlte, daß er bei Aljoschas Anblick am Ende noch selber zu weinen anfangen werde.

Unterdessen verstrich die Zeit, die klösterlichen Gottesdienste und die Seelenmessen für den Entschlafenen nahmen ordnungsgemäß ihren Fortgang. Vater Paisij erblickte den Vater Iosif am Sarge und übernahm nun nach ihm das Lesen der Evangelien. Doch es war noch nicht drei Uhr nachmittags, als sich etwas ereignete, das ich schon am Ende des vorigen Buches erwähnte; es kam für uns alle so unerwartet und widersprach so sehr dem, was man allgemein erhoffte, daß man sich, wie bereits gesagt, in unserer Stadt und in der ganzen Umgebung auch heute noch sehr lebhaft an die ausführlichen und albernen Berichte von diesem Ereignis erinnert. Ich möchte hier noch hinzufügen: es ist mir nachgerade widerlich, an dieses Ereignis zurückzudenken, das soviel Unruhe und Ärgernis hervorrief, im Grunde jedoch ganz bedeutungslos und natürlich war, und ich hätte es in meiner Erzählung mit Stillschweigen übergangen, hätte es nicht das Herz und die Seele des freilich erst künftigen Haupthelden meiner Erzählung, Aljoschas, in einer sehr starken und ganz besonderen Weise beeinflußt, indem es in ihm eine Krise und eine Umwälzung herbeiführte, die seinen Geist erschütterte, ihn aber auch fürs ganze Leben endgültig festigte und auf ein bestimmtes Ziel hinwies.

Ich will es also erzählen:

Als man noch vor Anbruch der Helligkeit die zur Bestattung vorbereitete Leiche des Starez in den Sarg gelegt und in das vordere Zimmer, den ehemaligen Empfangsraum, hinübergetragen hatte, wurde unter denen, die am Sarge weilten, die Frage laut, ob man im Zimmer die Fenster öffnen solle. Doch diese Frage, die jemand nur nebenbei und flüchtig gestellt hatte, blieb unbeantwortet und fast unbeachtet. Nur einige von den Anwesenden mochten sie gehört und sich gedacht haben, daß die Annahme, die Leiche dieses Entschlafenen könne verwesen und einen Verwesungsgeruch ausströmen, reiner Unsinn und wegen der Kleingläubigkeit und Leichtfertigkeit des Fragestellers bedauerlich, wenn nicht geradezu lächerlich sei. Denn man erwartete genau das Gegenteil. Und nun, bald nach Mittag, trat etwas ein, das die Ein- und Ausgehenden zuerst nur stumm zur Kenntnis nahmen und für sich behielten, ja, jeder hatte sogar sichtlich Angst, seinem Nachbarn den Gedanken mitzuteilen, der in ihm jetzt aufstieg; doch gegen drei Uhr nachmittags machte es sich schon so deutlich und unleugbar bemerklich, daß die Nachricht davon sich im Nu in der ganzen Einsiedelei und unter den Wallfahrern verbreitete, alsbald auch ins Kloster drang und bei allen Mönchen Verwunderung hervorrief, endlich kurz danach auch die Stadt erreichte und dort alle, Gläubige und Ungläubige, in Aufregung versetzte. Die Ungläubigen freuten sich, und was die Gläubigen anlangt, so fanden sich unter ihnen manche, die sich sogar noch mehr freuten als die Ungläubigen, denn »die Menschen sehen gern den Fall des Gerechten und seine Schmach«, wie der verstorbene Starez selber in einer seiner Belehrungen gesagt hatte. Damit hatte es folgende Bewandtnis: dem Sarg begann nach und nach ein Verwesungsgeruch zu entströmen, der sich mit der Zeit immer stärker bemerkbar machte; gegen drei Uhr nachmittags war er bereits ganz deutlich zu spüren. Schon lange hatte es kein derartiges Ärgernis gegeben, ja man konnte sich aus der ganzen Vergangenheit unseres Klosters an keines erinnern, das sich in ähnlich grober und zügelloser Weise abgespielt hätte und das in einem andern Falle gar nicht möglich gewesen wäre, sich jetzt aber gleich nach diesem Vorfall sogar unter den Mönchen verbreitete. Später und noch nach vielen Jahren wunderten und entsetzten sich manche vernünftigeren Leute unter unseren Mönchen, wenn sie dieses Tages bis in alle Einzelheiten gedachten, wieso dieses Ärgernis damals einen solchen Grad hatte erreichen können. War es doch auch früher schon vorgekommen, daß Mönche gestorben waren, die sehr gerecht gelebt hatten und deren Rechtschaffenheit allgemein bekannt gewesen war, und daß dennoch aus ihren bescheidenen Särgen Verwesungsgeruch aufgestiegen war, wie es bei allen Toten natürlich ist, aber das hatte kein Ärgernis oder auch nur die geringste Aufregung hervorgerufen. Gewiß, auch bei uns hatte es unter den in alten Zeiten Verstorbenen manche gegeben, deren Andenken auch heute noch im Kloster fortlebt und an deren sterblichen Resten sich der Überlieferung nach keine Verwesung gezeigt hatte. Auf die Bruderschaft hatte das einen ergreifenden und geheimnisvollen Eindruck gemacht und sich als etwas

Herrliches und Wunderbares in ihrem Gedächtnis erhalten, als wäre es die Verheißung eines noch größeren Ruhmes, der künftig von ihren Särgen ausgehen werde, wenn nach Gottes Willen die Zeit dazu käme. Vor allen unvergessen blieb der Starez Hiob, der hundertundfünf Jahre alt geworden und ein berühmter Glaubenseiferer, ein großer Faster und Schweiger gewesen war. Er war schon vor langer Zeit, im zweiten Jahrzehnt dieses Jahrhunderts gestorben, und sein Grab wurde mit besonderer Ehrfurcht allen Pilgern gezeigt, die zum erstenmal zu uns kamen, wobei man in geheimnisvoller Weise auf gewisse große Hoffnungen anspielte. Es war das schon erwähnte Grab, auf dem Vater Paisij am Morgen Aljoscha hatte sitzen sehen. Ebenso lebendig war die Erinnerung an einen vor verhältnismäßig kurzer Zeit verstorbenen großen Mönchpriester, den Starez Vater Warsonofij, von dem Vater Sosima die Starzenwürde übernommen hatte und der, als er noch lebte, von allen Wallfahrern, die das Kloster besuchten, geradezu für einen heiligen Narren gehalten worden war. Von diesen beiden berichtete die Überlieferung, sie hätten wie lebendig in ihren Särgen gelegen und seien vollständig unverwest begraben worden, und ihr Antlitz habe sich im Sarge nachgerade verklärt. Manche behaupteten sogar, sich noch zu erinnern, daß ihren Leichnamen deutlich wahrnehmbarer Wohlgeruch entströmt sei. Doch ungeachtet dieser eindrucksvollen Erinnerungen ist es schwer dahinterzukommen, was der eigentliche Grund eines so leichtfertigen, albernen und bösartigen Benehmens am Sarge des Starez Sosima sein konnte. Was mich persönlich betrifft, so nehme ich an, daß hier vielerlei zusammentraf und verschiedene Ursachen sich gleichzeitig auswirkten. Zu diesen zählte zum Beispiel auch die eingewurzelte Feindschaft gegen das Starzentum als eine schädliche Neuerung, eine Feindschaft, die im Herzen vieler Klostermönche noch tief verborgen glomm. Und dann spielte natürlich vor allem der Neid auf die Heiligkeit des Entschlafenen mit, die sich schon zu seinen Lebzeiten so deutlich gezeigt hatte, daß es geradezu verboten zu sein schien, etwas gegen sie einzuwenden. Denn obwohl der verstorbene Starez nicht so sehr durch Wunder als durch Liebe viele an sich gezogen und um sich herum gleichsam eine ganze Welt von solchen, die ihn liebten, geschaffen hatte, so hatte er trotzdem oder vielmehr gerade dadurch sich auch Neider und erbitterte Feinde gemacht, offene wie auch geheime, und zwar nicht nur unter den Klosterbrüdern, sondern sogar unter den Weltlichen. Niemandem beispielsweise hatte er etwas Böses getan, und doch hieß es: »Warum hält man ihn für so heilig?« Schon allein diese Frage, die immer häufiger wiederholt wurde, riß schließlich einen ganzen Abgrund von unersättlicher Bosheit auf. Das war meiner Meinung nach der Grund, weshalb viele, als sie den Verwesungsgeruch seines Leichnams wahrnahmen, der sich zudem noch so schnell eingestellt hatte – denn es war noch kein Tag vergangen –, maßlos erfreut waren. Unter denen aber, die dem Starez ergeben gewesen waren und ihn bisher geachtet hatten, fanden sich sogleich solche, die sich durch dieses Ereignis fast persönlich gekränkt und beleidigt fühlten. Die Geschehnisse spielten sich nun folgendermaßen ab:

Kaum hatte die Verwesung sich bemerkbar gemacht, konnte man allein schon aus dem Mienenspiel der Mönche, die in die Zelle des Entschlafenen kamen, schließen, was sie hergeführt hatte. Sie traten ein, blieben eine Weile stehen und gingen dann wieder hinaus, um schleunigst die Nachricht den anderen zu bestätigen, die draußen in Scharen warteten. Manche von diesen Wartenden wiegten traurig das Haupt, andere wieder bemühten sich gar nicht, ihre Freude zu verbergen, die deutlich aus ihren boshaften Blicken leuchtete. Und niemand machte ihnen Vorwürfe, niemand legte ein gutes Wort für den Toten ein, was geradezu seltsam war, denn diejenigen, die dem entschlafenen Starez ergeben waren, bildeten im Kloster immerhin die Mehrheit. Doch offenbar hatte Gott selbst es zugelassen, daß die Minderheit diesmal vorübergehend die Oberhand behielt. Alsbald erschienen in der Zelle als ebensolche Kundschafter auch Weltliche, vor allem aus den Reihen der gebildeten Klostergäste. Aus dem einfachen Volk kamen nur wenige, obwohl es sich an der Pforte der Einsiedelei in Scharen zusammengerottet hatte. Es steht fest, daß nach drei Uhr der Zustrom von weltlichen Gästen stark zunahm, was auf nichts anderes als auf die skandalöse Nachricht zurückzuführen war. Es kamen auch solche, die an diesem Tag vielleicht überhaupt nicht gekommen wären und es auch gar nicht beabsichtigt hatten; unter ihnen befanden sich einige Persönlichkeiten von hohem Rang. Übrigens wurde der Anstand äußerlich noch gewahrt, und Vater Paisij las weiter fest und deutlich mit ernstem Gesicht und lauter Stimme die Evangelien, als merkte er nichts, obwohl ihm schon längst etwas Ungewöhnliches aufgefallen war. Doch nun drangen auch zu ihm Stimmen, zuerst noch ganz leise, dann aber allmählich immer deutlicher und kühner. »Das Urteil Gottes ist offenbar ein anderes als das der Menschen!« hörte Vater Paisij plötzlich sagen. Als erster hatte das ein Weltlicher behauptet, ein städtischer Beamter, ein schon bejahrter und, soviel bekannt, sehr gottesfürchtiger Mann, doch wiederholte er nur laut, was die Mönche schon seit einiger Zeit einander ins Ohr raunten. Sie hatten dieses zweifelnde Wort schon längst ausgesprochen, und das Schlimmste dabei war, daß sich darin ein gewisser Triumph kundtat, der sich immer offener äußerte. Bald darauf jedoch kam es schon so weit, daß der Anstand verletzt wurde, und nun war es, als fühlten sich alle geradezu berechtigt, ihn zu verletzen. »Wie konnte das nur geschehen«, sagte einer von den Mönchen, anfangs noch mit einer Art von Bedauern; »er war doch nicht beleibt, sondern hager, bestand nur aus Haut und Knochen, woher sollte da ein Geruch kommen?« – »Also wollte Gott eigens einen Fingerzeig geben«, fügten eilig andere hinzu, und ihre Meinung wurde sofort ohne Widerspruch angenommen, zumal sie von neuem darauf hinwiesen, daß der Leichengeruch, wenn er auch etwas Natürliches sei wie bei jedem entschlafenen Sünder, sich doch erst später hätte einstellen dürfen: nicht mit so auffälliger Schnelligkeit, sondern frühestens nach vierundzwanzig Stunden; dieser Tote aber sei »der Natur zuvorgekommen«, folglich habe hier niemand anders als Gott eingegriffen, hierin sei Sein Fingerzeig zu sehen. Er habe einen Hinweis geben wollen. Diese Schlußfolgerung war nicht leicht zu widerlegen und machte darum einen tiefen Eindruck. Der sanfte Mönchpriester und Bibliothekar Vater Iosif, der Liebling des Verstorbenen, versuchte einigen von den Verleumdern zu entgegnen, daß die Unverweslichkeit der Leichen von Gerechten nicht überall als Dogma der orthodoxen Religion gelte, sondern es handle sich dabei nur um eine unverbindliche Meinung; sogar in den rechtgläubigsten Gegenden, auf dem Athos zum Beispiel, sei man über den Verwesungsgeruch nicht so bestürzt, und nicht die Unverweslichkeit der Leichen gelte dort als Hauptmerkmal für die Rechtgläubigkeit der Erlösten, sondern die Farbe ihrer Gebeine, nachdem ihre Leichen schon viele Jahre in der Erde gelegen hätten und schon verwest seien. »Wenn die Gebeine dann gelb wie Wachs sind, so ist dies das Hauptmerkmal dafür, daß Gott den entschlafenen Gerechten mit Ruhm gekrönt hat; werden sie aber nicht gelb, sondern schwarz vorgefunden, so hat also Gott ihn des Ruhmes nicht für würdig erachtet. So ist es auf dem Athos, an diesem heiligen Ort, wo die Rechtgläubigkeit sich seit alters unerschütterlich und in strahlendster Reinheit erhalten hat«, schloß Vater Iosif. Doch die Worte des demütigen Vaters verhallten, ohne Eindruck zu machen, und riefen sogar spöttische Ablehnung hervor: »Alles das ist nur Bücherweisheit und neumodisches Gerede, es lohnt sich gar nicht, es anzuhören«, entschieden die Mönche unter sich. »Bei uns soll alles beim alten bleiben; wer weiß, wieviel Neuerungen heutzutage noch auftauchen, sollen wir sie denn alle nachahmen?« fügten andere hinzu. »Wir haben nicht weniger Heilige gehabt als sie. Die dort sitzen unter dem Türkenjoch und haben alles vergessen. Die Rechtgläubigkeit ist bei ihnen schon längst getrübt, nicht einmal Glocken haben sie«, setzten die Spöttischsten hinzu. Vater Iosif ging voller Betrübnis weg, zumal er seine Meinung nicht mit sehr viel Bestimmtheit geäußert hatte, als glaubte er selbst nicht recht an sie. Doch ahnte er mit Schrecken, daß etwas sehr Unschönes vor sich zu gehen beginne und sogar der Ungehorsam sein Haupt erhebe. Wie Vater Iosif verstummten allmählich auch alle anderen vernünftigen Stimmen. Und es fügte sich seltsamerweise so, daß alle, die den verstorbenen Starez geliebt und die Einrichtung des Starzentums mit rührendem Gehorsam anerkannt hatten, auf einmal furchtbar bestürzt waren und, wenn sie sich begegneten, einander nur scheu ins Gesicht blickten. Die Gegner des Starzentums als einer Neuerung erhoben jedoch stolz ihr Haupt. »Von dem verstorbenen Starez Warsonofij ging nicht nur kein Verwesungsgeruch aus, sondern ihm entströmte sogar Wohlgeruch«, brachten sie schadenfroh in Erinnerung; »aber nicht seinem Starzentum hatte er das zu verdanken, sondern der Tatsache, daß er ein Gerechter gewesen war.« Und danach hagelte es abfällige Urteile und sogar schlimmste Anschuldigungen über den jüngst verstorbenen Starez. »Er hat Irrlehren verbreitet; er lehrte, das Leben sei eine große Freude und nicht eine tränenreiche Demütigung«, sagten die einen, die zu den Unverständigsten gehörten. »Er hatte einen neumodischen Glauben, ein wirkliches Feuer in der Hölle erkannte er nicht an«, fügten andere, die noch unverständiger waren, hinzu. »Das Fasten hielt er nicht streng ein, er erlaubte sich Süßigkeiten, aß Kirschkonfitüre zum Tee, er liebte sie sehr, die Damen schickten sie ihm. Darf denn ein Mönch, der die höchste Weihe hat, Tee trinken?« hörte man manche

Neider sagen. »Hochnäsig saß er da«, erinnerten sich mit Härte die Schadenfrohesten, »für einen Heiligen hielt er sich, man warf sich vor ihm auf die Knie, und er nahm das hin, als käme es ihm zu.« – »Das Sakrament der Beichte hat er mißbraucht«, fügten in gehässigem Flüsterton die grimmigsten Gegner des Starzentums hinzu, und zu diesen gehörten sogar einige von den ältesten und in ihrer Gottesverehrung strengsten Mönche, wirkliche Faster und Schweiger, die zu Lebzeiten des Entschlafenen verstummt waren, jetzt aber auf einmal den Mund auftaten, und das hatte eine geradezu erschreckende Wirkung, denn ihre Worte beeinflußten stark die jüngeren, noch nicht in sich gefestigten Mönche. Sehr aufmerksam hörte sich das alles auch der Gast aus Obnorsk an, der kleine Mönch vom heiligen Silvester, wobei er tief aufseufzte und mit dem Kopf nickte. Nein, Vater Ferapont hat gestern augenscheinlich richtig geurteilt, dachte er, und gerade da erschien auch Vater Ferapont, als wäre er nur gekommen, um die Verwirrung noch zu vergrößern.

Ich erwähnte schon, daß Vater Ferapont seine kleine Holzzelle hinter dem Bienenstand nur selten verließ, ja, oft während längerer Zeit nicht einmal die Kirche besuchte und daß man ihm das als einem Gottesnarren durchgehen ließ und ihn nicht an die für alle gültige Regel band. Doch, offen gesagt, übte man ihm gegenüber eine solche Nachsicht aus einer gewissen Notwendigkeit heraus. Denn es hätte bestimmt Anstoß erregt, einem so großen Faster und Schweiger, der Tag und Nacht betete (und sogar manchmal im Knien einschlief), die Last der allgemeinen Regel aufzubürden, wenn er sich ihr nicht selbst unterwerfen wollte. »Er ist ja heiliger als wir alle und vollbringt Schwereres, als die Regel verlangt«, hätten dann die Mönche gesagt; »und wenn er nicht in die Kirche geht, so bedeutet das, daß er selber weiß, wann er hingehen muß, er hat seine eigene Regel.« Um solches Murren und Ärgernis zu vermeiden, die mit Wahrscheinlichkeit vorauszusehen waren, ließ man Vater Ferapont in Frieden. Den Starez Sosima konnte Vater Ferapont, wie allgemein bekannt war, nicht ausstehen; und nun war auf einmal auch zu ihm in seine kleine Zelle die Kunde gedrungen, »das Urteil Gottes sei also anders als das der Menschen, und er sei sogar der Natur zuvorgekommen«. Es ist anzunehmen, daß einer der ersten, die zu ihm gelaufen waren, um ihm diese Nachricht zu überbringen, der Gast aus Obnorsk war, der ihn gestern besucht und dann voller

Entsetzen verlassen hatte. Ich erwähnte auch, daß Vater Paisij, der fest und unerschütterlich am Sarge stand und aus den Evangelien vorlas, zwar nicht hören und sehen konnte, was außerhalb der Zelle vor sich ging, aber in seinem Herzen das Wesentliche untrüglich ahnte; denn er kannte seine Umgebung durch und durch. Er war nicht bestürzt, sondern sah allem, was noch kommen werde, furchtlos entgegen, während er den weiteren Verlauf des Tumultes, dessen Ausgang er sich bereits vorstellen konnte, mit scharfem Blick verfolgte. Da drang plötzlich aus dem Flur ein ungewöhnlicher Lärm an sein Ohr, der entschieden ungebührlich war. Die Tür ging auf, und auf der Schwelle erschien Vater Ferapont. Hinter ihm, unten vor den Eingangsstufen, drängten sich, wie man von der Zelle aus deutlich sehen konnte, viele Mönche, die ihn begleitet hatten; unter ihnen befanden sich auch einige Weltliche. Die Begleiter Vater Ferapont kamen jedoch nicht herein; sie stiegen nicht einmal die Eingangsstufen herauf, sondern blieben stehen und warteten, was er sagen und tun werde, denn ungeachtet all ihrer Vermessenheit ahnten sie geradezu mit einiger Angst, daß er nicht ohne feste Absicht gekommen war. Vater Ferapont verweilte auf der Schwelle, hob die Arme, und unter seinem rechten Arm blickten die scharfen und neugierigen Äuglein des Gastes aus Obnorsk hervor, der als einziger sich nicht hatte beherrschen können und aus übergroßer Neugier hinter Vater Ferapont her die Treppe hinaufgelaufen war. Die übrigen jedoch hatten sich, kaum war die Tür geräuschvoll aufgegangen, in jähem Schrecken noch weiter zurückgezogen. Die Arme erhoben, brüllte Vater Ferapont auf einmal: »Ich gebiete dir, fahre aus von hier!« und er begann sofort, indem er abwechselnd sich nach allen vier Seiten wandte, nach den Wänden und allen vier Ecken der Zelle hin das Zeichen des Kreuzes zu machen. Die Begleiter Vater Feraponts begriffen sofort, was es damit auf sich hatte, denn sie wußten, daß er das immer tat, wohin er auch kam, und daß er sich nicht setzen noch ein Wort sagen werde, bevor er nicht den bösen Geist ausgetrieben hätte.

»Hebe dich hinweg, Satan, hebe dich hinweg!« wiederholte er bei jedem Kreuzeszeichen. »Ich gebiete dir, fahre aus von hier!« brüllte er. Er trug sein grobes Mönchsgewand, das mit einem Strick umgürtet war. Aus seinem hanfleinenen Hemd sah die nackte, mit grauen Haaren bedeckte Brust hervor. Seine Füße waren bloß. Sobald er die Arme bewegte, rasselten und klirrten die schweren Ketten, die er unter seinem Gewand trug. Vater Paisij unterbrach das Lesen, trat auf ihn zu und blieb erwartungsvoll vor ihm stehen.

»Warum bist du gekommen, ehrbarer Vater? Warum verletzt du den Anstand? Warum bringst du die demütige Herde in Verwirrung?« sagte er schließlich und blickte ihn streng an.

»Weswegen ich gekommen bin? Warum fragst du? Was glaubst du wohl?« schrie Vater Ferapont in seiner närrischen Art. »Ich bin gekommen, um eure Gäste, die garstigen Teufel, auszutreiben. Ich schaue nach, ob sich viele angesammelt haben, seit ich nicht mehr hier war. Mit einem Birkenwedel will ich sie hinausfegen.«

»Den bösen Geist willst du austreiben, doch dienst du ihm vielleicht selber«, fuhr Vater Paisij furchtlos fort, »und wer kann von sich sagen: Ich bin heilig? Etwa du, Vater?«

»Garstig bin ich und nicht heilig! Ich setze mich nicht in einen Lehnstuhl und erwarte nicht, daß man mich anbete wie einen Götzen!« polterte Vater Ferapont. »Heutzutage zerstören die Menschen den heiligen Glauben. Der Verstorbene, euer Heiliger da«, er wandte sich an die Menge und deutete mit dem Finger auf den Sarg, »hat die Teufel geleugnet. Abführmittel hat er gegen die Teufel gegeben. Darum haben sie sich bei euch vermehrt wie die Spinnen in den Winkeln. Und jetzt stinkt er selber. Darin erblicke ich einen deutlichen Wink Gottes.«

Tatsächlich war es zu Lebzeiten des Vater Sosima einmal vorgekommen, daß einem der Mönche vom Teufel geträumt und er ihn schließlich auch im Wachen zu sehen geglaubt hatte. Als er das in größter Angst dem Starez gestand, empfahl ihm dieser, ununterbrochen zu beten und aufs strengste zu fasten. Als jedoch auch das nichts nützte, riet er ihm, er solle, ohne das Fasten und Beten aufzugeben, eine Arznei einnehmen. Darüber hatten sich viele geärgert, und sie hatten mit Kopfschütteln untereinander darüber geredet, am meisten aber ärgerte sich damals Vater Ferapont, den einige Tadler sofort von dieser in einem solchen Sonderfall »ungewöhnlichen« Anordnung des Starez benachrichtigt hatten.

»Geh hinaus, Vater!« sagte Vater Paisij gebieterisch. »Nicht die Menschen richten, sondern Gott. Vielleicht haben wir hier ein Zeichen vor Augen, das weder ich noch du noch sonst jemand zu verstehen vermag. Geh hinaus, Vater, und bringe die Herde nicht in Verwirrung!« wiederholte er eindringlich.

»Er hat die Fasten nicht eingehalten, wie er es als Mönch, der die höchste Weihe empfangen hat, hätte tun müssen, deshalb ist uns dieses Zeichen gegeben worden. Das ist klar, und es zu verheimlichen ist Sünde!« schrie der in seinem einfältigen Glaubenseifer ganz außer Rand und Band geratene Fanatiker, dessen Aufregung sich nicht legte. »Durch Konfekt hat er sich verlocken lassen, die Damen brachten es ihm in ihren Taschen mit, an Tee hat er sich gütlich getan, seinem Bauch hat er gehuldigt, ihn mit Süßigkeiten angefüllt, seinen Geist aber mit hochmütigen Gedanken ... Darum hat er auch Schmach erleiden müssen ...«

»Leichtfertig sind deine Worte, Vater!« sagte, ebenfalls mit erhobener Stimme, Vater Paisij. »Ich bewundere dein Fasten und deine asketischen Leistungen, doch deine Worte sind leichtfertig, als hätte sie ein weltlicher Jüngling gesprochen, der wankelmütig und unreif ist. Geh also hinaus, Vater, ich befehle es dir«, schloß er mit Donnerstimme.

»Ich gehe schon!« sagte Vater Ferapont, etwas verwirrt, wie es schien, doch immer noch erbittert. »Gelehrte seid ihr! Vor lauter hohem Verstand erhebt ihr euch über meine Nichtigkeit. Ungebildet kam ich hierher, doch hier habe ich auch das vergessen, was ich gewußt hatte, Gott der Herr selber hat mich Geringen vor eurer hohen Weisheit bewahrt ...«

Vater Paisij stand vor ihm und wartete unentwegt. Vater Ferapont schwieg eine Weile, doch plötzlich ließ er den Kopf hängen, legte die rechte Hand an die Wange und sagte in singendem Ton, den Blick auf den Sarg des entschlafenen Starez gerichtet: »Morgen wird man über ihm den *Helfer und Beschützer* singen, den herrlichen Kanon, über mir aber, wenn ich krepiere, nur *Welche Lebenswonne*, den kleinen Lobgesang*.« Er sprach weinerlich und mit Wehmut. Plötzlich brüllte er wie von Sinnen: »Hochmütig und überheblich seid ihr geworden, öde ist dieser Ort!« Verächtlich fuhr er mit der Hand durch die Luft, drehte sich rasch um und ging eilig die Treppenstufen hinunter. In die Menge, die unten gewartet hatte, kam Bewegung; einige folgten ihm sofort, die anderen aber zögerten, denn die Tür der Zelle stand immer noch

* Wenn die Leiche eines gewöhnlichen Mönches oder eines Mönches strengster Regel aus der Zelle in die Kirche und nach der Totenmesse aus der Kirche auf den Friedhof getragen wird, singt man die Lobgesänge *Welche Lebenswonne*. War aber der Entschlafene ein Mönchspriester mit höchster Weihe, so singt man den Kanon *Helfer und Beschützer* (Anmerkung des Autors).

offen; Vater Paisij, der dem Vater Ferapont bis zu den Eingangsstufen nachgegangen war, stand beobachtend da. Doch der Alte, der jegliche Beherrschung verloren hatte, war noch nicht fertig; als er etwa zwanzig Schritt weit gegangen war, wandte er sich jäh der untergehenden Sonne zu, hob beide Arme empor und stürzte wie gefällt mit gewaltigem Geschrei zu Boden. »Mein Gott hat gesiegt! Christus hat über die untergehende Sonne gesiegt!« schrie er wie rasend, die Hände zur Sonne erhoben, dann warf er sich mit dem Gesicht auf die Erde und schluchzte laut wie ein kleines Kind, vom Weinen geschüttelt und die Arme am Boden ausgestreckt. Nun stürzten alle zu ihm, Ausrufe wurden laut, und manche schluchzten ... Eine Art von Ekstase hatte sich aller bemächtigt.

»Da sieht man, wer heilig ist! Da sieht man, wer ein Gerechter ist!« riefen einige ohne jede Scheu. »Der sollte Starez sein!« fügten andere erbost hinzu.

»Er wird kein Starez werden ... Das wird er ablehnen ... Er wird sich nicht in den Dienst dieser verfluchten Neuerung stellen, wird diese Albernheiten nicht mitmachen«, fielen ihnen sofort andere Stimmen ins Wort, und man kann sich nur schwer vorstellen, wohin es noch gekommen wäre, wenn nicht gerade in diesem Augenblick die Glocke erklungen wäre, die zum Gottesdienst rief. Alle bekreuzten sich sofort. Auch Vater Ferapont, der sich erhoben hatte, bekreuzte sich und ging, ohne sich umzusehen, auf seine Zelle zu, wobei er immer noch laute, nun aber ganz zusammenhangslose Worte ausstieß. Einige wenige folgten ihm, die Mehrzahl aber ging auseinander, um zum Gottesdienst zu eilen. Vater Paisij übertrug das Vorlesen dem Vater Iosif und ging hinunter. Das ekstatische Geschrei der Fanatiker hatte ihn nicht wanken machen können, doch sein Herz war auf einmal über irgend etwas betrübt und traurig, und das fühlte er. Er blieb stehen und fragte sich: Woher kommt diese meine Betrübnis, die an Mutlosigkeit grenzt? Und zu seiner Verwunderung erkannte er, daß diese plötzliche Betrübnis auf eine ganz geringfügige und eigenartige Ursache zurückzuführen war: es handelte sich darum, daß er in der Menge, die sich soeben am Eingang der Zelle gedrängt hatte, unter den übrigen Aufgeregten auch Aljoscha entdeckt hatte, und er erinnerte sich, daß er bei seinem Anblick sofort einen Schmerz im Herzen empfunden hatte. Bedeutet denn dieser Jüngling meinem Herzen jetzt wirklich soviel? fragte er sich erstaunt. Gerade in diesem Augenblick kam Aljoscha an ihm vorüber, als eilte er irgendwohin, doch ging er nicht auf die Kirche zu. Ihre Blicke begegneten sich. Aljoscha wandte rasch seine Augen ab und schlug sie nieder, und allein schon an dem Aussehen des Jünglings erkannte Vater Paisij, welch eine tiefgreifende Wandlung in diesem Augenblick in ihm vor sich ging.

»Hast auch du dich verführen lassen?« rief Vater Paisij. »Du hältst doch nicht etwa auch zu den Kleingläubigen?« fügte er betrübt hinzu.

Aljoscha blieb stehen und blickte Vater Paisij eigentümlich unbestimmt an, wandte aber wieder seine Augen rasch von ihm ab und senkte den Blick zu Boden. Er stand halb zur Seite gewendet und kehrte sein Gesicht dem Fragenden nicht zu. Vater Paisij beobachtete ihn aufmerksam.

»Wohin eilst du?« fragte er von neuem. »Es wird zum Gottesdienst geläutet.«

Doch Aljoscha antwortete wieder nicht.

»Oder willst du die Einsiedelei verlassen? Ohne um Erlaubnis zu bitten und ohne den Segen zu empfangen?«

Aljoscha lächelte plötzlich schief und warf einen sonderbaren, sehr sonderbaren Blick auf den fragenden Vater, dem sein ehemaliger Lehrer, der ehemalige Beherrscher seines Herzens und seines Geistes, sein geliebter Starez, ihn anvertraut hatte; und unvermittelt, immer noch ohne zu antworten, machte er eine wegwerfende Handbewegung, als kümmerte er sich nicht einmal mehr um die nötige Ehrerbietung, und ging mit eiligen Schritten zur Pforte und aus der Einsiedelei hinaus.

»Du wirst noch zurückkehren!« murmelte Vater Paisij vor sich hin und blickte ihm mit schmerzlicher Verwunderung nach.

2

Solch ein Augenblick

Vater Paisij hatte sich natürlich nicht getäuscht, als er sich sagte, daß sein »lieber Junge« wieder zurückkehren werde, und er hatte vielleicht sogar (freilich trotz seinem großen Scharfblick nicht vollständig) die eigentliche Ursache der seelischen Verfassung Aljoschas erkannt. Dennoch muß ich offen gestehen, daß es mir jetzt sehr schwerfallen würde, klar und genau darzulegen, welche Bedeutung dieser seltsame und dunkle Augenblick im Leben des von mir so heiß geliebten und noch so jungen Helden meiner Erzählung hatte. Auf die bekümmerte Frage des Vater Paisij, die er an Aljoscha gerichtet hatte: »Du hältst doch nicht etwa auch zu den Kleingläubigen?« hätte ich natürlich mit Bestimmtheit für Aljoscha antworten können: »Nein, er hält nicht zu den Kleingläubigen.« Ja mehr noch, hier lag sogar genau das Gegenteil vor: seine ganze Verwirrung kam gerade daher, weil er sehr gläubig war. Immerhin, eine Verwirrung war vorhanden, sie hatte ihn nun einmal ergriffen, und sie war so qualvoll, daß Aljoscha sogar noch lange danach diesen traurigen Tag für einen der schwersten und verhängnisvollsten seines Lebens hielt. Fragte man mich aber geradeheraus: »Hatten denn wirklich all dieser Kummer und all diese Unruhe in ihm nur deshalb entstehen können, weil die Leiche seines Starez, statt sofort Heilungen zu bewirken, im Gegenteil so schnell in Verwesung übergegangen war?« so würde ich unumwunden antworten: »Ja, so war es tatsächlich.« Nur möchte ich den Leser bitten, nicht voreilig über das reine Herz meines Jünglings zu lachen. Mir liegt es nicht nur fern, für ihn um Verzeihung zu bitten oder seinen einfältigen Glauben beispielsweise durch sein jugendliches Alter oder durch seine geringe Bildung und so weiter zu entschuldigen und zu rechtfertigen, sondern ich tue gerade das Entgegengesetzte und erkläre mit Bestimmtheit, daß ich vor der Natur seines Herzens aufrichtige Achtung empfinde. Gewiß, mancher andere Jüngling, der sein Herz fest in der Hand hält, nicht mehr heiß, sondern nur noch lau zu lieben weiß und einen wenn auch klaren, so doch für sein Alter allzu nüchternen (und daher billigen) Verstand hat – solch ein Jüngling, sage ich, wäre dem entgangen, was mit meinem Jüngling geschah. In manchen Fällen ist es aber wahrhaftig ehrenvoller, sich einer Leidenschaft hinzugeben, die zwar unvernünftig ist, jedoch großer Liebe entspringt, als das nicht zu tun, vor allem in der Jugend; denn ein stets allzu bedachtsamer Jüngling ist unverläßlich und nicht viel wert – das ist meine Meinung! »Aber«, werden vernünftige Leute am Ende ausrufen, »es kann doch nicht jeder Jüngling an ein solches Vorurteil glauben, und Ihr Jüngling ist nicht maßgebend für andere.« Darauf werde ich wiederum antworten: »Ja, mein Jüngling glaubte, er glaubte heilig und unerschütterlich, dennoch bitte ich für ihn nicht um Verzeihung.«

Sehen Sie: obwohl ich vorhin (vielleicht etwas voreilig) gesagt habe, daß ich mich auf keine Erörterungen einlassen, mich nicht entschuldigen und meinen Helden nicht rechtfertigen werde, so sehe ich doch, daß ich zum Verständnis meiner weiteren Erzählung einiges erläutern muß. Was ich sagen möchte, ist folgendes: Hier ging es nicht um Wunder; hier lag kein in seiner Ungeduld leichtfertiges Erwarten von Wundern vor; nicht für den Triumph irgendwelcher Überzeugungen brauchte Aljoscha damals Wunder, nicht für den möglichst baldigen Sieg einer vorgefaßten Idee über eine andere – o nein, ganz und gar nicht. Hier handelte es sich für ihn an erster Stelle nur um die Person, die Person seines geliebten Starez, die Person des Gerechten, den er bis zur Vergötterung verehrte. Das ist es ja gerade, daß die ganze Liebe zu »allen und allem«, die er in seinem jungen und reinen Herzen barg, damals und im vergangenen Jahr sich zeitweilig – vielleicht zu Unrecht – vornehmlich nur auf *ein* Wesen gerichtet hatte, auf seinen geliebten, jetzt entschlafenen Starez. Dieses Wesen hatte allerdings so lange als unumstößliches Ideal vor ihm gestanden, daß all seine jungen Kräfte und all sein Trachten sich ausschließlich diesem Ideal zuwenden mußten und er für Augenblicke sogar »alle und alles« vergaß. (Er erinnerte sich später, daß er an diesem schweren Tag seinen Bruder Dmitrij ganz vergessen hatte, um den er sich noch tags zuvor so gesorgt und gegrämt hatte; auch hatte er vergessen, Iljuschetschkas Vater die zweihundert Rubel zu überbringen, was er sich ebenfalls tags zuvor mit solchem Feuereifer vorgenommen hatte.) Doch wiederum: nicht um Wunder war es ihm zu tun, sondern nur um die »höhere Gerechtigkeit«, die seiner Meinung nach verletzt worden war, und das hatte sein Herz so grausam verwundet. Und was war denn dabei, daß diese »Gerechtigkeit« in Aljoschas Vorstellung durch den Gang der Ereignisse die Form von Wundern angenommen hatte, die unverzüglich von den sterblichen Überresten seines göttlich verehrten ehemaligen Lehrers zu erwarten wären? Das aber dachten und erwarteten ja alle im Kloster, sogar die, deren Verstand Aljoscha hochachtete, wie zum Beispiel Vater Paisij; und so hatte Aljoscha, ohne sich von irgendwelchen Zweifeln anfechten zu lassen, seine Hoffnungen in die gleiche Form gekleidet wie alle anderen. Er hatte sich das schon seit langem in seinem Herzen zurechtgelegt, während des ganzen Jahres, da er im Kloster lebte, und sein Herz hatte sich daran gewöhnt, solche Erwartungen zu hegen. Doch im Grunde lechzte er nach Gerechtigkeit, nach Gerechtigkeit und nicht nur nach Wundern! Und nun war der, welcher Aljoschas Hoffnungen nach über alle auf der Welt hätte erhöht werden müssen, plötzlich, statt den Ruhm zu ernten, der ihm gebührte, erniedrigt und beschimpft worden! Weswegen? Wer hatte gerichtet? Wer konnte so entscheiden? Das waren die Fragen, die sein unerfahrenes und reines Herz quälten. Er konnte es nicht ohne Kränkung, ja nicht ohne Erbitterung des Herzens ertragen, daß der Gerechteste unter den Gerechten einem solch höhnischen und gehässigen Spott einer leichtfertigen Menge preisgegeben war, die so tief unter ihm stand. Nun, mochten auch keine Wunder geschehen sein, mochte sich nichts Wunderbares offenbart und das Erwartete sich nicht unverzüglich bewahrheitet haben – doch warum diese Schmach und Schande, warum diese rasche Verwesung, »die der Natur zuvorgekommen ist«, wie die gehässigen Mönche sagten? Warum dieses »Zeichen«, als das sie zusammen mit Vater Ferapont jetzt, was geschehen war, mit solchem Triumph ansahen, und warum glaubten sie sogar ein Recht auf diese Ansicht zu haben? Wo blieb denn die Vorsehung und ihr Fingerzeig? Weshalb, so dachte Aljoscha, hat sie diesen Fingerzeig gerade »im notwendigsten Augenblick« unterlassen, als wollte sie sich den blinden, stummen, erbarmungslosen Naturgesetzen unterwerfen?

Das war es, warum Aljoscha das Herz blutete, und natürlich handelte es sich hier, wie schon gesagt, vor allem um die Person dessen, den er über alles in der Welt geliebt hatte und der jetzt mit Schande bedeckt und entehrt war! Mag dieses Murren meines Jünglings auch leichtfertig und unvernünftig gewesen sein, so wiederhole ich doch zum drittenmal (und ich gebe im voraus zu, daß auch das leichtfertig sein mag): ich bin froh, daß mein Jüngling in solch einem Augenblick nicht gar so vernünftig war; denn die Vernunft stellt sich bei jedem nicht gerade dummen Menschen noch rechtzeitig genug ein; doch wenn selbst in einem so außergewöhnlichen Augenblick im Herzen eines Jünglings keine Liebe ist, wann soll sie dann kommen? Bei dieser Gelegenheit will ich auch eine andere seltsame Erscheinung nicht verschweigen, die sich in diesem für Aljoscha verhängnisvollen und verwirrenden Augenblick, wenn auch nur für ganz kurze Zeit, in seinem Geiste zeigte. Dieses neue, blitzartig auftauchende *Etwas* bestand in einem bestimmten qualvollen Eindruck, den sein gestriges Gespräch mit Iwan in ihm hinterlassen hatte. Dieses Gespräch fiel ihm jetzt immer wieder ein. Gerade jetzt. Oh, nicht daß in seiner Seele die sozusagen elementaren Grundlagen seines Glaubens auch nur im geringsten erschüttert worden wären. Er liebte seinen Gott und glaubte unerschütterlich an Ihn, obwohl er beinahe gegen Ihn gemurrt hätte. Und doch, wenn er jetzt an sein gestriges Gespräch mit Iwan zurückdachte, regte sich jedesmal von neuem in seiner Seele ein undeutliches, aber quälendes und ungutes Gefühl und drängte immer mehr an die Oberfläche seines Bewußtseins.

Als es schon sehr zu dunkeln anfing, entdeckte Rakitin, der von der Einsiedelei her durch das Föhrenwäldchen auf das Kloster zuging, plötzlich Aljoscha: er lag unter einem Baum, das Gesicht zur Erde gekehrt und regungslos, als schliefe er. Rakitin trat zu ihm hin und sprach ihn an: »Du bist hier, Alexej? Ja ist es denn ...« sagte er verwundert, hielt aber mitten im Satz inne. Er hatte sagen wollen: Ist es denn mit dir schon *so weit gekommen*?

Aljoscha blickte ihn nicht an, doch aus einer Bewegung erriet Rakitin sofort, daß er ihn gehört und verstanden hatte.

»Ja, was ist denn mit dir?« fragte er weiter, immer noch verwundert, doch der Ausdruck der Verwunderung in seinem Gesicht ging bereits in ein Lächeln über, das immer spöttischer wurde. »Höre, ich suche dich schon seit über zwei Stunden. Du warst plötzlich von dort verschwunden. Was machst du nur hier? Was sind das für Dummheiten? Sieh mich doch wenigstens an ...«

Aljoscha hob den Kopf, setzte sich auf und lehnte sich mit dem Rücken an den Baum. Er weinte nicht, doch in seinem Gesicht drückte sich Leid aus, und aus seinem Blick sprach Erregung. Er sah übrigens nicht Rakitin an, sondern blickte irgendwohin zur Seite.

»Weißt du, dein Gesicht ist völlig verändert. Von deiner früheren rühmlich bekannten Sanftmut ist nichts mehr übriggeblieben. Hast du dich etwa über jemanden geärgert? Hat man dich gekränkt?«

»Laß mich in Frieden!« sagte Aljoscha plötzlich. Er sah ihn nach wie vor nicht an und winkte müde mit der Hand ab.

»Oho, so steht es also mit uns! Genau wie die übrigen Sterblichen schreien wir schon die Leute an. Und das tut einer, der zu den Engeln zählt! Na, Aljoschka, du hast mich in Erstaunen gesetzt, weißt du das, ich sage es ganz aufrichtig.

Schon seit langem wundere ich mich hier über nichts mehr. Ich habe dich immer für einen gebildeten Menschen gehalten...«

Aljoscha sah ihn endlich an, doch so eigentümlich zerstreut, als verstünde er ihn immer noch nicht recht.

»Ja bist du denn wirklich nur deshalb so, weil dein Alter jetzt stinkt? Hast du denn im Ernst geglaubt, daß er Wunder wirken werde?« rief Rakitin, wiederum aufrichtig erstaunt.

»Ich habe es geglaubt, glaube es, will und werde es glauben, was willst du noch?« schrie Aljoscha gereizt.

»Ganz und gar nichts, mein Lieber. Pfui Teufel, daran glaubt ja jetzt nicht einmal mehr ein dreizehnjähriger Schuljunge. Übrigens, zum Teufel . . . Du hast dich also jetzt über deinen Gott erzürnt, hast dich aufgelehnt: man hat uns bei der Rangerhöhung übergangen, sagst du dir, uns zum Festtag keinen Orden verliehen? Ach, ihr!«

Aljoscha sah Rakitin lange mit zusammengekniffenen Augen an, und es blitzte in ihnen plötzlich etwas auf . . . doch es war nicht Zorn auf Rakitin.

»Ich lehne mich nicht gegen meinen Gott auf, ich ‚nehme nur Seine Welt nicht an'«, sagte Aljoscha mit einem schiefen Lächeln.

»Wieso nimmst du die Welt nicht an?« fragte Rakitin, nachdem er über Aljoschas Antwort kurz nachgedacht hatte. »Was ist das wieder für ein Unsinn?«

Aljoscha antwortete nicht.

»Na, genug von diesen Lappalien, jetzt zur Sache: hast du heute schon etwas gegessen?«

»Ich weiß nicht . . . ich glaube, ja.«

»Nach deinem Gesicht zu urteilen, mußt du dich stärken. Es packt einen ja das Mitleid, wenn man dich ansieht. Du hast ja auch die Nacht nicht geschlafen, ich hörte, ihr habt dort eine Sitzung gehabt. Und dann dieses ganze Durcheinander . . . Du hast wahrscheinlich alles in allem nur ein Stückchen Hostie gekaut. Ich habe ein Ende Wurst in der Tasche, das habe ich vorhin für alle Fälle aus der Stadt mitgenommen, auf dem Wege hierher. Aber Wurst wirst du ja nicht . . .«

»Gib sie nur her.«

»Oho! So steht es demnach mit dir! Also schon richtiger Aufruhr, Barrikaden! Na, Bruderherz, das ist nicht zu verachten. Gehen wir zu mir . . . Ich würde jetzt selber gern ein Schnäpschen trinken, bin todmüde. Aber Schnaps zu trinken wirst du dich wohl nicht entschließen . . . oder doch?«

»Gib mir auch Schnaps.«

»Ei, ei! Wie seltsam, Bruderherz!« Rakitin blickte ihn befremdet an. »Na, so oder so, Schnaps oder Wurst, es ist was Gutes, und man darf es sich nicht entwischen lassen. Gehen wir!«

Aljoscha erhob sich ohne ein Wort von der Erde und folgte Rakitin.

»Wenn dein Bruder Wanitschka das sähe, wie würde der sich wundern! Nebenbei gesagt, dein Brüderchen Iwan Fjodorowitsch ist heute früh nach Moskau abgedampft, weißt du das?«

»Ich weiß es«, sagte Aljoscha gleichgültig. Und plötzlich stand ihm das Bild seines Bruders Dmitrij vor Augen, aber nur für einen Augenblick; es gemahnte ihn zwar an etwas, an eine eilige Sache, die keine Minute Aufschub duldete, an eine furchtbare Pflicht und Schuldigkeit, aber diese Mahnung machte auf ihn gar keinen Eindruck, sie drang nicht bis in sein Herz und entschwand noch im selben Augenblick wieder aus seinem Gedächtnis. Doch später erinnerte sich Aljoscha daran.

»Dein Brüderchen Wanitschka hat einmal von mir gesagt, ich sei ‚ein talentloser liberaler Sack'. Auch du hast einmal nicht an dich halten können und mir zu verstehen gegeben, ich sei ‚ehrlos' ... Wenn schon! Ich will erst mal sehen, wie es mit eurer Begabung und Ehrenhaftigkeit steht.« Den letzten Satz hatte Rakitin leise vor sich hingemurmelt. »Pfui, hör mal«, sagte er wieder laut, »laß uns um das Kloster einen Bogen machen und auf dem Fußpfad geradewegs in die Stadt gehen ... Hm! Ich muß, nebenbei gesagt, auf einen Sprung zu der Chochlakowa. Stell dir vor: ich habe ihr von allem, was vorgefallen ist, geschrieben, und sie hat mir sofort in einem Briefchen geantwortet, mit Bleistift – diese Dame schreibt schrecklich gern Briefchen –, daß sie von einem so ehrwürdigen Starez wie Vater Sosima nie *ein solches Verhalten* erwartet hätte! Sie hat wörtlich ‚ein solches Verhalten' geschrieben! Auch sie ist ja über ihn empört. Ach, ihr alle! Halt!« rief er wieder, blieb plötzlich stehen und hielt Aljoscha an der Schulter zurück. »Weißt du, Aljoschka«, sagte er und blickte ihm forschend in die Augen, ganz unter dem Eindruck eines Einfalls, der ihm überraschend gekommen war. Und obwohl er sich zu einem Lächeln zwang, scheute er sich offensichtlich, diesen neuen Gedanken auszusprechen, so wenig konnte er noch an die seltsame und für ihn ganz unerwartete Stimmung glauben, in der er Aljoscha jetzt sah. »Aljoschka, weißt du, wohin wir jetzt am besten gehen sollten?« sagte er schließlich schüchtern und einschmeichelnd.

»Mir ist es gleich . . . Wohin du willst.«

»Gehen wir zu Gruschenka, wie? Kommst du mit?« sagte Rakitin und zitterte am ganzen Körper vor banger Erwartung.

»Gehen wir zu Gruschenka«, wiederholte Aljoscha sofort gleichmütig, und dieses schnelle und ruhige Einverständnis kam für Rakitin so unerwartet, das er beinahe zurückgeprallt wäre.

»Nanu! . . . Sieh mal an!« rief er verwundert, hakte sich aber sogleich fest bei Aljoscha ein und zog ihn rasch auf dem Fußpfad mit sich fort, da er sehr befürchtete, Aljoscha könnte seinen Entschluß noch ändern. Sie gingen schweigend, denn Rakitin scheute sich sogar, ein Gespräch zu beginnen. »Und wie sie sich freuen wird . . .« murmelte er nur vor sich hin, verstummte aber sofort wieder.

Doch nicht um Gruschenka eine Freude zu bereiten, führte er Aljoscha zu ihr. Er war ein berechnender Mensch und unternahm niemals etwas, wenn er sich nicht einen Vorteil davon versprach. Jetzt verfolgte er einen doppelten Zweck: erstens, sich zu rächen, das heißt, »die Schande des Gerechten« und Aljoschas vermutlichen »Fall vom Heiligen zum Sünder« zu sehen, woran er sich schon im voraus ergötzte; und zweitens hatte er ein für ihn sehr lohnendes materielles Ziel im Auge, von dem noch die Rede sein wird.

Also hat sich doch solch ein Augenblick ergeben, dachte er schadenfroh, fassen wir ihn nur am Schopfe, diesen Augenblick, denn er kommt uns sehr gelegen.

3

Das Zwiebelchen

Gruschenka wohnte in der belebtesten Gegend der Stadt, in der Nähe des Kirchplatzes, im Hause der Kaufmannswitwe Morosowa, bei der sie einen kleinen Anbau aus Holz im Hof gemietet hatte. Das Haus der Morosowa war ein großer zweistöckiger Bau aus Stein, alt und sehr unansehnlich; in ihm wohnte in völliger Zurückgezogenheit die Hausbesitzerin selber, eine alte Frau, mit ihren zwei unverheirateten Nichten, die ebenfalls schon bejahrt waren. Sie hatte es nicht nötig, den

Anbau im Hof zu vermieten, und es war allgemein bekannt, daß sie nur aus Gefälligkeit gegen den Kaufmann Samsonow, ihren Verwandten und Gruschenkas erklärten Gönner, vor vier Jahren Gruschenka als Mieterin aufgenommen hatte. Man erzählte sich, daß der eifersüchtige Alte, als er seine »Favoritin« bei der Morosowa unterbrachte, ursprünglich auf das wachsame Auge der alten Frau gerechnet hatte, die auf den Lebenswandel der neuen Mieterin aufpassen sollte. Doch das wachsame Auge war sehr bald nicht mehr nötig, und es endete damit, daß die Morosowa nur noch selten der Gruschenka begegnete und sie schließlich nicht mehr mit ihrer Aufsicht belästigte. Allerdings waren schon vier Jahre vergangen, seit der Alte das schüchterne, magere, nachdenkliche und schwermütige achtzehnjährige Mädchen aus der Gouvernementsstadt in dieses Haus gebracht hatte, und seitdem hatte sich vieles geändert. Über die Lebensgeschichte dieses jungen Mädchens wußte man übrigens in unserer Stadt nur wenig und ungenau Bescheid; auch in der letzten Zeit hatte man nichts Näheres erfahren, obwohl sich sehr viele für die bildschöne Person interessierten, in die Agrafena Alexandrowna sich während der vier Jahre verwandelt hatte. Es ging nur das Gerücht, sie sei als siebzehnjähriges Mädchen von jemandem, angeblich einem Offizier, verführt und gleich danach im Stich gelassen worden. Der Offizier sei weggefahren und habe dann irgendwo geheiratet, während Gruschenka in Schande und Armut zurückgeblieben sei. Es hieß übrigens, daß Gruschenka, wenn der Alte sie auch in Armut vorgefunden habe, aus einer ehrbaren Familie geistlichen Standes stamme. Sie sei die Tochter eines außeretatmäßigen Diakons oder etwas der Art. Und nun war in vier Jahren aus der empfindsamen, beleidigten und erbarmungswürdigen Waise eine rotwangige, üppige russische Schönheit geworden, eine Frau von kühnem und entschlossenem Charakter, eine stolze und unverfrorene, in Geldsachen sehr bewanderte, erwerbstüchtige, geizige und vorsichtige Person, von der man sagte, sie habe es bereits, rechtmäßig oder unrechtmäßig, fertiggebracht, ein kleines Vermögen zusammenzuscharren. Nur eines wußten alle bestimmt: daß Gruschenka sehr unnahbar war und daß in den ganzen vier Jahren niemand außer dem Alten, ihrem Gönner, sich ihrer Gunst hatte rühmen können. Das stand fest, denn um diese Gunst hatten sich viele beworben, besonders in den letzten zwei Jahren. Doch alle Versuche waren vergeblich gewesen, und einige von den Bewerbern hatten sich gezwungen gesehen, wegen des festen und spöttischen Widerstands der charaktervollen jungen Person einen lächerlichen und schimpflichen Rückzug anzutreten. Man wußte ferner, daß diese junge Person sich besonders im letzten Jahr auf das eingelassen hatte, was man »Geschäfte« nennt, und darin außerordentliche Fähigkeiten bewiesen hatte, so daß viele sie schließlich eine wahre Jüdin nannten. Nicht etwa daß sie Geld auf Zinsen verliehen hätte, sondern sie hatte sich eine Zeitlang damit abgegeben, gemeinsam mit Fjodor Pawlowitsch Karamasow Wechsel zu Spottpreisen, um ein Zehntel ihres Wertes, aufzukaufen und dann beim Verkauf mancher Wechsel das Zehnfache zu verdienen. Der kranke Samsonow, dessen Beine im letzten Jahr so angeschwollen waren, daß er nicht mehr gehen konnte, war Witwer und tyrannisierte seine erwachsenen Söhne; er besaß einige hunderttausend Rubel Vermögen und war ein knausriger und unerbittlicher Mensch; dennoch geriet er stark unter den Einfluß seines Schützlings, den er anfangs sehr knapp gehalten oder, wie die Spötter sich ausdrückten, »auf Fastenöl gesetzt« hatte. Gruschenka hatte es aber verstanden, sich von ihm unabhängig zu machen und ihm trotzdem ein grenzenloses Vertrauen auf ihre Treue einzuflößen. Dieser Alte, ein großer Geschäftemacher (jetzt ist er längst tot), war ebenfalls ein bemerkenswerter Charakter. Vor allem war er geizig und hart wie Feuerstein, und obwohl Gruschenka ihn so bezaubert hatte, daß er ohne sie nicht leben konnte (wenigstens in den letzten zwei Jahren war es so gewesen), hatte er ihr dennoch kein größeres Kapital überschrieben; und selbst wenn sie ihm gedroht hätte, ihn ganz zu verlassen, wäre er unerbittlich geblieben. Doch hatte er ihr immerhin ein kleines Kapital zur Verfügung gestellt. Als das bekannt wurde, wunderten sich alle darüber. »Du bist ein findiges Weib«, hatte er zu ihr gesagt, als er ihr etwa achttausend Rubel gab, »tu damit, was du willst, aber laß dir gesagt sein, außer deinem jährlichen Unterhalt wie bisher wirst du bis zu meinem Tode nichts mehr von mir bekommen; auch in meinem Testament werde ich dich nicht bedenken.« Und er hielt Wort: als er starb, hinterließ er alles seinen Söhnen, die er samt ihren Frauen und Kindern sein ganzes Leben lang wie Dienstboten behandelt hatte, Gruschenka aber hatte er in seinem Testament nicht einmal erwähnt. Das alles wurde freilich erst später bekannt. Mit Ratschlägen jedoch, was sie mit »ihrem eigenen Kapital« machen solle, stand er Gruschenka nicht selten bei und wies sie auf »lohnende Geschäfte« hin. Als Fjodor Pawlowitsch Karamasow, der ursprünglich nur wegen eines gelegentlichen »Geschäfts« mit Gruschenka in Verbindung getreten war sich schließlich ganz unerwarteterweise bis über die Ohren in sie verliebte und ihretwegen fast den Verstand verlor, machte sich der alte Samsonow, der damals schon im Sterben lag, sehr darüber lustig. Es ist bemerkenswert, daß Gruschenka dem Alten gegenüber, solange ihre Bekanntschaft dauerte, völlig und sogar von Herzen aufrichtig war, und zwar, wie es scheint, auf der ganzen Welt nur ihm gegenüber. In der allerletzten Zeit, als plötzlich auch Dmitrij Fjodorowitsch mit seiner Liebe auftauchte, lachte der Alte nicht mehr. Im Gegenteil, er riet Gruschenka einmal ernst und streng: »Wenn du schon die Wahl hast zwischen beiden, dem Vater und dem Sohn, so wähle den Alten, jedoch nur unter der Bedingung, daß der alte Schuft dich bestimmt heiratet und dir vorher wenigstens einiges Vermögen überschreibt. Mit dem Hauptmann aber laß dich nicht ein, dabei springt nichts heraus.« Als der alte Lüstling ihr diesen Rat erteilte, ahnte er schon seinen baldigen Tod voraus, und er starb auch wirklich fünf Monate später. Ich möchte noch flüchtig erwähnen, daß in unserer Stadt damals viele von der unsinnigen und häßlichen Nebenbuhlerschaft zwischen Vater und Sohn Karamasow wußten, deren Gegenstand Gruschenka war, daß aber dazumal nur wenige die wahren Hintergründe ihrer Beziehungen zu beiden kannten. Sogar die beiden Dienstboten Gruschenkas sagten später (nach der Katastrophe, von der noch die Rede sein wird) vor Gericht aus, Agrafena Alexandrowna habe Dmitrij Fjodorowitsch nur aus Furcht bei sich empfangen, weil er gedroht habe, sie sonst umzubringen. Sie hatte zwei Dienstboten: eine sehr alte, kranke und fast taube Köchin, die noch aus ihrem Elternhause stammte, und als Stubenmädchen deren Enkelin, eine junge, flinke Person von zwanzig Jahren. Gruschenka lebte sehr sparsam und in einer höchst dürftig eingerichteten Wohnung. Sie hatte im Nebengebäude nur drei Zimmer, die von der Hauswirtin mit alten Mahagonimöbeln im Stil der zwanziger Jahre ausgestattet worden waren.

Als Rakitin und Aljoscha bei ihr eintraten, war es schon ganz dämmerig, doch die Zimmer waren noch nicht erleuchtet. Gruschenka lag in ihrem Empfangszimmer auf einem großen, plumpen und harten Sofa mit Mahagonilehne und schon längst abgenutztem und löcherigem Lederbezug. Unter dem Kopf hatte sie zwei weiße Daunenkissen aus ihrem Bett. Sie lag auf dem Rücken, regungslos ausgestreckt, beide Hände unter dem Kopf. Sie hatte sorgfältig Toilette gemacht, als erwartete sie jemanden, hatte ein schwarzes Kleid an und ein leichtes Spitzenhäubchen auf dem Kopf, das ihr sehr gut stand; um die Schultern hatte sie einen Spitzenschal gelegt, der vorn von einer massiven Goldbrosche zusammengehalten wurde. Ja, sie erwartete offenkundig jemanden; wie in Sehnsucht und Ungeduld lag sie da, mit etwas blassem Gesicht, heißen Lippen und glühenden Augen, und klopfte mit der rechten Fußspitze ungeduldig gegen die Armlehne des Sofas. Kaum waren Rakitin und Aljoscha erschienen, entstand ein kleiner Tumult: sie hörten schon im Vorzimmer, wie Gruschenka rasch vom Sofa aufsprang und in jähem Schreck rief: »Wer ist dort?« Doch das Dienstmädchen, das die Gäste empfing, rief sofort ihrer Herrin zu: »Er ist es nicht, es sind andere!«

»Was hat sie wohl?« murmelte Rakitin, der Aljoscha am Arm ins Empfangszimmer führte.

Gruschenka stand am Sofa und schien sich von ihrem Schreck immer noch nicht erholt zu haben. Eine dichte Strähne ihres dunkelblonden Zopfes löste sich unter dem Häubchen und fiel auf ihre rechte Schulter, doch sie merkte es nicht und steckte sie erst auf, als sie die Gäste im Halbdunkel erkannt hatte.

»Ach, bist du es, Rakitka? Du hast mir einen Schrecken eingejagt! Mit wem kommst du denn da? Wer ist das? Herrgott, wen du da mitgebracht hast!« rief sie, als sie Aljoscha erkannt hatte.

»Laß doch Kerzen bringen!« sagte Rakitin mit ungezwungener Miene, als wäre er ein guter Bekannter und Freund, der sogar das Recht habe, im Hause Anordnungen zu treffen.

»Kerzen . . . natürlich, Kerzen . . . Fenja, bring ihm eine Kerze . . . Na, mußtest du ihn ausgerechnet jetzt herbringen!« rief sie wieder und deutete mit dem Kopf auf Aljoscha. Dann wandte sie sich dem Spiegel zu und schob mit beiden Händen ihren Zopf unter das Häubchen. Sie schien ungehalten zu sein.

»Habe ich es dir nicht recht gemacht?« fragte Rakitin sofort fast beleidigt.

»Erschreckt hast du mich, Rakitka, das ist es.« Gruschenka kehrte sich mit einem Lächeln Aljoscha zu. »Hab keine Angst vor mir, Aljoscha, mein Liebling, ich freue mich schrecklich über dich, du mein unerwarteter Gast. Du aber, Rakitka, hast mich erschreckt: ich dachte schon, Mitja wolle bei mir eindringen. Siehst du, ich habe ihn vorhin an der Nase herumgeführt, mir von ihm ehrenwörtlich versprechen lassen, daß er mir glauben werde, und habe ihn dann belogen. Ich sagte ihm, ich ginge für den ganzen Abend zu Kusma, meinem Alten, und würde mit ihm bis in die Nacht hinein Geld zählen. Ich gehe ja jede Woche einen ganzen Abend zu ihm, um ihm bei der Abrechnung zu helfen. Wir schließen uns ein: er klappert mit dem Rechenbrett, und ich sitze da und mache die Eintragungen in die Bücher – nur mir vertraut er. Mitja hat es mir auch geglaubt, daß ich dort sein werde, doch ich habe mich nun zu Hause eingeschlossen, sitze hier und warte auf eine Nachricht. Wieso hat Fenja euch hereingelassen? Fenja, Fenja! Lauf zum Tor, öffne es und sieh nach, ob da nicht irgendwo der Hauptmann ist. Vielleicht hat er sich versteckt und lauert. Ich habe eine schreckliche Angst!«

»Dort ist niemand, Agrafena Alexandrowna, ich habe eben erst nachgesehen; ich gehe alle Augenblicke ans Tor und schaue durch den Spalt hinaus, ich zittere ja selbst vor Angst.«

»Sind die Fensterläden geschlossen, Fenja? Auch die Vorhänge sollte man herunterlassen – so!« Sie ließ selber die schweren Vorhänge herunter. »Sonst lockt ihn noch das Licht her. Dein Bruder Mitja ist es, Aljoscha, vor dem ich heute Angst habe.« Gruschenka sprach laut und trotz ihrer Besorgnis fast wie entzückt.

»Warum hast du heute eine solche Angst vor Mitjenka?« erkundigte sich Rakitin. »Du scheinst doch ihm gegenüber sonst nicht ängstlich zu sein, er tanzt ja nach deiner Pfeife.«

»Ich sage dir doch, ich warte auf eine Nachricht, eine goldene kleine Nachricht, und kann darum Mitjenka jetzt gar nicht brauchen. Er hat mir nicht geglaubt, daß ich zu Kusma Kusmitsch gehe, das fühle ich. Wahrscheinlich sitzt er jetzt in dem Garten hinter dem Haus von Fjodor Pawlowitsch und lauert auf mich. Aber wenn er dort auf der Lauer liegt, ist es um so besser, dann kommt er wenigstens nicht her. Ich war ja wirklich auf einen Sprung zu Kusma Kusmitsch gegangen, Mitja hat mich hinbegleitet; ich sagte ihm, ich bliebe bis Mitternacht dort, und er solle unbedingt um Mitternacht kommen, um mich nach Hause zu begleiten. Er ging weg, ich aber blieb nur zehn Minuten bei dem Alten und kehrte dann wieder hierher zurück. Hu, wie ich mich gefürchtet habe und wie ich gerannt bin, um ihm nicht zu begegnen!«

»Und für wen hast du dich so fein gemacht? Sieh mal an was für ein hübsches Häubchen du aufhast!«

»Wie neugierig du bist, Rakitin! Ich sagte dir ja schon, ich warte auf eine Nachricht. Kommt sie, springe ich auf und eile davon, ehe ihr euch dessen verseht. Deswegen habe ich mich auch fein gemacht: um bereit zu sein.«

»Und wohin willst du eilen?«

»Wer zuviel wissen will, wird rasch alt.«

»Schau, schau! Du strahlst ja vor Freude ... So habe ich dich noch nie gesehen. Du hast dich herausgeputzt, als wolltest du auf einen Ball gehen.« Rakitin musterte sie von Kopf bis Fuß.

»Was verstehst du schon von Bällen!«

»Und du?«

»Ich habe schon einen Ball gesehen. Vor zwei Jahren hat Kusma Kusmitsch seinen Sohn verheiratet, da habe ich von der Empore aus zugeschaut. Aber soll ich mich etwa mit dir unterhalten, Rakitka, wenn hier solch ein Fürst steht? Welch ein Gast! Lieber Aljoscha, ich sehe dich an und kann es nicht glauben. Herrgott, wie ist es nur möglich, daß du bei mir erschienen bist! Offengesagt, ich hätte es früher nie erwartet und nie daran geglaubt, daß du mich aufsuchen könntest. Wenn es mir jetzt auch nicht ganz paßt, so freue ich mich doch schrecklich! Setz dich aufs Sofa, hierher, so, du meine Freude. Wirklich, ich kann es immer noch nicht fassen ... Ach, Rakitka, wenn du ihn doch gestern oder vorgestern hergebracht hättest! ... Na, auch so freut es mich. Vielleicht ist es auch besser, daß er jetzt, gerade in diesem Augenblick, und nicht vorgestern gekommen ist ...«

Sie setzte sich flink neben Aljoscha aufs Sofa und sah ihn geradezu entzückt an. Und sie freute sich wirklich, sie hatte nicht gelogen, als sie das sagte. Ihre Augen blitzten, ihre Lippen lächelten, doch das Lächeln war gutherzig und fröhlich. Aljoscha hätte ihr einen solch gutherzigen Gesichtsausdruck gar nicht zugetraut ... Er hatte sie bis zum gestrigen Tag nur selten gesehen und sich von ihr eine abschreckende Vorstellung gemacht. Ihr gestriger boshafter und heimtückischer Ausfall gegen Katerina Iwanowna hatte ihn tief erschüttert, und so war er jetzt sehr erstaunt, sie ganz unerwartet als ein völlig anderes Wesen zu erblicken. Und wie sehr er auch von seinem eigenen Kummer niedergedrückt war, so hefteten sich seine Augen doch unwillkürlich voller Aufmerksamkeit auf sie. Auch ihre Manieren schienen sich seit gestern sehr gebessert zu haben: wie weggewischt waren die gestrige Süßlichkeit der Aussprache, die verzärtelten und gezierten Bewegungen ... Alles an ihr war einfach und treuherzig, ihre Bewegungen waren rasch, aufrichtig und zutraulich, nur war sie sehr erregt.

»Herrgott, was für Dinge heute in einem fort geschehen, wirklich«, plapperte sie wieder. »Und warum ich mich über dich so freue, Aljoscha, weiß ich selber nicht. Du kannst mich ruhig fragen, ich weiß es nicht.«

»Du und nicht wissen, warum du dich freust?« sagte Rakitin mit einem hämischen Lächeln. »Früher hast du mich doch in einem fort, weiß der Himmel warum, mit der Bitte bestürmt: ‚Bring ihn her, bring ihn her!' Du hattest doch irgendeine Absicht dabei!«

»Freilich hatte ich eine Absicht dabei, aber damit ist es jetzt vorbei, es ist nicht der rechte Augenblick dafür. Bewirten will ich euch, da hast du's. Ich bin jetzt sanfter geworden, Rakitka. So setz dich doch auch, Rakitka, warum stehst du? Oder hast du dich schon gesetzt? Nicht wahr, Rakituschka wird schon seinen Vorteil zu wahren wissen? Da sitzt er uns nun gegenüber, Aljoscha, und ist beleidigt, weil ich ihn nicht zuerst aufgefordert habe, Platz zu nehmen. Ach, empfindlich ist mein Rakitka, sehr empfindlich!« Gruschenka lachte. »Ärgere dich nicht, Rakitka, heute bin ich gut. Warum sitzt du denn so traurig da, Aljoschetschka, oder hast du etwa Angst vor mir?« fragte sie und blickte ihm mit heiterem Spott in die Augen.

»Er hat Kummer. Es hat keine Rangerhöhung gegeben«, sagte Rakitin in tiefem Baß.

»Was für eine Rangerhöhung?«

»Sein Starez riecht.«

»Wieso riecht er? Du redest Unsinn, willst irgendeine Unflätigkeit damit sagen. Schweig still, Dummkopf! Aljoscha, darf ich mich für ein Weilchen auf deinen Schoß setzen? Siehst du, so!« Und sie sprang blitzschnell auf und war wie ein Schmeichelkätzchen mit einem Satz auf seinem Schoß, lachte und schlang zärtlich den rechten Arm um seinen Hals. »Ich werde dich schon aufheitern, mein frommer Knabe! Nein, wahrhaftig, erlaubst du mir wirklich, ein Weilchen auf deinem Schoß zu sitzen, wirst du es mir nicht übelnehmen? Wenn du es befiehlst, springe ich wieder herunter.«

Aljoscha schwieg. Er saß da und wagte nicht, sich zu rühren;

er hörte wohl ihre Worte: »Wenn du es befiehlst, springe ich wieder herunter«, doch er antwortete nicht und war wie erstarrt. In ihm ging aber keineswegs das vor, was beispielsweise Rakitin, der ihn von seinem Platz aus lüstern beobachtete, etwa erwarten und sich einbilden mochte. Der große Kummer seiner Seele verschlang alle Empfindungen, die in seinem Herzen hätten aufkeimen können, und wenn er in diesem Augenblick imstande gewesen wäre, sich volle Rechenschaft zu geben, so wäre er darauf gekommen, daß er jetzt gegen jegliche Verlockung und Versuchung gesichert und gewappnet war. Doch trotz seinem verworrenen Seelenzustand und trotz dem Kummer, der auf ihm lastete, wunderte er sich unwillkürlich über eine neue und seltsame Empfindung, die in seinem Herzen auftauchte: dieses Weib, dieses »unheimliche« Weib flößte ihm jetzt nicht mehr den früheren Schrecken ein, den Schrecken, der ihn bisher bei jedem Gedanken an eine Frau erfaßt hatte – wenn überhaupt je ein solcher Gedanke in seiner Seele aufgeblitzt war –, sondern dieses Weib, das er mehr als jedes andere gefürchtet hatte und das jetzt auf seinem Schoß saß und ihn umarmt hielt, erweckte in ihm im Gegenteil ein ganz anderes, unerwartetes und eigenartiges Gefühl, das Gefühl einer ungewöhnlichen, sehr starken und freimütigen Neugierde, einer Neugierde ohne jegliche Furcht, ohne eine Spur des bisherigen Schreckens. Das war es, was ihn vor allem wunderte.

»Hör auf, Unsinn zu schwatzen!« rief Rakitin. »Laß lieber Champagner reichen, du bist ihn mir schuldig, das weißt du selber.«

»Den bin ich dir wirklich schuldig. Ich habe ihm doch außer allem anderen auch noch Champagner versprochen, Aljoscha, wenn er dich zu mir brächte. Her mit dem Champagner, ich trinke mit! Fenja, bring uns Champagner, die Flasche, die Mitja hiergelassen hat, schnell! Wenn ich auch geizig bin, eine Flasche spendiere ich doch, aber nicht dir, Rakitka, du bist nur ein Wurm, er aber ist ein Fürst! Und wenn auch meine Seele jetzt mit etwas ganz anderem beschäftigt ist, einerlei, ich werde mit euch trinken; auch ich möchte einmal prassen.«

»Um was für einen Augenblick handelt es sich denn und was für eine ‚Nachricht' erwartest du eigentlich, wenn man fragen darf, oder ist das ein Geheimnis?« forschte Rakitin neugierig weiter, wobei er sich, so gut er es vermochte, den Anschein gab, als beachte er gar nicht die Rüffel, die ihm ununterbrochen erteilt wurden.

»Ach, das ist kein Geheimnis, du weißt es doch schon«, sagte Gruschenka bekümmert. Sie hatte den Kopf zu Rakitin umgedreht und sich ein wenig von Aljoscha abgewandt, blieb aber auf seinem Schoß sitzen und behielt den Arm um seinen Hals geschlungen. »Der Offizier kommt, Rakitin, mein Offizier kommt!«

»Ich weiß, daß er kommt, aber ist er denn schon da?«

»Er ist jetzt in Mokroje, von dort wird er einen reitenden Boten herschicken, wie er mir schreibt; vorhin habe ich den Brief erhalten. Nun sitze ich hier und warte auf den Boten.«

»Sieh mal an! Warum denn in Mokroje?«

»Das zu erzählen wäre zu weitläufig, du weißt schon genug.«

»Aha, darum ist Mitjenka jetzt so aus dem Häuschen! Weiß er es schon oder noch nicht?«

»Was soll der wissen? Gar nichts weiß er! Wenn er davon Wind bekäme, brächte er mich um. Doch das fürchte ich jetzt gar nicht, sein Messer fürchte ich jetzt nicht. Schweig still, Rakitka, erinnere mich nicht an Dmitrij Fjodorowitsch: er hat mir das Herz gebrochen. An all das möchte ich in diesem Augenblick nicht denken. An Aljoschetschka will ich denken, Aljoschetschka will ich ansehen ... So lache doch über mich, Liebling, erheitere dich, lache über meine Dummheit, lache über meine Freude ... Er hat gelächelt, er hat gelächelt! Wie freundlich er dreinschaut. Weißt du, Aljoscha, ich habe immerzu gedacht, du seist mir böse wegen vorgestern, wegen des Fräuleins. Eine Bestie war ich ... Aber es ist doch gut, daß es so gekommen ist. Es war schlecht und gut.« Gruschenka lächelte auf einmal nachdenklich, und ein eigentümlich grausamer Zug zeigte sich für einen Augenblick in ihrem Lächeln. »Mitja sagte, daß sie geschrien habe: ‚Auspeitschen sollte man sie!' Ich hatte sie gar zu sehr beleidigt. Sie hatte mich zu sich gebeten, wollte mich bezwingen, mich mit ihrer Schokolade verlocken ... Nein, es ist gut, daß es so gekommen ist.« Sie lächelte wieder. »Aber ich fürchte immer noch, daß du mir böse bist ...«

»Das stimmt«, flocht Rakitin ernstlich verwundert ein. »Sie hat wirklich Angst vor dir, Aljoscha, vor so einem Kücken.«

»Für dich, Rakitka, ist er ein Kücken, jawohl ... weil du kein Gewissen hast, deshalb! Siehst du, ich liebe ihn von ganzer Seele, das tue ich! Glaubst du mir, Aljoscha, daß ich dich von ganzer Seele liebe?«

»Ach, du schamloses Weib! Sie macht dir eine Liebeserklärung, Alexej!«

»Was ist denn dabei? Ich liebe ihn wirklich.«

»Und der Offizier? Und die goldene Nachricht aus Mokroje?«

»Das eine hat nichts mit dem anderen zu tun.«

»So also liegen die Dinge nach der Logik der Weiber!«

»Ärgere mich nicht, Rakitka«, fiel Gruschenka ihm heftig ins Wort; »das eine hat nichts mit dem anderen zu tun. Ich liebe Aljoscha auf eine andere Art. Es ist wahr, Aljoscha, früher trug ich mich, was dich anbelangt, mit einem hinterhältigen Gedanken. Ich bin ja niedrig, bin zügellos, aber zuweilen, Aljoscha, sehe ich in dir mein Gewissen. Ich denke immer: Wie muß so einer mich garstiges Weib verachten! Auch vorgestern dachte ich das, als ich von dem Fräulein hierherlief. Du bist mir schon längst aufgefallen, Aljoscha, und Mitja weiß das, ich habe es ihm gesagt. Mitja versteht das. Glaubst du mir wohl, Aljoscha, wenn ich dich ansehe, schäme ich mich manchmal über mich selbst ... Und wie ich dazu komme, an dich zu denken, und seit wann ich es tue, weiß ich nicht, daran erinnere ich mich nicht mehr ...«

Da kam Fenja herein und stellte ein Tablett mit einer entkorkten Flasche und drei gefüllten Gläsern auf den Tisch.

»Der Champagner ist da!« rief Rakitin. »Du bist erregt, Agrafena Alexandrowna, und ganz außer Rand und Band. Wenn du ein Glas getrunken hast, wirst du anfangen zu tanzen.« Dann sah er den Champagner an und fügte hinzu: »Ach, nicht einmal das können sie! Die Alte hat in der Küche eingeschenkt, und Fenja hat die Flasche offen und ungekühlt hereingebracht. Na, trinken wir ihn meinetwegen so ...« Er trat an den Tisch, nahm ein Glas, leerte es in einem Zug und schenkte sich wieder ein. »Champagner bekommt man nicht alle Tage«, sagte er und leckte sich die Lippen; »na, Aljoscha, nimm ein Glas und zeige, was du vertragen kannst. Worauf wollen wir denn trinken? Auf die Pforte des Paradieses? Nimm ein Glas, Gruscha, trink auch du auf die Pforte des Paradieses.«

»Auf die Pforte des Paradieses? Was meinst du damit?«

Sie nahm ein Glas, auch Aljoscha nahm eins, trank ein Schlückchen und stellte es wieder hin.

»Nein, lieber nicht«, sagte er mit einem sanften Lächeln.

»Dabei hast du dich so gerühmt!« rief Rakitin.

»Nun, dann trinke auch ich nicht«, stimmte Gruschenka ein, »zudem habe ich gar kein Verlangen danach. Trink du die Flasche allein aus, Rakitka. Nur wenn Aljoscha trinkt, werde ich auch trinken.«

»Kindische Alberei!« stichelte Rakitin. »Dabei sitzt sie auf seinem Schoß! Er hat immerhin einen Kummer, was aber hast du? Er hat sich gegen seinen Gott aufgelehnt, wollte Wurst fressen . . .«

»Was ist denn los?«

»Sein Starez ist heute gestorben, der Starez Sosima, der Heilige.«

»Der Starez Sosima ist gestorben!« rief Gruschenka. »Mein Gott, das habe ich gar nicht gewußt!« Sie bekreuzte sich andächtig. »Mein Gott, und da sitze ich auf seinem Schoß!« Erschrocken fuhr sie auf, sprang im Nu von seinem Schoß herunter und setzte sich aufs Sofa. Aljoscha sah sie lange erstaunt an, und in seinem Gesicht schien etwas aufzuleuchten.

»Rakitin«, sagte er plötzlich laut und fest, »necke mich nicht damit, daß ich mich gegen meinen Gott aufgelehnt habe. Ich möchte gegen dich keinen Groll hegen, sei darum auch du freundlicher. Ich habe ein Kleinod verloren, wie du nie eins besessen hast, und du kannst jetzt nicht über mich richten. Schau lieber hierher auf sie: hast du gesehen, wie sie mich geschont hat? Ich kam hierher und dachte, eine böse Seele zu finden, es zog mich hierher, weil ich gemein und schlecht war. Doch ich fand eine aufrichtige Schwester, ich fand ein Kleinod – eine liebende Seele... Sie hat mich geschont... Agrafena Alexandrowna, ich spreche von dir. Du hast meine Seele wieder aufgerichtet.« Aljoschas Lippen zitterten, und der Atem stockte ihm. Er hielt inne.

»Das klingt ja, als ob sie dich gerettet hätte!« Rakitin lachte boshaft auf. »Dabei wollte sie dich verschlingen, weißt du das?«

»Halt, Rakitka!« Gruschenka sprang auf. »Schweigt beide still. Ich will alles sagen: du, Aljoscha, schweig, denn bei deinen Worten packt mich die Scham, weil ich nicht gut, sondern schlecht bin – ja, das bin ich. Und du, Rakitka, schweig, weil du lügst. Ich hatte mich mit dem gemeinen Gedanken getragen, ihn zu verschlingen, jawohl, jetzt aber ist es eine Lüge, jetzt trifft es gar nicht mehr zu . . . und ich will kein Wort mehr von dir hören, Rakitka!« Das alles sagte Gruschenka ungewöhnlich erregt.

»Wie sie alle zwei toben!« zischte Rakitin, der beide verwundert ansah. »Wie die Verrückten, ich komme mir vor wie in einem Irrenhaus. Sie sind schon beide ganz von Kräften, gleich werden sie anfangen zu weinen!«

»Das werde ich auch, das werde ich auch!« sagte Gruschenka

vor sich hin. »Er hat mich seine Schwester genannt, das werde ich ihm nie vergessen! Aber weißt du, Rakitka, wenn ich auch schlecht bin, so habe ich doch ein Zwiebelchen als Almosen gegeben.«

»Was für ein Zwiebelchen? Die sind ja wahrhaftig übergeschnappt!«

Rakitin wunderte sich, daß Gruschenka und Aljoscha so exaltiert waren, ärgerte sich und fühlte sich gekränkt, obwohl er sich bei einiger Überlegung hätte sagen müssen, daß bei beiden gerade all das zusammengetroffen war, was ihre Seelen so zu erschüttern vermochte, wie es im Leben nur selten vorkommt. Doch Rakitin, der für alles, was ihn selber betraf, ein sehr feines Auffassungsvermögen besaß, war sehr begriffsstutzig, wenn es sich um die Gefühle und Empfindungen seiner Nächsten handelte. Das rührte teils von seiner jugendlichen Unerfahrenheit, teils aber auch von seinem großen Egoismus her.

»Siehst du, Aljoschetschka«, sagte Gruschenka mit einem jähen nervösen Auflachen, »ich habe mich Rakitka gegenüber gerühmt, daß ich ein Zwiebelchen als Almosen gegeben habe; dir gegenüber aber will ich mich dessen nicht rühmen, dir will ich es aus einem anderen Grunde erzählen. Es ist nur eine Legende, aber eine schöne; ich habe sie, als ich noch ein Kind war, von meiner Matrjona gehört, die jetzt meine Köchin ist. Siehst du, das war so: Es war einmal ein Weib, eine sehr, sehr böse Frau, und die starb. Und sie hatte in ihrem Leben keine einzige gute Tat vollbracht. Da packten sie die Teufel und warfen sie in den Feuersee. Ihr Schutzengel aber stand dabei und dachte: Welcher guten Tat von ihr könnte ich mich wohl erinnern, um sie Gott zu erzählen? Da fiel ihm etwas ein, und er sprach zu Gott: ‚Sie hat einmal in ihrem Gemüsegarten ein Zwiebelchen aus der Erde gezogen und es einer Bettlerin gegeben.‘ Und Gott antwortete ihm: ‚Nimm dieses Zwiebelchen und halte es ihr hin in den See, damit sie sich daran klammere, und wenn es dir gelingt, sie aus dem See herauszuziehen, so möge sie ins Paradies eingehen. Wenn aber das Zwiebelchen abreißt, so soll das Weib bleiben, wo es jetzt ist.‘ Der Engel lief zu dem Weibe und hielt ihr das Zwiebelchen hin: ‚Hier, Weib‘, sprach er, ‚faß an und laß dich daran herausziehen.‘ Und er begann vorsichtig zu ziehen und hätte sie beinahe herausgezogen; als aber die anderen Sünder im See das sahen, klammerten sie sich alle an sie, damit man auch sie mit ihr zusammen herauszöge. Doch das Weib war ein böses, sehr böses Frauenzimmer, es stieß sie mit den Füßen von sich: ‚Mich zieht man heraus, nicht euch, es ist mein Zwiebelchen und nicht eures.‘ Kaum hatte sie das gesagt, riß das Zwiebelchen ab. Und das Weib fiel in den See zurück und brennt dort noch bis auf den heutigen Tag. Der Engel aber weinte und ging von dannen. – Das ist die Legende, Aljoscha, ich habe sie im Gedächtnis behalten, denn ich selbst bin dieses böse Weib. Rakitka gegenüber habe ich mich gerühmt, daß ich ein Zwiebelchen als Almosen gegeben habe, dir aber will ich es in einem anderen Sinne sagen: alles in allem habe ich zeit meines Lebens nur ein Zwiebelchen verschenkt, das ist meine einzige gute Tat. Lobe mich jetzt nicht, Aljoscha, und halte mich nicht für gut; ich bin böse, sehr, sehr böse, und wenn du mich jetzt lobtest, würdest du mich beschämen. Ach, nun will ich gleich alles beichten. Höre, Aljoscha, es hatte mich so sehr danach verlangt, dich zu mir zu locken, daß ich Rakitka mit Bitten bestürmte und ihm fünfundzwanzig Rubel versprach, wenn er dich zu mir brächte! Halt, Rakitka, warte ein wenig!« Sie ging mit raschen Schritten zum Tisch, öffnete eine Schublade, holte daraus ihre Geldbörse hervor und entnahm ihr einen Fünfundzwanzigrubelschein.

»Welch ein Unsinn! Welch ein Unsinn!« rief Rakitin bestürzt.

»Nimm das, Rakitka, ich bin es dir schuldig, wirst es wohl nicht zurückweisen, hast ja selbst darum gebeten.« Und sie warf ihm den Geldschein zu.

»Zurückweisen? Das fehlte noch!« brummte Rakitin, der sichtlich verlegen war, aber seine Beschämung forsch zu verbergen suchte. »Das kommt mir sehr gelegen. Die Dummen sind ja nur dazu da, damit die Klugen von ihnen profitieren.«

»Und jetzt schweig still, Rakitka. Alles, was ich jetzt sagen werde, ist nicht für deine Ohren bestimmt. Setz dich hier in die Ecke und halt den Mund. Du liebst uns nicht, darum schweig.«

»Weswegen sollte ich euch denn lieben?« entgegnete Rakitin bissig, ohne seine Wut zu verhehlen. Den Fünfundzwanzigrubelschein steckte er in die Tasche, denn er schämte sich entschieden vor Aljoscha. Er hatte darauf gerechnet, seinen Lohn später zu erhalten, so daß Aljoscha nichts davon erfahren würde, und darum war er jetzt aus Scham boshaft. Bis zu diesem Augenblick hatte er es noch für sehr klug gehalten, Gruschenka trotz all ihren Sticheleien nicht zu sehr zu widersprechen, denn es war deutlich zu erkennen, daß sie über ihn eine gewisse Macht hatte. Doch jetzt wurde er zornig.

»Wenn man liebt, pflegt man irgendeinen Grund dazu zu haben. Was aber habt ihr beide für mich getan?«

»Du mußt ohne Grund lieben, so wie Aljoscha liebt.«

»Wieso liebt er dich denn und wodurch hat er sich dir gegenüber so hervorgetan, daß du dich so mit ihm brüstest?«

Gruschenka stand mitten im Zimmer, sie sprach mit Leidenschaft, und in ihrer Stimme schwang ein hysterischer Unterton mit.

»Schweig still, Rakitka, du verstehst nichts davon! Und wage nicht, mich zu duzen, ich erlaube es dir nicht. Wie kommst du überhaupt dazu, dir diese Freiheit herauszunehmen? Setz dich in die Ecke und schweig, als wärest du mein Diener! Und nun, Aljoscha, werde ich dir allein die lautere Wahrheit sagen, damit du siehst, was für eine Kreatur ich bin! Nicht Rakitka, sondern dir sage ich es. Ich wollte dich ins Unglück bringen, Aljoscha, das ist die heilige Wahrheit, ich hatte es endgültig beschlossen; so ernstlich wollte ich es, daß ich Rakitka mit Geld bestach, damit er dich herbringe. Und warum wollte ich das so sehr? Du, Aljoscha, wußtest nichts davon, und wenn du an mir vorbeikamst, wandtest du dich von mir ab und senktest die Augen; ich aber habe dich hundertmal angeschaut und alle Leute über dich ausgefragt. Dein Gesicht prägte sich meinem Herzen ein: er verachtet mich, dachte ich, nicht einmal ansehen will er mich. Und schließlich übermannte mich ein so starkes Gefühl, daß ich mich über mich selber wunderte und mich fragte: Warum fürchte ich diesen Knaben? Ich werde ihn mit Haut und Haar verschlingen und dann lachen. Ganz zornig war ich. Glaubst du mir wohl: niemand hier wagt zu sagen oder auch nur zu denken, man dürfe mit schlechten Absichten zu Agrafena Alexandrowna kommen. Ich habe hier nur meinen Alten, an ihn bin ich gebunden und verkauft, der Satan hat uns getraut; von den anderen aber darf keiner kommen! Doch als ich dich sah, beschloß ich: Den werde ich verschlingen. Ihn verschlingen und dann lachen. Siehst du, was für eine böse Bestie ich bin, ich, die du deine Schwester genannt hast? Jetzt ist der Mann erschienen, der mich beleidigt hat; ich sitze hier und warte auf eine Nachricht von ihm. Weißt du aber, was dieser Mann für mich bedeutet hat? Vor fünf Jahren hat Kusma mich hergebracht – da saß ich manchmal und versteckte mich vor den Leuten, damit sie mich nicht sahen und hörten, mich magere und dumme Kleine; ich saß da und schluchzte, schlief ganze Nächte hindurch nicht und dachte im stillen: Wo mag er jetzt sein, mein Beleidiger? Wahrscheinlich lacht er mit einer anderen über mich! Wenn ich ihn nur sehen, ihm begegnen könnte! Dann würde ich es ihm schon heimzahlen, ja, heimzahlen! In der Nacht, in der Dunkelheit schluchzte ich in das Kissen hinein und überlegte mir alles, zerriß mir absichtlich das Herz und linderte den Schmerz mit meinem Zorn. ‚Dem werde ich es schon heimzahlen, ja, heimzahlen!' schrie ich manchmal in der Dunkelheit. Und wenn ich mich plötzlich besann, daß ich ihm ja doch nichts antun würde, und wenn ich daran dachte, daß er jetzt über mich lachen und mich vielleicht ganz vergessen haben könnte, warf ich mich aus dem Bett auf den Fußboden, zerfloß in ohnmächtigen Tränen und zitterte, zitterte bis zum Tagesanbruch. Am nächsten Morgen stand ich auf, böser als ein wildes Tier, und hätte gern die ganze Welt verschlungen. Dann, denke dir, machte ich mich daran, ein Kapital zusammenzusparen, ich wurde herzlos, wurde rundlich – du glaubst wohl, ich wäre klüger geworden, wie? Nein, das nicht. Niemand auf der Welt sieht es oder weiß etwas davon, doch wenn die Nacht kommt, liege ich so manches Mal wie das kleine Mädchen vor fünf Jahren, knirsche mit den Zähnen, weine die ganze Nacht hindurch und denke bei mir: Dem werde ich schon, dem werde ich schon ...! Hast du mir folgen können? Verstehst du mich jetzt? Vor einem Monat erhielt ich plötzlich einen Brief: er komme, er sei verwitwet und wolle mich wiedersehen. Mein Gott, der Atem stockte mir, und plötzlich dachte ich: Wenn er nun kommt und mir pfeift, mich ruft, so werde ich zu ihm hinkriechen wie ein geprügelter kleiner Hund, der sich schuldig fühlt! So dachte ich und traute mir selber nicht. Bin ich nun gemein oder nicht, fragte ich mich, werde ich nun zu ihm hinlaufen oder nicht? Und es packte mich ein furchtbarer Zorn auf mich selbst während dieses ganzen Monats, ärger noch als vor fünf Jahren. Siehst du jetzt, Aljoscha, wie zügellos, wie jähzornig ich bin? Ich habe dir die volle Wahrheit gesagt! Mit Mitja habe ich mir nur die Zeit vertrieben, um nicht zu dem anderen zu laufen. Schweig, Rakitka, nicht du hast über mich zu richten, nicht zu dir habe ich gesprochen. Bevor ihr kamt, habe ich hier gelegen, habe gewartet, habe nachgedacht, wollte über mein Schicksal entscheiden, und ihr werdet nie erfahren, wie es in meinem Herzen aussah. Nein, Aljoscha, sag deinem Fräulein, sie solle mir nicht böse sein wegen vorgestern! ... Und niemand auf der ganzen Welt weiß, wie mir jetzt zumute ist; kein Mensch kann es wissen ... Darum nehme ich vielleicht heute, wenn ich dorthin gehe, ein Messer mit, aber ich weiß es noch nicht ganz bestimmt . . .«

Als Gruschenka diese schmerzerfüllten Worte ausgesprochen hatte, hielt sie es nicht mehr länger aus; sie brach ab, bedeckte ihr Gesicht mit den Händen, warf sich auf das Sofa in die Kissen und schluchzte wie ein kleines Kind. Aljoscha erhob sich von seinem Platz und ging zu Rakitin.

»Mischa«, sagte er, »ärgere dich nicht. Du bist von ihr beleidigt worden, aber du mußt dich darüber nicht ärgern. Hast du gehört, was sie soeben gesagt hat? Man darf von der Seele eines Menschen nicht zuviel verlangen, man muß barmherziger sein...«

Aljoscha hatte das in einem unaufhaltsamen Drang seines Herzens gesagt. Er mußte sich aussprechen, und darum wandte er sich an Rakitin. Wäre Rakitin nicht zugegen gewesen, so hätte er mit sich selber geredet. Rakitin aber blickte ihn spöttisch an, und Aljoscha hielt plötzlich inne.

»Man hat dich vorhin mit der Weisheit deines Starez geladen, und nun schießt du sie auf mich ab, Aljoschenka, du armseliger Mann Gottes!« sagte Rakitin mit gehässigem Lächeln.

»Lache nicht, Rakitin, lächle nicht so hämisch, sprich nicht von dem Entschlafenen: er steht über allen, die je auf Erden gelebt haben!« rief Aljoscha mit Tränen in der Stimme. »Ich spreche zu dir nicht als Richter, sondern als der letzte von denen, über die Gericht gehalten wird. Was bin ich denn im Vergleich zu ihr? Ich kam hierher, um mich zugrunde zu richten, und sagte mir: Meinetwegen, es ist mir einerlei! – aus Kleinmut. Sie aber hat nach fünf Jahren Qual, sobald nur jemand gekommen war und ein aufrichtiges Wort zu ihr gesagt hatte, alles verziehen, alles vergessen, und sie weint jetzt! Ihr Beleidiger ist zurückgekehrt, er ruft sie, und sie verzeiht ihm alles und eilt freudig zu ihm, und sie wird das Messer nicht mitnehmen, nein, sie wird es nicht mitnehmen! Nein, so bin ich nicht. Ich weiß nicht, ob du so bist, Mischa, ich aber bin nicht so. Heute, soeben habe ich eine Lehre erhalten . . . Sie steht höher in ihrer Liebe als wir . . . Hast du das früher schon von ihr gehört, was sie jetzt erzählt hat? Nein, du hast es nicht gehört; wenn du es gehört hättest, so hättest du längst alles verstanden . . . auch die andere Beleidigte, die von vorgestern, soll ihr vergeben! Und sie wird ihr vergeben, sobald sie es erfährt . . . und sie wird es erfahren . . . Diese Seele ist noch nicht zur Ruhe gekommen, man muß sie schonen . . . in dieser Seele liegt vielleicht ein Schatz . . .«

Aljoscha verstummte, denn der Atem versagte ihm. Rakitin blickte ihn trotz all seiner Wut mit Erstaunen an. Niemals hätte er von dem stillen Aljoscha eine solche Rede erwartet.

»Da schaut euch den Advokaten an! Hast du dich etwa in sie verliebt, wie? Agrafena Alexandrowna, unser Faster hat sich tatsächlich in dich verliebt, du hast gesiegt!« rief er mit dreistem Lachen.

Gruschenka erhob ihren Kopf vom Kissen und blickte Aljoscha mit einem gerührten Lächeln an, das auf ihrem vom Weinen angeschwollenen Gesicht aufleuchtete.

»Laß ihn, Aljoscha, mein Cherub, du siehst, wie er ist, du bist bei ihm an den Rechten gekommen. Ich wollte dich, Michail Osipowitsch«, wandte sie sich an Rakitin, »um Verzeihung bitten, weil ich dich beschimpft habe, doch jetzt will ich es nicht mehr. Aljoscha, komm zu mir, setz dich hierher«, sagte sie zu ihm und lockte ihn mit freudigem Lächeln, »siehst du, so, setz dich hierher und sage mir« – sie ergriff seine Hand und blickte ihm lächelnd ins Gesicht –, »sage mir: liebe ich jenen, oder liebe ich ihn nicht? Liebe ich meinen Beleidiger oder nicht? Bevor ihr kamt, lag ich hier in der Dunkelheit und befragte immer wieder mein Herz: liebe ich ihn, oder liebe ich ihn nicht? Bestimme du für mich, die Zeit ist gekommen; wie du entscheidest, so wird es auch geschehen. Soll ich ihm verzeihen oder nicht?«

»Du hast ihm ja schon verziehen«, sagte Aljoscha und lächelte.

»Ich habe ihm wirklich verziehen«, entgegnete Gruschenka nachdenklich. »Wie gemein doch mein Herz ist! Auf mein Herz!« Sie nahm plötzlich das Glas vom Tisch, leerte es in einem Zug und schleuderte es zu Boden. Das Glas ging klirrend in Scherben. Ein grausamer Zug zeigte sich einen Augenblick lang in ihrem Lächeln. »Es kann aber sein, daß ich ihm doch noch nicht verziehen habe«, sagte sie in eigentümlich drohendem Ton, den Blick zu Boden gesenkt, als spräche sie mit sich selbst. »Vielleicht hat mein Herz nur erst die Absicht, zu verzeihen. Ich werde mit meinem Herzen noch zu kämpfen haben. Siehst du, Aljoscha, ich habe die Tränen dieser fünf Jahre schrecklich liebgewonnen ... Vielleicht habe ich nur meine Kränkung liebgewonnen und gar nicht *ihn!*«

»Na, ich möchte nicht in seiner Haut stecken«, zischte Rakitin.

»Du wirst es auch nicht, Rakitka, du wirst nie in seiner Haut stecken. Du wirst mir Schuhe machen, Rakitka, dazu werde ich dich verwenden, aber so eine wie mich wirst du nie zu sehen bekommen ... Ja, vielleicht auch er nicht ...«

»Auch er nicht? Warum hast du dich dann so fein gemacht?« stichelte Rakitin boshaft.

»Halte mir nicht meinen Putz vor, Rakitka, du kennst mein Herz nicht! Wenn es mir einfällt, reiße ich den Putz herunter, sofort reiße ich ihn herunter, augenblicklich!« rief sie mit schriller Stimme. »Du weißt nicht, weswegen ich mich so fein gemacht habe, Rakitka! Vielleicht werde ich zu ihm herauskommen und sagen: Hast du mich schon so gesehen oder nicht? Er hat mich doch als siebzehnjähriges, mageres, schwindsüchtiges, weinerliches Mädchen verlassen. Ich werde mich zu ihm setzen, ihn betören und entflammen: Du hast nun gesehen, wie ich jetzt bin, werde ich zu ihm sagen, na, und damit mußt du dich begnügen, verehrter Herr! Deswegen habe ich mich vielleicht so fein gemacht, Rakitka«, schloß Gruschenka mit boshaftem Kichern. »Zügellos bin ich, Aljoscha, und jähzornig. Ich werde meinen Putz herunterreißen, ich werde meine Schönheit verstümmeln, mir das Gesicht verbrennen und es mit dem Messer zerschneiden, ich werde betteln gehen. Wenn ich will, gehe ich jetzt nirgendshin und zu niemandem, wenn ich will, schicke ich morgen dem Kusma alles zurück, was er mir geschenkt hat, sein ganzes Geld, und werde zeit meines Lebens Taglöhnerin sein! ... Du meinst, ich täte das nicht, Rakitka, ich hätte nicht den Mut, es zu tun? Ich werde es tun, ich werde es tun, sofort kann ich es tun, reizt mich nur nicht ... ihn aber werde ich davonjagen, ihm werde ich eins auswischen, er wird mich nicht mehr zu sehen bekommen!«

Ihre Stimme klang bei den letzten Worten fast hysterisch. Wieder konnte sie sich nicht länger beherrschen, bedeckte ihr Gesicht mit den Händen, warf sich aufs Kissen und wand sich von neuem vor Schluchzen. Rakitin erhob sich.

»Es ist Zeit«, sagte er, »es ist spät, man wird uns nicht mehr ins Kloster einlassen.«

Gruschenka sprang jäh auf.

»Willst du denn wirklich schon weggehen, Aljoscha?« rief sie in kummervoller Bestürzung. »Was hast du jetzt mit mir angestellt? Du hast mich wachgerüttelt, hast mich gequält, und nun – wieder diese Nacht, wieder muß ich allein bleiben!«

»Soll er etwa bei dir übernachten? Wenn er es freilich will – meinetwegen! Ich kann auch allein gehen!« spottete Rakitin.

»Schweig, du schlechte Seele«, rief Gruschenka ihm wütend zu, »niemals hast du zu mir solche Worte gesagt wie er!«

»Was hat er dir denn gesagt?« brummte Rakitin gereizt.

»Ich weiß nicht, was er mir gesagt hat, zu meinem Herzen hat er gesprochen, mein Herz hat er mir umgedreht ... Er ist der erste, der einzige, der mit mir Mitleid gehabt hat, das ist es! Warum bist du, mein Cherub, nicht früher gekommen!« rief sie und fiel wie verzückt plötzlich vor ihm auf die Knie. »Ich habe mein ganzes Leben lang auf einen Menschen wie dich gewartet, ich wußte, daß er kommen und mir verzeihen wird! Ich habe daran geglaubt, daß auch mich jemand liebgewinnen wird, mich Garstige, und nicht nur um den Preis meiner Schande! ...«

»Was habe ich denn für dich getan?« fragte Aljoscha mit gerührtem Lächeln, neigte sich vor und nahm sie zärtlich bei den Händen. »Nur ein Zwiebelchen habe ich dir gegeben, ein ganz kleines Zwiebelchen, nicht mehr!«

Und als er das gesagt hatte, begann er selbst zu weinen. In diesem Augenblick war im Flur ein Geräusch zu hören, jemand trat ins Vorzimmer. Gruschenka sprang ganz erschrocken auf. Fenja stürzte mit Gepolter und Geschrei ins Zimmer.

»Gnädige Frau, liebste gnädige Frau, der Bote ist angekommen!« rief sie vergnügt und außer Atem. »Ein Wagen aus Mokroje ist da, um Sie zu holen, der Fuhrmann Timofej mit einer Troika, gleich werden frische Pferde angespannt ... Ein Brief, ein Brief, gnädige Frau, hier ist der Brief!«

Den Brief hielt sie in der Hand und schwenkte ihn, solange sie sprach, in der Luft. Gruschenka nahm ihr den Brief aus der Hand und hielt ihn ins Licht der Kerze. Es war nur ein Zettel mit ein paar Zeilen; im Nu hatte sie ihn gelesen.

»Er hat gerufen!« schrie sie und war ganz bleich und verzog ihr Gesicht zu einem schmerzlichen Lächeln. »Er hat gepfiffen! Nun krieche, Hündchen!« Doch einen Augenblick stand sie wie unentschlossen da; dann schoß ihr das Blut in den Kopf und übergoß ihre Wangen mit Feuerröte.

»Ich fahre!« rief sie plötzlich. »Meine fünf Jahre – lebt wohl! Leb wohl, Aljoscha, mein Los ist entschieden ... Geht, geht, geht jetzt alle weg von mir, damit ich euch nicht mehr sehe! ... Gruschenka eilt in ein neues Leben ... Trag auch du mir nichts nach, Rakitka! Vielleicht gehe ich in den Tod! Ach, ich bin ja wie betrunken!«

Sie verließ sie und lief in ihr Schlafzimmer.

»Na, jetzt hat sie etwas anderes als uns im Sinn«, brummte Rakitin. »Gehen wir, sonst beginnt am Ende wieder dieses Weibergeschrei, ich habe dieses jämmerliche Geplärr schon satt ...«

Aljoscha ließ sich willenlos hinausführen. Auf dem Hof stand ein Wagen, man spannte die Pferde aus, jemand ging mit einer Laterne umher, alle waren sehr geschäftig. Durch das geöffnete Tor wurde ein neues Dreigespann hereingeführt. Doch kaum waren Aljoscha und Rakitin die Außentreppe hinuntergegangen, öffnete sich auf einmal das Fenster von Gruschenkas Schlafzimmer, und mit heller Stimme rief sie Aljoscha nach: »Aljoschetschka, grüße deinen lieben Bruder Mitjenka und sag ihm, er möge meiner, die ihm so Schlimmes angetan, nicht im Bösen gedenken. Richte ihm wörtlich aus: Ein Schuft hat Gruschenka bekommen und nicht du, der Edle! Und füge noch hinzu, daß Gruschenka ihn ein Stündchen lang geliebt hat, nur ein Stündchen lang habe sie ihn geliebt – er solle also an dieses Stündchen sein ganzes Leben lang denken, so habe Gruschenka es dir aufgetragen ... sein ganzes Leben lang! ...«

Die letzten Worte hatte sie unter Schluchzen gerufen. Das Fenster schlug zu.

»Hm, hm!« brummte Rakitin und lachte. »Sie hat deinem Bruder Mitjenka das Messer an die Kehle gesetzt, und jetzt soll er noch sein ganzes Leben lang an sie denken! So eine Bestie!«

Aljoscha antwortete nicht, als hätte er seine Worte nicht gehört. Er schritt rasch neben Rakitin einher, als wäre er in großer Eile. Er ging wie in einem Dämmerzustand, ganz mechanisch. Rakitin empfand plötzlich einen Schmerz wie bei der Berührung einer frischen Wunde. Das hatte er keineswegs erwartet, als er vorhin Gruschenka und Aljoscha zusammenbrachte. Es war etwas völlig anderes geschehen als das, was er so gern gewollt hätte.

»Ein Pole ist er, ihr Offizier«, begann er wieder mit Zurückhaltung, »auch ist er jetzt gar kein Offizier mehr; er war zuletzt Zollbeamter in Sibirien, irgendwo dort an der chinesischen Grenze, wahrscheinlich ist er irgendein jämmerlicher Polack. Man sagt, er habe seine Stelle verloren. Jetzt hat er erfahren, daß Gruschenka zu Vermögen gekommen ist, und da ist er zurückgekehrt – darin besteht das ganze Wunder.«

Aljoscha schien wieder nicht gehört zu haben. Rakitin hielt es nicht länger aus.

»Nun, hast du die Sünderin bekehrt?« fragte er mit hämischem Lachen. »Hast du die Buhlerin auf den rechten Weg zurückgeführt? Hast du die sieben Teufel ausgetrieben, wie? Da haben sich ja unsere vorhin erwarteten Wunder erfüllt!«

»Hör auf, Rakitin«, entgegnete Aljoscha leidvoll.

»Du verachtest mich jetzt wohl wegen der fünfundzwanzig Rubel von vorhin? Ich habe, meinst du, meinen wahren Freund verkauft ... Doch du bist ja nicht Christus und ich nicht Judas ...«

»Ach, Rakitin, ich versichere dir, ich hatte das schon vergessen«, rief Aljoscha, »du selbst hast mich jetzt daran erinnert ...«

Doch Rakitin wurde endgültig wütend.

»Hol euch der Teufel, alle und jeden!« brüllte er. »Warum, zum Teufel, habe ich mich mit dir eingelassen? Ich will von nun an nichts mehr von dir wissen. Geh allein, da ist dein Weg!«

Und er bog mit einer jähen Wendung in eine andere Straße ein und ließ Aljoscha allein in der Dunkelheit zurück. Aljoscha ging aus der Stadt hinaus und schritt querfeldein auf das Kloster zu.

4

Kana in Galiläa

Nach klösterlichen Begriffen war es schon spät, als Aljoscha die Einsiedelei erreichte; der Pförtner ließ ihn durch ein Nebenpförtchen ein. Es hatte bereits neun Uhr geschlagen – die Stunde der allgemeinen Ruhe und Erholung nach einem für alle so aufregenden Tage. Aljoscha öffnete schüchtern die Tür und trat in die Zelle des Starez, wo jetzt dessen Sarg stand. Außer Vater Paisij, der einsam am Sarg die Evangelien las, und dem jungen Novizen Porfirij, der von der gestrigen nächtlichen Unterhaltung und dem heutigen Trubel müde war und im anderen Zimmer auf dem Fußboden seinen festen, jugendlichen Schlaf schlief, war niemand in der Zelle. Vater Paisij hatte zwar gehört, wie Aljoscha hereingekommen war, doch blickte er nicht einmal zu ihm hin. Aljoscha ging von der Tür nach rechts in die Ecke, kniete nieder und begann zu beten. Seine Seele war übervoll und verwirrt, keine einzige Empfindung drängte sich allzu deutlich hervor, im Gegenteil, die eine folgte der anderen in stillem, gleichmäßigem Lauf. Doch seinem

Herzen war selig zumute, und sonderbar, Aljoscha wunderte sich nicht einmal darüber. Wieder sah er vor sich diesen Sarg, diesen verhüllten Toten, der ihm teuer war, aber in seiner Seele war nicht mehr das schmerzliche, qualvolle Mitleid wie am Morgen. Er fiel vor dem Sarg nieder wie vor einem Heiligtum, und Freude, Freude leuchtete in seinem Geiste und in seinem Herzen. Ein Fenster der Zelle stand offen, die Luft war frisch und kühl. Aljoscha dachte bei sich: Wenn man sich entschlossen hat, das Fenster zu öffnen, ist also der Verwesungsgeruch stärker geworden. Doch auch dieser Gedanke an den Verwesungsgeruch, ein Gedanke, der ihm noch kürzlich so furchtbar und entwürdigend vorgekommen war, erweckte in ihm jetzt nicht mehr Kummer und Unwillen. Er fing leise zu beten an, fühlte aber bald, daß er es fast mechanisch tat. Bruchstücke von Gedanken blitzten in seiner Seele auf, erglühten wie Sterne, erloschen sofort wieder und wurden von anderen abgelöst; aber trotzdem herrschte in seiner Seele etwas Ganzes, Festes, Tröstendes, und er wurde sich dessen bewußt. Ab und zu bemühte er sich, mit Inbrunst zu beten, es verlangte ihn danach, zu danken und zu lieben ... Doch jedesmal, wenn er zu beten begann, schweifte er gleich wieder ab; er verfiel in Nachdenken, vergaß das Gebet und auch das, wodurch es unterbrochen worden war. Er fing an zuzuhören, was Vater Paisij las, da er aber sehr müde war, nickte er nach und nach ein.

»Und am dritten Tag ward eine Hochzeit zu Kana in Galiläa«, las Vater Paisij, »und die Mutter Jesu war da. Jesus aber und seine Jünger wurden auch auf die Hochzeit geladen.«

Eine Hochzeit? Wieso ... eine Hochzeit? ... ging es wie ein Wirbel durch Aljoschas Kopf. Auch sie ist glücklich ... sie ist zu einem Fest gefahren ... Nein, sie hat kein Messer mitgenommen, sie hat es nicht mitgenommen ... Das war nur ein vom Schmerz erpreßtes Wort ... Nun ... im Jammer gesprochene Worte muß man vergeben, unbedingt. Jammervolle Worte trösten die Seele ... ohne sie wäre der Kummer zu schwer für die Menschen. Rakitin ist in eine Seitengasse gegangen. Solange Rakitin an seine Kränkungen denkt, wird er immer in Seitengassen gehen ... Der Weg aber ... der Weg ist breit, gerade, hell, kristallen, und die Sonne steht an seinem Ende ... Wie? ... Was liest er?

»Und da es an Wein gebrach, spricht die Mutter Jesu zu Ihm: Sie haben nicht Wein ...« hörte Aljoscha.

Ach ja, ich habe da etwas überhört, wollte es aber nicht überhören, ich liebe diese Stelle, das ist zu Kana in Galiläa, das erste Wunder ... Ach, dieses Wunder, ach, dieses liebe Wunder! Nicht den Kummer, sondern die Freude der Menschen suchte Jesus auf, als Er Sein erstes Wunder vollbrachte, und zur Freude der Menschen trug Er bei ... »Wer die Menschen liebt, der liebt auch ihre Freude« – das wiederholte der Verstorbene alle Augenblicke, das war einer von seinen Hauptgedanken ... Ohne Freude könne man nicht leben, sagt Mitja ... ja, Mitja ... Alles, was wahr und schön ist, ist immer voll Allvergebung – auch das pflegte der Verstorbene zu sagen ...

»Jesus spricht zu ihr: Weib, was habe ich mit dir zu schaffen? Meine Stunde ist noch nicht gekommen. Seine Mutter spricht zu den Dienern: Was Er euch saget, das tut ...«

Das tut ... Freude, die Freude irgendwelcher armen, sehr armen Leute ... Sicherlich waren sie arm, wenn es ihnen sogar bei der Hochzeit an Wein gebrach ... Die Historiker schreiben ja, daß am See Genezareth und an allen jenen Orten damals die ärmste Bevölkerung gelebt habe, die man sich nur vorstellen könne ... Und es wußte doch ein anderes großes Herz eines anderen großen Wesens, das auch zugegen war, das Herz Seiner Mutter, daß Er nicht nur wegen Seiner großen furchtbaren Opfertat herniedergekommen war, sondern daß Seinem Herzen auch die einfältige, ungekünstelte Heiterkeit irgendwelcher ungebildeten, unwissenden und harmlosen Leute zugänglich war, die Ihn freundlich zu ihrer armseligen Hochzeit geladen hatten. »Meine Stunde ist noch nicht gekommen«, sagte Er mit stillem Lächeln – bestimmt hat Er ihr sanft zugelächelt ... Ist Er denn wirklich nur dazu auf die Welt herniedergekommen, um bei Hochzeiten armer Leute den Wein zu vermehren? Und nun war Er doch hingegangen und hatte es auf die Bitte Seiner Mutter hin getan ... Ach, er liest wieder ....

»Jesus spricht zu ihnen: Füllet die Wasserkrüge mit Wasser. Und sie fülleten sie bis obenan.

Und Er spricht zu ihnen: Schöpfet nun und bringet es dem Speisemeister. Und sie brachten es.

Als aber der Speisemeister kostete den Wein, der Wasser gewesen war, und wußte nicht, von wannen er kam (die Diener aber wußten es, die das Wasser geschöpft hatten), ruft der Speisemeister den Bräutigam.

Und spricht zu ihm: Jedermann gibt zum ersten guten Wein, und wenn sie trunken geworden sind, alsdann den geringern; du hast den guten Wein bisher behalten ...«

Doch was ist das, was ist das? Warum erweitert sich das Zimmer? ... Ach ja, das ist doch eine Hochzeit ... ja, natürlich. Da sind auch die Gäste, da sitzen die Jungvermählten, die fröhliche Menge ... Wo ist nur der weise Speisemeister? Wer aber ist das? Wer? Wieder hat das Zimmer sich erweitert ... Wer erhebt sich dort an dem großen Tisch? Wie ... auch er ist hier? Er liegt doch im Sarg ... Aber er ist auch hier ... er ist aufgestanden, er hat mich erblickt, er kommt hierher ... Mein Gott! ...

Ja, zu ihm, zu ihm kam er, der kleine hagere Greis mit den feinen Runzeln im Gesicht; er sah freudig aus und lächelte sanft. Der Sarg war nicht mehr da, und der Greis trug noch das gleiche Gewand wie gestern, als die Gäste bei ihm versammelt waren. Sein Gesicht war unverhüllt, seine Augen leuchteten. Er war also auch auf dem Fest, war auch zur Hochzeit geladen zu Kana in Galiläa? ...

»Ja, Lieber, auch ich bin eingeladen und berufen«, ertönte neben Aljoscha eine leise Stimme. »Warum hast du dich hier versteckt, so daß man dich nicht sehen kann ... Komm auch du zu uns.«

Das war seine Stimme, die Stimme des Starez Sosima ... Mußte er es nicht sein, wenn er rief? Der Starez reichte Aljoscha die Hand, Aljoscha erhob sich von den Knien.

»Wir sind fröhlich«, fuhr der kleine hagere Greis fort, »wir trinken den neuen Wein, den Wein der neuen, großen Freude; siehst du, wie viele Gäste hier sind? Da sind der Bräutigam und die Braut, da ist der weise Speisemeister, der den neuen Wein kostet. Warum wunderst du dich über mich? Ich habe ein Zwiebelchen als Almosen gegeben, darum bin auch ich hier. Viele von denen, die hier sind, haben nur ein Zwiebelchen verschenkt, nur eine ganz kleine Zwiebel ... Was sind unsere Taten? Auch du, mein stiller und sanfter Junge, auch du hast es heute verstanden, einer Hungernden ein Zwiebelchen zu reichen! Beginne, Lieber, beginne dein Werk, du Sanfter! ... Siehst du unsre Sonne, siehst du Ihn?«

»Ich fürchte mich ... ich getraue mich nicht hinzusehen ...« flüsterte Aljoscha.

»Fürchte Ihn nicht. Er ist schrecklich in Seiner Größe, furchtbar in Seiner Hoheit, aber Er ist unendlich barmherzig. Er hat sich uns gleichgestellt aus Liebe und freut sich mit uns, verwandelt Wasser in Wein, damit die Freude der Gäste nicht versiege, wartet auf neue Gäste, lädt unablässig neue ein, bis in alle Ewigkeit. Da bringt man schon den neuen Wein, siehst du, man bringt die Gefäße ...«

Aljoscha empfand ein Brennen im Herzen. Bis zum Schmerz war es auf einmal von etwas Unbestimmtem erfüllt, Tränen des Entzückens wollten sich seiner Seele entringen ... Er breitete die Arme aus, schrie auf und erwachte ...

Wieder der Sarg, das offene Fenster und das leise, würdige, deutliche Lesen der Evangelien. Doch Aljoscha hörte dem, was gelesen wurde, nicht mehr zu. Sonderbar, er war im Knien eingeschlafen, jetzt aber stand er. Und plötzlich, als risse es ihn vorwärts, ging er mit drei festen, raschen Schritten dicht an den Sarg. Er streifte sogar mit der Schulter Vater Paisij, ohne es zu merken. Vater Paisij erhob die Augen vom Buch und richtete sie auf ihn, senkte sie aber gleich wieder, da er begriffen hatte, daß dem Jüngling etwas Seltsames widerfahren war. Aljoscha sah etwa eine Minute lang auf den Sarg, auf den verhüllten, regungslos im Sarg ausgestreckten Toten, der die Ikone auf der Brust und die Kapuze mit dem achtarmigen Kreuz auf dem Haupte trug. Soeben erst hatte er seine Stimme gehört, und diese Stimme klang fort in seinen Ohren. Er lauschte noch, er wartete noch auf einen Laut ... Doch dann wandte er sich jäh um und verließ die Zelle.

Er blieb nicht auf den Eingangsstufen stehen, sondern ging rasch hinunter. Seine Seele, die von Entzücken erfüllt war, lechzte nach Freiheit, nach Raum, nach Weite. Über ihm wölbte sich hoch, unabsehbar hoch die Himmelskuppel, voll ruhig strahlender Sterne. Vom Zenith bis zum Horizont erstreckte sich die in zwei Bänder geteilte, blaß schimmernde Milchstraße. Eine kühle und bis zur Reglosigkeit stille Nacht hatte die Erde umfangen. Die weißen Türme und goldenen Kuppeln der Kirche leuchteten am saphirblauen Nachthimmel. Die prächtigen Herbstblumen auf den Beeten neben dem Hause waren eingenickt und schlummerten dem Morgen entgegen. Die irdische Stille schien mit der himmlischen zu verschmelzen, das Geheimnis der Erde sich mit dem der Sterne zu berühren ... Aljoscha stand, schaute, und plötzlich stürzte er zur Erde nieder.

Er wußte nicht, warum er sie umfing, er gab sich keine Rechenschaft darüber, warum es ihn so unwiderstehlich verlangte, sie zu küssen, die ganze Erde zu küssen, doch er küßte sie weinend und schluchzend, benetzte sie mit seinen Tränen und gelobte verzückt, sie zu lieben, sie in alle Ewigkeit zu lieben. »Benetze die Erde mit den Tränen deiner Freude und liebe diese Tränen ...« ertönte es in seiner Seele. Worüber weinte er? Oh, er weinte in seinem Entzücken sogar über diese Sterne, die ihm aus dem unendlichen Raum entgegenstrahlten, und »schämte sich nicht seiner Verzückung«. Ihm war, als spannten sich Fäden von all diesen zahllosen Welten Gottes bis in seine Seele und als bebte sie »In der Berührung mit anderen Welten«. Es verlangte ihn, allen alles zu vergeben und um Vergebung zu bitten, oh! nicht für sich, sondern für alle, für alles und jedes. »Für mich bitten andere«, erklang es wieder in seiner Seele. Doch mit jedem Augenblick fühlte er deutlicher, gleichsam zum Greifen deutlich, wie etwas, das fest und unerschütterlich war wie dieses Himmelsgewölbe, in seine Seele einzog. Ihm war, als bemächtigte sich seines Geistes eine Idee – für sein ganzes Leben und für alle Ewigkeit. Als schwacher Jüngling war er zur Erde niedergefallen, als ein für sein ganzes Leben gefestigter Kämpfer stand er auf und wurde sich dessen bewußt und fühlte es plötzlich in diesem Augenblick seines Entzückens. Und niemals, niemals mehr in seinem ganzen Leben konnte Aljoscha dieses Erlebnis vergessen. »Jemand hat in dieser Stunde meine Seele heimgesucht«, pflegte er später in festem Glauben an seine Worte zu sagen ...

Drei Tage später verließ er das Kloster, wie es den Worten seines verstorbenen Starez entsprach, der ihm befohlen hatte, »in der Welt zu leben«.

ACHTES BUCH

MITJA

I

Kusma Samsonow

Dmitrij Fjodorowitsch – dem Gruschenka, als sie in das neue Leben eilte, zusammen mit ihrem letzten Gruß hatte ausrichten lassen, er solle ewig der Stunde ihrer Liebe gedenken – war in diesem Augenblick, ohne von dem, was mit ihr geschehen war, etwas zu wissen, ebenfalls in großer Aufregung und Sorge. In den letzten zwei Tagen war er in einer so unvorstellbaren Verfassung gewesen, daß er, wie er später selbst sagte, eine Gehirnentzündung hätte bekommen können. Aljoscha hatte ihn am vorhergehenden Morgen nicht finden können, und Iwans Zusammenkunft mit ihm am selben Tage im Gasthaus war nicht zustande gekommen. Mitjas Wirtsleute verheimlichten auf seinen Befehl seinen Aufenthaltsort. Er aber rannte während dieser zwei Tage buchstäblich wie ein Besessener hin und her, »rang mit seinem Schicksal und suchte sich zu retten«, wie er sich später ausdrückte. Er verließ sogar in einer dringenden Angelegenheit auf einige Stunden eilig die Stadt, obwohl er Angst hatte, Gruschenka auch nur für die kürzeste Zeit aus dem Auge zu lassen. Alles das wurde später bis in die letzten Einzelheiten festgestellt und dokumentarisch belegt. Doch jetzt will ich nur die notwendigsten Tatsachen aus der Geschichte dieser zwei schrecklichen Tage seines Lebens anführen, die der furchtbaren und verhängnisvollen, so jäh über ihn hereinbrechenden Katastrophe vorausgingen.

Wenn Gruschenka ihn auch eine Stunde lang wirklich und aufrichtig geliebt hatte, so hatte sie ihn doch zugleich manchmal wahrhaft grausam und erbarmungslos gequält. Vor allem konnte er nichts von ihren Absichten erraten; etwas in Güte oder mit Gewalt aus ihr herauszulocken war unmöglich: sie wäre um keinen Preis dazu zu bewegen gewesen, sondern wäre nur böse geworden und hätte sich ganz von ihm abgewandt, darüber war er sich damals völlig im klaren. Er vermutete damals sehr richtig, daß auch sie in gewisser Weise mit sich ringe und ungewöhnlich unsicher sei, daß auch sie sich zu etwas entschließen wolle und es doch nicht könne, und beklommenen Herzens nahm er darum, übrigens nicht ohne Grund, an, daß sie ihn und seine Leidenschaft zuweilen geradezu hassen müsse. Vielleicht verhielt es sich wirklich so. Doch worüber Gruschenka sich eigentlich grämte, begriff er nicht. Für ihn bestand die Frage, die ihn quälte, nur in der Alternative: entweder er, Mitja, oder Fjodor Pawlowitsch. Hier ist nebenbei eine unleugbare Tatsache zu erwähnen: er war fest überzeugt, daß Fjodor Pawlowitsch Gruschenka eine rechtmäßige Ehe antragen werde (wenn er es nicht schon getan hatte), und glaubte keinen Augenblick daran, daß der alte Lüstling hoffe, mit nur dreitausend Rubel davonzukommen. Zu diesem Schluß war Mitja gelangt, weil er Gruschenka und ihren Charakter kannte. Gerade darum konnte es ihm auch zuweilen so vorkommen, als ob alle Qual Gruschenkas und ihre ganze Unentschlossenheit nur daher rührten, daß sie nicht wisse, wen von beiden sie wählen solle und wer von ihnen für sie vorteilhafter sei. Dagegen kam es ihm in jenen Tagen sonderbarerweise überhaupt nicht in den Sinn, an die baldige Rückkehr des »Offiziers«, jenes für Gruschenkas Leben so verhängnisvollen Mannes, dessen Ankunft sie mit solcher Aufregung und Angst erwartete, zu denken. Allerdings hatte Gruschenka ihm gegenüber in den allerletzten Tagen strengstes Stillschweigen darüber bewahrt. Er wußte jedoch durch sie selbst von dem Brief, den sie vor einem Monat von ihrem Verführer erhalten hatte, kannte auch zum Teil seinen Inhalt. Gruschenka hatte ihm damals in einer Anwandlung von Zorn diesen Brief gezeigt, doch zu ihrer Verwunderung hatte er ihm fast gar keine Bedeutung beigemessen. Es wäre schwer zu erklären weshalb: vielleicht einfach deshalb, weil er selber, niedergedrückt durch die Häßlichkeit und Abscheulichkeit seines Kampfes mit dem leiblichen Vater um dieses Weib, sich nichts vorstellen konnte, was furchtbarer und gefährlicher war, wenigstens damals nicht. An einen Bräutigam aber, der nach fünfjähriger Abwesenheit auf einmal von irgendwoher wieder aufgetaucht war, glaubte er einfach nicht, besonders nicht daran, daß er so bald kommen werde. Auch war in diesem ersten Brief des »Offiziers«, den Mitjenka zu Gesicht bekam, nur sehr unbestimmt von der Ankunft dieses neuen Nebenbuhlers die Rede: es war ein sehr unklarer, sehr schwülstiger Brief voller Gefühlsduselei. Ich muß hier erwähnen, daß Gruschenka ihm die letzten Zeilen des Briefes verheimlicht hatte, in denen mit etwas größerer Bestimmtheit von der Rückkehr die Rede war. Zudem erinnerte sich Mitjenka später, in jenem Augenblick so etwas wie eine unwillkürliche und stolze Verachtung für dieses Schreiben aus Sibirien in Gruschenkas Gesicht wahrgenommen zu haben. Seitdem hatte Gruschenka ihm von all ihren weiteren Beziehungen zu diesem neuen Nebenbuhler nichts mehr mitgeteilt. Auf diese Weise hatte er den Offizier allmählich ganz vergessen. Er dachte nur daran, daß – was dabei auch herauskommen und wie die Sache sich auch wenden mochte – sein endgültiger Zusammenstoß mit Fjodor Pawlowitsch nur zu nahe sei und noch vor allem anderen ausgefochten werden müsse. Mit bangem Herzen erwartete er jeden Augenblick eine Entscheidung Gruschenkas und glaubte immer, daß sie ganz überraschend, auf höhere Eingebung hin, getroffen werden würde. Sie würde plötzlich zu ihm sagen: Nimm mich, ich bin auf ewig die Deine! – und alles würde dann vorbei sein: er würde sie nehmen und sie ans Ende der Welt entführen. Oh, sofort würde er sie entführen, möglichst weit, weit weg, wenn auch nicht ans Ende der Welt, so doch irgendwohin ans andere Ende Rußlands; er würde sie dort heiraten und sich dort mit ihr unter anderem Namen niederlassen, so daß niemand etwas von ihnen wüßte, weder hier noch dort noch sonstwo. Dann, o dann würde sofort ein ganz neues Leben beginnen! Von diesem anderen, neuen, »tugendhaften« Leben (einem »unbedingt, unbedingt tugendhaften«) träumte er unablässig wie in Verzückung. Er sehnte sich nach dieser Auferstehung und Erneuerung. Die Sünde, in die er durch sein eigenes Verschulden geraten war, bedrückte ihn zu sehr, und wie so mancher in seiner Lage versprach er sich vor allem von einer Ortsveränderung viel: nur nicht mehr diese Menschen, nur nicht mehr diese Verhältnisse um sich haben, nur weg von diesem verfluchten Ort – und alles wird neu erstehen, alles wird anders werden! Das war es, woran er glaubte und wonach er sich sehnte.

Doch das alles galt nur für den Fall einer *glücklichen* Lösung der Frage. Es gab aber auch eine andere Lösung, er konnte sich auch einen anderen, furchtbaren Ausgang vorstellen. Auf einmal würde sie zu ihm sagen: Geh deines Weges, ich bin soeben mit Fjodor Pawlowitsch ins reine gekommen und heirate ihn, dich aber brauche ich nicht! – und dann . . . doch dann . . . Mitja wußte übrigens nicht, was dann sein würde, bis zur letzten Stunde wußte er es nicht, darin muß man ihm Glauben schenken. Bestimmte Absichten hatte er nicht, vor allem plante er kein Verbrechen. Er beobachtete, spionierte und quälte sich, bereitete sich aber nur auf einen glücklichen Ausgang vor. Jeden anderen Gedanken schüttelte er von sich ab. Doch da begann eine ganz andere Qual, es tauchte eine ganz neue und nebensächliche, aber ebenfalls verhängnisvolle und unlösbare Frage auf.

Wenn sie nämlich zu ihm sagte: Ich bin dein, bring mich fort von hier! – wie sollte er das dann machen? Wo sollte er die Mittel, wo das Geld dafür hernehmen? Gerade damals waren alle seine Einkünfte aus den Zahlungen Fjodor Pawlowitschs, die er im Laufe so vieler Jahre immer wieder erhalten hatte, völlig versiegt. Gewiß, Gruschenka hatte Geld, doch Mitja hatte in dieser Hinsicht auf einmal einen ungemeinen Stolz: aus eigener Kraft wollte er sie wegbringen, das neue Leben mit ihr auf eigene Kosten und nicht auf die ihren beginnen. Er konnte sich nicht einmal vorstellen, daß er imstande wäre, von ihr Geld anzunehmen, und empfand bei diesem Gedanken einen geradezu qualvollen Widerwillen. Über diese Tatsache will ich mich hier nicht weiter auslassen und sie nicht analysieren, sondern ich stelle lediglich fest: so war nun einmal seine seelische Verfassung in jenem Augenblick. Alles das konnte übrigens mittelbar und gleichsam unbewußt von seinen geheimen Gewissensqualen wegen des Geldes der Katerina Iwanowna herrühren, das er unterschlagen hatte: In den Augen der einen bin ich ein Schuft, und in den Augen der anderen würde ich sofort ebenfalls einer sein, dachte er damals, wie er später selber gestand. Auch wird Gruschenka, überlegte er weiter, wenn sie es erfährt, von einem solchen Schuft nichts wissen wollen. Woher also die Mittel nehmen, woher sich dieses verhängnisvolle Geld verschaffen? Andernfalls ist alles verloren, es wird nichts zustande kommen, allein darum, weil es mir an Geld gefehlt hat. O Schmach!

Ich greife jetzt vor: das war es ja gerade, daß er vielleicht wußte, wo er dieses Geld hätte hernehmen können, und vielleicht auch wußte, wo es lag. Genaueres will ich darüber noch nicht sagen, denn später wird sich alles aufklären. Doch darüber, worin sein Hauptunglück bestand, will ich mich, wenn auch nur andeutungsweise, äußern. Um diese Mittel, die irgendwo lagen, sich anzueignen, um *das Recht zu haben*, sie sich anzueignen, mußte er erst Katerina Iwanowna die dreitausend Rubel zurückgeben – denn sonst, so sagte sich Mitja, bin ich ein

Taschendieb, ein Schuft, und mein neues Leben will ich nicht als Schuft beginnen. Darum beschloß er, wenn es sein müßte, die ganze Welt auf den Kopf zu stellen, doch *vor allem* diese dreitausend unbedingt, was es auch kosten möge, Katerina Iwanowna zurückzugeben. Zu diesem Entschluß war er erst sozusagen in den letzten Stunden gekommen, nämlich nach seiner letzten Zusammenkunft mit Aljoscha, vor zwei Tagen, abends auf der Landstraße, nachdem Gruschenka Katerina Iwanowna beleidigt hatte. Mitja hatte sich Aljoschas Bericht darüber angehört, hatte zugegeben, daß er ein Schuft sei, und Aljoscha aufgetragen, das Katerina Iwanowna mitzuteilen, »wenn das sie trösten könne«. Als er sich damals, in jener Nacht, von seinem Bruder getrennt hatte, fühlte er in seiner Raserei, daß es für ihn besser wäre, »jemanden zu erschlagen und zu berauben, um nur die Schuld an Katja zurückzuzahlen. Möge ich lieber vor dem Ermordeten und Beraubten wie auch vor allen anderen Leuten als Mörder und Dieb dastehen und nach Sibirien geschickt werden, als daß Katja das Recht hätte zu sagen, ich hätte ihr die Treue gebrochen und ihr das Geld gestohlen; ich hätte ihr Geld dazu verwendet, um mit Gruschenka zu fliehen und mit ihr zusammen ein tugendhaftes Leben zu beginnen!« So hatte Mitja zähneknirschend gesprochen, und er konnte sich wirklich manchmal vorstellen, daß er am Ende eine Gehirnentzündung bekommen werde. Doch vorläufig rang er noch mit sich ...

Sonderbar: man sollte meinen, daß ihm bei einem solchen Entschluß nichts anderes mehr übrigblieb als Verzweiflung; denn wo sollte ein so armer Schlucker wie er plötzlich soviel Geld auftreiben? Und doch hoffte er während jener ganzen Zeit bis zuletzt, daß er sich diese dreitausend verschaffen werde, daß sie kommen, ihm auf irgendeine Weise von selbst zufliegen würden, sei es auch vom Himmel herab. Doch so pflegt es denen zu gehen, die wie Dmitrij Fjodorowitsch ihr ganzes Leben lang nur Geld auszugeben und zu verschwenden wissen, Geld, das sie ererbt haben, die aber davon, wie Geld erworben wird, keine Ahnung haben.

Gleich nachdem er sich vorgestern von Aljoscha getrennt hatte, war in seinem Kopf ein wahrer Wirbelsturm von phantastischen Ideen entstanden und hatte ihn ganz durcheinandergebracht. So kam es, daß er ein völlig unsinniges Unternehmen in Angriff nahm. Aber vielleicht kommen solchen Menschen wie ihm in einer derartigen Lage die unmöglichsten und phantastischsten Unternehmen gerade als die am ehesten möglichen vor. Er beschloß plötzlich, zu dem Kaufmann Samsonow, dem Gönner Gruschenkas, zu gehen, ihm einen »Plan« zu unterbreiten und sich auf diesen Plan hin von ihm auf einen Schlag die ganze benötigte Summe zu verschaffen. In wirtschaftlicher Hinsicht hielt er seinen Plan für völlig einwandfrei, er hatte nur Bedenken, wie Samsonow sein Unterfangen aufnehmen werde, falls er es nicht nur vom wirtschaftlichen Standpunkt aus betrachten sollte. Wenn Mitja diesen Kaufmann auch schon gesehen hatte, so war er doch mit ihm nicht näher bekannt und hatte mit ihm noch nie auch nur ein Wort gesprochen. Doch aus irgendeinem Grunde war er schon seit langem zu der Überzeugung gekommen, daß dieser alte Lüstling, der jetzt bereits mit einem Fuß im Grabe stand, vielleicht nichts dagegen haben werde, wenn Gruschenka ein neues Leben begänne und einen »verläßlichen Menschen« heiratete; ja, daß er sich nicht nur nicht widersetzen werde, sondern es auch selber wünschen und ihr dabei behilflich sein werde, wenn sich nur eine Gelegenheit böte. Aus Gerüchten oder auch aus irgendwelchen Äußerungen Gruschenkas mochte er geschlossen haben, daß der Alte möglicherweise ihn, Mitja, seinem Vater Fjodor Pawlowitsch als Mann für Gruschenka vorziehen werde. Vielleicht wird es vielen Lesern meiner Erzählung sehr wenig feinfühlig vorkommen, daß Dmitrij Fjodorowitsch auf eine solche Hilfe rechnete und sich mit der Absicht trug, die Braut sozusagen aus den Händen ihres Beschützers zu empfangen. Ich kann dazu nur das eine sagen, daß Gruschenkas Vergangenheit von Mitja als etwas endgültig Abgetanes angesehen wurde. Er blickte auf diese Vergangenheit mit unendlichem Mitleid und glaubte mit der ganzen Glut seiner Leidenschaft, Gruschenka werde, sobald sie ihm gesagt habe, daß sie ihn liebe und ihn heirate, sofort eine ganz andere Gruschenka werden; und er werde zugleich mit ihr ein ganz anderer Dmitrij Fjodorowitsch werden, jegliches Laster ablegen und nur noch Tugenden haben: sie würden beide einander vergeben und ihr Leben ganz von neuem beginnen. Was jedoch Kusma Samsonow anbelangte, so hielt er ihn für einen Mann, der wohl in Gruschenkas nun versunkener Vergangenheit eine verhängnisvolle Rolle gespielt, den sie jedoch nie geliebt hatte und der vor allem eben der Vergangenheit angehörte, für einen Mann, mit dem es vorbei war, so daß er jetzt überhaupt nicht mehr existierte. Zudem konnte Mitja ihn jetzt gar nicht mehr für einen

Mann ansehen, denn jeder in der Stadt wußte, daß Samsonow ein Wrack war und sozusagen nur noch väterliche Beziehungen zu Gruschenka unterhielt, keineswegs mehr solche wie früher, und zwar schon seit langem, schon seit fast einem Jahr. Das war, jedenfalls zum Teil, recht naiv von Mitja gedacht, denn er war bei all seinen Lastern ein sehr naiver Mensch. Gerade infolge dieser Naivität war er unter anderem auch ernstlich überzeugt, daß der alte Kusma, der sich schon rüstete, in eine andere Welt hinüberzugehen, wegen seiner früheren Beziehungen zu Gruschenka aufrichtige Reue empfinde und daß sie jetzt keinen ergebeneren Beschützer und Freund mehr habe als diesen harmlosen Alten.

Gleich am ersten Tage nach seinem Gespräch mit Aljoscha auf der Landstraße – nach dem Mitja fast die ganze Nacht nicht geschlafen hatte – erschien er gegen zehn Uhr morgens im Hause Samsonows und ließ sich bei ihm anmelden. Dieses Haus war ein altes, düsteres, sehr umfangreiches Bauwerk mit einem Seitenflügel und mit Nebengebäuden im Hof. Im unteren Stockwerk wohnten die zwei verheirateten Söhne Samsonows mit ihren Familien, seine hochbetagte Schwester und eine unverheiratete Tochter. Im Seitenflügel waren seine zwei Handlungsgehilfen untergebracht, von denen einer ebenfalls eine große Familie hatte. Die Söhne wie auch die Angestellten Samsonows lebten in ihren Räumlichkeiten sehr eingeengt, den ganzen oberen Stock des Hauses aber bewohnte der Alte allein und erlaubte nicht einmal, daß seine Tochter bei ihm wohnte, die ihn pflegte, so daß sie zu bestimmten Stunden und außerdem immer dann, wenn er sie gerade rufen ließ, zu ihm hinauflaufen mußte, obwohl sie seit langem an Atembeschwerden litt. Dieser obere Stock bestand aus einer Anzahl großer Prunkzimmer, die nach altherkömmlicher Kaufmannsart ausgestattet waren, mit langen, langweiligen Reihen plumper Lehnsessel und Stühle aus Mahagoni an den Wänden, mit Kristallüstern in Überzügen und mit blinden Spiegeln zwischen den Fenstern. Alle diese Zimmer waren unbewohnt, denn der kranke Alte hatte sich auf ein einziges kleines Zimmer beschränkt, auf sein abgelegenes kleines Schlafzimmer, wo ihn eine alte Magd bediente – sie trug ihr Haar mit einem Tuch umwickelt – und ein Bursche ihm zur Hand ging, der sich im Vorzimmer auf einer Truhe sitzend aufzuhalten pflegte. Wegen seiner angeschwollenen Beine konnte der Alte fast gar nicht mehr gehen, nur selten erhob er sich von seinem Ledersessel; die alte Magd faßte ihn dann unterm Arm und führte ihn ein- oder zweimal durch das Zimmer. Selbst dieser alten Frau gegenüber war er streng und wortkarg. Als man ihm meldete, daß »der Hauptmann« gekommen sei, gebot er sofort, ihn abzuweisen. Doch Mitja gab nicht nach und ließ sich nochmals anmelden. Kusma Kusmitsch fragte den Burschen genau aus: »Was für einen Eindruck macht er? Ist er nicht betrunken? Sucht er etwa Händel?« Und er erhielt zur Antwort: »Er ist nüchtern, will aber unter keinen Umständen wieder gehen.« Der Alte ließ ihn wieder abweisen. Da schrieb Mitja, der das alles vorausgesehen und für diesen Fall Papier und Bleistift mitgenommen hatte, in deutlicher Schrift auf ein Stückchen Papier nur eine einzige Zeile: »In sehr dringlicher Sache, die eng mit Agrafena Alexandrowna zusammenhängt«, und hieß es dem Alten überbringen. Der Alte dachte eine Weile nach, dann befahl er dem Burschen, den Gast in den Saal zu führen; die alte Magd aber schickte er zu seinem jüngeren Sohn hinunter mit dem Auftrag, sofort zu ihm heraufzukommen. Dieser jüngere Sohn, ein Mann von ungeheurem Wuchs und Bärenkräften, mit glattrasiertem Gesicht und in deutscher Kleidung (Samsonow selber trug einen langschößigen altrussischen Rock und einen Bart), erschien unverzüglich, und ohne ein Wort zu reden. Vor dem Vater zitterten sie alle. Der Vater hatte den jungen Mann nicht etwa aus Furcht vor dem Hauptmann rufen lassen, denn er war durchaus nicht ängstlich, sondern nur um für alle Fälle einen Zeugen zu haben. Begleitet von seinem Sohn, der ihn untergefaßt hatte, und dem Burschen, humpelte er schließlich in den Saal. Es ist anzunehmen, daß ihn neben anderem auch eine ziemliche Neugierde dazu bewog. Der Saal, in dem Mitja wartete, war ein riesengroßer, düsterer, todlangweiliger Raum mit zwei übereinander liegenden Fensterreihen, einer Empore, Wänden in imitiertem Marmor und drei großen Kristallüstern in Überzügen. Mitja saß auf einem Stuhl neben der Eingangstür und wartete in nervöser Ungeduld, was nun geschehen werde. Als der Alte in der gegenüberliegenden, etwa fünfundzwanzig Schritt von Mitjas Stuhl entfernten Tür erschien, sprang Mitja auf und ging ihm mit seinen langen, militärisch festen Schritten entgegen. Mitja war gut angezogen, er trug einen zugeknöpften Gehrock, hielt den runden steifen Hut in der Hand und hatte schwarze Handschuhe an, war also genauso gekleidet, wie er vor drei Tagen beim Starez zu der Familienzusammenkunft mit Fjodor

Pawlowitsch und den Brüdern erschienen war. Der Alte, der stehengeblieben war, erwartete ihn mit würdiger und strenger Miene, und Mitja bemerkte sofort, daß Samsonow ihn, während er auf ihn zuging, von Kopf bis Fuß musterte. Das Gesicht des Kusma Kusmitsch, das in der letzten Zeit stark aufgedunsen war, machte auf Mitja einen unheimlichen Eindruck: seine ohnehin schon dicke Unterlippe glich jetzt einem herabhängenden kleinen Fladen. Würdig und schweigend verneigte er sich vor dem Gast und wies ihm einen Sessel neben dem Sofa an, dann schickte er sich langsam, auf den Arm seines Sohnes gestützt und vor Schmerz ächzend, an, Mitja gegenüber auf dem Sofa Platz zu nehmen. Beim Anblick dieser Anstrengungen, die dem Alten starken Schmerz bereiten mußten, empfand Mitja in seinem Herzen sofort Reue und Beschämung, daß er in seiner Nichtigkeit einen so würdigen Mann belästigte.

»Womit kann ich Ihnen dienen, mein Herr?« fragte der Alte, nachdem er sich endlich gesetzt hatte, langsam, deutlich und streng, aber doch höflich.

Mitja zuckte zusammen, sprang halb auf, setzte sich aber wieder. Darauf fing er sofort laut, schnell, nervös, mit heftigen Handbewegungen und geradezu außer sich zu reden an. Es war deutlich zu erkennen, daß er am Ende seiner Kräfte war, sich verloren fühlte und nach einem letzten Ausweg suchte, daß er aber, wenn es ihm nicht gelänge, ihn zu finden, sich sofort ertränken würde. Alles das hatte der alte Samsonow wahrscheinlich im Nu begriffen, wenn auch sein Gesicht unverändert und kalt blieb wie das eines Götzen.

»Der sehr verehrte Kusma Kusmitsch wird gewiß schon des öfteren von meinen Streitigkeiten mit meinem Vater, Fjodor Pawlowitsch Karamasow, gehört haben, der mich um das Erbe meiner leiblichen Mutter gebracht hat ... da ja schon die ganze Stadt davon spricht ... denn hier reden doch alle von Dingen, die sie nichts angehen ... Außerdem hätte es auch durch Gruschenka ... ich bitte um Entschuldigung: durch Agrafena Alexandrowna ... die von mir hochverehrte und hochgeschätzte Agrafena Alexandrowna Ihnen zu Ohren kommen können«, begann Mitja und stockte schon nach den ersten Worten. Doch ich will hier nicht seine ganze Rede wörtlich wiedergeben, sondern nur ihren Inhalt. Es handle sich darum, sagte er, daß er, Mitja, sich schon vor drei Monaten in der Gouvernementsstadt mit einem Advokaten beraten habe, »mit einem berühmten Advokaten, Kusma Kusmitsch, mit Pawel

Pawlowitsch Korneplodow. Sie werden wahrscheinlich schon von ihm gehört haben? Ein sehr gescheiter Mann, von geradezu staatsmännischer Klugheit ... er kennt auch Sie ... er äußerte sich sehr vorteilhaft über Sie ...« Hier stockte Mitja zum zweitenmal. Doch diese Stockungen waren für ihn kein unüberwindliches Hindernis, er setzte sich über sie hinweg und redete eilig immer weiter. Dieser Korneplodow habe, nachdem er ihn, Mitja, genau ausgefragt und die vorgelegten Schriftstücke durchgesehen habe (von den Schriftstücken sprach Mitja sehr unklar und besonders flüchtig), sich dahin geäußert, daß man wegen des Landgutes Tschermaschnja, das mütterlicherseits Mitja zukäme, tatsächlich einen Prozeß beginnen und dadurch den alten Flegel überrumpeln könne ... »denn es sind ja nicht alle Türen verschlossen, und die Justiz weiß schon, wo man durchschlüpfen kann!« Kurz und gut, man könne auf eine Nachzahlung von sechstausend, ja sogar siebentausend Rubel von seiten Fjodor Pawlowitschs hoffen; denn Tschermaschnja sei immerhin nicht weniger als fünfundzwanzigtausend wert, das heißt sicherlich achtundzwanzig ... »Dreißig, dreißig, Kusma Kusmitsch, ich aber, stellen Sie sich das vor, habe aus diesem hartherzigen Menschen nicht einmal siebzehn herausholen können! ... Da habe ich nun damals die Angelegenheit auf sich beruhen lassen, denn ich verstehe nichts von Gerichtssachen und war, als ich hierher zurückkam und von einer Gegenklage meines Vaters erfuhr, wie vor den Kopf geschlagen.« Hier verhaspelte sich Mitja von neuem und sprang wieder jäh auf etwas anderes über. »Kurz und gut, wollen Sie vielleicht, sehr verehrter Kusma Kusmitsch, alle meine Ansprüche gegen diesen Unmenschen übernehmen und mir dafür nur dreitausend Rubel geben ... Sie können ja dabei in keinem Fall etwas verlieren, das schwöre ich Ihnen bei meiner Ehre, sondern ganz im Gegenteil, Sie können sechs- bis siebentausend gewinnen statt der dreitausend ... Die Hauptsache aber ist, daß man das heute noch erledigt. Ich werde Ihnen beim Notar, oder wie macht man das ... Kurzum, ich bin zu allem bereit, werde Ihnen alle Unterlagen übergeben, die Sie verlangen, werde alles unterschreiben ... und wir würden dieses Schriftstück sofort aufsetzen, wenn möglich, wenn nur irgend möglich, noch heute morgen ... Sie würden mir die dreitausend geben ... denn wer in diesem Städtchen könnte sich mit Ihnen als Kapitalist vergleichen ... und Sie würden mich dadurch retten vor ... mit einem Wort, Sie würden meinen armen Kopf retten für eine hochedle Sache, man kann sogar sagen, für eine erhabene Sache ... denn ich hege die edelsten Gefühle für eine gewisse Dame, die Sie nur zu gut kennen und für die Sie väterlich sorgen. Ja, väterlich, sonst wäre ich gar nicht gekommen. Hier sind, wenn Sie so wollen, drei mit den Köpfen zusammengestoßen, denn das Schicksal ist ein Ungeheuer, Kusma Kusmitsch! So ist die Wirklichkeit, Kusma Kusmitsch, ja, so ist die Wirklichkeit! Und da man Sie schon seit langem ausschließen muß, bleiben nur noch zwei Köpfe – ich habe mich vielleicht etwas ungeschickt ausgedrückt, doch ich bin nun einmal kein Schriftsteller. Das heißt, der eine Kopf ist der meine, und der andere ist der dieses Unmenschen. Wählen Sie also: entweder ich oder dieser Unmensch. Alles liegt jetzt in Ihrer Hand – drei Schicksale und zwei Lose . . . Verzeihen Sie, ich bin aus dem Konzept geraten, doch Sie verstehen schon ... ich sehe es an Ihren verehrten Augen, daß Sie verstanden haben ... Und wenn Sie nicht verstanden haben, ertränke ich mich heute noch, so steht es!«

Mit diesem: »So steht es!« brach Mitja seine unsinnige Rede ab, sprang von seinem Platz auf und erwartete eine Antwort auf seinen törichten Vorschlag. Beim letzten Satz hatte er plötzlich gefühlt, daß alles umsonst war, daß er vor allem einen furchtbaren Unsinn zusammengeredet hatte. Sonderbar, als ich hierher unterwegs war, kam mir alles noch vernünftig vor, jetzt aber ist alles Unsinn! fuhr es ihm in seiner Hoffnungslosigkeit durch den Kopf. Solange er sprach, hatte der Alte regungslos dagesessen und ihn mit eisigem Blick beobachtet. Nachdem er ihn etwa eine Minute lang hatte warten lassen, sagte Kusma Kusmitsch in höchst entschiedenem, kaltem Ton: »Entschuldigen Sie, mit solchen Sachen befasse ich mich nicht.«

Mitja fühlte, wie ihm die Knie wankten.

»Was soll ich denn jetzt anfangen, Kusma Kusmitsch?« murmelte er mit einem schwachen Lächeln. »Was glauben Sie, jetzt bin ich doch verloren!«

»Entschuldigen Sie ...«

Mitja stand immer noch da und starrte den Alten an, doch plötzlich bemerkte er, daß sich in dessen Gesicht etwas veränderte. Er zuckte zusammen.

»Sehen Sie, mein Herr, solche Sachen liegen mir nicht«, sagte der Alte langsam, »da bekommt man es mit dem Gericht und mit Advokaten zu tun, es ist ein wahres Elend! Doch wenn

Sie wollen, so gibt es einen Mann, an den Sie sich wenden könnten ...«

»Mein Gott, wer ist es denn? ... Sie richten mich wieder auf, Kusma Kusmitsch!« stammelte Mitja.

»Er ist nicht hier ansässig, dieser Mann, auch ist er zur Zeit nicht hier. Er kommt aus dem Bauernstande, handelt mit Holz und hat den Spitznamen Ljagawyj. Schon seit einem Jahr verhandelt er mit Fjodor Pawlowitsch wegen des Waldes von Tschermaschnja, doch sie können sich nicht über den Preis einigen, vielleicht haben Sie davon gehört. Jetzt ist er gerade wieder hingefahren und beim Priester von Iljinskoje abgestiegen, von der Station Wolowja wird das etwa zwölf Werst entfernt sein. Er hat auch an mich in dieser Sache geschrieben, das heißt wegen des Waldes, und mich um Rat gebeten. Fjodor Pawlowitsch will selber zu ihm hinfahren. Wenn Sie also Fjodor Pawlowitsch zuvorkämen und dem Ljagawyj das gleiche vorschlügen wie mir, so könnte er vielleicht ...«

»Ein genialer Gedanke!« unterbrach Mitja ihn begeistert. »Gerade ihm, gerade ihm muß man das in die Hand geben! Er verhandelt, man verlangt von ihm einen zu hohen Preis, und gerade da bekommt er den Besitztitel in die Hände, hahaha!« Und Mitja brach so unerwartet in sein kurzes, hölzernes Lachen aus, daß sogar Samsonow mit dem Kopf zuckte. »Wie soll ich es Ihnen nur danken, Kusma Kusmitsch!« sprudelte Mitja hervor.

»Nicht der Rede wert«, entgegnete Samsonow und neigte den Kopf.

»Sie wissen gar nicht – Sie haben mich gerettet! Oh, eine Vorahnung hat mich zu Ihnen getrieben ... Also auf zu diesem Priester!«

»Nicht des Dankes wert.«

»Ich eile, ich fliege. Ich habe auf Ihren Gesundheitszustand zu wenig Rücksicht genommen. Mein Lebtag werde ich es Ihnen nicht vergessen, ein echter Russe sagt Ihnen das, Kusma Kusmitsch, ein echter R-russe!«

»So, so!«

Mitja wollte schon die Hand des Alten ergreifen, um sie zu schütteln, doch da blitzte etwas Böses in dessen Augen auf. Mitja zog seine Hand zurück, machte sich aber sofort Vorwürfe wegen seines Argwohns. Er ist müde ... ging es ihm durch den Sinn.

»Für *sie!* Für *sie*, Kusma Kusmitsch! Sie verstehen mich doch, für *sie* tue ich das!« rief er plötzlich schrill durch den ganzen Saal, verbeugte sich, wandte sich jäh um und ging mit denselben raschen langen Schritten wie vorhin, ohne sich umzudrehen, dem Ausgang zu. Er zitterte vor Begeisterung. Alles war ja schon fast verloren, doch mein Schutzengel hat mich gerettet! fuhr es ihm durch den Kopf. Wenn schon ein solcher Geschäftsmann wie dieser Alte – ein hochedler Greis, und welch eine Haltung! – mir diesen Weg gewiesen hat, so wird ... so wird der Weg natürlich zum Ziele führen! Ich muß sofort hineilen. Noch vor Nacht bin ich wieder zurück, oder in der Nacht, doch die Sache ist gewonnen. Der Alte kann sich doch nicht über mich lustig gemacht haben? Alles das hielt Mitja sich vor Augen, während er auf seine Wohnung zuschritt. Er konnte es sich auch gar nicht anders vorstellen. Entweder war es ein sachlicher Rat, noch dazu der eines Geschäftsmanns, der Sachkenntnis besaß und diesen Ljagawyj – ein sonderbarer Familienname! – kannte, oder ... oder der Alte hatte sich über ihn lustig gemacht! O weh, der letzte Gedanke war der einzig richtige. Später, erst lange Zeit danach, als die ganze Katastrophe schon hereingebrochen war, gestand der alte Samsonow selber lachend, daß er sich damals über den »Hauptmann« lustig gemacht habe. Er war ein boshafter, kalter und spöttischer Mensch, außerdem voll krankhafter Abneigungen. Ich weiß nicht, was eigentlich den Alten damals zu seinem Spiel bewogen hat: war es die begeisterte Miene des Hauptmanns oder die dumme Überzeugung dieses »Vergeuders und Verschwenders«, daß er, Samsonow, auf etwas so Blödsinniges wie seinen Plan hereinfallen könne, oder Eifersucht Gruschenkas wegen, um derentwillen dieser »Strolch« unter irgendeinem albernen Vorwand bei ihm hatte Geld aufnehmen wollen? In dem Augenblick jedenfalls, da Mitja vor ihm stand und fühlte, wie ihm die Knie wankten, und er entgeistert ausrief, daß er verloren sei – in diesem Augenblick sah der Alte ihn mit grenzenloser Bosheit an und nahm sich vor, ihn zum besten zu halten. Als Mitja hinausgegangen war, wandte sich Kusma Kusmitsch, bleich vor Zorn, an seinen Sohn und befahl ihm, dafür zu sorgen, daß dieser Strolch ihm hinfort nie mehr unter die Augen käme, man solle ihn auch nicht in den Hof lassen, sonst ...

Er sprach seine Drohung nicht aus, aber sogar der Sohn, der ihn doch oft zornig gesehen hatte, zuckte vor Schreck zusammen. Noch eine volle Stunde später zitterte der Alte vor Wut am ganzen Leibe; gegen Abend erkrankte er und ließ den Arzt holen.

2

Ljagawyj

Nun mußte also »Galopp gemacht« werden, doch Mitja hatte kein Geld, um die Postpferde zu bezahlen; er besaß nur noch zwei Zwanzigkopekenstücke, und das war alles, was ihm nach so vielen Jahren des Wohlstandes geblieben war! Doch bei ihm zu Hause lag noch eine silberne Taschenuhr, die schon längst nicht mehr ging. Er nahm sie und brachte sie zu einem jüdischen Uhrmacher, der auf dem Marktplatz einen kleinen Laden hatte. Der gab ihm dafür sechs Rubel. »Soviel hätte ich gar nicht erwartet!« rief Mitja entzückt (er war immer noch in gehobener Stimmung), nahm seine sechs Rubel und lief heim. Zu Hause ergänzte er diesen Betrag, indem er sich von seinen Wirtsleuten drei Rubel borgte, die sie ihm mit Vergnügen gaben, obwohl es ihr letztes Geld war – so gern hatten sie ihn. In seiner gehobenen Stimmung eröffnete Mitja ihnen sofort, daß sich nun sein Schicksal entscheide, und setzte ihnen – in größter Eile, versteht sich – fast seinen ganzen »Plan« auseinander, den er soeben Samsonow unterbreitet hatte, und er erzählte von dem Rat Samsonows, von seinen eigenen Zukunftshoffnungen und so weiter und so weiter. Seine Wirtsleute waren auch vordem schon in viele seiner Geheimnisse eingeweiht gewesen, darum betrachteten sie Mitja als einen ihresgleichen und nicht als einen stolzen »gnädigen Herrn«. Nachdem Mitja auf diese Weise neun Rubel aufgetrieben hatte, schickte er nach Postpferden, um zur Station Wolowja zu fahren. Doch dadurch kam es, daß sich später einige Leute auch der Tatsache entsinnen konnten, daß Mitja »am Tage vor einem gewissen Ereignis noch mittags keine Kopeke besessen hatte und daß er, um sich Geld zu verschaffen, seine Uhr verkauft und von seinen Wirtsleuten drei Rubel geborgt hatte, was alles vor Zeugen geschehen war«.

Ich vermerke das im voraus, später wird man verstehen warum.

Während Mitja im Galopp zur Station Wolowja fuhr, strahlte er zwar vor freudigem Vorgefühl, daß er »all diese Sachen« nun endlich entwirren und erledigen werde, doch trotzdem zitterte er zugleich vor Angst. Was würde in seiner Abwesenheit mit Gruschenka geschehen? Wie, wenn sie sich nun gerade heute entschlösse, endlich zu Fjodor Pawlowitsch zu gehen? Daher war er auch weggefahren, ohne ihr etwas davon zu sagen, und hatte seinen Wirtsleuten befohlen, unter keinen Umständen zu verraten, wo er stecke, falls jemand kommen und nach ihm fragen sollte. Ich muß unbedingt, unbedingt bis heute abend zurück sein, sagte er, während er in der Postkutsche hin und her geschüttelt wurde, immer wieder vor sich hin, und diesen Ljagawyj sollte ich am Ende gleich mitnehmen ... um mit ihm den Vertrag abzuschließen ... So träumte Mitja beklommenen Herzens, doch – o weh! – seine Träume sollten sich nicht gemäß seinem »Plan« verwirklichen.

Erstens verspätete er sich, da er von der Station Wolowja auf einem Feldweg weiterfuhr. Es stellte sich heraus, daß der Feldweg nicht zwölf, sondern achtzehn Werst lang war. Zweitens traf er den Priester von Iljinskoje nicht zu Hause an: er war in ein benachbartes Dorf gefahren. Mitja jagte ihm, immer noch mit den gleichen, abgehetzten Pferden, in dieses Nachbardorf nach, und bis er ihn dort fand, war es schon fast Nacht. Der Priester, dem Äußeren nach ein schüchterner und freundlicher Mann, erklärte ihm sofort, dieser Ljagawyj sei zwar zuerst bei ihm abgestiegen, halte sich jedoch jetzt in Suchoj Posjolok auf und übernachte heute dort in der Hütte des Waldhüters, weil er auch da wegen eines Waldes verhandle. In Mitjas inständige Bitten, ihn sofort zu Ljagawyj zu führen und ihn »dadurch sozusagen zu retten«, willigte der Priester, wenn auch erst nach einigem Zögern, schließlich ein, da er augenscheinlich neugierig war. Doch unglücklicherweise riet er Mitja, zu Fuß hinzugehen, da es bis dorthin nur etwas mehr als eine Werst sei. Mitja war selbstverständlich damit einverstanden und holte mit seinen langen Schritten so weit aus, daß der arme Priester fast hinter ihm herlaufen mußte. Er war ein noch nicht bejahrter, jedoch sehr vorsichtiger Mann. Mitja fing sofort auch mit ihm ein Gespräch über seine Pläne an, verlangte leidenschaftlich und nervös Ratschläge hinsichtlich Ljagawyjs und redete während des ganzen Weges. Der Priester hörte aufmerksam zu, gab aber wenig Ratschläge. Auf Mitjas Fragen antwortete er ausweichend: »Ich weiß es nicht, ach, ich weiß es nicht, wie sollte ich das denn wissen«, und so weiter. Als Mitja auf seine Streitigkeiten mit dem Vater wegen der Erbschaft zu sprechen kam, erschrak der Priester sogar, denn er war von Fjodor Pawlowitsch abhängig. Er erkundigte sich übrigens verwundert, warum Mitja diesen handeltreibenden Bauern Gorstkin »Ljagawyj« nenne, und erklärte mit Bestimmtheit, daß er zwar diesen Spitznamen habe, aber nicht so heiße und sich durch diesen Spitznamen sehr beleidigt fühle; darum müsse Mitja ihn unbedingt mit Gorstkin anreden; »sonst werden Sie bei ihm nichts ausrichten, und er wird Sie überhaupt nicht anhören«, schloß der Priester. Mitja war einen Augenblick lang etwas verwundert und erklärte, Samsonow selbst habe ihn so genannt. Als der Priester das hörte, lenkte er das Gespräch sofort auf etwas anderes, obwohl er gut daran getan hätte, Dmitrij Fjodorowitsch gleich damals seine Vermutung mitzuteilen, daß Samsonow, als er ihn zu diesem Bauern schickte und ihn dabei Ljagawyj nannte, sich vielleicht aus irgendeinem Grunde über Mitja habe lustig machen wollen und daß hier vielleicht irgend etwas nicht mit rechten Dingen zugehe. Doch Mitja hatte keine Zeit, sich »mit solchen Kleinigkeiten« aufzuhalten. Er marschierte eilig weiter, und erst als sie schon in Suchoj Posjolok waren, kam er darauf, daß sie nicht nur eine Werst, auch nicht anderthalb, sondern sicherlich drei Werst gegangen waren; das ärgerte ihn, doch er fügte sich darein. Sie betraten die Hütte. Der Waldhüter, ein Bekannter des Priesters, wohnte in der einen Hälfte der Hütte, in der anderen, der guten Stube jenseits des Flurs, hatte Gorstkin sich häuslich niedergelassen. Sie gingen in die gute Stube und zündeten eine Talgkerze an. Die Stube war überheizt. Auf dem Föhrenholztisch standen ein erloschener Samowar, daneben ein Tablett mit Tassen, eine leere Rumflasche, eine Flasche mit einem Schluck Branntwein und Reste von Weizenbrot. Der Gast selber lag ausgestreckt auf einer Bank, die zusammengeknüllten Oberkleider statt eines Kissens unter dem Kopf, und schnarchte laut. Mitja blieb unschlüssig stehen. »Man muß ihn natürlich wecken: meine Sache ist zu wichtig, ich habe mich so beeilt und muß heute noch schnellstens zurückkehren«, sagte Mitja beunruhigt; doch der Priester und der Waldhüter standen stumm da, ohne ihre Meinung zu äußern. Mitja ging zu dem Schläfer hin und versuchte ihn zu wecken; er machte sich energisch ans Werk, doch der Schläfer wachte nicht auf. »Er ist betrunken«, entschied Mitja, »was soll ich nur anfangen, mein Gott, was soll ich nur anfangen?« Und plötzlich begann er in seiner grenzenlosen Ungeduld den Schläfer an Händen und Füßen zu zerren, ihm den Kopf zu beuteln, ihn aufzurichten und auf die Bank zu setzen; und dennoch erreichte er nach langen Bemühungen nur, daß der Mann sinnlose Worte zu brummen und heftig, wenn auch undeutlich zu schimpfen anfing.

»Nein, warten Sie lieber ein wenig«, sagte schließlich der Priester, »denn er ist offensichtlich nicht imstande . . .«

»Er hat den ganzen Tag getrunken«, meinte der Waldhüter.

»Mein Gott!« rief Mitja, »wenn Sie nur wüßten, wie notwendig ich ihn sprechen muß und wie verzweifelt ich jetzt bin!«

»Nein, Sie sollten lieber bis zum Morgen warten«, wiederholte der Priester.

»Bis zum Morgen? Aber ich bitte Sie, das ist unmöglich!« Und in seiner Verzweiflung hätte er sich fast wieder auf den Betrunkenen gestürzt, um ihn zu wecken, ließ aber sofort davon ab, da er die Nutzlosigkeit all seiner Bemühungen einsah. Der Priester schwieg, der Waldhüter machte eine finstere Miene.

»Vor welche furchtbaren Tragödien die Wirklichkeit die Menschen stellt!« sagte Mitja völlig verzweifelt. Der Schweiß rann ihm vom Gesicht. Der Priester nutzte den Augenblick und legte sehr vernünftig dar, daß der Schläfer, selbst wenn es gelänge, ihn zu wecken, doch zu keinem Gespräch fähig sein werde, da er betrunken sei. »Und da Ihre Sache so wichtig ist, wäre es richtiger, das Gespräch bis zum Morgen aufzuschieben . . .« fügte er hinzu. Mitja zuckte mit den Achseln und fügte sich.

»Ich werde mit der Kerze hierbleiben, Ehrwürden, und den Augenblick zu erhaschen suchen. Sobald er aufwacht, fange ich an . . . Die Kerze bezahle ich dir«, wandte er sich an den Waldhüter, »die Unterkunft ebenfalls, du sollst Dmitrij Karamasow in gutem Andenken behalten. Nur weiß ich nicht, Ehrwürden, was ich mit Ihnen machen soll: wo werden Sie sich hinlegen?«

»Nein, ich will lieber nach Hause gehen. Ich werde auf seiner Stute heimreiten«, sagte der Priester und deutete auf den Waldhüter. »Leben Sie wohl, ich wünsche Ihnen vollen Erfolg.«

Dabei blieb es dann auch. Der Priester ritt auf der Stute davon, froh darüber, daß er sich endlich losgemacht hatte; dennoch schüttelte er beunruhigt den Kopf und überlegte, ob er nicht morgen rechtzeitig seinen Gönner Fjodor Pawlowitsch von diesem interessanten Vorfall benachrichtigen solle. Sonst erfährt er es womöglich auf einem anderen Wege, wird mir böse und stellt seine Wohltaten ein, dachte er. Der Waldhüter kratzte sich am Kopf und ging, ohne etwas zu sagen, in seine Kammer. Mitja setzte sich auf eine Bank, um – wie er sich ausgedrückt hatte – »den Augenblick zu erhaschen«. Tiefe Melancholie legte sich gleich einem dichten Nebel über seine Seele. Tiefe, furchtbare Melancholie! Er saß da, dachte nach, konnte aber zu keinem Ergebnis kommen. Die Kerze brannte herunter, ein Heimchen zirpte, in dem stark geheizten Zimmer wurde es unerträglich stickig. Plötzlich sah er einen Garten vor sich, den rückwärtigen Eingang des Gartens, im Hause seines Vaters öffnete sich geheimnisvoll eine Tür, und durch die Tür schlüpfte Gruschenka hinein ... Er sprang von der Bank auf.

»Eine Tragödie!« sagte er zähneknirschend, ging mechanisch zu dem Schläfer hin und betrachtete sein Gesicht. Er war ein hagerer, noch nicht alter Bauer mit langem Gesicht, dunkelblonden Locken und mit einem langen, schütteren rötlichen Bart; er hatte ein Kattunhemd an und darüber eine schwarze Weste, aus deren Tasche die Kette einer silbernen Uhr herausschaute. Mitja betrachtete dieses Gesicht mit furchtbarem Haß, und es erfüllte ihn aus irgendeinem Grunde mit besonderem Widerwillen, daß der Mann Locken hatte. Vor allem aber kränkte es ihn unerträglich, daß er, Mitja, nun mit seiner unaufschiebbaren Sache ganz abgehetzt vor ihm stand, nachdem er soviel Opfer gebracht, soviel ausgestanden hatte, während dieser Tagedieb, von dem jetzt sein ganzes Schicksal abhing, schnarchte, als wäre nichts geschehen und als befände er sich auf einem anderen Planeten. »O Ironie des Schicksals!« rief Mitja und stürzte sich, da er völlig den Kopf verloren hatte, wieder auf den betrunkenen Bauern, um ihn zu wecken. Er versuchte es in einer Art von Raserei, zerrte an ihm, stieß ihn, schlug ihn sogar; doch nachdem er sich fünf Minuten lang mit ihm abgemüht und wieder nichts erreicht hatte, kehrte er in ohnmächtiger Verzweiflung zu seiner Bank zurück und setzte sich.

»Wie dumm, wie dumm!« rief er. »Und ... wie schändlich ist das alles!« fügte er aus irgendeinem Grunde hinzu. Er bekam schreckliche Kopfschmerzen. Soll ich es etwa ganz aufgeben? Wieder wegfahren? schoß es ihm durch den Kopf. Nein, ich warte doch bis zum Morgen. Nun bleibe ich erst recht, ja, erst recht! Wozu bin ich denn schließlich hergekommen? Auch sind ja keine Pferde da, wie sollte ich also jetzt von hier wegfahren? Oh, welch ein Unsinn!

Seine Kopfschmerzen wurden jedoch immer stärker. Reglos saß er da, und ehe er sich dessen versah, war er eingeschlummert und schließlich im Sitzen fest eingeschlafen. Offenbar hatte er zwei Stunden oder noch länger geschlafen. Er erwachte von einem Kopfschmerz, der so unerträglich war, daß er hätte schreien mögen. In seinen Schläfen hämmerte es, sein Scheitel schmerzte. Als er erwacht war, konnte er noch eine geraume Weile nicht zu sich kommen und nicht begreifen, was mit ihm geschehen war. Endlich kam er darauf, daß in dem überheizten Zimmer ein schrecklicher Kohlendunst herrschte und daß er leicht hätte sterben können. Der betrunkene Bauer lag immer noch da und schnarchte; die Kerze war ganz heruntergebrannt und nahe am Erlöschen. Mitja schrie auf und stürzte wankend durch den Flur in die Kammer des Waldhüters. Der erwachte sogleich, doch als er hörte, daß die andere Stube ganz voll Kohlendunst sei, ging er zwar hin, um die nötigen Vorkehrungen zu treffen, nahm aber die Tatsache sonderbar gleichmütig auf, was Mitja wunderte und kränkte.

»Wenn er aber gestorben ist, wenn er tot ist, was dann ... was dann?« rief Mitja ganz außer sich.

Sie öffneten die Tür, ein Fenster, das Ofenrohr. Mitja schleppte aus dem Flur einen Eimer Wasser herbei, benetzte zuerst sich selber den Kopf, fand dann irgendeinen Lappen, tauchte ihn ins Wasser und legte ihn dem Ljagawyj auf den Kopf. Der Waldhüter jedoch verhielt sich immer noch diesem ganzen Vorfall gegenüber geradezu verächtlich, und als er das Fenster geöffnet hatte, sagte er mürrisch: »Schon gut«, und ging wieder schlafen, nachdem er Mitja eine brennende Blechlaterne zurückgelassen hatte. Mitja machte sich noch etwa eine halbe Stunde lang mit dem vom Kohlengas betäubten Trunkenbold zu schaffen, indem er ihm immerzu den Kopf benetzte, und beabsichtigte schon im Ernst, die ganze Nacht hindurch wach zu bleiben, doch ermattet setzte er sich für einen Augenblick hin, um Atem zu holen, und im selben Augenblick fielen ihm auch schon die Augen zu, und sogleich streckte er sich unwillkürlich auf der Bank aus und schlief ein wie ein Toter.

Er erwachte sehr spät. Es war schon ungefähr neun Uhr. Die Sonne schien hell zu den zwei kleinen Fenstern der Stube herein. Der lockige Bauer von gestern saß auf der Bank und hatte bereits seinen langschößigen altrussischen Rock angezogen. Vor ihm standen ein brodelnder Samowar und eine neue Flasche Branntwein. Die alte von gestern war schon ausgetrunken und die neue mehr als zur Hälfte geleert. Mitja sprang auf und ahnte sofort, daß der verdammte Bauer wieder betrunken sei, schwer und hoffnungslos betrunken. Mitja sah ihn etwa eine Minute lang mit weit aufgerissenen Augen an. Der Bauer betrachtete ihn stumm und verschmitzt, mit beleidigender Ruhe, ja, wie es Mitja schien, geradezu mit verächtlichem Hochmut. Mitja stürzte auf ihn zu.

»Erlauben Sie, sehen Sie ... ich ... Sie werden es wahrscheinlich von dem Waldhüter drüben in der Kammer schon gehört haben: ich bin der Leutnant Dmitrij Karamasow, der Sohn des alten Karamasow, mit dem Sie wegen des Waldes zu verhandeln belieben ...«

»Da lügst du«, sagte fest, ruhig und deutlich der Bauer.

»Wieso lüge ich? Sie belieben doch Fjodor Pawlowitsch zu kennen?«

»Deinen Fjodor Pawlowitsch beliebe ich gar nicht zu kennen«, sagte der Bauer mit schwerfällig lallender Zunge.

»Wegen des Waldes ... Sie verhandeln doch wegen des Waldes mit ihm, wachen Sie doch auf, kommen Sie zur Besinnung. Der Priester Pawel von Iljinskoje hat mich hergeführt ... Sie haben an Samsonow geschrieben, und er hat mich zu Ihnen geschickt ...« keuchte Mitja.

»Du lügst!« wiederholte Ljagawyj deutlich. Mitja fühlte, wie seine Füße zu Eis erstarrten.

»Ich bitte Sie, das ist doch kein Scherz! Sie haben vielleicht einen Rausch. Sie können doch schließlich reden, begreifen ... sonst ... sonst verstehe ich nichts!«

»Du bist ein Färber!«

»Aber ich bitte Sie, ich bin Karamasow, Dmitrij Karamasow, ich will Ihnen einen Vorschlag machen ... einen vorteilhaften Vorschlag ... einen sehr vorteilhaften Vorschlag ... gerade wegen des Waldes.«

Der Bauer strich sich würdig den Bart.

»Nein, du hast eine Lieferung übernommen und dich dabei als Schurke gezeigt. Ein Schurke bist du!«

»Ich versichere Ihnen, Sie täuschen sich!« Mitja rang verzweifelt die Hände. Der Bauer strich sich noch immer den Bart und kniff auf einmal verschmitzt die Augen zusammen.

»Nein, zeige mir folgendes: zeige mir solch ein Gesetz, nach dem es erlaubt ist, Schweinereien zu machen, hörst du? Du bist ein Schurke, verstehst du?«

Mitja wich mit finsterer Miene zurück, und auf einmal war ihm, als ob ihm »etwas vor die Stirn schlüge«, wie er sich später ausdrückte. Im Nu kam eine Erleuchtung über ihn, »ein Licht ging mir auf, und ich begriff alles«. Erstarrt stand er da und konnte es nicht fassen, wie er als doch kluger Mann auf einen solchen Unsinn hatte hereinfallen, in solch ein Abenteuer hatte hineintapsen können und wie er sich fast volle vierundzwanzig Stunden mit all dem hatte befassen, sich mit diesem Ljagawyj hatte abgeben und ihm hatte den Kopf benetzen können... Na, der Kerl ist betrunken, sinnlos betrunken, und wird noch eine Woche lang in einem Zuge weitersaufen – wozu soll ich da noch warten? sagte er sich. Und wie, wenn Samsonow mich absichtlich hergeschickt hätte? Und wie, wenn *sie*... O du mein Gott, was habe ich da angerichtet!...

Der Bauer saß da, betrachtete ihn und lächelte. Unter andern Umständen hätte Mitja diesen Dummkopf vielleicht aus Wut erschlagen, doch jetzt war er schwach wie ein Kind. Still ging er zur Bank, nahm seinen Mantel, zog ihn schweigend an und verließ die Stube. In der anderen Hälfte der Hütte fand er den Waldhüter nicht vor, es war niemand da. Er nahm etwa fünfzig Kopeken Kleingeld aus der Tasche und legte sie auf den Tisch, für die Übernachtung, für die Kerze und für die Belästigung. Als er die Hütte verlassen hatte, sah er, daß ringsum nichts als Wald war. Er ging aufs Geratewohl weiter, ohne zu wissen, wohin er sich von der Hütte wenden mußte – ob nach rechts oder nach links; als er gestern nacht mit dem Priester hierhergeeilt war, hatte er sich den Weg nicht gemerkt. Er empfand gegen niemanden Rachedurst in seiner Seele, nicht einmal gegen Samsonow. Er schritt auf dem schmalen Waldpfad dahin, stumpfsinnig und wie verloren, mit einer »verlorenen Idee«, und kümmerte sich gar nicht darum, wohin er ging. Ein Kind hätte ihn überwältigen können, so schwach war er jetzt plötzlich, seelisch wie körperlich. Dennoch fand er schließlich aus dem Wald heraus: vor ihm dehnten sich auf einmal unabsehbar weit abgeerntete Felder. Welch eine Verzweiflung, welch ein Tod ringsum! wiederholte er vor sich hin, während er immer weiterschritt.

Leute, die ihm begegneten, halfen ihm aus der Verlegenheit: ein Fuhrmann kam mit einem Kaufmann auf dem Feldweg dahergefahren. Als sie ihn eingeholt hatten, erkundigte sich Mitja bei ihnen nach dem Weg, und es stellte sich heraus, daß sie auch nach Wolowja wollten. Sie verhandelten miteinander, und Mitja wurde von ihnen mitgenommen. Nach etwa drei Stunden langten sie an. Auf der Station Wolowja bestellte Mitja sofort Postpferde nach der Stadt, und nun kam ihm auf einmal zum Bewußtsein, daß er einen unerträglichen Hunger hatte. Während die Pferde angespannt wurden, bereitete man ihm eine Eierspeise. Er verzehrte sie augenblicklich, aß noch ein großes Stück Brot, verspeiste eine Wurst, die sich zufällig fand, und trank drei Schnäpse. Als er sich gestärkt hatte, faßte er Mut, und in seiner Seele wurde es wieder hell. Er jagte auf der Landstraße dahin, trieb den Fuhrmann zu größter Eile an und dachte sich plötzlich einen neuen, diesmal aber »unfehlbaren« Plan aus, wie er sich heute noch bis zum Abend »dieses verdammte Geld« verschaffen könnte. »Wenn man bedenkt, wenn man nur bedenkt, daß wegen dieser lumpigen dreitausend Rubel ein Mensch ins Verderben gerät!« rief er verächtlich aus. »Heute noch werde ich eine Entscheidung herbeiführen!« Und wenn nicht der unablässige Gedanke an Gruschenka gewesen wäre und die Furcht, es könnte ihr irgend etwas zugestoßen sein, wäre er vielleicht wieder ganz vergnügt geworden. Doch der Gedanke an sie bohrte sich alle Augenblicke wie ein scharfes Messer in seine Seele. Endlich kamen sie an, und Mitja lief sofort zu Gruschenka.

3

Die Goldgrube

Das war gerade jener Besuch Mitjas, von dem Gruschenka mit solchem Schrecken Rakitin berichtet hatte. Sie erwartete damals den reitenden Boten, war sehr froh, daß Mitja sie weder gestern noch heute aufgesucht hatte, und hoffte, daß er, so Gott wolle, vor ihrer Abfahrt nicht mehr kommen werde. Doch nun war er auf einmal ganz unverhofft erschienen. Das weitere ist uns bekannt: um ihn loszuwerden, überredete sie ihn im Handumdrehen, sie zu Kusma Samsonow zu begleiten, zu dem sie angeblich unbedingt gehen mußte, um »Geld zu zählen«, und als Mitja sie dorthin begleitet hatte, nahm sie ihm beim Abschied vor dem Haustor Kusmas das Versprechen ab, sie um Mitternacht abzuholen und wieder nach Hause zu bringen. Mitja war froh über diese Abmachung, denn er sagte sich: Sie wird bei Kusma sitzen, also nicht zu Fjodor Pawlowitsch gehen ... falls sie nicht lügt! fügte er sofort hinzu. Doch nach seinem Dafürhalten log sie nicht. Er gehörte zu jener Sorte von eifersüchtigen Menschen, die sich bei einer Trennung von der

Geliebten sogleich Gott weiß was für schreckliche Dinge ausdenken, was ihr alles geschehen und wie sie ihnen »untreu« werden könnte, die aber, wenn sie – erschüttert, zu Tode betrübt und endgültig überzeugt, daß sie die Treue schon gebrochen habe – zu ihr hineilen, beim ersten Blick in ihr Gesicht, in das lachende, fröhliche und freundliche Gesicht dieser Frau, sofort wieder aufleben, sofort jeden Argwohn verlieren und in freudiger Beschämung sich selber wegen ihrer Eifersucht schelten. Nachdem er Gruschenka zu Samsonow begleitet hatte, stürzte er nach Hause. Oh, er hatte heute noch soviel zu erledigen! Doch es war ihm wenigstens leichter ums Herz. Nur müßte ich möglichst bald durch Smerdjakow erfahren, ob nicht gestern abend etwas vorgefallen ist, ob sie nicht am Ende gar zu Fjodor Pawlowitsch gegangen ist! schoß es ihm durch den Kopf. Er hatte also noch nicht einmal seine Wohnung erreicht, als auch schon die Eifersucht sich in seinem ruhelosen Herzen wieder zu regen begann.

Eifersucht! »Othello ist nicht eifersüchtig, er ist vertrauensselig«, hat Puschkin einmal gesagt, und schon allein diese Bemerkung zeugt von der ungewöhnlichen Gedankentiefe unseres großen Dichters. Othellos Seele ist einfach zerstört, und seine ganze Weltanschauung hat sich verwirrt, weil sein Ideal vernichtet ist. Aber Othello wird sich nicht verstecken, nicht spionieren, nicht heimlich beobachten: er ist vertrauensselig. Im Gegenteil, man mußte ihn erst darauf bringen, darauf stoßen, ihn mit aller Gewalt aufstacheln, damit er eine Untreue überhaupt nur vermutete. Anders ist es mit dem wahrhaft Eifersüchtigen. Man kann sich all die Schmach und sittliche Verkommenheit gar nicht vorstellen, mit denen der Eifersüchtige sich ohne jegliche Gewissensbisse zu befreunden vermag. Und das sind nicht immer gemeine und schmutzige Seelen. Im Gegenteil, es kann jemand ein edles Herz haben, von reiner, aufopferungsvoller Liebe beseelt sein und sich doch zugleich unter Tischen verstecken, die gemeinsten Leute bestechen und sich an das abscheulichste, dreckigste Spionieren und Belauschen gewöhnen. Othello hätte sich um keinen Preis mit einem Treubruch abfinden können – er hätte ihn verzeihen, aber nicht sich mit ihm abfinden können –, obwohl seine Seele arglos und unschuldig war wie die eines kleinen Kindes. Mit den wirklich Eifersüchtigen verhält es sich anders: man kann sich nur schwer vorstellen, mit wie vielem mancher Eifersüchtige sich abzufinden und auszusöhnen und was alles er zu verzeihen vermag! Gerade die Eifersüchtigen verzeihen am leichtesten, und das wissen alle Frauen. Der Eifersüchtige kann ungemein schnell (nach einer fürchterlichen Szene, versteht sich) vieles vergeben, so beispielsweise einen schon fast erwiesenen Treubruch, Umarmungen und Küsse, die er selbst gesehen hat, wenn er sich nur zugleich auf irgendeine Weise vergewissern kann, daß es »zum letztenmal« gewesen ist und daß sein Nebenbuhler von dieser Stunde an verschwinden, ans andere Ende der Welt wegfahren wird oder er selber die Geliebte an einen Ort entführen kann, wohin dieser furchtbare Nebenbuhler nicht mehr kommen wird. Die Aussöhnung kann natürlich nur eine Stunde dauern, denn selbst wenn der Nebenbuhler wirklich verschwindet, wird der Eifersüchtige schon am nächsten Tage einen anderen, neuen finden und auf ihn eifersüchtig sein. Man sollte meinen: was ist schon eine Liebe, auf die man so achtgeben muß, was ist eine Liebe wert, die man so eifersüchtig bewachen muß? Doch gerade das werden die Eifersüchtigen nie begreifen, und dabei gibt es unter ihnen wahrhaft hochherzige Leute. Bemerkenswert ist noch, daß diese hochherzigen Menschen, wenn sie in irgendeinem Kämmerchen stehen und von dort aus lauschen und spionieren, »in ihrem hohen Herzen« zwar die ganze Schmach fühlen, die sie freiwillig auf sich genommen haben, jedoch – in dem Augenblick wenigstens, wo sie in dem Kämmerchen stehen – nie Gewissensbisse empfinden. Wenn Mitja Gruschenka sah, verschwand seine Eifersucht, er wurde dann für einen Augenblick vertrauensselig und edelmütig, ja verachtete sich sogar wegen seiner häßlichen Gefühle. Doch das bedeutete nur, daß in seiner Liebe zu dieser Frau etwas weit Höheres lag, als er selber annahm, und nicht nur Leidenschaftlichkeit, nicht nur das Gefallen an jener »geschwungenen Linie«, von der er zu Aljoscha gesprochen hatte. Sobald aber Gruschenka aus seinem Gesichtskreis verschwand, begann Mitja sofort wieder, sie aller Niedrigkeiten und Heimtücken des Verrates zu verdächtigen. Gewissensbisse jedoch empfand er dabei gar keine.

Nun also, die Eifersucht war in ihm von neuem entbrannt. Jedenfalls mußte er sich beeilen. Vor allem mußte er sich wenigstens für den Augenblick etwas Geld verschaffen. Die gestrigen neun Rubel waren fast ganz für die Fahrt draufgegangen, und völlig ohne Geld kann man bekanntlich keinen Schritt tun. Doch zugleich mit seinem neuen Plan hatte er schon vorhin im Wagen überlegt, woher er sich für den Augenblick Geld verschaffen könnte. Er besaß noch zwei gute Duellpistolen mit Patronen, und wenn er sie bis jetzt noch nicht versetzt hatte, so nur deshalb, weil sie ihm von allen seinen Sachen das Liebste waren. Im Gasthaus »Zur Hauptstadt« hatte er schon vor längerer Zeit einen jungen Beamten flüchtig kennengelernt und gelegentlich ebendort erfahren, daß dieser unverheiratete und wohlhabende Beamte eine Leidenschaft für Waffen hege, Pistolen, Revolver, Dolche kaufe, sie in seiner Wohnung an den Wänden aufhänge, sie seinen Bekannten zeige, damit prahle und Meister sei im Erklären der verschiedenen Revolversysteme, wie man sie laden, wie man damit schießen müsse und so weiter. Ohne lange zu überlegen, ging Mitja sofort zu ihm hin und fragte ihn, ob er ihm nicht auf die Pistolen zehn Rubel leihen wolle. Der erfreute Beamte suchte ihn zu überreden, sie ihm ganz zu verkaufen, doch Mitja willigte nicht ein, und so gab er ihm zehn Rubel und erklärte, daß er auf keinen Fall Zinsen verlangen werde. Sie trennten sich als Freunde. Mitja hatte es eilig, er stürzte zu der Laube hinter dem Hause Fjodor Pawlowitschs, um so bald wie möglich Smerdjakow herauszurufen. Auf diese Weise aber konnte wiederum später als Tatsache festgestellt werden, daß Mitja knappe drei oder vier Stunden vor einer Begebenheit, von der im weiteren noch viel die Rede sein wird, keine Kopeke Geld besaß und für zehn Rubel einen Lieblingsgegenstand versetzte, während drei Stunden danach auf einmal Tausende in seinen Händen waren ... Doch ich greife vor.

Bei Marja Kondratjewna (der Nachbarin des Fjodor Pawlowitsch) erwartete ihn eine Nachricht, die ihn sehr bestürzte und verwirrte: die Nachricht, daß Smerdjakow erkrankt sei. Er hörte sich die Geschichte von dem Sturz in den Keller an, ebenso von dem epileptischen Anfall, von der Ankunft des Arztes, von der Fürsorge Fjodor Pawlowitschs; mit Interesse vernahm er auch, daß sein Bruder Iwan Fjodorowitsch am Morgen nach Moskau abgereist sei. Wahrscheinlich hat er noch vor mir Wolowja passiert, dachte Dmitrij Fjodorowitsch. Die Krankheit Smerdjakows beunruhigte ihn ungemein. Wie soll das nur werden, wer wird nun Wache halten, wer wird mich benachrichtigen? ging es ihm durch den Kopf. Gierig begann er die Frauen auszufragen, ob ihnen gestern abend nicht irgend etwas aufgefallen sei. Sie begriffen sehr gut, wonach er sich erkundigte, und überzeugten ihn völlig vom Gegenteil: nein, es sei niemand gekommen, nur Iwan Fjodorowitsch habe im

Hause übernachtet, »alles sei in bester Ordnung«. Mitja versank in Nachdenken. Ohne Zweifel mußte man auch heute Wache halten, aber wo? Hier oder vor dem Haustor Samsonows? Er entschied: sowohl hier wie dort, je nach den Umständen, vorläufig aber, vorläufig ... Damit hatte es folgende Bewandtnis: jetzt stand vor ihm dieser »Plan«, der neue, ganz sichere Plan, den er sich vorhin im Wagen ausgedacht hatte und dessen Ausführung sich nicht mehr hinausschieben ließ. Mitja beschloß, dieser Sache eine Stunde zu opfern. In einer Stunde, sagte er sich, werde ich alles entschieden, alles erfahren haben, und dann, dann – gehe ich zuerst zu Samsonow, erkundige mich, ob Gruschenka dort ist, komme sofort wieder hierher zurück, bleibe bis elf Uhr hier, und dann gehe ich wieder zu Samsonow, um sie heimzubegleiten. Das war es, was er beschloß.

Er eilte nach Hause, wusch und kämmte sich, reinigte seine Kleider, zog sich an und begab sich zu Frau Chochlakowa. Darin bestand nämlich sein »Plan«: er hatte beschlossen, sich die dreitausend Rubel von dieser Dame zu borgen. Er war auf einmal zu der felsenfesten Überzeugung gelangt, sie werde es ihm nicht abschlagen. Man wird sich vielleicht darüber wundern, warum er, wenn er seiner Sache so gewiß war, nicht schon früher zu ihr gegangen war, die doch sozusagen zu seinen Gesellschaftskreisen gehörte, sondern sich an Samsonow gewandt hatte, einen Mann von ihm fremder Sinnesart, von dem er nicht einmal wußte, wie man mit ihm zu reden habe. Doch er hatte im letzten Monat den Verkehr mit Frau Chochlakowa fast völlig abgebrochen, auch hatte er sie früher nur flüchtig gekannt, und überdies wußte er sehr wohl, daß sie ihn nicht ausstehen konnte. Diese Dame hatte ihn von Anfang an einfach darum gehaßt, weil er der Verlobte der Katerina Iwanowna war, während sie aus irgendeinem Grunde gern gesehen hätte, daß Katerina Iwanowna ihm den Laufpaß gäbe und den »lieben, ritterlichen, gebildeten Iwan Fjodorowitsch, der so gute Manieren hat«, heiratete. Mitjas Manieren dagegen verabscheute sie. Mitja hatte sich über sie sogar lustig gemacht und einmal von ihr gesagt, diese Dame sei »ebenso lebhaft und ungezwungen wie ungebildet«. Und nun war ihm vorhin im Wagen ein Licht aufgegangen: Wenn sie so sehr dagegen ist, daß ich Katerina Iwanowna heirate (er wußte, daß ihre Abneigung gegen diese Heirat fast an Hysterie grenzte), warum sollte sie mir dann jetzt diese dreitausend verweigern, die ich doch brauche, um Katja verlassen und auf ewig von hier wegfahren zu können? Wenn solche verwöhnten Damen der höheren Gesellschaft sich auf etwas kaprizieren, sind sie zu jedem Opfer bereit, nur damit alles nach ihrem Kopf geht. Zudem ist sie ja so reich, überlegte Mitja. Was den eigentlichen »Plan« anbelangte, so stand es damit genauso wie vordem, das heißt, er wollte seine Anrechte auf Tschermaschnja abtreten; jedoch hatten sich seine geschäftlichen Absichten gegenüber gestern bei Samsonow gewandelt. Er wollte also diese Dame nicht mehr wie Samsonow mit der Möglichkeit verlocken, statt der dreitausend Rubel ein rundes Sümmchen in doppelter Höhe, etwa sechs- oder siebentausend, an sich zu bringen, sondern das Gut sollte einfach eine anständige Sicherheit für seine Schuld sein. Als Mitja diesen neuen Gedanken weiterentwickelte, geriet er geradezu in Entzücken, doch so erging es ihm bei allem, was er unternahm, bei all seinen plötzlichen Entschlüssen. Jedem neuen Gedanken gab er sich geradezu leidenschaftlich hin. Trotzdem fühlte er, als er die Freitreppe des Hauses der Frau Chochlakowa betrat, auf einmal einen Schauer des Entsetzens über seinen Rücken laufen: erst in dieser Sekunde wurde er sich völlig und mit mathematischer Sicherheit bewußt, daß hier seine letzte Hoffnung lag und daß ihm, wenn hier sein Plan fehlschlug, nichts anderes mehr übrigblieb, als vielleicht jemanden um der dreitausend willen zu erstechen und zu berauben, nichts weiter ... Es war ungefähr halb acht Uhr, als er an der Tür schellte.

Zuerst schien ihm das Glück zu lächeln: kaum hatte er sich anmelden lassen, wurde er auch schon mit ungewöhnlicher Schnelligkeit empfangen. Als hätte sie mich erwartet, schoß es Mitja durch den Kopf. Und eben erst hatte man ihn in den Salon geführt, da kam auch bereits die Herrin des Hauses herbeigelaufen und erklärte ihm geradeheraus, sie habe ihn erwartet ...

»Ich habe Sie erwartet, wirklich erwartet! Nicht im Traum hätte es mir eigentlich einfallen können, daß Sie mich besuchen würden, das müssen Sie zugeben, und dennoch habe ich Sie erwartet. Staunen Sie über meinen Instinkt, Dmitrij Fjodorowitsch, ich war den ganzen Morgen überzeugt, daß Sie heute kommen würden.«

»Das ist fürwahr erstaunlich, gnädige Frau«, sagte Mitja, der schwerfällig Platz nahm, »jedoch ... ich komme in einer außerordentlich wichtigen Sache ... der allerwichtigsten von allen wichtigen Sachen. Das heißt, für mich, gnädige Frau, für mich allein ist sie wichtig, und ich habe es eilig . . .«

»Ich weiß, daß Sie in einer sehr wichtigen Sache gekommen sind, Dmitrij Fjodorowitsch. Hier handelt es sich nicht um irgendwelche Vorahnungen, nicht um den reaktionären Anspruch, Wunder zu erleben – haben Sie vom Starez Sosima gehört? –, hier, hier handelt es sich um Mathematik: Sie *mußten* kommen nach alledem, was mit Katerina Iwanowna vorgefallen ist, Sie mußten, Sie mußten! Das ist Mathematik!«

»Die Realität des Lebens, gnädige Frau, das ist es! Erlauben Sie jedoch, Ihnen darzulegen . . .«

»Ganz recht, die Realität, Dmitrij Fjodorowitsch. Ich bin jetzt ganz für die Realität. Was die Wunder anbelangt, bin ich jetzt nur allzusehr gewitzigt. Haben Sie gehört, daß der Starez Sosima gestorben ist?«

»Nein, gnädige Frau, ich höre es zum erstenmal«, sagte Mitja etwas erstaunt. Vor seinem Geiste tauchte das Bild Aljoschas auf.

»Heute nacht, und stellen Sie sich vor . . .«

»Gnädige Frau«, unterbrach Mitja sie, »ich stelle mir nur das eine vor, daß ich in einer ganz verzweifelten Lage bin und daß, wenn Sie mir nicht helfen, alles zum Teufel geht, ich zu allererst. Verzeihen Sie die Trivialität des Ausdrucks, aber ich bin wie im Fieber . . .«

»Ich weiß, ich weiß, daß Sie wie im Fieber sind, alles weiß ich, Sie können auch in gar keiner anderen Gemütsverfassung sein, und was auch immer Sie sagen mögen, ich weiß alles im voraus. Ich interessiere mich schon seit langem für Ihr Schicksal, Dmitrij Fjodorowitsch, ich verfolge und studiere es . . . Oh, glauben Sie mir, ich bin ein erfahrener Seelenarzt, Dmitrij Fjodorowitsch . . .«

»Gnädige Frau, wenn Sie ein erfahrener Seelenarzt sind, so bin ich dagegen ein erfahrener Kranker«, sagte Mitja, der sich zwang, liebenswürdig zu scheinen, »und ich habe das Gefühl, daß, wenn Sie schon mein Schicksal so aufmerksam verfolgen, Sie mir auch helfen und mich vor dem Untergang bewahren werden. Erlauben Sie mir darum endlich, Ihnen den Plan darzulegen, mit dem ich bei Ihnen zu erscheinen gewagt habe . . . Ich bin gekommen, gnädige Frau . . .«

»Legen Sie nichts dar, das ist nebensächlich. Und was meine Hilfe anlangt, so sind Sie nicht der erste, dem ich helfe, Dmitrij Fjodorowitsch. Sie werden wahrscheinlich von meiner Kusine Belmesowa gehört haben. Ihr Mann war dem Untergang nahe, er ging zum Teufel, wie Sie sich so bezeichnend ausgedrückt haben, Dmitrij Fjodorowitsch, und was glauben Sie wohl, ich riet ihm zur Pferdezucht, und jetzt prosperiert er. Verstehen Sie etwas von Pferdezucht, Dmitrij Fjodorowitsch?«

»Nicht das geringste, gnädige Frau – ach, gnädige Frau, nicht das geringste!« rief Mitja in nervöser Ungeduld und wollte sich schon von seinem Platz erheben. »Ich flehe Sie nur an, gnädige Frau, mich anzuhören, mich nur zwei Minuten ungehindert reden zu lassen, damit ich Ihnen erst alles darlegen kann, mein ganzes Projekt, dessentwegen ich gekommen bin. Zudem ist meine Zeit knapp, ich bin in schrecklicher Eile ...« schrie Mitja hysterisch, denn er fühlte, daß sie gleich wieder zu reden anfangen werde, und hoffte sie zu überschreien. »Ich bin in meiner Verzweiflung zu Ihnen gekommen ... im letzten Stadium der Verzweiflung, um Sie zu bitten, mir dreitausend Rubel zu leihen, aber gegen sicheres, ganz sicheres Pfand, gnädige Frau, unter sicherster Garantie! Erlauben Sie mir nur, Ihnen darzulegen ...«

»Das können Sie alles später tun, später«, sagte Frau Chochlakowa mit einer abwehrenden Handbewegung, »denn was auch immer Sie vorbringen mögen, ich weiß alles im voraus, das habe ich Ihnen schon gesagt. Sie bitten um eine gewisse Summe, Sie brauchen dreitausend Rubel, doch ich werde Ihnen mehr geben, unermeßlich mehr, ich werde Sie retten, Dmitrij Fjodorowitsch, aber Sie müssen mir gehorchen!«

Mitja sprang auf. »Gnädige Frau, wollen Sie wirklich die Güte haben?« rief er tief bewegt. »Mein Gott, Sie haben mich gerettet. Sie retten einen Menschen, gnädige Frau, vor dem gewaltsamen Tode, vor der Pistole ... Meine ewige Dankbarkeit ...«

»Ich werde Ihnen unendlich, unendlich mehr geben als dreitausend!« rief Frau Chochlakowa und sah mit strahlendem Lächeln den entzückten Mitja an.

»Unendlich mehr? Soviel brauche ich ja gar nicht. Ich brauche nur diese für mich verhängnisvollen dreitausend, und ich bin gekommen, um Ihnen für diese Summe in unendlicher Dankbarkeit eine Garantie anzubieten, und schlage Ihnen einen Plan vor, der ...«

»Genug, Dmitrij Fjodorowitsch, gesagt – getan«, entgegnete Frau Chochlakowa scharf und kurz mit dem keuschen Triumph der Wohltäterin. »Ich habe versprochen, Sie zu retten, und ich *werde* Sie retten. Ich werde Sie retten wie den Belmesow. Wie denken Sie über Goldgruben, Dmitrij Fjodorowitsch?«

»Über Goldgruben, gnädige Frau? Ich habe noch nie darüber nachgedacht.«

»Dafür habe ich in Ihrem Interesse darüber nachgedacht! Ich habe es mir hin und her überlegt! Einen vollen Monat schon beobachte ich Sie zu diesem Zweck. Ich habe Sie hundertmal angeschaut, wenn Sie vorbeigingen, und habe mir immer wieder gesagt: Das ist ein energischer Mensch, der müßte in die Goldgruben. Ich habe sogar Ihren Gang studiert und bin zu dem Schluß gelangt: Dieser Mann wird viele Goldadern finden.«

»Aus meinem Gang schließen Sie das, gnädige Frau?« fragte Mitja lächelnd.

»Warum denn nicht? Auch aus Ihrem Gang. Bestreiten Sie denn, daß man aus dem Gang eines Menschen seinen Charakter erkennen kann, Dmitrij Fjodorowitsch? Auch die Naturwissenschaften bestätigen es. Oh, ich bin jetzt eine Realistin, Dmitrij Fjodorowitsch. Vom heutigen Tage an, nach dieser ganzen Geschichte im Kloster, die mich so mitgenommen hat, bin ich durch und durch Realistin und will mich in eine praktische Tätigkeit stürzen. Ich bin geheilt. ‚Genug!' wie Turgenjew gesagt hat.«

»Aber, gnädige Frau, diese dreitausend, die Sie mir so großmütig zu leihen versprachen . . .«

»Die werden Ihnen nicht entgehen, Dmitrij Fjodorowitsch«, unterbrach ihn sofort Frau Chochlakowa, »diese dreitausend haben Sie so gut wie in der Tasche, und nicht nur dreitausend, sondern drei Millionen, Dmitrij Fjodorowitsch, in kürzester Zeit! Ich will Ihnen sagen, worin Ihre Idee besteht: Sie werden Goldgruben ausfindig machen, werden Millionen verdienen, werden zurückkehren und in der Öffentlichkeit wirken, werden auch uns vorwärtsbringen, uns zum Guten lenken. Soll man denn alles den Juden überlassen? Sie werden Bauten errichten und allerhand Betriebe ins Leben rufen. Sie werden den Armen helfen und ihren Segen ernten. Jetzt ist das Zeitalter der Eisenbahnen, Dmitrij Fjodorowitsch. Sie werden sich einen Namen machen und dem Finanzministerium unentbehrlich werden, das jetzt in solcher Not ist. Das Fallen des Kreditrubels läßt mich nicht schlafen, Dmitrij Fjodorowitsch, von dieser Seite kennt man mich zu wenig . . .«

»Gnädige Frau, gnädige Frau!« unterbrach Dmitrij Fjodorowitsch sie wieder in einer unruhigen Vorahnung. »Ich werde Ihren Rat – Ihren klugen Rat, gnädige Frau – vielleicht ganz genau befolgen und mich vielleicht dorthin . . . zu diesen Goldgruben begeben . . . und ich werde nochmals zu Ihnen kommen, um darüber zu reden . . . sogar viele Male . . . doch jetzt diese dreitausend, die Sie so großmütig . . . Oh, sie würden mir freie Hand geben, und wenn es Ihnen möglich wäre, mir heute noch . . . Das heißt, sehen Sie, ich habe jetzt keine Stunde, keine Stunde mehr zu verlieren . . .«

»Genug, Dmitrij Fjodorowitsch, genug!« unterbrach ihn hartnäckig Frau Chochlakowa. »Ich frage Sie: fahren Sie zu den Goldgruben oder nicht? Haben Sie sich endgültig entschieden? Antworten Sie mir mit mathematischer Genauigkeit!«

»Ich fahre, gnädige Frau, später . . . Ich werde fahren, wohin Sie wollen, gnädige Frau . . . jetzt aber . . .«

»Warten Sie!« rief Frau Chochlakowa, sprang auf, stürzte zu ihrem prächtigen Schreibtisch mit den unzähligen Schubfächern und begann eines nach dem anderen herauszuziehen und in größter Eile nach etwas zu suchen.

Dreitausend! dachte Mitja wie gebannt. Und das sofort, ohne jegliche Unterlagen, ohne schriftliche Abmachung . . . oh, das ist vornehm! Eine prachtvolle Frau, wenn sie nur nicht so redselig wäre . . .

»Hier!« rief Frau Chochlakowa freudig aus, als sie zu Mitja zurückkehrte. »Das habe ich gesucht!«

Es war ein winziges silbernes Heiligenbild an einer Schnur, eines von denen, wie man sie zuweilen zusammen mit einem kleinen Kreuz auf der bloßen Brust trägt.

»Das stammt aus Kiew, Dmitrij Fjodorowitsch«, fuhr sie ehrfurchtsvoll fort, »von den Reliquien der großen Märtyrerin Warwara. Erlauben Sie, daß ich es Ihnen eigenhändig um den Hals hänge und Sie damit für Ihr neues Leben und zu neuen Taten segne.«

Und sie hängte ihm tatsächlich das kleine Heiligenbild um und wollte es ihm unter das Hemd stecken. Mitja neigte sich sehr verlegen ein wenig vor, half ihr und schob schließlich das Heiligenbildchen unter die Krawatte und den Hemdkragen auf die Brust.

»So, jetzt können Sie fahren!« sagte Frau Chochlakowa und setzte sich feierlich wieder auf ihren Platz.

»Gnädige Frau, ich bin so gerührt . . . ich weiß gar nicht,

wie ich Ihnen danken soll ... für solche Gefühle, jedoch ... wenn Sie wüßten, wie kostbar mir jetzt die Zeit ist! ... Diese Summe, die ich von Ihrer Großmut so sehr erwarte ... Oh, gnädige Frau, wenn Sie schon so gütig, so rührend großmütig gegen mich sind«, rief Mitja in einer jähen Eingebung, »so erlauben Sie mir, Ihnen etwas zu eröffnen ... was Sie übrigens schon längst wissen ... Ich liebe hier ein Wesen ... Ich bin Katja untreu geworden ... Katerina Iwanowna, wollte ich sagen ... Oh, ich bin ihr gegenüber unmenschlich und ehrlos gewesen, doch ich habe hier eine andere liebgewonnen ... eine Frau, die Sie, gnädige Frau, vielleicht verachten, weil Sie schon alles wissen, von der ich jedoch durchaus nicht lassen kann, durchaus nicht, und darum sind jetzt diese dreitausend ...«

»Lassen Sie das alles, Dmitrij Fjodorowitsch!« unterbrach Frau Chochlakowa ihn in entschiedenstem Ton. »Lassen Sie das, besonders die Frauen. Ihr Ziel sind die Goldgruben, und es hat keinen Sinn, Frauen dorthin mitzunehmen. Später, wenn Sie reich und mit Ruhm bedeckt zurückkehren, werden Sie in der höchsten Gesellschaft eine Herzensfreundin finden. Das wird ein modernes Mädchen sein, mit Kenntnissen und ohne Vorurteil. Bis dahin wird die jetzt in Angriff genommene Frauenfrage gelöst sein, und es wird ein neuer Frauentyp auftauchen ...«

»Gnädige Frau, nicht darum, nicht darum geht es mir ...« unterbrach Dmitrij Fjodorowitsch sie und legte flehend die Hände aneinander.

»Doch, Dmitrij Fjodorowitsch, gerade das brauchen Sie, gerade danach lechzen Sie, ohne es selber zu wissen. Ich habe gar nichts gegen die heutige Frauenfrage, Dmitrij Fjodorowitsch. Die gebildete Frau und vor allem ihre Beteiligung an der Politik in der allernächsten Zukunft – das ist mein Ziel. Ich habe selber eine Tochter, Dmitrij Fjodorowitsch, und von dieser Seite kennt man mich zu wenig. Ich habe in diesem Zusammenhang an den Schriftsteller Stschedrin geschrieben. Dieser Schriftsteller hat mir so viele, so viele Hinweise auf die Bestimmung der Frau gegeben, daß ich ihm im vergangenen Jahr einen anonymen Brief von zwei Zeilen geschickt habe: ‚Ich umarme und küsse Sie, mein Schriftsteller, im Namen der zeitgenössischen Frau. Wirken Sie so weiter!‘ Und ich unterschrieb: ‚Eine Mutter‘. Ich wollte zuerst ‚Eine zeitgenössische Mutter‘ unterschreiben und war unschlüssig, blieb dann aber doch dabei, einfach mit ‚Eine Mutter' zu unterzeichnen: es liegt mehr sittliche Schönheit darin, Dmitrij Fjodorowitsch, zudem hätte das Wort ‚zeitgenössische' ihn an die Monatsschrift *Der Zeitgenosse* erinnern können – eine für ihn in Anbetracht der heutigen Zensur bittere Erinnerung ... Ach, du mein Gott, was ist denn mit Ihnen?«

»Gnädige Frau!« rief Mitja, sprang auf und legte in ohnmächtiger Bitte die Hände gegeneinander. »Sie werden mich noch zum Weinen bringen, gnädige Frau, wenn Sie noch weiter aufschieben, was Sie so großmütig ...«

»Weinen Sie nur, Dmitrij Fjodorowitsch, weinen Sie! Das sind herrliche Gefühle ... ein großer Weg steht Ihnen bevor! Die Tränen werden Sie erleichtern, hernach werden Sie zurückkehren und froh sein. Sie werden eigens aus Sibirien zu mir eilen, um sich mit mir zusammen zu freuen ...«

»Aber erlauben Sie doch auch mir, etwas zu sagen«, brüllte Mitja auf einmal, »zum letztenmal flehe ich Sie an, sagen Sie mir, kann ich die versprochene Summe heute noch von Ihnen erhalten? Wenn nicht, wann darf ich sie holen?«

»Welche Summe, Dmitrij Fjodorowitsch?«

»Die von Ihnen versprochenen dreitausend ... die Sie so großmütig ...«

»Dreitausend? Sie meinen wohl Rubel? Ach nein, ich habe keine dreitausend Rubel«, sagte Frau Chochlakowa verwundert und doch eigentümlich ruhig. Mitja war starr.

»Wieso denn ... soeben noch ... haben Sie gesagt ... Sie äußerten sogar, ich hätte sie so gut wie in der Tasche ...«

»Ach nein, Sie haben mich mißverstanden, Dmitrij Fjodorowitsch. Wenn Sie es so auffassen, haben Sie mich nicht verstanden. Ich sprach von den Goldgruben ... Freilich, ich habe Ihnen mehr versprochen, unendlich mehr als dreitausend, jetzt erinnere ich mich an alles, aber ich meinte nur die Goldgruben.«

»Und das Geld? Und die dreitausend?« rief Dmitrij Fjodorowitsch wie von Sinnen.

»Oh, wenn Sie bares Geld darunter verstanden haben, so muß ich Ihnen sagen – ich habe es nicht. Ich bin zur Zeit ganz ohne Geld, Dmitrij Fjodorowitsch, ich liege jetzt gerade mit meinem Verwalter in Streit und habe mir neulich selber fünfhundert Rubel von Miusow geliehen. Nein, nein, Geld habe ich keins. Und wissen Sie, Dmitrij Fjodorowitsch, selbst wenn ich welches hätte, würde ich Ihnen keins geben. Vor allem deshalb nicht, weil ich niemandem Geld leihe. Geld verleihen heißt sich entzweien. Ihnen aber, besonders Ihnen, würde ich kein Geld geben, aus Liebe zu Ihnen würde ich Ihnen keins geben, um Sie zu retten, würde ich Ihnen keins geben; denn Sie brauchen nur eines: Gruben, Gruben und nochmals Gruben! . . .«

»Oh, daß doch der Teufel!« schrie Mitja auf und schlug aus aller Kraft mit der Faust auf den Tisch.

»Ach je!« rief Frau Chochlakowa erschrocken und flüchtete ans andere Ende des Salons.

Mitja spuckte aus und verließ mit raschen Schritten das Zimmer und das Haus und eilte auf die Straße, in die Dunkelheit hinaus. Sein Gang glich dem eines Wahnsinnigen, und er schlug sich vor die Brust, an dieselbe Stelle, an die er sich vor zwei Tagen in Aljoschas Gegenwart geschlagen hatte, als er ihm am Abend, in der Dunkelheit, auf der Landstraße zum letztenmal begegnet war. Was es bedeutete, daß er sich an diese Stelle der Brust schlug, und worauf er damit hinweisen wollte, war vorläufig noch ein Geheimnis, das niemand auf der Welt kannte und das er damals selbst Aljoscha nicht verraten hatte; doch in diesem Geheimnis lag für ihn mehr als Schande, es lagen darin Untergang und Selbstmord. Er hatte sich schon dazu entschlossen, falls er diese dreitausend nicht würde auftreiben können, um sie Katerina Iwanowna zurückzuzahlen und damit von seiner Brust, »von dieser Stelle der Brust«, die Schande zu tilgen, die er trug und die so schwer auf seinem Gewissen lastete. Alles das wird dem Leser später völlig verständlich werden. Doch jetzt, nachdem seine letzte Hoffnung geschwunden war, brach dieser körperlich so kräftige Mann, kaum hatte er sich einige Schritte vom Hause der Frau Chochlakowa entfernt, auf einmal in Tränen aus wie ein kleines Kind. Er schritt wie in einem Dämmerzustand dahin und wischte sich mit der Faust die Tränen aus den Augen. So kam er auf den Stadtplatz und fühlte plötzlich, wie er mit dem ganzen Körper gegen etwas stieß. Eine alte Frau begann zu wimmern; er hätte sie fast umgeworfen.

»Mein Gott, ums Haar hättest du mich totgetrampelt! Was rennst du hier unnötig herum, du Strolch!«

»Wie, *Sie* sind es?« schrie Mitja auf, als er in der Dunkelheit die Alte erkannt hatte. Es war die alte Magd, die Kusma Samsonow bediente und die Mitja gestern abend nur zu gut bemerkt hatte.

»Und wer sind Sie, Bester?« fragte die Alte mit ganz veränderter Stimme. »In der Dunkelheit kann ich Sie nicht erkennen.«

»Sie wohnen doch bei Kusma Kusmitsch und bedienen ihn?«

»Jawohl, mein Bester, ich habe nur eben mal rasch einen Gang zu Prochorytsch gemacht ... Doch wie kommt es nur, daß ich Sie immer noch nicht erkennen kann?«

»Sagen Sie, meine Liebe, ist Agrafena Alexandrowna noch bei Ihnen?« fragte Mitja außer sich vor Aufregung. »Vorhin habe ich sie selber hinbegleitet.«

»Sie ist dagewesen, mein Bester, sie kam, blieb eine Weile da und ging dann wieder.«

»Wie? Sie ist wieder gegangen?« schrie Mitja auf. »Wann ist sie gegangen?«

»Sie ist gleich wieder fort, ist nur einen Augenblick bei uns geblieben. Sie hat Kusma Kusmitsch eine kleine Geschichte erzählt, hat ihn zum Lachen gebracht und ist dann wieder weggelaufen.«

»Du lügst, verfluchtes Weib!« brüllte Mitja.

»Ach je!« schrie die Alte, doch Mitja war bereits spurlos verschwunden. Er lief, so schnell er konnte, zum Hause der Morosowa. Das geschah gerade zu der Zeit, als Gruschenka nach Mokroje davongefahren war; seit ihrer Abfahrt war höchstens eine Viertelstunde vergangen. Fenja saß mit ihrer Großmutter, der Köchin Matrjona, in der Küche, als plötzlich der »Hauptmann« hereinstürzte. Als Fenja ihn erblickte, schrie sie aus vollem Halse auf.

»Was schreist du?« brüllte Mitja. »Wo ist sie?« Doch bevor noch die vor Schreck erstarrte Fenja eine Silbe herausbringen konnte, warf er sich ihr zu Füßen: »Fenja, um Christi, unseres Herrn, willen, sage mir: wo ist sie?«

»Bester Herr, ich weiß nichts, lieber Dmitrij Fjodorowitsch, ich weiß nichts, Sie können mich totschlagen, ich weiß nichts«, beschwor und beteuerte Fenja. »Sie sind ja selber vorhin mit ihr weggegangen ...«

»Sie ist zurückgekommen! ...«

»Bester, sie ist nicht zurückgekommen, ich kann es vor Gott bezeugen, sie ist nicht zurückgekommen!«

»Du lügst«, schrie Mitja, »schon allein daran, daß du so erschrocken bist, erkenne ich, wo sie ist! ...«

Er stürzte hinaus. Die verängstigte Fenja war froh, so leichten Kaufes davongekommen zu sein, begriff aber sehr wohl, daß es ihr hätte schlimm ergehen können, wenn er nicht in solcher Eile gewesen wäre. Doch noch im Davonstürzen hatte Mitja Fenja wie auch die alte Matrjona durch eine ganz unerwartete Tat in Erstaunen gesetzt. Auf dem Tisch stand ein Messingmörser mit einem Stößel darin, einem Stößel aus Messing von mäßiger Größe, ungefähr eine Viertelelle lang. Als Mitja hinauslief und mit der einen Hand schon die Tür geöffnet hatte, riß er mit der anderen rasch den Stößel aus dem Mörser, steckte ihn in die Seitentasche und machte sich damit aus dem Staube.

»Ach, du mein Gott, er will jemanden umbringen!« rief Fenja und schlug die Hände über dem Kopf zusammen.

4

Im Dunkeln

Wohin lief er? Das liegt auf der Hand. Wo kann sie denn sein, wenn nicht bei Fjodor Pawlowitsch? Von Samsonow ist sie unmittelbar zu ihm gelaufen, das ist ja ganz klar. Die ganze Intrige, der ganze Betrug liegt jetzt offen zutage ... Alles das ging ihm wie ein Wirbelwind durch den Kopf. Auf den Hof zu Marja Kondratjewna lief er nicht. Dorthin darf ich nicht, auf keinen Fall, dachte er, damit nicht das geringste Aufsehen entsteht ... die würden es sofort weitersagen und mich verraten ... Marja Kondratjewna ist augenscheinlich an dem Komplott beteiligt, Smerdjakow ebenfalls, alle sind sie bestochen! Ihm war eine andere Idee gekommen: er lief in großem Bogen durch eine Nebengasse um das Haus des Fjodor Pawlowitsch herum, lief die Dmitrowskaja Straße hinunter, dann über den Steg und geriet so in eine einsame Gasse hinter den Häusern; sie war leer und unbewohnt und wurde auf der einen Seite vom Flechtzaun des benachbarten Gemüsegartens, auf der anderen von dem festen hohen Zaun begrenzt, der den Garten des Fjodor Pawlowitsch umgab. Hier suchte er sich eine Stelle aus – es war wohl die gleiche, wo der ihm bekannten Überlieferung nach Lisaweta die Stinkende einstmals über den Zaun geklettert war. Wenn sogar *die* hat hinüberklettern können, fuhr es ihm, Gott weiß warum, durch den Kopf, wie sollte dann *ich* nicht hinüberkommen? Und tatsächlich, er sprang hoch und bekam sofort den oberen Rand des Zaunes zu fassen, dann machte er einen kräftigen Klimmzug, schwang sich hinauf und setzte sich rittlings auf den Zaun. Die Badestube im Garten stand in der Nähe, doch vom Zaun aus waren auch die erleuchteten Fenster des Hauses zu sehen. Wahrhaftig, im Schlafzimmer des Alten ist Licht, sie ist dort! sagte sich Mitja und sprang vom Zaun in den Garten hinab. Obwohl er wußte, daß Grigorij krank war und vielleicht auch Smerdjakow krank darniederlag, daß ihn also niemand hören konnte, duckte er sich dennoch instinktiv, blieb regungslos stehen und horchte. Doch überall herrschte eine Grabesruhe und wie zum Trotz völlige Windstille, nicht das leiseste Lüftchen regte sich.

»Und nur die Stille flüstert« – dieser Vers ging ihm wer weiß warum durch den Kopf. Wenn mich nur niemand hat herabspringen hören; aber das ist wohl nicht der Fall. Nachdem er einen Augenblick gewartet hatte, ging er leise auf dem Rasen durch den Garten; er wich den Bäumen und Sträuchern aus, ging langsam und so leise wie möglich und horchte auf jeden Schritt. Bis zu dem erleuchteten Fenster brauchte er ungefähr fünf Minuten. Er erinnerte sich, daß dort hart vor den Fenstern einige große, hohe und dichte Holunder- und Schneeballsträucher standen. Die Tür, die linkerhand aus dem Haus in den Garten führte, war abgeschlossen, er überzeugte sich sorgfältig davon, als er vorbeiging. Endlich war er bei den Sträuchern und versteckte sich hinter ihnen. Er hielt den Atem an. Ich muß jetzt warten, überlegte er, damit sie, falls sie meine Schritte gehört haben und jetzt horchen, sich überzeugen, daß sie sich getäuscht haben ... Wenn ich nur nicht husten oder niesen muß ...

Er wartete etwa zwei Minuten, doch sein Herz schlug wie rasend, und hin und wieder stockte ihm fast der Atem. Nein, das Herzklopfen wird nicht vergehen, ich kann nicht länger warten. Er stand hinter einem Strauch im Schatten; die Vorderseite des Strauches wurde vom Fenster her beleuchtet. »Schneeball, wie rot die Beeren sind!« flüsterte er, ohne zu wissen warum. Langsam, mit einzelnen, unhörbaren Schritten ging er ans Fenster und hob sich auf die Fußspitzen. Das Schlafzimmer Fjodor Pawlowitschs lag deutlich vor ihm. Es war ein kleines Zimmer, in der Mitte von einem roten Wandschirm geteilt, dem »chinesischen Wandschirm«, wie Fjodor Pawlowitsch ihn nannte. Der chinesische Wandschirm, ging es Mitja durch den Sinn, und hinter dem Wandschirm ist Gruschenka. Er betrachtete Fjodor Pawlowitsch. Der hatte seinen neuen, gestreiften seidenen Schlafrock an, der mit einer ebenfalls seidenen Quastenschnur umgürtet war und den Mitja noch nie bei ihm gesehen hatte. Der Halsausschnitt des Schlafrocks ließ saubere, elegante Wäsche, ein feines Hemd aus holländischer Leinwand mit goldenen Knöpfen, sehen. Um den Kopf hatte Fjodor Pawlowitsch das rote Tuch geschlungen, das Aljoscha an ihm gesehen hatte. Er hat sich fein gemacht, dachte Mitja. Fjodor Pawlowitsch stand in der Nähe des Fensters, offensichtlich in Gedanken versunken. Auf einmal hob er mit einem Ruck den Kopf, lauschte ein wenig und ging, da er nichts gehört hatte, zum Tisch, schenkte sich aus der Karaffe ein halbes Glas Kognak ein und trank es aus. Dann seufzte er aus voller Brust, stand wieder eine Weile da, ging zerstreut zu dem Spiegel zwischen den Fenstern, schob mit der rechten Hand das rote Tuch ein wenig aus der Stirn und betrachtete seine blauen Flecke und wunden Stellen, die immer noch nicht verschwunden waren. Er ist allein, dachte Mitja, aller Wahrscheinlichkeit nach allein. Fjodor Pawlowitsch ging vom Spiegel weg, wandte sich plötzlich zum Fenster um und blickte hinaus. Mitja sprang blitzschnell in den Schatten zurück.

Sie ist vielleicht bei ihm hinter dem Wandschirm, vielleicht schläft sie schon, ging es ihm wie ein Stich durchs Herz. Fjodor Pawlowitsch verließ das Fenster. Er hat durchs Fenster nach ihr Ausschau gehalten, demnach ist sie nicht bei ihm; warum sollte er sonst in die Dunkelheit schauen? ... Die Ungeduld verzehrt ihn ... Mitja sprang sofort wieder herzu und schaute von neuem durch das Fenster. Der Alte saß bereits am Tisch und war offenbar betrübt. Schließlich stützte er sich mit dem Ellenbogen auf und legte die rechte Hand an die Wange. Mitja betrachtete ihn gierig.

Er ist allein, er ist allein! dachte er immer wieder. Wenn sie hier wäre, würde er ein anderes Gesicht machen. Sonderbar: in seinem Herzen brauste auf einmal ein sinnloser und wunderlicher Ärger darüber auf, daß sie nicht hier war. Ich ärgere mich nicht darüber, daß sie nicht hier ist, begriff Mitja sofort, sondern darüber, daß ich auf keine Weise sicher erfahren kann, ob sie hier ist oder nicht. Mitja erinnerte sich später selber, daß sein Verstand in jenem Augenblick ungewöhnlich klar war und alles bis in die letzte Einzelheit erwog, jeden kleinen Zug erfaßte. Aber sein Schmerz darüber, daß er nichts Bestimmtes wußte und unschlüssig war, nahm in seinem Herzen mit maßloser Schnelligkeit zu. Ist sie nun hier oder nicht? wallte es in seinem erbosten Herzen auf. Und plötzlich entschloß er sich, streckte die Hand aus und klopfte leise an den Fensterrahmen. Er klopfte das zwischen dem Alten und Smerdjakow verabredete Zeichen: erst zweimal etwas langsamer und dann dreimal etwas schneller, tuck-tuck-tuck – jenes Zeichen, das bedeutete: Gruschenka ist gekommen. Der Alte zuckte zusammen, hob mit einem Ruck den Kopf, sprang rasch auf und stürzte ans Fenster. Mitja sprang in den Schatten zurück. Fjodor Pawlowitsch öffnete das Fenster und steckte den Kopf heraus.

»Gruschenka, bist du es? Bist du es etwa?« fragte er in halbem Flüsterton, während seine Stimme schwankte. »Wo bist du, meine Teure, mein Engelchen, wo bist du?« Er war schrecklich erregt, der Atem stockte ihm.

Er ist allein! entschied Mitja.

»Wo bist du denn?« fragte der Alte wieder und streckte den Kopf noch weiter heraus, streckte ihn mitsamt den Schultern heraus und sah sich nach allen Seiten, nach rechts und nach links, um. »Komm her, ich habe für dich ein kleines Geschenk bereit liegen, komm, ich zeige es dir! . . .«

Er meint den Briefumschlag mit den dreitausend Rubel, schoß es Mitja durch den Kopf.

»Aber wo bist du denn nur? . . . Etwa an der Tür? Ich öffne dir gleich . . .«

Und der Alte beugte sich ganz weit zum Fenster heraus, schaute nach rechts, wo die Tür zum Garten war, und bemühte sich, in der Dunkelheit etwas zu erkennen. Eine Sekunde später wäre er ganz gewiß zur Tür gelaufen, um sie zu öffnen, ohne eine Antwort Gruschenkas abzuwarten. Mitja betrachtete ihn von der Seite und rührte sich nicht. Das ihm so widerwärtige Profil des Alten, sein herabhängender Adamsapfel, die Hakennase, die in wonniger Erwartung lächelnden Lippen, alles das war vom schrägen Licht der Lampe links im Zimmer grell beleuchtet. Eine furchtbare, hemmungslose Wut wallte plötzlich in Mitjas Herzen auf: Da war er, sein Nebenbuhler, sein Peiniger, der Quälgeist seines Lebens! Das war ein Ausbruch des gleichen jähen, rachsüchtigen und zügellosen Zornes, von dem er, als hätte er ihn vorausgefühlt, vor vier Tagen in der Laube zu Aljoscha gesprochen hatte, da er auf dessen Frage: »Wie kannst du sagen, daß du den Vater töten wirst?« die Antwort gab: »Ich weiß es ja nicht, ich weiß es nicht, vielleicht werde ich ihn nicht töten, vielleicht aber töte ich ihn doch. Ich fürchte, daß er mir *wegen seines Gesichts gerade in dem Augenblick* plötzlich verhaßt sein wird. Ich hasse seinen Adamsapfel, seine Nase, seine Augen, sein schamloses spöttisches Lächeln. Ich empfinde einen persönlichen Widerwillen gegen sein Gesicht. Das ist es, was ich fürchte, und da werde ich mich nicht beherrschen können . . .«

Sein Widerwille nahm unerträglich zu. Mitja war seiner Sinne nicht mehr mächtig und riß den Messingstößel aus der Tasche . . .

»Gott behütete mich damals«, sagte Mitja später. Gerade zu der Zeit war der kranke Grigorij Wassiljewitsch auf seinem Lager erwacht. Gegen Abend des Tages hatte er sich der bekannten Kur unterzogen, von der Smerdjakow dem Iwan Fjodorowitsch erzählt hatte, das heißt, er hatte unter dem Beistand seiner Frau seinen ganzen Körper mit einer sehr starken Geheimtinktur abgerieben und den Rest während eines »gewissen Gebetes« ausgetrunken, das seine Frau über ihn flüsterte, dann hatte er sich schlafen gelegt. Marfa Ignatjewna hatte auch ein Schlückchen genossen und war, da sie sonst nie trank, an der Seite ihres Gatten wie tot eingeschlafen. Doch nun war Grigorij ganz unerwartet in der Nacht aufgewacht. Er überlegte einen Augenblick lang und setzte sich im Bett auf, obwohl er sofort wieder einen heftigen Schmerz im Kreuz spürte. Dann dachte er wieder über etwas nach, stand auf und zog sich rasch an. Vielleicht hatte er Gewissensbisse bekommen, weil er geschlafen und das Haus »zu einer so gefährlichen Zeit« unbewacht gelassen hatte. Der von seinem epileptischen Anfall völlig zerschlagene Smerdjakow lag regungslos in der anderen Kammer. Marfa Ignatjewna rührte sich nicht. Das Weib ist erschöpft, dachte Grigorij Wassiljewitsch, nachdem er einen Blick auf sie geworfen hatte, und ging ächzend auf die kleine Eingangstreppe hinaus. Allerdings wollte er von dort nur Ausschau halten, denn er war außerstande, viel umherzulaufen, weil der Schmerz im Kreuz und im rechten Bein unerträglich war. Doch da fiel ihm plötzlich ein, daß er das Gartentor am Abend nicht abgeschlossen hatte. Er war ein sehr pünktlicher und gewissenhafter Mann, ein Mann der ein für allemal eingeführten Ordnung und der langjährigen Gewohnheiten. Hinkend und vor Schmerz gekrümmt, ging er die Treppe hinab und begab sich zum Garten. Tatsächlich, das Pförtchen stand sperrangelweit offen. Ganz mechanisch betrat er den Garten: vielleicht hatte er etwas zu sehen geglaubt, vielleicht ein Geräusch gehört. Doch als er nach links blickte, sah er bei seinem Herrn das geöffnete Fenster – es schaute niemand mehr heraus. Warum steht es offen? Jetzt ist doch nicht Sommer! dachte Grigorij, und gerade in diesem Augenblick huschte etwas durch den Garten. Etwa vierzig Schritt vor ihm schien in der Dunkelheit ein Mensch vorbeizulaufen, ein Schatten bewegte sich rasch vorüber. »Mein Gott!« sagte Grigorij, vergaß seine Kreuzschmerzen und rannte los, seiner selbst nicht mehr bewußt, um dem Laufenden den Weg abzuschneiden. Er wählte einen kürzeren Weg, den Garten kannte er offenbar besser als der Laufende; der jedoch strebte zur Badstube, lief hinter sie und stürzte zum Zaun . . . Grigorij folgte ihm, ließ ihn nicht aus den Augen und rannte wie besessen. Er erreichte den Zaun gerade in dem Augenblick, da der Flüchtling schon hinüberkletterte. Grigorij brüllte wie von Sinnen auf, stürzte herzu und klammerte sich mit beiden Händen an das Bein des anderen.

Richtig, sein Vorgefühl hatte ihn nicht getäuscht: er erkannte ihn, das war er, »der Unmensch, der Vatermörder«!

»Vatermörder!« schrie der Alte, daß es weit im Umkreis zu hören war. Doch nur das konnte er noch schreien: wie vom Donner gerührt, brach er zusammen. Mitja sprang wieder in den Garten hinab und beugte sich über den Niedergeschlagenen. In der Hand hielt Mitja den Messingstößel, er warf ihn mechanisch ins Gras. Der Stößel fiel zwei Schritte von Grigorij entfernt nieder, jedoch nicht ins Gras, sondern auf einen Fußpfad, auf die Stelle, wo er am ehesten zu sehen war. Ein paar Sekunden lang betrachtete Mitja den vor ihm Liegenden. Der Kopf des Alten war von Blut überströmt; Mitja streckte die Hand aus und betastete ihn. Er erinnerte sich später deutlich, daß er sich in diesem Augenblick schrecklich gern »völlig überzeugt« hätte, ob er dem Alten den Schädel eingeschlagen oder ihn durch den Schlag auf den Scheitel nur »betäubt« habe. Doch das Blut strömte, es strömte entsetzlich und rann wie ein Strom über Mitjas zitternde Finger. Er wußte später noch, daß er damals sein frisches weißes Taschentuch aus der Tasche riß, mit dem er sich versorgt hatte, als er zu Frau Chochlakowa ging, und es dem Alten gegen den Kopf drückte, in dem sinnlosen Bemühen, ihm das Blut von Stirn und Gesicht wegzuwischen. Aber auch das Taschentuch war im Nu mit Blut durchtränkt. Mein Gott, wozu tue ich das? fragte sich Mitja, der auf einmal zu sich gekommen war. Wenn ich ihm wirklich den Schädel eingeschlagen habe, wie sollte ich es jetzt feststellen ... Und ist es jetzt nicht einerlei? fügte er plötzlich hoffnungslos hinzu. Habe ich ihn erschlagen, so ist es eben so ... »Du bist mir unter die Finger geraten, Alter, nun bleibe liegen!« sagte er laut, sprang über den Zaun in die Gasse und rannte davon. Das blutgetränkte Taschentuch hielt er zusammengeknüllt in der rechten Faust und steckte es dann im Laufen in die hintere Rocktasche. Er rannte Hals über Kopf, und ein paar Passanten, die ihm in der Dunkelheit auf den Straßen der Stadt begegneten, erinnerten sich später, in jener Nacht einem ungestüm laufenden Mann begegnet zu sein. Er eilte wieder zum Hause der Morosowa. Vorhin, gleich nach seinem Fortgang, war Fenja zu dem ältesten Hausknecht, Nasar Iwanowitsch, gestürzt und hatte ihn »bei unserem Herrn Christus« angefleht, »den Hauptmann weder heute noch morgen mehr einzulassen«. Nasar Iwanowitsch hatte sie angehört und in ihre Bitte eingewilligt, war aber unglücklicherweise nach oben zu seiner Herrin gegangen, wohin man ihn wider Erwarten gerufen hatte; unterwegs war er seinem Neffen begegnet, einem etwa zwanzigjährigen Burschen, der erst vor kurzem vom Lande gekommen war, und hatte ihm aufgetragen, auf dem Hof zu bleiben, hatte aber vergessen, ihm etwas von dem Hauptmann zu sagen. Als Mitja das Hoftor erreicht hatte, klopfte er an. Der Bursche erkannte ihn sofort; Mitja hatte ihm schon mehrmals Trinkgeld gegeben. Er öffnete das Pförtchen, ließ ihn ein und beeilte sich, ihm mit einem vergnügten Lächeln in zuvorkommender Weise mitzuteilen, daß Agrafena Alexandrowna jetzt nicht zu Hause sei.

»Wo ist sie denn, Prochor?« fragte Mitja und blieb stehen.

»Sie ist vorhin weggefahren, vor zwei Stunden etwa, mit Timofej, nach Mokroje.«

»Warum?« rief Mitja.

»Das kann ich nicht wissen, zu einem Offizier ist sie gefahren, jemand hat sie rufen lassen, auch die Pferde hat man von dort hergeschickt ...«

Mitja ließ ihn stehen und lief wie ein Irrer zu Fenja.

5
Ein jäher Entschluß

Fenja saß mit ihrer Großmutter in der Küche, beide wollten gerade zu Bett gehen. Da sie sich auf Nasar Iwanowitsch verließen, hatten sie die Tür wieder nicht von innen abgeschlossen. Mitja kam herein, stürzte sich auf Fenja und packte sie fest an der Gurgel.

»Sag sofort, wo sie ist! Mit wem ist sie in Mokroje?« brüllte er außer sich.

Beide Frauen kreischten auf.

»Ach, ich will's sagen, ach, lieber Dmitrij Fjodorowitsch, gleich will ich alles gestehen und nichts verheimlichen«, sprudelte die zu Tode erschrockene Fenja hervor, »sie ist nach Mokroje zu dem Offizier gefahren.«

»Zu welchem Offizier?« brüllte Mitja.

»Zu dem früheren Offizier, zu dem gleichen, zu ihrem früheren, den sie vor fünf Jahren gehabt hat, der sie verlassen hatte und davongefahren war«, sprudelte Fenja wieder hervor.

Dmitrij Fjodorowitsch ließ ihre Gurgel los. Er stand vor ihr, bleich wie ein Toter und stumm, doch an seinen Augen war zu erkennen, daß er mit einemmal alles begriff, gleich bei den ersten Worten auf einen Schlag alles begriffen und erraten hatte. Die arme Fenja war natürlich in dieser Sekunde außerstande zu beobachten, ob er begriffen habe oder nicht. Wie sie, als er hereingelaufen kam, auf der Truhe gesessen hatte, so saß sie auch jetzt noch. Sie zitterte am ganzen Leibe, hielt die Hände vorgestreckt, als wollte sie sich schützen, und war in dieser Stellung erstarrt. Mit schreckgeweiteten Augen blickte sie ihn angstvoll an. Seine beiden Hände waren voller Blut. Unterwegs mußte er, als er sich den Schweiß vom Gesicht wischte, im Laufen mit den Händen an die Stirn gekommen sein, so daß dort und an der rechten Wange rote Flecken verschmierten Blutes zurückgeblieben waren. Fenja war nahe daran, einen Weinkrampf zu bekommen, die alte Köchin war aufgesprungen, blickte wie eine Irrsinnige drein und wäre fast ohnmächtig geworden. Dmitrij Fjodorowitsch blieb ungefähr eine Minute lang stehen, dann sank er auf einmal mechanisch neben Fenja auf einen Stuhl.

Er saß da, nicht als ob er überlegte, sondern wie erschrocken, wie in einem Starrkrampf. Doch alles war ihm klar wie der

Tag: dieser Offizier – Mitja wußte von ihm, wußte alles sehr wohl, wußte es durch Gruschenka selber, wußte, daß er ihr vor einem Monat einen Brief geschickt hatte. Also einen Monat, einen ganzen Monat lang schon spielte diese Sache, tief geheimgehalten vor ihm bis zur Ankunft dieses neuen Menschen, er aber hatte nicht einmal an ihn gedacht. Wie war es nur möglich, daß er nicht an ihn gedacht hatte? Warum hatte er diesen Offizier damals ohne weiteres vergessen, kaum daß er von ihm erfahren hatte? Das war die Frage, die wie ein Ungeheuer vor ihm stand. Und er betrachtete dieses Ungeheuer tatsächlich mit Furcht, vor Furcht erstarrt.

Doch plötzlich begann er, leise und sanft wie ein stilles und freundliches Kind, mit Fenja zu sprechen, als hätte er ganz vergessen, daß er sie eben erst so erschreckt, beleidigt und gequält hatte. Er machte sich daran, Fenja mit einer außerordentlichen Genauigkeit auszufragen, die in seiner Lage geradezu erstaunlich war. Fenja blickte zwar scheu auf seine blutigen Hände, beantwortete jedoch jede seiner Fragen ebenfalls mit erstaunlicher Bereitwilligkeit und Schnelligkeit, als beeilte sie sich nachgerade, die ganze »wahrhaftige Wahrheit« vor ihm auszupacken. Nach und nach erzählte sie ihm sogar mit einer gewissen Freude alle Einzelheiten, ohne ihn damit im geringsten quälen zu wollen, sondern als bemühe sie sich nach Kräften, ihm von Herzen einen Gefallen zu tun. Bis in die letzte Einzelheit erzählte sie ihm auch den ganzen Verlauf des heutigen Tages; sie berichtete von dem Besuch Rakitins und Aljoschas, davon, wie sie, Fenja, Wache gestanden habe, wie ihre Herrin abgefahren sei, und daß sie Aljoscha aus dem Fenster einen Gruß an ihn, Mitjenka, zugerufen habe, mit dem Zusatz, »er solle ewig daran denken, wie sie ihn eine Stunde lang geliebt habe«. Als Mitja von diesem Gruß hörte, lächelte er, und auf seinen bleichen Wangen flammte Röte auf. Im gleichen Augenblick sagte Fenja zu ihm, die nun auch nicht die geringste Scheu mehr empfand, mit unverhohlener Neugier: »Wie Ihre Hände aussehen, Dmitrij Fjodorowitsch, sie sind ja ganz voll Blut!«

»Ja«, antwortete Mitja mechanisch, blickte zuerst zerstreut auf seine Hände und vergaß sie sogleich wieder, ebenso wie er Fenjas Frage vergaß. Er versank von neuem in Schweigen. Seit er ins Haus gelaufen war, waren schon etwa zwanzig Minuten vergangen. Den Schreck von vorhin hatte er überwunden, und er stand offenbar schon völlig im Banne einer neuen, unbeugsamen Entschlossenheit. Er erhob sich und lächelte nachdenklich.

»Gnädiger Herr, was ist denn mit Ihnen geschehen?« fragte Fenja und deutete wieder auf seine Hände – sie sagte es voller Mitleid, als wäre sie jetzt in seinem Leid das ihm am nächsten befreundete Geschöpf.

Mitja blickte wieder auf seine Hände.

»Das ist Blut, Fenja«, sagte er und sah Fenja mit einem sonderbaren Ausdruck an, »das ist Menschenblut, und mein Gott, warum ist es vergossen worden! ... Fenja ... hier gibt es einen Zaun« – er blickte sie an, als gäbe er ihr ein Rätsel auf –, »einen hohen und dem Aussehen nach schrecklichen Zaun, aber ... morgen bei Tagesanbruch, wenn die Sonne aufgeht, wird Mitjenka über diesen Zaun springen ... Du begreifst nicht, Fenja, welcher Zaun das ist, nun, das hat nichts zu sagen ..: morgen wirst du es sowieso erfahren und alles begreifen ... und jetzt leb wohl! Ich werde ihnen nicht im Wege stehen, ich werde mich zurückziehen, ich werde mich zurückzuziehen wissen. Lebe, du meine Freude ... du hast mich eine Stunde lang geliebt, so gedenke denn auch ewig des Mitjenka Karamasow ... Sie nannte mich doch immer Mitjenka, erinnerst du dich?«

Mit diesen Worten verließ er plötzlich die Küche. Doch Fenja erschrak darüber fast noch mehr als vorhin, da er hereingestürmt war und sich auf sie gestürzt hatte.

Genau zehn Minuten später kam Dmitrij Fjodorowitsch zu dem jungen Beamten Pjotr Iljitsch Perchotin, bei dem er vorhin seine Pistolen versetzt hatte. Es war schon halb neun Uhr, und Pjotr Iljitsch hatte, nachdem er zu Hause Tee getrunken hatte, soeben wieder seinen Rock angezogen, um in das Gasthaus »Zur Hauptstadt« zu gehen und dort ein wenig Billard zu spielen. Mitja traf ihn an, wie er gerade aufbrechen wollte. Als Perchotin ihn mit seinem blutbefleckten Gesicht erblickte, schrie er auf: »O Gott! Was ist denn mit Ihnen?«

»Nun«, sagte Mitja rasch, »ich bin nur gekommen, um meine Pistolen zu holen, und habe Ihnen das Geld gebracht. Haben Sie Dank. Ich bin in Eile, Pjotr Iljitsch, bitte, machen Sie schnell.«

Pjotr Iljitsch wunderte sich immer mehr: er erblickte in Mitjas Händen ein Päckchen Geldscheine, und Mitja hielt dieses Päckchen so und war so damit hereingekommen, wie sonst niemand Geld zu halten und in ein Haus zu kommen pflegt –

er trug alle Scheine wie zur Schau offen in der rechten vorgestreckten Hand. Der Diener des Beamten, ein Junge, dem Mitja im Vorzimmer begegnet war, sagte später aus, Mitja habe auch das Vorzimmer mit dem Geld in der Hand betreten, demnach hatte er es auch auf der Straße schon in der rechten ausgestreckten Hand getragen. Es waren lauter regenbogenfarbene Hundertrubelscheine, er hielt sie mit seinen blutigen Fingern fest. Pjotr Iljitsch erklärte später auf die Frage hieran interessierter Personen, wieviel Geld es gewesen sei, das sei damals schwer abzuschätzen gewesen: vielleicht zweitausend Rubel, vielleicht auch dreitausend, doch das Päckchen sei groß und »ziemlich fest« gewesen. Über Dmitrij Fjodorowitsch sagte er später aus: »Er war, so schien es, ganz von Sinnen, aber nicht betrunken, sondern wie in einer Art Ekstase; er war sehr zerstreut, doch zugleich wohl auch konzentriert, als dächte er angestrengt über etwas nach und könnte zu keiner Entscheidung kommen. Er war in großer Eile, antwortete schroff und sehr sonderbar, doch schien er sich in manchen Augenblicken nicht zu grämen, sondern geradezu vergnügt zu sein.«

»Ja, was ist denn mit Ihnen, was ist denn mit Ihnen?« rief Pjotr Iljitsch wieder und musterte befremdet seinen Gast. »Wie haben Sie sich nur so blutig geschlagen, sind Sie etwa hingefallen? Schauen Sie sich an!«

Er faßte ihn am Ellbogen und führte ihn zum Spiegel. Als Mitja darin sein blutbesudeltes Gesicht erblickte, fuhr er zusammen und verzog zornig seine Miene.

»Ach, zum Teufel! Das hat gerade noch gefehlt«, murmelte er wütend, legte rasch die Geldscheine aus der rechten Hand in die linke und riß krampfhaft das Schnupftuch aus der Tasche. Doch auch das Taschentuch war voll Blut – er hatte damit Grigorijs Kopf und Gesicht abgewischt: es war kein einziges weißes Fleckchen mehr daran, und es war nicht nur trocken geworden, sondern hatte sich zu einem Knäuel verhärtet und ließ sich nicht auseinanderfalten. Mitja schleuderte es wütend zu Boden. »Ach, zum Teufel! Haben Sie nicht irgendeinen Lappen ... zum Abwischen? ...«

»Sie haben sich also nur beschmutzt und sind nicht verletzt? Dann waschen Sie sich lieber«, antwortete Pjotr Iljitsch. »Hier ist der Waschtisch, ich gieße Ihnen Wasser über die Hände.«

»Ein Waschtisch? Das ist gut ... doch wohin soll ich das hier tun?« fragte er in sonderbarer Ratlosigkeit und deutete auf sein Päckchen Hundertrubelscheine, wobei er Pjotr Iljitsch fragend ansah, als hätte der zu entscheiden, wohin er sein Geld legen solle.

»Stecken Sie es in die Tasche, oder legen Sie es hierher auf den Tisch, es wird nicht wegkommen.«

»In die Tasche? Ja, in die Tasche. Das ist gut ... Nein, sehen Sie, alles das ist Unsinn!« rief er, als erwachte er auf einmal aus seiner Zerstreutheit. »Sehen Sie: wir wollen erst diese Sache erledigen, ich meine die Pistolen, geben Sie sie mir zurück, und hier ist Ihr Geld ... denn ich brauche sie sehr, sehr notwendig ... und habe keine Sekunde Zeit ...«

Er nahm den obersten Hundertrubelschein des Päckchens und reichte ihn dem Beamten.

»Ich kann Ihnen aber nicht herausgeben«, bemerkte dieser, »haben Sie es nicht kleiner?«

»Nein«, sagte Mitja, nachdem er wieder das Päckchen angeschaut hatte, und prüfte, als wäre er von der Richtigkeit seiner Behauptung nicht ganz überzeugt, die obersten zwei bis drei Scheine. »Nein, es sind lauter solche«, fügte er hinzu und blickte Pjotr Iljitsch wieder fragend an.

»Wie sind Sie nur so reich geworden?« fragte der. »Warten Sie, ich schicke meinen Jungen rasch mal zu Plotnikows. Sie schließen erst spät, vielleicht können sie wechseln. He, Mischa!« rief er ins Vorzimmer.

»In den Laden zu Plotnikows – ausgezeichnet!« rief Mitja, als wäre ihm etwas eingefallen. »Mischa«, wandte er sich an den hereingekommenen Jungen, »paß auf, lauf zu Plotnikows und sag ihnen, Dmitrij Fjodorowitsch lasse grüßen und käme gleich selber ... Und hör zu, sie sollen, bis er kommt, Champagner bereit halten, etwa drei Dutzend Flaschen, und sie so verpacken wie damals, als ich nach Mokroje fuhr ... Ich habe damals vier Dutzend bei ihnen genommen«, wandte er sich an Pjotr Iljitsch; »sie wissen schon Bescheid, sei ohne Sorge, Mischa«, wandte er sich wieder an den Jungen. »Und sie sollen Käse dazutun, auch Straßburger Pasteten, geräucherte Felchen, Schinken und Kaviar, kurzum von allem, was sie nur haben, so etwa für hundert oder hundertzwanzig Rubel wie früher ... Und sie sollen das Naschwerk nicht vergessen, Konfekt, Birnen, zwei Wassermelonen oder drei oder vier – doch nein, es genügt eine einzige Wassermelone; aber Schokolade und Bonbons aller Sorten, kurzum von allem, was sie mir damals für Mokroje eingepackt hatten, mit dem Champagner zusammen für ungefähr dreihundert Rubel ... Na, und jetzt soll es genausoviel sein. Aber vergiß nichts, Mischa ... Er heißt doch Mischa?« wandte er sich wieder an Pjotr Iljitsch.

»So warten Sie doch«, unterbrach ihn Pjotr Iljitsch, der ihn besorgt angehört und beobachtet hatte, »gehen Sie lieber selber hin und bestellen Sie es, er wird alles durcheinanderbringen.«

»Das wird er, ich sehe es, das wird er! Ach, Mischa, ich wollte dir für die Besorgung einen Kuß geben ... Wenn du keine Konfusion machst, bekommst du zehn Rubel, lauf schnell ... Champagner, vor allem Champagner sollen sie heraufholen, auch Kognak, auch Rot- und Weißwein, und von dem allem wie damals ... sie wissen schon, wie es damals war.«

»So hören Sie doch!« unterbrach ihn Pjotr Iljitsch, den die Ungeduld packte. »Ich sage Ihnen doch: er soll nur zum Wechseln hinlaufen und ausrichten, sie möchte noch nicht schließen, und dann gehen Sie selber hin und bestellen ... Geben Sie Ihren Geldschein her. Marsch, Mischa, beeile dich!« Pjotr Iljitsch schickte Mischa wohl absichtlich rasch weg, denn der Junge stand immer noch vor dem Gast und starrte auf dessen blutiges Gesicht und die blutbesudelten Hände mit dem Geldpaket in den zitternden Fingern; der Junge hielt vor Verwunderung oder Schrecken den Mund weit offen und hatte wahrscheinlich von allem, was Mitja ihm auftrug, wenig verstanden. »So, nun kommen Sie und waschen Sie sich«, sagte Pjotr Iljitsch streng. »Legen Sie das Geld auf den Tisch oder stecken Sie es in die Tasche ... So, gehen wir. Aber ziehen Sie doch den Rock aus.« Er half ihm aus dem Rock und rief plötzlich aus: »Schauen Sie, auch der Rock ist blutig!«

»Nein ... nicht der Rock. Nur ein wenig hier am Ärmel. Und das da ist nur die Stelle, wo das Taschentuch gesteckt hat. Das ist durch die Tasche gesickert. Ich hatte mich bei Fenja auf das Taschentuch gesetzt, und da ist das Blut durchgesickert«, erklärte Mitja sofort mit einer erstaunlichen Vertrauensseligkeit. Pjotr Iljitsch hörte ihm mit verdüsterter Miene zu.

»Da haben Sie aber Pech gehabt! ... Wohl eine Prügelei mit jemandem?« murmelte er.

Sie begannen mit Waschen. Pjotr Iljitsch hielt den Krug und goß Mitja Wasser über die Hände. Mitja hatte es eilig und seifte sich die Hände nur schlecht ein (seine Hände zitterten dabei, wie sich Pjotr Iljitsch später erinnerte). Pjotr Iljitsch sagte ihm sofort, er solle sie stärker einseifen und kräftiger reiben. Er schien in dieser Minute die Oberhand über Mitja zu gewinnen, je länger, desto mehr. Nebenbei gesagt: der junge Mann war nicht gerade schüchtern.

»Schauen Sie, unter den Nägeln haben Sie das Blut noch nicht weggewaschen. Na, reiben Sie jetzt das Gesicht ab, sehen Sie, hier: an den Schläfen, am Ohr ... Wollen Sie in diesem Hemd fahren? Wohin fahren Sie denn? Schauen Sie, die ganze Manschette des rechten Ärmels ist blutig.«

»Ja, blutig«, sagte Mitja, als er die Manschette des Hemdes betrachtete.

»So wechseln Sie doch die Wäsche.«

»Ich habe keine Zeit. Aber, sehen Sie ...« fuhr Mitja immer noch ebenso vertrauensselig fort, während er mit dem Handtuch Gesicht und Hände abtrocknete und den Rock wieder anzog, »ich schlage hier den Ärmelrand ein, dann wird man ihn unter dem Rock nicht mehr sehen ...«

»Sagen Sie jetzt, wo haben Sie sich so zugerichtet? Haben Sie mit jemandem eine Prügelei gehabt? Etwa wieder im Gasthaus wie damals? Etwa wieder mit dem Hauptmann wie damals? Haben Sie ihn geschlagen und am Bart gezerrt?« fragte Pjotr Iljitsch vorwurfsvoll. »Wen haben Sie noch geprügelt ... oder am Ende gar erschlagen?«

»Unsinn!« sagte Mitja.

»Wieso Unsinn?«

»Lassen wir das«, sagte Mitja und lächelte plötzlich, »ich habe soeben auf dem Stadtplatz eine alte Frau umgerannt.«

»Umgerannt? Eine alte Frau?«

»Einen alten Mann!« schrie Mitja, als hätte er einen Tauben vor sich, und lachte Pjotr Iljitsch ins Gesicht.

»Zum Teufel, einen alten Mann, eine alte Frau ... Haben Sie etwa jemanden umgebracht?«

»Wir haben uns wieder versöhnt. Wir sind aneinander geraten und haben uns dann wieder versöhnt. Wir trennten uns als Freunde. Ein Dummkopf ... er hat mir verziehen .. jetzt hat er mir schon sicherlich verziehen ... Wäre er aufgestanden, hätte er mir nicht verziehen«, sagte Mitja plötzlich und zwinkerte mit den Augen. »Aber wissen Sie, der Teufel soll ihn holen, hören Sie, Pjotr Iljitsch, der Teufel soll ihn holen, lassen wir das! In diesem Augenblick mag ich nicht!« schloß Mitja scharf und kurz.

»Ich wollte nur sagen: warum lassen Sie sich mit jedermann ein? ... Wie damals wegen dieser Kleinigkeit mit dem Hauptmann ... Eben erst haben Sie sich geprügelt, und jetzt fahren

Sie zu einem Gelage – darin offenbart sich Ihr ganzer Charakter. Drei Dutzend Flaschen Champagner – was wollen Sie denn mit soviel Champagner?«

»Bravo! Geben Sie mir jetzt die Pistolen. Bei Gott, ich habe keine Zeit. Ich würde mich gern mit Ihnen unterhalten, mein Lieber, aber ich habe keine Zeit. Auch ist es gar nicht nötig, zum Reden ist es zu spät. Ah! Wo ist denn das Geld, wohin habe ich es nur getan?« rief er und griff sich der Reihe nach in alle Taschen.

»Auf den Tisch haben Sie es gelegt ... Sie selber ... da liegt es ja. Hatten Sie es vergessen? Sie gehen ja wirklich mit Geld um, als wäre es überhaupt nichts. Hier sind Ihre Pistolen. Sonderbar, vorhin um sechs Uhr haben Sie sie für zehn Rubel versetzt, und jetzt haben Sie Tausende. Es sind wohl zwei- oder dreitausend, wie?«

»Drei«, sagte Mitja und steckte das Geld in die Seitentasche seiner Hose.

»So werden Sie es verlieren. Besitzen Sie etwa eine Goldgrube?«

»Eine Grube? Eine Goldgrube!« rief Mitja und brach in lautes Gelächter aus. »Wollen Sie in die Goldgruben, Perchotin? Eine Dame hier gibt Ihnen sofort dreitausend auf die Hand, damit Sie nur hinfahren. Mir hat sie sie gegeben, so gern hat sie die Goldgruben! Kennen Sie die Chochlakowa?«

»Nein, aber ich habe von ihr gehört und sie gesehen. Hat etwa sie Ihnen die dreitausend gegeben? Sofort auf die Hand?« fragte Pjotr Iljitsch mit ungläubigem Blick.

»Gehen Sie morgen, sobald die Sonne aufsteigt und der ewig junge Phöbus, Gott preisend und lobend, sich emporschwingt, zu ihr hin, zu der Chochlakowa, und fragen Sie sie selber, ob sie mir dreitausend auf die Hand gegeben hat oder nicht. Erkundigen Sie sich.«

»Ich kenne Ihre Beziehungen nicht ... aber wenn Sie es so fest behaupten, so hat sie sie Ihnen gegeben ... Und Sie haben das Geld genommen und haben sich, statt nach Sibirien zu fahren, aus dem Staube gemacht ... Wahrhaftig, wohin wollen Sie denn jetzt, wie?«

»Nach Mokroje.«

»Nach Mokroje? Aber es ist doch Nacht!«

»Oh, du lieber Augustin, alles ist hin!« sagte Mitja unvermittelt.

»Wieso ist alles hin? Wenn man so viele Tausende hat, soll alles hin sein?«

»Ich meine nicht die Tausende. Der Teufel soll die Tausende holen! Ich rede vom weiblichen Gemüt ...

Leichtgläubig ist des Weibes Herz,
Unbeständig und lasterhaft ...

Ich stimme den Worten des Ulysses bei.«

»Ich verstehe Sie nicht!«

»Bin ich etwa betrunken?«

»Das nicht, aber schlimmer als das.«

»Geistig bin ich trunken, Pjotr Iljitsch, geistig bin ich trunken, doch genug davon, genug ...«

»Was tun Sie da, Sie laden die Pistole?«

»Ja, ich lade die Pistole.«

Mitja hatte tatsächlich den Pistolenkasten geöffnet, das Pulverhorn aufgedrückt und schüttete vorsichtig die Ladung ein, wonach er sie feststopfte. Dann nahm er eine Kugel und hielt sie, bevor er sie hineinschob, zwischen zwei Fingern ins Licht der Kerze.

»Warum sehen Sie die Kugel an?« fragte Pjotr Iljitsch, der ihn mit unruhiger Neugierde beobachtete.

»Nur so. Mir ist gerade etwas eingefallen. Wenn dir der Gedanke käme, dir diese Kugel ins Hirn zu jagen, würdest du sie dann beim Laden der Pistole ansehen oder nicht?«

»Warum sollte ich sie ansehen?«

»Wenn sie in mein Hirn eindringen soll, ist es doch interessant, sie vorher anzuschauen, um zu wissen, wie sie aussieht ... Übrigens ist das Unsinn und ein dummer momentaner Einfall. So, das wäre fertig«, fügte er hinzu, nachdem er die Kugel hineingeschoben und mit Werg festgeklopft hatte. »Lieber Pjotr Iljitsch, das ist Unsinn, alles ist Unsinn – wenn du wüßtest, was für ein Unsinn! Gib mir jetzt ein Stückchen Papier.«

»Hier hast du eins.«

»Nein, glattes, sauberes, auf dem man schreiben kann. Ja, solches.« Und Mitja nahm eine Feder vom Tisch, schrieb rasch zwei Zeilen auf den Zettel, faltete ihn zweimal zusammen und steckte ihn in die Westentasche. Die Pistolen legte er in den Kasten, schloß ihn ab und nahm ihn an sich. Dann sah er Pjotr Iljitsch an und lächelte lange und nachdenklich.

»Gehen wir jetzt«, sagte er.

»Wohin? Nein, warten Sie ... Sie wollen sie sich am Ende ins Hirn jagen, diese Kugel ...« sagte Pjotr Iljitsch voll Unruhe.

»Die Kugel ist Unsinn! Ich will leben, ich liebe das Leben!

Laß dir das gesagt sein. Ich liebe den goldlockigen Phöbus und sein heißes Licht... Lieber Pjotr Iljitsch, verstehst du dich darauf, dich zurückzuziehen?«

»Wieso zurückzuziehen?«

»Den Weg freizugeben, einem geliebten und gehaßten Wesen den Weg freizugeben. Ihn so freizugeben, daß auch das Gehaßte einem lieb wird! Und ihnen zu sagen: Gott segne eure Wege, geht, geht von dannen, ich aber...«

»Sie aber?«

»Genug, gehen wir.«

»Bei Gott, ich werde jemandem sagen, man solle Sie nicht dorthin lassen«, sagte Pjotr Iljitsch und sah ihn an. »Warum wollen Sie jetzt nach Mokroje?«

»Ein Weib ist dort, ein Weib, das muß dir genügen, Pjotr Iljitsch, und jetzt Schluß!«

»Hören Sie, wenn Sie auch ein wilder Mensch sind, so haben Sie mir doch in einer gewissen Weise immer gefallen... und darum mache ich mir Sorgen um Sie...«

»Ich danke dir, Bruderherz. Ich bin wild, sagst du? Ja, die Wilden, die Wilden! Ich sage immer nur das eine: die Wilden! Ah, da ist ja Mischa, ich hatte ihn ganz vergessen.«

Mischa war ganz außer Atem mit einem Päckchen gewechselten Geldes hereingekommen und meldete, bei Plotnikows gehe es drunter und drüber, sie schleppten Flaschen, Fisch und Tee herbei – gleich werde alles bereit sein. Mitja nahm einen Zehnrubelschein und reichte ihn Pjotr Iljitsch, einen anderen Zehnrubelschein warf er Mischa hin.

»Unterstehen Sie sich!« rief Pjotr Iljitsch. »In meinem Hause ist das nicht gestattet, es ist eine häßliche Unart. Stecken Sie Ihr Geld ein, stecken Sie es hierhin, wozu damit um sich werfen? Morgen werden Sie es brauchen, Sie würden ja doch wieder zu mir kommen und mich um zehn Rubel bitten. Warum stecken Sie denn alles in die Seitentasche? So werden Sie es verlieren!«

»Höre, du lieber Mensch, wollen wir nicht zusammen nach Mokroje fahren?«

»Was soll ich denn dort?«

»Höre, wenn du willst, öffne ich gleich eine Flasche, und wir trinken auf das Leben! Ich möchte gern etwas trinken, am liebsten mit dir zusammen. Ich habe noch nie mit dir getrunken, nicht wahr?«

»Meinetwegen, das können wir im Gasthaus tun, gehen wir, ich wollte gerade selber hin.«

»Fürs Gasthaus habe ich keine Zeit, aber bei Plotnikows im Laden, im Hinterzimmer. Wenn du willst, gebe ich dir gleich ein Rätsel auf.«

»Tu das.«

Mitja nahm seinen Zettel aus der Westentasche, entfaltete ihn und hielt ihm ihn hin. In deutlicher und großer Schrift stand darauf: »Ich strafe mich für mein ganzes Leben, für mein ganzes Leben bestrafe ich mich!«

»Ich werde es wirklich jemandem sagen, ich gehe gleich hin und sage es«, meinte Pjotr Iljitsch, als er den Zettel gelesen hatte.

»Dazu wirst du nicht mehr kommen, mein Lieber, gehen wir trinken, marsch!«

Der Laden der Plotnikows lag nur ein paar Häuser weit von Pjotr Iljitschs Wohnung entfernt an der Straßenecke. Er war die größte Kolonialwarenhandlung in unserer Stadt, gehörte reichen Händlern und war an und für sich durchaus nicht übel. Es gab dort alle Kolonialwaren wie in einem beliebigen Laden der Hauptstadt: Weine, »Abfüllung Gebrüder Jelisejew«, Obst, Zigarren, Tee, Zucker, Kaffee und so weiter. Zu jeder Zeit waren drei Verkäufer da, außerdem liefen noch zwei Laufburschen herum. Obwohl unsere Gegend verarmt war, die Gutsbesitzer fortgezogen waren und der Handel zurückgegangen war, blühte doch der Kolonialwarenhandel nach wie vor, mit jedem Jahr sogar mehr: für diese Ware gab es immer noch Käufer. – Im Laden wartete man ungeduldig auf Mitja. Man erinnerte sich nur zu gut, wie er vor drei oder vier Wochen genauso auf einen Schlag allerhand Eßwaren und Wein für einige hundert Rubel Bargeld gekauft hatte (auf Kredit hätte man ihm natürlich nichts gegeben), erinnerte sich auch noch, daß er ebenso wie jetzt ein ganzes Päckchen regenbogenfarbener Geldscheine in der Hand gehalten und sie sinnlos hinausgeworfen hatte, ohne zu feilschen, ohne zu überlegen und überlegen zu wollen, wozu er soviel Eßwaren, Weine und so weiter brauche. Später hatte man in der ganzen Stadt davon geredet, daß er damals, als er mit Gruschenka nach Mokroje gefahren war, in einer Nacht und am Tage danach auf einmal dreitausend Rubel durchgebracht habe und völlig abgebrannt von dem Zechgelage zurückgekehrt sei. Damals hatte er ein ganzes Zigeunerlager (das sich gerade in unserer Gegend aufhielt) auf den Kopf gestellt, und die Zigeuner hatten aus ihm in seiner Trunkenheit maßlos viel Geld herausgeholt und maßlos viel teuren Wein ausgetrunken. Man erzählte sich unter Gelächter, daß Mitja in Mokroje die ungehobelten Bauernkerle mit Champagner betrunken gemacht und die Bauernmädchen und Bauernfrauen mit Konfekt und Straßburger Pasteten traktiert habe. Man lachte bei uns auch, besonders im Gasthaus, über Mitjas damaliges aufrichtiges und öffentliches Geständnis (natürlich lachte man ihm nicht ins Gesicht, denn das wäre gefährlich gewesen), daß er von Gruschenka als Lohn für diese ganze »Eskapade« nur die Erlaubnis erhalten habe, ihr das Füßchen zu küssen.

Als Mitja und Pjotr Iljitsch zu dem Laden kamen, fanden sie am Eingang eine schon abfahrtsbereite Troika vor; über den Sitz war ein Teppich gebreitet, die Pferde waren mit Glocken und Schellen geschmückt, und auf dem Bock wartete der Fuhrmann Andrej auf Mitja. Im Laden hatte man schon die Waren in eine Kiste gepackt und harrte nur noch auf Mitjas Erscheinen, um sie zu vernageln und auf den Wagen zu laden. Pjotr Iljitsch wunderte sich.

»Wo hast du nur in der kurzen Zeit eine Troika aufgetrieben?« fragte er Mitja.

»Als ich zu dir lief, traf ich ihn, den Andrej, und befahl ihm, gleich hier beim Laden vorzufahren. Ich habe keine Zeit zu verlieren! Das vorigemal fuhr ich mit Timofej, aber Timofej ist jetzt nicht da, er ist schon mit einer Zauberin davongefahren. Andrej, werden wir uns sehr verspäten?«

»Höchstens eine Stunde vor uns werden sie ankommen, und selbst das werden sie kaum schaffen!« antwortete Andrej eilig. »Ich habe Timofej abgefertigt, ich weiß, wie sie fahren werden. Sie können nicht so schnell fahren wie wir, Dmitrij Fjodorowitsch. Nicht einmal eine Stunde früher werden sie ankommen!« sagte eifrig der Fuhrmann Andrej, ein rothaariger und hagerer Bursche in langschößigem altrussischem Überrock, der den Mantel über dem linken Arm trug.

»Fünfzig Rubel Trinkgeld, wenn du nicht mehr als eine Stunde später hinkommst.«

»Für eine Stunde stehe ich ein, Dmitrij Fjodorowitsch, ach, nicht einmal eine halbe Stunde früher werden sie hinkommen, von einer ganzen ganz zu schweigen!«

Obwohl Mitja bei seinen Anordnungen sehr geschäftig tat, war die Art, wie er redete und seine Befehle erteilte, sonderbar unzusammenhängend und ungeordnet. Er fing mit etwas an und dachte dann nicht mehr daran. Pjotr Iljitsch hielt es für notwendig, sich einzumischen und zu helfen.

»Für vierhundert Rubel, für nicht weniger als vierhundert, damit es ganz genau ebensoviel ist wie damals«, kommandierte Mitja. »Vier Dutzend Flaschen Champagner, nicht eine einzige weniger.«

»Wozu brauchst du soviel, wozu das? Halt!« brüllte Pjotr Iljitsch. »Was ist das für eine Kiste? Was ist drin? Sind wirklich für vierhundert Rubel Waren drin?«

Die geschäftigen Verkäufer erklärten ihm sofort in süßlichem Ton, die erste Kiste enthalte nur ein halbes Dutzend Flaschen Champagner und »alles, was fürs erste notwendig ist« an Vorimbiß, Konfekt, Bonbons und so weiter; der »Hauptbedarf« jedoch werde sofort verpackt und wie das vorigemal gesondert in einer Troika hingeschickt werden, und er werde rechtzeitig, »höchstens eine Stunde nach Dmitrij Fjodorowitsch, an Ort und Stelle sein«.

»Nicht später als nach einer Stunde, und legen Sie möglichst viel Bonbons bei, die mögen die Mädchen dort gern«, verlangte Mitja beharrlich.

»Bonbons – meinetwegen! Doch wozu brauchst du vier Dutzend Flaschen Champagner? Ein Dutzend genügt«, sagte Pjotr Iljitsch fast zornig. Er fing an zu feilschen, er verlangte die Rechnung, er wollte sich nicht beruhigen. Doch er rettete nur einhundert Rubel. Man einigte sich darauf, daß alles in allem für nicht mehr als dreihundert Rubel Waren geliefert werden sollten.

»Der Teufel soll euch holen!« rief Pjotr Iljitsch, als hätte er sich auf einmal eines anderen besonnen. »Was geht das mich an? Wirf doch dein Geld hinaus, wenn du es mühelos erworben hast!«

»Hierher, du Sparteufel, hierher, ärgere dich nicht!« Mitja schleppte ihn ins Hinterzimmer des Ladens. »Man bringt uns gleich eine Flasche her, dann trinken wir einen Schluck. Ach, Pjotr Iljitsch, laß uns zusammen hinfahren, denn du bist ein lieber Mensch, solche mag ich gern.«

Mitja setzte sich auf einen Rohrstuhl vor einen winzigen Tisch, der mit einer sehr schmutzigen Serviette bedeckt war. Pjotr Iljitsch nahm ihm gegenüber Platz, und im Nu erschien der Champagner. Sie wurden noch gefragt, ob »die Herren nicht Austern wünschten, erstklassige Austern aus der allerletzten Sendung«.

»Der Teufel soll die Austern holen, ich esse keine, wir brauchen überhaupt nichts«, schnauzte Pjotr Iljitsch fast zornig.

»Ich habe keine Zeit für Austern«, bemerkte Mitja, »auch habe ich keinen Appetit. Weißt du, Freund«, sagte er auf einmal pathetisch, »diese ganze Unordnung habe ich nie gemocht.«

»Wer mag sie denn auch! Ich bitte dich, drei Dutzend Flaschen für die Bauernkerle – das muß doch jeden empören!«

»Ich meine etwas anderes. Ich meine die höhere Ordnung. Es ist keine Ordnung in mir, keine höhere Ordnung ... Jedoch ... alles das ist vorbei, es hat keinen Zweck, dem nachzutrauern. Zu spät, der Teufel soll es holen! Mein ganzes Leben war Unordnung, ich muß Ordnung schaffen. Ich rede witzig, wie?«

»Du redest nicht witzig, sondern du sprichst wie im Fieber.«

»Ehre dem Höchsten hienieden,
Ehre dem Höchsten in mir!

Dieses Verschen hat sich einmal meiner Seele entrungen, es ist kein Vers, sondern eine Träne ... ich habe es selber verfaßt ... jedoch nicht damals, als ich den Hauptmann am Bart zog ...«

»Wie kommst du plötzlich auf ihn?«

»Wie ich plötzlich auf ihn komme? Unsinn! Alles geht zu Ende, alles gleicht sich aus, ein Strich – und das Fazit ist da.«

»Wahrhaftig, mir gehen immer wieder deine Pistolen durch den Kopf.«

»Auch die Pistolen sind Unsinn! Trink und phantasiere nicht. Ich liebe das Leben, ich habe es gar zusehr liebgewonnen, so übermäßig, daß es mich anwidert. Genug! Auf das Leben, mein Lieber, trinken wir auf das Leben, ich schlage einen Toast auf das Leben vor! Warum bin ich mit mir zufrieden? Ich bin gemein, aber ich bin mit mir zufrieden. Und doch, es quält mich, daß ich gemein und trotzdem mit mir zufrieden bin. Ich preise die Schöpfung, bin sofort bereit, Gott und Seine Schöpfung zu preisen, jedoch ... man muß ein stinkendes Insekt vernichten, damit es nicht herumkriecht, nicht anderen das Leben verdirbt ... Trinken wir auf das Leben, liebes Bruderherz! Was kann kostbarer sein als das Leben? Nichts, nichts! Auf das Leben und auf eine Königin unter den Königinnen!«

»Gut, trinken wir auf das Leben und meinetwegen auch auf deine Königin.«

Sie tranken jeder ein Glas. Mitja war überspannt und ausgelassen, aber auch eigentümlich traurig. Es war, als stünde hinter ihm eine unbezwingbare und schwere Sorge.

»Mischa . . . ist da nicht dein Mischa hereingekommen? Mischa, lieber Mischa, komm her, trink dieses Glas auf den goldlockigen Phöbus von morgen . . .«

»Warum gibst du ihm zu trinken?« rief Pjotr Iljitsch gereizt.

»Ach, erlaube es doch, ich will es nun mal.«

»Ah!«

Mischa trank das Glas aus, verbeugte sich und lief davon.

»So wird er es länger im Gedächtnis behalten«, sagte Mitja. »Ein Weib liebe ich, ein Weib! Was ist das Weib? Die Königin der Erde! Ich bin sehr bekümmert, Pjotr Ilitsch. Erinnerst du dich noch an Hamlet: ‚Doch ich bin sehr bekümmert, Freund Horatio . . . Ach, armer Yorick!' Vielleicht bin ich dieser Yorick. Jetzt bin ich Yorick und später ein Totenschädel.«

Pjotr Iljitsch hörte zu und schwieg; auch Mitja schwieg nun eine Weile.

»Was haben Sie da für ein Hündchen?« fragte er auf einmal zerstreut den Verkäufer, als er in der Ecke ein hübsches Bologneserhündchen mit schwarzen Augen entdeckte.

»Das ist das Hündchen der Warwara Alexejewna, unserer Herrin«, antwortete der Verkäufer, »sie hat es vorhin mitgebracht und es bei uns vergessen. Man wird es ihr zurückbringen müssen.«

»Ich habe einmal genauso eins gesehen . . . im Regiment«, sagte Mitja nachdenklich, »nur hatte es ein gebrochenes Hinterpfötchen . . . Pjotr Iljitsch, ich wollte dich übrigens fragen: hast du schon jemals in deinem Leben gestohlen oder nicht?«

»Was soll diese Frage?«

»Nein, ich meine das so: hast du schon einmal jemandem etwas aus der Tasche gestohlen, fremdes Eigentum? Ich rede nicht von der Staatskasse, die rupfen alle und natürlich auch du . . .«

»Scher dich zum Teufel.«

»Ich spreche von fremdem Gut: unmittelbar aus der Tasche, aus dem Geldbeutel?«

»Meiner Mutter hab ich einmal ein Zwanzigkopekenstück vom Tisch gestohlen, als ich neun Jahre alt war. Ich nahm es leise und hielt es in der Faust fest.«

»Na, und dann?«

»Nun, nichts weiter. Ich behielt es drei Tage, dann schämte ich mich, gestand und gab es zurück.«

»Na, und was geschah dann?«

»Durchgehauen hat man mich, versteht sich. Doch was ist denn, hast du etwa selber etwas gestohlen?«

»Ja«, sagte Mitja und zwinkerte verschmitzt.

»Was hast du denn gestohlen?« fragte Pjotr Iljitsch interessiert.

»Meiner Mutter ein Zwanzigkopekenstück, als ich neun Jahre alt war, drei Tage danach gab ich es zurück.« Als Mitja das gesagt hatte, erhob er sich.

»Dmitrij Fjodorowitsch, wollen wir uns nicht beeilen?« rief Andrej von der Ladentür her.

»Fertig? Gehen wir!« sagte Mitja aufgeregt. »Dem Andrej ein Glas Branntwein auf den Weg, sofort! Und außer dem Branntwein noch ein Gläschen Kognak! Dieser Kasten« – es war der mit den Pistolen – »gehört unter meinen Sitz. Leb wohl, Pjotr Iljitsch, behalte mich in gutem Andenken!«

»Aber du kommst doch morgen zurück?«

»Unbedingt.«

»Belieben Sie die Rechnung jetzt zu begleichen?« fragte der Verkäufer, der herzugeeilt war.

»Ach ja, die Rechnung! Auf jeden Fall!«

Er zog wieder sein Geldbündel aus der Tasche, nahm die obersten drei regenbogenfarbenen Scheine, warf sie auf den Ladentisch und verließ eilig den Laden. Alle folgten ihm und gaben ihm unter Verbeugungen, Abschiedsgrüßen und guten Wünschen das Geleit. Andrej räusperte sich nach dem Kognak und sprang auf den Bock. Doch kaum wollte Mitja einsteigen, als ganz unerwartet Fenja vor ihm stand. Sie war völlig außer Atem herbeigelaufen, faltete vor ihm mit Geschrei die Hände und warf sich ihm zu Füßen: »Bester, liebster Dmitrij Fjodorowitsch, bringen Sie meine Herrin nicht ins Unglück! Ich in meiner Dummheit habe Ihnen alles erzählt! . . . Tun Sie auch ihm nichts, er ist doch ihr Verfloßner. Er wird jetzt Agrafena Alexandrowna heiraten, deswegen ist er ja aus Sibirien zurückgekehrt . . . Bester Dmitrij Fjodorowitsch, richten Sie nicht das Leben anderer zugrunde!«

»Ta-ta-ta, das also ist es! Na, da wirst du jetzt dort was Schönes anrichten!« murmelte Pjotr Iljitsch vor sich hin. »Jetzt wird mir alles klar. – Dmitrij Fjodorowitsch, gib mir mal sofort die Pistolen zurück, wenn du ein Mensch sein willst«, rief er Mitja laut zu, »hörst du, Dmitrij?«

»Die Pistolen? Warte, mein Lieber, ich werde sie unterwegs in eine Pfütze werfen«, antwortete Mitja. »Fenja, steh auf, lieg nicht vor mir auf den Knien. Mitja wird niemanden zugrunde richten, dieser dumme Mensch wird niemanden mehr zugrunde richten. Und noch eins, Fenja«, rief er ihr zu, als er sich schon gesetzt hatte, »ich habe dir vorhin Unrecht getan, verzeih mir und hab Erbarmen mit mir, vergib mir gemeinem Kerl ... Vergibst du mir aber nicht, so ist es einerlei! Fahr los, Andrej, beeile dich!«

Andrej fuhr ab; das Glöckchen klingelte.

»Leb wohl, Pjotr Iljitsch! Dir gilt meine letzte Träne! ...«

Betrunken ist er nicht, doch was für einen Unsinn er redet! dachte Pjotr Iljitsch, als er ihm nachblickte. Er wollte erst dableiben und aufpassen, wie man den zweiten, ebenfalls dreispännigen Wagen mit den übrigen Vorräten und Weinen beladen werde, denn er hatte das Gefühl, daß man Mitja beschwindeln und übervorteilen werde, doch dann ärgerte er sich auf einmal über sich selbst, gab es auf und ging in sein Gasthaus Billard spielen.

»Ein Narr ist er, wenn auch ein guter Kerl ...« murmelte er unterwegs vor sich hin. Von diesem Offizier, dem »Verflossenen« Gruschenkas, habe ich schon gehört. Na, wenn der gekommen ist, dann ... Ach, diese Pistolen! Doch zum Teufel, bin ich denn sein Hüter? Sollen sie doch! Auch wird ja nichts geschehen. Krakeeler sind sie, weiter nichts. Sie werden sich besaufen, aneinandergeraten und sich wieder versöhnen. Sind das denn Männer der Tat? Was soll dieses »ich werde mich zurückziehen«, »ich werde mich strafen«? Nichts wird geschehen! Tausendmal schon hat er im Gasthaus, wenn er betrunken war, Ähnliches geschrien. Jetzt ist er nicht betrunken. »Ich bin trunken im Geiste« – solche Halunken lieben den erhabenen Stil. Bin ich denn sein Hüter? Er muß mit jemandem gestritten haben, sein ganzes Gesicht war voll Blut. Mit wem nur? Im Gasthaus werde ich es erfahren. Auch das Taschentuch war blutig ... Pfui Teufel, es ist bei mir auf dem Fußboden liegengeblieben ... ach was, ich pfeife darauf!

Er kam in schlechtester Laune ins Gasthaus und begann sofort eine Partie. Das heiterte ihn auf. Er spielte eine zweite Partie und begann mit seinem Partner ein Gespräch darüber, daß Dmitrij Karamasow wieder Geld habe, ungefähr dreitausend Rubel, er selbst habe es gesehen, und daß er wieder nach Mokroje zu einem Gelage mit Gruschenka gefahren sei. Diese Nachricht wurde von den Zuhörern mit unerwartetem Interesse aufgenommen. Und alle sprachen darüber eigentümlich ernst, und ohne zu lachen. Sie unterbrachen sogar das Spiel.

»Dreitausend? Von wo sollte er denn dreitausend haben?«

Man fragte ihn weiter aus. Die Nachricht über Frau Chochlakowa nahm man mit Zweifel auf.

»Ob er nicht etwa den Alten beraubt hat?«

»Dreitausend! Da stimmt was nicht!«

»Er hat sich doch gerühmt, daß er seinen Vater erschlagen werde, alle haben es hier gehört. Gerade von dreitausend sprach er . . .«

Pjotr Iljitsch hörte zu, und seine Antworten auf die Fragen, die man ihm stellte, wurden plötzlich trocken und knapp. Von dem Blut an Mitjas Gesicht und Händen sagte er kein Wort, obwohl er auf dem Weg zum Gasthaus noch beabsichtigt hatte, davon zu erzählen. Man begann die dritte Partie, das Gespräch über Mitja verstummte nach und nach. Doch nach der dritten Partie wollte Pjotr Iljitsch nicht mehr spielen, legte das Queue hin und verließ das Gasthaus, ohne dort, wie es eigentlich seine Absicht gewesen war, zu Abend zu essen. Als er auf den Stadtplatz hinauskam, blieb er ratlos stehen; er wunderte sich über sich selbst. Ihm kam auf einmal zum Bewußtsein, daß er ja sofort ins Haus des Fjodor Pawlowitsch hatte gehen wollen, um sich zu erkundigen, ob dort nicht etwas vorgefallen sei. Aber es wird sich ja doch nur herausstellen, sagte er sich, daß alles Unsinn ist, wozu soll ich da also ein fremdes Haus aus dem Schlafe wecken und unliebsames Aufsehen erregen? Pfui Teufel, bin ich denn ihr Hüter?

In schlechtester Laune begab er sich geradewegs nach Hause, und auf einmal fiel ihm Fenja ein. Zum Teufel, ich hätte sie vorhin ausfragen sollen, dann wüßte ich jetzt alles, dachte er ärgerlich. Und das ungeduldige und eigensinnige Verlangen, mit ihr zu reden und alles zu erfahren, wurde in ihm plötzlich so stark, daß er auf halbem Wege jäh zum Hause der Morosowa abbog, in dem Gruschenka wohnte. Als er beim Haustor angekommen war, klopfte er an, und das Klopfen, das durch die nächtliche Stille klang, ernüchterte und ärgerte ihn mit einemmal wieder. Zudem rührte sich niemand, alle im Hause schliefen. Auch hier werde ich nur unliebsames Aufsehen erregen! dachte er mit gequältem Herzen, doch statt endgültig zu gehen, machte er sich daran, von neuem aus Leibeskräften zu klopfen. Die ganze Straße hallte von dem Lärm wider. »Ich werde sie schon noch wachklopfen!« murmelte er immer wieder vor sich hin, geriet bei jedem Schlag in größere Wut und verdoppelte zugleich die Wucht seiner Schläge.

6

Ich komme!

Unterdessen jagte Dmitrij Fjodorowitsch auf der Landstraße dahin. Bis Mokroje waren es etwas über zwanzig Werst, doch Andrejs Troika galoppierte so schnell, daß sie in fünfviertel Stunden ankommen mußten. Die rasche Fahrt schien Mitja belebt zu haben. Die Luft war frisch und kühl, am klaren Himmel leuchteten große Sterne. Es war die gleiche Nacht und vielleicht auch die gleiche Stunde, in der Aljoscha zur Erde niederstürzte und »verzückt gelobte, sie in alle Ewigkeit zu lieben«. Allein in Mitjas Seele sah es trüb, sehr trübe aus, und obwohl er jetzt von vielem gepeinigt wurde, so strebte doch sein ganzes Wesen in diesem Augenblick unwiderstehlich nur zu ihr, zu seiner Königin, zu der er jetzt hinjagte, um sie zum letztenmal anzuschauen. Ich will nur das eine sagen: sein Herz war nicht einmal einen Augenblick mit sich selber im Widerstreit. Man wird mir vielleicht nicht glauben, wenn ich sage: dieser Eifersüchtige empfand dem »Offizier« gegenüber, der als neuer Nebenbuhler wie aus dem Boden gewachsen war, nicht die geringste Eifersucht. Auf jeden anderen wäre er sofort eifersüchtig geworden, und vielleicht hätte er dann seine furchtbaren Hände wieder mit Blut besudelt, doch gegen diesen, »ihren ersten«, regte sich jetzt, als er in seiner Troika dahinjagte, nicht nur kein eifersüchtiger Haß in ihm, sondern nicht einmal ein feindseliges Gefühl – allerdings hatte er ihn noch nicht gesehen. Hier besteht kein Zweifel, dachte er, hier gilt ihr Recht und das seine; das ist ihre erste Liebe, die sie in den fünf Jahren nicht vergessen hat: also hat sie diese fünf Jahre lang nur ihn geliebt, ich aber – warum bin ich ihr über den Weg gelaufen? Wer bin ich und was habe ich hier zu suchen? Ziehe dich zurück, Mitja, und gib den Weg frei! Und was bin ich denn jetzt? Auch ohne den Offizier ist ja jetzt alles aus; selbst wenn er überhaupt nicht aufgetaucht wäre, wäre sowieso alles aus …

In solchen Worten ungefähr hätte er seine Empfindungen wiedergeben können, wenn er nur imstande gewesen wäre zu überlegen. Doch zu überlegen war er damals bereits nicht mehr fähig. Sein jetziger Entschluß war im Nu und ohne Überlegung entstanden, er hatte ihn vorhin, bei Fenja, gleich nach ihren ersten Worten, auf einmal gefaßt und mit all seinen

Folgen auf sich genommen. Und dennoch war es in seiner Seele trotz all seiner Entschlossenheit dunkel, dunkel bis zur Qual; auch die Entschlossenheit hatte ihm keine Ruhe gebracht. Allzu vieles lag hinter ihm und quälte ihn. Und zuweilen kam es ihm sonderbar vor: er hatte doch schon selber sein Urteil mit der Feder auf ein Stückchen Papier geschrieben: »Ich strafe mich«; und dieser Zettel lag hier in seiner Tasche bereit; die Pistole war doch schon geladen, er hatte sich doch schon entschieden, wie er morgen den ersten heißen Strahl des »goldlockigen Phöbus« begrüßen werde – und dennoch war es unmöglich, mit dem Früheren abzurechnen, mit alledem, was hinter ihm lag und ihn peinigte, er fühlte das bis zur Qual, und der Gedanke daran krallte sich in seiner Seele fest und brachte sie zur Verzweiflung. Es gab einen Augenblick während der Fahrt, in dem er plötzlich Andrej halten lassen wollte, um aus dem Wagen zu springen, die geladene Pistole herauszunehmen und allem ein Ende zu machen, ohne erst den Tagesanbruch abzuwarten. Doch dieser Augenblick flog vorüber wie ein Funke. Auch jagte die Troika »den Raum verschlingend« dahin, und je mehr sie sich dem Ziel näherten, um so mehr benahm der Gedanke an *sie*, an *sie* allein, ihm den Atem und verscheuchte alle übrigen furchtbaren Gespenster aus seinem Herzen. Oh, es verlangte ihn so sehr, *sie* zu sehen, wenn auch nur flüchtig, wenn auch nur aus der Ferne! Sie ist jetzt mit *ihm* zusammen, dachte er; ich will nur sehen, wie sie jetzt mit ihm zusammen ist, mit ihrem früheren Liebsten, mehr will ich ja nicht. Und noch nie hatte sich in seinem Herzen soviel Liebe zu dieser für ihn verhängnisvollen Frau geregt, ein so starkes, neues, noch nie empfundenes Gefühl, das sogar für ihn selbst unerwartet war; ein Gefühl, so zart, daß er hätte zu ihr beten, vor ihr hätte vergehen mögen. »Ich werde auch vergehen!« sagte er plötzlich in einem Anfall hysterischer Verzückung.

Sie jagten schon seit fast einer Stunde dahin. Mitja schwieg, und Andrej, der sonst ein redseliger Mann war, hatte auch noch kein Wort gesagt, als scheute er sich, ein Gespräch zu beginnen; er trieb nur emsig seine Gäule an, sein braunes, hageres, aber flinkes Dreigespann. Da rief auf einmal Mitja in schrecklicher Unruhe: »Andrej! Wenn sie aber schon schlafen, was dann?«

Das war ihm jäh eingefallen; bis dahin hatte er mit so etwas gar nicht gerechnet.

»Es ist anzunehmen, Dmitrij Fjodorowitsch, daß sie sich schon hingelegt haben.«

Mitja verzog schmerzlich das Gesicht: Wahrhaftig, wenn er nun angebraust käme ... mit solchen Gefühlen ... und sie schliefen ... auch sie schliefe vielleicht dort ... Ein böses Gefühl wallte in seinem Herzen auf.

»Treib die Gäule an, Andrej, fahr zu, Andrej, rasch!« schrie er außer sich.

»Vielleicht haben sie sich noch gar nicht schlafen gelegt«, meinte Andrej nach einigem Schweigen. »Timofej sagte vorhin, daß sich dort viele Leute versammelt hätten ...«

»Auf der Poststation?«

»Nicht im Stationshaus, sondern bei den Plastunows, in der Herberge, das ist die Station für Leute, die nicht mit Postpferden fahren.«

»Ich weiß; wie kannst du aber behaupten, daß es viele sind? Wieso denn viele? Wer sind sie?« fuhr Mitja ihn an, den die unerwartete Nachricht in fürchterliche Unruhe versetzt hatte.

»Timofej sagte, es seien lauter Herrschaften: zwei aus der Stadt, wer sie sind, weiß ich nicht; Timofej sagte nur, es seien zwei von den hiesigen Herrschaften und zwei Fremde, doch vielleicht ist noch jemand da, ich habe ihn nicht genau gefragt. Sie hätten sich zum Kartenspiel hingesetzt, sagte er.«

»Zum Kartenspiel?«

»Deshalb schlafen sie vielleicht noch nicht, wenn sie Karten spielen. Es ist anzunehmen, daß es jetzt erst gegen elf Uhr ist, nicht später.«

»Treib die Gäule an, Andrej, treib sie an!« schrie Mitja wieder nervös.

»Was ich Sie fragen möchte, Herr«, begann Andrej von neuem nach einer Pause – »wenn ich Sie nur nicht erzürne, ich fürchte es, gnädiger Herr.«

»Was willst du?«

»Vorhin hat Fedosja Markowna sich Ihnen zu Füßen geworfen und Sie angefleht, Sie möchten die gnädige Frau und noch jemanden nicht ins Unglück stürzen ... und nun, Herr, fahre ich Sie dorthin ... Verzeihen Sie, Herr, vielleicht habe ich in meiner Offenheit etwas Dummes gesagt.«

Mitja packte ihn von hinten an den Schultern.

»Du bist doch Postkutscher? Nicht wahr, Postkutscher?« begann er außer sich.

»Ja, Postkutscher ...«

»Weißt du, daß man anderen den Weg freigeben muß? Du meinst wohl, weil du Postkutscher bist, brauchtest du niemandem den Weg freizugeben, sondern dürftest drauflosfahren und jedermann über den Haufen rennen! Nein, Postkutscher, überfahre niemanden! Man darf niemanden überfahren, man darf den Menschen nicht das Leben zerstören; hast du aber ein Leben zerstört, so strafe dich selber ... wenn du jemandem das Leben zerstört, es vernichtet hast – so strafe dich und verschwinde.«

All das entfuhr Mitja wie in einem Anfall von Hysterie. Andrej wunderte sich zwar über den Herrn, setzte aber trotzdem das Gespräch fort.

»Das ist wahr, bester Dmitrij Fjodorowitsch, da haben Sie recht, man darf einen Menschen nicht überfahren, ihn auch nicht quälen; ihn so wenig wie jedes andere Geschöpf, denn es ist von Gott erschaffen, wie zum Beispiel das Pferd, das mancher unnützerweise abhetzt, wenn er auch einer von uns Postkutschern ist ... Und es kann ihn nichts aufhalten, er fährt drauflos, immer geradeaus drauflos.«

»In die Hölle?« unterbrach Mitja ihn plötzlich und lachte sein unerwartetes, kurzes Lachen. »Andrej, du einfältige Seele«, sagte er und packte ihn wieder fest an den Schultern, »sag: kommt Dmitrij Fjodorowitsch Karamasow in die Hölle oder nicht, was meinst du?«

»Ich weiß es nicht, lieber Herr, das hängt von Ihnen ab, denn Sie sind ... Sehen Sie, Herr, als Gottes Sohn ans Kreuz geschlagen und gestorben war, stieg er vom Kreuz geradenwegs in die Hölle hinab und befreite alle Sünder, die sich dort quälten. Und die Hölle stöhnte auf, denn sie dachte, daß nun niemand mehr zu ihr kommen werde, kein einziger Sünder mehr. Da sagte Gott zu ihr: ‚Stöhne nicht, Hölle, denn von nun an werden allerhand Würdenträger, Herrscher, hohe Richter und Reiche zu dir kommen, und du wirst genauso angefüllt sein, wie du es von Ewigkeit her warst, bis zu der Zeit, da ich wiederkomme.‘ Das ist so, Gott hat wirklich solche Worte gesprochen ...«

»Eine Volkslegende, ausgezeichnet! Gib dem Linken einen Peitschenhieb, Andrej!«

»Da sehen Sie es, Herr, für wen die Hölle bestimmt ist«, sagte Andrej und versetzte dem linken Pferd einen Peitschenhieb, »Sie aber, Herr, sind wie ein kleines Kind ... das ist meine Meinung von Ihnen ... Und wenn Sie auch jähzornig sind, Herr – ja, das sind Sie –, so wird Gott Ihnen das um Ihrer Treuherzigkeit willen vergeben.«

»Und du, wirst du mir vergeben, Andrej?«

»Was hätte ich Ihnen zu vergeben? Sie haben mir ja nichts getan.«

»Nein, für alle, du allein für alle, jetzt, sofort, hier auf der Straße, wirst du mir für alle vergeben? Sprich, du einfältige Seele!«

»Oh, Herr! Mir wird bange, Sie zu fahren, Sie reden so sonderbar ...«

Doch Mitja hatte ihn nicht gehört. Er betete leidenschaftlich und flüsterte seltsam vor sich hin: »Herr, nimm mich auf in all meiner Ruchlosigkeit, aber richte mich nicht. Erlasse mir Dein Gericht ... Richte mich nicht, denn ich habe mich selbst gerichtet; richte mich nicht, denn ich liebe Dich, Herr! Ich bin garstig, doch ich liebe Dich: schickst Du mich in die Hölle, so werde ich Dich auch dort lieben, auch von dort zu Dir emporschreien, daß ich Dich liebe in alle Ewigkeit ... Doch laß auch mich zu Ende lieben ... hier, jetzt zu Ende lieben, nur noch fünf Stunden, bis Dein heißer Strahl mich trifft ... Denn ich liebe die Königin meiner Seele. Ich liebe sie und kann nicht anders als sie lieben. Du siehst mir bis auf den Grund meines Herzens. Ich werde herangesprengt kommen, werde mich vor ihr niederwerfen und rufen: Du hast recht getan, an mir vorüberzugehen ... Leb wohl und vergiß dein Opfer, denke niemals mit Unruhe daran zurück!«

»Mokroje!« rief Andrej und deutete mit der Peitsche nach vorn.

Im fahlen Dunkel der Nacht hob sich auf einmal eine schwarze feste Masse von Gebäuden ab, die auf der weiten Fläche verstreut lagen. Das Kirchdorf Mokroje zählte etwa zweitausend Seelen, doch zu dieser Stunde schliefen schon alle, nur hier und da blinkten in der Dunkelheit noch ein paar vereinzelte Lichter.

»Treib die Gäule an, Andrej, treib sie an, ich komme!« rief Mitja wie im Fieber.

»Sie schlafen noch nicht!« sagte Andrej wieder und deutete mit der Peitsche auf die Fuhrmannsherberge der Plastunows, die gleich bei der Dorfeinfahrt lag und deren sechs Fenster zur Straße alle grell erleuchtet waren.

»Sie schlafen noch nicht!« stimmte Mitja freudig ein. »Poltere los, Andrej, laß die Gäule Galopp laufen, laß die Schellen klingen, fahr vor, daß es nur so kracht! Alle sollen wissen, wer gekommen ist! Ich komme! Ich komme selbst!« rief Mitja ekstatisch.

Andrej setzte das abgehetzte Dreigespann in Galopp, fuhr tatsächlich mit Gepolter bei der hohen Eingangstreppe vor und brachte mit einem Ruck seine erschöpften, keuchenden Pferde zum Stehen. Mitja sprang aus dem Wagen. Der Wirt, der sich wirklich schon hatte schlafen legen wollen, trat neugierig auf die Treppe heraus, um nachzusehen, wer da mit solchem Lärm vorgefahren sein mochte.

»Trifon Borisytsch, bist du es?« rief Mitja.

Der Wirt beugte sich vor, blickte aufmerksam in die Dunkelheit, lief dann Hals über Kopf die Treppe hinunter und stürzte in kriecherischem Entzücken dem Gast entgegen.

»Bester Dmitrij Fjodorowitsch! Sieht man Sie wieder einmal?«

Dieser Trifon Borisytsch war ein stämmiger und robuster Mann von mittlerem Wuchs, mit etwas dickem Gesicht und strenger, unnahbarer Miene, die er besonders im Umgang mit den Bauern von Mokroje aufsetzte, doch besaß er die Fähigkeit, seinem Gesicht rasch den Ausdruck größter Liebedienerei zu verleihen, wenn er einen Vorteil witterte. Er trug die herkömmliche russische Kleidung: ein russisches Hemd mit seitlich geschlossenem Bündchen und einen langschößigen Überrock. Er besaß ein beträchtliches Vermögen, träumte jedoch unablässig von einer noch höheren Position. Mehr als die Hälfte der Bauern hatte er in seinen Klauen, sie waren ihm alle bis über die Ohren verschuldet. Er pachtete bei den Gutsbesitzern Land, kaufte auch selber welches und ließ es von den Bauern bestellen, als Abzahlung für die Schulden, aus denen sie nie herauskommen konnten. Er war Witwer und hatte vier erwachsene Töchter; eine von ihnen war schon verwitwet, sie lebte bei ihm mit ihren zwei minderjährigen Kindern, seinen Enkeln, und arbeitete für ihn wie eine Taglöhnerin. Seine zweite Tochter war mit einem Beamten verheiratet, einem emporgekommenen Schreiber, und in einem von den Zimmern der Herberge konnte man an der Wand unter den Familienphotographien in Miniaturformat auch ein Bild dieses Beamten sehen; er trug eine Uniform mit Achselklappen. Die zwei jüngeren Töchter zogen an Festtagen, oder wenn sie zu Besuch gingen, hellblaue oder grüne Kleider an, die modern geschnitten waren, hinten eng anlagen und ellenlange Schleppen hatten; doch am nächsten Morgen standen sie wieder wie jeden Tag in aller Frühe auf und fegten mit Reisigbesen die Zimmer aus, trugen das Waschwasser hinaus und räumten hinter den

Gästen auf. Obwohl Trifon Borisytsch schon Tausende besaß, liebte er es sehr, prassende Gäste zu schröpfen, und da er sich erinnerte, daß noch kein Monat vergangen war, seit er an einem Gelage des Dmitrij Fjodorowitsch mit Gruschenka innerhalb von vierundzwanzig Stunden gute zweihundert Rubel, wenn nicht gar dreihundert verdient hatte, empfing er ihn jetzt freudig und mit großer Eile, zumal ihn schon die Art, wie Mitja an seiner Treppe vorgefahren war, wieder Beute wittern ließ.

»Bester Dmitrij Fjodorowitsch, dürfen wir Sie wieder einmal als Gast aufnehmen?«

»Halt, Trifon Borisytsch«, begann Mitja, »zuerst das Wichtigste: wo ist sie?«

»Agrafena Alexandrowna?« Der Wirt hatte sofort begriffen und blickte Mitja scharf ins Gesicht. »Ja, auch sie ist hier ...«

»Mit wem, mit wem?«

»Mit auswärtigen Gästen ... Der eine ist ein Beamter, seiner Aussprache nach Pole, er hat ihr auch die Pferde geschickt. Und der andere ist sein Kamerad oder Reisegefährte, wer kennt sich da aus; sie sind in Zivil ...«

»Was tun sie denn, zechen sie? Sind es reiche Leute?«

»Zechen? Ach wo! Es sind kleine Leute, Dmitrij Fjodorowitsch.«

»Kleine? Na, und die anderen?«

»Die sind aus der Stadt, zwei Herren sind es ... Sie waren auf dem Heimweg von Tschernja und sind hiergeblieben. Der eine, der junge, muß ein Verwandter von Herrn Miusow sein, nur habe ich vergessen, wie er heißt ... und den anderen werden Sie wohl auch kennen: es ist der Gutsbesitzer Maximow. Er sagt, er habe auf einer Wallfahrt unser Kloster besucht, und nun reise er mit diesem jungen Verwandten des Herrn Miusow ...«

»Sonst ist niemand weiter da?«

»Niemand.«

»Halt, schweig, Trifon Borisytsch. Sag mir jetzt das Wichtigste: was macht sie, wie ist sie?«

»Nun, sie ist vorhin angekommen und sitzt bei ihnen.«

»Ist sie vergnügt? Lacht sie?«

»Nein, sie scheint nicht viel zu lachen ... Sie saß sogar ganz traurig da, als sie dem jungen Mann das Haar kämmte.«

»Dem Polen, dem Offizier?«

»Der ist doch nicht jung, auch ist er gar kein Offizier; nein, Herr, nicht ihm, sondern diesem Neffen des Herrn Miusow, dem jungen ... ich habe nur seinen Namen vergessen.«

»Kalganow?«

»Richtig, Kalganow.«

»Gut, ich werde selbst sehen. Spielen sie Karten?«

»Sie haben gespielt und dann wieder aufgehört, haben Tee getrunken, und jetzt hat der Beamte Likör bestellt.«

»Halt, Trifon Borisytsch, halt, mein Lieber, ich werde es selbst sehen. Jetzt beantworte mir das Wichtigste: gibt es hier nicht Zigeuner?«

»Von Zigeunern hört man jetzt gar nichts, Dmitrij Fjodorowitsch, die Obrigkeit hat sie vertrieben. Doch gibt es hier Juden, die spielen auf Zimbeln und Geigen, sie sind in Roschdestwenskaja, man könnte sie holen, wenn Sie wollen. Sie werden kommen.«

»Laß sie holen, laß sie unbedingt holen!« rief Mitja. »Und könnte man nicht die Mädchen auf die Beine bringen wie damals, besonders die Marja, auch die Stepanida und die Arina? Ich zahle zweihundert Rubel für den Chor!«

»Für soviel Geld bringe ich dir das ganze Dorf auf die Beine, wenn sich auch jetzt schon alle hingelegt haben und pennen. Doch sind denn, bester Dmitrij Fjodorowitsch, die hiesigen Bauern oder die Mädchen einer so gütigen Behandlung wert? Wie kann man nur für ein so gemeines und ungeschliffenes Pack soviel Geld ausgeben! Steht es denn unseren Bauernlümmeln zu, Zigaretten zu rauchen? Du aber hast ihnen welche gegeben. Sie stinken ja, diese Räuber! Und die Mädchen, die sind doch allesamt verlaust. Ich werde für dich meine Töchter umsonst aufwecken, soviel Geld brauchst du gar nicht auszugeben, sie sind gerade erst schlafen gegangen, mit einem Fußtritt in den Rücken werde ich sie wachkriegen und sie zwingen, für dich zu singen. Ah, neulich haben Sie die Bauernkerle mit Champagner bewirtet!«

Trifon Borisytsch bedauerte Mitja ganz zu Unrecht: er hatte damals selber ein halbes Dutzend Flaschen Champagner insgeheim beiseite gebracht und unter dem Tisch einen Hundertrubelschein aufgehoben und ihn in der Faust zusammengeknüllt. Da, in seiner Faust, war er dann auch geblieben.

»Trifon Borisytsch, ich habe damals bei euch mehrere tausend Rubel durchgebracht. Erinnerst du dich noch?«

»Ja, das haben Sie, lieber Herr, wie sollte ich mich nicht daran erinnern; bestimmt haben Sie dreitausend bei uns gelassen.«

»Na, auch jetzt bin ich mit der gleichen Absicht hergekommen, siehst du?« Und er nahm sein Geldbündel aus der Tasche und hielt es dem Wirt unter die Nase. »Jetzt hör mir zu und sperr die Ohren auf: in einer Stunde kommt der Wein an, der Imbiß, Pasteten, Konfekt – alles das läßt du sofort dort hinauftragen. Die Kiste, die bei Andrej im Wagen steht, soll auch sofort hinauf. Du machst sie auf und läßt gleich Champagner servieren . . . Und vor allem: die Mädchen, die Mädchen, und unbedingt die Marja . . .« Er wandte sich zum Wagen und holte unter dem Sitz seinen Pistolenkasten hervor. »Empfange deinen Lohn, Andrej! Hier hast du fünfzehn Rubel für die Troika, und hier sind fünfzig Rubel Trinkgeld . . . für deine Bereitwilligkeit, für deine Liebe . . . Behalte Herrn Karamasow in gutem Andenken!«

»Ich trau mich nicht, Herr . . .« sagte Andrej unschlüssig. »Geben Sie mir fünf Rubel Trinkgeld, mehr nehme ich nicht an. Trifon Borisytsch ist Zeuge. Verzeihen Sie mein dummes Geschwätz . . .«

»Warum traust du dich nicht?« fragte Mitja und musterte ihn mit einem langen Blick. »Der Teufel soll dich holen, wenn's so ist!« rief er und warf ihm fünf Rubel hin. »Jetzt, Trifon Borisytsch, führ mich leise hinauf und laß mich zuerst einmal einen Blick auf alle werfen, aber so, daß sie mich nicht bemerken. Wo sind sie denn, im blauen Zimmer?«

Trifon Borisytsch blickte Mitja zaghaft an, erfüllte aber sofort gehorsam dessen Verlangen: er führte ihn vorsichtig in den Flur, ging dann allein in das große erste Zimmer – es lag neben dem, in dem die Gäste saßen – und holte die brennende Kerze heraus. Darauf führte er Mitja leise hinein, in eine dunkle Ecke, von der aus er, ohne selber gesehen zu werden, ungehindert die Gesellschaft betrachten konnte. Doch Mitja schaute nicht lange, auch war er unfähig, sie zu betrachten: er hatte *sie* erblickt, und sein Herz begann zu klopfen, seine Augen trübten sich. Sie saß seitlich am Tisch in einem Lehnstuhl, und neben ihr, auf dem Sofa, saß der hübsche und noch sehr junge Kalganow; sie hielt seine Hand und schien zu lachen, während er, ohne sie anzublicken, laut und offenbar ärgerlich etwas zu Maximow sagte, der Gruschenka gegenüber am Tisch Platz genommen hatte. Maximow lachte herzlich über irgend etwas. Auf dem Sofa saß außerdem *er* und auf einem Stuhl neben ihm an der Wand ein anderer Unbekannter. Der Mann auf dem Sofa saß höchst ungezwungen da und rauchte eine Pfeife; Mitja sah nur flüchtig, daß er ziemlich beleibt und offenbar untersetzt war und ein breites Gesicht hatte und daß er sich über irgend etwas zu ärgern schien. Sein Kamerad, der andere Unbekannte, kam Mitja ungewöhnlich groß vor; doch mehr konnte er nicht erkennen. Ihm stockte der Atem. Er vermochte nicht einmal eine Minute lang stehenzubleiben, stellte den Pistolenkasten auf eine Kommode und ging geradeaus, starr und wie gebannt, in das blaue Zimmer zu der Gesellschaft.

»Ach je!« kreischte Gruschenka erschrocken auf, die ihn als erste bemerkte.

7

Der Frühere und Unbestrittene

Mitja ging mit seinen raschen und langen Schritten bis dicht an den Tisch heran.

»Meine Herrschaften«, begann er laut, fast schreiend, doch stotterte er bei jedem Wort, »ich ... ich tue Ihnen nichts! Fürchten Sie sich nicht!« rief er. »Ich tue Ihnen ja nichts, nichts!« wandte er sich plötzlich an Gruschenka, die sich in ihrem Lehnstuhl zu Kalganow hinübergebeugt und fest an seinen Arm geklammert hatte. »Ich ... ich bin ebenfalls unterwegs. Ich bleibe nur bis zum Morgen. Meine Herrschaften, darf ein Durchreisender ... bis zum Morgen bei Ihnen bleiben? Nur bis zum Morgen, zum letztenmal, in diesem Zimmer?«

Die letzten Worte hatte er an den kleinen dicken Mann gerichtet, der mit der Pfeife auf dem Sofa saß. Der Mann nahm würdevoll die Pfeife aus dem Mund und sagte streng: »Mein Herr, wir sind hier privat. Es gibt hier auch andere Räume.«

»Das sind doch Sie, Dmitrij Fjodorowitsch, was haben Sie nur?« sagte Kalganow. »Setzen Sie sich doch zu uns, guten Abend!«

»Guten Abend, mein Teurer ... und Werter! Ich habe Sie schon immer geschätzt ...« entgegnete Mitja freudig und stürmisch und reichte ihm sofort über den Tisch hinweg die Hand.

»Au, wie kräftig Sie mir die Hand gedrückt haben! Sie haben mir ja alle Finger gebrochen!« rief Kalganow lachend.

»So drückt er einem immer die Hand, immer macht er es so!« sagte vergnügt und mit einem noch schüchternen Lächeln Gruschenka, die an Mitjas Miene auf einmal erkannt zu haben schien, daß er keinen Streit suche, und betrachtete ihn mit ungemeiner Neugierde, wenn auch immer noch voll Unruhe. Etwas war an ihm, das sie außerordentlich verblüfft hatte, auch hatte sie von ihm gar nicht erwartet, daß er in einem solchen Augenblick so hereinkommen und so reden werde.

»Guten Abend«, sagte nun von links in süßlichem Ton der Gutsbesitzer Maximow. Mitja stürzte auch zu ihm hin.

»Guten Abend! Sie sind gleichfalls hier, oh, wie froh ich bin, daß auch Sie hier sind! Meine Herrschaften, meine Herrschaften, ich ...« Er wandte sich wieder an den polnischen Herrn mit der Pfeife, den er offenbar für die Hauptperson hielt. »Ich bin hergeeilt ... Ich wollte meinen letzten Tag und meine letzte Stunde in diesem Zimmer verbringen, gerade in diesem Zimmer ... in dem auch ich ... meine Königin angebetet habe! ... Verzeihen Sie, Pan!« rief er exaltiert, »ich bin hergeeilt und habe mir geschworen ... oh, fürchte nichts, es ist meine letzte Nacht! Trinken wir auf unsere Versöhnung, Pan! Man wird gleich Wein bringen ... Ich habe das hier mitgebracht.« Er zog mit einemmal wer weiß warum sein Paket Geldscheine aus der Tasche. »Erlaube, Pan! Ich will Musik haben, einen Heidenlärm, einen Mordsspektakel, alles wie früher ... Doch der Wurm, der unnütze Wurm wird an der Erde kriechen, und dann wird er nicht mehr sein! In meiner letzten Nacht gedenken will ich des Tages meiner Freude! ...«

Er erstickte fast. Vieles, vieles hatte er sagen wollen, doch er hatte nur seltsame Ausrufe herausgebracht. Der polnische Herr sah regungslos ihn und sein Päckchen Geldscheine an, dann schaute er Gruschenka an und war sichtlich ratlos.

»Wenn es meine Krulewa erlaubt ...« begann er.

»Was heißt das: Krulewa? Bedeutet das etwa Königin?« unterbrach ihn Gruschenka. »Ich muß über euch lachen, wie ihr alle redet. Setz dich, Mitja, was redest du nur da? Erschrecke mich bitte nicht. Wirst du mich nicht erschrecken, wirst du es nicht? Wenn du es nicht tust, bist du mir willkommen ...«

»Ich, ich jemanden erschrecken?« schrie Mitja plötzlich auf und warf die Arme hoch. »Oh, geht vorüber, geht vorbei, ich werde euch nicht hindern! ...« Dann warf er sich, ganz unerwartet für alle und auch für ihn selbst, auf einen Stuhl und brach in Tränen aus, wobei er den Kopf an die Wand lehnte und fest die Stuhllehne umfaßte, als umarmte er sie.

»Da sieht man's, da sieht man's wieder, so bist du!« rief Gruschenka vorwurfsvoll. »Genauso war er, wenn er zu mir kam – immer fängt er zu reden an, und ich verstehe nichts.

Und einmal hat er ebenso geweint, und jetzt tut er es zum zweitenmal – welch eine Schande! Weshalb weinst du denn? *Wenn du wenigstens einen Grund dazu hättest!*« fügte sie auf einmal rätselhaft hinzu, indem sie in einer Art von Gereiztheit einen besonderen Nachdruck auf diese Worte legte.

»Ich ... ich weine nicht ... Nun, guten Abend!« Er hatte sich im Nu auf dem Stuhl umgedreht und lachte plötzlich, jedoch nicht sein hölzernes, abruptes Lachen, sondern ein unhörbares, langgezogenes, nervöses und bebendes Lachen.

»Da, schon wieder ... Sei doch lustig, sei lustig!« redete Gruschenka ihm zu. »Ich bin sehr froh, daß du gekommen bist, sehr froh, Mitja; hörst du, daß ich sehr froh bin? Ich will, daß er hier bei uns sitzt«, wandte sie sich gebieterisch gleichsam an alle, obwohl ihre Worte sichtlich dem Herrn auf dem Sofa galten. »Ich will es, ich will es! Und wenn er wieder geht, gehe ich auch, da habt ihr's!« fügte sie hinzu, und ihre Augen glühten jäh auf.

»Der Wunsch meiner Königin ist mir Befehl!« sagte der polnische Herr und küßte Gruschenka galant die Hand. »Ich bitte den Herrn, uns Gesellschaft zu leisten!« wandte er sich liebenswürdig an Mitja. Mitja wollte schon wieder aufspringen, sichtlich in der Absicht, wieder in eine Tirade auszubrechen, doch es kam etwas anderes: »Trinken wir, Pan!« sagte er kurz, statt eine Rede zu halten. Alle brachen in Gelächter aus.

»O Gott! Und ich hatte schon gedacht, er wolle wieder eine Rede vom Stapel lassen!« rief Gruschenka nervös. »Hörst du, Mitja«, fügte sie eindringlich hinzu, »spring nicht mehr auf. Daß du Champagner mitgebracht hast, ist nett von dir. Ich werde mittrinken, Likör dagegen kann ich nicht ausstehen. Das beste von allem aber ist, daß du selbst gekommen bist, sonst wäre es hier sterbenslangweilig ... Bist du etwa wieder hergekommen, um zu zechen? So steck doch das Geld in die Tasche! Woher hast du dir nur soviel verschafft?«

Mitja, der noch immer die Geldscheine zusammengeknüllt in der Hand hielt, was allen und besonders den beiden Polen sehr aufgefallen war, steckte das Geld rasch und verlegen in die Tasche. Er wurde rot. Im gleichen Augenblick brachte der Wirt auf einem Tablett eine entkorkte Flasche Champagner und Gläser herein. Mitja ergriff die Flasche, doch er war so verwirrt, daß er nicht wußte, was er damit anfangen sollte. Kalganow nahm sie ihm ab und schenkte statt seiner ein.

»Noch eine, noch eine Flasche!« rief Mitja dem Wirt zu,

vergaß darüber, mit dem polnischen Herrn anzustoßen, den er so feierlich aufgefordert hatte, mit ihm auf ihre Versöhnung zu trinken, und leerte in einem Zug sein Glas, ohne auf die anderen zu warten. Sein Gesicht veränderte sich mit einem Schlag. Statt des feierlichen und tragischen Ausdrucks, mit dem er hereingekommen war, schien etwas Kindliches darin zu liegen. Es war, als hätte er sich völlig unterworfen und ergeben. Er sah alle schüchtern und freudig an, kicherte des öfteren nervös und hatte die Miene eines schuldbewußten Hündchens, das man wieder freundlich behandelt und ins Zimmer hereingelassen hat. Als hätte er alles vergessen, betrachtete er alle entzückt mit kindlichem Lächeln. Immer wieder sah er lachend Gruschenka an, und er rückte seinen Stuhl dicht an ihren Lehnsessel heran. Nach und nach betrachtete er auch die beiden Polen genauer, ohne jedoch über sie recht ins klare zu kommen. Der auf dem Sofa beeindruckte ihn durch seine Haltung, durch seinen polnischen Akzent und vor allem – durch seine Pfeife. Na, was ist denn dabei, dachte Mitja bei sich, es ist ja gut, daß er Pfeife raucht. Das etwas aufgedunsene Gesicht des schon fast vierzigjährigen Polen mit der kleinen Nase, unter der zwei überaus dünne, geschwärzte und kecke Schnurrbartspitzen hervorschauten, hatte in Mitja vorläufig ebenfalls nicht die geringsten Bedenken hervorgerufen. Selbst die sehr schäbige, in Sibirien angefertigte Perücke des Polen mit dem an den Schläfen ganz albern nach vorne gekämmten Haar hatte Mitja nicht sonderlich überrascht. Das gehört sich wohl so, wenn man eine Perücke trägt, dachte er selig. Der andere Pole, der an der Wand saß, war jünger als der auf dem Sofa, sah die ganze Gesellschaft dreist und herausfordernd an und hörte dem allgemeinen Gespräch mit stummer Verachtung zu. Er beeindruckte Mitja nur durch seinen sehr hohen Wuchs, der in einem erschreckenden Mißverhältnis zu der Kleinheit des Polen auf dem Sofa stand. Wenn er aufsteht, wird er wohl über sechs Fuß groß sein! fuhr es Mitja durch den Kopf. Auch blitzte in ihm der Gedanke auf, daß dieser hochgewachsene Pole wahrscheinlich ein Freund und Spießgeselle des Polen auf dem Sofa sei, so etwas wie sein »Leibwächter«, und daß der kleine Pole mit der Pfeife natürlich über den hochgewachsenen das Kommando führe. Aber auch das alles kam Mitja wunderschön und unbedenklich vor. In dem kleinen Hündchen war jegliche Rivalität erstorben. Aus Gruschenka und dem rätselhaften Ton einiger ihrer Äußerungen war er noch nicht klug geworden, er begriff nur und erbebte davon im tiefsten Herzen, daß sie freundlich zu ihm war, daß sie ihm »verziehen« hatte und ihn neben sich sitzen ließ. Er war außer sich vor Entzücken, als er sah, wie sie einen Schluck Champagner trank. Das plötzliche Schweigen der Gesellschaft schien ihn jedoch in Erstaunen zu setzen, und er blickte alle der Reihe nach erwartungsvoll an. Warum sitzen wir denn so da, warum unternehmen Sie nichts, meine Herrschaften? schien sein schmunzelnder Blick zu fragen.

»Er hat immerzu Unsinn geredet, und wir haben immerzu gelacht«, begann Kalganow, als hätte er Mitjas Gedanken erraten, und deutete auf Maximow.

Mitja richtete seinen Blick rasch auf Kalganow und gleich danach auf Maximow.

»Er hat Unsinn geredet?« fragte er und lachte, da er sich sofort über irgend etwas freute, sein kurzes hölzernes Lachen: »Haha«!

»Ja. Stellen Sie sich vor, er behauptet, unsere gesamte Kavallerie habe in den zwanziger Jahren Polinnen geheiratet. Das ist doch ein furchtbarer Unsinn, nicht wahr?«

»Polinnen?« stimmte Mitja, nun schon schlechthin entzückt, ein.

Kalganow erfaßte sehr wohl Mitjas Beziehungen zu Gruschenka, er erriet auch, was es mit dem Polen auf sich hatte, doch alles das beschäftigte ihn nicht besonders, ja vielleicht überhaupt nicht, sondern ihn interessierte vor allem Maximow. Er war mit Maximow zufällig hierhergeraten und den beiden Polen hier in der Herberge zum erstenmal im Leben begegnet. Gruschenka jedoch hatte er schon vorher gekannt, hatte sie sogar schon einmal mit jemandem besucht. Damals hatte er ihr nicht gefallen. Hier aber sah sie ihn ab und zu sehr freundlich an, und vor Mitjas Ankunft hatte sie sich gegen ihn sogar recht zutunlich benommen, doch er war eigentümlich gefühllos geblieben. Er war ein junger Mann von nicht mehr als zwanzig Jahren, war elegant gekleidet, hatte ein sehr hübsches Gesicht von weißer Hautfarbe und wunderschönes dichtes dunkelblondes Haar. Doch in diesem weißen Gesichtchen lagen wundervolle hellblaue Augen von klugem und bisweilen auch tiefem Ausdruck, wie man sie bei seinem Alter gar nicht erwartet hätte, obwohl der junge Mann manchmal ganz wie ein Kind sprach und dreinblickte und sich dessen nicht im geringsten genierte. Er war überhaupt sehr eigenartig, sogar launisch, wenn auch stets freundlich. Zuweilen zeigte sich in seinem Gesicht auf kurze Zeit etwas Starres und Eigensinniges: er blickte einen an, hörte zu, schien aber dabei hartnäckig seinen Träumereien nachzuhängen. Bald war er lässig und träge, bald regte er sich auf einmal auf, zuweilen sogar aus einem ganz nichtigen Grunde.

»Stellen Sie sich vor, er ist schon vier Tage mit mir unterwegs«, fuhr er fort, wobei er gleichsam aus Trägheit die Worte ein wenig in die Länge zog, was er jedoch ohne jede Geziertheit, sondern ganz natürlich tat. »Erinnern Sie sich noch, seit jenem Tage, da Ihr Bruder ihn aus dem Wagen stieß und er hinausflog. Dadurch erweckte er damals in mir eine starke Anteilnahme, und so nahm ich ihn auf mein Gut mit, doch er redet jetzt immerzu Unsinn, so daß man sich seiner schämen muß. Ich bringe ihn wieder zurück ...«

»Der Herr hat noch keine Polinnen gesehen und spricht von Dingen, die gar nicht haben vorkommen können«, bemerkte der Pole mit der Pfeife zu Maximow. Er konnte ganz ordentlich Russisch sprechen, weit besser jedenfalls, als er sich den Anschein gab. Wenn er sich der russischen Sprache bediente, gab er sich geradezu Mühe, sie mit polnischem Akzent zu sprechen.

»Ich bin doch selbst mit einer Polin verheiratet gewesen«, entgegnete Maximow kichernd.

»Aber haben Sie denn bei der Kavallerie gedient? Sie sprachen doch von der Kavallerie. Waren Sie denn Kavallerist?« mischte sich sofort Kalganow ein.

»Ja, natürlich, war er denn Kavallerist? Haha!« rief Mitja, der gierig zuhörte und seinen fragenden Blick rasch auf jeden richtete, der zu sprechen begann, als erwartete er weiß Gott was von jedem zu hören.

»Nein, sehen Sie«, wandte sich Maximow ihm zu, »ich rede davon, daß diese jungen Polinnen ... sie sind sehr hübsch ... sobald sie mit einem unserer Ulanen eine Mazurka getanzt haben ... sobald eine mit ihm die Mazurka zu Ende getanzt hat, springt sie ihm sofort auf den Schoß wie ein Kätzchen ... ein weißes ... und der Vater und die Mutter sehen es und erlauben es ... ja, sie erlauben es ... und der Ulan geht am nächsten Tag hin und hält um ihre Hand an ... da haben Sie's ... und hält um ihre Hand an, hihi!« schloß Maximow mit einem Kichern.

»Der Herr ist ein Strolch!« brummte der hochgewachsene Pole auf dem Stuhle und schlug das eine Bein über das andere. Mitja fiel nur sein riesengroßer Schmierstiefel mit der dicken und schmutzigen Sohle auf. Die Kleidung der beiden Polen war überhaupt ziemlich speckig.

»Nun soll er auch noch ein Strolch sein! Warum schimpft er?« rief Gruschenka erzürnt.

»Pani Agrippina, der Herr hat in Polen nur Bauernmädchen gesehen, aber keine jungen Damen von Adel«, bemerkte der Pole mit der Pfeife zu Gruschenka.

»Darauf kannst du dich verlassen!« sagte der hochgewachsene Pole auf dem Stuhle kurz und verächtlich.

»Ach was! Laßt ihn doch reden! Warum hindert ihr die Leute am Reden? Man amüsiert sich wenigstens in ihrer Gesellschaft«, fuhr Gruschenka ihn an.

»Ich hindere ihn nicht, Pani«, sagte gewichtig der Pole mit der Perücke und warf einen langen Blick auf Gruschenka; dann verstummte er würdevoll und begann wieder an seiner Pfeife zu ziehen.

»Aber nein, nein, was der polnische Herr jetzt gesagt hat, stimmt«, ereiferte sich Kalganow von neuem, als handle es sich um Gott weiß was. »Er ist ja nicht in Polen gewesen, wie kann er dann über Polen sprechen! Sie haben doch nicht in Polen geheiratet, nicht wahr?«

»Nein, im Gouvernement Smolensk. Doch hatte ein Ulan sie vorher schon aus Polen hingebracht, meine Gattin meine ich, meine künftige, mitsamt ihrer Mutter und ihrer Tante und noch einem Verwandten und deren erwachsenem Sohne, aus dem eigentlichen Polen ... und hat sie mir abgetreten. Er war einer von unseren Leutnants, ein sehr netter junger Mann. Er hatte sie ursprünglich selber heiraten wollen, unterließ es dann aber, weil sich herausstellte, daß sie lahm war ...«

»Dann haben Sie also eine Lahme geheiratet?« rief Kalganow.

»Ja, eine Lahme. Sie hatten mir das damals beide verheimlicht und mich ein bißchen betrogen. Ich dachte, sie hüpfe nur ... sie hüpfte immer, und da meinte ich, sie täte das aus Lustigkeit ...«

»Aus Freude darüber, daß Sie sie heiraten wollten?« schrie Kalganow mit kindlich heller Stimme.

»Ja, aus Freude. Es zeigte sich aber, daß sie es aus einem ganz anderen Grunde tat. Später, als wir schon getraut waren, gestand sie mir alles, gleich am Abend nach der Trauung, und bat mich sehr gefühlvoll um Vergebung; sie sagte, sie sei einmal in jungen Jahren über eine Pfütze gesprungen und habe sich dabei das Füßchen verletzt, hihi! ...«

Kalganow brach in das kindlichste Gelächter aus, das man sich nur vorstellen kann, und wäre vor Lachen fast vom Sofa gefallen. Auch Gruschenka lachte. Und Mitja war auf dem Gipfel des Glücks.

»Wissen Sie, wissen Sie, jetzt spricht er die Wahrheit, jetzt lügt er nicht!« rief Kalganow, indem er sich an Mitja wandte. »Und wissen Sie, er war ja zweimal verheiratet – er spricht von seiner ersten Frau, seine zweite Frau aber ist ihm durchgegangen und lebt jetzt noch, wissen Sie das?«

»Wirklich?« fragte Mitja, der sich rasch zu Maximow gewandt hatte, und sein Gesicht drückte ungewöhnliches Erstaunen aus.

»Ja, sie ist mir durchgegangen, ich hatte dieses Mißgeschick«, bestätigte Maximow bescheiden. »Mit einem Musjö. Vor allem aber hat sie vorher mein Gütchen auf ihren Namen überschreiben lassen. ‚Du bist ein gebildeter Mensch', sagte sie, ‚du wirst auch so dein Auskommen finden.' Und damit ließ sie mich sitzen. Ein achtbarer Bischof hat mir einmal gesagt: ‚Deine erste Frau war lahm und die zweite allzu leichtfüßig', hihi!«

»Hören Sie bloß, hören Sie!« brauste Kalganow auf, »wenn er auch lügt – und er lügt oft –, so lügt er einzig deswegen, weil er allen Vergnügen machen will. Das ist doch nicht gemein, nicht wahr? Wissen Sie, ich mag ihn manchmal gern leiden. Er ist sehr gemein, aber er ist es in einer natürlichen Weise, nicht wahr? Was meinen Sie? Mancher handelt gemein zu irgendeinem Zweck, um einen Vorteil daraus zu ziehen, er aber tut es ganz einfach von Natur ... Stellen Sie sich vor, er behauptet zum Beispiel – gestern hat er während der ganzen Fahrt mit mir darüber gestritten –, Gogol habe in seinen *Toten Seelen* über ihn geschrieben. Erinnern Sie sich noch, dort kommt ein Gutsbesitzer Maximow vor, den Nosdrjow auspeitschen läßt, weswegen er vor Gericht kommt, ‚weil er in betrunkenem Zustande dem Gutsbesitzer Maximow mit Ruten eine tätliche Beleidigung zugefügt hat' – na, erinnern Sie sich? Stellen Sie sich nun vor, er behauptet, das sei *er* gewesen, und *ihn* habe man ausgepeitscht! Ist das denn möglich? Tschitschikow reiste spätestens Anfang der zwanziger Jahre herum, so daß es zeitlich gar nicht stimmt. Man hat ihn damals gar nicht auspeitschen können. Man konnte es doch nicht?«

Es war schwer zu begreifen, weshalb Kalganow sich so ereiferte, doch er tat es aufrichtig. Mitja teilte selbstlos sein Interesse.

»Na, wenn man ihn aber doch ausgepeitscht hat!« rief er lachend.

»Nicht gerade ausgepeitscht, sondern nur so«, warf Maximow ein.

»Was soll das? Hat man Sie ausgepeitscht oder nicht?«

»Wieviel Uhr ist es, Pan?« wandte sich mit gelangweilter Miene der Pole mit der Pfeife an den hochgewachsenen Polen auf dem Stuhl. Der zuckte nur mit den Achseln: keiner von beiden besaß eine Uhr.

»Warum sollte man sich nicht ein wenig unterhalten? Laßt doch auch andere reden. Wenn ihr euch langweilt, sollen wohl auch andere nicht sprechen?« fuhr Gruschenka wieder auf; offenbar suchte sie absichtlich Streit. Mitja schien zum erstenmal blitzartig etwas durch den Kopf zu schießen. Der Pole antwortete diesmal mit sichtlicher Gereiztheit: »Pani, ich widerspreche nicht, ich habe nichts gesagt.«

»Na, schon gut, du aber erzähle«, rief Gruschenka nun Maximow zu. »Warum seid ihr denn alle verstummt?«

»Da gibt es doch nichts zu erzählen, denn alles das sind nur Dummheiten«, ergriff Maximow sofort mit sichtlichem Vergnügen und ein wenig geziert das Wort, »auch ist das alles bei Gogol nur in allegorischer Form dargestellt, denn er hat lauter allegorische Familiennamen verwendet: Nosdrjow hieß ja gar nicht Nosdrjow, sondern Nossow, und Kuwschinnikow – das klingt schon gar nicht mehr ähnlich – hieß in Wirklichkeit Schkwornew. Fenardi aber nannte sich tatsächlich Fenardi, nur war er kein Italiener, sondern ein Russe, Petrow hieß er eigentlich, und Mamsell Fenardi war hübsch, hatte hübsche Beinchen in Trikot und ein kurzes Flitterröckchen, und sie drehte sich, aber nicht vier Stunden, sondern nur vier Minuten ... und umstrickte alle ...«

»Doch weswegen hat man dich ausgepeitscht, weswegen?« brüllte Kalganow.

»Pirons wegen«, antwortete Maximow.

»Welchen Pirons wegen?« rief Mitja.

»Wegen des berühmten französischen Schriftstellers Piron. Wir tranken damals alle in großer Gesellschaft Wein, in einem Gasthaus, während des Jahrmarkts. Man hatte auch mich eingeladen, und ich begann zunächst einmal in Epigrammen zu sprechen: ‚Bist du's, Boileau? Welch lächerlich Gewand!' Boileau antwortete, er habe vor, auf einen Maskenball, das heißt ins Dampfbad, zu gehen, hihi, und da bezogen sie es auf sich. Ich aber sagte schleunigst ein anderes Epigramm, das allen Gebildeten gut bekannt ist, ein bissiges:

Du bist Sappho, ich bin Phaon,
Das bestreit ich nicht,
Doch zu meinem großen Kummer
Weißt den Weg zum Meer du nicht.

Sie fühlten sich noch mehr beleidigt und fingen an, mich deswegen unflätig zu beschimpfen, und gerade da erzählte ich, um es wiedergutzumachen, zu meinem Unglück eine sehr gebildete Anekdote über Piron; wie man ihn in die Académie Française nicht habe aufnehmen wollen und wie er daraufhin, um sich zu rächen, eine Inschrift für sein Grabmal verfaßt habe:

Ci-gît Piron qui fut rien
Pas même académicien.

Und da haben sie mich dann verhauen.«

»Ja weswegen denn, weswegen?«

»Wegen meiner Bildung. Was gibt es nicht alles für Gründe, weswegen die Leute einen verhauen können«, schloß Maximow sanft und lehrhaft.

»Ah, genug, garstig ist das alles, ich mag nicht zuhören, ich hatte gedacht, es käme etwas Lustiges«, fuhr Gruschenka dazwischen. Mitja erschrak und hörte sofort auf zu lachen. Der hochgewachsene Pole erhob sich von seinem Platz, legte die Hände auf den Rücken und begann mit der hochmütigen Miene eines Menschen, der sich in einer ihm nicht zusagenden Gesellschaft langweilt, von einer Ecke zur anderen im Zimmer umherzugehen.

»Wie er herumläuft!« rief Gruschenka und warf einen verächtlichen Blick auf ihn. Mitja wurde unruhig, zudem war ihm aufgefallen, daß der Pole auf dem Sofa ihn ab und zu mit gereizter Miene ansah.

»Pan«, rief Mitja, »trinken wir, Pan! Auch der andere Pan soll mittun: trinken wir, meine Herren!« Er rückte drei Gläser zusammen und füllte sie mit Champagner. »Auf Polens Wohl, meine Herren, ich trinke auf das Wohl Ihres Polens, auf das Wohl des Polenlandes!« rief Mitja.

»Das ist mir sehr angenehm, mein Herr, trinken wir«, sagte würdevoll und wohlwollend der Pole auf dem Sofa und nahm sein Glas.

»Auch der andere Pan, wie heißt er? Heda! Erlaucht, nimm dein Glas!« rief Mitja geschäftig.

»Pan Wrublewski«, half der Pole auf dem Sofa ein.

Pan Wrublewski trat mit wiegenden Schritten an den Tisch und nahm im Stehen sein Glas in Empfang.

»Auf Polens Wohl, meine Herren, hurra!« rief Mitja mit erhobenem Glas.

Alle drei tranken aus. Mitja ergriff die Flasche und füllte die drei Gläser sofort wieder.

»Jetzt auf Rußlands Wohl, meine Herren. Wir wollen Brüderschaft trinken!«

»Schenk auch uns ein«, sagte Gruschenka, »auf Rußlands Wohl will auch ich trinken.«

»Ich auch«, sagte Kalganow.

»Und ich würde auch gern . . . auf das Wohl Rußlands, des alten Großmütterchens, trinken«, sagte Maximow kichernd.

»Alle, alle!« rief Mitja. »Wirt, noch mehr Flaschen her!«

Die drei Flaschen, die von denen übriggeblieben waren, die Mitja aus der Stadt mitgenommen hatte, wurden hereingetragen. Mitja schenkte ein.

»Auf Rußlands Wohl, hurra!« rief er aufs neue. Alle außer den Polen tranken. Gruschenka leerte ihr Glas auf einen Zug. Die Polen jedoch berührten ihre Gläser nicht einmal.

»Was ist denn mit Ihnen, meine Herren?« rief Mitja. »So sind Sie also?«

Pan Wrublewski nahm sein Glas, erhob es und sagte mit kräftiger Stimme: »Auf das Wohl Rußlands innerhalb seiner Grenzen vom Jahre siebzehnhundertzweiundsiebzig!«

»So ist es gut!« rief der andere Pole, und beide leerten auf einen Zug ihre Gläser.

»Ihr seid doch Narren, meine Herren!« entschlüpfte es Mitja.

»Herr!!« schrien bedrohlich beide Polen und gingen wie Kampfhähne auf Mitja los. Insbesondere Pan Wrublewski ereiferte sich.

»Darf man denn sein Land nicht lieben?« rief er.

»Still! Keinen Streit! Daß es mir hier keinen Streit gibt!« rief Gruschenka gebieterisch und stampfte mit dem Fuß auf. Ihr Gesicht glühte, und ihre Augen funkelten. Das Glas, das sie soeben getrunken hatte, tat seine Wirkung. Mitja erschrak sehr.

»Meine Herren, verzeihen Sie mir! Ich bin schuld, ich tu's nicht wieder. Wrublewski, Pan Wrublewski, ich tu's nicht wieder! . . .«

»Schweig wenigstens du, setz dich! Wie dumm du doch bist!« fuhr Gruschenka ihn verärgert an.

Alle setzten sich, alle verstummten, alle blickten einander an.

»Meine Herren, an allem bin ich schuld!« begann wieder Mitja, der Gruschenkas Ausruf nicht begriffen hatte. »Na, was sitzen wir denn so da? Was könnten wir unternehmen ... damit es lustig, wieder lustig wird?«

»Ach, es ist wirklich sehr wenig lustig«, maulte Kalganow träge.

»Wir könnten ein Spielchen machen wie vorhin ...« sagte kichernd Maximow.

»Ein Spielchen? Ausgezeichnet!« stimmte Mitja zu. »Wenn nur die Herren Polen ...«

»Es ist schon zu spät, mein Herr!« sagte der Pole auf dem Sofa, als hätte er keine rechte Lust.

»Das ist wahr«, stimmte Pan Wrublewski bei.

»Immer ist es zu spät für sie, immer ist es ihnen unmöglich!« rief Gruschenka; ja, sie kreischte in ihrem Verdruß nahezu auf. »Weil sie selber gelangweilt dasitzen, sollen auch die andern sich langweilen. Bevor du kamst, Mitja, haben sie genauso in einem fort geschwiegen und sich über mich geärgert ...«

»Meine Göttin!« rief der Pole auf dem Sofa, »wie du sagst, so soll es auch sein. Ich sehe, daß du mir nicht gewogen bist, und darum bin ich traurig. Ich bin bereit, Herr«, schloß er, indem er sich an Mitja wandte.

»Fang an, Pan!« rief Mitja, zog seine Banknoten aus der Tasche und legte zwei Hundertrubelscheine auf den Tisch. »Ich will viel an dich verspielen, Pan. Nimm die Karten, halte Bank!«

»Die Karten müssen vom Wirt sein, Herr«, sagte nachdrücklich und ernst der kleine Pole.

»Das wird das beste sein«, stimmte Pan Wrublewski bei.

»Vom Wirt? Gut, ich verstehe, meinetwegen vom Wirt, da haben Sie recht, meine Herren! Karten!« befahl Mitja dem Wirt.

Der Wirt brachte ein noch nicht angebrochenes Spiel Karten und meldete Mitja, die Mädchen versammelten sich schon, die Juden mit den Zimbeln kämen wahrscheinlich auch bald, die Troika mit den Eßwaren sei jedoch noch nicht angekommen. Mitja sprang vom Tisch auf und lief in das Zimmer nebenan, um sofort seine Anordnungen zu treffen. Doch es waren nur drei Mädchen gekommen, und Marja war auch noch nicht da. Zudem wußte Mitja selber nicht, was er anordnen sollte und weswegen er hinausgelaufen war; er befahl nur, die Süßigkeiten und Bonbons aus der Kiste herauszunehmen und sie unter die

Mädchen zu verteilen. »Und gebt Andrej Branntwein!« befahl er eilig. »Ich habe ihn gekränkt!« Da berührte ihn Maximow, der ihm nachgelaufen war, an der Schulter.

»Geben Sie mir fünf Rubel«, raunte er Mitja zu, »ich würde gern auch ein Spielchen wagen, hihi!«

»Vortrefflich, ausgezeichnet! Hier, nehmen Sie zehn!« Mitja zog wieder alle Geldscheine aus der Tasche und suchte zehn Rubel heraus. »Und wenn du sie verspielst, so komm wieder, komm wieder...«

»Gut«, flüsterte Maximow freudig und lief in den Saal. Auch Mitja kehrte sofort wieder zurück und entschuldigte sich, daß er auf sich habe warten lassen. Die Polen hatten sich schon hingesetzt und das Spiel Karten aufgebrochen. Sie blickten weit leutseliger, ja fast freundlich drein. Der Pole auf dem Sofa hatte sich eine frische Pfeife angezündet und schickte sich an, Bank zu halten; sein Gesicht drückte sogar eine gewisse Feierlichkeit aus.

»An die Plätze, meine Herren!« rief Pan Wrublewski.

»Nein, ich will nicht mehr spielen«, entgegnete Kalganow, »ich habe schon vorhin fünfzig Rubel an sie verspielt.«

»Der Herr hat Pech gehabt, der Herr kann wieder Glück haben«, bemerkte, zu ihm gewandt, der Pole auf dem Sofa.

»Wie hoch ist der Einsatz? Nach Belieben?« ereiferte sich Mitja.

»Gut, Herr, vielleicht hundert, vielleicht zweihundert, soviel du setzen willst.«

»Eine Million!« rief Mitja lachend.

»Der Herr Hauptmann hat vielleicht von Pan Podwysocki gehört?«

»Von welchem Podwysocki?«

»In Warschau setzt jeder, der spielt, nach Belieben. Da kommt Podwysocki, sieht tausend Zloty, setzt va banque. Der Bankhalter sagt: ‚Pan Podwysocki, setzt du Gold, oder spielst du auf Ehre?‘ – ‚Auf Ehre, Pan‘, sagt Podwysocki. ‚Um so besser, Pan.‘ Der Bankhalter deckt die Karten auf. Podwysocki nimmt die tausend Zloty. ‚Warte, Pan‘, sagt der Bankhalter, nimmt den Kasten heraus und gibt eine Million: ‚Nimm, Pan, das gehört dir.‘ In der Bank war eine Million. ‚Das habe ich nicht gewußt‘, sagt Podwysocki. ‚Pan Podwysocki‘, sagt der Bankhalter, ‚du hast auf Ehre gesetzt, und wir haben auch auf Ehre gesetzt.‘ Podwysocki nahm die Million.«

»Das ist nicht wahr«, sagte Kalganow.

»Herr Kalganow, in anständiger Gesellschaft sagt man so etwas nicht.«

»Ein polnischer Spieler, und so ohne weiteres eine Million hergeben!« rief Mitja, besann sich aber sofort: »Verzeih, Pan, ich muß um Entschuldigung bitten, muß wieder um Entschuldigung bitten, er wird sie hergeben, wird sie bestimmt hergeben, die Million, auf Gonor, auf polnische Ehre! Da siehst du, wie ich Polnisch reden kann, haha! Hier, ich setze zehn Rubel auf den Buben.«

»Und ich setze ein Rubelchen auf die junge Herz-Dame, auf die hübsche junge polnische Dame, hihi!« kicherte Maximow, schob seine Karte vor, rückte dicht an den Tisch heran und bekreuzigte sich, als wollte er es vor allen verbergen, eilig unter dem Tisch. Mitja gewann. Auch der Rubel gewann.

»Paroli!« rief Mitja.

»Und ich wieder ein Rubelchen, ich spiele einfachen Satz, ganz kleinen einfachen Satz« murmelte Maximow selig, hocherfreut darüber, daß er mit seinem Rubel gewonnen hatte.

»Verloren!« rief Mitja. »Ich doubliere auf die Sieben.«

Er verlor wieder.

»Hören Sie auf«, sagte plötzlich Kalganow.

»Ich doubliere, ich doubliere«, rief Mitja und verdoppelte seinen Satz; doch alles, was er setzte, verlor er. Die Rubelchen dagegen gewannen.

»Ich doubliere!« brüllte Mitja wütend.

»Du hast zweihundert verspielt, Pan. Setzt du noch zweihundert?« erkundigte sich der Pole auf dem Sofa.

»Wie, schon zweihundert verspielt? Also noch zweihundert! Die ganzen zweihundert als Doublé!« Mitja zog Geld aus der Tasche und wollte schon zweihundert Rubel auf die Dame setzen, als Kalganow plötzlich die Karte mit der Hand bedeckte.

»Genug!« rief er mit seiner hellen Stimme.

»Was fällt Ihnen ein?« Mitja starrte ihn an.

»Genug, ich will nicht! Sie werden nicht mehr spielen.«

»Warum nicht?«

»Darum. Pfeifen Sie darauf und gehen Sie. Ich werde Sie nicht mehr spielen lassen!«

Mitja sah ihn erstaunt an.

»Laß es bleiben, Mitja, er hat vielleicht recht, du hast ohnehin schon viel verspielt«, sagte Gruschenka mit einem sonderbaren Unterton in der Stimme.

Beide Polen erhoben sich plötzlich mit tief gekränkter Miene.

»Machst du Spaß, Herr?« fragte der kleine Pole und musterte Kalganow streng.

»Wie unterstehen Sie sich, so etwas zu tun, Herr!« fuhr auch Pan Wrublewski ihn an.

»Untersteht euch zu schreien!« rief Gruschenka. »Ach, ihr Truthähne!«

Mitja sah sie alle der Reihe nach an. Irgend etwas in Gruschenkas Gesicht verblüffte ihn. Und im gleichen Augenblick ging ihm etwas ganz Neues blitzartig durch den Kopf – ein seltsamer neuer Gedanke.

»Pani Agrippina!« begann der kleine Pole, puterrot vor Trotz, als plötzlich Mitja auf ihn zutrat und ihm auf die Schulter klopfte.

»Erlaucht, auf ein paar Worte.«

»Was wünschen Sie, Herr?«

»Komm mit ins andere Zimmer, ich will dir etwas sagen, etwas Schönes, sehr Schönes, du wirst zufrieden sein.«

Der kleine Pole war verwundert und blickte Mitja argwöhnisch an. Er willigte aber sofort ein, jedoch nur unter der strikten Bedingung, daß auch Pan Wrublewski mitkäme.

»Der Leibwächter? Mag er mitkommen, ich kann ihn brauchen. Ich brauche ihn sogar unbedingt! Marsch, meine Herren!«

»Wohin wollt ihr?« fragte Gruschenka beunruhigt.

»Wir kommen gleich wieder zurück«, antwortete Mitja. Etwas wie Kühnheit, wie unerwarteter Mut leuchtete aus seinem Gesicht; es war ein ganz anderes Gesicht als das, mit dem er vor einer Stunde in dieses Zimmer hereingekommen war. Er führte die Polen in das rechts gelegene Zimmer, nicht in das große, in dem sich der Chor der Mädchen versammelte und der Tisch gedeckt wurde, sondern in das Schlafzimmer, in dem Truhen, Laden und zwei große Betten standen, jedes mit einem Berg von Kopfkissen in Kattunüberzügen. Hier brannte ganz hinten in der Ecke auf einem kleinen Tisch aus rohem Holz eine Kerze. Der kleine Pole und Mitja nahmen an diesem Tisch einander gegenüber Platz, während der riesengroße Pan Wrublewski sich neben sie stellte und die Hände auf den Rücken legte. Die beiden Polen blickten streng, jedoch mit sichtlicher Neugierde drein.

»Womit kann ich dem Herrn dienen?« stammelte der kleine Pole.

»Mit folgendem, Pan. Ich will nicht viel Worte machen:

hier hast du Geld« – er zog seine Scheine heraus –, »willst du dreitausend, so nimm sie und fahre, wohin du willst.«

Der Pole sah ihn forschend, mit weit aufgerissenen Augen an, als saugte er sich mit seinem Blick förmlich an Mitjas Gesicht fest.

»Dreitausend, mein Herr?«. Er wechselte einen Blick mit Wrublewski.

»Drei, meine Herren, drei! Höre, Pan, ich sehe, du bist ein vernünftiger Mensch. Nimm die dreitausend und scher dich zum Teufel, nimm auch Wrublewski mit – hörst du? Aber sofort, augenblicklich und für immer, verstehst du, Pan, durch diese Tür dort gehst du für immer hinaus. Was hast du dort drüben: einen Mantel, einen Pelz? Ich bringe ihn dir heraus. Man wird für dich sofort eine Troika anspannen und – leb wohl, Pan! Nun?«

Mitja wartete, seiner Sache sicher, auf die Antwort. Er zweifelte nicht. Eine außerordentliche Entschlossenheit blitzte im Gesicht des Polen auf.

»Und das Geld, mein Herr?«

»Mit dem Geld machen wir es so, Pan: fünfhundert Rubel bekommst du sofort für die Fahrt und als Anzahlung, und zweitausendfünfhundert gebe ich dir morgen in der Stadt – ich schwöre es bei meiner Ehre, sie werden dasein, ich werde sie beschaffen, und wenn ich sie aus der Erde stampfen müßte!« rief Mitja.

Die Polen wechselten wieder einen Blick. Ins Gesicht des Kleinen kam ein böser Zug.

»Siebenhundert, siebenhundert und nicht fünfhundert, sofort, augenblicklich auf die Hand!« steigerte Mitja sein Angebot, da er etwas Ungutes ahnte. »Was hast du, Pan? Traust du mir nicht? Ich kann dir doch nicht alle dreitausend auf einmal geben. Gäbe ich sie dir, so würdest du am Ende morgen schon zu ihr zurückkehren ... Auch habe ich jetzt nicht alle dreitausend bei mir, sie liegen bei mir zu Hause in der Stadt«, stammelte Mitja, der es mit der Angst zu tun bekam und mit jedem Wort immer mehr den Mut verlor. »Bei Gott, sie liegen dort, sind wohlverwahrt ...«

Im Gesicht des kleinen Polen leuchtete auf einmal ein ungewöhnliches Selbstbewußtsein auf: »Verlangst du nicht vielleicht noch etwas?« fragte er ironisch. »Schimpf und Schande!« Und er spuckte aus. Auch Pan Wrublewski spuckte aus.

»Du spuckst doch nur deshalb aus, Pan«, sagte Mitja verzweifelt, da er begriffen hatte, daß alles verloren war, »weil du bei Gruschenka mehr zu erwischen hoffst. Kapaune seid ihr beide, so ist es!«

»Ich bin aufs äußerste beleidigt!« rief, rot wie ein Krebs, der kleine Pole und verließ rasch, als wollte er nichts mehr hören, in heftigem Zorn das Zimmer. Ihm folgte mit wiegenden Schritten Wrublewski, und hinterdrein kam, verlegen und verdutzt, auch Mitja. Er fürchtete sich vor Gruschenka, denn er fühlte im voraus, daß der kleine Pole gleich ein Geschrei erheben werde. So kam es auch. Der Pole trat in den Saal und stellte sich theatralisch vor Gruschenka hin.

»Pani Agrippina, ich bin aufs äußerste beleidigt!« rief er auf polnisch, doch Gruschenka schien endgültig die Geduld verloren zu haben, als hätte man sie an ihrer wundesten Stelle berührt.

»Sprich russisch, ich will kein einziges polnisches Wort mehr hören!« schrie sie ihn an. »Du hast doch früher auch russisch gesprochen, hast du es denn in den fünf Jahren verlernt?« Sie war vor Zorn flammend rot geworden.

»Pani Agrippina ...«

»Ich heiße Agrafena, Gruschenka heiße ich, sprich russisch, oder ich hör dir überhaupt nicht mehr zu!«

Der Pole keuchte vor beleidigtem Stolz und sagte, indem er russisch radebrechte, rasch und schwülstig: »Pani Agrafena, ich bin hergekommen, um das Alte zu vergessen und es zu verzeihen, um zu vergessen, was vor dem heutigen Tage gewesen ist ...«

»Wieso zu verzeihen? Mir zu verzeihen, bist du gekommen?« unterbrach Gruschenka ihn und sprang auf.

»Jawohl, Pani, ich bin nicht kleinlich, ich bin großmütig. Aber ich war erstaunt, als ich deine Liebhaber sah. Pan Mitja wollte mir in dem Zimmer dort dreitausend geben, damit ich abfahre. Ich spuckte dem Pan ins Gesicht.«

»Wie, er hat dir für mich Geld geben wollen?« schrie Gruschenka hysterisch auf. »Ist das wahr, Mitja? Du unterstehst dich? Bin ich denn käuflich?«

»Pan, Pan«, schrie Mitja, »sie ist rein und strahlend, und niemals bin ich ihr Liebhaber gewesen! Das hast du gelogen ...«

»Du unterstehst dich, mich ihm gegenüber zu verteidigen?« schrie Gruschenka. »Nicht aus Tugend bin ich rein gewesen und nicht deshalb, weil ich Kusma gefürchtet hätte, sondern um ihm gegenüber stolz sein zu können und um das Recht zu haben, ihm zu sagen, daß er ein Schuft ist, wenn ich ihm begegne. Hat er denn wirklich von dir kein Geld angenommen?«

»Er wollte es ja, er wollte es!« rief Mitja. »Doch er wollte alle dreitausend auf einmal haben, ich aber bot ihm nur siebenhundert als Anzahlung.«

»Na, das ist auch begreiflich: er hat gehört, daß ich Geld habe, und darum ist er gekommen und will mich heiraten.«

»Pani Agrippina«, schrie der Pole, »ich bin ein Ritter, ich bin ein Edelmann und kein Strolch! Ich bin gekommen, dich zur Gemahlin zu nehmen, sehe aber eine neue Pani, nicht die frühere, sondern eine eigensinnige und schamlose!«

»Scher dich dorthin, woher du gekommen bist! Ich lasse dich gleich davonjagen!« schrie Gruschenka außer sich. »Eine Närrin war ich, eine Närrin, mich fünf Jahre lang zu quälen! Auch habe ich mich gar nicht seinetwegen gequält, ich habe mich aus Wut gequält! Denn das ist ja gar nicht mehr er. Sah er denn so aus? Das könnte sein Vater sein! Wo hast du dir nur die Perücke machen lassen? Jener war ein Falke, und du bist ein Enterich. Jener lachte und sang mir Lieder vor ... Und ich, ich habe fünf Jahre lang helle Tränen geweint, ich verdammte Närrin, ich schlechtes, ich schamloses Weib!«

Sie sank auf ihren Lehnstuhl und bedeckte das Gesicht mit den Händen. In diesem Augenblick ertönte links in dem Zimmer nebenan der Chorgesang der Mädchen von Mokroje, die sich endlich versammelt hatten – sie sangen ein übermütiges Tanzlied.

»Das ist ja ein Sodom!« brüllte Pan Wrublewski. »Wirt, jage die schamlosen Frauen davon!«

Als der Wirt, der schon seit längerer Zeit immer wieder neugierig zur Tür hereingeschaut hatte, das Geschrei hörte, witterte er, daß die Gäste in Streit geraten waren, und erschien sofort im Zimmer.

»Was schreist du? Was zerreißt du dir das Maul?« wandte er sich mit einer geradezu unbegreiflichen Unhöflichkeit an Wrublewski.

»Du Vieh!« brüllte Pan Wrublewski.

»Ich ein Vieh? Und mit was für Karten hast du soeben gespielt? Ich hatte dir ein Spiel Karten gegeben, und du hast es versteckt! Du hast mit falschen Karten gespielt! Ich kann dich wegen der falschen Karten nach Sibirien schicken lassen, weißt du das, denn das ist das gleiche wie gefälschtes Papiergeld ...«

Und er ging zum Sofa hin, steckte die Finger zwischen die Lehne und das Sitzpolster und zog von dort ein unangebrochenes Spiel Karten heraus. »Hier ist mein Spiel Karten, es ist noch nicht benutzt!« Er hob es hoch und zeigte es allen ringsum. »Ich habe doch von dort aus gesehen, wie er mein Spiel Karten in den Spalt steckte und es heimlich mit dem seinen vertauschte. Ein Gauner bist du und kein Pan!«

»Und ich habe gesehen, wie der andere Pan zweimal betrügerisch gemischt hat!« rief Kalganow.

»Ach, welch eine Schande, ach, welch eine Schande!« rief Gruschenka, schlug die Hände zusammen und wurde rot vor Scham. »O Gott, was ist aus diesem Menschen geworden!«

»Das habe ich mir doch gedacht!« rief Mitja. Aber er hatte das kaum ausgerufen, als Pan Wrublewski, verwirrt und wütend, sich zu Gruschenka wandte, ihr mit der Faust drohte und schrie: »Dirne!« Kaum hatte er das jedoch ausgerufen, als sich Mitja auf ihn stürzte, ihn mit beiden Armen umfaßte, ihn hochhob und im Handumdrehen aus dem Saal in das rechte Nebenzimmer trug, in das er eben erst die beiden geführt hatte. Er kehrte gleich wieder zurück.

»Ich habe ihn dort auf den Fußboden gelegt!« verkündete er, außer Atem vor Erregung. »Er wird handgreiflich, die Kanaille, von dort wird er wohl nicht mehr herkommen! . . .« Er schloß den einen Türflügel, hielt den anderen weit auf und rief dem kleinen Polen zu: »Wollen Erlaucht sich nicht auch dorthin bemühen? Ich bitte!«

»Bester Dmitrij Fjodorowitsch«, rief Trifon Borisytsch, »nimm ihnen doch das Geld ab, das du an sie verspielt hast! Das ist doch geradeso, als hätten sie es dir gestohlen.«

»Ich will ihnen meine fünfzig Rubel nicht wieder abnehmen«, sagte auf einmal Kalganow.

»Auch ich will meine zweihundert nicht zurückhaben!« rief Mitja. »Auf keinen Fall werde ich sie ihm wegnehmen, mag er sie zum Trost behalten.«

»Ausgezeichnet, Mitja! Du bist ein Prachtkerl, Mitja!« rief Gruschenka, und ein schrecklich gehässiger Unterton klang in ihrem Ausruf mit. Der kleine Pole, der vor Wut puterrot geworden war, doch nicht im geringsten seine würdevolle Haltung verloren hatte, wollte schon auf die Tür zugehen, blieb aber plötzlich stehen und sagte, zu Gruschenka gewandt: »Pani, wenn du mir folgen willst, so komm, wenn aber nicht – dann leb wohl!«

Und wichtigtuerisch und vor Entrüstung und gekränktem Ehrgeiz schnaubend, ging er zur Tür hinaus. Der Mann hatte Charakter: selbst nach allem, was vorgefallen war, hoffte er immer noch, daß Gruschenka ihm folgen werde – eine so hohe Meinung hatte er von sich selbst. Mitja schlug hinter ihm die Tür zu.

»Schließen Sie sie ein«, sagte Kalganow. Doch das Schloß schnappte von der anderen Seite zu, die Polen hatten sich selber eingeschlossen.

»Ausgezeichnet!« rief Gruschenka wiederum gehässig und schonungslos. »Ausgezeichnet! Das haben sie auch verdient!«

8

Unausdenkbar!

Was nun kam, war eine Orgie, ein Gelage, wie es die Welt noch nicht gesehen hatte. Gruschenka rief als erste, man solle ihr Wein geben: »Ich will trinken, mich völlig betrinken, so wie damals, weißt du noch, Mitja, weißt du noch, als wir uns hier kennenlernten!« Mitja selbst war wie im Fieber und ahnte »sein Glück«. Gruschenka verscheuchte ihn übrigens unablässig von ihrer Seite. »Geh, amüsiere dich, sag ihnen, sie sollen tanzen, sie sollen sich amüsieren, daß alles drunter und drüber geht, wie damals, wie damals!« rief sie wieder. Sie war fürchterlich erregt. Und Mitja stürzte davon, um seine Anordnungen zu treffen. Der Chor hatte sich im Zimmer nebenan versammelt. Das Zimmer, in dem sie bis jetzt gesessen hatten, war zu klein, es war durch einen Kattunvorhang in zwei Hälften geteilt; hinter dem Vorhang stand auch hier ein riesengroßes Bett mit einem Daunenpfühl und einem Berg von Kissen in Kattunüberzügen. Auch in allen »besseren« Zimmern dieses Hauses standen Betten. Gruschenka setzte sich dicht an die Tür. Mitja hatte ihr einen Lehnstuhl dorthin gebracht: genauso hatte sie auch »damals«, am Tage ihres ersten Gelages, hier gesessen, dem Chor gelauscht und dem Tanz zugesehen. Es hatten sich die gleichen Mädchen versammelt wie damals. Auch die Juden mit ihren Geigen und Zithern waren gekommen, und endlich traf auch der so lang erwartete dreispännige Wagen mit Wein und Eßwaren ein. Mitja lief geschäftig hin und her. Auch fremde Leute kamen als Zuschauer ins Zimmer, Bauern und Bäuerinnen, die schon geschlafen hatten, aber aufgewacht waren und eine unerhörte Bewirtung, wie es sie vor einem Monat gegeben hatte, witterten. Mitja begrüßte und umarmte alle, die er kannte, erinnerte sich der Gesichter, entkorkte Flaschen und schenkte jedem erstbesten ein. Auf Champagner waren nur die Mädchen erpicht, den Männern gefielen mehr der Rum und Kognak und besonders der heiße Punsch. Mitja ordnete an, für alle Mädchen Schokolade zu kochen und die Nacht hindurch drei Samoware in Betrieb zu halten, damit jeder Ankömmling mit Tee und Punsch bewirtet werden könne. Kurzum, ein sinnloser, chaotischer Wirbel hob an, doch Mitja schien sich in seinem ureigenen Element zu fühlen, und je unsinniger alles wurde, desto mehr lebte er auf. Hätte einer von den Bauern ihn um Geld gebeten, er hätte sofort sein ganzes Päckchen hervorgezogen und, ohne zu zählen, nach rechts und links Geldscheine verteilt. Wohl um Mitja davor zu bewahren, schwirrte der Wirt, Trifon Borisytsch, fast ständig um ihn herum und schien jeden Gedanken daran, sich in dieser Nacht schlafen zu legen, aufgegeben zu haben; er trank jedoch wenig (nur ein einziges Glas Punsch) und nahm mit scharfem Blick auf seine Art Mitjas Interessen wahr. Wenn es nötig war, hielt er ihn freundlich und kriecherisch zurück und redete auf ihn ein, ließ es nicht zu, daß Mitja die Bauern wie »damals« mit Zigaretten und Rheinwein bewirtete und sie – was Gott verhüten möge! – mit Geld beschenkte, auch war er sehr ungehalten darüber, daß die Mädchen Likör tranken und Konfekt aßen. »Ein verlaustes Pack sind sie alle, Dmitrij Fjodorowitsch«, sagte er, »ich könnte jede von ihnen mit dem Knie ins Hinterteil stoßen, und sie würden sich das, wenn ich den Befehl gäbe, noch zur Ehre anrechnen – so sind sie!« Mitja erinnerte ihn nochmals an Andrej und befahl, ihm Punsch hinauszuschicken: »Ich habe ihn vorhin beleidigt«, wiederholte er mit geschwächter und gerührter Stimme. Kalganow hatte zuerst nicht trinken wollen, und der Chor der Mädchen hatte ihm anfangs sehr wenig gefallen, doch als er noch zwei Gläser Champagner getrunken hatte, wurde er ungemein lustig, schritt in den Zimmern umher, lachte und lobte alles, die Lieder wie auch die Musik. Maximow, selig und angeheitert, wich nicht von seiner Seite. Gruschenka, die allmählich ebenfalls einen Rausch bekam, machte Mitja auf Kalganow aufmerksam: »Was für ein netter, prächtiger Junge er doch ist!« rief sie aus. Und Mitja lief entzückt zu Kalganow und Maximow, um mit ihnen Küsse zu tauschen. Oh, er ahnte vieles: sie hatte ihm noch nichts von Bedeutung gesagt und zögerte sogar, wie es schien, absichtlich, es zu tun, sie sah ihn nur hin und wieder mit freundlichem, aber heißem Blick an. Schließlich faßte sie ihn auf einmal fest an der Hand und zog ihn mit Gewalt zu sich. Sie saß im Lehnsessel an der Tür.

»Wie konntest du nur vorhin so hereinkommen! Wie konntest du! ... Ich habe einen solchen Schreck bekommen! Wie konntest du mich ihm nur abtreten wollen! Hast du das wirklich gewollt?«

»Ich wollte nicht dein Glück zerstören!« stammelte Mitja glückselig. Doch sie brauchte seine Antwort gar nicht.

»Na, geh ... amüsiere dich«, verscheuchte sie ihn von neuem, »und sei nicht traurig, ich werde dich wieder rufen.«

Und er lief weg, sie aber lauschte wieder den Liedern und sah den Tänzen zu und verfolgte ihn dabei mit ihren Blicken, wo er auch sein mochte. Doch nach einer Viertelstunde rief sie ihn von neuem herbei, und er kam wieder zu ihr gelaufen.

»Na, setz dich jetzt neben mich und erzähle mir, wie du gestern erfahren hast, daß ich hier bin. Wer hat es dir zuerst gesagt?«

Mitja begann alles zu erzählen, zusammenhangslos, ungeordnet, eifrig, doch erzählte er auf eine besondere Art, zog oft plötzlich die Brauen zusammen und brach oft unvermittelt ab.

»Warum machst du ein mürrisches Gesicht?« fragte sie.

»Das hat nichts weiter zu sagen ... ich habe dort einen Kranken zurückgelassen. Wenn er genäse, wenn ich wüßte, daß er genesen wird, gäbe ich sofort zehn Jahre meines Lebens dafür dahin!«

»Gott befohlen, wenn er krank ist. Hast du dich denn wirklich morgen erschießen wollen, du Dummer, und weswegen denn? Ich mag solche unvernünftigen Menschen, wie du einer bist, gern leiden«, stammelte sie mit etwas schwerer Zunge. »Du bist also für mich zu allem bereit? Wie? Und du kleiner Dummkopf wolltest dich wirklich morgen erschießen? Nein, warte damit noch, morgen werde ich dir vielleicht etwas sagen ... nicht heute, sondern morgen. Du würdest es wohl gern schon heute hören? Nein, heute will ich nicht ... Na, geh, geh jetzt, amüsiere dich.«

Einmal jedoch rief sie ihn so, als hätte sie Bedenken und Sorge.

»Warum bist du denn traurig? Ich sehe es, dir ist traurig zumute ... Nein, ich sehe es doch«, fügte sie hinzu und blickte ihm scharf in die Augen. »Wenn du auch mit den Bauern Küsse tauschst und herumschreist, fällt mir doch etwas an dir auf. Nein, vergnüge dich; wenn ich lustig bin, sollst auch du lustig sein ... Ich liebe hier jemanden, rate wen ... Ach je, sieh doch: mein Junge ist eingeschlafen, er hat einen Rausch, der Arme.«

Sie meinte damit Kalganow: er hatte tatsächlich einen Rausch und war auf dem Sofa im Sitzen für einen Augenblick eingeschlafen. Und er war nicht nur, weil er getrunken hatte, eingeschlafen, sondern weil ihm aus irgendeinem Grunde mit einemmal traurig zumute geworden war. Auch hatten ihn zum Schluß die Lieder der Mädchen sehr befremdet, die allmählich, je weiter das Gelage fortschritt, sehr ins Unzüchtige und Zügellose auszuarten begannen. Ebenso war es mit ihren Tänzen: zwei Mädchen hatten sich als Bären verkleidet, während Stepanida, ein munteres Mädchen, mit einem Stock in der Hand den Bärenführer spielte und sie »vorführte«. »Flotter, Marja«, rief sie, »sonst kriegst du eins mit dem Stock!« Die Bären fielen schließlich in einer ganz unanständigen Weise zu Boden, unter dem lauten Gelächter des buntscheckigen Publikums von Bauernweibern und Bauern, das sich inzwischen eingefunden hatte und so dicht gedrängt stand, daß kein Durchkommen war. »Na, sollen sie nur, sollen sie nur«, hatte Gruschenka lehrhaft mit seliger Miene gesagt, »warum sollen die Leute sich nicht freuen, wenn sie einmal dazu Gelegenheit haben?« Kalganow jedoch hatte dreingeschaut, als hätte er sich mit etwas besudelt. »Eine Schweinerei ist das alles, diese ganze Volkstümelei«, hatte er gesagt und sich zurückgezogen, »das sind ihre Frühlingsspiele, bei denen sie eine ganze Nacht hindurch die Sonne bewachen.« Doch besonders hatte ihm ein »neues« Liedchen mit flotter Tanzmelodie mißfallen, das davon handelte, wie ein Gutsherr umherfuhr und die Mädchen befragte:

Der Gutsherr fragt die Mädchen,
Ob sie ihn lieben oder nicht.

Doch die Mädchen glaubten den Herrn nicht lieben zu können:

Der Herr wird mich arg schlagen,
Drum kann ich ihn nicht lieben.

Danach fuhr ein Zigeuner umher:

Der Zigeuner fragt die Mädchen,
Ob sie ihn lieben oder nicht.

Doch auch den Zigeuner konnten sie nicht lieben:

Der Zigeuner liebt zu stehlen,
Und drum würde ich mich grämen.

Und so fuhren viele umher, die Mädchen zu fragen, sogar ein Soldat:

Der Soldat fragt die Mädchen,
Ob sie ihn lieben oder nicht.

Doch den Soldat wiesen die Mädchen mit Verachtung zurück:

Der Soldat den Tornister wird tragen,
Und ich hinter ihm . . .

Hier folgte ein höchst unanständiges Verschen, das aber ganz freimütig gesungen wurde und bei der Zuhörerschaft starken Beifall fand. Die Sache endete schließlich mit dem Kaufmann:

Der Kaufmann fragt die Mädchen,
Ob sie ihn lieben oder nicht.

Und es zeigte sich, daß sie ihn sehr liebten, denn:

Der Kaufmann wird Handel treiben,
Und ich werde Herrscherin bleiben.

Kalganow war richtig wütend geworden. »Das ist ein ganz neumodisches Lied«, hatte er laut bemerkt, »wer dichtet ihnen nur so etwas? Es fehlte nur noch, daß ein Bahnbauunternehmer oder ein Jude umherführe und die Mädchen befragte: die würden über alle den Sieg davontragen.« Und fast beleidigt hatte er erklärt, ihm sei traurig zumute, hatte sich aufs Sofa gesetzt und war plötzlich eingeschlummert. Sein hübsches Gesichtchen war blaß geworden, er hatte es in die Polster des Sofas zurückgelehnt.

»Sieh doch, wie hübsch er ist«, sagte nun Gruschenka, während sie Mitja zu ihm führte. »Ich habe ihm vorhin das Köpfchen gekämmt; sein Haar ist wie Flachs und dicht . . .« Und sie beugte sich über ihn und küßte ihn auf die Stirn. Kalganow schlug sofort die Augen auf, blickte sie an, erhob sich ein wenig und fragte mit sehr besorgter Miene: »Wo ist Maximow?«

»Den braucht er also«, sagte Gruschenka lachend. »Bleib doch ein Weilchen mit mir hier sitzen. Mitja, hol seinen Maximow her.«

Es stellte sich heraus, daß Maximow sich ständig bei den Mädchen aufgehalten hatte, er hatte sie nur hin und wieder verlassen, um sich Likör einzuschenken, auch hatte er zwei Tassen Schokolade getrunken. Sein kleines Gesicht war jetzt gerötet, die Nase knallrot, seine Augen waren feucht und blickten selig drein. Er kam gelaufen und erklärte, daß er gleich »nach einer kleinen Melodie« die Sabotière* tanzen werde.

»Man hat mir doch, als ich noch klein war, all diese Tänze beigebracht, um mich zu einem Mann von Welt zu erziehen...«

»Na, geh doch mit ihm, geh, Mitja, ich werde von hier aus zusehen, wie er dort tanzt.«

»Ach, ich werde auch zuschauen gehen«, rief Kalganow, womit er Gruschenkas Anerbieten, sich eine Weile zu ihm zu setzen, in der naivsten Weise ablehnte. Und so gingen alle hin und schauten zu. Maximow tanzte tatsächlich seinen Tanz, doch rief er damit bei niemandem besonderes Entzücken hervor außer bei Mitja. Der Tanz bestand aus eigentümlichen Sprüngen, wobei die Füße zur Seite geworfen und die Fußsohlen nach oben gekehrt wurden, und bei jedem Sprung schlug Maximow sich mit der flachen Hand auf die Sohle. Kalganow gefiel das gar nicht, während Mitja den Tänzer abküßte.

»Hab Dank! Bist wohl dabei müde geworden? Was schaust du hierher: willst du ein Bonbon, wie? Oder vielleicht etwas zu rauchen?«

»Ein Zigarettchen.«

»Willst du nicht etwas trinken?«

»Ich trinke hier ein Gläschen Likör... Aber haben Sie keine Pralinen?«

»Hier auf dem Tisch liegt ja eine ganze Fuhre davon, wähle dir ein beliebiges aus, du liebe Seele!«

»Nein, ich möchte eines mit Vanille... etwas für alte Leutchen... Hihi!«

»Nein, Bruderherz, gerade solche sind nicht da.«

»Hören Sie«, der Alte neigte sich plötzlich dicht an Mitjas Ohr, »dieses Mädel da, die Marjuschka, hihi, würde ich gern, wenn es möglich wäre, durch Ihre gütige Vermittlung kennenlernen...«

»Sieh mal an, was du nicht alles möchtest! Nein, Bruderherz, das ist Unsinn.«

»Ich tue doch niemandem was«, flüsterte Maximow verzagt.

* Französischer Holzschuh-Tanz (Anmerkung des Übersetzers).

»Na, schon gut, schon gut. Hier, Bruderherz, wird nur gesungen und getanzt, doch übrigens – Teufel! – warte ... Iß erst einmal, iß, trink und amüsiere dich. Brauchst du etwa Geld?«

»Später vielleicht«, sagte Maximow lächelnd.

»Gut, gut ...«

Mitja brannte der Kopf. Er ging hinaus in den Flur und auf die obere kleine Holzgalerie, die auch im Hof an einem Teil des Gebäudes entlanglief. Die kühle Luft erfrischte ihn. Er stand allein in der Dunkelheit in einer Ecke und griff sich plötzlich mit beiden Händen an den Kopf. Seine zerstreuten Gedanken sammelten sich mit einemmal, seine Empfindungen verschmolzen zu einem einzigen Gefühl, und alles stand ihm klar vor Augen. In einer furchtbaren, grauenhaften Klarheit! Wenn schon sich erschießen – wann dann, wenn nicht jetzt? fuhr es ihm durch den Kopf. Die Pistole holen und in diesem schmutzigen und dunklen Winkel allem ein Ende machen. – Fast eine Minute lang stand er unschlüssig da. Vorhin, als er hergejagt war, hatte hinter ihm die Schande gestanden, der von ihm verübte Diebstahl und dieses Blut, dieses Blut! ... Doch damals war es leichter gewesen, oh, weit leichter! Damals war doch schon alles aus: er hatte sie verloren, hatte sie abgetreten, sie war für ihn tot, existierte nicht mehr – oh, der Urteilsspruch war ihm damals leichter gefallen, wenigstens war er ihm unvermeidbar, notwendig vorgekommen, denn wozu hätte er noch weiterleben sollen? Jetzt aber! War es denn jetzt noch so wie damals? Jetzt war doch wenigstens das eine Gespenst, das eine Ungeheuer beseitigt: dieser »Frühere«, den sie allein geliebt hatte; dieser fatale Mensch war von der Bildfläche verschwunden. Das furchtbare Gespenst hatte sich plötzlich in etwas so Kleines, so Komisches verwandelt; man hatte es ins Schlafzimmer getragen und eingeschlossen. Es würde nie zurückkehren. Sie schämte sich, und ihren Augen sah er jetzt deutlich an, wen sie liebte. Gerade jetzt erst hätte er leben können und ... durfte nicht leben, er durfte es nicht, o Fluch! – Gott erwecke den am Zaun Niedergeschlagenen zum Leben! Laß diesen furchtbaren Kelch von mir gehen! Du hast doch Wunder vollbracht, Herr, für ebensolche Sünder wie mich! Und wenn der Alte lebt, was dann, was dann? Oh, dann werde ich die Schmach der übrigen Schande tilgen, ich werde das gestohlene Geld zurückgeben, es aus der Erde stampfen ... Es werden von der Schande keine Spuren bleiben, außer in meinem Herzen auf ewig! Doch nein, nein, o unmögliche, kleinmütige Träume! O Fluch!

Dennoch war ihm, als blinkte ein heller Hoffnungsstrahl in der Dunkelheit vor ihm auf. Hals über Kopf stürzte er in die Zimmer zurück – zu ihr, wieder zu ihr, zu seiner Königin für immer! Ist denn eine Stunde, eine Minute ihrer Liebe nicht das ganze übrige Leben wert, wenn auch in Qualen der Schande? Diese seltsame Frage bemächtigte sich seines Herzens. Zu ihr, zu ihr allein, sie sehen, ihr zuhören und an nichts denken, alles vergessen, wenn auch nur in dieser Nacht, auf eine Stunde, auf einen Augenblick! Dicht vor der Tür zum Flur, noch auf der Galerie, stieß er mit dem Wirt, Trifon Borisytsch, zusammen. Der kam ihm mißmutig und bekümmert vor und schien unterwegs zu sein, ihn zu suchen.

»Suchst du etwa mich, Borisytsch?«

»Nein, nicht Sie«, sagte der Wirt, anscheinend verdutzt, »warum sollte ich Sie suchen? Doch ... wo waren Sie denn?«

»Weshalb bist du so mißgestimmt? Ärgerst du dich etwa? Wart, bald kannst du schlafen gehen ... Wieviel Uhr ist es denn?«

»Es wird schon drei Uhr sein. Wahrscheinlich geht es sogar schon auf vier.«

»Wir werden Schluß machen, gleich Schluß machen.«

»Aber ich bitte Sie, das hat doch nichts zu sagen. Sie dürfen weitermachen, solange es Ihnen beliebt ...«

Was hat er nur? dachte Mitja flüchtig und lief in das Zimmer, in dem die Mädchen tanzten. Doch sie war nicht dort. Auch im blauen Zimmer war sie nicht; nur Kalganow allein schlummerte auf dem Sofa. Mitja blickte hinter den Vorhang – dort war sie. Sie saß in der Ecke auf einer Truhe, hatte die Arme und den Kopf auf das Bett neben sich gestützt und weinte bitterlich, doch nahm sie sich aus allen Kräften zusammen und unterdrückte ihr Schluchzen, damit man sie nicht höre. Als sie Mitja erblickte, winkte sie ihn zu sich heran, und als er zu ihr stürzte, ergriff sie ihn fest bei der Hand.

»Mitja, Mitja, ich habe ihn ja geliebt!« raunte sie ihm zu, »ihn so geliebt in all diesen fünf Jahren, während dieser ganzen, ganzen Zeit. Habe ich *ihn* geliebt oder nur seinen Zorn? Nein, ihn! Ach, ihn! Ich löge ja, wenn ich sagte, ich hätte nur meinen Zorn geliebt und nicht ihn! Mitja, ich war doch damals erst siebzehn Jahre alt, er war damals so freundlich zu mir, war so kreuzfidel, sang mir Lieder vor ... Oder es schien mir Närrin, mir jungem Ding damals nur so ... Jetzt aber, mein Gott – das ist ja ein anderer, das ist ja gar nicht mehr er. Auch dem Gesicht nach ist es nicht mehr er, gar nicht mehr er. Ich habe ihn auch von Angesicht nicht wiedererkannt. Als ich mit Timofej hierher unterwegs war, dachte ich immerfort, während der ganzen Fahrt: Wie werde ich ihm entgegentreten, was werde ich sagen, wie werden wir einander ansehen? ... Das Herz stand mir still. Und dann, hier – da war es, als hätte er mich mit einem Kübel Spülicht übergossen. Wie ein Schulmeister redete er: lauter gelehrtes, gewichtiges Zeug; er begrüßte mich so hochmütig, daß ich wie vor den Kopf geschlagen war. Gar nicht zu Worte ließ er mich kommen. Anfangs glaubte ich, er geniere sich vor diesem langen Polen. Ich saß da, betrachtete sie und dachte: Warum kann ich jetzt gar nicht mehr mit ihm reden? Weißt du, seine Frau hat ihn verdorben, die er damals, als er mich verlassen hatte, geheiratet hat ... Sie, sie hat ihn so umgewandelt. Mitja, welch eine Schande! Ach, ich schäme mich, Mitja, ich schäme mich, ach, meines ganzen Lebens schäme ich mich! Verflucht, verflucht seien diese fünf Jahre, verflucht!« Und sie brach wieder in Tränen aus, ließ jedoch Mitjas Hand nicht los, sondern hielt sie fest umklammert.

»Mitja, Liebling, geh nicht fort, ich will dir etwas sagen«, flüsterte sie und hob plötzlich ihr Gesicht zu ihm. »Höre, sag mir: wen liebe ich? Ich liebe hier jemanden. Wer ist es? Sag es mir!« Auf ihrem Gesicht, das vom Weinen geschwollen war, erstrahlte ein Lächeln, ihre Augen leuchteten im Halbdunkel. »Als vorhin ein Falke hereinkam, erschrak mein Herz: Du Närrin, das ist er ja, den du liebst, raunte das Herz mir sofort zu. Du kamst herein, und alles wurde licht. Wovor fürchtet er sich nur? dachte ich. Denn du hattest doch Angst bekommen, große Angst, konntest nicht reden. Er fürchtet sich doch nicht vor ihnen, dachte ich, kann er denn vor jemandem erschrecken? Er fürchtet sich vor mir, dachte ich, nur vor mir. Fenja hat dem kleinen Dummkopf doch erzählt, wie ich Aljoscha aus dem Fenster zugerufen habe, daß ich Mitjenka ein Stündchen lang geliebt hätte und jetzt davonführe ... einen anderen zu lieben. Mitja, Mitja, wie hatte ich Närrin nur glauben können, daß ich nach dir noch einen anderen lieben könnte! Verzeihst du mir, Mitja? Verzeihst du mir oder nicht? Liebst du mich? Liebst du mich?«

Sie sprang auf und faßte ihn mit beiden Händen an den Schultern. Mitja schaute ihr stumm vor Entzücken in die

Augen, ins Gesicht, auf ihr Lächeln, und plötzlich umarmte er sie fest und küßte sie stürmisch.

»Und wirst du mir verzeihen, daß ich dich gequält habe? Ich habe doch euch alle aus Bosheit gequält. Ich habe ja den Alten absichtlich, aus Bosheit um den Verstand gebracht... Weißt du noch, wie du einmal bei mir getrunken und dann das Glas zerschlagen hast? Das habe ich nicht vergessen, und so habe auch ich heute mein Glas zerschlagen – auf ‚mein niederträchtiges Herz' hatte ich getrunken. Mitja, du mein Falke, warum küßt du mich denn nicht? Nur einmal hast du mich geküßt und dich dann losgerissen, und nun schaust du nur, hörst zu... Warum mir zuhören! Küß mich, küß mich fester, siehst du, so. Wenn schon lieben, dann richtig! Deine Sklavin werde ich jetzt sein, deine Sklavin fürs ganze Leben! Süß ist es, Sklavin zu sein!... Küß mich! Schlag mich, quäle mich, tu mir etwas an... Ach, wirklich, quälen muß man mich... Halt! Warte, später, so will ich nicht...« Sie stieß ihn plötzlich von sich. »Geh, Mitja, ich werde jetzt Wein trinken, ich will betrunken sein, ich werde gleich betrunken sein und tanzen, ich will es, ich will es!«

Sie entschlüpfte ihm durch den Vorhang. Mitja folgte ihr wie berauscht. Meinetwegen, meinetwegen, was jetzt auch geschehen möge – für eine Minute gebe ich die ganze Welt hin! schoß es ihm durch den Kopf. Gruschenka trank plötzlich auf einen Zug noch ein Glas Champagner und bekam plötzlich einen richtigen Rausch. Mit einem seligen Lächeln setzte sie sich in den Lehnsessel, an ihren früheren Platz. Ihre Wangen wurden flammendrot, ihre Lippen glühten, ihre leuchtenden Augen verloren ihren Glanz, in ihrem leidenschaftlichen Blick lag etwas Verführerisches. Selbst Kalganow fühlte sich davon in seinem Herzen berührt und ging zu ihr hin.

»Hast du es gefühlt, wie ich dir vorhin einen Kuß gegeben habe, als du schliefst?« fragte sie ihn mit etwas schwerer Zunge. »Ich bin betrunken, ja... bist du es nicht auch? Und warum trinkt Mitja nicht? Warum trinkst du denn nicht, Mitja, ich habe getrunken, und du trinkst nicht...«

»Ich bin ja schon betrunken! Bin auch so schon trunken... von dir bin ich trunken, jetzt aber will ich es auch vom Wein werden.« Er trank noch ein Glas, und – ihm selbst kam das sonderbar vor – erst von diesem letzten Glas wurde er betrunken, mit einemmal betrunken, während er bis dahin immer noch nüchtern gewesen war, das wußte er. Von diesem Augenblick an drehte sich alles um ihn wie in einem Fiebertraum. Er ging umher, lachte, redete mit allen, und das alles tat er, als wäre er seiner nicht mehr Herr. Nur ein einziges, beharrliches und brennendes Gefühl stieg immer wieder in ihm auf, »wie glühende Kohle in der Seele«, erinnerte er sich später. Er ging immer wieder zu ihr hin, setzte sich neben sie, hörte ihr zu ... Sie war ungemein gesprächig geworden, rief alle zu sich heran, winkte dann und wann ein Chormädchen herbei, und wenn die dann zu ihr kamen, küßte oder segnete sie sie mit dem Zeichen des Kreuzes und entließ sie wieder. Noch einen Augenblick, und sie wäre in Tränen ausgebrochen. Besonders belustigte sie der »kleine Alte«, wie sie Maximow nannte. Er kam alle Augenblicke zu ihr gelaufen, um ihr die Hand »und jedes Fingerchen« zu küssen, und zum Schluß tanzte er noch zu einem alten Liedchen, das er selber sang. Besonders eifrig tanzte er zu dem Kehrreim:

Schweinchen macht chrjuchrju, chrjuchrju,
Kälbchen macht muhmuh, muhmuh,
Entchen macht quaqua, quaqua,
Gänschen macht gaga, gaga,
Hühnchen spaziert im Flur,
Tjurjurju, rjurju macht es nur,
O je, o je, macht es nur!

»Gib ihm etwas, Mitja«, sagte Gruschenka, »schenk ihm etwas, er ist doch arm. Ach, die Armen, die Benachteiligten! ... Weißt du, Mitja, ich werde ins Kloster gehen. Nein, wirklich, das werde ich noch einmal tun. Aljoscha hat mir heute Worte fürs ganze Leben gesagt ... Ja ... Heute aber wollen wir tanzen. Morgen ins Kloster, heute wird getanzt. Ich will ausgelassen sein, ihr guten Leute. Na, was ist denn dabei? Gott wird es verzeihen. Wenn ich Gott wäre, würde ich allen Menschen vergeben. ‚Meine lieben armen Sünder', würde ich sagen, ‚von heute an vergebe ich allen.' Und ich werde um Vergebung bitten: ‚Vergebt, ihr guten Leute, einem dummen Weibe!' Eine Bestie bin ich. Aber ich will beten. Ich habe ein Zwiebelchen als Almosen gegeben. Eine solche Missetäterin wie ich möchte beten! Mitja, laß sie tanzen, hindere sie nicht daran. Alle Menschen auf Erden sind gut, alle bis auf den letzten. Schön ist es auf Erden. Wenn wir auch schlecht sind, so ist es doch schön auf Erden. Schlecht sind wir und gut, sowohl schlecht als gut ... Nein, sagt mir – ich will euch etwas fragen, kommt alle her, ich werde euch fragen – sagt mir alle: warum bin ich so gut? Ich bin doch gut, bin sehr gut? Nun also: warum bin ich so gut?« So stammelte Gruschenka, deren Trunkenheit immer größer wurde, und schließlich erklärte sie geradeheraus, sie wolle jetzt selber tanzen. Sie erhob sich aus dem Lehnstuhl und schwankte. »Mitja, gib mir keinen Wein mehr, auch wenn ich dich darum bitte, gib mir keinen. Wein beruhigt nicht. Alles dreht sich, der Ofen und alles dreht sich. Ich will tanzen. Alle sollen zusehen, wie ich tanze ... wie gut und schön ich tanze ...«

Es war ihr ernst mit dieser Absicht: sie zog ein weißes Batisttüchlein aus der Tasche und faßte es mit der rechten Hand an einem Zipfel, um es beim Tanzen zu schwenken. Mitja lief geschäftig herum, die Mädchen verstummten und hielten sich bereit, auf den ersten Wink hin im Chor ein Tanzlied loszuschmettern. Als Maximow hörte, daß Gruschenka selber tanzen wolle, kreischte er vor Entzücken und fing an, vor ihr herumzuspringen und dabei zu singen:

Schmale Füßchen, stramme Hüften
Und ein Ringelschwänzchen.

Doch Gruschenka holte mit dem Tüchlein gegen ihn aus und jagte ihn davon.

»Sch-sch! Mitja, warum kommen sie denn nicht? Alle sollen herkommen ... und zusehen. Ruf auch die dort, die im Zimmer eingeschlossen sind ... Warum hast du sie eingeschlossen? Sag ihnen, daß ich tanze, auch sie sollen zuschauen, wie ich tanze ...«

Mitja ging mit dem Feuer eines Betrunkenen zur verschlossenen Tür und klopfte mit der Faust bei den Polen an.

»He, ihr ... Podwysockis! Kommt heraus, sie will tanzen, sie läßt euch rufen.«

»Du Strolch!« schrie zur Antwort einer von den Polen.

»Und du bist ein Oberstrolch! Ein ganz gemeiner, kleinlicher Schurke bist du, nichts anderes!«

»Sie sollten aufhören, sich über Polen lustig zu machen«, bemerkte lehrhaft Kalganow, der ebenfalls mehr getrunken hatte, als er vertragen konnte.

»Schweig still, Knabe! Wenn ich ihn einen Schurken genannt habe, so heißt das noch nicht, daß ich ganz Polen für schurkisch erkläre. Ein Strolch ist noch nicht ganz Polen. Schweig, hübscher Junge, und iß ein Bonbon.«

»Ach, wie die sind! Als wären sie keine Menschen. Warum wollen sie sich nicht mit uns versöhnen?« sagte Gruschenka und ging tanzen.

Der Chor schmetterte los: »Ach, du Flur, du meine Flur ...« Gruschenka warf den Kopf in den Nacken, öffnete halb die Lippen, lächelte, schwenkte schon das Taschentuch, doch plötzlich wankte sie und blieb verlegen mitten im Zimmer stehen.

»Ich bin zu schwach ...« sagte sie mit erschöpfter Stimme, »verzeiht, ich bin zu schwach, ich kann nicht ... Entschuldigt ...«

Sie verneigte sich vor dem Chor und dann nach allen vier Seiten hin.

»Entschuldigt ... Verzeiht ...«

»Ein bißchen zuviel getrunken hat die Gnädige, ein bißchen zuviel getrunken hat die hübsche Gnädige«, hörte man sagen.

»Sie hat einen Rausch«, erklärte Maximow kichernd den Mädchen.

»Mitja, bring mich fort ... nimm mich, Mitja«, sagte Gruschenka völlig erschöpft.

Mitja stürzte zu ihr, nahm sie auf die Arme und eilte mit seiner kostbaren Beute hinter den Vorhang. Na, ich gehe jetzt, dachte Kalganow, verließ das blaue Zimmer und schloß hinter sich beide Türflügel. Doch das Fest im Saal ging in Saus und Braus weiter, noch lauter als vorher. Mitja legte Gruschenka aufs Bett und küßte sie, als hätte er sich an ihren Lippen festgesogen.

»Rühr mich nicht an ...« stammelte sie mit flehender Stimme. »Rühr mich nicht an, solange ich nicht dein bin ... Ich habe gesagt, daß ich dein bin, aber rühr mich nicht an ... schone mich ... Solange die zugegen, solange sie in der Nähe sind, geht es nicht. Er ist hier. Abscheulich ist es hier ...«

»Ich gehorche! ... Ich denke nicht ... ich unterwerfe mich dir in Demut! ...« murmelte Mitja. »Ja, abscheulich ist es hier, oh, widerwärtig.« Und ohne sie aus den Armen zu lassen, kniete er vor dem Bett nieder.

»Ich weiß, du bist ein Tier, aber du bist edel«, sagte Gruschenka mit schwerer Zunge. »Das muß in Redlichkeit geschehen ... hinfort wird es in Redlichkeit geschehen ... auch wir müssen redlich sein, auch wir müssen gut sein, nicht Tiere, sondern gut ... Bring mich fort, bring mich weit fort, hörst du ... Ich will nicht hierbleiben, ich will weit, weit fort ...«

»O ja, ja, gewiß!« Und Mitja preßte sie in seine Arme.

»Ich bringe dich fort, wir werden davongehen ... Oh, mein ganzes Leben gäbe ich sofort hin für ein Jahr, wenn ich nur dieses Blut vergessen könnte!«

»Was für ein Blut?« unterbrach Gruschenka ihn verwundert.

»Nichts, nichts!« sagte Mitja zähneknirschend. »Gruscha, du willst, daß alles redlich sei, ich aber bin ein Dieb. Ich habe der Katjka Geld gestohlen ... Diese Schande, diese Schande!«

»Der Katjka? Das heißt dem Fräulein? Nein, du hast es nicht gestohlen. Gib es ihr zurück, nimm es von mir ... Was jammerst du? Jetzt ist alles, was mein ist, auch dein. Was ist uns Geld? Wir würden es ohnehin verjubeln ... Als ob wir Geld festzuhalten verstünden! Wir beide wollen lieber die Erde pflügen. Mit diesen Händen hier will ich in der Erde scharren. Arbeiten muß man, hörst du? Aljoscha hat es befohlen. Ich werde dir keine Geliebte sein, ich werde dir treu sein, werde deine Sklavin sein, werde für dich arbeiten. Wir werden zu dem Fräulein gehen und beide vor ihr niederfallen und sie bitten, daß sie uns vergebe, und dann werden wir wegfahren. Vergibt sie uns aber nicht, so fahren wir trotzdem weg. Du mußt ihr das Geld zurückbringen und mußt mich lieben ... Sie jedoch sollst du nicht lieben. Du darfst sie nicht mehr lieben. Wenn du sie aber wieder liebgewinnst, werde ich sie erwürgen ... ihr beide Augen mit einer Nadel ausstechen ...«

»Dich liebe ich, dich allein, auch in Sibirien werde ich dich lieben ...«

»Wozu nach Sibirien fahren? Na ja, meinetwegen auch nach Sibirien, wenn du willst, mir ist es einerlei ... wir werden arbeiten ... in Sibirien liegt Schnee ... Ich liebe es, im Schlitten über den Schnee hinzufahren ... und ein Glöckchen muß das Pferd am Krummholz haben ... Hörst du das Glöckchen klingen? ... Wo klingt nur das Glöckchen? Es kommt jemand gefahren ... jetzt klingt es schon nicht mehr.«

Erschöpft schloß sie die Augen und schien einzuschlafen. Es hatte tatsächlich irgendwo in der Ferne ein Glöckchen geklungen und war dann auf einmal verstummt. Mitja senkte den Kopf auf ihre Brust. Er hatte nicht bemerkt, wie das Glöckchen zu klingen aufgehört hatte, doch war ihm auch nicht aufgefallen, wie auch die Lieder mit einemmal verstummt waren und statt ihrer und des trunkenen Lärmes im ganzen Hause plötzlich Totenstille eingetreten war. Gruschenka schlug die Augen auf.

»Was ist denn, habe ich geschlafen? Ja ... das Glöckchen ...

Ich schlief, und mir träumte; ich fuhr im Schnee . . . ein Glöckchen klang, und ich schlummerte. Ich fuhr mit einem geliebten Menschen, mit dir. Und weit, weit fuhren wir. Ich umarmte und küßte dich, schmiegte mich an dich, mich fror, und der Schnee glitzerte . . . Weißt du, wenn nachts der Schnee glitzert und der Mond scheint, ist mir, als wäre ich nicht mehr auf Erden . . . Dann erwachte ich, und der Geliebte war bei mir. Wie schön . . .«

»Bei dir«, murmelte Mitja und küßte ihr Kleid, ihre Brust, ihre Hände. Und plötzlich kam ihm etwas sonderbar vor: es schien ihm, als blickte sie geradeaus vor sich hin, jedoch nicht auf ihn, nicht ihm ins Gesicht, sondern über seinen Kopf hinweg, angespannt und geradezu seltsam starr. Ihr Gesicht drückte auf einmal Verwunderung, fast Schrecken aus.

»Mitja, wer blickt von dort hierher auf uns?« flüsterte sie plötzlich.

Mitja wandte sich um und sah, daß tatsächlich jemand den Vorhang zurückgeschoben hatte und sie zu beobachten schien. Es schien auch nicht nur einer zu sein. Mitja sprang auf und trat rasch auf den Beobachter zu.

»Hierher, kommen Sie bitte zu uns her«, sagte gedämpft, doch fest und energisch eine unbekannte Stimme zu ihm.

Mitja trat hinter dem Vorhang hervor und blieb wie angewurzelt stehen. Das ganze Zimmer war voller Menschen, doch waren es nicht die von vorhin, sondern ganz andere. Ein jäher Schauer lief ihm über den Rücken, und er zuckte zusammen. All diese Leute hatte er im Nu erkannt. Der große und wohlbeleibte Alte im Mantel und mit einer Kokarde an der Mütze war der Kreispolizeichef Michail Makarytsch. Und der »schwindsüchtige«, adrette Stutzer, »der immer so blankgeputzte Stiefel trug«, war der stellvertretende Staatsanwalt. Seine Uhr hat vierhundert Rubel gekostet, er hat sie mir gezeigt, fuhr es Mitja durch den Kopf. Und der Junge, Kleine mit der Brille . . . Mitja hatte seinen Namen vergessen, doch er kannte auch ihn, er hatte ihn schon gesehen: es war der Untersuchungsrichter, er war erst vor kurzem von der Rechtsschule hergekommen. Und der dort war der Bezirkspolizeikommissar Mawrikij Mawrikitsch, den kannte er schon seit langem. Na, und die mit dem Blechschild auf der Brust, was wollten denn die? Und noch zwei Unbekannte, zwei Bauern . . . Und dort in der Tür standen Kalganow und Trifon Borisytsch . . .

»Meine Herren . . . Was wollen Sie denn, meine Herren?«

fing Mitja an, doch plötzlich schrie er wie außer sich, als wäre er nicht mehr er selbst, aus vollem Halse: »Ich ver-ste-he!«

Der junge Mann mit der Brille drängte sich plötzlich vor, trat auf Mitja zu und begann, wenn auch würdevoll, so doch hastig: »Wir haben mit Ihnen ... kurzum, ich bitte Sie hierher, hierher zum Sofa ... Wir müssen Sie dringend sprechen.«

»Der Alte!« schrie Mitja außer sich auf. »Der Alte und sein Blut! ... Ich ver-ste-he!«

Und wie vom Schlag gerührt fiel er auf den Stuhl, der neben ihm stand.

»Du verstehst? Du hast verstanden? Du Vatermörder und Unmensch, das Blut deines alten Vaters schreit nach dir!« brüllte plötzlich, indem er auf Mitja zuging, der alte Kreispolizeichef. Er war außer sich, war puterrot und zitterte am ganzen Leibe.

»Aber das geht doch nicht!« rief der kleine junge Mann. »Michail Makarytsch, Michail Makarytsch! Das gehört sich nicht, das gehört sich nicht! ... Ich bitte Sie, mich allein reden zu lassen. Ich hätte von Ihnen nie ein solches Benehmen erwartet ...«

»Aber das ist doch unerhört, meine Herrschaften, das ist unerhört!« rief der Kreispolizeichef. »Sehen Sie ihn an: nachts, betrunken, mit einem liederlichen Frauenzimmer – und das mit dem Blut seines Vaters an den Händen ... Unerhört, unerhört!«

»Ich bitte Sie inständigst, lieber Michail Makarytsch, diesmal Ihre Gefühle im Zaum zu halten«, raunte der stellvertretende Staatsanwalt hastig dem Alten zu, »sonst wäre ich genötigt ...«

Doch der kleine Untersuchungsrichter ließ ihn nicht zu Ende reden; er wandte sich an Mitja und sagte fest, laut und gewichtig: »Herr Oberleutnant außer Dienst Karamasow, ich muß Ihnen mitteilen, daß Sie beschuldigt werden, Ihren Vater Fjodor Pawlowitsch Karamasow in dieser Nacht ermordet zu haben ...«

Er sagte noch etwas, auch der Staatsanwalt schien noch ein paar Worte einzuflechten, doch obwohl Mitja zuhörte, verstand er sie nicht mehr. Mit verständnislosem Blick starrte er sie alle an.

NEUNTES BUCH

DIE VORUNTERSUCHUNG

I

Der Beamte Perchotin ist auf dem Wege, Karriere zu machen

Pjotr Iljitsch Perchotin, den wir verlassen hatten, als er aus Leibeskräften an das fest verschlossene Haustor der Kaufmannswitwe Morosowa klopfte, verschaffte sich damit zu guter Letzt natürlich Zutritt. Als Fenja, die vor etwa zwei Stunden so erschreckt worden war und vor Aufregung und Sorge sich immer noch nicht hatte entschließen können, zu Bett zu gehen, ein so ungestümes Klopfen am Tor vernahm, befiel sie von neuem eine geradezu hysterische Angst: sie bildete sich ein, daß wieder Dmitrij Fjodorowitsch klopfe (obwohl sie selber gesehen hatte, wie er weggefahren war), denn so »unverschämt« zu klopfen würde sich doch niemand außer ihm getrauen. Sie stürzte zum Hausknecht, der erwacht war und auf das Klopfen hin schon zum Tor ging, und flehte ihn an, niemanden einzulassen. Doch der Hausknecht fragte den Anklopfenden aus, und als er erfahren hatte, wer er sei, und daß er Fedosja Markowna in einer sehr wichtigen Sache sprechen wolle, entschloß er sich endlich, ihm zu öffnen. Pjotr Iljitsch ging zu Fedosja Markowna in die schon erwähnte Küche – da sie ihm nicht recht traute, hatte sie ihn gebeten zu erlauben, daß auch der Hausknecht mitkäme –, dort begann er sie auszufragen und erfuhr sofort das Wichtigste, das heißt: daß Dmitrij Fjodorowitsch, als er davongelaufen war, um Gruschenka zu suchen, den Mörserstößel mitgenommen hatte und dann ohne Stößel, jedoch mit blutigen Händen zurückgekehrt war. »Und das Blut lief nur so an ihnen herunter, es lief nur so herunter!« rief Fenja, die diese furchtbare Einzelheit augenscheinlich in ihrer verstörten Phantasie selber erfunden hatte. Doch die blutigen Hände hatte auch Pjotr Iljitsch mit eigenen Augen gesehen, wenn das Blut auch nicht an ihnen heruntergelaufen war, und er hatte selber geholfen, sie reinzuwaschen; aber nicht darauf kam es an, ob das Blut rasch geronnen war, sondern darauf, wohin Dmitrij Fjodorowitsch mit dem Stößel gelaufen war, das heißt, ob ohne Zweifel zu Fjodor Pawlowitsch, und woraus man das mit Bestimmtheit schließen könne. Über diesen Punkt erkundigte sich Pjotr Iljitsch besonders ausführlich und hartnäckig, und obwohl er letztlich nichts erfuhr, so trug er doch nahezu die Überzeugung davon, daß Dmitrij Fjodorowitsch nur in das Haus seines Vaters gelaufen sein konnte und daß also dort unbedingt *etwas* vorgefallen sein mußte. »Und als er zurückkam«, fügte Fenja erregt hinzu, »und ich ihm alles gestanden hatte, da habe ich ihn gefragt: ‚Warum sind denn Ihre Hände blutig, lieber Dmitrij Fjodorowitsch?‘« Darauf habe er ihr geantwortet, das sei Menschenblut, und er habe soeben jemanden erschlagen. »Und dann hat er alles eingestanden, mir hier alles gebeichtet, und ist plötzlich wie ein Verrückter davongelaufen. Ich setzte mich hin und fing an nachzudenken: Wohin mag er jetzt wie ein Verrückter gelaufen sein? Er wird nach Mokroje fahren, dachte ich, und dort meine Herrin umbringen. Da wollte ich zu ihm in die Wohnung laufen und ihn anflehen, meine Herrin nicht zu erschlagen, doch bei Plotnikows Laden sah ich, daß er schon losfuhr und daß seine Hände nicht mehr blutig waren.« (Das war Fenja aufgefallen, und sie hatte es im Gedächtnis behalten.) Fenjas alte Großmutter bestätigte, soweit sie konnte, alle Aussagen ihrer Enkelin. Nachdem Pjotr Iljitsch sie auch über einiges andere ausgefragt hatte, verließ er das Haus in noch größerer Erregung und Unruhe, als er es betreten hatte.

Man sollte meinen, daß für ihn das Einfachste und Nächstliegende gewesen wäre, jetzt ins Haus des Fjodor Pawlowitsch zu gehen, um sich zu erkundigen, ob dort nicht etwas vorgefallen sei, und war das der Fall, dann danach, was es eigentlich sei. Und erst nachdem er sich untrüglich darüber unterrichtet hätte, wäre es Zeit gewesen, zum Kreispolizeichef zu gehen, wie Pjotr Iljitsch es schon fest beschlossen hatte. Doch die Nacht war dunkel, das Tor des Fjodor Pawlowitsch fest verschlossen, er hätte wieder klopfen müssen, zudem kannten er und Fjodor Pawlowitsch sich nur sehr wenig – und so würde man ihm nach langem Klopfen schließlich öffnen, und es würde sich womöglich herausstellen, daß dort gar nichts passiert sei, und der spottlustige Fjodor Pawlowitsch würde morgen in der ganzen Stadt erzählen, wie der ihm unbekannte Beamte Perchotin um Mitternacht sich habe mit Gewalt bei ihm Zutritt verschaffen wollen, um sich zu erkundigen, ob ihn nicht jemand umgebracht habe. Das wäre blamabel! Pjotr Iljitsch aber fürchtete über alles in der Welt, sich zu blamieren. Trotzdem war das Gefühl, das ihn trieb, so mächtig, daß er zwar wütend mit dem Fuß aufstampfte und sich ausschalt, sich aber unverzüglich von neuem eilig auf den Weg machte, jedoch nicht zu Fjodor Pawlowitsch, sondern zu Frau Chochlakowa. Wenn sie, so dachte er, meine Frage, ob sie vorhin, zu der und der Stunde, Dmitrij Fjodorowitsch dreitausend Rubel gegeben habe, verneinend beantwortet, so werde ich auf der Stelle zum Kreispolizeichef gehen, ohne vorher Fjodor Pawlowitsch aufzusuchen; andernfalls verschiebe ich alles auf morgen und gehe wieder heim. Man kann sich natürlich leicht ausmalen, daß in dem Beschluß des jungen Mannes, nachts, fast um elf Uhr, das Haus einer ihm völlig unbekannten vornehmen Dame aufzusuchen und sie womöglich aus dem Schlafe zu wecken, um an sie eine unter solchen Umständen wunderliche Frage zu richten, vielleicht eine weit größere Gefahr lag, sich bloßzustellen, als wenn er zu Fjodor Pawlowitsch gegangen wäre. Doch so geht es zuweilen, besonders in Fällen wie diesem, mit den Beschlüssen selbst der genauesten Menschen, mögen sie auch noch so phlegmatisch sein. Pjotr Iljitsch jedoch war in diesem Augenblick durchaus kein Phlegmatiker! Zeit seines Lebens dachte er später noch oft daran zurück, wie die unbezwingbare Unruhe, die sich seiner allmählich bemächtigt hatte, ihm schließlich zur Qual geworden war und ihn sogar entgegen seinem Willen vorwärtsgetrieben hatte. Selbstverständlich schalt er sich trotz alledem während des ganzen Hinwegs, daß er zu dieser Dame ging, doch wiederholte er zähneknirschend zum zehntenmal: Ich werde, ich werde es zu Ende führen! und führte sein Vorhaben aus.

Es war genau elf Uhr, als er das Haus der Frau Chochlakowa betrat. In den Hof hatte man ihn ziemlich rasch eingelassen, doch auf seine Frage, ob die gnädige Frau schon schlafe oder noch auf sei, hatte der Hausknecht keine genaue Antwort geben können, außer daß sie sich um diese Zeit gewöhnlich zur Ruhe begebe. »Lassen Sie sich oben anmelden; will die Herrin Sie empfangen, so wird sie es tun, will sie es aber nicht – dann nicht.« Pjotr Iljitsch ging hinauf, doch wurde hier die Sache etwas schwieriger. Der Diener wollte ihn nicht anmelden und rief schließlich das Dienstmädchen. Pjotr Iljitsch bat sie höflich, aber nachdrücklich, der gnädigen Frau zu melden, ein hiesiger Beamter namens Perchotin sei in einer ungewöhnlichen Angelegenheit gekommen, und wenn die Sache nicht so wichtig wäre, so hätte er das gar nicht gewagt. »Genau, genau mit diesen Worten melden Sie mich an!« bat er das Mädchen. Sie ging. Er blieb im Vorzimmer und wartete. Frau Chochlakowa schlief zwar noch nicht, doch war sie schon in ihrem Schlafzimmer. Sie war schon seit Mitjas Besuch verstimmt und fühlte, daß sie in dieser Nacht der Migräne nicht entgehen werde, die sich in solchen Fällen bei ihr einzustellen pflegte. Als das Mädchen ihre Meldung vorgebracht hatte, war sie erstaunt und befahl in gereiztem Ton, den Herrn abzuweisen, obwohl der unerwartete Besuch eines ihr unbekannten »hiesigen Beamten« zu so später Stunde ihre weibliche Neugierde außerordentlich reizte. Doch Pjotr Iljitsch war diesmal störrisch wie ein Maulesel: als er die Absage erhalten hatte, bat er sehr nachdrücklich, ihn nochmals anzumelden und »genau mit diesen Worten« zu sagen, er sei »in einer äußerst wichtigen Angelegenheit gekommen, und die gnädige Frau würde es vielleicht später bereuen, wenn sie ihn jetzt nicht empfinge«. »Mir war damals, als sauste ich einen Berg hinunter«, erzählte er später selber. Das Stubenmädchen musterte ihn mit erstauntem Blick und ging, ihn zum zweitenmal anzumelden. Frau Chochlakowa war betroffen, sie dachte einen Augenblick nach, fragte, wie der Herr aussähe, und erfuhr, daß er »sehr anständig gekleidet, jung und *so* höflich« sei. Ich möchte hier nebenbei erwähnen, daß Pjotr Iljitsch ein ziemlich hübscher junger Mann war und das auch wußte. Frau Chochlakowa entschloß sich herauszukommen. Sie hatte schon ihren Schlafrock und Pantoffeln an, und so nahm sie noch einen schwarzen Schal um die Schultern. Man bat den »Beamten« ins Empfangszimmer; es war der gleiche Raum, in dem sie vorhin Mitja empfangen hatte. Die Hausherrin erschien mit streng fragender Miene vor dem Gast und platzte sofort, ohne ihn zum Sitzen aufzufordern, mit der Frage heraus: »Was wünschen Sie?«

»Ich habe mich entschlossen, gnädige Frau, Sie wegen unseres gemeinsamen Bekannten Dmitrij Fjodorowitsch Karamasow zu belästigen«, begann Perchotin. Doch kaum hatte er diesen Namen ausgesprochen, als die Miene der Hausherrin einen Zug äußerster Gereiztheit annahm. Sie kreischte nahezu auf und unterbrach ihn wütend. »Wie lange, wie lange noch wird man mich mit diesem schrecklichen Menschen peinigen!« schrie sie außer sich. »Wie konnten Sie sich unterstehen, mein Herr, wie konnten Sie es über sich bringen, eine Ihnen unbekannte Dame in ihrem Hause zu so später Stunde zu belästigen ...

und bei ihr zu erscheinen, um von einem Menschen zu reden, der mich hier, in diesem selben Empfangszimmer, vor kaum drei Stunden erschlagen wollte, der mit den Füßen stampfte und hinausging, wie niemand ein anständiges Haus verläßt. Damit Sie es wissen, mein Herr: ich werde mich über Sie beschweren, dafür werden Sie mir büßen müssen, wollen Sie mich bitte sofort verlassen ... Ich bin Mutter, ich werde sofort ... ich ... ich ...«

»Erschlagen! Er wollte also auch Sie erschlagen?«

»Hat er denn schon jemanden erschlagen?« fragte Frau Chochlakowa hastig.

»Wenn Sie die Güte haben wollten, gnädige Frau, mir nur eine halbe Minute Gehör zu schenken, würde ich Ihnen mit ein paar Worten alles erklären«, antwortete Perchotin mit Festigkeit. »Heute um fünf Uhr nachmittags hat Herr Karamasow sich bei mir, als seinem Kameraden, zehn Rubel geliehen, und ich weiß bestimmt, daß er kein Geld hatte; doch heute um neun Uhr abends kam er wieder zu mir und hielt offen ein Päckchen Hundertrubelscheine in der Hand, es waren ungefähr zwei- oder sogar dreitausend Rubel. Seine Hände jedoch und sein Gesicht waren ganz blutig, und er selbst machte den Eindruck, als hätte er den Verstand verloren. Auf meine Frage, woher er soviel Geld habe, antwortete er mit Bestimmtheit, er habe es soeben von Ihnen erhalten, Sie hätten ihm dreitausend Rubel geliehen, damit er zu den Goldgruben fahren könne ...«

Frau Chochlakowa sah auf einmal ungewöhnlich und krankhaft erregt aus.

»O Gott! Er hat seinen alten Vater erschlagen!« schrie sie auf und schlug die Hände über dem Kopf zusammen. »Ich habe ihm gar kein Geld gegeben! Oh, laufen Sie, laufen Sie! ... Sagen Sie kein Wort mehr! Retten Sie den alten Herrn, laufen Sie zu seinem Vater, laufen Sie!«

»Erlauben Sie, gnädige Frau, Sie haben ihm also kein Geld gegeben? Sie erinnern sich noch genau, ihm kein Geld gegeben zu haben?«

»Nichts habe ich ihm gegeben, nichts! Ich habe es ihm abgeschlagen, weil er es nicht zu würdigen wußte. Er verließ mich wütend und stampfte mit den Füßen. Er wollte sich auf mich stürzen, doch ich sprang zur Seite ... Und da ich Ihnen nichts mehr verheimlichen will, muß ich Ihnen sagen, daß er mich sogar angespuckt hat, können Sie sich das vorstellen? Doch warum stehen wir denn? Ach, setzen Sie sich doch ...

Verzeihen Sie, ich ... Oder laufen Sie lieber, laufen Sie, Sie müssen laufen und den unglücklichen alten Herrn vor einem furchtbaren Tod bewahren!«

»Wenn er ihn aber schon erschlagen hat?«

»Ach, mein Gott, wahrhaftig! Was fangen wir jetzt nur an? Was, meinen Sie, muß man jetzt tun?«

Unterdessen hatte sie Pjotr Iljitsch einen Platz angewiesen und sich ihm gegenübergesetzt. Pjotr Iljitsch setzte ihr mit knappen Worten, doch ziemlich klar den ganzen Verlauf der Dinge auseinander oder wenigstens den Teil davon, dessen Zeuge er heute gewesen war, erzählte auch, daß er soeben bei Fenja gewesen sei, und teilte mit, was sie ihm von dem Stößel gesagt habe. All diese Einzelheiten erschütterten die erregte Dame aufs äußerste, sie schrie immer wieder auf und bedeckte die Augen mit den Händen.

»Stellen Sie sich vor, ich habe das alles geahnt! Ich besitze diese Gabe, und alles, was immer ich mir auch vorstelle, geschieht. Und wie oft, wie oft schon habe ich diesen schrecklichen Menschen angesehen und jedesmal dabei gedacht: Dieser Mensch wird mich schließlich umbringen. Und nun ist es auch so gekommen ... Das heißt, wenn er jetzt auch nicht mich erschlagen hat, sondern nur seinen Vater, so aller Wahrscheinlichkeit nach deshalb, weil Gottes Finger mich sichtlich beschützt hat, und außerdem wird er sich geschämt haben, mich umzubringen, weil ich ihm hier, an dieser Stelle, eigenhändig ein kleines Heiligenbild von den Reliquien der Großmärtyrerin Warwara um den Hals gehängt habe ... Und wie nahe war ich in jenem Augenblick dem Tode, denn ich war ja ganz dicht zu ihm hingetreten, und er hatte mir seinen Hals entgegengestreckt! Wissen Sie, Pjotr Iljitsch – verzeihen Sie, ich glaube, Sie sagten, daß Sie Pjotr Iljitsch heißen –, wissen Sie, ich glaube nicht an Wunder, aber dieses kleine Heiligenbild und dieses offenkundige Wunder, das mir jetzt widerfahren ist – das erschüttert mich, und ich beginne wieder an alles, was Sie nur wollen, zu glauben. Haben Sie vom Starez Sosima gehört? ... Doch ich weiß gar nicht, was ich da rede ... Und stellen Sie sich nur vor, selbst mit dem Heiligenbildchen am Halse hat er mich angespuckt ... Allerdings, er hat mich nur angespuckt, nicht umgebracht, und ... sieh mal einer an, wohin er dann galoppiert ist! Doch wohin sollen *wir*, wohin sollen *wir* uns jetzt wenden, was meinen Sie?«

Pjotr Iljitsch erhob sich und erklärte, er werde jetzt geradeswegs zum Kreispolizeichef gehen und ihm alles berichten, der werde dann schon wissen, was zu tun sei.

»Ach, das ist ein trefflicher, ein ganz trefflicher Mensch, ich kenne Michail Makarowitsch. Sie müssen unbedingt zu ihm gehen, zu niemand anderem als zu ihm. Wie findig Sie sind, Pjotr Iljitsch, wie gut Sie sich das alles ausgedacht haben! Wissen Sie, ich an Ihrer Stelle wäre auf keinen Fall darauf gekommen!«

»Ich selber bin ebenfalls ein guter Bekannter des Kreispolizeichefs«, bemerkte Pjotr Iljitsch, der immer noch dastand und offensichtlich gern auf irgendeine Weise der ungestümen Dame entronnen wäre, so bald wie möglich, während sie ihn durchaus nicht dazu kommen ließ, sich zu verabschieden und zu gehen.

»Und wissen Sie, wissen Sie«, säuselte sie, »kommen Sie dann wieder her, um mir zu sagen, was Sie dort gesehen und erfahren haben ... und was sich herausgestellt hat ... und wie man über ihn bestimmen und wozu man ihn verurteilen wird ... Sagen Sie, bei uns gibt es doch keine Todesstrafe? Aber kommen Sie bestimmt, sei es auch um drei Uhr nachts, ja um vier, selbst um halb fünf ... Lassen Sie mich wecken, mich wachrütteln, falls ich nicht aufstehen sollte ... O Gott, ich werde ja gar nicht einschlafen können. Oder meinen Sie nicht, ich sollte mit Ihnen fahren? ...«

»N-nein, aber wenn Sie für alle Fälle eigenhändig ein paar Zeilen schreiben wollten, des Inhalts, daß Sie Dmitrij Fjodorowitsch kein Geld gegeben haben, so wäre das vielleicht nicht überflüssig ... für alle Fälle ...«

»Unbedingt!« Frau Chochlakowa lief begeistert an ihren Schreibtisch. »Wissen Sie, Sie verblüffen mich, Sie erschüttern mich geradezu durch Ihre Findigkeit und Ihre Geschicklichkeit in solchen Dingen ... Sie sind Beamter hier in der Stadt? Wie es mich freut zu hören, daß Sie hier in Diensten stehen ...«

Und noch während sie das sagte, schrieb sie rasch auf einen halben Bogen Briefpapier in großen Schriftzügen folgende paar Zeilen:

»Nie im Leben habe ich dem unglücklichen Dmitrij Fjodorowitsch Karamasow (denn er ist doch jetzt unglücklich) heute dreitausend Rubel geliehen, noch sonst jemals irgendwelches Geld, niemals! Das beschwöre ich bei allem, was es Heiliges auf Erden gibt.

Chochlakowa«

»Hier haben Sie den Zettel!« wandte sie sich rasch an Pjotr Iljitsch. »Gehen Sie nun, retten Sie ihn. Das ist eine große, selbstlose Tat von Ihnen.«

Und sie segnete ihn dreimal mit dem Zeichen des Kreuzes. Darauf geleitete sie ihn eilig sogar bis ins Vorzimmer hinaus.

»Wie dankbar bin ich Ihnen! Sie werden es mir nicht glauben, wie dankbar ich Ihnen bin, daß Sie zuallererst mich aufgesucht haben. Wie kommt es, daß wir uns bisher noch nie begegnet sind? Es wäre für mich sehr schmeichelhaft, Sie auch fernerhin in meinem Hause empfangen zu dürfen. Und wie angenehm ist es mir zu hören, daß Sie hier in Diensten stehen ... und ein Mann von solcher Genauigkeit, von solcher Findigkeit sind ... Ihre Vorgesetzten sollten das zu schätzen wissen, sollten endlich Verständnis für Sie haben, und glauben Sie mir, ich will alles, was in meiner Macht steht, für Sie tun ... Oh, ich habe die Jugend so gern! Ich bin verliebt in die Jugend. Die jungen Leute sind das Fundament unseres gesamten heutigen, leidenden Rußlands, seine ganze Hoffnung ... Oh, gehen Sie, gehen Sie ...«

Doch Pjotr Iljitsch war schon hinausgelaufen, sonst hätte sie ihn wohl nicht so bald fort gelassen. Frau Chochlakowa hatte übrigens auf ihn einen ziemlich angenehmen Eindruck gemacht, der seine Besorgnis darüber, daß er in eine so abscheuliche Sache hineingezogen worden war, etwas milderte. Über den Geschmack läßt sich ja bekanntlich streiten. Sie ist noch gar nicht so alt, dachte er, angenehm berührt, im Gegenteil, ich hätte sie für ihre Tochter gehalten.

Was Frau Chochlakowa selber betrifft, so war sie von dem jungen Mann geradezu bezaubert. Soviel Geschick, soviel Sorgfalt, dachte sie, und das bei einem so jungen Mann unserer Zeit, bei so guten Manieren und einem so vorteilhaften Äußeren! Und da heißt es von den heutigen jungen Leuten, sie könnten nichts! Da habt ihr ein Beispiel – und so weiter und so weiter. Und so vergaß sie sogar ohne weiteres diesen »schrecklichen Vorfall«, und erst als sie zu Bett ging und sich plötzlich wieder dessen erinnerte, »wie nahe sie dem Tode gewesen war«, sagte sie sich: Ach, das ist schrecklich, schrecklich! Doch sie sank sofort in den tiefsten und süßesten Schlaf.

Ich hätte mich übrigens über solch geringfügige und nebensächliche Einzelheiten nicht so ausführlich ausgelassen, wenn nicht die soeben geschilderte exzentrische Begegnung des jungen Beamten mit der durchaus noch nicht alten Witwe späterhin den Grundstein zur Karriere dieses genauen und sorgfältigen jungen Mannes gebildet hätte, woran man in unserem Städtchen noch bis heute mit Staunen zurückdenkt und worüber auch ich vielleicht noch ein paar Worte sagen werde, wenn ich meine lange Erzählung von den Brüdern Karamasow abschließe.

2

Alarm

Unser Kreispolizeichef, Michail Makarowitsch Makarow, Oberstleutnant außer Dienst mit dem Titel eines Hofrats, war Witwer und ein guter Mensch. In unser Städtchen war er erst vor drei Jahren gekommen, doch hatte er sich bereits vor allem dadurch beliebt gemacht, daß er die Gesellschaft zusammenzuhalten wußte. Er hatte ständig Gäste, und es schien, als hätte er ohne sie gar nicht leben können. Tag für Tag mußte unbedingt jemand bei ihm speisen, seien es auch nur zwei Gäste oder einer – ohne Gast setzte man sich bei ihm nie zu Tisch. Manchmal gab es bei ihm auch große Festessen unter den verschiedensten, zuweilen geradezu überraschenden Vorwänden. Wenn auch keine auserlesenen Speisen aufgetischt wurden, so gab es doch reichlich zu essen, die Pasteten waren vorzüglich zubereitet, und die Weine zeichneten sich zwar nicht durch Qualität aus, machten das aber durch ihre Quantität wett. Im vordersten Zimmer stand ein Billard, und der Raum war sehr anständig ausgestattet; an den Wänden hingen sogar schwarz gerahmte Bilder von englischen Rennpferden, die bekanntlich für das Billardzimmer jedes Junggesellen als Schmuck unerläßlich sind. Allabendlich wurde Karten gespielt, wenn auch nur an einem einzigen Tisch. Sehr oft jedoch versammelte sich bei ihm die ganze bessere Gesellschaft unserer Stadt mit Müttern und Töchtern zum Tanz. Michail Makarowitsch war zwar verwitwet, doch lebte er nicht allein, denn er hatte seine schon seit langem verwitwete Tochter bei sich, die wiederum Mutter zweier junger Mädchen, also der Enkelinnen des Michail Makarowitsch, war. Diese jungen Mädchen waren schon erwachsen und hatten ihren Bildungsgang abgeschlossen, sie waren äußerlich nicht gerade reizlos, hatten ein heiteres Gemüt und zogen, obwohl jedermann wußte, daß sie keine Mitgift bekommen würden, dennoch unsere männliche Jugend der höheren Gesellschaftskreise in das Haus ihres Großvaters. Von seinem Beruf verstand Michail Makarowitsch nicht eben viel, doch übte er sein Amt nicht schlechter aus als viele andere. Geradeheraus gesagt: er war ziemlich ungebildet und hatte von den Grenzen seiner Amtsbefugnisse eine sogar leichtsinnige Auffassung. Nicht daß er außerstande gewesen wäre, manche Reformen der heutigen Regierung ganz zu begreifen, er faßte sie zuweilen nur auffallend falsch auf, und zwar keineswegs aus Unfähigkeit, sondern einfach aus Fahrlässigkeit, weil er sich nie die Zeit nahm, sich mit ihnen gründlich vertraut zu machen. »Im Grunde meiner Seele, meine Herrschaften, bin ich mehr Soldat als Zivilist«, pflegte er von sich zu sagen. Selbst von den Grundlagen der großen Reform, der Aufhebung der Leibeigenschaft, schien er noch immer keine endgültige und feste Vorstellung zu haben; er erfuhr von ihr sozusagen erst von Jahr zu Jahr einiges und vermehrte sein Wissen unwillkürlich durch die Praxis. Dabei war er selber Gutsbesitzer.

Pjotr Iljitsch wußte genau, daß er an diesem Abend bei Michail Makarowitsch bestimmt irgendwelche Gäste antreffen würde, nur wußte er nicht wen. Und wirklich saßen bei ihm gerade in diesem Augenblick der Staatsanwalt und unser Semstwo-Arzt* Warwinskij beim Kartenspiel. Warwinskij war ein junger Mann, der erst vor kurzem aus Petersburg zu uns gekommen war, wo er sein Studium an der Militär-Medizinischen Akademie glanzvoll abgeschlossen hatte. Der Staatsanwalt indessen – er war eigentlich nur der stellvertretende Staatsanwalt, aber man nannte ihn bei uns allgemein den Staatsanwalt –, Ippolit Kirillowitsch, war ein eigenartiger Mann, noch nicht alt, erst etwa fünfunddreißig, doch stark zur Schwindsucht neigend, zudem mit einer sehr beleibten, kinderlosen Dame verheiratet, selbstsüchtig und reizbar, dabei jedoch sehr klug und gutherzig. Leider nur hegte er von sich selbst eine höhere Meinung, als seine wirklichen Vorzüge erlaubten. Das war vermutlich auch der Grund, warum er ständig in Unruhe zu sein schien. Zudem erhob er Anspruch, einige höhere und sogar künstlerische Befähigungen zu besitzen, zum Beispiel ein guter Psychologe zu sein, über die menschliche Seele besonders gut Bescheid zu wissen und die Gabe zu besitzen, den Verbrecher und sein Verbrechen auf den ersten

* Das Semstwo war ein lokaler Selbstverwaltungsverband der Zarenzeit (Anmerkung des Übersetzers).

Blick zu erkennen. In dieser Hinsicht hielt er sich, was seine Stellung betraf, für etwas zu kurz gekommen und benachteiligt und war schon immer überzeugt gewesen, daß man ihn in den höheren Kreisen nicht zu schätzen wisse und er dort Feinde habe. In Augenblicken düsterer Stimmung drohte er sogar damit, er werde zu den Verteidigern in Strafsachen überlaufen. Der unerwartete Fall Karamasow, eine Vatermordsache, schien ihn völlig aufgerüttelt zu haben. Das ist ein Fall, von dem ganz Rußland erfahren könnte, sagte er sich. Doch damit greife ich bereits vor.

Im Zimmer nebenan, bei den jungen Damen, saß auch unser junger Untersuchungsrichter, Nikolaj Parfenowitsch Neljudow, der erst vor zwei Monaten aus Petersburg zu uns gekommen war. Später redete man bei uns davon, ja, man wunderte sich sogar darüber, daß alle diese Personen sich wie gerufen am Abend des »Verbrechens« im Hause der exekutiven Gewalt zusammengefunden hätten. Dabei verhielten sich die Dinge weit einfacher, und es war auf äußerst natürliche Weise dazu gekommen: die Frau des Ippolit Kirillowitsch litt schon seit zwei Tagen an Zahnschmerzen, und so hatte er vor ihrem Gestöhn irgendwohin flüchten müssen; der Arzt jedoch konnte schon seinem Charakter nach am Abend überhaupt nirgends anders sein als beim Kartensipel. Und Nikolaj Parfenowitsch hatte sich bereits vor drei Tagen vorgenommen, an diesem Abend sozusagen zufällig zu Michail Makarowitsch zu kommen, um dessen ältere Enkelin, Olga Michailowna, plötzlich und heimtückisch damit zu überraschen, daß ihm ihr Geheimnis bekannt sei: daß er wisse, heute sei ihr Geburtstag, und sie habe das vor unserer Gesellschaft absichtlich verheimlichen wollen, um nicht die ganze Stadt zum Tanz einladen zu müssen. Er versprach sich viel Gelächter davon, denn er wollte auf ihr Alter anspielen, das zu verraten sie sich scheue, und wollte andeuten, daß er nun, da er um ihr Geheimnis wisse, es am nächsten Tag aller Welt erzählen werde, und so weiter und so weiter. Der nette junge Mann war in dieser Beziehung ein großer Schelm; diesen Spitznamen hatten ihm unsere Damen gegeben, und das schien ihm sehr zu gefallen. Er gehörte übrigens sehr gehobenen Gesellschaftskreisen an, war aus guter Familie, wohlerzogen und guter Gesinnung, und wenn er auch ein Lebemann war, so war er trotzdem sehr harmlos und stets anständig. Was sein Äußeres anbelangt, war er klein von Wuchs und von schwächlicher, zarter Leibesbeschaffenheit. An seinen schmalen und bleichen Fingern funkelten stets mehrere ungemein große Ringe. Wenn er in seiner amtlichen Eigenschaft auftrat, benahm er sich ungewöhnlich würdevoll, als faßte er seine Bedeutung und seine Pflichten als etwas geradezu Heiliges auf. Besonders gut verstand er sich darauf, Mörder und andere Missetäter aus dem gemeinen Volke beim Verhör stutzig zu machen, und tatsächlich erweckte er bei ihnen wenn auch nicht Achtung ihm gegenüber, so doch immerhin einiges Erstaunen.

Als Pjotr Iljitsch beim Kreispolizeichef eintrat, war er geradezu verblüfft: er sah sofort, daß man dort schon alles wußte. Man hatte das Kartenspiel abgebrochen, alle standen und redeten, und selbst Nikolaj Parfenowitsch war von den jungen Damen herbeigeeilt und sah ungemein kampflustig und erregt aus. Pjotr Iljitsch wurde mit der erschütternden Nachricht empfangen, daß der alte Fjodor Pawlowitsch wirklich und wahrhaftig an diesem Abend in seinem Hause ermordet worden war, ermordet und beraubt. Man hatte das soeben erst auf folgende Weise erfahren: Marfa Ignatjewna, die Frau des am Zaune niedergeschlagenen Grigorij, hatte in ihrem Bett fest geschlafen, war jedoch plötzlich erwacht. Sie war von dem furchtbaren epileptischen Geschrei Smerdjakows aufgeschreckt worden, der bewußtlos in der kleinen Kammer nebenan lag – jenem Geschrei, mit dem seine epileptischen Anfälle stets begannen und das Marfa Ignatjewna schon immer schmerzlich berührt und ihr einen furchtbaren Schrecken eingejagt hatte. Sie hatte sich nie daran gewöhnen können. Schlaftrunken sprang sie auf und stürzte besinnungslos in die Kammer zu Smerdjakow. Doch dort war es dunkel: sie hörte nur, daß der Kranke furchtbar röchelte und um sich schlug. Da fing auch Marfa Ignatjewna an zu schreien und nach ihrem Mann zu rufen, doch plötzlich fiel ihr ein, daß Grigorij, als sie aufstand, ja nicht im Bett gelegen zu haben schien. Sie lief zum Bett zurück und betastete es, doch das Bett war tatsächlich leer. Demnach war er weggegangen, doch wohin? Sie lief auf die Außentreppe hinaus und rief von dort ängstlich nach ihm. Eine Antwort erhielt sie natürlich nicht, doch glaubte sie in der nächtlichen Stille irgendwo fern im Garten ein Stöhnen zu vernehmen. Sie horchte angespannt hin: das Stöhnen wiederholte sich, und sie erkannte deutlich, daß es tatsächlich aus dem Garten kam. O Gott, das ist ja ganz wie damals mit Lisaweta der Stinkenden! schoß es ihr durch den verstörten Kopf. Ängstlich stieg sie die Stufen hinab und entdeckte nun, daß das Gartenpförtchen offenstand.

Wahrscheinlich ist er dort, der Arme, dachte sie, ging zum Pförtchen und hörte auf einmal deutlich, daß Grigorij mit schwacher, stöhnender, unheimlicher Stimme nach ihr rief: »Marfa, Marfa!« – »Herrgott, bewahre uns vor Unheil!« flüsterte Marfa Ignatjewna, stürzte dorthin, woher der Ruf kam, und fand auf diese Weise Grigorij. Doch fand sie ihn nicht am Zaun, nicht an der Stelle, wo er niedergeschlagen worden war, sondern etwa zwanzig Schritt vom Zaun entfernt. Später stellte sich heraus, daß er, wieder zu sich gekommen, zu kriechen begonnen hatte und wahrscheinlich lange gekrochen war, wobei er ein paarmal das Bewußtsein verloren hatte und wieder ohnmächtig geworden war. Ihr fiel sofort auf, daß er ganz voll Blut war, und nun begann sie aus Leibeskräften zu schreien. Grigorij indessen stammelte leise und unzusammenhängend: »Erschlagen hat er ... seinen Vater hat er erschlagen ... was schreist du, Närrin ... lauf, rufe ...« Doch Marfa Ignatjewna schrie immer weiter, und als sie sah, daß bei ihrem Herrn das Fenster offenstand und erleuchtet war, lief sie hin und begann Fjodor Pawlowitsch zu rufen. Als sie aber zum Fenster hineinsah, bot sich ihren Augen ein furchtbarer Anblick: ihr Herr lag rücklings am Boden und rührte sich nicht. Sein heller Schlafrock und die Brust des weißen Hemdes waren blutüberströmt. Die Kerze auf dem Tisch beleuchtete grell das Blut und das starre Totengesicht Fjodor Pawlowitschs. Ganz entsetzt prallte Marfa Ignatjewna vom Fenster zurück, rannte aus dem Garten, öffnete das Tor und lief Hals über Kopf hinter das Haus zu der Nachbarin Marja Kondratjewna. Beide Nachbarinnen, Mutter und Tochter, schliefen bereits, doch von dem heftigen und ungestümen Klopfen gegen die Fensterläden und von dem Schreien der Marfa Ignatjewna wachten sie auf und sprangen ans Fenster. Marfa Ignatjewna teilte ihnen in abgerissenen Worten und kreischend und schreiend das Wichtigste mit und rief sie zu Hilfe. Gerade in dieser Nacht übernachtete bei ihnen der umhervagabundierende Foma. Sie weckten ihn sofort und liefen alle drei an den Ort des Verbrechens. Unterwegs erinnerte sich Marja Kondratjewna, daß sie vorhin, zwischen acht und neun Uhr, ein furchtbares und gellendes Schreien gehört habe, das aus dem karamasowschen Garten gekommen sei – das war natürlich das Geschrei Grigorijs gewesen, der sich an das Bein des schon auf dem Zaun sitzenden Dmitrij Fjodorowitsch geklammert und »Vatermörder!« gerufen hatte. »Jemand schrie und verstummte dann plötzlich«, sagte Marja

Kondratjewna im Laufen. Als sie die Stelle erreicht hatten, wo Grigorij lag, trugen die beiden Frauen ihn mit Fomas Hilfe in das Seitengebäude. Sie machten Licht und sahen, daß Smerdjakows Anfall noch immer nicht vorbei war: er wurde in seiner Kammer von Krämpfen geschüttelt, hatte die Augen verdreht, und von seinen Lippen troff Schaum. Sie wuschen Grigorijs Kopf mit Wasser und Essig ab. Davon kam er wieder zu sich und fragte sofort: »Ist der gnädige Herr erschlagen oder nicht?« Die beiden Frauen machten sich dann auf den Weg zu ihrem Herrn, und als sie in den Garten kamen, sahen sie diesmal, daß nicht nur das Fenster, sondern auch die Tür, die aus dem Hause in den Garten führte, weit offenstand, während der Herr sich schon seit einer Woche allabendlich fest einzuschließen pflegte und sogar Grigorij verboten hatte, bei ihm anzuklopfen, aus welchem Grunde es auch sei. Als sie diese Tür offenstehen sahen, scheuten sich die beiden Frauen und Foma, zu dem Herrn hineinzugehen, »damit das nicht später irgendwelche Folgen hätte«. Als sie wieder zu Grigorij zurückkehrten, befahl der ihnen, sofort zum Kreispolizeichef zu laufen. Da war dann Marja Kondratjewna hingelaufen und hatte beim Kreispolizeichef alle in Aufregung versetzt. Sie war Pjotr Iljitsch nur fünf Minuten zuvorgekommen, so daß er nicht mehr mit bloßen Vermutungen und Schlußfolgerungen kam, sondern als offenkundiger Zeuge erschien, der durch seine Erzählung die allgemeine Vermutung, wer der Verbrecher sei, noch mehr bekräftigte (er selbst wollte es übrigens bis zu diesem letzten Augenblick im tiefsten Inneren seiner Seele immer noch nicht glauben).

Man beschloß, energisch vorzugehen. Den stellvertretenden Chef der Stadtpolizei beauftragte man sofort, etwa vier Zivilisten als Zeugen der Polizei herbeizuholen, dann drang man unter Beachtung aller Vorsichtsmaßregeln, die ich hier nicht beschreiben will, in das Haus des Fjodor Pawlowitsch ein und leitete am Tatort die Untersuchung ein. Der Semstwo-Arzt, ein temperamentvoller Mensch und Neuling in seinem Amt, drängte sich nahezu dem Kreispolizeichef, dem Staatsanwalt und dem Untersuchungsrichter als Begleiter auf. Ich will hier nur kurz erwähnen, daß Fjodor Pawlowitsch tot aufgefunden wurde; der Schädel war ihm eingeschlagen – doch womit? Am wahrscheinlichsten mit der gleichen Waffe, mit der später auch Grigorij ein Schlag versetzt worden war. Und diese Waffe fand man dann auch, nachdem man von Grigorij, dem man jede mögliche ärztliche Hilfe hatte zuteil werden lassen, die ziemlich abgerissene, mit leiser und stockender Stimme vorgebrachte Erzählung vernommen hatte, wie er niedergeschlagen worden war. Man suchte mit einer Laterne beim Zaun und fand auf dem Gartenweg, an der sichtbarsten Stelle, den Messingstößel. In dem Zimmer, in dem Fjodor Pawlowitsch lag, wurde keine besondere Unordnung festgestellt, doch hinter dem Wandschirm, an seinem Bett, hob man vom Fußboden einen großen Briefumschlag aus dickem Papier in Kanzleiformat auf, der die Aufschrift trug: »Ein kleines Geschenk von dreitausend Rubel für meinen Engel Gruschenka, falls sie gewillt wäre, zu mir zu kommen«, und darunter hatte Fjodor Pawlowitsch, wahrscheinlich erst später, eigenhändig hinzugeschrieben: »und meinem Kücken«. Der Briefumschlag trug drei große rote Siegel, doch war er bereits aufgerissen und leer: das Geld war entwendet. Man fand auf dem Fußboden auch das schmale rosa Bändchen, das um den Briefumschlag gebunden gewesen war. Von den Aussagen Pjotr Iljitschs machte übrigens eine auf den Staatsanwalt und den Untersuchungsrichter einen außerordentlichen Eindruck: die Vermutung nämlich, daß Dmitrij Fjodorowitsch sich gegen Tagesanbruch bestimmt erschießen werde, daß er das beschlossen und selber zu Pjotr Iljitsch davon gesprochen habe, daß er in seiner Gegenwart die Pistole geladen, einen Zettel geschrieben und in die Tasche gesteckt habe, und so weiter und so weiter. Als er jedoch, Pjotr Iljitsch, der ihm noch immer nicht hätte glauben wollen, ihm gedroht habe, er werde es anzeigen, um den Selbstmord zu verhindern, habe Mitja ihm grinsend geantwortet: »Dazu wirst du nicht mehr kommen.« Man müsse also nach Mokroje eilen, um den Verbrecher zu fassen, bevor er es sich am Ende wirklich noch einfallen ließe, sich zu erschießen. »Das ist klar, das ist klar!« wiederholte der Staatsanwalt ungewöhnlich erregt, »aufs Haar genauso pflegen es solche Galgenstricke zu machen: morgen bringe ich mich um, vor dem Tode aber gibt es noch ein Gelage.« Die Schilderung, wie Mitja aus dem Laden Wein und Eßwaren mitgenommen hatte, brachte den Staatsanwalt noch mehr auf. »Ich erinnere Sie an den jungen Burschen, meine Herren«, sagte er, »der den Kaufmann Olsufjew ermordete, ihm anderthalbtausend Rubel raubte, sich darauf sofort das Haar kräuseln ließ und dann, ohne das Geld gehörig zu verwahren, sondern es ebenfalls fast offen in der Hand tragend, zu den Dirnen ging.« Die Untersuchung, die Nachforschungen im Hause des Fjodor Pawlowitsch, die Formalitäten und so weiter hielten jedoch alle auf. Alles das nahm Zeit in Anspruch, und darum schickte man, zwei Stunden bevor man sich selber auf den Weg nach Mokroje machte, den Bezirkspolizeikommissar Mawrikij Mawrikjewitsch Schmerzow voraus, der gerade am Tage vorher morgens in die Stadt gekommen war, um sein Gehalt abzuholen. Man erteilte Mawrikij Mawrikjewitsch die Weisung, nach seiner Ankunft in Mokroje jedes Aufsehen zu vermeiden, den »Verbrecher« unermüdlich zu beobachten, bis die zuständigen Amtspersonen einträfen, und auch Zeugen, Dorfpolizisten und so weiter und so weiter bereit zu halten. Mawrikij Mawrikjewitsch verfuhr auch danach, er wahrte sein Inkognito und weihte nur Trifon Borisowitsch, seinen alten Bekannten, zum Teil in das Amtsgeheimnis ein. Das war gerade kurz vor dem Augenblick geschehen, in dem Mitja auf der kleinen Galerie dem Wirt, der ihn suchte, begegnet war, wobei ihm in Gesicht und Reden Trifon Borisowitschs sofort eine Veränderung aufgefallen war. So wußte weder Mitja noch sonst jemand, daß man sie beobachtete; den Kasten mit den Pistolen jedoch hatte Trifon Borisowitsch schon längst an sich genommen und an einem abgelegenen Platz versteckt. Erst gegen fünf Uhr morgens, fast bei Tagesanbruch, traf die ganze Obrigkeit, der Kreispolizeichef, der Staatsanwalt, der Untersuchungsrichter und so weiter, in zwei Equipagen und zwei Troikas ein. Der Arzt war im Hause Fjodor Pawlowitschs geblieben, da er am Morgen die Obduktion der Leiche des Ermordeten vornehmen wollte, vor allem aber interessierte ihn der Zustand des kranken Dieners Smerdjakow. »So heftigen und lang andauernden epileptischen Anfällen, die sich im Verlauf von zweimal vierundzwanzig Stunden unaufhörlich wiederholen, begegnet man selten, damit sollte sich die Wissenschaft befassen«, hatte er aufgeregt zu seinen Partnern gesagt, als sie abfuhren, und die hatten ihn lachend zu seinem Fund beglückwünscht. Übrigens hatten der Staatsanwalt und der Untersuchungsrichter sich sehr wohl gemerkt, daß der Arzt in ganz entschiedenem Tone hinzugefügt hatte, Smerdjakow werde den Morgen nicht mehr erleben.

Damit sind wir, nach langen, aber wohl notwendigen Erläuterungen, gerade an den Punkt unserer Erzählung zurückgekehrt, an dem wir sie im vorhergehenden Buche unterbrochen hatten.

3

Der Leidensweg einer Seele

Die erste Leidensstation

Mitja saß also da und starrte mit befremdetem Blick die Anwesenden an, ohne zu verstehen, was man zu ihm sagte. Plötzlich erhob er sich, warf die Arme hoch und rief laut: »Ich bin nicht schuldig! An *diesem* Blute bin ich nicht schuldig! An dem Blute meines Vaters bin ich nicht schuldig ... Ich wollte ihn töten, bin aber nicht schuldig! Nicht ich bin der Schuldige!«

Doch kaum hatte er das ausgerufen, als Gruschenka hinter dem Vorhang hervorstürzte und sich dem Kreispolizeichef zu Füßen warf. –

»Ich bin es, ich Verfluchte, ich bin die Schuldige!« rief sie, in Tränen aufgelöst, mit herzzerreißender Stimme und streckte allen die Hände entgegen, »nur meinetwegen hat er ihn getötet! Ich bin es, die ihn gequält und so weit gebracht hat. Auch den armen toten Alten habe ich in meiner Bosheit gequält und so weit gebracht! Ich bin die Schuldige, ich als erste, ich vor allen, ich bin die Schuldige!«

»Ja, du bist die Schuldige! Du bist die Hauptverbrecherin! Du Zügellose, du Lasterhafte, du bist die Hauptschuldige!« brüllte der Kreispolizeichef und drohte ihr mit der Faust, doch schon wurde er energisch zur Ruhe gebracht. Der Staatsanwalt umfaßte ihn sogar mit den Armen.

»Das ist gegen jede Ordnung, Michail Makarowitsch!« rief er. »Sie stören entschieden die Untersuchung ... Sie verderben alles ...« sagte er und keuchte fast.

»Maßregeln ergreifen, Maßregeln ergreifen, Maßregeln ergreifen!« brauste auch Nikolaj Parfenowitsch auf, »anders ist es entschieden unmöglich! ...«

»Richtet uns beide!« fuhr Gruschenka, die immer noch auf den Knien lag, außer sich fort, »straft uns beide zusammen, ich gehe jetzt mit ihm, sei es auch zur Hinrichtung!«

»Gruscha, du mein Leben, mein Blut, mein Heiligtum!« rief Mitja, der sich neben ihr auf die Knie geworfen hatte und sie fest umarmt hielt. »Glauben Sie ihr nicht«, schrie er, »sie ist an nichts schuld, weder an dem Blute noch an sonst etwas!«

Er erinnerte sich später, daß mehrere Männer ihn mit Gewalt von ihr fortrissen, daß sie weggeführt wurde und daß er erst wieder zu sich kam, als er schon am Tisch saß. Neben und hinter ihm standen Männer mit Blechschildern auf der Brust. Ihm gegenüber, an der anderen Seite des Tisches, saß auf dem Sofa Nikolaj Parfenowitsch, der Untersuchungsrichter, und redete ihm zu, aus dem Glas, das auf dem Tisch stand, etwas Wasser zu trinken: »Das wird Sie erfrischen, das wird Sie beruhigen, fürchten Sie sich nicht, regen Sie sich nicht auf«, fügte er immer wieder äußerst höflich hinzu. Mitja aber – das wußte er später noch – interessierten plötzlich ungemein dessen große Ringe, der eine mit einem Amethyst und der andere mit einem hellgelben, durchsichtigen Stein von herrlichem Glanz. Und noch lange danach dachte er verwundert daran zurück, daß diese Ringe sogar während der furchtbaren Stunden des Verhörs seinen Blick unwiderstehlich auf sich gezogen hatten, so daß er aus irgendeinem Grunde sich weder von ihnen hatte losreißen noch sie hatte vergessen können, obwohl sein Interesse für solche Dinge in seiner Lage ganz unangebracht war. Links von Mitja, dort, wo am Anfang des Abends Maximow gesessen hatte, hatte sich jetzt der Staatsanwalt niedergelassen, während rechter Hand von Mitja, auf dem Platz, den vorher Gruschenka eingenommen hatte, jetzt ein rotwangiger junger Mann saß, der einen sehr abgenutzten Rock, eine Art Jägerjoppe, trug und ein Tintenfaß und Papier vor sich hatte. Es stellte sich heraus, daß es der Schriftführer des Untersuchungsrichters war, den dieser mitgebracht hatte. Der Kreispolizeichef stand jetzt am Fenster am anderen Ende des Zimmers, neben Kalganow, der dort auf einem Stuhl Platz genommen hatte.

»Trinken Sie doch von dem Wasser!« wiederholte der Untersuchungsrichter sanft zum zehntenmal.

»Das habe ich schon, meine Herren, ich habe schon getrunken ... aber ... was ist denn, meine Herren, treiben Sie mich doch in die Enge, richten Sie mich, entscheiden Sie über mein Los!« rief Mitja, wobei er den Untersuchungsrichter mit unheimlich starrem Blick aus weit aufgerissenen Augen ansah.

»Sie behaupten also entschieden, am Tode Ihres Vaters, des Fjodor Pawlowitsch, nicht schuldig zu sein?« fragte der Untersuchungsrichter mild, aber eindringlich.

»Ja! An einem anderen Blute bin ich schuld, am Blute eines anderen alten Mannes, nicht aber an dem meines Vaters. Und ich beweine das! Ich habe den alten Mann getötet, ja, getötet, ihn niedergeschlagen und getötet ... Doch es ist hart, dieses Blutes wegen für ein anderes Blut verantwortlich sein zu sollen, für ein furchtbares Blut, an dem ich nicht schuldig bin . . . Das ist eine entsetzliche Beschuldigung, meine Herren, das ist, als hätten Sie mich vor den Kopf geschlagen! Aber wer hat denn meinen Vater getötet, wer hat ihn erschlagen? Wer sonst kann ihn ermordet haben, wenn nicht ich es war? Das ist ein Wunder, eine Ungereimtheit, eine Unmöglichkeit! . . .«

»Ja, wer kann ihn erschlagen haben . . .« begann der Untersuchungsrichter, doch der Staatsanwalt Ippolit Kirillowitsch (eigentlich der stellvertretende Staatsanwalt, wir wollen ihn aber der Kürze halber Staatsanwalt nennen) wechselte einen Blick mit dem Untersuchungsrichter und sagte, zu Mitja gewandt: »Sie machen sich unnötigerweise Sorgen um den alten Diener Grigorij Wassiljewitsch. Sie sollen wissen, daß er lebt, er ist wieder zu sich gekommen und wird trotz der schweren Verletzung, die Sie ihm nach seiner und jetzt auch nach Ihrer Aussage zugefügt haben, wohl zweifellos am Leben bleiben, so meint wenigstens der Arzt.«

»Er lebt? Er lebt also noch!« schrie Mitja plötzlich und schlug die Hände zusammen. Sein Gesicht hellte sich auf. »Herr, ich danke Dir für das große Wunder, das Du mir Sünder und Missetäter zuliebe auf mein Gebet hin vollbracht hast! . . . Ja, ja, das ist auf mein Gebet hin geschehen, ich habe die ganze Nacht hindurch gebetet! . . .« Und er bekreuzte sich dreimal. Ihm stockte fast der Atem.

»Von diesem Grigorij also haben wir so wichtige Aussagen über Sie erhalten, daß . . .« wollte der Staatsanwalt fortfahren, doch da sprang Mitja plötzlich vom Stuhl auf und rief: »Einen Augenblick, meine Herren, um Gottes willen, nur einen Augenblick; ich will zu ihr laufen . . .«

»Erlauben Sie! In diesem Augenblick geht das auf keinen Fall!« kreischte Nikolaj Parfenowitsch beinahe und sprang auch auf. Die Männer mit den Blechschildern auf der Brust umfaßten Mitja, doch er setzte sich schon von selbst wieder auf den Stuhl . . .

»Wie schade, meine Herren! Ich wollte doch nur auf einen Augenblick zu ihr . . . ich wollte ihr mitteilen, daß es abgewaschen und verschwunden ist, dieses Blut, das die ganze Nacht hindurch mein Herz gepeinigt hat, und daß ich kein Mörder mehr bin! Meine Herren, sie ist doch meine Verlobte!« sagte er auf einmal entzückt und andächtig, wobei er der Reihe nach alle anschaute. »Oh, ich danke Ihnen, meine Herren! Oh, Sie haben mir frischen Lebensmut eingeflößt, mich im Nu wiederaufgerichtet! ... Dieser Alte hat mich doch einst auf seinen Armen getragen, meine Herren, mich in einem Waschtrog gebadet; er ist mir, als mich, das dreijährige Kind, alle verlassen hatten, ein leiblicher Vater gewesen! ...«

»Sie haben also ...« wollte der Untersuchungsrichter wieder beginnen.

»Erlauben Sie, meine Herren, erlauben Sie noch einen Augenblick«, unterbrach Mitja ihn, stützte beide Ellenbogen auf den Tisch und bedeckte das Gesicht mit den Händen, »lassen Sie mich doch ein bißchen zu mir kommen, lassen Sie mich Atem schöpfen, meine Herren. Alles das erschüttert mich schrecklich, der Mensch ist doch kein Stück Holz, meine Herren!«

»Sie sollten wieder etwas Wasser trinken ...« stammelte Nikolaj Parfenowitsch.

Mitja nahm die Hände vom Gesicht und lachte laut auf. Sein Blick war munter, und er war im Handumdrehen wie völlig umgewandelt. Auch seine ganze Haltung hatte sich verändert: jetzt saß da ein Mann, der sich all diesen Leuten, all seinen früheren Bekannten gegenüber wieder als Gleichgestellter empfand, es war genauso, als ob sie alle wie gestern, als noch nichts vorgefallen war, irgendwo in einer Gesellschaft zusammengetroffen wären. Ich will jedoch nebenbei erwähnen, daß Mitja in der ersten Zeit nach seiner Ankunft in unserer Stadt vom Kreispolizeichef sehr gastfreundlich in seinem Hause empfangen worden war; doch später, besonders im letzten Monat, hatte Mitja ihn fast gar nicht mehr besucht, und der Polizeichef hatte, wenn er ihm beispielsweise auf der Straße begegnete, eine sehr finstere Miene gemacht und nur aus Höflichkeit seinen Gruß erwidert, was Mitja sehr wohl bemerkt hatte. Den Staatsanwalt kannte er noch weniger; dessen Gattin, eine nervöse und wunderliche Dame, hatte er zwar zuweilen besucht, aber das waren reine Anstandsvisiten gewesen, und er hatte selber nicht recht begriffen, warum er eigentlich zu ihr ging; doch sie hatte ihn stets freundlich empfangen, da sie sich bis zur allerletzten Zeit aus irgendeinem Grunde für ihn interessiert hatte. Den Untersuchungsrichter hatte er noch nicht näher kennengelernt, doch war er auch ihm schon begegnet und hatte sogar ein- oder zweimal mit ihm gesprochen, beide Male über Frauen.

»Nikolaj Parfenowitsch, Sie sind, wie ich sehe, ein sehr geschickter Untersuchungsrichter«, begann Mitja und lachte plötzlich lustig auf, »aber ich will Ihnen jetzt selber helfen. Oh, meine Herren, ich bin wiederaufgerichtet ... und nehmen Sie es mir nicht übel, daß ich mich so ungezwungen und so geradeheraus an Sie wende. Zudem bin ich ein wenig betrunken, das gestehe ich Ihnen offen. Ich hatte, glaube ich, die Ehre . . . die Ehre und das Vergnügen, Ihnen, Nikolaj Parfenowitsch, bei meinem Verwandten Miusow zu begegnen . . . Meine Herren, meine Herren, ich erhebe keinen Anspruch auf Gleichstellung mit Ihnen, ich begreife doch, als was ich jetzt vor Ihnen sitze. Auf mir lastet . . . wenn Grigorij gegen mich ausgesagt hat... so lastet – oh, gewiß –, so lastet auf mir bereits ein furchtbarer Verdacht! Entsetzlich, entsetzlich! – ich verstehe das doch! Jedoch zur Sache, meine Herren, ich bin bereit, und wir werden das jetzt im Nu erledigen, denn ... hören Sie, hören Sie, meine Herren . . . Denn wenn ich weiß, daß ich nicht schuldig bin, so werden wir das natürlich im Handumdrehen erledigen! Nicht wahr? So ist es doch?«

Mitja sprach rasch und viel, nervös und leidenschaftlich und so, als hielte er seine Zuhörer für seine besten Freunde.

»Wir werden also vorläufig notieren, daß Sie die Beschuldigung, die gegen Sie erhoben wird, von Grund aus zurückweisen«, sagte Nikolaj Parfenowitsch eindringlich, dann wandte er sich zum Schriftführer und diktierte ihm halblaut, was niederzuschreiben war.

»Notieren? Sie wollen das notieren? Nun, warum auch nicht, tun Sie es, ich bin einverstanden, ich erkläre mich voll damit einverstanden, meine Herren . . . Allein, sehen Sie . . . Halt, warten Sie, notieren Sie es so: ‚Der Gewalttätigkeit ist er schuldig, der schweren Verletzung, die er dem armen Alten zugefügt hat, ist er schuldig.‘ Na, und dann noch: ‚Innerlich, im tiefsten Inneren seines Herzens, ist er schuldig‘ – aber das soll nicht niedergeschrieben werden«, wandte er sich an den Schriftführer, »das gehört bereits zu meinem Privatleben, meine Herren, das geht Sie nichts an, dieses tiefste Innere des Herzens, meine ich . . . Jedoch an der Ermordung meines alten Vaters – bin ich nicht schuldig! Das ist ein unsinniger Gedanke! Das ist ein ganz unsinniger Gedanke! Ich werde es Ihnen beweisen, und Sie werden sich sofort davon überzeugen. Sie werden lachen, meine Herren, Sie werden selber über Ihren Verdacht lachen! . . .«

»Beruhigen Sie sich, Dmitrij Fjodorowitsch«, ermahnte ihn der Untersuchungsrichter, offenbar wollte er durch seine Ruhe den außer sich Geratenen besänftigen. »Bevor wir das Verhör fortsetzen, würde ich gern, wenn Sie mir zu antworten bereit sind, durch Sie die Tatsache bestätigt hören, daß Sie den verstorbenen Fjodor Pawlowitsch, wie es scheint, nicht gemocht haben und mit ihm ständig in Streit gelegen haben ... Wenigstens haben Sie hier, glaube ich, vor einer Viertelstunde geäußert, Sie hätten ihn sogar töten wollen. ‚Ich habe ihn nicht getötet, aber ich wollte ihn töten!' haben Sie ausgerufen.«

»Habe ich das ausgerufen? Ach, das kann sein, meine Herren! Ja, bedauerlicherweise habe ich ihn töten wollen, oftmals habe ich es gewollt ... leider, leider!«

»Sie haben es also gewollt. Möchten Sie uns nicht erklären, welche Gründe Sie eigentlich zu einem solchen Haß gegen die Person Ihres Vaters hatten?«

»Was ist da zu erklären, meine Herren!« sagte Mitja mürrisch mit gesenktem Blick und zuckte die Achseln. »Ich habe ja meine Gefühle nicht verhehlt, die ganze Stadt weiß davon – alle, die im Gasthaus verkehren, wissen es. Erst vor kurzem habe ich es im Kloster, in der Zelle des Starez Sosima, offen ausgesprochen ... Am Abend des gleichen Tages habe ich meinen Vater geschlagen, ihn beinahe getötet und in Gegenwart von Zeugen geschworen, ich würde wiederkommen und ihn erschlagen ... Oh, es gibt tausend Zeugen dafür! Einen ganzen Monat lang habe ich es laut verkündet, alle sind Zeugen! ... Die Tatsache liegt vor, die Tatsache spricht, sie schreit, aber – die Gefühle, meine Herren, die Gefühle, die sind etwas anderes. Sehen Sie, meine Herren« – Mitjas Gesicht verdüsterte sich –, »ich glaube, daß Sie kein Recht haben, mich nach meinen Gefühlen zu fragen. Sie haben zwar gewisse Befugnisse, das sehe ich ein, aber dies ist meine eigene Sache, meine innere, ureigene Angelegenheit, jedoch ... da ich auch früher schon meine Gefühle nicht verborgen habe ... im Gasthaus zum Beispiel ... und zu allen und jedem davon gesprochen habe, so ... so will ich auch jetzt kein Geheimnis daraus machen ... Sehen Sie, meine Herren, ich begreife ja, daß in diesem Falle vieles gegen mich spricht: ich habe allen gesagt, ich würde ihn töten, und nun ist er plötzlich wirklich erschlagen worden – wie sollte ich da nicht der Täter sein? Haha! Ich verzeihe Ihnen, meine Herren, ich verzeihe Ihnen völlig. Ich bin ja selber bis ins Mark erschüttert, denn wer kann ihn schließlich unter diesen Umständen getötet haben, wenn nicht ich? Nicht wahr? Wenn nicht ich, wer dann, wer dann? Meine Herren«, rief er plötzlich, »ich will wissen, ich verlange von Ihnen sogar, meine Herren, daß Sie mir sagen, wo er ermordet worden ist. Wo wurde er ermordet, womit und wie? Sagen Sie es mir!« Bei diesen rasch hingeworfenen Fragen ließ er seinen Blick zwischen dem Staatsanwalt und dem Untersuchungsrichter hin und her gehen.

»Wir fanden ihn auf dem Fußboden seines Zimmers, rücklings ausgestreckt und mit eingeschlagenem Schädel«, sagte der Staatsanwalt.

»Das ist furchtbar, meine Herren!« Mitja fuhr zusammen, stützte den Ellenbogen auf den Tisch und bedeckte das Gesicht mit der rechten Hand.

»Wir setzen das Verhör fort«, sagte Nikolaj Parfenowitsch. »Nun also, was war denn damals die Ursache Ihrer Haßgefühle? Sie haben, glaube ich, öffentlich erklärt, es sei Eifersucht gewesen?«

»Nun ja, Eifersucht, und nicht nur Eifersucht.«

»Streitigkeiten um Geld?«

»Nun ja, auch um Geld.«

»Bei den Streitigkeiten handelte es sich wohl um die dreitausend Rubel Ihres Erbteils, die Ihnen angeblich vorenthalten worden waren?«

»Ach wo, doch nicht nur um dreitausend! Um mehr, weit mehr!« rief Mitja auffahrend. »Um mehr als sechs-, vielleicht um mehr als zehntausend. Ich habe es allen gesagt, es überall ausposaunt! Doch ich hatte schon beschlossen, mich in Gottes Namen mit dreitausend abzufinden. Ich brauchte diese dreitausend dringend ... so daß ich die dreitausend Rubel, von denen ich wußte, daß er sie in einem Umschlag für Gruschenka unter seinem Kopfkissen bereit liegen hatte, gleichsam als mir gestohlen betrachtete. So ist es, meine Herren, ich hielt sie für mein Geld, für so gut wie mein Eigentum ...«

Der Staatsanwalt wechselte mit dem Untersuchungsrichter einen bedeutsamen Blick und zwinkerte ihm unauffällig zu.

»Hierauf werden wir noch zurückkommen«, sagte sofort der Untersuchungsrichter, »doch Sie werden uns jetzt erlauben, gerade diesen Punkt zu notieren: daß Sie dieses Geld im Umschlag gleichsam als Ihr Eigentum betrachtet haben.«

»Schreiben Sie es nur auf, meine Herren, ich begreife ja, daß das wiederum eine Belastung ist, aber ich fürchte keine Belastungen und belaste mich selbst. Hören Sie, ich mich selbst! Sehen Sie, meine Herren, Sie halten mich, glaube ich, für einen ganz anderen Menschen, als ich bin«, fügte er plötzlich finster und traurig hinzu. »Mit Ihnen spricht ein edelgesinnter Mensch, eine hochherzige Persönlichkeit und vor allem – das dürfen Sie nicht außer acht lassen – ein Mensch, der zwar eine Unmenge von Gemeinheiten begangen hat, der aber von Natur immer sehr edelmütig gewesen und geblieben ist, ich meine innerlich, in seinem tiefsten Inneren, na, kurzum, aber ich weiß mich nicht auszudrücken . . . Gerade das hat mich mein ganzes Leben lang gequält, daß ich nach Edelmut lechzte. Ich war sozusagen ein Märtyrer des Edelmuts und suchte ihn mit der Laterne, mit der Laterne des Diogenes, und doch habe ich zeit meines Lebens nur Gemeinheiten begangen wie wir alle, meine Herren . . . das heißt wie ich allein, meine Herren, nicht wie wir alle, sondern wie ich allein – ich habe mich versprochen – wie ich allein, ich allein! . . . Meine Herren, mir tut der Kopf weh« – er verzog mit schmerzlichem Ausdruck das Gesicht –, »sehen Sie, meine Herren, mir mißfiel sein Äußeres, das Ehrlose an ihm, seine Prahlerei, und daß er alles Heilige verachtete, seine Spottsucht und sein Unglaube . . . widerlich, widerlich! Doch jetzt, da er tot ist, denke ich anders.«

»Wieso anders?«

»Nicht anders, aber ich bedaure, daß ich ihn so gehaßt habe.«

»Empfinden Sie Reue?«

»Nein, nicht gerade Reue; schreiben Sie das nicht auf. Ich selbst bin nicht gut, meine Herren, das ist es, ich selbst bin nicht gerade schön, und darum hatte ich kein Recht, ihn widerlich zu finden, das ist es! Das können Sie meinetwegen aufschreiben.«

Als Mitja das gesagt hatte, wurde er auf einmal sehr traurig. Schon seit längerer Zeit, während er die Fragen des Untersuchungsrichters beantwortete, hatte sein Gesicht sich allmählich immer mehr verdüstert. Und gerade in diesem Augenblick kam es wieder zu einer unerwarteten Szene. Damit hatte es folgende Bewandtnis: man hatte Gruschenka zwar vorhin fortgebracht, aber nicht sehr weit, sondern nur zwei Räume von dem blauen Zimmer entfernt, in dem jetzt das Verhör stattfand, in ein kleines einfenstriges Gemach gleich neben dem großen Zimmer, in dem nachts getanzt und ein tolles Fest gefeiert worden war. Dort saß sie nun, und im Augenblick war nur Maximow bei ihr, der ungemein erschüttert und von entsetzlicher Angst erfaßt war und nicht von Gruschenkas Seite wich, als suchte er bei ihr Rettung. Vor der Tür stand ein Bauer mit einem Blechschild auf der Brust. Gruschenka weinte, und plötzlich, als der Gram schon allzusehr ihre

Seele bedrückte, sprang sie auf, schlug die Hände über dem Kopf zusammen und stürzte mit dem lauten Ausruf: »Ich Unglückliche, ich Unglückliche!« aus dem Zimmer zu ihm, zu ihrem Mitja, und das geschah so unerwartet, daß niemand dazu kam, sie aufzuhalten. Als Mitja sie schreien hörte, fuhr er jäh zusammen, sprang auf, stieß einen Schrei aus und lief ihr Hals über Kopf entgegen, als wäre er nicht mehr Herr seiner selbst. Doch wieder ließ man sie nicht zusammenkommen, obwohl sie einander schon erblickt hatten. Man packte ihn fest bei den Armen: er warf sich hin und her, suchte sich loszureißen, so daß drei oder vier Männer ihn festhalten mußten. Man hatte auch Gruschenka ergriffen, und er sah, wie sie, als man sie fortschleppte, mit einem Schrei die Arme nach ihm ausstreckte. Als dieser Zwischenfall vorüber war, fand er sich, zur Besinnung gelangt, wieder auf seinem früheren Platz am Tisch gegenüber dem Untersuchungsrichter und rief, zu diesem gewandt: »Was wollen Sie von ihr? Warum quälen Sie sie? Sie ist schuldlos, ist schuldlos! . . .«

Der Staatsanwalt und der Untersuchungsrichter suchten ihn zu beschwichtigen. So verging einige Zeit, ungefähr zehn Minuten; schließlich kam Michail Makarowitsch, der auf eine Weile weggegangen war, eilig wieder ins Zimmer und sagte laut und erregt zum Staatsanwalt: »Sie ist entfernt worden, sie ist jetzt unten; würden Sie mir wohl erlauben, meine Herren, nur ein paar Worte zu diesem Unglücklichen zu sprechen? In Ihrem Beisein, meine Herren, in Ihrem Beisein!«

»Bitte sehr, Michail Makarowitsch«, antwortete der Untersuchungsrichter, »unter dieser Bedingung haben wir nichts dagegen einzuwenden.«

»Dmitrij Fjodorowitsch, höre, mein Lieber«, begann Michail Makarowitsch, zu Mitja gewandt, und sein erregtes Gesicht drückte warmes, fast väterliches Mitleid mit dem Unglücklichen aus, »ich habe deine Agrafena Alexandrowna selbst hinuntergebracht und sie den Wirtstöchtern übergeben, und dieser kleine Alte, der Herr Maximow, bleibt jetzt bei ihr, und ich habe ihr zugeredet, hörst du? Ich habe ihr zugeredet und sie beruhigt; ich habe ihr klargemacht, daß du dich doch rechtfertigen mußt, darum solle sie dich nicht stören und dich nicht traurig machen, sonst könntest du in Verwirrung geraten und zu deinen Ungunsten falsch aussagen, verstehst du? Na, kurzum, ich habe mit ihr geredet, und sie hat verstanden. Sie ist ein kluges Mädchen, mein Lieber, sie ist gut, sie wollte mir altem

Manne sogar die Hände küssen, und sie hat für dich gebeten. Sie selbst hat mich zu dir geschickt, dir zu sagen, du möchtest dir ihretwegen keine Sorgen machen, und ich muß jetzt zu ihr gehen, mein Lieber, und ihr sagen können, du seist ruhig und ihretwegen getröstet. Beruhige dich also, sei vernünftig. Ich habe ihr Unrecht getan, sie ist eine christliche Seele, ja, meine Herren, das ist eine sanfte und gänzlich schuldlose Seele. Was soll ich ihr also sagen, Dmitrij Fjodorowitsch, wirst du ruhig sein oder nicht?«

Der Gute hatte viel Überflüssiges geredet, doch Gruschenkas Leid, ein so menschliches Leid, war ihm zu Herzen gegangen, und es standen ihm sogar Tränen in den Augen. Mitja sprang auf und stürzte auf ihn zu.

»Verzeihen Sie, meine Herren, erlauben Sie, oh, erlauben Sie!« rief er. »Sie sind ein Engel, Michail Makarowitsch, ein Engel, ich danke Ihnen für Ihre Bemühungen um sie! Ich werde ruhig sein, ich werde es sein, ich werde guter Dinge sein, bestellen Sie ihr in der grenzenlosen Güte Ihres Herzens, daß ich wohlgemut und guter Dinge bin, daß ich sogar gleich zu lachen anfangen werde, da ich weiß, daß ein solcher Schutzengel wie Sie ihr zur Seite steht. Ich werde sofort alles erledigen und, sobald man mich hier nicht mehr braucht, sofort zu ihr kommen, sie wird es schon sehen, sie soll nur warten! Meine Herren«, wandte er sich plötzlich an den Staatsanwalt und den Untersuchungsrichter, »jetzt werde ich meine ganze Seele vor Ihnen enthüllen, Ihnen mein Herz ausschütten, wir werden das Ganze im Nu erledigen, es in bester Stimmung erledigen – am Schluß werden wir sogar lachen, das werden wir doch? Aber, meine Herren, dieses Weib ist die Königin meiner Seele! Oh, erlauben Sie mir, das zu sagen, wenigstens das will ich Ihnen verraten ... Ich sehe doch, daß ich es mit Männern edelster Gesinnung zu tun habe: sie ist mein Licht, sie ist mein Heiligtum, und wenn Sie nur wüßten! Sie haben gehört, wie sie ausrief: ‚Mit dir, sei es auch zur Hinrichtung!' Doch was habe ich ihr gegeben, ich Bettler, ich Habenichts, weswegen liebt sie mich so, bin ich plumpe, schmähliche Kreatur mit meinem Schandgesicht denn einer solchen Liebe wert, daß sie mit mir ins Zuchthaus gehen will? Um meinetwillen hat sie vorhin Ihnen zu Füßen gelegen, sie, die Stolze und völlig Schuldlose! Wie sollte ich sie da nicht vergöttern, nicht schreien, nicht hinstreben zu ihr wie soeben? Oh, verzeihen Sie, meine Herren! Doch jetzt, jetzt bin ich getröstet!«

Und er fiel auf den Stuhl nieder, bedeckte das Gesicht mit beiden Händen und brach in lautes Weinen und Schluchzen aus. Doch es waren bereits Tränen des Glückes. Er kam sofort wieder zu sich. Der alte Kreispolizeichef war sehr zufrieden, und die Juristen waren es wohl auch: sie fühlten, daß das Verhör jetzt einen anderen Verlauf nehmen werde. Als Mitja den Kreispolizeichef zur Tür geleitet hatte, wurde er geradezu heiter. »Na, meine Herren, jetzt stehe ich zu Ihrer Verfügung, ganz zu Ihrer Verfügung. Und ... wenn nur nicht all diese Kleinigkeiten wären, so würden wir sofort einig werden. Schon rede ich wieder von diesen Kleinigkeiten! Ich stehe zu Ihrer Verfügung, meine Herren, aber – das schwöre ich Ihnen – es ist gegenseitiges Vertrauen notwendig, Ihrerseits zu mir und meinerseits zu Ihnen, sonst kommen wir nie zu Ende. Ich sage das in Ihrem Interesse. Zur Sache, meine Herren, zur Sache, und vor allem: wühlen Sie nicht so in meiner Seele herum, quälen Sie sie nicht mit Lappalien, sondern fragen Sie nur nach dem, worauf es wirklich ankommt, und nach Tatsachen, dann werde ich Sie sofort zufriedenstellen. Die Kleinigkeiten aber mag der Teufel holen!«

So rief Mitja. Das Verhör begann von neuem.

4

Die zweite Leidensstation

»Sie glauben gar nicht, Dmitrij Fjodorowitsch, wie Sie uns durch Ihre Bereitwilligkeit ermutigen ...« begann Nikolaj Parfenowitsch lebhaft, und sichtliche Zufriedenheit leuchtete aus seinen großen hellgrauen, vorstehenden, übrigens sehr kurzsichtigen Augen, von denen er kurz vorher die Brille abgenommen hatte. »Und Sie haben soeben mit Recht von der Notwendigkeit gegenseitigen Vertrauens gesprochen, ohne das man in Sachen von solcher Wichtigkeit zuweilen gar nicht auskommen kann, nämlich dann, wenn eine verdächtigte Person sich wirklich zu rechtfertigen wünscht, hofft und vermag. Wir selbst werden unser möglichstes tun, und Sie haben sich ja bereits überzeugen können, wie wir diese Sache führen ... Sie stimmen mir doch bei, Ippolit Kirillowitsch?« wandte er sich an den Staatsanwalt.

»Oh, gewiß«, pflichtete der Staatsanwalt ihm bei, wenn auch, im Vergleich zu dem Schwung des Nikolaj Parfenowitsch, in etwas trockenem Tone.

Ich will hier ein für allemal sagen: Nikolaj Parfenowitsch, der erst vor kurzem zu uns gekommen war, hatte schon seit dem Beginn seiner Tätigkeit in unserer Stadt eine ungewöhnliche Achtung empfunden vor unserem Ippolit Kirillowitsch, dem Staatsanwalt, und hatte sich mit ihm nahezu herzlich angefreundet. Er war fast der einzige Mensch, der an die ungewöhnliche psychologische und rednerische Begabung unseres »dienstlich benachteiligten« Ippolit Kirillowitsch vorbehaltlos glaubte, wie er auch völlig überzeugt war, daß dieser dienstlich benachteiligt worden war. Schon in Petersburg hatte er von ihm gehört. Dafür war der junge Nikolaj Parfenowitsch seinerseits auch der einzige Mensch in der ganzen Welt, den unser »benachteiligter« Staatsanwalt aufrichtig liebgewonnen hatte. Während der Fahrt nach Mokroje hatten sie sich bereits über den vorliegenden Fall verständigen und einiges vereinbaren können, und jetzt, am Tisch, erhaschte und verstand der scharfe Geist des Nikolaj Parfenowitsch sofort jeden Hinweis, jede Regung im Gesicht seines älteren Kollegen, selbst wenn es nur eine halb ausgesprochene Andeutung, ein Blick, ein Augenzwinkern war.

»Meine Herren, lassen Sie mich nur selber erzählen und unterbrechen Sie mich nicht mit Lappalien, dann werde ich Ihnen im Nu alles darlegen«, ereiferte sich Mitja.

»Vortrefflich. Ich danke Ihnen. Doch bevor wir dazu übergehen, Ihre Mitteilungen anzuhören, erlauben Sie mir wohl, nur noch eine für uns sehr interessante kleine Tatsache festzustellen; ich meine damit die zehn Rubel, die Sie sich gestern gegen fünf Uhr von Ihrem Freunde Pjotr Iljitsch Perchotin geliehen haben, wofür Sie ihm Ihre Pistolen als Pfand gaben.«

»Ich habe sie versetzt, meine Herren, ich habe sie versetzt, für zehn Rubel, und was weiter? Das ist alles. Kaum war ich von meiner Fahrt wieder in die Stadt zurückgekehrt, hab ich sie versetzt.«

»Sie waren von einer Fahrt zurückgekehrt? Sie hatten die Stadt verlassen?«

»Ja, meine Herren, das hatte ich, vierzig Werst weit war ich weggefahren, und Sie haben das nicht gewußt?«

Der Staatsanwalt und Nikolaj Parfenowitsch wechselten einen Blick.

»Und überhaupt, wie wäre es, wenn Sie Ihre Erzählung mit

einer systematischen Schilderung alles dessen begännen, was Sie gestern vom frühen Morgen an getan haben? Erlauben Sie, zum Beispiel, Sie zu fragen, warum Sie die Stadt verlassen hatten, wann Sie weggefahren und zurückgekehrt sind ... und was es dergleichen Tatsachen mehr gibt ...«

»So hätten Sie gleich von Anfang an fragen sollen«, sagte Mitja unter lautem Auflachen, »und wenn Sie wollen, werden wir nicht beim gestrigen Tage beginnen, sondern beim frühen Morgen des vorgestrigen, dann werden Sie auch verstehen, wohin, wie und warum ich gegangen und gefahren bin. Vorgestern, meine Herren, ging ich am Morgen zu dem hiesigen Kaufmann Samsonow, um mir von ihm gegen sicherstes Pfand dreitausend Rubel zu leihen – ich brauchte sie plötzlich dringend, meine Herren, sehr dringend brauchte ich sie ...«

»Erlauben Sie, daß ich Sie unterbreche«, sagte höflich der Staatsanwalt, »wozu brauchten Sie so plötzlich Geld und warum gerade diese Summe, das heißt dreitausend Rubel?«

»Äh, meine Herren, wir sollten uns doch nicht bei Kleinigkeiten aufhalten, als da sind: wie, wann und warum, und warum gerade soviel Geld und nicht soviel, und diesem ganzen Krimskrams ... das hätte ja nicht einmal in drei Bänden Platz, und es wäre noch ein Epilog nötig!« Alles das sagte Mitja mit der gutmütigen, aber ungeduldigen Vertraulichkeit eines Menschen, der die volle Wahrheit sagen will und die besten Absichten hegt. »Meine Herren«, fuhr er fort, als hätte er sich plötzlich eines anderen besonnen, »verübeln Sie mir nicht mein störrisches Wesen. Ich bitte Sie nochmals: Glauben Sie mir, daß ich volle Ehrerbietung vor Ihnen empfinde und für die gegenwärtige Sachlage Verständnis habe. Halten Sie mich nicht für betrunken. Ich bin bereits ganz nüchtern geworden. Und selbst wenn ich betrunken wäre, würde das nicht stören. Bei mir ist das doch so:

> Wird man nüchtern und klüger – so ist man dumm,
> Betrinkt man sich und wird dümmer – so ist man klug.

Haha! Ich sehe übrigens, meine Herren, daß es sich vorläufig für mich nicht schickt, vor Ihnen Witze zu machen, das heißt, solange wir uns noch nicht ausgesprochen haben. Erlauben Sie, daß auch ich meine Würde wahre. Ich begreife doch, was für ein Unterschied jetzt zwischen uns besteht: ich sitze immerhin vor Ihnen als Verbrecher, bin Ihnen also nicht im entferntesten gleichgestellt, Sie aber sind beauftragt, mich zu beobachten:

Sie werden mir doch wegen der Sache mit Grigorij nicht den Kopf streicheln, man darf doch wahrhaftig nicht alten Männern ungestraft den Schädel einschlagen; Sie werden mich doch seinetwegen verurteilen und mich, na, sagen wir: auf ein halbes Jahr oder auch auf ein ganzes ins Zuchthaus stecken – ich weiß ja nicht, wie das Urteil ausfallen wird –, aber doch wohl ohne Entzug der bürgerlichen Ehrenrechte, Herr Staatsanwalt? Na also, meine Herren, ich begreife diesen Unterschied ... Aber Sie werden doch zugeben müssen, daß Sie selbst Gott aus dem Konzept bringen könnten, wenn Sie an Ihn solche Fragen richten wollten wie: Wo bist Du gegangen, wie bist Du gegangen und wohin bist Du gegangen? Ich würde ja konfus werden, wenn Sie so fragten, Sie aber würden gleich alles Wort für Wort aufschreiben, und was käme dabei heraus? Nichts käme dabei heraus! Und schließlich, wenn ich jetzt schon begonnen habe, Unsinn zu reden, so werde ich auch bis zum Ende dabei bleiben, und Sie, meine Herren, werden es mir als Männer von höchster Bildung und edelster Gesinnung verzeihen. Ich will mit der Bitte schließen: Gewöhnen Sie sich doch dieses schablonenhafte Verfahren beim Verhör ab, meine Herren, das darin besteht, zuerst bei etwas ganz Geringfügigem, Nichtigem zu beginnen – wie einer aufgestanden sei, was er gegessen habe, wie und wohin er ausgespuckt habe – und dann, ‚nachdem die Aufmerksamkeit des Verbrechers eingeschläfert ist', ihn plötzlich mit der verblüffenden Frage zu überraschen: ‚Wen hast du ermordet, wen bestohlen?' Haha! Das ist ja Ihre Schablone, das ist doch bei Ihnen die Regel, darin besteht ja Ihre ganze Schlauheit! Mit solchen Kniffen können Sie wohl Bauern einschläfern, aber nicht mich. Ich kenne das doch, habe selbst gedient, hahaha! Sie sind mir doch nicht böse, meine Herren, Sie verzeihen mir doch meine Dreistigkeit?« rief er und sah sie mit einer geradezu erstaunlichen Gutmütigkeit an. »Der das gesagt hat, ist doch Mitjka Karamasow, also kann man es auch verzeihen, denn bei einem klugen Menschen wäre es unverzeihlich, bei Mitjka aber ist es verzeihlich! Haha!«

Nikolaj Parfenowitsch hörte zu und lachte ebenfalls. Der Staatsanwalt lachte zwar nicht, betrachtete aber Mitja aufmerksam mit unverwandtem Blick, als wollte er sich nicht das geringste Wörtchen, nicht die geringste Bewegung, nicht das geringste Zucken in seinem Gesicht entgehen lassen.

»Anfangs haben wir es ja auch vermieden«, entgegnete Nikolaj Parfenowitsch, immer noch lachend, »Sie durch Fragen irrezumachen, wie Sie morgens aufgestanden seien und was Sie gegessen hätten, sondern haben gleich mit dem Wesentlichsten begonnen.«

»Ich verstehe, ich habe es verstanden und zu schätzen gewußt, und noch mehr schätze ich Ihre jetzige beispiellose Güte mir gegenüber, die der edelsten Seelen würdig ist. Wir drei haben uns hier als Ehrenmänner zusammengefunden, und so soll denn auch alles zwischen uns auf dem gegenseitigen Vertrauen gebildeter Männer von Welt beruhen, die durch Adel und Ehre miteinander verbunden sind. Erlauben Sie mir jedenfalls, Sie in diesem Augenblick meines Lebens, in dem meine Ehre so tief erniedrigt wird, für meine besten Freunde zu halten! Das wird Sie doch nicht beleidigen, meine Herren, nicht wahr?«

»Im Gegenteil, Sie haben das alles sehr schön ausgedrückt, Dmitrij Fjodorowitsch«, stimmte Nikolaj Parfenowitsch ihm würdig bei.

»Die Kleinigkeiten aber, meine Herren, all diese rabulistischen Kleinigkeiten, die wollen wir beiseite lassen«, rief Mitja begeistert, »sonst kommt einfach weiß der Teufel was heraus, nicht wahr?«

»Ich werde Ihre vernünftigen Ratschläge genau befolgen«, mischte sich, zu Mitja gewandt, der Staatsanwalt ein, »auf meine Frage aber werde ich doch nicht verzichten. Es ist für uns äußerst wichtig zu erfahren, wozu Sie eine solche Summe brauchten, das heißt gerade dreitausend Rubel.«

»Wozu ich sie brauchte? Nun, für dieses und jenes . . . nun, um eine Schuld zurückzuzahlen.«

»Wem denn?«

»Das zu sagen weigere ich mich entschieden, meine Herren! Sehen Sie, nicht deshalb, weil ich es nicht sagen könnte oder es nicht wagte oder mich fürchtete – denn das alles ist nicht der Rede wert und ganz nebensächlich –, sondern ich sage es deshalb nicht, weil es sich hier um ein Prinzip handelt: das betrifft mein Privatleben, und ich erlaube es nicht, daß man sich in mein Privatleben einmischt. Das ist mein Prinzip. Ihre Frage gehört nicht zur Sache, und alles, was nicht zur Sache gehört, ist mein Privatleben! Ich wollte eine Schuld zurückzahlen, eine Ehrenschuld wollte ich zurückzahlen, doch an wen – das sage ich nicht.«

»Erlauben Sie uns, das niederzuschreiben«, sagte der Staatsanwalt.

»Bitte schön. Schreiben Sie es wörtlich so: daß ich es nicht sage und nicht sagen werde. Schreiben Sie, meine Herren, daß ich es sogar für ehrlos halte, es zu sagen. Müssen Sie aber viel Zeit haben zum Schreiben!«

»Erlauben Sie, mein Herr, Sie darauf aufmerksam zu machen oder Sie nochmals daran zu erinnern, falls Sie es nur vergessen haben sollten«, sagte der Staatsanwalt im Tone strengster Ermahnung, »daß Sie das volle Recht haben, auf die Fragen, die wir jetzt an Sie richten, die Antwort zu verweigern, und daß wir umgekehrt nicht berechtigt sind, von Ihnen Antworten zu erzwingen, wenn Sie aus diesen oder jenen Gründen nicht antworten wollen. Das ist Sache Ihres eigenen Ermessens. Unsere Sache wiederum ist es, Sie in einem Falle wie dem jetzigen darauf aufmerksam zu machen und Ihnen zu erklären, wie sehr Sie sich selber schaden, wenn Sie sich weigern, diese oder jene Aussage zu machen. Nunmehr bitte ich Sie fortzufahren.«

»Meine Herren, ich nehme es Ihnen ja nicht übel . . . ich . . .« stammelte Mitja, den die Mahnung des Staatsanwalts etwas verwirrt hatte. »Sehen Sie, dieser besagte Samsonow, zu dem ich damals ging . . .«

Ich werde natürlich seinen Bericht über das, was dem Leser schon bekannt ist, nicht ausführlich wiedergeben. Mitja wollte in seiner Ungeduld alles bis in die kleinsten Einzelheiten und zugleich möglichst schnell erzählen. Doch seine Aussagen wurden der Reihe nach niedergeschrieben, und so mußte man ihn immer wieder unterbrechen. Dmitrij Fjodorowitsch bekrittelte das, fügte sich aber, zwar ungehalten, jedoch vorläufig noch in gutmütiger Art. Allerdings rief er manchmal: »Meine Herren, das könnte selbst Gott den Herrn zur Raserei bringen!« oder: »Meine Herren, wissen Sie, daß Sie mich ganz umsonst reizen?« Doch obwohl er das ausrief, hielt einstweilen noch seine freundschaftlich mitteilsame Laune an. So erzählte er, wie Samsonow ihn vorgestern »angeführt« habe. (Er war sich jetzt schon völlig darüber im klaren, daß man ihn damals angeführt hatte.) Der Verkauf der Uhr für sechs Rubel, um sich Geld für die Fahrt zu verschaffen, war dem Untersuchungsrichter und dem Staatsanwalt noch ganz unbekannt gewesen und erweckte bei ihnen ein ungewöhnliches Interesse; sie fanden es zu Mitjas maßlosem Unwillen für nötig, diese Tatsache aufzuschreiben, da sie nochmals bestätigte, daß er am Tage vorher so gut wie kein Geld besessen hatte. Nach und nach wurde Mitja immer verdrossener. Nachdem er dann seine Fahrt zu Ljagawyj und die in der dunsterfüllten Stube verbrachte Nacht geschildert hatte, führte er seine Erzählung bis zur Rückkehr in die Stadt fort und begann nun von selbst, ohne besondere Aufforderung, ausführlich seine Eifersuchtsqualen Gruschenkas wegen zu beschreiben. Man hörte ihm schweigend und aufmerksam zu; besonderes Interesse erweckte die Mitteilung, daß er schon seit langem hinter dem Hause des Fjodor Pawlowitsch im Garten der Marja Kondratjewna einen Beobachtungsposten eingerichtet hatte, um dort auf Gruschenka zu lauern, und daß Smerdjakow ihm Nachrichten überbrachte: das wurde sehr beachtet und auch niedergeschrieben. Von seiner Eifersucht sprach er leidenschaftlich und ausführlich, und obwohl er sich innerlich dessen schämte, daß er seine geheimsten Gefühle sozusagen »an den Pranger stellte«, so bezwang er doch augenscheinlich seine Scham, um bei der Wahrheit zu bleiben. Die teilnahmslose Strenge der während seiner Erzählung unverwandt auf ihn gerichteten Blicke des Untersuchungsrichters und besonders des Staatsanwalts verwirrte ihn schließlich ziemlich stark. Dieser Grünschnabel Nikolaj Parfenowitsch, mit dem ich erst vor ein paar Tagen dummes Zeug über die Weiber geredet habe, und dieser kränkliche Staatsanwalt sind es gar nicht wert, daß ich ihnen das erzähle, ging es ihm schmerzlich durch den Sinn. O Schande! Dulde, füge dich und schweig, mit diesem Vers schloß er seine Gedanken und nahm sich von neuem zusammen, um in seinen Aussagen fortfahren zu können. Als er zur Erzählung von seinem Besuch bei der Chochlakowa überging, wurde er sogar wieder vergnügt und wollte schon über diese Dame eine kleine Anekdote neuesten Datums erzählen, die nicht zur Sache gehörte; doch der Untersuchungsrichter unterbrach ihn und forderte ihn höflich auf, »zu Wesentlicherem« zu kommen. Schließlich – als er seine Verzweiflung geschildert und von jenem Augenblick erzählt hatte, da er das Haus der Chochlakowa verlassen und sogar daran gedacht habe, »lieber jemanden umzubringen, um sich nur die dreitausend Rubel zu beschaffen« – unterbrach man ihn wieder und schrieb auf, er habe jemanden umbringen wollen. Mitja ließ es wortlos zu. Endlich kam er in seiner Erzählung zu dem Zeitpunkt, da er plötzlich erfahren hatte, daß Gruschenka ihn betrogen hatte und von Samsonow, gleich nachdem er sie hingebracht hatte, wieder weggegangen war, während sie ihm doch selbst gesagt hatte, sie werde bis Mitternacht bei dem Alten bleiben. »Wenn ich damals diese Fenja nicht erschlagen habe, so nur deshalb, weil ich keine Zeit hatte«, entschlüpfte es ihm plötzlich an dieser Stelle der Erzählung. Auch das wurde sorgfältig niedergeschrieben. Mitja wartete eine Weile mit düsterer Miene und wollte danach gerade davon berichten, wie er zu seinem Vater in den Garten gelaufen sei, als der Untersuchungsrichter ihn plötzlich unterbrach, seine große Aktentasche öffnete, die neben ihm auf dem Sofa lag, und daraus den Messingstößel hervorholte.

»Kennen Sie diesen Gegenstand?« fragte er, indem er ihn Mitja zeigte.

»Ach, ja!« sagte Mitja mit einem düsteren Lächeln. »Wie sollte ich ihn nicht kennen! Lassen Sie mich ihn mal ansehen... Ach, zum Teufel, es ist nicht nötig!«

»Sie haben vergessen, ihn zu erwähnen«, bemerkte der Untersuchungsrichter.

»Ach, Teufel! Ich hätte es Ihnen bestimmt nicht verheimlicht, ich wäre doch nicht darum gekommen, ihn zu erwähnen, was meinen Sie? Ich hatte es nur vergessen.«

»Wollen Sie die Güte haben, ausführlich zu erzählen, wie Sie sich damit bewaffnet haben.«

»Bitte schön, ich werde die Güte haben, meine Herren.«

Und Mitja erzählte, wie er den Stößel genommen hatte und davongelaufen war.

»Was beabsichtigten Sie denn, als Sie sich mit einem solchen Werkzeug bewaffneten?«

»Was ich beabsichtigte? Gar nichts! Ich ergriff es und lief davon.«

»Doch warum denn, wenn Sie nichts beabsichtigten?«

Mitja war außer sich vor Unwillen. Er sah den »Grünschnabel« unverwandt an und lächelte finster und gehässig. Er schämte sich mehr und mehr, daß er soeben so aufrichtig und mit solchen Herzensergüssen »solchen Leuten« die Geschichte seiner Eifersucht erzählt hatte.

»Was geht mich der Stößel an!« entfuhr es ihm unversehens.

»Da hört sich doch alles auf!«

»Na, wegen der Hunde nahm ich ihn mit... wegen der Dunkelheit... für alle Fälle.«

»Haben Sie denn auch früher schon, wenn Sie nachts das Haus verließen, eine Waffe mitgenommen, weil Sie die Dunkelheit fürchteten?«

»Äh, Teufel, pfui! Meine Herren, mit Ihnen ist es buchstäblich unmöglich zu reden!« rief Mitja aufs äußerste gereizt, dann wandte er sich, krebsrot vor Wut, an den Schriftführer und sagte zu ihm rasch mit einem Unterton höchster Erregung: »Schreib sofort ... sofort ... daß ich den Stößel mitgenommen habe, um hinzulaufen und meinen Vater ... Fjodor Pawlowitsch ... durch einen Schlag auf den Kopf zu töten! Na, sind Sie jetzt zufrieden, meine Herren? Ist Ihnen jetzt leichter ums Herz?« sagte er und starrte den Untersuchungsrichter und den Staatsanwalt herausfordernd an.

»Wir begreifen nur zu gut, daß Sie diese Aussage soeben in der Erregung über uns und im Ärger über die Fragen gemacht haben, die wir an Sie richten und die Sie für kleinlich halten, die aber im Grunde sehr wesentlich sind«, antwortete ihm trocken der Staatsanwalt.

»Aber ich bitte Sie, meine Herren! Na, ich nahm den Stößel ... Na, wozu nimmt man denn in solchen Fällen etwas in die Hand? Ich weiß nicht wozu. Ich ergriff ihn und lief davon. Das ist alles. Schämen Sie sich, meine Herren, passons, sonst – das schwöre ich Ihnen – erzähle ich nichts mehr!«

Er stützte den Ellenbogen auf den Tisch und legte den Kopf in die Hand. Halb abgewandt saß er vor ihnen, blickte zur Wand und suchte ein häßliches Gefühl zu unterdrücken, das sich in ihm regte. Wahrhaftig, er hatte große Lust, aufzustehen und zu erklären, daß er kein Wort mehr sagen werde, »selbst wenn Sie mich hinrichten lassen«.

»Sehen Sie, meine Herren«, sagte er plötzlich, indem er sich nur mit Mühe bezwang, »sehen Sie, ich höre Ihnen zu, und es kommt mir so vor, als ob ... sehen Sie, ich habe manchmal einen Traum ... einen eigenartigen Traum, ich habe ihn oft, er wiederholt sich; mir träumt, daß jemand, vor dem ich mich schrecklich fürchte, mich nachts in der Dunkelheit verfolgt, mich sucht und daß ich mich irgendwo hinter einer Tür oder hinter einem Schrank verstecke, mich in einer erniedrigenden Weise verstecke, jener aber weiß sehr gut, wo ich mich vor ihm verborgen halte, doch er scheint absichtlich so zu tun, als wüßte er nicht, wo ich stecke, um mich länger zu quälen und sich an meiner Angst zu weiden ... Das tun auch Sie jetzt! So sieht es jedenfalls aus!«

»Solche Träume haben Sie?« erkundigte sich der Staatsanwalt.

»Ja, solche Träume habe ich ... Wollen Sie das etwa auch aufschreiben?« fragte Mitja mit einem schiefen Lächeln.

»Nein, aufschreiben wollen wir es nicht, aber es ist doch immerhin interessant, daß Sie solche Träume haben.«

»Jetzt ist es kein Traum mehr! Es ist Wirklichkeit, meine Herren, die Wirklichkeit des Lebens! Ich bin der Wolf, Sie sind die Jäger, na, und Sie hetzen den Wolf.«

»Sie haben zu Unrecht diesen Vergleich gewählt ...« begann Nikolaj Parfenowitsch in überaus sanftem Tone.

»Nein, nicht zu Unrecht, meine Herren, nicht zu Unrecht!« brauste Mitja wieder auf, obwohl er durch seinen jähen Zornesausbruch augenscheinlich sein Herz erleichtert hatte und mit jedem Wort mehr von seiner früheren Gutmütigkeit zurückgewann. »Einem Verbrecher oder Angeklagten, den Sie mit Ihren Fragen foltern, brauchen Sie nicht zu glauben, aber wohl einem Mann von edelster Gesinnung, meine Herren; den edelsten Regungen eines Herzens – ich rufe das kühn aus! –, nein, denen dürfen Sie nicht mißtrauen! ... dazu haben Sie kein Recht! ... aber –

Schweig, mein Herz,
Dulde, füge dich und schweig!

Na, soll ich in meinen Aussagen fortfahren?« brach er mit düsterer Miene ab.

»Gewiß, tun Sie uns den Gefallen«, antwortete Nikolaj Parfenowitsch.

5

Die dritte Leidensstation

Obwohl Mitja in rauhem Ton zu reden anfing, so gab er sich doch sichtlich noch mehr Mühe als vorher, bei seiner Aussage auch nicht die kleinste Einzelheit zu vergessen oder auszulassen. Er erzählte, wie er über den Zaun in den Garten seines Vaters gestiegen war, wie er den Weg bis ans Fenster zurückgelegt hatte, und schließlich, was alles vor dem Fenster in ihm vorgegangen war. Er berichtete klar und deutlich von den Gefühlen, die ihn in jenen Augenblicken im Garten bewegt hatten, als es ihn so sehr danach verlangte zu erfahren, ob Gruschenka bei seinem Vater sei oder nicht. Doch seltsam: der Staatsanwalt wie auch der Untersuchungsrichter hörten ihm diesmal mit äußerster Zurückhaltung zu, blickten ihn kalt an und stellten weit weniger Fragen als vorher. Mitja konnte aus ihren Gesichtern nichts herauslesen. Sie haben sich geärgert und sind gekränkt, dachte er, na, der Teufel soll sie holen! Als er dann erzählte, wie er sich zu guter Letzt entschlossen hatte, seinem Vater das *Zeichen* zu geben, daß Gruschenka gekommen sei, damit er das Fenster öffne, schenkten der Staatsanwalt und der Untersuchungsrichter dem Wort »Zeichen« gar keine Beachtung, als hätten sie gar nicht begriffen, welche Bedeutung dieses Wort hier hatte, so daß dies sogar Mitja auffiel. Als er dann endlich auf den Augenblick zu sprechen kam, da beim Anblick des Vaters, der sich aus dem Fenster herauslehnte, der Haß in ihm aufgelodert war, hielt er auf einmal wie absichtlich inne. Er saß da und blickte zur Wand und wußte, daß die anderen ihn geradezu mit den Augen verschlangen.

»Nun«, sagte der Untersuchungsrichter, »Sie rissen die Waffe heraus und ... was geschah dann?«

»Dann? Und dann tötete ich ihn ... ich versetzte ihm einen Schlag auf den Scheitel und zerschmetterte ihm den Schädel... So war es doch Ihrer Meinung nach, nicht wahr?« rief er, und seine Augen funkelten auf einmal. Sein ganzer Zorn, der schon fast erloschen war, flammte plötzlich wieder mit ungewöhnlicher Heftigkeit in seiner Seele auf.

»Ja, unserer Meinung nach«, sagte Nikolaj Parfenowitsch, »nun, und Ihrer Meinung nach?«

Mitja senkte die Augen und schwieg lange.

»Meiner Meinung nach, meine Herren«, begann er leise, »meiner Meinung nach war es folgendermaßen: ob nun jemandes Tränen oder das flehentliche Bitten meiner Mutter Gott rührten oder ob ein lichter Geist mich in jenem Augenblick küßte – ich weiß es nicht, doch der Teufel war besiegt. Ich stürzte vom Fenster weg und lief zum Zaun ... Mein Vater erschrak, denn da erst erblickte er mich; er schrie auf und prallte vom Fenster zurück – daran erinnere ich mich noch ganz genau. Ich aber lief durch den Garten zum Zaun ... und gerade da holte Grigorij mich ein, als ich schon auf dem Zaune saß ...« Hier hob er endlich den Blick zu seinen Zuhörern. Die schienen ihn völlig ruhig und mit größter Aufmerksamkeit anzublicken. Ein Schauer des Unwillens ging durch Mitjas Seele. »Sie machen sich ja in diesem Augenblick über mich lustig, meine Herren!« unterbrach er sich jäh.

»Woraus schließen Sie das?« bemerkte Nikolaj Parfenowitsch.

»Sie glauben mir kein Wort, daraus schließe ich es! Ich begreife doch, daß ich beim wichtigsten Punkt angelangt bin: der alte Mann liegt dort mit eingeschlagenem Schädel, und ich – der ich so dramatisch beschrieben habe, wie ich ihn hatte töten wollen und schon den Stößel hervorgeholt hatte –, ich laufe auf einmal vom Fenster weg ... Das ist geradezu ein Gedicht in Versen! Man kann dem Burschen aufs Wort glauben! Haha! Spötter sind Sie, meine Herren!« Und er drehte sich mit dem ganzen Körper um, so daß der Stuhl krachte.

»Haben Sie nicht darauf geachtet«, begann plötzlich der Staatsanwalt, als hätte er Mitjas Erregung gar nicht bemerkt, »haben Sie nicht darauf geachtet, als Sie vom Fenster wegliefen, ob die Tür zum Garten, die sich am anderen Ende des Seitenflügels befindet, offen war oder nicht?«

»Nein, sie war nicht offen.«

»Sie war es nicht?«

»Im Gegenteil, sie war geschlossen, und wer könnte sie denn auch geöffnet haben? Pah, die Tür, warten Sie mal!« rief er, als besänne er sich auf einmal, und zuckte leicht zusammen. »Haben Sie denn die Tür offen vorgefunden?«

»Ja.«

»Wer konnte sie denn geöffnet haben, wenn nicht Sie selbst?« fragte Mitja höchst erstaunt.

»Die Tür stand offen, und der Mörder Ihres Vaters ist zweifellos durch diese Tür hineingegangen und, nachdem er den Mord verübt hatte, wieder durch diese Tür herausgekommen«, sagte der Staatsanwalt langsam und mit Nachdruck. »Das ist uns völlig klar. Der Mord ist augenscheinlich im Zimmer *und nicht durchs Fenster* verübt worden, was ganz deutlich aus der Lokalbesichtigung, aus der Lage der Leiche und allem übrigen hervorgeht. Darüber kann kein Zweifel bestehen.«

Mitja war äußerst betroffen.

»Das ist ja unmöglich, meine Herren!« rief er ganz bestürzt, »ich ... ich bin nicht hineingegangen ... ich versichere Ihnen mit aller Bestimmtheit, daß die Tür die ganze Zeit über, während ich im Garten war und noch als ich aus dem Garten lief, geschlossen war. Ich habe nur am Fenster gestanden und ihn im Fenster gesehen, sonst nichts, nichts ... An alles bis zum letzten Augenblick erinnere ich mich. Und selbst wenn ich mich nicht erinnerte, so wüßte ich es dennoch, weil die *Zeichen* nur mir, Smerdjakow und ihm, dem Verstorbenen, bekannt waren und weil er ohne diese Zeichen niemandem auf der Welt geöffnet hätte!«

»Zeichen? Was für Zeichen waren das denn?« fragte der Staatsanwalt mit gierigem, fast übertriebenem Interesse, und plötzlich verlor er seine beherrschte Haltung. In dem Ton seiner Frage lag etwas Lauerndes, als wollte er sich behutsam an jemanden heranschleichen. Er witterte eine wichtige, ihm noch unbekannte Tatsache und empfand sofort die größte Angst, Mitja könnte sie ihm vielleicht nicht ganz anvertrauen wollen.

»So, Sie haben nichts davon gewußt!« rief Mitja und zwinkerte ihm mit einem spöttischen und boshaften Lächeln zu. »Was aber, wenn ich es Ihnen nicht sage? Von wem wollen Sie es dann erfahren? Von den Zeichen wußten doch nur der Verstorbene, ich und Smerdjakow, weiter niemand, ja auch der Himmel wußte davon, doch der wird es Ihnen nicht sagen. Dabei ist es eine interessante kleine Tatsache, auf der man weiß der Teufel was aufbauen könnte, haha! Trösten Sie sich, meine Herren, ich werde sie Ihnen anvertrauen, denn was Sie sich so denken, ist doch nur dummes Zeug. Sie wissen nicht, mit wem Sie es zu tun haben! Sie haben es mit einem Beschuldigten zu tun, der gegen sich selbst aussagt, zu seinen Ungunsten aussagt! Jawohl, denn ich bin ein Ritter der Ehre, Sie aber sind es nicht!«

Der Staatsanwalt schluckte all diese Pillen hinunter, er zitterte nur vor Ungeduld, die neue Tatsache zu erfahren. Mitja legte ihnen genau und ausführlich alles dar, was mit den Zeichen zusammenhing, die Fjodor Pawlowitsch für Smerdjakow erdacht hatte; er erzählte, was die verschiedenen Arten des Klopfens zu bedeuten hatten, er klopfte sogar diese Zeichen auf dem Tisch vor, und auf die Frage des Nikolaj Parfenowitsch, ob also auch er, Mitja, als er an das Fenster des Vaters klopfte, gerade dieses Zeichen verwendet habe, das bedeutete: »Gruschenka ist gekommen«, antwortete er mit Bestimmtheit, daß er gerade so geklopft habe, nämlich: »Gruschenka ist gekommen.«

»Da haben Sie es, bauen Sie nun darauf Ihren Turm auf!« brach Mitja ab und wandte sich mit Verachtung wieder von ihnen weg.

»Und von diesen Zeichen wußten nur Ihr verstorbener Vater, Sie und der Diener Smerdjakow? Und sonst niemand?« erkundigte sich Nikolaj Parfenowitsch nochmals.

»Ja, der Diener Smerdjakow und dann noch der Himmel. Schreiben Sie auch das vom Himmel auf; es könnte von Nutzen sein, auch das niederzuschreiben. Denn auch Sie selbst werden Gott brauchen.«

Man machte sich natürlich wieder ans Aufschreiben, doch noch während der Niederschrift sagte der Staatsanwalt auf einmal, als wäre ihm ganz unerwartet ein neuer Gedanke gekommen: »Wenn aber von diesen Zeichen auch Smerdjakow gewußt hat, Sie jedoch jede Schuld am Tode Ihres Vaters aufs entschiedenste in Abrede stellen, hat dann nicht vielleicht er die verabredeten Zeichen geklopft, dadurch Ihren Vater veranlaßt, ihm zu öffnen, und dann . . . das Verbrechen begangen?«

Mitja sah ihn mit äußerst spöttischem, zugleich aber auch ungemein haßerfülltem Blick an. Er sah ihn lange und stumm an, so daß der Staatsanwalt zu blinzeln begann.

»Da haben Sie wieder mal einen Fuchs gefangen!« sagte Mitja endlich. »Sie haben dem Schurken den Schwanz eingeklemmt; hehe! Ich durchschaue Sie völlig, Herr Staatsanwalt! Sie haben gewiß geglaubt, ich würde sofort aufspringen, mich an das klammern, was Sie mir einzureden versuchen, und nun aus vollem Halse schreien: Ah, Smerdjakow ist es gewesen, da haben wir ja den Mörder! Gestehen Sie, daß Sie das gedacht haben, gestehen Sie es, dann werde ich fortfahren.«

Doch der Staatsanwalt gestand es nicht. Er schwieg und wartete.

»Sie haben sich verrechnet, ich werde nicht rufen, daß Smerdjakow der Mörder sei!« sagte Mitja.

»Und Sie hegen nicht einmal einen Verdacht gegen ihn?«

»Tun Sie es denn?«

»Wir hatten auch ihn in Verdacht.«

Mitja richtete den Blick zu Boden.

»Scherz beiseite«, sagte er düster, »hören Sie: gleich zu Anfang, beinahe schon in dem Augenblick, als ich vorhin hinter diesem Vorhang hervor zu Ihnen herausgelaufen kam, zuckte mir der Gedanke durch den Kopf: Smerdjakow! Und während ich hier am Tisch saß und rief, daß ich an diesem Blute nicht schuldig sei, dachte ich immerzu: Smerdjakow! Und Smerdjakow ließ meiner Seele keine Ruhe. Und schließlich dachte ich auch jetzt wieder plötzlich: Smerdjakow! aber nur eine Sekunde lang, gleich danach dachte ich: Nein, nicht Smerdjakow! Nicht er hat es getan, meine Herren!«

»Haben Sie nicht, wenn dem so ist, noch irgendeine andere

Person in Verdacht?« fragte Nikolaj Parfenowitsch vorsichtig.

»Ich weiß nicht, wer oder welche Person es war, ob die Hand des Himmels oder der Teufel, aber ... Smerdjakow war es nicht!« sagte Mitja kurz und entschieden.

»Doch warum behaupten Sie so fest und mit solcher Beharrlichkeit, daß er es nicht gewesen sei?«

»Aus Überzeugung. Nach dem Eindruck, den er auf mich macht. Weil Smerdjakow ein ganz primitiver Mensch und ein Feigling ist. Er ist nicht nur ein Feigling, sondern der Inbegriff aller Feigheit der Welt auf zwei Beinen. Er ist der Sohn eines dummen Huhns. Wenn er mit mir sprach, zitterte er jedesmal vor Angst, ich könnte ihn erschlagen, obwohl ich nicht einmal die Hand erhob. Er fiel mir zu Füßen und weinte, er hat mir diese Stiefel geküßt, sie buchstäblich geküßt und mich angefleht, ihn ‚nicht zu schrecken'. Hören Sie: ‚Nicht zu schrekken' – was ist das für ein Ausdruck? Dabei habe ich ihn sogar beschenkt. Er ist ein krankes Huhn, das an Epilepsie leidet, das einen schwachen Verstand hat und das ein achtjähriger Junge erschlagen könnte. Ist das denn eine starke Natur? Smerdjakow ist es nicht gewesen, meine Herren, auch macht er sich nichts aus Geld, meine Geschenke hat er gar nicht angenommen ... Und weswegen hätte er den Alten erschlagen sollen? Er ist ja vielleicht sein Sohn, sein illegitimer Sohn, wissen Sie das?«

»Wir haben von diesem Gerücht gehört. Aber auch Sie sind ja ein Sohn Ihres Vaters, und dennoch haben Sie zu allen Leuten gesagt, Sie wollten ihn töten.«

»Ein Wink mit dem Zaunpfahl! Zudem ein niederträchtiger und abscheulicher! Ich habe keine Angst! Oh, meine Herren, es ist doch wohl mehr als gemein von Ihnen, mir das ins Gesicht zu sagen! Gemein deswegen, weil ich selbst Ihnen das gesagt habe. Ich *wollte* ihn nicht nur töten, sondern ich *konnte* es auch, und ich habe mich noch durch die freiwillige Aussage belastet, daß ich ihn beinahe getötet hätte. Aber ich habe ihn ja nicht getötet, mein Schutzengel hat mich davor bewahrt – gerade das haben Sie nicht berücksichtigt ... Und darum ist es gemein, gemein von Ihnen! Denn ich habe ihn nicht getötet, ich habe ihn nicht getötet! Hören Sie, Herr Staatsanwalt? Ich habe ihn nicht getötet!« Ihm stockte fast der Atem. Während des ganzen Verhörs war er nicht so erregt gewesen. »Was hat er Ihnen denn gesagt, dieser Smerdjakow?« schloß er plötzlich nach kurzem Schweigen. »Darf ich Sie danach fragen?«

»Sie dürfen uns nach allem fragen«, antwortete der Staatsanwalt mit kalter und strenger Miene, »nach allem, was sich aufs rein Tatsächliche bezieht, und wir – ich wiederhole das – sind sogar verpflichtet, auf jede Ihrer Fragen einzugehen. Wir fanden den Diener Smerdjakow, nach dem Sie fragen, bewußtlos in seinem Bett vor, er hatte einen außergewöhnlich heftigen epileptischen Anfall, der sich schon etwa zum zehntenmal wiederholte. Der Arzt, den wir mitgenommen hatten, untersuchte den Kranken und sagte uns sogar, Smerdjakow werde vielleicht den Morgen nicht mehr erleben.«

»Na, wenn dem so ist, dann hat niemand anders als der Teufel meinen Vater erschlagen!« entschlüpfte es Mitja unversehens, als hätte er sich sogar bis zu diesem Augenblick immer noch gefragt: Ist es Smerdjakow gewesen oder nicht?

»Auf diesen Punkt werden wir noch zurückkommen«, entschied Nikolaj Parfenowitsch. »Wollen Sie jetzt nicht in Ihren Aussagen fortfahren?«

Mitja bat um eine Pause. Sie wurde ihm höflich gewährt. Als er sich erholt hatte, fuhr er fort. Doch es fiel ihm sichtlich schwer. Er war abgehetzt, beleidigt und seelisch erschüttert. Zudem begann der Staatsanwalt – und jetzt wohl absichtlich – ihn alle Augenblicke dadurch zu reizen, daß er sich bei »Kleinigkeiten« aufhielt. Kaum hatte Mitja geschildert, wie er, als er rittlings auf dem Zaun saß, Grigorij, der sich an sein linkes Bein geklammert hatte, mit dem Stößel auf den Kopf geschlagen habe und dann sofort zu dem Niedergestreckten hinabgesprungen sei, unterbrach ihn der Staatsanwalt und bat ihn, ausführlich zu beschreiben, wie er auf dem Zaun gesessen habe. Mitja wunderte sich.

»Na, ich saß eben so da, rittlings saß ich, das eine Bein hier, das andere da . . .«

»Und der Stößel?«

»Den hatte ich in der Hand.«

»Nicht in der Tasche? Erinnern Sie sich dessen so genau? Holten Sie mit dem Arm weit aus?«

»Wahrscheinlich, doch warum wollen Sie das wissen?«

»Möchten Sie sich nicht genau ebenso auf den Stuhl setzen, wie Sie damals auf dem Zaun saßen, und uns zur Verdeutlichung anschaulich vormachen, wie und nach welcher Seite Sie ausholten?«

»Machen Sie sich etwa über mich lustig?« sagte Mitja und blickte den Frager hochmütig an. Doch der zuckte nicht einmal mit der Wimper. Mitja drehte sich jäh um, setzte sich rittlings auf den Stuhl und holte mit dem Arm aus. »So habe ich zugeschlagen! So schlug ich ihn nieder! Was wollen Sie noch?«

»Ich danke Ihnen. Würden Sie jetzt nicht die Freundlichkeit haben, uns zu erklären, wozu Sie eigentlich hinabgesprungen sind, zu welchem Zweck und in welcher Absicht?«

»Na, zum Teufel ... ich sprang zu dem Niedergeschlagenen hinab ... Ich weiß nicht wozu!«

»Obwohl Sie so erregt waren? Und obwohl Sie sich auf der Flucht befanden?«

»Ja, obwohl ich erregt und auf der Flucht war.«

»Wollten Sie ihm helfen?«

»Ach wo, helfen! ... Ja, vielleicht auch helfen, ich erinnere mich nicht mehr.«

»Waren Sie sich Ihrer selbst nicht mehr bewußt? Das heißt, befanden Sie sich in einer Art von Besinnungslosigkeit?«

»O nein, durchaus nicht in Besinnungslosigkeit, ich erinnere mich an alles. An alles bis ins kleinste. Ich sprang hinunter, um nach ihm zu sehen, und wischte ihm mit dem Taschentuch das Blut weg.«

»Wir haben Ihr Taschentuch gesehen. Hofften Sie, den von Ihnen Niedergeschlagenen ins Leben zurückzurufen?«

»Ich weiß nicht, ob ich das hoffte. Ich wollte mich einfach überzeugen, ob er noch lebte oder nicht.«

»Ah, Sie wollten sich also überzeugen? Na, und?«

»Ich bin kein Arzt, darum konnte ich es nicht feststellen. Ich lief davon und glaubte ihn erschlagen zu haben, doch nun ist er wieder zu sich gekommen.«

»Vortrefflich«, schloß der Staatsanwalt. »Ich danke Ihnen. Mehr wollte ich nicht wissen. Erzählen Sie bitte weiter.«

Leider war es Mitja, obwohl er sich dessen erinnerte, gar nicht in den Sinn gekommen, davon zu erzählen, daß er aus Mitleid hinabgesprungen war und, als er bei dem Niedergeschlagenen stand, sogar ein paar bedauernde Worte gesagt hatte: »Du bist mir unter die Finger geraten, Alter, da ist nichts zu machen, nun bleibe liegen.« Der Staatsanwalt aber zog aus seinen Aussagen nur die eine Folgerung, daß Mitja »in einem solchen Augenblick und in solcher Erregung« nur hinabgesprungen sei, um sich zu überzeugen, ob der *einzige* Zeuge seines Verbrechens noch lebe oder nicht. Wie groß müsse also die innere Kraft, die Entschlossenheit, Kaltblütigkeit und Umsicht dieses Menschen sogar in einem solchen Augenblick gewesen sein ... und so weiter und so weiter. Der Staatsanwalt war zufrieden.

Er sagte sich: Ich habe diesen nervösen Menschen durch »Kleinigkeiten« gereizt, und da hat er sich verplappert.

Mitja erzählte unter Qualen weiter. Doch er wurde sofort wieder unterbrochen, diesmal von Nikolaj Parfenowitsch: »Wie konnten Sie nur mit so blutigen Händen und, wie sich später herausstellte, auch mit blutigem Gesicht zu dem Dienstmädchen Fedosja Markowna in die Küche laufen?«

»Mir war es ja damals gar nicht aufgefallen, daß ich voller Blut war!« antwortete Mitja.

»Diese Aussage ist glaubwürdig, das kommt wirklich vor«, sagte der Staatsanwalt und wechselte einen Blick mit Nikolaj Parfenowitsch.

»Sehr richtig, Herr Staatsanwalt, es war mir wirklich nicht aufgefallen«, sagte Mitja beifällig. Danach folgte der Bericht von dem jähen Entschluß Mitjas, »sich zurückzuziehen« und »den Glücklichen den Weg freizugeben«. Doch er konnte es jetzt durchaus nicht mehr über sich bringen, von neuem wie vorhin sein Herz zu enthüllen und von der »Königin seiner Seele« zu erzählen. Es widerstrebte ihm, das vor diesen kalten Menschen zu tun, die »sich wie Wanzen an ihm festsaugten«. Und darum erklärte er auf ihre wiederholten Fragen hin kurz und schroff: »Na, ich beschloß eben, mich umzubringen. Wozu sollte ich noch weiterleben? Diese Frage drängte sich mir von selbst auf. Ihr früherer, ihr unbestrittener Liebhaber war erschienen, er, der sie einst beleidigt hatte, nun aber aus Liebe gekommen war, um nach fünf Jahren das Unrecht durch eine gesetzliche Ehe wiedergutzumachen. Na, und da begriff ich, daß für mich alles verloren war . . . Und hinter mir lag Schande, und dieses Blut, das Blut Grigorijs . . . Wozu sollte ich da noch am Leben bleiben? Na, und so ging ich die versetzten Pistolen auslösen, um sie zu laden und mir bei Tagesanbruch eine Kugel in den Kopf zu jagen . . .«

»Und nachts noch ein tolles Fest zu veranstalten?«

»Ja, nachts ein tolles Fest. Äh, zum Teufel, meine Herren, machen Sie doch schneller Schluß! Erschießen wollte ich mich bestimmt, nicht weit von hier, hinter der Dorfeinfriedung, und ich wollte es gegen fünf Uhr morgens tun, in meine Tasche hatte ich schon vorher einen Zettel gesteckt, den ich bei Perchotin geschrieben hatte, als ich die Pistole geladen hatte. Hier ist der Zettel, lesen Sie ihn. Nicht Ihretwegen erzähle ich das!« fügte er noch verächtlich hinzu. Er warf den Zettel, den er aus der Westentasche gezogen hatte, auf den Tisch; der Staatsanwalt und der Untersuchungsrichter lasen ihn mit Interesse und nahmen ihn wie üblich zu den Akten.

»Und sich die Hände zu waschen, daran hatten Sie immer noch nicht gedacht, selbst dann nicht, als Sie bei Herrn Perchotin eintraten? Sie fürchteten also nicht, Verdacht zu erregen?«

»Was für einen Verdacht? Ob man mich verdächtigte oder nicht, war mir einerlei, ich wäre hierhergeeilt und hätte mich um fünf Uhr erschossen, und man wäre nicht mehr dazu gekommen, etwas gegen mich zu unternehmen. Wenn nicht der Vorfall mit meinem Vater gewesen wäre, hätten Sie ja nichts erfahren und wären nicht hergekommen. Oh, das hat der Teufel getan, der Teufel hat meinen Vater umgebracht, durch den Teufel auch haben Sie es so schnell erfahren! Wie haben Sie nur so rasch herkommen können? Das ist ein Wunder, das ist phantastisch!«

»Herr Perchotin hat uns mitgeteilt, Sie hätten, als Sie bei ihm eintraten, in der Hand ... in der blutigen Hand ... das Geld gehalten ... eine Menge Geld ... ein Päckchen Hundertrubelscheine, und das habe auch der Junge gesehen, der sein Diener ist.«

»Das stimmt, meine Herren, ich erinnere mich, daß es so war.«

»Jetzt haben wir noch eine kleine Frage. Könnten Sie uns nicht mitteilen«, begann Nikolaj Parfenowitsch äußerst sanft, »woher Sie auf einmal soviel Geld hatten, da doch aus den Akten und aus der Zeitberechnung hervorgeht, daß Sie Ihre Wohnung nicht mehr aufgesucht hatten?«

Der Staatsanwalt verzog ein wenig das Gesicht wegen dieser so geradeheraus gestellten Frage, doch er unterbrach Nikolaj Parfenowitsch nicht.

»Nein, ich hatte meine Wohnung nicht mehr aufgesucht«, antwortete Mitja dem Anschein nach sehr ruhig, jedoch mit zu Boden gerichtetem Blick.

»Erlauben Sie dann, die Frage zu wiederholen«, fuhr Nikolaj Parfenowitsch lauernd fort. »Woher konnten Sie sich denn mit einemmal eine solche Summe verschaffen, wenn Sie nach Ihrer eigenen Aussage noch um fünf Uhr des gleichen Tages ...«

»... zehn Rubel brauchten und bei Perchotin die Pistolen versetzten, dann zur Chochlakowa gingen, um sich dreitausend Rubel zu leihen, die aber nichts gab, und so weiter und so weiter, und dieser ganze Kram«, unterbrach Mitja ihn schroff. »Ja, meine Herren, ich brauchte dringend Geld, und auf einmal waren Tausende da, wie? Wissen Sie, meine Herren, Sie haben jetzt beide Angst: wenn er nun nicht sagt, woher er das Geld genommen hat, was dann? So ist es auch: ich sage es nicht, meine Herren, Sie haben es erraten, Sie werden es nicht erfahren«, sagte Mitja klar und deutlich und mit äußerster Entschlossenheit.

Der Staatsanwalt und der Untersuchungsrichter schwiegen eine kleine Weile.

»Begreifen Sie doch, Herr Karamasow, daß es für uns unumgänglich notwendig ist, das zu wissen«, sagte Nikolaj Parfenowitsch ruhig und sanft.

»Ich begreife es, aber ich sage es dennoch nicht.«

Nun mischte sich der Staatsanwalt ein und erinnerte nochmals daran, daß der im Verhör Befragte natürlich die Antwort verweigern dürfe, wenn er meine, daß das für ihn vorteilhafter sei, und so weiter; doch in Anbetracht des Schadens, den der Verdächtigte sich durch sein Schweigen zufügen könne, und besonders bei Fragen von solcher Wichtigkeit . . .

»Und so weiter, meine Herren, und so weiter. Genug, ich habe diese erbauliche Rede schon vorhin gehört!« brachte Mitja ihn wieder schroff zum Schweigen. »Ich begreife selber, von welcher Wichtigkeit diese Frage ist, und daß es sich hier um den wesentlichsten Punkt handelt, aber ich sage es dennoch nicht.«

»Was liegt uns schon daran? Das ist ja nicht unsere Sache, sondern Ihre, Sie schaden sich selbst«, bemerkte Nikolaj Parfenowitsch nervös.

»Scherz beiseite, meine Herren«, sagte Mitja, hob die Augen und sah sie beide fest an, »sehen Sie, ich habe schon von Anfang an geahnt, daß wir bei diesem Punkt mit den Köpfen aneinandergeraten würden. Doch vorhin, als ich mit meinen Aussagen begann, lag das alles noch in nebliger Ferne, alles war noch verschwommen, und ich war sogar so naiv, mit dem Vorschlag ‚gegenseitigen Vertrauens' zu beginnen. Jetzt sehe ich selbst, daß dieses Vertrauen von vornherein ein Ding der Unmöglichkeit war, denn wir wären doch noch auf dieses verfluchte Hindernis gestoßen! Na, nun sind wir darauf gestoßen! Es geht nicht, und damit Schluß! Ich schreibe Ihnen übrigens nicht die Schuld zu, Sie können mir ja auch nicht aufs Wort glauben, ich begreife das doch!« Er versank in düsteres Schweigen.

»Aber könnten Sie nicht – unbeschadet Ihrer Entschlossenheit, die Hauptsache zu verschweigen –, könnten Sie uns nicht wenigstens ganz entfernt andeuten, welche gewichtigen Beweggründe Sie dahin bringen konnten, in einem für Sie so gefährlichen Augenblick Ihrer gegenwärtigen Aussagen etwas zu verschweigen?«

Mitja lächelte traurig und nachdenklich.

»Ich bin weit gutherziger, als Sie glauben, meine Herren, ich will es Ihnen andeuten, obwohl Sie es nicht wert sind. Ich verschweige es darum, meine Herren, weil darin eine Schmach für mich liegt. In der Antwort auf die Frage, woher ich dieses Geld genommen habe, liegt für mich eine Schmach, mit der sich nicht einmal die Ermordung und Beraubung meines Vaters vergleichen ließe, wenn ich ihn ermordet und beraubt hätte. Das ist der Grund, warum ich es nicht sagen kann. Der Schmach wegen kann ich es nicht. Wollen Sie das etwa niederschreiben, meine Herren?«

»Ja, wir werden es niederschreiben«, murmelte Nikolaj Parfenowitsch.

»Sie sollten das nicht niederschreiben, das von der ‚Schmach'. Das habe ich Ihnen nur aus Gutmütigkeit gesagt, ich hätte es auch verschweigen können; ich habe Ihnen damit sozusagen ein Geschenk gemacht, Sie aber wollen mir gleich einen Strick daraus drehen. Na, schreiben Sie, schreiben Sie, was Sie wollen«, schloß er verächtlich und voller Ekel, »ich fürchte Sie nicht und . . . bewahre Ihnen gegenüber meine stolze Haltung.«

»Möchten Sie uns nicht sagen, welcher Art diese Schmach ist?« lispelte Nikolaj Parfenowitsch.

Der Staatsanwalt verzog das Gesicht.

»Auf keinen Fall, c'est fini, bemühen Sie sich nicht. Es lohnt sich nicht, daß ich mich damit beschmutze. Ich habe mich ohnehin schon vor Ihnen beschmutzt. Sie sind es nicht wert, weder Sie noch sonst jemand . . . Genug, meine Herren, ich breche ab.«

Das war nur allzu entschieden gesagt. Nikolaj Parfenowitsch setzte ihm nicht weiter zu, ersah aber aus den Blicken des Staatsanwalts, daß Ippolit Kirillowitsch noch nicht die Hoffnung verlor.

»Können Sie uns nicht wenigstens sagen, wie hoch der Betrag war, den Sie in der Hand hielten, als Sie bei Herrn Perchotin eintraten, das heißt, wieviel Rubel es waren?«

»Das kann ich nicht sagen.«

»Zu Herrn Perchotin haben Sie, glaube ich, von dreitausend gesprochen, die Sie angeblich von Frau Chochlakowa erhalten hätten?«

»Es kann sein, daß ich davon gesprochen habe. Genug, meine Herren, ich sage nicht, wieviel es waren.«

»Dann schildern Sie bitte, wie Sie hierhergefahren sind, und alles, was Sie getan haben, nachdem Sie hier angekommen waren.«

»Ach, fragen Sie das doch alle, die hier sind. Übrigens kann ich es meinetwegen auch selbst erzählen.«

Er erzählte es, doch ich will seinen Bericht hier nicht wiedergeben. Er erzählte trocken und flüchtig. Von den Wonnen seiner Liebe schwieg er überhaupt. Er sprach jedoch davon, wie die Entschlossenheit, sich zu erschießen, »in Anbetracht neuer Tatsachen« in ihm geschwunden sei. Er vermied es in seiner Darstellung, etwas zu begründen oder auf Einzelheiten einzugehen. Der Staatsanwalt und der Untersuchungsrichter belästigten ihn diesmal nicht allzusehr: es war deutlich zu erkennen, daß auch sie diesen Teil der Aussagen nicht für sehr wichtig hielten.

»Wir werden das alles nachprüfen, auf alles das werden wir noch bei der Vernehmung der Zeugen zurückkommen, die natürlich in Ihrem Beisein vor sich gehen wird«, beendete Nikolaj Parfenowitsch das Verhör. »Jetzt möchte ich Sie bitten, alle Sachen, die Sie bei sich haben, und vor allem alles Geld, das Sie noch besitzen, hier auf den Tisch zu legen.«

»Das Geld, meine Herren? Meinetwegen, ich verstehe, daß das notwendig ist. Ich wundere mich sogar, daß Sie sich nicht schon früher dafür interessiert haben. Allerdings hätte ich mich ja nicht von hier wegstehlen können, alle Augen sind auf mich gerichtet. Nun, da ist es, mein Geld; hier, zählen Sie es, nehmen Sie es an sich, ich glaube, das ist alles.«

Er nahm alles aus den Taschen heraus; sogar das Kleingeld, zwei Zwanzigkopekenstücke, zog er aus der Westentasche. Man zählte das Geld, es waren achthundertsechsunddreißig Rubel und vierzig Kopeken.

»Ist das alles?« fragte der Untersuchungsrichter.

»Ja.«

»Sie gaben soeben an, als Sie Ihre Aussagen machten, daß Sie im Laden der Plotnikows dreihundert Rubel gelassen haben. Herrn Perchotin haben Sie zehn Rubel gegeben, dem Fuhrmann zwanzig, hier haben Sie zweihundert verspielt, dann...«

Nikolaj Parfenowitsch rechnete alles nach. Mitja half ihm bereitwillig. Man rief sich jede Kopeke ins Gedächtnis und setzte sie in die Rechnung ein. Nikolaj Parfenowitsch zog flüchtig die Summe.

»Zusammen mit diesen achthundert hatten Sie demnach ursprünglich ungefähr anderthalbtausend Rubel?«

»Demnach ja«, antwortete Mitja kurz.

»Wie kommt es aber, daß alle behaupten, es sei weit mehr gewesen?«

»Mögen sie es doch behaupten.«

»Auch Sie selbst haben es behauptet.«

»Ja, das habe ich.«

»Wir werden das alles noch bei der Vernehmung der anderen, noch nicht befragten Personen nachprüfen; Ihres Geldes wegen brauchen Sie sich keine Sorgen zu machen, es wird gehörigen Ortes aufbewahrt werden und steht Ihnen zur Verfügung, sobald das ganze ... jetzt begonnene Verfahren ... beendet ist, falls es sich erweist oder sozusagen der Beweis erbracht ist, daß Sie ein unanfechtbares Anrecht darauf haben. Nun, und jetzt ...«

Nikolaj Parfenowitsch erhob sich und erklärte Mitja in festem Ton, er sei »genötigt und verpflichtet«, eine sehr gründliche und genaue Untersuchung »sowohl seiner Kleider als auch alles übrigen« vorzunehmen ...

»Gut, meine Herren, ich werde alle Taschen umdrehen, wenn Sie wollen.«

Und er machte sich wirklich daran, die Taschen umzudrehen.

»Sie werden sich sogar entkleiden müssen.«

»Wie? Ich soll mich ausziehen? Pfui Teufel! Durchsuchen Sie mich doch so! Geht es nicht auch so?«

»Das geht unter keinen Umständen, Dmitrij Fjodorowitsch. Sie müssen die Kleider ablegen.«

»Wie Sie wollen«, brummte Mitja und fügte sich mit finsterer Miene, »nur bitte nicht hier, sondern hinter dem Vorhang. Wer wird mich durchsuchen?«

»Natürlich hinter dem Vorhang«, sagte Nikolaj Parfenowitsch und nickte zum Zeichen seines Einverständnisses. Sein jugendliches Gesicht nahm dabei den Ausdruck ganz besonderer Würde an.

6

Der Staatsanwalt fängt Mitja

Nun kam etwas für Mitja ganz Unerwartetes, das ihn in Erstaunen setzte. Nie, nicht einmal einen Augenblick vorher, hätte er geglaubt, daß jemand mit ihm, mit Mitja Karamasow, so umgehen könnte! Vor allem fühlte er sich dadurch erniedrigt und empfand das Verhalten der anderen als »hochmütig und ihm gegenüber verächtlich«. Es wäre noch nicht so schlimm gewesen, wenn er nur den Rock hätte ausziehen müssen, doch man bat ihn, sich noch weiter zu entkleiden. Und eigentlich bat man ihn nicht, sondern man befahl es ihm; das verstand er sehr wohl. Aus Stolz und Verachtung fügte er sich, ohne ein Wort zu sagen. Außer Nikolaj Parfenowitsch ging auch der Staatsanwalt mit hinter den Vorhang, und bei der Durchsuchung waren auch ein paar Bauern zugegen, natürlich zur Sicherheit, dachte Mitja, vielleicht aber auch zu einem anderen Zweck.

»Soll ich etwa auch das Hemd ausziehen?« fragte er schroff, doch Nikolaj Parfenowitsch antwortete ihm nicht: er war zusammen mit dem Staatsanwalt in die Untersuchung des Rockes, der Hose, der Weste und der Mütze vertieft, und es war deutlich zu erkennen, daß sie beide die Besichtigung sehr interessierte. Sie machen gar keine Umstände, fuhr es Mitja blitzartig durch den Kopf, sie wahren nicht einmal die unerläßliche Höflichkeit.

»Ich frage Sie zum zweitenmal, ob ich das Hemd ausziehen muß oder nicht«, sagte er noch schroffer und gereizter.

»Regen Sie sich nicht auf, wir werden es Ihnen schon sagen«, antwortete Nikolaj Parfenowitsch geradezu im Ton eines Vorgesetzten. Wenigstens kam es Mitja so vor.

Der Untersuchungsrichter und der Staatsanwalt hielten unterdessen eine eifrige halblaute Beratung ab. An dem Rock, besonders am linken Schoß hinten, hatten sie große eingetrocknete und verhärtete Blutflecken gefunden. Ebenso an der Hose. Außerdem tastete Nikolaj Parfenowitsch in Gegenwart der Zeugen mit den Fingern den Kragen und die Aufschläge des Rockes und alle Nähte des Rockes und der Hose ab, augenscheinlich auf der Suche nach etwas, natürlich nach Geld. Vor allem machten sie vor Mitja kein Hehl aus dem Verdacht, daß er Geld in seine Kleider eingenäht haben könnte. Das ist schon geradeso, als hätten sie es mit einem Dieb und nicht mit einem Offizier zu tun, nörgelte er innerlich. Sie teilten einander ihre Gedanken in seiner Gegenwart mit einer fast verblüffenden Offenheit mit. So machte zum Beispiel der Schriftführer, der sich auf einmal auch hinter dem Vorhang befand und dort den anderen geschäftig zur Hand ging, Nikolaj Parfenowitsch auf die Mütze Mitjas aufmerksam, die dann auch befühlt wurde.

»Denken Sie an den Schreiber Gridenko«, bemerkte der Schriftführer, »er fuhr im Sommer, um das Gehalt für die ganze Kanzlei zu holen, und erklärte, als er zurückkam, er habe es in betrunkenem Zustande verloren, und wo fand man es? Nirgends anders als im Vorstoß der Mütze, die Hundertrubelscheine waren zu Röhrchen zusammengerollt und in den Vorstoß eingenäht.« An den Fall Gridenko erinnerten sich der Untersuchungsrichter und der Staatsanwalt sehr gut, und darum legten sie auch Mitjas Mütze beiseite und entschieden, sie müsse später ebenso wie alle Kleider gründlich untersucht werden.

»Erlauben Sie«, rief auf einmal Nikolaj Parfenowitsch, als er an Mitjas rechtem Hemdärmel die nach innen umgeschlagene Manschette bemerkte, die ganz von Blut durchtränkt war, »erlauben Sie, was ist denn das, ist das Blut?«

»Ja, Blut«, sagte Mitja kurz.

»Was für Blut ist das denn ... und warum ist die Manschette nach innen umgeschlagen?«

Mitja erzählte, wie er, als er sich mit Grigorij zu schaffen machte, die Manschette beschmutzt und sie dann beim Händewaschen in Perchotins Wohnung nach innen umgeschlagen habe.

»Ihr Hemd werden wir ebenfalls an uns nehmen müssen, das ist sehr wichtig ... als Beweisstück.«

Mitja errötete und wurde wütend.

»Soll ich denn nackt bleiben?« rief er.

»Regen Sie sich nicht auf ... wir werden dem schon irgendwie abhelfen, vorläufig aber ziehen Sie bitte auch die Socken aus.«

»Sagen Sie das etwa nur im Scherz? Ist das wirklich so notwendig?« fragte Mitja, und in seinen Augen blitzte es auf.

»Wir sind nicht zu Scherzen aufgelegt!« wehrte Nikolaj Parfenowitsch streng ab.

»Na, wenn es durchaus sein muß ... dann ...« murmelte Mitja, setzte sich aufs Bett und machte sich daran, die Socken auszuziehen. Es war für ihn unerträglich peinlich: alle waren angekleidet, nur er nicht, und sonderbar – entkleidet kam er sich vor ihnen gewissermaßen schuldig vor, vor allem aber schien ihm, wie er fast selber zugeben mußte, daß er wirklich auf einmal geringer geworden sei als sie alle und daß sie nun volles Recht hätten, ihn zu verachten. Wenn alle entkleidet sind, dann schämt man sich nicht, wenn man aber als einziger entkleidet ist und alle einen ansehen, so ist das eine Schande! ging es ihm immer wieder durch den Sinn. Das ist wie im Traum, dachte er, ich habe manchmal im Traum solche Schande erlebt. Doch die Socken auszuziehen war ihm sogar eine Qual, denn sie waren recht unsauber, ebenso die Unterwäsche, und alle sahen das jetzt. Insbesondere aber konnte er seine Füße nicht leiden; aus irgendeinem Grunde hatte er sein ganzes Leben lang seine beiden großen Zehen häßlich gefunden, besonders den plumpen, platten, eigentümlich nach unten gebogenen Nagel am rechten Fuß, und nun würden alle das bemerken. Vor unerträglicher Scham wurde er noch gröber, und das jetzt mit voller Absicht. Er riß sich das Hemd vom Leibe.

»Wollen Sie nicht noch woanders suchen, wenn Sie sich nicht schämen?«

»Nein, vorläufig ist das nicht notwendig.«

»Soll ich denn so nackt bleiben?« fügte er wütend hinzu.

»Ja, das ist vorläufig notwendig . . . Setzen Sie sich bitte einstweilen hierher, Sie können die Bettdecke nehmen und sich einhüllen, ich . . . ich werde das alles regeln.«

Man zeigte alle Sachen den Zeugen, setzte ein Durchsuchungsprotokoll auf, und schließlich verließ Nikolaj Parfenowitsch den Raum; danach trug man die Kleider hinaus. Ippolit Kirillowitsch ging auch. Bei Mitja blieben nur die Bauern; sie standen schweigend da und ließen ihn nicht aus den Augen. Mitja hüllte sich in die Bettdecke, ihn fror. Seine bloßen Füße ragten unter der Decke hervor, und es wollte ihm auf keine Weise gelingen, die Decke so um sie zu schlagen, daß sie verhüllt gewesen wären. Nikolaj Parfenowitsch kehrte merkwürdig lange nicht zurück. Qualvoll lange, er hält mich für einen Grünschnabel, dachte Mitja zähneknirschend. Dieser elende Staatsanwalt ist auch weggegangen, sicherlich aus Verachtung, es ist ihm zuwider geworden, einen Nackten anzusehen. Mitja nahm an, daß seine Kleider irgendwo untersucht und dann wieder zurückgebracht werden würden. Doch wie groß war sein Unwille, als Nikolaj Parfenowitsch plötzlich mit ganz anderen Kleidern zurückkehrte, die ein Bauer hinter ihm hertrug.

»Na, da habe ich schon Kleider für Sie«, sagte er ungezwungen, augenscheinlich sehr zufrieden mit dem Erfolg seiner Bemühungen. »Herr Kalganow opferte sie bei dieser interessanten Gelegenheit, ebenso ein reines Hemd für Sie. Zum Glück hatte er das alles in seinem Koffer. Ihre Unterwäsche und die Socken dürfen Sie behalten.«

Mitja brauste wütend auf.

»Ich will keine fremden Kleider!« schrie er grimmig. »Geben Sie mir meine eigenen!«

»Das geht nicht.«

»Geben Sie mir meine eigenen; zum Teufel mit Kalganow, seinen Kleidern und ihm selbst!«

Man redete ihm lange zu. Schließlich beruhigte man ihn, wenn auch nur mit Mühe und Not. Man belehrte ihn, daß seine Kleider, weil sie mit Blut befleckt seien, der Sammlung von Beweisstücken einverleibt werden müßten, sie ihm jetzt zu belassen sei man gar nicht berechtigt . . . da man noch nicht wisse, wie die Sache ausgehen könnte. Mitja sah das zuletzt einigermaßen ein. Er verstummte, seine Miene verdüsterte sich, und er begann sich eilig anzukleiden. Beim Anziehen der Kleider sagte er nur, sie seien eleganter als seine eigenen, und er wolle daraus keinen Vorteil ziehen. Außerdem seien sie erniedrigend eng. »Soll ich etwa darin den Hanswurst spielen . . . zu Ihrem Ergötzen?«

Man belehrte ihn wieder, daß er auch hierin übertreibe; Herr Kalganow sei zwar größer als er, aber doch nur um ein weniges, und höchstens die Hose sei etwas zu lang. Doch der Rock war tatsächlich in den Schultern zu eng.

»Zum Teufel, er läßt sich sogar schwer zuknöpfen«, brummte Mitja. »Seien Sie so gut, Herrn Kalganow sofort von mir zu bestellen, nicht ich hätte ihn um seine Kleider gebeten, und man habe mich wie einen Hanswurst ausstaffiert.«

»Er begreift das sehr gut und bedauert . . . das heißt, nicht um seine Kleider tut es ihm leid, sondern er bedauert diesen ganzen Vorfall«, murmelte Nikolaj Parfenowitsch.

»Ich pfeife auf sein Bedauern! Na, wohin jetzt? Oder soll ich noch länger hier sitzen?«

Man forderte ihn auf, wieder in »jenes Zimmer« zu kommen. Mitja trat finster und grimmig hinter dem Vorhang hervor und bemühte sich, niemanden anzusehen. In den fremden Kleidern fühlte er sich völlig blamiert, sogar vor diesen Bauern und vor Trifon Borisowitsch, dessen Gesicht plötzlich aus irgendeinem Grunde in der Tür auftauchte und wieder verschwand. Er kam wohl, um mich in diesem Aufzug zu sehen, dachte Mitja. Er setzte sich auf den Stuhl, auf dem er vorher gesessen hatte. Alles kam ihm wie ein unsinniger Albtraum vor, ihn dünkte, er wäre seiner Sinne nicht mehr mächtig.

»Na, werden Sie mich jetzt mit Ruten peitschen lassen? Weiter bleibt ja nichts mehr übrig«, sagte er zähneknirschend zum Staatsanwalt. An Nikolaj Parfenowitsch wollte er sich nicht mehr wenden, als hielte er es für unter seiner Würde, mit ihm auch nur zu sprechen. Er hat meine Socken gar zu aufmerksam besichtigt, dachte er bei sich, und er hat sie auch noch umdrehen lassen, der Schuft; das hat er absichtlich getan, um allen zu zeigen, was für schmutzige Wäsche ich habe!

»Nun werden wir zur Vernehmung der Zeugen übergehen müssen«, sagte Nikolaj Parfenowitsch, als antwortete er auf die Frage Dmitrij Fjodorowitschs.

»Ja«, sagte der Staatsanwalt nachdenklich.

»Wir haben alles getan, Dmitrij Fjodorowitsch, was wir in Ihrem Interesse tun konnten«, fuhr Nikolaj Parfenowitsch fort, »da Sie sich aber so entschieden geweigert haben, uns über die Herkunft des bei Ihnen gefundenen Geldbetrages Auskunft zu geben, sind wir in diesem Augenblick . . .«

»Was haben Sie da für einen Ring?« unterbrach Mitja ihn plötzlich, als erwachte er aus tiefem Nachdenken, und deutete mit dem Finger auf einen der drei großen Ringe, die Nikolaj Parfenowitschs rechte Hand schmückten.

»Dieser Ring?« fragte Nikolaj Parfenowitsch verwundert.

»Ja, der da . . . am Mittelfinger, mit dem geäderten Stein. Was ist das für ein Stein?« fragte Mitja in gereiztem Ton und beharrlich wie ein eigensinniges Kind.

»Das ist ein Rauchtopas«, sagte Nikolaj Parfenowitsch lächelnd. »Wenn Sie ihn betrachten möchten, will ich den Ring vom Finger ziehen . . .«

»Nein, nein, behalten Sie ihn an!« rief Mitja grimmig, der auf einmal zu sich gekommen war und sich über sich selbst ärgerte, »ziehen Sie ihn nicht vom Finger, es ist nicht nötig... Teufel! . . . Meine Herren, Sie haben meine Seele besudelt! Glauben Sie denn wirklich, ich würde es Ihnen verheimlichen, wenn ich tatsächlich meinen Vater ermordet hätte? Glauben Sie, ich würde dann Ausflüchte machen, lügen und mich verstecken? Nein, das ist nicht Dmitrij Karamasows Art, er würde das nicht ertragen, und wenn ich schuldig wäre, dann hätte ich – das schwöre ich Ihnen – nicht bis zu Ihrer Ankunft und bis Sonnenaufgang gewartet, wie ich anfangs beabsichtigt hatte, sondern ich hätte mich schon vorher umgebracht, ohne den Tagesanbruch abzuwarten! Das fühle ich jetzt in meinem Inneren. Ich hätte in zwanzig Lebensjahren nicht soviel lernen können wie in dieser verfluchten Nacht! . . . Und hätte ich mich denn in dieser Nacht so benommen, würde ich jetzt, in diesem Augenblick, da ich vor Ihnen sitze, mich so verhalten – würde ich so reden, mich so bewegen, Sie und die Welt so ansehen, wenn ich wirklich ein Vatermörder wäre? Hat doch schon dieser ungewollte Totschlag Grigorijs mir die ganze Nacht keine Ruhe gelassen – nicht aus Angst, oh! nicht aus Furcht vor Ihrer Strafe! sondern wegen der Schande! Und da wollen Sie, daß ich solchen Spöttern wie Ihnen, die nichts sehen und nichts glauben, solchen blinden Maulwürfen und spöttischen Menschen noch eine weitere Gemeinheit von mir, noch eine weitere Schändlichkeit enthüllen und erzählen soll? Nein, das tue ich nicht, auch wenn mich das vor Ihrer Anschuldigung retten könnte. Dann lieber ins Zuchthaus! Wer die Tür zu meinem Vater geöffnet hat und durch diese Tür hineingegangen ist, der hat ihn auch ermordet, der hat ihn auch bestohlen. Wer es gewesen ist – darüber zerbreche ich mir den Kopf und quäle mich ab, aber Dmitrij Karamasow ist es nicht gewesen, das lassen Sie sich gesagt sein – und das ist alles, was ich Ihnen mitteilen kann, und damit genug, genug, belästigen Sie mich nicht weiter... Verschicken Sie mich, richten Sie mich hin, aber reizen Sie mich nicht mehr. Ich verstumme jetzt. Rufen Sie Ihre Zeugen!«

Mitja hatte seinen unerwarteten Monolog so gesprochen, als wäre er fest entschlossen, endgültig zu verstummen. Der Staatsanwalt hatte ihn ununterbrochen beobachtet und sagte, kaum war Mitja verstummt, mit der kühlsten und ruhigsten Miene, als handelte es sich um etwas ganz Alltägliches: »Gerade was diese geöffnete Tür angeht, die Sie soeben erwähnten, können wir Ihnen just zur rechten Zeit, nämlich jetzt, eine äußerst interessante Aussage des von Ihnen verletzten alten Grigorij Wassiljewitsch mitteilen, die für Sie wie für uns höchst wichtig ist. Nachdem er wieder zu sich gekommen war, hat er uns auf unsere Fragen hin klar und nachdrücklich erklärt: Schon als er auf die Außentreppe hinausgegangen sei, im Garten ein Geräusch gehört und sich entschlossen habe, durch das Pförtchen in den Garten zu gehen, habe er beim Eintritt in den Garten – noch bevor er Sie habe in der Dunkelheit von dem offenen Fenster weglaufen sehen, in dem Sie, wie Sie uns schon mitteilten, Ihren Vater gesehen hatten – nach links geblickt und tatsächlich dieses offene Fenster, zugleich aber auch, in bedeutend geringerer Entfernung von sich, die weit geöffnete Tür bemerkt, von der Sie gesagt haben, sie sei während der ganzen Zeit Ihres Aufenthaltes im Garten geschlossen gewesen. Ich will Ihnen nicht verhehlen, daß Grigorij Wassiljewitsch daraus die bestimmte Folgerung zieht und ausgesprochen hat, Sie müßten aus der Tür herausgelaufen sein, obwohl er das natürlich nicht mit eigenen Augen gesehen hat, da er Sie erst in einiger Entfernung von sich bemerkte, als Sie mitten im Garten waren und zum Zaun liefen ...«

Mitja war schon in der Mitte der Rede vom Stuhl aufgesprungen.

»Unsinn!« brüllte er außer sich. »Frecher Betrug! Er konnte keine offene Tür sehen, denn sie war damals geschlossen ... Er lügt.«

»Ich halte es für meine Pflicht, Ihnen nochmals zu sagen, daß er seine Aussage mit Bestimmtheit gemacht hat. Er schwankt darin nicht. Er besteht darauf. Wir haben ihn mehrmals gefragt.«

»Jawohl, ich habe ihn mehrmals gefragt!« bestätigte Nikolaj Parfenowitsch eifrig.

»Das ist nicht wahr, das ist nicht wahr! Das ist entweder eine Verleumdung oder die Halluzination eines Verrückten«, schrie Mitja weiter. »Es hat ihm ganz einfach im Fieber, nach dem Blutverlust, infolge der Verletzung so geschienen, als er wieder zu sich gekommen war ... Und da phantasiert er nun.«

»Aber er hat doch die offene Tür nicht erst bemerkt, als er nach der Verletzung wieder zu sich gekommen war, sondern schon vorher, als er aus dem Nebengebäude in den Garten ging.«

»Das ist doch nicht wahr, das kann nicht sein! Er verleumdet mich aus Bosheit ... Er hat es nicht sehen können ... Ich bin nicht aus der Tür herausgelaufen«, rief Mitja atemlos.

Der Staatsanwalt wandte sich an Nikolaj Parfenowitsch und sagte zu ihm eindringlich: »Zeigen Sie ihn vor.«

»Kennen Sie diesen Gegenstand?« fragte Nikolaj Parfenowitsch und legte einen großen Briefumschlag auf den Tisch. Es war ein Umschlag aus kräftigem Papier in Kanzleiformat, auf dem noch drei wohlerhaltene Siegel zu sehen waren. Der Umschlag war leer und an einer Seite aufgerissen. Mitja starrte ihn mit großen Augen an.

»Das ... das muß der Briefumschlag meines Vaters sein«, murmelte er, »derselbe, in dem diese dreitausend lagen ... und wenn die Aufschrift – Sie gestatten – ‚für mein Kücken' lautet ... Da steht es ja: dreitausend!« schrie er auf. »Dreitausend, sehen Sie es?«

»Freilich, wir sehen es, aber das Geld haben wir darin nicht mehr vorgefunden, der Umschlag war leer und lag auf dem Fußboden, neben dem Bett hinter dem Wandschirm.«

Ein paar Sekunden lang stand Mitja wie vom Donner gerührt da.

»Meine Herren, das ist Smerdjakow gewesen!« schrie er plötzlich mit aller Kraft. »*Er* hat ihn ermordet, *er* hat ihn beraubt! Er allein wußte, wo der Umschlag versteckt war ... Er ist es gewesen, das ist jetzt klar!«

»Aber auch Sie wußten doch von dem Umschlag und davon, daß er unter dem Kissen lag.«

»Niemals habe ich das gewußt; ich habe ihn überhaupt nie gesehen, ich sehe ihn jetzt zum erstenmal, vorher habe ich nur durch Smerdjakow davon gewußt ... Er allein wußte, wo der Alte ihn versteckt hatte, ich aber wußte es nicht ...« rief Mitja ganz außer Atem.

»Und doch haben Sie vorhin selber ausgesagt, der Umschlag habe unter dem Kopfkissen Ihres verstorbenen Vaters gelegen. Sie sagten wörtlich: ‚unter dem Kopfkissen', also wußten Sie doch, wo er lag.«

»So haben wir es auch niedergeschrieben!« bestätigte Nikolaj Parfenowitsch.

»Unsinn, reiner Unsinn! Ich wußte durchaus nicht, daß er unter dem Kopfkissen lag. Vielleicht hat er auch gar nicht unter dem Kopfkissen gelegen ... Ich hatte aufs Geratewohl gesagt, daß er unter dem Kissen gelegen habe ... Was sagt denn Smerdjakow? Haben Sie ihn gefragt, wo der Umschlag gelegen hat? Was sagt Smerdjakow? Das ist die Hauptsache ... Ich habe absichtlich zu meinem Schaden gelogen ... Ich habe Ihnen, ohne viel nachzudenken, vorgelogen, er habe unter dem Kopfkissen gelegen, und da wollen Sie jetzt ... Na, Sie wissen ja, es entschlüpft einem etwas, und schon hat man gelogen. Gewußt aber hat es nur Smerdjakow, nur Smerdjakow, und sonst niemand! ... Er hat auch mir nicht verraten, wo der Umschlag lag! Aber er ist es gewesen, er ist es gewesen; er hat zweifellos den Mord verübt, das ist mir jetzt sonnenklar!« rief Mitja, der immer mehr außer sich geriet, zusammenhanglos immer wieder das gleiche wiederholte, sich ereiferte und mit jedem Wort erbitterter wurde. »Begreifen Sie das doch und verhaften Sie ihn schleunigst, so bald wie möglich ... Er hat den Mord begangen, als ich weggelaufen war und Grigorij bewußtlos dalag, das ist jetzt klar ... Er hat die Zeichen gegeben, und der

Vater hat ihm geöffnet... Denn nur er kannte die Zeichen, und ohne die Zeichen hätte mein Vater niemandem geöffnet...«

»Doch Sie vergessen wieder«, bemerkte der Staatsanwalt, immer noch ebenso zurückhaltend, aber doch schon wie im Triumph, »daß es gar nicht nötig war, die Zeichen zu geben, wenn die Tür schon offenstand, als Sie noch da waren, als Sie sich noch im Garten befanden...«

»Die Tür, die Tür!« murmelte Mitja und starrte den Staatsanwalt wortlos an; kraftlos sank er wieder auf den Stuhl zurück. Alle schwiegen. »Ja, die Tür...! Das war ein Phantom! Gott ist gegen mich!« rief er und starrte völlig gedankenleer vor sich hin.

»Da sehen Sie es also«, sagte der Staatsanwalt gewichtig, »und nun urteilen Sie selber: einerseits diese Aussage von der offenen Tür, aus der Sie herausgelaufen sein müssen, eine Aussage, die Sie und uns bedrückt; andererseits Ihr unbegreifliches, hartnäckiges und beinahe erbittertes Schweigen über die Herkunft des Geldes, das sich plötzlich in Ihren Händen befand, während Sie noch drei Stunden vorher, Ihrer eigenen Aussage nach, Ihre Pistolen versetzten, um sich wenigstens zehn Rubel zu verschaffen! Entscheiden Sie nun in Anbetracht alles dessen selber: Woran sollen wir glauben und woran uns halten? Werfen Sie uns nicht vor, wir seien ‚kalte Zyniker und spöttische Menschen', die nicht imstande seien, an die edlen Regungen Ihres Herzens zu glauben... Versetzen Sie sich im Gegenteil auch in unsere Lage...«

Mitja war unvorstellbar aufgeregt, er war ganz bleich geworden.

»Gut!« rief er plötzlich. »Ich werde Ihnen mein Geheimnis verraten, ich werde Ihnen sagen, woher ich das Geld genommen habe!... Ich werde meine Schmach enthüllen, damit ich später weder Ihnen noch mir Vorwürfe zu machen brauche.«

»Und seien Sie überzeugt, Dmitrij Fjodorowitsch«, fiel Nikolaj Parfenowitsch mit freudig gerührter Stimme ein, »jedes aufrichtige und volle Geständnis, das Sie jetzt ablegen, kann später Ihr Los ungemein erleichtern, und außerdem...«

Der Staatsanwalt stieß ihn sanft unter dem Tisch an, und so konnte er noch rechtzeitig innehalten. Mitja jedoch hatte gar nicht zugehört.

7

Mitjas großes Geheimnis

Man pfeift ihn aus

»Meine Herren«, begann er immer noch ebenso aufgeregt, »dieses Geld ... ich will ein volles Geständnis ablegen ... dieses Geld gehörte *mir.*«

Der Staatsanwalt und der Untersuchungsrichter machten lange Gesichter, sie hatten etwas ganz anderes erwartet.

»Wieso denn Ihnen«, stammelte Nikolaj Parfenowitsch, »wenn Sie noch um fünf Uhr nachmittags nach Ihrem eigenen Geständnis ...«

»Äh, zum Teufel mit der fünften Stunde jenes Nachmittags und mit meinem eigenen Geständnis, nicht darum handelt es sich jetzt! Dieses Geld gehörte mir, mir, das heißt, es war von mir gestohlen ... das heißt, es war nicht mein Geld, sondern gestohlenes, von mir gestohlenes Geld, und es waren fünfzehnhundert Rubel, und ich hatte sie bei mir, die ganze Zeit bei mir ...«

»Doch woher haben Sie denn dieses Geld genommen?«

»Vom Halse, meine Herren, habe ich es genommen, vom Halse, hier von meinem eigenen Hals ... in einen Lappen eingenäht hing es hier an meinem Hals; schon lange, schon einen Monat lang hatte ich es zu meiner Schmach und Schande am Hals getragen!«

»Doch von wem haben Sie denn das Geld ... sich angeeignet?«

»Sie wollten sagen: gestohlen? Sprechen Sie jetzt nur ohne Umschweife. Ja, ich bin der Ansicht, daß ich dieses Geld so gut wie gestohlen habe, aber wenn Sie wollen, habe ich es mir tatsächlich nur ‚angeeignet'. Doch meiner Meinung nach habe ich es gestohlen. Und gestern abend, da habe ich es schon richtig gestohlen.«

»Gestern abend? Aber Sie sagten doch soeben, Sie hätten es sich schon vor einem Monat ... verschafft!«

»Ja, aber nicht von meinem Vater, nicht von meinem Vater, seien Sie unbesorgt; nicht meinem Vater habe ich es gestohlen, sondern ihr. Lassen Sie mich erzählen und unterbrechen Sie mich nicht. Es fällt mir ja schwer. Sehen Sie: vor einem Monat ließ Katerina Iwanowna Werchowzewa, meine ehemalige Verlobte, mich zu sich rufen ... Kennen Sie sie?«

»Gewiß, ich bitte Sie.«

»Ich weiß, daß Sie sie kennen. Sie ist eine sehr edle Seele, die edelste unter den edlen, doch sie haßt mich schon lange, oh, seit langer, langer Zeit ... und mit Recht, mit Recht haßt sie mich!«

»Katerina Iwanowna?« fragte der Untersuchungsrichter verwundert. Auch der Staatsanwalt starrte ihn befremdet an.

»Oh, sprechen Sie ihren Namen nicht unnütz aus! Es ist gemein von mir, sie hier bloßzustellen. Ja, ich sah, daß sie mich haßte ... schon lange, schon seit der ersten Begegnung in meiner Wohnung, noch dort ... Doch genug, genug, Sie sind es nicht wert, davon zu wissen, das ist auch gar nicht nötig ... Sie brauchen nur zu wissen, daß sie mich vor einem Monat rufen ließ und mir dreitausend Rubel übergab, die ich an ihre Schwester und an noch eine Verwandte in Moskau abschicken sollte – als ob sie das nicht selber hätte tun können! Ich aber ... das war gerade in jener verhängnisvollen Stunde meines Lebens, als ich ... na, kurzum, als ich eben erst eine andere liebgewonnen hatte, *sie*, meine jetzige Geliebte, die nun dort unten sitzt, Gruschenka ... ich nahm sie damals hierher nach Mokroje mit und verjubelte hier in zwei Tagen die Hälfte dieser dreitausend Rubel, das heißt also fünfzehnhundert, die andere Hälfte aber behielt ich. Na, und diese fünfzehnhundert, die ich behalten hatte, trug ich wie ein Amulett am Halse, doch gestern habe ich das Geld herausgenommen und verjubelt. Der Rest davon, achthundert Rubel, ist jetzt in Ihren Händen, Nikolaj Parfenowitsch, es ist der Rest von den gestrigen fünfzehnhundert.«

»Erlauben Sie, wieso denn? Sie haben doch damals, vor einem Monat, hier dreitausend Rubel verpraßt und nicht fünfzehnhundert! Das wissen doch alle!«

»Wer weiß es denn? Wer hat es gezählt? Wen habe ich es zählen lassen?«

»Ich bitte Sie, Sie haben doch selbst allen gesagt, daß Sie damals genau dreitausend Rubel verpraßt haben.«

»Das stimmt, ich habe es gesagt, der ganzen Stadt habe ich es gesagt, und die ganze Stadt hat davon gesprochen, und alle haben gemeint, auch hier in Mokroje haben alle gemeint, es seien dreitausend gewesen. Und doch habe ich nicht dreitausend verjubelt, sondern fünfzehnhundert, die anderen fünfzehnhundert aber habe ich in ein Säckchen eingenäht. So war das, meine Herren, nun wissen Sie, woher ich das gestrige Geld hatte ...«

»Das grenzt ans Wunderbare ...« stammelte Nikolaj Parfenowitsch.

»Gestatten Sie eine Frage«, sagte schließlich der Staatsanwalt. »Haben Sie nicht wenigstens irgendwem früher hiervon Mitteilung gemacht ... das heißt davon, daß Sie diese fünfzehnhundert Rubel damals, vor einem Monat, zurückbehalten hatten?«

»Nein, ich habe es niemandem gesagt.«

»Das ist sonderbar. Wirklich keinem einzigen Menschen?«

»Nein, keinem einzigen. Gar niemandem.«

»Was bezweckten Sie denn mit diesem Verschweigen? Was bewog Sie, daraus ein solches Geheimnis zu machen? Ich will mich deutlicher ausdrücken: Sie haben uns endlich Ihr Geheimnis verraten, das Sie als so ‚schmählich' bezeichneten, obwohl diese Handlung, das heißt die Aneignung fremder dreitausend Rubel, zudem zweifellos bloß für eine gewisse Zeit, im Grunde genommen – natürlich nur relativ gesprochen – wenigstens meiner Ansicht nach nur im höchsten Grade leichtsinnig, aber nicht so schmählich ist, wenn man außerdem noch Ihren Charakter in Betracht zieht ... Na, angenommen, es war sogar eine im höchsten Grade anstößige Handlung, das gebe ich zu, aber eine anstößige ist doch immerhin noch keine schmähliche ... Das heißt, ich möchte eigentlich darauf hinaus: während dieses Monats haben auch ohne Ihr Eingeständnis schon viele vermutet, Sie hätten die dreitausend Rubel von Fräulein Werchowzewa veruntreut, ich selbst habe von diesem Gerücht gehört ... Michail Makarowitsch zum Beispiel hat auch davon gehört, so daß es nicht mehr ein bloßes Gerücht, sondern fast allgemeiner Stadtklatsch ist. Zudem sind Anzeichen vorhanden, daß auch Sie selber, wenn ich mich nicht täusche, das jemandem eingestanden haben, das heißt, daß Sie dieses Geld von Fräulein Werchowzewa erhalten hätten ... Und darum wundert es mich sehr, daß Sie bis jetzt, das heißt bis zum gegenwärtigen Augenblick, aus diesen – wie Sie sagen – beiseite gelegten fünfzehnhundert Rubel ein so außergewöhnliches Geheimnis gemacht haben und daß dieses Geheimnis Sie mit einem solchen Grauen erfüllte ... Es ist unwahrscheinlich, daß es Sie soviel Qual kostete, ein solches Geheimnis einzugestehen ... Sie haben ja sogar eben erst ausgerufen, Sie wollten lieber ins Zuchthaus gehen als ein Geständnis ablegen ...«

Der Staatsanwalt verstummte. Er war in Hitze geraten. Er hatte seinen Ärger, der an Zorn grenzte, nicht verhehlt und alles, was ihm auf der Seele brannte, geradeheraus gesagt, ohne sich um die Schönheit des Stils zu kümmern, das heißt, er hatte unzusammenhängend und fast verworren gesprochen.

»Nicht in den fünfzehnhundert lag die Schmach, sondern darin, daß ich diese fünfzehnhundert von jenen dreitausend abgeteilt hatte«, sagte Mitja fest.

»Doch was ist denn daran Schmähliches«, entgegnete der Staatsanwalt mit gereiztem Lächeln, »daß Sie von den dreitausend, die Sie in anstößiger oder, wenn Sie wollen, auch schmählicher Weise sich angeeignet hatten, die Hälfte nach eigenem Ermessen abgezweigt haben? Wichtiger ist, daß Sie sich die dreitausend angeeignet hatten, und nicht, wie Sie darüber verfügten. Apropos, warum verfügten Sie darüber gerade in der Weise, das heißt, warum zweigten Sie die Hälfte ab? Wozu, zu welchem Zweck haben Sie das getan, können Sie uns das erklären?«

»Oh, meine Herren, in dem Zweck liegt ja gerade der Kern der Sache!« rief Mitja. »Ich zweigte die Hälfte aus Gemeinheit ab, das heißt aus Berechnung, denn Berechnung ist in diesem Falle eine Gemeinheit ... Und einen ganzen Monat lang dauerte diese Gemeinheit!«

»Das ist mir unverständlich.«

»Ich wundere mich über Sie. Übrigens will ich es deutlicher erklären, denn sonst ist es vielleicht wirklich unverständlich. Geben Sie acht, was ich sage: Ich eigne mir dreitausend Rubel an, die mir auf Ehre anvertraut wurden, ich verjuble sie, verprasse sie alle, am nächsten Morgen erscheine ich bei ihr und sage: ‚Katja, verzeih mir, ich habe deine dreitausend verjubelt' – na, ist das schön? Nein, es ist nicht schön, es ist ehrlos und niedrig, ich bin dann ein Tier, ein Mensch, der sich so wenig zu beherrschen weiß, daß er zum Tier herabsinkt, so ist es doch, nicht wahr? Aber immerhin bin ich doch kein Dieb? Kein richtiger Dieb, kein richtiger, das werden Sie zugeben müssen! Ich habe das Geld verjubelt, aber nicht gestohlen! Jetzt der zweite, noch günstigere Fall. Geben Sie acht, was ich sage, sonst werde ich am Ende wieder konfus, mir wird so merkwürdig schwindelig. Also der zweite Fall: Ich verjuble nur fünfzehnhundert Rubel von den dreitausend, das heißt die Hälfte. Am nächsten Tag gehe ich zu ihr und bringe ihr die andere Hälfte: ‚Katja, nimm von mir Schurken und leichtsinnigem Schuft diese Hälfte, denn die andere habe ich verjubelt, und diese werde ich also auch verjubeln; bewahre mich vor dieser Sünde!' Na, wie steht es in diesem Falle? Dann bin ich alles, was Sie nur wollen, ein Tier und ein Schuft, aber kein Dieb, kein ausgesprochener Dieb, denn wenn ich ein Dieb wäre, hätte ich die restliche Hälfte bestimmt nicht zurückgebracht, sondern sie mir ebenfalls angeeignet. Nun aber wird sie sich sagen: Wenn er die eine Hälfte so schnell zurückgebracht hat, wird er auch den Rest, das heißt das verjubelte Geld, noch bringen, er wird sein ganzes Leben lang trachten, es aufzutreiben, wird arbeiten, aber er wird es auftreiben und zurückgeben. So wäre ich ein Schuft, aber kein Dieb, kein Dieb – was Sie nur wollen, aber kein Dieb!«

»Darin besteht allerdings ein gewisser Unterschied«, sagte der Staatsanwalt mit einem kühlen Lächeln. »Doch es ist immerhin sonderbar, daß Sie darin einen so verhängnisvollen Unterschied erblicken.«

»Ja, ich sehe darin einen so verhängnisvollen Unterschied! Ein Schuft kann jeder sein und ist am Ende auch jeder, ein Dieb aber kann nicht jeder sein, sondern nur ein Erzschuft. Na, ich verstehe mich nicht auf diese Feinheiten... Aber ein Dieb ist gemeiner als ein Schuft, das ist meine Überzeugung. Hören Sie: ich trage das Geld einen ganzen Monat lang mit mir herum, morgen schon kann ich mich entschließen, es zurückzugeben, und dann bin ich kein Schuft mehr; aber ich kann mich nicht dazu entschließen, das ist es, obwohl ich es jeden Tag versuche, obwohl ich mich jeden Tag antreibe: Entschließe dich, entschließe dich, du Schuft! Und so kann ich mich einen ganzen Monat lang nicht entschließen, das ist es! Nun, ist das Ihrer Meinung nach schön, ist das schön?«

»Allerdings ist das nicht gerade schön, das begreife ich sehr gut und bestreite es nicht«, antwortete der Staatsanwalt zurückhaltend. »Doch lassen Sie uns überhaupt jegliche Dispute über diese Feinheiten und Unterschiede auf später verschieben und, wenn es Ihnen beliebt, wieder zur Sache kommen. Die aber besteht darin, daß Sie uns trotz unseren Fragen noch immer nicht erklärt haben, weswegen Sie diese dreitausend Rubel ursprünglich so geteilt haben, das heißt, die eine Hälfte verpraßten und die andere versteckten. Wozu eigentlich haben Sie diese fünfzehnhundert Rubel versteckt, wozu wollten Sie sie eigentlich verwenden? Auf dieser Frage bestehe ich, Dmitrij Fjodorowitsch.«

»Ach ja, wahrhaftig!« rief Mitja und schlug sich vor die Stirn, »verzeihen Sie, ich plage Sie, die Hauptsache aber habe ich nicht erklärt, sonst hätten Sie sofort begriffen, denn in dem

Zweck, gerade in diesem Zweck liegt ja die Schmach! Sehen Sie, da war immer dieser Alte, der Verstorbene, er belästigte in einem fort Agrafena Alexandrowna, und ich war eifersüchtig; ich meinte damals, sie schwanke zwischen mir und ihm; und da dachte ich jeden Tag: Wie, wenn sie sich auf einmal entscheidet, wie, wenn sie es müde wird, mich zu quälen, und mir plötzlich sagt: Dich liebe ich und nicht ihn, entführe mich ans Ende der Welt!? Ich aber besaß nur zwei Zwanzigkopekenstücke; wie hätte ich sie da entführen können, was hätte ich da tun sollen – ich wäre verloren gewesen. Ich kannte sie doch damals noch nicht richtig und verstand sie nicht, ich glaubte, sie brauche Geld und werde mir meine Armut nicht verzeihen. Und so teilte ich heimtückisch die Hälfte von den dreitausend ab und nähte sie kaltblütig ein, ich nähte sie mit Berechnung ein, noch vor der Zecherei, und danach, als ich sie schon eingenäht hatte, fuhr ich hierher, um von der anderen Hälfte zu zechen! Nein, das ist eine Gemeinheit! Haben Sie jetzt verstanden?«

Der Staatsanwalt lachte laut auf, ebenso der Untersuchungsrichter.

»Meiner Meinung nach ist es sogar vernünftig und moralisch, daß Sie sich beherrschten und nicht das ganze Geld verpraßten«, sagte Nikolaj Parfenowitsch und kicherte, »denn was ist da schon dabei?«

»Das ist dabei, daß ich das Geld gestohlen habe! O Gott, Sie entsetzen mich durch Ihre Verständnislosigkeit! Die ganze Zeit, während ich diese fünfzehnhundert eingenäht auf der Brust trug, sagte ich mir jeden Tag und jede Stunde: Du bist ein Dieb, du bist ein Dieb! Darum wütete ich ja in diesem Monat, darum wurde ich ja im Gasthaus handgreiflich, darum mißhandelte ich ja meinen Vater – weil ich mich als Dieb fühlte! Ich habe es nicht einmal über mich gebracht und gewagt, auch nur Aljoscha, meinem Bruder, etwas von diesen fünfzehnhundert zu verraten: so sehr kam ich mir als Schuft und Dieb vor! Doch Sie müssen wissen, daß ich, solange ich das Geld bei mir trug, mir zugleich jeden Tag und jede Stunde sagte: Nein, Dmitrij Fjodorowitsch, du bist vielleicht noch kein Dieb. Warum nicht? Weil du morgen hingehen und diese fünfzehnhundert Katja zurückgeben kannst. Und erst gestern, als ich von Fenja zu Perchotin ging, entschloß ich mich, mir das Säckchen vom Halse zu reißen, bis zu dem Augenblick aber hatte ich mich nicht dazu entschließen können, und kaum hatte ich es heruntergerissen, war ich schon endgültig und unleugbar ein Dieb geworden, ein Dieb und ein ehrloser Mensch fürs ganze Leben. Warum? Weil ich damit zugleich auch meinen Traum zunichte gemacht hatte, ich könnte zu Katja gehen und zu ihr sagen: Ich bin ein Schuft, aber kein Dieb! Verstehen Sie jetzt, verstehen Sie?«

»Warum entschlossen Sie sich denn dazu gerade gestern abend?« unterbrach ihn Nikolaj Parfenowitsch.

»Warum? Eine lächerliche Frage! Weil ich mich zum Tode verurteilt hatte, weil ich mich erschießen wollte, um fünf Uhr morgens, hier, bei Tagesanbruch. Es ist ja einerlei, dachte ich, ob ich als Schuft oder als redlicher Mann sterbe! Doch es hat sich erwiesen, daß es nicht einerlei ist! Ob Sie es glauben oder nicht, meine Herren: nicht das, nicht das eine hat mich in dieser Nacht am meisten gequält, daß ich, wie ich meinte, den alten Diener erschlagen hatte und daß mir Sibirien drohte, und zudem noch wann? – als meine Liebe gekrönt wurde und der Himmel sich von neuem vor mir auftat! Oh, das quälte mich wohl, aber doch nicht so sehr; immerhin nicht so sehr wie dieses verfluchte Bewußtsein, daß ich mir dieses verdammte Geld endlich von der Brust gerissen und es verausgabt hatte und folglich jetzt endgültig ein Dieb war! Oh, meine Herren, ich sage es Ihnen nochmals blutenden Herzens: In dieser Nacht habe ich viel gelernt! Ich habe nicht nur erkannt, daß es nicht angeht, als Schuft zu leben, sondern daß es auch nicht angeht, als Schuft zu sterben . . . Nein, meine Herren, sterben muß man in Ehren! . . .«

Mitja war bleich. Sein Gesicht sah erschöpft und zerquält aus, obwohl er aufs äußerste erregt war.

»Ich fange an, Sie zu verstehen, Dmitrij Fjodorowitsch«, sagte der Staatsanwalt gedehnt in sanftem und, so schien es wenigstens, sogar teilnahmsvollem Tone. »Doch alles das – Sie mögen darüber denken, wie es Ihnen beliebt – kommt meiner Meinung nach nur von Ihren Nerven . . . von Ihren zerrütteten Nerven, jawohl. Warum zum Beispiel hätten Sie, um sich so viele Qualen zu ersparen, die fast einen Monat dauerten, nicht hingehen und diese fünfzehnhundert der Dame zurückgeben sollen, die sie Ihnen anvertraut hatte? Und warum hätten Sie – nach einer Aussprache mit ihr – angesichts Ihrer damaligen Lage, die sie uns als so furchtbar geschildert haben, nicht ein Manöver versuchen sollen, das so nahe liegt, das heißt, warum hätten Sie – nach einem anständigen Eingeständnis Ihrer Verfehlungen – die Dame nicht um die Summe bitten sollen, die

Sie für Ihre Ausgaben brauchten und die sie bei ihrer großherzigen Gesinnung und angesichts Ihrer Verstörtheit Ihnen gewiß nicht verweigert hätte, besonders wenn Sie ihr einen Schuldschein darüber ausgestellt oder ihr meinethalben die gleiche Kaution angeboten hätten wie dem Kaufmann Samsonow und Frau Chochlakowa? Sie halten doch diese Kaution selbst jetzt noch für wertvoll?«

Mitja errötete auf einmal.

»Halten Sie mich denn wirklich für einen solchen Schuft? Es kann doch nicht sein, daß es Ihnen damit Ernst ist!« sagte er entrüstet und sah dem Staatsanwalt in die Augen, als traute er seinen Ohren nicht.

»Ich versichere Ihnen, daß es mir Ernst damit ist ... Warum meinen Sie, daß es nicht mein Ernst sei?« fragte der Staatsanwalt verwundert.

»Oh, wie gemein wäre das gewesen! Meine Herren, wissen Sie, daß Sie mich quälen? Nun gut, ich werde Ihnen alles sagen, meinetwegen, ich werde Ihnen jetzt endlich meine ganze teuflische Verruchtheit gestehen, jedoch nur, um Sie zu beschämen, und Sie werden sich selber wundern, bis zu welcher Gemeinheit menschliche Gefühle sich versteigen können. Sie müssen wissen, daß ich schon selber an dieses Manöver gedacht hatte, an das gleiche Manöver, von dem Sie soeben sprachen, Herr Staatsanwalt! Ja, meine Herren, auch ich hatte in diesem verfluchten Monat diesen Gedanken, so daß ich mich schon fast entschloß, zu Katja zu gehen, so gemein war ich! Doch zu ihr hingehen, ihr meinen Treubruch eingestehen und gerade für diesen Treubruch, zur Ausführung dieses Treubruchs, für die bei diesem Treubruch bevorstehenden Ausgaben sie selbst, Katja selbst um Geld bitten – bitten, hören Sie wohl, bitten! – und dann sogleich mit einer anderen von ihr weglaufen, mit ihrer Nebenbuhlerin, mit einer, von der sie gehaßt wird und von der sie beleidigt worden ist – ich bitte Sie, Herr Staatsanwalt, Sie haben ja den Verstand verloren!«

»Das nicht gerade, doch habe ich allerdings in meinem Eifer vergessen ... die von Ihnen schon erwähnte weibliche Eifersucht in Erwägung zu ziehen ... wenn hier wirklich Eifersucht vorhanden sein sollte, wie Sie behaupten ... doch am Ende liegt hier tatsächlich etwas Derartiges vor«, sagte der Staatsanwalt lächelnd.

»Aber das wäre ja eine solche Abscheulichkeit gewesen«, rief Mitja und schlug wütend mit der Faust auf den Tisch, »das hätte so zum Himmel gestunken, daß ich keine Worte dafür finde! Und wissen Sie, sie hätte mir dieses Geld geben können, und sie hätte es mir auch gegeben, hätte es bestimmt gegeben, aus Rachgier hätte sie es mir gegeben, aus Lust an der Rache, aus Verachtung mir gegenüber hätte sie es gegeben, denn auch sie ist eine teuflisch verruchte Seele und ein Weib, das großen Zornes fähig ist! Ich hätte das Geld genommen, oh, ich hätte es genommen, es genommen und dann mein ganzes Leben lang ... o Gott! Verzeihen Sie, meine Herren, ich schreie darum so, weil ich diesen Gedanken noch vor kurzer Zeit hatte, erst vorgestern, als ich mich nachts mit Ljagawyj abplackte, und dann gestern, ja, auch gestern, den ganzen gestrigen Tag – ich erinnere mich noch dessen – bis unmittelbar vor diesem Vorfall ...«

»Vor welchem Vorfall?« fragte Nikolaj Parfenowitsch interessiert dazwischen, doch Mitja hörte es nicht.

»Ich habe Ihnen ein furchtbares Geständnis gemacht«, schloß er finster. »Beachten Sie es, meine Herren. Doch das genügt nicht, es genügt nicht, dieses Geständnis zu beachten, nicht nur beachten müssen Sie es, sondern Sie müssen es hochachten, wenn Sie das aber nicht tun, wenn auch das nicht an Ihre Seele rührt – so mißachten Sie mich geradezu, meine Herren, das muß ich schon sagen, und ich werde mich totschämen darüber, daß ich es solchen Menschen, wie Sie sind, gestanden habe! Oh, ich werde mich erschießen! Ja, ich sehe schon, ich sehe, daß Sie mir nicht glauben! Wie, auch das wollen Sie niederschreiben?« rief er, jetzt ernstlich erschrocken.

»Ja, das, was Sie soeben gesagt haben«, erwiderte Nikolaj Parfenowitsch und sah ihn verwundert an, »das heißt, daß Sie bis zur allerletzten Stunde noch immer beabsichtigt hatten, zu Fräulein Werchowzewa zu gehen und sie um diese Summe zu bitten ... Ich versichere Ihnen, daß dies eine für uns sehr wichtige Aussage ist, Dmitrij Fjodorowitsch, das heißt Ihre Aussage über diesen ganzen Vorfall ... und besonders für Sie, besonders für Sie ist sie wichtig.«

»Haben Sie doch Erbarmen, meine Herren!« rief Mitja und schlug die Hände zusammen, »schreiben Sie doch wenigstens das nicht auf, schämen Sie sich! Ich habe doch sozusagen meine Seele vor Ihren Augen mitten entzweigerissen, und Sie haben sich das zunutze gemacht und wühlen mit Ihren Fingern an der Rißstelle in beiden Hälften herum ... O Gott!«

Er bedeckte in seiner Verzweiflung das Gesicht mit den Händen.

»Regen Sie sich nicht so auf, Dmitrij Fjodorowitsch«, sagte der Staatsanwalt, »alles, was jetzt niedergeschrieben wird, werden Sie nachher vorgelesen bekommen, und wir werden das, womit Sie nicht einverstanden sind, nach Ihren Angaben ändern. Jetzt aber will ich eine kleine Frage noch zum drittenmal wiederholen: Hat denn niemand, schlechthin niemand aus Ihrem Munde etwas von diesem Gelde gehört, das Sie in das Säckchen eingenäht hatten? Das ist, muß ich Ihnen sagen, fast unvorstellbar.«

»Niemand, niemand, ich habe es doch schon gesagt! Wenn Sie es mir nicht glauben, haben Sie nichts begriffen! Lassen Sie mich in Frieden.«

»Nun gut. Doch dieser Punkt muß noch geklärt werden, und wir haben ja noch viel Zeit hierzu. Überlegen Sie aber vorläufig: wir haben vielleicht Dutzende von Zeugenaussagen darüber, daß Sie selber herumerzählt und sogar überall laut ausposaunt haben, Sie hätten dreitausend Rubel ausgegeben, nicht fünfzehnhundert, sondern dreitausend, und auch gestern, als Sie auf einmal soviel Geld hatten, haben Sie ebenfalls vielen mitgeteilt, Sie hätten wieder dreitausend Rubel mitgebracht...«

»Nicht Dutzende, sondern Hunderte von Zeugenaussagen stehen Ihnen zu Gebote, zweihundert Aussagen; zweihundert Menschen haben es gehört, tausend haben es gehört!« rief Mitja.

»Na, sehen Sie, alle, alle bezeugen es. Das Wort *alle* bedeutet doch etwas.«

»Nichts bedeutet es, ich hatte geschwindelt, und alle anderen haben es mir nachgeschwätzt.«

»Warum hatten Sie es denn so nötig zu ‚schwindeln', wie Sie sich ausdrücken?«

»Das weiß der Teufel. Aus Prahlerei vielleicht... daß ich soviel Geld verjubelt hatte... Vielleicht um dieses eingenähte Geld zu vergessen... ja, gerade darum... Teufel... zum wie vielten Male stellen Sie diese Frage? Na, ich habe geschwindelt, und damit Schluß, und nachdem ich einmal geschwindelt hatte, wollte ich es nicht mehr richtigstellen. Warum schwindelt man manchmal?«

»Das ist schwer zu entscheiden, Dmitrij Fjodorowitsch, warum einer schwindelt«, sagte der Staatsanwalt eindringlich. »Aber sagen Sie: war es groß, dieses Säckchen, wie Sie es nennen, das Sie am Halse trugen?«

»Nein, nicht groß.«

»Von welcher Größe ungefähr?«

»Wenn Sie einen Hundertrubelschein einmal zusammenfalten, dann haben Sie die Größe.«

»Wäre es nicht besser, Sie zeigten uns die Überreste des aufgerissenen Säckchens? Sie müssen sie doch noch irgendwo bei sich haben.«

»Ah, Teufel ... welch ein Unsinn ... ich weiß nicht, wo sie sind.«

»Aber erlauben Sie dennoch die Frage: Wo und wann haben Sie denn das Säckchen vom Halse genommen? Sie hatten doch, wie Sie selbst aussagen, Ihre Wohnung nicht mehr aufgesucht?«

»Nun, als ich Fenja verlassen hatte und zu Perchotin ging, riß ich es mir unterwegs vom Halse und nahm das Geld heraus.«

»Im Dunkeln?«

»Dazu braucht man doch kein Licht! Ich habe das im Handumdrehen mit dem Finger getan.«

»Ohne Schere, auf der Straße?«

»Auf dem Stadtplatz, glaube ich; wozu brauchte ich da eine Schere? Es war nur ein alter Flicken, der sofort zerriß.«

»Wohin haben Sie es dann getan?«

»Ich warf es ebendort weg.«

»Wo denn?«

»Na, ebendort auf dem Stadtplatz, irgendwo auf dem Stadtplatz! Das weiß der Teufel, an welcher Stelle des Stadtplatzes. Doch wozu brauchen Sie das zu wissen?«

»Das ist äußerst wichtig, Dmitrij Fjodorowitsch: hier handelt es sich um Beweisstücke zu Ihren Gunsten; daß Sie das nicht einsehen wollen! Wer hat Ihnen denn vor einem Monat geholfen, das Geld einzunähen?«

»Niemand hat mir geholfen, ich selbst habe es eingenäht.«

»Sie können nähen?«

»Ein Soldat muß nähen können, doch in diesem Fall war gar keine besondere Fertigkeit darin notwendig.«

»Woher hatten Sie denn das Material genommen, das heißt diesen Flicken, in den Sie das Geld einnähten?«

»Machen Sie sich wirklich nicht über mich lustig?«

»Durchaus nicht, wir sind auch gar nicht dazu aufgelegt, Dmitrij Fjodorowitsch.«

»Ich erinnere mich nicht mehr, woher ich den Flicken nahm, ich habe ihn irgendwoher genommen.«

»Gerade an so etwas müßte man sich doch wohl erinnern können.«

»Bei Gott, ich erinnere mich nicht mehr; vielleicht hatte ich von einem meiner Wäschestücke einen Fetzen abgerissen.«

»Das ist sehr interessant: in Ihrer Wohnung könnte sich morgen dieses Wäschestück finden, ein Hemd vielleicht, von dem Sie ein Stück abgerissen haben. Woraus war denn dieser Flicken, aus Baumwolle oder aus Leinwand?«

»Weiß der Teufel woraus. Warten Sie mal ... Ich habe ihn, glaube ich, gar nicht von etwas abgerissen. Es war Kaliko ... Ich habe das Geld, glaube ich, in ein Häubchen meiner Wirtin eingenäht.«

»In ein Häubchen Ihrer Wirtin?«

»Ja, ich hatte es ihr geklaut.«

»Wieso geklaut?«

»Sehen Sie, ich habe ihr tatsächlich einmal, wie ich mich erinnere, ein Häubchen geklaut, für einen Wischlumpen, doch vielleicht auch um die Feder damit abzuwischen. Ich nahm es, ohne ein Wort davon zu sagen, denn es war doch nur ein wertloser Lumpen, es lagen noch mehr solche Lappen in meinem Zimmer herum; und dann waren da gerade diese fünfzehnhundert Rubel, und so nähte ich sie einfach darin ein ... Ich glaube, gerade in diesen Lappen nähte ich sie ein. Es war ein alter Kalikolumpen, schon tausendmal gewaschen.«

»Und Sie erinnern sich dessen noch ganz genau?«

»Ob es ganz genauso war, weiß ich nicht mehr. Doch ich glaube, ich nähte das Geld in das Häubchen ein. Na, mir ist das gleich.«

»Wenn dem so ist, könnte Ihre Wirtin sich wohl wenigstens erinnern, daß dieser Gegenstand ihr abhanden gekommen ist?«

»Bestimmt nicht, sie hat ihn gar nicht vermißt. Es war ein alter Lappen, sage ich Ihnen, ein alter Lappen, der keine halbe Kopeke wert war.«

»Und woher nahmen Sie Nadel und Faden?«

»Ich breche ab, ich will nicht mehr. Genug!« rief Mitja, der zum Schluß zornig geworden war.

»Und wiederum ist es sonderbar, daß Sie so völlig vergessen haben, an welcher Stelle des Stadtplatzes Sie dieses ... Säckchen weggeworfen haben.«

»Lassen Sie doch morgen den Platz fegen, vielleicht finden Sie es«, sagte Mitja, hämisch lächelnd. »Genug, meine Herren, genug«, entschied er mit matter Stimme. »Ich sehe deutlich: Sie haben mir nicht geglaubt! Nichts und nicht für eine halbe Kopeke. Die Schuld liegt an mir und nicht an Ihnen, ich hätte mich nicht darauf einlassen sollen. Warum, warum habe ich mich durch das Eingeständnis meines Geheimnisses entehrt! Sie aber lachen sich ins Fäustchen, das sehe ich Ihnen an den Augen an. Sie, Herr Staatsanwalt, sind es, der mich so weit gebracht hat! Singen Sie sich ein Loblied, wenn Sie es können... Seid verflucht, ihr Folterknechte!«

Er senkte den Kopf und bedeckte das Gesicht mit den Händen. Der Staatsanwalt und der Untersuchungsrichter schwiegen. Nach einer Minute hob er den Kopf und blickte sie eigentümlich gedankenleer an. Sein Gesicht drückte letzte Verzweiflung aus, er saß merkwürdig still und stumm da und schien seiner selbst nicht mehr bewußt zu sein. Doch man mußte zu Ende kommen, mußte unverzüglich zur Vernehmung der Zeugen übergehen. Es war schon acht Uhr morgens. Die Kerzen hatte man schon längst gelöscht. Michail Makarowitsch und Kalganow, die während der ganzen Dauer des Verhörs ein- und ausgegangen waren, hatten jetzt beide gerade wieder das Zimmer verlassen. Der Staatsanwalt und der Untersuchungsrichter sahen ebenfalls sehr müde aus. Der Morgen war trübe, der Himmel hatte sich mit Wolken bezogen, und es regnete in Strömen. Mitja starrte gedankenleer die Fenster an.

»Darf ich einmal durchs Fenster schauen?« fragte er plötzlich Nikolaj Parfenowitsch.

»Oh, soviel Sie wollen«, antwortete der.

Mitja stand auf und ging ans Fenster. Der Regen peitschte heftig gegen die kleinen grünlichen Fensterscheiben. Unmittelbar vor dem Fenster war die schmutzige Straße zu sehen, und weiter weg, im Grau des Regens, zeichneten sich die schwarzen Reihen armseliger, unansehnlicher Bauernhütten ab, die vom Regen noch schwärzer und armseliger geworden zu sein schienen. Mitja erinnerte sich des »goldlockigen Phöbus«, und daß er sich bei dessen erstem Strahl hatte erschießen wollen: an einem solchen Morgen wäre es am Ende auch besser gewesen, dachte er und lächelte, dann fuhr er mit der Hand durch die Luft, als würfe er etwas von sich, und wandte sich jäh wieder den »Folterknechten« zu.

»Meine Herren«, rief er, »ich sehe ja, daß ich verloren bin! Aber *sie*? Sagen Sie mir, ich flehe Sie an: Wird denn auch sie mit mir zugrunde gehen? Sie ist doch schuldlos, sie war doch nicht bei Sinnen, als sie gestern schrie, sie sei an allem schuld. An nichts ist sie schuld, an nichts! Die ganze Nacht habe ich mich gegrämt, als ich hier mit Ihnen saß ... Ist es nicht möglich, können Sie mir nicht sagen, was Sie jetzt mit ihr tun werden?«

»Machen Sie sich darüber gar keine Sorgen, Dmitrij Fjodorowitsch«, antwortete sofort und mit sichtlicher Eile der Staatsanwalt, »wir haben vorläufig keinerlei triftige Gründe, die Dame, für die Sie sich so einsetzen, auch nur im geringsten zu inkommodieren. Auch im weiteren Verlauf des Verfahrens wird es, hoffe ich, nicht notwendig sein ... Im Gegenteil, wir werden in dieser Hinsicht alles tun, was in unseren Kräften steht. Seien Sie ganz beruhigt.«

»Meine Herren, ich danke Ihnen, ich wußte ja, daß Sie trotz allem redliche und gerechte Menschen sind. Sie haben mir eine Last vom Herzen genommen ... Na, was werden wir jetzt tun? Ich bin bereit.«

»Ja, sehen Sie, wir müssen uns beeilen. Wir müssen unverzüglich zur Vernehmung der Zeugen übergehen. Alles das muß unbedingt in Ihrem Beisein geschehen, und darum ...«

»Sollten wir nicht erst Tee trinken?« unterbrach Nikolaj Parfenowitsch den Staatsanwalt. »Wir dürften es doch wohl verdient haben.«

Man beschloß, falls es unten schon Tee gäbe – was anzunehmen sei, da Michail Makarowitsch sicherlich Tee trinken gegangen sei –, vorerst nur ein Gläschen Tee zu trinken und dann »weiterzumachen«; das eigentliche Teetrinken mit Imbiß jedoch sollte auf eine spätere Stunde verschoben werden, in der man nicht mehr so beschäftigt wäre. Unten gab es tatsächlich schon Tee, und es wurde alsbald welcher heraufgebracht. Mitja lehnte zuerst das Glas Tee ab, das Nikolaj Parfenowitsch ihm liebenswürdig anbot, doch dann bat er selbst darum und trank es gierig aus. Er sah merkwürdig erschöpft aus. Was konnte ihm wohl, hätte man meinen sollen, eine durchschwärmte Nacht ausmachen, selbst wenn sie mit den stärksten seelischen Erschütterungen verbunden war? Doch er fühlte selbst, daß er sich kaum noch auf dem Stuhle aufrecht halten konnte, und von Zeit zu Zeit war es ihm, als begännen alle Gegenstände sich vor seinen Augen zu bewegen und zu drehen. Es fehlt nicht viel, so fange ich am Ende noch an zu phantasieren, dachte er bei sich.

8

Die Aussagen der Zeugen
Das Kindchen

Die Vernehmung der Zeugen begann. Doch ich werde meine Erzählung nicht mehr mit solcher Ausführlichkeit fortsetzen, wie ich es bis jetzt getan habe. Darum will ich auch weglassen, wie Nikolaj Parfenowitsch jeden aufgerufenen Zeugen darüber belehrte, daß er nach bestem Wissen und Gewissen die volle Wahrheit sagen müsse und daß er seine Aussagen später werde unter Eid wiederholen müssen; ebenso, wie schließlich von jedem Zeugen verlangt wurde, daß er das Protokoll über seine Aussagen unterschreibe und so weiter und so weiter. Ich will nur das eine hervorheben, daß der Hauptpunkt, auf den sich die ganze Aufmerksamkeit der Untersuchungsführer richtete, immer noch die Frage nach den dreitausend Rubel war, das heißt, ob es das erstemal, also beim ersten Gelage des Dmitrij Fjodorowitsch hier in Mokroje vor einem Monat, dreitausend oder fünfzehnhundert gewesen seien und ob es bei seinem zweiten Gelage gestern dreitausend oder fünfzehnhundert gewesen seien. O weh, alle Zeugenaussagen fielen ausnahmslos zu Mitjas Ungunsten aus, keine einzige zu seinen Gunsten, und einige Zeugen brachten sogar neue, geradezu niederschmetternde Tatsachen vor, die seine Aussagen widerlegten. Der erste, der vernommen wurde, war Trifon Borisytsch. Er erschien vor den Untersuchungsführern ohne die geringste Scheu, im Gegenteil, mit einer Miene ernstlicher und grimmiger Entrüstung über den Beschuldigten und gab sich dadurch zweifellos den Anschein außerordentlicher Wahrheitsliebe und hohen Selbstbewußtseins. Er sprach wenig und zurückhaltend, wartete die Fragen ab, antwortete genau und wohlüberlegt. Fest und unumwunden sagte er aus, Mitja müsse vor einem Monat nicht weniger als dreitausend Rubel verausgabt haben, alle Bauern des Dorfes könnten bezeugen, daß sie »Mitrij Fjodorowitsch« selbst hätten von dreitausend sprechen hören. »Wieviel Geld hat er allein schon den Zigeunerinnen hingeworfen! Sie allein haben bestimmt mehr als tausend Rubel bekommen.«

»Nicht einmal fünfhundert mag ich ihnen gegeben haben«, bemerkte Mitja hierzu finster, »nur habe ich das Geld damals nicht gezählt, ich war betrunken; doch schade darum . . .«

Mitja saß diesmal seitwärts neben dem Tisch, mit dem Rükken zum Vorhang, er hörte finster zu, mit trauriger, müder Miene, die gleichsam sagte: Ach, sagt aus, was ihr wollt, mir ist jetzt alles gleich!

»Mehr als tausend sind für die Zigeunerinnen draufgegangen, Mitrij Fjodorowitsch«, widersprach Trifon Borisowitsch fest Mitjas Behauptung, »Sie ließen nachlässigerweise Geld zu Boden fallen, und die Weiber lasen es auf. Das ist doch ein diebisches und spitzbübisches Volk, Pferdediebe sind sie; hätte man sie nicht von hier weggejagt, so würden sie selbst aussagen, um wieviel Geld sie sich an Ihnen bereichert haben. Ich selbst habe damals das Geld in Ihren Händen gesehen – gezählt habe ich es nicht, Sie haben mich es nicht zählen lassen, das stimmt – doch nach Augenmaß, das weiß ich noch, waren es weit mehr als fünfzehnhundert ... Nur fünfzehnhundert? Weit gefehlt! Auch ich habe ja schon mit Geld zu tun gehabt und kann das beurteilen ...«

Über die gestrige Summe sagte Trifon Borisowitsch ohne Umschweife aus, Dmitrij Fjodorowitsch habe, gleich nachdem er aus dem Wagen gestiegen sei, ihm gegenüber selber erklärt, er habe dreitausend mitgebracht.

»Geh, stimmt das denn, Trifon Borisytsch?« wandte Mitja ein. »Habe ich wirklich so bestimmt erklärt, ich hätte dreitausend mitgebracht?«

»Ja, das haben Sie gesagt, Mitrij Fjodorowitsch. In Andrejs Gegenwart haben Sie es gesagt. Andrej ist noch hier, er ist noch nicht weggefahren, lassen Sie ihn doch rufen. Und dort im Saal, als Sie den Chor bewirteten, riefen Sie geradeheraus, daß Sie das sechste Tausend hierlassen wollten – zusammen mit den früheren, heißt das, so war das gemeint. Stepan und Semjon haben es gehört, und Pjotr Fomitsch Kalganow stand damals neben Ihnen, vielleicht wird auch er es im Gedächtnis behalten haben ...«

Die Aussage über das sechste Tausend beeindruckte die Untersuchungsführer sehr stark. Ihnen gefiel die neue Version: drei und drei macht zusammen sechs, also dreitausend damals und dreitausend jetzt, da wären ja die ganzen sechstausend beisammen, das war doch klar.

Man vernahm alle Bauern, die Trifon Borisowitsch genannt hatte, den Stepan und den Semjon, den Fuhrmann Andrej und Pjotr Fomitsch Kalganow. Die Bauern und der Fuhrmann bestätigten unumwunden die Aussagen des Trifon Borisytsch. Außerdem schrieb man noch besonders nach Andrejs Angaben das Gespräch nieder, das er unterwegs mit Mitja darüber geführt hatte, wohin er, Dmitrij Fjodorowitsch, wohl kommen werde, in den Himmel oder in die Hölle, und ob man ihm im Jenseits vergeben werde oder nicht. Der »Psychologe« Ippolit Kirillowitsch hörte alles das mit einem schlauen Lächeln an und empfahl zum Schluß, auch diese Aussage, das heißt darüber, wohin Dmitrij Fjodorowitsch kommen werde, zu den Akten zu nehmen.

Der Zeuge Kalganow kam widerwillig herein, er war mürrisch, launisch und sprach mit dem Staatsanwalt und mit Nikolaj Parfenowitsch so, als sähe er sie zum erstenmal in seinem Leben, während er sie doch schon seit langem von täglichen Begegnungen her kannte. Er begann damit, daß er »nichts wisse und nichts wissen wolle«. Doch von dem sechsten Tausend hatte er, wie sich herausstellte, gehört, und er gab zu, daß er in jenem Augenblick neben Mitja gestanden habe. Seiner Ansicht nach hatte Mitja »ich weiß nicht wieviel« Geld in Händen gehabt. Die Frage, ob die Polen beim Spiel die Karten in betrügerischer Absicht gemischt hätten, bejahte er. Auch erklärte er auf wiederholtes Befragen, daß Mitjas Aussichten bei Agrafena Alexandrowna, nachdem die Polen hinausgejagt worden waren, sich tatsächlich gebessert hätten und daß sie selbst gesagt habe, sie liebe ihn. Über Agrafena Alexandrowna äußerte er sich zurückhaltend und achtungsvoll, als wäre sie eine Dame aus den besten Gesellschaftskreisen, auch erlaubte er sich kein einziges Mal, sie »Gruschenka« zu nennen. Obwohl der junge Mann nur mit sichtlichem Widerwillen aussagte, fragte Ippolit Kirillowitsch ihn lange aus und erfuhr erst durch ihn alle Einzelheiten dessen, was sozusagen den »Roman« Mitjas in dieser Nacht ausgemacht hatte. Mitja unterbrach Kalganow kein einziges Mal. Schließlich entließ man den jungen Mann, und er entfernte sich mit unverhohlenem Unwillen.

Man vernahm auch die Polen. Sie hatten sich in ihrem Zimmer zwar schlafen gelegt, hatten aber die ganze Nacht nicht einschlafen können; bei der Ankunft der Amtspersonen hatten sie sich rasch wieder angezogen und zurechtgemacht, da sie sich sagten, daß man sie bestimmt zur Vernehmung heranziehen werde. Sie traten würdevoll auf, wenn auch nicht ohne einige Angst. Der Haupträdelsführer, das heißt der kleine Pan, erwies sich als ein Beamter der zwölften Rangstufe außer Dienst, er war in Sibirien Veterinär gewesen und hieß Mussjalowicz.

Pan Wrublewski jedoch war, wie sich herausstellte, »freipraktizierender Dentist«. Kaum waren sie ins Zimmer hereingekommen, wandten sie sich beide – obwohl es Nikolaj Parfenowitsch war, der sie fragte – mit ihren Antworten an den abseits stehenden Michail Makarowitsch, den sie in ihrer Unwissenheit für den rangältesten Beamten hielten und in jedem Satz mit »Pan Oberst« anredeten. Und erst nachdem sie das mehrere Male getan hatten und Michail Makarowitsch selber sie belehrt hatte, kamen sie darauf, daß sie sich mit ihren Antworten nur an Nikolaj Parfenowitsch zu wenden hatten. Es zeigte sich, daß sie sogar sehr gut russisch sprechen konnten, abgesehen vielleicht von der Aussprache einiger Wörter. Über seine früheren und jetzigen Beziehungen zu Gruschenka äußerte sich Pan Mussjalowicz leidenschaftlich und stolz, so daß Mitja sofort außer sich geriet und schrie, er erlaube diesem »Schuft« nicht, in seiner Gegenwart so zu reden. Pan Mussjalowicz machte sofort auf das Wort »Schuft« aufmerksam und bat, es ins Protokoll einzutragen. Mitja schäumte vor Wut.

»Er ist auch ein Schuft, ja, ein Schuft! Tragen Sie das ins Protokoll ein und ebenso, daß ich ungeachtet dieser Eintragung dennoch dabei bleibe, daß er ein Schuft ist!« schrie er.

Nikolaj Parfenowitsch ließ es zwar zu Protokoll nehmen, bewies aber bei diesem peinlichen Zwischenfall eine sehr löbliche Sachlichkeit und Umsicht: er erteilte Mitja einen strengen Verweis, stellte danach sofort alle weiteren Fragen über die romantische Seite der Sache ein und ging schleunigst zum Wesentlichen über. Als wesentlich erwies sich eine Aussage der Polen, die bei den Untersuchungsführern ein ungewöhnliches Interesse erweckte: es handelte sich darum, wie Mitja den Pan Mussjalowicz in dem kleinen Zimmer hatte bestechen wollen und ihm dreitausend Rubel Abstandsgeld angeboten hatte, siebenhundert sofort auf die Hand und die übrigen zweitausenddreihundert »morgen früh in der Stadt«, wobei er sein Ehrenwort gegeben und erklärt hatte, er habe hier in Mokroje nicht soviel Geld bei sich, sondern das Geld befinde sich in der Stadt. Mitja erwiderte zuerst, ohne zu überlegen, er habe nicht gesagt, daß er ihm das Geld morgen bestimmt in der Stadt geben werde; doch Pan Wrublewski bestätigte die Aussage seines Kameraden, und Mitja gab nach kurzem Nachdenken selber mürrisch zu, daß es wahrscheinlich so gewesen sei, wie die Polen sagten; er sei damals sehr erregt gewesen und könne das daher tatsächlich gesagt haben. Der Staatsanwalt klammerte sich sofort an diese Aussage: den Untersuchungsführern war es jetzt klar (und so legte man es später tatsächlich auch aus), daß die Hälfte oder jedenfalls ein Teil der dreitausend Rubel, die Mitja in die Hände bekommen hatte, wirklich irgendwo in der Stadt versteckt geblieben sein konnte oder am Ende gar irgendwo hier in Mokroje; auf diese Weise klärte sich auch der für die Untersuchungsführer heikle Umstand auf, daß man in Mitjas Händen nur achthundert Rubel vorgefunden hatte – ein Umstand, der bis jetzt, wenn auch nur als einziger und ziemlich unerheblicher, doch immerhin einigermaßen zu Mitjas Gunsten gesprochen hatte. Jetzt brach auch dieses einzige für ihn günstige Zeugnis in sich zusammen. Auf die Frage des Staatsanwalts, woher er denn die übrigen zweitausenddreihundert Rubel habe nehmen wollen, um sie am nächsten Tag dem Pan zu geben, wenn er doch selbst behaupte, nur fünfzehnhundert gehabt zu haben, und wieso er trotzdem dem Pan eine ehrenwörtliche Versicherung gegeben habe, antwortete Mitja fest, er habe den »kleinen Polacken« am nächsten Tage nicht Geld, sondern die formelle Übertragung seiner Rechte auf das Gut Tschermaschnja anbieten wollen, derselben Rechte, die er Samsonow und der Chochlakowa angeboten habe. Der Staatsanwalt lächelte über die »Naivität dieser Ausrede«.

»Und Sie glauben, er wäre einverstanden gewesen, statt der baren zweitausenddreihundert Rubel diese Rechte zu erhalten?«

»Er wäre bestimmt einverstanden gewesen«, antwortete Mitja scharf und heftig. »Ich bitte Sie, dabei hätte er nicht nur zwei-, sondern vier- oder sogar sechstausend herausschlagen können! Er hätte sofort seine polnischen und jüdischen Winkeladvokaten zusammengetrommelt, und die hätten dem Alten nicht nur dreitausend, sondern ganz Tschermaschnja wegprozessiert.«

Die Aussage des Pan Mussjalowicz wurde selbstverständlich in aller Ausführlichkeit zu Protokoll genommen. Darauf entließ man die beiden Polen. Die Tatsache des betrügerischen Kartenmischens wurde kaum erwähnt; Nikolaj Parfenowitsch war ihnen ohnehin nur zu dankbar und wollte sie nicht mit Kleinigkeiten belästigen, um so weniger, da alles das nur ein leerer Streit in betrunkenem Zustande beim Kartenspiel gewesen sei und sonst nichts. Was waren in dieser Nacht trunkener Ausgelassenheit nicht alles für Ungehörigkeiten vorgekommen ... So blieb das Geld, das heißt die zweihundert Rubel, in der Tasche der Polen.

Darauf ließ man den kleinen Alten Maximow kommen. Er erschien in ängstlicher Haltung, näherte sich mit kleinen Schritten, sah zerzaust und sehr traurig aus. Die ganze Zeit über hatte er sich unten bei Gruschenka aufgehalten, hatte schweigend bei ihr gesessen und »zuweilen auf einmal über Gruschenkas Los zu jammern angefangen und sich mit seinem blaukarierten Taschentuch die Augen gewischt«, wie Michail Makarowitsch später erzählte, so daß sie selbst ihn beschwichtigen und trösten mußte. Der kleine Alte gestand sofort unter Tränen, er habe sich »aus Armut« von Dmitrij Fjodorowitsch zehn Rubel geborgt, und er sei bereit, sie zurückzugeben ... Auf die direkte Frage des Nikolaj Parfenowitsch, ob er nicht bemerkt habe, wieviel Geld Dmitrij Fjodorowitsch in der Hand gehabt habe, da er doch beim Empfang des Darlehens deutlicher als alle anderen das Geld in seinen Händen habe sehen können, antwortete Maximow in der entschiedensten Weise, es seien zwanzigtausend Rubel gewesen.

»Haben Sie denn schon jemals früher irgendwo zwanzigtausend Rubel gesehen?« fragte Nikolaj Parfenowitsch lächelnd.

»Gewiß, das habe ich, nur waren es nicht zwanzigtausend, sondern siebentausend, das war dazumal, als meine Frau mein Gütchen verpfändete. Sie ließ mich das Geld nur von weitem sehen, sie prahlte damit vor mir. Es war ein dickes Päckchen, lauter regenbogenfarbene Scheine. Auch Dmitrij Fjodorowitsch hatte lauter regenbogenfarbene ...«

Man entließ ihn bald wieder. Schließlich kam auch Gruschenka an die Reihe. Die Untersuchungsführer hegten augenscheinlich Besorgnisse wegen des Eindrucks, den ihr Erscheinen auf Dmitrij Fjodorowitsch machen könnte, und Nikolaj Parfenowitsch murmelte ihm sogar ein paarmal ermahnende Worte zu, doch Mitja senkte als Antwort nur stumm den Kopf, womit er zu verstehen gab, daß er sich ruhig verhalten werde. Michail Makarowitsch selbst führte Gruschenka herein. Sie trat mit ernstem und mürrischem Gesicht ein, dem Anschein nach war sie ziemlich ruhig, und setzte sich still auf den ihr angewiesenen Stuhl Nikolaj Parfenowitsch gegenüber. Sie war sehr blaß, schien zu frieren und hüllte sich fest in ihren schönen schwarzen Schal. Bei ihr trat damals tatsächlich ein leichter Fieberschauer ein, der Vorbote einer langen Krankheit, die sie nach dieser Nacht durchmachte. Ihre starre Miene, ihr gerader und ernster Blick und ihr ruhiges Benehmen machten auf alle einen sehr günstigen Eindruck. Nikolaj Parfenowitsch »verliebte« sich sogar sofort ein wenig in sie. Er gestand selbst, wenn er später manchmal davon erzählte, er habe erst damals begriffen, »wie schön« dieses Weib sei, während er sie früher zwar schon öfters gesehen, sie aber immer für eine Art von »Provinzhetäre« gehalten hätte. »Sie hat Manieren wie eine Dame der höchsten Gesellschaftskreise«, verplapperte er sich einmal entzückt bei einem Damenkränzchen. Doch man hörte ihn mit größtem Unwillen an und nannte ihn dafür sofort einen »Schelm«, womit er sehr zufrieden war. – Als Gruschenka ins Zimmer trat, warf sie nur einen flüchtigen Blick auf Mitja, der sie seinerseits voller Unruhe ansah, doch ihre Miene beruhigte sofort auch ihn. Nach den ersten unerläßlichen Fragen und Ermahnungen fragte Nikolaj Parfenowitsch sie, wenn auch etwas stockend, so doch äußerst höflich, in welchen Beziehungen sie zu dem Oberleutnant außer Dienst Dmitrij Fjodorowitsch Karamasow gestanden habe. Hierauf antwortete Gruschenka ruhig und fest: »Er war ein Bekannter von mir, als Bekannten habe ich ihn während des letzten Monats bei mir empfangen.«

Auf die weiteren interessierten Fragen erklärte sie geradeheraus und mit voller Offenheit, er habe ihr zwar »zu manchen Stunden« gefallen, sie habe ihn aber nicht geliebt, sondern ihn »aus schändlicher Bosheit« an sich zu fesseln gesucht, ebenso wie den Alten; sie habe gesehen, daß Mitja ihretwegen auf Fjodor Pawlowitsch und auf alle Welt sehr eifersüchtig gewesen sei, das habe sie aber nur belustigt. Zu Fjodor Pawlowitsch habe sie überhaupt nie gehen wollen, sondern sie habe ihn nur zum besten gehalten. »Während dieses ganzen Monats stand mir der Sinn gar nicht nach ihnen beiden; ich erwartete einen anderen, der vor mir schuldig ist ... Nur glaube ich«, schloß sie, »daß Sie sich dafür nicht zu interessieren brauchen und daß ich Ihnen darüber keine Auskunft zu geben brauche, weil das nur mich etwas angeht.«

Demgemäß verfuhr Nikolaj Parfenowitsch denn auch sogleich: er hielt sich wieder nicht weiter bei den »romantischen Punkten« auf, sondern ging unmittelbar zu Ernsterem über, das heißt wiederum zu der Hauptfrage nach den dreitausend Rubel. Gruschenka bestätigte, daß in Mokroje vor einem Monat tatsächlich dreitausend Rubel ausgegeben worden seien, und wenn sie auch selber das Geld nicht gezählt habe, so habe sie doch von Dmitrij Fjodorowitsch selbst gehört, daß es dreitausend Rubel gewesen seien.

»Hat er Ihnen das unter vier Augen gesagt oder in jemandes Beisein, oder haben Sie nur gehört, wie er in Ihrem Beisein mit anderen davon sprach?« erkundigte sich sofort der Staatsanwalt.

Auf diese Frage erklärte Gruschenka, sie habe es sowohl im Beisein anderer von ihm gehört als auch ihn mit anderen davon sprechen hören, doch habe sie es auch unter vier Augen von ihm selbst gehört.

»Haben Sie es nur einmal von ihm unter vier Augen gehört oder mehrmals?« erkundigte sich wieder der Staatsanwalt und bekam zur Antwort, daß sie es mehrmals gehört habe.

Ippolit Kirillowitsch war mit dieser Aussage sehr zufrieden. Bei weiteren Fragen stellte sich auch heraus, daß Gruschenka wußte, woher dieses Geld stammte, das heißt, daß Dmitrij Fjodorowitsch es von Katerina Iwanowna erhalten hatte.

»Haben Sie aber nicht, wenn auch nur einmal, gehört, daß vor einem Monat nicht dreitausend Rubel, sondern weniger verpraßt worden seien und daß Dmitrij Fjodorowitsch die Hälfte von den dreitausend für sich aufbewahrt habe?«

»Nein, davon habe ich niemals etwas gehört«, sagte Gruschenka aus.

Es stellte sich sogar heraus, daß Mitja ihr im Gegenteil im Laufe dieses Monats oft gesagt hatte, er habe keine Kopeke Geld. »Er erwartete immer, von seinem Vater welches zu bekommen«, schloß Gruschenka.

»Hat er nicht irgendeinmal in Ihrer Gegenwart gesagt ... wenn auch nur obenhin oder in gereizter Stimmung«, fragte Nikolaj Parfenowitsch unerwartet, »daß er beabsichtige, einen Anschlag auf das Leben seines Vaters zu machen?«

»Ach ja, das hat er gesagt!« seufzte Gruschenka.

»Einmal oder etliche Male?«

»Er hat es etliche Male erwähnt, immer im Zorn.«

»Und Sie glaubten, daß er es ausführen werde?«

»Nein, das habe ich nie geglaubt«, antwortete sie fest. »Ich verließ mich auf seinen Edelmut.«

»Meine Herren, erlauben Sie«, schrie Mitja plötzlich auf, »erlauben Sie mir, in Ihrem Beisein nur ein paar Worte zu Agrafena Alexandrowna zu sagen.«

Nikolaj Parfenowitsch erlaubte es ihm.

»Agrafena Alexandrowna«, sagte Mitja, der sich von seinem Stuhl erhoben hatte, »glaube nur Gott und mir: an dem Blute meines gestern ermordeten Vaters bin ich nicht schuldig!«

Als Mitja das gesagt hatte, setzte er sich wieder auf den Stuhl. Gruschenka erhob sich, wandte sich der Ikone in der Zimmerecke zu und bekreuzte sich andächtig.

»Gelobt sei der Herr!« sagte sie mit inniger, tief bewegter Stimme und fügte, bevor sie sich wieder auf ihren Platz setzte, zu Nikolaj Parfenowitsch gewandt, hinzu: »Was er jetzt gesagt hat, müssen Sie ihm auch glauben! Ich kenne ihn: er läßt sich wohl manchmal ein unbedachtsames Wort entschlüpfen, sei es im Spaß, sei es aus Trotz, doch wenn es gegen das Gewissen ginge, wird er nie lügen. Dann sagt er geradeheraus die Wahrheit, das müssen Sie glauben!«

»Ich danke dir, Agrafena Alexandrowna, du hast mich wieder ermutigt!« sagte Mitja mit bebender Stimme.

Über das gestrige Geld befragt, erklärte Gruschenka, sie wisse nicht, wieviel es gewesen sei, doch habe sie gehört, wie er gestern mehrmals zu anderen gesagt habe, er habe dreitausend Rubel mitgebracht. Über die Herkunft des Geldes habe er ihr allein gesagt, daß er es Katerina Iwanowna »gestohlen« habe; sie habe ihm darauf geantwortet, er habe es nicht gestohlen, und er müsse es gleich morgen zurückgeben. Auf die nachdrückliche Frage des Staatsanwalts, von welchem Gelde er gesagt habe, daß er es Katerina Iwanowna gestohlen habe – ob von dem gestrigen oder von den dreitausend Rubel, die vor einem Monat hier ausgegeben worden seien –, erklärte sie, er habe von dem Gelde gesprochen, das er vor einem Monat besessen hätte, und sie habe ihn auch so verstanden.

Schließlich entließ man Gruschenka, wobei Nikolaj Parfenowitsch ihr noch rasch erklärte, sie dürfe, wenn sie wolle, sofort in die Stadt zurückkehren, und wenn er ihr mit irgend etwas behilflich sein könne, zum Beispiel mit einem Fuhrwerk, oder wenn sie einen Begleiter wünsche, so würde er ... seinerseits ...

»Ich danke Ihnen ergebenst«, erwiderte Gruschenka mit einer Verneigung, »ich werde mit dem kleinen Alten fahren, dem Gutsbesitzer, und ihn zur Stadt bringen, vorläufig aber will ich, wenn Sie gestatten, unten abwarten, wie Sie hier über Dmitrij Fjodorowitsch entscheiden.«

Sie ging hinaus. Mitja war ruhig und sah sogar ganz aufgemuntert aus, das hielt jedoch nur eine kurze Weile vor. Eine seltsame körperliche Mattigkeit bemächtigte sich seiner, je länger, desto mehr. Die Augen fielen ihm vor Müdigkeit zu. Die Vernehmung der Zeugen war endlich abgeschlossen. Man machte sich an die endgültige Abfassung des Protokolls. Mitja stand auf und ging von seinem Stuhl in die Ecke beim Vorhang, legte sich auf eine große, mit einem Teppich bedeckte Truhe des Wirtes und schlief sofort ein. Er hatte einen seltsamen Traum, der in gar keiner Beziehung zu seinem jetzigen Aufenthaltsort und zu seiner gegenwärtigen Lage stand. Ihm war, als führe er irgendwo durch die Steppe, dort, wo er vor langer Zeit gedient hatte. Es fährt ihn bei Schlackerwetter ein Bauer in einem zweispännigen Leiterwagen. Doch Mitja scheint zu frieren, es ist Anfang November, und der Schnee fällt in großen nassen Flocken und schmilzt sofort, sobald er die Erde berührt. Und der Bauer fährt flott, schwingt munter die Peitsche, er hat einen langen dunkelblonden Bart und ist nicht gerade alt, wohl erst an die fünfzig; er trägt einen schäbigen grauen Bauernrock. Und nun zeigt sich nicht weit entfernt eine Ortschaft, man sieht schwarze, ganz schwarze Hütten, und die Hälfte der Hütten ist abgebrannt, es ragen nur noch die verkohlten Balken hoch. Vor der Einfahrt ins Dorf haben sich Frauen an der Landstraße aufgestellt, viele Frauen, eine ganze Reihe, alle mager, ausgemergelt und mit eigentümlich braunen Gesichtern. Besonders die eine am Rande, eine knochige Gestalt von hohem Wuchs; sie scheint etwa vierzig Jahre alt zu sein, doch vielleicht ist sie auch erst zwanzig; sie hat ein langes, mageres Gesicht, und in ihren Armen weint ein kleines Kind, ihre Brust ist wohl verdorrt und kein Tropfen Milch mehr darin. Und das Kind weint und weint und streckt die nackten Ärmchen mit den kleinen Fäustchen aus, die vor Kälte ganz blau sind.

»Warum weinen sie? Weswegen weinen sie?« fragt Mitja, während er rasch an ihnen vorbeijagt.

»Das Kindchen«, antwortet ihm der Fuhrmann, »das Kindchen weint.« Und Mitja ist überrascht, daß er nach Bauernbrauch »Kindchen« und nicht »Kind« gesagt hat. Und es gefällt ihm, daß der Bauer »Kindchen« gesagt hat: es scheint mehr Mitleid darin zu liegen.

»Doch weshalb weint es denn?« fragt Mitja beharrlich weiter, als wäre er schwer von Begriff. »Warum hat es nackte Ärmchen, warum hüllt man es nicht ein?«

»Das Kindchen friert, sein Kleidchen ist durchkältet, da wärmt es nicht.«

»Doch warum ist das so? Warum?« läßt der dumme Mitja nicht locker.

»Die Leute sind arm, sie sind abgebrannt, haben kein Brot, sie bitten um eine milde Gabe für ihr abgebranntes Dorf.«

»Nein, nein«, ruft Mitja, als verstünde er noch immer nicht, »sag mir: Warum stehen da die abgebrannten Mütter, warum sind die Leute arm, warum ist das Kindchen arm, warum ist die Steppe kahl, warum umarmen und küssen sie sich nicht, warum singen sie nicht fröhliche Lieder, warum sind die Frauen so schwarz geworden von dem schwarzen Elend, warum stillt man das Kindchen nicht?«

Und er fühlt bei sich, daß er zwar ohne Sinn und Verstand fragt, aber unbedingt gerade so fragen möchte, und daß man gerade so fragen muß. Und er fühlt auch noch, daß in seinem Herzen eine Rührung aufsteigt, wie er sie noch nie empfunden hat, daß er weinen möchte, daß er für alle etwas tun möchte, damit das Kindchen nicht mehr weine, damit auch die schwarze, ausgedörrte Mutter des Kindchens nicht mehr weine, damit es von diesem Augenblick an überhaupt in niemandes Augen mehr Tränen gebe; und er möchte das sofort, sofort tun, ohne Aufschub und ohne Rücksicht auf irgend etwas, mit dem ganzen Karamasowschen Ungestüm.

»Ich halte zu dir, ich verlasse dich jetzt nicht, mein ganzes Leben lang gehe ich mit dir«, ertönen neben ihm Gruschenkas liebe, von innigem Gefühl erfüllte Worte. Und da entbrennt sein Herz und strebt zu etwas Lichtem hin, und es verlangt ihn zu leben, zu leben, sich auf den Weg zu machen zu einem neuen lockenden Licht, nur schneller, schneller, gleich jetzt, sofort!

»Was? Wohin?« ruft er aus, öffnet die Augen und setzt sich auf seiner Truhe auf, als wäre er aus einer Ohnmacht erwacht, doch er lächelt heiter. Vor ihm steht Nikolaj Parfenowitsch und fordert ihn auf, das Protokoll anzuhören und zu unterschreiben.

Mitja begriff, daß er eine Stunde oder auch länger geschlafen hatte, doch er hörte Nikolaj Parfenowitsch nicht zu. Er wunderte sich plötzlich, daß unter seinem Kopf ein Kissen gelegen hatte, das noch nicht dagewesen war, als er entkräftet auf die Truhe gesunken war.

»Wer hat mir das Kissen unter den Kopf geschoben? Wer war dieser gute Mensch?« rief er entzückt und dankbar mit gerührter Stimme, als hätte man ihm Gott weiß was für eine Wohltat erwiesen. Wer dieser gute Mensch gewesen war, hat er auch später nicht erfahren; vielleicht hatte einer der Polizeizeugen oder auch der kleine Schreiber des Nikolaj Parfenowitsch ihm aus Mitleid das Kissen unter den Kopf geschoben, doch es war, als erbebte seine ganze Seele vor Tränen. Er trat an den Tisch heran und erklärte, er werde alles, was man nur wolle, unterschreiben.

»Ich habe einen schönen Traum gehabt, meine Herren«, sagte er in einem seltsamen Tone und mit einem veränderten, wie von Freude verklärten Gesicht.

9

Mitja wird abtransportiert

Als das Protokoll unterschrieben war, wandte sich Nikolaj Parfenowitsch feierlich an den Beschuldigten und las ihm den »Beschluß« vor. Dieser besagte: am Soundsovielten des Jahres soundso habe an dem und dem Ort der Untersuchungsrichter des Bezirksgerichtes N. den und den (das heißt Mitja) als gewisser Straftaten Beschuldigten verhört (die Vergehen waren sorgfältig angeführt); da der Beschuldigte sich der Verbrechen, die ihm zur Last gelegt würden, nicht schuldig bekenne, aber auch nichts zu seiner Rechtfertigung vorgebracht habe, während die Zeugen (Angabe ihrer Namen) und die Umstände (es folgt deren Angabe) ihn völlig überführten, habe der Untersuchungsrichter auf Grund der und der Paragraphen des Strafgesetzbuches verfügt: um dem Beschuldigten die Möglichkeit zu nehmen, sich der strafrechtlichen Verfolgung zu entziehen, sei er in Gewahrsam zu nehmen; dem Beschuldigten sei das zu eröffnen und eine Abschrift dieses Beschlusses dem stellvertretenden Staatsanwalt zuzustellen und so weiter und so weiter. Kurzum, man erklärte Mitja, daß er hiermit verhaftet sei und sofort nach der Stadt transportiert werden würde, wo man ihn an einem sehr unangenehmen Orte einschließen werde. Mitja hörte das aufmerksam an und zuckte nur mit den Achseln.

»Nun, meine Herren, ich mache Ihnen keine Vorwürfe, ich bin bereit ... Ich sehe ein, daß Ihnen nichts anderes übrigbleibt.«

Nikolaj Parfenowitsch teilte ihm sanft mit, daß der Bezirkspolizeikommissar Mawrikij Mawrikjewitsch, der jetzt gerade zufällig hier sei, ihn sofort in die Stadt bringen werde ...

»Warten Sie!« unterbrach Mitja ihn plötzlich, dann wandte

er sich an alle im Zimmer Anwesenden und sagte in einer Aufwallung unbezwingbaren Gefühls: »Meine Herren, wir alle sind grausam, wir alle sind Unmenschen, wir alle bringen andere, Mütter und Säuglinge, zum Weinen, doch von allen – das dürfte jetzt unleugbare Tatsache sein –, von allen bin ich der gemeinste Wurm! Meinetwegen! An jedem Tag meines Lebens habe ich mich vor die Brust geschlagen und versprochen, mich zu bessern, und doch habe ich jeden Tag wieder die gleichen Gemeinheiten begangen. Ich begreife jetzt, daß für solche Menschen wie mich ein Schlag, ein Schicksalsschlag vonnöten ist, damit sie wie mit einer Wurfschlinge gefangen und durch äußere Gewalt gezähmt werden. Niemals, niemals hätte ich mich von selbst gebessert. Doch etwas Furchtbares ist geschehen. Ich nehme die Qual der Beschuldigung und der öffentlichen Schande auf mich, ich will leiden und werde mich durch Leiden läutern! Vielleicht werde ich mich ja läutern, meine Herren, wie? Doch lassen Sie es sich zum letztenmal gesagt sein: an dem Blute meines Vaters bin ich nicht schuldig! Ich nehme die Strafe nicht deshalb auf mich, weil ich ihn getötet hätte, sondern dafür, daß ich hatte töten wollen und ihn vielleicht wirklich getötet hätte ... Dennoch beabsichtige ich, mit Ihnen zu kämpfen, und kündige Ihnen das an. Ich werde mit Ihnen bis zum äußersten kämpfen, und dann wird Gott entscheiden! Leben Sie wohl, meine Herren, seien Sie mir nicht böse, daß ich Sie während des Verhörs angeschrien habe, oh, ich war damals noch so dumm ... In einer Minute bin ich ein Häftling, und jetzt reicht Dmitrij Karamasow zum letztenmal als noch freier Mensch Ihnen seine Hand. Indem ich mich von Ihnen verabschiede, nehme ich von den Menschen Abschied! ...«

Seine Stimme bebte, und er streckte tatsächlich die Hand aus, doch Nikolaj Parfenowitsch, der am nächsten bei ihm stand, legte mit einer fast ruckartigen Bewegung die Hände in den Rücken. Mitja merkte das sogleich und zuckte zusammen. Seine ausgestreckte Hand ließ er sofort sinken.

»Die Untersuchung ist noch nicht abgeschlossen«, stammelte Nikolaj Parfenowitsch etwas verlegen, »wir werden sie in der Stadt noch fortsetzen, und ich bin natürlich bereit, Ihnen ... bei Ihrer Rechtfertigung allen Erfolg zu wünschen ... Ich neigte schon immer dazu, Sie, Dmitrij Fjodorowitsch, für einen sozusagen mehr unglücklichen als schuldigen Menschen zu halten ... Wir alle hier – wenn ich mich erdreisten darf, im

Namen aller zu reden –, wir alle sind bereit, Sie für einen im Grunde edelgesinnten jungen Mann zu halten, der sich aber leider etwas gar zu sehr von gewissen Leidenschaften hinreißen läßt . . .«

Die kleine Gestalt des Nikolaj Parfenowitsch drückte am Schluß seiner Rede größte Würde aus. Mitja zuckte es plötzlich durch den Kopf; daß dieser »Grünschnabel« ihn gleich unterfassen, ihn in eine andere Ecke führen und dort mit ihm das Gespräch über die »Mädels« wiederaufnehmen werde, zu dem es erst vor kurzem zwischen ihnen gekommen war. Doch was gehen nicht alles für nebensächliche und abwegige Gedanken manchmal selbst einem Verbrecher, der zur Hinrichtung geführt wird, durch den Kopf.

»Meine Herren, Sie sind gutherzig, Sie sind human – kann ich *sie* sehen, zum letztenmal von ihr Abschied nehmen?« fragte Mitja.

»Gewiß, da aber . . . kurzum, jetzt geht es nicht anders als in unserem Beisein . . .«

»Meinetwegen in Ihrem Beisein!«

Man holte Gruschenka, doch der Abschied war kurz und wortkarg und befriedigte Nikolaj Parfenowitsch nicht. Gruschenka verneigte sich tief vor Mitja.

»Ich habe dir gesagt, daß ich dein bin, und ich werde dein bleiben, werde mit dir gehen auf immer, wozu man dich auch verurteilen mag. Leb wohl, du armer Mensch, der sich schuldlos ins Unglück gebracht hat!«

Ihre Lippen zuckten, die Tränen rannen ihr aus den Augen.

»Vergib mir, meine Liebe, Gruscha, vergib mir, daß ich durch meine Liebe auch dich ins Unglück gebracht habe.«

Mitja wollte noch etwas sagen, brach aber plötzlich ab und ging hinaus. Er wurde sofort von Männern umringt, die ihn nicht aus den Augen ließen. Unten vor der Freitreppe, an der er gestern in Andrejs Troika mit solchem Gepolter vorgefahren war, standen schon zwei Bauernwagen bereit. Mawrikij Mawrikjewitsch, ein untersetzter, vierschrötiger Mann mit aufgedunsenem Gesicht, war über irgend etwas Ordnungswidriges erregt, er ärgerte sich und schrie. In übermäßig barschem Ton forderte er Mitja auf, in den Wagen einzusteigen. Früher, wenn ich ihn im Gasthaus mit Getränken bewirten ließ, machte dieser Mensch ein ganz anderes Gesicht, dachte Mitja, während er einstieg. Auch Trifon Borisowitsch kam die Treppe herunter. Am Tor hatte sich allerhand Volk zusammengerottet – Bauern, Bäuerinnen, Fuhrleute –, und alle starrten Mitja an.

»Lebt wohl, ihr Gottesmenschen!« rief Mitja ihnen vom Wagen zu.

»Leb auch du wohl«, ertönten zwei oder drei Stimmen.

»Leb auch du wohl, Trifon Borisytsch!«

Doch Trifon Borisytsch wandte sich nicht einmal um, vielleicht war er allzusehr beschäftigt. Es zeigte sich, daß in dem Wagen, in dem zwei Dorfpolizisten Mawrikij Mawrikjewitsch begleiten sollten, noch nicht alles in Ordnung war. Der Bauer, den man als Fuhrmann für die zweite Troika beordert hatte, zog gerade erst langsam seinen schäbigen Rock an und beschwerte sich heftig, daß nicht er, sondern Akim zu fahren habe. Doch Akim war nicht da; es lief jemand, ihn zu holen; der Bauer bestand auf dem Seinen und flehte, man möchte noch etwas warten.

»Das Volk hier, Mawrikij Mawrikjewitsch, ist wirklich ganz unverschämt!« rief Trifon Borisytsch. »Akim hat dir vorgestern fünfundzwanzig Kopeken gegeben, du hast sie versoffen, und jetzt schreist du. Ich wundere mich nur über Ihre Güte unserem niederträchtigen Volk gegenüber, Mawrikij Mawrikjewitsch, mehr will ich nicht sagen!«

»Wozu brauchen wir denn eine zweite Troika?« nahm Mitja den Bauern in Schutz. »Laß uns doch mit einer fahren, Mawrikij Mawrikjewitsch, ich werde mich bestimmt nicht widersetzen, werde dir nicht davonlaufen, wozu also die Eskorte?«

»Lernen Sie gefälligst, wie Sie mit mir zu reden haben, mein Herr, falls man Sie darüber noch nicht belehrt hat; erlauben Sie sich nicht, mich zu duzen, und behalten Sie Ihre Ratschläge ein andermal für sich ...« gab Mawrikij Mawrikjewitsch auf einmal Mitja scharf und wütend zur Antwort, als freute es ihn, seinen Ärger an einem anderen auslassen zu können.

Mitja verstummte. Er wurde ganz rot. Einen Augenblick später fror ihn plötzlich sehr. Der Regen hatte aufgehört, doch der Himmel war ganz von Wolken bezogen, und ein scharfer Wind blies Mitja gerade ins Gesicht. Sollte ich etwa Schüttelfrost haben? dachte Mitja und zog die Schultern hoch. Endlich stieg auch Mawrikij Mawrikjewitsch in den Wagen, setzte sich schwerfällig und breit hin, wobei er Mitja stark beiseite drängte, als beachtete er ihn gar nicht. Er war wirklich schlechter Laune, und der Auftrag, den man ihm erteilt hatte, mißfiel ihm sehr.

»Leb wohl, Trifon Borisytsch!« rief Mitja wieder und fühlte, daß er jetzt nicht aus Gutherzigkeit gerufen hatte, sondern gegen seinen Willen aus Bosheit.

Doch Trifon Borisytsch stand stolz da, beide Hände im Rücken und die Augen unverwandt auf Mitja gerichtet, er blickte streng und zornig und antwortete nichts.

»Leben Sie wohl, Dmitrij Fjodorowitsch, leben Sie wohl!« ertönte plötzlich die Stimme Kalganows, der auf einmal irgendwoher aufgetaucht war. Er kam zum Wagen gelaufen und streckte Mitja die Hand hin. Er war barhäuptig. Mitja konnte gerade noch seine Hand ergreifen und sie drücken.

»Leb wohl, du lieber Mensch, ich werde deine Großmut nicht vergessen!« rief er leidenschaftlich. Doch der Wagen setzte sich in Bewegung, und ihre Hände wurden voneinander gerissen. Das Glöckchen ertönte – Mitja wurde abtransportiert.

Kalganow lief in den Hausflur, setzte sich in eine Ecke, senkte den Kopf, bedeckte das Gesicht mit den Händen und brach in Tränen aus; so saß er lange da und weinte – er weinte, als wäre er noch ein kleiner Junge und nicht ein schon zwanzigjähriger junger Mann. Oh, er war so gut wie überzeugt von Mitjas Schuld! »Was sind denn das für Menschen, wie kann man denn daraufhin noch etwas von der Menschheit halten!« rief er zusammenhanglos in tiefer Verzagtheit, ja fast verzweifelt. In diesem Augenblick mochte er überhaupt nicht mehr leben. »Lohnt es sich denn, lohnt es sich denn?« rief der betrübte Jüngling.

VIERTER TEIL

ZEHNTES BUCH

DIE KNABEN

I

Kolja Krasotkin

Der November ist gerade angebrochen. Wir haben schon an die elf Grad Kälte und damit Glatteis. Auf die gefrorene Erde ist nachts etwas Pulverschnee gefallen, und ein trockener, scharfer Wind wirbelt ihn hoch und fegt ihn durch die langweiligen Straßen unseres Städtchens und besonders über den Marktplatz. Der Morgen ist trübe, doch es schneit nicht mehr.

Nicht weit von dem Platz, in der Nähe des Plotnikowschen Ladens, steht das außen wie innen sehr saubere Häuschen der Beamtenwitwe Krasotkina. Der Gouvernementssekretär Krasotkin ist schon lange gestorben, vor fast vierzehn Jahren, doch seine Witwe, eine etwa dreißigjährige und noch immer sehr hübsche Dame, ist noch am Leben und lebt in ihrem sauberen Häuschen »von ihrem Vermögen«. Sie lebt ehrsam und zurückgezogen und hat ein sanftes, aber ziemlich heiteres Gemüt. Sie war mit ungefähr achtzehn Jahren Witwe, nachdem sie mit ihrem Mann nur etwa ein Jahr lang zusammengelebt und ihm eben erst einen Sohn geboren hatte. Von da an, gleich nach dem Tode ihres Mannes, widmete sie sich ganz der Erziehung ihres Herzblatts, des kleinen Kolja, und obwohl sie ihn all die vierzehn Jahre hindurch grenzenlos liebte, machte sie seinetwegen unvergleichlich mehr Leid durch, als sie Freuden erlebte, da sie fast jeden Tag um ihn zitterte und vor Angst verging, er könnte erkranken, sich erkälten, etwas anstellen, auf einen Stuhl klettern und herunterfallen und so weiter und so weiter. Als aber Kolja die Vorschule und dann unser Progymnasium zu besuchen begann, machte sich die Mutter eifrig daran, sich mit ihm zusammen in alle Lehrfächer einzuarbeiten, um ihm helfen und mit ihm die Schulaufgaben durchnehmen zu können; sie beeilte sich, seine Lehrer und deren Frauen kennenzulernen, sie umschmeichelte sogar Koljas Mitschüler, damit sie ihn nicht anrührten, ihn nicht hänselten oder schlügen. Sie brachte es so weit, daß die Knaben ihn wirklich deshalb verspotteten und ihn damit necken wollten, er sei ein Muttersöhnchen. Doch der Knabe wußte sich zu wehren. Er war ein mutiger und »furchtbar starker« Junge, und dieser Ruf verbreitete sich in der Klasse und festigte sich alsbald, er war gewandt, von beharrlichem Charakter, verwegen und unternehmungslustig. Er lernte gut, und es hieß sogar, daß er in Arithmetik wie auch in Weltgeschichte selbst den Lehrer Dardanelow aus dem Konzept bringen könne. Doch obwohl der Knabe das Näschen hochtrug und auf alle von oben herabsah, war er ein guter Kamerad und überhob sich nicht. Die Achtung seiner Kameraden nahm er als etwas ihm Gebührendes hin, verhielt sich aber ihnen gegenüber freundschaftlich. Hauptsächlich wußte er Maß zu halten, sich wenn nötig zu beherrschen und ging in seinen Beziehungen zu den Lehrern nie über eine gewisse äußerste und augenfällige Grenze hinaus, jenseits deren ein Vergehen nicht mehr geduldet werden kann, da es dann zu Unordnung, Auflehnung und Vorschriftswidrigkeit wird. Dennoch war er durchaus geneigt, bei jeder passenden Gelegenheit ausgelassen zu sein wie der unartigste Lausbube, doch eigentlich weniger dazu, als etwas Wunderliches auszuklügeln und auszuführen, einen ganz besonders tollen Streich, etwas Fesches, und sich damit hervorzutun. Vor allem war er sehr selbstsüchtig. Sogar seine Mutter hatte er sich untertänig zu machen verstanden und behandelte sie fast wie ein Despot. Sie hatte sich ihm auch untergeordnet, oh, schon seit langem, und konnte nur den einen Gedanken durchaus nicht ertragen, daß der Knabe sie »zu wenig liebe«. Es schien ihr immer, als wäre Kolja ihr gegenüber »gefühllos«, und es kam vor, daß sie ihm unter hysterischen Tränen Kälte vorwarf. Der Knabe konnte solche Szenen nicht leiden, und je mehr die Mutter von ihm Herzensergüsse verlangte, desto unnachgiebiger wurde er, wie absichtlich. Das geschah aber nicht absichtlich, sondern unwillkürlich – so war nun mal sein Charakter. Die Mutter täuschte sich: seine Mama liebte er sehr, nur liebte er keine »kälbrigen Zärtlichkeiten«, wie er sich in seinem Schülerjargon ausdrückte. Sein Vater hatte einen Schrank hinterlassen, in dem etliche Bücher verwahrt waren; Kolja las gern und hatte schon einige von ihnen still für sich gelesen. Die Mutter beunruhigte sich darüber nicht und wunderte sich nur manchmal, daß der Junge, statt spielen zu gehen, stundenlang in irgendein Buch versunken am Schrank stand. Auf diese Weise hatte Kolja manches gelesen, was man ihm in seinem Alter noch nicht hätte zu lesen geben dürfen. In der letzten Zeit war es übrigens, obwohl der Knabe bei seinen Schelmereien nicht gern über eine gewisse Grenze hinausging, zu einigen Streichen gekommen, die seine Mutter ernstlich erschreckt hatten – allerdings waren es keine unmoralischen, dafür aber tollkühne, waghalsige. Gerade in diesem Sommer, im Juli, während der Ferien, hatte es sich so gefügt, daß die Mama mit ihrem Söhnchen siebzig Werst weit weg in einen anderen Landkreis auf eine Woche zu einer entfernten Verwandten gefahren war, deren Mann auf einer Eisenbahnstation Beamter war (es war die gleiche, unserer Stadt nächstgelegene Station, von der aus Iwan Fjodorowitsch Karamasow einen Monat später nach Moskau reiste). Dort sah sich Kolja als erstes die Eisenbahn genau an und machte sich mit all ihren Einrichtungen vertraut, denn er sagte sich, daß er, nach Hause zurückgekehrt, mit seinen neuen Kenntnissen vor den Schülern des Progymnasiums werde glänzen können. Doch es fanden sich dort gerade damals noch ein paar Knaben, mit denen er sich anfreundete; einige von ihnen wohnten auf der Station, die anderen in der Nachbarschaft – im ganzen waren es sechs oder sieben Jungen im Alter von zwölf bis fünfzehn Jahren, darunter zufällig auch zwei aus unserem Städtchen. Die Knaben spielten zusammen und richteten allerhand Unfug an, und nun kam es am vierten oder fünften Tage von Koljas Gastaufenthalt auf der Station unter dem dummen jungen Volk zu einer ganz unglaublichen Wette um zwei Rubel; nämlich Kolja, der fast der Jüngste von allen war und darum von den anderen ein wenig verachtet wurde, erbot sich aus Ehrsucht oder aus unverfrorener Kühnheit, sich nachts, wenn der Elfuhrzug käme, mit dem Gesicht nach unten zwischen die Schienen zu legen und regungslos liegen zu bleiben, bis der Zug mit Volldampf über ihn hinweggerast wäre. Allerdings waren Experimente gemacht worden, aus denen sich ergeben hatte, man könne sich tatsächlich zwischen den Schienen so flach hinstrecken, daß der Zug über den Liegenden hinwegführe, ohne ihn zu streifen; aber dennoch, was gehörte dazu, so dazuliegen! Kolja behauptete fest, er werde es aushalten. Zuerst lachte man über ihn und nannte ihn einen Aufschneider und Großtuer, doch dadurch stachelte man ihn nur noch mehr an. Vor allem benahmen sich diese Fünfzehnjährigen ihm gegenüber gar zu hochnäsig und hatten ihn anfangs als »Kleinen« nicht einmal als ihren Kameraden ansehen wollen, was ihn unerträglich gekränkt hatte. Und so wurde beschlossen, sich am Abend eine Werst weit von der Station wegzubegeben, damit der Zug nach der Abfahrt von der Station schon seine volle Geschwindigkeit erreicht habe. Die Knaben versammelten sich. Es war eine mondlose, nicht nur dunkle, sondern fast pechschwarze Nacht. Zu der festgesetzten Zeit legte sich Kolja zwischen die Schienen. Die übrigen fünf, die mit ihm gewettet hatten, warteten mit stockendem Herzen und zuletzt voll Angst und Reue unten am Bahndamm im Gebüsch. Endlich ertönte in der Ferne das Donnern des Zuges, der von der Station abgefahren war. Zwei rote Laternen leuchteten in der Dunkelheit auf, mit Getöse nahte das Ungetüm. »Lauf, lauf weg vom Gleis!« riefen aus dem Gebüsch die Jungen, die vor Angst vergingen, Kolja zu, doch es war schon zu spät: der Zug war herangebraust und raste vorüber. Die Knaben stürzten zu Kolja: er lag regungslos da. Sie rüttelten ihn, versuchten ihn aufzurichten. Plötzlich erhob er sich und ging schweigend den Bahndamm hinunter. Unten angelangt, erklärte er, er sei absichtlich wie ohnmächtig liegen geblieben, um sie zu erschrekken, doch die Wahrheit war, daß er tatsächlich ohnmächtig geworden war, wie er später, erst lange nachher, seiner Mutter gestand. Auf diese Weise kam er auf immer in den Ruf eines »tollkühnen Burschen«. Zur Station kehrte er leichenblaß zurück. Am nächsten Tage erkrankte er an einem leichten Nervenfieber, doch war er ungeachtet dessen ungemein vergnügt, froh und zufrieden. Die Kunde von dem Vorfall verbreitete sich nicht sogleich, sondern erst nach Koljas Rückkehr in unsere Stadt, dort drang sie ins Progymnasium und kam der Schulobrigkeit zu Ohren. Doch Koljas Mama stürzte zu ihr hin, um sie ihres Jungen wegen anzuflehen, und erreichte damit schließlich, daß der geachtete und einflußreiche Lehrer Dardanelow ihn durch seine Fürsprache vor einer Bestrafung bewahrte; man ließ die Sache auf sich beruhen, als wäre nichts geschehen. Dieser Dardanelow, ein unverheirateter und noch nicht alter Mann, war schon seit Jahren leidenschaftlich in Frau Krasotkina verliebt und hatte bereits einmal, vor etwa einem Jahr, höchst ehrerbietig und vor Angst und Zartgefühl ersterbend um ihre Hand anzuhalten gewagt; doch sie hatte ihn glatt abgewiesen, da sie eine Zusage für einen Verrat an ihrem Jungen hielt, obwohl Dardanelow, nach einigen geheimnisvollen Anzeichen zu urteilen, vielleicht sogar ein gewisses Recht hatte, sich in der Vorstellung zu wiegen, daß er der hübschen, aber allzu keuschen Witwe nicht völlig zuwider sei. Der verrückte Streich Koljas schien das Eis gebrochen zu haben, und Dardanelow wurde für seinen Beistand eine allerdings nur leise Andeutung gemacht, daß er hoffen dürfe; doch auch Dardanelow selbst war ein Muster von Reinheit und Zartgefühl, und darum genügte vorläufig auch diese Andeutung, um ihn völlig glücklich zu machen. Den Knaben hatte er gern, aber er hätte es für erniedrigend gehalten, sich bei ihm einschmeicheln zu wollen, und darum behandelte er ihn in der Klasse streng und stellte hohe Anforderungen an ihn. Aber auch Kolja hielt ihn in respektvoller Entfernung von sich, machte seine Aufgaben vorzüglich, war in der Klasse der zweitbeste Schüler, sprach mit Dardanelow in trockenem Ton, und die ganze Klasse war fest überzeugt, Kolja sei in der Weltgeschichte so beschlagen, daß er selbst Dardanelow in Verlegenheit setzen könne. Und tatsächlich richtete Kolja an ihn einmal die Frage, wer Troja gegründet habe, worauf Dardanelow in seiner Antwort nur allgemein von den Völkern, von ihren Bewegungen und Wanderungen, von der Tiefe der Zeiten und von der Mythologie sprach; auf die Frage aber, wer denn nun eigentlich Troja gegründet habe, das heißt welche Personen, wußte er nicht zu antworten und fand diese Frage sogar aus irgendeinem Grunde müßig. Die Knaben aber waren nach wie vor überzeugt, Dardanelow wisse nicht, wer Troja gegründet habe. Kolja hatte jedoch von den Gründern Trojas aus der Weltgeschichte Smaragdows erfahren, die sich in dem von seinem Vater hinterlassenen Bücherschrank befand. Zu guter Letzt fingen sogar alle Knaben an, sich dafür zu interessieren, wer eigentlich Troja gegründet habe, doch Krasotkin verriet sein Geheimnis nicht, und der Ruhm seines Wissens blieb unerschüttert.

Nach dem Vorfall auf der Bahnstrecke trat in Koljas Verhalten seiner Mutter gegenüber eine gewisse Änderung ein. Als Anna Fjodorowna (die Witwe Krasotkina) von der Heldentat ihres Söhnchens erfuhr, hätte sie vor Schreck beinahe den Verstand verloren. Sie bekam so furchtbare hysterische Anfälle, die mit Unterbrechungen mehrere Tage lang dauerten, daß der nun doch ernstlich erschrockene Kolja ihr ehrenwörtlich versprach, solche Streiche nie wieder zu begehen. Er schwor es auf den Knien vor dem Heiligenbilde und beim Andenken seines Vaters, wie Frau Krasotkina selbst es verlangte, wobei der »mannhafte« Kolja vor Rührung in Tränen ausbrach wie ein sechsjähriger Junge; Mutter und Sohn warfen sich diesen ganzen Tag über immer wieder einander in die Arme und weinten erschüttert. Als Kolja am nächsten Tag erwachte, war er wieder ebenso »gefühllos« wie früher, doch wurde er von nun an schweigsamer, bescheidener, ernster und nachdenklicher. Allerdings wurde er anderthalb Monate später wieder bei einem Streich ertappt, und sein Name wurde dadurch sogar unserem Friedensrichter bekannt. Dieser Streich war aber bereits von ganz anderer Art, er war geradezu lächerlich und einfältig, auch hatte Kolja ihn, wie sich herausstellte, nicht selbst ausgeführt, sondern war nur darein verwickelt. Doch davon gelegentlich später. Die Mutter zitterte nach wie vor und litt Qualen, Dardanelow aber schöpfte, in dem Maße wie ihre Besorgnis wuchs, immer größere Hoffnung. Ich muß erwähnen, daß Kolja in dieser Hinsicht Dardanelow verstand und durchschaute und ihn natürlich wegen seiner »Gefühle« tief verachtete; früher war er sogar so taktlos gewesen, seiner Mutter gegenüber diese Verachtung zu zeigen, indem er leise andeutete, er begriffe, wonach Dardanelow trachte. Doch nach dem Vorfall auf der Bahnstrecke änderte er auch in dieser Beziehung sein Verhalten: er erlaubte sich keine Andeutungen mehr, nicht einmal die entferntesten, und über Dardanelow äußerte er sich jetzt im Beisein der Mutter respektvoller, was die feinfühlige Anna Fjodorowna sofort mit grenzenloser Dankbarkeit in ihrem Herzen empfand; dafür aber wurde sie bei der geringsten, ganz zufälligen Erwähnung Dardanelows durch einen Gast, wenn Kolja zugegen war, sofort vor Scham glührot wie eine Rose. Kolja jedoch schaute in solchen Augenblicken entweder mit mürrischer Miene durchs Fenster oder betrachtete seine Stiefel, ob sie nicht ein Loch hätten, oder rief grimmig Pereswon, einen struppigen, ziemlich großen und schäbigen Hund, den er vor einem Monat irgendwo bekommen und ins Haus gebracht hatte und den er nun aus irgendeinem Grunde in der Wohnung verborgen hielt und keinem seiner Kameraden zeigte. Er tyrannisierte den Hund entsetzlich, indem er ihn abrichtete und ihn allerhand Kunststücke lehrte, und brachte es schließlich so weit, daß der arme Hund heulte, wenn Kolja in die Schule ging, und daß er, wenn Kolja wieder zurückkam, vor Freude winselte, wie verrückt umhersprang, Männchen machte, sich am Boden wälzte, sich tot stellte und dergleichen mehr, kurzum, alle Kunststücke zeigte, die ihm beigebracht worden waren, und das alles nicht auf Befehl, sondern einzig aus überschwenglicher Begeisterung und aus Dankbarkeit.

Nebenbei: ich habe zu erwähnen vergessen, daß Kolja Krasotkin der Knabe war, den der dem Leser bereits bekannte Knabe Iljuscha, der Sohn des Hauptmanns außer Dienst Snegirjow, mit dem Federmesser in den Oberschenkel gestochen hatte, als er für seinen Vater eintrat, den die Schüler mit dem Spitznamen »Bastwisch« neckten.

2

Die Kinder

An jenem eiskalten und windigen Novembermorgen also saß der Knabe Kolja Krasotkin zu Hause. Es war Sonntag und somit keine Schule. Doch es hatte schon elf Uhr geschlagen, und er mußte unbedingt »in einer sehr wichtigen Angelegenheit« weggehen; nun war er aber ganz allein und buchstäblich als Hüter des Hauses daheim geblieben, da es sich so getroffen hatte, daß alle älteren Hausbewohner wegen eines außergewöhnlichen und eigenartigen Vorfalls fortgegangen waren. Im Hause der Witwe Krasotkina gab es jenseits des Flurs ihrer eigenen Wohnung nur noch eine einzige Wohnung, die aus zwei kleinen Zimmern bestand und vermietet wurde; in ihr wohnte die Frau eines Arztes mit ihren zwei minderjährigen Kindern. Diese Doktorsfrau stand mit Anna Fjodorowna in gleichem Alter und war mit ihr sehr befreundet; der Doktor selbst war schon vor ungefähr einem Jahr verreist, zuerst nach Orenburg, dann nach Taschkent, und nun ließ er schon seit einem halben Jahr nichts mehr von sich hören, so daß seine Frau sich vor Gram zu Tode geweint hätte, wenn nicht die Freundschaft mit Frau Krasotkina gewesen wäre, die den Kummer der Verlassenen etwas linderte. Und nun mußte es noch, zur Krönung aller Schicksalsschläge, geschehen, daß gerade in dieser Nacht vom Samstag zum Sonntag Katerina, die einzige Magd der Doktorsfrau, plötzlich und ganz unerwartet ihrer Herrin erklärte, sie werde gegen Morgen ein Kind bekommen. Wie es möglich war, daß niemand vorher etwas davon gemerkt hatte, war für alle fast ein Wunder. Die bestürzte Doktorsfrau beschloß, solange es noch Zeit war, Katerina in eine

Anstalt zu bringen, die eine Hebamme für solche Fälle in unserem Städtchen eingerichtet hatte. Da sie diese Magd sehr schätzte, führte sie ihren Plan unverzüglich aus, brachte sie in die Anstalt und blieb überdies dort bei ihr. Dann, am nächsten Morgen, brauchte sie aus irgendeinem Grunde die freundschaftliche Mitwirkung und Hilfe der Frau Krasotkina, die in diesem Falle jemanden um etwas bitten und irgendwelche Protektion erwirken konnte. Auf diese Weise waren beide Damen nicht zu Hause, Frau Krasotkinas Magd Agafja aber war auf den Markt gegangen, und so war Kolja für einige Zeit der Hüter und Wächter der »Knirpse«, das heißt des Söhnchens und des Töchterchens der Doktorsfrau, die mutterseelenallein geblieben waren. Das Haus zu bewachen fürchtete sich Kolja nicht, zudem hatte er ja Pereswon bei sich, dem er befohlen hatte, im Vorzimmer unter einer Bank regungslos, mit der Schnauze am Boden, zu liegen, und der gerade deshalb jedesmal, wenn Kolja, der in den Zimmern auf und ab ging, ins Vorzimmer kam, mit dem Kopf zuckte und mit der Rute zweimal kräftig und einschmeichlerisch auf den Fußboden schlug, doch ein Lockpfiff ertönte darauf leider nicht. Kolja blickte den unglücklichen Hund drohend an, worauf dieser wieder gehorsam erstarrte. Doch wenn Kolja etwas beunruhigte, so waren es einzig die »Knirpse«. Für den unerwarteten Vorfall mit Katerina hatte er natürlich nur tiefste Verachtung übrig, die verwaisten Knirpse aber liebte er sehr und hatte ihnen bereits ein Kinderbuch gebracht. Das Mädchen Nastja, das ältere, schon achtjährige Kind, konnte lesen, und der jüngere Knirps, der siebenjährige Kostja, hörte sehr gerne zu, wenn Nastja ihm vorlas. Krasotkin hätte sie natürlich auf eine interessantere Weise beschäftigen können, indem er sie zum Beispiel nebeneinander gestellt und mit ihnen Soldaten gespielt oder das ganze Haus zum Versteckspielen benützt hätte. Das hatte er früher schon mehrfach getan, ohne es unter seiner Würde zu finden, so daß sich in seiner Klasse sogar einmal das Gerücht verbreitet hatte, Krasotkin spiele bei sich zu Hause mit den kleinen Kindern der Untermieterin Pferdchen, wobei er als Beipferd umherspringe und den Kopf zur Seite gebogen halte; doch Krasotkin hatte diese Beschuldigung stolz widerlegt, indem er zu verstehen gab, daß es tatsächlich eine Schande wäre, »in den heutigen Zeiten« mit Gleichaltrigen, also mit Dreizehnjährigen, Pferdchen zu spielen, daß er das aber für die »Knirpse« tue, weil er sie sehr gern habe, und daß niemand sich unterstehen dürfe, von ihm über seine Gefühle Rechenschaft zu verlangen. Dafür vergötterten ihn auch die beiden »Knirpse«. Diesmal aber stand ihm der Sinn nicht nach spielen. Er hatte etwas Wichtiges und, wie es schien, sogar fast Geheimnisvolles vor, doch inzwischen verstrich die Zeit, und Agafja, der er die Kinder hätte überlassen können, wollte noch immer nicht vom Markt zurückkehren. Er war schon mehrmals über den Flur gegangen, hatte die Tür zur Wohnung der Doktorsfrau geöffnet und mit Besorgnis die »Knirpse« betrachtet, die auf seinen Befehl mit dem Buch dasaßen und jedesmal, wenn er die Tür aufmachte, ihn schweigend mit breitgezogenem Mund anlächelten, da sie erwarteten, daß er nun hereinkommen und etwas Herrliches und Lustiges tun werde. Doch Kolja war in Sorge und kam nicht herein. Schließlich schlug es elf Uhr, und er beschloß fest und endgültig, falls die »verdammte« Agafja nicht in zehn Minuten zurückkäme, nicht mehr länger auf sie zu warten, sondern fortzugehen, selbstverständlich nachdem er sich von den »Knirpsen« hätte versprechen lassen, daß sie sich ohne ihn nicht ängstigen, keine Dummheiten machen und nicht vor Angst weinen würden. Während er sich das alles überlegte, zog er sein wattiertes Wintermäntelchen mit einer Art von Sealkragen an und nahm seine Büchertasche über die Schulter; die Gummiüberschuhe jedoch sah er nur mit Verachtung an und schlüpfte nicht mit seinen Stiefeln hinein, obwohl seine Mutter ihn mehrfach flehentlich gebeten hatte, sie »bei solcher Kälte« stets bei Verlassen des Hauses anzuziehen. Als Pereswon ihn zum Ausgehen angezogen sah, schlug er kräftig mit der Rute auf den Fußboden, zuckte nervös mit dem ganzen Körper und stimmte sogar ein klägliches Geheul an; doch Kolja sagte sich beim Anblick dieses so leidenschaftlichen Ungestüms seines Hundes, daß es für die Disziplin nachteilig sei, ließ ihn, wenn auch nur noch eine Minute lang, unter der Bank warten und pfiff ihm erst, als er die Tür zum Flur schon geöffnet hatte. Der Hund fuhr auf wie toll, stürzte auf ihn zu und sprang vor Freude um ihn herum. Kolja durchschritt den Flur und öffnete die Tür zu den »Knirpsen«. Sie saßen nach wie vor beide an ihrem Tischchen, lasen aber nicht mehr, sondern stritten heftig über irgend etwas. Diese Kinder stritten oft miteinander über verschiedene Dinge des täglichen Lebens, die ihre Neugierde reizten, wobei Nastja als die ältere stets die Oberhand behielt; wenn Kostja mit ihr nicht einverstanden war, appellierte er fast immer an

Kolja Krasotkin, und wie der dann entschied, dabei blieb es auch, sein Urteil war für beide Seiten unanfechtbar. Diesmal interessierte der Streit der »Knirpse« Krasotkin ein wenig, und so blieb er in der Tür stehen, um zuzuhören. Die Kinder sahen, daß er zuhörte, und setzten ihren Streit mit um so größerem Eifer fort.

»Niemals, niemals werde ich glauben«, stammelte Nastja leidenschaftlich, »daß die Hebammen die kleinen Kinder im Gemüsegarten zwischen den Kohlbeeten finden. Jetzt ist es schon Winter, und es gibt keine Beete, und die Hebamme konnte darum Katerina kein Töchterchen bringen.«

Füt! pfiff Kolja für sich.

»Oder es ist so: sie bringen sie irgendwoher, aber nur denen, die verheiratet sind.«

Kostja sah Nastja unverwandten Blickes an, hörte tiefsinnig zu und überlegte.

»Nastja, wie dumm du doch bist«, sagte er schließlich fest und ohne sich zu ereifern, »wie kann denn Katerina ein Kindchen haben, wenn sie nicht verheiratet ist?«

Nastja wurde schrecklich zornig.

»Du verstehst nichts«, fuhr sie ihn gereizt an, »vielleicht hatte sie einen Mann, nur sitzt er jetzt im Gefängnis, und da hat sie nun ein Kind bekommen.«

»Sitzt denn ihr Mann im Gefängnis?« erkundigte sich wichtig der nüchterne Kostja.

»Oder es ist so«, unterbrach Nastja ihn ungestüm, indem sie ihre erste Hypothese völlig fallenließ und vergaß, »sie hat keinen Mann, da hast du recht, aber sie will heiraten, und da hat sie angefangen, darüber nachzudenken, wie das sein wird, wenn sie verheiratet ist, und hat immer nachgedacht und nachgedacht und so lange nachgedacht, bis sie nun nicht einen Mann, sondern ein Kindchen bekommen hat.«

»Na, das mag sein«, gab der völlig besiegte Kostja zu, »du hast das aber vorher nicht gesagt, wie konnte ich es da wissen.«

»Na, Kinder«, sagte Kolja und ging ein paar Schritte weiter zu ihnen ins Zimmer hinein, »ihr seid ja, wie ich sehe, ein gefährliches Völkchen!«

»Auch Pereswon ist mit Ihnen gekommen?« sagte Kostja schmunzelnd und fing an, mit den Fingern zu schnalzen und Pereswon zu rufen.

»Knirpse, ich bin in einer schwierigen Lage«, begann Krasotkin ernst, »und ihr müßt mir helfen: Agafja hat sich gewiß ein Bein gebrochen, das steht fest, denn bis jetzt ist sie noch immer nicht zurückgekommen, ich aber muß unbedingt fort. Werdet ihr mich gehen lassen oder nicht?«

Die Kinder sahen einander besorgt an, ihre Gesichter, die eben noch geschmunzelt hatten, drückten Unruhe aus. Übrigens begriffen sie noch nicht recht, was man von ihnen verlangte.

»Werdet ihr auch keine Dummheiten machen, wenn ich nicht da bin? Nicht auf den Schrank klettern und euch ein Bein brechen? Nicht vor Angst weinen, wenn ihr allein seid?«

In den Gesichtern der Kinder zeigte sich eine schreckliche Bekümmernis.

»Ich könnte euch zum Lohn dafür etwas sehr Schönes zeigen, eine kleine Messingkanone, aus der man mit echtem Pulver schießen kann.«

Die Gesichter der Kinder hellten sich sofort auf.

»Zeigen Sie uns die kleine Kanone«, sagte Kostja, der über das ganze Gesicht strahlte.

Krasotkin griff in seine Büchertasche, entnahm ihr eine kleine bronzefarbene Kanone und stellte sie auf den Tisch.

»Ja, ja, ‚zeigen Sie'! Schau, sie hat Räder«, er rollte das Spielzeug über den Tisch, »und schießen kann man damit, sie mit Schrot laden und schießen.«

»Tötet sie auch?«

»Sie kann jeden töten, nur muß man sie aufs Ziel richten«, sagte Krasotkin und erklärte, wohin man das Pulver schütten und das Schrotkorn stecken müsse, deutete auf das kleine Zündloch und erzählte, daß es beim Schuß einen Rückstoß gebe. Die Kinder hörten mit ungemeinem Interesse zu. Ganz besonders beeindruckte sie die Vorstellung, daß es einen Rückstoß gebe.

»Haben Sie auch Pulver?« erkundigte sich Nastja.

»Ja.«

»Zeigen Sie uns auch das Pulver«, sagte sie gedehnt mit einem bittenden Lächeln.

Krasotkin griff wieder in die Büchertasche und entnahm ihr ein Fläschchen, das tatsächlich eine kleine Menge echten Schießpulvers enthielt, und eine kleine Papiertüte mit ein paar Schrotkörnern. Er öffnete das Fläschchen sogar und schüttete sich ein bißchen Pulver auf die flache Hand.

»Es darf nur kein Feuer in der Nähe sein, sonst explodiert

das Pulver und tötet uns alle«, warnte Krasotkin, um den Eindruck zu erhöhen.

Die Kinder betrachteten das Pulver mit andächtiger Furcht, die den Genuß noch steigerte. Doch Kostja gefiel mehr das Schrot.

»Und das Schrot brennt nicht?« erkundigte er sich.

»Nein, Schrot brennt nicht.«

»Schenken Sie mir ein bißchen Schrot«, sagte er mit flehendem Stimmchen.

»Ein bißchen Schrot will ich dir schenken – da, nimm. Nur zeig es nicht deiner Mama, bevor ich zurückkomme, sonst meint sie, es sei Pulver, und stirbt vor Angst, und euch wird sie verhauen.«

»Mama gibt uns nie die Rute«, bemerkte sofort Nastja.

»Ich weiß, das habe ich auch nur gesagt, um meine Rede auszuschmücken. Und eure Mama dürft ihr nie anschwindeln, diesmal aber schon – bis ich wiederkomme. Also, ihr Knirpse, kann ich weggehen oder nicht? Werdet ihr nicht vor Angst weinen, wenn ich nicht da bin?«

»Wir wer-den wei-nen«, sagte Kostja gedehnt und schickte sich bereits an, in Tränen auszubrechen.

»Wir werden weinen, unbedingt werden wir weinen!« stimmte Nastja hastig und ängstlich ein.

»Ach, Kinder, Kinder, wie vielen Gefahren seid ihr doch in eurem Alter ausgesetzt! Nichts zu machen, ihr Gelbschnäbel, da werde ich wohl wer weiß wie lange bei euch sitzen müssen. Die Zeit aber, die Zeit, uff!«

»Befehlen Sie doch Pereswon, sich totzustellen«, bat Kostja.

»Nichts zu machen, wir werden unter anderem auch zu Pereswon Zuflucht nehmen müssen. Ici, Pereswon!« Und Kolja fing an, dem Hund Befehle zu erteilen, worauf der alles vormachte, was er konnte. Pereswon war ein zottiger Köter von der Größe eines gewöhnlichen rasselosen Hofhundes und hatte ein eigentümlich lilagraues Fell. Er war auf dem rechten Auge blind, und sein linkes Ohr war eingerissen. Er winselte und sprang nun, machte Männchen, ging auf den Hinterbeinen, warf sich auf den Rücken, mit allen vier Pfoten nach oben, und blieb regungslos liegen wie tot. Während dieses letzten Kunststücks öffnete sich die Tür, und auf der Schwelle erschien Agafja, die dicke Magd der Frau Krasotkina, ein blatternarbiges Frauenzimmer von ungefähr vierzig Jahren; sie war mit einem Bastsack voll eingekaufter Lebensmittel vom

Markt zurückgekehrt. Den Sack an der senkrecht herabhängenden Hand, blieb sie stehen und sah dem Hunde zu. Wie sehnsüchtig auch Kolja auf Agafja gewartet hatte, er brach die Vorstellung nicht ab, sondern ließ Pereswon eine bestimmte Zeit lang tot daliegen, erst dann pfiff er ihm endlich: der Hund fuhr mit einem Satz hoch und sprang herum vor Freude darüber, daß er seine Pflicht erfüllt hatte.

»Da sieh mal einer an, der Köter!« sagte Agafja lehrhaft.

»Warum hast du dich so verspätet, du Weibsbild?« fragte Krasotkin barsch.

»Weibsbild! Sieh mal einer an! So ein Dreikäsehoch!«

»Ich ein Dreikäsehoch?«

»Ja, das bist du. Was geht es dich an, daß ich mich verspätet habe? Wenn ich mich verspätet habe, war es eben notwendig«, brummte Agafja, die sich am Ofen zu schaffen machte; doch ihre Stimme klang gar nicht unzufrieden oder ärgerlich, sondern im Gegenteil sehr zufrieden, als freute sie sich über die Gelegenheit, den lustigen jungen Herrn ein wenig verspotten zu können.

»Höre, du leichtfertige Alte«, begann Krasotkin und erhob sich vom Sofa, »kannst du mir schwören – bei allem, was es Heiliges in dieser Welt gibt, und außerdem bei noch etwas –, daß du in meiner Abwesenheit unermüdlich auf die Knirpse Obacht geben wirst? Ich muß fortgehen.«

»Wozu brauche ich es dir zu schwören?« fragte Agafja lachend. »Ich werde auch so auf sie aufpassen.«

»Nein, du mußt es bei deiner ewigen Seligkeit schwören. Sonst gehe ich nicht.«

»Dann laß es eben. Was geht das mich an? Draußen ist Frost, bleib daheim.«

»Knirpse«, wandte sich Kolja an die Kinder, »diese Frau wird bei euch bleiben, bis ich zurückkehre oder bis eure Mama wiederkommt, denn auch sie sollte längst zurück sein. Außerdem wird sie euch zu essen geben. Wirst du ihnen etwas geben, Agafja?«

»Das kann ich tun.«

»Auf Wiedersehen, ihr Grünschnäbel, nun gehe ich ruhigen Herzens. Und du, meine Liebe«, sagte er halblaut und wichtig, als er an Agafja vorüberging, »wirst hoffentlich auf ihr kindliches Alter Rücksicht nehmen und ihnen nicht eure üblichen dummen Weibergeschichten über Katerina vorschwindeln. Ici, Pereswon!«

»Mach, daß du fortkommst«, fuhr Agafja ihn, nun schon zornig, an. »Lächerlicher Junge! Eine Tracht Prügel sollte man dir geben für solche Reden.«

3

Die Schuljungen

Kolja jedoch hörte es nicht mehr. Endlich konnte er fort. Als er zum Tor hinaus war, blickte er um sich, zog die Schultern hoch und sagte: »Eine eisige Kälte!« Darauf ging er geradeaus die Straße entlang und dann nach rechts durch eine Seitengasse auf den Marktplatz zu. Am Tor des vorletzten Hauses der Seitengasse blieb er stehen, zog eine kleine Pfeife aus der Tasche und pfiff aus Leibeskräften, als gäbe er ein verabredetes Zeichen. Er brauchte nicht länger als eine Minute zu warten: aus dem Nebenpförtchen schoß plötzlich ein rotwangiger, etwa elfjähriger Junge auf ihn zu, der ebenfalls ein warmes, sauberes, ja sogar elegantes Mäntelchen anhatte. Das war der kleine Smurow, der die Vorbereitungsklasse besuchte (während Kolja Krasotkin schon in der zweithöheren Klasse saß); er war der Sohn eines wohlhabenden Beamten, und seine Eltern hatten ihm, soviel ich weiß, den Umgang mit Krasotkin untersagt, da dieser allgemein als ein verwegener Schlingel galt, so daß Smurow jetzt augenscheinlich heimlich herausgekommen war. Dieser Smurow war, der Leser wird sich vielleicht noch daran erinnern, einer aus der Gruppe jener Knaben, die vor zwei Monaten über den Graben hinweg nach Iljuscha mit Steinen geworfen hatten, und er war es gewesen, der damals Aljoscha Karamasow von Iljuscha erzählt hatte.

»Ich warte schon eine ganze Stunde auf dich, Krasotkin«, sagte Smurow mit entschlossener Miene, und die Knaben machten sich auf den Weg zum Marktplatz.

»Ich habe mich verspätet«, antwortete Krasotkin. »Das hat seine Gründe. Wird man dich nicht verhauen, weil du mit mir gehst?«

»Na, wo denkst du hin! Glaubst du wirklich, daß man mich haut? Du hast auch Pereswon mit?«

»Ja, auch Pereswon!«

»Du nimmst auch ihn dorthin mit?«

»Ja, auch ihn.«

»Ach, wenn es Shutschka wäre!«

»Das ist unmöglich. Shutschka existiert nicht mehr. Shutschka ist verschwunden, niemand weiß wohin.«

»Ach, könnten wir es nicht so machen...« sagte Smurow und blieb plötzlich stehen. »Iljuscha sagt doch, Shutschka sei auch zottig und ebenso rauchgrau gewesen wie Pereswon – könnten wir da nicht sagen, daß Pereswon niemand anderes sei als Shutschka? Vielleicht wird er es doch glauben?«

»Schüler, verabscheue erstens die Lüge überhaupt; zweitens selbst um eines guten Zweckes willen. Vor allem aber hoffe ich, daß du dort nichts von meinem Kommen gesagt hast.«

»Gott bewahre, soviel Verstand habe ich doch. Aber mit Pereswon kann man ihn nicht trösten«, seufzte Smurow. »Weißt du, sein Vater, der Hauptmann, der Bastwisch, sagte uns, daß er ihm heute einen jungen Hund bringen werde, eine echte englische Dogge mit schwarzer Nase; er glaubt Iljuscha damit trösten zu können, doch das wird ihm wohl kaum gelingen.«

»Wie geht es denn ihm selbst, dem Iljuscha?«

»Ach, schlecht, schlecht! Ich glaube, er hat die Schwindsucht. Er ist bei vollem Bewußtsein, aber er atmet so merkwürdig, sein Atmen gefällt mir nicht. Neulich bat er, man solle ihn ein wenig umherführen; man zog ihm seine Stiefelchen an, und er versuchte zu gehen, konnte sich aber nicht auf den Füßen halten. ‚Ach', sagte er, ‚ich habe dir doch gesagt, Papa, daß meine Stiefel nichts taugen, es war auch früher unbequem, darin zu gehen.' Er glaubte, er könne sich der Stiefel wegen nicht auf den Füßen halten, doch das kam einfach von seiner Schwäche. Er wird keine Woche mehr leben. Doktor Herzenstube besucht ihn. Jetzt sind sie reich, sie haben viel Geld.«

»Schurken sind sie.«

»Wer?«

»Die Ärzte und das ganze medizinische Gesindel im allgemeinen, und selbstverständlich auch im einzelnen. Ich erkenne die Medizin nicht an. Sie ist eine nutzlose Einrichtung. Ich werde das alles übrigens noch näher untersuchen. Jedoch, was sind denn das für Gefühlsduseleien, die sich da unter euch eingebürgert haben? Eure ganze Klasse scheint ihn ja gemeinsam zu besuchen?«

»Nicht die ganze, sondern nur etwa zehn von uns gehen immer hin, jeden Tag. Das hat nichts zu sagen.«

»Mich wundert die Rolle Alexej Karamasows bei alledem: sein Bruder kommt morgen oder übermorgen wegen eines so schweren Verbrechens vor Gericht, wie hat er da noch soviel Zeit zu Gefühlsduseleien zusammen mit kleinen Jungen?«

»Das ist gar keine Gefühlsduselei. Du gehst doch jetzt selber hin, um dich mit Iljuscha zu versöhnen.«

»Versöhnen? Ein lächerlicher Ausdruck. Ich dulde es übrigens nicht, daß jemand meine Handlungen analysiert.«

»Wie Iljuscha sich über deinen Besuch freuen wird! Er ahnt ja gar nicht, daß du kommst. Warum, warum nur hast du so lange nicht hingehen wollen?« rief Smurow erregt.

»Mein lieber Junge, das ist meine Sache und nicht deine. Ich gehe aus eigenem Antrieb hin, weil es so mein Wille ist, euch alle aber hat Alexej Karamasow hingeschleppt, es besteht da also ein Unterschied. Und wie kannst du es wissen, vielleicht gehe ich gar nicht hin, um mich mit ihm zu versöhnen. Ein dummer Ausdruck ist das!«

»Das war durchaus nicht Karamasow, ganz und gar nicht er. Die von unserer Klasse fingen einfach von selbst an hinzugehen, anfangs allerdings mit Karamasow. Auch ist nichts dergleichen vorgekommen, keinerlei Dummheiten. Zuerst ging einer hin, dann ein zweiter. Sein Vater freute sich schrecklich, daß wir kamen. Du weißt ja, er wird geradezu den Verstand verlieren, wenn Iljuscha stirbt. Er sieht doch, daß Iljuscha sterben wird. Und wie er sich freut, daß wir uns mit Iljuscha versöhnt haben. Iljuscha hat nach dir gefragt, aber nichts weiter hinzugefügt. Er fragte nur und verstummte dann. Sein Vater aber wird den Verstand verlieren oder sich aufhängen. Auch früher schon hat er sich ja wie ein Verrückter benommen. Weißt du, er ist ein nobler Mensch, und alles ist damals aus einem Mißverständnis geschehen. An allem ist dieser Vatermörder schuld, weil er ihn damals mißhandelt hat.«

»Immerhin ist Alexej Karamasow mir ein Rätsel. Ich hätte ihn schon längst kennenlernen können, aber in manchen Fällen bin ich gern stolz. Zudem habe ich mir ein gewisses Urteil über ihn gebildet, das ich erst nachprüfen und klären muß.«

Kolja verstummte gewichtig; auch Smurow schwieg. Smurow empfand natürlich Kolja Krasotkin gegenüber tiefste Ehrfurcht und wagte nicht einmal daran zu denken, sich ihm gleichzustellen. Doch jetzt war seine Neugierde ungemein erregt, weil Kolja erklärt hatte, er ginge »aus eigenem Antrieb« hin; es mußte also unbedingt ein Rätsel dahinter stecken, daß

Kolja plötzlich auf den Gedanken gekommen war, ihn jetzt, gerade heute, zu besuchen. Sie gingen über den Marktplatz, auf dem diesmal viele Fuhren von auswärts standen und viel Geflügel zu sehen war. Die städtischen Marktweiber handelten unter ihren Schutzdächern mit Kringeln, Zwirn und anderem. Solche sonntäglichen Zusammenkünfte nennt man in unserem Städtchen naiverweise Jahrmärkte, und solcher Jahrmärkte gibt es viele im Jahre. Pereswon lief in vergnügtester Stimmung voran und schwenkte unaufhörlich nach rechts und nach links ab, um irgendwo etwas zu beriechen. Begegnete er anderen Hunden, so beschnüffelten sie sich nach allen Hunderegeln.

»Ich beobachte gern das wirkliche Leben, Smurow«, begann plötzlich Kolja. »Ist dir aufgefallen, wie die Hunde sich beschnüffeln, wenn sie einander begegnen? Es muß ein allgemeines Naturgesetz sein, das sie dazu zwingt.«

»Ja, ein komisches.«

»Nein, kein komisches, darin hast du nicht recht. In der Natur gibt es nichts Komisches, obwohl es dem Menschen mit seinen Vorurteilen so vorkommen mag. Wenn die Hunde denken und kritisieren könnten, fänden sie sicherlich an den sozialen Beziehungen der Menschen, ihrer Gebieter, ebensoviel, wenn nicht weit mehr für sie Komisches. Wenn nicht weit mehr – ich wiederhole das, weil ich fest überzeugt bin, daß es bei uns weit mehr Dummheiten gibt. Das ist ein Gedanke Rakitins, ein bemerkenswerter Gedanke. Ich bin Sozialist, Smurow.«

»Sozialist? Was ist das?« fragte Smurow.

»Das ist, wenn alle gleich sind, alles allen zusammen gehört und es keine Ehen gibt, während die Religion und alle Gesetze so sind, wie es jedem beliebt, na, und dergleichen mehr. Du bist noch zu jung dazu, für dich ist das noch zu früh . . . Doch wie kalt es ist!«

»Ja. Zwölf Grad. Mein Vater hat vorhin nach dem Thermometer gesehen.«

»Ist es dir auch aufgefallen, Smurow, daß es einem mitten im Winter bei fünfzehn oder gar achtzehn Grad nicht so kalt vorkommt wie zum Beispiel jetzt, zu Anfang des Winters, wenn unerwartet eine Kälte von zwölf Grad einsetzt wie jetzt und noch wenig Schnee gefallen ist? Das kommt daher, weil die Menschen sich noch nicht an die Kälte gewöhnt haben. Bei den Menschen ist alles Gewohnheit, selbst in ihren staatlichen und politischen Beziehungen. Die Gewohnheit ist die wichtigste Triebfeder ... Was das für ein komischer Bauer ist!«

Kolja deutete auf einen hochgewachsenen Bauern im Schafpelz, mit gutmütigem Gesicht, der bei seiner Fuhre stand und vor Kälte die Hände in den Fäustlingen aneinanderschlug. Sein langer dunkelblonder Bart war vom Frost bereift.

»Dem Bauern ist der Bart steifgefroren!« rief Kolja laut und händelsüchtig, als sie an ihm vorbeikamen.

»Er ist bei vielen steifgefroren«, sagte der Bauer ruhig und belehrend.

»Necke ihn doch nicht«, bemerkte Smurow.

»Das tut nichts, er wird es nicht übelnehmen, er ist gut. Leb wohl, Matwej!«

»Leb wohl!«

»Heißt du denn Matwej?«

»Ja. Du hast es nicht gewußt?«

»Nein, ich sagte es aufs Geratewohl.«

»Sieh mal an! Du besuchst wohl die Schule?«

»Ja.«

»Prügelt man euch dort?«

»Im allgemeinen nicht, aber es kommt vor.«

»Tut das weh?«

»Freilich!«

»Ach, so ist das Leben!« seufzte der Bauer aus vollem Herzen.

»Leb wohl, Matwej!«

»Leb wohl. Du bist ein liebes Bürschchen, jawohl.«

Die Knaben gingen weiter.

»Das war ein guter Kerl«, sagte Kolja zu Smurow. »Ich rede gern mit dem einfachen Volk, und es ist mir immer eine Freude, ihm Gerechtigkeit widerfahren zu lassen.«

»Warum hast du ihm vorgelogen, daß bei uns in der Schule geprügelt wird?« fragte Smurow.

»Ich mußte ihn doch trösten!«

»Womit denn?«

»Sieh mal, Smurow, ich mag es nicht, daß man mich nochmals fragt, wenn man mich nicht gleich verstanden hat. Manches läßt sich nicht begreiflich machen. Der Bauer glaubt, ein Schüler werde geprügelt und müsse geprügelt werden: Was wäre das für ein Schüler, denkt er bei sich, wenn er keine Prügel bekäme? Und wenn ich ihm nun auf einmal sagte, daß bei uns in der Schule nicht geprügelt wird, wäre er darüber betrübt. Das kannst du übrigens noch nicht begreifen. Man muß es verstehen, mit dem Volk zu reden.«

»Fang nur bitte keine Händel an, sonst kommt es wieder zu einer bösen Geschichte, wie damals mit diesem Kerl.«

»Hast du Angst?«

»Lache mich nicht aus, Kolja, bei Gott, ich habe Angst. Mein Vater würde schrecklich böse werden. Es ist mir streng verboten, mit dir zu gehen.«

»Sei unbesorgt, diesmal wird nichts passieren. Guten Tag, Natascha!« rief er einer Händlerin zu, die unter ihrem Schutzdach saß.

»Ich bin gar nicht Natascha, ich heiße Marja«, entgegnete mit schriller Stimme die Händlerin, eine bei weitem noch nicht alte Frau.

»Das ist gut, daß du Marja heißt, leb wohl!«

»Ach, du Lausbub, bist ein Dreikäsehoch und meinst dir wer weiß was erlauben zu dürfen!«

»Ich habe keine Zeit, keine Zeit für dich, nächsten Sonntag kannst du es mir erzählen!« rief Kolja und winkte mit beiden Händen ab, als hätte sie mit ihm angebunden und nicht er mit ihr.

»Was soll ich dir denn am Sonntag erzählen? Du selbst hast angefangen und nicht ich, du Frechdachs«, zeterte Marja; »durchhauen sollte man dich, jawohl, du bist bekannt dafür, daß du alle beleidigst, jawohl!«

Unter den anderen Händlerinnen, die neben Marja ihre Waren feilboten, erhob sich ein Gelächter, als plötzlich aus dem Laubengang der städtischen Läden ein erregter Mann hervorstürzte, der wie ein Handlungsgehilfe aussah. Es war kein einheimischer Händler, sondern ein auswärtiger, in langschößigem blauem Kaftan und mit Schirmmütze, noch jung, mit dunkelblondem lockigem Haar und langem, blassem, pockennarbigem Gesicht. Er war unbegreiflich aufgeregt und drohte Kolja sofort mit der Faust.

»Ich kenne dich«, rief er gereizt, »ich kenne dich!«

Kolja sah ihn eine Weile unverwandt an. Er konnte sich nicht recht erinnern, ob es zwischen ihm und diesem Mann je zu einem Zusammenstoß gekommen war. Wie viele Zusammenstöße hatte er nicht schon auf der Straße gehabt, sich an alle zu erinnern war unmöglich.

»Du kennst mich?« fragte er ihn ironisch.

»Ich kenne dich! Ich kenne dich!« leierte wie ein Narr der Kleinbürger.

»Um so besser für dich. Na, ich habe keine Zeit, leb wohl!«

»Warum treibst du Unfug?« schrie der Kleinbürger. »Treibst du schon wieder Unfug? Ich kenne dich! Treibst du schon wieder Unfug?«

»Das geht dich nichts an, mein Lieber, wenn ich jetzt Unfug treibe«, sagte Kolja, der stehengeblieben war und ihn immer noch betrachtete.

»Wieso geht das mich nichts an?«

»Weil es dich nichts angeht.«

»Wen denn sonst? Wen denn? Na, wen denn?«

»Das geht jetzt Trifon Nikitytsch an, mein Lieber, und nicht dich!«

»Welchen Trifon Nikitytsch?« fragte mit verständnislosem Erstaunen, wenn auch immer noch ebenso erregt der Bursche und starrte Kolja an. Kolja maß ihn mit hochmütigem Blick.

»Bist du in der Himmelfahrtskirche gewesen?« fragte er ihn plötzlich streng und eindringlich.

»In was für einer Himmelfahrtskirche? Wozu denn? Nein, ich war nicht dort«, antwortete der Bursche etwas verdutzt.

»Kennst du Sabanejew?« fuhr Kolja noch eindringlicher und strenger fort.

»Was für einen Sabanejew? Nein, ich kenne ihn nicht.«

»Na, dann hol dich der Teufel!« sagte Kolja kurz und scharf, wandte sich jäh nach rechts und ging rasch seines Weges, als hielte er es für unter seiner Würde, mit einem solchen Tölpel, der nicht einmal Sabanejew kannte, auch nur zu reden.

»He, du, warte mal! Welchen Sabanejew meinst du?« besann sich der Bursche und war wieder ganz aufgeregt. »Von wem hat er da geredet?« wandte er sich an die Händlerinnen und glotzte sie dumm an.

Die Weiber brachen in ein Gelächter aus.

»Ein wunderlicher Bengel«, sagte eine von ihnen.

»Was für einen Sabanejew meinte er denn?« wiederholte wütend immer wieder der Bursche und fuchtelte mit dem rechten Arm umher.

»Das muß der Sabanejew sein, der bei Kusmitschjows in Diensten gestanden hat, so wird es sein«, vermutete eines der Weiber.

Der Bursche starrte das Weib verständnislos an.

»Der von Kus-mi-tschjows?« fiel ihr ein anderes Weib ins Wort. »Der hieß doch nicht Trifon! Der hieß Kusma und nicht Trifon, der Bengel aber hat ihn Trifon Nikitytsch genannt, also ist es der nicht.«

»Der hieß weder Trifon noch Sabanejew, der hieß Tschishow«, mischte sich ein drittes Weib ein, das bis dahin geschwiegen und mit ernster Miene zugehört hatte. »Alexej Iwanytsch heißt er. Tschishow, Alexej Iwanowitsch.«

»Das stimmt, der heißt Tschishow«, bestätigte nachdrücklich ein viertes Weib.

Der verdutzte Bursche sah bald die eine, bald die andere an.

»Warum hat er nur gefragt, ihr guten Leute, warum hat er nur gefragt: ‚Kennst du Sabanejew?‘« rief er immer wieder, nun schon fast verzweifelt. »Das weiß der Teufel, was das für ein Sabanejew ist!«

»Du unverständiger Mensch, man sagt dir doch, daß es nicht Sabanejew, sondern Tschishow ist, Alexej Iwanowitsch Tschishow, der ist es!« belehrte ihn eine Händlerin.

»Was für ein Tschishow? Na, was für einer? Sag es, wenn du es weißt.«

»Der lange, der rotznasige, im vergangenen Sommer hat er hier auf dem Markt gesessen.«

»Wozu brauche ich seinen Tschishow, ihr guten Leute, he?«

»Wie kann ich das wissen?«

»Wer kann denn wissen, wozu du ihn brauchst«, fiel eine andere ein, »das mußt du selbst wissen, wozu du ihn brauchst, wenn du so schreist. Er hat es doch zu dir gesagt und nicht zu uns, du dummer Mensch. Oder kennst du ihn wirklich nicht?«

»Wen?«

»Den Tschishow.«

»Der Teufel soll den Tschishow holen und dich dazu! Verprügeln werde ich ihn, jawohl! Er hat sich über mich lustig gemacht!«

»Den Tschishow wirst du verprügeln? Oder er dich! Ein Dummkopf bist du, jawohl!«

»Nicht den Tschishow, nicht den Tschishow, du böses Weib, du nichtsnutziges, den Bengel werde ich verprügeln, jawohl! Her mit ihm, her mit ihm, er hat sich über mich lustig gemacht!«

Die Weiber lachten. Kolja aber war schon weit weg und schritt mit siegesbewußter Miene einher. Smurow ging neben ihm und schaute sich ab und zu nach der in der Ferne schreienden Gruppe um. Auch ihn hatte es sehr belustigt, obwohl er noch immer fürchtete, mit Kolja in irgendeine dumme Geschichte verwickelt zu werden.

»Nach welchem Sabanejew hast du ihn denn gefragt?« erkundigte er sich bei Kolja und ahnte schon die Antwort voraus.

»Was weiß ich nach welchem? Jetzt werden sie bis zum Abend zu schreien haben. Ich rüttle gern die Dummköpfe in allen Gesellschaftsschichten auf. Da steht noch ein Tölpel, da, dieser Bauer. Merke dir, es heißt: ,Es gibt nichts Dümmeres als einen dummen Franzosen', aber auch die Gesichtszüge eines Russen verraten, was von ihm zu halten ist. Na, steht es dem da nicht auf dem Gesicht geschrieben, daß er ein Dummkopf ist, ich meine diesen Bauern da, wie?«

»Laß ihn in Frieden, Kolja, gehen wir vorüber.«

»Um keinen Preis werde ich ihn in Frieden lassen, ich bin jetzt richtig im Zug! Heda! Guten Tag, Bauer!«

Der kräftige Bauer, der langsam an ihnen vorbeiging und wahrscheinlich schon einen Rausch hatte, hob den Kopf und sah das Bürschchen an; er hatte ein rundes einfältiges Gesicht und einen graumelierten Bart.

»Na, guten Tag, wenn du nicht bloß Spaß machst«, gab er gemächlich zur Antwort.

»Und wenn ich bloß Spaß mache?« fragte Kolja lachend.

»Wenn du bloß Spaß machen willst, dann tue es nur, in Gottes Namen. Das schadet nichts, das darf man. Ein bißchen Spaß machen darf man immer.«

»Verzeih, mein Lieber, ich habe tatsächlich nur gespaßt.«

»Na, dann möge Gott es dir verzeihen.«

»Verzeihst *du* es mir denn?«

»Von Herzen verzeihe ich es dir. Geh nur deines Weges.«

»Sieh mal an, du scheinst ja ein kluger Bauer zu sein.«

»Klüger als du«, antwortete unerwartet und ebenso ernst wie vorher der Bauer.

»Das wohl kaum«, entgegnete Kolja etwas verdutzt.

»Es ist so, wie ich sage.«

»Am Ende hast du recht.«

»Na, siehst du!«

»Leb wohl, Bauer.«

»Leb wohl.«

»Ein Bauer ist nicht wie der andere«, sagte Kolja nach einigem Schweigen zu Smurow. »Wie konnte ich ahnen, daß ich unversehens an einen klugen geraten würde? Ich bin stets bereit zuzugeben, daß es unter dem einfachen Volk kluge Leute gibt.«

In der Ferne schlug die Uhr der Hauptkirche halb zwölf. Die Knaben beeilten sich und legten den restlichen, noch ziemlich weiten Weg zur Wohnung des Hauptmanns Snegirjow rasch, und fast ohne zu sprechen, zurück. Zwanzig Schritte vor dem Hause blieb Kolja stehen und schickte Smurow voraus, um Karamasow herauszurufen.

»Wir müssen uns erst beschnuppern«, bemerkte er zu Smurow.

»Wozu denn herausrufen«, wandte Smurow ein, »geh doch so hinein, sie werden sich über dein Kommen schrecklich freuen. Warum denn draußen in der Kälte Bekanntschaft machen?«

»Das weiß ich schon, warum ich ihn hierher in die Kälte herausrufen lassen muß«, sagte Kolja barsch und despotisch (was er diesen »Kleinen« gegenüber äußerst gern tat), und Smurow lief, den Befehl auszuführen.

4

Shutschka

Kolja lehnte sich mit wichtiger Miene an den Zaun und wartete auf Aljoschas Erscheinen. Ja, er wäre ihm schon seit langem gern einmal begegnet. Er hatte durch die anderen Knaben schon viel von ihm gehört, hatte aber bisher immer ein verächtlich gleichgültiges Gesicht gemacht, wenn man ihm von Aljoscha erzählte, und hatte ihn sogar »kritisiert«, wenn er hörte, was man von Aljoscha berichtete. Doch im stillen verlangte es ihn sehr, sehr danach, ihn kennenzulernen: an allem, was er von Aljoscha hatte erzählen hören, war etwas, das ihm sympathisch erschien und ihn anzog. Darum war der gegenwärtige Augenblick für ihn wichtig; vor allem durfte er sich nicht blamieren, sondern mußte seine Selbständigkeit beweisen. Sonst könnte er meinen, dachte er bei sich, ich sei erst dreizehn Jahre alt, und mich für einen ebensolchen kleinen Jungen halten wie die anderen. Und was hat er nur an diesen kleinen Jungen? Danach will ich ihn fragen, wenn ich ihn näher kennengelernt habe. Nur ist es schlimm, daß ich so klein von Gestalt bin. Tusikow ist jünger als ich, aber um einen halben Kopf größer. Übrigens habe ich ein kluges Gesicht; hübsch bin ich nicht, ich weiß, daß ich ein abscheuliches Gesicht habe, aber es ist klug. Auch darf ich nicht gar zu offenherzig sein, denn wenn ich ihn gleich mit ausgebreiteten Armen empfange, könnte er meinen ... Pfui, wie gräßlich wäre es, wenn er dächte ...!

Das war es, was Kolja bewegte, während er sich nach Kräften den Anschein größter Selbständigkeit zu geben bemühte. Vor allem war ihm sein kleiner Wuchs peinlich, nicht so sehr sein »abscheuliches« Gesicht wie sein Wuchs. Bei sich daheim hatte er im vergangenen Jahr in einer Ecke an der Wand mit Bleistift einen Strich gezogen, mit dem er seine Größe angezeichnet hatte, und seitdem war er alle zwei Monate voller Unruhe hingegangen, um wieder zu messen, um wieviel er gewachsen sei. Doch o weh! Er wuchs schrecklich langsam, und das brachte ihn bisweilen geradezu zur Verzweiflung. Was aber sein Gesicht anlangte, so war es durchaus nicht »abscheulich«, sondern im Gegenteil ziemlich anmutig, von weißer Hautfarbe, etwas blaß, mit Sommersprossen. Seine grauen, nicht gerade großen, aber lebhaften Augen blickten keck drein und leuchteten oft gefühlvoll auf. Die Backenknochen waren etwas breit, der Mund klein, die Lippen ziemlich schmal, aber sehr rot; die Nase war klein und aufgestülpt: »Ich habe eine Stupsnase, eine richtige Stupsnase!« pflegte Kolja vor sich hinzumurmeln, wenn er sich im Spiegel betrachtete, und ging immer mit Entrüstung vom Spiegel weg. Ist es nicht auch zweifelhaft, ob ich ein kluges Gesicht habe? dachte er manchmal. Übrigens braucht man nicht zu glauben, daß die Sorge um sein Gesicht und seinen Wuchs Koljas Seele gänzlich in Anspruch genommen hätte. Im Gegenteil, wie bitter auch die Augenblicke vor dem Spiegel waren, so vergaß er sie doch rasch wieder und sogar auf lange Zeit, indem er »sich ganz den Ideen und dem wirklichen Leben hingab«, wie er selber seine Tätigkeit bezeichnete.

Aljoscha erschien bald und kam eilig auf Kolja zu, der schon auf einige Schritte Entfernung sah, daß Aljoscha ein sehr freudiges Gesicht machte. Freut er sich wirklich so über mein Kommen? dachte Kolja mit Befriedigung. Hier möchte ich beiläufig erwähnen, daß Aljoscha, seit wir ihn verlassen haben, sich sehr verändert hatte: er hatte sein Mönchsgewand abgelegt und trug jetzt einen sehr gut geschnittenen Rock, einen weichen runden Hut und hatte kurzgeschorenes Haar. Alles das ließ ihn bedeutend unauffälliger erscheinen, und er hatte jetzt ganz das Aussehen eines hübschen jungen Mannes. Sein anziehendes Gesicht hatte immer einen heiteren Ausdruck, doch es war eine stille, gelassene Heiterkeit, die daraus sprach. Zu Koljas Erstaunen kam Aljoscha so zu ihm heraus, wie er im Zimmer gekleidet gewesen war, ohne Mantel; man sah es ihm an, daß er sich beeilt hatte. Er reichte Kolja ohne weiteres die Hand.

»Da sind Sie ja endlich! Wir alle haben schon so lange auf Sie gewartet!«

»Mein langes Ausbleiben hatte seine Gründe, die Sie sofort erfahren werden. Jedenfalls freue ich mich, Sie kennenzulernen. Ich habe schon seit langem auf eine Gelegenheit dazu gewartet und habe viel von Ihnen gehört«, murmelte Kolja etwas beklommen.

»Wir hätten uns ohnehin kennengelernt; auch ich habe viel von Ihnen gehört; aber hierher sind Sie zu spät gekommen.«

»Sagen Sie, wie steht es hier?«

»Iljuscha geht es sehr schlecht, er wird bestimmt sterben.«

»Was Sie nicht sagen! Sie werden zugeben müssen, Karamasow, daß die ärztliche Wissenschaft ein gemeiner Schwindel ist!« rief Kolja erregt.

»Iljuscha hat oft, sehr oft Ihrer gedacht, wissen Sie, sogar im Schlaf, beim Phantasieren. Augenscheinlich hat er Sie früher sehr, sehr geschätzt ... bis zu jenem Vorfall ... mit dem Federmesser. Es gibt auch noch einen anderen Grund ... Sagen Sie, ist das Ihr Hund?«

»Ja. Er heißt Pereswon.«

»Nicht Shutschka?« fragte Aljoscha und blickte Kolja mit Bedauern in die Augen. »So ist also Shutschka wirklich zugrunde gegangen?«

»Ich weiß, daß sie alle Shutschka gern wiederhaben möchten, ich habe das alles gehört«, erwiderte Kolja mit einem rätselhaften Lächeln. »Hören Sie, Karamasow, ich werde Ihnen die ganze Sache erklären, zu dem Zweck bin ich ja hauptsächlich hergekommen, und deswegen habe ich Sie auch herausrufen lassen, um Ihnen die ganze Geschichte zu erzählen, bevor wir hineingehen«, begann er lebhaft. »Sehen Sie, Karamasow, im Frühjahr trat Iljuscha in die Vorbereitungsklasse ein. Na, man weiß ja, was unsere Vorbereitungsklasse ist: kleine Jungen, Kinder. Sie fingen sofort an, Iljuscha zu necken. Ich sitze zwei Klassen höher und beobachtete das natürlich von weitem. Ich sah, er ist ein kleiner, schwächlicher Junge, läßt sich aber nicht unterkriegen, rauft sogar mit ihnen, ist stolz, und seine Augen funkeln. Solche Jungen habe ich gern. Sie aber neckten ihn immer ärger. Vor allem war er damals schlecht gekleidet, seine Hosen waren zu kurz und die Stiefel zerrissen. Sie neckten ihn auch damit. Sie demütigten ihn. Nein, so etwas kann ich schon gar nicht leiden, ich nahm ihn sofort in Schutz und machte ihnen die Hölle heiß. Ich haue sie ja, sie aber vergöttern mich, wissen Sie, Karamasow!« prahlte Kolja mitteilsam. »Und ich mag Kinder überhaupt gern leiden. Auch jetzt habe ich zu Hause zwei Gelbschnäbel auf dem Halse, heute haben sie mich sogar aufgehalten. – So hörten sie also auf, Iljuscha zu schlagen, und ich nahm ihn unter meinen Schutz. Ich sah, er ist ein stolzer Junge; das sage ich Ihnen, stolz ist er; doch schließlich ergab er sich mir sklavisch, führte jeden leisesten Befehl von mir aus, gehorchte mir wie einem Gott und wollte mich durchaus in allem nachahmen. In den Pausen zwischen den Unterrichtsstunden kam er sofort zu mir, und wir gingen zusammen umher. Auch die Sonntage verbrachten wir zusammen. Bei uns im Gymnasium spottet man darüber, wenn ein älterer Schüler sich mit einem von den Kleinen anfreundet, doch das ist ein Vorurteil. Es ist nun mal eine Schrulle von mir, und damit basta, nicht wahr? Ich belehrte und bildete ihn – warum, sagen Sie, soll ich ihn nicht bilden, wenn er mir gefällt? Sie selbst, Karamasow, haben sich ja auch mit all diesen Gelbschnäbeln angefreundet, Sie wollen also auf die junge Generation einwirken, sie bilden, ihr nützlich sein. Und ich muß gestehen, dieser Zug Ihres Charakters, von dem ich durch andere erfahren habe, hat mich am meisten interessiert. Übrigens, zur Sache: mir fiel es auf, daß bei dem Jungen sich eine Art von Empfindsamkeit, von Gefühlsduselei herausbildete, ich aber, wissen Sie, bin ein entschiedener Gegner jeglicher kindischer Zärtlichkeiten, schon von meiner Geburt an. Und zudem noch solche Widersprüche: er ist stolz, ist mir aber sklavisch ergeben – er ist mir sklavisch ergeben, doch plötzlich blitzen seine Augen, und er will nicht einmal gleicher Meinung mit mir sein, streitet, gebärdet sich wie toll. Ich versuchte manchmal, verschiedene Ideen zu entwickeln: da waren es nicht eigentlich die Ideen, denen er seine Zustimmung verweigerte, sondern er lehnte sich, wie ich sah, gegen mich persönlich auf, weil ich auf seine Zärtlichkeiten mit kühlem Benehmen antwortete. Um ihn zu erziehen, wurde ich nun, je zärtlicher er war, um so kühler, ich tat das absichtlich, meiner Überzeugung nach war es das

Richtige. Ich wollte ihn damit charakterlich bilden, ihn ausgeglichener machen, einen Menschen aus ihm machen ... na, und so weiter ... Sie verstehen mich natürlich schon bei der geringsten Andeutung. Plötzlich merke ich, er ist verstört und traurig, einen Tag lang, einen zweiten, einen dritten, aber diesmal nicht, weil ich nicht nett zu ihm bin, sondern aus einem anderen, gewichtigeren, tieferen Grunde. Was ist nur mit ihm los? denke ich bei mir. Ich dringe in ihn und erfahre eine tolle Sache: Auf irgendeine Weise hatte er sich mit Smerdjakow, dem Diener Ihres verstorbenen Vaters, der damals noch lebte, angebiedert, und der hatte ihn, den kleinen Schafskopf, einen dummen Scherz gelehrt, das heißt einen rohen, einen gemeinen Scherz – nämlich das Weiche von einer Scheibe Brot zu nehmen, eine Stecknadel hineinzustecken und es einem Hofhund hinzuwerfen, einem von jenen, die vor Hunger einen Bissen, ohne ihn zu kauen, einfach hinunterschlingen, und dann aufzupassen, was daraus wird. Da haben sie nun so einen Bissen zurechtgemacht und ihn dieser besagten Shutschka hingeworfen, von der jetzt soviel Aufhebens gemacht wird, einem Hofhund, der überhaupt nicht gefüttert wurde und den ganzen Tag vergeblich bellte. Nebenbei gesagt: Mögen Sie dieses dumme Gebell, Karamasow? Ich kann es nicht ausstehen. Shutschka stürzte sich sofort auf den Bissen, schlang ihn hinunter und jaulte auf, drehte sich ein paarmal im Kreise um sich selbst und rannte dann davon, sie rannte und jaulte immerzu und verschwand – so schilderte es mir Iljuscha selbst. Er gestand es mir unter Tränen, weinte, umarmte mich und zitterte. ‚Sie lief und jaulte, sie lief und jaulte', wiederholte er nur immer wieder, dieses Bild hatte ihn tief erschüttert. Na, ich sah, er hatte Gewissensbisse. Ich nahm die Sache ernst. Ich wollte ihm vor allem wegen des Früheren einen Verweis erteilen, und darum wandte ich, wie ich gestehen muß, eine List an; ich gab mir den Anschein, als wäre ich so entrüstet, wie ich es in Wirklichkeit wohl gar nicht war: ‚Du hast etwas Niederträchtiges getan', sagte ich, ‚du bist ein Schuft, ich werde es natürlich nicht ausposaunen, aber vorläufig breche ich den Verkehr mit dir ab. Ich werde mir die Sache überlegen und dich dann durch Smurow' – den Jungen, der jetzt mit mir hergekommen ist und mir immer treu ergeben war – ‚wissen lassen, ob ich die Beziehungen zu dir wieder aufnehmen oder mich von dir als einem Schuft auf immer abwenden werde.' Das beeindruckte ihn sehr tief. Ich fühlte, offen gesagt, schon damals, daß ich gegen ihn vielleicht doch zu streng war, doch was läßt sich da machen, damals war es nun einmal so meine Absicht. Am nächsten Tag schickte ich Smurow zu ihm und ließ ihm mitteilen, daß ich mit ihm ‚nicht mehr spräche' – so nennt man es bei uns, wenn zwei Kameraden die Beziehungen zueinander abbrechen. Mein geheimer Plan bestand darin, ihn nur ein paar Tage lang in Acht und Bann zu tun und ihm dann, wenn ich seine Reue sähe, wieder die Hand zu reichen. Das war meine feste Absicht. Doch was glauben Sie wohl? Er hörte Smurow an, und plötzlich blitzten seine Augen: ‚Bestelle Krasotkin von mir', rief er, ‚daß ich jetzt allen Hunden Bissen mit Stecknadeln zuwerfen werde, allen, allen!' Aha, dachte ich, der Geist der Zügellosigkeit hat sich bei ihm eingenistet, den muß man ausräuchern! Und ich begann ihm meine volle Verachtung zu zeigen, wandte mich bei jeder Begegnung von ihm ab und lachte ironisch. Da ereignete sich plötzlich dieser Vorfall mit seinem Vater – erinnern Sie sich noch? –, die Geschichte mit dem Bastwisch. Sie werden einsehen, daß er nach allem schon von vornherein zu furchtbarer Gereiztheit neigte. Als die Jungen sahen, daß ich ihn sich selbst überlassen hatte, fielen sie über ihn her und neckten ihn: ‚Bastwisch, Bastwisch!' Daraufhin fingen zwischen ihnen die Schlachten an, die ich schrecklich bedaure, weil man ihn damals, wie es scheint, einmal sehr arg verhauen hat. Da warf er sich einmal auf dem Hof allen entgegen, als sie die Klassen verließen, ich aber stand gerade zehn Schritt weit von ihm und sah ihm zu. Und ich schwöre: Ich erinnere mich nicht, daß ich damals gelacht hätte, im Gegenteil, er tat mir damals sehr, sehr leid, und noch eine Sekunde, so wäre ich hingestürzt, um ihn zu beschützen. Doch plötzlich begegnete er meinem Blick: was er sich einbildete – das weiß ich nicht, jedenfalls riß er sein Federmesser aus der Tasche, stürzte sich auf mich und stieß es mir in den Oberschenkel, hier am rechten Bein. Ich rührte mich nicht, ich gestehe, manchmal bin ich tapfer, Karamasow; ich sah ihn nur verächtlich an, als wollte ich mit meinem Blick sagen: Willst du es zum Dank für all meine Freundschaft vielleicht noch einmal tun, so stehe ich zu Diensten. Doch er stach mich nicht zum zweitenmal, er hielt es nicht aus, er hatte selbst einen Schreck bekommen, warf das Messer weg, brach in lautes Weinen aus und lief davon. Ich verpetzte ihn natürlich nicht und befahl allen zu schweigen, damit es nicht den Lehrern zu Ohren käme, sogar meiner Mutter sagte ich es erst, als alles verheilt war, es war ja nur eine unbedeutende kleine Wunde, bloß eine Schramme. Dann hat er, wie ich hörte, am gleichen Tage mit Steinen geworfen und Sie in den Finger gebissen – aber Sie begreifen doch, in welcher Verfassung er damals war! Na, was läßt sich da machen, ich habe eine Dummheit begangen: als er erkrankte, ging ich nicht hin, um ihm zu verzeihen, das heißt, um mich mit ihm zu versöhnen; jetzt bereue ich es. Doch ich hatte damit etwas Besonderes vor. Na, das wäre also diese ganze Geschichte ... nur habe ich wohl eine Dummheit begangen ...«

»Ach, wie schade«, rief Aljoscha erregt, »daß ich von Ihren Beziehungen zu ihm nicht früher gewußt habe, sonst wäre ich schon längst selber zu Ihnen gekommen, um Sie zu bitten, mit mir zusammen zu ihm zu gehen. Sie dürfen es mir glauben: Im Fieber, während seiner Krankheit, hat er von Ihnen phantasiert. Ich wußte gar nicht, wie teuer Sie ihm sind! Und haben Sie diese Shutschka wirklich, wirklich nicht auffinden können? Sein Vater und alle Jungen haben in der ganzen Stadt nach ihr gesucht. Glauben Sie mir: Während seiner Krankheit hat er in meiner Gegenwart schon dreimal gesagt: ‚Ich bin deshalb krank, Papa, weil ich damals Shutschka getötet habe, Gott hat mich dafür gestraft.' Von diesem Gedanken ist er nicht abzubringen! Und wenn man diese Shutschka jetzt zur Stelle schaffen und ihm zeigen könnte, daß sie nicht verendet ist, sondern noch lebt, so würde er, glaube ich, vor Freude wiederaufleben. Wir alle hatten auf Sie gehofft.«

»Sagen Sie, warum hofften Sie, daß ich Shutschka finden würde, das heißt, daß gerade ich sie finden würde?« fragte Kolja äußerst interessiert. »Warum rechneten Sie gerade auf mich und nicht auf einen anderen?«

»Es ging das Gerücht, daß Sie nach ihr suchten und, wenn Sie sie fänden, sie herbringen würden. Smurow hat so etwas Ähnliches gesagt. Wir bemühten uns vor allem, ihm einzureden, daß Shutschka noch lebe, daß man sie irgendwo gesehen habe. Die Jungen verschafften ihm irgendwoher ein lebendes Häschen, doch er sah es nur an, lächelte matt und bat, man möge es wieder draußen auf einem Felde freilassen. Das haben wir dann auch getan. Soeben ist sein Vater heimgekehrt und hat ihm eine junge englische Dogge mitgebracht; er hat sie auch irgendwoher beschafft und glaubte ihn damit trösten zu können, doch es scheint dadurch nur noch schlimmer geworden zu sein ...«

»Sagen Sie mir noch, Karamasow: Was ist mit seinem Vater? Ich kenne ihn, aber was ist er Ihrer Ansicht nach: ein Narr, ein Hanswurst?«

»Ach nein, es gibt Menschen, die tief empfinden, aber unaussprechlich gedrückt sind. Ihre Narrheit ist eine Art von boshafter Ironie denen gegenüber, denen sie infolge ihrer langjährigen erniedrigenden Furcht vor ihnen die Wahrheit nicht ins Gesicht zu sagen wagen. Glauben Sie mir, Krasotkin, eine solche Narrheit ist manchmal äußerst tragisch. Für ihn ist Iljuscha jetzt der Inbegriff von allem, allem, was ihm auf Erden lieb ist, und wenn Iljuscha stirbt, wird er entweder vor Gram den Verstand verlieren oder sich das Leben nehmen. Davon bin ich so gut wie überzeugt, wenn ich ihn jetzt ansehe!«

»Ich verstehe Sie, Karamasow, ich sehe, Sie sind ein Menschenkenner«, sagte Kolja mit Wärme.

»Als ich Sie mit dem Hund sah, dachte ich, Sie hätten Shutschka mitgebracht.«

»Warten Sie nur, Karamasow, vielleicht werden wir sie noch finden, das aber ist Pereswon. Ich werde ihn jetzt ins Zimmer hineinlassen, und er wird Iljuscha vielleicht mehr aufheitern als die junge englische Dogge. Warten Sie, Karamasow, Sie werden gleich einiges erfahren. Ach, mein Gott, wie kann ich Sie nur so aufhalten!« rief Kolja auf einmal mit Ungestüm. »Sie stehen ohne Mantel da bei dieser Kälte, und ich halte Sie auf; sehen Sie, sehen Sie, was für ein Egoist ich bin! Oh, wir alle sind Egoisten, Karamasow!«

»Seien Sie unbesorgt, es ist zwar kalt, aber ich erkälte mich nicht so leicht. Doch lassen Sie uns hineingehen. Übrigens: wie ist Ihr Name? Ich weiß, daß Sie Kolja heißen, aber wie weiter?«

»Nikolaj, Nikolaj Iwanow Krasotkin oder, wie man formelhaft sagt: Krasotkin, der Sohn«, erwiderte Kolja und lachte aus einem unerfindlichen Grund, fügte aber plötzlich hinzu: »Ich hasse natürlich meinen Namen Nikolaj.«

»Warum denn?«

»Er ist trivial, alltäglich . . .«

»Sie werden dreizehn Jahre alt?« fragte Aljoscha.

»Nein, vierzehn, in zwei Wochen werde ich vierzehn, also sehr bald. Ich will Ihnen von vornherein eine Schwäche von mir eingestehen, Karamasow, das tue ich Ihnen gegenüber gleich als erstes, damit Sie sofort mein ganzes Wesen erkennen: Ich hasse es, wenn man mich nach meinem Alter fragt, es ist mir mehr als verhaßt . . . und dann noch . . . man verleumdet mich zum Beispiel, ich hätte in der vergangenen Woche mit den Schülern der Vorbereitungsklasse Räuber gespielt. Daß ich mit ihnen gespielt habe, ist wahr, daß ich es aber zu meinem Vergnügen getan hätte, ist entschieden eine Verleumdung. Ich habe Grund anzunehmen, daß dies auch Ihnen zu Ohren gekommen ist; aber ich habe nicht um meinetwillen gespielt, sondern um der Kinder willen, denn ohne mich vermochten sie sich nichts auszudenken. Bei uns werden immer unsinnige Gerüchte verbreitet. Unsere Stadt ist ein Klatschnest, versichere ich Ihnen.«

»Und selbst wenn Sie zu Ihrem eigenen Vergnügen gespielt hätten, was wäre denn dabei?«

»Na, zum eigenen Vergnügen . . . Sie, Karamasow, würden doch nicht Pferdchen spielen?«

»Sie müssen sich das so vorstellen«, sagte Aljoscha lächelnd: »Die Erwachsenen gehen doch zum Beispiel ins Theater, dort aber werden ebenfalls die Abenteuer von allerlei Helden dargestellt, manchmal kommen dabei sogar Räuber und Krieg vor – ist denn das nicht das gleiche, in seiner Art, versteht sich? Wenn aber Jungen in den Erholungspausen Krieg oder Räuber spielen, so ist das doch ebenfalls Kunst, die noch in den Anfängen steckt, ein Bedürfnis nach Kunst, das in der jungen Seele erwacht, und diese Spiele werden manchmal sogar geschickter ersonnen als die Stücke im Theater, nur mit dem Unterschied, daß man ins Theater geht, um Schauspieler zu sehen, während hier die Jungen selbst die Schauspieler sind. Aber das ist nur natürlich.«

»Meinen Sie? Ist das Ihre Überzeugung?« fragte Kolja und sah ihn unverwandt an. »Wissen Sie, da haben Sie einen recht interessanten Gedanken geäußert; wenn ich dann nach Hause komme, werde ich darüber nachdenken. Ich gestehe, ich hatte mir schon gedacht, daß man von Ihnen manches lernen könne. Ich bin hergekommen, um von Ihnen zu lernen, Karamasow«, schloß Kolja in warmem und offenherzigem Ton.

»Und ich von Ihnen«, sagte Aljoscha lächelnd und drückte ihm die Hand.

Kolja war äußerst zufrieden mit Aljoscha. Es hatte ihn überrascht, daß Aljoscha sich völlig auf gleichen Fuß mit ihm stellte und mit ihm wie mit einem Erwachsenen sprach.

»Ich werde Ihnen gleich ein Kunststück zeigen, Karamasow, auch eine Theatervorstellung«, sagte er mit nervösem Lachen, »zu dem Zweck bin ich hergekommen.«

»Gehen wir zuerst nach links zu den Wirtsleuten, dort legen alle Ihre Kameraden ihre Mäntel ab, denn im Zimmer ist es eng und heiß.«

»Oh, ich bin doch nur auf einen Augenblick gekommen, ich werde so hineingehen und den Mantel anbehalten. Pereswon wird hier im Flur bleiben und sich totstellen: Ici, Pereswon, kusch dich und stirb! – sehen Sie, nun ist er tot. Ich aber will erst hineingehen, um mir die Sachlage anzusehen, und dann, wenn der richtige Augenblick kommt, werde ich pfeifen: ‚Ici, Pereswon!' und Sie werden sehen, er wird sofort wie toll hereinstürmen. Nur darf Smurow nicht vergessen, in dem Augenblick die Tür zu öffnen. Ich werde schon meine Vorkehrungen treffen, und Sie werden ein Kunststück zu sehen bekommen . . .«

5

An Iljuschas Bett

In dem uns schon bekannten Zimmer, das der uns ebenfalls bekannte Hauptmann außer Dienst Snegirjow mit seiner Familie bewohnte, war es in diesem Augenblick stickig und beengt von den vielen Menschen, die sich darin zusammengefunden hatten. Bei Iljuscha saßen diesmal mehrere Knaben, und obwohl sie alle, ebenso wie Smurow, in Abrede gestellt hätten, daß Aljoscha sie mit Iljuscha ausgesöhnt habe, so war es doch so. Seine ganze Kunst hatte in diesem Falle darin bestanden, daß er sie einen nach dem anderen mit Iljuscha ausgesöhnt hatte, und das ohne »kindische Zärtlichkeiten«, sondern gleichsam ganz unbeabsichtigt und zufällig. Iljuscha hatte das eine ungeheure Erleichterung in seinem Leiden verschafft. Als er die geradezu zärtliche Freundschaft und Teilnahme all dieser Knaben – seiner früheren Feinde – sah, war er tief gerührt. Nur Krasotkin fehlte noch, und das lag wie eine furchtbare Last auf seinem Herzen. Wenn es unter Iljuschetschkas bitteren Erinnerungen etwas ganz besonders Bitteres gab, so war es gerade dieser Vorfall mit Krasotkin, seinem ehemaligen einzigen Freund und Beschützer, auf den er sich damals mit seinem Federmesser gestürzt hatte. So dachte auch der kluge kleine Smurow, der als erster gekommen war, um sich mit Iljuscha zu versöhnen. Doch Krasotkin selbst hatte, als Smurow ihm entfernt andeutete, daß Aljoscha »in einer gewissen Sache« zu ihm kommen wolle, jede Annäherung sofort unmöglich gemacht, indem er Smurow auftrug, »dem Karamasow« unverzüglich mitzuteilen: er, Krasotkin, wisse selbst, wie er sich zu verhalten habe, er bitte niemanden um Rat, und wenn er den Kranken besuchen wolle, werde er den richtigen Zeitpunkt nach eigenem Ermessen zu wählen wissen, denn er habe dabei »seine eigene Berechnung«. Das war schon etwa zwei Wochen vor diesem Sonntag gewesen. Darum war Aljoscha auch nicht selber zu ihm hingegangen, wie er anfänglich beabsichtigt hatte. Übrigens hatte er zwar eine Zeitlang abgewartet, jedoch Smurow noch einmal und dann noch einmal zu Krasotkin geschickt. Doch diese beiden Male hatte Krasotkin ihm eine höchst ungeduldige und schroffe Absage erteilt, indem er Aljoscha bestellen ließ: Wenn Aljoscha selbst käme, um ihn abzuholen, werde er überhaupt nie zu Iljuscha gehen, und man solle ihn nicht mehr belästigen. Sogar bis zum letzten Tage hatte Smurow nicht gewußt, daß Kolja beschlossen hatte, an diesem Morgen zu Iljuscha zu gehen, und erst am Abend vorher hatte Kolja ihm beim Abschied schroff erklärt, er solle am nächsten Morgen zu Hause auf ihn warten, denn er werde mit ihm zusammen zu Snegirjows gehen; er solle sich aber nicht unterstehen, jemanden von seinem Besuch zu benachrichtigen, denn er wolle unverhofft hinkommen. Smurow gehorchte. Der Gedanke, daß Kolja die verschwundene Shutschka mitbringen werde, war Smurow gekommen, weil Krasotkin einmal flüchtig die Worte hingeworfen hatte: »Esel sind sie alle, wenn sie den Hund nicht finden können, sofern er überhaupt noch lebt.« Als aber Smurow nach einiger Zeit seine Vermutung angedeutet hatte, war Krasotkin auf einmal schrecklich zornig geworden: »Ich werde doch nicht so dumm sein, in der ganzen Stadt nach fremden Hunden zu suchen, wenn ich meinen Pereswon habe! Und ist es denn denkbar, daß ein Hund, der eine Stecknadel verschluckt hat, am Leben bleibt? Gefühlsduseleien sind das und sonst nichts!«

Unterdessen hatte Iljuscha sein Bettchen in der Ecke bei den Heiligenbildern schon zwei Wochen lang fast gar nicht mehr verlassen. In die Schule war er seit dem Vorfall, bei dem er Aljoscha begegnet war und ihn in den Finger gebissen hatte, nicht mehr gegangen. Übrigens war er schon am selben Tage erkrankt, doch konnte er noch etwa einen Monat lang ab und zu aufstehen und mit einiger Mühe im Zimmer und auf dem

Flur umhergehen. Schließlich kam er ganz von Kräften, so daß er sich ohne Hilfe des Vaters nicht mehr bewegen konnte. Der Vater zitterte um ihn, gab sogar das Trinken gänzlich auf und hätte vor Angst, sein Junge könnte sterben, fast den Verstand verloren; oftmals, besonders wenn er Iljuscha am Arm im Zimmer umhergeführt und ihn wieder ins Bett gelegt hatte, lief er plötzlich in den Flur hinaus, in eine dunkle Ecke, lehnte sich mit der Stirn an die Wand und brach in bitteres, krampfhaftes Schluchzen aus, wobei er seine Stimme dämpfte, damit Iljuschetschka sein Schluchzen nicht höre.

Wenn er dann wieder ins Zimmer zurückkehrte, begann er gewöhnlich seinen lieben Jungen mit irgend etwas zu zerstreuen und zu trösten, erzählte ihm Märchen und komische Anekdoten oder stellte allerlei drollige Menschen dar, denen er einmal begegnet war, ja ahmte sogar Tiere nach, wie sie komisch heulten und schrien. Doch Iljuscha hatte es gar nicht gern, wenn sein Vater Gesichter schnitt und sich zu einem Hanswurst machte. Der Knabe suchte zwar zu verbergen, daß ihm das unangenehm war, sah aber schmerzenden Herzens ein, daß sein Vater in der Gesellschaft erniedrigt war, und mußte unablässig an den »Bastwisch« und an jenen »schrecklichen Tag« denken. Ninotschka, die beingelähmte, stille und sanfte Schwester Iljuschetschkas, hatte es auch nicht gern, wenn der Vater Gesichter schnitt (was aber Warwara Nikolajewna anbelangt, so war sie schon längst wieder nach Petersburg gefahren, um weiterzustudieren), dafür aber belustigte sich die schwachsinnige Mama sehr und lachte von ganzem Herzen, wenn ihr Mann etwas darstellte oder irgendwelche komischen Gebärden machte. Nur damit konnte man sie aufheitern, die ganze übrige Zeit murrte und klagte sie darüber, daß alle sie jetzt vergessen hätten, daß niemand sie achte, daß man sie beleidige und so weiter und so weiter. Doch in den allerletzten Tagen schien auch sie sich auf einmal völlig verändert zu haben. Sie sah jetzt oft in die Ecke zu Iljuscha hinüber und wurde nachdenklich. Sie war weit schweigsamer und stiller als vorher, und wenn sie zu weinen anfing, so tat sie es leise, damit man es nicht höre. Der Hauptmann hatte mit ängstlichem Befremden diese Veränderung wahrgenommen. Die Besuche der Knaben hatten ihr anfangs mißfallen und sie nur geärgert, doch dann begann das lustige Geschrei und Erzählen der Kinder sie zu zerstreuen und gefiel ihr schließlich so gut, daß sie sich schrecklich gegrämt hätte, wenn die Knaben nicht mehr gekommen wären. Wenn die Kinder etwas erzählten oder zu spielen anfingen, lachte sie und klatschte in die Hände. Manche von ihnen rief sie zu sich und küßte sie. Den kleinen Smurow hatte sie besonders liebgewonnen. Was den Hauptmann betraf, so hatten die Besuche der Kinder, die kamen, um Iljuscha zu erheitern, gleich von Anfang an seine Seele mit Freude und Entzücken erfüllt und ließen ihn sogar hoffen, Iljuscha werde sich nun nicht mehr grämen und daher vielleicht rascher genesen. Trotz all seiner Angst um Iljuscha hatte er bis zur allerletzten Zeit keinen Augenblick daran gezweifelt, daß sein Junge plötzlich genesen werde. Er empfing die kleinen Gäste achtungsvoll, war aufmerksam gegen sie, erwies ihnen Gefälligkeiten, erbot sich, sie auf seinem Rücken reiten zu lassen, und schickte sich sogar an, es wirklich zu tun, doch dieses Spiel gefiel Iljuscha nicht und wurde darum aufgegeben. Er kaufte für sie Naschwerk, Pfefferkuchen und Nüsse, bereitete Tee und strich ihnen Butterbrote. Ich muß hier erwähnen, daß er während dieser ganzen Zeit immer bei Geld war. Die damaligen zweihundert Rubel von Katerina Iwanowna hatte er, genau wie Aljoscha es vorausgesagt hatte, angenommen. Und später hatte Katerina Iwanowna, nachdem sie Näheres über die Lage der Familie und über Iljuschas Krankheit erfahren hatte, selber einen Besuch in der Wohnung gemacht, hatte die ganze Familie kennengelernt und sogar die schwachsinnige Frau des Hauptmanns zu bezaubern gewußt. Seitdem hatte sie es nicht an weiteren Unterstützungen fehlen lassen, und der Hauptmann, niedergedrückt und entsetzt bei dem Gedanken, daß sein Junge sterben könnte, hatte seinen früheren Stolz vergessen und nahm die Almosen demütig an. Während dieser ganzen Zeit kam Doktor Herzenstube, von Katerina Iwanowna dazu aufgefordert, regelmäßig und pünktlich jeden zweiten Tag zu dem Kranken, doch seine Besuche nützten wenig, er überfütterte ihn nur grauenhaft mit Medikamenten. Dafür erwartete man aber heute, das heißt an diesem Sonntagvormittag, bei dem Hauptmann einen anderen Arzt, der aus Moskau gekommen war und dort als Kapazität galt. Katerina Iwanowna hatte ihn für viel Geld eigens aus Moskau kommen lassen – nicht Iljuschetschkas wegen, sondern zu einem anderen Zweck, wovon im weiteren und an gehöriger Stelle die Rede sein wird; aber da er nun einmal da war, hatte sie ihn gebeten, auch Iljuschetschka zu besuchen, wovon der Hauptmann im voraus benachrichtigt worden war. Von Kolja Krasotkins Kommen jedoch hatte er keine Ahnung, obwohl er schon seit langem wünschte, daß dieser Junge, dessentwegen sein Iljuschetschka sich so grämte, doch endlich käme. In dem Augenblick, als Krasotkin die Tür öffnete und im Zimmer erschien, standen alle, der Hauptmann und die Knaben, dicht gedrängt an dem Bettchen des Kranken und betrachteten die winzige junge englische Dogge, die man soeben gebracht hatte; sie war erst am Tage vorher zur Welt gekommen, doch der Hauptmann hatte sie schon vor einer Woche bestellt, um Iljuschetschka, der sich noch immer um die verschwundene und gewiß schon zugrunde gegangene Shutschka grämte, zu zerstreuen und zu trösten. Aber Iljuscha, der schon vor drei Tagen gehört hatte, daß man ihm ein junges Hündchen schenken werde, und zudem kein gewöhnliches, sondern eine echte englische Dogge (was natürlich ungeheuer wichtig war), tat zwar aus Zartgefühl so, als freute er sich über das Geschenk, doch alle, der Vater wie die Knaben, sahen deutlich, daß das neue Hündchen die Erinnerung an die arme, von ihm zu Tode gequälte Shutschka in seinem Herzen vielleicht nur noch stärker wachrief. Das Hündchen lag neben ihm und krabbelte umher, und er streichelte es, schmerzlich lächelnd, mit seinem schmalen, bleichen, abgemagerten Händchen; man sah es ihm sogar an, daß das Hündchen ihm gefiel, aber ... Shutschka war eben doch nicht da, es war doch nicht Shutschka, wenn jedoch Shutschka und das Hündchen zusammen dagewesen wären, dann wäre das Glück voll gewesen!

»Krasotkin!« rief plötzlich einer der Knaben, der die Ankunft Koljas als erster bemerkt hatte. Es entstand eine sichtliche Unruhe, die Knaben traten auseinander und stellten sich zu beiden Seiten des Bettchens, so daß sie den Blick auf Iljuschetschka freigaben. Der Hauptmann stürzte Kolja ungestüm entgegen.

»Kommen Sie, kommen Sie bitte ... werter Gast!« stammelte er. »Iljuschetschka, Herr Krasotkin ist zu dir gekommen ...«

Doch Krasotkin reichte ihm nur flüchtig die Hand und bewies sogleich seine vortreffliche Kenntnis der Regeln des gesellschaftlichen Anstandes. Er wandte sich sofort und zu allererst zu der Frau des Hauptmanns, die in ihrem Lehnstuhl saß (und gerade in diesem Augenblick sehr ungehalten war und darüber murrte, daß die Knaben ihr die Sicht auf Iljuschas Bettchen verdeckten und sie somit hinderten, das neue Hündchen zu sehen), und machte vor ihr sehr höflich einen Kratzfuß; dann wandte er sich zu Ninotschka und begrüßte auch sie als Dame in der gleichen Weise. Dieses höfliche Benehmen machte auf die kranke alte Dame einen außerordentlich angenehmen Eindruck.

»Da sieht man doch gleich, daß er ein wohlerzogener junger Mann ist«, sagte sie laut und breitete die Arme aus. »Unsere übrigen Gäste aber, was sind die schon: sie kommen einer auf dem anderen hereingeritten.«

»Wieso denn einer auf dem anderen, Mamachen, wieso?« stammelte der Hauptmann, wenn auch freundlich, so doch ein wenig besorgt wegen »Mamachens«.

»Sie kommen eben so hereingeritten. Im Flur setzt sich einer dem anderen rittlings auf die Schultern und reitet so in eine vornehme Familie hinein. Was ist denn das für ein Gast?«

»Ja, wer denn, wer denn, Mamachen, wer ist so hereingeritten?«

»Na, dieser Junge hier ist heute auf dem da hereingeritten und der dort auf dem da ...«

Doch Kolja stand schon beim Bettchen Iljuschas. Der Kranke war sichtlich bleich geworden. Er hatte sich in seinem Bettchen aufgerichtet und blickte Kolja angespannt, sehr angespannt an. Der hatte seinen ehemaligen kleinen Freund schon etwa zwei Monate lang nicht mehr gesehen und war nun ganz betroffen vor ihm stehengeblieben: er hatte sich gar nicht vorstellen können, daß er ein so abgemagertes und gelb gewordenes Gesichtchen, solche fieberglänzenden und, wie es schien, unheimlich groß gewordenen Augen, solche dünne Händchen zu sehen bekommen werde. Mit schmerzlicher Verwunderung gewahrte er bei genauerem Hinsehen, wie tief und hastig Iljuscha atmete und wie ausgetrocknet seine Lippen waren. Er machte einen Schritt auf ihn zu, reichte ihm die Hand und sagte fast gänzlich außer Fassung: »Na, Alter ... wie geht es dir?«

Doch die Stimme versagte ihm, es fehlte ihm an Ungezwungenheit, sein Gesicht verzog sich auf einmal eigentümlich, und es zuckte um seine Lippen. Iljuscha lächelte ihn schmerzlich an, noch immer außerstande, ein Wort hervorzubringen. Kolja hob plötzlich die Hand und strich Iljuscha über das Haar.

»Ei-ni-ger-maßen!« stotterte dieser leise, sei es, um ihn zu ermuntern, sei es, daß er selber nicht wußte, warum er das sagte. Eine Minute lang etwa schwiegen sie wieder.

»Was hast du da, einen neuen jungen Hund?« fragte Kolja unvermittelt in gänzlich teilnahmslosem Ton.

»Ja-a-a!« antwortete Iljuscha außer Atem in langgezogenem Flüstern.

»Er hat eine schwarze Nase, also gehört er zu den bösen, den Kettenhunden«, bemerkte Kolja gewichtig und fest, als handelte es sich nur um den jungen Hund und um seine schwarze Nase. Doch die Hauptsache war, daß er sich noch immer aus allen Kräften bemühte, sein Mitgefühl zu bezwingen, um nicht wie ein »kleiner Junge« in Tränen auszubrechen, daß er es aber noch immer nicht bezwingen konnte. »Wenn er heranwächst, wird man ihn an die Kette legen müssen, das weiß ich schon jetzt.«

»Er wird riesengroß werden!« rief ein Junge aus der Schar.

»Versteht sich, eine englische Dogge, riesengroß, so hoch – wie ein Kalb«, ertönten plötzlich mehrere Kinderstimmen.

»Wie ein Kalb, wie ein richtiges Kalb«, sagte herbeispringend der Hauptmann, »ich habe absichtlich so einen ausfindig gemacht, einen recht bösen, und seine Eltern sind auch riesengroß und sehr böse Tiere, so hoch vom Fußboden an ... Setzen Sie sich doch, hier auf das Bettchen zu Iljuscha oder hier auf die Bank. Bitte schön, Sie teurer, langersehnter Gast ... Sie sind wohl mit Alexej Fjodorowitsch gekommen?«

Krasotkin setzte sich auf das Bettchen zu Iljuschas Füßen. Wenn er sich auch vielleicht unterwegs etwas ausgedacht hatte, womit er ungezwungen ein Gespräch beginnen könnte, so hatte er doch jetzt entschieden den Faden verloren.

»Nein, ich bin mit Pereswon gekommen ... Ich habe jetzt einen Hund, der so heißt. Das ist ein slawischer Name. Er wartet dort ... wenn ich pfeife, stürzt er herein. Ich habe auch einen Hund«, wandte er sich an Iljuscha und überraschte ihn mit der Frage: »Erinnerst du dich noch an Shutschka, Alter?«

Iljuschas Gesichtchen verzerrte sich. Er warf einen gequälten Blick auf Kolja. Aljoscha, der an der Tür stand, machte ein finsteres Gesicht und gab Kolja einen verstohlenen Wink, er solle nicht von Shutschka zu reden anfangen, doch der merkte es nicht oder wollte es nicht merken.

»Wo ist denn ... Shutschka?« fragte Iljuscha mit müder Stimme.

»Na, mein Lieber, deine Shutschka ist futsch! Flötengegangen ist deine Shutschka.«

Iljuscha erwiderte nichts, blickte aber Kolja noch einmal sehr, sehr angespannt an. Aljoscha, der einen Blick Koljas auffing, winkte ihm wieder aus Leibeskräften, doch der wandte von neuem die Augen weg und gab sich den Anschein, als hätte er es auch jetzt nicht gemerkt.

»Sie ist irgendwohin weit weggelaufen und umgekommen. Wie hätte sie auch nicht umkommen sollen nach so einem Frühstück«, sagte Kolja erbarmungslos offen, schien aber dabei selbst aus irgendeinem Grunde immer mühsamer zu atmen. »Ich habe dafür Pereswon ... Das ist ein slawischer Name ... Ich habe ihn mitgebracht ...«

»Nicht nötig!« sagte plötzlich Iljuschetschka.

»Doch, doch, es ist nötig, du mußt ihn dir unbedingt ansehen ... Das wird dich zerstreuen. Ich habe ihn absichtlich mitgebracht ... er ist ebenso struppig wie jene ... Würden Sie erlauben, gnädige Frau, daß ich meinen Hund hereinrufe?« wandte er sich, auf einmal ganz unbegreiflich aufgeregt, an Frau Snegirjow.

»Nicht nötig, nicht nötig!« rief Iljuscha mit schmerzlich bewegter Stimme. Vorwurf flammte in seinen Augen auf.

»Sie sollten ...« der Hauptmann schnellte von der Truhe an der Wand hoch, auf die er sich eben erst gesetzt hatte, »Sie sollten vielleicht zu einer anderen Zeit ...« stammelte er.

Doch Kolja, der hartnäckig auf dem Seinen bestand und es eilig hatte, rief plötzlich Smurow zu: »Smurow, öffne die Tür!« und kaum hatte der sie geöffnet, pfiff Kolja auf seiner Pfeife. Pereswon stürzte ungestüm ins Zimmer. »Spring, Pereswon, mach Männchen! Mach Männchen!« schrie Kolja, der von seinem Platz aufgesprungen war, und der Hund stellte sich auf die Hinterbeine und stand aufrecht unmittelbar vor dem Bettchen Iljuschas. Nun geschah etwas, das niemand erwartet hatte: Iljuscha fuhr zusammen und rückte auf einmal unter Aufgebot aller seiner Kräfte mit dem ganzen Körper nach vorn, beugte sich zu Pereswon hinab und sah ihn wie erstarrt an: »Das ist ja ... Shutschka!« rief er plötzlich mit einem vor Leid und Glück zitternden Stimmchen.

»Was hattest du denn geglaubt, wer es sei?« schrie Krasotkin aus allen Kräften mit heller, glücklicher Stimme, dann beugte er sich zu dem Hund nieder, umfaßte ihn und hob ihn zu Iljuscha hinauf.

»Schau, Alter, das eine Auge ist blind, und das linke Ohr hat einen Einschnitt, das sind ganz genau die Merkmale, von denen du mir erzählt hast. Nach diesen Merkmalen habe ich sie auch gefunden. Gleich damals habe ich sie ausfindig gemacht, in kurzer Zeit. Sie gehörte ja niemandem, sie war ja herrenlos!« erläuterte er, wobei er sich rasch zu dem Hauptmann, zu dessen Frau, zu Aljoscha und dann wieder zu Iljuscha umwandte, »sie war bei Fedotows auf dem Hinterhof, hatte sich dort schon fast eingewöhnt, aber die fütterten sie nicht, sie war aus einem Dorf entlaufen ... Und da habe ich sie gefunden ... Siehst du, Alter, sie hat also damals deinen Bissen gar nicht hinuntergeschluckt. Hätte sie ihn verschluckt, dann wäre sie selbstverständlich verendet, das ist doch klar! Da sie jetzt noch lebt, hat sie ihn also noch rechtzeitig ausgespuckt. Du hast es nur nicht bemerkt, daß sie ihn ausgespuckt hat. Sie hat ihn ausgespuckt, sich aber doch in die Zunge gestochen, darum hat sie damals auch gejault. Sie lief davon und jaulte, du aber glaubtest, sie hätte den Bissen ganz hinuntergeschluckt. Sie mußte laut jaulen, denn beim Hund ist die Haut im Maul sehr empfindlich ... empfindlicher als beim Menschen, weit empfindlicher!« sprach Kolja ungestüm in Ausrufen, und sein erglühtes Gesicht strahlte vor Begeisterung.

Iljuscha jedoch war geradezu sprachlos. Bleich wie Leinwand, starrte er mit seinen großen und weit aufgerissenen Augen Kolja offenen Mundes an. Und wenn der ahnungslose Krasotkin gewußt hätte, welche gefährliche, ja vernichtende Wirkung ein solches Ereignis auf den Zustand des kranken Knaben hätte ausüben können, so hätte er sich um keinen Preis entschlossen, sich ein Schelmenstück wie dieses zu leisten. Doch von allen, die im Zimmer waren, begriff das vielleicht nur Aljoscha. Was den Hauptmann anbelangt, so schien er sich völlig in einen ganz kleinen Jungen verwandelt zu haben.

»Shutschka! Das ist also Shutschka?« rief er immer wieder ganz selig. »Iljuschetschka, das ist ja Shutschka, deine Shutschka! Mamachen, das ist ja Shutschka!« Es fehlte nicht viel, so hätte er geweint.

»Und ich bin nicht darauf gekommen!« rief Smurow betrübt. »Seht mal an, der Krasotkin! Ich habe doch gesagt, daß er Shutschka finden wird, und nun hat er sie auch gefunden!«

»Nun hat er sie auch gefunden!« wiederholte jemand freudig.

»Ein tüchtiger Junge, dieser Krasotkin!« ertönte eine dritte Kinderstimme.

»Ein tüchtiger Junge, ein tüchtiger Junge!« riefen alle Knaben und klatschten Beifall.

»So wartet doch, wartet!« bemühte sich Krasotkin alle zu überschreien. »Ich will euch erzählen, wie das zuging, nur darauf kommt es ja an, wie es zuging! Ich machte den Hund ausfindig, schleppte ihn zu mir heim und versteckte ihn sofort, sperrte das Haus ab und zeigte ihn bis zum letzten Tage niemandem. Nur Smurow erfuhr davon vor zwei Wochen, doch ich redete ihm ein, es sei Pereswon, und er erriet die Wahrheit nicht; inzwischen brachte ich Shutschka alles mögliche bei, seht nur, seht, was für Kunststücke der Hund kann! Ich habe ihn ja nur deswegen abgerichtet, um ihn dir, Alter, schon dressiert und wohlgenährt zu bringen und sagen zu können: ‚Sieh mal, Alter, wie deine Shutschka jetzt ist!' Haben Sie nicht ein Stückchen Rindfleisch, der Hund wird Ihnen gleich ein Kunststück vormachen, daß Sie vor Lachen umfallen – ein Stückchen Rindfleisch, na, haben Sie wirklich keins?«

Der Hauptmann stürzte durch den Flur in die Stube der Wirtsleute, wo auch für ihn und seine Familie das Essen gekocht wurde. Kolja jedoch, der es sehr eilig hatte und keine Zeit verlieren wollte, rief Pereswon zu: »Stirb!« Der drehte sich plötzlich im Kreise, legte sich auf den Rücken und erstarrte in dieser Lage, alle vier Pfoten nach oben. Die Jungen lachten, Iljuscha sah mit seinem früheren leidvollen Lächeln zu, doch am meisten gefiel es dem »Mamachen«, daß Pereswon gestorben war. Sie lachte laut über den Hund, schnippte mit den Fingern und rief: »Pereswon, Pereswon!«

»Um keinen Preis wird er aufstehen, um keinen Preis«, rief Kolja triumphierend und mit berechtigtem Stolz, »und wenn die ganze Welt riefe; doch wenn ich rufe, wird er im Nu aufspringen! Ici, Pereswon!«

Der Hund fuhr mit einem Satz auf und begann, vor Freude jaulend, umherzuspringen. Der Hauptmann kam mit einem Stück gekochtem Rindfleisch hereingelaufen.

»Ist es auch nicht zu heiß?« erkundigte sich Kolja eilig und sachverständig, als er das Fleischstück in Empfang nahm. »Nein, es ist nicht zu heiß, Hunde mögen doch nichts Heißes. Schaut nun alle her ... Iljuschetschka, schau, so schau doch, schau her, Alter, warum schaust du denn nicht her? Nun habe ich den Hund mitgebracht, und er schaut ihn nicht an!«

Das neue Kunststück bestand darin, daß dem Hund, der regungslos dastand und die Nase vorstreckte, das leckere Stück Rindfleisch unmittelbar auf die Nase gelegt wurde. Der arme Köter mußte mit dem Fleischstück auf der Nase, ohne sich zu rühren, so lange dastehen, wie sein Herr es befahl, er durfte sich nicht rühren, sich nicht bewegen, sei es auch eine halbe Stunde lang. Doch Pereswon wurde nur eine kurze Weile auf die Probe gestellt.

»Faß!« rief Kolja, und das Fleischstück flog im Nu von der Nase Pereswons in sein Maul.

Die Zuschauer bekundeten natürlich begeisterte Bewunderung.

»Und sind Sie wirklich, wirklich nur darum die ganze Zeit nicht gekommen, weil Sie den Hund erst abrichten wollten?« rief Aljoscha mit unwillkürlichem Vorwurf.

»Nur deswegen!« rief Kolja ganz offenherzig. »Ich wollte ihn in seinem vollen Glanze zeigen.«

»Pereswon! Pereswon!« lockte Iljuscha auf einmal den Hund und schnippte dazu mit seinen kleinen mageren Fingern.

»Wozu denn! Er soll von selbst zu dir aufs Bett springen. Ici, Pereswon!« Kolja klopfte mit der flachen Hand auf das Bett, und wie ein Pfeil schoß Pereswon hinauf zu Iljuscha. Der umschlang ungestüm seinen Kopf mit beiden Armen, und Pereswon leckte ihm zum Dank dafür sofort die Wange. Iljuschetschka schmiegte sich an ihn, streckte sich auf dem Bettchen aus und verbarg sein Gesicht vor allen in dem struppigen Fell des Hundes.

»O Gott, o Gott!« rief der Hauptmann.

Kolja setzte sich wieder auf das Bett zu Iljuscha.

»Iljuscha, ich kann dir noch etwas zeigen. Ich habe dir eine kleine Kanone mitgebracht. Erinnerst du dich noch, ich habe dir schon damals von dieser kleinen Kanone erzählt, und du sagtest: ‚Ach, wenn auch ich die mal sehen könnte!‘ Na, da habe ich sie jetzt mitgebracht.«

Und Kolja zog eilig aus seiner Büchertasche die kleine bronzefarbene Kanone hervor. Er beeilte sich, weil er selbst sehr glücklich war: zu einer anderen Zeit hätte er abgewartet, bis der Eindruck, den Pereswon gemacht hatte, sich verflüchtigt hätte, doch jetzt beeilte er sich und verschmähte jede Zurückhaltung: Ihr seid zwar auch so schon glücklich, sagte er sich, doch nun sollt ihr noch glücklicher werden! Er selbst war schon ganz trunken vor Freude.

»Ich hatte dieses Ding schon seit langem bei dem Beamten Morosow ins Auge gefaßt – als geeignetes Geschenk für dich, Alter, für dich. Es stand bei ihm nutzlos herum, er hatte es von seinem Bruder bekommen, und ich habe es gegen ein Buch aus

Papas Schrank: *Der Verwandte Mohammeds oder die heilsame Narrheit* eingetauscht. Hundert Jahre alt ist das Buch, eine tolle Geschichte, es ist in Moskau erschienen, als es noch keine Zensur gab, und Morosow ist ein Liebhaber solcher Sächelchen. Er hat sich sogar noch bedankt . . .«

Kolja hielt die kleine Kanone so in der Hand, daß alle sie sehen und sich an ihrem Anblick weiden konnten. Iljuscha richtete sich im Bett auf und betrachtete, den rechten Arm immer noch um Pereswon geschlungen, voller Entzücken das Spielzeug. Einen nicht mehr zu überbietenden Eindruck aber machte es, als Kolja erklärte, er habe auch Pulver, und man könne, »falls es die Damen nicht stört«, auch gleich einen Schuß abfeuern. Das »Mamachen« bat sofort, man möchte sie das Spielzeug näher besehen lassen, was auch sogleich geschah. Die kleine bronzefarbene Kanone auf Rädern gefiel ihr ungemein, und sie rollte sie auf ihrem Schoß hin und her. Als man sie um die Erlaubnis bat, einen Schuß abzufeuern, willigte sie ohne weiteres ein, ohne übrigens zu begreifen, was man von ihr verlangte. Kolja zeigte das Pulver und das Schrot. Der Hauptmann übernahm als ehemaliger Militär selber das Laden; er schüttete nur eine ganz kleine Menge Pulver in die Kanone, das Schrot jedoch bat er für ein andermal aufzubewahren. Man stellte die Kanone auf den Fußboden, mit der Mündung dorthin gerichtet, wo niemand stand, steckte drei Pulverkörnchen in das Zündloch und zündete sie mit einem Streichholz an. Es fiel ein prächtiger Schuß. Das »Mamachen« fuhr zusammen, lachte aber gleich darauf vor Freude auf. Die Knaben blickten mit stummem Triumph drein, am glücklichsten aber fühlte sich beim Anblick Iljuschas der Hauptmann. Kolja hob die kleine Kanone vom Boden auf und schenkte sie sofort Iljuscha mitsamt dem Pulver und dem Schrot.

»Das ist ein Geschenk für dich, für dich! Ich habe es schon seit langem bereit gehalten«, sagte er nochmals in der Fülle seines Glücks.

»Ach, schenken Sie sie mir! Nein, schenken Sie die kleine Kanone lieber mir!« bat auf einmal das »Mamachen« wie ein kleines Mädchen. Ihr Gesicht drückte ängstliche Besorgnis aus, daß man sie ihr nicht schenken werde. Kolja wurde verlegen. Der Hauptmann geriet in Unruhe und Aufregung.

»Mamachen, Mamachen!« rief er und stürzte zu ihr, »die kleine Kanone gehört dir, dir, doch sie soll bei Iljuscha bleiben, denn man hat sie ihm geschenkt, aber sie ist so gut wie dein. Iljuschetschka wird sie dir jederzeit zum Spielen geben, sie soll euch gemeinsam, gemeinsam gehören . . .«

»Nein, ich will nicht, daß sie uns gemeinsam gehört, nein, sie soll ganz mir gehören und nicht Iljuscha«, fuhr das Mamachen fort und war schon nahe daran, in Tränen auszubrechen.

»Mama, nimm und behalte sie, hier, nimm und behalte sie!« rief auf einmal Iljuscha. »Krasotkin, darf ich sie meiner Mama schenken?« wandte er sich mit flehender Miene an Krasotkin, als fürchtete er, Kolja könnte sich beleidigt fühlen, wenn er sein Geschenk weiterverschenke.

»Gewiß darfst du das!« willigte Krasotkin sofort ein, nahm die kleine Kanone Iljuscha aus den Händen und überreichte sie mit einer sehr höflichen Verbeugung dem »Mamachen«, die vor Rührung sogar zu weinen anfing.

»Iljuschetschka, du Lieber, da sieht man, wer sein Mamachen liebhat!« rief sie gerührt und begann gleich wieder die kleine Kanone auf ihrem Schoß hin und her zu rollen.

»Mamachen, laß dir die Hand küssen«, sagte ihr Mann, stürzte zu ihr und führte seine Absicht sofort aus.

»Und wenn jemand ein sehr netter junger Mensch ist, so ist es dieser gute Junge da!« sagte die dankbare Dame und deutete auf Krasotkin.

»Und Pulver werde ich dir von nun an bringen, soviel du willst, Iljuscha. Wir machen jetzt selber Pulver. Borowikow hat die Zusammensetzung erfahren: vierundzwanzig Teile Salpeter, zehn Teile Schwefel und sechs Teile Birkenholzkohle, alles zusammen zerkleinern, Wasser dazugießen, zu einem Brei verrühren, durch ein feines Sieb passieren – und fertig ist das Pulver.«

»Smurow hat mir schon von eurem Pulver erzählt, aber Papa sagt, das sei kein richtiges Pulver«, meinte dazu Iljuscha.

»Wieso kein richtiges?« entgegnete Kolja und errötete. »Unser Pulver brennt doch. Ich weiß übrigens nicht . . .«

»Nein, nein, schon gut«, rief der Hauptmann, der mit schuldbewußter Miene aufgesprungen war. »Ich habe zwar gesagt, daß richtiges Pulver nicht so hergestellt wird, doch das tut nichts, es geht auch so.«

»Ich weiß es nicht, Sie müssen es besser wissen. Wir haben es in einem steinernen Salbentopf angezündet, es brannte prächtig und verbrannte völlig, nur ein ganz klein bißchen Ruß blieb zurück. Doch das war ja nur Pulverbrei, wenn man ihn aber durch ein feines Sieb passiert ... Übrigens müssen Sie das besser wissen, ich weiß es nicht ... Den Bulkin hat sein Vater unseres Pulvers wegen verhauen, hast du davon gehört?« wandte er sich auf einmal an Iljuscha.

»Ja«, antwortete Iljuscha. Er hörte Kolja mit grenzenlosem Interesse und Vergnügen zu.

»Wir hatten eine ganze Flasche Pulver hergestellt, und er bewahrte sie unter seinem Bett auf. Sein Vater entdeckte sie dort. ‚Sie kann explodieren', sagte er und verprügelte ihn auf der Stelle. Er wollte sich im Gymnasium über mich beschweren. Jetzt darf Bulkin nicht mehr mit mir verkehren, keiner darf mehr mit mir verkehren. Auch Smurow nicht, bei allen bin ich in Verruf gekommen – es heißt von mir, ich sei ein ‚Tollkopf'«, sagte Kolja mit verächtlichem Lächeln. »Das alles hat von der Geschichte mit der Eisenbahn seinen Anfang genommen.«

»Ach, wir haben auch von diesem Vorfall gehört!« rief der Hauptmann. »Wie haben Sie dort nur liegenbleiben können? Und haben Sie wirklich gar keine Angst bekommen, als Sie unter dem Zug lagen? War es Ihnen nicht unheimlich?«

Der Hauptmann war ungemein darauf bedacht, Kolja nach dem Munde zu reden.

»N-nicht besonders!« entgegnete Kolja lässig. »Am meisten hat hier dieser verdammte Gänserich meinen Ruf gefährdet«, wandte er sich wieder an Iljuscha. Doch obwohl er sich bemühte, beim Erzählen eine gleichgültige Miene beizubehalten, konnte er sich noch immer nicht in die Gewalt bekommen und vergriff sich immer wieder im Ton.

»Ach, ich habe auch von dem Gänserich gehört!« rief Iljuscha lachend und strahlte übers ganze Gesicht. »Man hat mir davon erzählt, doch ich habe es nicht recht verstanden; bist du wirklich vor den Richter gekommen?«

»Eine ganz alberne, ganz nichtige Geschichte, aus der man bei uns wie üblich einen Elefanten gemacht hat«, begann Kolja ungezwungen. »Ich ging da einmal über den Marktplatz, als man gerade Gänse hingetrieben hatte. Ich blieb stehen und betrachtete die Gänse. Plötzlich schaut mich ein hiesiger Bursche an – er heißt Wischnjakow und ist jetzt Laufbursche bei Plotnikows – und sagt: ‚Warum schaust du die Gänse an?' Ich sehe ihn an: eine dumme runde Fratze, der Bursche ist zwanzig Jahre alt. Wissen Sie, ich lehne das Volk keineswegs ab. Ich pflege gern Umgang mit ihm ... Wir haben den Kontakt mit dem Volke verloren – das steht außer Zweifel. Sie scheinen zu lachen, Karamasow?«

»Nein, Gott bewahre, ich höre Ihnen mit großem Interesse zu«, entgegnete Aljoscha mit der harmlosesten Miene, und der argwöhnische Kolja faßte sofort wieder Zutrauen.

»Meine Theorie, Karamasow, ist klar und einfach«, fuhr er sogleich wieder eifrig fort. »Ich glaube an das Volk, und es ist mir stets eine Freude, ihm Gerechtigkeit widerfahren zu lassen, ohne es jedoch im geringsten zu verwöhnen, das ist die conditio sine qua non ... Doch ich wollte ja von dem Gänserich erzählen. Ich wende mich also an diesen Dummkopf und antworte ihm: ‚Nun, ich denke darüber nach, woran dieser Gänserich wohl denken mag.' Der Bursche sieht mich ganz dumm an. ‚Woran denkt denn der Gänserich?' fragt er. ‚Nun, siehst du', sage ich, ‚da steht ein Wagen mit Hafer. Aus dem einen Sack rieselt Hafer heraus, und der Gänserich streckt den Hals unter das Rad und pickt die Körner auf – siehst du es?' – ‚Das sehe ich sehr wohl', sagt er. ‚Nun also', sage ich, ‚wenn man jetzt diesen Wagen ein ganz klein wenig vorschiebt – wird er dann mit seinem Rad dem Gänserich den Hals abquetschen oder nicht?' – ‚Unbedingt wird er ihn abquetschen', sagt er und grinst übers ganze Gesicht, ganz außer sich vor Vergnügen. ‚Na, dann komm, Bursche', sage ich, ‚versuchen wir's mal.' – ‚Versuchen wir's mal', sagt er. Wir brauchten uns nicht lange zu bemühen: er stellte sich unauffällig in die Nähe des Pferdezaums und ich neben den Wagen, um den Gänserich zu dirigieren. Der Bauer aber paßte in dem Augenblick gerade nicht auf, er redete mit jemandem. Ich brauchte den Gänserich gar nicht erst zu dirigieren: er streckte ganz von selbst den Hals nach dem Hafer unter dem Wagen aus, dicht vor das Rad. Ich zwinkerte dem Burschen zu, er zog am Zaum, und – krack! – fuhr das Rad dem Gänserich mitten über den Hals! Und da mußte es sich gerade so treffen, daß in der gleichen Sekunde alle Bauern auf uns hinblickten, na, und da brüllten sie alle zusammen: ‚Das hast du absichtlich getan!' – ‚Nein, nicht absichtlich!' – ‚Doch, absichtlich!' Na, da brüllten sie: ‚Zum Friedensrichter!' Sie nahmen auch mich mit. ‚Auch du warst dabei', schrien sie, ‚du hast ihm geholfen, dich kennt der ganze Markt!' Mich kennt tatsächlich aus irgendeinem Grunde der ganze Markt«, fügte Kolja selbstgefällig hinzu. »Wir zogen alle zum Friedensrichter, auch den Gänserich trug man hin. Mein Bursche hatte es, wie ich sah, mit der Angst zu tun bekommen und zu heulen angefangen, wahrhaftig, er heulte wie ein Weib. Der Geflügelhändler aber schrie: ‚Auf diese Weise kann man Gänse umbringen, soviel man will!' Na, er hatte natürlich Zeugen. Der Friedensrichter erledigte die Sache im Handumdrehen: der Bursche habe dem Händler einen Rubel zu zahlen und möge den Gänserich behalten. Und künftig solle er sich ja nicht wieder solche Scherze erlauben. Der Bursche aber heulte noch immer wie ein Weib: ‚Das bin nicht ich gewesen', sagte er, ‚der da hat mich dazu angestiftet', und er deutete auf mich. Ich antwortete ganz kaltblütig, ich hätte ihn keineswegs dazu angestiftet, sondern nur den Gedanken geäußert und bloß als von einer Möglichkeit davon gesprochen. Der Friedensrichter Nefedow lächelte und ärgerte sich dann sofort über sich selbst, weil er gelächelt hatte. ‚Ich werde Sie', sagte er zu mir, ‚sofort bei Ihrer Schulobrigkeit anzeigen, damit Sie sich künftig nicht mehr mit solchen Projekten befassen, statt hinter den Schulbüchern zu sitzen und Ihre Hausaufgaben zu machen.' Bei der Schulobrigkeit hat er mich nicht angezeigt, das hatte er nur im Scherz gesagt, aber die Geschichte sprach sich herum und kam der Schulobrigkeit zu Ohren: die Herren dort haben ja lange Ohren! Besonders entrüstet war der Lehrer Kolbasnikow, aber Dardanelow hat mich wieder herausgerissen. Kolbasnikow ist jetzt auf alle wütend wie ein grüner Esel. Du hast wohl davon gehört, Iljuscha, er hat geheiratet und von Michailows tausend Rubel Mitgift bekommen, die junge Frau aber ist ein Rüsseltier erster Sorte und höchsten Grades. Die Schüler der dritten Klasse haben sofort ein Epigramm verfaßt:

> Die dritte Klasse ist ganz platt,
> Daß der Schmutzfink Kolbasnik geheiratet hat.

Na, und dann geht das Gedicht sehr komisch weiter, ich werde es dir später einmal mitbringen. Gegen Dardanelow sage ich nichts: er ist ein Mann mit Kenntnissen, mit gründlichen Kenntnissen. Solche Leute achte ich, und das durchaus nicht deswegen, weil er mich herausgerissen hat . . .«

»Du hast ihn aber durch die Frage in Verlegenheit gebracht, wer Troja gegründet habe!« warf plötzlich Smurow ein, der in diesem Augenblick auf Krasotkin entschieden stolz war. Es hatte ihm gar zu gut gefallen, wie Kolja von dem Gänserich erzählt hatte.

»Haben Sie ihn wirklich in Verlegenheit gebracht?« griff der Hauptmann schmeichlerisch in das Gespräch ein. »Durch die

Frage, wer Troja gegründet habe? Davon habe ich schon gehört, daß Sie ihn in Verlegenheit gebracht haben. Iljuschetschka hat es mir damals gleich erzählt . . .«

»Er weiß alles, Papa, er weiß unter uns alles am besten!« mischte sich nun auch Iljuschetschka ein. »Er tut doch nur so, als wäre mit ihm nichts los, dabei ist er unter uns in allen Fächern der Beste . . .« Iljuscha blickte in grenzenlosem Glück auf Kolja.

»Na, das von Troja ist Quatsch und nicht wichtig zu nehmen. Ich selbst halte diese Frage für nichtig«, entgegnete Kolja mit stolzer Bescheidenheit. Es war ihm bereits gelungen, den richtigen Ton zu finden, doch er war noch in einiger Besorgnis: er fühlte, daß er sehr aufgeregt war und zum Beispiel die Geschichte von dem Gänserich mit zu großer persönlicher Anteilnahme erzählt hatte, Aljoscha hingegen hatte während der ganzen Erzählung geschwiegen und war ernst geblieben. Und so begann den ehrgeizigen Jungen allmählich der Gedanke zu beunruhigen: Schweigt er nicht etwa deswegen, weil er mich verachtet und weil er glaubt, ich trachtete nach seinem Lob? Wenn er es wagt, das zu denken, dann werde ich . . . »Ich halte diese Frage entschieden für nichtig«, sagte er nochmals scharf und stolz.

»Ich weiß, wer Troja gegründet hat«, sagte ganz unerwartet ein Junge, der bisher noch fast kein Wort gesprochen hatte, ein schweigsamer und augenscheinlich schüchterner, sehr hübscher, etwa elfjähriger Knabe namens Kartaschow. Er saß dicht bei der Tür.

Kolja sah ihn verwundert und hochmütig an. Die Sache war die, daß die Frage: »Wer hat Troja gegründet?« in allen Klassen geradezu den Charakter eines Geheimnisses angenommen hatte und daß man, um es zu lüften, bei Smaragdow nachlesen mußte. Doch Smaragdows Weltgeschichte besaß niemand außer Kolja. Nun hatte der kleine Kartaschow einmal, als Kolja sich abgewandt hatte, rasch und verstohlen den Smaragdow aufgeschlagen, der zwischen dessen Büchern lag, und war sofort auf die Stelle gestoßen, wo von den Gründern Trojas die Rede ist. Das war schon vor ziemlich langer Zeit geschehen, aber er hatte sich immer aus Scheu nicht entschließen können, vor allen anderen Jungen offen zu sagen, daß er nun auch wisse, wer Troja gegründet habe, denn er fürchtete, das könne für ihn unangenehme Folgen haben, und Kolja werde ihn womöglich zur Strafe dafür auf irgendeine Weise blamieren. Jetzt aber hatte er auf einmal aus irgendeinem Grunde nicht mehr an sich halten können und es doch gesagt. Auch hatte es ihn schon längst dazu getrieben.

»Na, wer hat es denn gegründet?« wandte sich Kolja hochmütig und von oben herab an ihn, denn er hatte an dem Gesicht Kartaschows schon erraten, daß der es tatsächlich wußte, und hatte sich natürlich sofort auf alle Folgen vorbereitet. In die allgemeine Stimmung kam ein Mißton.

»Troja haben Teukros, Dardanos, Ilus und Tros gegründet«, sagte der Junge deutlich und bestimmt und wurde gleichzeitig ganz rot, so rot, daß er einem, wenn man ihn ansah, leid tun konnte. Doch die Knaben blickten ihn alle unverwandt an, eine ganze Minute lang blickten sie ihn an, dann wandten sich all diese starr auf ihn gerichteten Augen auf einmal Kolja zu. Der maß den dreisten Jungen noch immer voll verächtlicher Kaltblütigkeit mit seinem Blick.

»Das heißt, wie haben sie es denn gegründet?« ließ er sich endlich herab zu fragen. »Und was bedeutet das überhaupt: eine Stadt oder einen Staat gründen? Was haben sie denn gemacht: sind sie gekommen und haben jeder einen Ziegelstein hingelegt, wie?«

Da erhob sich ein Gelächter. Der schuldbewußte Junge wurde noch röter, er wurde blutrot. Er schwieg, er war nahe daran, in Tränen auszubrechen. Kolja ließ ihn so noch ungefähr eine Minute zappeln.

»Wenn man von solchen historischen Ereignissen wie der Gründung einer Nation reden will, muß man sich vor allem darüber im klaren sein, was das bedeutet«, sagte er streng und deutlich zur Belehrung. »Ich messe übrigens all diesen Altweibermärchen keinen Wert bei und schätze überhaupt die Weltgeschichte nicht sehr hoch«, fügte er auf einmal lässig hinzu, indem er sich an alle wandte.

»Wie, die Weltgeschichte?« erkundigte sich der Hauptmann mit einer Art von Schrecken.

»Ja, die Weltgeschichte. Sie ist das Studium einer Reihe von menschlichen Dummheiten und weiter nichts. Ich achte nur die Mathematik und die Naturwissenschaften«, sagte Kolja wichtigtuerisch und warf einen flüchtigen Blick auf Aljoscha: nur dessen Meinung fürchtete er hier. Doch Aljoscha schwieg noch immer und war nach wie vor ernst. Wenn Aljoscha jetzt etwas gesagt hätte, so wäre die Sache damit abgetan gewesen, aber Aljoscha schwieg, und da sein Schweigen Verachtung bedeuten konnte, wurde Kolja aufs äußerste gereizt. »Außerdem jetzt diese klassischen Sprachen bei uns: reiner Irrsinn ist das und sonst nichts ... Sie scheinen wieder mit mir nicht einverstanden zu sein, Karamasow?«

»Nein, ich bin nicht einverstanden«, erwiderte Aljoscha mit verhaltenem Lächeln.

»Die Einführung der klassischen Sprachen ist – wenn Sie meine Meinung darüber wissen wollen – eine polizeiliche Maßnahme, nur als solche hat man sie eingeführt«, sagte Kolja, dem allmählich der Atem ausging. »Sie wurden eingeführt, weil sie langweilig sind und die geistigen Fähigkeiten abstumpfen. Es war so schon langweilig genug, doch man fragte sich: Was könnte man tun, damit es noch langweiliger wird? Es war so schon stumpfsinnig genug, doch man fragte sich: Was könnte man tun, damit es noch stumpfsinniger wird? Und da verfiel man auf die klassischen Sprachen. Das ist meine Meinung darüber, und ich hoffe, daß ich sie nie ändern werde«, schloß Kolja schroff. Auf seinen Wangen zeigten sich zwei rote Flecke.

»Das ist wahr«, stimmte ihm mit heller und überzeugter Stimme Smurow bei, der ihm eifrig zugehört hatte.

»Dabei ist er selber der Beste in Latein!« rief ein Junge aus der Schar.

»Ja, Papa, er sagt das und ist doch der Beste der Klasse in Latein«, ließ sich auch Iljuscha vernehmen.

»Was hat das zu sagen?« hielt Kolja es für nötig, sich zu verteidigen, obwohl ihm das Lob sehr angenehm war. »Latein büffle ich, weil das notwendig ist, denn ich habe meiner Mutter versprochen, das Gymnasium zu beenden, und meiner Ansicht nach muß man das, wozu man sich einmal verpflichtet hat, auch ordentlich machen; doch im Grunde meiner Seele verachte ich die Klassik und diese ganze Gemeinheit ... Sie sind nicht mit mir einverstanden, Karamasow?«

»Nun, warum soll es denn eine Gemeinheit sein?« fragte Aljoscha und lächelte wieder.

»Aber ich bitte Sie, sämtliche Klassiker sind doch in alle Sprachen übersetzt, also hielt man das Latein gar nicht für notwendig zum Studium der Klassiker, sondern einzig als polizeiliche Maßnahme und zur Abstumpfung der geistigen Fähigkeiten. Wie wäre es demnach keine Gemeinheit?«

»Wer hat Sie nur auf all diese Gedanken gebracht?« rief Aljoscha endlich verwundert.

»Erstens kann ich das auch von selbst begreifen, und zweitens, müssen Sie wissen, hat das gleiche, was ich Ihnen soeben von den übersetzten Klassikern sagte, der Lehrer Kolbasnikow selber der ganzen dritten Klasse gesagt . . .«

»Der Doktor ist gekommen!« rief plötzlich Ninotschka, die während der ganzen Zeit geschwiegen hatte.

Beim Haustor war tatsächlich der Wagen der Frau Chochlakowa vorgefahren. Der Hauptmann, der den ganzen Vormittag auf den Arzt gewartet hatte, lief Hals über Kopf zum Tor, um ihn zu empfangen. Das »Mamachen« nahm sich zusammen und setzte eine würdevolle Miene auf. Aljoscha ging zu Iljuscha und rückte sein Kopfkissen zurecht. Ninotschka beobachtete von ihrem Lehnstuhl aus, wie er das Bettchen in Ordnung brachte. Die Knaben verabschiedeten sich eilig, einige von ihnen versprachen, am Abend wiederzukommen. Kolja rief Pereswon, und der Hund sprang vom Bett herunter.

»Ich gehe nicht weg, ich gehe nicht weg!« sagte Kolja hastig zu Iljuscha. »Ich werde im Flur warten und wiederkommen, sobald der Doktor weg ist, ich komme mit Pereswon.«

Doch der Arzt kam schon herein – eine würdige Gestalt im Bärenpelz, mit langem, dunklem Backenbart und glänzendem rasiertem Kinn. Als er die Schwelle überschritten hatte, blieb er auf einmal wie verdutzt stehen: wahrscheinlich glaubte er, sich in der Tür geirrt zu haben.

»Was ist das? Wo bin ich?« murmelte er, ohne den Pelz von den Schultern zu werfen und ohne die Sealmütze mit einem ebensolchen Schirm vom Kopf zu nehmen. Die vielen Menschen, die Ärmlichkeit des Zimmers und die in der Ecke über einen Strick gehängte Wäsche hatten ihn aus der Fassung gebracht. Der Hauptmann verbeugte sich tief vor ihm.

»Sie sind hier am rechten Ort, am rechten Ort«, stammelte er unterwürfig, »Sie sind hier am rechten Ort, bei mir, Sie wollten zu mir . . .«

»Sne-gi-rjow?« fragte der Arzt gewichtig und laut. »Herr Snegirjow – sind Sie das?«

»Ich bin es!«

»Ah!«

Der Arzt sah sich noch einmal voller Abscheu im Zimmer um und warf dann seinen Pelz ab. Allen fiel sofort der hohe Orden auf, der an seinem Hals glänzte. Der Hauptmann fing den Pelz auf, und der Arzt nahm die Mütze ab.

»Wo ist denn der Patient?« fragte er laut und eindringlich.

6

Ein Frühreifer

»Was, meinen Sie, wird der Doktor ihm sagen?« fragte Kolja auf dem Flur hastig Aljoscha. »Was hat er doch für eine widerliche Fratze, nicht wahr? Ich kann die Medizin nicht ausstehen!«

»Iljuscha wird sterben. Das ist, glaube ich, bereits sicher«, antwortete Aljoscha traurig.

»Diese Gauner! Die Medizin ist eine Gaunerei! Ich freue mich aber, daß ich Sie kennengelernt habe, Karamasow. Ich wollte Sie schon lange kennenlernen. Schade nur, daß wir uns unter so traurigen Umständen begegnet sind ...« Kolja hätte zu gern noch etwas Wärmeres, Herzlicheres gesagt, doch er schien irgendwelche Hemmungen zu haben. Aljoscha merkte das, lächelte und drückte ihm die Hand. »Ich habe Sie schon lange als einen Menschen schätzen gelernt, wie man ihn nur selten antrifft«, stammelte Kolja wieder holperig und konfus. »Ich habe gehört, Sie seien ein Mystiker und hätten im Kloster gelebt ... Ich weiß, daß Sie ein Mystiker sind, aber ... das hat mich nicht abgehalten ... Die Berührung mit der Wirklichkeit wird Sie heilen ... Bei solchen Naturen wie der Ihrigen ist das immer so.«

»Was nennen Sie einen Mystiker? Wovon soll ich geheilt werden?« fragte Aljoscha ein wenig verwundert.

»Nun, ich meine Gott und so weiter.«

»Wie, glauben Sie denn nicht an Gott?«

»Im Gegenteil, ich habe nichts gegen Gott. Allerdings ist Gott nur eine Hypothese ... aber ... ich gebe zu, daß Er notwendig ist, für die Ordnung ... für die Weltordnung und so weiter ... und wenn es Ihn nicht gäbe, müßte man Ihn erfinden«, fügte Kolja hinzu und fing an zu erröten. Er bildete sich plötzlich ein, Aljoscha werde jetzt denken, daß er seine Kenntnisse zur Schau stellen und zeigen wolle, wie »erwachsen« er sei. Dabei will ich gar nicht meine Kenntnisse vor ihm zur Schau stellen, dachte Kolja entrüstet. Und er ärgerte sich auf einmal sehr. »Ich kann, offen gesagt, all diese Diskussionen nicht ausstehen«, sagte er kurz und scharf, »man kann doch, auch ohne an Gott zu glauben, die Menschheit lieben, was meinen Sie? Voltaire hat doch nicht an Gott geglaubt und dennoch die Menschheit geliebt!« (Schon wieder, schon wieder! dachte er bei sich.)

»Voltaire hat an Gott geglaubt, aber wohl nur wenig, und er scheint auch die Menschheit wenig geliebt zu haben«, sagte Aljoscha ruhig, beherrscht und ganz natürlich, als spräche er mit einem gleichaltrigen oder sogar älteren Menschen. Kolja verblüffte besonders die Unsicherheit Aljoschas in seiner Meinung über Voltaire, und daß er ihm, dem kleinen Kolja, zu überlassen schien, diese Frage zu entscheiden. »Haben Sie denn Voltaire gelesen?« schloß Aljoscha.

»Nein, das eigentlich nicht ... Ich habe übrigens seinen *Candide* gelesen, in einer russischen Übersetzung ... in einer alten, schlechten Übersetzung, die zum Lachen war ...« (Schon wieder, schon wieder!)

»Und haben Sie ihn verstanden?«

»O ja, völlig ... das heißt ... warum glauben Sie, daß ich ihn nicht verstanden habe? Es kommen darin allerdings viele Schlüpfrigkeiten vor ... Ich sehe natürlich ein, daß das ein philosophischer Roman ist und daß er geschrieben wurde, um einer Idee zum Sieg zu verhelfen ...« sagte Kolja, der sich bereits ganz verheddert hatte. »Ich bin Sozialist, Karamasow, ich bin ein unverbesserlicher Sozialist«, platzte er wer weiß warum heraus.

»Sozialist?« fragte Aljoscha und lachte auf. »Wie konnten Sie denn schon so früh einer werden? Sie sind doch, glaube ich, erst dreizehn Jahre alt?«

Kolja fühlte sich sehr unangenehm berührt.

»Erstens bin ich nicht dreizehn, sondern vierzehn, in zwei Wochen werde ich vierzehn«, entgegnete er und wurde flammendrot, »und zweitens begreife ich gar nicht, was mein Alter damit zu tun hat. Es kommt darauf an, welche Ansichten ich habe, und nicht darauf, wie alt ich bin, nicht wahr?«

»Wenn Sie älter sind, werden Sie selber einsehen, von welcher Bedeutung das Alter für die Ansichten ist. Auch schien es mir, als sprächen Sie fremde Worte nach«, antwortete Aljoscha ruhig und bescheiden, doch Kolja unterbrach ihn leidenschaftlich.

»Aber ich bitte Sie! Sie verlangen Gehorsam und Wunderglauben. Doch Sie werden zugeben müssen, daß zum Beispiel der christliche Glaube den Reichen und Angesehenen nur dazu gedient hat, die unterste Gesellschaftsklasse in Knechtschaft zu halten, nicht wahr?«

»Ach, ich weiß, wo Sie das gelesen haben, und das hat Ihnen bestimmt jemand beigebracht!« rief Aljoscha.

»Ich bitte Sie, warum soll ich das gelesen haben? Auch hat mir das gar niemand beigebracht. Ich kann doch auch selbst ... Und wenn Sie wollen, bin ich nicht gegen Christus. Er war eine durchaus humane Persönlichkeit, und lebte Er zu unserer Zeit, so würde Er sich ohne weiteres den Revolutionären anschließen und vielleicht eine bedeutende Rolle spielen ... Das sogar unbedingt.«

»Wo haben Sie das nur aufgeschnappt? Mit welchem Dummkopf haben Sie sich da eingelassen?« rief Aljoscha.

»Ich bitte Sie, die Wahrheit läßt sich nicht unterdrücken. Ich rede allerdings oft, weil sich das so ergeben hat, mit Herrn Rakitin, jedoch ... Das soll auch schon der alte Belinskij* gesagt haben.«

»Belinskij? Ich erinnere mich nicht. Er hat das nirgends geschrieben.«

»Wenn er es nicht geschrieben hat, dann hat er es gesagt, so erzählt man sich. Ich hörte es durch einen ... übrigens, der Teufel soll ihn ...«

»Haben Sie Belinskij gelesen?«

»Sehen Sie ... nein ... ich habe ihn nicht ganz gelesen, aber ... die Stelle über Tatjana, warum sie nicht mit Onegin gegangen ist, die habe ich gelesen.«

»Nicht mit Onegin gegangen ist? Ja, können Sie das denn schon ... verstehen?«

»Ich bitte Sie! Sie scheinen mich für den kleinen Smurow zu halten«, entgegnete Kolja und lächelte gereizt. »Glauben Sie übrigens bitte nicht, ich sei ein richtiger Revolutionär. Ich bin sehr oft mit Herrn Rakitin nicht einverstanden. Wenn ich Tatjana erwähnte, bin ich deshalb noch lange nicht für die Emanzipation der Frauen. Ich bin der Ansicht, daß das Weib ein untergeordnetes Wesen ist und gehorchen muß. Les femmes tricotent, wie Napoleon gesagt hat«, Kolja lächelte aus irgendeinem Grunde, »und hierin wenigstens teile ich völlig die Ansicht dieses vorgeblich großen Mannes. Ich halte es zum Beispiel auch für eine Niederträchtigkeit, aus dem Vaterlande nach Amerika zu flüchten, sogar für etwas Schlimmeres als eine Niederträchtigkeit: für eine Dummheit. Wozu nach Amerika, wenn man auch bei uns der Menschheit viel Nutzen bringen kann? Namentlich jetzt. Es gibt eine ganze Menge Möglichkeiten, sich nützlich zu betätigen. So habe ich auch geantwortet.«

* Russischer Publizist und Kritiker, 1811—1848 (Anmerkung des Übersetzers).

»Wieso geantwortet? Wem? Hat denn schon jemand Sie aufgefordert, nach Amerika zu fahren?«

»Offen gestanden, man hat mich dazu verleiten wollen, aber ich habe es abgelehnt. Das bleibt natürlich unter uns, Karamasow, hören Sie? Zu niemandem ein Wort darüber. Das sage ich nur Ihnen. Ich habe gar keine Lust, der Dritten Abteilung* in die Hände zu fallen und an der Kettenbrücke Privatstunden zu nehmen:

Du wirst es nie vergessen,
Das Haus an der Kettenbrücke!

Erinnern Sie sich noch? Herrlich! Worüber lachen Sie? Sie glauben doch nicht etwa, daß ich Ihnen das alles nur vorgeschwindelt habe?« (Wie aber, wenn er erfährt, daß nur dieses eine Heft der *Glocke*** bei mir im Bücherschrank meines Vaters liegt und daß ich sonst nichts Derartiges gelesen habe? dachte Kolja flüchtig, aber mit Schaudern.)

»O nein, ich lache nicht und glaube keineswegs, daß Sie mich angeschwindelt haben. Das ist es eben, daß ich das nicht meine, denn das alles ist leider die lautere Wahrheit! Nun, sagen Sie, Puschkin haben Sie wohl gelesen, seinen *Onegin*, meine ich . . . . Sie sprachen doch soeben von Tatjana?«

»Nein, ich habe ihn noch nicht gelesen, aber ich habe es vor. Ich bin vorurteilslos, Karamasow. Ich will die eine wie die andere Partei hören. Warum fragen Sie?«

»Nur so.«

»Sagen Sie, Karamasow, verachten Sie mich sehr?« fragte Kolja auf einmal kurz und scharf und nahm vor Aljoscha eine gerade, stramme Haltung an, als stellte er sich in Positur. »Tun Sie mir den Gefallen, antworten Sie ohne Umschweife.«

»Ich Sie verachten?« fragte Aljoscha und sah ihn verwundert an. »Ja, weswegen denn? Es betrübt mich nur, daß eine so prächtige Natur wie die Ihrige, die noch nicht einmal zur Entfaltung gekommen ist, schon durch all diesen groben Unsinn verdorben ist.«

»Um meine Natur brauchen Sie sich keine Sorge zu machen«, unterbrach Kolja ihn nicht ohne Selbstgefälligkeit, »aber ich bin argwöhnisch, das stimmt. In einer dummen, groben Weise

* Geheime Staatspolizei der Zarenzeit. Ihr Gebäude stand an der Kettenbrücke in Petersburg (Anmerkung des Übersetzers).

** Von dem Emigranten Alexander Herzen in London herausgegebene revolutionäre Zeitschrift (Anmerkung des Übersetzers).

argwöhnisch bin ich. Sie haben soeben gelächelt, und da kam es mir so vor, als ob Sie ...«

»Ach, ich habe über etwas ganz anderes gelächelt. Sehen Sie, vor kurzem las ich ein Urteil eines Deutschen, der in Rußland gelebt hat, über unsere heutige Schuljugend: ‚Zeigen Sie', schreibt er, ‚einem russischen Schuljungen eine Karte des gestirnten Himmels, von der er bis dahin keinen Begriff hatte, und er wird Ihnen diese Karte schon am nächsten Tag korrigiert zurückgeben.' Keinerlei Kenntnisse und grenzenloser Eigendünkel – das wollte der Deutsche damit von den russischen Schuljungen sagen.«

»Ach, das stimmt doch völlig!« rief Kolja und brach in Gelächter aus. »Es stimmt im höchsten Grade, aufs Haar! Bravo, Deutscher! Nur hat er die gute Seite übersehen, was meinen Sie? Eigendünkel – das mag sein, das kommt von der Jugendlichkeit, das vergeht, wenn es überhaupt notwendig ist, daß es vergeht; dafür aber haben wir einen unabhängigen Geist fast von Kind auf, dafür haben wir die Kühnheit des Denkens und der Überzeugung und nicht wie die Deutschen den Geist der Unterwürfigkeit den Autoritäten gegenüber ... Aber dennoch hat der Deutsche das gut gesagt! Bravo, Deutscher! Dennoch sollte man die Deutschen erwürgen. Mögen sie auch in den Wissenschaften tüchtig sein, so sollte man sie dennoch erwürgen ...«

»Weshalb denn erwürgen?« fragte Aljoscha lächelnd.

»Na, ich habe vielleicht etwas Dummes gesagt, das gebe ich zu. Ich bin manchmal noch sehr kindlich, und wenn ich mich über etwas freue, kann ich mich nicht mehr beherrschen und neige dazu, Unsinn zu reden. Hören Sie, wir schwatzen hier über Lappalien, während dieser Doktor schon merkwürdig lange dort steckt. Übrigens untersucht er dort vielleicht auch das ‚Mamachen' und die Ninotschka mit den lahmen Beinen. Wissen Sie, diese Ninotschka hat mir gefallen. Sie hat mir, als ich hinausging, auf einmal zugeraunt: ‚Warum sind Sie nicht früher gekommen?' Und das mit so eigentümlicher Stimme, so vorwurfsvoll! Sie scheint sehr gutherzig und bedauernswert zu sein.«

»Ja, ja! Wenn Sie nun hin und wieder herkommen, werden Sie sehen, was das für ein Geschöpf ist. Es wird Ihnen sehr nützlich sein, solche Wesen kennenzulernen, denn Sie werden dann auch noch vieles andere zu schätzen wissen, das Sie durch den Umgang mit solchen Geschöpfen erfahren werden«, sagte

Aljoscha mit Wärme. »Das wird eher als sonst etwas einen anderen Menschen aus Ihnen machen.«

»Oh, wie bedaure ich es und welche Vorwürfe mache ich mir, daß ich nicht schon früher gekommen bin!« rief Kolja betrübt.

»Ja, das ist sehr schade. Sie haben selbst gesehen, welche Freude Sie dem armen Kleinen bereitet haben. Und wie hat er sich gegrämt, während er Sie vergeblich erwartete!«

»Sprechen Sie nicht davon! Sie reißen eine alte Wunde in mir wieder auf. Übrigens geschieht es mir recht: ich bin aus Eigenliebe ferngeblieben, aus egoistischer Eigenliebe und gemeiner Selbstherrlichkeit, die ich nie loswerden konnte, obwohl ich mich mein Leben lang zu überwinden suchte. Ich sehe das jetzt ein, ich bin in vielem ein Schuft, Karamasow!«

»Nein, Sie sind eine prächtige, wenn auch verdorbene Natur, und ich verstehe nur zu gut, warum Sie einen so großen Einfluß auf diesen hochsinnigen und krankhaft empfänglichen Jungen ausüben konnten!« antwortete Aljoscha mit Wärme.

»Und das sagen *Sie* mir!« schrie Kolja auf. »Dabei hatte ich, müssen Sie wissen, geglaubt ... ich habe schon ein paarmal, während ich jetzt hier bin, geglaubt, Sie verachteten mich! Wenn Sie nur wüßten, welchen Wert ich auf Ihr Urteil lege!«

»Aber sind Sie denn wirklich so argwöhnisch? Bei Ihrer Jugend! Nun, stellen Sie sich vor, als ich Sie dort im Zimmer ansah, während Sie erzählten, kam mir der Gedanke, Sie müßten sehr argwöhnisch sein.«

»Sie haben das schon gedacht? Sehen Sie, wie gut Sie beobachten! Ich wette, das war, als ich von dem Gänserich erzählte. Besonders da kam es mir vor, als verachteten Sie mich tief, weil ich mich als einen forschen Kerl hinzustellen suchte, und ich haßte Sie sogar auf einmal deswegen und fing an, Unsinn zu reden. Später – das war hier im Flur, als ich sagte: ‚Wenn es keinen Gott gäbe, müßte man Ihn erfinden' – schien es mir, daß ich zu sehr darauf aus sei, meine Bildung herauszukehren, um so mehr, da ich diesen Satz in einem Buch gelesen hatte. Aber ich schwöre Ihnen, nicht aus Ehrsucht war ich darauf aus, meine Bildung herauszukehren, sondern nur so, ich weiß nicht warum, vor Freude, bei Gott, ich glaube, es war vor Freude ... obwohl es ein tief beschämender Zug ist, wenn jemand sich vor Freude allen Leuten an den Hals wirft. Ich weiß das. Aber dafür bin ich jetzt überzeugt, daß Sie mich nicht verachten und daß ich mir das alles nur eingebildet habe. Oh,

Karamasow, ich bin tief unglücklich. Ich bilde mir manchmal Gott weiß was ein: daß alle über mich lachen, die ganze Welt, und dann bin ich geradezu geneigt, die ganze Ordnung der Dinge über den Haufen zu werfen.«

»Und quälen Ihre Nächsten«, ergänzte Aljoscha lächelnd.

»Und quäle meine Nächsten, besonders meine Mutter. Karamasow, sagen Sie, bin ich jetzt sehr lächerlich?«

»Sie dürfen nicht immerzu daran denken, Sie dürfen überhaupt nicht mehr daran denken!« rief Aljoscha. »Und was hat es schon zu sagen, wenn einer lächerlich ist? Was gibt es nicht alles für Situationen, in denen ein Mensch lächerlich ist oder zu sein scheint? Zudem haben heutzutage fast alle begabten Menschen eine ungemeine Angst, lächerlich zu sein, und sind dadurch unglücklich. Mich wundert nur, daß Sie das schon in so jungen Jahren empfinden, allerdings beobachte ich das schon längst, und nicht nur an Ihnen. Heutzutage leiden daran schon manche, die fast noch Kinder sind. Das ist beinahe eine Manie. In dieser Eigenliebe hat sich der Teufel verkörpert und sich so in diese ganze Generation eingeschlichen, niemand anders als der Teufel«, fügte Aljoscha hinzu, ohne auch nur zu lächeln, wie Kolja, der ihn unverwandt ansah, beinahe geargwöhnt hatte. »Sie, Kolja, sind wie alle«, schloß Aljoscha, »das heißt wie sehr viele, doch man soll nicht so sein wie alle, das ist es.«

»Sogar ungeachtet dessen, daß alle so sind?«

»Ja, ungeachtet dessen, daß alle so sind. Seien Sie als einziger nicht so. Sie sind auch tatsächlich anders als alle: Sie haben sich ja jetzt nicht geschämt, etwas Schlechtes und sogar Lächerliches einzugestehen. Wer aber tut das heutzutage? Niemand, und die Menschen haben auch nicht einmal mehr das Bedürfnis, sich selbst zu kritisieren. Seien Sie also anders als alle; selbst wenn Sie dann der einzige sind, der anders ist, so seien Sie doch anders.«

»Ausgezeichnet! Ich habe mich in Ihnen nicht getäuscht. Sie besitzen die Gabe, einen zu trösten. Oh, wie es mich zu Ihnen hingezogen hat, Karamasow, wie lange schon habe ich nach einer Begegnung mit Ihnen getrachtet! Hatten auch Sie schon an mich gedacht? Sagten Sie nicht vorhin, auch Sie hätten an mich gedacht?«

»Ja, ich hatte von Ihnen gehört und habe ebenfalls an Sie gedacht . . . und wenn Sie jetzt auch zum Teil aus Eigenliebe danach fragen, so tut das nichts.«

»Wissen Sie, Karamasow, unsere Auseinandersetzung gleicht

einer Liebeserklärung«, sagte Kolja mit eigentümlich schwacher und verschämter Stimme. »Ist das nicht lächerlich?«

»Das ist gar nicht lächerlich, und selbst wenn es lächerlich wäre, würde das nichts ausmachen, weil es gut ist«, sagte Aljoscha mit heiterem Lächeln.

»Doch wissen Sie, Karamasow, Sie müssen zugeben, daß auch Sie sich jetzt ein bißchen vor mir schämen ... Ich sehe es an Ihren Augen«, sagte Kolja mit einem verschmitzten, aber beinahe glückseligen Lächeln.

»Weswegen sollte ich mich denn schämen?«

»Aber warum sind Sie denn rot geworden?«

»Daran sind *Sie* schuld, daß ich errötet bin!« rief Aljoscha lachend und wurde wirklich ganz rot. »Nun ja, ein bißchen schäme ich mich, Gott weiß weswegen, ich weiß nicht warum ...« murmelte er und wurde dabei sogar ein wenig verlegen.

»Oh, wie ich Sie in diesem Augenblick liebe und schätze, eben deshalb, weil Sie sich wegen etwas schämen! Weil auch Sie genauso sind wie ich!« rief Kolja in heller Begeisterung. Seine Wangen glühten, seine Augen glänzten.

»Hören Sie, Kolja, unter anderem werden Sie im Leben auch ein sehr unglücklicher Mensch sein«, sagte Aljoscha plötzlich aus einem unerfindlichen Grund.

»Ich weiß, ich weiß«, bestätigte Kolja sofort. »Wie Sie das alles im voraus wissen!«

»Aber im ganzen werden Sie dennoch das Leben preisen.«

»Sehr richtig! Hurra! Sie sind ein Prophet! Oh, wir werden uns anfreunden, Karamasow. Wissen Sie, am meisten entzückt es mich, daß Sie sich mit mir ganz auf gleichen Fuß stellen. Doch wir sind nicht gleich, nein, das sind wir nicht, Sie stehen über mir! Aber wir werden uns anfreunden. Wissen Sie, ich habe mir den ganzen letzten Monat gesagt: Entweder werden wir uns sofort auf immer anfreunden oder gleich nach der ersten Begegnung scheiden als Feinde bis zum Grab.«

»Und als Sie sich das sagten, liebten Sie mich natürlich schon!« rief Aljoscha und lachte fröhlich.

»Ja, ich liebte Sie, ich liebte Sie sehr, liebte Sie und schwärmte für Sie! Wieso wissen Sie nur alles im voraus? Pah, da kommt ja schon der Doktor! O Gott, was wird er sagen? Schauen Sie nur, was für ein Gesicht er macht!«

7

Iljuscha

Der Arzt trat aus der Stube, bereits wieder in seinen Pelz gehüllt und mit der Mütze auf dem Kopf. Sein Gesicht drückte fast Zorn und Abscheu aus, als fürchtete er, sich an etwas zu beschmutzen. Er umfaßte mit einem flüchtigen Blick den Flur und sah dabei Aljoscha und Kolja streng an. Aljoscha winkte von der Tür aus dem Kutscher, und der geschlossene Wagen, der den Arzt hergebracht hatte, fuhr an der Haustür vor. Der Hauptmann stürzte hinter dem Arzt her aus der Stube und hielt ihn mit gekrümmtem Rücken, fast als entschuldigte er sich, an, um noch ein letztes Wort von ihm zu hören. Das Gesicht des Armen war verstört, sein Blick voller Angst.

»Exzellenz, Exzellenz . . . ist denn wirklich . . .« begann er und sprach nicht zu Ende, sondern schlug nur verzweifelt die Hände zusammen, wenn er auch immer noch mit einem letzten Flehen den Arzt anblickte, als könnte wirklich durch ein Wort des Arztes der Urteilsspruch über seinen armen Jungen noch abgeändert werden.

»Was ist da zu machen? Ich bin nicht Gott«, antwortete der Arzt in lässigem, wenn auch gewohnheitsmäßig nachdrücklichem Ton.

»Doktor . . . Exzellenz . . . und wird das bald sein, bald?«

»Ma-chen Sie sich auf al-les ge-faßt«, entgegnete der Arzt deutlich, wobei er jede Silbe betonte, senkte den Blick und schickte sich an, über die Schwelle zum Wagen zu gehen.

»Exzellenz, um Christi willen!« rief der Hauptmann erschrocken und hielt ihn noch einmal an. »Exzellenz! . . . kann ihn denn nichts mehr retten, wirklich nichts, gar nichts? . . .«

»Das hängt jetzt nicht mehr von mir ab«, sagte der Arzt ungeduldig, »wenn Sie jedoch, hm«, er hielt plötzlich inne, »wenn Sie zum Beispiel Ihren Patienten . . . sofort und ohne die geringste Verzögerung« – die Worte »sofort und ohne die geringste Verzögerung« sagte der Arzt nicht nur streng, sondern fast zornig, so daß der Hauptmann sogar zusammenfuhr – »nach Sy-ra-kus schicken könnten, so . . . würde vielleicht . . . infolge der gün-sti-gen kli-ma-ti-schen Verhältnisse . . .«

»Nach Syrakus!« schrie der Hauptmann auf, als begriffe er noch nichts.

»Syrakus liegt auf Sizilien«, sagte auf einmal Kolja kurz und laut zur Erläuterung. Der Arzt sah ihn an.

»Nach Sizilien! Bester Herr, Exzellenz!« rief der Hauptmann ganz fassungslos. »Sie haben doch gesehen!« Er wies mit beiden Händen auf die Umgebung. »Und die Mama, und die Familie?«

»N-nein, Ihre Familie soll nicht nach Sizilien, sondern nach dem Kaukasus, im Vorfrühling . . . Ihre Tochter soll nach dem Kaukasus, Ihre Gattin aber . . . nachdem sie wegen ihres Rheumatismus ebenfalls im Kaukasus eine Wasserkur durchgemacht hat . . . gleich darauf nach Paris in die Heilanstalt des Psy-chi-a-ters Le-pel-letier, ich könnte eine Empfehlung mitgeben, und dann . . . könnte vielleicht . . .«

»Doktor, Doktor! Aber sehen Sie doch!« Der Hauptmann deutete wieder verzweifelt auf die kahlen Blockwände des Flurs.

»Das ist nicht meine Sache«, erwiderte der Arzt lächelnd, »ich habe nur gesagt, was die Wis-sen-schaft auf Ihre Frage nach den letzten möglichen Mitteln antworten kann, das übrige aber . . . kann ich zu meinem Bedauern . . .«

»Seien Sie unbesorgt, Herr Heilkünstler, mein Hund wird Sie nicht beißen«, sagte Kolja laut, da ihm aufgefallen war, daß der Arzt etwas beunruhigt auf Pereswon blickte, der auf der Türschwelle stand. Koljas Stimme hatte einen zornigen Unterton. Er hatte, wie er später erklärte, absichtlich »Heilkünstler« statt »Doktor« gesagt, um den Arzt zu kränken.

»Wa-as?« fragte der Arzt, indem er den Kopf in den Nacken warf, und starrte Kolja erstaunt an. »Wer ist das?« wandte er sich auf einmal an Aljoscha, als verlangte er von ihm Rechenschaft.

»Das ist der Herr des Pereswon, Herr Heilkünstler, machen Sie sich keine Sorgen darüber, wer ich bin«, sagte Kolja scharf und deutlich. »Leben Sie wohl, Herr Heilkünstler, in Syrakus sehen wir uns wieder.«

»Wer ist das? Wer, wer?« brauste der Arzt auf.

»Das ist ein Schüler von hier, Doktor, er ist ein Wildfang, beachten Sie ihn nicht«, sagte Aljoscha rasch mit mürrischer Miene. »Halten Sie den Mund, Kolja!« rief er Krasotkin zu. »Beachten Sie ihn nicht, Doktor«, wiederholte er, nun schon etwas ungeduldiger.

»Verhauen müßte man ihn, verhauen, verhauen!« schrie der in Wut geratene Arzt und stampfte mit den Füßen.

»Wissen Sie, Herr Heilkünstler, mein Pereswon beißt am Ende doch!« sagte Kolja mit bebender Stimme; er war ganz bleich geworden, und seine Augen funkelten. »Ici, Pereswon!«

»Kolja, wenn Sie jetzt noch ein Wort sagen, breche ich mit Ihnen für immer!« rief Aljoscha gebieterisch.

»Herr Heilkünstler, es gibt nur ein einziges Wesen auf der ganzen Welt, das Nikolaj Krasotkin etwas befehlen darf, und das ist dieser Mensch da«, Kolja deutete auf Aljoscha, »ihm gehorche ich. Leben Sie wohl!«

Er stürzte davon, öffnete die Tür und ging rasch ins Zimmer. Pereswon rannte ihm nach. Der Arzt blieb noch etwa fünf Sekunden wie versteinert stehen und starrte Aljoscha an, dann spuckte er aus und ging schnell zum Wagen, wobei er laut vor sich hin sagte: »Das, das, das, ich weiß nicht,was das ist!« Der Hauptmann eilte ihm nach, um ihm in den Wagen zu helfen. Aljoscha ging gleich nach Kolja ins Zimmer. Kolja stand schon an Iljuschas Bettchen. Iljuscha hielt ihn bei der Hand und rief nach seinem Papa. Nach einer Minute kehrte auch der Hauptmann zurück.

»Papa, Papa, komm her ... wir ...« stammelte Iljuscha äußerst erregt; da er aber augenscheinlich außerstande war weiterzusprechen, streckte er jäh seine abgemagerten Ärmchen aus und umschlang, so fest er nur konnte, beide zugleich, Kolja und den Papa, vereinigte sie so in *einer* Umarmung und schmiegte sich an sie. Der Hauptmann erbebte plötzlich am ganzen Körper vor stummem Schluchzen, und Koljas Lippen und Kinn zuckten.

»Papa, Papa! Wie leid du mir tust, Papa!« stöhnte Iljuscha voller Gram.

»Iljuschetschka ... Liebling ... der Doktor hat gesagt ... du wirst gesund ... wir werden glücklich sein ... der Doktor ...« begann der Hauptmann.

»Ach, Papa! Ich weiß doch, was der neue Doktor dir von mir gesagt hat ... Ich habe es ja gesehen!« rief Iljuscha, drückte sie wieder beide mit aller Kraft an sich und verbarg sein Gesicht an der Schulter des Vaters. »Papa, weine nicht ... und wenn ich gestorben bin, dann nimm einen anderen Jungen zu dir, einen guten ... wähle selbst unter ihnen allen einen aus, einen guten, nenne ihn Iljuscha und liebe ihn statt meiner ...«

»Schweig still, Alter, du wirst wieder gesund werden!« rief Krasotkin und stellte sich, als ob er böse wäre.

»Mich aber, Papa, mich vergiß niemals«, fuhr Iljuscha fort,

»besuche mein Grab ... weißt du, Papa, begrabe mich bei unserem großen Stein, zu dem wir beide so oft gegangen sind, und komm dann mit Krasotkin zu mir hin, am Abend ... Und mit Pereswon ... Ich werde euch erwarten ... Papa, Papa!«

Die Stimme versagte ihm, alle drei hielten sich umarmt und schwiegen. Auch Ninotschka weinte still in ihrem Lehnstuhl, und plötzlich brach auch Mamachen, als sie alle weinen sah, in Tränen aus.

»Iljuschetschka! Iljuschetschka!« rief sie.

Krasotkin befreite sich auf einmal aus Iljuschas Umarmung.

»Leb wohl, Alter, meine Mutter erwartet mich zum Mittagessen«, sagte er hastig. »Wie schade, daß ich sie nicht vorher benachrichtigt habe! Sie wird sich sehr ängstigen ... Doch nach dem Essen komme ich sofort wieder zu dir, auf den ganzen Tag, den ganzen Abend, und werde dir soviel erzählen, soviel erzählen! Auch Pereswon werde ich mitbringen, jetzt aber nehme ich ihn mit, denn wenn ich nicht hier bin, würde er anfangen zu heulen und würde dich stören. Auf Wiedersehen!«

Er lief in den Flur hinaus. Er hatte nicht in Tränen ausbrechen wollen, aber auf dem Flur fing er doch an zu weinen. In diesem Zustand fand ihn Aljoscha vor.

»Kolja, Sie müssen unbedingt Wort halten und wiederkommen, sonst wird er schrecklich traurig sein«, sagte Aljoscha eindringlich.

»Unbedingt! Oh, wie verwünsche ich mich, daß ich nicht schon früher gekommen bin«, murmelte Kolja unter Tränen und schämte sich nicht mehr, daß er weinte.

In diesem Augenblick kam auf einmal der Hauptmann aus dem Zimmer herausgestürzt und schloß sofort hinter sich die Tür. Sein Gesicht war verzerrt, seine Lippen zuckten. Er stellte sich vor die beiden jungen Leute und warf die Arme hoch: »Ich will keinen guten Jungen! Ich will keinen anderen Jungen!« flüsterte er wild und knirschte dabei mit den Zähnen. »Vergesse ich dein, Jerusalem, so werde ...«

Er sprach nicht zu Ende, als erstickte er, und sank entkräftet vor der Holzbank in die Knie. Beide Fäuste an den Kopf gepreßt, brach er in Schluchzen aus und kreischte zwischendurch in einer unsinnigen Weise auf, wobei er sich aber aus aller Kraft zusammennahm, damit man sein Kreischen in der Stube nicht höre. Kolja lief auf die Straße hinaus.

»Leben Sie wohl, Karamasow! Werden *Sie* denn kommen?« rief er Aljoscha scharf und zornig zu.

»Am Abend komme ich unbedingt.«

»Was hat er da von Jerusalem gesagt? . . . Was soll denn das noch?«

»Das ist aus der Bibel: ‚Vergesse ich dein, Jerusalem', das heißt, wenn ich alles vergesse, was ich an Teuerstem besitze, wenn ich es gegen etwas anderes eintausche, dann soll . . .«

»Genug, ich verstehe! Kommen Sie nur ja! Ici, Pereswon!« rief er, nun schon ganz grimmig, dem Hund zu und ging mit großen raschen Schritten heimwärts.

ELFTES BUCH

DER BRUDER IWAN FJODOROWITSCH

I

Bei Gruschenka

Aljoscha begab sich zum Kirchplatz in das Haus der Kaufmannswitwe Morosowa, zu Gruschenka. Diese hatte schon früh am Morgen Fenja zu ihm geschickt mit der inständigen Bitte, sie aufzusuchen. Aljoscha hatte Fenja ausgefragt und auf diese Weise erfahren, daß ihre Herrin schon seit dem vorhergehenden Tag in sehr großer Sorge sei. In den zwei Monaten nach Mitjas Verhaftung war Aljoscha oft in das Haus der Morosowa gegangen, aus eigenem Antrieb wie auch im Auftrage Mitjas. Drei Tage nach Mitjas Verhaftung war Gruschenka schwer erkrankt und hatte nahezu fünf Wochen gelegen. Eine Woche davon war sie bewußtlos gewesen; sie hatte sich stark verändert, war mager und im Gesicht gelb geworden, obwohl sie seit fast zwei Wochen wieder ausgehen durfte. Doch Aljoscha fand ihr Gesicht noch reizvoller als vorher, und es machte ihm Freude, wenn er zu ihr kam, ihrem Blick zu begegnen. Es war, als hätte sich ihr Blick gefestigt und etwas Durchgeistigtes bekommen. Er bekundete eine seelische Veränderung und eine gleichmäßig demütige und gütige, zugleich aber feste Entschlossenheit. Zwischen den Brauen hatte sich auf ihrer Stirn eine kleine, senkrechte Falte gebildet, die ihrem lieben Gesicht den Ausdruck einer in sich gekehrten, auf den ersten Blick fast mürrischen Nachdenklichkeit verlieh. Von der früheren Leichtfertigkeit war auch nicht die Spur zurückgeblieben. Aljoscha fand es auch sonderbar, daß Gruschenka trotz allem Unglück, das die Arme getroffen hatte – sie war ja die Braut eines Mannes, der unter dem Verdacht eines furchtbaren Verbrechens fast im selben Augenblick verhaftet worden war, da sie sich mit ihm verlobt hatte –, und trotz ihrer späteren Krankheit, trotz der in naher Zukunft drohenden, unvermeidlichen Entscheidung des Gerichtes dennoch nicht ihre frühere, jugendliche Fröhlichkeit verloren hatte. In ihren einst so stolzen Augen leuchtete jetzt eine seltsame Sanftheit, obwohl ... obwohl in diesen Augen manchmal wiederum ein unheilvolles Feuer aufflammte, wenn Gruschenka von der einen früheren Sorge heimgesucht wurde, die in ihrem Herzen nicht erloschen, sondern sogar noch größer geworden war. Der Gegenstand dieser Sorge war immer noch der gleiche: Katerina Iwanowna, deren Gruschenka, als sie noch krank gelegen, sogar in ihren Fieberphantasien gedacht hatte. Aljoscha begriff, daß sie Mitjas wegen auf Katerina Iwanowna schrecklich eifersüchtig war, obwohl diese ihn kein einziges Mal im Gefängnis besucht hatte, was sie doch jederzeit hätte tun können. Alles das stellte Aljoscha vor eine schwierige Aufgabe, denn Gruschenka vertraute ihre Seelennöte nur ihm an und bat ihn unablässig um Rat; er aber war manchmal völlig außerstande, ihr auch nur irgend etwas zu sagen.

Sorgenerfüllt betrat er ihre Wohnung; Gruschenka war bereits wieder zu Hause, vor einer halben Stunde war sie von Mitja zurückgekehrt, und schon allein an der raschen Bewegung, mit der sie aus dem Lehnsessel am Tisch aufsprang, um ihn zu begrüßen, sah er, daß sie ihn mit großer Ungeduld erwartet hatte. Auf dem Tisch lagen Spielkarten, es war gerade für eine Partie »Schafskopf« gegeben worden. Auf dem Ledersofa, an der anderen Seite des Tisches, war ein Bett zurechtgemacht, und auf diesem saß in halb liegender Stellung im Schlafrock und mit baumwollener Nachtmütze Maximow; er war offensichtlich krank und geschwächt, obwohl er süß lächelte. Dieser obdachlose alte Mann war vor zwei Monaten mit Gruschenka aus Mokroje zurückgekehrt und seitdem bei ihr geblieben. Als er damals mit ihr in Regen und Matschwetter angekommen war, hatte er sich, durchnäßt wie er war, ängstlich auf das Sofa gesetzt und sie schweigend mit schüchtern bittendem Lächeln angestarrt. Gruschenka, die von furchtbarem Kummer erfüllt war und schon zu fiebern begann, hatte ihn in der ersten halben Stunde nach ihrer Ankunft über verschiedenen Sorgen schon fast vergessen – doch plötzlich sah sie ihn seltsam unverwandt an, während er ihr kläglich und verloren ins Gesicht kicherte. Sie rief Fenja und ließ ihm etwas zu essen bringen. Diesen ganzen Tag saß er, fast ohne sich zu rühren, auf seinem Platz; als es dunkel geworden war und man die Fensterläden geschlossen hatte, fragte Fenja ihre Herrin: »Wie ist das, Gnädige, bleibt der Herr über Nacht hier?«

»Ja, mach ihm ein Schlaflager auf dem Sofa zurecht«, antwortete Gruschenka.

Als Gruschenka ihn näher befragte, erfuhr sie von ihm, daß er gerade jetzt nicht wisse, wo er unterkommen solle: »Herr Kalganow, mein Wohltäter, hat mir geradeheraus erklärt, er werde mich nicht mehr bei sich aufnehmen, und hat mir fünf Rubel geschenkt.« – »Na, dann bleib in Gottes Namen hier«, entschied Gruschenka in ihrem Kummer und lächelte ihm mitleidig zu. Der Alte zuckte bei ihrem Lächeln zusammen, Tränen des Dankes traten ihm in die Augen, und seine Lippen zitterten. Und so blieb der umherziehende Schmarotzer seitdem bei ihr. Sogar während ihrer Krankheit verließ er ihr Haus nicht. Fenja und ihre Großmutter, Gruschenkas Köchin, verjagten ihn nicht, sondern gaben ihm weiterhin zu essen und bereiteten ihm auf dem Sofa sein Bett. Später gewöhnte sich Gruschenka sogar an ihn, und wenn sie von Mitja zurückkam – den sie, kaum war sie genesen, doch ehe sie noch richtig gesund geworden war, zu besuchen begann –, setzte sie sich, um ihren Gram zu betäuben, zu »Maximuschka« und sprach mit ihm über allerlei Lappalien, nur um nicht an ihr Leid denken zu müssen. Es zeigte sich, daß der Alte manchmal auch etwas zu erzählen wußte, so daß er ihr schließlich geradezu unentbehrlich wurde. Außer Aljoscha, der übrigens nicht jeden Tag und dann nur für kurze Zeit kam, empfing Gruschenka fast niemanden. Ihr Alter aber, der Kaufmann, lag damals schon schwer krank darnieder, er war »am Abkratzen«, wie man in der Stadt sagte, und starb wirklich eine Woche nach dem Prozeß Mitjas. Drei Wochen vor seinem Tod, als er sein Ende nahen fühlte, rief er schließlich seine Söhne mit ihren Frauen und Kindern zu sich herauf und hieß sie, ihn nicht mehr zu verlassen. Seiner Dienerschaft aber gab er den strengen Befehl, Gruschenka von nun an überhaupt nicht mehr hereinzulassen und ihr, wenn sie käme, zu sagen: »Der Herr läßt Ihnen ausrichten, Sie möchten lange in Freuden leben und ihn vergessen.« Gruschenka schickte jedoch jeden Tag zu ihm, um sich nach seinem Befinden zu erkundigen.

»Endlich bist du da!« rief sie, warf die Karten hin und begrüßte Aljoscha freudig. »Und Maximuschka hatte mir schon solche Angst gemacht! Er sagte, du würdest wohl nicht mehr kommen. Ach, wie ich dich brauche! Setz dich an den Tisch; nun, was möchtest du, Kaffee?«

»Ja, bitte«, sagte Aljoscha und setzte sich an den Tisch. »Ich bin recht ausgehungert.«

»Na also! Fenja, Fenja, Kaffee!« rief Gruschenka. »Er kocht

schon lange und wartet auf dich. Und bring auch Pasteten, aber recht heiße. Nein, höre, Aljoscha, wegen dieser Pasteten habe ich heute einen großen Krach erlebt. Ich brachte sie ihm ins Gefängnis, und er, ob du es mir glaubst oder nicht, wies sie zurück und aß sie nicht. Eine Pastete warf er sogar auf den Boden und zertrat sie. Ich sagte zu ihm: ‚Ich lasse sie bei dem Wärter; wenn du sie bis zum Abend nicht ißt, so bedeutet das, daß du dich von deiner heimtückischen Bosheit ernährst!‘ Und mit diesen Worten ging ich weg. Wir haben also wieder gestritten, ob du es mir glaubst oder nicht. Sooft ich komme, gibt es Streit.«

Gruschenka sprudelte das alles erregt heraus, Maximow wurde sogleich ängstlich, lächelte und senkte seine kleinen Augen.

»Weswegen habt ihr euch denn diesmal gestritten?« fragte Aljoscha.

»Ich hätte das ganz und gar nicht erwartet. Stell dir nur vor: er war auf meinen ‚Früheren‘ eifersüchtig. ‚Warum erhältst du ihn?‘ fragte er. ‚Du hast also angefangen, ihn zu erhalten?‘ Immer ist er eifersüchtig, immer ist er um meinetwillen eifersüchtig. Selbst wenn er schläft und ißt. Vorige Woche war er sogar auf Kusma eifersüchtig.«

»Aber er wußte doch von dem ‚Früheren‘?«

»Na selbstverständlich! Von Anfang an bis zum heutigen Tag wußte er es, und heute steht er plötzlich auf und beginnt zu schimpfen. Ich schäme mich, nur zu erzählen, was er alles gesagt hat. Der Narr! Als ich wegging, kam Rakitka zu ihm; vielleicht hetzt Rakitka ihn auf, was meinst du?« fügte sie wie zerstreut hinzu.

»Er liebt dich, das ist es; er liebt dich sehr, zudem ist er jetzt erregt.«

»Natürlich ist er erregt, morgen steht er ja vor Gericht. Und ich ging ja zu ihm hin, um ihm für morgen mit ein paar Worten Mut zu machen, denn mir ist sogar der Gedanke daran, was morgen sein wird, furchtbar, Aljoscha! Du sagst, er sei erregt, doch wie erregt bin ich! Er aber fängt von dem Polen an! Der Dummkopf! Auf Maximuschka ist er doch nicht eifersüchtig!«

»Meine Frau war um meinetwillen auch sehr eifersüchtig!« warf Maximow in das Gespräch ein.

»Na, hör auf«, rief Gruschenka, die unwillkürlich lachen mußte. »Auf wen konnte sie denn deinetwegen eifersüchtig sein?«

»Auf die Stubenmädchen.«

»Ach, schweig still, Maximuschka, mir ist jetzt nicht zum Lachen zumute, mich packt geradezu die Wut. Starre nicht so auf die Pasteten, ich gebe dir keine, sie sind dir schädlich, und ein Schnäpschen bekommst du auch nicht. Nun muß ich mich auch noch mit ihm abplagen, wahrhaftig, als hätte ich hier ein Altersheim«, sagte sie lachend.

»Ich bin Ihrer Wohltaten nicht würdig; ich bin zu nichts nutze«, sagte Maximow weinerlich. »Sie sollten Ihre Wohltaten lieber denen zuwenden, die nützlicher sind als ich.«

»Ach, ein jeder ist nützlich, Maximuschka, und woran soll man denn erkennen, wer nützlich ist? Wenn dieser Pole doch nur überhaupt nicht gewesen wäre, Aljoscha, heute fiel ihm sogar noch ein zu erkranken! Ich war auch bei ihm. Nun werde ich erst recht auch ihm Pasteten schicken; ich hatte ihm keine geschickt, aber Mitja beschuldigte mich, ich hätte es getan, und darum will ich ihm jetzt erst recht welche schicken, erst recht! Ach, da ist ja Fenja mit einem Brief! Nun freilich, wieder von den Polen, wiederum bitten sie um Geld!«

Pan Mussjalowicz hatte wirklich einen außerordentlich langen und seiner Gewohnheit nach schwülstigen Brief geschickt, in dem er bat, ihm mit drei Rubel auszuhelfen. Dem Brief war eine Empfangsbescheinigung beigelegt, mit der Verpflichtung, die Schuld im Verlauf von drei Monaten zurückzuzahlen; diese Quittung hatte auch Pan Wrublewski unterschrieben. Solche Briefe, immer mit den gleichen Bestätigungen, hatte Gruschenka von ihrem »Früheren« schon viele bekommen. Angefangen hatte das gleich nach der Genesung Gruschenkas, vor etwa zwei Wochen. Sie wußte übrigens, daß die beiden Polen auch während ihrer Krankheit öfters gekommen waren, um sich nach ihrem Befinden zu erkundigen. Der erste Brief, den Gruschenka erhalten hatte, war lang, auf einem Briefbogen großen Formats geschrieben, mit einem großen Familienpetschaft versiegelt und äußerst unklar und schwülstig gewesen, so daß Gruschenka nur die Hälfte gelesen und dann aufgehört hatte, da sie rein gar nichts verstand. Und damals war ihr auch nicht nach Briefen zumute. Diesem ersten Brief war am nächsten Tag ein zweiter gefolgt, in dem Pan Mussjalowicz bat, ihm auf ganz kurze Frist zweitausend Rubel zu borgen. Gruschenka hatte auch diesen Brief unbeantwortet gelassen. Dann waren eine ganze Reihe Briefe gefolgt, je einer am Tag, alle ebenso wichtigtuerisch und schwülstig; aber die als Darlehen erbetene Summe hatte sich allmählich verringert, war auf hundert Rubel, auf fünfundzwanzig, auf zehn Rubel herabgesunken, und schließlich hatte Gruschenka plötzlich ein Schreiben erhalten, in dem die beiden Polen sie um einen einzigen Rubel baten und dem sie eine Quittung beilegten, die sie beide unterzeichnet hatten. Da hatte Gruschenka dann Mitleid bekommen und war im Abenddämmern selber zu dem Pan hingeeilt. Sie hatte die beiden Polen in furchtbarer Not, beinahe in Bettelarmut gefunden, ohne Essen, ohne Brennholz, ohne Zigaretten und an ihre Wirtin verschuldet. Die zweihundert Rubel, die sie Mitja in Mokroje abgewonnen hatten, waren rasch vertan gewesen. Gruschenka hatte jedoch gestaunt, daß die beiden Polen sie mit hochmütiger Würde und Selbstherrlichkeit, mit der größten Etikette und mit aufgeblasenen Reden empfingen. Gruschenka hatte nur gelacht und ihrem »Früheren« zehn Rubel gegeben. Gleich danach hatte sie das lachend Mitja erzählt, und der war ganz und gar nicht eifersüchtig geworden. Doch seitdem hatten sich die Polen an Gruschenka geklammert und bombardierten sie Tag für Tag mit Briefen, in denen sie um Geld baten, und sie schickte ihnen jedesmal ein wenig. Und heute war es Mitja plötzlich eingefallen, furchtbar eifersüchtig zu werden.

»Ich dummes Ding bin auch zu den Polen gegangen, nur für einen Augenblick, als ich zu Mitja unterwegs war, denn auch er, mein früherer Pan, ist erkrankt«, begann Gruschenka wieder unruhig und hastig. »Und ich erzählte es Mitja lachend. ‚Stell dir nur vor‘, sagte ich, ‚mein Pole hat den Einfall gehabt, mir die früheren Lieder zur Gitarre vorzusingen, weil er wohl glaubt, ich würde weich werden und ihn heiraten.‘ Wie da Mitja aufsprang und zu schimpfen begann ... und darum werde ich den Polen Pasteten schicken. Fenja, haben sie wieder dieses kleine Mädchen hergeschickt? Dann gib ihr drei Rubel mit und wickle etwa zehn Pasteten in Papier, das Mädchen soll sie ihnen bringen. Und du, Aljoscha, mußt Mitja unbedingt erzählen, daß ich ihnen Pasteten geschickt habe.«

»Um keinen Preis erzähle ich ihm das«, sagte Aljoscha lächelnd.

»Ach, du glaubst wohl, er quäle sich? Er hat doch absichtlich den Eifersüchtigen gespielt, denn ihm selber ist es ganz gleichgültig«, sagte Gruschenka bitter.

»Wieso absichtlich?« fragte Aljoscha.

»Du bist dumm, Aljoschenka, das ist es; bei all deiner Klugheit verstehst du davon nichts. Jawohl. Nicht das kränkt mich, daß er einer solchen Person wegen, wie ich es bin, eifersüchtig ist, sondern es würde mich kränken, wenn er überhaupt nicht eifersüchtig wäre. So bin ich nun mal. Eifersucht nehme ich nicht übel; ich habe selber ein grausames Herz, ich selbst werde eifersüchtig. Nur das kränkt mich, daß er mich überhaupt nicht liebt und jetzt absichtlich den Eifersüchtigen spielt, das ist es. Bin ich etwa blind? Sehe ich es denn nicht? Er erzählt mir jetzt plötzlich von diesem Weib, von Katjka, und sagt: ‚So und so ist sie, sie hat einen Arzt aus Moskau für den Prozeß kommen lassen, um mich zu retten, auch den allerersten Anwalt, den allergelehrtesten, hat sie hergerufen.' Er liebt sie also, wenn er sie mir so ins Gesicht lobt, dieser schamlose Mensch! Schuldbewußt ist er, und darum sucht er Händel mit mir, um auch mich schuldig zu machen und alles auf mich abzuwälzen. Du hattest es schon vor mir mit dem Polen, sagt er sich, also ist es jetzt auch mir mit Katjka erlaubt. Das ist es eben! Auf mich allein will er die ganze Schuld abwälzen. Er hat absichtlich Streit gesucht, absichtlich, sage ich dir, nur will ich ...«

Gruschenka sprach nicht zu Ende, sie sagte nicht, was sie tun wolle, bedeckte die Augen mit ihrem Taschentuch und begann entsetzlich zu schluchzen.

»Er liebt Katerina Iwanowna nicht«, sagte Aljoscha fest.

»Nun, ob er sie liebt oder nicht, das werde ich selber bald herausbekommen«, stieß Gruschenka in drohendem Tonfall hervor und nahm das Tuch von den Augen. Ihr Gesicht war verzerrt; Aljoscha sah mit Bekümmernis, wie ihr sanftes, stillheiteres Gesicht auf einmal finster und böse geworden war.

»Genug jetzt von diesen Dummheiten!« sagte sie plötzlich kurz und scharf. »Ich habe dich gar nicht deswegen hergerufen, Aljoscha, mein Liebling. Was wird morgen geschehen? Das ist es, was mich quält! Mich allein quält es! Ich sehe das allen so an: niemand denkt daran, niemand kümmert sich auch nur im geringsten darum. Denkst wenigstens du daran? Morgen macht man ihm ja den Prozeß! Erzähl mir, wie wird man morgen über ihn Gericht halten? Den Mord hat doch der Diener begangen, der Diener, der Diener!! O Gott! Wird man ihn wirklich statt des Dieners verurteilen, und wird niemand für ihn eintreten? Den Diener hat man doch überhaupt nicht behelligt, wie?«

»Man hat ihn scharf verhört«, bemerkte Aljoscha nachdenklich, »aber alle kamen zu dem Schluß, daß er es nicht gewesen sei. Jetzt liegt er schwer krank darnieder. Seit damals ist er krank, seit jenem epileptischen Anfall. Er ist wirklich krank«, fügte Aljoscha hinzu.

»O Gott, du solltest selber zu diesem Anwalt hingehen und ihm alles unter vier Augen erzählen. Man hat ihn ja, wie es heißt, für dreitausend Rubel aus Petersburg herkommen lassen.«

»Die dreitausend haben wir zu dritt gezahlt, ich, mein Bruder Iwan und Katerina Iwanowna; den Arzt aus Moskau hat sie allein für zweitausend Rubel herberufen. Der Anwalt Fetjukowitsch hätte mehr verlangt, aber der Fall ist in ganz Rußland bekannt geworden; in allen Zeitungen und Zeitschriften wird darüber geschrieben, und so erklärte sich Fetjukowitsch mehr um des Ruhmes willen bereit zu kommen, weil der Fall schon allzu bekannt geworden ist. Ich habe ihn gestern gesehen.«

»Nun und? Hast du ihm alles gesagt?« rief Gruschenka hastig und erregt.

»Er hörte mich an und sagte nichts. Er sagte, er habe sich schon eine bestimmte Meinung gebildet. Aber er versprach, meine Worte in Erwägung zu ziehen.«

»Was heißt das: in Erwägung? Ach, diese Gauner! Sie werden ihn zugrunde richten! Nun, und der Arzt? Weshalb hat sie einen Arzt kommen lassen?«

»Als Sachverständigen. Man will beweisen, daß mein Bruder irrsinnig ist und den Mord in geistiger Umnachtung begangen hat, ohne sich seines Tuns bewußt zu sein«, sagte Aljoscha mit einem sanften Lächeln; »nur wird Dmitrij damit nicht einverstanden sein.«

»Ach, das würde doch nur stimmen, wenn *er* den Mord begangen hätte!« rief Gruschenka. »Er war damals geistig umnachtet, völlig umnachtet, und ich, ich gemeines Weib, bin daran schuld. Aber er ist ja gar nicht der Mörder, er ist es nicht! Und doch beschuldigen ihn alle, er sei der Mörder, die ganze Stadt. Sogar Fenja hat so ausgesagt, als wäre er es gewesen. Und die im Kaufladen, und dieser Beamte, und schon vorher im Gasthaus hat man es gehört! Alle, alle sind gegen ihn und machen ein großes Geschrei.«

»Ja, die belastenden Aussagen haben sich schrecklich vermehrt«, bemerkte Aljoscha düster.

»Und Grigorij, Grigorij Wassiljewitsch, er besteht ja darauf, daß die Türe offen war; er behauptet steif und fest, daß er es gesehen hat. Man kann ihn davon nicht abbringen; ich bin zu ihm hingelaufen, habe selber mit ihm gesprochen. Er beschimpft einen sogar!«

»Ja, das ist vielleicht der stärkste Beweis gegen meinen Bruder«, sagte Aljoscha.

»Und was das betrifft, daß Mitja geistesgestört sei, so ist er auch jetzt genauso«, begann Gruschenka auf einmal mit besonders bekümmerter und geheimnisvoller Miene. »Weißt du, Aljoschenka, ich wollte dir schon lange davon erzählen: Tag für Tag gehe ich zu ihm hin und bin geradezu erstaunt. Sag mir doch, was meinst du: wovon redet er jetzt immer? Er spricht und redet – und ich kann nichts verstehen; ich glaubte schon, er spricht von etwas Gescheitem, das ich in meiner Dummheit nicht verstehen könne. Doch plötzlich begann er zu mir von einem Kind zu sprechen, das heißt, von irgendeinem Kindchen. ‚Weshalb', sagte er, ‚ist das Kindchen arm? Für dieses Kindchen werde ich jetzt nach Sibirien gehen; ich habe nicht gemordet, aber ich muß nach Sibirien!' Was soll das bedeuten? Was ist das für ein Kindchen? Davon habe ich kein Sterbenswörtchen verstanden. Aber ich brach in Tränen aus, als er sprach, weil er das so schön sagte; er selber weinte, und ich weinte auch, und da küßte und bekreuzigte er mich. Was soll das bedeuten, Aljoscha, sag du mir, was ist das für ein Kindchen?«

»Rakitin kommt aus irgendeinem Grund jetzt oft zu ihm«, erklärte Aljoscha lächelnd. »Übrigens, das stammt nicht von Rakitin. Ich war gestern nicht bei Dmitrij; heute werde ich zu ihm hingehen.«

»Nein, das ist nicht Rakitka, sein Bruder Iwan Fjodorowitsch ist es, der ihn verwirrt; er besucht ihn, das ist es«, sagte Gruschenka und stockte plötzlich. Aljoscha starrte sie wie vom Donner gerührt an.

»Wieso das? Ja, war Iwan denn bei ihm? Mitja hat mir doch selbst gesagt, Iwan sei noch kein einziges Mal zu ihm gekommen.«

»Ach, wie kopflos ich bin! Jetzt habe ich mich verplappert!« rief Gruschenka verwirrt und wurde ganz rot. »Halt, Aljoscha, sag nichts; meinetwegen, da ich mich schon verplaudert habe, will ich auch die ganze Wahrheit sagen: Iwan war zweimal bei ihm; das erstemal, als er gerade erst gekommen war, damals eilte er doch gleich aus Moskau her – ich war noch nicht bettlägerig geworden –, und das zweitemal besuchte er ihn vor einer Woche. Er bat Mitja, dir nichts davon zu sagen, denn er besuchte ihn heimlich.«

Aljoscha saß in tiefem Nachdenken da und überlegte etwas. Die Neuigkeit hatte ihn sichtlich stutzig gemacht.

»Mein Bruder Iwan spricht mit mir nicht über Mitja«, sagte er langsam, »und überhaupt hat er in all diesen Monaten nur sehr wenig mit mir gesprochen, und wenn ich zu ihm kam, war er über mein Kommen stets ungehalten, so daß ich seit drei Wochen gar nicht mehr zu ihm hingehe. Hm ... wenn er vor einer Woche bei Mitja war, so ... In dieser Woche ist in Mitja wirklich eine Veränderung vor sich gegangen ...«

»Ja, ja!« fiel Gruschenka rasch ein. »Sie haben ein Geheimnis, sie haben ein Geheimnis! Mitja sagte mir selbst, daß er ein Geheimnis habe, und weißt du, ein solches Geheimnis, daß Mitja sich nicht beruhigen kann. Früher war er doch heiter; er ist auch jetzt guter Dinge, nur, weißt du, wenn er anfängt, so den Kopf zu schütteln und im Zimmer auf und ab zu gehen und sich mit der rechten Hand an der Schläfe so am Haar zu zupfen, dann weiß ich schon, daß er etwas auf dem Herzen hat, das ihn beunruhigt ... ich weiß es! ... Sonst war er heiter; auch heute war er es!«

»Du hast aber gesagt, er sei erregt?«

»Ja, erregt, aber auch heiter. Er ist immer erregt, aber nur für einen Augenblick, dann wird er wieder heiter und dann auf einmal wieder erregt. Und weißt du, Aljoscha, ich muß immer über ihn staunen; ihm steht etwas so Furchtbares bevor, und doch lacht er manchmal über Kleinigkeiten, als wäre er ein kleines Kind.«

»Und ist es wahr, daß er dir verboten hat, etwas von Iwans Besuchen zu sagen? Hat er ausdrücklich gesagt: ‚Sprich zu ihm nicht davon'?«

»Ja, so hat er gesagt: ‚Sprich zu ihm nicht davon!' Dich fürchtet er ja am meisten, ich meine Mitja. Es liegt da eben ein Geheimnis vor. Er hat selbst gesagt, es liege ein Geheimnis vor. Aljoscha, Liebling, geh hin und bringe heraus, was die beiden da für ein Geheimnis haben, und dann komm und sag es mir«, rief Gruschenka plötzlich flehend. »Verschaffe mir Unglücklichen Gewißheit, damit ich endlich weiß, zu welchem Los ich verdammt bin. Nur deswegen habe ich dich ja gerufen.«

»Glaubst du, daß es irgend etwas ist, das dich betrifft? Dann hätte er dir doch nichts von dem Geheimnis gesagt.«

»Ich weiß nicht. Vielleicht will er es gerade mir sagen, bringt es aber nicht fertig. Er bereitet mich vor: ‚Da liegt ein Geheimnis', sagt er; aber was es für ein Geheimnis ist, das sagt er nicht.«

»Und was meinst denn du selbst?«

»Was ich meine? Mein Ende ist gekommen, das ist's, was ich meine! Alle drei haben sie mein Ende ausgeheckt, denn auch Katjka ist dabei. Hinter all dem steckt Katjka, alles kommt von ihr. ‚So und so ist sie', das heißt also, daß ich nicht so bin. Er sagt es mir im voraus. Er bereitet mich vor. Er gedenkt mich zu verlassen, das ist das ganze Geheimnis! Zu dritt haben sie das ausgedacht – Mitjka, Katjka und Iwan Fjodorowitsch. Aljoscha, ich wollte dich schon lange fragen: vor einer Woche eröffnete er mir plötzlich, daß Iwan in Katjka verliebt sein müsse, da er so oft zu ihr gehe. Hat er mir da die Wahrheit gesagt oder nicht? Sag es mir auf dein Gewissen, schone mich nicht.«

»Ich werde dich nicht anlügen. Iwan ist in Katerina Iwanowna nicht verliebt, meine ich.«

»Nun, das habe auch ich mir damals gedacht! Er lügt mich an, der schamlose Mensch, das ist es! Und er spielt jetzt den Eifersüchtigen, um dann alles auf mich abzuwälzen. Er ist ja ein Dummkopf und versteht es nicht, etwas zu verheimlichen, er ist doch so aufrichtig ... aber ich werde es ihm zeigen, ich werde es ihm zeigen! Er sagt: ‚Glaubst du, daß ich ihn getötet habe?' Das sagt er zu mir, zu mir; das wirft er mir vor, Gott verzeihe es ihm! Na warte nur, dieser Katjka soll es vor Gericht schlecht gehen, dafür werde ich schon sorgen! Ich werde dort etwas sagen ... Alles werde ich dort sagen!«

Und wieder brach sie in bittere Tränen aus.

»Höre, was ich dir mit Bestimmtheit sagen kann, Gruschenka«, begann Aljoscha und erhob sich. »Erstens, daß er dich liebt; er liebt dich über alles auf der Welt und nur dich, das glaube mir. Ich weiß es, ich weiß es genau. Zweitens will ich dir sagen, daß ich nicht gesonnen bin, ihm sein Geheimnis zu entlocken; wenn er es mir aber heute selber verrät, werde ich ihm geradeheraus erklären, daß ich versprochen habe, es dir mitzuteilen. Dann werde ich heute noch zu dir kommen und es dir sagen. Nur glaube ich, hat Katerina Iwanowna nicht das geringste damit zu tun, sondern dieses Geheimnis bezieht sich auf etwas anderes. Das ist sicherlich so. Und es sieht gar nicht danach aus, als handelte es sich um Katerina Iwanowna, so wenigstens scheint es mir. Einstweilen aber leb wohl!«

Aljoscha drückte ihr die Hand. Gruschenka weinte noch immer. Er sah, daß sie seinen Tröstungen nur wenig Glauben schenkte, sich aber schon dadurch erleichtert fühlte, daß sie sich wenigstens ihren Kummer hatte vom Herzen reden können. Es tat ihm leid, sie in einem solchen Zustand verlassen zu müssen, aber er war in Eile. Er hatte noch viele Wege zu erledigen.

2

Das kranke Füßchen

Der erste dieser Wege führte ihn ins Haus der Frau Chochlakowa, und er ging in Eile hin, um dort möglichst bald fertig zu werden und nicht zu spät zu Mitja zu kommen. Frau Chochlakowa war schon drei Wochen unpäßlich; ihr war aus irgendeinem Grunde der Fuß angeschwollen, und wenn sie auch nicht zu Bett lag, so verbrachte sie doch den Tag in einem reizvollen, aber wohlanständigen Deshabillé halb liegend in ihrem Boudoir auf der Chaiselongue. Aljoscha hatte schon einmal mit unschuldigem Lächeln im stillen festgestellt, daß Frau Chochlakowa ungeachtet ihrer Krankheit angefangen hatte, sich ein bißchen fein zu machen: da waren allerlei Häubchen, Bänder und Rüschchen aufgetaucht, und er erriet zwar, was damit beabsichtigt wurde, verscheuchte jedoch solche Gedanken als müßig. In den letzten zwei Monaten war zu Frau Chochlakowa außer ihren sonstigen Gästen verschiedentlich auch der junge Perchotin gekommen. Aljoscha war schon vier Tage nicht mehr bei ihr gewesen, und als er ins Haus trat, beeilte er sich, geradewegs zu Lise zu gehen, denn nur ihretwegen war er gekommen. Lisa hatte schon am vorhergehenden Tag ein Dienstmädchen zu ihm geschickt mit der dringlichen Bitte, in einer sehr wichtigen Angelegenheit unverzüglich zu ihr zu kommen, was aus gewissen Gründen Aljoschas Interesse erregte. Doch während das Mädchen zu Lise ging, um ihn anzumelden, hatte Frau Chochlakowa durch irgend jemanden von seiner Ankunft erfahren und ließ ihn sofort »nur auf ein Augenblickchen« zu sich bitten. Aljoscha sagte sich, daß es besser sei, zuerst die Bitte der Mama zu erfüllen, da sie sonst jeden Augenblick zu Lise schicken würde, während er bei dieser säße. Frau Chochlakowa lag, besonders festlich gekleidet, auf einer Chaiselongue und war offenbar in einer außerordentlichen, nervösen Aufregung. Sie empfing Aljoscha mit Ausrufen des Entzückens.

»Eine Ewigkeit, eine Ewigkeit, eine ganze Ewigkeit habe ich Sie nicht mehr gesehen! Eine ganze Woche nicht, ich bitte Sie! Ach, übrigens waren Sie erst vor vier Tagen hier, am Mittwoch. Sie wollen zu Lise; ich bin überzeugt, daß Sie geradewegs auf den Fußspitzen, damit ich es nicht höre, zu ihr gehen wollten. Lieber, lieber Alexej Fjodorowitsch, wenn Sie nur wüßten, was für Sorgen sie mir macht! Doch davon später. Das ist zwar das Wichtigste, aber davon später. Lieber Alexej Fjodorowitsch, ich vertraue Ihnen meine Lisa völlig an. Nach dem Tode des Starez Sosima – Gott habe ihn selig!« sie bekreuzte sich –, »nach seinem Tode betrachte ich Sie als einen Mönch strengster Regel, obwohl Ihnen Ihr neuer Anzug sehr gut steht. Wo haben Sie hier nur einen solch guten Schneider aufgetrieben? Doch nein, nein, nein, das ist nicht die Hauptsache, davon später. Verzeihen Sie, daß ich Sie manchmal Aljoscha nenne; ich bin eine alte Frau, mir ist alles erlaubt«, sagte sie mit kokettem Lächeln, »aber auch davon später. Die Hauptsache ist, daß ich nur ja nicht die Hauptsache vergesse! Bitte, erinnern Sie mich selber daran, und sagen Sie, sobald ich abzuschweifen beginne: ‚Und die Hauptsache?' Ach, woher soll ich denn wissen, was jetzt die Hauptsache ist? Seit Lise ihr Versprechen zurückgenommen hat, das sie Ihnen gegeben hatte – Alexej Fjodorowitsch, ihr kindliches Versprechen, Sie zu heiraten –, haben Sie natürlich eingesehen, daß dies alles nur die verspielte, kindische Phantasie eines kranken Mädchens war, das lange Zeit im Rollstuhl verbringen mußte – gottlob kann sie jetzt schon wieder gehen! Dieser neue Arzt, den Katja aus Moskau hat kommen lassen für Ihren unglücklichen Bruder, den man morgen ... Nun, wozu von morgen reden! Ich sterbe schon bei dem bloßen Gedanken an morgen! Hauptsächlich aber vor Neugierde ... Kurzum, dieser Arzt ist gestern bei uns gewesen und hat Lise untersucht ... Ich habe ihm fünfzig Rubel für die Visite bezahlt. Aber das alles ist ja gar nicht das, was ich sagen wollte, schon wieder nicht. Sie sehen, jetzt bin ich schon ganz aus dem Konzept gekommen. Ich eile zu sehr. Warum eile ich eigentlich so? Ich weiß es nicht. Es ist entsetzlich, wie sehr mein Kopf zu versagen beginnt. Für mich hat sich alles zu einem Knäuel verwirrt. Ich habe Angst, Sie könnten aufspringen und vor Langerweile auf Nimmerwiedersehen davonlaufen. Ach, du mein Gott! Was sitzen wir denn so da, ich müßte doch als erstes ... Kaffee! Julia, Glafira, Kaffee!«

Aljoscha dankte eilig und erklärte, er habe soeben erst Kaffee getrunken.

»Bei wem denn?«

»Bei Agrafena Alexandrowna.«

»Was ... bei diesem Weib! Ach, sie ist es, die alle ins Unglück gebracht hat; doch ich weiß übrigens nicht, die Leute sagen, sie sei eine Heilige geworden, wenn auch zu spät. Sie hätte das lieber früher tun sollen, als es noch nötig war, jetzt aber, was nützt es jetzt? Schweigen Sie, schweigen Sie, Alexej Fjodorowitsch, denn ich habe Ihnen so viel zu sagen, daß ich wohl gar nicht dazu kommen werde, etwas zu sagen. Dieser grauenhafte Prozeß ... ich fahre unbedingt hin, ich bereite mich schon darauf vor; man wird mich im Lehnstuhl hineintragen, da kann ich dann sitzen und werde meine Leute bei mir haben; Sie wissen doch, ich bin Zeugin! Wie ich da reden werde! Wie ich da reden werde! Ich weiß nicht, was ich alles sagen werde. Ich muß doch einen Eid leisten, nicht wahr? Nicht wahr?«

»Ja, aber ich glaube nicht, daß es Ihnen möglich sein wird, dort zu erscheinen.«

»Ich kann ja sitzen; ach, Sie bringen mich aus dem Konzept! Dieser Prozeß, diese rohe Tat, und dann gehen alle nach Sibirien, und andere heiraten, und alles das geht so schnell, so schnell, und alles ändert sich, und zuletzt ist alles aus, alle sind alt geworden und sehen ihrem Tod entgegen. Nun, meinetwegen, ich bin müde. Diese Katja, cette charmante personne, hat alle meine Hoffnungen zunichte gemacht: jetzt wird sie dem einen Ihrer Brüder nach Sibirien folgen, und Ihr anderer Bruder wird ihr nachfahren und in einer benachbarten Stadt leben, und alle werden einander quälen. Das alles macht mich ganz verrückt. Und vor allem dieses Aufsehen: in allen Zeitungen Petersburgs und Moskaus hat man schon millionenmal darüber geschrieben. Ach ja, stellen Sie sich das nur vor, auch über mich hat man geschrieben, ich sei eine ‚liebe Freundin' Ihres Bruders gewesen. Ich will das häßliche Wort nicht aussprechen, aber stellen Sie sich das nur vor, stellen Sie sich's nur vor!«

»Das kann nicht sein! Wo hat das denn gestanden?«

»Ich will es Ihnen gleich zeigen. Gestern habe ich es bekommen und es sofort gelesen. Hier, sehen Sie, in der Zeitung

Gerüchte, einem Petersburger Blatt. Diese *Gerüchte* erscheinen seit diesem Jahr; ich bin eine große Freundin von Gerüchten und abonnierte darum die Zeitung, zu meinem eigenen Unglück. So sind diese *Gerüchte!* Sehen Sie, hier, an dieser Stelle, lesen Sie.«

Und sie reichte Aljoscha ein Zeitungsblatt, das unter ihrem Kopfkissen gelegen hatte. Sie war nicht nur verstimmt, sie war wie zerschlagen, und vielleicht hatte sich wirklich in ihrem Kopf alles zu einem wirren Knäuel zusammengeballt. Die Zeitungsnachricht war sehr eindeutig und mußte sie natürlich sehr peinlich berührt haben, aber die Chochlakowa war, vielleicht zu ihrem Glück, in diesem Augenblick nicht imstande, sich auf eine Sache zu konzentrieren, und darum konnte sie schon nach einer Minute die Zeitung vergessen und auf etwas ganz anderes überspringen. Aljoscha wußte längst, daß die Kunde von dem furchtbaren Prozeß sich schon überall in ganz Rußland verbreitet hatte, und du mein Gott, was für alberne Nachrichten und Korrespondenzen hatte er nicht schon in diesen zwei Monaten, neben anderen, wahren Nachrichten über seinen Bruder, über die Karamasows im allgemeinen und sogar über sich selbst gelesen! In einer Zeitung hieß es sogar, er sei nach dem Verbrechen seines Bruders Mönch strengster Regel geworden und habe sich von der Welt abgeschlossen; in einer anderen wurde das in Abrede gestellt und im Gegenteil behauptet, er habe zusammen mit seinem Starez Sosima die Klosterkasse erbrochen, und sie seien dann »aus dem Kloster durchgebrannt«. Die jetzige Nachricht aber in der Zeitung *Gerüchte* trug die Überschrift: »Aus Skotoprigonjewsk* (o weh, so heißt unser Städtchen, ich habe seinen Namen lange verschwiegen) zum Prozeß Karamasow.« Die Nachricht war kurz, und Frau Chochlakowa war darin nicht direkt erwähnt, auch waren überhaupt alle Namen verheimlicht. Es wurde nur mitgeteilt, der Verbrecher, dem man jetzt mit solchem Aufsehen den Prozeß machen werde, sei ein Hauptmann a. D., ein Mensch von frechem Wesen, ein Müßiggänger und Anhänger der Leibeigenschaft, er habe sich ständig mit Liebschaften befaßt und besonders starken Einfluß auf einige »Damen, die sich in ihrer Einsamkeit langweilen«, ausgeübt. Eine dieser Damen, eine »sich langweilende Witwe«, die gern die Jugendliche spiele, obwohl sie schon eine erwachsene Tochter habe, sei von ihm so bezaubert gewesen, daß sie ihm noch zwei Stunden vor dem

*) Etwa Viehhofen (Anmerkung des Übersetzers).

Verbrechen dreitausend Rubel angeboten habe unter der Bedingung, daß er mit ihr sofort nach den Goldgruben entfliehe. Aber der Bösewicht habe es, in der Hoffnung, ungestraft davonzukommen, vorgezogen, seinen Vater umzubringen und ihm genau dreitausend Rubel zu rauben, statt mit den »vierzigjährigen Reizen« seiner sich langweilenden Dame nach Sibirien zu ziehen. Dieser frivole Bericht schloß, wie es sich auch gehört, mit Äußerungen edler Entrüstung über die Verwerflichkeit des Vatermordes und der ehemaligen Leibeigenschaft. Aljoscha las ihn mit Interesse, faltete das Blatt zusammen und gab es Frau Chochlakowa zurück.

»Nun, wer anders als ich sollte damit gemeint sein?« plapperte sie von neuem. »Ich, ich habe ihn doch ungefähr eine Stunde vorher aufgefordert, nach den Goldgruben zu fahren, und nun heißt es auf einmal: ‚vierzigjährige Reize'! Habe ich ihn denn deshalb aufgefordert? Er will mich lächerlich machen. Der Ewige Richter möge ihm die vierzigjährigen Reize verzeihen, so wie ich sie ihm verzeihe, aber ... wissen Sie, wer dahintersteckt? Ihr Freund Rakitin!«

»Mag sein«, sagte Aljoscha, »obwohl ich nichts davon gehört habe.«

»Er ist es, er ist es, nicht ‚mag sein'! Ich habe ihn ja hinausgeworfen ... Sie kennen doch diese ganze Geschichte?«

»Ich weiß, daß Sie ihn gebeten haben, Sie nicht mehr zu besuchen, aber weswegen eigentlich – das habe ich ... wenigstens von Ihnen noch nicht gehört.«

»Aha, also haben Sie es von ihm gehört! Nun schimpft er auf mich. Schimpft er sehr?«

»Ja, das tut er, doch er schimpft ja auf alle. Aber weswegen Sie ihm das Haus verboten haben, das habe ich auch von ihm nicht gehört. Überhaupt komme ich jetzt nur sehr selten mit ihm zusammen. Wir sind nicht befreundet.«

»Nun, dann will ich Ihnen das alles enthüllen und, da mir nichts anderes übrigbleibt, reumütig beichten, denn es ist da etwas, woran ich vielleicht selbst schuld bin. Nur ein kleiner, kleiner Zug, ein ganz kleiner, so daß es ihn vielleicht überhaupt nicht gibt. Sehen Sie, mein Liebling« – Frau Chochlakowa setzte plötzlich eine schalkhafte Miene auf, und über ihre Lippen huschte ein liebes, wenn auch rätselhaftes Lächeln –, »Sehen Sie, ich hege den Verdacht ... Sie müssen mir verzeihen, Aljoscha, ich spreche zu Ihnen wie eine Mutter ... o nein, nein, im Gegenteil, ich spreche zu Ihnen jetzt wie zu meinem Vater ... denn der Ausdruck Mutter paßt hier gar nicht. Nun, ich rede zu Ihnen ganz so wie zu dem Starez Sosima in der Beichte, das ist der richtigste Vergleich, er paßt durchaus. Ich habe Sie doch vorhin einen Mönch strengster Regel genannt. Nun also, dieser arme, junge Mann, Ihr Freund Rakitin – o Gott, ich kann ihm einfach nicht zürnen! ich zürne ihm zwar und bin auf ihn böse, aber nicht sehr –, kurzum, dieser leichtsinnige junge Mann, stellen Sie sich das vor, ließ es sich, wie es scheint, plötzlich einfallen, sich in mich zu verlieben. Ich merkte es erst später, viel später, doch im Anfang, das heißt, vor einem Monat, begann er mich häufiger zu besuchen, fast täglich, obwohl wir uns auch schon früher kannten. Ich ahnte nichts ... doch dann kam es auf einmal wie eine Erleuchtung über mich, und ich fing an, zu meiner Verwunderung einiges zu bemerken. Wie Sie wissen, empfange ich bei mir schon seit zwei Monaten einen jungen Beamten, den bescheidenen, lieben und würdigen Pjotr Iljitsch Perchotin, der hier in Diensten steht. Sie sind ihm ja schon oft hier begegnet. Und nicht wahr, er ist so würdig und gesetzt? Er kommt alle drei Tage einmal und nicht jeden Tag – obwohl er meinetwegen auch täglich kommen dürfte –, und immer ist er so gut gekleidet, und überhaupt habe ich junge Leute gern, Aljoscha, wenn sie begabt und bescheiden sind so wie Sie; er aber hat einen nahezu staatsmännischen Verstand, er spricht so nett, und ich werde mich unbedingt, unbedingt für ihn verwenden. Das ist ein künftiger Diplomat. An jenem entsetzlichen Tag hat er mich beinahe vor dem Tode errettet, als er nachts zu mir kam. Nun, Ihr Freund Rakitin aber kam immer in so gräßlichen Stiefeln und schlurrte damit über den Teppich ... Kurzum, er begann mir sogar Andeutungen zu machen, und einmal beim Weggehen drückte er mir furchtbar fest die Hand. Und kaum hatte er mir die Hand gedrückt, bekam ich auf einmal Schmerzen im Fuß. Rakitin war auch früher Pjotr Iljitsch bei mir begegnet, und – ob Sie es mir glauben oder nicht – er verspottete ihn immerzu, und blökte ihn aus irgendeinem Grunde stets an. Ich sah nur zu, wie die beiden aneinandergerieten, und lachte innerlich. Als ich nun einmal allein dasaß, das heißt, nein, ich lag damals schon, kam Michail Iwanowitsch, und stellen Sie sich das vor: er brachte mir ein eigenes Gedicht, ein ganz kurzes Gedicht auf meinen kranken Fuß, das heißt, er hatte meinen kranken Fuß in Versen besungen. Warten Sie mal, wie war das nur?

Dieses Füßchen, dieses Füßchen –
Ach, es schmerzt, es schmerzt ein bißchen!

oder so ähnlich – ich kann mir Verse beim besten Willen nicht merken. Das Gedicht liegt hier irgendwo bei mir, na, ich zeige es Ihnen später; aber es ist reizend, ganz reizend, und wissen Sie, es handelt nicht nur vom Füßchen, sondern es ist belehrend und hat eine reizende Idee, nur habe ich sie vergessen. Kurzum, wie fürs Album geschaffen. Na, ich bedankte mich natürlich, und er war sichtlich geschmeichelt. Doch kaum hatte ich mich bedankt, als auch schon Pjotr Iljitsch hereinkam. Michail Iwanowitsch wurde auf einmal finster wie die Nacht. Ich begriff sofort, daß Pjotr Iljitsch ihm in die Quere gekommen war, denn Michail Iwanowitsch hatte sicherlich im Anschluß an die Verse etwas sagen wollen, ich hatte das schon geahnt, und da war Pjotr Iljitsch hereingekommen. Ich zeigte Pjotr Iljitsch das Gedicht, ohne zu sagen, wer es verfaßt habe. Ich bin aber überzeugt, fest überzeugt, daß er es sofort erraten hat, obwohl er das bis jetzt nicht zugibt, sondern noch immer behauptet, er habe es nicht erraten. Aber das tut er mit Fleiß. Pjotr Iljitsch lachte sofort laut auf und begann zu kritisieren: ‚Das sind ganz stümperhafte Verschen', sagte er, ‚die muß irgendein Seminarist geschrieben haben.' Und wissen Sie, so erregt sagte er das, so erregt! Da wurde nun Ihr Freund, statt zu lachen, auf einmal ganz wütend ... Bei Gott, ich glaubte schon, sie würden handgemein werden. ‚Das habe ich geschrieben', sagte er. ‚Ich habe es nur zum Scherz geschrieben, denn ich halte es für eine Niedrigkeit, Verse zu schreiben ... Aber meine Verse sind gut. Ihrem Puschkin will man für sein Lob der Frauenfüßchen ein Denkmal setzen! Meinem Gedicht liegt eine bestimmte Tendenz zugrunde, Sie aber', sagte er, ‚sind ein Anhänger der Leibeigenschaft; Sie besitzen keine Humanität. Ihnen fehlt jedes Gefühl für moderne Bildung; Sie sind von der neuzeitlichen Entwicklung unberührt geblieben, Sie sind Beamter und lassen sich bestechen!' Da fing ich an zu schreien und die beiden anzuflehen. Doch Pjotr Iljitsch, müssen Sie wissen, läßt sich nicht so leicht einschüchtern und nahm sofort einen sehr vornehmen Ton an: er sah Rakitin spöttisch an, hörte zu und entschuldigte sich: ‚Ich habe nicht gewußt', sagte er, ‚daß Sie der Verfasser sind. Hätte ich das gewußt, so hätte ich nicht so geredet, sondern das Gedicht gelobt ... Die Dichter', sagte er, ‚sind alle so reizbar ...' Kurzum, lauter solche Spötteleien unter der Maske des vornehmen Tones. Er erklärte mir nachher selber, daß das alles nur Spott war; und ich hatte gedacht, er meine es ernst. So lag ich nun da, wie ich jetzt vor Ihnen liege, und dachte: Wird es vornehm sein oder nicht, wenn ich Michail Iwanowitsch die Tür weise, weil er meinen Gast in meinem Hause in unanständiger Weise angeschrien hat? Und Sie können es glauben, ich lag da und schloß die Augen und dachte: Wird es vornehm sein oder nicht? Ich konnte mich nicht entscheiden und quälte mich und quälte mich, und das Herz klopfte mir. Soll ich schreien oder nicht? Eine Stimme in mir sagte: Schrei! Und eine andere sagte: Nein, schrei nicht! Kaum aber hatte diese andere Stimme das gesagt, als ich auch schon aufschrie und ohnmächtig wurde. Na, da gab es natürlich eine große Aufregung! Ich erhob mich gleich wieder und sagte zu Michail Iwanowitsch: ‚Es tut mir leid, es Ihnen sagen zu müssen, aber ich wünsche Sie nicht mehr in meinem Hause zu empfangen.' Und so warf ich ihn hinaus. Ach, Alexej Fjodorowitsch, ich weiß es selbst, daß ich häßlich gehandelt habe; das war alles erlogen, ich war gar nicht böse auf ihn, aber es kam mir auf einmal so vor, als würde sich das gut machen, diese Szene ... Aber diese Szene – können Sie es glauben? – war doch echt, denn ich brach sogar in Tränen aus und habe noch einige Tage geweint; aber dann habe ich auf einmal nachmittags alles vergessen. Nun kommt er schon seit zwei Wochen nicht mehr, und ich denke mir: Wird er denn wirklich gar nicht mehr kommen? Das war erst gestern, und gegen Abend kamen plötzlich diese *Gerüchte*. Ich las sie und staunte. Na, wer kann das geschrieben haben? Das hat *er* geschrieben! Er ist damals nach Hause gekommen, hat sich hingesetzt – und hat es geschrieben; dann hat er es eingesandt, und man hat es gedruckt. Der Vorfall ist doch vor zwei Wochen gewesen. Aber es ist schrecklich, Aljoscha, was ich da alles rede, und gerade von dem, wovon ich sprechen müßte, rede ich nicht. Ach, es spricht sich ganz von selbst!«

»Ich muß heute unbedingt rechtzeitig zu meinem Bruder kommen«, stammelte Aljoscha.

»Richtig, das war es. Sie haben mich an alles erinnert! Hören Sie, was ist ein Affekt?«

»Was für ein Affekt?« fragte Aljoscha verwundert.

»Ein gerichtlicher Affekt. Ein Affekt, um dessentwillen einem alles verziehen wird. Was man auch verbrochen haben mag – es wird einem sofort verziehen.«

»Was meinen Sie denn damit?«

»Ich meine folgendes: diese Katja ... ach, sie ist ein liebes, liebes Geschöpf, nur weiß ich ganz und gar nicht, in wen sie eigentlich verliebt ist. Neulich saß sie bei mir, und ich konnte nichts aus ihr herausbekommen. Um so weniger, als sie jetzt mit mir so oberflächlich spricht. Kurzum, sie redet immerzu nur von meinem Befinden und weiter nichts. Und dabei nimmt sie solch einen Ton an ... und da sagte ich mir: Nun, meinetwegen, Gott verzeihe es ihr ... Ach ja, nun also dieser Affekt! Dieser Arzt ist jetzt angekommen, Sie wissen, daß der Arzt gekommen ist? Nun, wie sollten Sie das nicht wissen! Der Arzt, der feststellen kann, ob jemand verrückt ist; Sie haben ihn ja kommen lassen, das heißt, nicht Sie, sondern Katja. Immer Katja! Nun sehen Sie, da sitzt ein Mensch, der ganz und gar nicht verrückt ist, doch auf einmal hat er einen Affekt. Er ist sich seiner bewußt und weiß, was er tut, aber er ist im Affekt. Nun, so hatte gewiß auch Dmitrij Fjodorowitsch einen Affekt. Als die neuen Gerichte eingeführt wurden, hörte man sofort von dem Affekt. Das ist eine Wohltat der neuen Gerichte. Dieser Arzt war bei mir und fragte mich über jenen Abend aus, na, über die Goldgruben und darüber, wie Ihr Bruder damals war. Wie sollte er nicht im Affekt gewesen sein? Er kam und schrie: ‚Geld, Geld, dreitausend, geben Sie mir dreitausend!' Und dann ging er hin und ermordete den Vater. Ich will ihn nicht ermorden, sagte er sich, ich will es nicht, und auf einmal ermordete er ihn doch. Und eben deswegen wird man ihm den Mord verzeihen, weil er sich dagegen gesträubt und ihn doch verübt hat.«

»Aber er hat ja den Mord nicht begangen«, unterbrach Aljoscha sie etwas schroff. Immer größere Unruhe und Ungeduld bemächtigten sich seiner.

»Ich weiß, der alte Grigorij hat ihn umgebracht ...«

»Wieso Grigorij?« schrie Aljoscha auf.

»Er, er, Grigorij ist es gewesen. Als Dmitrij Fjodorowitsch ihn niedergeschlagen hatte, lag er da, und dann stand er auf, sah, daß die Tür offen war, ging hin und ermordete Fjodor Pawlowitsch ...«

»Aber warum denn, warum?«

»Er hatte einen Affekt bekommen. Nachdem Dmitrij Fjodorowitsch ihn auf den Kopf geschlagen hatte, kam er wieder zu sich und bekam einen Affekt, ging hin und verübte den Mord. Wenn er selber sagt, er habe es nicht getan, so erinnert er sich vielleicht bloß nicht daran. Aber sehen Sie: es wird besser sein, weit besser, wenn Dmitrij Fjodorowitsch es getan hat. Und so war es auch; ich sage zwar, Grigorij sei es gewesen, aber es war bestimmt Dmitrij Fjodorowitsch, und das ist besser, weit besser! Ach, nicht deshalb besser, weil der Sohn dann den Vater ermordet hat, so etwas lobe ich nicht, die Kinder sollen im Gegenteil die Eltern ehren, aber doch ist es besser, wenn er es gewesen ist, weil sie dann keinen Grund zum Weinen haben, da er den Mord begangen hat, ohne sich dessen bewußt zu sein – oder besser gesagt: bei vollem Bewußtsein, aber ohne zu wissen, wie ihm geschah. Nein, mögen sie ihm verzeihen; das wäre so human, und dann würde man einsehen, welche Wohltat die neuen Gerichte sind. Ich aber hatte das gar nicht gewußt, dabei soll diese Einrichtung schon lange bestehen, und als ich es gestern erfuhr, war ich so überrascht, daß ich gleich nach Ihnen schicken wollte. Und dann, wenn man ihn freigesprochen hat, soll er gleich vom Gericht aus zu mir zu Tisch kommen, und ich werde Bekannte einladen, und wir wollen auf die neuen Gerichte trinken. Ich glaube nicht, daß er gefährlich sein wird, zudem werde ich sehr viele Gäste einladen, so daß man ihn schließlich immer hinausführen kann. Und später kann er irgendwo in einer anderen Stadt Friedensrichter oder sonst was werden, denn wer selbst Unglück erlitten hat, kann am besten richten. Und vor allem: wer ist denn heutzutage nicht im Affekt? Sie, ich, alle sind wir im Affekt, und wie viele Beispiele gibt es dafür: da sitzt einer und singt eine Romanze, plötzlich gefällt ihm etwas nicht, er nimmt eine Pistole und schießt den ersten besten nieder, und dann wird er einstimmig freigesprochen. Ich habe das vor kurzem gelesen, und alle Ärzte haben es bestätigt. Die Ärzte bestätigen jetzt so etwas; sie bestätigen alles. Ich bitte Sie, meine Lise ist im Affekt, erst gestern habe ich ihretwegen geweint, vorgestern habe ich geweint, heute aber bin ich darauf gekommen, daß es bei ihr einfach ein Affekt ist. Ach, Lise macht mir soviel Sorgen! Ich glaube, sie hat völlig den Verstand verloren. Warum hat sie Sie rufen lassen? Hat sie Sie rufen lassen, oder sind Sie von selbst zu ihr gekommen?«

»Ja, sie hat mich rufen lassen, und ich gehe jetzt zu ihr«, antwortete Aljoscha und stand entschlossen auf.

»Ach, lieber, lieber Alexej Fjodorowitsch, eben das ist vielleicht das Wichtigste«, rief Frau Chochlakowa und brach in Tränen aus. »Gott weiß, daß ich Ihnen Lise aufrichtig anvertraue, und es macht nichts, daß sie Sie hinter dem Rücken ihrer Mutter hat rufen lassen. Aber Ihrem Bruder Iwan Fjodorowitsch kann ich, verzeihen Sie mir, meine Tochter nicht mit solcher Leichtigkeit anvertrauen, obwohl ich ihn nach wie vor für einen sehr ritterlichen jungen Mann halte. Und stellen Sie sich vor: er ist bei Lise gewesen, und ich habe nichts davon gewußt.«

»Wie? Was? Wann?« fragte Aljoscha höchst erstaunt. Er setzte sich nicht wieder hin, sondern hörte stehend zu.

»Ich will es Ihnen erzählen, gerade deswegen habe ich Sie vielleicht rufen lassen, denn ich weiß nicht mehr, weshalb ich Sie rufen ließ. Hören Sie also: Iwan Fjodorowitsch ist seit seiner Rückkehr aus Moskau nur zweimal bei mir gewesen; das erstemal kam er, um als Bekannter seine Visite zu machen, und das zweitemal – das war vor kurzem, und Katja saß bei mir – kam er, weil er erfahren hatte, daß sie bei mir sei. Ich erhob natürlich keinen Anspruch auf häufige Besuche von ihm, denn ich weiß, wieviel Scherereien er ohnedies schon hat, vous comprennez, cette affaire et la mort terrible de votre papa; doch plötzlich erfuhr ich, daß er wieder dagewesen war, aber nicht bei mir, sondern bei Lise. Das war vor etwa sechs Tagen. Er kam, blieb fünf Minuten sitzen und ging wieder. Ich erfuhr davon erst drei Tage später durch Glafira und war überrascht. Ich rief Lise sofort zu mir, doch sie lachte. ‚Er glaubte', so sagte sie, ‚daß Sie schliefen, und kam zu mir, um sich nach Ihrem Befinden zu erkundigen.' So ist es natürlich auch gewesen. Aber, Lise, Lise, o Gott, was macht sie mir für Sorgen! Stellen Sie sich vor, eines Nachts – das war vor vier Tagen, gleich nachdem Sie das letztemal hier gewesen und wieder fortgegangen waren – bekam sie plötzlich einen Anfall, schrie, kreischte und gebärdete sich ganz hysterisch! Warum habe ich denn nie hysterische Anfälle? Am nächsten Tag hatte sie wieder einen Anfall und dann auch am dritten Tag und gestern, und nun gestern dieser Affekt! Sie schrie mich auf einmal an: ‚Ich hasse Iwan Fjodorowitsch, ich verlange, daß Sie ihn nicht mehr empfangen, daß Sie ihm das Haus verbieten!' Ich war ganz starr vor Überraschung und erwiderte ihr: ‚Weshalb sollte ich einem so würdigen jungen Mann das Haus verbieten, zumal er solche Kenntnisse besitzt und soviel Unglück hat? Denn alle diese Geschichten sind doch ein Unglück und kein Glück, nicht wahr?' Doch sie lachte über meine Worte, und wissen Sie, in einer so beleidigenden Weise! Nun, ich war froh, ich dachte, ich hätte sie zum Lachen gebracht, und die Anfälle würden jetzt aufhören, um so mehr als ich selber vorhatte, Iwan Fjodorowitsch wegen der sonderbaren Besuche, die er Lise ohne meine Einwilligung machte, zur Rede zu stellen und ihm das Haus zu verbieten. Doch als Lise heute früh erwachte, wurde sie plötzlich auf Julia zornig, und stellen Sie sich vor, sie schlug Julia mit der Hand ins Gesicht. Aber das ist doch gräßlich; ich rede meine Dienstmädchen mit Sie an! Und eine Stunde später umschlingt sie auf einmal Julias Beine und küßt ihr die Füße. Mir aber ließ sie sagen, daß sie überhaupt nicht mehr zu mir kommen werde, und als ich mich dann selbst zu ihr hinschleppte, da stürzte sie mir entgegen, küßte mich, weinte und schob mich unter Küssen regelrecht aus dem Zimmer, ohne ein Wort zu sagen, so daß ich nichts erfahren konnte. Jetzt, lieber Alexej Fjodorowitsch, setze ich alle meine Hoffnungen auf Sie, und das Schicksal meines Lebens liegt in Ihren Händen. Ich bitte Sie sehr, zu Lise zu gehen, bei ihr alles auszukundschaften, wie nur Sie das verstehen, und dann wieder herzukommen und es mir, der Mutter, zu erzählen. Denn Sie begreifen, ich werde sterben, einfach sterben, wenn das alles so weitergeht, oder ich werde aus dem Hause laufen. Ich kann nicht mehr, ich habe Geduld, aber ich kann sie verlieren, und dann ... und dann wird etwas Schreckliches geschehen. – Ach, mein Gott, Pjotr Iljitsch, endlich!« rief Frau Chochlakowa auf einmal und strahlte über das ganze Gesicht, als sie Pjotr Iljitsch Perchotin hereinkommen sah. »Sie haben sich verspätet, sehr verspätet! Na, setzen Sie sich, reden Sie, besiegeln Sie mein Schicksal; nun, was ist mit diesem Anwalt? Wohin wollen Sie denn, Alexej Fjodorowitsch?«

»Zu Lise.«

»Ach ja! Sie werden also nicht vergessen, nicht vergessen, um was ich Sie gebeten habe? Es geht um mein Schicksal, mein Schicksal!«

»Gewiß, ich werde es nicht vergessen, wenn es irgend möglich ist ... aber ich habe mich ohnehin schon so verspätet«, murmelte Aljoscha und zog sich schnell zurück.

»Nein, kommen Sie bestimmt, bestimmt und nicht, wenn es irgend möglich ist, sonst sterbe ich«, rief ihm Frau Chochlakowa nach, doch Aljoscha hatte das Zimmer schon verlassen.

Der kleine Teufel

Als er zu Lisa kam, fand er sie in halb liegender Haltung in ihrem früheren Rollstuhl, in dem man sie umhergefahren hatte, als sie noch nicht gehen konnte. Sie rührte sich nicht, verschlang ihn aber geradezu mit ihrem scharfen, durchdringenden Blick. Ihr Blick war etwas fiebrig, ihr Gesicht gelblich. Aljoscha war erstaunt, wie sehr sie sich in den drei Tagen verändert hatte, sie war sogar abgemagert. Sie reichte ihm nicht die Hand. Er berührte leicht ihre schmalen, langen Finger, die regungslos auf ihrem Kleid lagen, dann setzte er sich schweigend ihr gegenüber.

»Ich weiß, daß Sie Eile haben, weil Sie noch zum Gefängnis wollen«, sagte Lisa scharf, »aber Mama hat Sie zwei Stunden aufgehalten und Ihnen sofort von mir und Julia erzählt.«

»Woher wissen Sie das?« fragte Aljoscha.

»Ich habe an der Türe gehorcht. Warum starren Sie mich so an? Wenn ich horchen will, horche ich, es ist nichts Schlechtes dabei. Ich bitte nicht um Verzeihung.«

»Sie sind über etwas verstimmt?«

»Im Gegenteil, ich bin sehr froh. Soeben habe ich, schon zum dreißigstenmal, darüber nachgedacht, wie gut es ist, daß ich Ihnen einen Korb gegeben habe und nicht Ihre Frau werde. Sie taugen nicht zum Ehemann! Wenn ich Sie heirate und Ihnen plötzlich ein Briefchen gebe, damit Sie es dem Mann bringen, den ich nach Ihnen liebgewinnen werde, so werden Sie es nehmen und bestimmt hintragen und mir dann auch noch die Antwort überbringen. Und selbst im Alter von vierzig Jahren werden Sie noch immer solche Briefchen von mir überbringen.«

Sie lachte auf einmal.

»In Ihnen steckt etwas Boshaftes und zugleich etwas Treuherziges«, sagte Aljoscha und lächelte sie an.

»Das Treuherzige ist, daß ich mich vor Ihnen nicht schäme. Nicht genug damit, daß ich mich nicht schäme, will ich mich auch gar nicht schämen, gerade vor Ihnen nicht, gerade vor Ihnen nicht. Aljoscha, warum achte ich Sie nicht? Ich liebe Sie sehr, aber ich achte Sie nicht. Wenn ich Sie achtete, würde ich ja nicht sprechen, ohne mich zu schämen, das stimmt doch?«

»Ja.«

»Aber glauben Sie auch, daß ich mich vor Ihnen nicht schäme?«

»Nein, das glaube ich nicht.«

Lise lachte wieder nervös; sie sprach schnell und hastig.

»Ich habe Ihrem Bruder Dmitrij Fjodorowitsch Konfekt ins Gefängnis geschickt. Aljoscha, wissen Sie, was sind Sie doch für ein netter Mensch, ich werde Sie schrecklich liebhaben, weil Sie mir so schnell erlaubt haben, Sie nicht zu lieben.«

»Weswegen haben Sie mich heute rufen lassen, Lise?«

»Ich wollte Ihnen einen Wunsch von mir mitteilen. Ich möchte, daß jemand mich peinigt, mich heiratet und mich dann peinigt, mich betrügt, mich verläßt und davonfährt. Ich will nicht glücklich sein.«

»Haben Sie die Unordnung liebgewonnen?«

»Ach, mich verlangt es nach Unordnung. Ich möchte immerzu ein Haus anzünden. Ich male mir das aus: wie ich mich heranschleiche und es heimlich in Brand stecke, aber es muß unbedingt heimlich sein. Die Leute versuchen zu löschen, doch das Haus brennt weiter. Und ich weiß es, schweige aber. Ach, Dummheiten! Und wie langweilig es ist!«

Sie machte voll Abscheu eine wegwerfende Handbewegung.

»Sie leben in zu großem Reichtum«, sagte Aljoscha leise.

»Ist es etwa besser, arm zu sein?«

»Ja.«

»Das hat Ihnen Ihr verstorbener Mönch eingeredet. Es ist aber nicht wahr. Ich möchte reich sein, und alle anderen sollen arm sein, dann werde ich Konfekt essen und Sahne trinken und niemandem davon abgeben. Ach, schweigen Sie, sagen Sie nichts!« Sie winkte mit der Hand ab, obwohl Aljoscha nicht einmal den Mund aufgetan hatte. »Sie haben mir das alles schon früher gesagt, und ich weiß das alles auswendig. Es ist langweilig. Wenn ich arm bin, werde ich jemanden umbringen; auch wenn ich reich bin, werde ich vielleicht jemanden umbringen. Wozu soll man so stillsitzen! Und wissen Sie, ich will Korn schneiden. Ich werde Sie heiraten, und Sie werden ein Bauer, ein richtiger Bauer; wir werden ein Fohlen haben, wollen Sie? – Sie kennen doch Kalganow?«

»Ja.«

»Er geht immer umher und träumt. Er sagt: Wozu in der Wirklichkeit leben? Dann schon lieber träumen. Erträumen kann man etwas sehr Lustiges, leben aber ist langweilig. Er wird ja bald heiraten; er hat auch mir schon eine Liebeserklärung gemacht. Können Sie Kreisel treiben?«

»Ja.«

»Nun, er ist wie ein Kreisel. Man muß ihn aufziehen und loslassen und mit der Peitsche schlagen, immerzu schlagen. Wenn ich ihn heirate, werde ich ihn zeit seines Lebens wie einen Kreisel treiben. Schämen Sie sich nicht, bei mir zu sitzen?«

»Nein.«

»Sie ärgern sich sehr, weil ich nicht von heiligen Dingen rede. Ich will keine Heilige sein. Was geschieht im Jenseits dem, der die größte Sünde begangen hat? Das müssen Sie doch ganz genau wissen.«

»Gott wird ihn verurteilen«, sagte Aljoscha und blickte sie unverwandt an.

»So will ich es auch haben. Ich würde hinkommen, man würde mich verurteilen, und ich würde ihnen allen ins Gesicht lachen. Ich möchte schrecklich gern ein Haus anzünden, Aljoscha, unser Haus, glauben Sie es mir noch immer nicht?«

»Warum nicht? Es gibt sogar Kinder, zwölfjährige Kinder, die es sehr gelüstet, etwas anzuzünden, und sie tun es auch. Das ist eine Art Krankheit.«

»Das ist nicht wahr, das ist nicht wahr; es mag solche Kinder geben, aber ich meine etwas anderes.«

»Sie halten das Böse für gut; das ist eine vorübergehende Krise; daran ist vielleicht Ihre frühere Krankheit schuld.«

»Sie verachten mich also doch! Ich mag einfach nichts Gutes tun, ich will Böses tun; das ist gar keine Krankheit.«

»Warum wollen Sie Böses tun?«

»Damit nirgends mehr etwas übrigbleibt. Ach, wie schön wäre es, wenn nichts mehr übrigbliebe! Wissen Sie, Aljoscha, ich habe manchmal im Sinne, schrecklich viel Böses zu tun und alles Schlechte, was es nur gibt; ich werde es lange im stillen tun, und auf einmal werden es alle erfahren. Alle werden mich umringen und mit dem Finger auf mich zeigen, ich aber werde sie alle ansehen. Das ist sehr angenehm. Warum ist das angenehm, Aljoscha?«

»Nun, es ist das Bedürfnis, etwas Gutes zu zerstören oder, wie Sie sagten, etwas anzuzünden. Das kommt auch vor.«

»Ich habe es nicht nur gesagt, ich werde es auch tun.«

»Ich glaube es Ihnen.«

»Ach, wie ich Sie dafür liebe, daß Sie sagen: ‚Ich glaube es Ihnen'. Und Sie lügen ja niemals, niemals. Aber vielleicht denken Sie, daß ich Ihnen das alles absichtlich sage, um Sie zu necken?«

»Nein, das glaube ich nicht ... Wenn Sie auch ein wenig dieses Bedürfnis haben mögen.«

»Ein wenig wohl. Ich könnte Sie nie belügen«, sagte sie, und in ihren Augen funkelte ein eigentümliches Feuer.

Was Aljoscha am meisten überraschte, war ihr Ernst: in ihrem Gesicht war jetzt auch nicht eine Spur von Spott oder Scherz zu sehen, obwohl Heiterkeit und Lust am Scherzen sie früher selbst in ihren »ernstesten« Augenblicken nicht verlassen hatten.

»Es gibt Augenblicke, in denen die Menschen das Verbrechen lieben«, sagte Aljoscha nachdenklich.

»Ja, ja! Sie haben meinen eigenen Gedanken ausgesprochen; man liebt es, alle lieben es, und immer lieben sie es, und nicht nur in gewissen Augenblicken. Wissen Sie, es ist, als ob alle einmal übereingekommen wären, in diesem Punkt zu lügen, und seitdem lügen sie alle. Alle sagen, daß sie das Schlechte hassen, aber im stillen lieben sie es alle.«

»Lesen Sie noch immer schlechte Bücher?«

»Ja. Mama liest sie und versteckt sie unter ihrem Kopfkissen, und da stehle ich sie.«

»Schämen Sie sich denn gar nicht, sich zugrunde zu richten?«

»Ich will mich zugrunde richten. Hier gibt es einen Knaben, der hat zwischen den Schienen gelegen, während der Zug über ihn hinwegrollte. Der Glückliche! Hören Sie, jetzt kommt Ihr Bruder vor Gericht, weil er seinen Vater erschlagen hat, und allen ist es lieb, daß er es getan hat.«

»Allen ist es lieb, daß er seinen Vater erschlagen hat?«

»Ja, allen ist es lieb. Alle sagen, das sei schrecklich, aber im stillen ist es ihnen sehr lieb. Ich bin die erste, der es lieb ist.«

»In dem, was Sie da über alle sagen, liegt etwas Wahres«, sagte Aljoscha leise.

»Ach, was Sie für Gedanken haben!« kreischte Lisa entzückt. »Und Sie sind noch dazu ein Mönch! Sie glauben gar nicht, Aljoscha, wie ich Sie dafür achte, daß Sie niemals lügen. Ach, ich will Ihnen einen komischen Traum von mir erzählen: mir träumt manchmal von Teufeln; mir ist, als wäre es Nacht und als säße ich bei Kerzenlicht in meinem Zimmer; und auf einmal sind überall Teufel, in allen Winkeln und unter dem Tisch, und sie öffnen die Tür, und draußen vor der Tür steht eine ganze Menge von ihnen, und sie wollen hereinkommen und mich fassen. Und sie nähern sich schon und packen mich.

Ich aber bekreuze mich rasch, und sie alle weichen zurück, sie fürchten sich. Doch sie gehen nicht ganz weg, sondern bleiben bei der Türe und in den Ecken stehen und warten. Und plötzlich verlangt es mich schrecklich, Gott laut zu schmähen, und ich fange auch an, es zu tun; sie aber kommen auf einmal wieder in Scharen auf mich zu und freuen sich; und schon packen sie mich wieder, ich aber bekreuze mich rasch nochmals – und sie weichen alle zurück. Das ist sehr lustig, der Atem stockt einem dabei.«

»Auch ich habe zuweilen den gleichen Traum«, sagte Aljoscha plötzlich.

»Nein, wirklich?« rief Lisa erstaunt. »Hören Sie, Aljoscha, lachen Sie nicht, das ist äußerst wichtig: können denn zwei verschiedene Menschen den gleichen Traum haben?«

»Gewiß.«

»Aljoscha, ich sage Ihnen, das ist äußerst wichtig«, fuhr Lise maßlos erstaunt fort. »Nicht der Traum ist wichtig, sondern daß Sie genau den gleichen Traum haben konnten wie ich. Sie lügen mich nie an; Sie dürfen also auch jetzt nicht lügen: ist das wirklich wahr? Machen Sie sich auch nicht über mich lustig?«

»Es ist wahr.«

Lise war ganz überrascht und verstummte für eine halbe Minute.

»Aljoscha, besuchen Sie mich, besuchen Sie mich recht oft«, sagte sie auf einmal mit flehender Stimme.

»Ich werde immer, mein ganzes Leben lang zu Ihnen kommen«, erwiderte Aljoscha fest.

»Ich sage ja das alles nur Ihnen«, begann Lisa von neuem. »Ich sage es nur mir selbst und dann noch zu Ihnen. Ihnen allein in der ganzen Welt. Und Ihnen sage ich es lieber als mir selbst. Und ich schäme mich gar nicht vor Ihnen. Aljoscha, warum schäme ich mich vor Ihnen gar nicht, kein bißchen? Aljoscha, ist es wahr, daß die Juden zu Ostern Kinder stehlen und sie schlachten?«

»Ich weiß es nicht.«

»Ich habe da ein Buch, darin habe ich von einer Gerichtsverhandlung gelesen. Ein Jude hatte einem vierjährigen Jungen alle Finger an beiden Händen abgeschnitten und ihn dann gekreuzigt, ihn mit ausgebreiteten Armen an die Wand genagelt. Vor Gericht sagte er aus, der Junge sei in kurzer Zeit gestorben, nach vier Stunden. Das soll kurze Zeit sein! Er sagt, das Kind habe gestöhnt, immerzu gestöhnt, er aber hat dagestanden und sich daran geweidet. Das ist schön.«

»Schön?«

»Ja, schön. Manchmal stelle ich mir vor, ich selbst hätte den Jungen gekreuzigt. Er hängt da und stöhnt, und ich sitze ihm gegenüber und esse Ananaskompott. Ich esse Ananaskompott sehr gern. Sie auch?«

Aljoscha schwieg und blickte sie an. Ihr gelbliches Gesicht verzerrte sich plötzlich, und ihre Augen glühten auf.

»Wissen Sie, als ich das von dem Juden gelesen hatte, habe ich die ganze Nacht so geweint, daß ich zitterte. Ich stellte mir vor, wie das Kind geschrien und gestöhnt haben mag – vierjährige Knaben begreifen doch schon –, aber ich konnte den Gedanken an das Kompott nicht loswerden. Am Morgen schrieb ich einen Brief an einen Bekannten und bat ihn, *unbedingt* zu mir zu kommen. Er kam, und ich erzählte ihm sofort von dem Knaben und von dem Kompott; *alles* erzählte ich ihm, alles, und sagte, daß es schön sei. Er lachte auf und sagte, das sei tatsächlich schön. Dann stand er auf und ging. Er hatte nur fünf Minuten bei mir gesessen. Verachtete er mich, ja? Sagen Sie mir, Aljoscha, sagen Sie mir, hat er mich verachtet oder nicht?« Sie richtete sich in ihrem Rollstuhl auf, ihre Augen funkelten.

»Sagen Sie«, sagte Aljoscha erregt, »Sie selbst haben ihn gerufen, diesen Mann?«

»Ja.«

»Sie schrieben ihm einen Brief?«

»Ja.«

»Eigens, um ihn das zu fragen, das mit dem Kind?«

»Nein, durchaus nicht deswegen, durchaus nicht. Doch als er hereintrat, fragte ich es sofort. Er antwortete, lachte, stand auf und ging.«

»Dieser Mann hat sich Ihnen gegenüber redlich verhalten«, sagte Ajoscha leise.

»Hat er mich aber verachtet? Hat er mich ausgelacht?«

»Nein, denn er glaubt vielleicht selber an das Ananaskompott. Auch er ist jetzt sehr krank, Lise.«

»Ja, er glaubt daran«, rief Lisa mit funkelnden Augen.

»Er verachtet niemanden«, fuhr Aljoscha fort. »Er glaubt nur niemandem. Wenn er aber niemandem glaubt, so verachtet er natürlich auch alle.«

»Also auch mich? Auch mich?«

»Auch Sie.«

»Das ist schön«, sagte Lisa und knirschte dabei eigentümlich mit den Zähnen. »Als er gelacht hatte und hinausgegangen war, fühlte ich, daß es schön ist, verachtet zu werden. Der Knabe mit den abgeschnittenen Fingern ist etwas Schönes, und auch verachtet zu werden ist etwas Schönes ...«

Sie lachte Aljoscha boshaft und erregt ins Gesicht.

»Wissen Sie, Aljoscha, wissen Sie, ich möchte ... Aljoscha, retten Sie mich!« rief sie, sprang jäh von ihrem Rollstuhl auf, stürzte zu ihm und umschlang ihn fest mit den Armen. »Retten Sie mich«, stöhnte sie. »Könnte ich denn sonst jemandem auf der Welt sagen, was ich Ihnen gesagt habe? Ich habe ja die Wahrheit gesagt, die Wahrheit, die Wahrheit! Ich werde mir das Leben nehmen, denn alles widert mich an! Ich will nicht weiterleben, denn alles ist mir zuwider. Alles ist mir zuwider, Aljoscha, warum lieben Sie mich denn kein, kein bißchen?« schloß sie ganz außer sich.

»Nein, ich liebe Sie!« erwiderte Aljoscha feurig.

»Werden Sie über mich weinen, werden Sie das?«

»Ja.«

»Nicht deswegen, weil ich nicht Ihre Frau werden wollte, sondern einfach über mich weinen, ganz einfach?«

»Ja.«

»Haben Sie Dank! Ich brauche nur Ihre Tränen. Alle übrigen mögen mich verurteilen und mit den Füßen zertrampeln, alle, alle, niemanden ausgenommen. Denn ich liebe niemanden. Hören Sie: nie-man-den! Im Gegenteil, ich hasse alle! Gehen Sie jetzt, Aljoscha, es ist Zeit, daß Sie zu Ihrem Bruder gehen!« Sie riß sich plötzlich von ihm los.

»Ich kann Sie doch jetzt nicht allein lassen«, sagte Aljoscha fast erschrocken.

»Gehen Sie zu Ihrem Bruder, sonst wird das Gefängnis geschlossen; gehen Sie, hier ist Ihr Hut! Küssen Sie Mitja; gehen Sie, gehen Sie!«

Und sie schob Aljoscha fast mit Gewalt zur Tür hinaus. Er sah sie betrübt und ratlos an, doch plötzlich fühlte er in seiner rechten Hand einen Brief, ein kleines Briefchen, das fest zusammengefaltet und versiegelt war. Er warf einen Blick darauf und las blitzschnell die Adresse: »An Iwan Fjodorowitsch Karamasow«. Gleich darauf sah er Lise an. Ihr Gesicht hatte einen fast drohenden Ausdruck angenommen.

»Übergeben Sie den Brief, übergeben Sie ihn unbedingt«,

befahl sie außer sich und zitterte am ganzen Leibe. »Heute noch, sofort! Sonst vergifte ich mich! Deshalb habe ich Sie rufen lassen!«

Sie schlug rasch die Tür zu. Das Schloß schnappte ein. Aljoscha steckte den Brief in die Tasche und ging geradewegs zur Treppe, ohne noch einmal zu Frau Chochlakowa zu gehen. Er hatte sie ganz vergessen. Lise aber drückte, kaum hatte Aljoscha sich entfernt, sogleich die Klinke auf, öffnete die Tür ein wenig, steckte einen Finger in den Türspalt und klemmte ihn, indem sie die Tür zuschlug, mit allen Kräften ein. Nach etwa zehn Sekunden befreite sie ihre Hand, ging leise und langsam zu ihrem Rollstuhl, setzte sich aufrecht hin und betrachtete aufmerksam ihren schwarzgewordenen Finger und den Bluterguß unter dem Nagel. Ihre Lippen zitterten, und sie flüsterte ganz schnell vor sich hin: »Ich bin gemein, gemein, gemein!«

4

Die Hymne und das Geheimnis

Es war schon ganz spät – die Novembertage sind ja überhaupt kurz –, als Aljoscha am Tor des Gefängnisses klingelte. Es begann sogar schon zu dämmern. Aber Aljoscha wußte, daß man ihn ungehindert zu Mitja lassen werde. Alles das ist bei uns, in unserem Städtchen, so wie überall. Nach Abschluß der ganzen Voruntersuchung war der Zutritt zu Mitja für seine Verwandten und einige andere, die ihn besuchen wollten, anfangs freilich mit etlichen unerläßlichen Formalitäten verbunden; später aber schwächten sich diese Formalitäten nicht nur ab, sondern es wurden bei einigen Personen, die zu Mitja kamen, nach und nach ganz von selbst Ausnahmen gemacht. Das ging so weit, daß manchmal sogar die Zusammenkünfte mit dem Häftling in dem dafür bestimmten Raume fast unter vier Augen stattfanden. Übrigens gab es nur sehr wenige solche Personen: es waren nur Gruschenka, Aljoscha und Rakitin. Doch Gruschenka erfreute sich des besonderen Wohlwollens des Kreispolizeichefs Michail Makarowitsch. Dem alten Mann lag es wie ein Stein auf dem Herzen, daß er sie damals in Mokroje so angeschrien hatte. Später, als er erfahren hatte, wie die Dinge lagen, hatte er seine Meinung über sie völlig geändert. Und sonderbar: obwohl er von Mitjas Schuld überzeugt war, beurteilte er ihn seit seiner Inhaftierung immer milder. Dieser Mensch, sagte er sich, hatte vielleicht eine gute Seele, ist aber zugrunde gegangen durch Trunk und Liederlichkeit. An die Stelle des früheren Entsetzens war in seinem Herzen eine Art Mitleid getreten. Was Aljoscha anlangt, so hatte der Kreispolizeichef ihn sehr gern und kannte ihn schon lange; Rakitin aber, der den Häftling späterhin sehr oft ungebeten besuchte, war einer der nächsten Bekannten der »Fräulein Enkelinnen des Herrn Kreispolizeichefs«, wie er sie nannte, und verkehrte täglich in ihrem Hause. Bei dem Gefängnisvorstand, einem gutmütigen, wenn auch im Dienst strengen alten Manne, gab er im Hause Privatstunden. Aljoscha wiederum war ein besonders guter alter Bekannter des Gefängnisvorstandes, der sich mit ihm gern im allgemeinen über »kluge Dinge« unterhielt. Iwan Fjodorowitsch zum Beispiel wurde von dem Gefängnisvorstand nicht nur geachtet, sondern sogar gefürchtet, hauptsächlich wegen seiner Ansichten, obwohl er selbst ein großer Philosoph war, natürlich einer, der durch seinen eigenen Verstand dahin gelangt war. Zu Aljoscha aber fühlte er sich unwiderstehlich hingezogen. Im letzten Jahr hatte sich der alte Mann an die apokryphen Evangelien gemacht und berichtete nun seinem jungen Freund alle Augenblicke von seinen Eindrücken. Früher war er sogar zu ihm ins Kloster gekommen und hatte mit ihm und den Mönchpriestern ganze Stunden lang diskutiert. Kurzum, selbst wenn Aljoscha zu spät ins Gefängnis kam, brauchte er nur zu dem Vorstand zu gehen, und damit war der Fall immer erledigt. Außerdem hatten sich alle im Gefängnis, bis zum letzten Wächter, an Aljoscha gewöhnt. Die Wache hinderte ihn natürlich nicht, sobald er die Erlaubnis der Obrigkeit hatte. Mitja kam, wenn man ihn herausrief, immer aus seiner Zelle in das Zimmer hinunter, das für Besuche bestimmt war. Als Aljoscha jetzt in dieses Zimmer trat, stieß er mit Rakitin zusammen, der eben im Fortgehen war. Beide sprachen laut miteinander, Mitja, der Rakitin das Geleit gab, lachte sehr über etwas, und Rakitin schien zu murren. Rakitin begegnete besonders in der letzten Zeit Aljoscha nicht gern; er redete fast gar nicht mit ihm, und es kostete ihn sogar eine Überwindung, ihn zu grüßen. Als er jetzt Aljoscha eintreten sah, runzelte er besonders mürrisch die Stirn und wandte den Blick zur Seite, als wäre er völlig mit dem Zuknöpfen seines weiten, warmen, mit einem Pelzkragen versehenen Mantels beschäftigt. Hierauf begann er sofort seinen Schirm zu suchen.

»Daß ich nur nichts von meinen Sachen vergesse«, murmelte er, nur um etwas zu sagen.

»Vergiß nichts Fremdes!« scherzte Mitja und lachte sofort selbst über seinen Witz. Rakitin brauste auf.

»Empfiehl das lieber deinen Karamasows, diesen Leibeigenenhaltern, und nicht einem Rakitin!« rief er und zitterte vor Wut.

»Was willst du denn? Es war doch nur ein Scherz!« rief Mitja. »Ach, Teufel, so sind sie alle«, wandte er sich an Aljoscha und deutete mit dem Kopf auf Rakitin, der sich rasch entfernte. »Er hat die ganze Zeit dagesessen, hat gelacht und war lustig, und nun braust er auf einmal auf! Dir hat er nicht einmal zugenickt; habt ihr euch denn ganz überworfen? – Warum kommst du so spät? Ich habe dich den ganzen Vormittag nicht nur erwartet, sondern mich geradezu nach dir gesehnt! Nun, das macht nichts! Wir werden das Versäumte nachholen.«

»Warum kommt er denn so oft zu dir? Bist du so befreundet mit ihm?« fragte Aljoscha und deutete ebenfalls mit dem Kopf nach der Tür hin, durch die Rakitin sich davongemacht hatte.

»Befreundet mit Michail? Nein, das wohl nicht. Weshalb denn, mit diesem Schwein! Er glaubt, daß ich . . . ein Schurke bin. Er versteht auch keinen Scherz, und das ist das Wichtigste an diesen Leuten. Niemals verstehen sie einen Scherz. Und in ihrer Seele ist es trocken, platt und trocken, wie damals, als ich zu dem Gefängnis fuhr und die Mauern des Kerkers anblickte. Aber er ist ein kluger Mensch, ein kluger. Nun, Alexej, um mich ist es jetzt geschehen!«

Er setzte sich auf die Bank und machte neben sich für Aljoscha Platz.

»Ja, morgen ist die Verhandlung. Hast du denn überhaupt gar keine Hoffnung, Bruder?« fragte Aljoscha mit einem bangen Gefühl.

»Wovon sprichst du denn?« sagte Mitja und blickte ihn unbestimmt an. »Ach, du meinst die Verhandlung! Nun, hol's der Teufel! Die ganze Zeit reden wir beide über dummes Zeug, immer über diesen Prozeß, und über das Wichtigste habe ich geschwiegen. Ja, morgen ist die Verhandlung, nur habe ich nicht die Verhandlung gemeint, als ich sagte, es sei um mich geschehen. Ich trage den Kopf noch auf den Schultern, aber was in meinem Kopf war, um das ist es geschehen. Warum siehst du mich mit so kritischer Miene an?«

»Was meinst du damit, Mitja?«

»Die Ideen, die Ideen, das ist es, die Ethik. Was bedeutet denn Ethik?«

»Ethik?« verwunderte sich Aljoscha.

»Ja, was ist das eigentlich für eine Wissenschaft?«

»Ja, es gibt eine solche Wissenschaft . . . nur . . . muß ich gestehen, daß ich sie dir nicht erklären kann.«

»Rakitin weiß es. Rakitin weiß viel, hol ihn der Teufel! Der wird kein Mönch. Er will nach Petersburg. Dort, sagt er, will er Kritiker werden, aber mit edler Tendenz. Nun ja, da kann er Nutzen bringen und Karriere machen. Ach, diese Leute sind ja Meister im Karrieremachen! Zum Teufel mit der Ethik! Und ich bin verloren, Alexej, ich bin verloren, du Mensch Gottes. Ich liebe dich mehr als alle anderen. Mein Herz zittert dir entgegen, weißt du. Wer war denn dieser Karl Bernard?«

»Karl Bernard?« wunderte sich Aljoscha aufs neue.

»Nein, nicht Karl, warte einmal, das war falsch: Claude Bernard. Wer ist das? Ein Chemiker, wie?«

»Das ist wohl ein Gelehrter«, antwortete Aljoscha, »nur muß ich dir gestehen, daß ich auch über ihn nicht viel sagen kann. Ich habe nur gehört, daß er ein Gelehrter ist, aber was für einer, das weiß ich nicht.«

»Na, hol ihn der Teufel, auch ich weiß es nicht«, fluchte Mitja. »Höchstwahrscheinlich ein Schurke. Sie alle sind ja Schurken. Aber Rakitin wird durchschlüpfen, Rakitin kann durch jede Ritze schlüpfen, so wie Bernard. Ach, diese Bernards! Ihrer werden immer mehr!«

»Ja, was hast du denn?« fragte Aljoscha hartnäckig.

»Er will über mich, über meinen Fall einen Artikel schreiben und damit seine literarische Laufbahn beginnen, deshalb kommt er auch her; er hat es mir selbst gesagt. Er will irgend etwas mit einer bestimmten Tendenz, so etwa: Er konnte nicht anders als töten; er war ein Opfer seiner Umwelt und so weiter, wie er mir erklärt hat. Es wird einen Anflug von Sozialismus haben, sagt er. Hol ihn der Teufel, wenn mit Anflug, dann eben mit Anflug, mir gilt es gleich. Unseren Bruder Iwan mag er nicht; er haßt ihn, auch dich mag er nicht. Na, und ich jage ihn nicht weg; denn er ist ein kluger Mensch. Allerdings ist er sehr überheblich. Gerade jetzt habe ich ihm gesagt: ‚Die Karamasows sind keine Schurken, sondern Philosophen, weil alle echten russischen Menschen Philosophen sind, und du hast zwar studiert, bist aber kein Philosoph, sondern ein Bauernlümmel.‘ Und er lacht dazu sehr böse. Und ich sage ihm: ‚De

Gedankibus non est disputandum.‘ War das nicht gut gesagt? So gehe wenigstens auch ich in die Klassik ein«, sagte Mitja und lachte.

»Weshalb ist es um dich geschehen? Du hast das doch gerade gesagt«, unterbrach ihn Aljoscha.

»Warum ich verloren bin? Hm! Eigentlich ... wenn man alles in allem nimmt – tut mir Gott leid, deshalb bin ich verloren.«

»Wieso tut dir Gott leid?«

»Stell dir vor: das sitzt hier in den Nerven, im Kopf, das heißt, hier im Hirn sind solche Nerven ... na, hol's der Teufel! – sie haben also solche Schwänzchen, die Nerven nämlich –, und sobald die nun zu zittern anfangen ... das heißt, siehst du, ich blicke etwas an, mit den Augen, so, und sie fangen zu zittern an, die Schwänzchen nämlich ... und sobald sie zu zittern anfangen, erscheint ein Bild, und dabei verstreicht ein Augenblick, eine Sekunde vielleicht, und es gibt gleichsam einen Moment, das heißt, nicht einen Moment – hol ihn der Teufel, den Moment! – und das Bild, das heißt, der Gegenstand oder das Geschehnis, hol's der Teufel – und siehst du, weswegen ich schaue und dann denke ... wegen der Schwänzchen und ganz und gar nicht deswegen, weil ich eine Seele habe und so etwas wie ein Ebenbild Gottes bin ... das alles ist Unsinn. Michail hat mir das erst gestern erklärt, mein Lieber, und mir war, als hätte es mich versengt. Großartig ist diese Wissenschaft, Aljoscha! Ein neuer Mensch wird kommen, das verstehe ich ... Aber trotzdem tut mir Gott leid!«

»Nun, auch das ist gut«, sagte Aljoscha.

»Daß mir Gott leid tut? Das alles ist Chemie, mein Lieber, Chemie! Da kann man nichts machen, Euer Hochwürden, rücken Sie ein wenig zur Seite, die Chemie kommt! Und Rakitin liebt Gott nicht, ach, wie wenig er Gott liebt! Das ist der wundeste Punkt bei ihnen, bei ihnen allen! Doch sie verbergen es. Sie lügen. Sie verstellen sich. ‚Wie? Wirst du das als Kritiker vorbringen?‘ frage ich ihn. ‚Na, das werden sie mir erklärlicherweise nicht erlauben‘, antwortet er lachend. ‚Aber was soll dann der Mensch beginnen?‘ frage ich. ‚Ohne Gott und ohne Leben nach dem Tode? Jetzt ist wohl also alles erlaubt, und man darf alles tun?‘ ‚Hast du das denn nicht gewußt?‘ sagt er und lacht dabei. ‚Ein kluger Mensch darf alles‘, sagt er. ‚Ein kluger Mensch versteht sich darauf, Krebse zu fangen; du aber hast getötet‘, sagt er ‚und man hat dich erwischt, und du vermoderst jetzt im Kerker!‘ Das hat er mir gesagt! Ein Schwein ist er! Solche Kerle habe ich früher hinausgeworfen, aber heute höre ich ihnen zu. Er sagt ja auch viel Vernünftiges. Und er kann klug schreiben. Vorige Woche las er mir einen Artikel vor; zwei Zeilen davon habe ich mir damals abgeschrieben, warte, hier hast du sie.«

Mitja nahm hastig einen Zettel aus der Westentasche und las vor.

»‚Um dieses Problem zu lösen, muß man erst die eigene Person in Widerspruch zu der eigenen Wirklichkeit setzen.‘ – Verstehst du das?«

»Nein, das verstehe ich nicht«, antwortete Aljoscha.

Voll Neugier musterte er Mitja und hörte ihm zu.

»Auch ich verstehe es nicht. Es ist dunkel und unklar, daher klug. ‚Alle schreiben jetzt so‘, sagt er, ‚weil die Leute es so wollen . . .‘ Sie haben alle Angst vor den Leuten. Er schreibt auch Gedichte, der Schurke. Den Fuß der Chochlakowa hat er besungen, hahaha.«

»Das habe ich gehört«, sagte Aljoscha.

»Du hast es gehört? Und das Gedicht gesehen?«

»Nein.«

»Ich habe es hier. Ich will dir's vorlesen. Du weißt das nicht; ich habe es dir nicht erzählt, aber daran knüpft sich eine ganze Geschichte. Der Spitzbube! Vor drei Wochen fiel ihm auf einmal ein, mich zu hänseln. ‚Du hast dich wegen dreitausend Rubel wie ein Dummkopf ins Unglück gestürzt‘, sagt er, ‚aber ich werde hundertfünfzigtausend kriegen; ich werde eine Witwe heiraten und mir ein steinernes Haus in Petersburg kaufen!‘ Und er erzählte mir, daß er der Chochlakowa den Hof macht, und die war ihr Lebtag nicht gescheit, und jetzt mit vierzig hat sie den Verstand vollends verloren. ‚Und sie ist so besonders empfindsam‘, sagt er. ‚Und damit werde ich sie auch zur Strecke bringen. Ich werde sie heiraten und mit ihr nach Petersburg übersiedeln, und dort werde ich dann eine Zeitung herausgeben‘. Und dabei hat er einen so abscheulich wollüstigen Geifer an den Lippen, aber das Wasser läuft ihm nicht wegen der Chochlakowa im Munde zusammen, sondern wegen jener hundertfünfzigtausend Rubel. Und ich habe es ihm geglaubt, gewiß; er kommt ja immer zu mir, Tag für Tag, ‚Sie wird sich einfangen lassen‘, sagte er und strahlte vor Freude. Und auf einmal wurde er aus dem Hause gejagt. Pjotr Iljitsch Perchotin hat ihn ausgestochen, ein tüchtiger Junge! Abküssen möchte ich diese dumme Gans dafür, daß sie ihn hinausgeworfen hat. Und als er nun einmal auf dem Wege zu mir war, da verfaßte er dieses Gedicht. ,Zum erstenmal besudle ich meine Hände', sagt er, ,und schreibe Verse, allerdings nur, um die Frau wohlwollend zu stimmen, und für eine nützliche Sache. Wenn ich dieser Närrin das Kapital abgenommen habe, kann ich dann dem Gemeinwohl großen Nutzen bringen.' Die Leute rechtfertigen jede Schurkerei mit dem Interesse des Gemeinwohls. ,Und immerhin habe ich bessere Verse geschrieben als euer Puschkin', sagt er, ,weil ich selbst in ein Scherzgedicht das staatsbürgerliche Leid hineinzubringen verstanden habe.' Das mit Puschkin verstehe ich ja. Nun, wenn er wirklich ein fähiger Mensch gewesen ist und dabei nur Füßchen besungen hat! Und wie stolz Rakitin auf seine Verschen war! Eitel sind diese Leute, eitel! *Auf die Genesung des kranken Füßchens meiner Angebeteten* – das ist der Titel, den er sich ausgedacht hat – ein frecher Kerl!

Ach, wie ist doch dieses Füßchen
Angeschwollen jetzt ein bißchen!
Ärzte kommen und kurieren,
Schmieren Salben, bandagieren.

Doch die Füßchen sind nicht wichtig –
Mag ein Puschkin sie besingen!
Um das Köpfchen bangt mir richtig . . .
Läßt es zur Vernunft sich bringen?

Ist schon recht gescheit gewesen,
Doch da kam der Fuß, der steife.
Mag das Füßchen rasch genesen,
Daß das Köpfchen bald begreife!

Ein Schwein, wahrhaftig ein Schwein, aber das ist dem Schurken doch recht spaßig gelungen! Und wahrhaftig hat er eine ,staatsbürgerliche Note' hineingebracht. Aber wie er in Zorn geriet, als man ihn hinauswarf! Geradezu geknirscht hat er!«

»Er hat schon Rache genommen«, sagte Aljoscha. »Er hat über die Chochlakowa einen Zeitungsartikel geschrieben.«

Und Aljoscha erzählte ihm rasch von dem Bericht in den *Gerüchten*.

»Das ist er, bestimmt er!« bestätigte Mitja mit gerunzelter Stirn. »Das ist er! Diese Berichte . . . Ich kenne das doch . . . Das heißt, wieviel Gemeinheiten wurden zum Beispiel schon über Gruscha geschrieben! ... Und auch über die andere, über Katja ... hm!«

Sorgenvoll ging er in dem Zimmer auf und ab.

»Lieber Bruder, ich kann nicht lange bleiben«, sagte Aljoscha, nachdem er einige Zeit geschwiegen hatte. »Morgen ist ein furchtbarer, ein großer Tag: Gottes Gericht wird über dich gehalten ... und ich muß staunen ... Da gehst du hin und her und sprichst statt über diese Sache über Gott weiß was ...«

»Nein, wundere dich nicht!« unterbrach ihn Mitja hitzig. »Soll ich denn etwa von diesem stinkenden Hund sprechen, wie? Von dem Mörder? Wir beide, du und ich, haben darüber schon genug gesprochen; ich will nicht länger an diesen stinkenden Sohn der Stinkenden denken! Gott wird ihn töten, paß nur auf und schweig!«

Voll Erregung trat er auf Aljoscha zu und küßte ihn plötzlich. Seine Augen flammten auf.

»Rakitin wird das nicht verstehen!« begann er gleichsam triumphierend, »doch du, du verstehst das alles. Darum hatte ich solche Sehnsucht nach dir. Weißt du, ich wollte dir schon lange hier, zwischen diesen kahlen Wänden, vieles sagen, aber ich schwieg über das Wichtigste – die Zeit dazu schien mir noch nicht gekommen, und jetzt wartete ich die letzte Frist ab, dir meine Seele auszuschütten. Mein Bruder, in diesen zwei Monaten spürte ich in mir einen neuen Menschen; ein neuer Mensch ist in mir erstanden! Er war eingeschlossen in mir, aber er hätte sich nie gezeigt, wäre nicht dieser Donnerschlag gekommen. Es ist furchtbar! Und was liegt mir daran, daß ich zwanzig Jahre in den Erzgruben mit dem Hammer das Erz herausklopfen werde – ich habe ganz und gar keine Angst davor, aber etwas anderes fürchte ich jetzt: daß der auferstandene Mensch mich verläßt! Man kann auch dort, in den Bergwerken, unter der Erde, an seiner Seite in einem ebensolchen Zwangsarbeiter und Mörder ein Menschenherz finden und sich mit ihm zusammenschließen, weil man auch dort leben und lieben und leiden kann! Man kann in diesem Zwangsarbeiter das erstorbene Herz erneuern und es auferstehen machen; man kann sich Jahre hindurch um ihn kümmern und endlich die hohe Seele aus ihrer Höhle ans Licht bringen, das dulderische Bewußtsein; man kann einen Engel wieder erwecken, einen Helden neu erstehen lassen! Und ihrer sind ja viele, ihrer sind Hunderte, und wir alle tragen für sie die Schuld! Warum träumte mir damals von dem ‚Kindchen'? In einem solchen Augenblick? ‚Warum ist das Kindchen arm?' Diese Prophezeiung kam mir in jenem Augenblick! Für dieses ‚Kindchen' gehe ich hin. Weil alle für alle schuldig sind. Für alle ‚Kindchen', denn es gibt kleine Kinder und große Kinder. Alle sind sie Kinder. Und für alle will ich gehen, weil es ja sein muß, daß irgend jemand für alle geht. Ich habe unseren Vater nicht getötet, aber ich muß gehen. Ich nehme es auf mich! Dies kam mir alles zum Bewußtsein ... Hier, zwischen diesen kahlen Wänden. Und ihrer sind ja viele, ihrer sind dort Hunderte, in unterirdischen Stollen, mit dem Hammer in Händen. O ja, wir werden in Ketten sein, und wir werden keine Freiheit haben, aber dann werden wir in unserem großen Jammer neu erstehen in Freude, ohne die der Mensch nicht leben und Gott nicht sein kann, denn Gott gibt Freude, das ist sein großes Privileg ... O Herr, erweiche den Menschen im Gebet! Wie sollte ich dort leben, unter der Erde, ohne Gott? Rakitin lügt: wenn man Gott von der Erde verjagt, werden wir ihn unter der Erde empfangen! Ein Zwangsarbeiter kann ohne Gott nicht sein, das ist sogar noch unmöglicher als für einen, der kein Zwangsarbeiter ist! Und dann werden wir, die unterirdischen Menschen, aus dem Schoß der Erde die tragische Hymne an Gott singen, bei dem die Freude ist! Es lebe Gott, und es lebe Seine Freude! Ich liebe Ihn!«

Während Mitja diese wilde Rede hielt, keuchte er beinahe. Er war bleich geworden; seine Lippen zitterten; aus den Augen rollten ihm Tränen.

»Nein, das Leben ist überall; ein Leben gibt es auch unter der Erde!« begann er aufs neue. »Du wirst es mir nicht glauben, Alexej, wie sehr es mich jetzt zu leben verlangt, welche Sehnsucht, zu existieren und bewußt zu sein, gerade zwischen diesen kahlen Wänden in mir geboren wurde! Rakitin versteht mich nicht; er will nichts anderes als ein Haus bauen und Wohnungen vermieten, aber ich habe auf dich gewartet. Und was ist denn das Leiden? Ich fürchte es nicht, mag es auch grenzenlos sein. Jetzt fürchte ich es nicht; früher fürchtete ich es. Weißt du, vielleicht werde ich bei der Verhandlung überhaupt nichts aussagen ... und es scheint mir, als hätte ich jetzt so viel von dieser Kraft, daß ich alles niederkämpfen werde, alle Leiden, nur damit ich mir jeden Augenblick sagen und verkünden kann: Ich bin! In tausend Qualen bin ich; wenn ich mich in der Folter krümme, bin ich! Wenn ich auf einer Säule sitze, so existiere ich doch; ich sehe die Sonne, und wenn ich die Sonne nicht sehe, so weiß ich dennoch, daß es sie gibt. Und wissen, daß es die Sonne gibt – das ist schon das ganze Leben. Aljoscha, du mein Cherub, diese verschiedenen Philosophien bringen mich um, mag der Teufel sie holen! Unser Bruder Iwan ...«

»Was ist mit unserem Bruder Iwan?« versuchte Aljoscha ihn zu unterbrechen, aber Mitja hörte nicht auf ihn.

»Weißt du, vorher hatte ich solche Zweifel überhaupt nicht, aber das alles lag in mir verborgen. Vielleicht gerade deshalb, weil unbekannte Ideen in mir tobten; ich war trunken und händelsüchtig und toll. Um sie in mir zu betäuben, suchte ich Händel, um sie zu beschwichtigen, sie zu erdrücken. Unser Bruder Iwan ist nicht Rakitin; er verbirgt die Idee. Bruder Iwan ist eine Sphinx und schweigt, schweigt immerzu. Und mich quält Gott. Er quält mich nur, aber was soll das heißen, daß es Ihn nicht gibt? Wenn Rakitin recht hat, wenn dies eine künstliche Idee in der Menschheit ist? Dann, wenn es Ihn nicht gibt, ist der Mensch der Herr der Erde, des Weltengebäudes. Prächtig! Nur wie wird er ohne Gott tugendhaft sein? Das ist die Frage! Ich denke immer daran. Denn wen wird er dann lieben, der Mensch nämlich? Wem wird er dankbar sein? Wem wird er Hymnen anstimmen? Rakitin lacht. Rakitin sagt, man könne die Menschheit auch ohne Gott lieben. Nun, nur so ein Rotzbengel wie er kann das behaupten, aber ich kann es nicht verstehen. Ihm fällt es leicht zu leben. ‚Kümmere dich lieber um die Erweiterung der staatsbürgerlichen Rechte des Menschen‘, sagte er mir heute, ‚oder wenigstens darum, daß der Preis des Rindfleisches nicht steige; damit wirst du der Menschheit schlichtere und nähere Liebe erweisen als durch all deine Philosophie‘. Darauf sagte ich zu ihm: ‚Und ohne Gott‘, sagte ich, ‚wirst du selber noch auf den Fleischpreis draufschlagen, wenn es in deiner Macht steht, und statt einer Kopeke einen Rubel verlangen.‘ Da wurde er zornig. Denn was ist Tugend? Antworte du mir, Alexej! Ich habe die eine Tugend, ein Chinese aber eine andere – also ist das eine relative Sache. Oder nicht? Oder ist sie nicht relativ? Eine heimtückische Frage! Du wirst gewiß nicht lachen, wenn ich dir sage, daß ich deshalb zwei Nächte nicht geschlafen habe. Ich wundere mich jetzt nur darüber, wie die Menschen leben können und gar nicht daran denken. Die Eitelkeit der Welt! Iwan hat keinen Gott. Er hat eine Idee. Das übersteigt meine Maße. Aber er schweigt. Ich glaube, er ist ein Freimaurer. Ich habe ihn gefragt – er schweigt. Ich wollte aus seiner Quelle Wasser trinken – er schweigt. Nur einmal hat er ein Wörtchen gesprochen.«

»Was hat er gesagt?« warf Aljoscha hastig ein.

»Ich fragte ihn: ‚Wenn dem so ist, ist wohl alles erlaubt?' Da runzelte er die Stirn und sagte: ‚Fjodor Pawlowitsch, unser Papa, war ein Ferkel, aber er dachte richtig.' Und damit hatte es sein Bewenden. Das war alles, was er sagte. Es ist noch saftiger als Rakitins Reden.«

»Ja«, bestätigte Aljoscha bitter. »Wann war er bei dir?«

»Davon später, jetzt etwas anderes. Ich habe dir von Iwan bis jetzt fast nichts gesagt. Ich schob es bis zum letzten Augenblick hinaus. Wenn mein Prozeß da zu Ende und das Urteil gesprochen ist, dann will ich dir einiges erzählen, will ich dir alles erzählen. Es ist da etwas Furchtbares . . . und du sollst in dieser Sache mein Richter sein. Jetzt aber fang gar nicht davon zu sprechen an, jetzt heißt es schweigen. Da redest du über morgen, über die Verhandlung, aber ob du es wohl glaubst, ich weiß nichts.«

»Hast du mit diesem Anwalt gesprochen?«

»Ach, der Anwalt! Ich habe ihm alles gesagt; er ist ein weicher Spitzbube, ein Mensch aus der Hauptstadt! Ein Bernard! Nur glaubt er mir nicht für eine halbe Kopeke. Er glaubt, ich sei der Mörder, stell dir das nur vor – ich sah es gleich. ‚Warum sind Sie dann gekommen, mich zu verteidigen?' fragte ich ihn. Ich pfeife auf alle die Kerle! Auch einen Arzt hat man kommen lassen; er will beweisen, daß ich verrückt bin. Das lasse ich nicht zu! Katerina Iwanowna will bis zum Ende ‚ihre Schuld' abtragen. Mit welcher Mühe!« Mitja lächelte bitter. »Diese Katze! Ein hartes Herz! Dabei weiß sie, daß ich damals in Mokroje von ihr sagte, sie sei eine Frau des ‚großen Zornes'! Das hat man ihr hinterbracht. Ja, die Beweise haben sich vermehrt und sind jetzt zahlreich wie der Sand am Meer! Grigorij beharrt auf seiner Aussage. Grigorij ist ehrlich, aber ein Dummkopf. Es gibt viele ehrliche Menschen, dank dem Umstand, daß sie Dummköpfe sind. Das ist ein Gedanke Rakitins. Grigorij ist mein Feind. Manchen ist es besser zum Feind zu haben als zum Freund. Ich meine damit Katerina Iwanowna. Ich fürchte, ach, ich fürchte, daß sie vor Gericht über die tiefe Verbeugung nach diesen viertausendfünfhundert erzählen wird! Bis zum letzten wird sie es abzahlen, bis zum letzten Groschen. Ich will ihr Opfer nicht! Sie werden mich vor Gericht beschämen. Wie soll ich das aushalten? Geh zu ihr, Aljoscha, bitte sie, daß sie davon vor Gericht nichts sagt. Oder ist das unmöglich? Ach, hol's der Teufel, es ist ja gleichgültig, ich werde durchhalten. Um sie tut es mir nicht leid. Sie wünscht es ja selbst. Es geschieht ihr ganz recht. Ich werde sagen, was ich zu sagen habe, Alexej.« Wieder lächelte er bitter. »Nur ... nur Gruscha! Ach, Gruscha, du lieber Gott! Warum wird sie jetzt diese Qual auf sich nehmen!« rief er plötzlich unter Tränen. »Gruscha tötet mich, der Gedanke an sie tötet mich, tötet mich! Sie war vor kurzem bei mir ...«

»Das hat sie mir erzählt. Sie war heute sehr betrübt über dich.«

»Ich weiß. Der Teufel hole mich meines Charakters wegen! Eifersüchtig war ich. Beim Abschied bereute ich es und küßte sie. Um Verzeihung bat ich aber nicht.«

»Warum nicht?« rief Aljoscha.

Mitja lachte fast fröhlich auf.

»Du lieber Junge, Gott schütze dich davor, jemals die Frau, die du liebst, wegen einer Schuld um Verzeihung zu bitten. Besonders die Frau, die du liebst, besonders die, und wie sehr du gegen sie auch schuldig sein magst! Denn die Frau – weiß der Teufel, mein Lieber, was das ist, aber ich weiß bei ihnen wenigstens Bescheid! Aber versuch einmal, ihr eine Schuld einzugestehen und zu sagen: Entschuldige, verzeih, ich bin schuld – dann kommt ein ganzer Hagel von Vorwürfen. Nichts wird sie dir gerade und schlicht verzeihen, sondern sie wird dich erniedrigen wie einen Waschlappen; sie wird dir Dinge vorhalten, die es gar nicht gegeben hat. Alles wird sie heranziehen, nichts vergessen, eigene Erfindungen hinzufügen und dann erst dir verzeihen. Und dabei ist das noch die Beste von ihnen, die Beste! Sie wird die letzten Reste zusammenkratzen und sie alle auf deinen Kopf legen – diese Schindernatur sitzt in ihnen, in allen ohne Ausnahme, in diesen Engeln, ohne die wir nicht leben können! Siehst du, mein Teurer, ich will dir offen und schlicht sagen: Jeder anständige Mensch muß wenigstens bei irgendeiner Frau unter dem Pantoffel stehen! Das ist meine Überzeugung; nicht gerade eine Überzeugung, sondern ein Gefühl. Der Mann muß großmütig sein, und dem Mann macht das keine Schande! Aber um Verzeihung bitte trotzdem nicht, niemals und für nichts. Merke dir die Regel; dein Bruder Mitja, der durch Frauen zugrunde gegangen ist, vermacht sie dir. Nein, ich will mich um Gruscha lieber, ohne um Verzeihung zu bitten, verdient machen. Andächtig bin ich ihr gegenüber, Alexej, andächtig! Nur sieht sie das nicht; nein, es ist ihr zu wenig Liebe. Und sie quält mich; sie quält mich mit ihrer Liebe. Was war früher! Früher quälten mich nur ihre teuflisch schönen Körperlinien, aber jetzt habe ich ihre ganze Seele in die meine aufgenommen und bin durch sie selber ein Mensch geworden! Wird man uns die Trauung erlauben? Sonst muß ich vor Eifersucht sterben. Ich träume jeden Tag davon ... Was hat sie dir über mich gesagt?«

Aljoscha wiederholte alles, was Gruschenka vorhin gesagt hatte. Mitja hörte gespannt zu, stellte viele Zwischenfragen und war zufrieden.

»Sie ist mir also nicht böse, wenn ich eifersüchtig bin?« rief er. »Eine richtige Frau! ‚Ich selber habe ein hartes Herz!' Ach, ich liebe diese Harten, obgleich ich es nicht ertragen kann, wenn sie eifersüchtig sind, ich ertrage es nicht! Wir werden einander noch prügeln. Aber lieben – lieben werde ich sie ewig. Wird man uns trauen? Darf ein Zwangsarbeiter denn heiraten? Das ist die Frage. Und ohne sie kann ich nicht leben ...«

Mit gerunzelter Stirn ging Mitja auf und ab. In dem Zimmer wurde es jetzt schon fast finster. Plötzlich erfaßte ihn furchtbare Sorge.

»Also ein Geheimnis, so sagt sie, ein Geheimnis? Sie meint, es gebe eine Verschwörung zu dritt gegen sie, und ‚Katjka' sei daran beteiligt? Nein, teure Gruschenka, so ist das nicht. Da irrst du, das ist ein recht dummer weiblicher Irrtum. Aljoscha, Teuerster, sei's drum! Ich will dir unser Geheimnis enthüllen.«

Er sah sich nach allen Seiten um, ging rasch nahe an den vor ihm stehenden Aljoscha heran und begann mit geheimnisvoller Miene zu flüstern, obwohl eigentlich niemand sie belauschen konnte: der alte Wächter schlummerte in der Ecke auf seiner Bank, und bis zu den Wachtsoldaten konnte kein Wort dringen.

»Ich will dir unser ganzes Geheimnis enthüllen!« begann Mitja hastig zu flüstern. »Ich wollte es dir später sagen, weil ich mich ja doch ohne dich zu nichts entschließen kann. Du bist mein alles. Wenn ich auch sage, daß Iwan höher steht als wir, bist du doch mein Cherub. Nur deine Entscheidung soll bestimmen. Vielleicht bist sogar du der höhere Mensch und nicht Iwan. Weißt du, es handelt sich um eine Gewissenssache, um eine Sache des höheren Gewissens – es ist ein so wichtiges Geheimnis, daß ich selbst damit nicht zurechtkomme und alles dir überlasse. Trotzdem ist es jetzt noch zu früh zu entscheiden, weil ich erst auf das Urteil warten muß – wenn das Urteil gefällt ist, dann sollst du mein Schicksal entscheiden. Jetzt sprich nicht; ich will es dir sagen, du wirst es hören, aber triff noch keine Entscheidung; bleibe stehen und schweig. Ich will dir nicht alles verraten. Ich sage dir nur die Idee, ohne auf Einzelheiten einzugehen, aber du mußt schweigen. Keine Frage, keine Bewegung, einverstanden? Übrigens, du lieber Gott, was soll ich mit deinen Augen tun? Ich fürchte, deine Augen werden mir deinen Entschluß sagen, magst du auch schweigen. Ach, ich habe Angst! Aljoscha, höre: Unser Bruder Iwan macht mir den Vorschlag zu fliehen. Die Einzelheiten sage ich dir nicht: alles ist vorgesehen, alles läßt sich durchführen. Schweig aber und triff noch keine Entscheidung. Ich soll mit Gruscha nach Amerika. Ohne Gruscha kann ich ja nicht leben! Wie aber, wenn man sie dort nicht zu mir läßt? Werden denn Zwangsarbeiter getraut? Unser Bruder Iwan sagt: nein. Und was soll ich dort ohne Gruscha mit meinem Hammer unter der Erde? Ich werde mir nur den Kopf mit diesem Hammer zerschmettern! Aber andererseits das Gewissen! Da wäre ich ja vor dem Leiden geflohen! Mir wurde ein Fingerzeig gegeben – ich aber verschmähte ihn; mir wurde ein Weg zur Läuterung gezeigt – ich aber machte linksum kehrt. Iwan sagt, man könne in Amerika bei guten Anlagen mehr Nutzen bringen als in Sibirien unter der Erde. Nun, aber unsere unterirdische Hymne, wo wird die erklingen? Was ist Amerika? Amerika ist wiederum die Eitelkeit der Welt! Außerdem gibt es in Amerika, glaube ich, viel Schurkerei. Da wäre ich der Kreuzigung entflohen! Ich sage das dir, Alexej, weil du allein das verstehen kannst, sonst niemand; für die anderen sind das Dummheiten, Fieberphantasien – das alles, was ich dir von der Hymne gesagt habe. Man wird sagen, ich sei verrückt oder ein Dummkopf. Ich bin aber nicht verrückt und bin kein Dummkopf. Auch Iwan versteht das von der Hymne; er versteht es, aber er antwortet nichts darauf, er schweigt. Er glaubt nicht an die Hymne. Sprich nicht, sprich nicht; ich sehe ja, wie du dreinschaust – du hast deine Entscheidung schon getroffen! Entscheide nicht, schone mich; ich kann ohne Gruscha nicht leben; warte die Verhandlung ab!«

Mitja beendete seine Rede wie ein Besessener. Er hielt Aljoscha mit beiden Händen an den Schultern und heftete seinen gierigen, fiebrigen Blick auf Aljoschas Augen.

»Werden denn Zwangsarbeiter getraut?« fragte er zum drittenmal mit flehender Stimme.

Aljoscha hörte ihm höchst verwundert zu und war tief erschüttert.

»Sag mir eines: Besteht Iwan sehr darauf?« fragte er. »Und wer hat das als erster ausgedacht?«

»Er hat es ausgedacht, er, und er besteht darauf! Er hat mich die ganze Zeit über nicht besucht, und auf einmal kam er, vor einer Woche, und begann gleich damit. Er besteht sehr hartnäckig darauf. Er bittet nicht, sondern er befiehlt. An meinem Gehorsam zweifelt er nicht, obgleich ich ihm so wie dir mein Herz ausschüttete und ihm von der Hymne erzählte. Er erklärte mir, wie ich es einzurichten hätte; er hatte schon alles ausgekundschaftet, doch davon später. Geradezu krankhaft will er es. Die Hauptsache ist das Geld: ‚Zehntausend brauchst du für die Flucht und zwanzigtausend für Amerika', sagt er, ‚und für zehntausend', sagt er, ‚können wir die Flucht großartig zustandebringen.'«

»Und er hat dir befohlen, mir kein Wort davon zu verraten?« fragte Aljoscha neuerlich.

»Kein Wort, zu niemandem, vor allem aber nicht zu dir: zu dir um keinen Preis! Er fürchtet gewiß, daß du wie mein Gewissen vor mich hintreten wirst. Sag ihm nicht, daß ich zu dir darüber gesprochen habe. Ach, sag ihm nichts.«

»Du hast recht«, erwiderte Aljoscha, »vor dem Gerichtsurteil kann man das nicht entscheiden. Nach dem Urteil wirst du selber die Entscheidung treffen; dann wirst du selber den neuen Menschen in dir finden, und der wird dann entscheiden.«

»Den neuen Menschen oder einen Bernard, und der wird auf Bernard-Art entscheiden! Denn ich selbst bin, glaube ich, ein verächtlicher Bernard!« sagte Mitja mit bitterem Lächeln.

»Aber hoffst du denn wirklich, wirklich gar nicht mehr, dich rechtfertigen zu können?«

Mitja zog krampfhaft die Achseln hoch und schüttelte verneinend den Kopf.

»Aljoscha, teuerster, es ist Zeit, daß du gehst!« drängte er plötzlich. »Der Aufseher hat schon im Hof gerufen, er wird gleich hier sein. Es ist schon spät, du darfst nicht länger hierbleiben. Umarme mich rasch, küsse mich, mach über mich das Kreuzeszeichen, mein Liebster, das Zeichen für mein morgiges Kreuz . . .«

Sie umarmten und küßten sich.

»Iwan macht mir den Vorschlag zu fliehen«, sagte Mitja auf einmal, »dabei glaubt er selber, daß ich den Mord begangen habe.« Ein gequältes trauriges Lächeln zeigte sich auf seinen Lippen.

»Hast du ihn gefragt, ob er es glaubt oder nicht glaubt?« fragte Aljoscha.

»Nein, gefragt habe ich ihn nicht. Ich wollte ihn fragen, doch konnte ich es nicht, meine Kraft reichte nicht aus. Aber einerlei, ich sehe es ja an seinen Augen. Nun leb wohl!«

Noch einmal küßten sie sich rasch, und Aljoscha war schon im Weggehen, als Mitja ihn plötzlich zurückrief.

»Stell dich vor mich hin, siehst du, so!«

Und wieder faßte er Aljoscha mit beiden Händen fest an den Schultern. Sein Gesicht wurde mit einemmal ganz bleich, so daß man es sogar in der Dunkelheit deutlich sehen konnte. Die Lippen verzerrten sich, sein Blick heftete sich starr auf Aljoscha.

»Aljoscha, sag mir die volle Wahrheit, wie vor Gott dem Herrn: glaubst du, daß ich den Mord begangen habe, oder glaubst du es nicht? Du, du selber, glaubst du es oder nicht? Sag die volle Wahrheit, lüge nicht!« rief er wie von Sinnen.

Aljoscha war es, als wankte er und als ginge ihm ein Stich durchs Herz.

»Laß das, was hast du? . . .« stammelte er wie ein Verlorener.

»Sag die ganze Wahrheit, die ganze, lüge nicht!« wiederholte Mitja.

»Nicht einen Augenblick lang habe ich geglaubt, daß du der Mörder bist«, entrang es sich plötzlich mit zitternder Stimme der Brust Aljoschas, und er hob die Rechte, als riefe er Gott zum Zeugen für seine Worte an. Seligkeit erleuchtete auf einmal Mitjas Gesicht.

»Ich danke dir«, sagte er gedehnt, als stieße er nach einer Ohnmacht einen Seufzer aus. »Jetzt hast du mich neu belebt . . . Ob du es wohl glaubst: bis jetzt hatte ich Furcht, dich zu fragen, dich, dich! Jetzt geh, geh! Du hast mich für morgen gestärkt, Gott segne dich! Jetzt geh und habe Iwan lieb!« brachte er noch als letztes Wort hervor.

Aljoscha ging hinaus, ganz in Tränen. Ein solcher Grad von Argwohn, ein solcher Grad von Mißtrauen, sogar gegen ihn, gegen Aljoscha – das alles hatte ihm plötzlich einen derartigen Abgrund von ausweglosem Elend und von Verzweiflung in der Seele seines unglücklichen Bruders enthüllt, wie er es vorher nie geahnt hätte. Ein tiefes, grenzenloses Mitleid ergriff ihn auf einmal und peinigte ihn. Sein zerrissenes Herz tat ihm unsäglich weh. »Habe Iwan lieb!« Dieses Wort, das Mitja soeben gesprochen hatte, kam ihm plötzlich in den Sinn. Er ging ja schon zu Iwan. Schon am Morgen hatte es ihn sehr danach verlangt, mit Iwan zu sprechen. Nicht weniger als Mitja quälte ihn der Gedanke an Iwan, und jetzt, nach der Zusammenkunft mit dem Bruder, mehr denn je.

5

Nicht du, nicht du!

Auf dem Wege zu Iwan mußte er an dem Hause vorbei, in dem Katerina Iwanowna wohnte. In ihren Fenstern war Licht. Plötzlich blieb er stehen und beschloß hineinzugehen. Er hatte Katerina Iwanowna schon länger als eine Woche nicht mehr gesehen. Doch jetzt kam ihm in den Sinn, daß Iwan vielleicht bei ihr sein könnte, zumal am Vorabend eines solchen Tages. Nachdem er geklingelt und das Treppenhaus betreten hatte, das nur trübe von einer Lampe beleuchtet war, sah er einen Mann, der von oben herabkam, und als er sich ihm näherte, erkannte er in ihm seinen Bruder. Er war also offensichtlich soeben erst von Katerina Iwanowna weggegangen.

»Ach, das bist nur du«, sagte Iwan Fjodorowitsch trocken. »Nun, leb wohl. Willst du zu ihr?«

»Ja.«

»Ich rate dir das nicht; sie ist erregt, und du wirst sie nur noch mehr verstimmen.«

»Nein, nein!« rief oben plötzlich eine Stimme aus einer Tür, die sich soeben geöffnet hatte. »Alexej Fjodorowitsch, kommen Sie von ihm?«

»Ja, ich war bei ihm.«

»Läßt er mir etwas sagen? Treten Sie ein, Aljoscha, und auch Sie, Iwan Fjodorowitsch, müssen unbedingt, unbedingt zurückkommen. Hören Sie?«

In Katjas Stimme klang ein so befehlender Ton auf, daß sich Iwan Fjodorowitsch, nachdem er einen Augenblick gezögert hatte, dennoch entschloß, zusammen mit Aljoscha wieder hinaufzugehen.

»Sie hat gelauscht«, flüsterte er gereizt vor sich hin, aber Aljoscha hörte es deutlich.

»Gestatten Sie mir, den Mantel anzubehalten«, sagte Iwan Fjodorowitsch, als er in den Salon trat. »Ich will mich gar nicht setzen. Ich bleibe ja nicht länger als eine Minute.«

»Setzen Sie sich, Alexej Fjodorowitsch«, sagte Katerina Iwanowna, blieb jedoch selber stehen. Sie hatte sich in der Zwischenzeit nur wenig verändert, aber ihre dunklen Augen funkelten in einem unheimlichen Feuer. Aljoscha erinnerte sich später, daß sie ihm in diesem Augenblick außerordentlich schön vorgekommen war.

»Was läßt er mir sagen?«

»Nur eines«, antwortete Aljoscha und sah ihr gerade ins Gesicht. »Sie sollen sich schonen und vor Gericht nichts von dem aussagen ...«, er wurde ein wenig verlegen, »was zwischen Ihnen ... in der ersten Zeit Ihrer Bekanntschaft vorgefallen ist ... in jener Stadt ...«

»Ah, er meint die Verbeugung bis zur Erde, jenes Geldes wegen!« fiel sie mit bitterem Lachen ein. »Fürchtet er nun für sich oder für mich, wie? Er sagt, ich solle schonen – wen denn? Ihn oder mich? Reden Sie, Alexej Fjodorowitsch!«

Aljoscha starrte sie an und bemühte sich, sie zu verstehen.

»Sowohl sich wie ihn«, sagte er leise.

»So, so«, bemerkte sie scharf und boshaft und errötete plötzlich. »Sie kennen mich noch nicht, Alexej Fjodorowitsch«, fügte sie drohend hinzu. »Auch ich kenne mich noch nicht. Vielleicht werden Sie mich nach dem morgigen Verhör mit den Füßen zertrampeln wollen.«

»Sie werden ehrlich aussagen«, erwiderte Aljoscha, »und mehr ist nicht nötig.«

»Eine Frau ist oft unehrlich«, sagte sie, mit den Zähnen knirschend. »Noch vor einer Stunde dachte ich, es würde mich grauen, diesen Unmenschen zu berühren ... als wäre er ein häßliches Reptil ... aber nein, er ist für mich immer noch ein Mensch! Ist er denn der Mörder? Hat er den Mord verübt?« rief sie plötzlich hysterisch, indem sie sich rasch an Iwan Fjodorowitsch wandte. Aljoscha begriff sofort, daß sie diese Frage schon einmal an Iwan Fjodorowitsch gerichtet hatte, vielleicht nur eine Minute, bevor er selbst gekommen war, und nicht zum ersten, sondern zum hundertsten Male, und daß sie mit einem Streit geendet hatten.

»Ich war bei Smerdjakow ... Du, du hast mir eingeredet, er sei ein Vatermörder. Ich habe nur dir geglaubt!« sprach sie, noch immer zu Iwan Fjodorowitsch, weiter. Iwan lächelte gezwungen. Aljoscha zuckte zusammen, als er dieses Du hörte. Solche Beziehungen hatte er nicht einmal ahnen können.

»Nun aber genug!« sagte Iwan scharf und kurz, »ich gehe. Morgen werde ich wiederkommen.« Und er wandte sich sogleich um, verließ das Zimmer und ging geradewegs zur Treppe. Katerina Iwanowna ergriff jäh mit einer befehlenden Gebärde Aljoscha an beiden Händen.

»Gehen Sie ihm nach! Holen Sie ihn ein! Lassen Sie ihn keinen Augenblick allein!« flüsterte sie rasch. »Er ist geistesgestört. Wissen Sie denn nicht, daß er geistesgestört ist? Er hat Fieber, Nervenfieber! Der Arzt hat es mir gesagt, gehen Sie, laufen Sie ihm nach!«

Aljoscha sprang auf und stürzte Iwan Fjodorowitsch nach. Dieser hatte sich noch keine fünfzig Schritte entfernt.

»Was willst du?« wandte er sich plötzlich an Aljoscha, als er sah, daß dieser ihm nacheilte. »Sie hat dir befohlen, mir nachzulaufen, weil ich verrückt sei. Das kenne ich schon auswendig«, fügte er gereizt hinzu.

»Selbstverständlich irrt sie, aber in einem hat sie recht: du bist wirklich krank«, sagte Aljoscha. »Ich habe soeben bei ihr dein Gesicht betrachtet; du siehst sehr krank aus, Iwan, sehr krank.«

Iwan ging weiter, ohne stehenzubleiben. Aljoscha folgte ihm.

»Aber weißt du denn, Alexej Fjodorowitsch, wie man verrückt wird?« fragte Iwan auf einmal mit ganz leiser, gar nicht mehr gereizter Stimme, aus der nur die harmloseste Neugier herauszuhören war.

»Nein, das weiß ich nicht; ich nehme an, daß es viele verschiedene Arten von Verrücktheit gibt.«

»Und kann man an sich selbst beobachten, daß man verrückt wird?«

»Ich glaube, man kann sich in einem solchen Fall nicht deutlich beobachten«, entgegnete Aljoscha erstaunt.

Iwan verstummte für eine halbe Minute.

»Wenn du mit mir über etwas sprechen willst, so wechsle bitte das Thema«, sagte er plötzlich.

»Ja, um es nicht zu vergessen, ich habe einen Brief für dich«, sagte Aljoscha schüchtern, zog Lisas Brief aus der Tasche und reichte ihn dem Bruder. Sie waren gerade zu einer Laterne gekommen. Iwan erkannte sogleich die Handschrift.

»Ach, das ist von diesem kleinen Teufel«, bemerkte er mit boshaftem Lachen, zerriß den Brief, ohne ihn zu öffnen, in mehrere Stücke und warf sie in den Wind. Die Fetzen flogen davon.

»Noch keine sechzehn Jahre ist sie alt, glaube ich, und schon bietet sie sich an!« sagte er verächtlich und schritt wieder auf der Straße weiter.

»Wieso bietet sie sich an?« rief Aljoscha.

»Das kennt man ja, wie lasterhafte Frauenzimmer sich anbieten.«

»Was redest du da, Iwan? Was redest du?« nahm Aljoscha das Mädchen betrübt und eifrig in Schutz. »Sie ist ein Kind; du beleidigst ein Kind! Sie ist krank, sie ist sehr krank, auch sie wird vielleicht den Verstand verlieren ... Ich konnte nicht anders, ich mußte dir den Brief übergeben ... Ich wollte von dir sogar etwas hören ... um sie zu retten.«

»Von mir kannst du nichts hören. Wenn sie ein Kind ist, so bin ich nicht ihre Wärterin. Schweig, Alexej! Sprich nicht weiter. Ich denke schon gar nicht mehr daran.«

Sie schwiegen wieder eine Weile.

»Sie wird jetzt die ganze Nacht zur Muttergottes beten, damit die sie unterweise, wie sie sich morgen vor Gericht verhalten soll«, begann Iwan plötzlich wieder schroff und böse.

»Du ... du sprichst von Katerina Iwanowna?«

»Ja. Ob sie als Mitjenkas Retterin oder Verderberin erscheinen soll! Sie wird darum beten, daß ihre Seele erleuchtet werde. Siehst du, sie weiß es selber noch nicht; sie hat sich noch nicht darauf vorbereiten können. Sie sieht sogar in mir ihre Kinderfrau und will, daß ich sie in Schlaf singe.«

»Katerina Iwanowna liebt dich, Bruder«, sagte Aljoscha mit einem Gefühl der Trauer.

»Kann sein. Aber ich mag sie nicht.«

»Sie leidet. Warum sagst du zu ihr ... manchmal ... solche Worte, so daß sie sich Hoffnungen macht?« fuhr Aljoscha mit zagem Vorwurf fort. »Ich weiß ja, daß du ihr Hoffnungen gemacht hast, verzeih, daß ich so spreche«, fügte er hinzu.

»Ich kann hier nicht so vorgehen, wie ich müßte, das heißt, ihr alles offen sagen und mit ihr brechen!« erwiderte Iwan gereizt. »Ich muß abwarten, bis man das Urteil über den Mörder spricht. Wenn ich jetzt mit ihr breche, wird sie morgen aus Rache diesen Schurken vor Gericht ins Verderben stürzen, denn sie haßt ihn, und sie weiß, daß sie ihn haßt. Hier ist alles Lüge, Lüge auf Lüge! Jetzt, solange ich mit ihr noch nicht gebrochen habe, hofft sie noch immer und wird diesen Unmenschen nicht zugrunde richten, weil sie weiß, wie sehr ich darauf aus bin, ihn aus der Patsche zu ziehen. Wann wird nun endlich dieses verdammte Urteil gefällt werden!«

Die Worte »Mörder« und »Unmensch« hallten in Aljoschas Herzen schmerzlich wider.

»Aber womit kann sie denn unseren Bruder zugrunde richten?« fragte er, während er über Iwans Worte nachgrübelte. »Was kann sie nur aussagen, das ihn geradezu ins Verderben stürzen könnte, Iwan?«

»Du weißt das noch nicht. Sie besitzt ein Schriftstück von Mitjas eigener Hand, ein Schriftstück, das mit mathematischer Genauigkeit beweist, daß er Fjodor Pawlowitsch ermordet hat.«

»Das kann nicht sein!« rief Aljoscha.

»Wieso nicht? Ich habe es selbst gelesen.«

»Ein solches Schriftstück kann es nicht geben!« wiederholte Aljoscha voll Feuer. »Es kann es nicht geben, weil er nicht der Mörder ist. Er hat den Vater nicht ermordet, er nicht!«

Iwan Fjodorowitsch blieb plötzlich stehen.

»Wer ist denn der Mörder, was meinst du?« fragte er dem Anschein nach kalt, und im Tonfall seiner Frage schwang sogar ein hochmütiger Klang mit.

»Du weißt ja selber wer«, antwortete Aljoscha leise und eindringlich.

»Wer? Meinst du die Fabel von diesem verrückten Idioten, dem Epileptiker? Von Smerdjakow?«

Aljoscha fühlte, wie er auf einmal am ganzen Leibe zitterte.

»Du weißt selbst wer«, entrang es sich ihm kraftlos. Er keuchte.

»Aber wer denn, wer?« schrie Iwan fast wütend. Seine ganze Selbstbeherrschung war verschwunden.

»Ich weiß nur eines«, sagte Aljoscha fast in dem gleichen Flüsterton. »*Nicht du* hast unseren Vater erschlagen.«

»‚Nicht du!' Was soll das heißen: nicht du?« fragte Iwan, wie zur Säule erstarrt.

»Nicht du hast den Vater erschlagen, nicht du!« wiederholte Aljoscha fest.

Eine halbe Minute lang schwiegen beide.

»Das weiß ich selber, daß nicht ich es war. Redest du im Fieber?« sagte Iwan mit einem blassen und verzerrten Lächeln. Er sog sich mit seinem Blick gleichsam an Aljoscha fest. Sie standen wieder bei einer Laterne.

»Nein, Iwan, du hast dir selber einige Male gesagt, daß du der Mörder seist.«

»Wann habe ich das gesagt? . . . Ich war in Moskau . . . Wann habe ich das gesagt?« stammelte Iwan ganz verwirrt.

»Du hast dir das oft gesagt, wenn du in diesen schrecklichen zwei Monaten allein warst«, fuhr Aljoscha leise und deutlich wie vorher fort. Aber er sprach schon wie außer sich, als gehorchte er nicht seinem eigenen Willen, sondern einem unausweichlichen Geheiß. »Du hast dich beschuldigt und hast dir gestanden, daß niemand anders als du der Mörder ist. Aber nicht du hast ihn getötet; du täuschst dich, nicht du bist der Mörder, hörst du mich, nicht du! Mich hat Gott gesandt, dir das zu sagen.«

Beide schwiegen wieder. Eine ganze lange Minute währte dieses Schweigen. Beide standen da und blickten immerzu einander in die Augen. Beide waren bleich. Plötzlich erschauerte Iwan am ganzen Leibe und packte Aljoscha fest an der Schulter.

»Du bist bei mir gewesen!« flüsterte er zähneknirschend. »Du bist nachts bei mir gewesen, als er kam . . . Gestehe . . . du hast ihn gesehen! Hast du ihn gesehen?«

»Von wem sprichst du? Von Mitja?« fragte Aljoscha verwundert.

»Nicht von dem, zum Teufel mit diesem Unmenschen!« brüllte Iwan außer sich. »Weißt du denn, daß er zu mir kommt? Wie hast du das erfahren? Sprich!«

»Welcher *er*? Ich weiß nicht, von wem du redest«, flüsterte Aljoscha.

»Nein, du weißt es . . . wie könntest du sonst . . . es kann nicht sein, daß du es nicht weißt . . .«

Doch plötzlich schien er sich zu bemeistern. Er stand da und schien zu überlegen. Ein sonderbares Lächeln verzog seine Lippen.

»Bruder«, begann Aljoscha aufs neue mit zitternder Stimme, »ich habe dir das gesagt, weil du meinen Worten glauben wirst, das weiß ich. Ich habe es dir fürs ganze Leben gesagt: *Nicht du!* Hörst du, fürs ganze Leben! Und Gott hat es mir auf die Seele gelegt, dir das zu sagen, und magst du mich auch von dieser Stunde an für immer hassen . . .«

Doch Iwan Fjodorowitsch schien sich jetzt schon wieder ganz in der Gewalt zu haben.

»Alexej Fjodorowitsch«, sagte er mit kaltem und hämischem

Lächeln, »ich kann Propheten und Epileptiker nicht ausstehen; besonders nicht Sendboten Gottes; Sie wissen das nur zu gut. Von diesem Augenblick an breche ich mit Ihnen, und wie es mir scheint, für immer. Ich bitte Sie, mich an dieser Straßenkreuzung sofort zu verlassen. Zudem führt der Weg nach Ihrer Wohnung durch diese Gasse. Hüten Sie sich besonders, heute zu mir zu kommen! Hören Sie?«

Er wandte sich um und ging mit festen Schritten geradeaus weiter, ohne sich umzublicken.

»Bruder«, rief Aljoscha ihm nach, »wenn dir heute irgend etwas widerfährt, so denke vor allem an mich! . . .«

Doch Iwan antwortete nicht. Aljoscha blieb an der Kreuzung bei der Laterne stehen, bis Iwan völlig in der Dunkelheit verschwunden war. Dann wandte er sich um und begab sich durch die Gasse langsam nach Hause. Er und Iwan Fjodorowitsch wohnten für sich in verschiedenen Häusern; keiner von ihnen hatte in dem verödeten Hause Fjodor Pawlowitschs wohnen wollen. Aljoscha hatte ein möbliertes Zimmer bei einer Kleinbürgerfamilie gemietet; Iwan Fjodorowitsch dagegen wohnte ziemlich weit von ihm in einer geräumigen und recht komfortablen Wohnung im Seitenflügel eines schönen Hauses, das einer wohlhabenden Beamtenwitwe gehörte. Als Bedienung hatte er in dem ganzen Seitenflügel nur eine völlig taube, rheumatische Alte, die sich um sechs Uhr abends zu Bett legte und um sechs Uhr morgens aufstand. Iwan Fjodorowitsch war in diesen zwei Monaten geradezu sonderbar anspruchslos geworden und war am liebsten ganz allein. Er räumte sogar das Zimmer, das er bewohnte, selbst auf, und die übrigen Räume seiner Wohnung betrat er nur selten. Als er nun zum Tor seines Hauses gekommen war und schon den Griff der Klingel gefaßt hatte, hielt er inne. Er fühlte, daß er noch immer am ganzen Leibe vor Wut zitterte. Plötzlich ließ er die Klingel wieder los, spuckte aus, machte kehrt und entfernte sich eilig. Er ging nach einem ganz anderen, entgegengesetzten Ende der Stadt, etwa zwei Werst von seiner Wohnung, zu einem kleinen, windschiefen Blockhäuschen, in dem Marja Kondratjewna, die ehemalige Nachbarin Fjodor Pawlowitschs, wohnte, die früher oft zu Fjodor Pawlowitsch in die Küche gekommen war, um sich Suppe zu holen, und der Smerdjakow damals seine Lieder vorgesungen und auf der Gitarre vorgespielt hatte. Ihr früheres Häuschen hatte sie verkauft und wohnte jetzt mit ihrer Mutter in dieser kleinen Hütte; der kranke, fast im Sterben liegende

Smerdjakow war gleich nach dem Tode Fjodor Pawlowitschs zu ihnen übergesiedelt. Zu ihm ging jetzt Iwan Fjodorowitsch, getrieben von einem Gedanken, der ihm auf einmal gekommen war und dem er nicht widerstehen konnte.

6

Der erste Besuch bei Smerdjakow

Das war schon das drittemal, daß Iwan Fjodorowitsch nach seiner Rückkehr aus Moskau zu Smerdjakow ging, um mit ihm zu sprechen. Das erstemal nach der Katastrophe hatte er ihn gleich am Tage seiner Ankunft gesehen und gesprochen, dann hatte er ihn zwei Wochen später noch einmal besucht. Doch nach diesem zweiten Male hatte er seine Besuche bei Smerdjakow eingestellt, so daß er ihn jetzt schon über einen Monat nicht mehr gesehen und fast nichts von ihm gehört hatte. Iwan Fjodorowitsch war damals erst am fünften Tag nach dem Tod seines Vaters aus Moskau zurückgekehrt, so daß er ihn nicht einmal mehr im Sarg gesehen hatte; die Beerdigung hatte am Tage vor Iwans Ankunft stattgefunden. Iwan Fjodorowitsch hatte sich verspätet, weil Aljoscha seine Moskauer Adresse nicht genau gewußt und sich an Katerina Iwanowna gewandt hatte, um ein Telegramm absenden zu können; da auch sie die richtige Adresse nicht wußte, hatte sie an ihre Schwester und an ihre Tante telegraphiert, denn sie nahm an, daß Iwan Fjodorowitsch sie gleich nach seiner Ankunft in Moskau besuchen werde. Doch er war erst am vierten Tag nach seiner Ankunft zu ihnen gegangen und, als er das Telegramm gelesen hatte, natürlich sofort Hals über Kopf nach unserer Stadt zurückgeeilt. Hier traf er zuerst mit Aljoscha zusammen, doch als er mit ihm gesprochen hatte, war er sehr erstaunt gewesen, daß Alexej den Bruder Mitja nicht einmal verdächtigen wollte, sondern ohne weiteres auf Smerdjakow als den Mörder hinwies, was den Ansichten aller anderen in unserer Stadt zuwiderlief. Als er dann den Kreispolizeichef und den Staatsanwalt gesprochen und nähere Einzelheiten über die Beschuldigung und die Verhaftung gehört hatte, staunte er noch mehr über Aljoscha und führte dessen Ansicht nur auf sein äußerst reges Gefühl brüderlicher Liebe und auf sein Mitleid mit Mitja zurück, den Aljoscha, wie Iwan wußte, sehr liebhatte. Bei dieser Gelegenheit will ich ein für allemal ein paar Worte über Iwans Gefühle seinem Bruder Dmitrij Fjodorowitsch gegenüber sagen: Er liebte ihn entschieden nicht und hatte höchstens manchmal Mitleid mit ihm; aber auch dieses Mitleid war mit einer starken Verachtung vermischt, die bis zum Ekel ging. Mitja war ihm, schon durch sein Äußeres, höchst unsympathisch. Auf Katerina Iwanownas Liebe zu Mitja blickte Iwan mit Entrüstung. Am ersten Tag nach seiner Ankunft hatte er Mitja im Gefängnis besucht, doch dieses Zusammensein hatte seine Überzeugung von der Schuld des Bruders nicht abgeschwächt, sondern sie sogar verstärkt. Er hatte seinen Bruder damals in Unruhe und krankhafter Aufregung vorgefunden. Mitja war redselig, aber zerstreut und zerfahren gewesen; er hatte sehr schroff gesprochen, hatte Smerdjakow beschuldigt und war sehr konfus gewesen. Am meisten hatte er von den dreitausend Rubel gesprochen, die der Verstorbene ihm »gestohlen« habe. »Es war mein Geld, es gehörte mir«, behauptete Mitja; »selbst wenn ich es gestohlen hätte, wäre ich im Recht gewesen.« Alle Beweise, die gegen ihn sprachen, bestritt er fast gar nicht, und wenn er Tatsachen zu seinen Gunsten erwähnte, so tat er es wieder sehr konfus und albern, als wollte er sich gar nicht vor Iwan oder sonst jemandem rechtfertigen; im Gegenteil, er wurde zornig, begegnete den Anschuldigungen mit stolzer Verachtung, schimpfte und brauste auf. Über Grigorijs Aussage von der offenen Tür lachte er nur verächtlich und behauptete, »der Teufel habe sie aufgemacht«. Doch eine folgerichtige Erklärung für diese Tatsache konnte er nicht geben. Er brachte es sogar fertig, Iwan Fjodorowitsch bei diesem ersten Wiedersehen zu beleidigen, indem er ihm in scharfem Tone entgegnete, wer selbst behaupte, es sei »alles erlaubt«, dem stünde es nicht zu, ihn zu verdächtigen und zu verhören. Er war diesmal überhaupt sehr unfreundlich zu Iwan Fjodorowitsch. Gleich nach diesem Wiedersehen mit Mitja hatte sich Iwan Fjodorowitsch damals zu Smerdjakow begeben.

Schon im Eisenbahnzug, als er aus Moskau heimfuhr, hatte er immerzu an Smerdjakow und an sein letztes Gespräch mit ihm am Abend vor der Abreise gedacht. Vieles hatte ihn stutzig gemacht, vieles war ihm verdächtig erschienen. Doch als er seine Aussagen vor dem Untersuchungsrichter machte, hatte Iwan Fjodorowitsch einstweilen noch von diesem Gespräch geschwiegen. Er hatte das alles bis zu seinem Wiedersehen mit Smerdjakow aufgeschoben. Der lag damals im Städtischen Krankenhaus. Doktor Herzenstube und der Arzt Warwinskij, dem Iwan Fjodorowitsch im Krankenhaus begegnete, antworteten auf Iwan Fjodorowitschs beharrliches Fragen mit aller Bestimmtheit, daß Smerdjakows epileptischer Anfall zweifellos echt sei, und wunderten sich sogar über seine Frage, ob er am Tag der Katastrophe nicht nur simuliert habe. Sie gaben ihm zu verstehen, daß dieser Anfall sogar ungewöhnlich heftig gewesen sei, einige Tage lang gedauert und sich immer aufs neue wiederholt habe, so daß das Leben des Patienten entschieden in Gefahr gewesen sei und man erst jetzt nach den Maßnahmen, die man ergriffen habe, mit Sicherheit sagen könne, der Kranke werde am Leben bleiben, obwohl es sehr leicht sei – fügte Doktor Herzenstube hinzu –, daß sein Geist zum Teil gestört bleiben werde, »wenn auch nicht fürs ganze Leben, so doch für recht lange Zeit.« Auf Iwan Fjodorowitschs ungeduldige Frage: »Ist er jetzt also verrückt?« antwortete man ihm: »Noch nicht im vollen Sinne des Wortes, es machen sich aber gewisse Abnormitäten bemerkbar.«

Iwan Fjodorowitsch beschloß, selbst in Erfahrung zu bringen, was für Abnormitäten das seien. Im Krankenhaus ließ man ihn sofort zu dem Patienten. Smerdjakow war in einem Extrazimmer untergebracht und lag im Bett. Gleich daneben stand noch ein Bett, in dem ein schwerkranker einheimischer Kleinbürger lag; er war von Wassersucht ganz aufgedunsen und offenbar nahe daran, am nächsten oder übernächsten Tag zu sterben; bei dem Gespräch konnte er nicht stören. Smerdjakow grinste mißtrauisch, als er Iwan Fjodorowitsch erblickte, und schien in der ersten Sekunde sogar Angst zu bekommen. Wenigstens hatte Iwan Fjodorowitsch diesen flüchtigen Eindruck. Doch das dauerte nur eine Sekunde; während der ganzen übrigen Zeit hingegen verblüffte ihn Smerdjakow geradezu durch seine Ruhe. Gleich beim ersten Blick auf ihn konnte Iwan Fjodorowitsch sich überzeugen, daß er wirklich schwer krank war: er war sehr schwach, sprach langsam und schien die Zunge nur mit Mühe zu bewegen; er war sehr abgemagert und hatte ein ganz gelbes Gesicht bekommen. Während der ganzen Unterredung, die etwa zwanzig Minuten dauerte, klagte er über Kopfschmerzen und über Reißen in allen Gliedern. Sein trokkenes, kastratenhaftes Gesicht schien ganz klein geworden zu sein; die Schläfenhaare waren zerzaust, und statt der früheren

Tolle ragte nur ein schütteres Haarbüschel empor. Doch das zusammengekniffene linke Auge, das etwas anzudeuten schien, verriet den Smerdjakow von früher. »Ist einer gescheit, so verlohnt es sich auch, mit ihm zu reden . . .« Diese Worte fielen Iwan Fjodorowitsch sofort wieder ein. Er setzte sich zu Füßen des Patienten auf einen Schemel. Smerdjakow drehte sich mit leidender Miene auf dem Bett um, begann aber nicht als erster zu sprechen, sondern schwieg und blickte auch nicht sonderlich neugierig drein.

»Bist du imstande, mit mir zu sprechen?« fragte Iwan Fjodorowitsch. »Ich werde dich nicht zu sehr ermüden.«

»Dazu bin ich wohl imstande, Herr«, stammelte Smerdjakow mit matter Stimme. »Belieben Sie schon lange hier zu sein?« fügte er herablassend hinzu, als wollte er einen verlegenen Besucher aufmuntern.

»Erst seit heute . . . Um die Suppe auszulöffeln, die ihr hier eingebrockt habt.«

Smerdjakow seufzte.

»Warum seufzt du denn? Du hast es doch gewußt?« platzte Iwan Fjodorowitsch heraus.

Smerdjakow schwieg eine Weile gewichtig.

»Wie hätte ich es nicht wissen sollen? Es war ja im voraus klar. Aber wie konnte man wissen, daß es so weit kommen wird?«

»Wie weit kommen? Mach keine Ausflüchte! Du hast doch vorausgesagt, daß du einen Anfall bekommen wirst, wenn du in den Keller gehst? Du hast ja auf den Keller geradezu hingewiesen.«

»Haben Sie das schon im Verhör ausgesagt?« erkundigte sich Smerdjakow ruhig.

Iwan Fjodorowitsch geriet plötzlich in Zorn.

»Nein, noch nicht, aber ich werde es unbedingt aussagen. Du mußt mir jetzt vieles erklären, mein Lieber, und merke dir, Freundchen, daß ich nicht mit mir spielen lasse.«

»Aber weshalb sollte ich mit Ihnen spielen, wenn ich doch auf Sie meine ganze Hoffnung setze, auf Sie allein wie auf Gott den Herrn!« sagte Smerdjakow ebenso ruhig, wobei er nur für ganz kurze Zeit die Augen schloß.

»Erstens«, rückte Iwan Fjodorowitsch ihm zu Leibe, »weiß ich, daß man einen epileptischen Anfall nicht voraussagen kann. Ich habe mich erkundigt, versuche nicht, dich herauszureden. Den Tag und die Stunde kann man nicht voraussagen. Wie konntest du mir damals den Tag und die Stunde voraussagen und noch dazu das mit dem Keller? Wie konntest du im voraus wissen, daß du bei einem Anfall gerade in diesen Keller hinabstürzen würdest, wenn du den Anfall nicht absichtlich simuliert hast?«

»In den Keller mußte ich sowieso gehen, sogar mehrmals am Tag«, antwortete Smerdjakow gemächlich und gedehnt. »Genauso bin ich vor einem Jahr vom Dachboden heruntergefallen. Gewiß trifft es zu, daß man einen Anfall nicht auf den Tag und die Stunde voraussagen kann, aber eine Vorahnung kann man immer haben.«

»Aber du hast Tag und Stunde vorausgesagt!«

»Was meinen Anfall betrifft, gnädiger Herr, können Sie sich am besten bei den hiesigen Ärzten erkundigen, ob er echt war oder nicht, ich aber habe Ihnen zu diesem Gegenstand nichts mehr zu sagen.«

»Doch der Keller? Wie hast du das mit dem Keller vorausgewußt?«

»Was Sie nur immer mit diesem Keller haben! Als ich damals in den Keller hinunterstieg, war ich in Angst und Besorgnis; in Angst besonders deshalb, weil ich Sie nicht mehr in meiner Nähe hatte und von niemandem in der ganzen Welt Schutz erwarten konnte. Ich stieg also damals in den Keller hinab und dachte: Jetzt wird es gleich kommen, jetzt wird es mir gleich passieren! Werde ich hinabstürzen oder nicht? Und infolge dieser Besorgnis packte mich dieser unvermeidliche Krampf in der Kehle . . . na, und da fiel ich hinunter. Das alles und mein ganzes Gespräch mit Ihnen am Abend vorher am Tor, als ich Ihnen meine Befürchtungen mitteilte und auch das von dem Keller – alles das habe ich bis in alle Einzelheiten dem Herrn Doktor Herzenstube und dem Untersuchungsrichter Nikolaj Parfenowitsch mitgeteilt, und sie haben alles zu Protokoll genommen. Der hiesige Arzt aber, Herr Warwinskij, hat vor ihnen allen besonders darauf bestanden, daß es gerade infolge meines Gedankens so gekommen sein muß, das heißt aus eben jener Besorgnis: Werde ich hinabstürzen oder nicht? Und da hat es mich eben gepackt. So haben sie es auch niedergeschrieben: daß es unbedingt so hat kommen müssen, das heißt nur infolge meiner Angst.«

Als Smerdjakow das gesagt hatte, holte er, als wäre er von der Anstrengung erschöpft, tief Atem.

»Du hast das also schon bei der Vernehmung ausgesagt?«

fragte Iwan Fjodorowitsch etwas verdutzt. Er hatte ihn gerade damit schrecken wollen, daß er, Iwan Fjodorowitsch, über ihr damaliges Gespräch Anzeige erstatten werde, doch nun stellte sich heraus, daß Smerdjakow schon selbst alles ausgesagt hatte.

»Was habe ich denn zu fürchten? Mögen sie doch die ganze wahrhaftige Wahrheit niederschreiben!« sagte Smerdjakow in festem Ton.

»Hast du ihnen auch unser Gespräch am Tor wortwörtlich wiedererzählt?«

»Nein, nicht gerade wortwörtlich.«

»Und daß du einen Anfall vorzutäuschen verstehst, wie du dich damals rühmtest, hast du das auch gesagt?«

»Nein, das habe ich nicht gesagt.«

»Sag mir jetzt, warum rietest du mir damals, nach Tschermaschnja zu fahren?«

»Ich fürchtete, Sie würden nach Moskau fahren. Nach Tschermaschnja ist es immerhin näher.«

»Du lügst, du hast mich ja selber aufgefordert, wegzufahren; du sagtest: ‚Fahren Sie weg von der Sünde!'«

»Das tat ich damals nur aus Freundschaft und aus herzlicher Ergebenheit, da ich ein Unglück im Haus ahnte und Mitleid mit Ihnen hatte. Nur hatte ich mehr Mitleid mit mir als mit Ihnen. Darum sagte ich: ‚Fahren Sie weg von der Sünde!' damit Sie verstünden, daß zu Haus Unheil drohte, und damit Sie dablieben, um Ihren Vater zu beschützen.«

»Das hättest du mir deutlicher sagen sollen, du Dummkopf!« brauste Iwan Fjodorowitsch auf.

»Wie hätte ich das damals deutlicher sagen sollen? Nur die Angst sprach ja aus mir, und Sie hätten auch in Zorn geraten können. Ich konnte natürlich befürchten, daß Dmitrij Fjodorowitsch Skandal machen und dieses Geld mitnehmen werde, weil er es für so gut wie sein Eigentum hielt; aber wer konnte denn wissen, daß alles mit einem solchen Mord enden werde? Ich dachte, er würde einfach diese dreitausend Rubel entwenden, die bei dem gnädigen Herrn in einem Briefumschlag unter der Matratze lagen, er aber hat ihn umgebracht. Wie hätten Sie das erraten können, gnädiger Herr!«

»Wenn du selbst sagst, daß man es nicht erraten konnte, wie konnte ich es dann erraten und deswegen hierbleiben? Was faselst du da?« sagte Iwan Fjodorowitsch nach einigem Nachdenken.

»Sie hätten es schon daraus erraten können, daß ich Ihnen riet, statt nach Moskau nach Tschermaschnja zu fahren.«

»Wie hätte ich darauf kommen sollen?«

Smerdjakow schien sehr ermüdet zu sein und schwieg wieder eine gute Minute.

»Eben deswegen hätten Sie darauf kommen können, weil ich Sie statt in Moskau in Tschermaschnja haben wollte; ich wollte Sie also in der Nähe haben, denn Moskau ist weit, und Dmitrij Fjodorowitsch wäre, wenn er gewußt hätte, daß Sie in der Nähe sind, nicht ermutigt worden. Und Sie hätten im Notfall auch rascher kommen können, um mich zu schützen; denn ich selbst wies Sie damals aus eben diesem Grunde auf die Krankheit Grigorij Wassiljewitschs hin und sagte Ihnen auch, daß ich einen Anfall befürchte. Und als ich Ihnen von diesen Klopfzeichen erzählte, durch die man sich zu dem Verstorbenen Einlaß verschaffen konnte, und daß Dmitrij Fjodorowitsch durch mich alles wußte, dachte ich, Sie würden schon selber darauf kommen, daß er unbedingt etwas anrichten werde, und Sie würden nicht nur die Fahrt nach Tschermaschnja unterlassen, sondern überhaupt hierbleiben!«

Er redet sehr folgerichtig, dachte Iwan Fjodorowitsch, obwohl er stammelt. Wie kann da Herzenstube von einer Zerrüttung der geistigen Fähigkeiten sprechen?

»Du treibst mit mir ein falsches Spiel, der Teufel soll dich holen!« rief er.

»Offengestanden, ich dachte damals, Sie hätten es schon völlig erraten«, erwiderte Smerdjakow mit der harmlosesten Miene.

»Wenn ich es erraten hätte, so wäre ich hiergeblieben!« brauste Iwan Fjodorowitsch wieder auf.

»Nun, ich aber glaubte, Sie hätten alles erraten und reisten so schnell wie möglich fort, nur um der Sünde irgendwohin zu entfliehen und sich vor der Angst zu retten.«

»Du glaubtest wohl, alle Menschen seien solche Feiglinge wie du?«

»Verzeihen Sie, ich glaubte, auch Sie seien so, wie ich bin.«

»Allerdings hätte ich es erraten müssen«, sagte Iwan aufgeregt, »und ich vermutete auch, daß du etwas Abscheuliches vorhattest ... Aber du lügst, du lügst wieder!« rief er, da ihm plötzlich etwas eingefallen war. »Weißt du noch, wie du damals an meinen Reisewagen kamst und zu mir sagtest: ‚Ist einer gescheit, so verlohnt es sich auch, mit ihm zu sprechen!' Also freutest du dich doch, daß ich wegfuhr, wenn du es lobtest?«

Smerdjakow seufzte einmal und noch einmal. In seinem Gesicht schien sich eine schwache Farbe zu zeigen.

»Wenn ich mich freute«, sagte er, etwas mühsam atmend, »so nur darüber, daß Sie eingewilligt hatten, statt nach Moskau nach Tschermaschnja zu fahren. Denn das ist immerhin näher; aber ich sagte Ihnen diese Worte damals nicht als Lob, sondern als Vorwurf, weil Sie, obwohl Sie ein solches Unglück ahnten, den leiblichen Vater verließen und uns nicht schützen wollten; denn man konnte mich wegen dieser dreitausend belangen, als hätte ich sie gestohlen.«

»Hol dich der Teufel!« fluchte Iwan wieder. »Halt! Hast du von den Zeichen, von diesen Klopfzeichen, dem Untersuchungsrichter und dem Staatsanwalt Mitteilung gemacht?«

»Ich habe alles der Wahrheit gemäß angegeben.«

Iwan Fjodorowitsch wunderte sich wiederum im stillen.

»Wenn ich damals an etwas gedacht habe«, begann er aufs neue, »dann nur an irgendeine Abscheulichkeit von deiner Seite. Dmitrij war imstande, einen Mord zu begehen, aber daß er stehlen würde, das habe ich damals nicht geglaubt. Bei dir aber war ich auf jede Gemeinheit gefaßt. Du hast mir selbst gesagt, daß du einen epileptischen Anfall vortäuschen kannst; weshalb hast du das gesagt?«

»Nur aus Offenherzigkeit. Auch habe ich nie in meinem Leben einen epileptischen Anfall absichtlich vorgetäuscht; ich sagte das nur so, um vor Ihnen großzutun. Es war nur eine Dummheit. Ich hatte Sie damals sehr liebgewonnen und redete mit Ihnen in aller Harmlosigkeit.«

»Mein Bruder beschuldigt dich geradeheraus, daß du den Mord begangen und das Geld gestohlen hast.«

»Ja, was bleibt ihm denn sonst noch übrig?« sagte Smerdjakow mit bitterem Lächeln. »Doch wer wird ihm nach allen diesen Beweisen noch glauben? Grigorij Wassiljewitsch hat die Tür offen gesehen, was gibt's da wohl noch? Nun ja, Gott steh ihm bei! Er zittert um seine Haut ...«

Er schwieg eine Weile still, doch plötzlich fügte er, als hätte er sich etwas überlegt, hinzu: »Sehen Sie, das ist ja wiederum das gleiche: er will es auf mich abwälzen, daß es das Werk meiner Hände sei – das habe ich schon gehört –, und was wieder das betrifft, daß ich so gut einen epileptischen Anfall vortäuschen kann – nun, hätte ich Ihnen das wohl im voraus gesagt, wenn ich damals wirklich einen Anschlag auf Ihren Vater geplant hätte? Wenn ich schon einen solchen Mord vorgehabt hätte, hätte ich denn da ein solcher Dummkopf sein können, im voraus einen solchen Beweis gegen mich selbst preiszugeben, und dazu noch dem leiblichen Sohn des Opfers? Ich bitte Sie! Sieht denn das wahrscheinlich aus? Das kann doch nicht sein, im Gegenteil, so etwas ist niemals möglich. Jetzt zum Beispiel hört das Gespräch, das wir beide führen, niemand als die Vorsehung selbst; wenn Sie es aber dem Staatsanwalt und Nikolaj Parfenowitsch mitteilen, könnten Sie mich dadurch völlig schützen; denn was ist denn das für ein Verbrecher, der im voraus so offenherzig ist? Das alles werden sie sehr wohl begreifen.«

»Höre«, sagte Iwan Fjodorowitsch, verblüfft durch die letzte Schlußfolgerung Smerdjakows, und stand auf, um das Gespräch abzubrechen, »ich verdächtige dich überhaupt nicht und halte es sogar für lächerlich, dich zu beschuldigen ... im Gegenteil, ich bin dir dankbar, daß du mich beruhigt hast. Jetzt gehe ich, aber ich komme wieder. Einstweilen leb wohl und werde wieder gesund. Brauchst du irgend etwas?«

»Ich bin mit allem zufrieden, schönen Dank. Marja Ignatjewna vergißt mich nicht und versorgt mich mit allem, wenn ich etwas brauche, aus alter Güte. Tagtäglich besuchen mich gute Menschen.«

»Auf Wiedersehn. Übrigens werde ich nichts davon sagen, daß du einen Anfall vortäuschen kannst, und ich rate auch dir, es nicht anzugeben«, sagte Iwan plötzlich aus irgendeinem Grunde.

»Das verstehe ich sehr wohl. Und wenn Sie das nicht sagen, dann werde auch ich nichts von dem Gespräch mitteilen, das wir beide damals am Tor geführt haben ...«

Iwan Fjodorowitsch verließ schnell das Zimmer, und erst als er schon etwa zehn Schritt durch den Korridor gegangen war, fühlte er plötzlich, daß in Smerdjakows letztem Satz ein beleidigender Sinn lag. Er wollte schon umkehren, aber das ging ihm nur flüchtig durch den Kopf, und mit dem Wort »Dummheiten!« verließ Iwan Fjodorowitsch möglichst rasch das Krankenhaus. Die Hauptsache war, er fühlte sich wirklich beruhigt, und das war gerade durch den Umstand der Fall, daß nicht Smerdjakow der Schuldige war, sondern sein Bruder Mitja, obgleich man hätte meinen können, daß es umgekehrt hätte sein müssen. Warum es so wahr – darüber wollte er damals nicht nachdenken; er fühlte geradezu Widerwillen davor, in seinen Empfindungen zu wühlen. Eher hatte er das Verlangen, möglichst schnell zu vergessen. Später, in den folgenden paar Tagen, überzeugte er sich schon völlig von der Schuld

Mitjas, als er sich näher und gründlicher mit allen Beweisen, die gegen diesen sprachen, vertraut gemacht hatte. Da waren Aussagen der unbedeutendsten Menschen, aber sie waren nahezu erschütternd, zum Beispiel die Aussagen Fenjas und ihrer Mutter. Von Perchotin, den Besuchern des Gasthauses, den Angestellten im Laden der Plotnikows, von den Zeugen in Mokroje war überhaupt gar nicht zu reden. Vor allem bedrückten ihn die Einzelheiten. Die Mitteilung von den geheimen Klopfzeichen hatte den Untersuchungsrichter und den Staatsanwalt fast in demselben Maße verblüfft wie die Aussage Grigorijs über die offene Tür. Grigorijs Frau, Marfa Ignatjewna, hatte auf die Frage Iwan Fjodorowitschs unumwunden erklärt, daß Smerdjakow die ganze Nacht bei ihnen hinter der Bretterwand gelegen habe, »keine drei Schritt von unserem Bett entfernt«, und daß sie zwar fest geschlafen habe, aber oft aufgewacht sei, weil sie hörte, wie Smerdjakow dort stöhnte: »Die ganze Zeit hat er gestöhnt, unablässig gestöhnt.« Als Iwan mit Herzenstube sprach und ihm seine Zweifel äußerte, weil Smerdjakow ihm überhaupt nicht geistesgestört, sondern nur körperlich schwach vorkomme, rief er bei dem alten Mann nur ein feines Lächeln hervor. »Aber wissen Sie, womit er sich jetzt besonders befaßt?« fragte Herzenstube. »Er lernt französische Vokabeln; unter seinem Kissen liegt ein Heftchen, und darin stehen französische Wörter, von irgend jemandem mit russischen Buchstaben geschrieben, hehehe!« Iwan Fjodorowitsch ließ schließlich von jedem Zweifel ab. An seinen Bruder Dmitrij konnte er nun nicht mehr ohne Abscheu denken. Eines war aber dennoch sonderbar: daß Aljoscha hartnäckig auch weiterhin darauf bestand, nicht Dmitrij habe den Mord begangen, sondern »aller Wahrscheinlichkeit nach« Smerdjakow. Iwan hatte immer das Gefühl gehabt, daß Aljoschas Ansicht für ihn ungemein hoch stehe, und darum war er jetzt sehr entrüstet über ihn. Seltsam war es auch, daß Aljoscha mit ihm nicht über Mitja zu reden suchte und von selbst niemals ein solches Gespräch begann, sondern nur auf Iwans Fragen antwortete. Auch das hatte Iwan Fjodorowitsch deutlich bemerkt. Übrigens war er zu dieser Zeit durch etwas anderes, das gar nichts damit zu tun hatte, sehr abgelenkt: als er aus Moskau gekommen war, hatte er sich schon in den ersten Tagen ganz und unwiderruflich seiner glühenden, sinnlosen Leidenschaft für Katerina Iwanowna ergeben. Es ist hier nicht der Ort, von dieser neuen Leidenschaft Iwan Fjodorowitschs zu erzählen, die sich später in seinem ganzen Leben widerspiegelte; das kann als Stoff für eine ganz andere Erzählung dienen, einen zweiten Roman, von dem ich nicht weiß, ob ich ihn jemals schreiben werde. Trotzdem darf ich auch jetzt nicht verschweigen, daß Iwan Fjodorowitsch, wie bereits erzählt, als er nachts mit Aljoscha von Katerina Iwanowna fortging und zu ihm sagte: »Ich mag sie nicht«, furchtbar log: Er liebte sie unsinnig, obgleich er sie freilich auch zeitweise so sehr haßte, daß er sie geradezu hätte töten können. Hier wirkten viele Ursachen zusammen: ganz erschüttert durch das Ereignis mit Mitja, hatte sie sich auf Iwan Fjodorowitsch, der wieder zu ihr zurückgekehrt war, wie auf einen Retter gestürzt. Sie war in ihren Gefühlen beleidigt, gekränkt, gedemütigt. Und da tauchte wieder jener Mann auf, der sie schon früher so sehr geliebt hatte – oh, das wußte sie nur allzu gut – und dessen Verstand und Herz sie immer so hoch über sich selbst gestellt hatte. Aber das sittenstrenge Mädchen gab sich nicht ganz zum Opfer, trotz dem ganzen karamasowschen Ungestüm der Wünsche ihres Geliebten und trotz allem Zauber, den er auf sie ausübte. Zu eben dieser Zeit quälte sie sich unablässig mit Reue, daß sie Mitja hintergangen habe, und in den bösen Augenblicken des Streites mit Iwan (ach, ihrer gab es viele) sagte sie es ihm geradeheraus. Und das hatte er damals im Gespräch mit Aljoscha »Lüge auf Lüge« genannt. Hier gab es allerdings wirklich und wahrhaftig viel Lüge, und das reizte Iwan Fjodorowitsch am meisten . . . doch von alledem später. Mit einem Wort, er hatte Smerdjakow zeitweilig beinahe vergessen. Doch zwei Wochen nach seinem ersten Besuch bei ihm begannen ihn wieder die gleichen seltsamen Gedanken wie früher zu martern. Es genügt zu sagen, daß er sich unablässig fragte, warum er damals, in seiner letzten Nacht im Hause Fjodor Pawlowitschs vor seiner Abreise, leise wie ein Dieb auf die Treppe hinausgegangen war, um zu lauschen, was sein Vater unten tue. Warum erinnerte er sich später voll Abscheu daran, warum hatte ihn am Morgen des nächsten Tages auf der Reise ein solcher Kummer befallen und warum hatte er sich bei der Ankunft in Moskau gesagt: Ich bin ein Schurke? Und jetzt schien es ihm auf einmal, daß er wegen all dieser qualvollen Gedanken wohl bereit sei, sogar Katerina Iwanowna zu vergessen, so stark gewannen solche Gedanken plötzlich wieder Gewalt über ihn! Und gerade als er dies dachte, begegnete er auf der Straße seinem Bruder Aljoscha. Sogleich hielt er ihn an und stellte ihm die Frage: »Erinnerst du dich, wie damals nach Tisch Dmitrij in das Haus drang und den Vater mißhandelte und wie ich dir dann auf dem Hof sagte, daß ich ‚das Recht, zu wünschen' mir vorbehielte – sag mir, hast du damals gedacht, ich wünschte den Tod des Vaters oder hast du es nicht gedacht?«

»Ja, ich habe es gedacht«, antwortete Aljoscha leise.

»Übrigens war das auch so; hier gab es nichts zu erraten. Aber ist dir damals nicht auch der Gedanke gekommen, ich wünschte, daß ‚zwei Scheusale einander auffressen', das heißt, daß gerade Dmitrij den Vater töte und noch dazu möglichst bald ... und daß ich selber nicht einmal abgeneigt wäre, dabei Vorschub zu leisten?«

Aljoscha erbleichte ein wenig und blickte dem Bruder schweigend in die Augen.

»So sprich doch!« rief Iwan. »Ich will unbedingt wissen, was du damals gedacht hast. Ich muß es wissen – die Wahrheit, die Wahrheit will ich hören!« Er holte tief Atem und blickte Aljoscha schon im voraus gehässig an.

»Verzeih mir, ich habe damals auch das gedacht«, flüsterte Aljoscha und verstummte, ohne einen einzigen »mildernden Umstand« hinzuzufügen.

»Hab Dank!« sagte Iwan kurz, ließ Aljoscha stehen und ging rasch seines Weges. Seitdem bemerkte Aljoscha, daß sein Bruder Iwan entschieden von ihm abzurücken begann und ihn auch nicht mehr zu lieben schien, so daß er, Aljoscha, selbst aufhörte, ihn zu besuchen. Doch in jenem Augenblick, gleich nach der Begegnung mit ihm, ging Iwan Fjodorowitsch nicht nach Hause, sondern begab sich plötzlich abermals zu Smerdjakow.

7

Der zweite Besuch bei Smerdjakow

Smerdjakow war zu dieser Zeit schon aus dem Krankenhaus entlassen. Iwan Fjodorowitsch kannte Smerdjakows neue Adresse, nämlich jenes windschiefe kleine Blockhaus mit den zwei durch einen Flur getrennten Stuben. In der einen wohnte Marja Kondratjewna mit ihrer Mutter, und in der anderen Smerdjakow. Gott weiß, unter welchen Bedingungen er bei ihnen wohnte, ob umsonst oder gegen Bezahlung. Später nahm man an, daß er sich als Verlobter Marja Kondratjewnas bei ihnen niedergelassen hatte und vorläufig unentgeltlich dort wohnte. Die Mutter wie die Tochter achteten ihn sehr und hielten ihn für einen Menschen, der höher stand als sie. Iwan Fjodorowitsch klopfte an, trat in den Flur und ging auf Weisung Marja Kondratjewnas gleich nach links in die »gute Stube«, in der Smerdjakow hauste. In dieser Stube stand ein Kachelofen, der stark geheizt war. An den Wänden prangten blaue Tapeten, die allerdings völlig zerrissen waren, und darunter wimmelte es in den Ritzen von Kakerlaken in schrecklicher Menge, so daß man ein unaufhörliches Rascheln vernahm. Einrichtung war fast keine vorhanden: zwei Bänke an den Wänden und zwei Stühle neben dem Tisch. Der Tisch war zwar aus rohem Holz, trug aber eine Decke mit rosafarbenem Muster. An den beiden kleinen Fenstern stand je ein Blumentopf mit Geranien. In der Ecke hing ein Schrein mit Heiligenbildern. Auf dem Tische standen ein kleiner, stark verbeulter kupferner Samowar und ein Tablett mit zwei Tassen. Aber Smerdjakow hatte seinen Tee schon getrunken, und der Samowar war erloschen. Smerdjakow selbst saß auf der Bank beim Tisch, blickte in ein Heft und kritzelte etwas mit der Feder. Ein Tintenfäßchen stand neben ihm, ebenso wie ein niedriger gußeiserner Leuchter, übrigens mit einer Stearinkerze. Iwan Fjodorowitsch schloß sofort aus dem Gesicht Smerdjakows, daß er sich von der Krankheit völlig erholt habe. Sein Gesicht war frischer und voller, der Haarschopf zurückgekämmt, die Schläfenhaare waren mit Pomade geglättet. Er saß in einem bunten wattierten Schlafrock da, der jedoch schon sehr abgetragen und schäbig war. Auf der Nase trug er eine Brille, was Iwan Fjodorowitsch bisher noch nicht bei ihm gesehen hatte. Dieser höchst geringfügige Umstand schien Iwan Fjodorowitschs Unwillen zu verdoppeln: Ein solches Gezücht, und dazu noch mit Brille! Smerdjakow hob langsam den Kopf und blickte durch die Brille unverwandt den Eingetretenen an; dann nahm er die Brille ruhig ab und erhob sich von seiner Bank, aber durchaus nicht ehrerbietig, ja sogar träge, nur um die nötigste Höflichkeit zu wahren, ohne die man eben nicht auskommen kann. All das huschte Iwan sofort durch den Sinn, und all das bemerkte und erfaßte er sogleich, vor allem den Blick Smerdjakows, einen entschieden boshaften, unfreundlichen, ja anmaßenden Blick, als wollte er damit sagen: Was treibst du dich hier herum? Wir haben doch alles miteinander besprochen. Wozu bist du schon wieder gekommen? Iwan Fjodorowitsch konnte kaum an sich halten.

»Heiß ist es bei dir«, sagte er noch im Stehen und knöpfte den Mantel auf.

»Legen Sie ab«, gestattete Smerdjakow.

Iwan Fjodorowitsch zog den Mantel aus und warf ihn auf die Bank, dann nahm er mit zitternden Händen einen Stuhl, rückte ihn rasch an den Tisch und setzte sich. Smerdjakow hatte sich schon vor ihm wieder auf seine Bank niedergelassen.

»Erstens: sind wir allein?« fragte Iwan Fjodorowitsch streng und hastig. »Kann man uns von drüben nicht hören?«

»Niemand kann etwas hören. Sie haben ja selber gesehen: der Flur liegt dazwischen.«

»Höre, mein Lieber: was hast du damals gefaselt, als ich im Krankenhaus von dir wegging? Du sagtest, wenn ich darüber schwiege, daß du meisterhaft einen Anfall vortäuschen könntest, so würdest du dem Untersuchungsrichter ebenfalls nicht das ganze Gespräch mitteilen, das wir beide damals am Tor führten – was bedeutet dieses: ‚nicht das ganze'? Was konntest du damit gemeint haben? Wolltest du mich bedrohen, wie? Als ob ich ein Bündnis mit dir geschlossen hätte und vor dir Angst hätte, wie?«

Iwan Fjodorowitsch sagte das schon in voller Wut und gab absichtlich zu verstehen, daß er jegliche Umschweife und jegliche Einleitung verachte und mit offenen Karten spiele. Smerdjakows Augen funkelten boshaft; das linke begann zu zwinkern und gab sogleich, wenn auch wie immer verhalten und gemessen, seine Antwort: Du willst reinen Wein? Da hast du also diesen reinen Wein!

»Was ich damit gemeint habe und weswegen ich es gesagt habe, ist folgendes: daß Sie, der Sie im voraus von diesem Mord an Ihrem leiblichen Vater wußten, ihn damals als Opfer preisgaben. Damit also auf Grund dessen die Leute keine falschen Schlüsse über Ihre Gefühle zögen und vielleicht auch über etwas anderes, deshalb versprach ich damals, der Obrigkeit nichts zu melden.«

Smerdjakow sagte das zwar langsam und offensichtlich mit Selbstbeherrschung, dennoch hörte man in seiner Stimme geradezu etwas Festes und Hartnäckiges, Boshaftes und frech Herausforderndes. Dreist starrte er Iwan Fjodorowitsch an, dem es in der ersten Minute vor den Augen flimmerte.

»Wie? Was? Bist du bei Verstand oder nicht?«

»Völlig und vollkommen bei Verstand.«

»Ja, *wußte* ich denn damals etwa von dem Mord?« schrie Iwan Fjodorowitsch schließlich und schlug mit der Faust fest auf den Tisch. »Was heißt: etwas anderes? Sprich, du Schurke!«

Smerdjakow schwieg und fuhr fort, Iwan Fjodorowitsch mit dem gleichen frechen Blick zu mustern.

»Sprich, du stinkender Spitzbube, was ist dieses ‚etwas anderes'?« brüllte Iwan Fjodorowitsch.

»Mit diesem ‚anderen' meinte ich, daß Sie wohl damals selber den Tod Ihres Vaters sehr wünschten!«

Iwan Fjodorowitsch sprang auf und stieß ihn aus voller Kraft mit der Faust gegen die Schulter, so daß Smerdjakow zur Wand zurücktaumelte. Im Nu war Smerdjakows Gesicht von Tränen überströmt. Er sagte nur: »Schämen Sie sich, gnädiger Herr, einen schwachen Menschen zu schlagen!« dann bedeckte er die Augen mit seinem baumwollenen, blaukarierten, völlig verschneuzten Taschentuch und versank in ein stilles, tränenreiches Weinen. Es verging etwa eine Minute.

»Genug! Hör auf!« sagte Iwan Fjodorowitsch schließlich gebieterisch und setzte sich wieder auf den Stuhl. »Bring mich nicht um den letzten Rest meiner Geduld!«

Smerdjakow nahm seinen Lappen von den Augen fort. Jeder kleinste Zug seines gerunzelten Gesichtes drückte die eben erst erlittene Beleidigung aus.

»Du Schurke dachtest also damals, ich wollte mit Dmitrij gemeinsam den Vater ermorden?«

»Ihre damaligen Gedanken kannte ich nicht«, sagte Smerdjakow gekränkt, »und deshalb hielt ich Sie damals an, als Sie durch das Tor kamen, um Sie über eben diesen Punkt auszuforschen.«

»Was auszuforschen? Was?«

»Nämlich eben den Umstand: wollten Sie oder wollten Sie nicht, daß Ihr Vater möglichst bald umgebracht werde?«

Am allermeisten empörte Iwan Fjodorowitsch dieser beharrliche freche Ton, den Smerdjakow jetzt starrsinnig nicht aufgeben wollte.

»Du warst es, der ihn getötet hat«, rief er plötzlich.

Smerdjakow lächelte verächtlich.

»Daß nicht ich ihn getötet habe, wissen Sie selber sehr gut. Und ich glaubte, daß ein gescheiter Mensch darüber gar nicht zu sprechen brauchte.«

»Aber warum, warum tauchte in dir damals dieser Verdacht gegen mich auf?«

»Wie Ihnen bereits bekannt ist, nur aus Furcht. Denn ich war in einer solchen Lage, daß ich vor Angst zitterte und alle verdächtigte. Auch Sie wollte ich ausforschen, denn wenn auch Sie, so dachte ich, das gleiche wünschen wie Ihr Bruder, dann ist es mit dieser ganzen Sache aus und zu Ende, und ich selber muß dabei zugrunde gehen wie eine Fliege.«

»Höre, vor zwei Wochen sprachst du ganz anders.«

»Ich meinte genau dasselbe, als ich im Krankenhaus mit Ihnen redete, nur nahm ich an, daß Sie mich ohne viel überflüssige Worte verstehen würden und selber kein offenes Gespräch wünschten, weil Sie ein sehr gescheiter Mensch sind.«

»Sieh an! Aber antworte mir, antworte, ich bestehe darauf: Wodurch und womit konnte ich damals deiner schurkischen Seele einen für mich so erniedrigenden Verdacht einflößen?«

»Ihn umbringen – das konnten Sie selber auf keinen Fall und das wollten Sie auch nicht, aber wollen, daß ein anderer ihn ermorde – das taten Sie.«

»Und wie ruhig er das sagt, wie ruhig! Ja, weshalb soll ich das gewollt haben, was hätte ich davon gehabt, es zu wollen?«

»Was soll das heißen, was Sie davon gehabt hätten? Und die Erbschaft?« erwiderte Smerdjakow giftig und sogar rachsüchtig. »Sie hätten ja damals nach dem Tod Ihres Vaters ein jeder der drei Brüder mindestens vierzigtausend bekommen, und vielleicht sogar noch mehr, doch wenn Fjodor Pawlowitsch diese Dame, Agrafena Alexandrowna, geheiratet hätte, so hätte die gleich nach der Trauung das ganze Kapital auf sich überschreiben lassen, denn sie ist keineswegs dumm, und so wären Ihnen allen drei Brüdern nach dem Tod des Vaters keine zwei Rubel geblieben. Und war es damals so weit bis zur Trauung? Es ging um Haaresbreite . . . diese Dame hätte ihm nur mit dem kleinen Finger zu winken brauchen, und er wäre ihr mit heraushängender Zunge gleich in die Kirche nachgelaufen.«

Iwan Fjodorowitsch beherrschte sich, wenn er auch Qualen litt.

»Gut«, sagte er schließlich. »Du siehst, ich bin nicht aufgesprungen, ich habe dich nicht verprügelt, dich nicht totgeschlagen. Sprich weiter: deiner Ansicht nach habe ich also meinen Bruder Dmitrij dazu ausersehen und auf ihn gerechnet?«

»Wie hätten Sie denn auf ihn nicht rechnen sollen? Wenn er den Mord verübt hätte, wäre er doch aller Adelsrechte, seines

Ranges und seines Vermögens verlustig gegangen und hätte in die Verbannung müssen. Dann wäre sein Anteil an dem Erbe nach dem Tod des Vaters Ihnen und Ihrem Bruder Alexej Fjodorowitsch zugefallen, zu gleichen Teilen, also nicht mehr je vierzigtausend, sondern sechzigtausend jedem von Ihnen. Und darum haben Sie damals unbedingt auf Dmitrij Fjodorowitsch gerechnet.«

»Nun, was muß ich mir alles von dir gefallen lassen! Höre, du Halunke! Wenn ich damals auf jemanden gerechnet hätte, dann natürlich auf dich und nicht auf Dmitrij, und ich schwöre dir, ich ahnte sogar, daß du irgendeine Schurkerei im Schilde führtest ... damals ... ich entsinne mich meines Eindruckes!«

»Auch ich habe damals einen Augenblick lang gedacht, daß Sie auch auf mich rechneten«, erwiderte Smerdjakow mit spöttischem Grinsen, »so daß Sie sich eben dadurch vor mir eine Blöße gaben; denn wenn Sie ein Vorgefühl meinetwegen hatten und gleichzeitig wegfuhren, so hieß das, daß Sie mir dadurch gewissermaßen sagen wollten: Du kannst den Vater umbringen; ich hindere dich nicht daran.«

»Du Schurke! So hast du das aufgefaßt?«

»Aber alles kam durch dieses Tschermaschnja. Haben Sie doch Erbarmen! Sie wollten nach Moskau reisen, und alle Bitten Ihres Vaters, nach Tschermaschnja zu fahren, schlugen Sie ab! Und nur meiner dummen Worte wegen erklärten Sie sich auf einmal einverstanden! Und weswegen mußten Sie gerade damals in die Fahrt nach Tschermaschnja einwilligen? Wenn Sie ohne Grund, nur auf meine Worte hin nicht nach Moskau, sondern nach Tschermaschnja fuhren, so erwarteten Sie offenbar etwas von mir.«

»Nein, ich schwöre dir, nein!« brüllte Iwan zähneknirschend.

»Wieso denn nein? Im Gegenteil, Sie hätten mich damals als Sohn Ihres Vaters für meine damaligen Worte vor allen Dingen zur Polizei schleppen müssen, um mich auspeitschen zu lassen ... Sie hätten mir mindestens an Ort und Stelle gleich eine in die Fresse hauen müssen, aber bitte sehr, Sie waren nicht im geringsten zornig, befolgten sogleich haargenau und freundlich meine höchst dummen Reden und fuhren weg, was völlig albern war, denn Sie hätten bleiben müssen, um das Leben Ihres Vaters zu schützen ... Wie hätte ich da nicht meine Schlüsse ziehen sollen?«

Iwan saß mürrisch da und hielt beide Fäuste krampfhaft auf die Knie gestützt.

»Ja, schade, daß ich dich nicht in die Fresse geschlagen habe«, sagte er mit bitterem Lächeln. »Zur Polizei hätte ich dich damals nicht schleppen können: Wer hätte mir denn geglaubt, und worauf hätte ich hinweisen können, aber in die Fresse ... ach, schade, daß mir das nicht einfiel; wenngleich das jetzt verboten ist, hätte ich aus deiner Schnauze Brei gemacht.«

Smerdjakow betrachtete ihn fast mit Genuß.

»In gewöhnlichen Fällen des Lebens«, sagte er in jenem selbstzufrieden-doktrinären Ton, in dem er früher mit Grigorij Wassiljewitsch über den Glauben diskutiert und ihn gehänselt hatte, wenn er am Tische Fjodor Pawlowitschs stand, »in gewöhnlichen Fällen des Lebens ist es allerdings vom Gesetz verboten, jemanden in die Fresse zu schlagen, und niemand tut das mehr, aber in ganz besonderen Fällen des Lebens prügelt man ja doch auch heute noch immer und zwar nicht nur bei uns, sondern auf der ganzen Welt, und sei es sogar in der richtigen französischen Republik, wie es schon zu Adams und Evas Zeiten war, und damit wird man niemals aufhören, doch Sie haben es damals nicht einmal in dem besonderen Falle gewagt.«

»Warum lernst du denn französische Vokabeln?« fragte Iwan und wies mit einem Kopfnicken auf das Heft, das auf dem Tische lag.

»Warum sollte ich sie nicht lernen, um damit meine Bildung zu fördern, wenn ich glaube, daß ich vielleicht selber einmal in jenen glücklichen Gegenden Europas sein werde?«

»Höre, du Scheusal!« rief Iwan mit funkelnden Augen und zitterte am ganzen Leibe. »Ich fürchte deine Anschuldigungen nicht; sage gegen mich aus, was du willst, und wenn ich dich jetzt nicht totgeschlagen habe, so nur deswegen, weil ich dich dieses Verbrechens verdächtige und dich vor Gericht stellen werde. Ich werde dich schon entlarven!«

»Ich meine aber, daß Sie besser schweigen. Denn was können Sie gegen mich bei meiner völligen Unschuld vorbringen, und wer wird Ihnen glauben? Und sobald Sie nur damit anfangen, werde ich alles erzählen, denn warum sollte ich mich nicht verteidigen!«

»Du glaubst wohl, ich fürchte dich jetzt?«

»Mag man auch bei Gericht allen meinen Worten, die ich jetzt gesprochen habe, nicht glauben, so wird man ihnen im Publikum doch Glauben schenken, und das wird für Sie eine Schande sein.«

»Das heißt also wiederum: ,Ist einer gescheit, so verlohnt es sich auch, mit ihm zu reden', wie?« fragte Iwan zähneknirschend.

»Sie belieben haargenau ins Schwarze zu treffen. Darum seien Sie auch gescheit!«

Iwan Fjodorowitsch zitterte am ganzen Leibe vor Entrüstung, er stand auf, nahm seinen Mantel und verließ rasch die Stube, ohne Smerdjakow weiter zu antworten, ja, ohne ihn anzusehen. Die kühle Abendluft erfrischte ihn. Am Himmel leuchtete hell der Mond. Ein schreckliches Chaos von Gedanken und Empfindungen brodelte in seiner Seele. Soll ich jetzt gleich hingehen und Smerdjakow anzeigen? Was kann ich aber angeben? Er ist ja doch unschuldig. Im Gegenteil, er wird mich bezichtigen. Wahrhaftig, weshalb bin ich damals nach Tschermaschnja gefahren? Weshalb? Weshalb? fragte sich Iwan Fjodorowitsch. Ja, natürlich erwartete ich etwas, und er hat recht ... Und er entsann sich wieder, zum hundertstenmal, wie er in der letzten Nacht bei seinem Vater auf der Treppe gelauscht hatte, aber er erinnerte sich daran mit solchem Leid, daß er wie angenagelt auf der Stelle stehen blieb. Ja, das habe ich damals erwartet, das ist wahr! Ich wollte den Mord, ich wollte ihn geradezu! Wollte ich den Mord, wollte ich ihn? ... Ich muß Smerdjakow töten! Wenn ich es jetzt nicht wage, Smerdjakow zu töten, lohnt es sich überhaupt nicht weiterzuleben ... Iwan Fjodorowitsch ging nicht nach Hause, sondern begab sich geradewegs zu Katerina Iwanowna und erschreckte sie durch sein Erscheinen: er war wie von Sinnen. Er berichtete ihr sein ganzes Gespräch mit Smerdjakow, alles bis in die kleinste Einzelheit. Er konnte sich nicht beruhigen, so sehr sie ihm auch zusprechen mochte, ging die ganze Zeit durch die Zimmer und redete wirr und seltsam. Endlich setzte er sich, stützte die Ellbogen auf den Tisch, legte den Kopf in beide Hände und sprach einen seltsamen Gedanken aus: »Wenn nicht Dmitrij den Mord verübt hat, sondern Smerdjakow, dann bin ich natürlich mit diesem solidarisch, denn ich habe ihn angestiftet. Ob ich ihn angestiftet habe, das weiß ich noch nicht. Aber wenn er den Mord begangen hat und nicht Dmitrij, so bin natürlich auch ich ein Mörder.«

Als Katerina Iwanowna das hörte, stand sie schweigend auf, ging zu ihrem Schreibtisch, öffnete eine Schatulle, die darauf stand, nahm einen Zettel heraus und legte ihn vor Iwan hin. Dieser Zettel war eben jenes Schriftstück, von dem Iwan später zu Aljoscha sagte, es sei ein »mathematisch genauer Beweis«, daß ihr Bruder Dmitrij den Mord begangen habe. Es war ein Brief, den Mitja in betrunkenem Zustand an Katerina Iwanowna geschrieben hatte, an jenem Abend, da er auf dem Felde Aljoscha begegnet war, der ins Kloster ging, nach der Szene im Hause Katerina Iwanownas, als Gruschenka sie beleidigt hatte. Damals eilte Mitja, nachdem er sich von Aljoscha getrennt hatte, zu Gruschenka; man weiß nicht, ob er sie vorfand, doch nachts war er im Gasthaus »Zur Hauptstadt«, wo er sich gehörig betrank. Schon berauscht, verlangte er Feder und Papier und schrieb ein wichtiges Beweisstück gegen sich selbst. Es war ein irrer, wortreicher und zusammenhangloser Brief, eben ein »betrunkener« Brief. Das war so, wie wenn ein Besoffener, der nach Hause gekommen ist, mit ungewöhnlicher Leidenschaftlichkeit seiner Gattin oder einem der Hausgenossen zu erzählen beginnt, wie man ihn jetzt beleidigt habe, welch ein Schurke der Beleidiger und was für ein prächtiger Mensch hingegen er selber sei und wie er es diesem Schurken heimzahlen werde, und das alles lang, überlang, zusammenhanglos und aufgeregt, mit Fausthieben auf den Tisch, mit Tränen der Trunkenheit. Das Papier für den Brief, das man ihm in dem Gasthaus gab, war ein reichlich schmutziges Blatt gewöhnlichen Briefpapiers schlechter Sorte, auf dessen Hinterseite eine Rechnung geschrieben stand. Der betrunkenen Redseligkeit gebrach es offensichtlich an Platz, und Mitja schrieb nicht nur alle Ränder voll, sondern die letzten Zeilen standen schon quer über das bereits Geschriebene. Der Brief hatte folgenden Inhalt:

»Unselige Katja! Morgen werde ich das Geld beschaffen und dir deine dreitausend zurückgeben, und dann leb wohl – du Frau großen Zornes, aber leb wohl auch meine Liebe! Machen wir Schluß! Morgen werde ich es bei allen Leuten zu beschaffen suchen, und wenn ich es nicht beschaffen kann, so gebe ich dir mein Ehrenwort, daß ich zu meinem Vater gehen und ihm den Schädel einschlagen und das Geld unter seinem Kissen wegnehmen werde, sobald nur Iwan weggefahren ist. Und wenn ich in die Zwangsarbeit gehen muß, die dreitausend gebe ich dir zurück. Und du leb wohl! Ich verneige mich vor dir bis zur Erde, weil ich dir gegenüber ein Schuft bin. Verzeih mir. Nein, verzeih mir lieber nicht: so wird es für mich und für dich leichter sein! Lieber in die Zwangsarbeit als deine Liebe, denn ich liebe eine andere, und du hast sie heute nur allzu gut kennen gelernt; wie kannst du mir verzeihen? Ich werde den Dieb meines Eigentums töten! Ich gehe von euch allen fort in den Osten, um niemanden mehr zu kennen. Auch *sie* nicht, denn nicht du allein bist meine Peinigerin, auch sie ist es. Leb wohl!

P. S. Ich schreibe einen Fluch, aber ich vergöttere dich! Ich spüre es in meiner Brust. Eine Saite ist darin übrig geblieben und klingt. Besser das Herz entzweigeteilt! Ich werde mich töten, zuerst aber den Hund! Ich will ihm die dreitausend entreißen und sie dir hinwerfen. Wenn ich dir gegenüber auch ein Schuft bin, so bin ich doch kein Dieb! Rechne mit den dreitausend. Sie liegen bei dem Hund unter der Matratze, mit einem rosafarbenen Bändchen umwickelt. Nicht ich bin ein Dieb, sondern ich werde den Dieb meines Eigentums töten. Katja, blicke nicht geringschätzig drein: Dmitrij ist kein Dieb, sondern ein Mörder! Er hat den Vater getötet und sich zugrundegerichtet, um aufrechtzustehen und deinen Stolz nicht ertragen zu müssen. Und um dich nicht lieben zu müssen.

P. P. S. Ich küsse deine Füße, leb wohl!

P. P. P. S. Katja, bete, daß mir die Leute das Geld geben. Dann werde ich nicht blutbefleckt sein; wenn sie es mir aber nicht geben, dann bin ich blutbesudelt! Töte mich!

Dein Sklave und Feind
D. Karamasow«

Als Iwan das »Dokument« gelesen hatte, stand er überzeugt auf. Also hatte doch der Bruder, nicht Smerdjakow den Mord begangen! Nicht Smerdjakow, folglich auch nicht er, Iwan. Dieser Brief bekam in seinen Augen plötzlich einen mathematisch exakten Sinn. Für Iwan konnte es jetzt keinerlei Zweifel an Mitjas Schuld mehr geben ... Übrigens hatte Iwan nie den Verdacht gehabt, daß Mitja gemeinsam mit Smerdjakow den Mord begangen haben könnte, und zudem ließ sich das auch nicht mit den Tatsachen in Einklang bringen. Iwan war völlig beruhigt. Am nächsten Morgen erinnerte er sich nur mit Verachtung an Smerdjakow und an dessen Spott. Einige Tage wunderte er sich sogar, wie ihn diese Verdächtigungen so qualvoll hatten beleidigen können. Er beschloß, Smerdjakow zu verachten und zu vergessen. So verstrich ein Monat. Er erkundigte sich bei niemandem mehr nach Smerdjakow, hörte jedoch etwa zweimal flüchtig, daß dieser sehr krank und nicht bei Verstand sei. »Es wird im Wahnsinn enden«, sagte einmal der junge Arzt Warwinskij, und Iwan merkte sich das. In der letzten Woche dieses Monats begann Iwan selber sich sehr schlecht zu fühlen. Er ging jetzt schon den Arzt zu konsultieren, den Katerina Iwanowna aus Moskau hatte kommen lassen und der vor der Verhandlung eingetroffen war. Und gerade in dieser Zeit hatten sich seine Beziehungen zu Katerina Iwanowna aufs äußerste zugespitzt. Sie waren wie zwei ineinander verliebte Feinde. Die wiederholten Rückfälle Katerina Iwanownas in ihre Liebe zu Mitja, die immer von kurzer Dauer, aber sehr heftig waren, hatten Iwan zu völliger Raserei gebracht. Seltsam, daß bis zu der letzten von uns beschriebenen Szene bei Katerina Iwanowna, als Aljoscha von Mitja zu ihr kam, er, Iwan, kein einzigesmal während des ganzen Monats von ihr einen Zweifel an Mitjas Schuld gehört hatte, trotz ihrer mehrfachen »Rückfälle« zu ihm, die er so sehr haßte. Bemerkenswert war auch, daß er, obgleich er fühlte, daß er Mitja von Tag zu Tag mehr haßte, gleichzeitig erkannte, daß er Mitja nicht wegen der wiederholten Rückfälle Katerina Iwanownas zu ihm haßte, sondern *deshalb, weil er, Mitja, den Vater erschlagen hatte!* Er fühlte das und war sich dessen vollauf bewußt. Nichtsdestoweniger ging er etwa zehn Tage vor der Verhandlung zu Mitja und schlug ihm den Plan einer Flucht vor – einen Plan, der offenbar schon lange vorher erdacht worden war. Daran war außer der Hauptursache, die ihn zu einem solchen Schritte bewog, auch eine gewisse in seinem Herzen noch nicht verheilte Wunde schuld, die von einer Bemerkung Smerdjakows herrührte, es sei für ihn, Iwan, vorteilhaft, wenn der Bruder beschuldigt werde, denn dann würde sich für ihn und Aljoscha das Erbteil von vierzigtausend auf sechzigtausend erhöhen. So beschloß er, von seinem Anteil dreißigtausend zu opfern, um die Flucht Mitjas zu bewerkstelligen. Als er damals von ihm zurückkam, war er ungemein traurig und verwirrt; denn plötzlich begann er zu fühlen, daß er die Flucht nicht allein deshalb wollte, um dreißigtausend zu opfern und so seine Wunde zu heilen, sondern auch aus einem anderen Grunde. Etwa deshalb, weil ich im tiefsten Inneren meiner Seele ein ebensolcher Mörder bin? fragte er sich. Etwas weit Entferntes, doch Brennendes marterte seine Seele. Vor allem aber hatte in diesem ganzen Monat sein Stolz sehr gelitten, doch davon später ... Als Iwan Fjodorowitsch nach seinem Gespräch mit Aljoscha bereits den Klingelgriff seiner Wohnung ergriffen hatte und sich dann plötzlich entschloß, zu Smerdjakow zu gehen, gehorchte er einem Gefühl des Unwillens, das jäh in seiner Brust aufgewallt war. Er entsann sich auf einmal, wie Katerina Iwanowna ihm soeben vor Aljoscha zugerufen hatte: »Du, du allein hast mir eingeredet, er« (nämlich Mitja) »sei der Mörder!« Als Iwan sich dessen erinnerte, erstarrte er geradezu: niemals im Leben hatte er ihr eingeredet, daß Mitja der Mörder sei; im Gegenteil, er hatte damals, als er von Smerdjakow zurückkam, sogar sich selbst vor ihr verdächtigt. *Sie* war es vielmehr gewesen, die ihm damals das »Schriftstück« vorlegte und die Schuld des Bruders bewies! Und plötzlich rief sie jetzt aus: »Ich war selber bei Smerdjakow!« Wann war sie dort gewesen? Iwan hatte davon nichts gewußt. Also war sie von Mitjas Schuld gar nicht so fest überzeugt! Und was konnte Smerdjakow ihr sagen? Was, was hatte er ihr denn gesagt? Ein schrecklicher Zorn loderte in Iwans Herzen auf. Er verstand nicht, wie er ihr vor einer halben Stunde diese Worte hatte durchgehen lassen können und nicht damals schon aufgeschrien hatte. Er ließ den Klingelgriff los und eilte zu Smerdjakow. Diesmal werde ich ihn vielleicht töten, dachte er unterwegs.

8

Der dritte und letzte Besuch bei Smerdjakow

Als er noch auf halbem Wege war, erhob sich ein scharfer, trockener Wind, ebenso wie an diesem Tage frühmorgens, und es fiel feiner, dichter, trockener Schnee. Der Schnee fiel zur Erde, ohne darauf liegen zu bleiben; der Wind wirbelte ihn auf, und bald brach ein richtiges Schneetreiben los. In jenem Teil unserer Stadt, in dem Smerdjakow wohnte, gibt es fast keine Laternen. Iwan Fjodorowitsch schritt im Dunkel dahin, ohne auf das Schneegestöber zu achten, und suchte instinktiv seinen Weg. Der Kopf tat ihm weh, und es pochte qualvoll in seinen Schläfen. In den Händen spürte er Krämpfe. Noch in einiger Entfernung von dem Häuschen Marja Kondratjewnas begegnete Iwan Fjodorowitsch einem einsamen Betrunkenen, einem Bauern von kleinem Wuchs, in einem geflickten Wams, der im Zickzack einhertorkelte, murrte und fluchte, plötzlich zu fluchen aufhörte und mit heiserer Stimme zu singen begann:

»Wanka ist zur Stadt gefahren,
Ich erwarte ihn nicht mehr . . .«

Doch immer wieder brach er nach dieser zweiten Zeile ab und begann abermals jemanden zu beschimpfen, dann stimmte er dasselbe Lied an. Iwan Fjodorowitsch hatte schon lange einen furchtbaren Haß gegen ihn empfunden, während er noch gar nicht an ihn dachte, und auf einmal wurde er sich dessen bewußt. Sogleich empfand er ein unabweisliches Verlangen, dem Bauern da mit der Faust auf den Schädel zu schlagen. Gerade in diesem Augenblick war er dicht an ihn herangekommen, und der Bauer prallte plötzlich, stark schwankend, mit aller Kraft gegen Iwan. Dieser stieß ihn wütend zurück. Der Betrunkene flog zur Seite und fiel wie ein Holzklotz auf den gefrorenen Boden, stöhnte nur ein einzigesmal: »Oh-oh« und verstummte. Iwan trat zu ihm. Der Mann lag auf dem Rücken, ganz regungslos, ohne Bewußtsein. Er wird erfrieren! dachte Iwan und ging weiter seines Weges zu Smerdjakow.

Marja Kondratjewna, die mit einer Kerze in der Hand ihm zu öffnen gekommen war, flüsterte ihm schon auf dem Flur zu, Pawel Fjodorowitsch – das heißt, Smerdjakow – sei sehr krank, nicht gerade, daß er das Bett hüte, aber er sei fast nicht bei Verstand und er habe sogar den Tee wegräumen lassen, ohne ihn zu trinken.

»Tobt er am Ende, wie?« fragte Iwan Fjodorowitsch grob.

»Ach wo! Im Gegenteil, er ist völlig still, nur dürfen Sie nicht allzu lange mit ihm sprechen ...« bat Marja Kondratjewna.

Iwan Fjodorowitsch öffnete die Tür und trat in die Stube.

Es war ebenso stark geheizt wie das letztemal, doch in dem Zimmer waren einige Veränderungen zu bemerken: eine der Seitenbänke hatte man hinausgetragen, und an ihrer Stelle stand jetzt ein großes altes Ledersofa aus imitiertem Mahagoni. Darauf war ein Bett zurechtgemacht mit ziemlich sauberen weißen Kissen. Auf dem Bett saß Smerdjakow in demselben Schlafrock. Der Tisch war vor das Sofa gerückt worden, so daß jetzt in dem Zimmer wenig Platz war. Auf dem Tisch lag ein dickes Buch in gelbem Umschlag, doch Smerdjakow las nicht; er saß da und tat anscheinend nichts. Mit einem langen, stummen Blick empfing er Iwan Fjodorowitsch und wunderte sich offenbar gar nicht über dessen Erscheinen. Er hatte sich im Gesicht stark verändert, war sehr mager und fahl geworden. Seine Augen waren eingesunken, die unteren Lider blau.

»Du bist ja wirklich krank?« sagte Iwan Fjodorowitsch und blieb stehen. »Ich werde dich nicht lange aufhalten und nicht einmal den Mantel ablegen. Wo kann ich mich hier niedersetzen?«

Er trat an das andere Ende des Tisches, schob einen Stuhl an den Tisch heran und setzte sich.

»Was siehst du so drein und schweigst? Ich komme mit einer einzigen Frage und schwöre dir, daß ich ohne eine Antwort nicht von hier weggehe. Ist Fräulein Katerina Iwanowna bei dir gewesen?«

Smerdjakow schwieg lange und blickte nach wie vor Iwan still an, doch plötzlich winkte er mit der Hand ab und wandte das Gesicht weg.

»Was hast du?« rief Iwan.

»Nichts.«

»Was heißt nichts?«

»Sie war hier; aber Ihnen kann das gleichgültig sein. Lassen Sie mich in Ruhe.«

»Nein, ich lasse dich nicht! Sag, wann war sie hier?«

»Ich habe das schon ganz vergessen und denke nicht mehr daran«, erwiderte Smerdjakow mit einem geringschätzigen Lächeln, wandte plötzlich sein Gesicht wieder Iwan zu und starrte ihn mit haßerfülltem Blick an, mit dem gleichen Blick, mit dem er ihn bei dem Besuch vor einem Monat angesehen hatte.

»Sie sind selber krank, scheint es; Sie sind hohlwangig geworden und sehen schlecht aus«, sagte er zu Iwan.

»Kümmere dich nicht um mein Befinden; beantworte, was man dich fragt.«

»Und wovon sind Ihre Augen so gelb? Das Weiße ist ganz gelb. Quälen Sie sich sehr, wie?«

Er lächelte verächtlich und brach plötzlich in richtiges Lachen aus.

»Höre, ich habe dir gesagt, daß ich nicht weggehe, bevor ich eine Antwort bekommen habe«, rief Iwan sehr gereizt.

»Warum belästigen Sie mich? Warum quälen Sie mich?« sagte Smerdjakow mit leiderfüllter Miene.

»Ach, zum Teufel! Was kümmerst du mich? Beantworte meine Frage, dann gehe ich gleich.«

»Ich habe Ihnen nichts zu antworten«, sagte Smerdjakow und senkte wieder den Blick.

»Ich versichere dir, ich werde dich zu einer Antwort zwingen.«

»Warum beunruhigen Sie sich so?« entgegnete Smerdjakow,

der ihn wieder anstarrte, aber nicht mit Verachtung, sondern fast mit einer Art Ekel. »Weil morgen die Gerichtsverhandlung beginnt? Sie haben ja gar nichts zu befürchten, seien Sie doch endlich davon überzeugt! Gehen Sie nach Hause, legen Sie sich ruhig schlafen, haben Sie keine Sorge.«

»Ich verstehe dich nicht ... was soll ich morgen befürchten?« fragte Iwan erstaunt, und auf einmal wehte wirklich ein kalter Schauder seine Seele an. Smerdjakow maß ihn mit dem Blick.

»Sie ver-ste-hen nicht?« sagte er gedehnt und voll Vorwurf. »Wie ein gescheiter Mensch so Komödie spielen kann!«

Schweigend sah Iwan ihn an. Allein schon der unerwartete, ganz unerhört hochmütige Ton, in dem sich dieser ehemalige Diener an ihn wandte, war ungewöhnlich. In einem solchen Ton hatte er nicht einmal bei dem letzten Besuch gesprochen.

»Ich sage Ihnen, daß Sie nichts zu fürchten haben. Ich werde nichts gegen Sie aussagen; Beweise zu Ihrer Belastung gibt es nicht. Ihre Hände zittern ja. Warum sind Ihre Finger so unruhig? Gehen Sie nach Hause, *nicht Sie haben den Mord begangen.*«

Iwan zuckte zusammen; er mußte an Aljoscha denken.

»Ich weiß, daß nicht ich ...« stammelte er.

»Sie wis-sen es?« fiel Smerdjakow ihm wieder ins Wort. Iwan sprang auf und packte ihn an der Schulter.

»Sag alles, du Scheusal! Sag alles!«

Smerdjakow war keineswegs erschrocken. Er bohrte nur mit tollem Haß den Blick in Iwan.

»Also haben Sie ihn ermordet, wenn Sie durchaus alles wissen wollen«, flüsterte er ihm wütend zu.

Iwan ließ sich auf den Stuhl fallen, als wäre ihm ein Gedanke gekommen. Er lächelte boshaft.

»Sprichst du noch immer über das Damalige? Über dasselbe wie das letztemal?«

»Auch als Sie das letztemal vor mir standen, begriffen Sie alles; Sie begreifen es auch jetzt.«

»Ich begreife nur, daß du verrückt bist.«

»Daß Sie dessen nicht überdrüssig werden! Da sitzen wir nun Auge in Auge, wozu sollten wir also, möchte man meinen, einander hintergehen und Komödie spielen? Oder wollen Sie noch immer alles auf mich abwälzen, dazu noch mir ins Gesicht? Sie haben ihn ermordet; Sie sind der Hauptmörder, und ich war nur Ihr Helfershelfer, Ihr treuer Diener, und habe diese Tat nach Ihrer Weisung begangen.«

»Begangen? Ja, hast denn du ihn ermordet?« rief Iwan, den es kalt überlief.

Es war ihm, als würde in seinem Hirn etwas erschüttert, und ein leichtes, kaltes Zittern befiel ihn am ganzen Körper. Jetzt sah ihn Smerdjakow selbst erstaunt an: wahrscheinlich hatte ihn der Schreck Iwans durch seine Aufrichtigkeit endlich doch erschüttert.

»Ja, haben Sie denn wirklich nichts gewußt?« stotterte er ungläubig und blickte ihm mit einem schiefen Lächeln in die Augen.

Iwan starrte ihn noch immer an; seine Zunge war wie gelähmt.

Wanka ist zur Stadt gefahren,
ich erwarte ihn nicht mehr!

klang es auf einmal in seinem Kopf.

»Weißt du was: ich fürchte, daß du ein Traum bist, daß du ein Gespenst bist, das vor mir sitzt«, stammelte er.

»Hier ist kein Gespenst außer uns beiden und noch einem Dritten. Ohne Zweifel ist er jetzt hier, dieser Dritte, zwischen uns beiden.«

»Wer ist es? Wer ist hier? Wer ist der Dritte?« fragte Iwan Fjodorowitsch erschrocken, während er sich im Kreis umblickte und hastig mit den Augen in allen Ecken jemanden suchte.

»Dieser Dritte ist Gott, ist die Vorsehung selber, und sie ist hier neben uns; aber suchen Sie sie nicht, Sie werden sie nicht finden.«

»Du hast gelogen, daß du ihn getötet hast!« brüllte Iwan wütend. »Du bist entweder verrückt, oder du hast mich zum besten wie das vorigemal!«

Smerdjakow beobachtete ihn nach wie vor ohne eine Spur von Schreck mit forschendem Blick. Noch immer konnte er sein Mißtrauen nicht bezwingen; noch immer schien es ihm, daß Iwan »alles wisse« und sich nur verstelle, um »alles auf ihn abzuwälzen, und dazu noch ihm ins Gesicht«.

»Warten Sie«, sagte er schließlich mit matter Stimme, zog seinen linken Fuß unter dem Tisch hervor und begann die Hose aufzukrempeln. Der Fuß stak in einem langen weißen Strumpf und einem Pantoffel. Ohne sich zu beeilen, nahm Smerdjakow das Strumpfband ab und fuhr mit den Fingern tief in den Strumpf hinein. Iwan Fjodorowitsch sah ihm zu und begann auf einmal in konvulsivischer Angst zu zittern.

»Du bist verrückt!« schrie er und sprang rasch von seinem Platz auf; er taumelte zurück, so daß er mit dem Rücken gegen die Wand stieß, und blieb dort stehen, kerzengerade aufgerichtet, als wäre er an der Wand kleben geblieben. In sinnlosem Entsetzen beobachtete er Smerdjakow. Dieser wühlte, ohne sich im geringsten von Iwans Schreck stören zu lassen, noch immer in dem Strumpf herum, als bemühte er sich die ganze Zeit, mit den Fingern etwas zu fassen und herauszuziehen. Endlich hatte er es gefaßt und zog. Iwan Fjodorowitsch sah, daß es irgendwelche Papiere waren oder vielmehr ein Päckchen Papiere. Smerdjakow zog es hervor und legte es auf den Tisch.

»Da!« sagte er leise.

»Was?« antwortete Iwan zitternd.

»Belieben Sie es doch anzusehen«, sagte Smerdjakow ebenso leise.

Iwan trat an den Tisch, nahm das Päckchen und begann es aufzuwickeln, doch plötzlich zog er die Finger zurück, als hätte er ein widerliches, schreckliches Reptil berührt.

»Ihre Finger zittern noch immer wie im Krampf«, bemerkte Smerdjakow und öffnete selber in aller Ruhe das Päckchen. Es kamen drei Bündel regenbogenfarbener Hundertrubelscheine zum Vorschein.

»Hier sind sie alle, die ganzen dreitausend; Sie brauchen gar nicht nachzuzählen. Nehmen Sie es«, forderte er Iwan auf und deutete mit dem Kopf auf das Geld. Iwan ließ sich auf den Stuhl sinken. Er war bleich wie Leinwand.

»Du hast mich erschreckt ... mit diesem Strumpf ...« sagte er mit einem sonderbaren Lächeln.

»Haben Sie es denn wirklich bis jetzt nicht gewußt, wirklich nicht?« fragte Smerdjakow noch einmal.

»Nein, ich wußte es nicht. Ich hatte immer Dmitrij in Verdacht. Bruder! Bruder! Ach!« Er faßte sich auf einmal mit beiden Händen an den Kopf. »Höre: hast du ihn allein getötet? Ohne meinen Bruder oder gemeinsam mit ihm?«

»Nur mit Ihnen zusammen; mit Ihnen zusammen habe ich den Mord begangen, Dmitrij Fjodorowitsch aber ist völlig unschuldig.«

»Gut, gut ... Von mir später. Warum zittere ich nur so? ... Ich kann kein Wort herausbringen.«

»Damals waren Sie so kühn und sagten: ‚Alles ist erlaubt‘; jetzt aber, wie sind Sie da erschrocken!« stammelte Smerdjakow erstaunt. »Wollen Sie nicht Limonade? Ich werde gleich welche kommen lassen. Limonade kann sehr erfrischen. Nur müssen wir das hier erst zudecken.«

Er deutete wieder mit dem Kopf auf die Geldbündel. Er wollte aufstehen und durch die Tür Marja Kondratjewna rufen, damit sie Limonade mache und bringe, doch suchte er vorher nach etwas, womit er das Geld zudecken könnte, damit Marja Kondratjewna es nicht sehe; zuerst holte er sein Taschentuch hervor, da es aber auch diesmal ganz vollgeschneuzt war, nahm er das dicke gelbe Buch, das auf dem Tisch lag und das Iwan beim Eintreten bemerkt hatte, und bedeckte damit das Geld. Der Titel des Buches war: »Worte unseres heiligen Vaters Isaak des Syrers«. Iwan Fjodorowitsch las mechanisch den Titel.

»Ich will keine Limonade«, sagte er. »Von mir später! Setz dich und sprich: Wie hast du es getan? Sag mir alles . . .«

»Legen Sie doch wenigstens den Mantel ab, sonst werden Sie ganz in Schweiß geraten.«

Als käme er erst jetzt auf den Gedanken, riß Iwan Fjodorowitsch den Mantel herunter und warf ihn, ohne sich von seinem Stuhl zu erheben, auf die Bank.

»Sprich doch, bitte, sprich!«

Er schien sich beruhigt zu haben. Er erwartete mit Bestimmtheit, daß Smerdjakow jetzt *alles* sagen werde.

»Wie es geschah?« fragte Smerdjakow mit einem Seufzer. »Es geschah auf die allernatürlichste Art und Weise, gemäß Ihren damaligen Reden . . .«

»Von meinen Reden später«, unterbrach Iwan ihn wieder, aber er schrie nicht mehr wie vorher, sondern sprach die Worte fest aus und schien sich wieder ganz in der Gewalt zu haben. »Erzähle ausführlich, wie du es getan hast. Alles der Reihe nach. Und vergiß nichts. Die Einzelheiten sind das Wichtigste, die Einzelheiten. Ich bitte dich darum.«

»Sie fuhren weg, und da fiel ich in den Keller . . .«

»In einem wirklichen Anfall, oder hattest du ihn vorgetäuscht?«

»Natürlich nur vorgetäuscht. Das alles habe ich nur gespielt. Ich stieg ruhig die Treppe hinab, bis ganz unten, und legte mich ruhig hin, und als ich lag, begann ich zu schreien. Und ich schlug um mich, bis man mich hinaustrug.«

»Halt! Und die ganze Zeit, auch später im Krankenhaus, hast du nur simuliert?«

»Keineswegs. Am nächsten Tag, am Morgen, noch ehe ich ins Krankenhaus kam, bekam ich einen echten Anfall, einen so heftigen, wie ich ihn schon seit vielen Jahren nicht mehr gehabt hatte. Zwei Tage war ich völlig bewußtlos.«

»Gut, gut. Erzähl weiter.«

»Man legte mich in das Bett hinter der Bretterwand; ich hatte ja schon gewußt, daß man mich dorthin legen werde, weil Marfa Ignatjewna mich jedesmal, wenn ich krank war, über Nacht hinter diese Bretterwand in ihrer Kammer legte. Sie war immer so gütig gegen mich, vom Tag meiner Geburt an. Nachts stöhnte ich, aber nur leise. Ich wartete immerzu auf Dmitrij Fjodorowitsch.«

»Wieso? Erwartetest du, daß er zu dir kommen werde?«

»Warum zu mir? Ich erwartete, daß er ins Haus kommen werde, weil es für mich keinen Zweifel mehr gab, daß er in dieser Nacht kommen mußte; denn da er meiner Hilfe beraubt war und keinerlei Nachrichten mehr hatte, mußte er unbedingt selber ins Haus kommen, über den Zaun klettern, wie er es ja so gut konnte, und irgend etwas anrichten.«

»Und wenn er nicht gekommen wäre?«

»Dann wäre auch nichts geschehen. Ohne ihn hätte ich mich nicht dazu entschlossen.«

»Gut, gut ... Sprich verständlicher, überstürze dich nicht, und vor allem laß nichts aus.«

»Ich erwartete, daß er Fjodor Pawlowitsch umbringen werde ... das hielt ich für sicher. Denn ich hatte ihn schon so vorbereitet ... in den letzten Tagen ... und vor allem waren ihm jene Klopfzeichen bekannt. Bei seinem Mißtrauen und bei der Wut, die sich in ihm in diesen Tagen angesammelt hatte, mußte er mittels der Klopfzeichen unbedingt ins Haus selbst eindringen. Das mußte unbedingt so kommen. Und darum erwartete ich ihn.«

»Halt«, unterbrach ihn Iwan. »Wenn er den Mord begangen hätte, so hätte er doch das Geld genommen und weggetragen; so mußtest du doch folgern? Was wäre dann für dich noch geblieben? Ich verstehe dich nicht.«

»Das Geld hätte er ja niemals gefunden. Ich hatte ihm ja nur eingeredet, daß das Geld unter der Matratze liege. Aber das stimmte nicht. Früher lag es in der Schatulle, so war es. Aber dann riet ich Fjodor Pawlowitsch, da er mir als einzigem von der ganzen Menschheit vertraute, dieses Päckchen mit dem Geld in die Ecke hinter den Heiligenbildern zu legen, denn dort würde es bestimmt niemand suchen, besonders nicht, wenn er es eilig hätte. Und so lag dieses Päckchen im Zimmer des

Herrn hinter den Heiligenbildern in der Ecke. Und es wäre auch lächerlich gewesen, das Geld unter der Matratze aufzubewahren; in der Schatulle war es wenigstens eingeschlossen. Aber hier glauben jetzt alle, es habe unter der Matratze gelegen. Eine dumme Überlegung! Wenn also Dmitrij Fjodorowitsch diesen Mord begangen hätte, so wäre er, ohne etwas gefunden zu haben, entweder eiligst geflohen, weil er vor jedem Rascheln Angst hatte, wie es bei Mördern immer der Fall ist, oder er wäre verhaftet worden. Dann hätte ich immer noch am nächsten Tag oder sogar in derselben Nacht hinter die Heiligenbilder greifen und das Geld nehmen können, und alles wäre Dmitrij Fjodorowitsch zur Last gefallen. Darauf durfte ich immer hoffen.«

»Nun, und wenn er den Vater nicht getötet, sondern nur verprügelt hätte?«

»Hätte er ihn nicht getötet, dann hätte ich natürlich nicht gewagt, das Geld zu nehmen, und alles wäre vergebens gewesen. Doch ich hatte auch noch darauf gerechnet, daß er ihn bis zur Bewußtlosigkeit schlagen werde; dann hätte ich das Geld unterdessen wegnehmen und nachher zu Fjodor Pawlowitsch sagen können, daß niemand anders als Dmitrij Fjodorowitsch, nachdem er ihn verprügelt hätte, das Geld entwendet habe.«

»Halt, ich kenne mich nicht mehr aus ... Also hat doch Dmitrij den Mord begangen, und du hast nur das Geld genommen?«

»Nein, nicht er hat den Mord begangen. Nun ja, ich könnte Ihnen auch jetzt noch sagen, daß er der Mörder sei ... aber ich will Sie jetzt nicht anlügen, weil ... weil ... Wenn Sie auch wirklich, wie ich jetzt sehe, bis jetzt nichts begriffen hatten und sich vor mir nicht verstellt haben, um Ihre offenkundige Schuld mir ins Gesicht auf mich abzuwälzen, so sind Sie dennoch an allem schuld; denn von dem Mord wußten Sie, und mir haben Sie den Mord aufgetragen, Sie selber aber sind, obwohl Sie alles wußten, weggefahren. Darum will ich Ihnen heute abend ins Gesicht beweisen, daß einzig Sie der Hauptmörder sind, und daß ich keineswegs der Haupttäter bin, obwohl ich den Mord begangen habe. Aber nach dem Gesetz sind Sie der wahre Mörder!«

»Warum bin ich der Mörder? Warum? O Gott!« rief Iwan, der sich nicht mehr halten konnte, und vergaß ganz, daß er alle Gespräche über sich selbst bis zum Schluß hatte verschieben wollen. »Noch immer diese Geschichte mit Tschermaschnja?

Halt, sag mir, wozu brauchtest du mein Einverständnis, wenn du Tschermaschnja schon als Einverständnis auffaßtest? Wie wirst du dich jetzt herausreden?«

»Wenn ich von Ihrem Einverständnis überzeugt gewesen wäre, hätte ich gewußt, daß Sie nach Ihrer Rückkehr wegen dieser verlorenen dreitausend Rubel kein Geschrei erheben würden, falls aus irgendeinem Grund die Behörde mich statt Dmitrij Fjodorowitschs oder mich als Komplizen Dmitrij Fjodorowitschs verdächtigt hätte; im Gegenteil, Sie hätten mich gegen die anderen in Schutz genommen... Und wenn Sie dann Ihr Erbteil erhielten, konnten Sie mich das ganze Leben lang auch später belohnen, denn diese Erbschaft erhielten Sie ja doch durch mich und hätten im Fall einer Verehelichung Fjodor Pawlowitschs mit Agrafena Alexandrowna überhaupt nichts bekommen.«

»Ah! Du hattest also die Absicht, mich auch später zu quälen, das ganze Leben lang!« rief Iwan zähneknirschend. »Und wie, wenn ich damals nicht weggefahren wäre, sondern dich angezeigt hätte?«

»Was konnten Sie damals denn anzeigen? Daß ich Ihnen zuredete, nach Tschermaschnja zu fahren? Das sind doch Dummheiten! Zudem mußten Sie nach unserem Gespräch entweder wegfahren oder dableiben. Wären Sie dageblieben, so wäre gar nichts geschehen; ich hätte dann gewußt, daß Sie diese Sache nicht wollten, und hätte nichts unternommen. Da Sie aber wegfuhren, haben Sie mir damit zugesichert, daß Sie es nicht wagen würden, mich dem Gericht anzuzeigen, und daß Sie mir diese dreitausend verzeihen wollten. Und Sie konnten mich nachher gar nicht verfolgen, weil ich dann alles vor Gericht erzählt hätte, das heißt, nicht daß ich gestohlen oder gemordet habe – das hätte ich nicht gesagt –, sondern daß Sie selbst mich anstifteten, zu stehlen und zu morden, und daß ich nicht einverstanden gewesen sei. Darum brauchte ich damals Ihre Zustimmung, damit Sie mich dann nicht in die Enge treiben könnten, denn wo hätten Sie denn einen Beweis dafür gehabt? Ich aber hätte Sie immer in die Enge treiben können, wenn ich enthüllte, mit welcher Gier Sie den Tod Ihres Vaters wünschten, und lassen Sie sich's gesagt sein, in der Öffentlichkeit hätten das alle geglaubt, und für Sie wäre das bis an Ihr Lebensende eine Schande gewesen.«

»Ich hatte sie also, diese Gier, ich hatte sie, ich hatte sie?« fragte Iwan wieder zähneknirschend.

»Ohne Zweifel hatten Sie sie, und durch Ihr Einverständnis haben Sie mir damals meine Tat stillschweigend erlaubt«, erwiderte Smerdjakow und blickte Iwan fest an. Er war sehr schwach und sprach leise und müde, doch tief innerlich und insgeheim stachelte ihn etwas an, und er verfolgte offenbar irgendeine Absicht. Iwan ahnte das.

»Sprich weiter«, sagte Iwan. »Sprich weiter von jener Nacht.«

»Was denn weiter? Da lag ich also und hörte, als hätte der gnädige Herr aufgeschrien. Grigorij Wassiljewitsch aber war schon vorher aufgestanden und hinausgegangen; und auf einmal schrie er, und dann war nur noch Stille und Finsternis. Da lag ich also und wartete; das Herz klopfte mir, ich konnte es nicht mehr aushalten. Schließlich stand ich auf und ging hinaus, und da sah ich, daß im Haus das Fenster des Herrn links zum Garten offen stand; ich ging weiter nach links, um zu lauschen, ob der Herr in seinem Zimmer noch am Leben ist oder nicht, und hörte, wie er hin- und herging und ächzte, also war er noch am Leben. Ach, dachte ich. Ich ging zum Fenster und rief dem gnädigen Herrn zu: ‚Ich bin es.' Und er antwortete: ‚Er war hier, er war hier und ist weggelaufen!' Also war Dmitrij Fjodorowitsch dagewesen. ‚Er hat Grigorij erschlagen!' – ‚Wo?' flüsterte ich ihm zu. ‚Dort in der Ecke', sagte er und flüsterte selber. ‚Warten Sie', sagte ich. Ich ging in die Ecke, um zu suchen, und stieß am Zaun auf Grigorij Wassiljewitsch, der bewußtlos in seinem Blut lag. Es stimmt also, daß Dmitrij Fjodorowitsch dagewesen ist, dachte ich sofort, und beschloß auf der Stelle, die Sache zu Ende zu bringen, auf einen Schlag, weil Grigorij Wassiljewitsch, der zwar noch lebte, aber bewußtlos dalag, vorläufig nichts sehen konnte. Die einzige Gefahr war, daß Marfa Ignatjewna plötzlich aufwachen konnte. Das fühlte ich in diesem Augenblick, nur hatte mich diese Gier schon ganz erfaßt, daß mir der Atem wegblieb. Ich ging wieder zum Fenster und sagte zum gnädigen Herrn: ‚Sie ist hier, sie ist gekommen; Agrafena Alexandrowna ist gekommen und bittet um Einlaß.' Er zuckte zusammen wie ein kleines Kind. ‚Wo ist sie? Wo?' stöhnte er, glaubte es aber noch immer nicht. ‚Dort steht sie, machen Sie auf!' sagte ich. Er blickte mich durchs Fenster an, halb glaubte er mir und halb nicht; aber er hatte Angst zu öffnen, und ich dachte noch: Jetzt fürchtet er sogar schon mich. Und es ist zum Lachen: auf einmal kam es mir in den Sinn, vor seinen Augen an dem Fensterrahmen das Zeichen zu klopfen, daß Gruschenka gekommen sei. Meinen Worten schien er nicht geglaubt zu haben, doch sobald ich das Zeichen klopfte, lief er sofort zur Tür, um aufzumachen. Er öffnete. Ich wollte eintreten, doch er stand da und versperrte mir mit seinem Körper den Weg. ‚Wo ist sie? Wo?' fragte er und sah mich zitternd an. Na, dachte ich, wenn er mich so fürchtet, steht die Sache schlecht. Und da wurde mir ganz schwach in den Beinen, vor Angst, er werde mich nicht in die Wohnung hereinlassen oder schreien, oder Marfa Ignatjewna könnte herbeieilen, oder es werde irgend etwas anderes passieren, ich weiß nicht mehr, was alles ich dachte, und ich stand wohl selber ganz bleich vor ihm. Ich flüsterte ihm zu: ‚Dort ist sie, dort, vor dem Fenster, wieso haben Sie sie denn nicht gesehen?' – ‚So führe sie her, führe sie her!' ‚Sie hat Angst', sagte ich, ‚sie ist von dem Schrei erschrocken und hat sich dort im Gebüsch versteckt; gehen Sie doch in Ihr Zimmer und rufen Sie sie selber.' Da lief er hinein, ging ans Fenster und stellte das Licht aufs Fensterbrett. ‚Gruschenka', rief er, ‚Gruschenka, wo bist du?' Er rief das, aber sich zum Fenster hinausbeugen wollte er nicht; mich aus den Augen lassen wollte er auch nicht, aus eben jener Angst, denn jetzt hatte er schon sehr große Furcht vor mir, und darum wagte er nicht, mich aus den Augen zu lassen. ‚Dort ist sie ja', sagte ich, ging zum Fenster und beugte mich selber ganz hinaus. ‚Dort steht sie ja im Gebüsch und lacht Ihnen zu, sehen Sie?' Auf einmal glaubte er mir und fing an am ganzen Leibe zu zittern – er war eben furchtbar verliebt in sie – und er beugte sich jetzt ganz aus dem Fenster. Da packte ich diesen eisernen Briefbeschwerer, der bei ihm auf dem Tisch lag – Sie erinnern sich wohl, er wird so seine drei Pfund wiegen – holte aus und schlug ihm von hinten mit der Kante genau auf den Scheitel. Er schrie nicht einmal auf. Er sackte nur jäh zusammen, und ich schlug ein zweites- und dann ein drittesmal zu. Beim drittenmal fühlte ich, daß ich ihm den Schädel eingeschlagen hatte. Er fiel plötzlich rücklings hin, mit dem Gesicht nach oben, ganz von Blut überströmt. Ich besah mich selbst: es war kein Blut an mir, es hatte nicht gespritzt. Ich wischte den Briefbeschwerer ab und legte ihn wieder an seine Stelle, griff hinter die Heiligenbilder und nahm das Geld aus dem Briefumschlag; den Umschlag aber warf ich auf den Fußboden und daneben das rosa Bändchen. Ich ging in den Garten, ich zitterte am ganzen Leibe. Ich ging geradewegs zu jenem Apfelbaum, der die Höhlung hat – Sie kennen diese Höhlung, ich hatte sie schon lange ausersehen; darin lagen schon ein Lappen und Papier, längst vorbereitet; ich wickelte die ganze Summe in das Papier und dann in den Lappen und steckte das alles tief in die Höhlung hinein. Und dort blieb das Geld über zwei Wochen, und erst nach dem Krankenhaus nahm ich es heraus. Ich kehrte in mein Bett zurück und dachte voll Furcht: Wenn jetzt Grigorij Wassiljewitsch ganz tot ist, kann die Sache recht übel werden; wenn er aber nicht tot ist und wieder zu sich kommt, so wird das sehr gut sein, denn dann wird er bezeugen, daß Dmitrij Fjodorowitsch dagewesen ist und somit auch den Mord begangen und das Geld gestohlen hat. Da begann ich vor Angst und Ungeduld zu stöhnen, um Marfa Ignatjewna möglichst rasch zu wecken. Endlich stand sie auf und wollte zu mir eilen, doch als sie auf einmal sah, daß Grigorij Wassiljewitsch nicht da war, lief sie aus dem Haus, und ich hörte sie im Garten schreien. Nun, und so ging es dann die ganze Nacht, aber ich war schon völlig beruhigt.«

Der Erzähler hielt inne. Iwan hatte ihm die ganze Zeit in tiefem Schweigen zugehört, ohne sich zu rühren und ohne den Blick von ihm zu wenden. Smerdjakow jedoch blickte bei seinem Bericht nur von Zeit zu Zeit auf ihn, zumeist aber schräg zur Seite. Als er die Erzählung beendet hatte, war er sichtlich selbst erregt und holte mühsam Atem. In seinem Gesicht war Schweiß zu sehen. Es ließ sich jedoch nicht erkennen, ob er Reue empfand oder sonst etwas.

»Halt«, sagte Iwan nach einigem Nachdenken. »Und die Tür? Wenn er nur dir die Tür öffnete, wie konnte dann Grigorij sie früher als du offen sehen? Grigorij hat sie doch früher gesehen als du?«

Es ist bemerkenswert, daß Iwan diese Frage mit der allerfriedlichsten Stimme stellte, ja sogar gleichsam in einem ganz anderen Ton, der keineswegs böse war, so daß jemand, der jetzt die Tür aufgemacht und von der Schwelle aus die beiden gesehen hätte, unweigerlich zu der Schlußfolgerung gelangt wäre, sie säßen da und sprächen friedfertig über ein gewöhnliches, wenn auch interessantes Thema.

»Was diese Tür betrifft, und daß Grigorij Wassiljewitsch sie offen gesehen haben will, so ist ihm das nur so vorgekommen«, sagte Smerdjakow mit einem schiefen Lächeln. »Denn ich kann Ihnen sagen, das ist ja gar kein Mensch, sondern ein hartnäckiger Hammel, und er hat das nicht gesehen, sondern es schien ihm nur so, als sähe er es . . . aber man bringt ihn nicht mehr davon ab. Das ist schon ein Glücksfall für uns beide, daß er so etwas ausgedacht hat, weil man danach Dmitrij Fjodorowitsch ohne Zweifel schließlich verurteilen wird.«

»Höre«, sagte Iwan Fjodorowitsch, als begänne er wieder sich zu verwirren und als bemühte er sich, einen Gedanken zu fassen, »höre . . . Ich wollte dich noch vieles fragen, habe es aber vergessen . . . Ich vergesse alles und bringe es durcheinander. Ja! Sag mir wenigstens das eine: weshalb hast du den Umschlag aufgemacht und ihn auf dem Fußboden zurückgelassen? Weshalb hast du das Geld nicht einfach in dem Umschlag fortgetragen? . . . Als du erzähltest, schien es mir, du habest von diesem Umschlag gesprochen, als hättest du so vorgehen müssen . . . doch warum du das mußtest, das kann ich nicht begreifen . . .«

»Ich handelte so aus einem bestimmten Grund. Denn ein eingeweihter und vertrauter Mensch, wie ich zum Beispiel, der dieses Geld früher schon gesehen und es vielleicht selber in diesen Umschlag gesteckt und mit eigenen Augen gesehen hat, wie er versiegelt und mit einer Aufschrift versehen wurde – weshalb sollte also ein solcher Mensch, wenn zum Beispiel er den Mord begangen hatte, dann nach dem Morde, diesen Umschlag öffnen, noch dazu, wenn er in solcher Eile war, denn er hätte ja auch ohnedies ganz sicher gewußt, daß dieses Geld unbedingt in dem Umschlag stecken mußte? Im Gegenteil, wäre dieser Dieb zum Beispiel so jemand wie ich, so hätte er den Umschlag einfach in die Tasche gesteckt, ohne ihn aufzumachen, und hätte schnell damit Reißaus genommen. Etwas ganz anderes aber war es mit Dmitrij Fjodorowitsch; er wußte von dem Umschlag nur vom Hörensagen, hatte ihn selbst nie gesehen und hätte ihn, sobald er ihn zum Beispiel unter der Matratze hervorgeholt hatte, möglichst rasch an Ort und Stelle aufgemacht, um nachzusehen, ob das Geld auch wirklich darin sei. Und den Umschlag warf er gleich weg, ohne sich Zeit zu der Überlegung zu nehmen, daß er als ein Beweis gegen ihn an Ort und Stelle blieb, denn er ist kein Gewohnheitsdieb und hat vorher noch niemals etwas offen gestohlen, weil er doch von Geburt ein Adeliger ist; wenn er sich aber jetzt zu dem Diebstahl entschlossen hatte, so gerade, weil er es nicht für einen Diebstahl hielt, sondern nur gekommen war, das eigene Geld wieder zu nehmen, wie er auch die ganze Stadt im voraus davon in Kenntnis setzte und sich sogar laut vor aller Ohren damit brüstete, daß er hingehen und sein Eigentum von Fjodor

Pawlowitsch zurückholen werde. Ich habe diesen Gedanken bei meinem Verhör dem Staatsanwalt nicht gerade glatt heraus gesagt, sondern ihn im Gegenteil durch Andeutungen darauf hingeführt, als könnte ich es selber nicht verstehen, und so, als wäre er selbst daraufgekommen und als hätte nicht ich es ihm eingeflüstert – und da ist dem Herrn Staatsanwalt bei meiner Andeutung geradezu das Wasser im Mund zusammengelaufen . . .«

»Ja, hast du denn wirklich, wirklich das alles damals an Ort und Stelle überlegt?« rief Iwan Fjodorowitsch außer sich vor Staunen. Wieder betrachtete er Smerdjakow voll Entsetzen.

»Aber ich bitte Sie, konnte ich denn das alles in solcher Eile überlegen? Das Ganze war schon vorher wohlerwogen.«

»Nun . . . nun . . . dir hat also der Teufel selbst geholfen!« rief Iwan Fjodorowitsch wieder. »Nein, du bist nicht dumm, du bist weit klüger, als ich dachte . . .«

Er erhob sich offenbar in der Absicht, im Zimmer auf und ab zu gehen. Er war sehr bedrückt. Doch da der Tisch den Weg versperrte und man sich zwischen Tisch und Wand beinahe durchzwängen mußte, wandte er sich auf der Stelle um und setzte sich wieder. Der Umstand, daß er nicht auf und ab gehen konnte, hatte ihn vielleicht so gereizt gemacht, daß er beinahe mit der früheren Wut losbrüllte:

»Höre, du unglücklicher, verächtlicher Mensch! Siehst du denn nicht, daß ich dich nur deshalb bis jetzt noch nicht umgebracht habe, weil ich dich für die morgige Aussage bei Gericht brauche? Gott ist mein Zeuge . . .« Iwan hob die Hand . . . »vielleicht war auch ich schuldig, vielleicht hatte ich wirklich insgeheim den Wunsch, daß . . . mein Vater sterbe, aber ich schwöre dir, ich bin nicht so schuldig, wie du glaubst, und ich habe dich vielleicht überhaupt nicht angestiftet. Nein, nein, ich habe dich nicht angestiftet! Doch sei dem wie immer, ich werde gegen mich selber aussagen, morgen schon, vor Gericht, das habe ich beschlossen! Alles werde ich sagen, alles. Aber wir beide gehen miteinander hin! Und was du vor Gericht gegen mich auch vorbringen, was du auch bezeugen magst – ich nehme es auf mich und ich fürchte dich nicht; ich werde selber alles bestätigen! Aber auch du mußt vor Gericht gestehen! Du mußt, du mußt es, wir werden zusammen hingehen! So wird es sein!«

Iwan sprach feierlich und energisch, und schon an seinem funkelnden Blick ließ sich erkennen, daß es so sein werde.

»Sie sind krank, das sehe ich, ganz krank. Ihre Augen sind

ganz gelb«, sagte Smerdjakow, doch ohne jeden Spott, ja sogar als ob er Mitgefühl hätte.

»Wir werden zusammen hingehen!« wiederholte Iwan. »Und wenn du nicht mitkommst, werde ich trotzdem ganz allein gestehen.« Smerdjakow schwieg, als ob er nachdächte.

»Nichts von alledem wird geschehen, und Sie werden nicht hingehen«, sagte er schließlich in einem Ton, der keinen Widerspruch duldete.

»Du verstehst mich nicht!« rief Iwan vorwurfsvoll.

»Sie werden sich zu sehr schämen, wenn Sie alles bekennen, was gegen Sie spricht. Und zudem wird es nutzlos sein, völlig nutzlos, denn ich werde geradeheraus sagen, daß ich zu Ihnen niemals solche Dinge gesprochen habe, sondern daß Sie entweder irgendeine Krankheit haben – und das sieht ja auch so aus – oder daß Sie sich aus Mitleid mit Ihrem Bruder aufopfern wollen und das alles gegen mich erfunden haben, da man mich ohnedies all mein Lebtag wie eine Mücke behandelt hat und nicht wie einen Menschen. Nun, und wer wird Ihnen glauben, und was für einen einzigen Beweis haben Sie?«

»Höre, dieses Geld hast du mir natürlich jetzt gezeigt, um mich zu überzeugen.«

Smerdjakow nahm das Buch von den Geldpäckchen herunter und legte es beiseite.

»Nehmen Sie das Geld und bringen Sie es fort«, seufzte Smerdjakow.

»Natürlich nehme ich es mit! Aber warum gibst du es mir, wenn du um seinetwillen den Mord begangen hast?« fragte Iwan und sah ihn mit großem Erstaunen an.

»Ich brauche es gar nicht«, sagte Smerdjakow mit zitternder Stimme und einer gleichgültigen Handbewegung. »Ich hatte früher den Gedanken, daß ich mit einer solchen Summe ein neues Leben beginnen könnte, in Moskau oder vielleicht gar im Ausland. Diesen Traum hatte ich hauptsächlich deshalb, weil ‚alles erlaubt' ist. Sie haben mich das wirklich gelehrt und mir damals viele derartige Dinge gesagt; doch wenn es keinen ewigen Gott gibt, so gibt es auch keine Tugend, und man braucht sie dann auch gar nicht. So habe auch ich gedacht.«

»Bist du mit deinem eigenen Verstand darauf gekommen?« fragte Iwan mit einem verzerrten Lächeln.

»Unter Ihrer Anleitung.«

»Und jetzt fängst du wohl wieder an, an Gott zu glauben, wenn du dieses Geld zurückgibst?«

»Nein, ich habe nicht zu glauben angefangen«, flüsterte Smerdjakow.

»Warum gibst du es dann her?«

»Genug ... wozu das!« rief Smerdjakow und winkte wieder mit der Hand ab. »Sie haben ja damals selber immer gesagt, alles sei erlaubt; warum sind Sie dann jetzt so aufgeregt? Sie wollen sogar hingehen und sich anzeigen ... Nur wird daraus nichts! Sie werden nicht hingehen, um sich anzuzeigen!« sagte Smerdjakow fest und überzeugt.

»Du wirst schon sehen!« erwiderte Iwan.

»Das kann nicht sein. Sie sind zu klug. Sie lieben das Geld, das weiß ich; Sie lieben es auch, geachtet zu werden, denn Sie sind sehr stolz; Sie lieben die weibliche Schönheit über alle Maßen, und am meisten lieben Sie es, in ruhiger Zufriedenheit zu leben und sich vor niemandem beugen zu müssen – vor allem anderen das. Sie werden sich Ihr Leben nicht für alle Zeiten dadurch verderben wollen, daß Sie eine solche Schande auf sich nehmen. Sie sind wie Fjodor Pawlowitsch; am meisten von allen seinen Kindern ähneln *Sie* ihm, am meisten; Sie haben die gleiche Seele wie er.«

»Du bist nicht dumm«, sagte Iwan, als wäre er erstaunt; das Blut war ihm ins Gesicht geschossen. »Ich dachte früher, du seist dumm. Du bist jetzt ernst zu nehmen!« bemerkte er und sah Smerdjakow auf einmal mit neuen Augen an.

»In Ihrem Stolz dachten Sie, ich sei dumm. Nehmen Sie jetzt das Geld.«

Iwan nahm alle drei Geldbündel und steckte sie, ohne sie in irgend etwas einzuwickeln, in die Tasche.

»Morgen will ich sie dem Gericht vorlegen«, sagte er.

»Kein Mensch wird Ihnen dort glauben, da Sie jetzt reichlich eigenes Geld haben; man wird meinen, Sie hätten es aus der Schatulle genommen und hingebracht.«

Iwan stand auf.

»Ich wiederhole dir: Wenn ich dich nicht getötet habe, so einzig deshalb nicht, weil ich dich morgen brauche, denke daran, vergiß es nicht!«

»Nun, so töten Sie mich doch! Töten Sie mich jetzt«, sagte Smerdjakow auf einmal in sonderbarem Ton und sah dabei Iwan seltsam an. »Sie werden auch das nicht wagen«, fügte er hinzu und lächelte bitter, »nichts werden Sie wagen, Sie früher so kühner Mensch!«

»Auf morgen!« rief Iwan und schickte sich an zu gehen.

»Halt! Zeigen Sie mir das Geld noch einmal!«

Iwan holte die Banknoten hervor und zeigte sie ihm. Smerdjakow sah sie etwa zehn Sekunden lang an.

»Na, gehen Sie jetzt«, sagte er mit einer müden Handbewegung. »Iwan Fjodorowitsch!« rief er ihm plötzlich nach.

»Was willst du?« fragte Iwan Fjodorowitsch, der sich, schon im Gehen, umblickte.

»Leben Sie wohl!«

»Auf morgen!« rief Iwan wieder und verließ die Stube.

Das Schneetreiben währte noch immer. Die ersten Schritte tat Iwan munter, doch plötzlich schien er zu wanken. Das ist etwas Physisches, dachte er lächelnd. Es war ihm, als zöge eine Art Freude in seine Seele ein. Er fühlte in sich eine unendliche Festigkeit: zu Ende war das Zögern, das ihn die ganze letzte Zeit so entsetzlich gequält hatte! Der Entschluß war gefaßt und »unterlag keiner Änderung mehr«, so dachte er voll Glück. In diesem Augenblick stieß er plötzlich auf etwas und wäre beinahe gestürzt. Er blieb stehen und gewahrte vor seinen Füßen den von ihm niedergestoßenen Betrunkenen, der noch immer an derselben Stelle lag, bewußtlos und ohne sich zu regen. Das Schneegestöber hatte ihm schon fast das ganze Gesicht zugeweht. Iwan ergriff ihn und schleppte ihn auf seinem Rücken weiter. Als er rechts in einem kleinen Hause Licht sah, ging er hin, klopfte an den Fensterladen und bat den öffnenden Kleinbürger, dem das Haus gehörte, er möge ihm helfen, den Bauern zum Polizeirevier zu schaffen, wobei er ihm sogleich versprach, drei Rubel dafür zu bezahlen. Der Kleinbürger machte sich fertig und kam aus dem Haus. Ich will nicht ausführlich beschreiben, wie es damals Iwan Fjodorowitsch gelang, sein Ziel zu erreichen, den Mann im Polizeirevier unterzubringen und zu veranlassen, daß sogleich seine ärztliche Untersuchung erfolge, wobei er wiederum und zwar sehr freigebig Geld »für Spesen« auslegte. Ich will nur sagen, daß die Sache fast eine ganze Stunde Zeit in Anspruch nahm. Doch Iwan Fjodorowitsch war sehr zufrieden. Seine Gedanken schweiften ab und arbeiteten: Wenn mein Entschluß für morgen nicht so unumstößlich feststünde, dachte er plötzlich voll Genuß, hätte ich mich nicht eine ganze Stunde aufgehalten, um diesen Bauern unterzubringen, sondern wäre an ihm vorbeigegangen und hätte mich nicht darum gekümmert, daß er erfrieren könnte ... Wie gut ich aber imstande bin, mich selbst zu beobachten! dachte er im selben Augenblick mit noch größerem Genuß.

Und die dort fanden schon, ich würde verrückt! Als er zu seinem Haus kam, blieb er auf einmal stehen und fragte sich: Soll ich nicht jetzt gleich zum Staatsanwalt gehen und alles anzeigen? Diese Frage entschied er, indem er sich wieder dem Haus zuwandte. »Morgen alles zugleich!« flüsterte er vor sich hin, und sonderbar, fast all seine Freude, alle Zufriedenheit mit sich selbst war im Nu verschwunden. Als er in sein Zimmer trat, berührte plötzlich etwas Eiskaltes sein Herz, gleichsam eine Erinnerung, richtiger gesagt, eine Mahnung an etwas Qualvolles und Abscheuliches, das sich gerade jetzt in diesem Zimmer befand und auch früher schon dort gewesen war. Müde ließ er sich auf das Sofa nieder. Die alte Frau brachte ihm den Samowar; er bereitete sich Tee, rührte ihn aber nicht an; die Alte schickte er bis zum morgigen Tag weg. Er saß auf dem Sofa und fühlte Schwindel. Er spürte, daß er krank und matt war. Er war schon am Einschlafen, doch stand er in seiner Unruhe auf und ging durch das Zimmer, um den Schlaf zu verscheuchen. Zuweilen schien es ihm, als phantasierte er. Doch nicht seine Krankheit beschäftigte ihn am meisten. Nachdem er sich wieder hingesetzt hatte, begann er von Zeit zu Zeit rings um sich zu schauen, als suchte er etwas. Das wiederholte sich einige Male. Endlich richtete sich sein Blick unverwandt auf einen Punkt. Iwan lächelte, aber Zornesröte übergoß sein Gesicht. Er saß lange auf seinem Platz, hielt den Kopf fest in beide Hände gestützt, schielte aber doch nach dem früheren Punkt, nach dem Sofa an der Wand gegenüber. Offensichtlich erregte ihn dort etwas, irgendein Gegenstand, der ihn beunruhigte und quälte.

9

Der Teufel. Iwan Fjodorowitschs Fiebertraum

Ich bin kein Arzt, doch fühle ich, daß der Augenblick gekommen ist, da ich dem Leser unbedingt etwas über die Natur der Krankheit Iwan Fjodorowitschs sagen muß. Ich will vorgreifen und nur das eine sagen: Er befand sich jetzt, an diesem Abend, kurz vor dem Ausbruch eines Nervenfiebers, das sich seines schon seit langem zerrütteten, doch der Krankheit hartnäckig widerstehenden Organismus bemächtigt hatte. Obwohl ich nichts von Medizin verstehe, unterfange ich mich doch, die

Vermutung zu äußern, daß es ihm vielleicht wirklich durch ungemeine Anspannung seines Willens gelungen war, die Krankheit eine Zeitlang fernzuhalten, wobei er wohl damit rechnete, sie ganz zu überwinden. Er wußte, daß er krank war, aber es erfüllte ihn mit Widerwillen, krank zu sein, in dieser Zeit, in den bevorstehenden schicksalsschweren Augenblicken seines Lebens, da er zur Stelle sein, sein Wort kühn und energisch sagen und »sich vor sich selber rechtfertigen« mußte. Übrigens war er einmal zu dem neuen aus Moskau eingetroffenen Arzt gegangen, den Katerina Iwanowna infolge ihres schon erwähnten phantastischen Einfalls hatte kommen lassen. Der Arzt untersuchte ihn, stellte fest, daß sogar so etwas wie eine Zerrüttung des Gehirns vorliege, und wunderte sich gar nicht über ein gewisses Geständnis, das der Patient ihm, wenn auch widerwillig, machte. »Halluzinationen sind in Ihrem Zustand sehr wohl möglich«, erklärte der Arzt, »doch müßte man sie erst nachprüfen. Überhaupt ist es unerläßlich, eine ernsthafte Kur zu beginnen, ohne auch nur eine Minute Verzug, sonst könnte die Sache übel ausgehen.« Doch als Iwan Fjodorowitsch ihn verließ, befolgte er den vernünftigen Rat des Arztes nicht und unterließ es, sich zu Bett zu legen und sich behandeln zu lassen. Ich kann doch gehen und bin vorläufig noch bei Kräften; wenn ich zusammenbreche, ist es etwas anderes; dann soll mich behandeln, wer will, sagte er sich und machte eine verächtliche Handbewegung. Und so saß er jetzt da, war sich beinahe selber dessen bewußt, daß er im Fieber phantasierte, und blickte, wie bereits gesagt, unverwandt nach einem Gegenstand auf dem Sofa an der Wand gegenüber. Dort saß auf einmal jemand, der Gott weiß wie hereingekommen war; denn er war noch nicht im Zimmer gewesen, als Iwan Fjodorowitsch von Smerdjakow zurückkam und den Raum betrat. Es war ein Herr oder, besser gesagt, ein russischer Gentleman von einer bestimmten Sorte, schon nicht mehr jung, »qui frisait la cinquantaine«, wie die Franzosen sagen, mit nicht allzu viel Grau in dem dunklen, reichlich langen und dichten Haar und in dem kleinen Spitzbart. Er trug einen braunen Rock, der offenbar vom besten Schneider gearbeitet, aber schon abgetragen war; er mochte vor ungefähr drei Jahren angefertigt sein und war daher ganz unmodern: wohlhabende Herren der besseren Gesellschaft trugen schon seit zwei Jahren nicht mehr solche Röcke. Die Wäsche, die lange Krawatte in Form einer Schärpe – das alles war so wie bei anderen eleganten Gentlemen; aber wenn man näher hinsah, war die Wäsche etwas unsauber und die breite Krawatte sehr abgewetzt. Die karierten Hosen des Gastes saßen vortrefflich, waren aber zu hell und zu eng, wie man sie nicht mehr trug; ebenso unmodern war der weiße weiche Filzhut des Gastes, auch entsprach er gar nicht der Jahreszeit. Kurz und gut, das Äußere machte den Eindruck der Wohlanständigkeit bei sehr geringen Geldmitteln. Es sah so aus, als gehörte der Gentleman zu der Gattung nichtstuender ehemaliger Gutsbesitzer, wie sie noch in der Zeit der Leibeigenschaft gediehen; offenbar hatte er die Welt und die gute Gesellschaft gekannt, hatte seinerzeit Verbindungen gehabt und sie wohl noch bis heute bewahrt, war aber nach einem fröhlichen Leben in der Jugend und der Abschaffung der Leibeigenschaft allmählich verarmt und hatte sich in eine Art von besserem Schmarotzer verwandelt, der bei guten alten Bekannten umherzigeunert, die ihn wegen seines friedfertigen, verträglichen Charakters und außerdem noch deshalb aufnehmen, weil er ja immerhin ein anständiger Mensch ist, den man sogar in der besten Gesellschaft an den Tisch setzen kann, wenn auch nur an einen bescheidenen Platz. Solche Schmarotzer, Gentlemen von friedfertigem Charakter, die es verstehen, Geschichten zu erzählen, Partner beim Kartenspiel zu sein, und es gar nicht lieben, Aufträge auszuführen, wenn man ihnen solche gibt, stehen gewöhnlich allein; sie sind entweder Junggesellen oder Witwer, vielleicht haben sie auch Kinder; doch diese Kinder werden immer irgendwo in weiter Ferne erzogen, bei irgendwelchen Tanten, die der Gentleman in anständiger Gesellschaft fast nie erwähnt, als schämte er sich etwas einer solchen Verwandtschaft. Den Kindern entfremdet er sich allmählich völlig, denn er erhält von ihnen nur dann und wann Glückwunschbriefe zum Namenstag oder zu Weihnachten; er beantwortet diese Briefe sogar manchmal. – Das Gesicht des unerwarteten Gastes war zwar nicht gerade gutmütig, aber doch friedlich und je nach den Umständen zu jeglichem liebenswürdigen Ausdruck bereit. Eine Uhr trug er nicht, wohl aber ein Schildpattlorgnon an einem schwarzen Band. Am Mittelfinger der rechten Hand prangte ein massiver goldener Ring mit einem billigen Opal. Iwan Fjodorowitsch schwieg zornig und wollte kein Gespräch beginnen. Der Gast wartete und saß genauso da wie ein Schmarotzer, der eben erst aus dem ihm im oberen Stockwerk angewiesenen Zimmer zum Tee heruntergekommen ist, um dem Herrn des Hauses Gesellschaft zu leisten, jedoch höflich schweigt, weil er sieht, daß der Hausherr beschäftigt ist und mit gerunzelter Stirn über etwas nachdenkt; er ist jedoch zu jedem liebenswürdigen Gespräch bereit, sobald nur der Herr des Hauses es beginnen will. Auf einmal schien sein Gesicht eine plötzliche Besorgnis auszudrücken.

»Höre«, begann er, zu Iwan Fjodorowitsch gewendet. »Entschuldige, ich möchte dich nur erinnern: Du warst doch zu Smerdjakow gegangen, um dich nach Katerina Iwanowna zu erkundigen, hast ihn aber verlassen, ohne etwas über sie erfahren zu haben; du hast es gewiß vergessen ...«

»Ach ja!« entfuhr es Iwan, und sein Gesicht verdüsterte sich in Sorge. »Ja, ich habe es vergessen ... Übrigens ist das jetzt gleichgültig, alles bis morgen«, murmelte er vor sich hin. »Und du«, wandte er sich gereizt an den Gast, »daran hätte ich mich jetzt gleich selber erinnern müssen, weil gerade das es war, was mich bedrückte! Was drängst du dich auf – werde ich dir denn glauben, daß du es mir eingegeben hast und daß es mir nicht von selber eingefallen ist?«

»So glaub es doch nicht«, sagte der Gentleman mit einem freundlichen Lächeln. »Was wäre das für ein Glaube, der erzwungen wird? Zudem helfen beim Glauben keinerlei Beweise, besonders nicht materielle. Thomas glaubte nicht, weil er den auferstandenen Christus sah, sondern weil er schon vorher zu glauben gewünscht hatte. Da sind zum Beispiel die Spiritisten ... Ich habe sie sehr gern ... Stelle dir nur vor, sie behaupten, sie seien dem Glauben nützlich, weil die Teufel ihnen aus dem Jenseits die Hörner zeigen. ‚Das ist sozusagen ein materieller Beweis dafür,‘ behaupten sie, ‚daß es ein Jenseits gibt.‘ Das Jenseits und materielle Beweise, oje, oje! Und schließlich, wenn die Existenz des Teufels bewiesen ist, so weiß man doch noch nicht, ob auch die Existenz Gottes bewiesen ist. Ich werde in eine idealistische Gesellschaft eintreten und dort Opposition machen. ‚Ich bin Realist‘, werde ich sagen, ‚und nicht Materialist, hehe!‘«

»Höre!« rief Iwan Fjodorowitsch und stand plötzlich vom Tische auf. »Ich bin jetzt wie im Fieber ... Natürlich bin ich im Fieber ... Schwatze, was du nur willst, mir ist es gleich ... Du wirst mich nicht in Raserei bringen, wie das letztemal. Ich schäme mich nur einer Sache wegen ... Ich will im Zimmer auf und ab gehen ... Manchmal sehe ich dich nicht und höre nicht einmal deine Stimme, wie das letztemal; aber ich errate immer was du schwatzt, denn *ich selbst bin es, der da spricht, und nicht du!* Ich weiß nur nicht, ob ich das letztemal geschlafen oder dich im wachen Zustand gesehen habe. Jetzt werde ich ein Handtuch in kaltes Wasser tauchen und es mir auf den Kopf legen, vielleicht wirst du dich dann verflüchtigen.«

Iwan Fjodorowitsch ging in die Ecke, nahm ein Handtuch, tat, wie er gesagt hatte, und begann mit dem nassen Handtuch auf dem Kopf im Zimmer auf und ab zu gehen.

»Es gefällt mir, daß wir beide uns ohne weiteres duzen«, begann der Gast.

»Du Dummkopf«, sagte Iwan und lachte. »Soll ich denn *Sie* zu dir sagen? Ich bin jetzt guter Dinge, bloß in der Schläfe schmerzt es ... und am Scheitel ... Aber philosophiere gefälligst nicht, wie das letztemal. Wenn du dich nicht von hier fortscheren kannst, so schwatze etwas Lustiges. Erzähle Klatschgeschichten, du bist ja ein Schmarotzer, also klatsche auch. Wie zudringlich doch so ein Schreckgespenst ist! Aber ich fürchte dich nicht. Ich werde mit dir fertig werden! Mich wird man nicht ins Irrenhaus bringen!«

»C'est charmant: ein Schmarotzer. Ja, ich bin gerade in meiner richtigen Gestalt. Was bin ich denn anderes auf der Erde, wenn nicht ein Schmarotzer? A propos, ich höre dir zu und wundere mich ein wenig: du scheinst mich ja allmählich für etwas Wirkliches zu halten und nicht nur für ein Gebilde deiner Phantasie, wie du das letztemal so hartnäckig behauptet hast...«

»Keinen Augenblick halte ich dich für reale Wahrheit!« rief Iwan wütend. »Du bist eine Lüge, du bist meine Krankheit, du bist ein Gespenst! Ich weiß nur nicht, womit ich dich vernichten könnte, und ich sehe, daß ich noch einige Zeit werde leiden müssen. Du bist meine Halluzination. Du bist eine Verkörperung meines Ich, übrigens nur eines Teils davon ... meiner Gedanken und Gefühle, aber nur der abscheulichsten und dümmsten. In dieser Hinsicht könntest du mich sogar interessieren, wenn ich nur Zeit hätte, mich mit dir abzugeben ...«

»Erlaube, erlaube, ich werde dich Lügen strafen: als du vorhin bei der Laterne Aljoscha anfuhrst und schriest: ‚Das hast du von *ihm* erfahren! Woher weißt du, daß *er* zu mir kommt? –' da hast du mich gemeint. Offenbar glaubtest du doch ein kleines Augenblickchen daran, daß ich wirklich existiere«, sagte der Gentleman und lachte sanft.

»Ja, das war eine Schwäche meiner Natur ... Aber ich konnte dir nicht glauben. Ich weiß nicht, ob ich das letztemal schlief oder umherging. Vielleicht sah ich dich damals nur im Traum und gar nicht im Wachen ...«

»Und weshalb warst du vorhin so unfreundlich zu ihm, zu Aljoscha meine ich? Er ist lieb, ich trage vor ihm die Schuld für den Starez Sosima.«

»Schweig von Aljoscha! Wie unterstehst du dich, du Lakai!« rief Iwan und lachte wieder.

»Du schimpfst und lachst dabei – das ist ein gutes Zeichen. Übrigens bist du heute weit liebenswürdiger zu mir als das letztemal, und ich kann das verstehen: dieser große Entschluß ...«

»Schweig von dem Entschluß!« schrie Iwan wütend.

»Ich verstehe, ich verstehe, c'est noble, c'est charmant; du gehst morgen deinen Bruder verteidigen und bringst dich zum Opfer ... C'est chevaleresque.«

»Schweig, sonst gebe ich dir einen Tritt!«

»Zum Teil würde mich das freuen, denn dann wäre mein Zweck erreicht; wenn du mir Tritte gibst, bedeutet das, daß du an meine Realität glaubst, denn einem Gespenst gibt man keinen Tritt. Doch Spaß beiseite – mir ist es gleich. Schimpfe, wenn du willst, aber es wäre doch besser, ein bißchen höflicher zu sein, selbst mir gegenüber. Aber ‚Dummkopf' und ‚Lakai', nun, was sind denn das für Ausdrücke!«

»Wenn ich dich beschimpfe, beschimpfe ich mich selbst!« sagte Iwan und lachte wieder. »Du bist ich, nur mit einem anderen Gesicht. Du sagst genau das, was ich schon denke ... und bist außerstande, mir etwas Neues zu sagen!«

»Wenn ich mit dir in den Gedanken übereinstimme, macht mir das nur Ehre«, sagte der Gentleman mit Takt und Würde.

»Nur nimmst du immer meine häßlichen Gedanken und vor allem die dummen. Du bist dumm und banal. Du bist grauenvoll dumm. Nein, ich ertrage dich nicht! Was soll ich tun, was soll ich tun!« murmelte Iwan zähneknirschend.

»Mein Freund, ich möchte dennoch ein Gentleman sein und wünsche, daß man mich auch als solchen behandelt«, begann der Gast in einem Anfall echt schmarotzerhaften und schon im voraus zu Kompromissen bereiten, gutmütigen Ehrgefühls. »Ich bin arm, aber ... ich will nicht sagen, daß ich sehr ehrenhaft sei, aber ... gewöhnlich gilt es in der Gesellschaft als Axiom, ich sei ein gefallener Engel. Bei Gott, ich kann mir nicht vorstellen, wie ich jemals ein Engel sein konnte. Wenn ich es auch einst war, so ist das so lange her, daß es keine Sünde ist, es vergessen zu haben. Jetzt lege ich nur Wert auf den Ruf eines anständigen Menschen und lebe, wie es sich gerade trifft, wobei ich mich bemühe, angenehm zu sein. Ich liebe die Menschen aufrichtig – oh, man hat mich in vielem verleumdet! Hier verläuft, wenn ich zeitweise zu euch übersiedle, mein Leben wie ein wirkliches, und das gefällt mir am meisten. Denn auch ich leide, ebenso wie du, unter dem Phantastischen, und darum liebe ich euren irdischen Realismus. Hier bei euch ist alles klar umrissen; hier gibt es Formeln, hier gibt es Geometrie, bei uns aber nur lauter unbestimmte Gleichungen! Hier gehe ich umher und träume. Ich träume gern. Außerdem werde ich auf Erden abergläubisch – lache, bitte, nicht: gerade das gefällt mir, daß ich abergläubisch werde. Ich nehme hier alle eure Gewohnheiten an: ich gehe gern ins öffentliche Dampfbad, kannst du dir das vorstellen, und ich liebe es, zusammen mit Kaufleuten und Popen dort zu schwitzen. Mein Traum ist, mich zu verkörpern, aber so, daß es endgültig sei, unwiderruflich, irgendeine dicke, sieben Pud schwere Kaufmannsfrau zu werden und an alles zu glauben, woran sie glaubt. Mein Ideal ist, in die Kirche zu gehen und dort aus reinem Herzen eine Kerze aufzustellen, bei Gott, es ist so. Dann hätten meine Leiden ein Ende. Auch ärztlich behandeln lasse ich mich bei euch gern: im Frühjahr herrschten die Blattern, und ich ging hin und ließ mich im Waisenhaus impfen – wenn du nur wüßtest, wie zufrieden ich an jenem Tage war; ich spendete für meine slawischen Brüder zehn Rubel! ... Aber du hörst ja nicht zu! Weißt du, du bist heute gar nicht recht bei Laune.« Der Gentleman schwieg eine Weile. »Ich weiß, daß du gestern bei jenem Arzt warst ... nun, wie ist dein Befinden? Was hat dir der Doktor gesagt?«

»Dummkopf!« sagte Iwan kurz.

»Aber dafür bist du klug, und wie! Schimpfst du schon wieder? Ich frage doch nicht aus Teilnahme, sondern nur so. Bitte, du brauchst nicht zu antworten. Jetzt gibt es wieder viel Rheumatismus ...«

»Dummkopf!« wiederholte Iwan.

»Du sagst immer dasselbe; ich aber habe im vorigen Jahr einen solchen Rheumatismus bekommen, daß ich heute noch daran denke.«

»Kann denn der Teufel Rheumatismus haben?«

»Warum denn nicht, wenn ich mich manchmal verkörpere? Wenn ich mich verkörpere, nehme ich auch die Folgen auf mich. Satanas sum et nihil humani a me alienum puto.«

»Wie? Was? Satanas sum et nihil humani ... Das ist gar nicht dumm für den Teufel!«

»Ich freue mich, daß ich es dir endlich recht gemacht habe.«

»Aber das hast du ja nicht von mir genommen«, sagte Iwan und blieb plötzlich wie überrascht stehen. »Das ist mir niemals in den Sinn gekommen, das ist sonderbar ...«

»C'est du nouveau, n'est-ce pas? Diesmal will ich ehrlich sein und es dir erklären. Höre zu: im Schlaf und besonders beim Albdrücken, nun, infolge einer Magenverstimmung oder aus irgendeiner sonstigen Ursache, sieht der Mensch manchmal so künstlerische Träume, eine so komplizierte und reale Wirklichkeit, solche Ereignisse oder geradezu eine ganze Welt von Ereignissen, mit solchen Intrigen, mit so unerwarteten Einzelheiten, angefangen von euren höchsten Offenbarungen und bis zum letzten Knopf am Hemd, daß ich dir schwöre, selbst Leo Tolstoi brächte es nicht fertig, so etwas auszudenken, und dabei träumen so etwas manchmal Leute, die gar nicht Dichter, sondern Durchschnittsmenschen sind, Beamte, Feuilletonisten, Popen ... Das ist geradezu ein Rätsel. Ein Minister hat mir einmal selber gestanden, daß ihm die besten Ideen kommen, wenn er schläft. Nun, und so ist es auch jetzt. Wenngleich ich nur deine Halluzination bin, so rede ich doch wie in einem Albtraum originelle Dinge, die dir bisher nicht in den Sinn gekommen sind, so daß ich nicht bloß deine Gedanken wiederhole; doch trotzdem bin ich nur dein Traumgebilde und sonst nichts.«

»Du lügst. Deine Absicht ist es gerade, mir einzureden, daß du für dich bestehst und nicht mein Traumgebilde bist, und jetzt behauptest du selber, du seiest ein Traum.«

»Mein Freund, heute habe ich eine besondere Methode angewandt; später werde ich dir das erklären. Halt, wo war ich stehengeblieben? Ja, wie ich mich damals erkältet hatte, aber nicht hier bei euch, sondern noch dort ...«

»Wo dort? Sag, wirst du noch lange bei mir bleiben? Kannst du nicht weggehen?« rief Iwan beinahe in Verzweiflung. Er hatte aufgehört hin- und herzuwandern, hatte sich auf das Sofa gesetzt, die Ellbogen auf den Tisch gestützt und preßte die Hände an die Schläfen. Er riß sich das nasse Handtuch vom Kopf und warf es ärgerlich zur Seite: offenbar hatte es nicht geholfen.

»Deine Nerven sind zerrüttet«, bemerkte der Gentleman mit ungezwungen-lässiger, aber völlig freundlicher Miene. »Du zürnst mir sogar, weil ich mich habe erkälten können, dabei ist das auf die natürlichste Weise geschehen. Ich eilte damals zu einer diplomatischen Soiree bei einer sehr hochgestellten Petersburger Dame, die die Gattin eines Ministers werden wollte. Nun, Frack, weiße Krawatte, Handschuhe, und doch war ich noch Gott weiß wo, und um zu euch auf die Erde zu kommen, mußte ich erst durch den Weltraum fliegen ... natürlich dauert das nur einen Augenblick, aber selbst der Lichtstrahl braucht von der Sonne ganze acht Minuten hierher, und stell dir das nur vor, ich im Frack, mit der ausgeschnittenen Weste! Geister erfrieren nicht, aber wenn sie sich einmal verkörpert haben, dann ... kurz, ich wurde leichtsinnig und trat den Flug an, aber in diesen Räumen, das heißt im Äther, in dem ,Wasser über der Feste' – herrscht eine solche Kälte ... Was heißt übrigens Kälte! – Das kann man nicht einmal mehr Kälte nennen. Stell dir das nur vor: hundertfünfzig Grad unter Null! Man kennt ja jenen Zeitvertreib von Bauernmädchen: bei dreißig Grad Kälte fordern sie einen Unerfahrenen auf, an einem Beil zu lecken; die Zunge friert augenblicklich an, und der Tölpel reißt sich die Haut von der Zunge, daß es blutet; und das ist bei nur dreißig Grad so, aber bei hundertfünfzig, meine ich, genügt es, nur den Finger an ein Beil zu legen, und der Finger ist weg, wenn es ... wenn es dort ein Beil geben könnte ...«

»Kann es denn dort ein Beil geben?« unterbrach ihn Iwan Fjodorowitsch plötzlich zerstreut und angewidert. Er sträubte sich aus allen Kräften, seinen Fieberphantasien zu glauben und endgültig in Irrsinn zu verfallen.

»Ein Beil?« fragte der Gast erstaunt zurück.

»Nun ja, was wird dort mit einem Beil?« schrie Iwan Fjodorowitsch mit einem sonderbar ingrimmigen und hartnäkkigen Starrsinn.

»Was mit einem Beil im Weltraum wird? Quelle idée! Wenn es irgendwohin recht weit wegfliegt, dann wird es wohl anfangen um die Erde zu kreisen, ohne selber zu wissen, wozu, in Gestalt eines Trabanten. Die Astronomen werden das Aufgehen und das Untergehen des Beils berechnen; man wird das in den Kalender aufnehmen, und das ist alles.«

»Du bist dumm, du bist schrecklich dumm!« sagte Iwan störrisch. »Lüge klüger, sonst höre ich dir nicht mehr zu. Du willst mich durch Realismus besiegen, willst mich davon überzeugen, daß es dich gibt, aber daß es dich gibt, will ich nicht glauben! Ich werde es nicht glauben!«

»Aber ich lüge doch nicht; es ist alles Wahrheit; leider ist die Wahrheit nur selten geistreich. Ich sehe, daß du ganz entschieden etwas Großes von mir erwartest, vielleicht auch etwas Schönes. Das ist sehr schade, denn ich gebe nur, was ich geben kann...«

»Philosophiere nicht, du Esel!«

»Was kann das für eine Philosophie sein, wenn meine ganze rechte Seite gelähmt war, daß ich krächzen und stöhnen mußte! Ich war bei der ganzen medizinischen Fakultät – zu diagnostizieren verstehen sie ausgezeichnet; deine ganze Krankheit zählen sie dir gleichsam an den Fingern auf, aber heilen können sie sie nicht. Ein Studentchen war da, voll Begeisterung, und sagte: ‚Selbst wenn Sie sterben sollten, werden Sie doch genau wissen, an welcher Krankheit Sie gestorben sind!' Und dann die Manier dieser Leute, den Patienten zu Spezialisten zu schikken: ‚Wir befassen uns nur mit der Diagnose', sagen sie, ‚gehen Sie zu dem Spezialisten soundso; der wird Sie heilen!' Ich sage dir, daß der frühere Arzt, der einen bei allen Krankheiten behandelte, völlig verschwunden ist; es gibt jetzt nur noch Fachärzte, und sie annoncieren immer wieder in den Zeitungen. Bekommst du Schmerzen in der Nase, schicken sie dich nach Paris; dort soll es einen europäischen Spezialisten geben, der Nasen kuriert. Du kommst nach Paris, er untersucht deine Nase und sagt: ‚Ich kann Ihnen nur das rechte Nasenloch kurieren, denn linke Nasenlöcher behandle ich nicht, das ist nicht mein Spezialfach; fahren Sie dann später nach Wien, dort wird Ihnen ein besonderer Spezialist das linke Nasenloch heilen.' Was kann man da machen? Ich griff zu Volksmitteln. Ein deutscher Arzt riet mir, ich solle mich im Dampfbad auf der Pritsche mit Honig und Salz einreiben. Ich ging hin, bloß um wieder einmal ins Dampfbad zu kommen; da beschmierte ich mich am ganzen Körper, aber es half nicht. In meiner Verzweiflung schrieb ich an den Grafen Mattei in Mailand; er schickte mir ein Buch und Tropfen, na, mag er! Und stell dir vor: Hoffs Malzextrakt hat geholfen! Ich kaufte ihn zufällig, trank anderthalb Flaschen und hätte sofort tanzen können, alles war wie weggewischt. Unverzüglich wollte ich eine Danksagung in die Zeitungen einrücken; das Gefühl der Dankbarkeit erhob seine Stimme, und jetzt stell dir nur vor, nun gab es eine zweite Geschichte: In keiner Redaktion wollte man es annehmen. ‚Das wäre sehr rückschrittlich', sagten sie mir, ‚niemand wird es glauben, le diable n'èxiste point. Lassen Sie es doch anonym drucken', rieten sie mir. Nun, was wäre denn das für eine Danksagung, wenn sie anonym ist? Und da scherzte ich mit den Kontoristen. ,An Gott zu glauben', sagte ich, ,ist in unserer Zeit rückschrittlich. Aber ich bin doch der Teufel. An mich darf man glauben.' Da sagten sie: ,Wir verstehen, wer glaubt denn nicht an den Teufel, aber trotzdem geht es nicht, es könnte unserer Tendenz schaden. Vielleicht in Form eines Witzes?' Nun, als Witz wäre das nicht geistreich, dachte ich mir. So ließ ich es nicht abdrucken, und ob du es glaubst oder nicht, das liegt mir geradezu auf dem Herzen. Meine besten Gefühle, wie zum Beispiel die Dankbarkeit, sind mir einzig durch meine soziale Stellung formell verboten.«

»Schlitterst du schon wieder ins Philosophieren?« knirschte Iwan haßerfüllt.

»Gott bewahre mich davor, aber manchmal ist es unmöglich, sich nicht zu beklagen. Ich bin ein verleumdeter Mensch. Du sagst mir zum Beispiel jede Minute, ich sei dumm. Daran sieht man den jungen Mann. Mein Freund, es dreht sich nicht allein um den Verstand! Ich habe von Natur ein gutes, fröhliches Herz. ,Ich habe sogar verschiedene kleine Lustspiele verfaßt*'... Du scheinst mich entschieden für einen altgewordenen Chlestakow zu halten, dabei ist aber mein Schicksal weit ernsthafter. Durch irgendeine vorzeitliche Bestimmung, die ich niemals so richtig verstehen konnte, bin ich dazu verurteilt, zu ,verneinen', während ich aufrichtig gut und zum Verneinen ganz unfähig bin. ,Aber nein, geh hin und verneine, ohne Verneinung gibt es keine Kritik', und was wäre das für eine Zeitschrift, die keine Abteilung für Kritik hätte? Ohne Kritik gäbe es nichts anderes als nur ein Hosianna. Aber für das Leben ist das Hosianna zu wenig. Dieses Hosianna muß durch den Schmelzofen der Zweifel gehen, na, und so weiter in dieser Art. Übrigens mische ich mich in all das nicht ein; ich habe es nicht erschaffen, ich trage nicht die Verantwortung. Na, und da hat man mich als Sündenbock ausgewählt und gezwungen, in der Rubrik für Kritik zu schreiben, und so ergab sich Leben. Wir verstehen ja diese Komödie: ich verlange zum Beispiel für mich einfach und schlicht Vernichtung. ,Nein, lebe', sagt man mir, ,denn ohne dich wäre nichts. Ginge auf Erden alles vernünftig zu, so würde überhaupt nichts geschehen. Ohne dich gäbe es keinerlei Ereignisse, und Ereignisse müssen sein.' Und

* Worte des Hochstaplers Chlestakow in Gogols Lustspiel *Der Revisor* (Anmerkung des Übersetzers).

so diene ich schweren Herzens, nur damit es Ereignisse gebe, und schaffe auf Befehl Unvernünftiges. Die Menschen nehmen trotz all ihrem unbestreitbaren Verstand diese ganze Komödie ernst. Darin liegt ihre Tragödie. Nun, natürlich leiden sie, aber . . . Dafür leben sie ja, leben wirklich und nicht nur in der Phantasie; denn Leiden ist ja Leben. Was hätte man im Leben für ein Vergnügen ohne Leid; alles würde zu einem endlosen Gebet; heilig, aber recht öde. Na, und ich? Ich leide, aber trotzdem lebe ich nicht. Ich bin das x in einer unbestimmten Gleichung. Ich bin ein Gespenst, das jedes Ende und jeden Anfang verloren und sogar selber schließlich vergessen hat, wie es sich nennen soll. Du lachst . . . nein, du lachst nicht, du zürnst wieder. Du zürnst immer, du willst nichts anderes als Verstand, und ich wiederhole dir abermals, daß ich dieses ganze Leben unter den Sternen, jeden Rang und jede Ehrung einzig dafür hergeben würde, mich in der Seele einer sieben Pud schweren Kaufmannsfrau zu verkörpern und dem lieben Gott eine Kerze aufzustellen.«

»Auch du glaubst nicht mehr an Gott?«, fragte Iwan mit gehässigem Lächeln.

»Das heißt, wie soll ich es dir sagen, wenn du es nur im Ernst meinst . . .«

»Gibt es einen Gott oder nicht?« rief Iwan wieder mit wilder Hartnäckigkeit.

»Ah, du fragst also im Ernst? Mein Teurer, das weiß ich bei Gott nicht. Da habe ich ein großes Wort ausgesprochen.«

»Du weißt es nicht, und doch siehst du Gott? Nein, du existierst nicht, du bist *ich*, du bist *ich* und sonst nichts! Du bist Dreck, du bist mein Phantasiegebilde!«

»Das heißt, wenn du willst, ich habe dieselbe Philosophie wie du, das wird dann richtig sein. Je pense, donc je suis, das weiß ich gewiß, alles übrige aber, was rings um mich ist, alle diese Welten, Gott, sogar der Satan selbst – all das ist für mich nicht bewiesen, ob es an sich existiert oder ob es nur meine Emanation ist, vorübergehend und in der gleichen Person . . . Mit einem Wort, ich breche rasch ab, denn du scheinst jetzt aufzuspringen, um eine Prügelei zu beginnen.«

»Erzähle lieber einen Witz!« sagte Iwan in schmerzlichem Tone.

»Einen Witz wüßte ich, und gerade einen zu unserem Thema, das heißt, es ist kein Witz, sondern eine Legende. Du wirfst mir Unglauben vor und sagst, ich sähe, glaubte aber nicht. Nun, mein Freund, ich bin nicht der einzige von dieser Art; bei uns dort sind jetzt alle konfus geworden, und das alles infolge eurer Wissenschaften. Als es noch die Atome gab, die fünf Sinne und die vier Elemente, fügte sich alles schlecht und recht zusammen. Atome hat es schon im Altertum gegeben. Aber sobald man bei uns erfuhr, daß ihr hier das ‚chemische Molekül' und das ‚Protoplasma' und, weiß der Teufel, was noch entdeckt habt, klemmte man die Schwänze ein. Es begann einfach das wildeste Durcheinander; vor allem Aberglaube und Klatsch; Klatschereien gibt es ja bei uns ebensoviel wie bei euch, sogar ein klein wenig mehr, und natürlich auch Denunziationen, denn auch bei uns haben wir ein Amt, wo man gewisse ‚Informationen' entgegennimmt. Und da gibt es nun diese alberne Legende, noch aus unserem Mittelalter – nicht aus eurem –, und niemand glaubte an sie, nicht einmal bei uns, außer den sieben Pud schweren Kaufmannsfrauen, das heißt, wiederum nicht euren Kaufmannsfrauen, sondern den unseren. Alles, was es bei euch gibt, gibt es auch bei uns, dieses Geheimnis kann ich dir aus Freundschaft verraten, obgleich das verboten ist. Meine Legende handelt vom Paradies. Es habe, so erzählt man, hier bei euch auf Erden einen Denker und Philosophen gegeben, der ‚alles leugnete, die Gesetze, das Gewissen, den Glauben', und vor allem das Leben nach dem Tode. Er starb und dachte, er werde geradewegs in Dunkel und Tod versinken, aber da war vor ihm das jenseitige Leben. Er staunte und entrüstete sich. ‚Das widerspricht meinen Überzeugungen', sagte er. Und dafür wurde er verurteilt ... Das heißt, siehst du, entschuldige schon, ich gebe nur wieder, was ich gehört habe; es ist ja bloß eine Legende ... Man verurteilte ihn, weißt du, er solle in der Dunkelheit eine Quadrillion Kilometer gehen – man rechnet bei uns jetzt nach Kilometern – und erst wenn er diese Quadrillion zurückgelegt hätte, würden ihm die Pforten des Paradieses geöffnet und alles verziehen werden ...«

»Und welche Qualen gibt es bei euch im Jenseits sonst noch, außer dieser Quadrillion?« unterbrach Iwan ihn mit einer seltsamen Lebhaftigkeit.

»Welche Qualen? Ach, frag gar nicht; früher gab es das und jenes, aber jetzt sind hauptsächlich moralische Qualen in Gebrauch, ‚Gewissensbisse' und lauter derlei Unsinn. Das haben wir auch von euch übernommen, es ist eine Neuerung infolge der ‚Milderung eurer Sitten'. Nun, und wer hat den Vorteil davon gehabt? Nur die Gewissenlosen, denn was hat einer für

Gewissensbisse, wenn er gar kein Gewissen hat? Dafür leiden die anständigen Leute, denen noch ein Gewissen und eine Ehre geblieben sind . . . so ist das eben bei Reformen, für die der Boden nicht richtig vorbereitet wurde und die außerdem fremden Institutionen nachgeahmt sind. Das bringt nur Schaden! Das alte Höllenfeuer wäre besser. Nun, da blieb dieser zu der Quadrillion Verurteilte stehen, blickte um sich und legte sich quer über den Weg. ‚Ich will nicht gehen; aus Prinzip gehe ich nicht!' Nimm die Seele eines aufgeklärten russischen Atheisten und vermenge sie mit der Seele des Propheten Jonas, der drei Tage und drei Nächte im Walfischbauch trotzte – und dann hast du den Charakter dieses Denkers, der sich quer über den Weg legte.«

»Worauf hat er sich denn hingelegt?«

»Nun, dort gab es gewiß etwas, worauf er sich legen konnte. Du lachst nicht?«

»Ein prächtiger Geselle!« rief Iwan noch immer mit der gleichen sonderbaren Lebhaftigkeit. Jetzt hatte er mit einem seltsam unerwarteten Interesse zugehört. »Nun, liegt er noch immer dort?«

»Das ist es eben, daß er nicht mehr dort liegt. Er blieb fast tausend Jahre liegen, dann stand er auf und ging weiter.«

»So ein Esel« rief Iwan und lachte nervös auf, doch schien er immer noch angestrengt über etwas nachzudenken. »Ist es nicht ganz gleichgültig, ob er ewig liegenbleibt oder eine Quadrillion Werst geht? Das ist doch ein Weg von einer Billion Jahren?«

»Sogar weit länger, nur habe ich jetzt keinen Bleistift und kein Papier zur Hand, sonst könnte ich es dir ausrechnen. Aber er ist ja schon längst ans Ziel gekommen, und jetzt beginnt erst der Witz.«

»Wie ist er ans Ziel gekommen, und woher hat er die Billion Jahre genommen!«

»Du denkst immer nur in den Maßstäben unserer jetzigen Erde! Aber die jetzige Erde hat sich vielleicht schon selber eine Billion Mal wiederholt; sie starb ab, vereiste, wurde rissig, zerbröckelte, zerfiel in ihre Bestandteile, dann kam wieder das Wasser über der Feste, dann wieder ein Komet, wieder die Sonne, wieder die Erde aus der Sonne – diese Entwicklung hat sich vielleicht schon unzählige Male wiederholt, und immer in haargenau der gleichen Form bis in die kleinste Einzelheit. Eine überaus unanständige Langweile . . .«

»Nun, und was geschah, als er ans Ziel gelangte?«

»Kaum hatte man ihm die Pforte des Paradieses geöffnet, trat er ein und war noch keine zwei Sekunden dort – und das nach der Uhr, nach der Uhr, obgleich seine Uhr meiner Ansicht nach unterwegs in seiner Tasche schon längst in ihre Elementarbestandteile hätte zerfallen müssen – er war also noch keine zwei Sekunden dort, als er ausrief, für diese zwei Sekunden könne man nicht nur eine Quadrillion Kilometer, sondern eine Quadrillion Quadrillionen Kilometer gehen und sie sogar noch zur quadrillionsten Potenz erheben! Mit einem Wort, er sang ‚Hosianna', so daß ihm dort oben einzelne Leute mit einer etwas vornehmeren Denkart in der ersten Zeit nicht einmal die Hand geben wollten: er war allzu eilig zu den Konservativen hinübergewechselt. Eine echt russische Natur! Ich wiederhole: das ist eine Legende. Wie ich sie gehört habe, berichte ich sie dir. Und so sind dort bei uns über alle diese Gegenstände noch immer derartige Begriffe im Umlauf!«

»Jetzt habe ich dich gefangen!« rief Iwan mit einer fast kindlichen Freude, als ob er sich nun endgültig an etwas erinnert hätte. »Diese Anekdote mit der Quadrillion Jahre, die habe ich selber ersonnen. Ich war damals siebzehn Jahre alt und besuchte das Gymnasium. Damals erfand ich diese Geschichte und erzählte sie einem Mitschüler, er hieß Korowkin; das war in Moskau . . . Diese Anekdote ist so charakteristisch, daß ich sie nicht anderswoher nehmen konnte. Ich hatte sie beinahe vergessen . . . Doch jetzt ist sie mir unwillkürlich wieder eingefallen – mir selber; nicht du hast sie mir erzählt! So wie einem tausend Dinge manchmal unwillkürlich in Erinnerung kommen, und selbst wenn man an den Galgen geführt wird . . . Im Traum ist sie mir eingefallen, und du bist eben dieser Traum! Du bist ein Traum und existierst nicht!«

»An dem Eifer, mit dem du mich leugnest«, erwiderte der Gentleman lachend, »kann ich mich überzeugen, daß du immerhin an mich glaubst.«

»Nicht im geringsten. Kein Hundertstel!«

»Aber ein Tausendstel glaubst du. Die homöopathisch kleinen Mengen sind vielleicht die stärksten. Gestehe, daß du an mich glaubst, nun sagen wir, ein Zehntausendstel . . .«

»Keinen Augenblick!« schrie Iwan wütend. »Übrigens möchte ich gerne an dich glauben!« fügte er auf einmal in sonderbarem Ton hinzu.

»Aha! Das nenne ich freilich ein Geständnis! Aber ich bin

gut, ich werde dir auch hier helfen. Höre: ich habe dich gefangen, nicht du mich! Absichtlich habe ich dir deine eigene Anekdote erzählt, die du schon vergessen hattest, damit du endgültig den Glauben an mich verlierst.«

»Du Lügner! Der Zweck deines Erscheinens ist, mich zu überzeugen, daß es dich gibt!«

»Gewiß. Aber das Schwanken, aber die Unruhe, aber der Kampf des Glaubens mit dem Nichtglauben – das ist ja manchmal eine solche Qual für einen gewissenhaften Menschen, wie du einer bist, daß es besser wäre, sich gleich aufzuhängen. Da ich eben wußte, daß du ein ganz klein wenig an mich glaubst, flößte ich dir endgültig Unglauben ein, indem ich dir die Anekdote erzählte. Ich führe dich abwechselnd zwischen Glauben und Ungläubigkeit dahin, und damit verfolge ich meinen besonderen Zweck. Das ist eine neue Methode; denn sobald du völlig den Glauben an mich verloren hast, wirst du mir sofort ins Gesicht versichern, ich sei kein Traum, sondern existierte in Wirklichkeit; ich kenne dich schon; und dann habe ich mein Ziel erreicht, und mein Ziel ist edel. Ich werfe in dich nur ein winziges Samenkorn des Glaubens, daraus wird eine Eiche erwachsen, und zwar eine so gewaltige Eiche, daß du auf ihr sitzen und wünschen wirst, dich zu ‚den Einsiedlern in der Wüste und den makellosen Frauen' zu gesellen; denn du hast insgeheim ein großes, sehr großes Verlangen danach; du wirst Heuschrecken essen und wirst in die Wüste ziehen, um deine Seele zu retten!«

»Du bemühst dich also um die Rettung meiner Seele, du Schurke?«

»Man muß doch wenigstens einmal etwas Gutes tun. Du wirst jetzt zornig, du bist zornig, wie ich sehe!«

»Du Narr! Aber hast du wirklich schon einmal Menschen in Versuchung geführt, die Heuschrecken essen, siebzehn Jahre in der kahlen Wüste beten und schon mit Moos bewachsen sind?«

»Mein Liebster, ich habe nichts anderes getan. Die ganze Welt und alle Welten vergißt man, doch an einen einzigen solchen Menschen heftet man sich an, weil ein Brillant eben sehr wertvoll ist; eine einzige solche Seele ist manchmal ein ganzes Sternbild wert – wir haben ja unsere eigene Arithmetik. Der Sieg ist es, der wertvoll ist! Und manche von ihnen stehen in ihrer geistigen Entwicklung wahrhaftig nicht tiefer als du, obgleich du das nicht glauben wirst: sie können in einem und demselben Augenblick derartige Abgründe von Glauben und Unglauben schauen, daß manchmal wirklich nur noch ein Haarbreit zu fehlen scheint – und der Mensch fliegt ‚kopfüber hinab', wie der Schauspieler Gorbunow sagt.«

»Nun, und mußtest du mit einer langen Nase abziehen?«

»Mein Freund«, bemerkte der Gast belehrend, »mit langer Nase abzuziehen ist immerhin noch besser als ganz ohne Nase, wie unlängst erst ein kranker Marquis – offenbar war er von einem Spezialisten behandelt worden – seinem Beichtvater, einem Jesuiten, sagte. Ich war anwesend – es war geradezu entzückend. ‚Geben Sie mir meine Nase wieder!' sagt er und schlägt sich dabei an die Brust. ‚Mein Sohn', erwidert der Pater, ‚alles vollzieht sich nach dem unerforschlichen Ratschluß der Vorsehung, und ein sichtbares Übel bringt manchmal einen außerordentlichen, wenngleich unsichtbaren Vorteil mit sich. Wenn ein hartes Schicksal Sie Ihrer Nase beraubt hat, wird Ihr ganzes Leben lang niemand mehr sich unterstehen, Ihnen zu sagen, Sie hätten mit einer langen Nase abziehen müssen'. – ‚Ehrwürdiger Vater, das ist kein Trost!' ruft der Verzweifelte aus, ‚ich wäre im Gegenteil begeistert, mein ganzes Leben lang täglich mit langer Nase abzuziehen, wenn ich an der richtigen Stelle nur eine hätte!' – ‚Mein Sohn', seufzt der Pater, ‚alle Güter darf man nicht gleichzeitig verlangen, das wäre ein Murren gegen die Vorsehung, die selbst hierin Ihrer nicht vergessen hat; denn wenn Sie so wie jetzt winseln, daß Sie mit Freuden bereit wären, Ihr ganzes Leben lang mit langer Nase abzuziehen, so ist auch hier Ihr Wunsch schon mittelbar erfüllt: denn indem Sie die Nase verloren haben, mußten Sie damit doch gleichsam mit langer Nase abziehen' . . .«

»Pfui, wie dumm!« rief Iwan.

»Mein Freund, ich wollte dich nur zum Lachen bringen, aber ich schwöre dir, daß dies echte jesuitische Kasuistik ist, und ich schwör dir, daß dies alles buchstäblich so geschehen ist, wie ich es dir berichtet habe. Dieser Fall hat sich erst kürzlich ereignet und mir viel Scherereien gemacht. Der unglückliche junge Mann kam nach Hause und erschoß sich noch in derselben Nacht; ich war sein unzertrennlicher Begleiter bis zum letzten Augenblick . . . Was aber diese jesuitischen Beichtbuden betrifft, so sind sie wahrhaftig in traurigen Augenblicken des Lebens meine liebste Zerstreuung. Hier hast du noch einen Fall, der sich erst in den allerletzten Tagen ereignet hat. Kommt da zu einem alten Pater eine junge Blondine aus der Normandie, ein Mädchen von etwa zwanzig Jahren. Sie ist schön, hat einen prächtigen Körper und ein nettes Wesen, daß einem das Wasser im Mund zusammenläuft. Sie kniet nieder und flüstert dem Pater durch das Gitterchen ihre Sünde zu. ‚Was sagen Sie, meine Tochter, sind Sie denn wirklich schon wieder zu Fall gekommen?' . . . ruft der Pater. ‚O Sancta Maria, was höre ich: nicht einmal mehr mit demselben Mann! Aber wie weit soll das noch gehen, und wieso schämen Sie sich nicht?' – ‚Ah, mon père', antwortete die Sünderin, von Reuetränen überströmt. ‚Ça lui fait tant de plaisir, et à moi si peu de peine!' Na, stell dir eine solche Antwort vor! Da trat ich zurück; das war ein Schrei der Natur selbst, das war, wenn du willst, besser als die Unschuld selbst! Ich erließ ihr auf der Stelle die Sünde und wollte schon weggehen, doch da mußte ich sogleich wieder umkehren, denn ich hörte, wie der Pater sie durch das Gitter für den Abend zu einem Rendezvous bestellte. Und dabei war der alte Mann hart wie ein Stein, und trotzdem ist er in einem Augenblick gefallen! Das ist eben die Natur, freilich hat die Natur ihr Recht verlangt. Was, du rümpfst wieder die Nase, du bist schon wieder zornig, ich weiß nicht mehr, womit ich es dir rechtmachen soll . . .«

»Laß mich in Ruhe! Du hämmerst in meinem Hirn wie ein schwerer Traum, den man nicht loswird«, stöhnte Iwan schmerzlich, voll Ohnmacht seiner Vision gegenüber. »Du langweilst mich, du bist unerträglich und quälst mich! Ich gäbe viel dafür, wenn ich dich fortjagen könnte!«

»Ich wiederhole, mäßige deine Forderungen, verlange von mir nicht ‚alles Große und Schöne', und du wirst sehen, wie einträchtig wir beide miteinander auskommen können«, sagte der Gentleman eindringlich. »Du bist wahrhaftig böse auf mich, weil ich dir nicht in rotem Licht, unter Donner und Blitz und mit versengten Flügeln erschienen bin, sondern mich dir mit so bescheidenem Äußeren gezeigt habe. Du bist erstens in deinen ästhetischen Empfindungen verletzt und zweitens in deinem Stolz, denn wie kann denn zu einem so großen Menschen ein so banaler Teufel kommen? Nein, auch du hast diese romantische Ader, die schon von Bjelinskij so sehr verspottet wurde! Was soll ich machen, junger Mann? Neulich, als ich auf dem Weg zu dir war, dachte ich dir des Spaßes halber in Gestalt eines pensionierten Wirklichen Staatsrates zu erscheinen, der im Kaukasus gedient hat, mit dem Stern des Löwen- und Sonnenordens am Frack, aber ich hatte ganz entschieden Angst, denn du hättest mich schon allein deswegen verprügelt, weil ich mir den Löwen und die Sonne an den Frack geheftet hätte und nicht zumindest den Polarstern oder den Sirius. Und du sagst immer wieder, ich sei dumm. Aber, du lieber Gott, ich erhebe ja gar keinen Anspruch darauf, mich an Verstand mit dir zu messen. Mephistopheles bezeugt von sich selbst, als er dem Faust erscheint, er sei ein Teil von jener Kraft, die stets das Böse will und stets das Gute schafft. Nun, das mag er halten, wie es ihm paßt. Bei mir ist es genau das Gegenteil. Ich bin vielleicht der einzige Mensch in der ganzen Natur, der die Wahrheit liebt und aufrichtig das Gute wünscht. Ich war zugegen, als das am Kreuz gestorbene Wort zum Himmel fuhr und in seinen Armen die Seele des zu seiner Rechten gekreuzigten Schächers trug; ich hörte die Freudenschreie der Cherubim, die Hosianna sangen und jauchzten, und den donnernden Jubelruf der Seraphim, von dem der Himmel und das ganze Weltgebäude erzitterten. Und da wollte ich mich, ich schwöre es dir bei allem, was heilig ist, dem Chor anschließen und mit allen anderen Hosianna rufen. Schon wollte es sich meiner Brust entringen, schon lag es mir auf der Zunge ... du weißt ja, ich bin sehr empfindsam und künstlerisch empfänglich. Aber die gesunde Vernunft – oh, diese unseligste Eigenschaft meiner Natur! – hielt mich auch hier in den gebührenden Grenzen, und ich ließ den Augenblick vorübergehen! Denn was, so dachte ich in diesem Augenblick, was wäre nach meinem Hosianna geschehen? Sofort wäre alles in der Welt erloschen, und es hätten sich keinerlei Geschehnisse mehr ereignet. Und so war ich, einzig infolge meiner Amtspflicht und meiner sozialen Stellung, gezwungen, die gute Regung des Augenblicks in mir zu ersticken und bei meinen Gemeinheiten zu bleiben. Die Ehre des Guten nimmt jemand anderer für sich allein in Anspruch, und mir sind als Anteil nur die Gemeinheiten gelassen. Aber ich neide ihm nicht die Ehre, auf Kosten anderer zu leben, ich bin nicht ehrgeizig. Warum bin von allen Wesen auf der Welt nur ich allein zu den Flüchen aller anständigen Menschen und sogar zu Fußtritten verurteilt, denn ich muß ja, wenn ich mich verkörpere, manchmal auch mit solchen Folgen rechnen? Ich weiß wohl, daß hier ein Geheimnis vorliegt, doch dieses Geheimnis will man mir um keinen Preis enthüllen, weil ich dann, wenn ich erraten habe, worum es geht, vielleicht Hosianna schreien würde, und dann würde sogleich das unerläßliche Minus verschwinden und in der ganzen Welt die Vernunft beginnen, und damit bricht natürlich für alles das Ende herein, sogar für die Zeitungen und Zeitschriften, denn wer würde sie dann noch abonnieren? Ich weiß ja, daß ich mich schließlich und endlich fügen und ebenfalls meine Quadrillion heruntergehen und das Geheimnis erfahren werde. Doch bevor das geschieht, ziehe ich ein saures Gesicht, verbeiße meinen Ärger und erfülle meine Bestimmung: Tausende zu verderben, damit einer gerettet werde. Wie viele Seelen galt es zum Beispiel zugrunde zu richten und wie viele ehrenhafte Reputationen zu verderben, um nur den einzigen gerechten Hiob zu erzielen, mit dem man mich in Urzeiten so übel beschwindelt hat! Nein, solange das Geheimnis nicht enthüllt ist, gibt es für mich zwei Wahrheiten: eine dortige, ihre Wahrheit, die mir vorläufig völlig unbekannt ist, und eine andere, die meine. Und man weiß noch nicht, welche sauberer sein wird ... Bist du eingeschlafen?«

»Warum nicht gar!« stöhnte Iwan zornig. »Alles, was es in meiner Natur Dummes, schon längst Überlebtes, in meinem Verstand Durchgedroschenes und wie Aas zur Seite Geworfenes gibt, servierst du mir als Neuheit!«

»Wiederum habe ich es nicht getroffen! Und ich gedachte doch, dich mit meiner literarischen Darlegung zu erfreuen: Das Hosianna im Himmel ist mir doch wirklich nicht übel gelungen? Dann dieser sarkastische Ton à la Heine, nicht wahr?«

»Nein, ich bin niemals ein solcher Lakai gewesen! Wie hat meine Seele nur einen solchen Lakaien wie dich hervorbringen können?«

»Mein Freund, ich kenne einen ganz vortrefflichen, überaus lieben russischen jungen Herrn, einen jungen Denker und großen Liebhaber der Literatur und eleganter Dinge, den Verfasser eines Poems, das vielversprechend ist und den Titel führt *Der Großinquisitor* ... Ich hatte nur ihn im Auge!«

»Ich verbiete dir, von dem *Großinquisitor* zu sprechen«, rief Iwan, ganz rot vor Scham.

»Nun, und die *Geologische Umwälzung*? Entsinnst du dich? Das war ein Poemchen!«

»Schweig, oder ich töte dich!«

»Mich willst du töten? Nein, verzeih schon, ich muß es mir vom Herzen reden. Ich bin ja gekommen, um mir dieses Vergnügen zu verschaffen. Oh, ich liebe die Schwärmereien meiner hitzigen, jungen, vor Lebensdurst zitternden Freunde. ‚Dort sind neue Menschen', fandest du noch im letzten Frühling, als du dich hierher aufmachtest, ‚Sie nehmen sich vor, alles zu zerstören und mit dem Kannibalismus anzufangen. Warum haben mich diese Dummköpfe nicht um Rat gefragt! Nach meiner Ansicht ist es gar nicht nötig, etwas zu zerstören; man braucht in der Menschheit nur die Idee von Gott auszurotten; das ist's, womit man anfangen muß! Damit hat man zu beginnen – oh, ihr Blinden, die ihr nichts versteht! Sobald sich die Menschheit einstimmig von Gott lossagt (und ich glaube, daß diese Periode, als Parallele zu den geologischen Perioden, eintreten wird) dann wird ganz von selbst und ohne Menschenfresserei die ganze frühere Weltanschauung zusammenstürzen und vor allem die ganze frühere Moral, und etwas völlig Neues wird kommen. Die Menschen werden sich zusammenschließen, um aus dem Leben alles herauszuholen, was das Leben geben kann, aber unbedingt für das Glück und für die Freude nur in dieser, hiesigen Welt. Der Mensch wird sich im Geiste göttlichen, titanischen Stolzes erhöhen, und der Gott-Mensch erscheint. Der Mensch, der stündlich und schon ohne Grenzen die Natur besiegt, durch seinen Willen und durch seine Wissenschaft, wird dadurch stündlich einen so hohen Genuß erleben, daß es ihm alle früheren Wonnen der himmlischen Genüsse ersetzt. Jeder erkennt dann, daß er völlig sterblich ist, ohne Auferstehung, und nimmt den Tod stolz und ruhig wie ein Gott auf sich. Aus Stolz wird er verstehen, daß er keinen Grund hat, zu murren, weil das Leben wie ein Augenblick ist, und er wird seinen Bruder lieben, schon ohne jegliches Verlangen nach Erwiderung. Die Liebe befriedigt dann nur den Augenblick des Lebens, allein schon das Bewußtsein der Augenblicklichkeit des Lebens wird dessen Feuer so sehr verstärken, wie es früher in der Erwartung der jenseitigen und unendlichen Liebe verschwamm' . . . Nun, und so weiter und so weiter in dieser Art. Allerliebst!«

Iwan saß da, hielt sich die Ohren zu und blickte zu Boden, begann jedoch am ganzen Leibe zu zittern. Der Gast sprach weiter.

»Die Frage ist jetzt die, ob mein junger Denker erwogen hat: Ist es möglich, daß eine solche Periode jemals kommen wird, oder nicht? Wenn sie kommt, dann ist alles entschieden, und die Menschheit wird sich endgültig einrichten. Doch da das in Anbetracht der eingewurzelten menschlichen Dummheit wohl auch in tausend Jahren noch nicht der Fall sein wird, ist es einem jeden, der schon jetzt die Wahrheit erkennt, erlaubt, sich völlig so, wie es ihm beliebt, einzurichten, nach neuen Prinzipien. In diesem Sinne ist ihm ‚alles erlaubt'. Nicht genug damit, selbst wenn diese Periode auch niemals eintritt, ist es dennoch, da es ja doch keinen Gott und keine Unsterblichkeit gibt, dem neuen Menschen verstattet, ein Gott-Mensch zu werden, und wäre er auch der einzige in der ganzen Welt, und natürlich in seinem neuen Rang mit leichtem Herzen jede frühere moralische Schranke des früheren Sklaven-Menschen zu überspringen, wenn es notwendig wird. Für einen Gott existiert kein Gesetz! Wo Gott ist, dort ist schon Gottes Platz! Wohin ich komme, dort ist sogleich der erste Platz ... ‚Alles ist erlaubt' und damit basta! All das ist ja sehr hübsch; nur wenn du Lust auf Schurkereien hast, wozu dann noch, so dünkt mich, die Sanktion der Wahrheit? Aber so ist nun mal unser russischer Mensch von heute: Ohne Sanktion wagt er nicht einmal zu gaunern, so sehr hat er sich in die Wahrheit verliebt ...«

Der Gast sprach, offenbar hingerissen von seiner eigenen Beredsamkeit, mit immer lauterer Stimme und mit spöttischen Blicken auf seinen Wirt; aber es gelang ihm nicht, zu Ende zu sprechen. Iwan nahm plötzlich sein Teeglas vom Tisch und schleuderte es mit Wucht nach dem Redner.

»Ah, mais c'est bête enfin!« rief dieser, während er vom Sofa aufsprang und mit den Fingern die Teespritzer von sich wegschnippte. »Da ist dir wohl Luthers Tintenfaß eingefallen! Er hält mich für ein Traumgesicht, wirft aber mit Gläsern nach mir! Das ist Weiberart! Ich habe ja geargwöhnt, daß du nur so tatest, als hieltest du dir die Ohren zu, dabei hast du alles gehört ...«

Auf einmal ertönte ein festes, hartnäckiges Klopfen gegen den Fensterrahmen. Iwan Fjodorowitsch sprang vom Sofa auf.

»Hörst du? Mach lieber auf!« rief der Gast. »Das ist dein Bruder Aljoscha mit einer sehr unerwarteten und interessanten Nachricht, dafür bürge ich dir!«

»Schweig, Betrüger, ich wußte schon vor dir, daß das Aljoscha ist; ich ahnte ihn voraus und natürlich kommt er nicht ohne Grund, natürlich mit einer ‚Nachricht'! ... « rief Iwan außer sich.

»Mach ihm doch auf, mach auf! Draußen ist Schneetreiben, und er ist doch dein Bruder. Monsieur sait-il le temps qu'il fait? C'est à ne pas mettre un chien dehors ...«

Das Klopfen ging weiter. Iwan wollte zum Fenster eilen;

aber etwas schien ihm plötzlich Hände und Füße gefesselt zu haben. Aus Leibeskräften spannte er sich an, als wollte er seine Ketten zerreißen, doch vergeblich. Das Klopfen am Fenster verstärkte sich immer mehr und wurde lauter. Endlich rissen die Fesseln mit einemmal und Iwan Fjodorowitsch sprang vom Sofa auf. Er blickte verstört um sich. Beide Kerzen waren fast ganz heruntergebrannt; das Glas, das er eben erst nach seinem Gast geworfen hatte, stand vor ihm auf dem Tisch, und auf dem Sofa gegenüber saß niemand. Das Klopfen am Fensterrahmen ging zwar hartnäckig weiter, doch keineswegs so laut, wie es ihm soeben im Traum vorgekommen war, im Gegenteil sehr verhalten.

»Das war kein Traum! Nein, ich schwöre es, das war kein Traum, das alles soeben war Wirklichkeit!« rief Iwan Fjodorowitsch, stürzte zum Fenster und öffnete die Lüftklappe.

»Aljoscha, ich habe dir doch verboten herzukommen!« rief er dem Bruder wütend zu. »Sag in zwei Worten: was willst du? In zwei Worten, hörst du?«

»Vor einer Stunde hat Smerdjakow sich erhängt«, antwortete Aljoscha von draußen.

»Komm auf die Freitreppe; ich öffne dir gleich«, sagte Iwan und ging, dem Bruder aufzumachen.

10

»Das hat Er gesagt!«

Als Aljoscha hereingekommen war, teilte er Iwan Fjodorowitsch mit, vor ein wenig mehr als einer Stunde sei Marja Kondratjewna in seine Wohnung gelaufen gekommen und habe ihm berichtet, daß Smerdjakow sich das Leben genommen habe. »Ich gehe zu ihm ins Zimmer«, hatte sie Aljoscha erzählt, »den Samowar hinauszutragen, und da hängt er an einem Nagel an der Wand.« Auf Aljoschas Frage, ob sie an der richtigen Stelle Meldung erstattet habe, erklärte sie, sie habe es niemandem mitgeteilt, sondern sei einfach zu ihm »als dem ersten geeilt« und sei den ganzen Weg gerannt. Sie war wie von Sinnen, so berichtete Aljoscha, und zitterte am ganzen Leibe wie Espenlaub. Als Aljoscha mit ihr dann in ihre Hütte lief, fand er Smerdjakow noch immer an der Wand hängen. Auf dem

Tisch lag eine Nachricht: »Ich vernichte mein Leben aus eigenem Willen und aus freien Stücken, um niemanden zu beschuldigen«. Aljoscha hatte diesen Zettel auf dem Tisch liegen lassen und war geradewegs zum Kreispolizeichef geeilt, dem er über alles Meldung erstattete, »und von dort kam ich geradewegs zu dir«, beendete Aljoscha seinen Bericht, und sah Iwan unverwandt ins Gesicht. Die ganze Zeit, während er erzählte, wandte er keinen Blick von ihm, als wäre er von irgend etwas in Iwans Miene sehr betroffen.

»Bruder«, rief er plötzlich, »du bist gewiß sehr krank. Du siehst mich an, als ob du gar nicht verstündest, was ich sage.«

»Es ist gut, daß du gekommen bist«, sagte Iwan wie in Gedanken versunken, und als hätte er Aljoschas Ausruf gar nicht gehört. »Ich wußte ja, daß er sich erhängt hat.«

»Von wem denn?«

»Ich weiß nicht von wem. Aber ich wußte es. Wußte ich es? Ja, er hat es mir gesagt. Er hat es mir soeben erst gesagt . . .«

Iwan stand mitten im Zimmer, sprach noch immer nachdenklich und blickte zu Boden.

»Wer ist *er*?« fragte Aljoscha, während er sich unwillkürlich umblickte.

»Er hat sich davongemacht.«

Iwan hob den Kopf und lächelte still.

»Er hatte Angst vor dir, vor deiner reinen Seele. Du bist ein ‚lauterer Cherub'. Dmitrij pflegt dich ja Cherub zu nennen. Die Cherubim . . . Der donnernde Jubelruf der Seraphim! Was ist ein Seraph? Vielleicht ein ganzes Sternbild. Und vielleicht ist dieses ganze Sternbild nur ein chemisches Molekül... Es gibt ein Sternbild des Löwen und der Sonne, weißt du das nicht?«

»Bruder, setz dich!« sagte Aljoscha erschrocken. »Setz dich auf das Sofa, um des Himmels Willen. Du fieberst, leg dich auf das Kissen, siehst du, so. Willst du ein nasses Handtuch auf den Kopf? Vielleicht wird dir dann besser.«

»Gib das Handtuch her; es liegt dort auf dem Stuhl. Ich habe es vorhin hingeworfen.«

»Hier ist es nicht. Bleib ruhig; ich weiß, wo es liegt; hier ist es«, sagte Aljoscha, der in einer anderen Ecke des Zimmers bei Iwans Waschtisch ein sauberes, noch zusammengefaltetes, ungebrauchtes Handtuch gefunden hatte. Iwan musterte das Handtuch mit sonderbarem Blick; er schien im Nu wieder zur Besinnung gekommen zu sein.

»Halt«, sagte er und erhob sich halb vom Sofa, »ich habe vor kurzem, es mag eine Stunde her sein, eben dieses Handtuch von dort genommen und mit Wasser befeuchtet. Ich habe es mir auf den Kopf gelegt und dann dorthin geworfen . . . Wieso ist es jetzt trocken? Ein anderes war nicht da.«

»Du hast dir dieses Handtuch auf den Kopf gelegt?« fragte Aljoscha.

»Ja, und ich ging damit im Zimmer umher, vor einer Stunde . . . Warum sind die Kerzen so niedergebrannt? Wieviel Uhr ist es?«

»Bald zwölf.«

»Nein, nein, nein!« schrie Iwan plötzlich. »Das war kein Traum! Er war hier: dort saß er, auf jenem Sofa. Als du ans Fenster klopftest, hatte ich gerade mit einem Glas nach ihm geworfen . . . mit diesem Glas hier . . . Warte, ich habe auch früher geschlafen, aber dieser Traum war kein Traum. Es ist auch früher schon vorgekommen. Ich habe jetzt manchmal Träume, Aljoscha . . . Aber sie sind keine Träume, sondern Wirklichkeit, ich gehe umher, spreche und sehe . . . aber schlafe dabei. Doch er saß hier; er war da, auf diesem Sofa . . . Er ist schrecklich dumm, Aljoscha, schrecklich dumm!« Iwan lachte plötzlich auf und begann im Zimmer hin und her zu schreiten.

»Wer ist dumm? Von wem sprichst du denn, Bruder?« fragte Aljoscha wieder bekümmert.

»Der Teufel! Er pflegt mich jetzt zu besuchen. Zweimal war er hier, ja sogar fast dreimal. Er hänselte mich damit, daß ich zornig sei, weil er ein einfacher Teufel ist und nicht der Satan mit versengten Schwingen, in Donner und Blitz. Aber er ist nicht der Satan; da lügt er. Er ist ein Usurpator. Er ist ein einfacher Teufel, ein schäbiger kleiner Teufel. Er besucht das Dampfbad. Kleide ihn aus und du wirst gewiß einen Schweif finden, lang und glatt, wie bei einer dänischen Dogge, eine Elle lang und rotbraun . . . Aljoscha, du bist ganz durchfroren; du warst im Schnee; willst du Tee trinken? Was? Er ist schon kalt? Wenn du willst, lasse ich den Samowar anfachen. C'est à ne pas mettre un chien dehors . . .«

Aljoscha eilte zum Waschtisch, befeuchtete das Handtuch, überredete Iwan, sich wieder hinzusetzen, und legte ihm das feuchte Tuch auf den Kopf. Er selber setzte sich neben ihn.

»Was hast du mir vorhin von Lisa gesagt?« begann Iwan von neuem. Er wurde jetzt sehr gesprächig. »Lisa gefällt mir.

Ich sagte dir häßliche Dinge über sie. Das war ja gelogen; sie gefällt mir ... ich fürchte morgen für Katja; für sie am allermeisten. Wegen der Zukunft. Sie wird mich morgen verlassen und mit den Füßen zerstampfen. Sie glaubt, daß ich Mitja aus Eifersucht zugrunde richte! Ja, sie glaubt das! Aber nein doch, nein! Morgen kommt das Kreuz, aber nicht der Galgen. Nein, ich werde mich nicht erhängen. Weißt du, ich werde es niemals fertig bringen, mir das Leben zu nehmen, Aljoscha! Aus Niedrigkeit, wie? Ich bin kein Feigling. Aus Lebensdurst! Woher wußte ich nur, daß Smerdjakow sich erhängt hat? Ja, *er* hat es mir gesagt ...«

»Und du bist fest davon überzeugt daß jemand hier gesessen hat?« fragte Aljoscha.

»Dort, auf jenem Sofa in der Ecke. Du hättest ihn verjagen sollen. Doch du hast ihn ja auch verjagt: er verschwand, als du kamst. Ich liebe dein Gesicht, Aljoscha. Wußtest du, daß ich dein Gesicht liebe? Und *er* – das bin ich, Aljoscha, ich selber. Alles, was niedrig, was banal und was verächtlich an mir ist! Ja, ich bin ein Romantiker; er hat das bemerkt ... Obgleich das eine Verleumdung ist. Er ist schrecklich dumm, aber damit setzt er sich durch. Er ist schlau, tierisch schlau; er wußte, womit er mich wütend machen kann. Er verspottete mich die ganze Zeit, daß ich an ihn glaube, und zwang mich damit, ihn anzuhören. Er führte mich hinters Licht wie einen kleinen Jungen. Übrigens hat er viel Wahres über mich gesagt. Ich selber hätte mir das nie sagen können. Weißt du, Aljoscha, weißt du«, fügte Iwan sehr ernst und gewissermaßen vertraulich hinzu, »ich würde sehr wünschen, daß er wirklich *er* wäre und nicht ich!«

»Er hat dich gequält«, sagte Aljoscha und blickte seinen Bruder mitleidig an.

»Er hat mich verspottet! Und weißt du, geschickt, sehr geschickt. ‚Das Gewissen! Was ist das Gewissen? Ich mache es selber. Warum also martere ich mich? Aus Gewohnheit. Aus der menschlichen Gewohnheit der ganzen Welt seit siebentausend Jahren. So wollen wir es uns abgewöhnen und Götter werden!' Das hat er gesagt, das hat er gesagt!«

»Und nicht du, und nicht du?« rief Aljoscha ungestüm und sah den Bruder mit hellen Augen an. »Nun laß ihn, verscheuche ihn und vergiß ihn! Mag er alles mit sich forttragen, was du jetzt verfluchst, und niemals wiederkommen.«

»Ja, doch er ist böse. Er lachte über mich. Er war frech, Aljoscha«, sagte Iwan und zitterte vor Kränkung. »Aber er verleumdete mich; er verleumdete mich in vielem. Er erzählte mir ins Gesicht Lügen über mich selbst. ,Oh, du gehst jetzt hin, um eine Heldentat der Tugend zu vollbringen, und wirst erklären, daß du der Mörder deines Vaters seist und daß der Diener nur auf deine Anstiftung den Vater ermordet habe ...'«

»Bruder«, unterbrach ihn Aljoscha, »halte dich zurück; nicht du hast ihn getötet. Das ist nicht wahr!«

»Er sagt das, er sagt das, und er weiß es. ,Du gehst hin, um eine Heldentat der Tugend zu vollbringen, und dabei glaubst du gar nicht an Tugend – das ist es, was dich erzürnt und quält; darum bist du so rachsüchtig.' Das sagte er mir über mich selber, und er weiß, was er sagt ...«

»Das sagst du und nicht er!« rief Aljoscha traurig, »und du redest in deiner Krankheit, im Fieber, du selbst quälst dich!«

»Nein, er weiß, was er sagt. ,Du wirst aus Stolz hingehen', sagt er, ,wirst dich hinstellen und sagen: Ich habe ihn ermordet, und was krümmt ihr euch vor Entsetzen; ihr lügt! Ich verachte eure Meinung, ich verachte euer Entsetzen.' Das sagt er von mir, und plötzlich sagt er: ,Aber weißt du, du möchtest ja, daß sie dich loben: Er ist ein Verbrecher, ein Mörder, aber was hat er für großmütige Gefühle; er wollte den Bruder retten und hat ein Geständnis abgelegt!' Das ist nun entschieden eine Lüge, Aljoscha!« schrie Iwan plötzlich mit funkelnden Augen. »Ich will nicht, daß dieses unflätige Pack mich lobt! Das ist eine Lüge von ihm, Aljoscha, eine Lüge, ich schwöre es dir! Deshalb habe ich mit dem Glas nach ihm geworfen, und es zerbrach an seiner Schnauze.«

»Beruhige dich, Bruder, hör auf!« bat Aljoscha.

»Nein, er versteht es, einen zu quälen; er ist grausam«, sprach Iwan weiter, ohne auf ihn zu hören. »Ich habe immer geahnt, weshalb er kommt. ,Und mochtest du auch aus Stolz hingehen wollen', sagte er, ,so hattest du doch immer noch die Hoffnung, daß sie Smerdjakow überführen und in die Zwangsarbeit schicken, daß Mitja frei gesprochen wird und daß sie dich nur *moralisch* verurteilen' – hörst du, an dieser Stelle lachte er! – ,und daß die anderen dich geradezu loben werden. Jetzt aber ist Smerdjakow tot; er hat sich erhängt – na, wer wird dir jetzt bei Gericht einzig auf deine Aussage hin glauben? Und trotzdem gehst du hin, du gehst hin; du gehst dennoch hin, du hast beschlossen hinzugehen. Weshalb gehst du jetzt noch hin?' Das ist furchtbar, Aljoscha, ich kann solches Fragen nicht ertragen. Wer wagt es, mir derlei Fragen zu stellen?«

»Bruder«, unterbrach ihn Aljoscha, starr vor Angst, aber immer noch wie voll Hoffnung, Iwan zur Vernunft zu bringen, »wie konnte er dir vor meinem Kommen vom Tode Smerdjakows sprechen, da er ja noch nichts davon gewußt hat und auch die Zeit nicht ausreichte, daß jemand es erfahren hätte?«

»Er hat es gesagt«, erwiderte Iwan fest, ohne einen Zweifel aufkommen zu lassen. »Er sprach, wenn du willst, überhaupt nur davon. ‚Es wäre ja etwas anderes, wenn du an die Tugend glaubtest', erklärte er mir. ‚Du könntest dir sagen: Mag man mir auch nicht glauben, ich gehe des Prinzips halber hin. Doch du bist ein Ferkel wie Fjodor Pawlowitsch, und was bedeutet dir Tugend? Weshalb sollst du dich dorthin schleppen, wenn dein Opfer zu nichts dient? Weil du selber nicht weißt, weshalb du hingehst! Oh, du gäbest viel darum, selbst zu erfahren, weshalb du hingehst! Und hast du dich denn wirklich entschlossen? Du bist noch nicht entschlossen! Du wirst die ganze Nacht dasitzen und darüber nachdenken, ob du gehen sollst oder nicht. Aber du wirst dennoch hingehen, und du weißt, daß du hingehen wirst; du weißt genau, daß die Entscheidung, wie immer du sie auch treffen magst, nicht mehr von dir abhängt. Du wirst hingehen, weil du es nicht wagst, nicht hinzugehen. Warum du das nicht wagst – das errate selbst, da hast du ein Rätsel zu lösen!' Und dann stand er auf und ging weg. Du kamst, und er ging. Er nannte mich einen Feigling, Aljoscha! Le mot de l'énigme, daß ich ein Feigling bin! ‚Nicht solche Adler werden über der Erde kreisen!' Das fügte er hinzu; das fügte er hinzu! Auch Smerdjakow sagte das. Man muß ihn töten! Katja verachtet mich; ich sehe das schon einen ganzen Monat, auch Lisa wird anfangen, mich zu verachten! ‚Du gehst hin, damit man dich lobe!' – das ist eine bestialische Lüge! Auch du verachtest mich, Aljoscha, jetzt werde ich dich wieder hassen! Auch den Unmenschen hasse ich, auch den Unmenschen hasse ich! Ich will den Unmenschen nicht retten; mag er bei der Zwangsarbeit vermodern! Eine Hymne hat er angestimmt! Oh, morgen gehe ich hin, werde vor sie alle treten und ihnen ins Gesicht spucken!«

Wie besessen sprang er auf, warf das Handtuch fort und begann abermals im Zimmer hin und her zu gehen. Aljoscha erinnerte sich an jene Worte: »Aber es sind keine Träume, sondern Wirklichkeit . . . ich gehe umher, spreche und sehe, aber schlafe dabei«. Und gerade jetzt schien dies zu geschehen. Aljoscha wich ihm nicht von der Seite. Der Gedanke blitzte in ihm auf, zu einem Arzt zu eilen und ihn herzuholen, doch er fürchtete sich, den Bruder allein zu lassen, und er hatte niemanden, dem er ihn hätte anvertrauen können. Schließlich begann Iwan allmählich völlig die Besinnung zu verlieren. Er sprach noch immer weiter; er sprach unaufhörlich, aber schon ganz ohne Zusammenhang. Er sprach sogar die Wörter schlecht aus und schwankte auf einmal heftig. Doch Aljoscha konnte ihn stützen. Iwan ließ sich zu seinem Bett führen; Aljoscha entkleidete ihn, so gut es ging, und brachte ihn zu Bett. Er selbst saß dann noch etwa zwei Stunden bei ihm. Der Kranke schlief fest, ohne sich zu rühren; er atmete still und gleichmäßig. Aljoscha nahm ein Kissen und legte sich angekleidet auf ein Sofa. Im Einschlafen betete er für Mitja und für Iwan. Iwans Krankheit war ihm nun verständlich geworden: »Das sind die Qualen eines stolzen Entschlusses, das tiefe Gewissen!« Gott, an den Iwan nicht glaubte, und Seine Wahrheit hatten dieses Herz bezwungen, das sich noch immer nicht unterwerfen wollte. Ja, so ging es Aljoscha durch den Sinn, als er schon auf dem Kissen lag, ja, da Smerdjakow tot ist, wird der Aussage Iwans niemand mehr Glauben schenken, aber Iwan geht hin und sagt aus! Aljoscha lächelte still: Gott wird siegen! dachte er. Entweder wird Iwan im Licht der Wahrheit auferstehen oder... im Haß zugrunde gehen, indem er es an sich selbst und an allen rächt, daß er dem gedient hat, woran er nicht glaubt, fügte Aljoscha bitter hinzu und betete wieder für Iwan.

ZWÖLFTES BUCH

EIN JUSTIZIRRTUM

I

Der verhängnisvolle Tag

Am Tag nach den von mir beschriebenen Ereignissen wurde um zehn Uhr vormittags die Sitzung unseres Kreisgerichtes eröffnet, in der die Verhandlung gegen Dmitrij Karamasow begann.

Ich sage im voraus, und ich sage es mit allem Nachdruck: ich halte mich für bei weitem nicht imstande, all das, was vor Gericht geschah, in der nötigen Vollständigkeit und in der richtigen Reihenfolge wiederzugeben. Mir will immer scheinen, es wäre, sollte ich mich an alles erinnern und alles darlegen, wie es sich gehört, ein ganzes Buch, sogar ein recht großes erforderlich. Und darum möge man es mir nicht verübeln, wenn ich nur das wiedergebe, was auf mich persönlich einen starken Eindruck gemacht hat und was ich besonders in Erinnerung behielt. Ich kann Zweitrangiges für höchst wichtig gehalten und gerade die markantesten, unentbehrlichsten Züge völlig weggelassen haben ... Übrigens sehe ich, daß es besser ist, wenn ich mich nicht entschuldige. Ich werde es machen, so gut ich kann, und die Leser werden selber einsehen, daß ich es so gut gemacht habe, wie ich nur konnte.

Zuerst möchte ich, bevor wir in den Gerichtssaal gehen, etwas erwähnen, das mich an diesem Tag besonders in Erstaunen setzte. Übrigens setzte es, wie sich in der Folge zeigte, nicht nur mich, sondern alle in Erstaunen. Nämlich: Jedermann wußte, daß dieser Prozeß zu viele Menschen interessierte, daß alle vor Ungeduld brannten, wann denn endlich die Verhandlung eröffnet werde, und daß man in unserer Gesellschaft schon zwei ganze Monate lang viel geredet, Vermutungen angestellt, leidenschaftlich Partei ergriffen und phantastische Prognosen gestellt hatte. Alle wußten auch, daß dieser Prozeß in ganz Rußland Widerhall erweckte, doch trotzdem konnten sie sich nicht vorstellen, daß er in einem so brennenden, in einem so aufreizenden Ausmaß alle und jeden erschüttert hatte, und nicht nur bei uns, sondern überall, wie sich das an diesem Tag vor Gericht zeigte. An diesem Tag hatten sich bei uns Gäste nicht nur aus unserer Gouvernementsstadt, sondern auch aus einigen anderen Städten Rußlands und schließlich aus Moskau und Petersburg eingefunden. Juristen waren gekommen; es waren sogar einige namhafte Persönlichkeiten da und auch Damen. Alle Eintrittskarten waren vergriffen. Besonders angesehenen und hochgestellten Personen unter den männlichen Besuchern waren sogar ganz ungewöhnliche Plätze zugewiesen, hinter dem Tisch, an dem das Gericht tagte; dort war eine ganze Stuhlreihe von verschiedenen Personen besetzt, was bis jetzt bei uns noch nie erlaubt gewesen war. Zumal hatten sich viele Damen eingefunden – einheimische und von auswärts –, wie ich glaube, nicht weniger als die Hälfte der gesamten Zuhörerschaft. Die von überallher eingetroffenen Juristen allein waren so zahlreich, daß man nicht einmal wußte, wo man sie unterbringen sollte, da alle Karten schon längst verteilt, abgebettelt und abgelistet worden waren. Ich sah selbst, wie am Ende des Saales, hinter dem Podium, provisorisch und in aller Eile eine besondere Barriere errichtet wurde, hinter die man alle diese auswärtigen Juristen ließ, und sie hielten sich noch für glücklich, daß sie dort wenigstens stehen konnten, weil man, um Raum zu gewinnen, die Stühle hinter dieser Barriere entfernt hatte und die ganze versammelte Schar den Prozeß, dicht zu einem Haufen zusammengepfercht, Schulter an Schulter, »durchstehen« mußte. Einige der Damen, zumal der von auswärts gekommenen, zeigten sich auf der Galerie des Saales außerordentlich herausgeputzt, aber die Mehrzahl hatte sogar den Putz vergessen. In ihren Gesichtern stand eine hysterische, gierige, fast krankhafte Neugier zu lesen. Eine der charakteristischsten Eigenschaften dieser ganzen, im Saale versammelten Gesellschaft, eine Eigenschaft, die man unbedingt feststellen muß, bestand darin, daß fast alle Damen, zumindest ihre weit überwiegende Mehrheit, wie sich auch später durch viele Beobachtungen bestätigen ließ, für Mitja und für dessen Freispruch waren. Vielleicht hauptsächlich deshalb, weil sie von ihm die Vorstellung hatten, er sei ein Bezwinger der Frauenherzen. Sie wußten, daß zwei Frauen, zwei Rivalinnen, vor Gericht erscheinen würden. Die eine, das heißt Katerina Iwanowna, interessierte alle Damen besonders; über sie erzählte man sich außerordentlich viel Ungewöhnliches, über ihre Leidenschaft zu Mitja, sogar trotz seinem Verbrechen, und man wußte erstaunliche Anekdoten darüber zu berichten. Besonders sprach man von ihrem Stolz – sie hatte bei fast niemandem in unserer Stadt Besuch gemacht –, von ihren »aristokratischen Beziehungen«. Man sagte, sie trage sich mit der Absicht, die Regierung zu bitten, daß man ihr erlaube, dem Verbrecher an den Ort der Zwangsarbeit zu folgen und sich irgendwo in den Erzminen unter der Erde mit ihm trauen zu lassen. Mit nicht geringerer Erregung erwarteten die Damen auch Gruschenkas Erscheinen vor Gericht, war sie doch die Rivalin Katerina Iwanownas. Mit qualvoller Neugier sahen sie dem Zusammentreffen der beiden Rivalinnen hier im Saale entgegen – des stolzen aristokratischen Mädchens und der »Hetäre«; übrigens war Gruschenka unseren Damen besser als Katerina Iwanowna bekannt. Sie, »die Verderberin Fjodor Pawlowitschs und seines unglücklichen Sohnes«, hatten unsere Damen auch früher schon gesehen, und alle, fast ohne Ausnahme, wunderten sich, wie sich in eine so »höchst gewöhnliche, ja nicht einmal hübsche russische Kleinbürgerin« Vater und Sohn dermaßen hatten verlieben können. Mit einem Wort, es gab viel Gerede. Mir ist zuverlässig bekannt, daß Mitjas wegen in unserer Stadt sogar einige ernsthafte Familienzwiste ausbrachen. Viele Damen stritten hitzig mit ihren Männern, weil sie über diesen ganzen schrecklichen Prozeß anderer Meinung waren, und somit ist es verständlich, daß die Ehemänner aller dieser Damen nicht nur ohne Wohlwollen für den Angeklagten im Gerichtssaal erschienen, sondern voll Erbitterung gegen ihn. Und überhaupt konnte man mit Bestimmtheit behaupten, daß im Gegensatz zum weiblichen Element das ganze männliche gegen den Angeklagten eingenommen war. Man sah strenge, finstere Gesichter, andere hatten sogar einen gehässigen Ausdruck, und diese bildeten die Mehrzahl. Wahr ist es auch, daß Mitja es zustande gebracht hatte, in der Zeit seines Aufenthaltes bei uns viele von ihnen persönlich zu beleidigen. Natürlich waren manche der Besucher in nahezu fröhlicher Stimmung und Mitjas Schicksal gegenüber höchst teilnahmslos, interessierten sich aber für den Prozeß an sich; alle sahen gespannt dem Ausgang des Prozesses entgegen, und die Mehrzahl der Männer wünschte entschieden eine Bestrafung des Verbrechers, außer vielleicht den Juristen, denen es nicht um die moralische Seite des Falles zu tun war, sondern nur um die sozusagen modern-juristische. Alle waren erregt durch die Ankunft des berühmten Fetjukowitsch. Sein Talent war allenthalben bekannt, und es geschah nicht das erstemal, daß er in der Provinz erschien, um in einem sensationellen Kriminalprozeß die Verteidigung zu führen. Nach seiner Verteidigung waren solche Fälle immer in ganz Rußland berühmt geworden, und man erinnerte sich ihrer noch lange. Einige Anekdoten waren auch über unseren Staatsanwalt und über den Vorsitzenden des Gerichts im Umlauf. Man erzählte, unser Staatsanwalt zittere vor der Begegnung mit Fetjukowitsch; die beiden seien alte Feinde noch von Petersburg her, schon seit dem Beginn ihrer Karriere; unser ehrgeiziger Ippolit Kirillowitsch, der sich schon in Petersburg immer durch irgend jemanden zurückgesetzt gefühlt hatte, weil seine Talente keine gebührende Einschätzung fanden, habe dank dem Fall Karamasow wieder Mut gefaßt und hoffe sogar, durch diesen Prozeß seine ins Stocken gekommene Karriere wieder in Gang zu bringen, daß ihm aber Fetjukowitsch einen Schreck eingejagt habe. Was jedoch seine Angst vor Fetjukowitsch betrifft, waren die Meinungen nicht völlig gerechtfertigt. Unser Staatsanwalt zählte nicht zu jenen Charakteren, die angesichts einer Gefahr verzagen, sondern er gehörte im Gegenteil zu jenen Leuten, deren Selbstbewußtsein gerade in dem Ausmaß, in dem die Gefahr wächst, gestärkt und beschwingt wird. Überhaupt muß man bemerken, daß unser Staatsanwalt allzu hitzig und krankhaft empfindlich war. In manchen Prozeß legte er seine ganze Seele und führte ihn so, als ob von der Entscheidung sein, des Staatsanwaltes, ganzes Schicksal und ganzes Vermögen abhingen. In der Juristenwelt lachte man darüber ein wenig, denn unser Staatsanwalt hatte sich gerade durch diese Eigenschaft einen gewissen Ruf erworben, wenn auch bei weitem nicht überall, so doch viel mehr, als man in Anbetracht seiner bescheidenen Stellung an unserem Gericht hätte annehmen können. Besonders lachte man über seine Leidenschaft für Psychologie. Meiner Meinung nach irrten alle: unser Staatsanwalt war, wie mir scheint, als Mensch und Charakter weit ernster, als viele von ihm glaubten. Doch schon bei den ersten Schritten zu Beginn seiner Laufbahn hatte sich dieser kränkliche Mensch nicht ins rechte Licht stellen können, und so war es dann sein ganzes Leben lang geblieben.

Was aber den Vorsitzenden unseres Gerichtes betrifft, so kann man von ihm nur sagen, daß er ein gebildeter, humaner Mensch war, der seine Sache verstand und von den modernsten Ideen beseelt war. Er war zwar ziemlich ehrgeizig, kümmerte sich aber nicht allzusehr um seine Karriere. Das Hauptziel seines Lebens lag darin, ein fortschrittlicher Mensch zu sein. Zudem hatte er Beziehungen und Vermögen. Dem Fall Karamasow brachte er, wie sich später zeigte, eine sehr warme Anteilnahme entgegen, aber nur in allgemeinem Sinn. Ihn interessierte das Phänomen, dessen Klassifizierung, dessen Betrachtung als eines Produkts unserer sozialen Grundlagen, als einer Charakteristik des russischen Elementes und so weiter und so weiter. Gegen den individuellen Charakter des Falles, gegen dessen Tragödie sowie gegen die Persönlichkeiten der Beteiligten, vom Angeklagten angefangen, verhielt er sich ziemlich gleichgültig und abstrakt, wie es sich übrigens vielleicht auch gehört.

Schon lange vor dem Erscheinen der Richter war der Saal überfüllt. Unser Gerichtssaal ist der beste Saal in der Stadt, geräumig, hoch und mit guter Akustik. Rechts von den Mitgliedern des Gerichts, die auf einem kleinen Podium saßen, waren ein Tisch und zwei Reihen Stühle für die Geschworenen bereit gestellt. Links hatten der Angeklagte und sein Verteidiger ihren Platz. In der Mitte des Saales, nicht weit von den Richtern, stand ein Tisch mit den »Beweisstücken«. Auf ihm lagen der blutbefleckte weiße Seidenschlafrock Fjodor Pawlowitschs, der unselige messingne Mörserstößel, mit dem das Verbrechen vermutlich ausgeführt worden war, das Hemd Mitjas mit dem blutbefleckten Ärmel, sein Rock voller Blutflecken hinten an der Tasche, in die er damals sein von Blut durchnäßtes Taschentuch gesteckt hatte, das Tuch selbst, ganz von Blut verkrustet, das jetzt schon völlig gelb geworden war, die Pistole, die Mitja bei Perchotin für seinen Selbstmord geladen und die ihm Trifon Borisowitsch in Mokroje heimlich fortgenommen hatte, der Briefumschlag mit der Aufschrift, in dem die dreitausend Rubel für Gruschenka bereit gelegen hatten, das schmale rosa Bändchen, mit dem der Umschlag zugebunden war, und viele andere Gegenstände, deren ich mich gar nicht mehr erinnere. In einiger Entfernung begannen in der Tiefe des Saales die Plätze für das Publikum; aber noch vor der Balustrade standen einige Stühle für jene Zeugen, die nach Abgabe ihrer Aussagen im Saal bleiben durften. Um zehn Uhr erschien der Gerichtshof, bestehend aus dem Vorsitzenden, einem Beisitzer und einem Ehrenfriedensrichter. Natürlich kam auch gleich der Staatsanwalt. Der Vorsitzende war ein kräftiger, stämmiger Mann, untermittelgroß, mit dem Gesicht eines Hämorrhoidenkranken, etwa fünfzigjährig, mit kurzgeschnittenem, angegrautem dunklem Haar und mit einem roten Band – ich weiß nicht mehr welchen Ordens. Der Staatsanwalt jedoch kam mir – aber nicht nur mir, sondern allen – sehr blaß vor, ja beinahe grün im Gesicht, das aus irgendeinem Grunde, vielleicht in einer Nacht, plötzlich abgemagert war, denn ich war ihm erst zwei Tage vorher begegnet, und da hatte er ganz anders ausgesehen. Der Vorsitzende begann damit, daß er den Gerichtspolizisten fragte, ob alle Geschworenen erschienen seien ... Ich sehe übrigens, daß ich so nicht weitermachen kann, schon deshalb, weil ich vieles nicht genau hörte, in anderes einzudringen versäumte, drittes mir zu merken vergaß und hauptsächlich deswegen, weil mir, wie ich schon oben gesagt habe, wenn ich alles erwähnen wollte, was gesprochen wurde und was sich abspielte, buchstäblich weder Zeit noch Platz genug bliebe. Ich weiß nur, daß die eine und die andere Seite, das heißt der Verteidiger und der Staatsanwalt, nur einige Geschworenen ablehnten. Die zwölf Geschworenen habe ich mir jedoch gemerkt: es waren vier Beamte, zwei Kaufleute und sechs Bauern und Kleinbürger, alle aus unserer Stadt. Ich erinnere mich, daß man schon lange vor dem Prozeß in der Gesellschaft mit einigem Staunen fragte, besonders die Damen: »Wird denn wirklich ein so subtiler, komplizierter und psychologisch schwieriger Fall irgendwelchen Beamten und sogar Bauern zur schicksalsschweren Entscheidung vorgelegt werden? Was kann denn irgendein Beamter davon verstehen, geschweige denn ein Bauer?« Und wirklich, alle diese vier Beamten unter den Geschworenen waren kleine Leute von geringem Rang, grauhaarig – nur einer von ihnen war ein wenig jünger –, in unserer Gesellschaft wenig bekannt, bei einem Hungergehalt vegetierend, Leute, die offenbar alte Frauen hatten und sie nirgends zeigen konnten, jeder mit einem Haufen Kinder, die vielleicht sogar barfuß gingen, Menschen, die im besten Fall ihre Mußezeit irgendwo mit Kartenspiel vertrieben und natürlich niemals im Leben auch nur ein einziges Buch gelesen hatten. Die zwei Kaufleute sahen zwar würdig aus, waren aber sonderbar schweigsam und unbeweglich; der eine von ihnen war glattrasiert und auf deutsche Art gekleidet; der andere, der ein graues Spitzbärtchen hatte, trug an einem roten Band eine Medaille am Halse. Über die Kleinbürger und Bauern ist überhaupt nichts zu sagen. Unsere Kleinbürger in Skotoprigonjewsk sind fast wie Bauern, sie pflügen sogar. Zwei von ihnen trugen ebenfalls deutsche Kleidung und wirkten daher vielleicht noch schmutziger und unansehnlicher als die übrigen vier. So konnte einem wirklich der Gedanke kommen, wie er zum Beispiel auch mir kam, sobald ich sie betrachtete: Was können denn solche Leute von einer solchen Sache verstehen? Nichtsdestoweniger wirkten ihre Gesichter sonderbar eindrucksvoll und fast drohend; sie sahen streng und finster aus.

Endlich erklärte der Vorsitzende die Verhandlung in dem Prozeß über den Mord an dem Titularrat im Ruhestand Fjodor Pawlowitsch Karamasow als eröffnet – ich erinnere mich nicht mehr genau, wie er sich ausdrückte. Der Gerichtspolizist erhielt den Befehl, den Angeklagten in den Saal zu führen, und nun erschien Mitja. Alles war still geworden; man hätte eine Fliege hören können. Ich weiß nicht, wie es den anderen erging, aber auf mich machte Mitjas Äußeres einen höchst unangenehmen Eindruck. Vor allem erschien er sehr geckenhaft gekleidet, in einem ganz neuen Rock. Ich erfuhr später, daß er ihn eigens für diesen Tag bei seinem früheren Schneider, der noch die Maße hatte, in Moskau bestellt hatte. Er trug ganz neue schwarze Glacéhandschuhe und elegante Wäsche. Er ging mit seinen ellenlangen Schritten und blickte geradeaus und starr vor sich hin, dann setzte er sich mit der ruhigsten Miene an seinen Platz. Gleich darauf erschien auch der Verteidiger, der berühmte Fetjukowitsch, und ein unterdrücktes Murmeln ließ sich im ganzen Saal vernehmen. Fetjukowitsch war ein langer, dürrer Mensch, mit langen, dünnen Beinen, außerordentlich langen, weißen, zarten Fingern und mit glattrasiertem Gesicht, mit bescheiden frisiertem, ziemlich kurzem Haar und dünnen Lippen, die sich von Zeit zu Zeit halb spöttisch, halb zu einem Lächeln verzogen. Er sah aus wie etwa vierzig. Sein Gesicht wäre angenehm gewesen, wenn nicht die Augen, die an sich schon klein und ausdruckslos waren, so nahe beieinander gestanden hätten, daß nur der schmale Rücken seiner länglichen Nase sie trennte. Mit einem Wort, dieses Gesicht hatte etwas scharf Vogelartiges an sich, das einen betroffen machte. Er trug Frack und weiße Krawatte. Ich erinnere mich an die ersten Fragen des Vorsitzenden an Mitja, das heißt nach Namen, Stand und dergleichen. Mitja antwortete schroff, aber sonderbar und unerwartet laut, so daß der Vorsitzende sogar den Kopf schüttelte und den Angeklagten beinahe mit Verwunderung ansah. Dann wurde die Liste der Personen verlesen, die zu der Verhandlung vorgeladen waren, das heißt, der Zeugen und Sachverständigen. Die Liste war lang; vier von den Zeugen waren nicht erschienen: Miusow, der zur Zeit in Paris war, seine Aussage jedoch schon in der Voruntersuchung gemacht hatte, Frau Chochlakowa und der Gutsbesitzer Maximow wegen Krankheit und Smerdjakow infolge seines plötzlichen Todes, worüber eine polizeiliche Bestätigung vorlag. Die Nachricht über Smerdjakows Tod erweckte heftige Bewegung und Gemurmel im Saal. Natürlich wußten im Publikum viele überhaupt noch nicht von diesem unerwarteten Selbstmord. Was aber besonders überraschte, war ein plötzlicher Ausfall Mitjas: kaum war der Selbstmord Smerdjakows bekannt gegeben worden, als Mitja von seiner Stelle rief, daß der ganze Saal es hören konnte: »Dem Hunde gebührte ein hündischer Tod!«

Ich erinnere mich noch, wie dann sein Verteidiger auf ihn zustürzte und wie sich der Vorsitzende mit der Drohung an ihn wandte, strenge Maßnahmen zu ergreifen, wenn sich ein ähnlicher Ausfall wiederholen sollte. Mitja sagte abgehackt und mit dem Kopf nickend, aber als ob er überhaupt keine Reue empfände, einige Male hintereinander halblaut zu dem Verteidiger: »Ich tue es nicht wieder, ich tue es nicht wieder! Es ist mir entschlüpft! Ich werde es nicht mehr tun!«

Natürlich beeinflußte dieser kurze Zwischenfall die Meinung der Geschworenen und des Publikums nicht zu seinen Gunsten. Da hatte sich sein Charakter enthüllt und deutlich gezeigt. Unter diesem Eindruck wurde dann vom Schriftführer die Anklageschrift verlesen. Sie war ziemlich kurz, aber ausführlich. Nur die wichtigsten Gründe wurden darin dargelegt, warum der und der beschuldigt worden war, warum man ihn hatte vor Gericht stellen müssen und so weiter. Trotzdem machte sie auf mich einen starken Eindruck. Der Schriftführer las laut und deutlich. Die ganze Tragödie schien sich nun von neuem vor allen abzuzeichnen, plastisch, konzentriert, von einem verhängnisvollen, unerbittlichen Licht beleuchtet. Ich erinnere mich, wie der Vorsitzende sogleich nach der Verlesung laut und nachdrücklich Mitja fragte: »Angeklagter, bekennen Sie sich schuldig?«

Mitja erhob sich sofort von seinem Platz.

»Ich bekenne mich schuldig der Trunksucht und der Ausschweifung«, rief er wieder unerwartet laut und wie außer sich, »der Faulheit und der Liederlichkeit. Ich wollte für immer gerade in der Sekunde ein redlicher Mensch werden, als das Schicksal eingriff. Aber am Tode des Alten, meines Feindes und Vaters, bin ich nicht schuldig! Auch an seiner Beraubung bin ich nicht schuldig und kann ich nicht schuldig sein: Dmitrij Karamasow ist ein Schuft, aber kein Dieb!«

Nachdem er das laut ausgerufen hatte, setzte er sich wieder und zitterte sichtbar am ganzen Leibe. Der Vorsitzende wandte sich von neuem an ihn mit der kurzen, aber eindringlichen Mahnung, nur auf Fragen zu antworten und sich nicht in abseitigen, hemmungslosen Ausrufen zu ergehen. Dann begann er mit der Verhandlung. Die Zeugen, die vereidigt werden sollten, wurden hereingeführt. Jetzt sah ich sie alle beisammen. Übrigens wurden die Brüder des Angeklagten ohne Eid zur Zeugenaussage zugelassen. Nach der Ermahnung durch den Priester und den Vorsitzenden wurden die Zeugen wieder hinausgeführt und nach Möglichkeit getrennt voneinander gesetzt. Dann rief man sie einzeln auf.

2

Gefährliche Zeugen

Ich weiß nicht, ob die Zeugen der Staatsanwaltschaft und die der Verteidigung vom Vorsitzenden irgendwie in Gruppen eingeteilt worden waren, und in welcher Reihenfolge man sie aufzurufen beabsichtigte. Offenbar war für das alles vorgesorgt worden. Ich weiß nur, daß man zuerst die Zeugen der Staatsanwaltschaft aufrief. Ich wiederhole, daß ich nicht die Absicht habe, alle Vernehmungen Schritt für Schritt zu beschreiben. Außerdem wäre eine solche Beschreibung zum Teil auch überflüssig, weil in den Reden des Staatsanwaltes und des Verteidigers der ganze Inhalt und Sinn aller abgelegten und angehörten Aussagen gleichsam in einen einzigen Punkt mit greller und charakteristischer Beleuchtung zusammengefaßt wurden, und diese beiden bemerkenswerten Reden habe ich wenigstens stellenweise getreu aufgezeichnet und werde sie seinerzeit hier wiedergeben, ebenso wie einen ungewöhnlichen und ganz unerwarteten Zwischenfall der Verhandlung, der sich plötzlich vor den Plaidoyers abspielte und zweifellos auf den schrecklichen, unseligen Ausgang des Prozesses Einfluß hatte. Ich will nur erwähnen, daß schon in den ersten Minuten eine Eigentümlichkeit dieses Prozesses klar hervortrat, die von allen bemerkt wurde, nämlich die ungewöhnliche Wucht der

Anklage im Vergleich mit den Mitteln, über die die Verteidigung verfügte. Das erkannte jedermann schon im ersten Augenblick, als man in diesem unheimlichen Gerichtssaal anfing, die Tatsachen zusammenzustellen und zu gruppieren und allmählich der ganze Schrecken dieser Bluttat zutage trat. Einem jeden wurde es vielleicht schon ganz im Anfang verständlich, daß dies ja überhaupt kein strittiger Fall war, daß hier keine Zweifel vorlagen, daß es eigentlich gar keiner Plaidoyers bedurfte, daß sie nur der Form halber gehalten werden konnten und daß der Angeklagte schuldig, offenkundig schuldig war. Ich glaube sogar, daß auch alle Damen, alle ohne Ausnahme, obwohl sie mit solcher Ungeduld den Freispruch des interessanten Angeklagten wünschten, dennoch gleichzeitig von seiner vollen Schuld fest überzeugt waren. Nicht genug damit, es will mir sogar scheinen, daß sie sogar betrübt gewesen wären, wenn seine Schuld sich nicht bestätigt hätte, denn seine Freisprechung wäre dann nicht eine so effektvolle Lösung des Knotens gewesen. Und daß man ihn freisprechen werde – davon waren, so sonderbar es ist, alle Damen fast bis zur allerletzten Minute felsenfest überzeugt. »Er ist schuldig, aber man wird ihn aus Humanität, auf Grund der neuen Ideen und Gefühle, die jetzt in Mode sind, freisprechen«, und so weiter und so weiter. Deshalb waren sie ja auch mit solcher Ungeduld hergeeilt. Die Männer interessierten sich hauptsächlich für den Kampf zwischen dem Staatsanwalt und dem berühmten Fetjukowitsch. Alle staunten und fragten sich: Was kann denn selbst ein solches Talent wie Fetjukowitsch aus einer so verlorenen Sache, aus so einem ausgeblasenen Ei machen? Und darum verfolgten sie angespannt Schritt für Schritt sein Vorgehen. Aber Fetjukowitsch blieb bis ganz ans Ende, bis zu seinem Plaidoyer, für alle ein Rätsel. Erfahrene Leute ahnten, daß er nach einem System vorging, daß er sich schon einen Plan zurechtgemacht hatte, daß er irgendein Ziel vor sich sah, aber zu erraten, was das sein mochte, war fast unmöglich. Seine Zuversichtlichkeit und sein Selbstvertrauen fielen jedoch auf. Außerdem bemerkten alle sogleich mit Vergnügen, daß er es trotz dem kurzen Aufenthalt bei uns, insgesamt waren es vielleicht drei Tage, zustande gebracht hatte, sich erstaunlich genau mit dem Fall vertraut zu machen und ihn »bis in alle Einzelheiten zu studieren«. Mit Genuß erzählte man später zum Beispiel, wie er es verstand, alle Zeugen des Staatsanwaltes rechtzeitig aufs Eis zu führen und wenn möglich zu verwirren, vor allem aber ihren moralischen Ruf zu bemakeln und dadurch wohl auch ihre Aussagen zu entkräften. Man nahm übrigens an, daß er das zum großen Teil nur des Spieles halber tat, sozusagen um eines gewissen juristischen Glanzes willen, damit nichts von den üblichen Advokatenkniffen vergessen sei; denn alle waren davon überzeugt, daß ein großer, endgültiger Nutzen durch alle diese »Bemakelungen« nicht erzielt werden könne, und wahrscheinlich sah er das besser als alle anderen ein und hatte irgendeine Idee in Reserve, irgendeine vorläufig noch verborgene Verteidigungswaffe, die er plötzlich zücken wollte, wenn die Stunde gekommen war. Vorläufig aber schien er im Bewußtsein seiner Kraft zu spielen und Mutwillen zu treiben. So zum Beispiel verbiß er sich, als Grigorij Wassiljewitsch, der ehemalige Kammerdiener Fjodor Pawlowitschs, vernommen wurde, der die allerwichtigste Aussage über die »zum Garten geöffnete Tür« gemacht hatte, geradezu in den Zeugen, als die Reihe an die Verteidigung kam, Fragen zu stellen. Hierzu muß ich bemerken, daß Grigorij Wassiljewitsch, ganz und gar nicht verwirrt durch die Würde des Gerichtes oder durch die Anwesenheit zahlreicher Zuhörer, mit ruhiger Miene und fast majestätisch vor den Gerichtshof getreten war. Er sagte mit solcher Sicherheit aus, als spräche er unter vier Augen mit seiner Marfa Ignatjewna, nur vielleicht respektvoller. Es war unmöglich, ihn zu verwirren. Zuerst befragte ihn der Staatsanwalt lange und ausführlich über die Familie Karamasow. Das Bild dieser Familie trat deutlich zutage. Man hörte und sah, daß der Zeuge aufrichtig und unparteiisch war. Bei all seinem tiefen Respekt vor dem Andenken seines ehemaligen Herrn erklärte er dennoch zum Beispiel, daß dieser gegen Mitja ungerecht gewesen und die »Kinder nicht richtig erzogen« habe. »Den kleinen Jungen hätten, wäre ich nicht gewesen, die Läuse aufgefressen« fügte er hinzu, als er von Mitjas Kinderjahren erzählte. »Es gehörte sich auch nicht, daß der Vater den Sohn um das mütterliche Erbe brachte.« Auf die Frage des Staatsanwaltes, welche Gründe er für die Behauptung habe, daß Fjodor Pawlowitsch seinen Sohn bei der Abrechnung schädigte, brachte Grigorij Wassiljewitsch zum Erstaunen aller überhaupt keinerlei begründende Angaben vor, beharrte aber darauf, daß die Abrechnung mit dem Sohn »nicht in Ordnung« gewesen sei und daß dieser »noch einige tausend zu bekommen gehabt hätte«. Ich will dazu bemerken, daß diese Frage – ob Fjodor Pawlowitsch wirklich nicht alles an Mitja ausgezahlt habe – mit besonderer Hartnäckigkeit später vom Staatsanwalt allen jenen Zeugen gestellt wurde, denen er sie stellen konnte, Aljoscha und Iwan Fjodorowitsch nicht ausgenommen; doch von keinem der Zeugen erhielt er irgendeine genaue Auskunft; alle behaupteten die Tatsache, aber niemand konnte einen klaren Beweis dafür erbringen. Nachdem Grigorij die Szene bei Tisch beschrieben hatte, wie Dmitrij Fjodorowitsch eingedrungen war, den Vater mißhandelt und ihm gedroht hatte, zurückzukommen und ihn zu töten, machte sich im Saal eine düstere Stimmung breit, um so mehr, als der alte Diener ruhig und ohne überflüssige Worte in seiner eigenartigen Sprache erzählte, was sehr überzeugend wirkte. Grigorij bemerkte, daß er Mitja wegen der zugefügten Kränkung, da Mitja ihn doch damals ins Gesicht geschlagen und zu Boden geworfen hatte, nicht zürne und ihm schon längst vergeben habe. Über den verstorbenen Smerdjakow äußerte er, wobei er das Kreuzeszeichen machte, der Bursche habe Fähigkeiten gehabt, sei aber dumm und von seiner Krankheit bedrückt und vor allem gottlos gewesen; Fjodor Pawlowitsch und dessen ältester Sohn hätten ihn die Gottlosigkeit gelehrt. Aber die Ehrlichkeit Smerdjakows bestätigte er fast leidenschaftlich und berichtete sogleich, wie Smerdjakow vor langer Zeit Geld gefunden habe, das der gnädige Herr verloren hätte, und es nicht verheimlicht, sondern dem Herrn gebracht habe; dieser habe ihm dafür ein Goldstück geschenkt und ihm seitdem in allem vertraut. Daß die Tür zum Garten offengestanden habe, behauptete er hartnäckig und beharrlich. Übrigens wurden ihm so viele Fragen gestellt, daß ich mich nicht an alles erinnern kann. Endlich kam der Verteidiger mit seinen Fragen an die Reihe, und dieser begann sich zuallererst nach dem Umschlag zu erkundigen, in dem Fjodor Pawlowitsch »angeblich« dreitausend Rubel für »eine gewisse Person« verwahrt hatte. »Haben Sie diesen Umschlag selbst gesehen – Sie, der Sie durch so viele Jahre in der Nähe Ihres Herrn waren?« Grigorij antwortete, er habe ihn nicht gesehen und von diesem Geld überhaupt nicht gehört, von niemandem, »bis zu der Zeit, als plötzlich alle davon zu sprechen begannen«. Diese Frage nach dem Umschlag stellte Fetjukowitsch auch an alle Zeugen, die er danach fragen konnte, mit ebensolcher Hartnäckigkeit wie der Staatsanwalt seine Frage nach der Verteilung des Erbes, und von allen erhielt er nur die eine Antwort, daß niemand den Briefumschlag gesehen habe, wenngleich viele davon gehört hätten. Die Hartnäckigkeit des

Verteidigers bei dieser Frage fiel allen gleich von Anfang an auf.

»Darf ich mich jetzt, wenn Sie gestatten, mit der Frage an Sie wenden«, fragte Fetjukowitsch plötzlich und völlig unerwartet, »woraus dieser Balsam oder, besser gesagt, diese Tinktur bestand, mit der Sie an jenem Abend vor dem Schlafengehen, wie aus der Voruntersuchung bekannt ist, Ihr schmerzendes Kreuz einrieben, weil Sie hofften, sich damit zu kurieren?«

Grigorij blickte den Fragenden stumpf an und schwieg eine Weile; dann murmelte er: »Es war Salbei darin.«

»Nur Salbei? Erinnern Sie sich nicht an noch etwas?«

»Auch Wegerich.«

»Vielleicht auch Pfeffer?« erkundigte sich Fetjukowitsch interessiert.

»Pfeffer auch.«

»Und so weiter. Und das alles in Branntwein?«

»In Spiritus.«

Durch den Saal ging ein ganz leises Lachen.

»Sehen Sie, sogar in Spiritus. Wenn Sie sich den Rücken eingerieben hatten, beliebten Sie doch den restlichen Inhalt der Flasche mit einem frommen Gebet, das nur Ihrer Gemahlin bekannt ist, auszutrinken, ist's nicht so?«

»Ja.«

»Haben Sie viel davon getrunken? Wieviel ungefähr? Ein Schnapsgläschen oder zwei?«

»Es mag ein Wasserglas voll gewesen sein.«

»Sogar ein Wasserglas! Vielleicht auch anderthalb Gläser?«

Grigorij schwieg. Er schien etwas begriffen zu haben.

»Anderthalb Glas reiner Spiritus – das ist gar nicht übel, was meinen Sie? Da kann man sogar ‚die Pforten des Paradieses' offen sehen, geschweige denn eine Tür zum Garten?«

Grigorij schwieg noch immer. Wieder ging ein leises Lachen durch den Saal. Der Vorsitzende bewegte sich unruhig.

»Wissen Sie bestimmt«, setzte Fetjukowitsch ihm immer härter zu, »ob Sie in jenem Augenblick, da Sie die Tür in den Garten offen sahen, schliefen oder nicht?«

»Ich stand auf den Beinen.«

»Das ist noch kein Beweis dafür, daß Sie nicht schliefen.« Wieder leises Lachen im Saal. »Hätten Sie zum Beispiel in jenem Augenblick antworten können, wenn jemand Sie nach etwas gefragt hätte – nun, zum Beispiel, welches Jahr wir jetzt haben?«

»Das weiß ich nicht.«

»Welches Jahr haben wir denn jetzt, nach unserer Zeitrechnung, nach Christi Geburt? Wissen Sie das nicht?«

Grigorij stand verwirrt da und starrte seinen Peiniger an. Seltsam, er schien wirklich nicht zu wissen, welches Jahr wir hatten.

»Vielleicht wissen Sie aber, wieviel Finger Sie an den Händen haben?«

»Ich bin ein unfreier Mensch«, sagte Grigorij plötzlich laut und deutlich. »Wenn es der Obrigkeit beliebt, sich über mich lustig zu machen, so muß ich es dulden.«

Fetjukowitsch war ein wenig betreten; doch jetzt mischte sich der Vorsitzende ein und ermahnte den Verteidiger eindringlich, sachlichere Fragen zu stellen. Fetjukowitsch hörte zu, verneigte sich würdevoll und erklärte, daß er mit seinen Fragen zu Ende sei. Natürlich konnte sowohl im Publikum wie auch bei den Geschworenen ein kleiner Zweifel an den Aussagen eines Menschen zurückbleiben, der die Möglichkeit gehabt hatte, in einem bestimmten Stadium seiner Kur »die Pforten des Paradieses« zu sehen, und außerdem nicht einmal wußte, in welchem Jahr nach Christi Geburt er lebte; auf diese Weise hatte der Verteidiger sein Ziel doch erreicht. Doch vor dem Weggehen Grigorijs kam es zu noch einem Zwischenfall. Der Vorsitzende wandte sich an den Angeklagten und fragte ihn, ob er zu dieser Zeugenaussage etwas zu bemerken habe.

»Außer der Sache mit der Tür hat er in allem die Wahrheit gesagt«, rief Mitja laut. »Dafür, daß er mir die Läuse ausgekämmt hat, bin ich ihm dankbar, auch dafür bin ich ihm dankbar, daß er mir die Mißhandlung verziehen hat. Der alte Mann war sein ganzes Leben lang ehrlich und meinem Vater treu wie siebenhundert Pudel.«

»Angeklagter, achten Sie auf die Wahl Ihrer Worte«, sagte der Vorsitzende streng.

»Ich bin kein Pudel«, brummte auch Grigorij.

»Nun, dann bin ich der Pudel, ich!« rief Mitja. »Wenn das eine Beleidigung ist, nehme ich sie auf mich und bitte ihn um Verzeihung – ich war ein Tier und grausam gegen ihn! Auch gegen den Äsop war ich grausam.«

»Gegen welchen Äsop?« fragte der Vorsitzende wieder streng.

»Na, den Pierrot ... meinen Vater, gegen Fjodor Pawlowitsch.«

Der Vorsitzende schärfte ihm wieder eindringlich und jetzt auf das strengste ein, er solle seine Ausdrücke vorsichtiger wählen. »Sie schaden sich damit in den Augen Ihrer Richter.«

Ebenso geschickt ging der Verteidiger auch bei der Einvernahme des Zeugen Rakitin vor. Ich will bemerken: Rakitin war einer der wichtigsten Zeugen, und der Staatsanwalt legte zweifellos hohen Wert auf ihn. Es stellte sich heraus, daß er alles wußte, erstaunlich viel wußte, bei allen gewesen war, alles gesehen, mit allen gesprochen hatte und die Biographie Fjodor Pawlowitschs und aller Karamasows bis in die kleinste Einzelheit kannte. Freilich hatte auch er von dem Umschlag mit den dreitausend Rubel nur von Mitja selbst gehört. Dafür beschrieb er eingehend das Verhalten Mitjas in dem Gasthaus »Zur Hauptstadt«, alle den Angeklagten kompromittierenden Reden und Gebärden und erzählte die Geschichte von dem Bastwisch, dem Bärtchen des Hauptmanns Snegirjow. Über jenen wichtigen Punkt aber, ob Fjodor Pawlowitsch bei der Abrechnung über das Gut Mitja etwas schuldig geblieben sei, konnte nicht einmal Rakitin etwas sagen und zog sich nur mit wegwerfenden Gemeinplätzen aus der Affäre. »Wer hätte unter diesen Leuten die Schuldigen unterscheiden oder wer hätte ausrechnen können, wer wem etwas schuldig geblieben war, angesichts dieses sinnlosen karamasowschen Treibens, bei dem niemand selber wußte oder bestimmen konnte, was er war und tat?« Die ganze Tragödie dieses Verbrechens stellte er als ein Produkt der veralteten Moral des Leibeigenschaftsrechtes und des in Unordnung versunkenen Rußland dar, das unter dem Mangel zweckmäßiger Einrichtungen leide. Mit einem Wort, man ließ ihn allerlei aussprechen. Bei diesem Prozeß zeigte Herr Rakitin zum erstenmal sein wahres Gesicht und fand Beachtung; der Staatsanwalt wußte, daß der Zeuge für eine Zeitschrift einen Artikel über das vorliegende Verbrechen vorbereitet hatte, und zitierte in seiner Rede – wie wir später sehen werden – einige Gedanken aus diesem Artikel, den er also bereits kannte. Das Bild, das der Zeuge entwarf, war düster und unterstützte die Anklage sehr. Überhaupt fesselten Rakitins Darlegungen das Publikum durch die Unabhängigkeit der Gedanken und durch die ungewöhnliche Vornehmheit der Gesinnung. Man hörte sogar zwei- oder dreimal spontanen Applaus, besonders an jenen Stellen, wo er von der Leibeigenschaft und von dem unter Unordnung leidenden Rußland sprach. Aber als junger Mensch beging Rakitin doch einen kleinen Fehler, den der Verteidiger sich sofort zunutze machte. Als er auf gewisse Fragen über Gruschenka antwortete, erlaubte er sich – hingerissen von seinem Erfolg, dessen er sich natürlich selbst schon bewußt war, und von der Höhe vornehmen Wesens, zu der er sich emporgeschwungen hatte –, etwas verächtlich von Agrafena Alexandrowna zu sprechen und sie »die Mätresse des Kaufmanns Samsonow« zu nennen. Später hätte er viel dafür gegeben, dieses Wort zurücknehmen zu können, denn Fetjukowitsch nagelte ihn damit sofort fest. Und das alles nur deshalb, weil Rakitin gar nicht damit gerechnet hatte, daß Fetjukowitsch in so kurzer Zeit imstande gewesen war, den Fall bis in so intime Einzelheiten zu studieren.

»Gestatten Sie mir die Frage«, begann der Verteidiger mit einem höchst liebenswürdigen und sogar respektvollen Lächeln, als an ihn die Reihe kam, Fragen zu stellen, »Sie sind gewiß eben jener Herr Rakitin, dessen von der Eparchialbehörde herausgegebene Broschüre ‚Das Leben des in Gott entschlafenen Starez Vater Sosima', die voll tiefer und religiöser Gedanken ist und eine vortreffliche fromme Widmung an Seine Eminenz enthält, ich unlängst mit solchem Vergnügen gelesen habe?«

»Ich habe sie nicht zur Veröffentlichung geschrieben ... Man hat sie erst später gedruckt«, murmelte Rakitin, als wäre er verdutzt und als schämte er sich fast.

»Oh, das ist vortrefflich! Ein Denker wie Sie kann und muß sich sogar einer jeden Erscheinung des öffentlichen Lebens gegenüber sehr großzügig einstellen. Dank der Protektion Seiner Eminenz wurde Ihre überaus nützliche Broschüre ausverkauft und hat entsprechenden Nutzen gebracht ... Aber ich möchte mich vor allem nach folgendem erkundigen: Sie haben eben erst erklärt, daß Sie mit Fräulein Swetlowa sehr nahe bekannt waren?« (Nota bene: es zeigte sich, daß Gruschenkas Familienname Swetlowa war. Ich erfuhr das erst an diesem Tage im Verlauf der Verhandlung.)

»Ich bin nicht verantwortlich für alle meine Bekanntschaften ... Ich bin ein junger Mann ... und wer kann die Verantwortung tragen für alle jene, die er kennenlernt?« fuhr Rakitin auf.

»Ich verstehe, ich verstehe nur zu gut!« rief Fetjukowitsch, als wäre er selber verlegen und als beeilte er sich, eine Entschuldigung vorzubringen. »Gleich jedem anderen konnten auch Sie an der Bekanntschaft mit einem jungen, schönen Weibe interessiert sein, die in ihrem Hause gern die Elite der hiesigen Jugend empfing, aber ... ich wollte mich nur nach einem erkundigen: es ist uns bekannt, daß Fräulein Swetlowa vor etwa zwei Monaten sehr gern den jüngsten Karamasow, Alexej Fjodorowitsch, kennenlernen wollte und Ihnen nur dafür, daß Sie ihn zu ihr brächten, und zwar gerade in seiner damaligen Mönchstracht, fünfundzwanzig Rubel versprach, sobald Sie ihn zu ihr gebracht hätten. Dies geschah, wie bekannt, gerade am Abend jenes Tages, der mit der tragischen Katastrophe, dem Anlaß des gegenwärtigen Prozesses, endete. Sie brachten Alexej Karamasow zu Fräulein Swetlowa – erhielten Sie nun damals von Fräulein Swetlowa diese fünfundzwanzig Rubel Belohnung? Das möchte ich von Ihnen hören.«

»Das war ein Scherz ... Ich verstehe nicht, wie Sie das interessieren kann. Ich nahm das Geld zum Scherz ... und um es später zurückzugeben ...«

»Sie nahmen es also. Doch Sie haben es bis heute nicht zurückgegeben, oder doch?«

»Das sind doch Lappalien ...« murmelte Rakitin. »Ich kann solche Fragen nicht beantworten. Ich werde es natürlich zurückgeben.«

Nun griff der Vorsitzende ein, aber der Verteidiger erklärte, daß er mit seiner Befragung des Herrn Rakitin zu Ende sei. Rakitin trat einigermaßen kleinlaut vom Schauplatz ab. Der Eindruck von der hohen Vornehmheit seiner Rede war verdorben, und Fetjukowitsch begleitete ihn mit den Blicken, als wollte er dem Publikum sagen: Seht, von welcher Art eure edlen Ankläger sind! Ich erinnere mich, daß es auch hier nicht ohne einen Zwischenfall von seiten Mitjas abging: in Wut versetzt durch den Ton, in dem Rakitin über Gruschenka gesprochen hatte, schrie er plötzlich von seinem Platz aus: »Bernard!« Als sich der Vorsitzende nach der Einvernahme Rakitins an den Angeklagten wandte, ob er nicht seinerseits etwas zu bemerken wünsche, rief Mitja schallend: »Er hat sich auch bei mir, als ich schon in Haft war, Geld ausgeborgt. Er ist ein verächtlicher Bernard und Streber und glaubt nicht an Gott, er hat Seine Eminenz hintergangen!«

Mitja wurde wegen der Zügellosigkeit in seiner Ausdrucksweise natürlich abermals zur Ordnung gerufen, aber Herr Rakitin war erledigt. Auch mit der Zeugenaussage des Hauptmanns Snegirjow hatte man kein Glück, doch aus einem ganz anderen Grund. Er erschien in völlig zerrissener, schmutziger

Kleidung und mit kotigen Stiefeln und erwies sich trotz allen Vorsichtsmaßregeln und einer vorhergegangenen »Begutachtung« durch Sachverständige auf einmal als völlig betrunken. Auf die Fragen nach der Beleidigung, die Mitja ihm zugefügt hatte, verweigerte er die Antwort. »Lassen wir's sein. Iljuschetschka hat's mir verboten. Gott wird mir's im Jenseits lohnen.«

»Wer hat Ihnen verboten zu sprechen? Wen meinen Sie da?«

»Iljuschetschka, mein Söhnchen, sagte: ,Papachen, Papachen, wie sehr hat er dich erniedrigt!' Das sagte er mir bei dem Stein. Jetzt liegt er im Sterben ...«

Der Hauptmann begann auf einmal zu schluchzen und warf sich mit aller Wucht dem Vorsitzenden zu Füßen. Man führte ihn unter dem Gelächter des Publikums möglichst rasch hinaus. Der vom Staatsanwalt gewünschte Eindruck war ganz und gar nicht zustande gekommen.

Der Verteidiger jedoch nutzte nach wie vor alle Mittel aus und erweckte durch seine bis in die kleinsten Details gehende Kenntnis des Falles immer größeres Staunen. So machte zum Beispiel die Aussage des Trifon Borisowitsch sehr starken Eindruck, und natürlich war sie außerordentlich ungünstig für Mitja. Er zählte fast an den Fingern auf, wie Mitja bei seiner ersten Ankunft in Mokroje, beinahe einen Monat vor der Katastrophe, nicht weniger als dreitausend oder »höchstens eine Kleinigkeit weniger« ausgegeben hatte. »Wieviel Geld er schon allein für die Zigeunerinnen hinauswarf! Unseren Bauern, unseren verlausten Bauern gab er nicht etwa jedem einen halben Rubel, sondern mindestens einen Fünfundzwanzigrubelschein; unter dem hat er es nicht getan. Und wieviel man ihm damals einfach gestohlen hat! Denn wer stiehlt, der läßt ja seine Hand nicht da; wie hätte man ihn fassen können, so einen Dieb, wenn der Herr selber so unnütz mit dem Geld um sich warf! Unsere Leute sind Räuber und achten nicht auf ihre Seele. Und wieviel die Mädchen bekommen haben, unsere Dorfmädchen! Seitdem sind sie bei uns reich geworden; so ist es; früher herrschte Armut.« Mit einem Wort, er erinnerte sich an jede Ausgabe, und es war, als rechnete er sie auf dem Rechenbrett vor ... Auf diese Art wurde die Vermutung, es seien nur eineinhalbtausend ausgegeben und der Rest zurückbehalten worden, hinfällig gemacht. »Ich selber habe es gesehen; in seinen Händen sah ich dreitausend, haargenau, mit meinen eigenen Augen; sollte ich denn nicht zählen können?« rief Trifon Borisowitsch, der es der

»Obrigkeit« nach Kräften recht machen wollte. Doch als der Verteidiger Fragen zu stellen begann, versuchte dieser fast gar nicht die Aussagen zu entkräften, sondern brachte die Sprache plötzlich darauf, daß der Kutscher Timofej und ein anderer Bauer, Akim, in Mokroje bei diesem ersten Zechgelage noch einen Monat vor der Verhaftung hundert Rubel, die Mitja in betrunkenem Zustande verloren habe, im Hausflur vom Boden aufgelesen und sie Trifon Borisowitsch gebracht hätten, worauf er jedem von ihnen einen Rubel gab. »Nun, haben Sie damals diese hundert Rubel dem Herrn Karamasow zurückgestellt oder nicht?« Sosehr sich Trifon Borisowitsch auch herauszureden versuchte, gestand er schließlich nach der Einvernahme der Bauern dennoch diese Sache mit der gefundenen Hundertrubelnote und fügte nur hinzu, daß er damals Dmitrij Fjodorowitsch alles gewissenhaft zurückgegeben und eingehändigt habe, »in voller Ehrlichkeit, aber da der Herr damals völlig betrunken war, kann er sich jetzt wohl kaum daran erinnern«. Da er aber vor der Einvernahme der beiden Bauern als Zeugen den Fund der hundert Rubel geleugnet hatte, erweckte auch seine Aussage, er habe diese Summe dem betrunkenen Mitja zurückerstattet, natürlich starken Zweifel. Auf diese Weise mußte wiederum einer der gefährlichsten Zeugen der Staatsanwaltschaft verdächtigt und in seinem Ruf ziemlich bemakelt abziehen. Das gleiche geschah auch mit den beiden Polen. Die erschienen stolz und selbstsicher. Laut sagten sie aus, daß sie erstens beide »der Krone dienten«, daß »Pan Mitja« ihnen dreitausend Rubel angeboten habe, um ihre Ehre zu kaufen, und daß sie selber viel Geld in seiner Hand gesehen hätten. Pan Mussjalowicz flocht sehr viel polnische Wörter in seine Sätze ein, und da er sah, daß ihn dies in den Augen des Vorsitzenden und des Staatsanwaltes nur hob, gab er seinem Geist endgültig die Schwingen frei und begann überhaupt polnisch zu sprechen. Doch Fetjukowitsch fing auch die beiden in seinem Netz: sosehr sich auch der abermals aufgerufene Trifon Borisowitsch drehen und winden mochte, mußte er doch gestehen, daß sein Spiel Karten von Pan Wrublewski mit dessen eigenem vertauscht worden war und daß Pan Mussjalowicz beim Bankhalten eine Karte überschlagen hatte. Das wurde auch von Kalganow bestätigt, als er an die Reihe kam, und beide Polen entfernten sich, mit einiger Schande bedeckt und sogar unter dem Gelächter des Publikums.

Hierauf erging es fast allen gefährlichen Zeugen genauso.

Einen jeden von ihnen verstand Fetjukowitsch moralisch schlecht zu machen und einigermaßen belämmert abziehen zu lassen. Die Liebhaber von Kriminalprozessen und die Juristen bewunderten ihn, nur fragten sie sich, zu welchem großen, entscheidenden Schlag all das dienen könnte; denn alle fühlten, ich wiederhole das, die Unwiderlegbarkeit der Beschuldigung, die immer tragischer anwuchs. Doch an der Sicherheit des »großen Magiers« sah man, daß er ruhig war, und so wartete man; »ein solcher Mann« war doch gewiß nicht ohne guten Grund aus Petersburg hergekommen, auch war er nicht von der Art, daß er ohne Erfolg heimgefahren wäre.

3

Die Gutachten der ärztlichen Sachverständigen und ein Pfund Nüsse

Die Gutachten der ärztlichen Sachverständigen halfen dem Angeklagten ebenfalls wenig. Auch Fetjukowitsch selber schien nicht besonders auf sie gerechnet zu haben, wie sich das in der Folge zeigte. Sie waren ja im Grunde nur auf Betreiben Katerina Iwanownas abgegeben worden, die eigens einen berühmten Arzt aus Moskau hatte kommen lassen. Die Verteidigung konnte dabei natürlich nichts verlieren und im besten Fall Vorteil haben. Übrigens ergab sich sogar eine Art komische Wirkung, gerade wegen gewisser Meinungsverschiedenheiten der Ärzte. Die Experten waren: der berühmte Arzt, der aus Moskau gekommen war, dann unser Doktor Herzenstube und schließlich der junge Arzt Warwinskij. Diese beiden fungierten auch einfach als von der Staatsanwaltschaft vorgeladene Zeugen. Zuerst wurde Doktor Herzenstube als Sachverständiger einvernommen. Das war ein alter Mann von siebzig Jahren, grauhaarig und kahl, von mittlerem Wuchs und kräftigem Körperbau. In unserer Stadt schätzten und achteten ihn alle sehr. Er war ein gewissenhafter Arzt, ein prächtiger, ehrenwerter Mensch, ein Herrnhuter oder ein »Mährischer Bruder« – ich weiß es nicht mehr genau. Er lebte schon sehr lange bei uns und gab sich mit außerordentlicher Würde. Er war gütig und ein Menschenfreund, behandelte arme Patienten und Bauern kostenlos, ging persönlich in ihre Spelunken und Hütten und hinterließ dort noch Geld für Medikamente; doch dabei war er störrisch wie ein Maulesel. Ihn von einer Idee, die sich in seinem Kopf festgesetzt hatte, abzubringen war unmöglich. Übrigens wußten schon fast alle in der Stadt, daß sich der berühmte Arzt aus Moskau in den zwei, drei Tagen seines Aufenthaltes bei uns einige außerordentlich kränkende Äußerungen über die Fähigkeiten Doktor Herzenstubes erlaubt hatte. Die Sache war die, daß der Moskauer Arzt zwar für eine Visite mindestens fünfundzwanzig Rubel verlangte, daß sich aber doch einige in unserer Stadt über die Gelegenheit seines Hierseins freuten, auf das Geld nicht achteten und sich beeilten, ihn zu konsultieren. Alle diese Kranken hatte vorher natürlich Doktor Herzenstube behandelt, und jetzt kritisierte der berühmte Mann überall mit ungewöhnlicher Schroffheit die bisherige Therapie. Schließlich fragte er sogar, wenn er zu einem Patienten kam, unumwunden: »Nun, und wer hat Sie denn bisher verbadert? Wohl Herzenstube? Hehehe!« Doktor Herzenstube erfuhr das natürlich. Und jetzt wurden alle drei Ärzte der Reihe nach zur Einvernahme aufgerufen. Doktor Herzenstube erklärte geradeheraus, »die Abnormität der geistigen Fähigkeiten des Angeklagten sei ganz von selber zu ersehen«. Nachdem er dann seine Erwägungen dargelegt hatte, die ich hier weglasse, fügte er hinzu, daß die Abnormität vor allem nicht nur aus zahlreichen früheren Handlungen des Angeklagten zu ersehen sei, sondern auch jetzt, sogar in diesem Augenblick; als man ihn dann bat, näher zu erklären, woran sie denn jetzt, in diesem Augenblick zu ersehen sei, wies der alte Arzt mit der ganzen Schlichtheit seines geraden Wesens darauf hin, daß der Angeklagte, als er den Saal betrat, ein nach den Umständen ungewöhnliches und wunderliches Aussehen hatte. »Er marschierte wie ein Soldat und blickte starr vor sich hin, während es doch richtiger gewesen wäre, wenn er nach links gesehen hätte, wo im Publikum die Damen sitzen, denn er war ein großer Freund des schönen Geschlechtes und mußte doch sehr daran denken, was denn die Damen von ihm jetzt sagen würden«, erklärte der Alte zum Schluß in seiner eigenartigen Sprache. Ich muß hinzufügen, daß er viel und gern russisch sprach, aber trotzdem kam bei ihm jeder Satz auf deutsche Art heraus, was ihn übrigens niemals verwirrte, denn er hatte sein ganzes Leben lang die Schwäche, sein Russisch für mustergültig zu halten, für »besser sogar als das der Russen«, und liebte es auch sehr, seine Zuflucht zu russischen Sprichwörtern zu nehmen, wobei er jedesmal versicherte, die russischen

Sprichwörter seien die besten und ausdrucksvollsten von allen Sprichwörtern der Welt. Ich will noch bemerken, daß er im Gespräch, wahrscheinlich aus Zerstreutheit, oft die allergewöhnlichsten Wörter, die er sehr gut kannte, die ihm aber aus irgendeinem unerfindlichen Grund plötzlich entfallen waren, vergaß. Dasselbe geschah übrigens auch, wenn er deutsch sprach, und dabei fuhr er immer mit der Hand vor seinem Gesicht umher, als trachtete er, das verlorene Wort zu fangen, und dann konnte ihn niemand dazu bringen, den begonnenen Satz zu Ende zu sprechen, bevor er nicht das ihm entfallene Wort gefunden hatte. Seine Bemerkung, daß der Angeklagte beim Eintreten zu den Damen hätte blicken sollen, rief im Publikum fröhliches Flüstern hervor. Alle Damen der Stadt liebten unseren Alten sehr; sie wußten auch, daß er, der sein Lebtag unvermählt, ehrbar und keusch gewesen war, die Frauen als höhere und ideale Wesen betrachtete. Und deshalb wirkte seine unerwartete Bemerkung auf alle höchst sonderbar.

Der Moskauer Arzt, der sodann einvernommen wurde, erklärte schroff und hartnäckig, er halte den Geisteszustand des Angeklagten für nicht normal, »sogar in überaus hohem Grade«. Er sprach viel und klug über »Affekt« und »Manie« und zog den Schluß, daß nach allen vorliegenden Daten der Angeklagte schon einige Tage vor seiner Verhaftung im Zustand eines zweifellos krankhaften Affektes gewesen sei, und wenn er das Verbrechen begangen habe, so zwar bei Bewußtsein, doch fast unwillkürlich, da er nicht die Kraft hatte, gegen den krankhaften Trieb anzukämpfen, der sich seiner bemächtigt habe. Aber außer dem Affekt sah der Arzt hier auch Manie, was nach seinen Worten im voraus schon auf den geraden Weg zur völligen Geistesstörung hinweise. (N. B. Ich gebe das mit eigenen Worten wieder, der Arzt jedoch drückte sich in einer sehr gelehrten, fachmännischen Sprache aus). »Alle seine Handlungen stehen im Widerspruch zum gesunden Menschenverstand und zur Logik«, fuhr er fort. »Ich spreche gar nicht von Dingen, die ich nicht gesehen habe, das heißt von dem Verbrechen selbst und von dieser ganzen Katastrophe, doch sogar vorgestern hatte er während seines Gespräches mit mir einen unerklärlich starren Blick. Was mir auffiel, war sein unerwartetes Lachen, wenn es gar nicht am Platze war, seine unverständliche dauernde Gereiztheit, seltsame Ausdrücke wie Bernard, Ethik und andere, die nicht am Platze waren.« Aber ganz besonders sah der Arzt diese Manie darin, daß der Angeklagte

»über die dreitausend Rubel, um die er sich betrogen glaubt, ohne ungewöhnliche Gereiztheit gar nicht zu sprechen vermag, während er über alle anderen Mißerfolge und Kränkungen, die er erlitten, ohne weiteres spricht und sich ihrer erinnert. Schließlich geriet er bei der Befragung genauso wie vorhin jedesmal, wenn diese dreitausend erwähnt wurden, fast in eine Art Raserei, und dabei wird bezeugt, daß er uneigennützig und keineswegs selbstsüchtig sei. Was jedoch die Ansicht meines gelehrten Kollegen betrifft«, fügte der Moskauer Arzt ironisch hinzu, als er seine Ausführungen beendete, »daß der Angeklagte beim Betreten des Saales die Damen hätte ansehen sollen, statt starr vor sich hinzublicken, will ich nur sagen, daß eine derartige Schlußfolgerung, abgesehen von ihrem Unernst, zudem noch radikal irrig ist; denn wenngleich ich völlig dem beipflichte, daß der Angeklagte beim Betreten des Saales, in dem über sein Schicksal entschieden wird, nicht so regungslos hätte vor sich hinstarren sollen und daß dies im gegebenen Augenblick wirklich als Anzeichen seines abnormen Seelenzustandes dienen könnte, behaupte ich doch gleichzeitig, daß er nicht nach links zu den Damen hätte blicken müssen, sondern gerade im Gegenteil nach rechts, um den Verteidiger zu suchen, auf dessen Hilfe seine ganze Hoffnung beruht und von dessen Verteidigung jetzt sein Los völlig abhängt.« Seine Ansicht äußerte der Arzt entschieden und eindringlich. Doch die eigenartige Komik dieser Unstimmigkeit der beiden gelehrten Experten wurde durch die unerwartete Schlußfolgerung des Arztes Warwinskij, der als dritter befragt wurde, noch verstärkt. Seiner Ansicht nach befand sich der Angeklagte sowohl jetzt wie auch früher in völlig normaler Verfassung; und obwohl er wirklich vor seiner Verhaftung in einem nervösen und außerordentlich erregten Zustand gewesen sein müsse, könne dies aus vielen ganz offensichtlichen Ursachen der Fall gewesen sein: aus Eifersucht, Zorn, ständiger Betrunkenheit und so fort. Doch dieser nervöse Zustand brauche durchaus nicht einen besonderen »Affekt« in sich zu schließen, von dem jetzt gesprochen worden sei. Was nun die Frage betraf, ob der Angeklagte nach links oder nach rechts hätte blicken sollen, als er den Saal betrat, so mußte der Angeklagte nach Doktor Warwinskijs »bescheidener Meinung« beim Betreten des Saales geradeaus vor sich hinblicken, wie er es auch wirklich getan hatte, denn vor ihm saßen der Vorsitzende und die Mitglieder des Gerichtshofes, »von denen jetzt sein ganzes Schicksal abhängt, so daß er eben dadurch, daß er geradeaus vor sich hinsah, die völlig normale Verfassung seines Verstandes im gegebenen Augenblick bewies«, beendete der junge Arzt mit einem gewissen Eifer seine »bescheidene« Aussage.

»Bravo, Heilkünstler!« rief Mitja von seinem Platz aus. »Genauso ist es!«

Natürlich wurde ihm das Wort entzogen, doch die Ansicht des jungen Arztes übte die allerentschiedenste Wirkung sowohl auf den Gerichtshof wie auf das Publikum aus, denn alle waren, wie sich später zeigte, mit ihm einverstanden. Übrigens diente Doktor Herzenstube, der nun als Zeuge einvernommen wurde, ganz unerwartet der Sache Mitjas. Als alter Einwohner der Stadt, der die Familie Karamasow schon lange kannte, hatte er einige für die Anklage sehr interessante Aussagen abgelegt und fügte auf einmal hinzu, als hätte er sich an etwas erinnert: »Übrigens hätte dieser arme junge Mann ein unvergleichlich besseres Los verdient, denn er war sowohl in der Kindheit wie nach der Kindheit guten Herzens, das weiß ich. Aber ein russisches Sprichwort sagt: ‚Wenn jemand Verstand hat, ist das gut, wenn jedoch ein anderer gescheiter Mensch zu ihm zu Besuch kommt, wird es noch besser sein, denn dann sind es zwei kluge Köpfe und nicht nur einer.'«

»‚*Ein* Verstand ist gut, aber zwei sind besser'«, soufflierte der Staatsanwalt ungeduldig; er kannte schon längst die Gewohnheit des Alten, langsam und weitschweifig zu reden, ohne sich durch den Eindruck, den er machte, oder dadurch verwirren zu lassen, daß er seine Zuhörer zum Warten zwang; der alte Doktor schätzte im Gegenteil sehr seinen schwerfälligen, kartoffeligen und immer selbstzufrieden-fröhlichen deutschen Witz. Er liebte es zu scherzen.

»Oh, ja, ja, das sage ich ja auch«, fiel er starrsinnig ein. »*Ein* Verstand ist gut, aber zwei sind weit besser. Zu ihm aber kam kein zweiter Mensch mit Verstand, und so hat er auch den eigenen . . . fortgeschickt . . . wie heißt nur das, wohin er ihn geschickt hat? Dieses Wort . . . wohin hat er den Verstand geschickt, ich habe es vergessen«, fuhr er fort und drehte die Hand vor seinen Augen hin und her. »Ach ja, spazieren.« (Das letzte Wort sprach er deutsch.)

»Spazieren?«

»Nun ja, spazieren, das sage ich ja auch. Nun, und so ging sein Verstand spazieren und kam an eine so tiefe Stelle, daß er sich verlor. Dabei war er ein dankbarer, empfindsamer Jüngling; oh, ich erinnere mich noch sehr gut, wie er als ganz kleiner Junge, vom Vater in den Hinterhof verbannt, ohne Schuhe umherlief und wie seine kleine Hose nur noch an einem Knopf hing . . .«

Ein seltsam gefühlvoller, beseelter Tonfall war plötzlich in der Stimme des ehrlichen Alten zu hören. Fetjukowitsch fuhr zusammen, als ahnte er etwas voraus, und war im Augenblick ganz Ohr.

»Oh, ja, ich selber war damals ein noch junger Mann . . . Ich . . . nun ja, ich zählte zu jener Zeit fünfundvierzig Jahre und war eben erst hierhergekommen. Und da tat mir der Junge leid, und ich fragte mich: Warum kaufe ich ihm nicht ein Pfund . . . nun, ein Pfund was? . . . Ich habe vergessen, wie das heißt . . . ein Pfund von etwas, das die Kinder sehr lieben, ach, diese . . . nun, diese . . .« Und wieder fuchtelte der Arzt mit den Händen. »Es wächst auf Bäumen, und man pflückt es und schenkt es allen . . .«

»Äpfel?«

»Oh, n-n-nein! Ein Pfund, ein Pfund! Äpfel kauft man im Dutzend und nicht pfundweise . . . nein, es sind sehr viele, und alle klein, und man steckt sie in den Mund, und es macht kr-r-rach!«

»Nüsse?«

»Nun ja, Nüsse, das sage ich ja auch!« bestätigte der Arzt auf das ruhigste, als hätte er überhaupt nicht nach dem Wort gesucht. »Und ich brachte ihm ein Pfund Nüsse, denn noch nie hatte irgendwer dem Knaben ein Pfund Nüsse gebracht, und ich hob den Zeigefinger und sagte auf deutsch: ‚Knabe! Gott der Vater.' Er lachte und sagte: ‚Gott der Vater.' Darauf ich: ‚Gott der Sohn.' Er lachte wieder und stammelte: ‚Gott der Sohn.' – ‚Gott der Heilige Geist', sagte ich. Da lachte er noch einmal und sagte, so gut er konnte, auf deutsch: ‚Gott der Heilige Geist.' Dann ging ich weg. Zwei Tage darauf komme ich wieder vorbei, und er ruft mir von selbst zu: ‚Onkel, Gott der Vater, Gott der Sohn.' Und nur Gott den Heiligen Geist hatte er vergessen, aber ich erinnerte ihn daran, und wieder hatte ich großes Mitleid mit ihm. Aber man brachte ihn weg, und ich sah ihn nicht mehr. Und siehe, es waren dreiundzwanzig Jahre vergangen, und ich sitze eines Morgens in meinem Arbeitszimmer, schon mit weißem Haar, und plötzlich tritt ein blühender junger Mann ein, den ich ganz und gar nicht erkennen kann, doch er hebt den Zeigefinger und sagt lachend auf deutsch: ‚Gott der Vater, Gott der Sohn und Gott der Heilige Geist! Ich bin soeben hier angekommen und besuche Sie, um Ihnen für das Pfund Nüsse zu danken, denn in jenen Zeiten hat mir nie jemand ein Pfund Nüsse gekauft; Sie allein kauften mir ein Pfund Nüsse.' Und da entsann ich mich meiner eigenen glücklichen Jugend und des armen Knaben ohne Schuhe auf dem Hof, und das Herz drehte sich mir um, und ich sagte: ‚Du bist ein dankbarer junger Mensch, denn dein ganzes Leben lang hast du dich an jenes Pfund Nüsse erinnert, das ich dir damals in deiner Kindheit brachte.' Und ich umarmte und segnete ihn. Und ich weinte. Er lachte, doch er weinte auch ... denn der Russe lacht sehr oft dann, wenn er weinen müßte. Doch er weinte auch, ich sah es. Jetzt aber, ach! ...«

»Auch jetzt weine ich, Deutscher, auch jetzt weine ich, du lieber Mensch Gottes!« rief Mitja plötzlich.

Mochte dem sein wie immer, aber die Anekdote machte im Publikum einen günstigen Eindruck. Doch die größte Wirkung zu Mitjas Gunsten wurde durch die Aussage Katerina Iwanownas erzielt, von der ich gleich berichten werde. Und überhaupt, als die Entlastungszeugen, das heißt die von der Verteidigung geladenen Zeugen auszusagen begannen, schien das Glück Mitja auf einmal wirklich zu lächeln, und was das Bemerkenswerteste ist – unerwartet sogar für die Verteidigung selbst. Doch noch vor Katerina Iwanowna wurde Aljoscha einvernommen, und er entsann sich plötzlich einer Tatsache, die aussah, als wäre sie vielleicht sogar ein positives Zeugnis gegen einen der wichtigsten Punkte der Anklage.

4

Das Glück lächelt Mitja

Das geschah völlig unerwartet, sogar für Aljoscha selbst. Er wurde ohne Vereidigung vernommen, und ich erinnere mich, daß beide Seiten sich gegen ihn von den ersten Worten an außerordentlich milde und sympathisch verhielten. Man sah, daß ihm ein guter Ruf vorausging. Aljoscha sagte bescheiden und zurückhaltend aus, aber in diesen Aussagen brach deutlich seine heiße Sympathie für den unglücklichen Bruder durch. Als er danach gefragt wurde, umriß er den Charakter des Bruders als den eines Menschen, der vielleicht jähzornig und von Leidenschaften getrieben, aber dabei auch edel, stolz und großmütig sei, sogar zu Opfern bereit, wenn man solche von ihm fordere. Aljoscha gab jedoch zu, daß der Bruder in den letzten Tagen infolge seiner Leidenschaft zu Gruschenka und infolge der Rivalität mit dem Vater in einer unerträglichen Lage gewesen sei. Aber er lehnte mit Entrüstung auch nur die Vermutung ab, daß sein Bruder mit der Absicht einer Beraubung einen Mord habe begehen können, obgleich er, Aljoscha, zugestehen mußte, daß diese dreitausend in Mitjas Denken fast zu einer Art Manie geworden waren, daß Mitja sie für ihm vorenthalten, für einen Betrug des Vaters, für sein Erbteil hielt und daß er, obgleich er im allgemeinen keineswegs gewinnsüchtig war, von diesen dreitausend ohne Wut und Raserei nicht einmal zu sprechen vermochte. Über die Rivalität der beiden »Personen«, wie sich der Staatsanwalt ausdrückte, nämlich Gruschenkas und Katjas, gab er nur ausweichende Auskunft, und auf eine oder zwei Fragen verweigerte er überhaupt die Antwort.

»Hat Ihnen Ihr Bruder wenigstens gesagt, daß er die Absicht habe, seinen Vater zu töten?« fragte der Staatsanwalt. »Sie brauchen nicht zu antworten, wenn Sie es für nötig finden«, fügte er hinzu.

»Geradeheraus hat er das nicht gesagt«, erwiderte Aljoscha.

»Wie denn? Indirekt?«

»Er sprach mir einmal von seinem persönlichen Haß gegen den Vater, und wie er fürchte, daß er ... in einem äußersten Augenblick ... im Augenblick des ärgsten Ekels ... ihn vielleicht töten könnte.«

»Und als Sie das hörten, glaubten Sie es?«

»Ich fürchte, sagen zu müssen, daß ich es glaubte. Aber ich war stets überzeugt, daß ihn ein höheres Gefühl immer in einem verhängnisvollen Augenblick retten werde, wie es ihn auch wirklich gerettet hat, denn meinen Vater *hat nicht er getötet*«, schloß Aljoscha fest, mit lauter Stimme, so daß der ganze Saal es hören konnte. Der Staatsanwalt zuckte zusammen wie ein Schlachtroß, das ein Trompetensignal vernimmt.

»Seien Sie überzeugt, daß ich ganz und gar an die vollste Aufrichtigkeit Ihrer Ansicht glaube, ohne diese irgendwie mit der Liebe zu Ihrem unglücklichen Bruder in Verbindung zu bringen oder zu identifizieren. Ihre eigenartige Meinung über den ganzen tragischen Vorfall, der sich in Ihrer Familie abgespielt hat, ist uns schon aus der Voruntersuchung bekannt. Ich will Ihnen nicht verhehlen, daß diese Meinung im hohen Maße sonderbar ist und in Widerspruch zu allen übrigen Aussagen steht, die der Staatsanwaltschaft zugegangen sind. Und gerade deshalb halte ich es für nötig, Sie nunmehr mit allem Nachdruck zu fragen: Welche Daten lenkten Ihr Denken und führten es zu der endgültigen Überzeugung von der Unschuld Ihres Bruders und im Gegenteil von der Schuld einer anderen Person, auf die Sie bereits in der Voruntersuchung direkt hingewiesen haben?«

»In der Voruntersuchung habe ich nur Fragen beantwortet«, sagte Aljoscha leise und ruhig, »ich habe aber selber keine Anschuldigung gegen Smerdjakow vorgebracht.«

»Aber Sie haben doch auf ihn hingewiesen?«

»Das tat ich auf Grund der Worte meines Bruders Dmitrij. Man hatte mir bereits vor meiner Einvernahme erzählt, was sich bei seiner Verhaftung abgespielt hat, und wie er damals selbst auf Smerdjakow hingewiesen habe. Ich glaube fest, daß mein Bruder unschuldig ist. Und wenn er den Mord nicht begangen hat, dann war es ...«

»Dann war es Smerdjakow? Warum gerade Smerdjakow? Und warum sind Sie so unumstößlich von der Schuldlosigkeit Ihres Bruders überzeugt?«

»Ich konnte nicht anders als meinem Bruder glauben. Ich weiß, daß er mich nicht belügen wird. Ich sah an seinem Gesicht, daß er mich nicht anlog.«

»Nur am Gesicht? Liegen darin alle Ihre Beweise?«

»Beweise habe ich sonst keine.«

»Und auch was die Schuld Smerdjakows betrifft, stützen Sie sich nicht auf den geringsten anderen Beweis als einzig auf die Worte Ihres Bruders und auf seinen Gesichtsausdruck?«

»Nein, ich habe keinen anderen Beweis.«

Damit stellte der Staatsanwalt seine Fragen ein. Aljoschas Aussagen machten auf das Publikum einen sehr enttäuschenden Eindruck. Über Smerdjakow hatte man bei uns schon vor der Verhandlung gesprochen; jemand hatte etwas gehört; jemand hatte auf etwas hingewiesen; man sagte von Aljoscha, er habe ganz außerordentliche Beweise zugunsten des Bruders und für die Schuld des Dieners gesammelt, und siehe da – nichts von alledem, keinerlei Beweise außer moralischen Überzeugungen, die bei Aljoscha als dem leiblichen Bruder des Angeklagten so natürlich waren.

Aber jetzt begann auch Fetjukowitsch Fragen zu stellen. Auf

die Frage, wann denn eigentlich der Angeklagte ihm, Aljoscha, von seinem Haß gegen den Vater und davon, daß er ihn umbringen könnte, gesprochen habe, und ob Aljoscha dies zum Beispiel bei der letzten Begegnung vor der Katastrophe von ihm gehört habe, erschauerte Aljoscha plötzlich bei seiner Antwort, als hätte er sich erst jetzt an etwas erinnert und es erst jetzt verstanden.

»Ich entsinne mich nun eines Umstandes, den ich schon völlig vergessen hatte, damals war er mir sehr unklar, doch jetzt . . .«

Und mit Eifer berichtete Aljoscha, der offensichtlich selber jetzt plötzlich auf diesen Gedanken gekommen war, daß Mitja bei der letzten Begegnung mit ihm, abends bei dem Baum, auf dem Weg zum Kloster, sich an die Brust geschlagen hatte, »an den oberen Teil der Brust«, und mehrere Male wiederholte, er besitze das Mittel, seine Ehre wiederherzustellen, dieses Mittel sei hier, eben hier, an seiner Brust . . . »Ich dachte damals, daß er, wenn er sich an die Brust schlug, sein Herz meinte«, fuhr Aljoscha fort, »daß er davon sprach, er könnte in seinem Herzen Kräfte finden, um aus einer sehr schmachvollen Lage herauszukommen, die ihm bevorstand und von der er nicht einmal zu mir zu sprechen wagte. Ich muß gestehen, ich dachte damals, daß er vom Vater spreche und daß er wie vor Schmach bei dem Gedanken zittere, zum Vater zu gehen und diesem irgendwie Gewalt anzutun; aber er zeigte dabei gleichsam auf etwas an seiner Brust, so daß mir, wie ich mich genau erinnere, gerade damals der flüchtige Gedanke kam, das Herz sitze ja gar nicht an dieser Stelle der Brust, sondern tiefer, und er schlage sich weit höher an die Brust, sehen Sie, hier, gleich unterhalb des Halses, und immer wieder wies er auf diese Stelle hin. Mein Gedanke kam mir damals dumm vor, doch vielleicht wies Mitja damals auf dieses Beutelchen hin, in dem die anderthalbtausend eingenäht waren! . . .«

»So ist es!« rief plötzlich Mitja von seinem Platz aus. »Das stimmt, Aljoscha. Damals schlug ich mit der Faust darauf!«

Fetjukowitsch eilte Hals über Kopf auf ihn zu, beschwor ihn, sich zu beruhigen, und bestürmte Aljoscha sofort mit Fragen. Aljoscha, selbst hingerissen von seiner Erinnerung, äußerte leidenschaftlich die Vermutung, jene Schmach habe höchstwahrscheinlich gerade darin bestanden, daß Mitja diese anderthalbtausend Rubel, die er Katerina Iwanowna als die Hälfte seiner Schuld hätte zurückgeben können, zwar bei sich trug, aber dennoch beschlossen hatte, ihr diese Hälfte nicht zurückzuerstatten und das Geld für etwas anderes zu verwenden, das heißt für die Entführung Gruschenkas, wenn diese damit einverstanden wäre ...

»Das ist so, das ist genauso«, rief Aljoscha in plötzlicher Erregung. »Mein Bruder wollte mir damals sagen, daß er die Hälfte der Schmach – mehrere Male sagte er: ‚*die Hälfte!*' – gleich von sich abwälzen könnte, doch sei er durch die Schwäche seines Charakters in solchem Maße unglücklich, daß er dies nicht tun werde ... Er wisse im voraus, daß er es nicht könne und nicht die Kraft habe, es zu tun!«

»Und Sie entsinnen sich genau und deutlich daran, daß er sich gerade an diese Stelle der Brust schlug?« fragte Fetjukowitsch gierig.

»Genau und deutlich, denn damals kam mir der Gedanke: Warum schlägt er sich so hoch oben an die Brust, obwohl das Herz tiefer liegt, und dieser Gedanke schien mir damals dumm... Ich erinnere mich, daß er mir dumm schien ... Das huschte mir durch den Kopf. Und darum eben ist mir das jetzt eingefallen. Doch wie konnte ich das bis heute vergessen! Er wies damals eben auf dieses Beutelchen hin, um zu sagen, er habe zwar die Mittel, doch werde er diese eineinhalbtausend nicht zurückgeben! Und bei der Verhaftung in Mokroje schrie er – ich weiß das, man hat es mir erzählt –, er halte es für die schändlichste Tat seines ganzen Lebens, daß er zwar die Mittel gehabt hatte, die Hälfte – wohl gemerkt die Hälfte! – seiner Schuld an Katerina Iwanowna zurückzuzahlen und vor ihr nicht als Dieb dazustehen, daß er sich aber trotzdem nicht entschließen konnte, das Geld zurückzugeben, und lieber in ihren Augen als Dieb dastehen wollte, als sich von dem Geld zu trennen! Ach, wie quälte er sich mit dieser Schuld, wie quälte er sich damit!« rief Aljoscha am Schluß.

Natürlich mischte sich auch der Staatsanwalt ein. Er bat Aljoscha, noch einmal zu beschreiben, wie das alles gewesen sei, und fragte dann mehrmals beharrlich, ob der Angeklagte, als er sich an die Brust schlug, gleichsam auf etwas hingewiesen habe. Vielleicht habe er sich nur mit der Faust an die Brust geschlagen?

»Aber nicht mit der Faust!« rief Aljoscha. »Er zeigte mit den Fingern auf etwas und zeigte hierher, an diese Stelle, sehr hoch oben ... Wie konnte ich das nur bis zu diesem Augenblick so völlig vergessen! ...«

Der Vorsitzende wandte sich nun an Mitja mit der Frage, was er zu der soeben abgegebenen Aussage mitzuteilen habe. Mitja bestätigte, daß alles genauso war, daß er wirklich auf seine anderthalbtausend, die er an der Brust trug, gleich unterhalb des Halses, gezeigt habe und daß das natürlich eine Schmach gewesen sei. »Eine Schmach, die ich nicht leugnen kann, die schändlichste Handlung in meinem ganzen Leben!« rief Mitja. »Ich konnte das Geld zurückgeben und gab es nicht zurück. Lieber wollte ich in ihren Augen ein Dieb bleiben als das Geld hergeben, und die allergrößte Schmach war, daß ich im voraus wußte, ich würde es nicht zurückgeben! Du hast recht, Aljoscha! Hab Dank, Aljoscha!«

Damit endete Aljoschas Einvernahme. Wichtig und charakteristisch war eben der Umstand, daß zumindest eine Tatsache, wenngleich nur eine einzige, der kleinste Beweis, fast nur die Andeutung eines Beweises gefunden war, der aber wenigstens ein ganz klein wenig bezeugte, daß dieser Beutel wirklich existiert hatte, daß eineinhalbtausend Rubel darin gewesen waren und daß der Angeklagte in der Voruntersuchung nicht gelogen hatte, als er in Mokroje erklärte, diese anderthalbtausend seien »sein Geld« gewesen. Aljoscha freute sich; ganz rot im Gesicht, ging er zu dem ihm angewiesenen Platz zurück; noch lange wiederholte er für sich: Wie konnte ich das vergessen? Und wieso habe ich mich erst jetzt so plötzlich daran erinnert?

Es begann die Einvernahme Katerina Iwanownas. Sobald sie vor den Gerichtshof trat, ging eine ungewöhnliche Bewegung durch den Saal. Die Damen griffen nach ihren Lorgnons und Operngläsern; die Männer begannen sich zu regen; einige standen sogar auf, um besser zu sehen. Alle behaupteten später, Mitja sei plötzlich weiß geworden »wie ein Tuch«, sobald sie gekommen war. Ganz in Schwarz, näherte sie sich bescheiden und fast zaghaft dem Platz, den man ihr anwies. Es war unmöglich, an ihrem Gesicht zu sehen, ob sie erregt war, aber in ihrem dunklen, finsteren Blick funkelte Entschlossenheit. Ich muß bemerken, daß später sehr viele behaupteten, sie sei in jenem Augenblick erstaunlich schön gewesen. Sie sprach leise, aber deutlich, so daß jedermann sie hören konnte. Sie drückte sich außerordentlich ruhig aus oder bemühte sich wenigstens, ruhig zu sein. Der Vorsitzende begann behutsam und ungewöhnlich respektvoll mit seinen Fragen, als fürchtete er, »gewisse Saiten« zu berühren, und als hegte er Achtung vor ihrem großen Unglück. Doch Katerina Iwanowna erklärte selbst, schon bei ihren ersten Worten auf eine der ihr vorgelegten Fragen mit Festigkeit, sie sei mit dem Angeklagten verlobt gewesen, »bis zu der Zeit, da er selbst mich verließ! . . .« wie sie leise hinzufügte. Als man sie nach den dreitausend fragte, die sie Mitja anvertraut hatte, damit er sie durch die Post an ihre Verwandten sende, antwortete sie fest: »Ich gab ihm das Geld nicht unmittelbar für die Post; ich fühlte damals, daß er . . . in diesem Augenblick . . . sehr notwendig Geld brauchte. Ich gab ihm diese dreitausend unter der Bedingung, daß er sie, wenn er wolle, im Laufe des Monates abschicke. Ganz grundlos hat er sich dann später dieser Schuld wegen so sehr gequält . . .«

Ich will nicht alle Fragen und auch nicht alle Antworten Katerina Iwanownas mit den Einzelheiten wiedergeben; ich gebe hier nur den wesentlichen Sinn ihrer Aussagen wieder.

»Ich war fest davon überzeugt, daß er diese dreitausend immer noch rechtzeitig absenden konnte, sobald er nur das Geld von seinem Vater erhalten hatte«, fuhr sie fort. »Ich war stets von seiner Uneigennützigkeit und seiner Ehrenhaftigkeit . . . seiner hohen Ehrenhaftigkeit . . . in Geldsachen überzeugt. Er glaubte fest daran, daß er von seinem Vater dreitausend Rubel erhalten werde, und sprach zu mir mehrere Male davon. Ich wußte, daß er mit seinem Vater Streit hatte, und war immer überzeugt und bin es noch heute, daß sein Vater ihn geschädigt hat. Ich erinnere mich an keinerlei Drohungen, die er gegen den Vater ausgesprochen hätte. In meiner Gegenwart hat er wenigstens nichts dergleichen geäußert, keinerlei Drohungen. Wäre er damals zu mir gekommen, so hätte ich ihn in seiner Sorge wegen dieser unseligen dreitausend Rubel, die er mir schuldete, sogleich beruhigt, aber er kam nicht mehr zu mir . . . und ich selber . . . ich war in eine Lage gebracht worden . . . daß ich ihn nicht rufen konnte . . . Und ich hatte ja auch gar kein Recht, dieser Schuld wegen hartnäckig gegen ihn zu sein«, fügte sie plötzlich hinzu, und etwas Entschlossenes klang in ihrer Stimme auf. »Ich erhielt einmal selber von ihm ein Gelddarlehen, noch höher als dreitausend, und nahm es an, obgleich ich damals noch nicht voraussehen konnte, daß ich überhaupt jemals imstande sein würde, ihm diese Schuld zurückzuzahlen . . .«

Im Ton ihrer Stimme schien etwas Herausforderndes zu liegen. Gerade in diesem Augenblick kam Fetjukowitsch an die Reihe, Fragen zu stellen.

»Das war noch nicht hier, sondern zu Beginn Ihrer Bekanntschaft mit ihm?« fiel Fetjukowitsch vorsichtig ein, da er sofort eine günstige Wendung ahnte. (Ich will in Klammern hinzufügen, daß er, obgleich er zum Teil von Katerina Iwanowna selbst aus Petersburg hergerufen worden war, dennoch nichts von dem Vorfall mit den fünftausend wußte, die Mitja ihr noch in jener Stadt gegeben hatte, und ebenso nichts von dem »Fußfall«. Sie hatte ihm das nicht gesagt und es vor ihm geheimgehalten! Das war erstaunlich. Man kann mit Sicherheit annehmen, daß sie bis zur allerletzten Minute selbst nicht gewußt hatte, ob sie diese Episode vor Gericht erzählen werde oder nicht, und daß sie auf eine Art Eingebung wartete.)

Nein, niemals werde ich diese Augenblicke vergessen können! Sie begann zu erzählen; sie erzählte *alles*, diesen ganzen Vorfall, von dem Mitja seinem Bruder Aljoscha berichtet hatte; sie erzählte von der »Verbeugung bis zur Erde«, auch von den Ursachen und von ihrem Vater und von ihrem Besuch bei Mitja, und mit keinem einzigen Wort, mit keiner einzigen Andeutung erwähnte sie, daß Mitja selber ihrer Schwester den Vorschlag gemacht hatte, »Katerina Iwanowna des Geldes wegen zu ihm zu schicken«. Das verschwieg sie großmütig und schämte sich nicht, offen darzutun, daß sie, sie selber damals zu dem jungen Offizier gelaufen war, aus eigenem Antrieb, weil sie auf etwas hoffte ... um von ihm Geld zu erbitten. Diese Erzählung hatte etwas Erschütterndes. Mir wurde kalt, und ich zitterte, als ich das hörte; im Saal war es totenstill geworden, die Zuhörer fingen jedes ihrer Worte auf. Das war etwas Beispielloses. Von einem so selbstherrlichen und überheblich-stolzen jungen Mädchen, wie sie es war, hätte man eine so aufrichtige Aussage, ein solches Opfer, eine solche Selbstverdammung wohl kaum erwarten können. Und wozu, für wen? Um den Mann zu retten, der sie betrogen und gekränkt hatte, um wenigstens durch irgend etwas, und mochte es noch so geringfügig sein, zu seiner Rettung dadurch beizutragen, daß sie zu seinen Gunsten einen guten Eindruck schuf! Und in der Tat, das Bild eines Offiziers, der seine letzten fünftausend Rubel – alles, was ihm im Leben geblieben ist – hingibt und sich dann respektvoll vor dem unschuldigen Mädchen verneigt, dieses Bild wirkte sehr sympathisch und anziehend; doch ... mein Herz zog sich schmerzhaft zusammen! Ich fühlte, daß später Klatsch und Verleumdung daraus entstehen könnten – und das geschah auch; es geschah! Mit bösem Lachen erzählte man später in der ganzen Stadt, Katerina Iwanownas Bericht sei vielleicht nicht ganz genau gewesen, und zwar an jener Stelle, da der Offizier das Mädchen fortgehen ließ, »angeblich nur mit einer respektvollen Verbeugung«. Man deutete an, hier sei »etwas weggelassen«. »Und wenn auch wirklich nichts weggelassen wurde, wenn auch alles Wahrheit gewesen ist«, sagten sogar unsere angesehensten Damen, »weiß man doch nicht, ob es für ein junges Mädchen sehr schicklich war, so zu handeln, und sei es auch, um den Vater zu retten.« Und hatte denn Katerina Iwanowna mit ihrem Verstand, mit ihrer krankhaften Einfühlungsgabe nicht früher geahnt, daß man so sprechen werde? Gewiß hatte sie es geahnt, aber trotzdem hatte sie sich entschlossen, alles zu sagen! Natürlich tauchten alle diese recht schmutzigen Zweifel an der Wahrheit ihres Berichtes erst später auf, und im ersten Augenblick waren alle und jeder erschüttert. Was die Mitglieder des Gerichtshofes betrifft, so hörten sie Katerina Iwanowna mit andächtigem, sozusagen geradezu schamhaftem Schweigen an. Der Staatsanwalt erlaubte sich keine einzige weitere Frage zu diesem Thema. Fetjukowitsch verneigte sich tief vor der Zeugin. Oh, er triumphierte beinahe. Viel war gewonnen: Ein Mensch, der in einer edlen Aufwallung seine letzten fünftausend Rubel hingibt, und ein Mensch, der seinen Vater nachts erschlägt, um ihm dreitausend Rubel zu rauben – das war etwas, das sich wohl kaum in einer Person vereinbaren ließ. Wenigstens den Raub konnte Fetjukowitsch jetzt abtun. Der »Fall« stand plötzlich in neuem Lichte da. Etwas wie Sympathie begann sich zu Mitjas Gunsten zu regen. Er aber . . . man erzählte von ihm, er sei während der Aussage Katerina Iwanownas ein- oder zweimal von seinem Platz aufgesprungen, dann jedoch wieder auf die Bank zurückgesunken und habe sein Gesicht mit beiden Händen bedeckt. Doch als sie geendet hatte, rief er plötzlich mit schluchzender Stimme, indem er die Arme nach ihr ausstreckte: »Katja, warum hast du mich zugrunde gerichtet!« Und er schluchzte laut, daß man es im ganzen Saal hörte. Übrigens bemeisterte er sich sofort wieder und rief: »Jetzt bin ich verurteilt!« Dann biß er die Zähne zusammen, kreuzte die Arme über der Brust und schien auf seinem Platze zu erstarren. Katerina Iwanowna blieb im Saal und setzte sich auf den ihr angewiesenen Stuhl. Sie war blaß und saß mit gesenktem Blick da. Leute, die in ihrer Nähe gesessen hatten, erzählten später, sie habe lange Zeit gezittert wie im Fieber. Nun erschien Gruschenka zur Einvernahme.

Ich nähere mich jetzt jener Katastrophe, die sich plötzlich entlud und Mitja vielleicht wirklich zugrunde richtete. Denn ich bin überzeugt – auch alle anderen, auch alle Juristen sagten das später –, daß man dem Verbrecher, hätte sich dieser Zwischenfall nicht ereignet, mindestens mildernde Umstände zugebilligt hätte. Doch davon später. Vorher nur ein paar Worte über Gruschenka.

Sie kam ebenfalls ganz in Schwarz gekleidet in den Saal, mit ihrem schönen schwarzen Schal um die Schultern. Geschmeidig ging sie mit ihren unhörbaren Schritten, ein ganz klein wenig schwankend, wie üppige Frauen manchmal gehen, an die Balustrade heran, blickte unverwandt auf den Vorsitzenden und schaute kein einziges Mal nach rechts oder nach links. Meiner Meinung nach war sie in diesem Augenblick sehr schön und gar nicht blaß, wie das die Damen später behaupteten. Sie behaupteten auch, sie habe ein verschlossenes und böses Gesicht gemacht. Ich glaube nur, daß sie gereizt war und unter den geringschätzig neugierigen Blicken unseres skandalsüchtigen Publikums litt. Sie war ein stolzer Charakter, der Verachtung nicht ertrug, einer von jenen, die, sobald sie bei irgend jemandem Geringschätzung auch nur argwöhnen, sogleich in Zorn und Trotz auflodern. Daneben waren natürlich auch Schüchternheit und die innere Scham dieser Schüchternheit wegen vorhanden, und so ist es nicht zu verwundern, daß ihre Sprache ungleichmäßig war – bald war sie zornig, bald geringschätzig und betont grob, bald klang plötzlich eine aufrichtige, von Herzen kommende Note der Selbstverurteilung, der Selbstbeschuldigung auf. Manchmal sprach sie so, als stürzte sie in einen Abgrund: Einerlei, mag geschehen, was da will, ich werde es trotzdem sagen ...

Über ihre Bekanntschaft mit Fjodor Pawlowitsch bemerkte sie schroff: »Das alles ist Unsinn; bin etwa ich schuld, daß er mich belästigte?« Und dann fügte sie nach einer Minute hinzu: »Ich bin an allem schuld; ich machte mich über den einen wie über den anderen lustig – über den Alten und über diesen hier –, und ich habe beide so weit gebracht. Um meinetwillen ist das alles geschehen.« Als die Sache mit Samsonow erwähnt wurde, rief sie sogleich schroff und mit dreister Herausforderung: »Wen geht das etwas an? Er war mein Wohltäter; er nahm mich auf, als ich barfuß war, als mich die Meinen aus dem Haus gejagt hatten.« Der Vorsitzende ermahnte sie, übrigens sehr höflich, daß sie unmittelbar auf die Fragen zu antworten habe, ohne sich in überflüssigen Einzelheiten zu ergehen. Gruschenka errötete, und ihre Augen funkelten.

Den Briefumschlag mit dem Geld hatte sie nicht gesehen, sondern nur durch den »Missetäter« gehört, daß Fjodor Pawlowitsch dreitausend Rubel in einem Briefumschlag bei sich liegen habe. »Aber das waren lauter Dummheiten. Ich lachte darüber und wäre um keinen Preis hingegangen . . .«

»Wen meinten Sie jetzt, als sie von dem Missetäter sprachen?« erkundigte sich der Staatsanwalt.

»Den Diener, diesen Smerdjakow, der seinen Herrn ermordet und sich gestern aufgehängt hat.«

Natürlich fragte man sie sofort, welchen Grund sie für eine so entschiedene Anschuldigung habe, aber es zeigte sich, daß auch sie keinerlei Begründung dafür wußte.

»So hat es mir Dmitrij Fjodorowitsch selber gesagt; ihm müssen Sie glauben. Die Zwietrachtstifterin hat ihn zugrundegerichtet. Das ist es, an allem ist sie schuld, das ist es«, fügte Gruschenka, am ganzen Leibe gleichsam vor Haß erschauernd, hinzu, und ein böser Ton schwang in ihrer Stimme mit.

Man erkundigte sich, auf wen sie denn da wieder anspiele.

»Auf das Fräulein, auf diese Katerina Iwanowna dort. Auch mich hat sie damals zu sich eingeladen und mit Schokolade bewirtet; sie wollte mich freundlich stimmen. Sie hat nur wenig echte Scham, das ist's . . .«

Hier gebot ihr der Vorsitzende streng Einhalt, indem er sie ersuchte, ihre Ausdrücke zu mäßigen. Aber das Herz der Eifersüchtigen war schon entflammt; sie war bereit, sich in einen Abgrund zu stürzen . . .

»Bei der Verhaftung im Dorf Mokroje«, sagte nun der Staatsanwalt. »haben alle gesehen und gehört, wie Sie aus dem anderen Zimmer hereingelaufen kamen und riefen: ‚Ich bin an allem schuld, wir gehen zusammen in die Zwangsarbeit!' Offenbar hatten Sie in diesem Augenblick schon die Überzeugung, daß er ein Vatermörder sei?«

»Ich erinnere mich nicht meiner damaligen Gefühle«, antwortete Gruschenka. »Alle schrien damals, er habe seinen Vater ermordet, und ich fühlte, daß ich daran schuld sei und daß er meinetwegen den Vater getötet habe. Doch als er sagte, er sei schuldlos, glaubte ich ihm sogleich, und ich glaube ihm auch jetzt und werde ihm immer glauben: Er ist nicht ein Mensch, der lügt.«

Nun kam die Reihe, zu fragen, an Fetjukowitsch. Unter anderem erinnere ich mich, daß er nach Rakitin fragte und nach den fünfundzwanzig Rubel, »dafür, daß er Alexej Fjodorowitsch Karamasow zu Ihnen gebracht hat«.

»Was ist Erstaunliches daran, daß er das Geld nahm?« antwortete Gruschenka mit einem verächtlichen, boshaften Lächeln. »Er kam immer zu mir und bettelte um Geld; manchmal holte er sich so dreißig Rubel im Monat, zumeist für Dummheiten, denn für Essen und Trinken hatte er auch ohne meine Hilfe Geld.«

»Aus welchen Gründen waren Sie so freigebig gegen Herrn Rakitin?« fiel Fetjukowitsch ein, obwohl der Vorsitzende schon starke Unruhe zeigte.

»Aber er ist doch mein Vetter. Meine Mutter und die seine waren leibliche Schwestern. Er hat mich nur immer gebeten, hier niemandem etwas davon zu sagen, er schämte sich meiner sehr.«

Diese neue Tatsache war für alle eine völlige Überraschung. Niemand in der ganzen Stadt hatte bisher davon gewußt, nicht einmal im Kloster; selbst Mitja wußte es nicht. Man erzählte, daß Rakitin auf seinem Stuhl vor Scham purpurrot wurde. Gruschenka hatte noch vor dem Betreten des Saales irgendwie erfahren, daß er gegen Mitja ausgesagt hatte, und war darum wütend auf ihn. Die ganze frühere Rede des Herrn Rakitin mit all ihrem Edelmut, alle Auslassungen über die Leibeigenschaft, über die staatliche Unordnung Rußlands – all das war jetzt ein für allemal zunichte gemacht und in der öffentlichen Meinung bloßgestellt. Fetjukowitsch war zufrieden: schon wieder hatte er ein Geschenk Gottes erhalten. Überhaupt wurde Gruschenka nicht sehr lange einvernommen, und sie konnte ja auch nichts besonderes Neues mitteilen. Sie hinterließ im Publikum einen höchst unangenehmen Eindruck. Hunderte von verächtlichen Blicken richteten sich auf sie, als sie nach ihrer Aussage ziemlich weit von Katerina Iwanowna im Saal Platz nahm. Während der ganzen Zeit ihrer Einvernahme schwieg Mitja, als wäre er versteinert, und hielt den Blick zu Boden gerichtet.

Nun trat der Zeuge Iwan Fjodorowitsch auf.

5
Die jähe Katastrophe

Ich muß bemerken, daß man ihn schon vor Aljoscha aufgerufen hatte. Aber der Gerichtspolizist hatte damals dem Vorsitzenden, gemeldet, daß der Zeuge infolge einer plötzlichen Unpäßlichkeit oder irgendeines Anfalles nicht gleich erscheinen könne, doch daß er bereit sei, sobald er sich erholt habe, jederzeit seine Aussage zu machen. Das hatte übrigens aus irgendwelchen Gründen niemand gehört, und man erfuhr es erst später. Sein Erscheinen wurde im ersten Augenblick fast gar nicht bemerkt: die Hauptzeugen, besonders die beiden Rivalinnen, hatten bereits ausgesagt; die Neugier war vorläufig befriedigt. Bei den Zuschauern machte sich sogar Ermüdung fühlbar. Es waren noch einige Zeugen zu hören, die wahrscheinlich in Anbetracht alles dessen, was bereits mitgeteilt worden war, nichts Besonderes aussagen konnten. Und die Zeit verstrich. Iwan Fjodorowitsch kam erstaunlich langsam heran, ohne jemanden anzusehen, sogar mit gesenktem Kopf, als dächte er stirnrunzelnd über etwas nach. Er war tadellos gekleidet, aber sein Gesicht machte, wenigstens auf mich, einen krankhaften Eindruck: es lag in diesem Gesicht gleichsam etwas von der Erde Berührtes, etwas, das dem Antlitz eines Sterbenden ähnelte. Seine Augen waren trübe; er hob sie und blickte sich langsam im Saale um. Aljoscha sprang von seinem Stuhl auf und stöhnte: »Ach!« Ich entsinne mich dessen. Aber auch das bemerkten nur wenige.

Der Vorsitzende begann damit, daß Iwan ohne Vereidigung Zeugenschaft ablegen werde, daß er aussagen oder die Aussage verweigern könne, daß aber natürlich alles, was er aussage, gewissenhaft ausgesagt sein müsse, und so weiter und so weiter. Iwan Fjodorowitsch hörte zu und sah ihn mit trübem Blick an; doch auf einmal begann sein Gesicht sich langsam zu einem Lächeln zu verziehen, und sobald der Vorsitzende, der ihn verwundert anblickte, zu sprechen aufgehört hatte, lachte Iwan Fjodorowitsch unvermittelt auf.

»Nun, und was noch?« fragte er laut.

Alles wurde still im Saal; man schien etwas vorauszuahnen. Der Vorsitzende zeigte Unruhe.

»Sind Sie . . . vielleicht noch nicht gesund genug?« fragte er und suchte mit dem Blick den Gerichtspolizisten.

»Machen Sie sich keine Sorge, Exzellenz; ich bin gesund genug und kann Ihnen etwas Interessantes erzählen«, antwortete Iwan Fjodorowitsch völlig ruhig und respektvoll.

»Haben Sie irgendeine besondere Mitteilung zu machen?« fragte der Vorsitzende, noch immer ungläubig, weiter.

Iwan Fjodorowitsch senkte den Kopf, zögerte einige Sekunden, dann hob er den Kopf wieder und antwortete etwas stockend: »Nein ... Das habe ich nicht. Ich habe nichts Besonderes.«

Man begann ihm Fragen vorzulegen. Er antwortete anscheinend sehr ungern, verkrampft und kurz, sogar mit einem gewissen Abscheu, der immer stärker und stärker wurde, obgleich der Zeuge übrigens trotzdem vernünftig aussagte. Bei vielen Fragen berief er sich darauf, daß er die Antwort nicht wisse. Über die Abrechnung seines Vaters mit Dmitrij Fjodorowitsch war ihm nichts bekannt. »Ich habe mich damit auch nicht befaßt«, sagte er. Von Mitjas Drohungen, den Vater zu töten, hatte er von dem Angeklagten selbst gehört. Von dem Geld in dem Briefumschlag hatte er durch Smerdjakow erfahren ...

»Es ist ja immer ein und dasselbe«, unterbrach er sich plötzlich mit müder Miene, »ich kann dem Gericht nichts Besonderes mitteilen.«

»Ich sehe, daß Sie sich nicht wohlfühlen, und verstehe Ihre Gefühle ...« begann der Vorsitzende. Dann wandte er sich an die Parteien, an den Staatsanwalt und an den Verteidiger, und forderte sie auf, Fragen zu stellen, wenn sie es für notwendig hielten, als Iwan Fjodorowitsch auf einmal mit ganz erschöpfter Stimme bat: »Entlassen Sie mich, Exzellenz; ich fühle mich sehr unwohl.« Und mit diesen Worten drehte er sich plötzlich um, ohne die Erlaubnis abzuwarten, und wollte aus dem Saal gehen. Doch nachdem er etwa vier Schritte getan hatte, hielt er inne, als hätte er sich mit einemmal etwas überlegt, lachte leise und ging an seinen früheren Platz zurück.

»Ich bin wie jenes Bauernmädchen, Exzellenz ... Sie wissen ja, wie die Geschichte geht: ‚Wenn ich will, schlüpfe ich hinein, wenn ich nicht will, schlüpfe ich nicht hinein'; man geht ihr mit dem Sarafan oder mit dem Brautkleid nach, damit sie hineinschlüpfe und man sie schmücke und zur Trauung führe, sie aber sagt: ‚Wenn ich will, schlüpfe ich hinein, wenn ich nicht will, schlüpfe ich nicht hinein ...' Das ist ein Brauch, bei einer unserer Nationalitäten ...«

»Was wollen Sie damit sagen?« fragte der Vorsitzende streng.

»Hier«, sagte Iwan Fjodorowitsch und nahm plötzlich ein Päckchen Banknoten aus der Tasche, »hier ist das Geld ... eben jenes, das in dem Briefumschlag war ...« – er deutete mit dem Kopf nach dem Tisch mit den Beweisstücken – »und um dessentwillen mein Vater ermordet wurde. Wohin soll ich es legen? Herr Gerichtspolizist, übergeben Sie es.«

Der Gerichtspolizist nahm das Päckchen und reichte es dem Vorsitzenden.

»Wie konnte dieses Geld in Ihren Besitz gelangen ... falls es wirklich dasselbe Geld ist?« fragte der Vorsitzende verwundert.

»Ich erhielt es gestern von Smerdjakow, dem Mörder ... Ich war bei ihm, bevor er sich erhängte. Er hat meinen Vater getötet, nicht mein Bruder. Er hat ihn ermordet, und ich stiftete ihn zu dem Mord an ... Wer wünschte nicht den Tod seines Vaters? ...«

»Sind Sie bei Verstand oder nicht?« entfuhr es unwillkürlich dem Vorsitzenden.

»Das ist es eben, daß ich bei Verstand bin ... zudem bei plattem Verstand, genauso wie Sie, wie alle diese ... Visagen!« sagte er plötzlich, zum Publikum gewendet. »Ein Vater ist getötet worden, und sie tun so, als entsetzten sie sich!« rief er zähneknirschend mit zorniger Verachtung. »Sie spielen Komödie voreinander. Diese Lügner! Alle wünschen den Tod ihres Vaters! Ein Scheusal frißt das andere auf ... Läge kein Vatermord vor, würden sie alle in Zorn geraten und ärgerlich auseinander gehen ... Schauspiele wollen sie! ‚Brot und Schauspiele ...' Übrigens auch ich bin ja nicht besser! Haben Sie Wasser oder nicht? Geben Sie mir um Christi willen zu trinken!« Er griff sich auf einmal an den Kopf.

Der Gerichtspolizist näherte sich ihm sogleich. Aljoscha sprang auf und rief: »Er ist krank, glauben Sie ihm nicht, er hat das Nervenfieber!« Katerina Iwanowna stand hastig von ihrem Stuhl auf und blickte, starr vor Schreck, Iwan Fjodorowitsch an. Mitja erhob sich und beobachtete mit sonderbar verzerrtem Lächeln gierig, was sein Bruder tat und sagte.

»Beruhigen Sie sich, ich bin nicht geistesgestört, ich bin nur ein Mörder!« begann Iwan von neuem. »Von einem Mörder kann man nicht schöne Reden erwarten ...« fügte er aus unerfindlichem Grunde hinzu und lachte mit schiefgezogenem Munde.

In sichtlicher Verwirrung neigte sich der Staatsanwalt zu dem

Vorsitzenden. Die Mitglieder des Gerichtshofes flüsterten geschäftig miteinander. Fetjukowitsch hatte die Ohren gespitzt und lauschte. Der Saal war in Erwartung erstarrt. Plötzlich schien der Vorsitzende zur Besinnung zu kommen.

»Zeuge, Ihre Worte sind unverständlich und hier unmöglich. Beruhigen Sie sich, wenn Sie können, und erzählen Sie ... wenn Sie wirklich etwas zu sagen haben. Womit können Sie dieses Geständnis bekräftigen ... falls Sie nicht phantasieren?«

»Das ist es eben, daß ich keine Zeugen habe. Der Hund Smerdjakow wird Ihnen aus dem Jenseits keine Aussage schicken ... in einem Briefumschlag. Sie brauchen ja nur Umschläge, aber einer ist schon genug. Ich habe keine Zeugen ... Es sei denn vielleicht einen«, fügte er mit einem nachdenklichen Lächeln hinzu.

»Wer ist dieser Zeuge?«

»Er hat einen Schweif, Exzellenz, und wäre hier nicht am Platze! Le diable n'existe point! Kümmern Sie sich nicht um ihn; er ist nur ein schäbiger kleiner Teufel«, fügte er gleichsam vertraulich hinzu und hörte auf zu lachen. »Er ist gewiß irgendwo hier, da unter diesem Tisch mit den Sachbeweisen, wo sollte er denn sonst sitzen, wenn nicht da? Hören Sie mich an! Ich sagte zu ihm: Ich will nicht schweigen, er aber fängt von der geologischen Umwälzung an ... Dummheiten! Nun, so sprechen Sie doch den Unmenschen frei ... Er hat eine Hymne angestimmt, weil ihm leicht zumute ist! Er grölt genauso wie jene besoffene Kanaille: ‚Wanka ist zur Stadt gefahren', ich aber würde für zwei Sekunden Freude eine Quadrillion Quadrillionen hingeben. Sie kennen mich ja nicht! Oh, wie das alles bei Ihnen ist! Nun, so nehmen Sie doch mich statt seiner! Weshalb bin ich denn eigentlich gekommen ... Warum ist alles, was es nur gibt, so dumm? ...«

Und wieder begann er sich langsam und, wie es schien, nachdenklich im Saal umzublicken. Aber schon waren alle in Aufregung geraten. Aljoscha wollte zu ihm hineilen, doch der Gerichtspolizist hatte Iwan Fjodorowitsch schon am Arm gepackt.

»Was soll das heißen?« rief Iwan Fjodorowitsch und sah dem Gerichtspolizisten herausfordernd ins Gesicht; dann packte er ihn plötzlich bei den Schultern und schleuderte ihn wütend zu Boden. Aber schon war die Wache da und ergriff ihn; da brach er in ein rasendes Gebrüll aus. Und die ganze Zeit, während man ihn hinaustrug, brüllte er und schrie zusammenhangloses Zeug.

Es erhob sich ein Tumult. Ich kann mich nicht an alles der Reihe nach erinnern; ich war selbst aufgeregt und konnte nicht alles verfolgen. Ich weiß nur folgendes: später, als alles sich beruhigt hatte und jedermann begriffen hatte, um was es sich handelte, bekam der Gerichtspolizist einen Rüffel, obgleich er seinem Vorgesetzten eingehend erklärte, daß der Zeuge die ganze Zeit gesund gewesen sei; der Arzt habe Iwan Fjodorowitsch untersucht, als dieser eine Stunde vorher ein wenig Übelkeit verspürte; aber bis zum Betreten des Saales habe er immer zusammenhängend gesprochen, so daß man nichts ahnen konnte; Iwan Fjodorowitsch habe im Gegenteil unbedingt seine Aussage machen wollen. Doch bevor man sich auch nur ein wenig beruhigt hatte und zu sich gekommen war, spielte sich gleich nach dieser Szene eine zweite ab: Katerina Iwanowna bekam einen hysterischen Anfall. Sie kreischte und schluchzte laut, wollte aber den Saal nicht verlassen, schlug um sich, flehte, man solle sie nicht hinausführen, und schrie auf einmal dem Vorsitzenden zu: »Ich muß noch eine Aussage machen, sofort . . . sofort . . .! Hier, nehmen Sie diesen Zettel, es ist ein Brief . . . Nehmen sie ihn, lesen Sie ihn rasch, rasch! Das ist ein Brief dieses Unmenschen, von diesem da, von diesem!« Dabei wies sie auf Mitja. »Er ist es, der seinen Vater ermordet hat; Sie werden das gleich sehen. Er schreibt mir hier, wie er den Vater ermorden wird. Doch der andere ist krank, krank, er hat das Nervenfieber! Ich sehe schon seit drei Tagen, daß er schwer krank ist!«

So schrie sie, ganz außer sich. Der Gerichtspolizist nahm den Zettel, den sie dem Vorsitzenden hinhielt, sie aber fiel auf ihren Stuhl zurück, bedeckte ihr Gesicht und begann krampfhaft und lautlos zu schluchzen; sie zitterte am ganzen Leibe und unterdrückte auch das leiseste Stöhnen, weil sie fürchtete, man könnte sie aus dem Saal weisen. Der Zettel, den sie übergeben hatte, war eben jener Brief Mitjas aus dem Gasthaus »Zur Hauptstadt«, den Iwan Fjodorowitsch ein Schriftstück von mathematischer Beweiskraft genannt hatte. O weh, diese mathematische Beweiskraft wurde nun vollauf anerkannt, und wäre der Brief nicht gewesen, so wäre Mitja vielleicht nicht zugrunde gegangen oder wenigstens nicht so grauenvoll. Ich wiederhole, daß es schwerfiel, den Einzelheiten zu folgen, denn jetzt noch sehe ich das alles in einem solchen Durcheinander vor mir. Der Vorsitzende zeigte das neue Beweisstück wohl sogleich dem Gerichtshof, dem Staatsanwalt, dem Verteidiger und den Geschworenen. Ich entsinne mich nur, wie man die Zeugin zu befragen begann. Auf die vom Vorsitzenden in sanftem Tone an sie gerichtete Frage, ob sie sich nun beruhigt habe, rief Katerina Iwanowna ungestüm: »Ich bin bereit, ja, bereit! Ich bin sehr wohl imstande, Ihnen zu antworten«, fügte sie hinzu, offenbar noch immer in der entsetzlichen Angst, daß man sie aus irgendeinem Grund nicht anhören werde. Sie wurde gebeten, eingehend aufzuklären, was für ein Brief das sei und unter welchen Umständen sie ihn erhalten habe.

»Ich erhielt den Brief am Tag vor dem Verbrechen, und geschrieben hat er ihn einen Tag vorher im Gasthaus, also wohl zwei Tage vor seiner Untat – sehen Sie, er ist auf einer Rechnung geschrieben!« rief sie keuchend. »Damals haßte er mich, weil er selber schurkisch gehandelt hatte und hinter dieser Kreatur her war . . . und dann noch, weil er mir die dreitausend schuldete. Oh, diese dreitausend ärgerten ihn wegen seiner Niedrigkeit! Mit diesen dreitausend war es so – ich bitte Sie, ich beschwöre Sie, mich anzuhören: Noch drei Wochen, bevor er seinen Vater ermordete, kam er eines Morgens zu mir. Ich wußte, daß er Geld brauchte, und ich wußte auch wozu – dazu, gerade dazu, um diese Kreatur zu betören und zu entführen. Ich wußte damals, daß er mir bereits untreu geworden war und mich verlassen wollte, und ich, ich selber gab ihm damals dieses Geld; ich machte ihm zum Schein den Vorschlag, er solle es meiner Schwester nach Moskau schicken – und als ich es ihm gab, sah ich ihm ins Gesicht und sagte, er könne das Geld absenden, wann er wolle, und sei es auch erst in einem Monat. Nun also, wie hätte er da nicht verstehen sollen, daß ich ihm damit geradezu ins Gesicht sagte: Du brauchst Geld, um mich mit deiner Kreatur zu hintergehen; da hast du also dieses Geld; ich selbst gebe es dir, nimm es, wenn du so ehrlos bist, es zu nehmen! . . . Ich wollte ihn überführen, und nun? Er nahm es, er nahm das Geld, trug es weg und gab es dort in einer einzigen Nacht mit dieser Kreatur aus . . . Aber er erkannte, daß ich alles wußte, ich versichere Ihnen, er verstand damals auch, daß ich ihn, als ich ihm das Geld gab, nur prüfte, ob er wohl so ehrlos sein werde, es von mir anzunehmen, oder nicht. Ich sah ihm in die Augen, und er sah mir in die Augen und verstand alles; er verstand alles und nahm das Geld, nahm es und trug es weg!«

»Das ist wahr, Katja!« schrie Mitja plötzlich. »Ich sah dir in die Augen und verstand, daß du mich ehrlos machst, und dennoch nahm ich dein Geld! Verachtet mich Schurken, verachtet mich alle, ich hab's verdient!«

»Angeklagter«, rief der Vorsitzende, »noch ein Wort, und ich lasse Sie hinausführen.«

»Dieses Geld quälte ihn«, fuhr Katja in krampfhafter Hast fort. »Er wollte es mir zurückgeben, das wollte er, es ist wahr, aber er brauchte auch für diese Kreatur Geld. Und so hat er den Vater ermordet und mir das Geld trotzdem nicht zurückgegeben, sondern ist mit ihr nach jenem Dorf gefahren, in dem man ihn festnahm. Dort verpraßte er wieder das Geld, das er seinem von ihm ermordeten Vater gestohlen hatte. Und einen Tag, bevor er den Vater ermordete, schrieb er mir diesen Brief; er schrieb ihn, wie ich damals sogleich gesehen habe, aus Wut, und er wußte, er wußte ganz genau, daß ich den Brief niemandem zeigen würde, selbst wenn er den Mord beginge. Sonst hätte er ihn nicht geschrieben. Er wußte, daß ich mich nicht an ihm rächen und ihn nicht zugrunde richten würde! Aber lesen Sie den Brief, lesen Sie ihn aufmerksam, bitte, recht aufmerksam, und Sie werden sehen, daß er hier alles genau geschildert hat, alles schon im voraus, wie er den Vater umbringen werde und wo der das Geld liegen habe. Sehen Sie, bitte, lassen Sie nichts aus, da steht ein Satz: ‚Ich werde ihn töten, sobald Iwan weggefahren ist.' Also hatte er schon im voraus überlegt, wie er den Mord begehen werde«, sagte sie schadenfroh und boshaft, um das Gericht zu beeinflussen. Oh, man sah, daß sie sich bis in die feinsten Einzelheiten dieses verhängnisvollen Briefes hineingelesen und jeden kleinsten Zug darin studiert hatte. »Wäre er nicht betrunken gewesen, so hätte er mir das nicht geschrieben, doch sehen Sie nur, hier ist alles im voraus geschildert, alles haargenau so, wie er den Mord dann ausgeführt hat, sein ganzes Programm!«

So rief sie außer sich und offenbar unter Mißachtung aller Folgen, die das für sie haben konnte, obwohl sie diese selbstverständlich vielleicht schon vor einem Monat vorausgesehen hatte; denn sie hatte wohl bereits damals, vor Wut zitternd, überlegt: Soll ich das nicht dem Gericht vorlesen? Und jetzt war es, als stürzte sie von einem Berg herab. Ich erinnere mich, daß der Brief sofort vom Schriftführer vorgelesen wurde und einen erschütternden Eindruck machte. Man richtete an Mitja die Frage, ob er sich zu diesem Brief bekenne.

»Ja, das ist mein Brief!« rief Mitja. »Wäre ich nicht betrunken gewesen, so hätte ich ihn nicht geschrieben! ... Wegen vieler Dinge haben wir einander gehaßt, Katja; doch ich schwöre dir, ich schwöre dir, ich liebte dich, auch wenn ich dich haßte, aber du mich nicht!«

Er fiel auf seinen Platz zurück und rang verzweifelt die Hände. Der Staatsanwalt und der Verteidiger nahmen nun Katerina Iwanowna ins Kreuzverhör, das darauf hinauslief: Was hatte die Zeugin vorhin bewogen, ein solches Beweisstück zu verheimlichen und zuerst in einem ganz anderen Geist und Ton auszusagen?

»Ja, ja, ich habe vorhin gelogen, die ganze Zeit gelogen, gegen Ehre und Gewissen; aber ich wollte ihn vorhin retten, weil er mich so haßte und so verachtete!« rief Katja wie eine Irre. »Oh, er verachtete mich furchtbar, er verachtete mich immer, und wissen Sie, wissen Sie, er verachtete mich von dem Augenblick an, da ich ihm damals zum Dank für dieses Geld zu Füßen fiel. Ich sah das ... Ich fühlte es damals gleich, doch ich konnte mir selber lange Zeit nicht glauben. Wie oft las ich in seinen Augen: Trotzdem bist du damals selber zu mir gekommen. Oh, er verstand es nicht, er verstand gar nicht, warum ich damals zu ihm eilte; er ist nur fähig, Niedrigkeit zu argwöhnen! Er legte seinen eigenen Maßstab an; er dachte, daß alle so seien wie er«, knirschte Katja wütend, schon völlig in Raserei. »Und heiraten wollte er mich nur deshalb, weil ich eine Erbschaft gemacht hatte, deshalb, nur deshalb! Ich hatte immer den Verdacht, daß er es nur deshalb wollte. Oh, er ist ein Tier! Er war überzeugt, daß ich zeit meines Lebens vor ihm zittern würde, aus Scham darüber, daß ich damals zu ihm kam, und er war überzeugt, daß er mich deswegen ewig verachten und beherrschen könne – deshalb wollte er mich heiraten! Das ist so, das alles ist so! Ich versuchte, ihn durch meine Liebe zu besiegen, durch eine Liebe ohne Grenzen; sogar seine Untreue wollte ich ertragen; aber er verstand das alles nicht, er verstand es nicht! Ja, kann er denn überhaupt etwas verstehen? Er ist ein Unmensch! Diesen Brief erhielt ich erst am nächsten Tage abends; man brachte ihn mir aus dem Gasthaus; aber noch am Morgen, noch am Morgen jenes Tages wollte ich ihm alles verzeihen, alles, sogar seine Untreue!«

Natürlich versuchten der Vorsitzende und der Staatsanwalt, sie zu beruhigen. Ich bin überzeugt, daß sie sich alle vielleicht sogar selber schämten, die Raserei der Zeugin auszunutzen und solche Geständnisse anzuhören. Wie ich mich entsinne, hörte ich, daß sie zu ihr sagten: »Wir verstehen, wie schwer es Ihnen ums Herz sein muß; glauben Sie uns, wir können das nachfühlen«, und so weiter und so weiter; aber dennoch entlockten sie dem in einem hysterischen Anfall von Sinnen geratenen Weibe noch weitere Aussagen. Sie schilderte schließlich mit außerordentlicher Klarheit – die sich so oft, wenn auch nur für ganz kurze Zeit in Augenblicken eines so angespannten Zustandes einstellt –, wie Iwan Fjodorowitsch in diesen zwei Monaten vor lauter Nachdenken darüber, auf welche Weise er »den Unmenschen und Mörder«, seinen Bruder, retten könnte, fast den Verstand verloren habe.

»Er hat sich gequält«, rief sie, »er wollte immer die Schuld seines Bruders verringern, indem er mir gestand, daß er selber seinen Vater nicht geliebt und vielleicht dessen Tod gewünscht habe. Oh, dieses tiefe, tiefe Gewissen! Er hat sich mit seinem Gewissen abgequält! Er enthüllte mir alles, alles; er kam jeden Tag zu mir und sprach mit mir als mit seinem einzigen Freund. Ich habe die Ehre, sein einziger Freund zu sein!« rief sie plötzlich mit einer Art Herausforderung und mit blitzenden Augen. »Er ging zweimal zu Smerdjakow. Eines Tages kam er zu mir und sagte: ‚Wenn nicht mein Bruder, sondern Smerdjakow den Mord begangen hat' – denn dieses Märchen, daß Smerdjakow der Mörder sei, erzählten hier alle –, ‚so bin wohl auch ich schuldig, weil Smerdjakow wußte, daß ich meinen Vater nicht liebte, und vielleicht dachte, daß ich den Tod des Vaters wünschte.' Da nahm ich diesen Brief heraus und zeigte ihn ihm, und er überzeugte sich völlig davon, daß sein Bruder den Mord begangen hatte, und dies schlug ihn ganz nieder. Er konnte es nicht verwinden, daß sein leiblicher Bruder ein Vatermörder war. Schon vor einer Woche sah ich, daß ihn das krank gemacht hatte! Wenn er in den letzten Tagen bei mir saß, redete er irre. Ich sah, daß sich sein Verstand trübte. Er ging umher und sprach wirres Zeug vor sich hin, und so hat man ihn auch auf der Straße gesehen. Der Arzt aus Moskau untersuchte ihn vorgestern auf meine Bitte hin und sagte mir, er sei einem Nervenfieber nahe – alles durch ihn, alles durch diesen Unmenschen! Und gestern erfuhr er, daß Smerdjakow gestorben ist – das erschütterte ihn so, daß er den Verstand verlor ... und alles kommt von diesem Unmenschen, alles nur, weil er den Unmenschen retten wollte!«

Oh, es versteht sich, daß man nur einmal im Leben so reden und bekennen kann – im letzten Augenblick vor dem Tode, wenn man zum Beispiel das Schafott besteigt. Aber Katja war nun eben so ein Charakter, und dieser Augenblick war für sie gekommen. Das war die gleiche ungestüme Katja, die damals zu dem jungen Wüstling geeilt war, um ihren Vater zu retten, die gleiche Katja, die kurz vorher vor all diesen Zuhörern stolz und keusch sich und ihre Mädchenehre zum Opfer gebracht hatte, indem sie von »Mitjas edler Tat« erzählte, um das Los, das ihn erwartete, wenn auch nur ein wenig, zu mildern. Auch jetzt brachte sie sich genauso zum Opfer, aber nun bereits für einen anderen, und vielleicht hatte sie erst jetzt, erst in diesem Augenblick zum erstenmal gefühlt und erkannt, wie teuer ihr dieser andere Mensch war! Sie opferte sich aus Angst um ihn, weil sie sich plötzlich klar darüber wurde, daß er sich durch seine Aussage zugrunde richtete, er und nicht sein Bruder sei der Mörder; sie opferte sich, um ihn, sein Ansehen, seinen Ruf zu retten! Und dennoch huschte ihr ein furchtbarer Gedanke durch den Kopf: Hatte sie gelogen, als sie ihre einstigen Beziehungen zu Mitja schilderte – das war die Frage. Nein, nein, es war keine absichtliche Verleumdung, wenn sie gerufen hatte, Mitja verachte sie wegen ihres Fußfalls! Sie glaubte selbst daran; sie war zutiefst überzeugt, vielleicht schon vom Augenblick dieses Fußfalls an, daß der treuherzige Mitja, der sie damals vergöttert hatte, sich über sie lustig mache und sie verachte. Und nur aus Stolz hatte sie sich damals selbst mit ihrer hysterischen und überspannten Liebe an ihn gehängt, aus verletztem Stolz, und diese Liebe hatte mehr nach Rachsucht ausgesehen als nach Liebe. Oh, vielleicht hätte diese überspannte Liebe sich in wahre Liebe verwandeln können, vielleicht wünschte Katja gar nichts anderes als das, doch Mitja hatte sie durch seine Untreue in tiefster Seele verletzt, und ihre Seele vergab ihm nicht. Der Augenblick der Vergeltung war unerwartet gekommen, und alles, was sich in der Brust des beleidigten Weibes so lange und so schmerzhaft angesammelt hatte, brach nun mit einemmal und wiederum unerwartet hervor. Sie verriet Mitja, verriet aber auch sich selbst! Und natürlich löste sich die Spannung, sobald Katja sich nur hatte aussprechen können, und die Scham überwältigte sie. Sie bekam wieder einen hysterischen Anfall; schluchzend und schreiend fiel sie nieder. Man trug sie aus dem Saal. In dem Augenblick, da man sie hinaustrug, stürzte Gruschenka von ihrem Platz mit einem Schrei so schnell zu Mitja, daß man sie nicht mehr rechtzeitig zurückhalten konnte.

»Mitja!« schrie sie. »Deine Schlange hat dich zugrunde gerichtet! Jetzt hat sie Ihnen gezeigt, wie sie ist!« rief sie, bebend vor Zorn, dem Gerichtshof zu. Auf einen Wink des Vorsitzenden ergriff man sie, um sie aus dem Saal zu führen. Sie wollte sich nicht fügen; sie schlug um sich und wollte sich losreißen, um zu Mitja zurückzukehren. Mitja schrie auf und wollte ebenfalls zu ihr hinstürzen. Man überwältigte ihn aber.

Ja, ich nehme an, daß unsere schaulustigen Damen befriedigt waren: es bot sich ihnen ein reichhaltiges Schauspiel. Ich entsinne mich, wie dann der Moskauer Arzt kam. Anscheinend hatte der Vorsitzende schon vorher den Gerichtspolizisten entsandt, um ärztliche Hilfe für Iwan Fjodorowitsch zu holen. Der Arzt meldete dem Gericht, daß der Kranke einen höchst gefährlichen Anfall von Nervenfieber habe und daß man ihn unverzüglich fortschaffen müsse. Vom Staatsanwalt und vom Verteidiger befragt, bestätigte er, daß der Kranke selber vor zwei Tagen zu ihm gekommen sei und er ihm schon damals für die nächste Zeit ein Nervenfieber vorausgesagt habe, daß Iwan Fjodorowitsch jedoch nicht gewillt gewesen sei, sich behandeln zu lassen. »Er war ganz entschieden nicht in gesunder Geistesverfassung; er gestand mir selber, daß er in wachem Zustande Visionen habe, auf der Straße allerlei Personen begegne, die schon gestorben seien, und daß ihn jeden Abend der Satan besuche«, schloß der Arzt. Als der berühmte Mann seine Aussage gemacht hatte, entfernte er sich. Der von Katerina Iwanowna vorgelegte Brief wurde zu den Sachbeweisen gelegt. In einer Beratung beschloß der Gerichtshof, die Verhandlung fortzuführen und die beiden unerwarteten Aussagen – die Katerina Iwanownas und die Iwan Fjodorowitschs – zu Protokoll zu nehmen.

Aber ich werde den weiteren Verlauf der Verhandlung nicht mehr beschreiben, denn die Aussagen der restlichen Zeugen waren auch nur Bestätigungen und Wiederholungen der früheren, wenngleich jede ihre charakteristischen Eigentümlichkeiten hatte. Doch ich wiederhole, daß in der Rede des Staatsanwaltes, zu der ich gleich übergehen werde, das alles zusammengefaßt werden wird. Alle waren aufgeregt, alle waren durch die letzte Katastrophe wie elektrisiert und warteten mit brennender Ungeduld nur auf eine möglichst rasche Lösung, auf die Reden des Staatsanwaltes und der Verteidigung und auf das Urteil. Fetjukowitsch schien durch die Aussagen Katerina Iwanownas sichtlich erschüttert. Dafür triumphierte der

Staatsanwalt. Als die Zeugeneinvernahme beendet war, wurde eine Pause angesagt, die beinahe eine Stunde dauerte. Endlich eröffnete der Vorsitzende den Schlußteil der Verhandlung mit den Plädoyers. Ich glaube, es war genau acht Uhr abends, als unser Staatsanwalt Ippolit Kirillowitsch seine Anklagerede begann.

6

Die Rede des Staatsanwaltes. Die Charakteristik

Als Ippolit Kirillowitsch seine Anklagerede begann, zitterte er nervös am ganzen Körper, hatte kalten, krankhaften Schweiß an der Stirn und an den Schläfen und fühlte im ganzen Leibe abwechselnd Kälteschauer und Hitze. Er selber hat das später erzählt. Er hielt diese Rede für sein chef d'oeuvre, für das chef d'oeuvre seines ganzen Lebens, für sein Schwanenlied. Und tatsächlich starb er neun Monate später an der galoppierenden Schwindsucht, so daß er wirklich, wie sich zeigte, das Recht gehabt hätte, sich mit einem Schwan zu vergleichen, der sein letztes Lied singt, wenn er sein Ende vorausgeahnt hätte. In diese Rede legte er sein ganzes Herz und alles, was er an Verstand besaß, und bewies unerwartet, daß er auch staatsbürgerliches Empfinden und Interesse für die »verfluchten« Fragen hatte, zumindest soweit sie unser Ippolit Kirillowitsch fassen konnte. Vor allem packten seine Worte deshalb, weil sie aufrichtig waren, er glaubte aufrichtig an die Schuld des Angeklagten; nicht auf Befehl, nicht nur aus Pflicht klagte er ihn an, und wenn er zur »Sühne« aufrief, bebte er wirklich vor Verlangen, »die Gesellschaft zu retten«. Sogar unser Damenpublikum, das schließlich und endlich gegen Ippolit Kirillowitsch ablehnend eingestellt war, mußte den außerordentlichen Eindruck, den er erzielte, eingestehen. Er begann mit zitternder, stockender Stimme, die aber dann sehr bald fest wurde und gegen das Ende seiner Rede durch den ganzen Saal hallte. Doch gleich nach den letzten Worten wurde er beinahe ohnmächtig.

»Meine Herren Geschworenen«, begann der Ankläger, »der vorliegende Fall hat in ganz Rußland Aufsehen erregt. Doch weshalb, so möchte man meinen, sollte man sich über ihn wundern, weshalb sich so besonders darüber entsetzen? Zumal wir, wir? Menschen, die an all das doch so sehr gewöhnt sind?

Darin liegt eben das Entsetzliche, daß derlei finstere Taten für uns beinahe aufgehört haben, entsetzlich zu sein! Das ist's, worüber man sich entsetzen muß: über unsere Gewöhnung und nicht über die einzelne Missetat des einen oder des anderen Individuums. Wo liegen die Ursachen unserer Gleichgültigkeit, unserer kaum lauwarmen Einstellung zu solchen Taten, zu solchen Zeichen der Zeit, die uns eine wenig beneidenswerte Zukunft prophezeien? In unserem Zynismus, in der frühzeitigen Erschöpfung des Verstandes und der Phantasie bei unserer noch so jungen Gesellschaft, die aber schon so vorzeitig gebrechlich geworden ist? In unseren bis zu den Grundfesten erschütterten moralischen Prinzipien oder schließlich darin, daß es bei uns diese moralischen Prinzipien vielleicht überhaupt gar nicht gibt? Ich will diese Fragen nicht entscheiden, dennoch aber sind sie qualvoll, und jeder Staatsbürger sollte nicht nur darunter leiden, sondern das ist geradezu seine Pflicht. Unsere in den Anfängen steckende, noch zaghafte Presse hat der Gesellschaft schon einige Dienste erwiesen, denn ohne sie hätten wir niemals so eingehend auch nur irgend etwas von jenen Greueln zügellosen Willens und moralischer Verkommenheit erfahren, die sie in ihren Spalten unaufhörlich schon für jedermann aufzeigt, nicht nur für jene, die die Säle des neuen, uns unter der gegenwärtigen Regierung geschenkten Schwurgerichtes besuchen. Und was lesen wir fast Tag für Tag? Oh, jeden Augenblick hören wir da von Dingen, neben denen sogar der jetzige Fall verblaßt und sich als etwas beinahe schon Gewöhnliches darstellt. Aber das Wichtigste ist, daß die Mehrzahl unserer nationalen, unserer russischen Kriminalfälle eben etwas Allgemeines bezeugt, ein allgemeines Übel, das an uns schmarotzt und gegen das man, da es ein allgemeines Übel ist, nur noch schwer ankämpfen kann. Da hat zum Beispiel ein junger blendender Offizier aus der höchsten Gesellschaft, kaum erst am Beginn seines Lebens und seiner Laufbahn, schurkisch und meuchlerisch, ohne jede Gewissensbisse einen kleinen Beamten, der in gewissem Sinn sein Wohltäter gewesen ist, und dessen Magd niedergestochen, um ihm einen Schuldschein und gleichzeitig auch die anderen Gelder des Beamten zu rauben, denn die ‚können für meine Vergnügungen in der großen Welt und für meine Karriere in Zukunft dienlich sein'. Er metzelt beide nieder und entfernt sich, nachdem er den Leichen je ein Kissen unter den Kopf gelegt hat. Da wieder tötet ein junger Held, mit Tapferkeitskreuzen behängt, in einem räuberischen Überfall an der Landstraße die Mutter seines Vorgesetzten und Wohltäters, und als er vorher seine Kameraden zur Teilnahme an dem Verbrechen anstiftete, versicherte er ihnen, daß sie ihn liebe wie ihren leiblichen Sohn und deshalb jeden seiner Ratschläge befolgen und keinerlei Vorsichtsmaßnahmen ergreifen werde. Mag das ein Unmensch sein, aber ich wage jetzt, in unserer Zeit, nicht mehr zu sagen, daß das nur ein vereinzelter Unmensch sei. Mancher begeht keinen Mord, aber fühlt und denkt genauso wie er: in seiner Seele ist er genauso ehrlos wie jener. Insgeheim, Auge in Auge mit seinem Gewissen, fragt er sich vielleicht: ‚Ja, was ist denn eigentlich Ehre, und ist Scheu vor dem Blutvergießen nicht ein Vorurteil?' Vielleicht wird man gegen diese meine Behauptung stürmisch protestieren und sagen, ich sei ein kränklicher, hysterischer Mensch, ich verleumdete ungeheuerlich, ich redete irre, ich übertriebe. Mag man nur so sprechen, mag man nur – und mein Gott, wie würde ich mich als allererster darüber freuen! Oh, Sie brauchen mir nicht zu glauben, Sie können mich für krank halten, aber merken Sie sich trotzdem meine Worte: Wenn auch nur ein Zehntel, nur ein Zwanzigstel Wahrheit in meinen Worten ist, so ist ja auch das schon entsetzlich! Schauen Sie, meine Herren, schauen Sie nur, wie sich bei uns junge Leute erschießen! Oh, ohne im geringsten wie Hamlet zu fragen: ‚Was wird *dort* sein?' Ohne irgendwelche Anzeichen einer solchen Frage, als ob die These von unserem Geiste und von allem, was uns im Jenseits erwartet, im Wesen dieser Menschen schon längst getilgt, begraben und mit Sand zugeschüttet wäre. Betrachten Sie schließlich unsere Unsittlichkeit, unsere Wüstlinge. Fjodor Pawlowitsch, das unglückliche Opfer in dem vorliegenden Prozeß, ist neben manchem von ihnen fast ein unschuldiges Kind. Und dabei kannten wir ihn doch alle; ‚er hat unter uns gelebt' ... Ja, mit der Psychologie des russischen Verbrechens werden sich vielleicht einmal die hervorragendsten Geister sowohl bei uns wie in Europa befassen, denn das Thema ist es wert! Aber dieses Studium wird irgendeinmal später getrieben werden, in Muße, und wenn einmal all die tragische Albernheit unsres gegenwärtigen Augenblickes weiter in den Hintergrund gerückt ist, so daß man sie schon klüger und leidenschaftsloser wird betrachten können, als zum Beispiel Menschen wie ich das zu tun vermögen. Jetzt entsetzen wir uns entweder, oder wir tun so, als entsetzten wir uns, während wir selber im Gegenteil das

Schauspiel auskosten als Liebhaber starker, exzentrischer, unseren zynisch-trägen Müßiggang aufrüttelnder Sensationen, oder wir wehren gleich kleinen Kindern die schrecklichen Gespenster mit den Händen von uns ab, stecken den Kopf unter das Kissen, bis die furchtbare Vision vorübergehe, und vergessen sie dann gleich wieder in Fröhlichkeit und Spiel. Aber einmal müssen auch wir unser Leben nüchtern und nachdenklich beginnen, auch wir müssen einmal einen Blick auf uns als Gesellschaft werfen, auch wir müssen wenigstens irgend etwas in unserem gesellschaftlichen Tun vernünftig gestalten oder wenigstens nur damit beginnen. Ein großer Schriftsteller der vorangegangenen Epoche hat als Finale des größten seiner Werke* ganz Rußland in Gestalt eines Dreigespanns verkörpert, das kühn einem unbekannten Ziel entgegenjagt, und er ruft: ‚Ach Troika, du beflügeltes Dreigespann, wer hat dich erfunden!' Und er fügt in stolzer Begeisterung hinzu, daß vor dem Dreigespann, das wild dahinjagt, alle Völker ehrerbietig zur Seite treten werden. So ist das, meine Herren – mögen sie, mögen sie zur Seite treten, ehrerbietig oder nicht, doch nach meiner ketzerhaften Ansicht hat der geniale Künstler diesen Schluß entweder in einem Anfall kindlich unschuldiger Schönfärberei oder einfach aus Angst vor der damaligen Zensur geschrieben. Denn wenn man vor diese Troika nur seine eigenen Helden einspannte, Leute wie Sobakewitsch, Nosdrjow und Tschitschikow, kommt man, wen immer man auch als Kutscher auf den Bock setzt, mit solchen Pferden doch zu keinem vernünftigen Ziel! Und das sind ja erst nur die früheren Pferde, die sich mit den heutigen beiweitem nicht messen können, bei uns geht's gründlicher zu ...«

Hier wurde die Rede Ippolit Kirillowitschs von Händeklatschen unterbrochen. Die liberale Gesinnung bei der Schilderung des russischen Dreigespanns hatte gefallen. Freilich wurde nur zwei- oder dreimal geklatscht, so daß es der Vorsitzende nicht einmal für nötig fand, sich an das Publikum mit der Drohung zu wenden, er werde »den Saal räumen lassen«, sondern nur strenge zu denen, die geklatscht hatten, hinsah. Doch Ippolit Kirillowitsch war ermutigt: niemals hatte ihm bisher jemand applaudiert! So viele Jahre hatte man

* Gemeint sind *Die toten Seelen* von Nikolai Gogol. Sobakewitsch, Nosdrjow und Tschitschikow sind Gestalten daraus (Anmerkung des Übersetzers).

auf diesen Mann nicht hören wollen, und plötzlich fand er die Möglichkeit, das Wort an ganz Rußland zu richten!

»Und wirklich«, so fuhr er fort, »was ist diese Familie Karamasow, die im ganzen Lande plötzlich eine so traurige Berühmtheit erlangt hat? Vielleicht übertreibe ich zu sehr, doch will mir scheinen, daß in dem Bild dieser Familie einige allgemeine, grundlegende Elemente unserer heutigen intelligenten Gesellschaft sichtbar werden – oh, nicht alle Elemente und auch nur in mikroskopischer Größe, ‚wie die Sonne in einem kleinen Wassertropfen', aber trotzdem hat sich etwas widergespiegelt, etwas hat sich deutlich gezeigt. Betrachten Sie diesen unglücklichen, lasterhaften alten Mann, diesen ‚Familienvater', der sein Leben so traurig beenden mußte. Ein Mensch von adeliger Geburt, der seine Karriere als armer Parasit begann, durch eine plötzliche und unerwartete Ehe ein großes Kapital als Mitgift in die Hände bekam, anfangs ein kleiner Betrüger und schmeichlerischer Possenreißer mit einem Keim geistiger Fähigkeiten, die übrigens keineswegs sehr schwach waren, und vor allem ein Wucherer. Mit den Jahren, das heißt, mit dem Wachsen seines Kapitals, wird er kühner. Unterwürfigkeit und Liebedienerei verschwinden, es bleibt nur der spöttische, boshafte Zyniker und Lüstling. Die geistige Seite ist völlig verschüttet, und seine Lebensgier außerordentlich. Es kam so weit, daß er außer wollüstigen Genüssen nichts im Leben mehr sah und auch seine Kinder so erzog. Von irgendwelchen geistigen Vaterpflichten kann keine Rede sein. Er macht sich über sie lustig; er läßt seine kleinen Kinder im Hinterhof aufwachsen und ist froh, daß jemand sie ihm abnimmt. Er vergißt sie sogar gänzlich. Die einzige Moral des Alten ist: après moi le déluge. Hier sehen Sie alles, was dem Begriff der Bürgerpflicht entgegengesetzt ist, sogar eine feindselige Absonderung von der Gesellschaft: ‚Mag die ganze Welt in Flammen stehen, wenn es nur mir gut geht!' Und ihm geht es gut; er ist vollauf zufrieden; er giert danach, noch fünfundzwanzig, dreißig Jahre so weiterzuleben. Er bringt den leiblichen Sohn um das mütterliche Erbe, will mit diesem Geld seinem Sohn die Geliebte abspenstig machen. Nein, ich will die Verteidigung des Angeklagten nicht dem hochbegabten Anwalt allein überlassen, der aus Petersburg hergekommen ist. Ich selber werde die Wahrheit sagen, ich selber verstehe jene Summe von Entrüstung, die der Alte im Herzen seines Sohnes angehäuft hat. Doch genug, genug von diesem unglücklichen alten Mann; er hat seinen

Lohn dahin. Wir wollen uns jedoch dessen erinnern, daß dies ein Vater war, einer der Väter von heute. Beleidige ich wohl die Gesellschaft, wenn ich sage, daß dies sogar einer unter vielen Vätern von heute war? Ach, manche der heutigen Väter äußern sich nicht so zynisch wie er, weil sie besser erzogen und gebildeter sind, doch im Wesen huldigen sie derselben Philosophie. Aber vielleicht bin ich ein Pessimist, mag sein. Wir haben uns schon darauf geeinigt, daß Sie mir verzeihen werden. Wollen wir weiter abmachen: glauben Sie mir nicht; ich werde sprechen, und Sie brauchen es nicht zu glauben. Aber lassen Sie es mich dennoch mir von der Seele reden, und vergessen Sie einiges von meinen Worten nicht! Doch jetzt zu den Kindern dieses alten Mannes, dieses Familienvaters: der eine sitzt vor Ihnen auf der Anklagebank, ihm wird meine ganze Rede gelten; über die anderen will ich nur flüchtig sprechen. Von diesen anderen ist der Ältere einer der modernen jungen Männer mit ziemlich starkem Verstand und mit blendender Bildung, aber er glaubt an nichts mehr, hat allzuviel im Leben schon über Bord geworfen und ausgetilgt, genauso wie sein Vater. Wir haben ihn alle gehört; er ist in unserer Gesellschaft freundlich aufgenommen worden. Aus seinen Ansichten hat er kein Hehl gemacht, im Gegenteil, ganz im Gegenteil; und das gibt mir den Mut, jetzt einigermaßen offen über ihn zu reden, natürlich nicht über ihn als Privatperson, sondern nur über ihn als Mitglied der Familie Karamasow. Hier endete gestern am Rande der Stadt durch Selbstmord ein kränklicher Idiot, der in den vorliegenden Prozeß stark verwickelt ist, Smerdjakow, der ehemalige Diener und vielleicht auch uneheliche Sohn Fjodor Pawlowitschs. Unter hysterischen Tränen erzählte er mir in der Voruntersuchung, wie ihn dieser junge Karamasow, Iwan Fjodorowitsch, durch seine innere Haltlosigkeit entsetzt habe. ‚Alles auf der Welt', so sagte der Diener, ‚ist nach der Meinung des jungen Herrn erlaubt, und künftig soll nichts verboten sein – das hat er mich immer gelehrt.' Es scheint, daß der Idiot über diese These, die man ihm da beibrachte, völlig den Verstand verloren hat, obwohl natürlich auch seine Fallsucht und die ganze Katastrophe dort im Hause zur Zerrüttung seines Geistes mit beigetragen haben. Nun, diesem Idioten entfuhr eine sehr, sehr interessante Bemerkung, die einem weit klügeren Beobachter, als er es war, Ehre gemacht hätte, und eben darum habe ich von ihm zu sprechen begonnen. ‚Wenn einer der Söhne', so sagte er mir, ‚Fjodor Pawlowitsch im Charakter besonders ähnlich ist, dann Iwan Fjodorowitsch!‘ Mit dieser Bemerkung breche ich die begonnene Charakteristik ab, da ich es für taktlos halte, sie fortzusetzen. Oh, ich will nicht weitere Schlüsse ziehen und wie ein krächzender Unglücksrabe dem jungen Manne nur den Untergang prophezeien. Wir haben heute und in diesem Saal gesehen, daß die unmittelbare Kraft der Wahrheit in seinem jungen Herzen noch lebt, daß durch Unglauben und sittlichen Zynismus, den er mehr als Erbteil als durch wahres Leiden des Gedankens erworben hat, die Gefühle der Familienverbundenheit in ihm noch nicht völlig erstickt wurden. Und dann der zweite Sohn, oh, das ist noch ein Jüngling, gottesfürchtig und friedfertig, im Gegensatz zu der finsteren zersetzenden Weltanschauung seines Bruders, einer, der den sogenannten ‚volkstümlichen Prinzipien‘ anzuhängen trachtet oder dem, was in manchen theoretischen Winkeln unserer denkenden Intelligenz mit diesem ausgeklügelten Ausdruck bezeichnet wird. Sehen Sie, er hat sich dem Kloster angeschlossen und wäre fast Mönch geworden. In ihm, so scheint mir, hat sich gleichsam unbewußt und so frühzeitig jene zaghafte Verzweiflung ausgedrückt, an der jetzt so viele in unserer unseligen Gesellschaft leiden. Aus Angst vor dem Zynismus und der Lasterhaftigkeit der Gesellschaft, und weil sie alles Übel irrtümlich auf die europäische Aufklärung zurückführen, nehmen sie ihre Zuflucht zu der sogenannten ‚Heimatscholle‘, stürzen sich sozusagen in die mütterliche Umarmung des heimatlichen Landes, gleich Kindern, die von Gespenstern geschreckt sind und sich an der verdorrten Brust der geschwächten Mutter danach sehnen, wenigstens ruhig einzuschlummern und notfalls auch das ganze Leben zu verschlafen, wenn sie nur nicht die Greuel sehen müssen, die ihnen Angst einjagen. Meinerseits wünsche ich dem guten, begabten Jüngling das Beste; ich wünsche ihm, daß seine junge Seelenschönheit und sein Streben nach den volkstümlichen Prinzipien später nicht, wie das so oft geschieht, in moralischer Hinsicht in finsteren Mystizismus und in staatsbürgerlicher Hinsicht in stumpfen Chauvinismus umschlügen – zwei Dinge, die unsere Nation vielleicht mit noch größerem Übel bedrohen als sogar die frühe Zersetzung durch eine falsch verstandene und mühelos erzielte europäische Aufklärung, an der sein älterer Bruder krankt.«

Wegen des über den Chauvinismus und den Mystizismus Gesagten wurde abermals zwei- oder dreimal geklatscht.

Ippolit Kirillowitsch hatte sich natürlich hinreißen lassen, und all das hatte nur wenig mit dem vorliegenden Prozeß zu tun, gar nicht zu reden davon, daß es ziemlich unklar herauskam; aber dieser schwindsüchtige, verbitterte Mann hatte ein allzu großes Verlangen empfunden, sich wenigstens einmal im Leben alles von der Seele zu reden. Bei uns sagte man später, daß er sich bei der Charakteristik Iwan Fjodorowitschs von einem geradezu unfeinen Gefühl habe leiten lassen, weil ihn dieser ein- oder zweimal bei Diskussionen öffentlich angegriffen hatte und Ippolit Kirillowitsch sich dessen erinnerte und sich nun rächen wollte. Aber ich weiß nicht, ob man diese Schlußfolgerung ziehen kann. Jedenfalls war das alles erst die Einleitung, dann ging die Rede näher und unmittelbarer auf die Sache ein.

»Doch hier ist der dritte Sohn dieses Familienvaters von heute«, sprach Ippolit Kirillowitsch weiter. »Er sitzt vor uns auf der Anklagebank. Vor uns liegen seine Leistungen, sein Leben und seine Taten; die Zeit ist gekommen, und alles hat sich enthüllt, alles ist zutage getreten. Im Gegensatz zum ‚Europäertum‘ und den volkstümlichen Prinzipien seiner Brüder stellt er gleichsam das unmittelbare Rußland dar – oh, nicht das ganze, nicht das ganze, und Gott sei vor, daß es das ganze wäre! Aber trotzdem ist es hier, unser liebes Rußland; hier riecht es nach Rußland; man fühlt es hier, das teure. Oh, wir sind unbefangen, wir sind das Böse und das Gute in einem erstaunlichen Gemisch; wir lieben die Aufklärung und Schiller, gleichzeitig aber randalieren wir in Wirtshäusern und reißen unseren betrunkenen Saufkumpanen den Bart aus. Oh, auch wir sind gut und vortrefflich, doch nur dann, wenn es uns selber gut und vortrefflich geht. Wir begeistern uns sogar für die edelsten Ideale – ja, wir begeistern uns wirklich, doch nur unter der Bedingung, daß sie von selber erreicht werden können, daß sie uns vom Himmel herunter auf den Tisch fallen und vor allem umsonst, umsonst, daß man für sie nichts zu bezahlen braucht. Wir haben eine entsetzliche Scheu vor dem Zahlen, dafür lieben wir es sehr, etwas zu bekommen, und zwar in allem. Oh, gebt uns, gebt uns nur alle möglichen Wohltaten des Lebens – ich betone alle möglichen, denn billiger tun wir's nicht – und hindert vor allem in nichts unser Treiben, und dann werden wir beweisen, daß auch wir gut und vortrefflich sein können. Wir sind nicht habgierig, nein; aber dennoch gebt uns Geld, viel, viel, möglichst viel Geld, und ihr werdet sehen, wie großzügig, mit welcher Geringschätzung für das verächtliche

Metall wir es in einer einzigen Nacht in einem hemmungslosen Zechgelage vergeuden. Und gibt man uns kein Geld, so werden wir zeigen, wie wir uns welches zu verschaffen wissen, wenn uns sehr danach gelüstet. Doch davon später; wir wollen der Reihe nach vorgehen. Vor allem haben wir einen armen vernachlässigten Knaben vor uns, ‚auf dem Hinterhof, ohne Schuhe', wie sich vorhin unser ehrwürdiger und geschätzter Mitbürger, der leider ausländischer Herkunft ist, ausgedrückt hat. Ich wiederhole, daß ich die Verteidigung des Angeklagten keinem anderen überlassen werde! Ich bin Ankläger, ich bin aber auch Verteidiger. Ja, auch wir sind Menschen, auch wir sind menschlich, und wir werden abzuwägen verstehen, wie die ersten Eindrücke der Kindheit und des Vaterhauses auf den Charakter einwirken können. Doch dann ist der Knabe schon ein Jüngling, schon ein junger Mann, ein Offizier; wegen zügellosen Lebenswandels und einer Herausforderung zum Duell wird er in eines der entfernten Grenznester unseres gesegneten Rußlands versetzt. Dort dient er, dort zecht er, und natürlich – einem großen Schiff geziemt weite Fahrt! Wir brauchen Geldmittel, vor allem Geldmittel, und schließlich einigt er sich nach langem Gezänke mit dem Vater auf die letzten sechstausend, und das Geld wird ihm zugeschickt. Beachten Sie wohl, er hat eine Quittung darüber ausgestellt, und es liegt von ihm ein Brief vor, in dem er auf das übrige beinahe verzichtet und mit diesen sechstausend die Erbschaftsstreitigkeit mit seinem Vater beendet. Nun kommt es zu seiner Begegnung mit einem jungen Mädchen von edlem Charakter und hoher Bildung. Oh, ich wage nicht, die Einzelheiten zu wiederholen; Sie haben sie eben erst gehört: hier haben wir es mit Ehre zu tun, mit Selbstaufopferung, und ich verstumme. Das Bild des jungen Mannes, der zwar leichtsinnig und lasterhaft ist, sich aber vor wahrem Edelsinn, vor einer höheren Idee neigt, ist außerordentlich sympathisch vor uns erstanden. Doch nachher zeigte sich plötzlich in diesem selben Gerichtssaal ganz unerwartet auch die Kehrseite der Medaille. Wieder wage ich es nicht, mich in Rätselraten einzulassen, und will mir versagen, die Gründe dafür zu analysieren. Aber es gab ja doch Ursachen, warum das geschah. Diese selbe Person erklärt uns, aufgelöst in Tränen einer lange verborgen gehaltenen Entrüstung, daß er, er sie als erster dafür verachtete, für ihren unvorsichtigen, vielleicht hemmungslosen Impuls, der aber dennoch erhaben war, dennoch von einer großen Seele zeugte. Er, der Verlobte dieses Mädchens, zeigte als erster von allen jenes spöttische Lächeln, das sie nur von ihm, einzig von ihm nicht ertragen konnte. Obwohl sie wußte, daß er sie bereits betrogen hatte – in der Überzeugung betrogen, daß sie in Hinkunft alles von ihm werde erdulden müssen, sogar seine Untreue –, obwohl sie das wußte, bot sie ihm absichtlich dreitausend Rubel an und gab ihm dabei klar, nur allzu klar zu verstehen, daß sie ihm das Geld eben für seine Untreue anbiete. Nun, wirst du's nehmen oder nicht? Wirst du wohl so zynisch sein? sagt sie ihm wortlos mit verurteilendem, forschendem Blick. Er sieht sie an, versteht ihre Gedanken sehr genau – er hat doch hier vor Ihnen zugegeben, daß er alles verstanden hat – und eignet sich ohne weiteres diese dreitausend an, die er mit seiner neuen Geliebten in zwei Tagen verjubelt! Woran soll man nun glauben? Der ersten Legende – dem Impuls hohen Edelsinns, der die letzten Geldmittel hergibt und sich vor der Tugend neigt, oder der so abstoßenden Kehrseite der Medaille? Gewöhnlich ist es im Leben so, daß man bei zwei Gegensätzen die Wahrheit in der Mitte suchen muß; im vorliegenden Falle ist das buchstäblich nicht so. Am wahrscheinlichsten ist, daß er im ersten Fall aufrichtig edelmütig war und im zweiten Fall ebenso aufrichtig niedrig. Warum? Eben darum, weil wir breitangelegte Naturen sind, karamasowsche Naturen – und darauf will ich auch hinaus –, die fähig sind, alle möglichen Gegensätze in sich zu vereinen und gleichzeitig beide Abgründe zu schauen: den Abgrund über uns, den Abgrund höchster Ideale, und den Abgrund unter uns, den Abgrund der niedrigsten und schändlichsten Verkommenheit. Erinnern Sie sich an den blendenden Gedanken, den ein junger Beobachter mit tiefer und naher Einsicht in die ganze Familie Karamasow, Herr Rakitin, hier geäußert hat: ‚Die Empfindung der Niedrigkeit ihrer Verkommenheit ist diesen entfesselten, haltlosen Naturen ebenso nötig wie die Empfindung des höchsten Edelmutes' – und das ist wahr: diese ständige unablässige Mischung brauchen sie gerade. Zwei Abgründe, meine Herren, zwei Abgründe in einem und demselben Augenblick – ohne das sind wir unglücklich und unzufrieden, ist unser Dasein nicht vollständig. Wir sind breit angelegt, breit wie unser ganzes teures Rußland; wir bringen alles in uns unter und leben uns in alles ein! Übrigens haben wir jetzt diese dreitausend Rubel erwähnt, meine Herren Geschworenen, und ich will mir erlauben, ein wenig vorzugreifen. Stellen Sie sich nur vor, daß er, dieser Charakter, nachdem er damals die dreitausend Rubel erhalten hatte, und dazu noch auf solche Art, durch eine solche Beschämung, durch eine solche Schmach, durch den letzten Grad der Demütigung –, stellen Sie sich nur vor, daß er am gleichen Tag imstande war, die Hälfte davon wegzulegen, sie in ein Beutelchen einzunähen, und dann einen ganzen Monat die Kraft hatte, sie trotz allen Verlockungen und trotz aller außerordentlichen Not am Halse zu tragen. Weder bei seinen trunkenen Exzessen in den verschiedenen Gasthäusern noch damals, als er Hals über Kopf aus der Stadt eilen mußte, um Gott weiß bei wem Geld aufzutreiben, das er überaus dringend brauchte, um seine Geliebte den Verführungen des Rivalen, seines Vaters, zu entziehen, wagt er es, diesen Beutel anzugreifen. Und wäre es auch nur zu dem Zweck, seine Geliebte nicht den Verlockungen des alten Mannes preiszugeben, auf den er so eifersüchtig war, er hätte wohl diesen Beutel öffnen und als Wächter seiner Geliebten, ohne von ihrer Seite zu weichen, zu Hause sitzen und auf den Augenblick warten müssen, da sie ihm endlich sagte: ‚Ich bin dein!‘ um mit ihr irgendwohin in weite Ferne zu fliehen, weg aus der jetzigen, unseligen Umgebung. Doch nein, er rührt seinen Talisman nicht an, und mit welcher Begründung? Die ursprüngliche Begründung war, wie wir sagten, gerade die, daß er, falls sie ihm sagte: ‚Ich bin dein, führ mich weg, wohin du willst‘, das Geld für diese Entführung habe. Doch dieser erste Vorwand verblaßte nach den eigenen Worten des Angeklagten vor dem zweiten. Solange ich, so mochte er sich gesagt haben, dieses Geld bei mir trage, bin ich ein Schuft, aber kein Dieb, denn ich kann immer noch zu meiner Braut gehen, die ich so schwer gekränkt habe, ihr die Hälfte der betrügerisch genommenen Summe hinlegen und sagen: ‚Siehst du, ich habe die Hälfte deines Geldes durchgebracht und dadurch bewiesen, daß ich ein schwacher, unmoralischer Mensch bin, und wenn du willst, auch ein Schuft‘ – ich verwende hier die Ausdrücke des Angeklagten selbst –, ‚aber mag ich auch ein Schuft sein, ein Dieb bin ich nicht, denn wenn ich ein Dieb wäre, hätte ich dir nicht die Hälfte des Geldes gebracht, sondern mir auch diese angeeignet wie die erste Hälfte.‘ Eine erstaunliche Erklärung der Tatsache! Dieser selbe rasende, aber schwache Mensch, der nicht imstande war, trotz solcher Schmach der Verlockung durch die dreitausend Rubel zu widerstehen – dieser selbe Mensch fühlt plötzlich eine so stoische Festigkeit in sich und trägt mehr als tausend Rubel am Hals, die er nicht anzurühren wagt! Ist das auch nur irgendwie mit dem von uns untersuchten Charakter des Mannes vereinbar? Nein, und ich werde mir gestatten, Ihnen zu erzählen, wie in einem solchen Fall der echte Dmitrij Karamasow vorgegangen wäre, selbst wenn er sich sogar wirklich entschlossen hätte, sein Geld in einen Beutel einzunähen. Bei der ersten Verlockung – nun, und sei es auch nur, um dieser neuen Geliebten, mit der er bereits die erste Hälfte eben dieses Geldes verpraßt hatte, wieder irgendeine Freude zu machen, hätte er den Beutel geöffnet und – na, sagen wir, für den ersten Bedarf nur hundert Rubel herausgenommen, denn wozu sollte er unbedingt die Hälfte zurückgeben, das heißt anderthalbtausend, da doch auch eintausendvierhundert Rubel genug gewesen wären; der Effekt wäre ja doch der gleiche geblieben: ‚Ich bin ein Schuft, aber kein Dieb, weil ich dir doch wenigstens eintausendvierhundert zurückgebe, ein Dieb aber hätte das ganze Geld genommen und nichts zurückgebracht.' Dann hätte er nach einiger Zeit den Beutel abermals geöffnet und die zweiten hundert herausgenommen, dann die dritten, dann die vierten und nicht später als gegen Ende des Monates hätte er schließlich die vorletzten hundert genommen: ‚Wenigstens einhundert Rubel bringe ich zurück, es bleibt ja dann immer das gleiche: ich bin ein Schuft, aber kein Dieb. Zweitausendneunhundert habe ich vergeudet, doch immerhin einhundert zurückgegeben; ein Dieb hätte auch das nicht getan.' Und schließlich hätte er, nachdem auch die vorletzten hundert verpraßt waren, die letzten angesehen und sich gesagt: ‚Es lohnt sich ja wahrhaftig nicht, diesen einen Hundertrubelschein zurückzugeben – na, ich will auch den verjubeln!' So wäre der echte Dmitrij Karamasow vorgegangen, wie wir ihn kennen. Die Legende von dem Beutelchen ist ein solcher Widerspruch zu der Wirklichkeit, wie man sich ihn schroffer gar nicht vorstellen kann. Alles kann man vermuten, nur das nicht! Aber wir werden darauf noch zurückkommen.«

Nachdem er der Reihe nach alles umrissen hatte, was aus dem Verfahren über die Vermögensstreitigkeiten und die Familienbeziehungen des Vaters zu dem Sohn bekannt geworden war, und nachdem er noch einmal den Schluß gezogen hatte, daß nach den bekannten Daten auch nicht die leiseste Möglichkeit bestehe, sich über diese Sache mit der Teilung des Erbes klar zu werden, wer wen hintergangen und wer wem etwas vorenthalten habe, erwähnte Ippolit Kirillowitsch im Zusammenhang mit diesen dreitausend Rubel, die sich in Mitjas Kopf wie eine fixe Idee festgesetzt hatten, auch das ärztliche Gutachten.

7

Geschichtlicher Überblick

»Die Ärzte wollen uns in ihrem Gutachten beweisen, daß der Angeklagte nicht bei Verstande sei und an Wahnvorstellungen leide. Ich behaupte, daß er sehr wohl bei Verstande ist, aber daß dies eben das Allerschlimmste ist: wäre er nicht bei Verstand, so hätte er vielleicht weit klüger gehandelt. Was aber die Behauptung betrifft, daß er an Wahnvorstellungen leide, so wäre ich damit sogar einverstanden, aber nur in einem einzigen Punkt – in eben jenem, auf den die Expertise auch hinweist, nämlich die Ansicht des Angeklagten über diese dreitausend Rubel, die ihm sein Vater angeblich noch schuldete. Dennoch wird man, um die ständige Raserei des Angeklagten wegen dieses Geldes zu erklären, vielleicht einen unvergleichlich näher liegenden Gesichtspunkt finden als seine Neigung zur Geistesstörung. Meinerseits pflichte ich durchaus der Ansicht des jungen Arztes bei, der fand, daß der Angeklagte im vollen Besitz seiner normalen geistigen Fähigkeiten und nur gereizt und erbittert gewesen sei. Und sehen Sie, darum dreht es sich: nicht um die dreitausend, nicht eigentlich um diese Summe ging es bei der ständigen und rasenden Erbitterung des Angeklagten, sondern darum, daß hier ein ganz besonderer Grund vorlag, der seinen Zorn erweckte. Dieser Grund war die Eifersucht!«

Hier entwarf Ippolit Kirillowitsch ein ausführliches Bild der verhängnisvollen Leidenschaft des Angeklagten für Gruschenka. Er begann mit jenem Augenblick, da sich der Angeklagte zu der »jungen Person« begab, um sie zu »verprügeln«. »Ich gebrauche hier seine eigenen Ausdrücke«, erklärte Ippolit und fuhr fort: »Doch statt sie zu prügeln, blieb er zu ihren Füßen liegen – das war der Beginn dieser Liebe. Gleichzeitig wirft auch der Alte, der Vater des Angeklagten, ein Auge auf eben diese Person – ein erstaunliches, schicksalschweres Zusammentreffen, denn beider Herzen entbrannten plötzlich zur gleichen

Zeit, obwohl früher sowohl der eine wie der andere diese Person gekannt hatten und ihr begegnet waren, und die beiden Herzen entbrannten in der zügellosesten, echt karamasowschen Leidenschaft. Wir haben das eigene Eingeständnis der jungen Person, die sagte: ‚Ich machte mich über den einen und über den anderen lustig'. Ja, es gefiel ihr plötzlich, über den einen wie über den anderen zu lachen; früher wollte sie das nicht, plötzlich jedoch kam ihr das in den Sinn – und das endete damit, daß beide bezwungen vor ihr niederfielen. Der Alte, dem Gelde ergeben wie einem Gott, legte unverzüglich dreitausend Rubel nur zu dem Zwecke bereit, daß sie seine Behausung aufsuche, war aber bald so weit gebracht, daß er es für ein Glück gehalten hätte, ihr seinen Namen und sein ganzes Vermögen zu Füßen legen zu können, wenn sie nur einwilligte, seine rechtmäßige Gattin zu werden. Dafür haben wir unumstößliche Zeugenaussagen. Was jedoch den Angeklagten betrifft, so ist seine Tragödie offensichtlich; sie liegt vor unseren Augen. Doch das war eben das ‚Spiel' der jungen Person. Dem unglücklichen jungen Mann machte die Verführerin nicht einmal Hoffnungen, denn Hoffnung, wirkliche Hoffnung wurde ihm erst im allerletzten Augenblick gemacht, als er vor seiner Peinigerin auf den Knien lag und ihr die vom Blut seines Vaters und Nebenbuhlers geröteten Hände entgegenstreckte – und in dieser Stellung wurde er auch verhaftet. ‚Schickt mich mit ihm zusammen zur Zwangsarbeit; ich habe ihn so weit gebracht; ich bin am meisten schuld!' rief diese junge Person, schon in aufrichtiger Reue, im Augenblick seiner Verhaftung. Der talentierte junge Mann, der es unternommen hat, den vorliegenden Fall zu beschreiben – wieder jener Herr Rakitin, den ich bereits erwähnt habe –, umreißt in einigen gedrängten und bezeichnenden Sätzen den Charakter dieser Heldin: ‚Frühe Enttäuschung, frühe Verführung und Fall, die Untreue des Verführers und Bräutigams, der sie im Stich gelassen hat; sodann die Armut, die Verfluchung durch die ehrenwerte Familie und schließlich die Gönnerschaft eines reichen alten Mannes, den sie übrigens heute noch für ihren Wohltäter hält. In dem jungen Herzen, das vielleicht manches Gute in sich barg, hat sich schon allzu früh Zorn eingenistet. Und so entstand ein berechnender, raffender Charakter. Es entwickelte sich Spottlust und Rachsucht gegen die Gesellschaft.' Nach dieser Charakteristik ist verständlich, daß sie den einen wie den anderen verlachen konnte, einzig um des Spieles, um eines boshaften Spieles willen. Und in diesem Monat der hoffnungslosen Liebe, des moralischen Sturzes, der Untreue gegen seine Braut, der Aneignung fremden Geldes, das seiner Ehrenhaftigkeit anvertraut war, gerät der Angeklagte außerdem noch fast in Raserei und Wut – aus ständiger Eifersucht – und auf wen? Auf den eigenen Vater! Und was das Wichtigste ist: Der tolle Alte lockt und verlockt den Gegenstand seiner Leidenschaft – mit eben diesen dreitausend Rubel, die der Sohn für sein Eigentum, für sein mütterliches Erbteil hält und die er dem Vater immer zum Vorwurf macht! Ja, ich gebe zu, daß das schwer zu ertragen war! Hier konnte sich sogar eine Manie herausbilden. Nicht um das Geld handelte es sich, sondern darum, daß mit so abscheulichem Zynismus durch dieses Geld sein Glück zerschlagen wurde!«

Hierauf ging Ippolit Kirillowitsch dazu über, wie in dem Angeklagten allmählich der Gedanke an den Vatermord aufkam, und verfolgte das an Hand der Tatsachen.

»Zuerst zetern wir nur in Gasthäusern – diesen ganzen Monat zetern wir. Oh, wir lieben es, unter Menschen zu leben und sogleich diesen Menschen unsere teuflischsten und gefährlichsten Gedanken mitzuteilen; wir lieben es, den Menschen unser Herz auszuschütten, und wir fordern aus unbekannten Gründen sogleich und an Ort und Stelle, daß diese Menschen das unverzüglich mit vollster Sympathie erwidern, auf alle unsere Sorgen und Kümmernisse eingehen, uns zustimmen und unserer Lebensweise nichts in den Weg legen. Sonst werden wir böse und zertrümmern das ganze Gasthaus . . .« Hier folgte die Geschichte mit dem Hauptmann Snegirjow. »Wer den Angeklagten in diesem Monat sah und hörte, hatte schließlich das Gefühl, daß hier nicht nur Geschrei und Drohungen gegen den Vater vorlagen, sondern daß bei solcher Raserei die Drohungen wohl auch Wirklichkeit werden könnten.« Hier beschrieb der Staatsanwalt die Familienzusammenkunft im Kloster, die Gespräche mit Aljoscha und den abscheulichen Gewaltakt im Hause des Vaters, als der Angeklagte nach Tisch dort eindrang. »Ich gedenke ja nicht hartnäckig zu behaupten«, fuhr Ippolit Kirillowitsch fort, »daß der Angeklagte schon vor dieser Szene mit Überlegung und vorsätzlich beschlossen hätte, dem Leben seines Vaters durch Mord ein Ende zu setzen. Nichtsdestoweniger war ihm dieser Gedanke schon einigemale gekommen, und der Angeklagte hatte ihn mit Überlegung erwogen – dafür haben wir Tatsachen, Zeugenaussagen und sein eigenes Geständnis. Ich gebe zu, meine Herren Geschworenen«, fügte Ippolit Kirillowitsch hinzu, »daß ich sogar bis heute zögerte, dem Angeklagten den vollen und bewußten Vorsatz des sich ihm aufdrängenden Verbrechens zur Last zu legen. Ich war fest überzeugt, daß er in seiner Seele schon mehrfach den verhängnisvollen Augenblick voraussah, ihn sich aber nur als möglich vorstellte, doch weder den Zeitpunkt noch die Umstände der Ausführung festgesetzt hatte. Aber ich schwankte nur bis heute, bis zu diesem verhängnisvollen Schriftstück, das Fräulein Werchowzewa heute dem Gericht vorgelegt hat. Sie selbst, meine Herren, haben ihren Ausruf gehört: ,Das ist der Plan, das ist das Programm des Mordes!' – mit diesen Worten umriß sie den unglückseligen ,betrunkenen' Brief des unglückseligen Angeklagten. Und wirklich, dieser Brief hat die volle Bedeutung eines Programms und einer vorgefaßten Absicht. Er ist zwei Tage vor dem Verbrechen geschrieben – und auf diese Weise wurde uns nun unwiderleglich bekannt, daß der Angeklagte zwei Tage vor der Ausführung seines furchtbaren Planes mit einem Schwur erklärt hat, er werde, wenn er morgen kein Geld auftreiben könne, den Vater ermorden, um ihm das Geld, das ,mit einem roten Band verschnürt in einem Briefumschlag unter dem Kissen des Vaters' liege, zu nehmen, ,sobald Iwan weggefahren' sei. Hören Sie: ,Sobald Iwan weggefahren ist' – hier ist wohl alles schon erwogen, die Umstände sind in Rechnung gestellt, und sehen Sie: Alles wurde später so durchgeführt, wie er es geschrieben hatte! Die Vorsätzlichkeit und Überlegung stehen außer Zweifel, das Verbrechen mußte zum Zwecke des Raubes ausgeführt werden – das hat er geradeheraus erklärt, geschrieben und unterschrieben. Der Angeklagte leugnet seine Unterschrift nicht ab. Man wird sagen, dies sei der Brief eines Betrunkenen. Aber das verringert nicht seine Bedeutung; ganz im Gegenteil, er hat in betrunkenem Zustand niedergeschrieben, was er in nüchternem ausgedacht hat. Wäre der Plan nicht in nüchternem Zustand ausgeheckt worden, so hätte der Angeklagte ihn in betrunkenem Zustand nicht niedergeschrieben. Man wird vielleicht sagen: Warum hat er in den Gasthäusern seine Absicht hinausgeschrien? Wer sich zu einer solchen Tat *mit Vorbedacht* entschließt, der schweigt davon und behält es für sich. Das trifft zu, aber er schrie zu einer Zeit, da es noch keinen Plan und keinen Vorsatz gab, sondern nur der Wunsch vorlag und heranreifte. Später schreit er schon weniger darüber. An dem

Abend, an dem dieser Brief geschrieben wurde, war er, nachdem er sich im Gasthaus ‚Zur Hauptstadt' angetrunken hatte, gegen seine Gewohnheit schweigsam, spielte nicht Billard, saß abseits, sprach mit niemandem, sondern jagte nur einen Kommis eines hiesigen Kaufmanns davon, aber auch das fast unbewußt, aus gewohnter Händelsucht, ohne die er, wenn er ein Gasthaus betrat, nicht mehr auskommen konnte. Freilich mußte zugleich mit dem endgültigen Entschluß dem Angeklagten auch die Besorgnis kommen, er habe schon zu viel im voraus überall in der Stadt ausposaunt, und das könne sehr wohl die Anklage gegen ihn und seine Überführung zur Folge haben, wenn er seinen Plan verwirklichte. Aber was konnte er jetzt daran ändern? Er hatte es ausgeplaudert, das ließ sich nicht mehr rückgängig machen, und schließlich, hatte er sich bisher immer aus der Patsche gezogen, so würde es ihm auch jetzt gelingen. Wir hofften auf unseren guten Stern, meine Herren! Ich muß zudem zugeben, daß er viel getan hat, um den verhängnisvollen Augenblick zu umgehen, daß er sehr viele Anstrengungen unternahm, den blutigen Ausgang zu vermeiden. ‚Morgen werde ich alle möglichen Leute um dreitausend Rubel bitten', wie er in seiner eigenartigen Ausdrucksweise schreibt. ‚Und wenn es mir die Leute nicht geben, wird Blut fließen!' Und wiederum war das in betrunkenem Zustand geschrieben, und wiederum in nüchternem Zustand, so wie geschrieben, ausgeführt!«

Hier begann Ippolit Kirillowitsch mit der eingehenden Schilderung aller Bemühungen Mitjas, sich Geld zu verschaffen, um das Verbrechen zu vermeiden. Er berichtete von dem Gang zu Samsonow, von der Fahrt zu Ljagawyj, alles auf Grund der Akten. »Erschöpft, verhöhnt, hungrig, nachdem er seine Uhr für diese Fahrt verkauft hatte – wobei er übrigens fünfzehnhundert Rubel bei sich hatte, angeblich, oh, angeblich –, von Eifersucht auf den in der Stadt zurückgelassenen Gegenstand seiner Liebe gepeinigt, voll Argwohn, sie könnte in seiner Abwesenheit zu Fjodor Pawlowitsch gehen, kehrt er endlich in die Stadt zurück. Gott sei Dank! Sie ist nicht bei Fjodor Pawlowitsch gewesen! Er selber begleitet sie zu ihrem Gönner Samsonow. (Sonderbar, auf Samsonow sind wir nicht eifersüchtig, und das ist eine sehr charakteristische psychologische Eigenheit dieses Falles!) Dann eilt er auf seinen Beobachtungsposten ‚hinter den Häusern', und dort – und dort erfährt er, daß Smerdjakow einen epileptischen Anfall habe und der andere Diener krank sei; die Luft ist also rein, und die Klopfzeichen sind ihm bekannt – welche Versuchung! Nichtsdestoweniger widersteht er ihr noch; er geht zu der von uns allen hochverehrten zeitweiligen Bewohnerin unserer Stadt Frau Chochlakowa. Diese Dame, die schon lange Mitgefühl mit ihm hat, gibt ihm den denkbar vernünftigsten Rat: von diesem ganzen prasserischen Leben zu lassen, von dieser häßlichen Liebe, von diesem müßigen Umherziehen durch die Gasthäuser, von dem fruchtlosen Vertun seiner jungen Kräfte, und sich nach Sibirien auf Goldsuche zu begeben: ‚Dort finden Sie einen Ausweg für Ihre tobenden Kräfte, für Ihren romantischen Charakter, der nach Abenteuern giert.‘«

Ippolit Kirillowitsch schilderte den Ausgang des Gesprächs und jenen Augenblick, in dem der Angeklagte plötzlich die Nachricht erhielt, daß Gruschenka überhaupt nicht bei Samsonow gewesen war; er beschrieb die Raserei des unglücklichen, von seinen Nerven gequälten eifersüchtigen Mannes bei dem Gedanken, sie habe ihn betrogen und sei jetzt bei Fjodor Pawlowitsch, und schloß damit, daß er die Aufmerksamkeit seiner Zuhörer auf die schicksalhafte Bedeutung des Zufalles lenkte: »Hätte die Magd ihm gesagt, daß seine Geliebte mit dem ‚Früheren‘ und ‚Unbestrittenen‘ in Mokroje sei, wäre gar nichts geschehen. Aber sie war vor Furcht verwirrt; sie schwor und beteuerte, sie wisse nichts, und wenn der Angeklagte sie nicht an Ort und Stelle tötete, so nur deshalb nicht, weil er Hals über Kopf hinter der, die ihn betrogen hatte, hereilte. Aber beachten Sie wohl: Wie sehr er auch außer sich sein mochte, nahm er doch den kupfernen Mörserstößel mit. Wozu brauchte er den, wozu nahm er nicht irgendeine andere Waffe? Aber wenn wir schon einen ganzen Monat lang uns dieses Bild ausgemalt und uns darauf vorbereitet haben, so nehmen wir irgendeinen Gegenstand als Waffe, sobald uns etwas Taugliches vor Augen kommt. Aber daß ein Gegenstand dieser Art als Waffe dienen könnte, das haben wir uns schon einen ganzen Monat lang vorgestellt. Darum haben wir diesen Stößel auch sofort, und ohne zu zweifeln, als Waffe ergriffen! Und darum ist das alles auch nicht unbewußt geschehen; er hat diesen verhängnisvollen Mörserstößel nicht unwillkürlich ergriffen. Und nun ist er im Garten des Vaters – das Feld ist rein; Zeugen sind keine vorhanden – tiefe Nacht, Finsternis und Eifersucht! Der Argwohn, daß sie dort sei, bei seinem Rivalen, in dessen Armen, und daß sie sich vielleicht in diesem Augenblick über ihn lustig mache, benimmt ihm den Atem. Aber nicht der Argwohn allein – wie kann jetzt noch von Argwohn die Rede sein; der Betrug ist klar und offensichtlich! Sie ist dort, in diesem Zimmer, aus dem das Licht kommt; sie ist dort bei ihm hinter dem Wandschirm – und nun stiehlt sich der Unselige zum Fenster hin, blickt ehrerbietig hinein, fügt sich gesittet und entfernt sich vernünftig, möglichst rasch fort von der Sünde, damit nichts Unrechtes und Gefährliches geschehe – und das will man uns einreden, uns, die wir den Charakter des Angeklagten kennen, die wir verstehen, in welchem Gemütszustand er war, in einem Zustand, der uns aus den Tatsachen bekannt ist, und vor allem, da er doch die Klopfzeichen kannte, mit denen er sich sofort das Haus öffnen lassen und eintreten konnte!«

Hier schweifte Ippolit Kirillowitsch im Zusammenhang mit den »Zeichen« von seiner Anklage ab und fand es für unerläßlich, sich über Smerdjakow zu verbreiten, um die ganze Episode mit der Verdächtigung Smerdjakows völlig zu entkräften und diesen Gedanken ein für allemal zu erledigen. Er tat das höchst umständlich, und alle begriffen, daß er ungeachtet der Geringschätzung, die er dieser Vermutung gegenüber an den Tag legte, sie dennoch für sehr wichtig hielt.

8

Eine Abhandlung über Smerdjakow

»Erstens, woher kam die Möglichkeit eines solchen Verdachtes?« Mit dieser Frage begann Ippolit Kirillowitsch. »Der erste, der gerufen hatte, daß Smerdjakow den Mord begangen habe, war der Angeklagte selber im Augenblick seiner Verhaftung; doch er hat von diesem ersten Ausruf an bis jetzt im Prozeß keine einzige Tatsache zur Bekräftigung seiner Anschuldigung vorgebracht und nicht nur keine Tatsache, sondern nicht einmal etwas, das sich mit der menschlichen Auffassung von der Andeutung einer Tatsache vereinbaren ließe. Danach bestätigen nur drei Personen diese Anschuldigung: die beiden Brüder des Angeklagten und Fräulein Swetlowa. Aber der ältere Bruder des Angeklagten hat seinen Verdacht erst heute geäußert, in krankem Zustand, in einem Anfall unstreitiger Geistesverwirrung und im Nervenfieber, doch in den beiden Monaten vorher teilte er, wie uns positiv bekannt ist, die Überzeugung von der Schuld seines Bruders und versuchte nicht einmal gegen diesen Gedanken Einwendungen zu erheben. Doch damit werden wir uns später noch besonders befassen. Dann erklärte uns jetzt des Angeklagten jüngerer Bruder, daß er keinerlei Fakten zur Bekräftigung seiner Überzeugung von der Schuld Smerdjakows habe, nicht einmal die allerkleinsten, sondern er schließe nur so aus den Worten des Angeklagten selbst und aus dessen ‚Gesichtsausdruck' – ja, dieser gewichtige Beweis wurde heute zweimal von dem Bruder geäußert. Und Fräulein Swetlowa drückte sich heute vielleicht noch gewichtiger aus: ‚Was der Angeklagte Ihnen sagt, das glauben Sie, er ist kein Mensch der lügt!' Hier hätten Sie alle faktischen Beweise, die diese drei Personen in ihrem allzu großen Interesse am Schicksal des Angeklagten vorzubringen wissen. Und trotzdem machte die Beschuldigung gegen Smerdjakow die Runde und hielt sich und hält sich noch immer – kann man so etwas glauben, kann man sich das vorstellen?«

Hier fand es Ippolit Kirillowitsch für nötig, den Charakter des verstorbenen Smerdjakow, »der seinem Leben in einem Anfall krankhafter Geistesverwirrung und seelischer Störung ein Ende machte«, kurz zu umreißen. Er stellte ihn als einen Mann von schwachem Verstand mit Ansätzen einer gewissen unklaren Bildung dar; er sei durch philosophische Ideen aus dem Gleis geworfen worden, die seinen Verstand überstiegen, und durch manche zeitgenössische Lehren über Pflicht und Verpflichtung; diese Lehren seien ihm praktisch durch das zügellose Leben seines verstorbenen Herrn und vielleicht auch Vaters Fjodor Pawlowitsch beigebracht worden und theoretisch durch verschiedene sonderbare philosophische Gespräche mit Iwan Fjodorowitsch, dem ältesten Sohn des Herrn, denn Iwan Fjodorowitsch habe sich gerne diese Zerstreuung gegönnt, wahrscheinlich aus Langeweile oder aus einem Wunsch, sich lustig zu machen, der keine bessere Betätigung fand. Smerdjakow erzählte mir selbst von seinem Seelenzustand in den letzten Tagen des Aufenthaltes im Hause Fjodor Pawlowitschs«, erklärte Ippolit Kirillowitsch, »aber das bezeugen auch andere: der Angeklagte selber, sein Bruder und sogar der Diener Grigorij, das heißt alle jene, die ihn sehr genau kennen mußten. Außerdem war Smerdjakow, niedergedrückt von seiner Fallsucht, ‚feige wie ein Huhn'. – ‚Er fiel mir zu Füßen und küßte meine Stiefel', erklärte uns der Angeklagte selber in einem Augenblick, da er sich noch keinerlei Schadens von einer solchen Mitteilung bewußt war. ‚Er ist ein Huhn mit Fallsucht', drückte er sich in seiner charakteristischen Sprache aus. Und eben ihn wählt – was er selbst bezeugt – der Angeklagte zu seinem Vertrauten und schüchtert ihn so sehr ein, daß Smerdjakow schließlich bereit ist, ihm als Spion und Zuträger zu dienen. In dieser Eigenschaft eines Hausspions betrügt er seinen Herrn, macht dem Angeklagten Mitteilung sowohl von der Existenz des Briefumschlages mit dem Gelde wie auch von den Klopfzeichen, mit denen man bei Fjodor Pawlowitsch Einlaß finden konnte – ja, und wie wäre er denn fähig gewesen, das nicht mitzuteilen! ‚Ich habe gleich gesehen, daß der junge Herr mich umbringen wollte, daß er mich umbringen wollte', sagte er in der Voruntersuchung, noch immer zitternd und schlotternd, obwohl der Peiniger, der ihn geängstigt hatte, damals schon in Haft saß und nicht mehr kommen konnte, um ihn zu bestrafen. ‚Jede Minute hat er mich verdächtigt, ich selber war voll Angst und Unruhe, um nur seinen Zorn zu besänftigen, und so beeilte ich mich, ihm jedes Geheimnis mitzuteilen, damit er daran meine Unschuld ihm gegenüber sehen und mich lebendig meiner Reue überlassen konnte.' Das sind seine eigenen Worte; ich habe sie mir notiert und gemerkt: ‚Und manchmal fiel ich vor ihm auf die Knie, wenn er mich anzuschreien begann.' Da er von Natur aus ein höchst ehrenhafter junger Mann war und dadurch in das Vertrauen seines Herrn aufgenommen wurde, der diese Ehrlichkeit an ihm gewahrte, als ihm Smerdjakow das verlorene Geld zurückbrachte, war der Unglückliche, wie man wohl annehmen darf, sehr von Reue über den Verrat an seinem Herrn geplagt, den er als seinen Wohltäter liebte. Menschen, die stark an Fallsucht leiden, neigen nach dem Zeugnis der bedeutendsten Psychiater immer zu einer unablässigen, natürlich krankhaften Selbstbezichtigung. Sie quälen sich mit einer ‚Schuld' an irgend etwas und irgend jemandem gegenüber; sie quälen sich mit Gewissensbissen, oft sogar ohne jeden Grund, sie übertreiben und denken sich sogar mancherlei Schuld und Verbrechen aus, die sie begangen zu haben glauben. Und nun wird ein solches Subjekt vor Angst und Verschrecktheit wirklich schuldig und verbrecherisch. Außerdem fühlte er stark voraus, daß aus den Umständen, die sich vor seinen Augen herausbildeten, etwas

Böses entstehen könnte. Als Fjodor Pawlowitschs zweiter Sohn Iwan Fjodorowitsch knapp vor der Katastrophe nach Moskau fahren wollte, beschwor ihn Smerdjakow zu bleiben, wobei er jedoch seiner Feigheit wegen nicht wagte, alle seine Befürchtungen in klarer und kategorischer Form auszusprechen. Er begnügte sich mit Andeutungen, doch diese Andeutungen wurden nicht verstanden. Ich muß dazu bemerken, daß er in Iwan Fjodorowitsch gleichsam seinen Schutz sah, gleichsam eine Garantie dafür, daß kein Unglück geschehen werde, solange dieser im Hause sei. Erinnern Sie sich des Ausdruckes in dem ‚betrunkenen' Brief Dmitrij Karamasows: ‚Ich werde den Alten töten, sobald nur Iwan weggefahren ist'; folglich erschien wohl die Anwesenheit Iwan Fjodorowitschs allen gewissermaßen als Gewähr für Ruhe und Ordnung im Haus. Aber nun fährt dieser doch weg, und Smerdjakow bekommt gleich darauf, schon etwa eine Stunde nach der Abreise des jungen Herrn, einen epileptischen Anfall. Aber das ist vollauf verständlich. Hier muß ich erwähnen, daß der von Angst und von eigenartiger Verzweiflung bedrückte Smerdjakow, besonders in den letzten Tagen, die Möglichkeit eines nahen Anfalls seiner Krankheit fühlte, die ihn auch früher immer in Augenblicken moralischer Anspannung und Erschütterung niederwarf. Den Tag und die Stunde solcher Anfälle kann man natürlich nicht vorher erraten, doch die Neigung zu Anfällen kann jeder Epileptiker im voraus spüren. So sagt die medizinische Wissenschaft. Und nun, kaum ist Iwan Fjodorowitsch aus dem Hof gefahren, geht Smerdjakow, noch ganz unter dem Eindruck seiner, wenn man so sagen darf, Verwaistheit und seiner Schutzlosigkeit, in einer Angelegenheit des Haushaltes in den Keller, steigt die Treppe hinab und denkt: ‚Wird ein Anfall kommen oder nicht, und was dann, wenn er jetzt kommt?' Und gerade aus dieser Stimmung, aus dieser Besorgnis, diesen Fragen, packt ihn der Krampf in der Kehle, der dem epileptischen Anfall immer vorausgeht, und Smerdjakow stürzt Hals über Kopf bewußtlos auf den Boden des Kellers. Und aus dieser höchst natürlichen Zufälligkeit will man schlauerweise irgendeinen Verdacht herauslesen, irgendeinen Hinweis, irgendeine Andeutung, er habe sich *absichtlich* krank gestellt! Doch wenn es Absicht war, erhebt sich sogleich die Frage: Wozu denn? Aus welcher Absicht, zu welchem Zweck? Ich spreche schon gar nicht von der Medizin; die Wissenschaft, könnte man sagen, lügt; die Wissenschaft irrt; die Ärzte verstanden es nicht, die Wahrheit vom Simulieren zu unterscheiden – meinetwegen, meinetwegen, aber so beantworten Sie mir doch die Frage: Wozu hätte er simulieren sollen? Wollte er etwa, nachdem er den Mord geplant hatte, durch den Anfall die Aufmerksamkeit im Hause möglichst früh und möglichst rasch auf sich zu lenken? Sehen Sie, meine Herren Geschworenen, im Hause Fjodor Pawlowitschs befanden sich in der Nacht des Verbrechens fünf Menschen: erstens Fjodor Pawlowitsch selbst – aber er hat sich doch nicht selber umgebracht, das ist klar; zweitens sein Diener Grigorij, aber den hätte man selber beinahe erschlagen; drittens Grigorijs Frau, die Magd Marfa Ignatjewna – aber man müßte sich einfach schämen, sie sich als Mörderin ihres Herrn vorzustellen. So bleiben uns also nur zwei Personen: der Angeklagte und Smerdjakow. Doch da der Angeklagte behauptet, er habe den Mord nicht begangen, so muß es Smerdjakow gewesen sein; einen anderen Ausweg gibt es nicht, denn sonst ist niemand zu finden, wir haben keinen anderen Mörder zur Verfügung. Sehen Sie, sehen Sie, daher kommt also diese ‚raffinierte' und gewichtige Anschuldigung gegen den unglücklichen Idioten, der gestern seinem Leben ein Ende gemacht hat! Man beschuldigt ihn nur deshalb, weil man keinen anderen finden konnte! Hätte auch nur der Schatten eines Verdachtes gegen einen anderen vorgelegen, gegen irgendeine sechste Person, so bin ich überzeugt, daß sich sogar der Angeklagte selbst geschämt hätte, auf Smerdjakow hinzuweisen, sondern er hätte auf diese sechste Person hingewiesen; denn Smerdjakow dieses Mordes zu beschuldigen ist durch und durch absurd.

Meine Herren, lassen wir die Psychologie beiseite, lassen wir die Medizin, lassen wir sogar die Logik beiseite und wenden wir uns nur den Tatsachen zu, einzig den Tatsachen, und sehen wir einmal, was diese Tatsachen uns sagen. Hat Smerdjakow den Mord begangen? Aber wie? Allein oder in Mittäterschaft mit dem Angeklagten? Betrachten wir vorerst den Fall, daß Smerdjakow den Mord allein begangen hätte. Natürlich, wenn er den Mord begangen hat, so tat er das aus irgendeinem Grund, um irgendeinen Vorteil zu haben. Doch da er für den Mord auch nicht den Schatten eines jener Motive hatte, die der Angeklagte hatte, das heißt, Haß, Eifersucht und so weiter und so weiter, konnte er ohne Zweifel den Mord nur um des Geldes willen begehen, um sich eben jene dreitausend Rubel anzueignen, von denen er selber gesehen hatte, wie sein Herr sie in den Briefumschlag steckte. Und obgleich er den Mord geplant hatte, teilte er vorher einer anderen Person – und noch dazu einer im höchsten Grad interessierten Person, nämlich dem Angeklagten – alle Einzelheiten über das Geld und über die Klopfzeichen mit: wo der Briefumschlag lag, was auf dem Umschlag geschrieben stand, womit er zugebunden war, und vor allem machte er ihm Mitteilung von jenen ‚Klopfzeichen', die den Zugang zu dem Herrn öffneten. Nun, tat er das geradezu, um sich zu verraten? Oder um einen Konkurrenten zu finden, der wohl selber eindringen und das Geld an sich bringen möchte? Ja, wird man mir sagen, aber er hat das aus Angst mitgeteilt. Doch wie steht es damit? Ein Mensch, der nicht zögert, ein so furchtloses bestialisches Verbrechen zu planen, und es dann auch ausführt, teilt Dinge mit, die er allein auf der ganzen Welt weiß und die niemals jemand auf der ganzen Welt, hätte Smerdjakow davon geschwiegen, geahnt hätte? Nein, so feige dieser Mensch auch gewesen sein mag, doch wenn er eine solche Tat geplant hätte, hätte er um keinen Preis irgend jemandem etwas, wenigstens nichts von dem Briefumschlag und von den Klopfzeichen, gesagt; denn das hätte vor allem bedeutet, sich selbst zu verraten. Er hätte absichtlich irgend etwas ersonnen, hätte etwas anderes erlogen, wenn man schon unbedingt von ihm Mitteilungen verlangte, diese Dinge aber hätte er verschwiegen! Im Gegenteil, ich wiederhole das, wenn er nur das Geld verschwiegen und dann den Mord begangen und sich dieses Geld angeeignet hätte, so wäre niemand auf Erden imstand gewesen, ihn zu beschuldigen, wenigstens nicht des Raubmordes; denn dieses Geld hatte außer ihm niemand gesehen; niemand wußte, daß es im Hause lag. Und wenn man ihn sogar beschuldigt hätte, wäre man unbedingt der Ansicht gewesen, er habe den Mord aus einem anderen Motiv begangen. Da aber niemand vorher solche Motive an ihm feststellen konnte und alle im Gegenteil sahen, daß er von seinem Herrn geliebt wurde und sich durch sein Vertrauen geehrt fühlte, so hätte man ihn natürlich zu allerletzt verdächtigt; man hätte vielmehr vor allen anderen einen Menschen verdächtigt, der diese Motive hatte, der sie nicht verbarg, sondern allen enthüllte, mit einem Wort, man hätte Dmitrij Fjodorowitsch verdächtigt, den Sohn des Ermordeten. Wenn Smerdjakow den Mord und den Raub begangen und man den Sohn beschuldigt hätte – wäre das für Smerdjakow, den Mörder, natürlich vorteilhaft gewesen. Aber diesem Sohn Dmitrij teilte Smerdjakow, nachdem er den Mord geplant hatte, im voraus die Sache mit dem Gelde, mit dem Briefumschlag und mit den Klopfzeichen mit – wie logisch, wie klar ist das!

Es kommt der Tag des geplanten Mordes, und Smerdjakow stürzt von der Treppe, in einem *gespielten* Anfall von Epilepsie; wozu? Nun natürlich zu dem Zwecke, daß erstens der Diener Grigorij, der beabsichtigt, sein Leiden zu behandeln, und sieht, daß ganz und gar niemand da ist, der das Haus bewachen könnte, seine Behandlung vielleicht verschiebt und sich hinsetzt, Wache zu halten. Zweitens natürlich, damit der Herr selber, wenn er merkt, daß ihn niemand bewacht, nun in furchtbarer Angst vor dem Erscheinen des Sohnes sein Mißtrauen und seine Vorsicht verdoppele. Und schließlich und hauptsächlich natürlich zu dem Zweck, daß man ihn, Smerdjakow, der von dem Anfall ganz zerschlagen ist, sofort aus der Küche forttrage, wo er immer getrennt von den anderen zu nächtigen pflegte und seinen besonderen Eingang und Ausgang hatte, an das andere Ende des Nebengebäudes bringe, in die Stube Grigorijs, zu den beiden hinter den Wandverschlag, drei Schritte von ihrem eigenen Bett, wie das, sobald ihn die Fallsucht übermannte, immer und von jeher geschah, und zwar auf Anordnung des Herrn und der mildherzigen Marfa Ignatjewna. Dort hinter dem Bretterverschlag hätte er höchstwahrscheinlich, um möglichst glaubhaft den Kranken zu spielen, natürlich zu stöhnen begonnen, das heißt, die Leute die ganze Nacht geweckt – wie das nach der Aussage Grigorijs und seiner Frau auch geschah –, und das alles, das alles zu dem Zweck, desto bequemer plötzlich aufstehen und dann den Herrn erschlagen zu können!

Aber, so wird man mir sagen, vielleicht täuschte er die Krankheit nur vor, damit man an ihn als an einen Kranken nicht denke, und vielleicht machte er dem Angeklagten nur zu dem Zweck Mitteilung von dem Geld und von den Klopfzeichen, damit dieser sich verführen ließe und selbst käme und den Mord beginge, und wenn er nach dem Mord mit dem Gelde fortginge und dabei wohl Lärm und Getöse machte und die Zeugen weckte, so wäre dann, sehen Sie wohl, auch Smerdjakow aufgestanden und hingegangen – nun, was sollte er anderes tun als hingehen? Und er wäre eben hingegangen, den Herrn ein zweitesmal zu ermorden und ein zweitesmal das bereits fortgetragene Geld fortzutragen. Sie lachen, meine Herren? Ich schäme mich selber, solche Vermutungen auszusprechen, und doch, stellen Sie sich das nur vor, behauptete das eben der Angeklagte: ‚Nach mir', sagte er, ‚als ich schon aus dem Hause gegangen war, Grigorij zu Boden geschlagen und alle alarmiert hatte, stand er auf, ging hin und verübte den Mord und den Raub.' Ich spreche schon gar nicht davon, wie Smerdjakow all das im voraus berechnen und gewissermaßen an den Fingern abzählen konnte, nämlich daß der gereizte, rasende Sohn einzig deshalb kommen werde, um respektvoll durchs Fenster zu sehen, sich dann, obwohl er um die Klopfzeichen wußte, zurückzuziehen und ihm, Smerdjakow, die ganze Beute zu überlassen! Meine Herren, ich richte ernsthaft die Frage an Sie: Wann war jener Augenblick, da Smerdjakow sein Verbrechen beging? Zeigen Sie mir diesen Augenblick! Denn ohne ihn ist eine Beschuldigung Smerdjakows unmöglich.

Aber vielleicht war der epileptische Anfall echt. Der Kranke kam plötzlich zu sich, hörte einen Schrei, ging vors Haus – nun, und was weiter? Er sah sich um und sagte sich: Jetzt will ich hingehen und den Herrn erschlagen. Woher aber wußte er, was dort war, was sich dort abgespielt hatte, denn bis dahin lag er ja bewußtlos darnieder? Übrigens haben auch Phantasien ihre Grenzen, meine Herren.

Nun ja, werden scharfsinnige Leute sagen, wie aber, wenn beide im Einverständnis waren? Wie aber, wenn sie beide zusammen den Mord begingen und das Geld teilten? Was dann?

Ja, wahrhaftig, das ist ein gewichtiger Verdacht, und wir haben sofort bedeutsame Indizien, die ihn bestätigen: Der eine begeht den Mord und nimmt alle Mühe auf sich, der andere aber, sein Komplize, liegt im Bett und täuscht einen epileptischen Anfall vor nur zu dem Zweck, um im voraus bei allen Verdacht und bei dem Herrn und bei Grigorij Unruhe zu erwecken. Es wäre interessant zu wissen, aus welchen Motiven die beiden Komplizen gerade diesen irrsinnigen Plan hätten ausdenken sollen. Aber vielleicht war das überhaupt keine aktive Beteiligung auf seiten Smerdjakows, sondern sozusagen eine passive, leidende: vielleicht hatte sich der eingeschüchterte Smerdjakow nur bereit erklärt, sich dem Mord nicht zu widersetzen, und da er vorausfühlte, daß man ihn ja beschuldigen werde, die Ermordung seines Herrn zugelassen und nicht geschrien und sich nicht widersetzt zu haben, sich vorher schon bei Dmitrij Karamasow die Erlaubnis ausbedungen, während dieser Zeit angeblich in einem epileptischen Anfall dazuliegen:

‚Morde du nach Herzenslust; mich geht das nichts an.' Aber wenn es auch so gewesen wäre, so hätte ja wiederum dieser epileptische Anfall im Hause Wirrwarr hervorrufen müssen, und Dmitrij Karamasow, der das voraussehen mußte, wäre mit einer solchen Bedingung unmöglich einverstanden gewesen. Aber ich will nachgiebig sein; mag er einverstanden gewesen sein; so wäre dann trotzdem herausgekommen, daß Dmitrij Karamasow der Mörder ist, der unmittelbare Mörder und Urheber des Verbrechens, Smerdjakow jedoch nur ein passiver Teilnehmer, ja sogar nicht einmal ein Teilnehmer, sondern jemand, der aus Furcht und wider seinen Willen das Verbrechen nur zuließ; das Gericht hätte das ja unbedingt unterscheiden können. Aber was sehen wir? Kaum war der Angeklagte verhaftet, als er sofort alles auf Smerdjakow abwälzte und ihn *allein* beschuldigte. Er beschuldigt ihn nicht, sein, Dmitrij Karamasows, Mittäter gewesen zu sein, sondern er beschuldigt ihn allein; er sagt, Smerdjakow habe es getan; er habe den Mord und den Raub begangen, das Ganze sei das Werk seiner Hände! Nun, was sind das denn für Komplizen, die sogleich beginnen, einander zu belasten – so etwas kommt nie vor. Und bedenken Sie wohl, welch ein Risiko wäre das für Karamasow: er wäre der Haupttäter und der andere nicht; der andere hätte es nur zugelassen und hinter dem Bretterverschlag gelegen, und nun schöbe er alle Schuld auf den Kranken. Da hätte doch der, der hinter dem Bretterverschlag lag, zürnen können und nur um der Selbsterhaltung willen möglichst rasch die ganze Wahrheit aufgedeckt: Wir beide haben daran teilgenommen, doch war ich an dem Mord selbst nicht beteiligt, sondern ließ ihn aus Angst nur zu und erlaubte ihn. Denn er, Smerdjakow, konnte ja verstehen, daß das Gericht sofort den Grad seiner Schuld festzustellen imstande wäre, und so konnte er dann auch damit rechnen, daß seine Strafe, wenn man ihn bestrafte, unvergleichlich geringer sein werde als die des anderen, des eigentlichen Mörders, der alles auf ihn, Smerdjakow, abwälzen wollte. Und schon damals hätte er wohl ganz unwillkürlich ein Geständnis abgelegt. Das haben wir aber nicht erlebt. Smerdjakow erwähnte mit keiner Silbe seine Mittäterschaft, ungeachtet dessen, daß ihn der Mörder hartnäckig beschuldigte und die ganze Zeit auf ihn hinwies und behauptete, er – Smerdjakow – sei der einzige Mörder. Nicht genug daran: Smerdjakow hat in der Untersuchung mitgeteilt, daß *er selber* dem Angeklagten von dem

Briefumschlag mit dem Geld und von den Klopfzeichen erzählte und daß ohne ihn der Angeklagte nichts davon erfahren hätte. Wenn er wirklich Mittäter und Mitschuldiger war, hätte er in der Voruntersuchung dann so leicht davon gesprochen, daß er selbst alles dem Angeklagten mitgeteilt habe? Im Gegenteil, er hätte ganz unbedingt die Tatsachen bockbeinig entstellt und ihre Bedeutung verkleinert. Aber er entstellte sie nicht und verkleinerte sie nicht. So kann nur ein Unschuldiger vorgehen, der keine Furcht hat, man könnte ihn der Mitschuld zeihen. Und nun hat er sich gestern in einem Anfall krankhafter Melancholie infolge seiner Epilepsie und infolge der so plötzlich hereingebrochenen Katastrophe erhängt. Er hinterließ einen Zettel, eine Nachricht, geschrieben in seinem eigenartigen Stil: ‚Ich töte mich aus freien Stücken und aus eigenem Willen, um niemanden zu beschuldigen.‘ Nun, warum hat er dieser Nachricht nicht hinzugefügt: ‚Ich bin der Mörder, und nicht Karamasow‘? Aber das hat er nicht hinzugefügt – für das eine hat also sein Gewissen ausgereicht, und für das andere nicht?

Ferner: vorhin bringt uns hierher, vor das Gericht, ein Zeuge eine Geldsumme, dreitausend Rubel – angeblich eben jene aus dem Briefumschlag, der auf dem Tisch bei den Beweisstücken liegt, und sagt: ‚Gestern habe ich sie von Smerdjakow erhalten.‘ Aber Sie erinnern sich selber, meine Herren Geschworenen, an diesen traurigen Vorfall. Ich will nicht neuerlich die Einzelheiten beschreiben, doch möchte ich mir zwei oder drei Erwägungen gestatten, aus den allerunbedeutendsten Einzelheiten gewählt, die eben deshalb, weil sie unbedeutend sind, nicht jedem in den Sinn kommen werden und in Vergessenheit geraten können. Erstens: Gestern hat Smerdjakow, von Gewissensbissen gequält, das Geld zurückgegeben und sich dann erhängt – denn ohne Gewissensbisse hätte er das Geld nicht zurückgegeben. Und natürlich hat er erst gestern abend zum erstenmal Iwan Karamasow sein Verbrechen gestanden, wie Iwan Karamasow selbst erklärt hat; denn warum hätte dieser sonst bis heute geschwiegen? Also, Smerdjakow hat gestanden; warum aber, ich wiederhole dies, hat er uns in dem Zettel, den er hinterließ, nicht die ganze Wahrheit aufgeklärt, obgleich er wußte, daß am nächsten Tag über einen unschuldigen Angeklagten furchtbares Gericht gehalten wird? Das Geld allein ist ja noch kein Beweis. Mir und noch zwei Personen in diesem Saal ist zum Beispiel völlig zufällig schon vor einer Woche eine Tatsache bekannt geworden, nämlich daß Iwan Fjodorowitsch Karamasow zwei fünfprozentige Papiere zu je fünftausend Rubel in die Gouvernementsstadt geschickt hat, um sie dort einzulösen. Ich erwähne das nur deshalb, weil sich ein jeder zu einer gewissen Frist Geld beschaffen kann und weil es, wenn man dreitausend bringt, nicht möglich ist, unumstößlich zu beweisen, daß dies eben das Geld aus einem bestimmten Schubfach oder jenem Briefumschlag sein müsse. Und schließlich bewahrt Iwan Karamasow, nachdem er gestern von dem wirklichen Mörder eine so wichtige Mitteilung erhalten hat, völlige Ruhe. Aber warum hat er das nicht sofort gemeldet? Warum hat er alles auf den nächsten Morgen verschoben? Ich nehme an, daß ich das Recht habe, meine Vermutungen über den Grund anzustellen. Schon seit einer Woche ist seine Gesundheit erschüttert; er selbst hat dem Arzt und seinen Nächsten eingestanden, daß er an Visionen leide, daß er gestorbenen Menschen begegne; knapp vor dem Ausbruch eines Nervenfiebers, das ihn heute auch befallen hat, erfährt er auf einmal vom Ende Smerdjakows und stellt plötzlich folgende Erwägung an: ‚Der Mann ist tot; da kann ich gegen ihn aussagen und meinen Bruder retten. Geld habe ich – ich werde ein Päckchen davon nehmen und sagen, Smerdjakow habe es mir vor dem Tode gegeben.' Sie werden sagen, dies sei unehrenhaft, wenngleich es sich um einen Toten handle; aber es sei auch dann unehrenhaft zu lügen, wenn es zur Rettung des Bruders geschieht. So ist es; wie aber, wenn er unbewußt log, wenn er selbst vermeinte, es sei so gewesen, weil er durch die Nachricht über diesen unvermuteten Tod des Dieners in seinem Verstand endgültig gestört wurde? Sie haben ja die Szene vorhin mit angesehen; Sie haben gesehen, in welcher Verfassung dieser Mensch war. Er stand zwar auf den Beinen und sprach, doch wo war sein Verstand? Der Aussage des Fiebernden folgte die Vorlage eines Schriftstücks, eines Briefes, den der Angeklagte zwei Tage vor der Ausführung des Verbrechens an Fräulein Werchowzewa geschrieben hatte, mit einem eingehenden Programm des geplanten Verbrechens. Nun, wozu suchen wir dann noch nach einem anderen Programm und nach anderen Verfassern? Haargenau nach diesem Programm ist das Verbrechen begangen worden, und es wurde von keinem anderen begangen als von dem, der das Programm aufgestellt hat. Ja, meine Herren Geschworenen, es wurde begangen, wie es geschrieben stand!

Und wir liefen überhaupt nicht ehrerbietig und ängstlich vom Fenster des Vaters weg, noch dazu in der festen Überzeugung, daß unsere Geliebte jetzt bei dem Vater sei. Nein, das ist albern und unwahrscheinlich. Er trat ins Haus und vollendete sein Werk. Wahrscheinlich beging er den Mord in der Erregung, in Wut entbrannt, sobald er nur seinen verhaßten Vater und Rivalen sah. Doch nachdem er ihn erschlagen hatte – vielleicht mit einem einzigen Hieb seiner Hand, die mit dem kupfernen Mörserstößel bewaffnet war – und sich durch eine genaue Suche überzeugt hatte, daß seine Geliebte nicht da war, vergaß er doch nicht, unter das Kissen zu greifen und den Briefumschlag mit den dreitausend Rubel hervorzuholen, der jetzt zerrissen hier auf dem Tische unter den Beweisstücken liegt. Ich sage das, damit Sie auf einen Umstand aufmerksam werden, der meiner Meinung nach überaus charakteristisch ist. Wäre es ein erfahrener Mörder und eben ein Mörder, der es auf Raub absieht – nun, hätte er dann den Briefumschlag auf dem Boden liegen lassen, wo man ihn später neben der Leiche fand? Nun, wäre es zum Beispiel Smerdjakow gewesen, der um des Geldes willen den Mord begangen hätte, so hätte er einfach den Briefumschlag mit Inhalt mitgenommen und sich gar nicht die Mühe gemacht, ihn neben der Leiche seines Opfers zu öffnen, da er genau wußte, daß das Geld in dem Umschlag war – wurde es doch vor seinen Augen hineingelegt und zugesiegelt; hätte er aber den Umschlag mit Inhalt unaufgebrochen mitgenommen, so wäre nicht bekannt geworden, ob überhaupt ein Raub vorlag. Ich frage Sie, meine Herren Geschworenen, ob Smerdjakow so vorgegangen wäre, ob er den Umschlag auf dem Boden hätte liegen lassen. Nein, so gerade mußte ein Mörder handeln, der außer sich war und nicht mehr überlegen konnte, ein Mörder, der kein Dieb war, jemand, der bisher noch nie gestohlen hatte und auch jetzt das Geld unter dem Kissen nicht heimlich wie ein Dieb an sich nahm, sondern wie etwas, das ihm gehörte, jemand, der es dem Dieb, der es ihm gestohlen hatte, wieder wegnahm; denn das waren eben die Gedanken Dmitrij Karamasows über diese dreitausend, Gedanken, die in seinem Kopf zur Manie geworden waren. Und nun hat er den Umschlag genommen, den er früher noch nie gesehen hat, und reißt die Hülle auf, um sich davon zu überzeugen, ob das Geld darin sei; dann läuft er davon, das Geld in der Tasche, und vergißt, überhaupt daran zu denken, daß er in Gestalt des zerrissenen Umschlags ein außerordentlich wichtiges Beweisstück gegen sich selbst auf dem Boden liegen läßt. Alles deshalb, weil Karamasow, nicht Smerdjakow, nicht nachgedacht und nichts überlegt hat, und wie hätte er das auch tun sollen! Er läuft davon; er hört das Geschrei des Dieners, der ihn einholt; der Diener packt ihn, hält ihn fest und stürzt, von dem kupfernen Mörserstößel getroffen. Der Angeklagte springt aus Mitleid zu ihm hinunter. Stellen Sie sich nur vor, plötzlich versichert er uns, er sei damals aus Mitleid zu ihm hinabgesprungen, um zu sehen, ob er ihm nicht irgendwie helfen könne. Nun, war denn dieser Augenblick danach angetan, solches Mitgefühl an den Tag zu legen? Nein, er sprang deshalb zu ihm hinab, um sich zu überzeugen, ob der einzige Zeuge seiner Missetat noch am Leben sei. Jedes andere Gefühl, jedes andere Motiv wäre unnatürlich gewesen! Beachten Sie, daß er sich um Grigorij bemüht, daß er ihm mit dem Taschentuch den Kopf abwischt; und nachdem er zu der Überzeugung gelangt ist, Grigorij sei tot, eilt er wie ein Verrückter und ganz voll Blut wieder dorthin, in das Haus seiner Geliebten. Wieso dachte er nicht daran, daß er ganz voll Blut war und daß man ihn des Verbrechens überführen konnte? Aber der Angeklagte selbst behauptet, er habe nicht einmal darauf geachtet, daß er ganz voll Blut war; man kann ihm das glauben; das ist sehr möglich; das ist bei Verbrechern in solchen Augenblicken immer so. Für das eine haben sie teuflische Berechnung – für das andere jedoch reichen ihre Überlegungen nicht aus. Aber er dachte in jener Minute nur daran, wo *sie* sei. Er mußte so rasch wie möglich in Erfahrung bringen, wo sie war, und so eilt er in ihre Wohnung und erfährt eine unerwartete, für ihn schreckliche Neuigkeit: sie ist mit ihrem ‚Früheren‘, dem ‚Unbestrittenen‘ nach Mokroje gefahren!«

9

Psychologie mit Volldampf. Das dahinjagende Dreigespann. Der Staatsanwalt beendet seine Rede

Als Ippolit Kirillowitsch in seiner Rede zu diesem Augenblick gekommen war, wobei er offenbar eine streng historische Methode der Darstellung gewählt hatte, gleich allen nervösen Rednern, die absichtlich einen scharf umgrenzten Rahmen suchen, um den eigenen ungeduldigen Eifer zu hemmen, verbreitete er sich besonders über den »Früheren« und »Unbestrittenen« und äußerte zu diesem Thema einige in ihrer Art interessante Gedanken.

»Karamasow, der auf alle bis zur Raserei eifersüchtig war, fügt sich und verschwindet gleichsam plötzlich und mit einem Mal vor dem ‚Früheren' und ‚Unbestrittenen'; das ist um so sonderbarer, als er vorher dieser für ihn neuen Gefahr, die in Gestalt eines unerwarteten Rivalen auf ihn zukam, fast überhaupt keine Aufmerksamkeit geschenkt hatte. Aber er stellte sich wohl immer vor, daß das noch weit in der Zukunft liege, und Karamasow lebt immer nur im gegenwärtigen Augenblick. Wahrscheinlich hielt er diesen Mann sogar für eine Fiktion. Aber nachdem er mit seinem kranken Herzen sofort begriffen hatte, daß ihm diese Frau den neuen Rivalen deshalb verheimlichte, weil sie ihn, Karamasow, schon längst betrogen hatte, weil dieser neuaufgetauchte Rivale für sie allzu wenig Phantasie und Fiktion war, sondern für sie alles bedeutete, alle ihre Sicherheit im Leben – nachdem er das sofort begriffen hatte, fügte er sich. Nun ja, meine Herren Geschworenen, ich kann einen so unerwarteten Zug in der Seele des Angeklagten, der, wie es scheint, um keinen Preis fähig gewesen wäre, diesen Zug zu äußern, nicht mit Schweigen übergehen, doch nun zeigte sich plötzlich das unerbittliche Bedürfnis nach Wahrheit, nach Achtung vor der Frau, nach Anerkennung der Rechte ihres Herzens, und wann? – in dem Augenblick, da er um ihretwillen die Hände mit dem Blut des Vaters besudelt hatte! Wahr ist auch, daß das vergossene Blut in diesem Augenblick schon nach Sühne schrie, denn er, der seine Seele und sein ganzes Schicksal auf Erden zugrunde gerichtet hatte, mußte in diesem Augenblick wohl fühlen und sich fragen: Was bedeute ich und was kann ich *jetzt* für sie bedeuten, für dieses Wesen, das ich mehr als meine Seele liebe, im Vergleich zu diesem Früheren und Unbestrittenen, der wieder auftaucht und zu der einst von ihm zugrunde gerichteten Frau mit neuer Liebe zurückkehrt, mit ehrenhaften Anträgen, mit der Verheißung eines neugeborenen und in Hinkunft glücklichen Lebens. Er aber, der Unselige, was wird er ihr *jetzt* geben, was kann er ihr bieten? Karamasow begriff das alles; er begriff, daß sein Verbrechen ihm alle Wege versperrt hatte und daß er nichts anderes war als ein Verbrecher, zur Sühne verurteilt, und nicht ein Mensch, dem zu leben bestimmt war! Dieser Gedanke zermalmte und vernichtete ihn. Und da verfällt er plötzlich auf einen verzweifelten Plan, der sich ihm bei seinem, Karamasows, Charakter unbedingt als einziger und vom Schicksal gewiesener Ausweg aus der furchtbaren Lage darbieten muß. Dieser Ausweg ist der Selbstmord. Er eilt, seine dem Beamten Perchotin verpfändeten Pistolen zurückzuholen, und nimmt dabei unterwegs, in Hast, sein ganzes Geld aus der Tasche, dessentwegen er eben erst die Hände mit dem Blut des Vaters besudelt hat. Oh, das Geld ist ihm jetzt am allernötigsten: Karamasow stirbt, Karamasow erschießt sich, und daran werden alle denken! Nicht ohne Grund sind wir Dichter, nicht ohne Grund haben wir unser Leben niederbrennen lassen wie eine Kerze, die man an beiden Enden anzündet. Zu ihr, zu ihr – und dort, oh, dort will ich der ganzen Welt ein Gastmahl geben, ein Gelage, wie es noch nicht da war, daß man es noch lange Zeit im Gedächtnis bewahre und davon erzähle. Inmitten tollen Geschreis, unter wilden Liedern und Tänzen der Zigeuner wollen wir unser Glas erheben und der vergötterten Frau unsere Wünsche zu ihrem neuen Glück darbringen, und dann – an Ort und Stelle, zu ihren Füßen, zerschmettern wir uns vor ihr den Schädel und bestrafen uns mit dem Tode! Da wird sie sich einstens an Mitja Karamasow erinnern, sie wird sehen, wie sehr Mitja sie geliebt hat; sie wird Mitleid haben mit Mitja! Daran ist viel Pittoreskes, viel romantische Schwärmerei, viel von der wilden Maßlosigkeit und Sinnlichkeit der Karamasows – nun, und auch noch etwas anderes, meine Herren Geschworenen, etwas, das in der Seele aufschreit, das unermüdlich im Verstand hämmert und das Herz tödlich vergiftet: dieses *Etwas* ist das Gewissen, meine Herren Geschworenen, das ist des Gewissens Urteilsspruch, das sind die schrecklichen Gewissensbisse! Aber die Pistole wird alles einrenken; die Pistole ist der einzige Ausweg, es gibt keinen anderen, und dort – ich weiß nicht, ob Karamasow in diesem Augenblick daran denkt, ‚*was dort sein wird*', und ob Karamasow überhaupt imstande ist, auf Hamlet-Art darüber nachzusinnen, was dort sein werde. Nein, meine Herren Geschworenen, bei jenen anderen gibt es Hamlets, bei uns aber bisher nur Karamasows!«

Hier entrollte Ippolit Kirillowitsch ein eingehendes Bild der Vorkehrungen Mitjas, die Szene bei Perchotin, in dem Laden, mit den Kutschern. Er führte eine Unmenge von Worten, Aussprüchen, Gebärden an, alles von Zeugen bestätigt – und dieses Bild übte sehr starken Einfluß auf die Überzeugungen der Hörer aus. Am meisten wirkte das Zusammentreffen der

Tatsachen. Die Schuld dieses bis zur Raserei aufgeregten und keine Vorsicht mehr kennenden Menschen bildete sich unumstößlich heraus. »Er hat keinen Grund mehr, auf sich zu achten«, sagte Ippolit Kirillowitsch. »Zwei-, dreimal hat er fast schon ein volles Geständnis abgelegt, hat beinahe Andeutungen gemacht, und es schien, als spräche er nur nicht ganz zu Ende (hier folgten die Zeugenaussagen). Sogar dem Kutscher rief er unterwegs zu: ‚Weißt du, daß du einen Mörder fährst?' Aber zu Ende sprechen konnte er doch nicht: vor allem mußte er nach dem Dorf Mokroje gelangen und dort sein Poem beenden. Aber was erwartet dort den Unglücklichen? Es handelt sich darum, daß er fast schon in den ersten Minuten in Mokroje sieht und schließlich völlig begreift, daß sein ‚unbestrittener' Rivale vielleicht gar nicht so unbestritten ist und daß man von ihm, dem Angeklagten, keine Gratulationen zu dem neuen Glück und kein zum Trinkspruch erhobenes Glas will oder annehmen wird. Aber Sie kennen die Tatsachen ja schon aus dem Verhör, meine Herren Geschworenen. Der Triumph Karamasows über seinen Rivalen erwies sich als unzweifelhaft, und jetzt – oh, jetzt beginnt eine völlig neue Phase in seiner Seele und geradezu die furchtbarste Phase von allen, die diese Seele jemals erlebt hat und noch erleben wird! Man kann mit aller Bestimmtheit sagen, meine Herren Geschworenen«, rief Ippolit Kirillowitsch, »daß die beschimpfte Natur und das verbrecherische Herz vollständigere Rache geübt haben, als jede irdische Justiz es tun könnte! Nicht genug daran: Die Justiz und die irdische Strafe mildern sogar die Bestrafung durch die Natur; sie sind in diesen Augenblicken für die Seele des Verbrechers unerläßlich, weil sie ihn vor der Verzweiflung retten, denn ich kann mir das Entsetzen und die moralischen Leiden Karamasows nicht vorstellen, als er erfuhr, daß sie ihn liebe, daß sie um seinetwillen ihren ‚Früheren' und ‚Unbestrittenen' abweise, daß sie ihn, ihn, Mitja, zu sich rufe, in ein erneuertes Leben, ihm das Glück verheiße, und das alles wann? Zu einer Zeit, da für ihn schon alles zu Ende und da nichts mehr möglich ist. Übrigens will ich so nebenbei eine für uns sehr wichtige Bemerkung zur Aufklärung des eigentlichen Wesens der damaligen Lage des Angeklagten machen: Diese Frau, diese seine Liebe war bis zum letzten Augenblick, ja sogar bis zum Augenblick der Verhaftung für ihn ein unerreichbares Wesen, leidenschaftlich ersehnt, aber nicht zugänglich. Aber warum, warum erschießt er sich da nicht, warum läßt er von dem gefaßten Entschluß ab und vergißt sogar, wo seine Pistole liegt? Gerade dieser leidenschaftliche Durst nach Liebe und die Hoffnung, ihn jetzt und an Ort und Stelle stillen zu können, hielten ihn zurück. In dem tollen Gelage war er wie angeschmiedet an seine Geliebte, die mit ihm daran teilnahm und für ihn herrlicher und verlockender war denn je – er weicht nicht von ihrer Seite; er genießt ihren Anblick; er erstirbt vor ihr. Dieser leidenschaftliche Durst konnte sogar für einen Augenblick nicht nur die Angst vor der Verhaftung, sondern sogar die Gewissensbisse betäuben! Für einen Augenblick, oh, nur für einen Augenblick! Ich kann mir den damaligen Seelenzustand des Verbrechers vorstellen, in unzweifelhafter sklavischer Unterwerfung unter drei Elemente, die ihn völlig beherrscht hielten: erstens der trunkene Zustand, das Prassen und Lärmen, das Stampfen der Tänze, das Gekreisch der Lieder und sie, sie, gerötet vom Wein, singend und tanzend, berauscht und ihm zulächelnd! Zweitens der aufmunternde ferne Traum, daß die unselige Lösung des Knotens noch ferne, mindestens nicht nahe sei – vielleicht erst am nächsten Tag, vielleicht am Morgen mochte man kommen und ihn holen. Und einige Stunden, das ist wohl viel, ist furchtbar viel! In einigen Stunden kann man manches ersinnen. Ich stelle mir vor, daß ihm Ähnliches geschah wie einem Delinquenten, den man zur Hinrichtung führt, zum Galgen – er muß noch durch eine lange, lange Straße fahren, dazu im Schritt, an Tausenden Menschen vorbei, dann wird in eine andere Straße abgebogen, und erst am Ende dieser anderen Straße liegt der furchtbare Richtplatz. Mir scheint eben, daß der Verurteilte zu Beginn des Zuges, während er in seinem schmachvollen Wagen sitzt, fühlen muß, daß noch ein endloses Leben vor ihm liegt. Doch zu beiden Seiten ziehen die Häuser vorbei; der Wagen rollt immer weiter – oh, das macht nichts, bis zum Abbiegen in die zweite Straße ist es noch weit; und so blickt er noch immer kühn nach rechts und nach links und auf diese Tausende von teilnahmslosen, neugierigen Menschen, die ihn starr angaffen, und immer noch will es ihm scheinen, als wäre er ein ebensolcher Mensch wie sie. Jetzt aber biegen sie in die andere Straße ein, oh, das macht nichts, das macht nichts; es ist ja noch eine ganze Straße. Und wie viele Häuser auch vorbeiziehen mögen, immer wird er denken: ‚Es bleiben noch viele.' Und so bis ganz ans Ende, bis zu dem Platz selbst. Und ähnlich, so stelle ich mir vor, war es auch damals mit Karamasow. Sie sind noch nicht so weit, denkt er, man kann noch etwas ersinnen, oh, es wird noch Zeit sein, einen Plan der Verteidigung zu entwerfen, Einwände auszudenken, aber jetzt, jetzt – jetzt ist sie so herrlich! In seiner Seele sieht es wirr und furchtbar aus, aber es gelingt ihm trotzdem, von seinem Geld die Hälfte wegzulegen und irgendwo zu verstecken – sonst vermöchte ich mir nicht zu erklären, wohin die ganze Hälfte dieser dreitausend verschwunden sein könnte, die er eben erst unter dem Kissen des Vaters hervorgeholt hat. Er ist nicht das erstemal in Mokroje. Er hat schon früher einmal zwei Tage dort gezecht. Dieses alte große Haus aus Holz ist ihm mit allen Winkeln, Scheunen und Galerien bekannt. Ich nehme eben an, daß jener Teil des Geldes damals versteckt wurde und gerade in diesem Hause, knapp vor der Verhaftung, in irgendeiner Spalte oder Ritze, unter irgendeinem Bodenbrett, irgendwo in einer Ecke, unter dem Dach – wozu? Wieso wozu? Die Katastrophe kann sofort hereinbrechen; natürlich haben wir noch nicht überlegt, wie wir ihr begegnen sollen, und wir haben auch keine Zeit gehabt, und es hämmert uns im Kopf, und es zieht uns *zu ihr*, und Geld – Geld ist in jeder Lage unerläßlich. Ein Mensch mit Geld ist überall ein Mensch. Vielleicht wird Ihnen eine solche Berechnung in diesem Augenblick als unnatürlich erscheinen? Aber er versichert ja selbst, daß er einen Monat vorher, in einem für ihn höchst unruhigen und schicksalsschweren Augenblick von den dreitausend die Hälfte weglegte und in ein Beutelchen einnähte, und wenn das natürlich auch nicht wahr ist, was wir gleich beweisen werden, so ist diese Idee dem Angeklagten doch bekannt; er hat sie ins Auge gefaßt. Nicht genug damit: Als er später dem Untersuchungsrichter erklärte, er habe eintausendfünfhundert in das Beutelchen getan – das übrigens niemals existierte –, so hat er diesen Beutel in dem Augenblick deshalb erfunden, weil er vor zwei Stunden die Hälfte des Geldes weggelegt und irgendwo dort in Mokroje für alle Fälle bis zum Morgen versteckt hat, nur damit er sie nicht bei sich habe, infolge einer ihm plötzlich gekommenen Eingebung. Zwei Abgründe, meine Herren Geschworenen, erinnern Sie sich, daß Karamasow zwei Abgründe ins Auge fassen kann und beide gleichzeitig! In jenem Hause haben wir gesucht, aber nichts gefunden. Vielleicht liegt das Geld jetzt noch dort, vielleicht ist es am nächsten Tag schon verschwunden und jetzt im Besitz des Angeklagten. Auf jeden Fall hat man ihn an ihrer Seite verhaftet, als er vor ihr kniete; sie lag auf dem Bett; er streckte die Arme nach ihr aus und hatte in diesem Augenblick alles andere so sehr vergessen, daß er das Kommen jener, die ihn verhaften sollten, gar nicht hörte. Er konnte auch noch nichts als Antwort für sie vorbereiten. Er selbst wie auch sein Verstand wurden unversehens überrumpelt.

Und jetzt steht er vor seinen Richtern, vor den Männern, die über sein Schicksal entscheiden sollen. Meine Herren Geschworenen, es gibt Augenblicke, da uns in der Ausübung unseres Amtes selber fast Furcht angesichts des Menschen überkommt, Furcht auch für den Menschen! Das sind die Augenblicke, in denen wir jenes tierische Entsetzen sehen, wenn der Verbrecher bereits erkennt, daß alles verloren ist, aber immer noch kämpft, immer noch die Absicht hat, mit Ihnen zu kämpfen. Das sind die Augenblicke, da alle Instinkte der Selbsterhaltung gleichzeitig in ihm rege werden, und er, auf seine Rettung bedacht, Sie mit einem durchdringenden Blick, mit einem fragenden, leidenden Blick ansieht, Sie, Ihr Gesicht, Ihre Gedanken beobachtet und studiert, da er darauf wartet, von welcher Seite Sie zuschlagen werden, und augenblicklich in seinem erschütterten Verstand tausenderlei Pläne schmiedet, aber dennoch Angst hat zu reden, Angst, sich zu versprechen! Diese erniedrigenden Augenblicke der menschlichen Seele, diese Wanderung durch alle Pein, diese tierische Gier nach Rettung ihrer selbst sind entsetzlich und rufen manchmal sogar beim Untersuchungsrichter Erbeben und Mitleid mit dem Verbrecher hervor! Und wir waren damals Zeugen alles dessen. Zuerst war er wie betäubt, und in seinem Entsetzen entrangen sich ihm einige Worte, die ihn stark kompromittierten: ‚Blut! Ich habe es verdient!‘ Aber er hatte sich bald wieder in der Gewalt. Was er sagen, wie er antworten sollte – das alles hatte er vorläufig noch nicht bereit, aber bereit war nur das leere Leugnen: ‚Am Tod meines Vaters bin ich nicht schuldig!‘ Das war vorläufig unser Zaun, und dort, hinter dem Zaun, konnten wir vielleicht noch irgendeine Barrikade errichten. Seinen ersten kompromittierenden Ausruf beeilte er sich – wobei er unseren Fragen zuvorkam – damit zu erklären, daß er sich nur an dem Tod des Dieners Grigorij für schuldig halte. ‚An diesem Blut trage ich die Schuld, aber wer hat meinen Vater ermordet, meine Herren, wer hat ihn ermordet? Wer konnte ihn ermorden, *wenn nicht ich?*‘ Hören Sie das: Er fragt uns, uns, die mit eben dieser Frage zu ihm selber gekommen sind! Beachten Sie dieses vorauseilende Wort: ‚Wenn nicht ich', diese tierische Schlauheit, diese Naivität und diese karamasowsche Ungeduld! Nicht ich habe den Mord begangen, und man darf gar nicht daran denken, daß ich es war. ‚Ich wollte ihn töten, meine Herren, ich wollte ihn töten', bekennt er bald darauf; er hat es eilig damit, oh, er hat es furchtbar eilig! ‚Ich bin nicht schuldig, nicht ich habe den Mord begangen!' Er gesteht uns ein, daß er den Mord begehen wollte; das soll heißen: ‚Da sehen Sie selbst, wie aufrichtig ich bin, nun, um so eher werden Sie mir glauben, daß ich den Mord nicht begangen habe.' Oh, in solchen Fällen wird ein Verbrecher manchmal unwahrscheinlich leichtsinnig und leichtgläubig. Und an dieser Stelle richtete die Untersuchung gleichsam zufällig an ihn plötzlich die ganz harmlose Frage: ‚Hat nicht Smerdjakow den Mord begangen?' Und da kam es so, wie wir erwartet hatten: er ärgerte sich sehr, daß man ihm zuvorgekommen war und ihn überrumpelt hatte, da er noch nicht imstande gewesen war, jenen Augenblick vorzubereiten, zu wählen und zu nutzen, da es am wahrscheinlichsten sein mochte, Smerdjakow zu bezichtigen. Seinem Wesen entsprechend geriet er sogleich ins Extrem und begann selber aus allen Kräften uns zu versichern, daß Smerdjakow den Mord nicht begangen haben könne, daß Smerdjakow unfähig sei, jemanden zu ermorden. Aber glauben Sie ihm nicht; das war nur seine Schlauheit: Er verzichtet noch ganz und gar nicht auf Smerdjakow, in keiner Weise, im Gegenteil, er belastet ihn noch, denn wen soll er denn belasten, wenn nicht ihn, aber er tut das in einem anderen Augenblick, denn vorläufig ist diese Seite der Angelegenheit verdorben. Er wird ihn vielleicht erst morgen oder sogar nach einigen Tagen belasten, wenn er den geeigneten Augenblick gefunden hat, uns zuzurufen: ‚Sehen Sie, ich habe den Verdacht gegen Smerdjakow noch mehr abgelehnt als Sie; Sie selber erinnern sich daran, aber jetzt bin ich zu der Überzeugung gelangt: er hat den Mord begangen, wer denn sonst?' Vorläufig aber verlegt er sich im Gespräch mit uns auf düsteres und gereiztes Leugnen. Ungeduld und Zorn geben ihm übrigens die ungeschickteste und unwahrscheinlichste Erklärung dafür ein, daß er durch das Fenster in das Zimmer des Vaters blickte und dann respektvoll von dem Fenster fortging. Vor allem kennt er die Umstände noch nicht, er weiß nicht, was alles der wieder zum Bewußtsein gelangte Grigorij ausgesagt hat. Wir nehmen eine Leibesvisitation und Durchsuchung vor. Die Leibesvisitation bringt ihn in Zorn, ermutigt ihn aber: Man hat nicht alle dreitausend gefunden; gefunden wurden nur anderthalbtausend. Und natürlich erst in diesem Augenblick zornigen Schweigens und Leugnens kommt ihm zum erstenmal im Leben der Gedanke mit dem Beutelchen. Ohne Zweifel fühlt er selber die ganze Unwahrscheinlichkeit dieser Erfindung und quält sich, quält sich furchtbar ab, wie er sie wahrscheinlicher machen, wie er sie ausschmücken soll, damit ein ganzer glaubwürdiger Roman entstehe. In diesen Fällen ist das allererste, ist die wichtigste Aufgabe der Untersuchung, dem Beschuldigten keine Zeit zur Vorbereitung zu lassen, ihn unerwartet anzugreifen, damit der Verbrecher seine geheimsten Gedanken in aller ihrer verräterischen Einfalt und Unwahrscheinlichkeit und mit allen Widersprüchen äußern könne. Einen Verbrecher zum Sprechen zu bringen vermag man nur, indem man ihm unversehens und gleichsam zufällig irgendeine neue Tatsache mitteilt, irgendeinen Umstand des Falles, einen Umstand, der in seiner Bedeutung gewaltig ist, den er aber bisher ganz und gar nicht vermutet hat und keineswegs in Betracht ziehen konnte. Diese Tatsache hatten wir schon bereit, oh, schon lange bereit: es war die Aussage des wieder zur Besinnung gekommenen Dieners Grigorij, daß die Tür offen gewesen sei, aus der der Angeklagte herauslief. Diese Tür hatte er gänzlich vergessen, und daß Grigorij sie sehen konnte, auf diesen Gedanken war er gar nicht gekommen. Die Wirkung war gewaltig. Er sprang auf und schrie uns plötzlich zu: ‚Smerdjakow hat den Mord begangen, Smerdjakow!' Und so verriet er seine heimliche, seine fundamentale Idee in ihrer unwahrscheinlichsten Form, denn Smerdjakow hätte den Mord erst begehen können, nachdem der Angeklagte Grigorij zu Boden geworfen hatte und davongelaufen war. Als wir ihm mitteilten, daß Grigorij die offene Tür vor seinem Sturz gesehen hatte und daß er, als er aus seinem Schlafzimmer kam, Smerdjakow hinter dem Bretterverschlag stöhnen hörte, war Karamasow in Wahrheit zerschmettert. Mein Mitarbeiter, unser hochgeehrter und geistvoller Nikolaj Parfenowitsch, berichtete mir später, daß er in diesem Augenblick bis zu Tränen Mitleid mit dem Angeklagten hatte. Und siehe da, in dieser Minute beeilt er sich, um seine Situation zu verbessern, uns über diesen berüchtigten Beutel zu berichten, als wollte er sagen: So war es, und jetzt hören Sie diese Geschichte! Meine Herren Geschworenen, ich habe

Ihnen meinen Gedankengang, warum ich diese ganze Erfindung von dem einen Monat vorher in den Beutel eingenähten Geld nicht nur für eine Albernheit, sondern auch für die allerunwahrscheinlichste Erfindung halte, die man im gegebenen Fall nur hätte finden können, bereits dargelegt. Selbst wenn man eine Wette darüber hätte abschließen wollen, was man an Unwahrscheinlichem hätte vorbringen können, man hätte nichts Schlimmeres zu finden vermocht als das. Hier konnte man den triumphierenden Erfinder durch Einzelheiten verblüffen und konfus machen, durch eben jene Einzelheiten, an denen die Wirklichkeit stets so reich ist und die von diesen unglücklichen und unwillkürlichen Lügnern immer als scheinbar völlig unbedeutende und überflüssige Bagatellen geringgeschätzt werden und ihnen nicht einmal in den Sinn kommen. Oh, in diesem Augenblick scheren sie sich nicht darum; ihr Geist schafft nur ein grandioses Ganzes – und da wagt man ihnen mit solchen Kleinigkeiten zu kommen! Aber damit fängt man sie auch! Man stellt dem Angeklagten die Frage: ‚Nun, und woher beliebten Sie das Material für diesen Beutel zu nehmen; wer hat Ihnen den Beutel genäht?' – ‚Das habe ich selber getan.' – ‚Und woher beliebten Sie den Stoff zu nehmen?' Der Angeklagte ist bereits beleidigt; er hält dies für eine fast verletzende Nebensächlichkeit, und, ob Sie es mir glauben oder nicht: aufrichtig, völlig aufrichtig! Aber so sind sie alle. ‚Ich habe von einem meiner Hemden ein Stück abgerissen.' – ‚Vortrefflich, mein Herr. Wir werden also morgen dieses Hemd mit dem herausgerissenen Stück in Ihrer Wäsche suchen.' Und stellen Sie sich das nur vor, meine Herren Geschworenen, wenn wir wirklich dieses Hemd gefunden hätten – und wie hätten wir es in seinem Koffer oder in seiner Kommode nicht finden sollen, wenn ein solches Hemd tatsächlich existierte –, so wäre das schon eine Tatsache, eine greifbare Tatsache, die für die Richtigkeit seiner Aussage sprach! Aber daran denkt er nicht. ‚Ich erinnere mich nicht mehr; vielleicht war es nicht von einem Hemd, vielleicht nähte ich es in eine Haube meiner Hauswirtin ein.' – ‚In welche Haube?' – ‚Ich habe ihr eine genommen; sie lag dort herum; es war ein alter Baumwollfetzen.' – ‚Und Sie erinnern sich genau daran?' – ‚Nein, genau erinnere ich mich nicht' . . . Und dabei zürnt er und zürnt, und stellen Sie sich doch nur vor, wie man so etwas vergessen könnte! In den furchtbarsten Minuten des menschlichen Lebens, wenn man jemanden zur Hinrichtung führt, kommen ihm gerade derlei Kleinigkeiten ins Gedächtnis. Alles wird er vergessen, aber ein grünes Dach, das ihm unterwegs aufgefallen ist, oder eine Krähe auf einem Kreuz – daran wird er sich erinnern. Und da hat er sich, als er seinen Beutel nähte, vor den Hausgenossen versteckt; er mußte sich doch erinnern, welche Demütigung und Furcht er litt, als er die Nadel in der Hand hatte, Furcht, man könnte in sein Zimmer kommen und ihn entdecken; wie er beim ersten Klopfen aufsprang und hinter den Verschlag eilte – in seiner Wohnung gibt es einen Bretterverschlag ... Aber, meine Herren Geschworenen, wozu teile ich Ihnen das alles mit, alle diese Kleinigkeiten und Details!« rief Ippolit Kirillowitsch plötzlich. »Deshalb, weil der Angeklagte bis zu diesem Augenblick hartnäckig auf diesem ganzen Unsinn beharrt! In diesen beiden Monaten seit jener für ihn so verhängnisvollen Nacht hat er nichts aufgeklärt, keinen einzigen erklärenden realen Umstand konnte er seinen früheren phantastischen Aussagen hinzufügen; als wollte er sagen, das alles seien Bagatellen, und wir müßten es ihm auf Ehre glauben! Oh, wir glauben gerne; wir sehnen uns danach, zu glauben, und wäre es auch nur auf Ehre! Was sind wir denn? Schakale, die nach Menschenblut dürsten? Zeigen Sie uns auch nur eine einzige Tatsache zugunsten des Angeklagten, und wir werden uns freuen – aber eine reale, greifbare Tatsache, nicht eine Schlußfolgerung aus seinem Gesichtsausdruck, wie sie der leibliche Bruder gezogen hat, oder einen Hinweis darauf, daß er, als er sich an die Brust schlug, unbedingt den Geldbeutel zeigen wollte, dazu noch in der Dunkelheit! Wir werden uns über eine Tatsache allein schon freuen, wir werden als erste auf unsere Anklage verzichten; wir werden uns beeilen zurückzutreten. Jetzt aber erhebt die Gerechtigkeit ihre Stimme, und wir beharren darauf, wir können auf nichts verzichten.« Ippolit Kirillowitsch ging nun zum Schluß seiner Rede über. Er war fieberhaft erregt; er rief nach Sühne für das vergossene Blut, für das Blut des Vaters, der von dem eigenen Sohn »in der niederen Absicht der Beraubung« ermordet worden war. Unbeugsam wies er auf das tragische, in die Augen springende Zusammentreffen der Tatsachen hin. »Und was immer Sie von dem durch sein Talent berühmten Verteidiger des Angeklagten hören mögen«, konnte sich Ippolit Kirillowitsch nicht enthalten auszurufen, »was für beredte und rührende Worte, die an Ihre Empfindsamkeit gerichtet sind, hier auch erklingen werden – immer müssen Sie sich dessen entsinnen, daß Sie in diesem Augenblick im Heiligtum unserer Justiz sind. Denken Sie daran, daß Sie die Verteidiger unserer Gerechtigkeit sind, die Verteidiger unseres heiligen Rußland, seiner Fundamente, seiner Familie, alles dessen, was in ihm heilig ist! Auch Sie vertreten hier in diesem Augenblick Rußland, und nicht nur in diesem Saal wird Ihr Urteil erklingen, sondern Widerhall in ganz Rußland finden, und ganz Rußland wird Sie hören, seine Verteidiger und Richter, und es wird von Ihrem Wahrspruch ermutigt oder bedrückt sein. Peinigen Sie Rußland und seine Erwartungen nicht; unser schicksalhaftes Dreigespann jagt stürmisch dahin und vielleicht in den Untergang. Und schon längst reckt man in ganz Rußland die Arme und ruft dazu auf, in dem tollen, erbarmungslosen Jagen innezuhalten. Und wenn vorläufig noch die anderen Völker vor der wild dahinjagenden Troika zur Seite treten, geschieht das vielleicht ganz und gar nicht aus Hochachtung vor ihr, wie der Dichter es sehen wollte, sondern einfach vor Entsetzen – das merken Sie sich wohl! Vor Entsetzen, vielleicht auch aus Abscheu, aber auch das ist noch gut, daß sie zur Seite treten, und eines Tages werden sie wohl hingehen und sich nicht mehr abseits halten, sondern sich wie eine feste Mauer dieser dahinjagenden Vision entgegenstellen und selber das irrsinnige Jagen unserer Zügellosigkeit zum Stehen bringen, um sich, die Aufklärung und die Zivilisation zu retten! Solche beunruhigte Stimmen aus Europa haben wir schon gehört; sie beginnen sich bereits zu erheben. Mißachten Sie sie nicht, vermehren Sie nicht den stets wachsenden Haß durch einen Wahrspruch, der die Ermordung eines Vaters durch den leiblichen Sohn rechtfertigt! . . .«

Mit einem Wort, Ippolit Kirillowitsch war zwar sehr in Schuß geraten, hatte aber seine Rede doch pathetisch abgeschlossen – und der Eindruck, den er erzielte, war wirklich außerordentlich. Er selbst verließ nach dem Schluß seines Plädoyers hastig den Saal und fiel, wie ich bereits erwähnt habe, in dem anderen Zimmer fast in Ohnmacht. Das Publikum applaudierte nicht, aber die seriösen Leute waren zufrieden. Nicht so zufrieden waren nur die Damen, aber dennoch gefiel auch ihnen seine Beredsamkeit, um so mehr, als sie der Folgen halber keinerlei Befürchtung hegten und alle ihre Erwartungen auf Fetjukowitsch setzten: ‚Endlich wird er das Wort ergreifen und natürlich alle besiegen!' Jedermann blickte auf Mitja; während der ganzen Rede des Staatsanwaltes hatte er schweigend dagesessen, die Hände aneinandergepreßt, die Zähne zusammengebissen, mit gesenktem Kopf. Nur von Zeit zu Zeit hob er den Kopf und lauschte. Besonders, wenn die Rede auf Gruschenka kam. Während der Staatsanwalt Rakitins Meinung über sie wiedergab, zeigte sich in Mitjas Gesicht ein verächtliches und boshaftes Lächeln, und er sagte ziemlich laut: »Diese Bernards!« Als Ippolit Kirillowitsch berichtete, wie er ihn in Mokroje verhört und gequält hatte, hob Mitja den Kopf und hörte mit großem Interesse zu. An einer Stelle der Rede wollte er anscheinend sogar aufspringen und etwas rufen, doch bezwang er sich und zuckte nur geringschätzig die Achseln. Über dieses Finale des Plädoyers, nämlich über die Leistungen des Staatsanwaltes, als er den Verbrecher in Mokroje verhört hatte, sprach man dann viel bei uns in der Gesellschaft, und man machte sich über Ippolit Kirillowitsch lustig. Man sagte: »Der Mann hielt es nicht aus, er mußte sich mit seinen Fähigkeiten brüsten.« Die Sitzung wurde unterbrochen, aber nur für kurze Zeit, für eine Viertelstunde, höchstens für zwanzig Minuten. Im Publikum hörte man Gespräche und Ausrufe. Einige davon habe ich im Gedächtnis behalten.

»Ein seriöses Plädoyer!« bemerkte in einer Gruppe ein Herr mit gerunzelter Stirn.

»Aber etwas zuviel Psychologie!« warf eine andere Stimme ein.

»Doch das alles ist ja wahr, ist unwiderlegliche Wahrheit!«

»Ja, darin ist er ein Meister.«

»Er hat ein Resumee gezogen.«

»Auch über uns, auch über uns hat er ein Resumee gezogen«, mischte sich eine dritte Stimme ein. »Erinnern Sie sich, am Anfang seiner Rede sagte er, alle seien so wie Fjodor Pawlowitsch?«

»Und zum Schluß sagte er es auch. Nur hat er da übertrieben.«

»Ja, es gab auch Unklarheiten.«

»Er ließ sich ein bißchen hinreißen.«

»Es war ungerecht, wahrhaftig ungerecht.«

»Na, nein, immerhin sprach er geschickt. Lange hat er warten müssen, und jetzt konnte er es sagen, hehe!«

»Was wird der Verteidiger bloß vorbringen?«

In einer anderen Gruppe:

»Und den Mann aus Petersburg hat er ganz ohne Grund angegriffen. Erinnern Sie sich Das Spekulieren auf die Empfindsamkeit?«

»Ja, das war ungerecht.«
»Vorschnell war es.«
»Er ist ein nervöser Mensch.«
»Da lachen wir, wie aber mag dem Angeklagten zumute sein?«
»Jawohl. Wie mag es Mitjenka zumute sein?«
»Und was wird der Verteidiger sagen?«
In einer dritten Gruppe:
»Was ist das für eine Dame dort, die Dicke, mit dem Lorgnon, die am Rande sitzt?«
»Das ist eine Generalin, eine geschiedene Frau. Ich kenne sie.«
»Darum trägt sie auch ein Lorgnon.«
»Eine alte Schachtel.«
»Aber nein, sie sieht recht pikant aus.«
»Zwei Plätze weiter sitzt eine kleine Blondine, die ist hübscher.«
»Aber geschickt hat man ihn damals in Mokroje überrumpelt, wie?«
»Nun ja, geschickt. Der Staatsanwalt hat es darum noch einmal erzählt. Er hat ja hier in den Familien schon so ungemein viel erzählt.«
»Auch jetzt konnte er nicht schweigen. Diese Eitelkeit!«
»Ein zurückgesetzter Mensch, hehe!«
»Und empfindlich ist er. Auch viel Rhetorik war dabei, lange Sätze.«
»Ja, und er jagt einem Schrecken ein. Merken Sie wohl, er will uns die ganze Zeit Schrecken einjagen. Erinnern Sie sich an die Sache mit dem Dreigespann? ‚Dort gibt es Hamlets, doch bei uns vorläufig nur Karamasows!' Das hat er gut gesagt.«
»Damit hat er dem Liberalismus Weihrauch gestreut. Er hat Angst!«
»Er hat auch vor dem Anwalt Angst.«
»Ja, was wird Herr Fetjukowitsch sagen?«
»Nun, was er auch sagen mag, unsere Bauern hier stimmt er nicht um.«
»Meinen Sie?«
In einer vierten Gruppe:
»Aber das mit dem Dreigespann hat er schön gesagt, an der Stelle, wo er von den Völkern sprach.«
»Und er hat recht, erinnerst du dich, wie er sagte, daß die Völker nicht warten werden?«

»Wieso?«

»Im englischen Parlament stand in der vorigen Woche schon ein Abgeordneter auf und richtete wegen unserer Nihilisten eine Anfrage an das Ministerium, ob es nicht Zeit sei, sich in die Angelegenheiten dieser barbarischen Nation einzumischen und uns Bildung beizubringen. Ippolit hat ihn gemeint; ich weiß, daß er ihn gemeint hat. Vorige Woche sprach er davon.«

»Damit hat es noch gute Weile.«

»Wieso gute Weile? Warum?«

»Wir werden Kronstadt sperren und ihnen kein Getreide liefern. Woher sollen sie es dann hernehmen?«

»Nun, aus Amerika. Jetzt beziehen sie es doch aus Amerika.«

»Aber keine Rede!«

Doch da ertönte die Klingel; alles eilte an die Plätze. Fetjukowitsch stieg auf die Tribüne.

10

Die Rede des Verteidigers. Der Stab mit zwei Enden

Alles verstummte bei den ersten Worten des Redners. Jedermann im Saal heftete den Blick auf ihn. Er begann außerordentlich geradeheraus, schlicht und überzeugt, aber ohne die geringste Überhebung, ohne den geringsten Versuch, schöne Sätze zu formen, pathetische Töne anzuschlagen oder sich in gefühlvollen Worten zu ergehen. Das war ein Mensch, der eben im intimen Kreis mitfühlender Leute das Wort ergriffen hat. Seine Stimme klang schön, laut und sympathisch, und es schien, als hörte man schon in dieser Stimme etwas Aufrichtiges und Schlichtes. Aber alle erkannten sogleich, daß es der Redner verstand, sich plötzlich zu wahrem Pathos zu erheben und »mit ungekannter Kraft das Herz zu treffen«. Er sprach vielleicht nicht so korrekt wie Ippolit Kirillowitsch, doch ohne lange Sätze und sogar treffender. Eines gefiel den Damen nicht: er krümmte immerzu den Rücken, besonders zu Beginn seiner Rede, nicht als ob er sich verbeugen wollte, sondern als ob er zu seinen Hörern hinstrebte und hinflöge, wobei er gewissermaßen nur die Hälfte seines langen Rückens bog, als wäre in der Mitte dieses langen, schmalen Rückens ein Scharnier angebracht, so daß sein Rücken sich beinahe im rechten

Winkel abbiegen konnte. Am Anfang seiner Rede sprach er unzusammenhängend, als ob er kein System hätte; er nahm die Tatsachen, wie es sich eben traf, aber schließlich ergab sich daraus doch ein Ganzes. Seine Rede hätte man in zwei Hälften teilen können: die erste Hälfte war eine Kritik, eine Entkräftung der Anklage, manchmal boshaft und sarkastisch. Aber in der zweiten Hälfte des Plädoyers schien er plötzlich den Ton, ja sogar seine Methode zu ändern; er erhob sich mit einemmal zum Pathetischen, und der Saal hatte gleichsam darauf gewartet und erbebte geradezu vor Begeisterung. Er kam unmittelbar auf die Sache zu sprechen und begann damit, daß sein Wirkungskreis zwar in Petersburg liege, daß er aber nicht zum erstenmal eine der Städte Rußlands besuche, um einen Angeklagten zu verteidigen, aber nur einen solchen, von dessen Unschuld er entweder überzeugt sei oder dessen Unschuld er im voraus fühle.

»Das gleiche widerfuhr mir auch in dem vorliegenden Fall,« erklärte er. »Allein schon in den ersten Zeitungsberichten fiel mir etwas auf, das mich außerordentlich zu Gunsten des Angeklagten einnahm. Mit einem Wort, mich interessierte vor allem eine gewisse juristische Tatsache, die sich zwar oft in der Gerichtspraxis wiederholt, aber, wie mir scheinen will, niemals so vollständig und mit so charakteristischen Eigenheiten wie in dem vorliegenden Fall. Diese Tatsache sollte ich eigentlich erst zum Abschluß des Plädoyers formulieren, wenn ich meine Rede beende; dennoch will ich den Gedanken schon gleich im Anfang äußern, denn ich habe die Schwäche, geradewegs zur Sache zu kommen, ohne mich um Effekte zu kümmern und mir die Eindrücke, die ich erzielen will, aufzusparen. Das ist von mir vielleicht schlechte Berechnung, dafür jedoch aufrichtig. Dieser Gedanke, meine Formel ist die folgende: Es liegt ein erdrückendes Zusammentreffen von Tatsachen gegen den Angeklagten vor, gleichzeitig aber nicht eine einzige Tatsache, die der Kritik standhielte, wenn man sie einzeln untersuchte, allein für sich! Nachdem ich weiter nach Gerüchten und nach Zeitungsberichten den Fall verfolgt hatte, wurde ich in meinem Gedanken immer mehr und mehr bestärkt, und plötzlich erhielt ich von den Verwandten des Angeklagten die Aufforderung, seine Verteidigung zu übernehmen. Ich eilte sofort her, und hier konnte ich mich endgültig überzeugen. Nun, um ein so furchtbares Zusammentreffen der Tatsachen zu zerschlagen und die Unzulänglichkeit und Phantastik eines jeden belastenden

Faktums einzeln ins rechte Licht zu setzen, übernahm ich die Verteidigung in diesem Prozeß.«

So begann der Verteidiger und rief dann plötzlich aus: »Meine Herren Geschworenen, ich bin hier ein Fremder. Alle Eindrücke, die ich habe, sind unvoreingenommen. Der Angeklagte, ein ungestümer und hemmungsloser Charakter, hat mich vorher noch nicht beleidigt, wie er vielleicht hundert Personen in dieser Stadt beleidigt hat, weshalb viele gegen ihn ein Vorurteil haben. Natürlich gebe auch ich zu, daß das sittliche Empfinden der hiesigen Gesellschaft mit Recht empört ist: der Angeklagte ist wirklich ungestüm und hemmungslos. Dennoch hat man ihn in der hiesigen Gesellschaft empfangen, sogar in der Familie des hochbegabten Anklägers wurde er freundlich aufgenommen.« (Nota bene: Bei diesen Worten wurde im Publikum zwei- oder dreimal aufgelacht, obgleich man dies bald unterdrückte, aber jedermann konnte es bemerken. Allen in unserer Stadt war bekannt, daß der Staatsanwalt, wenn auch ungern, Mitja in sein Haus ließ, einzig deshalb, weil die Gattin des Staatsanwalts Mitja aus irgendeinem Grunde interessant fand – eine im höchsten Grad angesehene, aber phantastische und eigenartige Dame, die es in gewissen Fällen, besonders in Kleinigkeiten, liebte, ihrem Manne zu opponieren. Mitja war übrigens ziemlich selten in ihrem Hause gewesen.) »Nichtsdestoweniger wage ich die Vermutung«, sprach der Verteidiger weiter, »daß sogar in einem so unabhängigen Geist und einem so gerechten Charakter wie in meinem Gegner ein falsches Vorurteil gegen meinen unglücklichen Klienten entstehen konnte. Oh, das ist ja so natürlich: der Unglückliche hatte es nur allzusehr verdient, daß man ihm sogar Vorurteile entgegenbrachte. Das beleidigte sittliche und noch schlimmer, das ästhetische Gefühl ist manchmal unerbittlich. Allerdings haben wir alle in der hochtalentierten Anklagerede eine strenge Analyse des Charakters und der Tat des Angeklagten gehört, eine streng kritische Einstellung zu dem Fall, und vor allem wurden, um uns das Wesen des Falles zu erklären, solche psychologische Tiefen berührt, daß das Eindringen in diese Tiefen bei irgendeiner absichtlich oder böswillig voreingenommenen Einstellung zu der Persönlichkeit des Angeklagten überhaupt unmöglich gewesen wäre. Aber es gibt Dinge, die in solchen Fällen sogar noch schlimmer und verderblicher sind als die böswilligste und voreingenommenste Einstellung zu dem Fall. Zumal dann, wenn uns zum Beispiel ein gewisses, wie ich wohl sagen darf, künstlerisches Spiel verlockt, das Bedürfnis nach künstlerischem Schaffen, sozusagen nach der Verfassung eines Romans, zumal bei dem Reichtum psychologischer Gaben, mit denen Gott unsere Fähigkeiten gesegnet hat. Schon in Petersburg, schon als ich erst im Begriffe war herzufahren, wurde ich gewarnt,– und ich wußte auch selber ohne jede Warnung, daß ich hier als Gegner einen tiefen und feinen Psychologen finden würde, der durch diese Eigenschaft in unserer noch jungen juristischen Welt schon einen gewissen besonderen Ruhm erworben hat. Nun ist aber die Psychologie zwar eine tiefgründige Sache, meine Herren, aber dennoch ähnelt sie dem Stab mit zwei Enden.« (Lachen im Publikum.) »Oh, natürlich werden Sie mir meinen trivialen Vergleich verzeihen; ich bin kein Meister darin, allzu beredt zu sprechen, aber immerhin will ich Ihnen ein Beispiel liefern. Ich nehme das erste, das mir aus der Rede des Anklägers einfällt. Der Angeklagte steigt nachts im Garten auf der Flucht über den Zaun und schlägt mit dem kupfernen Mörserstößel den Diener nieder, der sich ihm an den Fuß klammert. Dann springt er aber gleich wieder in den Garten zurück und befaßt sich volle fünf Minuten mit dem Niedergeschlagenen und bemüht sich herauszubekommen, ob er ihn getötet hat oder nicht. Und nun will der Ankläger auf keinen Fall an die Richtigkeit der Aussage des Angeklagten glauben, daß dieser nämlich aus Mitleid mit dem alten Grigorij heruntergesprungen sei. ‚Nein, kann es denn in einem solchen Augenblick diese Empfindsamkeit geben? Das ist ja unnatürlich; er sprang vielmehr herab, um sich zu überzeugen, ob der einzige Zeuge seiner Missetat lebte oder tot war, und damit hat er wohl bezeugt, daß er die Missetat begangen hat, da er nicht aus irgendeinem anderen Grunde, Drang und Gefühl in den Garten hinabspringen konnte.‘ Hier haben Sie Psychologie; aber nehmen wir die gleiche Psychologie und wenden wir sie auf den Fall an, jedoch nur vom anderen Ende, und es wird etwas herauskommen, das keineswegs weniger wahrscheinlich ist. Der Mörder springt aus Vorsicht herab, um sich zu überzeugen, ob der Zeuge lebt oder nicht, und doch hat er eben erst nach der Behauptung des Anklägers im Zimmer des von ihm ermordeten Vaters einen erdrückenden Beweis gegen sich selber in Gestalt des zerrissenen Briefumschlags zurückgelassen, auf dem geschrieben stand, daß darin dreitausend Rubel gelegen hatten. ‚Hätte er diesen Umschlag mitgenommen, so hätte niemand in der ganzen Welt erfahren, daß ein Umschlag da war und Geld enthielt und daß der Angeklagte also dieses Geld geraubt hatte.‘ Das ist ein Ausspruch, den der Ankläger selber getan hat. Nun, sehen Sie, für das eine reichte die Vorsicht nicht aus, der Mensch geriet in Verwirrung, ängstigte sich und lief davon, wobei er das Beweisstück auf dem Boden liegen ließ, und zwei Minuten später schlug er einen anderen Menschen nieder, aber jetzt kommt uns sofort das sehr herzlose und berechnende Gefühl der Vorsicht zustatten. Nun, das mag so gewesen sein; darin liegt eben die Feinheit der Psychologie, daß ich unter solchen Umständen sofort blutgierig und scharfsichtig bin wie ein kaukasischer Adler, in der nächsten Minute jedoch blind und zaghaft wie ein armseliger Maulwurf. Aber wenn ich schon so blutgierig und grausam berechnend bin, daß ich nach einem Totschlag nur deshalb hinabspringe, um zu sehen, ob ein Zeuge gegen mich lebt oder nicht, warum sollte ich mich dann wohl volle fünf Minuten mit meinem neuen Opfer befassen und mir damit vielleicht auch noch neue Zeugen auf den Hals laden? Wozu das Taschentuch blutig machen, das Blut vom Kopf des Niedergestürzten abwischen, obwohl dieses Taschentuch später als Beweis gegen mich wird dienen können? Nein, wenn wir schon so berechnend und grausam sind, wäre es da nicht besser gewesen, hinunterzuspringen, dem niedergestürzten Diener mit eben diesem Mörserstößel noch und noch einmal auf den Kopf zu schlagen, um ihn vollends zu töten, einen Zeugen zu beseitigen und mir jegliche Sorge vom Herzen zu laden? Und schließlich springe ich hinab, um nachzusehen, ob der Belastungszeuge lebt oder nicht, aber gleichzeitig lasse ich auf dem Gartenpfad einen anderen Zeugen zurück, nämlich eben diesen Mörserstößel, zwei Frauen weggenommen, die später diesen Stößel immer als den ihren erkennen und bezeugen können, daß ich ihn ihnen fortgenommen habe, und nicht etwa, daß ich ihn auf dem Wege vergessen hätte, daß ich ihn in meiner Zerstreutheit oder Verwirrung verlor – nein, wir warfen unsere Waffe fort, denn später hat man sie etwa fünfzehn Schritte von jener Stelle entfernt gefunden, an der Grigorij niedergeschlagen wurde. Es fragt sich, warum wir das getan haben. Deshalb haben wir es getan, weil es uns bitter reute, daß wir einen Menschen, einen alten Diener erschlagen hatten, und darum warfen wir zornig und mit einem Fluch den Stößel als die Mordwaffe von uns; anders konnte es gar nicht sein, denn weswegen hätten wir sie mit solchem Schwung wegwerfen müssen? Wenn wir Schmerz und Erbarmen fühlen konnten, weil wir einen Menschen getötet hatten, dann natürlich deswegen, weil wir den Vater nicht ermordeten. Hätte er den Vater ermordet, wäre er nicht zu einem zweiten Niedergeschlagenen aus Mitleid hinabgesprungen; da hätte er ein anderes Gefühl gehabt; nicht um Mitleid wäre es ihm dann zu tun gewesen, sondern um die Rettung seiner selbst, und das trifft natürlich zu. Im Gegenteil, ich wiederhole, er hätte ihm den Schädel endgültig zerschmettert und sich nicht fünf Minuten lang mit ihm abgegeben. Aber Erbarmen und gutes Gefühl waren gerade deshalb am Platz, weil sein Gewissen vorher rein war. Das ist wohl eine ganz andere Psychologie. Absichtlich habe ich jetzt selber Zuflucht zur Psychologie genommen, meine Herren Geschworenen, um Ihnen deutlich zu zeigen, daß man aus ihr alles ableiten kann, was man will. Es handelt sich nur darum, wer sie handhabt. Die Psychologie verlockt sogar die ernsthaftesten Menschen zum Verfassen von Romanen, und zwar völlig unwillkürlich. Ich spreche von der übertriebenen Psychologie, meine Herren Geschworenen, von einem gewissen Mißbrauch, der mit ihr getrieben wird.«

Hier hörte man wieder zustimmendes Lachen im Publikum, an die Adresse des Staatsanwaltes gerichtet. Aber ich will nicht das gesamte Plädoyer des Verteidigers mit allen Einzelheiten anführen, sondern nur einige Stellen herausgreifen, einige besonders wichtige Punkte.

11

Das Geld hat nicht existiert. Mitja hat keinen Raub begangen

Da war etwas in der Rede des Verteidigers, das alle geradezu verblüffte – nämlich das völlige Ableugnen der Existenz dieser verhängnisvollen dreitausend Rubel, also auch der Möglichkeit ihres Raubes.

»Meine Herren Geschworenen«, begann der Verteidiger, »in diesem Prozeß setzt eine höchst charakteristische Eigenart jeden unvoreingenommenen Außenstehenden in Erstaunen, das heißt: die Anklage wegen Raubes und gleichzeitig die völlige Unmöglichkeit, faktisch daraufhinzuweisen, was denn eigentlich geraubt wurde. Man sagt, es sei Geld geraubt worden, und zwar dreitausend Rubel – aber ob dieses Geld wirklich existierte, das weiß niemand. Urteilen Sie selbst: erstens, wie erfuhren wir, daß es dreitausend waren, und wer hat sie gesehen? Gesehen und darauf hingewiesen, daß sie in einem beschriebenen Briefumschlag staken, hat einzig der Diener Smerdjakow. Er hat dem Angeklagten und auch dessen Bruder Iwan Fjodorowitsch noch vor der Katastrophe Mitteilung davon gemacht. Auch Fräulein Swetlowa wurde hiervon in Kenntnis gesetzt. Aber keine dieser drei Personen hat das Geld selbst gesehen; gesehen hat es wiederum nur Smerdjakow; doch da erhebt sich ganz von selbst die Frage: Wenn es auch wahr ist, daß das Geld da war und daß Smerdjakow es gesehen hat, wann hat er es dann zum letztenmal gesehen? Und wie, wenn sein Herr dieses Geld aus dem Bett herausgenommen und wieder in die Schatulle gelegt hätte, ohne ihm, Smerdjakow, etwas davon zu sagen? Merken Sie wohl, nach Smerdjakows Aussage lag das Geld in dem Bett, unter der Matratze; der Angeklagte mußte es unter der Matratze hervorreißen; trotzdem war das Bett keineswegs zerwühlt, und das ist im Protokoll genau vermerkt. Wie konnte der Angeklagte das Bett nicht in Unordnung bringen und mit seinen blutigen Händen obendrein die ganz frische feine Bettwäsche nicht beschmutzen, die diesmal mit Absicht aufgebreitet war? Aber man wird uns vorhalten: ‚Und der Briefumschlag auf dem Boden?' Ja, es lohnt sich, über diesen Briefumschlag zu reden. Früher war ich geradezu ein wenig erstaunt: Der hochbegabte Ankläger erklärte, als er von diesem Briefumschlag zu sprechen begann, plötzlich selber – hören Sie, meine Herren, selber – in seiner Rede, nämlich an der Stelle, wo er auf die Albernheit der Vermutung hinweist, Smerdjakow könnte den Mord begangen haben: ‚Wäre dieser Briefumschlag nicht, wäre er nicht auf dem Fußboden als Beweisstück liegengeblieben und hätte ihn der Täter mit sich genommen, so hätte niemand auf der ganzen Welt erfahren, daß ein solcher Briefumschlag da war und daß Geld darin lag und daß dieses Geld also wohl von dem Angeklagten geraubt wurde.' Also führte sogar nach dem Zugeständnis des Anklägers selber einzig und allein dieser zerrissene Fetzen Papier mit der Aufschrift dazu, daß der Angeklagte des Raubes beschuldigt wird, denn ‚niemand hätte erfahren, daß ein Raub vorlag und daß vielleicht Geld da war'. Aber ist denn die Tatsache allein, daß dieser Fetzen Papier auf dem Boden lag, ein Beweis dafür, daß Geld darin war und daß dieses Geld geraubt wurde? ‚Doch', so wird man mir antworten, ‚Smerdjakow hat das Geld in dem Umschlag gesehen', nur wann, wann hat er es zum letztenmal gesehen, danach frage ich! Ich habe mit Smerdjakow gesprochen, und er sagte mir, er habe das Geld zwei Tage vor der Katastrophe gesehen. Aber warum soll ich nicht zum Beispiel etwa annehmen können, daß der alte Fjodor Pawlowitsch, nachdem er sich zu Hause eingeschlossen hatte und als er in Ungeduld und Hysterie seine Geliebte erwartete, plötzlich aus Langeweile auf den Gedanken gekommen sei, den Umschlag mit dem Gelde hervorzuholen und zu öffnen? Vielleicht sagte er sich: Was bedeutet ein Briefumschlag – am Ende glaubt sie es gar nicht; wenn ich ihr aber die dreißig regenbogenfarbenen Scheine in einem Packen zeige, wirkt das wohl stärker; da wird ihr das Wasser im Mund zusammenlaufen – und nun reißt er den Umschlag auf, nimmt das Geld und wirft mit dem Recht des Hausherrn das Kuvert auf den Boden, weil er natürlich vor keinerlei Beweis Angst hat. Hören Sie, meine Herren Geschworenen, gibt es etwas, das leichter möglich wäre als eine solche Annahme oder eine solche Tatsache? Warum wäre das unmöglich? Nun, wenn aber auch nur irgend etwas Ähnliches hat geschehen können, dann fällt die Anklage wegen Raubes ganz von selbst in sich zusammen: Wenn es kein Geld gab, gab es wohl auch keinen Raub. Lag der Umschlag als Beweis, daß Geld darin war, auf dem Fußboden, warum kann ich dann nicht das Gegenteil behaupten, nämlich, daß der Umschlag auf dem Boden lag, weil kein Geld mehr darin war, weil es der Herr des Hauses vorher herausgenommen hatte. Ja, aber wohin ist in diesem Falle das Geld gekommen, wenn Fjodor Pawlowitsch es selbst aus dem Umschlag nahm und man es dann bei der Durchsuchung im Hause nicht fand? Erstens fand man in seiner Schatulle einen Teil des Geldes, und zweitens konnte er es doch schon am Morgen, ja sogar am Tag vorher herausgenommen und anders darüber verfügt haben; er konnte es hergegeben, es weggeschickt haben, er konnte schließlich seine Absicht, seinen Plan grundlegend geändert und es folglich gar nicht mehr für nötig gefunden haben, Smerdjakow davon in Kenntnis zu setzen? Wenn aber auch nur die Möglichkeit einer solchen Annahme besteht – wie kann man dann den Angeklagten so hartnäckig und so unbeugsam beschuldigen, daß er den Mord zum Zwecke des Raubes begangen habe und daß wirklich ein Raub vorlag? Auf diese Weise geraten wir in das Gebiet des Romans. Wenn man nämlich behauptet, diese oder jene Sache sei geraubt worden, so muß man imstande sein, auf diese Sache hinzuweisen oder zumindest unumstößlich darzulegen, daß es sie gab. Aber dabei hat sie niemand auch nur gesehen. Neulich ging in Petersburg ein junger Mann, fast noch ein Knabe von achtzehn Jahren, ein kleiner Hausierer, am hellichten Tag mit einem Beil in eine Wechselstube, erschlug dort mit ungewöhnlicher, doch typischer Frechheit den Besitzer des Ladens und erbeutete tausendfünfhundert Rubel Bargeld. Fünf Stunden später wurde er verhaftet, und man fand bei ihm außer fünfzehn Rubel, die er schon ausgegeben hatte, die ganze Summe von anderthalbtausend. Außerdem teilte der Ladengehilfe, der nach dem Mord in die Wechselstube zurückkam, der Polizei nicht nur mit, welche Summe geraubt worden war, sondern auch aus welchen Geldsorten sie bestand, das heißt, wieviel Hundertrubelscheine, wieviel blaue und wieviel rote Scheine und wieviel Goldstücke es waren, und gerade diese Scheine und diese Münzen wurden bei dem verhafteten Mörder gefunden. Obendrein erfolgte dann ein volles und aufrichtiges Geständnis des Mörders, daß er die Tat begangen und das Geld genommen habe. Das nenne ich einen überzeugenden Beweis, meine Herren Geschworenen! Hier kenne ich, sehe ich, fühle ich das Geld und kann nicht sagen, daß es dieses Geld nicht gebe oder nicht gegeben habe. Ist es auch so im vorliegenden Fall? Dabei handelt es sich doch um Leben und Tod, um das Schicksal eines Menschen. ‚Nun ja', wird man sagen, ‚aber er hat doch in jener Nacht gezecht, mit dem Geld um sich geworfen; anderthalbtausend Rubel wurden bei ihm gefunden – woher hatte er sie?' Aber gerade dadurch, daß insgesamt nur anderthalbtausend Rubel gefunden wurden und daß man die andere Hälfte der Summe auf keine Weise ausfindig machen und entdecken konnte, gerade dadurch wird bewiesen, daß dieses Geld möglicherweise gar nicht jenes war und niemals in irgendeinem Briefumschlag gesteckt hatte. Was die Zeitberechnung – und zwar eine überaus genaue – betrifft, so wurde in der Voruntersuchung festgestellt und bewiesen, daß der Angeklagte, als er von den Mägden zu dem Beamten Perchotin eilte, nicht nach Hause und überhaupt nirgendhin sonst ging und dann die ganze Zeit unter Menschen war, folglich von den dreitausend unmöglich die Hälfte weggenommen und irgendwo in der Stadt versteckt haben konnte. Und gerade diese Erwägung war die Ursache für die Vermutung des Anklägers, daß das Geld irgendwo in einer Ritze im Dorfe Mokroje versteckt sei. Aber warum denn nicht im Keller des Udolfschen Schlosses, meine

Herren? Nun, ist diese Vermutung nicht phantastisch, ist sie nicht romanhaft? Und merken Sie wohl, wenn nur diese eine Vermutung, nämlich daß das Geld in Mokroje versteckt wurde, entkräftet wird, verwehen die Anschuldigungen des Diebstahls in alle vier Winde, denn wo sind diese anderthalbtausend, wohin kamen sie? Durch welches Wunder konnten sie verschwinden, wenn bewiesen ist, daß der Angeklagte nirgendhin ging? Und mit solchen Romanen sind wir bereit, ein Menschenleben zu zerstören! Man wird mir sagen: ‚Trotzdem konnte er nicht erklären, woher er die anderthalbtausend hatte, die bei ihm gefunden wurden; außerdem wußten alle, daß er bis zu dieser Nacht kein Geld gehabt hatte.' Doch wer hat das gewußt? Aber der Angeklagte legte ein klare und glaubwürdige Aussage darüber ab, woher er das Geld genommen habe, und wenn Sie wollen, meine Herren Geschworenen, wenn Sie wollen – konnte und kann nichts glaubwürdiger sein als diese Aussage, und außerdem gibt es nichts, was mit dem Charakter und der Seele des Angeklagten besser vereinbar wäre. Der Anklage gefiel ihr eigener Roman: Ein Mensch mit schwachem Willen, der sich entschlossen hat, die dreitausend Rubel, die ihm so schmachvoll von seiner Braut angeboten waren, zu nehmen, war angeblich nicht imstande, die Hälfte wegzulegen und in einen Beutel zu nähen; im Gegenteil, wenn er es auch getan hätte, so hätte er jeden zweiten Tag den Beutel aufgetrennt und immer je hundert Rubel weggenommen und auf diese Weise den ganzen Betrag in einem Monat verbraucht. Erinnern Sie sich, das alles wurde in einem Ton vorgebracht, der keinerlei Einwendung duldete. Nun, wie aber, wenn die Sache ganz und gar nicht so vor sich ging und Sie einen Roman geschrieben haben, in dem aber eine ganz andere Person vorkommt? Daran liegt es eben, daß Sie eine andere Person geschaffen haben! Man wird wohl einwenden: ‚Es gibt Zeugen dafür, daß er diese dreitausend, die er von Fräulein Werchowzewa erhalten hatte, im Dorf Mokroje durchbrachte, einen Monat vor der Katastrophe, auf einmal bis zur letzten Kopeke, und daß er daher nicht die Hälfte davon wegnehmen konnte.' Aber wer sind diese Zeugen? Ihre Glaubwürdigkeit ist vor Gericht schon enthüllt worden. Außerdem sieht ein Stück Brot in fremder Hand immer größer aus. Und schließlich hat keiner der Zeugen das Geld selbst gezählt, sondern die Summe nur nach Augenmaß geschätzt. So sagte der Zeuge Maximow aus, daß der Angeklagte zwanzigtausend in der Hand gehabt habe. Sehen

Sie, meine Herren Geschworenen, da die Psychologie ein Stab mit zwei Enden ist, müssen Sie mir schon erlauben, hier auch das andere Ende vorzuzeigen, und wir werden ja sehen, was dabei herauskommt.

Einen Monat vor der Katastrophe wurden dem Angeklagten von Fräulein Werchowzewa dreitausend Rubel anvertraut, damit er sie mit der Post absende, aber es erhebt sich die Frage, ob es richtig ist, daß sie ihm dieses Geld so schmachvoll und so demütigend anvertraute, wie dies vorhin verkündet wurde. In der ersten Aussage zu diesem Thema ergab sich bei Fräulein Werchowzewa etwas anderes, etwas ganz anderes; bei der zweiten Aussage hörten wir nur Schreie der Erbitterung, der Rachsucht, Schreie eines lange zurückgedrängten Hasses. Aber schon die Tatsache, daß die Zeugin bei ihrer ersten Einvernahme Unrichtiges aussagte, gibt uns das Recht zu der Schlußfolgerung, daß auch die zweite Aussage unrichtig sein kann. Der Ankläger ‚ist nicht gewillt und wagt nicht' – das sind seine Worte –, diesen Roman zu berühren. Nun, mag dem so sein; auch ich werde nicht darauf eingehen, aber trotzdem will ich mir nur die Bemerkung erlauben: wenn eine reine und hochmoralische Person wie es das hochgeehrte Fräulein Werchowzewa ohne Zweifel ist, wenn also, sage ich, eine solche Person sich mit einemmale in der offenkundigen Absicht, den Angeklagten zugrunde zu richten, hier erlaubt, ihre erste Aussage zu widerrufen, so ist es doch klar, daß diese Aussage nicht leidenschaftslos, nicht kaltblütig abgelegt wurde. Will man uns denn das Recht streitig machen, den Schluß zu ziehen, daß eine rachsüchtige Frau vieles übertreiben kann? Ja, gerade jene Schmach und Schande übertreiben, mit der sie ihm das Geld anbot. Im Gegenteil, es war gerade so angeboten worden, daß es jemand noch annehmen konnte, besonders ein so leichtsinniger Mensch, wie es unser Angeklagter ist. Die Hauptsache war: er hoffte damals, daß er die dreitausend, das Geld, das ihm sein Vater aus der Abrechnung schuldete, bald erhalten werde. Das war leichtsinnig, aber gerade in seinem Leichtsinn war er fest davon überzeugt, daß ihm der Vater das Geld ausfolgen werde, daß er, der Angeklagte, es erhalten und daher den von Fräulein Werchowzewa ihm anvertrauten Betrag immer mit der Post absenden und dadurch seine Schuld bezahlen konnte. Aber der Ankläger will um keinen Preis zugeben, daß er am selben Tage von dem erhaltenen Geld die Hälfte wegnehmen und in einen Beutel einnähen konnte. ‚Sein

Charakter ist nicht so; er konnte solche Gefühle nicht haben.' Aber Sie selber haben ja laut verkündet, daß Karamasow eine breit angelegte Natur sei; Sie selber haben ja laut von den beiden extremen Abgründen gesprochen, die Karamasow anzuschauen imstande sei. Karamasow sei eben eine solche Natur mit zwei Seiten, mit zwei Abgründen, daß er selbst bei dem hemmungslosesten Verlangen nach einem Zechgelage innehalten könne, wenn ihn irgend etwas von der anderen Seite her betroffen mache. Und die andere Seite ist ja die Liebe – eben jene neue, damals wie Pulver auflodernde Liebe, und für diese Liebe braucht er Geld, und er braucht es notwendiger, oh, weit notwendiger als sogar für ein Zechgelage mit dieser Geliebten selbst. Sie wird ihm sagen: ,Ich bin dein; ich will Fjodor Pawlowitsch nicht', und er wird sie nehmen und entführen – und so hätte er wenigstens Geld gehabt, sie zu entführen. Das war ja wichtiger als das Prassen. Sollte Karamasow das nicht verstehen? Ja, er krankte eben an dieser Sorge – was ist also Unwahrscheinliches daran, daß er das Geld abteilt und für alle Fälle versteckt? Doch siehe, die Zeit verstreicht, und Fjodor Pawlowitsch zahlt dem Angeklagten die dreitausend nicht, im Gegenteil, man hört, daß er dieses Geld für den Zweck bestimmt hat, ihm seine Geliebte abspenstig zu machen. ,Wenn Fjodor Pawlowitsch mir das Geld nicht zahlt', denkt der Angeklagte, ,werde ich vor Katerina Iwanowna als Dieb dastehen.' Und nun kommt ihm der Gedanke, daß er mit diesen anderthalbtausend, die er noch immer in dem Beutelchen an seiner Brust trägt, hingehen, sie vor Fräulein Werchowzewa auf den Tisch legen und ihr sagen wird: ,Ich bin ein Schuft, aber kein Dieb.' Und so hat er wohl schon eine doppelte Ursache, diese anderthalbtausend aufzubewahren und darauf zu achten wie auf seinen Augapfel und keineswegs den Beutel aufzutrennen und das Geld hundertrubelweise herauszunehmen. Warum sprechen Sie dem Angeklagten das Gefühl der Ehre ab? Nein, er hat Ehrgefühl, vielleicht ein unrichtiges, vielleicht ein sehr oft irriges, aber er hat dieses Gefühl bis zur Leidenschaft, und er hat das bewiesen. Doch da kompliziert sich die Sache; die Qualen der Eifersucht erreichen den höchsten Grad, und stets dieselben, stets die früheren beiden Fragen zeichnen sich in dem erhitzten Hirn des Angeklagten immer qualvoller ab. ,Wenn ich das Geld Katerina Iwanowna zurückgebe, mit welchen Mitteln werde ich dann Gruschenka entführen?' Wenn er so tolle Stücke trieb und sich betrank und diesen ganzen Monat in den Gasthäusern randalierte, so geschah das vielleicht gerade deshalb, weil ihm selber bitter zumute war, weil es über seine Kräfte ging, das zu ertragen. Diese beiden Fragen spitzten sich schließlich dermaßen zu, daß sie ihn am Ende zur Verzweiflung trieben. Er schickte seinen jüngeren Bruder zum Vater, damit er ihn zum letztenmal um diese dreitausend bitte; doch ohne eine Antwort abzuwarten, drang er selber bei dem Vater ein, und das endete damit, daß er den alten Mann vor Zeugen mißhandelte. Danach konnte er von niemandem mehr Geld erhalten; der mißhandelte Vater gab ihm gewiß nichts. Am Abend desselben Tages schlägt er sich an die Brust, eben an den oberen Teil der Brust, wo dieses Beutelchen hing, und schwört seinem Bruder, daß er die Mittel dazu habe, kein Schuft zu sein, doch er sieht voraus, daß er das Geld nicht dazu gebrauchen werde, es fehlt ihm an seelischer Kraft, es fehlt ihm an Charakter. Warum, warum glaubt der Ankläger nicht an Alexej Karamasows Aussage, die so lauter, so aufrichtig, so unvorbereitet und so glaubwürdig abgelegt wurde? Warum zwingt er mich im Gegenteil, an das Geld in irgendeiner Ritze oder in den Kellern des Udolfschen Schlosses zu glauben? Am selben Abend, nach dem Gespräch mit dem Bruder, schreibt der Angeklagte den verhängnisvollen Brief, und dieser Brief ist der wichtigste, der am schwersten wiegende Beweis dafür, daß der Angeklagte einen Raub begangen hat! ‚Ich werde alle möglichen Leute um Geld bitten, und wenn sie es mir nicht geben, werde ich meinen Vater erschlagen und unter seiner Matratze das Geld in einem Umschlag mit rosafarbenem Bändchen nehmen, sobald Iwan nur weggefahren ist' – also ein vollständiges Programm des Mordes, wie denn anders? ‚Es geschah so, wie es geschrieben stand!' ruft der Ankläger aus. Aber erstens war das ein ‚betrunkener' Brief und in furchtbarer Gereiztheit geschrieben; zweitens schreibt er wieder einmal nach den Worten Smerdjakows von dem Briefumschlag, weil er selber den Umschlag nicht gesehen hat, und drittens wurde zwar der Brief geschrieben, daß aber die Tat so begangen wurde, wie sie geschrieben steht, womit will man das beweisen? Hat der Angeklagte den Briefumschlag unter dem Kissen hervorgezogen, hat er das Geld gefunden, hat dieses Geld überhaupt existiert? Ja, und erinnern Sie sich, ist denn der Angeklagte des Geldes wegen hingegangen? Erinnern Sie sich doch. Er lief Hals über Kopf dorthin, nicht um zu rauben, sondern nur, um zu erfahren, wo sie sei, diese Frau, die ihn zugrunde richtete – also lief er nicht programmgemäß hin, wohl nicht so, wie es geschrieben stand; das heißt nicht, um einen vorbedachten Raub zu begehen, sondern er lief unversehens hin, plötzlich, in toller Eifersucht! Man wird mir sagen: ‚Ja, doch immerhin kam er, und nachdem er den Mord begangen hatte, nahm er auch das Geld.' Ja aber schließlich, hat er den Mord begangen oder nicht? Die Beschuldigung des Raubes weise ich entrüstet zurück – man kann niemanden des Raubes beschuldigen, wenn man nicht genau angeben kann, was geraubt wurde, das ist ein Axiom! Aber hat er nun gemordet, hat er nun gemordet, ohne zu rauben? Ist das denn bewiesen? Ist nicht auch das nur ein Roman?«

12

Auch den Mord hat Mitja nicht begangen

»Gestatten Sie mir, meine Herren Geschworenen, hier handelt es sich um ein Menschenleben, und daher müssen wir höchst vorsichtig sein. Wir haben gehört, wie der Ankläger selbst bezeugte, daß er bis zum letzten Tage, bis heute, bis zum Tag der Verhandlung gezögert habe, dem Angeklagten die volle und vollständige Absicht des Mordes zur Last zu legen, wie er bis zu jenem verhängnisvollen ‚betrunkenen' Brief geschwankt habe, der heute dem Gericht vorgelegt wurde. ‚Es wurde ausgeführt, wie es geschrieben stand!' Aber ich wiederhole noch einmal: Er lief zu ihr, hinter ihr her, einzig nur, um zu erfahren, wo sie sei. Das ist ja eine unumstößliche Tatsache. Wäre sie zu Hause gewesen, so wäre er nirgends hingeeilt, sondern bei ihr geblieben und hätte das nicht gehalten, was er in dem Brief versprochen hatte. Er lief unversehens und unerwartet hin und erinnerte sich damals vielleicht überhaupt gar nicht mehr an seinen ‚betrunkenen' Brief. Aber man sagt, er habe den Mörserstößel genommen, und Sie werden sich erinnern, wie einzig aus diesem Mörserstößel unsere ganze Psychologie entwickelt wurde, warum er diesen Stößel als Waffe nehmen mußte, warum er ihn als Waffe mitnahm, und so weiter, und so weiter. Hier kommt mir ein ganz gewöhnlicher Gedanke in den Sinn: Wie, wenn dieser Stößel nicht offen dagelegen hätte, nicht auf dem Regal, von dem der Angeklagte ihn nahm, sondern in einem Schrank – da wäre er dem Angeklagten nicht aufgefallen, und er wäre ohne Waffe davongeeilt, mit leeren Händen, und so hätte er da vielleicht niemanden getötet. Wie kann ich aus diesem Mörserstößel den Schluß ziehen, er sei ein Beweis für Bewaffnung und Vorbedacht? Ja, aber er hat in den Wirtshäusern herumgeschrien, daß er den Vater erschlagen werde, und zwei Tage vorher, als er diesen betrunkenen Brief schrieb, war er still und stritt im Gasthaus nur mit einem kaufmännischen Angestellten, ‚weil Karamasow ohne Streit nicht auskommen konnte', so sagte man. Aber ich will darauf antworten, daß er, wenn er schon einen solchen Mord im Sinne hatte und dazu noch nach einem Plan, ‚so wie es geschrieben stand', ganz gewiß mit dem Kommis nicht gestritten hätte, sondern vielleicht überhaupt gar nicht in das Gasthaus gegangen wäre, weil eine Seele, die ein solches Werk plant, Stille und Einsamkeit sucht, das Verschwinden sucht, damit man ihn nicht sehe, damit man ihn nicht höre: ‚Vergeßt mich, wenn Ihr könnt', und das nicht nur aus Berechnung, sondern aus Instinkt. Meine Herren Geschworenen, die Psychologie ist ein Stab mit zwei Enden, und wir verstehen uns schon darauf, die Psychologie zu handhaben. Was aber all das Geschrei in den Wirtshäusern in diesem ganzen Monat betrifft, so schreien doch Kinder, ebenso betrunkene Zecher, wenn sie aus der Schenke kommen und miteinander streiten, nicht selten: ‚Ich bringe dich um, ich bringe euch alle um!' Warum denn nicht so, warum konnte es nicht so sein? Warum ist dieser Brief verhängnisvoll, warum ist er nicht im Gegenteil lächerlich? Eben deshalb, weil der Leichnam des ermordeten Vaters gefunden wurde, weil ein Zeuge den Angeklagten im Garten mit einer Waffe auf der Flucht gesehen hat und selber von ihm zu Boden geschlagen wurde, so daß alles nach dem Plan vollführt worden sein muß, und darum ist der Brief nicht lächerlich, sondern verhängnisvoll. Gott sei Dank sind wir jetzt zu dem Kernpunkt gekommen: ‚Wenn er im Garten war, hat er folglich auch den Mord begangen.' Mit diesen zwei Wörtchen: Wenn er *war*, und unbedingt *folglich*, erschöpft sich alles, die ganze Anklage – ‚er war, und folglich'. Und wenn nicht *folglich*, obwohl er dort war? Oh, ich gebe zu, daß das Zusammentreffen der Tatsachen, das Ineinandergreifen der Tatsachen wahrhaftig ziemlich beredt ist. Aber betrachten Sie einmal alle diese Tatsachen einzeln, ohne auf ihr Zusammentreffen einzugehen: Warum will zum Beispiel die Anklage um keinen Preis die Richtigkeit der Aussage des Angeklagten zugestehen, er sei von dem Fenster des Vaters weggelaufen? Erinnern Sie sich an die sarkastischen Bemerkungen, in denen sich die Anklage hier hinsichtlich der Ehrfurcht und der ‚respektvollen' Gefühle erging, die den Mörder plötzlich befallen hätten. Wie aber, wenn in Wirklichkeit etwas Ähnliches vorgelegen hat, das heißt, nicht respektvolle Gefühle, sondern ehrliche Gefühle? ‚Offenbar hat meine Mutter in diesem Augenblick für mich gebetet', sagte der Angeklagte in der Voruntersuchung, und jetzt lief er fort, sobald er sich davon überzeugt hatte, daß die Swetlowa nicht im Hause bei seinem Vater war. ‚Aber er konnte sich durch das Fenster nicht davon überzeugen', wendet die Anklage ein; doch warum konnte er das nicht? Das Fenster wurde ja auf die Klopfzeichen des Angeklagten geöffnet. Nun konnte irgendein Wort von Fjodor Pawlowitsch gesprochen worden sein, es konnte ihm ein Ausruf entfahren, und der Angeklagte war plötzlich imstande, sich davon zu überzeugen, daß die Swetlowa nicht zugegen war. Warum müssen wir unbedingt so vermuten, wie wir es uns vorstellen, wie wir uns vorgenommen haben, es uns vorzustellen? In Wirklichkeit können tausend Dinge mitspielen, die der Aufmerksamkeit des scharfsinnigsten Romanschriftstellers entgehen. ‚Ja, aber Grigorij sah die Tür offen, folglich war der Angeklagte gewiß im Hause, und daher hat er auch den Mord begangen.' Was diese Tür betrifft, meine Herren Geschworenen, sehen Sie, diese geöffnete Tür wird nur von einer einzigen Person bezeugt, die zu der Zeit jedoch selbst in einem Zustand war, daß ... Die Tür mag offen gewesen sein, der Angeklagte mag sie geöffnet haben, er mag aus dem Gefühl des Selbstschutzes, das in seiner Lage so verständlich ist, gelogen haben, er mag ins Haus eingedrungen, im Hause gewesen sein – nun was folgt daraus, warum muß er, wenn er auch im Hause war, unbedingt auch den Mord begangen haben? Er konnte eindringen, durch die Zimmer laufen, den Vater beiseite stoßen, ja sogar ihn schlagen, aber nachdem er sich davon überzeugt hatte, daß die Swetlowa nicht da sei, lief er davon, voll Freude darüber, daß sie nicht da war und daß er fortgelaufen war, ohne den Vater zu erschlagen. Gerade deshalb sprang er vielleicht auch eine Minute später vom Zaun zu dem im Zorn von ihm zu Boden geschlagenen Grigorij hinunter, weil er imstande war, ein reines Gefühl zu empfinden, das Gefühl des Mitleides und des Erbarmens, weil er der Versuchung, den Vater zu töten, entronnen war, weil er in sich ein reines Herz und die Freude fühlte, daß er den Vater nicht getötet hatte. Beredt bis zum Grauen, schildert uns der Ankläger den furchtbaren Zustand des Angeklagten in dem Dorfe Mokroje, als sich ihm die Liebe von neuem erschloß, ihn zu einem neuen Leben rief, und er doch nun nicht mehr lieben durfte, weil hinter ihm der blutige Leichnam des Vaters lag und hinter dem Leichnam die Sühne. Und dennoch hat der Ankläger die Liebe zugegeben, die er nach seiner Psychologie erklärt: ‚Trunkener Zustand, man führt den Verbrecher zur Hinrichtung, es ist noch lange Zeit, und so weiter, und so weiter.' Aber haben Sie, Herr Ankläger, da nicht eine andere Person geschaffen, so frage ich Sie wiederum! Ist denn der Angeklagte so brutal und herzlos, daß er noch in jenem Augenblick an die Liebe und an Ausflüchte vor dem Gericht denken konnte, wenn an ihm wirklich das Blut des Vaters geklebt hätte? Nein, nein und noch einmal nein! Kaum hatte es sich ihm enthüllt, daß sie ihn liebte, daß sie ihn zu sich rief, daß sie ihm ein neues Glück verhieß – oh, ich schwöre Ihnen, daß er da das doppelte und das dreifache Bedürfnis gefühlt hätte, sich zu töten, und daß er sich unbedingt getötet hätte, wenn hinter ihm der Leichnam des Vaters gewesen wäre! O nein, da hätte er nicht vergessen, wo seine Pistolen lagen! Ich kenne den Angeklagten: Die wilde, stumpfe Herzlosigkeit, die ihm von der Anklage zugeschrieben wird, ist mit seinem Charakter nicht vereinbar. Er hätte sich getötet; das ist sicher; und er hat sich eben deshalb nicht getötet, weil ‚seine Mutter für ihn betete' und weil sein Herz schuldlos war am Blute des Vaters. Er quälte sich, er grämte sich in jener Nacht in Mokroje nur um den von ihm niedergeschlagenen alten Grigorij und er betete zu Gott, der alte Mann möge wieder aufstehen und zur Besinnung kommen, der Schlag möge nicht tödlich gewesen sein und die Sühne für diese Tat an ihm vorübergehen. Warum soll man eine solche Auslegung der Ereignisse nicht anerkennen? Welchen sicheren Beweis haben wir, daß der Angeklagte uns belügt? Aber da ist doch der Leichnam des Vaters, wird man uns gleich darauf sagen: Der Angeklagte lief fort. Wenn er den Mord nicht begangen hat, wer hat denn dann den alten Mann ermordet?'

Ich wiederhole, daß hierin die ganze Logik der Anklage liegt: Wer hat den Mord begangen, wenn nicht der Angeklagte? Wir haben niemanden, den wir an seiner Statt beschuldigen könnten. Meine Herren Geschworenen, ist es nicht so?

Ist es wirklich und wahrhaftig so, daß wir niemanden an seiner Statt als Schuldigen ins Auge fassen könnten? Wir haben gehört, wie die Anklage alle, die in jener Nacht im Hause waren und in das Haus gingen, an den Fingern aufzählte. Es fanden sich fünf Personen. Drei davon sind völlig ungeeignet, das gebe ich zu: und zwar der Ermordete selbst, der alte Grigorij und dessen Frau. Es bleiben also nur der Angeklagte und Smerdjakow, und da ruft nun der Ankläger pathetisch aus, der Angeklagte belaste deshalb Smerdjakow, weil er niemanden sonst zu belasten habe, daß er, gäbe es hier eine sechste Person, sogleich voll Scham die Beschuldigung gegen Smerdjakow aufgegeben und auf diese sechste Person hingewiesen hätte. Aber, meine Herren Geschworenen, warum könnte ich nicht den völlig entgegengesetzten Schluß ziehen? Da gibt es zwei: Den Angeklagten und Smerdjakow – warum soll ich dann nicht sagen, daß Sie meinen Klienten einzig deshalb beschuldigen, weil Sie sonst niemanden zu beschuldigen haben? Und nur deshalb haben Sie niemanden, weil Sie völlig voreingenommen Smerdjakow im voraus von jedem Verdacht ausschließen. Ja, es ist richtig, daß auf Smerdjakow nur der Angeklagte selbst, seine beiden Brüder und Fräulein Swetlowa hinweisen, sonst niemand. Aber es gibt noch jemanden, der ihn belastet: Da ist eine, wenn auch unklare, in der Gesellschaft im Umlauf befindliche Frage, ein Verdacht; man hört ein unklares Gerücht, man fühlt, daß eine Art Erwartung vorhanden ist. Schließlich legt auch noch ein gewisses Zusammentreffen von Tatsachen, das sehr charakteristisch, obgleich, wie ich zugeben muß, auch unklar ist, Zeugnis ab: Erstens dieser Anfall von Epilepsie, gerade am Tag der Katastrophe, ein Anfall, den aus irgendeinem Grunde der Ankläger so eifrig zu verteidigen und zu rechtfertigen genötigt war. Dann dieser plötzliche Selbstmord Smerdjakows am Tag vor der Verhandlung. Ferner die nicht weniger plötzliche Aussage, die der älteste Bruder heute vor Gericht gemacht hat; obgleich er bisher an die Schuld seines Bruders glaubte, brachte er jetzt plötzlich das Geld und nannte wiederum den Namen Smerdjakows als den des Mörders! Oh, ich bin mit dem Gerichtshof und mit der Staatsanwaltschaft völlig davon überzeugt, daß Iwan Karamasow krank ist und das Nervenfieber hat, daß seine Aussage wirklich ein verzweifelter, in eben jenem Fieber ausgedachter Versuch sein konnte, den Bruder zu retten und die Schuld auf den Verstorbenen abzuwälzen. Trotzdem wurde immerhin der

Name Smerdjakows genannt; wiederum spürt man gleichsam etwas Rätselhaftes. Irgend etwas scheint hier nicht ausgesprochen und nicht zu Ende gebracht zu sein, meine Herren Geschworenen. Und vielleicht wird es noch ausgesprochen werden. Aber das wollen wir vorläufig beiseite lassen; dies liegt noch vor uns. Der Gerichtshof hat vorhin den Beschluß gefaßt, die Verhandlung weiterzuführen, aber jetzt, vorläufig, während des Wartens, könnte ich immerhin einiges bemerken, zum Beispiel zu der Charakteristik des verstorbenen Smerdjakow, die von dem Ankläger so eingehend und so begabt umrissen wurde. Doch wenn ich auch über diese Begabung staune, vermag ich dennoch nicht mit dem Wesen der Charakteristik völlig übereinzustimmen. Ich war bei Smerdjakow; ich habe ihn gesehen und mit ihm gesprochen; doch auf mich machte er einen ganz anderen Eindruck. Er war von schwacher Gesundheit, das trifft zu, aber in seinem Charakter, aber in seinem Herzen – o nein, da war er keineswegs ein so schwacher Mensch, wie die Anklage es behauptet. Vor allem fand ich an ihm die Schüchternheit nicht, die uns der Ankläger so charakteristisch schilderte. Offenherzig war er überhaupt nicht; im Gegenteil, ich sah bei ihm ein furchtbares Mißtrauen, das sich unter seiner Naivität verbarg, und einen Verstand, der sehr vieles zu beobachten fähig war! Oh, die Anklage hat ihn viel zu vertrauensselig für schwachsinnig gehalten! Auf mich machte er einen ganz bestimmten Eindruck: ich verließ ihn mit der Überzeugung, daß er ein entschieden boshaftes Geschöpf sei, über die Maßen ehrgeizig, rachsüchtig und voll brennendem Neid. Ich habe einige Erkundigungen eingezogen: er haßte seine Herkunft, er schämte sich ihrer und erinnerte sich zähneknirschend daran, daß er ‚von der Stinkenden abstamme'. Gegen den Diener Grigorij und gegen dessen Frau, die einstigen Wohltäter seiner Kindheit, war er unehrerbietig. Rußland verfluchte und verlachte er. Er träumte davon, nach Frankreich zu fahren, um dort Franzose zu werden. Viel und oft sprach er schon früher davon, daß seine Mittel dazu nicht ausreichten. Mir will scheinen, daß er niemanden liebte, sich selber jedoch seltsam hochschätzte. Die Bildung erblickte er in guter Kleidung, in reinen Hemden und in blankgeputzten Stiefeln. Da er sich – und dafür gibt es Belege – für einen illegitimen Sohn Fjodor Pawlowitschs hielt, konnte er seine Stellung hassen, wenn er sie mit jener der legitimen Kinder seines Herrn verglich: die hatten alles und er nichts, die hatten alle Rechte, sie hatten das Erbe, er aber war nur Koch. Er erzählte mir, daß er selber mit Fjodor Pawlowitsch zusammen das Geld in den Briefumschlag gelegt habe. Die Bestimmung dieser Summe – eines Betrages, der seine Karriere sichern konnte – war ihm natürlich verhaßt. Außerdem sah er diese dreitausend Rubel in sauberen regenbogenfarbenen Scheinen – ich habe ihn absichtlich danach gefragt. Oh, zeigen Sie niemals einem neidischen, selbstsüchtigen Menschen eine große Geldsumme auf einmal; und er sah zum erstenmal einen solchen Betrag in einer Hand! Der Eindruck, den das regenbogenfarbene Päckchen auf ihn machte, konnte sich in seiner Phantasie krankhaft widerspiegeln, fürs erste vorläufig ohne jegliche Folgen. Der hochbegabte Ankläger hat uns mit außerordentlicher Feinheit jedes Pro und Kontra der Möglichkeit, Smerdjakow des Mordes zu bezichtigen, dargelegt und insbesondere die Frage gestellt, zu welchem Zweck dieser einen epileptischen Anfall hätte simulieren sollen. Ja, aber er brauchte ihn gar nicht simuliert zu haben; der Anfall konnte auch ganz natürlich kommen, und der Kranke hätte sich wieder erholen können. Nehmen wir an, sich nicht völlig erholen, aber immerhin irgendeinmal zu sich kommen und das Bewußtsein wiedererlangen, wie es bei Epilepsie oft geschieht. Die Anklage fragt: Wann ist der Augenblick, da Smerdjakow den Mord beging? Aber auf diesen Augenblick hinzuweisen ist außerordentlich leicht. Smerdjakow konnte zu sich kommen und aus tiefem Schlafe – denn er schlief ja nur: nach Anfällen von Epilepsie tritt meist tiefer Schlaf ein – gerade in dem Augenblick erwachen, da der alte Grigorij den über den Zaun fliehenden Angeklagten am Fuß gepackt hatte und in die ganze Gegend hinausheulte: ‚Vatermörder!' Dieser ungewöhnliche Schrei in der Stille und Dunkelheit konnte Smerdjakow aufwecken, dessen Schlaf vielleicht nicht mehr sehr fest war, denn es ist möglich, daß er auf ganz natürliche Weise schon eine Stunde vorher zu erwachen begann. Vom Bett aufgestanden, begab er sich fast unbewußt und ohne jede Absicht dorthin, wo gerufen worden war, um zu sehen, was los sei. In seinem Kopf ist krankhafter Wirrwarr; sein Denken schlummert noch, aber jetzt ist er im Garten, geht zu den beleuchteten Fenstern hin und hört von seinem Herrn, der sich über sein Kommen natürlich freut, die schreckliche Nachricht. Sofort beginnt er zu überlegen. Von dem erschreckten Herrn erfährt er alle Einzelheiten. Und so entsteht allmählich in seinem verstörten, kranken Hirn ein Gedanke, der zwar furchtbar, aber verlockend und von eiserner Logik ist: seinen Herrn zu töten, die dreitausend Rubel zu nehmen und dann alles auf den Sohn des Herrn abzuwälzen – an wen wird man denn jetzt denken, wenn nicht an diesen, wen wird man beschuldigen, wenn nicht den Sohn; alle Beweise liegen vor, und er war hier. Eine furchtbare Geldgier, ein Verlangen nach Beute konnte seinen Geist erfassen, gleichzeitig mit der Erwägung, daß er straflos ausgehen werde. Oh, solche plötzlichen, unabweislichen Impulse kommen gelegentlich, und was die Hauptsache ist: plötzlich, so oft solchen Mördern, die noch vor einer Minute nicht gewußt haben, daß sie einen Mord begehen wollen! Und so konnte Smerdjakow zu seinem Herrn gehen und den Plan ausführen ... womit, mit welcher Waffe – nun, mit dem erstbesten Stein, den er im Garten aufgehoben hatte. Aber weshalb? Zu welchem Zweck? Doch die dreitausend hier waren ja seine Karriere! Oh, ich widerspreche mir hier nicht: Dieses Geld kann es ja wirklich gegeben haben, und vielleicht wußte sogar Smerdjakow allein, wo er es finden konnte, wo sein Herr es aufbewahrt hatte. ‚Nun, und die Hülle des Geldes, der zerrissene Briefumschlag auf dem Boden?‘ Als der Ankläger vorhin von diesem Briefumschlag sprach, äußerte er die ungewöhnlich scharfsinnige Vermutung, daß nur ein Dieb, der das Stehlen nicht gewohnt war, diesen Umschlag auf dem Boden liegen lassen konnte, ein Mensch wie Karamasow, aber ganz gewiß nicht Smerdjakow, der um keinen Preis einen solchen Beweis gegen sich selber zurückgelassen hätte – als ich das vorhin hörte, meine Herren Geschworenen, fühlte ich plötzlich, daß ich etwas ungewöhnlich Bekanntes vernehme. Und stellen Sie sich vor, eben diese Vermutung, diese Auslegung, wie Karamasow mit dem Briefumschlag vorgegangen sein könnte, hatte ich schon vor genau zwei Tagen von Smerdjakow selber gehört, und nicht genug daran, er verblüffte mich damit sogar – es schien mir damals, daß er seine Naivität spiele, daß er vorgreife, daß er mir diesen Gedanken eingeben wolle, damit ich selber einen solchen Schluß zöge, und daß er mir das gleichsam soufflierel Hat er diese Vermutung nicht etwa auch bei der Untersuchung souffliert? Hat er sie nicht auch dem hochbegabten Ankläger eingeflüstert? Man wird mir sagen: Und die Alte, die Frau Grigorijs? Sie hörte doch, wie der Kranke die ganze Nacht nebenan stöhnte. Es ist so, sie hat das gehört, aber das ist eine außerordentlich schwankende Behauptung. Ich kannte eine

Dame, die sich bitter darüber beklagte, daß ein Hund auf dem Hofe sie die ganze Nacht wach hielt und nicht schlafen ließ. Und doch hat das arme Hündchen, wie sich dann herausstellte, im ganzen während der Nacht nur zwei- oder dreimal gekläfft. Und das ist natürlich; ein Mensch schläft und hört plötzlich ein Stöhnen; er erwacht voll Ärger, daß man ihn aufgeweckt hat, schläft aber gleich wieder ein. Nach zwei Stunden wird wieder gestöhnt, wieder erwacht er, und wieder schläft er ein, schließlich kommt noch ein Stöhnen, wiederum nach zwei Stunden, also in der ganzen Nacht dreimal. Am Morgen steht der Schläfer auf und klagt darüber, daß jemand die ganze Nacht gestöhnt und ihn unablässig aufgeweckt habe. Aber ihm muß es unbedingt so erscheinen; die Zwischenzeiten, jedesmal zwei Stunden, hat er verschlafen, und er erinnert sich nicht daran, sondern entsinnt sich nur der Minuten seines Wachseins, und so hat er den Eindruck, man habe ihn die ganze Nacht geweckt. Aber warum, warum, so ruft der Ankläger, hat Smerdjakow in seiner letzten Nachricht vor dem Tode kein Geständnis abgelegt? ‚Für das eine hat sein Gewissen ausgereicht, aber für das andere nicht.' Aber erlauben Sie mir: Gewissen, das ist ja schon Reue, doch der Selbstmörder muß ja gar keine Reue gefühlt haben, sondern nur Verzweiflung. Verzweiflung und Reue sind zwei völlig verschiedene Dinge. Verzweiflung kann boshaft und unversöhnlich sein, und der Selbstmörder konnte in dem Augenblick, da er Hand an sich legte, jene doppelt hassen, denen er sein ganzes Leben lang neidisch war. Meine Herren Geschworenen, hüten Sie sich vor einem Justizirrtum! Inwiefern ist all das, was ich Ihnen jetzt dargelegt und geschildert habe, unwahrscheinlich? Finden Sie einen Fehler in meiner Darstellung, finden Sie darin eine Unmöglichkeit, eine Absurdität? Wenn aber nur der Schatten einer Möglichkeit besteht, wenn in meinen Vermutungen auch nur eine Spur von Wahrscheinlichkeit ist, dann hüten Sie sich vor einem Schuldspruch! Und handelt es sich hier etwa nur um einen Schatten? Ich schwöre bei allem, was heilig ist, ich glaube völlig an meine Ihnen jetzt dargelegte Erklärung des Mordes. Und die Hauptsache, die Hauptsache, mich verwirrt und bringt noch immer der gleiche Gedanke aus der Fassung, daß aus der ganzen Masse von Tatsachen, die die Anklage gegen den Angeklagten aufgetürmt hat, keine einzige auch nur irgendwie genau und unwiderleglich ist und daß der Unglückliche lediglich infolge des Zusammentreffens der Tatsachen zugrunde geht. Ja, dieses

Zusammentreffen ist entsetzlich: das Blut, dieses von den Fingern rinnende Blut, die Wäsche voll Blut, diese dunkle Nacht, durchschrillt von dem Schrei ‚Vatermörder!' und dann die Unmenge von Aussprüchen, Aussagen, Gebärden, Schreien – oh, das übt solchen Einfluß, das kann so leicht die Überzeugung bestechen, aber kann es auch Ihre Überzeugung bestechen, meine Herren Geschworenen? Bedenken Sie, Ihnen ist unermeßliche Macht gegeben, die Macht, zu binden und zu lösen. Doch je größer die Macht, desto furchtbarer ihre Anwendung! Ich nehme kein Iota von dem zurück, was ich früher gesagt habe, doch mag dem so sein, mag auch ich für eine Minute mit der Anklage einverstanden sein, daß mein unglücklicher Klient die Hände mit dem Blute des Vaters gerötet habe. Ich wiederhole, das ist nur eine Hypothese, denn ich zweifle keinen Augenblick an seiner Unschuld, doch mag es so sein, ich will annehmen, daß mein Angeklagter des Vatermordes schuldig sei, aber hören Sie mich an, selbst wenn ich eine solche Vermutung zuließe. Es liegt mir am Herzen, Ihnen noch etwas zu sagen, denn ich ahne auch in Ihrem Herzen und Geiste einen heftigen Kampf ... Verzeihen Sie mir, meine Herren Geschworenen, dieses Wort über Ihr Herz und über Ihren Geist. Aber ich will wahrheitsgetreu und aufrichtig sein bis zum Ende. Seien wir alle aufrichtig! ...«

An dieser Stelle unterbrach den Verteidiger ein ziemlich starker Applaus. In der Tat hatte er seine letzten Worte in einem so aufrichtig klingenden Ton gesprochen, daß alle fühlten, er habe vielleicht wirklich etwas zu sagen, und daß das, was er jetzt sagen werde, das Wichtigste sei. Aber der Vorsitzende drohte, als er den Beifall hörte, mit lauter Stimme, den Verhandlungssaal zu »räumen«, wenn sich »etwas Derartiges« wiederholen sollte. Alles verstummte, und Fetjukowitsch sprach mit einer seltsam neuen, eindringlichen Stimme weiter, ganz anders, als er bisher gesprochen hatte.

13

Die Gedankensünde

»Nicht allein das Zusammentreffen der Tatsachen droht meinen Klienten zu vernichten, meine Herren Geschworenen«, rief er, »nein, meinen Klienten vernichtet eigentlich nur eine einzige Tatsache: der Leichnam seines alten Vaters! Handelte es sich um einen einfachen Mord, so hätten auch Sie bei der Bedeutungslosigkeit, bei der mangelnden Beweiskraft, bei der Phantastik der Tatsachen, wenn man jede von ihnen einzeln und nicht in ihrem Zusammentreffen betrachtet, die Anklage abgelehnt; zumindest hätten Sie gezögert, das Schicksal eines Menschen einzig aus Voreingenommenheit gegen ihn, die er – ach! – so sehr verdient hat, zu zerstören! Aber hier liegt kein einfacher Mord vor, sondern ein Vatermord! Das imponiert, und zwar in einem solchen Grade, daß sogar die Bedeutungslosigkeit und mangelnde Beweiskraft der belastenden Tatsachen nicht mehr so bedeutungslos und nicht mehr so wenig beweiskräftig wird, und das selbst dem am allerwenigsten voreingenommenen Verstand. Wie soll man einen solchen Angeklagten freisprechen? Und wenn er nun den Mord begangen hat und straflos ausginge – das ist es, was jeder in seinem Herzen fast unwillkürlich, instinktiv fühlt. Ja, es ist etwas Furchtbares, das Blut des eigenen Vaters zu vergießen – das Blut dessen, der mich gezeugt, der mich geliebt, der sein Leben für mich nicht geschont, der von meinen Kinderjahren an meine Krankheiten mitempfunden, der sein ganzes Leben für mein Glück gekämpft und nur in meinen Freuden, in meinen Erfolgen gelebt hat! Oh, einen solchen Vater zu ermorden – das läßt sich nicht einmal ausdenken! Meine Herren Geschworenen, was ist ein Vater, ein wirklicher Vater, was ist das für ein großes Wort, welch eine gewaltig große Idee liegt in dieser Bezeichnung? Wir haben soeben andeutungsweise gesagt, was ein richtiger Vater ist und wie er sein soll. In dem vorliegenden Falle, mit dem wir uns alle jetzt so sehr beschäftigen und an dem wir solchen Anteil nehmen – in dem vorliegenden Falle glich der Vater, der verstorbene Fjodor Pawlowitsch Karamasow, in keiner Weise jenem Begriff Vater, der sich jetzt unserem Herzen gezeigt hat. Das ist ein Unglück. Ja, mancher Vater ähnelt wahrhaftig einem Unglück. Betrachten wir dieses Unglück näher – wir dürfen ja vor nichts zurückscheuen, meine Herren Geschworenen, wenn wir uns die Wichtigkeit der bevorstehenden Entscheidung vor Augen halten. Wir dürfen dies jetzt sogar ganz besonders nicht scheuen und dürfen nicht manche Ideen sozusagen fortscheuchen wollen gleich Kindern oder schreckhaften Frauen, wie sich der hochbegabte Ankläger so glücklich ausgedrückt hat. Doch in seiner leidenschaftlichen Rede hat mein hochverehrter Gegner – er war mein Gegner, schon bevor ich mein erstes Wort sprach –, mein Gegner hat also einige Male ausgerufen: ‚Nein, ich lasse den Angeklagten von niemandem anderen verteidigen; ich will seine Verteidigung nicht dem Anwalt überlassen, der aus Petersburg gekommen ist – ich bin Ankläger, ich bin auch Verteidiger!' Das ist es, was er mehrere Male rief, und trotzdem vergaß er, darauf hinzuweisen, daß dieser furchterregende Angeklagte, wenn er durch volle dreiundzwanzig Jahre für nur ein Pfund Nüsse, ein Geschenk des einzigen Menschen, der ihn als Kind im väterlichen Hause freundlich behandelt hatte, so dankbar sein konnte, als solcher Mensch andrerseits außerstande war, sich in allen diesen dreiundzwanzig Jahren nicht zu entsinnen, daß er bei seinem Vater barfuß ‚im Hinterhof, ohne Schuhe und mit einem einzigen Knopf an der Hose' umherlief, wie sich der menschenfreundliche Doktor Herzenstube ausgedrückt hat. Oh, meine Herren Geschworenen, warum sollen wir dieses ‚Unglück' näher betrachten, das wiederholen, was alle schon wissen! Was fand mein Klient vor, als er hierhergekommen war, zu seinem Vater? Und wozu, wozu soll man meinen Klienten als gefühllosen Egoisten hinstellen, als Unmenschen? Er ist hemmungslos; er ist wild und ungestüm, und wir verurteilen ihn jetzt deshalb, aber wer ist an seinem Schicksal schuld, wer ist schuld daran, daß Dmitrij Karamasow mit seinen guten Anlagen, mit seinem dankbaren, empfindsamen Herzen eine so alberne Erziehung erhalten hat? Hat ihn jemand vernünftig erzogen? Wurde er in den Wissenschaften unterwiesen? Liebte ihn in seiner Kindheit irgend jemand auch nur ein wenig? Mein Klient wuchs unter dem Schutz Gottes heran, das heißt wie ein wildes Tier! Vielleicht sehnte er sich nach langen Jahren der Trennung danach, den Vater zu sehen; vielleicht jagte er schon tausende Male vorher, wenn er sich im Traum an seine Kindheit erinnerte, die widerlichen Gespenster davon, die ihm in seiner Kindheit erschienen waren, und wünschte sich aus ganzer Seele, den Vater rechtfertigen und umarmen zu können! Und was geschieht? Er wird nur mit zynischem Spott, mit Argwohn und mit Winkelzügen wegen des strittigen Geldes empfangen; er hört täglich ‚bei einem Gläschen Kognak' nichts anderes als Gespräche und Lebensregeln, bei denen sich ihm das Herz im Leibe umkehrt, und muß schließlich sehen, wie der Vater ihm, dem Sohn, mittels seines eigenen Geldes die Geliebte abspenstig machen will, – oh, meine Herren Geschworenen, das ist abstoßend und grausam! Und derselbe alte Mann beklagt sich bei allen über die Respektlosigkeit und Härte seines Sohnes; er verunglimpft ihn in der Gesellschaft; er schadet ihm, verleumdet ihn, kauft seine Schuldscheine auf, um ihn ins Gefängnis zu bringen! Meine Herren Geschworenen, solche Seelen, solche nach außenhin hartherzige, ungestüme und hemmungslose Menschen wie mein Klient, sind zumeist außerordentlich zarten Herzens, nur zeigen sie das nicht. Lachen Sie nicht über diesen Gedanken, lachen Sie nicht! Der begabte Ankläger hat sich hier über meinen Klienten erbarmungslos lustig gemacht, als er darlegte, der Angeklagte liebe Schiller, liebe ‚das Schöne und Hohe'. Ich hätte an seiner Stelle, an Stelle des Anklägers, nicht darüber gelacht! Ja, diese Herzen – oh, lassen Sie mich diese Herzen in Schutz nehmen, die so selten und so ungerecht verstanden werden –, diese Herzen sehnen sich sehr oft nach Zartem, Schönem und Gerechtem und sehnen sich gerade gleichsam als Gegensatz zu sich selbst, zu dem eigenen Ungestüm, der eigenen Härte – sehnen sich unbewußt, aber sie sehnen sich! Leidenschaftlich und hart nach außen, sind sie bis zur Qual fähig zum Beispiel eine Frau zu lieben, und zwar stets mit einer geistigen und höheren Liebe. Lachen Sie auch jetzt nicht über mich: Gerade das kommt zumeist bei solchen Naturen vor. Sie können nur nicht ihre Leidenschaftlichkeit, die manchmal sehr brutal ist, verbergen – und das fällt ins Auge, das bemerkt man, doch ins Innere des Menschen sieht man nicht. Im Gegenteil, all ihre Leidenschaften werden rasch gestillt, aber bei einem edlen, schönen Wesen sucht dieser scheinbar brutale und harte Mensch Erneuerung, sucht die Möglichkeit, sich zu läutern, sich zu bessern, edel und ehrenhaft zu werden – ‚hoch und hehr', so sehr dieses Wort auch verlacht werden mag! Vorhin habe ich gesagt, daß ich mir nicht erlauben werde, auf den Roman meines Klienten mit Fräulein Werchowzewa einzugehen. Dennoch darf ich ein halbes Wort darüber sagen. Wir haben früher nicht die Aussage, sondern nur den Schrei einer besessenen, rachsüchtigen Frau gehört, und nicht sie, oh, nicht sie hat das Recht, jemanden der Untreue zu zeihen, denn sie selbst ist untreu geworden! Hätte sie auch nur ein ganz klein wenig Zeit gehabt, sich zu besinnen, sie hätte ein solches Zeugnis nicht abgelegt! Oh, glauben Sie ihr nicht, glauben Sie ihr nicht; mein Klient ist kein ‚Unmensch', wie sie ihn genannt hat! Der gekreuzigte Menschenfreund sagte, als er sein Kreuz auf sich nahm: ‚Ich bin ein guter

Hirte; ein guter Hirte lässet sein Leben für die Schafe, und kein einziges wird untergehen'. So wollen denn auch wir eine Menschenseele nicht zugrunde richten! Ich fragte vorhin: Was ist ein Vater? Und ich rief, das sei ein großes Wort, eine kostbare Bezeichnung, aber mit einem Worte muß man ehrlich umgehen, meine Herren Geschworenen, und ich werde mir gestatten, den Gegenstand mit dem richtigen Wort, mit dem richtigen Namen zu nennen. Ein solcher Vater wie der ermordete alte Karamasow kann nicht Vater genannt werden und ist dessen unwürdig. Liebe zum Vater, wenn sie nicht durch den Vater gerechtfertigt wird, ist Albernheit, ist eine Unmöglichkeit! Liebe kann man nicht aus nichts schaffen; aus nichts schafft nur Gott. ‚Ihr Väter, erbittert eure Kinder nicht', schreibt der Apostel aus seinem vor Liebe flammenden Herzen. Nicht um meines Klienten willen führe ich jetzt diese heiligen Worte an, sondern ich erwähne sie für alle Väter. Wer hat mir die Befugnis gegeben, die Väter zu lehren? Niemand! Aber als Mensch und als Staatsbürger rufe ich sie auf – vivos voco! Wir sind nur kurz auf der Erde; wir tun viel Schlechtes und sprechen schlechte Worte. Und deshalb sollten wir alle einen geeigneten Augenblick unseres Beisammenseins ausnützen, um einander ein gutes Wort zu sagen. Das tue ich auch: Solange ich an dieser Stelle stehe, will ich den Augenblick ausnützen. Nicht ohne Grund ist uns durch höchsten Willen diese Tribüne geschenkt – von hier vernimmt uns ganz Rußland. Nicht für die hiesigen Väter allein spreche ich, sondern allen Vätern rufe ich zu: ‚Ihr Väter, erbittert eure Kinder nicht!' Ja, laßt uns vorerst das Gebot Christi erfüllen, und dann erst wollen wir uns erlauben, auch an unsere Kinder Forderungen zu stellen. Sonst sind wir unseren Kindern keine Väter, sondern Feinde, und sie sind nicht unsere Kinder, sondern sind uns feind, und wir selber haben sie uns zu Feinden gemacht! ‚Mit welcherlei Maße ihr messet, wird euch gemessen werden' – das sage nicht nur ich; das Evangelium schreibt das vor: mit dem Maße zu messen, mit dem auch uns gemessen wird. Wie kann man die Kinder beschuldigen, wenn sie uns mit unserem Maße messen? Unlängst wurde in Finnland ein Mädchen, eine Magd, verdächtigt, sie habe heimlich ein Kind geboren. Man untersuchte den Fall und fand auf dem Dachboden des Hauses, in einer Ecke hinter Ziegeln, ihre Truhe, von der niemand gewußt hatte; man öffnete die Truhe und holte daraus die kleine Leiche eines neugeborenen, von ihr getöteten Kindes hervor.

In derselben Truhe fand man die Skelette von zwei anderen Kindern, die sie schon früher geboren und sofort nach der Geburt getötet hatte, was sie auch eingestand. Meine Herren Geschworenen, ist das eine Mutter ihrer Kinder? Ja, sie hat sie zur Welt gebracht, aber ist sie eine Mutter? Wird jemand von uns wagen, ihr den geheiligten Namen Mutter zu geben? Seien wir doch kühn, meine Herren Geschworenen, seien wir sogar dreist; wir sind geradezu verpflichtet, in diesem Augenblick so zu sein und vor manchen Worten und Ideen keine Scheu zu haben wie jene Moskauer Kaufmannsfrauen bei Ostrowskij, die vor den Wörtern ‚Metall' oder ‚Schwefel' Angst haben! Nein, wollen wir im Gegenteil beweisen, daß der Fortschritt der letzten Jahre auch unsere geistige Entwicklung gefördert hat, und sagen wir geradeheraus: Der Erzeuger ist noch nicht Vater; Vater aber ist, der gezeugt und den Namen Vater verdient hat. Oh, natürlich gibt es noch eine andere Bedeutung, eine andere Auslegung des Wortes Vater, die fordert, daß mein Vater, mag er auch ein Unmensch, mag er seinen Kindern gegenüber auch ein Missetäter sein, dennoch mein Vater bleibe, nur weil er mich gezeugt hat. Aber das ist schon eine sozusagen mystische Bedeutung, die ich mit dem Verstand nicht begreife, sondern nur durch den Glauben erfassen kann, oder, richtiger gesagt, *auf gut Glauben*, gleich vielem anderen, das ich nicht verstehe, an das zu glauben mir jedoch die Religion befiehlt. Aber in diesem Falle mag das außerhalb des Gebietes des wirklichen Lebens so bleiben. Doch auf dem Gebiete des wirklichen Lebens, das nicht nur seine eigenen Rechte hat, sondern auch große Verpflichtungen auferlegt – auf diesem Gebiete dürfen und müssen wir, wenn wir human und christlich sein wollen, schließlich nur durch Vernunft und Erfahrung gerechtfertigte Überzeugungen vorbringen, die durch den Hochofen der Analyse gegangen sind, mit einem Wort, wir müssen vernünftig handeln und nicht unvernünftig wie im Traum oder im Fieberwahn, um einem Menschen keinen Schaden zuzufügen, um einen Menschen nicht zu quälen und zugrunde zu richten. Dann, erst dann wird das ein wahrhaft christliches und nicht nur mystisches, sondern vernünftiges und schon wahrhaft menschenfreundliches Handeln sein ...«

Hier hörte man an vielen Stellen des Saales heftiges Händeklatschen, aber Fetjukowitsch winkte mit den Händen ab, als flehte er das Publikum an, es möge ihn nicht unterbrechen, sondern zu Ende sprechen lassen. Alles wurde sogleich wieder ruhig. Der Redner fuhr fort:

»Glauben Sie denn, meine Herren Geschworenen, daß solche Fragen an unseren Kindern, die, sagen wir, schon Jünglinge sind und schon vernünftig zu erwägen beginnen, vorübergehen können? Nein, das können sie nicht, und wir wollen von ihnen auch keine unmögliche Zurückhaltung verlangen! Der Anblick des unwürdigen Vaters, besonders im Vergleich mit anderen, würdigen Vätern anderer Kinder, seiner Altersgenossen, legt dem jungen Mann unwillkürlich qualvolle Fragen nahe. Ihm antwortet man auf diese Fragen offiziell: ‚Er hat dich gezeugt, und du bist sein Fleisch und Blut, und darum mußt du ihn lieben.‘ Der junge Mensch fängt unwillkürlich zu grübeln an: ‚Ja hat er mich denn geliebt, als er mich zeugte?‘ fragt er sich und beginnt sich immer mehr zu verwundern; ‚hat er mich denn um meinetwillen gezeugt? Er kannte in jenem Augenblick doch weder mich noch auch nur mein Geschlecht, in dem Augenblick der Leidenschaft, die vielleicht vom Wein entflammt war, und vielleicht hat er mir nur die Neigung zum Trunk vererbt – das sind alle seine Wohltaten. Weshalb soll ich ihn lieben? Einzig deshalb, weil er mich gezeugt und dann sein ganzes Leben lang nicht geliebt hat?‘ Oh, vielleicht erscheinen Ihnen diese Fragen grob und roh, aber fordern Sie von einem jungen Geist keine unmögliche Haltung: ‚Jagt man die Natur bei der Tür hinaus, so kommt sie durchs Fenster wieder hereingeflogen.‘ – Und vor allem, vor allem wollen wir keine Angst haben vor ‚Metall‘ und ‚Schwefel‘ und die Frage so entscheiden, wie Vernunft und Menschenliebe es vorschreiben, nicht so, wie mystische Begriffe es haben wollen. Wie soll man sie entscheiden? Folgendermaßen – mag der Sohn vor den Vater hintreten und ihn selber bewußt fragen: ‚Vater, sag mir: Weshalb muß ich dich lieben? Vater, beweise mir, daß ich dich lieben muß!‘ Und wenn dieser Vater fähig und imstande ist, ihm zu antworten und es ihm zu beweisen, so ist das eine echte und normale Familie, die sich nicht nur auf ein mystisches Vorurteil gründet, sondern auf vernünftige, verantwortungsvolle und streng humane Fundamente. Im Gegenteil, in dem Fall, daß der Vater es nicht beweisen kann, ist es das Ende dieser Familie: Er ist dem Sohn kein Vater, und der Sohn hat die Freiheit und das Recht, seinen Vater in Zukunft als Fremden und sogar als Feind zu betrachten. Unsere Tribüne, meine Herren Geschworenen, muß eine Schule der Wahrheit und der gesunden Begriffe sein!«

Hier wurde der Redner von unaufhaltsamem, fast rasendem Applaus unterbrochen. Natürlich spendete nicht der ganze Saal Beifall, aber immerhin wohl die Hälfte der Zuhörerschaft. Die Väter und Mütter applaudierten. Von oben, wo die Damen saßen, ließen sich Kreischen und Rufe vernehmen. Man winkte mit Taschentüchern. Der Vorsitzende begann aus Leibeskräften die Glocke zu schwingen. Er war durch das Benehmen des Publikums sichtlich verärgert, aber den Saal zu »räumen«, wie er früher gedroht hatte, wagte er entschieden nicht: selbst jene angesehenen Persönlichkeiten, die hinten auf den eigens herbeigeschafften Stühlen saßen, die alten Herren mit den Ordenssternen auf dem Frack, applaudierten und winkten dem Redner mit dem Taschentuch zu, und so begnügte sich der Vorsitzende, als der Lärm sich gelegt hatte, mit der früheren strengen Drohung, den Saal räumen zu lassen, und Fetjukowitsch konnte triumphierend und erregt seine Rede fortsetzen.

»Meine Herren Geschworenen, Sie erinnern sich jener furchtbaren Nacht, von der heute so viel gesprochen wurde, der Nacht, da der Sohn über den Zaun in das Haus des Vaters eindrang und schließlich Angesicht zu Angesicht seinem Feind und Erzeuger, der ihn geschädigt hatte, gegenübertrat. Mit allen Kräften bestehe ich darauf, daß er in diesem Augenblick nicht des Geldes wegen kam; die Anschuldigung wegen Raubes ist eine Albernheit, wie ich bereits früher dargelegt habe. Und nicht, um zu morden, drang er bei ihm ein; wenn er mit Vorbedacht diesen Plan gehabt hätte, hätte er sich zumindest früher mit einer Waffe versorgt, und den kupfernen Mörserstößel ergriff er doch instinktiv, ohne selber zu wissen, wozu. Mag er seinen Vater durch die Klopfzeichen betrogen haben, mag er bei ihm eingedrungen sein – ich sagte bereits, daß ich keine Minute lang an diese Legende glaube, aber meinetwegen, setzen wir sie für einen Augenblick voraus. Meine Herren Geschworenen, ich schwöre Ihnen bei allem, was heilig ist, wäre das nicht sein Vater gewesen, sondern ein Fremder, der ihm unrecht getan, der Angeklagte wäre durch die Zimmer gelaufen und, nachdem er sich davon überzeugt hätte, daß diese Frau nicht im Hause sei, Hals über Kopf davongeeilt, ohne seinem Rivalen irgendeinen Schaden zuzufügen; er hätte ihn vielleicht geschlagen oder gestoßen, mehr aber nicht, denn ihm stand der Sinn nicht danach; er hatte keine Zeit; er mußte erfahren, wo sie war! Aber der Vater, der Vater – oh, alles bewirkte nur der Anblick des Vaters, der ihn von Kind an gehaßt hatte, der Anblick seines Feindes, des Menschen, der ihn kränkte und jetzt sein Nebenbuhler war! Ein Gefühl des Hasses packte ihn unwillkürlich und unaufhaltsam; er konnte nicht mehr überlegen: Alles stieg ihm in einer Minute auf! Das war ein Affekt von Irrsinn und Sinnesverwirrung, aber auch ein Affekt der Natur, die wie alles in der Natur ihre ewigen Rechte unaufhaltsam und unbewußt rächt. Aber der Mörder hat auch da nicht gemordet – ich behaupte das, ich schreie es hinaus – nein, er schwenkte nur voller Ekel und Entrüstung den Mörserstößel, ohne die Absicht, einen Mord zu begehen, ohne zu wissen, daß er einen Mord begehen werde. Wäre dieser verhängnisvolle Stößel nicht in seiner Hand gewesen, so hätte er den Vater vielleicht nur geprügelt, doch nicht umgebracht. Bei der Flucht wußte er nicht, ob der alte Mann, den er zu Boden geschlagen hatte, tot sei. Ein solcher Totschlag ist kein Mord. Ein solcher Totschlag ist auch kein Vatermord. Nein, die Tötung eines derartigen Vaters kann nicht Vatermord genannt werden! Ein solcher Totschlag kann nur aus Vorurteil als Vatermord gewertet werden! Aber gab es diesen Totschlag, gab es ihn wirklich, rufe ich Ihnen aus der Tiefe meiner Seele immer aufs neue und neue zu! Meine Herren Geschworenen, jetzt werden wir ihn verurteilen, und er wird sich sagen: ‚Diese Leute haben nichts für mein Schicksal, für meine Erziehung, für meine Bildung getan, nichts, um einen Menschen aus mir zu machen. Diese Leute gaben mir nicht zu essen und nicht zu trinken, besuchten mich Nackten nicht im Kerker, und jetzt schicken sie mich in die Zwangsarbeit! Wir sind quitt; ich schulde ihnen jetzt nichts, und niemandem schulde ich etwas in alle Ewigkeit. Sie sind böse, auch ich werde böse sein. Sie sind grausam, und auch ich werde grausam sein.‘ Das ist es, was er sagen wird, meine Herren Geschworenen! Und ich schwöre Ihnen: durch Ihren Schuldspruch werden Sie es ihm nur leichter machen, werden Sie sein Gewissen erleichtern; er wird das von ihm vergossene Blut verfluchen, aber nicht bereuen. Gleichzeitig vernichten Sie in ihm den noch möglichen Menschen, denn er bleibt dann sein ganzes Leben lang böse und blind. Aber wollen Sie ihn furchtbar, hart, mit der entsetzlichsten Strafe, die man sich nur vorstellen kann, bestrafen, doch zu dem Zweck, seine Seele für immer zu retten und zu erneuern? Wenn dem so ist, so zermalmen Sie ihn mit Ihrer Barmherzigkeit! Sie werden sehen, Sie werden hören, wie seine Seele da erbebt und sich entsetzt: ‚Kann ich diese Gnade ertragen, gilt mir soviel Liebe, bin ich ihrer würdig?' – das ist es, was er ausrufen wird! Oh, ich kenne dieses Herz, ich kenne es, dieses wilde, aber edle Herz, meine Herren Geschworenen! Es wird sich vor Ihrer Tat zutiefst neigen. Es sehnt sich nach einer großen Offenbarung der Liebe; es wird entflammen und für ewige Zeiten wiederauferstehen. Es gibt Seelen, die in ihrer Beschränktheit die ganze Welt beschuldigen. Aber zermalmen Sie diese Seele mit Barmherzigkeit, erweisen Sie ihr Liebe, und sie wird ihre Tat verfluchen, weil so viele gute Keime in ihr sind. Diese Seele wird weit werden und erkennen, wie barmherzig Gott ist und wie herrlich und gerecht die Menschen sind. Die Reue und die grenzenlose Sühne, die ihm von nun an auferlegt sind, werden ihn entsetzen, ihn erdrücken. Und dann sagt er nicht mehr: ‚Wir sind quitt', sondern er sagt: ‚Ich bin vor allen Menschen schuldig und der unwürdigste von allen'. In Tränen der Reue und brennender, qualvoller Rührung ruft er dann aus: ‚Die Menschen sind besser als ich, denn sie wollten mich nicht zugrunde richten, sondern retten!' Oh, es fällt Ihnen so leicht, das zu tun, diese Handlung der Barmherzigkeit auszuüben, denn bei dem Mangel an jeglichen, auch nur irgendwie der Wahrheit ähnelnden Beweisen muß es Ihnen allzu schwer fallen, den Wahrspruch zu tun: ‚Ja, er ist schuldig.' Besser zehn Schuldige freilassen als einen einzigen Unschuldigen bestrafen – hören Sie, hören Sie diese erhabene Stimme aus dem vergangenen Jahrhundert unserer ruhmreichen Geschichte! Soll ich unbedeutender Mann Ihnen in Erinnerung rufen, daß die russische Justiz nicht nur die Strafe im Auge hat, sondern auch die Rettung eines verlorenen Menschen! Mögen bei anderen Völkern der Buchstabe des Gesetzes und die Strafe wichtig sein, bei uns sind es der Geist und der Sinn, die Rettung der Verlorenen und ihre Wiedergeburt. Und wenn dem so ist, wenn Rußland und seine Justiz wirklich so sind, dann – vorwärts, Rußland, und schreckt uns nicht, oh, schreckt uns nicht mit eurem wilden Dreigespann, vor dem alle Völker voll Abscheu zur Seite weichen! Nicht die rasende Troika, sondern der majestätische russische Triumphwagen wird feierlich und ruhig sein Ziel erreichen. In Ihren Händen liegt das Schicksal meines Klienten; in Ihren Händen liegt auch das Schicksal unserer russichen Wahrheit und Gerechtigkeit. Sie werden sie retten; Sie werden sie verteidigen; Sie werden beweisen, daß es Menschen gibt, die sie bewahren, daß sie in guten Händen liegt!«

14

Die Bauern lassen sich nichts vormachen

So schloß Fetjukowitsch, und die Begeisterung der Zuhörer, die diesmal laut ausbrach, war unaufhaltsam wie ein Sturm. Es ließ sich gar nicht mehr daran denken, ihr Einhalt zu tun: Die Frauen weinten; es weinten auch viele der Männer; sogar zwei hohe Würdenträger vergossen Tränen. Der Vorsitzende ergab sich drein und zögerte sogar, sein Glöckchen zu schwingen: »Einen solchen Enthusiasmus zu unterbinden hätte bedeutet, ein Heiligtum anzutasten«, wie dann bei uns die Damen stürmisch behaupteten. Der Redner selbst war aufrichtig gerührt. Und in diesem Augenblick erhob sich unser Ippolit Kirillowitsch noch einmal, um »Einwände vorzubringen«. Man betrachtete ihn voll Haß. »Wieso? Was soll das bedeuten? Er wagt es noch, Einwände zu erheben?« flüsterten die Damen. Doch selbst wenn die Damen der ganzen Welt und an ihrer Spitze seine Frau selber, die Staatsanwältin, zu flüstern begonnen hätten, wäre es unmöglich gewesen, ihn in diesem Augenblick zurückzuhalten. Er war bleich; er zitterte vor Erregung; seine ersten Worte, die ersten Sätze, die er sprach, waren sogar unverständlich; er keuchte; er sprach die Worte schlecht aus; er verlor den Zusammenhang. Übrigens kam er bald wieder ins Geleise. Doch aus dieser zweiten Rede des Staatsanwalts will ich nur ein paar Sätze anführen.

»... Man wirft uns vor, wir hätten Romane erdichtet Was ist aber die Rede des Verteidigers, wenn nicht ein Roman nach dem anderen? Es fehlen nur noch Verse. Fjodor Pawlowitsch, der auf seine Geliebte wartet, zerreißt den Briefumschlag und wirft ihn auf den Boden. Es wird sogar angeführt, was er bei diesem erstaunlichen Vorfall gesagt hat. Ist das etwa kein Poem? Und wo liegt der Beweis dafür, daß er das Geld herausnahm? Wer hat gehört, was Fjodor Pawlowitsch gesprochen hat? Der schwachsinnige Idiot Smerdjakow, in einen Byronschen Helden verwandelt, der sich an der Gesellschaft für seine illegitime Geburt rächt – ist das nicht ein Poem in der Art Byrons? Und der Sohn, der beim Vater eindringt, ihn ermordet, ihn gleichzeitig aber nicht ermordet, das ist nicht einmal mehr ein Roman oder ein Poem, das ist wie eine Sphinx, die Rätsel aufgibt, die sie selbst natürlich nicht lösen wird. Wenn der Angeklagte gemordet hat, so hat er gemordet. Aber was soll das heißen, daß er, wenn er gemordet hat, nicht gemordet hat – wer kann das verstehen? Dann verkündet man uns, daß unsere Tribüne die Tribüne der Wahrheit und der gesunden Begriffe sei, und da erklingt von dieser Tribüne ‚der gesunden Begriffe', von einem Schwur begleitet, das Axiom, daß es nur Vorurteil sei, den Mord an einem Vater Vatermord zu nennen! Wenn aber der Vatermord ein Vorurteil ist und wenn jedes Kind seinen Vater fragen wird: ‚Vater, warum muß ich dich lieben?' – was soll dann aus uns werden, was wird aus den Grundlagen der Gesellschaft, wohin kommt die Familie? Vatermord – wissen Sie, das ist nur der ‚Schwefel' einer Moskauer Kaufmannsfrau. Die kostbarsten, die geheiligtesten Gebote der Bestimmung und der Zukunft des russischen Gerichtswesens werden entstellt und leichtsinnig dargelegt, nur um das Ziel zu erreichen, um die Rechtfertigung dessen zu erlangen, was nicht gerechtfertigt werden kann. Oh, zermalmt ihn mit Barmherzigkeit, so ruft der Verteidiger, denn der Verbrecher braucht nur das, und morgen schon werden alle sehen, wie er zermalmt ist! Und ist der Verteidiger nicht allzu bescheiden, wenn er einzig den Freispruch des Angeklagten fordert? Warum sollte er nicht die Stiftung eines Stipendiums unter dem Namen des Vatermörders verlangen, zur Verewigung dieser Heldentat für die Nachkommenschaft und für die junge Generation? Das Evangelium und die Religion werden korrigiert: Das ist angeblich nur Mystik, aber nur bei uns liegt das echte Christentum, bereits überprüft durch die Analyse der Vernunft und der gesunden Begriffe. Und nun stellt man uns ein Trugbild Christi vor Augen! *Mit welcherlei Maß ihr messet, wird euch gemessen werden*, ruft der Verteidiger und kommt im selben Augenblick zu der Schlußfolgerung, Christus habe geboten, mit dem Maße zu messen, mit welchem uns gemessen werde – und das von der Tribüne der Wahrheit und der gesunden Begriffe herab! Wir werfen nur knapp vor unseren Plädoyers einen Blick ins Evangelium, um durch die Bekanntschaft mit einem immerhin recht originellen Werk zu glänzen, das zur Erzielung eines gewissen Effektes taugen und dienen kann, wie es sich trifft, alles, wie es sich trifft! Und Christus gebietet gerade, nicht so ı handeln, sich vor solchem Handeln zu hüten, weil die böse 'elt so handle; wir müssen vergeben und die Wange hinalten, nicht aber mit dem Maße messen, mit dem unser Geger uns mißt. Das ist es, was unser Gott uns gelehrt hat, nicht oer, daß es ein Vorurteil sei, wenn man Kindern verbiete, ıre Väter zu erschlagen. Und wir werden auch nicht vom Katheder der Wahrheit und der gesunden Begriffe herab das vangelium unseres Gottes korrigieren, den der Verteidiger ur ,den gekreuzigten Menschenfreund' zu nennen geruht, im Gegensatz zu dem ganzen rechtgläubigen Rußland, das Ihm uruft: ,Denn Du bist unser Gott!' . . .«

Hier griff der Vorsitzende ein und beruhigte den Staatsnwalt, der sich hatte hinreißen lassen, indem er ihn bat, nicht u übertreiben, die gebührenden Grenzen einzuhalten und so veiter und so weiter, wie Vorsitzende in solchen Fällen zu prechen pflegen. Auch der Saal war unruhig. Das Publikum rar in Bewegung geraten; man hörte sogar entrüstete Ausrufe. 'etjukowitsch erhob nicht einmal einen Einwand; er legte nur ie Hand aufs Herz und sagte mit beleidigter Stimme und voll er Würde ein paar Worte. Wieder berührte er leichthin und pöttisch die »Romane« und die »Psychologie« und warf an iner Stelle ein: »Jupiter, du zürnst, folglich bist du wohl icht im Recht« – wodurch er ein stürmisches zustimmendes Gelächter im Publikum hervorrief, denn Ippolit Kirillowitsch atte ganz und gar keine Ähnlichkeit mit Jupiter. Auf die Anschuldigung, er gestatte der jungen Generation, die Väter u töten, bemerkte Fetjukowitsch mit tiefer Würde, daß er ierauf nichts erwidern werde. Was das »Trugbild Christi« und ie Tatsache betreffe, daß er nicht geruht habe, Christus Gott u nennen, sondern ihn nur den »gekreuzigten Menschenfreund« ıannte, was »angeblich dem rechten Glauben widerspreche ınd von der Tribüne der Wahrheit und der gesunden Begriffe ıerab nicht ausgesprochen werden dürfe«, deutete Fetjukowitsch Insinuationen« und die Tatsache an, er habe, als er hierhergekommen sei, wenigstens damit gerechnet, daß die hiesige Tribüne vor Anschuldigungen gesichert sei, die »für meine Persönlichkeit als Staatsbürger und Untertan gefährlich werden könnten« . . . Doch da fiel der Vorsitzende auch ihm ins Wort, ınd Fetjukowitsch beendete seine Antwort, die von einem llgemeinen Gemurmel der Zustimmung begleitet war, mit iner Verbeugung. Ippolit Kirillowitsch war nach der Meinung ınserer Damen »für alle Zeiten erledigt«.

Darauf wurde das Wort dem Angeklagten erteilt. Mitja stand auf, sagte aber nur wenig. Er war schrecklich ermüdet, sowohl körperlich wie seelisch. Der Anschein von Unabhängigkeit und Kraft, mit dem er noch am Vormittag in den Saal getreten war, hatte sich fast völlig verflüchtigt. Er schien an diesem Tage für sein ganzes künftiges Dasein etwas zu durchleben, das ihn etwas sehr Wichtiges lehrte und verstehen ließ – etwas, das er früher nicht erfaßt hatte. Seine Stimme war schwach geworden; er schrie nicht mehr so wie vorher. In seinen Worten war etwas Neues, etwas Ergebenes, Bezwungenes und Beseeltes zu vernehmen.

»Was soll ich sagen, meine Herren Geschworenen! Das Gericht über mich ist gekommen; ich fühle die Hand Gottes über mir. Es ist das Ende für mich, den zügellosen Menschen. Aber wie in der Beichte vor Gott sage ich Ihnen: Am Blute meines Vaters – nein – bin ich nicht schuldig! Zum letztenmal wiederhole ich: Nicht ich habe den Mord begangen! Zügellos war ich, aber das Gute liebte ich. Jeden Augenblick strebte ich danach, mich zu bessern, und lebte doch wie ein wildes Tier. Dank sei dem Staatsanwalt; er hat mir vieles über mich gesagt, was ich nicht wußte, aber es ist nicht wahr, daß ich meinen Vater getötet habe; hier irrt der Staatsanwalt! Dank sei auch dem Verteidiger; ich weinte, als ich ihn anhörte, aber es ist nicht wahr, daß ich den Vater getötet habe, und das darf man gar nicht vermuten! Und glauben Sie den Ärzten nicht: Ich bin bei vollem Verstand, nur ist es mir schwer ums Herz. Wenn Sie mich schonen, wenn Sie mich freisprechen, werde ich für Sie beten. Ich werde mich bessern, mein Wort darauf, vor Gott gebe ich mein Wort. Und wenn Sie mich verurteilen – werde ich mit eigener Hand über meinem Kopf meinen Degen zerbrechen und dann die zerbrochenen Stücke küssen! Aber schonen Sie mich, berauben Sie mich nicht meines Gottes; ich kenne mich: Ich werde gegen Ihn murren! Schwer liegt es mir auf der Seele, meine Herren ... schonen Sie mich!«

Er fiel beinahe auf den Sitz zurück; die Stimme versagte ihm, und den letzten Satz konnte er kaum mehr aussprechen. Dann schritt der Gerichtshof zu der Formulierung der Fragen und begann die beiden Seiten nach ihren Anträgen zu befragen. Aber das will ich nicht mit allen Einzelheiten beschreiben. Endlich erhoben sich die Geschworenen, um sich zur Beratung zurückzuziehen. Der Vorsitzende war sehr ermüdet, und darum hielt er ihnen eine recht matte Belehrung: »Seien Sie unparteiisch; lassen Sie sich nicht von den beredten Worten der Verteidigung betören, sondern wägen Sie ab und seien Sie dessen eingedenk, daß eine große Verpflichtung auf Ihnen liegt«, und so weiter und so weiter. Die Geschworenen zogen sich zurück, und die Sitzung wurde unterbrochen. Jetzt konnten die Zuhörer aufstehen, hin- und hergehen, ihre angesammelten Eindrücke austauschen, im Büffet etwas essen. Es war sehr spät, fast ein Uhr nachts, aber niemand fuhr nach Hause. Sie waren alle so angespannt und in solcher Stimmung, daß es ihnen nicht nach Ruhe zumute war. Alle warteten mit stockendem Herzen, obgleich übrigens nicht allen das Herz stockte. Die Damen waren nur in hysterischer Ungeduld, im Herzen aber ruhig: »Der Freispruch ist unvermeidlich«. Alle bereiteten sie sich auf den wirkungsvollen Augenblick des allgemeinen Enthusiasmus vor. Ich muß gestehen, daß es auch unter der männlichen Hälfte der Zuhörer außerordentlich viele gab, die an einen unvermeidlichen Freispruch glaubten. Manche freuten sich darüber; andere sahen finster drein, und manche ließen geradezu die Köpfe hängen – sie wollten keinen Freispruch! Fetjukowitsch selbst war von dem Erfolg fest überzeugt. Er wurde von Leuten umringt; er nahm Glückwünsche entgegen; man schmeichelte ihm.

»Es gibt«, sagte er in einer Gruppe, wie man später erzählte, »es gibt unsichtbare Fäden, die den Verteidiger mit den Geschworenen verbinden. Sie knüpfen sich schon während des Plaidoyers und machen sich fühlbar. Ich habe sie gespürt; sie sind vorhanden. Die Sache ist gewonnen; da können Sie ganz ruhig sein.«

»Was werden denn unsere Bauern jetzt sagen?« sprach ein mürrischer, dicker und pockennarbiger Herr, ein Gutsbesitzer aus der Umgebung der Stadt, als er zu einer Gruppe debattierender Herren trat.

»Es sind ja nicht nur Bauern. Auch vier Beamte sind darunter.«

»Ja, Beamte«, sagte hinzutretend ein Mitglied der Semstwoverwaltung.

»Kennen Sie Prochor Iwanowitsch Nasarjow, den Kaufmann da unter den Geschworenen, den mit der Medaille?«

»Warum fragen Sie?«

»Ein grundgescheiter Mensch.«

»Aber er schweigt doch immer.«

»Freilich schweigt er, aber das ist es eben. Der läßt sich von einem Petersburger nichts vormachen; der kann noch ganz Petersburg belehren. Zwölf Kinder hat er, stellen Sie sich das nur vor!«

»Aber ich bitte Sie, wird man ihn am Ende nicht freisprechen?« rief in einer anderen Gruppe ein junger Beamter.

»Ganz gewiß spricht man ihn frei«, ließ sich eine energische Stimme vernehmen.

»Es wäre eine Schmach und Schande, ihn nicht freizusprechen«, rief der Beamte. »Mag er getötet haben, aber dieser Vater, was war denn das für ein Vater! Und schließlich war er in einem solchen Zustand der Raserei ... Er konnte wahrhaftig nichts anderes tun als den Stößel schwingen, und da fiel der andere um. Schlimm ist nur, daß man den Diener mit hineingezogen hat. Das ist einfach lächerlich. Ich hätte an Stelle des Verteidigers gleich geradeheraus erklärt: ‚Er hat den Alten getötet, aber er ist nicht schuldig, hol euch der Teufel!«

»Das tat er doch auch, nur das mit dem Teufel hat er nicht gesagt.«

»Nein, Michail Semjonytsch, das sagte er beinahe«, fiel eine dritte, schüchterne Stimme ein.

»Aber ich bitte Sie, meine Herren, während des großen Fastens hat man bei uns eine Schauspielerin freigesprochen, die der rechtmäßigen Gattin ihres Liebhabers die Kehle durchgeschnitten hatte.«

»Ja, aber sie hat sie nicht ganz durchgeschnitten.«

»Ganz gleichgültig, ganz gleichgültig; sie hat es jedenfalls versucht!«

»Und wie er von den Kindern gesprochen hat! Großartig!«

»Ja, großartig!«

»Nun, und über die Mystik, was sagen Sie dazu, zu der Mystik?«

»Nun lassen Sie schon die Mystik«, rief noch jemand, »denken Sie sich doch in Ippolit hinein, in sein Schicksal vom heutigen Tage an! Denn morgen schon kratzt ihm seine Gattin Mitjenkas wegen die Augen aus.«

»Ist sie hier?«

»Ach wo! Wäre sie da, sie würde ihm schon hier die Augen auskratzen! Sie sitzt zu Hause, weil sie Zahnschmerzen hat. Hehehe!«

»Hehehe!«

In einer dritten Gruppe:

»Mitjenka wird wohl freigesprochen werden.«

»Das will ich meinen; ich glaube, daß er morgen das ganze Gasthaus ‚Zur Hauptstadt' zertrümmern und zehn Tage saufen wird!«

»Ach, Teufel!«

»Ja, der Teufel war dabei, ohne den Teufel geht es nicht ab. Wo soll der denn sein, wenn nicht hier?«

»Meine Herren, zugegeben, es war eine kunstvolle Rede. Aber man darf doch den Vätern nicht so einfach den Kopf einschlagen. Wohin kämen wir denn da?«

»Der Triumphwagen, erinnern Sie sich an den Triumphwagen?«

»Ja, aus einer Karre hat er einen Triumphwagen gemacht.«

»Und morgen macht er aus einem Triumphwagen eine Karre, ‚je nach Bedarf, immer je nach Bedarf'.«

»Geschickt sind die Leute heutzutage. Gibt es bei uns in Rußland Gerechtigkeit, meine Herren, oder gibt es sie überhaupt nicht?«

Doch da erklang die Glocke. Die Geschworenen hatten genau eine Stunde beraten, nicht länger und nicht kürzer. Tiefes Schweigen trat ein, sobald das Publikum wieder Platz genommen hatte. Ich erinnere mich, wie die Geschworenen wieder in den Saal traten. Endlich! Ich will die einzelnen Punkte mit den Fragen nicht anführen, und ich habe sie auch vergessen. Ich entsinne mich nur der Antwort auf die erste und die Hauptfrage des Vorsitzenden, das heißt: »Hat er vorsätzlich zum Zwecke des Raubes getötet?« Den genauen Wortlaut weiß ich nicht mehr. Es trat Totenstille ein. Der Obmann der Geschworenen, eben jener Beamte, der jünger war als alle anderen, sprach laut und deutlich in die Totenstille des Saales: »Ja, er ist schuldig!«

Und dann ging es genauso bei allen anderen Punkten: Schuldig, ja, schuldig, und das ohne die geringsten mildernden Umstände. Das hatte gewiß niemand erwartet; daß wenigstens mildernde Umstände zugebilligt würden, davon waren fast alle überzeugt gewesen. Die tödliche Stille des Saales wurde nicht unterbrochen, es war buchstäblich so, als ob alle versteinert gewesen wären, sowohl jene, die eine Verurteilung, wie auch jene, die den Freispruch wünschten. Doch das war nur in den ersten Minuten so. Dann entstand ein furchtbares Durcheinander. Von den männlichen Zuhörern waren viele sichtlich sehr zufrieden. Manche rieben sich sogar die Hände, weil sie ihre Freude nicht verbergen konnten. Die Unzufriedenen schienen niedergeschmettert zu sein; sie zuckten die Achseln; sie flüsterten miteinander, waren sich jedoch über die Tatsache offenbar noch immer nicht im klaren. Aber du mein Gott, was war nur mit unseren Damen los! Ich glaubte schon, sie würden einen Aufruhr anzetteln. Zuerst schienen sie ihren Ohren nicht zu trauen. Und plötzlich hörte man im ganzen Saal laute Rufe: »Ja, was soll das bedeuten? Was heißt das denn?« Sie sprangen von ihren Plätzen auf. Sie glaubten offenbar, man könne das alles jetzt noch gutmachen und ändern. In diesem Augenblick erhob sich plötzlich Mitja und rief mit einem seltsam herzzerreißenden Schrei, indem er die Arme vor sich hinstreckte: »Ich schwöre bei Gott und Seinem Jüngsten Gericht: am Blute meines Vaters bin ich nicht schuldig! Katja, ich vergebe dir! Brüder, Freunde, schonet die andere!«

Er sprach nicht zu Ende, sondern brach in ein lautes Schluchzen aus, das man im ganzen Saal hören konnte; er schluchzte furchtbar, mit einer Stimme, die gar nicht die seine war, sondern eine neue, die man von ihm nicht erwartet hätte und die sich plötzlich, Gott weiß woher, eingestellt hatte. Oben auf der Galerie, in der hintersten Ecke, ertönte das durchdringende Schreien einer Frau: es war Gruschenka. Sie hatte schon vorhin jemanden angefleht, und so war sie noch vor Beginn der Plaidoyers wieder in den Saal gelassen worden. Man führte Mitja ab. Die Urteilsverkündung wurde auf den nächsten Tag verschoben. Der ganze Saal erhob sich in wirrem Durcheinander, aber ich wartete nicht mehr und hörte nicht mehr zu. Ich erinnere mich nur einiger Ausrufe, schon auf der Freitreppe, beim Ausgang.

»Das kostet ihn zwanzig Jahre Bergwerk.«

»Mindestens.«

»Ja, mein Lieber, unsere Bauern lassen sich nichts vormachen.«

»Und unseren Mitjenka haben sie zugrunde gerichtet!«

EPILOG

I

Pläne zu Mitjas Rettung

Am fünften Tag nach der Verurteilung Mitjas kam am sehr frühen Vormittag, noch vor neun Uhr, Aljoscha zu Katerina Iwanowna, um endgültig über eine für sie beide wichtige Angelegenheit mit ihr zu reden, und außerdem, weil er einen Auftrag an sie hatte. Sie saß und sprach mit ihm in eben jenem Zimmer, in dem sie einst Gruschenka empfangen hatte; nebenan, in einem anderen Zimmer, lag Iwan Fjodorowitsch in Fieber und Bewußtlosigkeit. Katerina Iwanowna hatte sogleich nach der Szene vor Gericht die Anordnung getroffen, den kranken und bewußtlosen Iwan Fjodorowitsch in ihre Wohnung zu schaffen, ohne sich um allerlei unvermeidliches künftiges Gerede in der Gesellschaft und um das Urteil der Menschen zu kümmern. Eine ihrer beiden Verwandten, die mit ihr wohnten, war gleich nach der Szene vor Gericht nach Moskau gefahren, die andre war dageblieben. Aber selbst wenn beide weggefahren wären, hätte Katerina Iwanowna ihren Entschluß nicht geändert und wäre dageblieben, um den Kranken zu betreuen und Tag und Nacht an seinem Bette zu sitzen. Behandelt wurde er von Warwinskij und Herzenstube; der Moskauer Arzt war in die Hauptstadt zurückgefahren, nachdem er sich geweigert hatte, eine Ansicht über den möglichen Verlauf der Krankheit zu äußern. Die übrigen Ärzte ermutigten Katerina Iwanowna und Aljoscha zwar, man sah aber, daß sie noch keine bestimmte Hoffnung machen konnten. Aljoscha besuchte den kranken Bruder zweimal am Tag. Doch diesmal hatte er ein besonderes, äußerst dringendes Anliegen und fühlte im voraus, wie schwer es ihm fallen werde, darüber zu sprechen, zudem hatte er große Eile: an diesem Vormittag gab es noch eine zweite unaufschiebbare Angelegenheit an einem anderen Orte, und er mußte sich beeilen. Sie sprachen jetzt schon etwa eine Viertelstunde. Katerina Iwanowna war blaß, sehr müde und gleichzeitig in außerordentlicher, krankhafter Erregung: sie ahnte, weshalb unter anderem Aljoscha jetzt zu ihr gekommen war.

»Machen Sie sich keine Sorge um seinen Entschluß«, sagte sie zu Aljoscha in festem, energischem Tone. »So oder so wird er doch zu der Schlußfolgerung kommen, er müsse fliehen! Dieser Unglückliche, dieser Held der Ehre und des Gewissens – ich meine nicht jenen, nicht Dmitrij Fjodorowitsch, sondern den, der hier hinter der Tür liegt und sich für den Bruder opfern wollte«, fügte Katja mit funkelnden Augen hinzu, »hat mir schon lange den ganzen Plan dieser Flucht mitgeteilt. Wissen Sie, er nahm schon Beziehungen auf ... ich habe Ihnen einiges davon bereits gesagt ... Sehen Sie, das wird aller Wahrscheinlichkeit nach auf der dritten Etappe geschehen, wenn die Gruppe Verbannter nach Sibirien gebracht wird. Aber bis dahin ist noch lange Zeit. Iwan Fjodorowitsch war sogar schon bei dem Chef der dritten Etappe. Nur weiß man noch nicht, wer die Führung der Gruppe haben wird, und es ist auch nicht möglich, das im voraus zu erfahren. Morgen kann ich Ihnen vielleicht den ganzen Plan mit allen Einzelheiten zeigen, den mir Iwan Fjodorowitsch vor der Gerichtsverhandlung für alle Fälle hiergelassen hat... Das war gerade damals, als Sie – Sie werden sich erinnern – uns beide am Abend streitend vorfanden: er ging bereits die Treppe hinab, und ich bewog ihn, als ich Sie sah, zurückzukommen – entsinnen Sie sich? Wissen Sie, aus welchem Grund wir damals stritten?«

»Nein, das weiß ich nicht«, sagte Aljoscha.

»Natürlich verbarg er das damals vor Ihnen: es handelte sich gerade um diesen Fluchtplan. Schon drei Tage vorher hatte er mir das Hauptsächliche enthüllt – und damals begannen wir zu streiten und stritten seither alle die drei Tage. Wir stritten, weil ich plötzlich böse wurde, als er mir erklärte, Dmitrij Fjodorowitsch werde im Fall seiner Verurteilung mit jener Kreatur zusammen ins Ausland fliehen – ich werde Ihnen nicht sagen, warum ich zürnte, ich weiß es selber nicht ... Oh, natürlich, ich zürnte der Kreatur wegen, dieser Kreatur wegen, und zwar deshalb, weil auch sie mit Dmitrij zusammen ins Ausland fliehen wird!« rief Katerina Iwanowna plötzlich, und ihre Lippen zitterten vor Zorn. »Als Iwan Fjodorowitsch damals sah, daß ich dieser Kreatur wegen so böse war, dachte er sofort, daß ich Mitjas wegen eifersüchtig sei und daß ich Mitja also noch immer liebte. Und damals kam es zu dem ersten Streit. Ich wollte keine Erklärungen geben; um Verzeihung bitten konnte ich nicht; es bedrückte mich, daß mich ein solcher Mensch der einstigen Liebe zu jenem anderen verdächtigen konnte ... Und das zu einer Zeit, da ich selber, schon lange vorher ihm geradeheraus gesagt hatte, daß ich Dmitrij nicht liebe, sondern ihn allein! Und nur aus Zorn über dieses Geschöpf wurde ich auf ihn zornig! Drei Tage später, eben an jenem Abend, als Sie kamen, brachte er mir einen versiegelten Brief, damit ich den sofort öffnete, wenn ihm, Iwan Fjodorowitsch, etwas zustoßen sollte. Oh, er hatte seine Krankheit vorausgesehen! Er enthüllte mir, daß in dem Brief die Einzelheiten der Flucht stünden und daß ich in dem Falle, daß er stürbe oder gefährlich erkrankte, allein Mitja retten müsse. Er hinterließ mir auch Geld, fast zehntausend Rubel – eben jenes Geld, das der Staatsanwalt, der von irgend jemandem erfahren hatte, daß Iwan Fjodorowitsch es einwechseln ließ, in seiner Rede erwähnte. Es setzte mich sehr in Erstaunen, daß Iwan Fjodorowitsch, der noch immer eifersüchtig und noch immer davon überzeugt war, daß ich Mitja liebte, dennoch den Gedanken, seinen Bruder zu retten, nicht aufgegeben hatte und mir, mir selber dieses Rettungswerk anvertraute. Oh, das war ein Opfer! Nein, Sie können eine solche Selbstaufopferung in ihrer ganzen Fülle gar nicht verstehen, Alexej Fjodorowitsch! Voll Ehrfurcht wollte ich ihm zu Füßen fallen, doch da kam mir plötzlich der Gedanke, er könnte mir das nur als Freude darüber auslegen, daß Mitja gerettet werde – und das hätte er unbedingt gedacht! –, und da war ich allein durch die Möglichkeit eines so ungerechten Gedankens dermaßen gereizt, daß ich wieder verärgert wurde und, statt ihm die Füße zu küssen, ihm wieder eine Szene machte! Oh, ich bin unglücklich! So ist eben mein Charakter – ein furchtbarer, unglücklicher Charakter! Oh, Sie werden sehen: ich werde es noch bewirken, ich werde es noch dahin bringen, daß auch er mich wie Dmitrij um einer anderen willen verläßt, mit der man leichter leben kann, doch dann ... nein, dann werde ich es nicht ertragen und mir das Leben nehmen. Und als Sie damals kamen und als ich Sie rief, befahl ich ihm zurückzukommen, doch sobald er mit Ihnen zurückkam, packte mich in solchem Maße Zorn wegen des haßerfüllten, geringschätzigen Blickes, mit dem er mich auf einmal ansah, daß ich Ihnen – Sie werden sich entsinnen – zuschrie, *er*, *er allein* habe mir versichert, daß sein Bruder Dmitrij der Mörder sei! Ich verleumdete ihn absichtlich, um ihn noch einmal zu erbittern; niemals, niemals hat er mir versichert, daß sein Bruder der Mörder sei; im Gegenteil, das redete ich ihm ein, ich selber! Oh, an allem, an allem ist meine Raserei schuld! Ich, ich habe diese verdammte Szene vor Gericht vorbereitet! Er wollte mir beweisen, daß er edel sei und daß er, obgleich ich seinen Bruder liebe, ihn dennoch nicht aus Rache und Eifersucht zugrunde richten werde. Und so sagte er vor Gericht aus ... Ich bin die Ursache von dem allen; ich allein bin schuld!«

Noch niemals hatte ihm Katja solche Geständnisse gemacht, und er fühlte, daß sie jetzt gerade auf jener Stufe unerträglichen Leids war, da selbst das stolzeste Herz mit Schmerz seinen Stolz zerbricht und niederstürzt, bezwungen vom Leide. Oh, Aljoscha kannte auch noch eine entsetzliche Ursache für ihre jetzige Pein, so sehr sie sich in all diesen Tagen nach der Verurteilung Mitjas auch bemühte, das vor ihm zu verbergen. Aber es wäre ihm aus irgendwelchen Gründen zu schmerzhaft gewesen, hätte sie sich entschlossen, sich so sehr zu demütigen, daß sie selber jetzt und in diesem Augenblick mit ihm über diese Ursache zu sprechen begonnen hätte. Sie litt wegen ihres »Verrates« vor Gericht, und Aljoscha ahnte, daß ihr Gewissen sie trieb, sich gerade vor ihm, vor Aljoscha zu beschuldigen, unter Tränen, mit Geschrei, mit Hysterie, mit Aufschlagen des Kopfes auf dem Boden. Aber er fürchtete diesen Augenblick und wollte die Leidende schonen. Um so schwerer wurde ihm der Auftrag, mit dem er gekommen war. Wieder begann er von Mitja zu sprechen.

»Macht nichts, macht nichts, fürchten Sie nicht für ihn!« begann Katja wiederum hartnäckig und schroff. »All das dauert bei ihm nur einen Augenblick; ich kenne ihn; ich kenne sein Herz nur allzu gut. Seien Sie überzeugt, daß er mit der Flucht einverstanden sein wird. Und was am wichtigsten ist, das soll ja nicht gleich sein; er wird noch Zeit haben, sich zu entschließen. Bis dahin ist Iwan Fjodorowitsch wieder gesund und wird alles selber in die Hand nehmen, so daß ich nichts werde tun müssen. Machen Sie sich keine Sorge, er wird einverstanden sein zu fliehen. Er ist ja jetzt schon einverstanden – kann er denn seine Kreatur zurücklassen? Und zur Zwangsarbeit läßt man sie nicht mitfahren, wie sollte er also nicht fliehen? Und vor allem fürchtet er Sie; er fürchtet, Sie könnten vom moralischen Standpunkt die Flucht nicht billigen, doch Sie müssen es ihm großmütig *erlauben*, wenn Ihre Sanktion hier schon so unerläßlich ist«, fügte Katja giftig hinzu. Sie schwieg eine Weile und lächelte. »Er spricht da von irgendwelchen Hymnen«, begann sie von neuem, »von einem Kreuz, das er tragen muß, von einer Pflicht; ich erinnere mich, daß mir Iwan Fjodorowitsch viel davon erzählte, und wenn Sie nur wüßten, wie er sprach!« rief Katja plötzlich mit unaufhaltsamem Gefühl. »Wenn Sie nur wüßten, wie er den Unglücklichen in diesem Augenblick liebte, als er mir von ihm berichtete, und wie er ihn im selben Augenblick vielleicht haßte! Und ich, oh, ich hörte damals seine Erzählung und sah seine Tränen mit stolzem Spott. Oh, diese Kreatur! Die Kreatur bin ich, ich! Ich bin Schuld an seinem Nervenfieber! Der andere aber, der Verurteilte – ist der denn etwa zum Leid bereit?« schloß Katja gereizt. »Und kann ein solcher Mensch leiden? Menschen wie er leiden niemals!«

Ein Gefühl des Hasses, der Verachtung, ja des Ekels klang aus diesen Worten. Und doch war sie es, die ihn verraten hatte. Nun ja, vielleicht weil sie sich jetzt vor ihm so schuldig fühlt, haßt sie ihn in manchen Augenblicken, dachte Aljoscha. Er hegte den Wunsch, daß es nur »in manchen Augenblicken« so sei. In Katjas letzten Worten hörte er eine Herausforderung, aber er nahm sie nicht an.

»Ich habe Sie heute gerufen, damit Sie mir versprechen, ihn selber zu überreden. Oder wäre auch Ihrer Ansicht nach eine Flucht unehrenhaft und nicht heldisch, oder wie man das eben ... auf christliche Art nennt, wie?« setzte Katja mit noch stärkerer Herausforderung hinzu.

»Nein, das macht nichts. Ich werde ihm alles sagen ...« murmelte Aljoscha. »Er läßt Sie bitten, heute zu ihm zu kommen«, platzte er plötzlich heraus und sah ihr fest in die Augen. Sie zuckte zusammen und fuhr auf dem Sofa zurück.

»Mich? ... Ist denn das möglich?« stammelte sie und wurde bleich.

»Es ist möglich und muß sein!« begann Aljoscha energisch und wurde dabei ganz lebhaft. »Er braucht Sie sehr, gerade jetzt. Ich würde davon nicht beginnen und Sie nicht vorzeitig quälen, wenn es nicht notwendig wäre. Er ist krank, er ist wie von Sinnen, er bittet immerzu darum, daß Sie kämen. Er möchte es nicht etwa, weil er sich mit Ihnen versöhnen will, aber kommen Sie doch nur und zeigen Sie sich an der Schwelle. Seit jenem Tag ist viel mit ihm geschehen. Er versteht, wie grenzenlos schuldig er Ihnen gegenüber ist. Er wünscht Ihre

Verzeihung nicht. ‚Mir kann man nicht verzeihen', sagt er selber, sondern er will nur, daß Sie sich an der Schwelle zeigen ...«

»Sie haben mich so plötzlich ...« stammelte Katja. »Alle diese Tage ahnte ich, daß Sie damit kommen würden ... Ich habe es ja gewußt, daß er mich rufen wird! ... Es ist unmöglich!«

»Und mag es unmöglich sein, aber tun Sie es! Bedenken Sie, er ist das erstemal im Leben davon betroffen, wie sehr er Sie beleidigt hat, das erstemal im Leben; noch nie hat er das ganz eingesehen! Er sagt: Wenn sie sich weigert, zu kommen, ‚werde ich jetzt mein ganzes Leben lang unglücklich sein'. Hören Sie: ein zu zwanzig Jahren Zwangsarbeit Verurteilter beabsichtigt noch glücklich zu sein – ist das nicht zum Erbarmen? Und vergessen Sie nicht: Sie besuchen jemanden, der schuldlos zugrunde geht«, sagte Aljoscha in herausforderndem Ton, »seine Hände sind rein; an ihnen klebt kein Blut! Um seiner unermeßlichen zukünftigen Leiden willen besuchen Sie ihn jetzt! Kommen Sie, geben Sie ihm das Geleite in die Finsternis, treten Sie an seine Schwelle, und sonst nichts ... das müssen Sie ja tun, das *müssen Sie!*« schloß Aljoscha, wobei er das Wort »müssen« besonders stark betonte.

»Ich muß, aber ich kann es nicht«, stöhnte Katja. »Er wird mich ansehen ... ich kann es nicht!«

»Ihre Blicke müssen einander begegnen. Wie wollen Sie denn Ihr ganzes Leben weiterleben, wenn Sie sich jetzt nicht dazu entschließen?«

»Lieber das ganze Leben leiden!«

»Sie müssen kommen, Sie *müssen* kommen«, wiederholte Aljoscha mit unerbittlichem Nachdruck.

»Doch warum heute, warum gleich? ... Ich kann den Kranken nicht alleinlassen.«

»Für einen Augenblick können Sie es, und es dauert ja nur einen Augenblick. Wenn Sie nicht kommen, hat er am Abend das Nervenfieber. Ich spreche keine Unwahrheit, haben Sie Erbarmen!«

»Haben Sie Erbarmen mit mir«, warf ihm Katja bitter vor und begann zu weinen.

»Sie werden also kommen!« sagte Aljoscha fest, als er ihre Tränen sah. »Ich gehe hin und sage ihm, daß Sie gleich kommen.«

»Nein, sagen Sie ihm das um keinen Preis!« rief Katja erschrocken. »Ich werde kommen, aber Sie dürfen ihm vorher nichts sagen; denn ich werde kommen, aber vielleicht nicht in seine Zelle treten . . . Ich weiß noch nicht . . .«

Die Stimme versagte ihr. Sie atmete nur mit Mühe. Aljoscha erhob sich, um zu gehen.

»Und wenn ich dort jemandem begegne?« sagte sie auf einmal leise und wurde wieder ganz blaß.

»Darum eben müssen Sie jetzt hingehen, um dort niemandem zu begegnen. Niemand wird bei ihm sein; ich spreche die Wahrheit. Wir werden warten«, schloß er energisch und verließ das Zimmer.

2

Für einen Augenblick wird die Lüge zur Wahrheit

Er eilte ins Krankenhaus, wo Mitja jetzt lag. Dieser war am Tag nach dem Urteil an einem heftigen Fieber erkrankt, und man hatte ihn in unser städtisches Krankenhaus geschafft, in die Häftlingsabteilung. Aber der Arzt Warwinskij hatte ihn auf Bitten Aljoschas und sonst noch vieler – der Frau Chochlakowa, Lisas und anderer – nicht bei den Häftlingen untergebracht, sondern abseits, in eben jener Kammer, in der Smerdjakow gelegen hatte. Freilich stand am Ende des Korridors ein Wachtposten, das Fenster war vergittert, und Warwinskij konnte seines Entgegenkommens wegen, das nicht völlig gesetzlich war, beruhigt sein. Er war ein gütiger, mitfühlender junger Mann und verstand, wie schwer es einem Menschen von der Art Mitjas fallen mußte, plötzlich in die Gesellschaft von Mördern und Betrügern zu geraten, und daß er sich daran erst gewöhnen mußte. Besuche von Verwandten und Bekannten waren sowohl vom Arzt wie auch vom Aufseher, ja, sogar vom Kreispolizeichef inoffiziell bewilligt worden. Doch in diesen Tagen besuchten Mitja lediglich Aljoscha und Gruschenka. Zweimal schon hatte Rakitin versucht, ihn zu sehen; doch Mitja bat Warwinskij dringend, ihn nicht vorzulassen. Aljoscha fand Mitja auf seinem Bett sitzend, im Krankenhauskittel, ein wenig fiebernd, den Kopf mit einem Handtuch umwickelt, das mit Essigwasser befeuchtet war. Mit einem unbestimmten Blick sah der Kranke den eintretenden Aljoscha an, aber in diesem Blick schimmerte dennoch eine Art Schreck.

Überhaupt war er seit dem Tag der Gerichtsverhandlung sehr nachdenklich geworden. Manchmal schwieg er eine halbe Stunde lang, schien angespannt und qualvoll etwas zu überlegen und vergaß den Anwesenden. Wenn er dann aus seiner Nachdenklichkeit erwachte und zu reden begann, geschah das immer sonderbar plötzlich, und er sprach dann auf keinen Fall davon, wovon er eigentlich hätte sprechen sollen. Manchmal sah er den Bruder leidvoll an. Wenn Gruschenka ihn besuchte, war es ihm anscheinend leichter ums Herz, als wenn Aljoscha bei ihm war. Freilich sprach er mit ihr fast überhaupt nicht, aber kaum war sie eingetreten, als sich sein ganzes Gesicht schon vor Freude erhellte. Aljoscha setzte sich schweigend neben ihn auf das Bett. Diesmal hatte Mitja voll Unruhe auf den Bruder gewartet, wagte es aber nicht, ihn irgend etwas zu fragen. Er hielt eine Einwilligung Katjas in den Besuch für undenkbar und fühlte gleichzeitig, daß es ganz schlimm wäre, wenn Sie nicht käme. Aljoscha verstand diese Gefühle.

»Trifon Borisytsch«, begann Mitja hastig, »Trifon Borisytsch soll seinen ganzen Gasthof demolieren: er hebt die Bretterböden aus; er reißt die Verschalungen herunter; er hat, so heißt es, die ganze Galerie zu Spänen geschlagen – er sucht immerzu nach dem Schatz, nach eben jenem Gelde, nach den anderthalbtausend Rubel, die ich, wie der Staatsanwalt gesagt hat, dort versteckt haben soll. Man erzählt, daß er, sobald er heimkam, sofort mit dem Durchstöbern begann. Das geschieht diesem Gauner recht! Der hiesige Wächter hat es mir gestern erzählt; er ist von dort.«

»Höre«, sagte Aljoscha, »sie wird kommen, aber ich weiß nicht wann, vielleicht heute, vielleicht dieser Tage, das weiß ich nicht, aber sie kommt, sie kommt, das ist sicher.« Mitja fuhr zusammen, wollte etwas sagen, schwieg jedoch. Die Nachricht hatte eine furchtbare Wirkung auf ihn. Man sah, daß er den qualvollen Wunsch hegte, Einzelheiten des Gespräches zu erfahren, daß er aber wiederum fürchtete, jetzt zu fragen: von einer hartherzigen und geringschätzigen Äußerung Katjas zu hören wäre für ihn in diesem Augenblicke wie ein Messerstich gewesen.

»Weißt du, was sie unter anderem gesagt hat: Ich soll unbedingt dein Gewissen wegen der Flucht beruhigen. Wenn Iwan bis dahin nicht gesund sein sollte, wird sie die Sache selber in die Hände nehmen.«

»Du hast mir davon erzählt«, bemerkte Mitja nachdenklich.

»Und du hast es Gruscha schon weitererzählt«, erwiderte Aljoscha.

»Ja«, gestand Mitja. »Heute vormittag kommt sie nicht«, fuhr er fort und sah dabei den Bruder schüchtern an. »Sie kommt erst am Abend. Als ich ihr gestern sagte, daß Katja die Sache in die Hände nehmen werde, schwieg sie, und ihre Lippen verzogen sich. Sie flüsterte nur: ‚Soll sie nur . . .!' Sie begriff, daß es wichtig ist. Ich wagte nicht, weiter zu forschen. Sie scheint ja jetzt schon zu verstehen, daß Katja nicht mich liebt, sondern Iwan.«

»Ist das so?« entfuhr es Aljoscha.

»Vielleicht auch nicht. Nur wird sie heute vormittag nicht kommen«, beeilte sich Mitja noch einmal mitzuteilen. »Ich habe ihr einen Auftrag gegeben . . . Höre, unser Bruder Iwan wird alle übertreffen. Er muß am Leben bleiben, nicht wir! Er wird gesund werden.«

»Stell dir vor, obgleich Katja für ihn zittert, zweifelt sie fast nicht daran, daß er gesund werden wird«, sagte Aljoscha.

»Folglich ist sie überzeugt, daß er sterben wird. Nur aus Angst glaubt sie, daß er genesen wird.«

»Unser Bruder ist von kräftiger Konstitution. Auch ich hoffe sehr, daß er gesund werden wird«, bemerkte Aljoscha beunruhigt.

»Ja, er wird wieder gesund werden, doch sie ist überzeugt, daß er sterben wird. Sie hat viel Kummer . . .« Hierauf schwiegen sie beide. Etwas sehr Wichtiges quälte Mitja.

»Aljoscha, ich liebe Gruscha furchtbar«, sagte er auf einmal mit zitternder, tränenerstickter Stimme.

»Man wird sie nicht *dorthin* zu dir lassen«, fiel Aljoscha sogleich ein.

»Und was ich dir noch sagen wollte«, fuhr Mitja mit einer sonderbaren, plötzlich klangvoll gewordenen Stimme fort, »wenn man mich unterwegs oder *dort* schlagen wird, werde ich mich nicht drein ergeben: ich werde jemanden töten, und dann erschießt man mich. Zwanzig Jahre sind es ja! Schon hier fängt man an, du zu mir zu sagen. Der Wächter duzt mich. Ich lag auch heute die ganze Nacht wach und hielt Gericht über mich: ich bin nicht bereit! Mir fehlt die Kraft, es auf mich zu nehmen! Ich wollte meine ‚Hymne' anstimmen; aber das Duzen des Wächters kann ich nicht überwinden! Für Gruscha würde ich alles ertragen, alles . . . nur nicht Schläge. Aber man wird sie ja nicht *dorthin* lassen.«

Aljoscha lächelte sanft.

»Höre ein für allemal, Bruder«, sagte er. »Hier hast du meine Gedanken zu dieser Sache, und du weißt ja, daß ich dich nicht anlüge. Höre also: du bist nicht bereit, und ein solches Kreuz taugt nicht für dich. Nicht genug damit: du brauchst es auch nicht, dieses Märtyrerkreuz, da du nicht bereit bist. Hättest du den Vater getötet, so hätte ich es bedauert, daß du dein Kreuz von dir weisest. Aber du bist unschuldig, und ein solches Kreuz ist zuviel für dich. Du wolltest dem anderen Menschen in dir durch Qualen zur Wiedergeburt verhelfen; meiner Ansicht nach brauchst du dich nur immer, dein ganzes Leben lang, und wohin du auch fliehen magst, an diesen anderen Menschen zu erinnern – und damit hast du genug getan! Daß du die großen Kreuzesqualen nicht auf dich genommen hast, dient nur dem Zweck, daß du in dir eine noch größere Schuld fühlst und daß du mit dieser unablässigen Empfindung fürderhin, dein ganzes Leben lang an deiner Wiedergeburt arbeitest, vielleicht mehr, als wenn du *dorthin* gingest. Denn dort wirst du es nicht ertragen, du wirst zu murren beginnen und am Ende etwa gar sagen: Wir sind quitt. In diesem Fall hätte der Anwalt die Wahrheit gesprochen. Nicht für alle sind solche Bürden; für manche sind sie zu schwer ... Das sind meine Gedanken, wenn du sie so sehr brauchst. Wenn andere für deine Flucht die Verantwortung tragen müßten, Offiziere oder Soldaten, würde ich dir nicht erlauben zu fliehen«, fügte Aljoscha lächelnd hinzu. »Aber man sagt und behauptet – eben dieser Etappenchef hat es Iwan mitgeteilt –, daß eine strenge Untersuchung vielleicht nicht eingeleitet wird, wenn man es geschickt beginnt, und daß man mit Kleinigkeiten davonkommen kann. Natürlich ist es auch in diesem Falle unehrenhaft zu bestechen, aber hier will ich mir um keinen Preis ein Urteil erlauben, denn wenn mir zum Beispiel Iwan und Katja in deinem Interesse eine Mitwirkung an dieser Sache anvertrauten, so ginge ich hin, das weiß ich, und würde bestechen; das muß ich dir wahrheitsgemäß sagen. Und darum kann ich nicht Richter sein darüber, wie du selbst handelst. Das aber laß dir gesagt sein, daß ich dich niemals verurteilen werde. Und es ist ja auch sonderbar; wie könnte ich in dieser Sache dein Richter sein? Nun, jetzt habe ich, scheint es, dir alles dargelegt.«

»Dafür aber verurteile ich mich!« rief Mitja. »Ich werde fliehen; das war auch ohne dich schon beschlossen. Kann

Mitja Karamasow denn anders als fliehen? Dafür aber verurteile ich mich und werde dort ewig um Vergebung dieser Schuld beten! So sagen doch die Jesuiten, nicht wahr? So sprechen sie, wie jetzt wir beide miteinander, wie?«

»Ja, das ist richtig«, erwiderte Aljoscha mit sanftem Lächeln.

»Ich liebe dich, weil du immer die volle Wahrheit sagst und nichts verschweigst!« rief Mitja mit frohem Lachen. »Ich habe also meinen Aljoschka auf Jesuitenschlichen ertappt! Man müßte dich dafür abküssen, ja! Nun höre jetzt auch noch das übrige, ich will dir auch die andere Hälfte meiner Seele enthüllen. Folgendes habe ich ausgedacht und beschlossen: Wenn ich auch fliehe, sogar mit Geld und einem Paß und meinetwegen nach Amerika, so ermutigt mich noch der Gedanke, daß ich nicht in die Freude fliehe und nicht ins Glück, sondern wahrhaftig in eine andere Verbannung, die vielleicht nicht besser ist als diese! Nicht besser, Alexej, wirklich nicht besser! Ich hasse dieses Amerika schon jetzt, der Teufel soll es holen! Und mag Gruscha auch mitkommen; aber sieh sie doch an: ist sie etwa eine Amerikanerin? Sie ist Russin, ganz und bis in die Knochen; sie wird sich nach der heimatlichen Erde zurücksehnen, und ich werde jede Stunde sehen müssen, daß sie sich für mich abhärmt, daß sie für mich ein solches Kreuz auf sich genommen hat, und worin liegt ihre Schuld? Und werde ich etwa das dortige Gezücht ertragen, obgleich sie vielleicht alle bis auf den letzten besser sind als ich? Ich hasse dieses Amerika schon jetzt! Und wenn sie auch dort alle ohne Ausnahme unfaßbar gute Techniker sind oder sonst etwas – hol sie der Teufel, sie sind nicht Menschen meinesgleichen, sie haben eine andere Seele! Rußland liebe ich, Alexej, den russischen Gott liebe ich, obwohl ich selber ein Schuft bin! Ich werde dort vor die Hunde gehen!« rief er, und seine Augen funkelten auf einmal. Seine Stimme zitterte vor Tränen.

»Nun also, folgendes habe ich beschlossen, Alexej! Hör mich an!« begann er dann wieder, nachdem er seine Erregung unterdrückt hatte. »Sobald ich mit Gruscha dort bin, will ich sofort pflügen und arbeiten, bei wilden Bären in der Einöde, irgendwo in weiter Ferne! Auch dort wird sich ja ein recht ferner Ort finden! Dort soll es noch Rothäute geben, irgendwo am Rand des Horizontes. Und in diese Gegend will ich, zu den letzten Mohikanern. Nun, und dann gleich heran an die Grammatik, ich und Gruscha! Arbeit und Grammatik, und so etwa drei Jahre lang. In diesen drei Jahren werden wir Englisch gelernt haben und wie echte Engländer sprechen. Und sobald wir es gelernt haben, Schluß mit Amerika! Dann fliehen wir hierher, nach Rußland, als amerikanische Staatsbürger. Sei unbesorgt, hier in unserem Städtchen werden wir uns nicht zeigen. Wir wollen uns irgendwo verbergen, recht weit weg, im Norden oder im Süden. Bis dahin habe ich mich schon verändert sie auch, dort in Amerika wird mir ein Arzt irgendeine Warze fabrizieren; nicht umsonst sind sie so gute Techniker. Und wenn nicht, werde ich mir ein Auge ausstechen, einen ellenlangen Bart wachsen lassen, einen grauen – aus Sehnsucht nach Rußland werde ich ja ergrauen –, da erkennt man mich dann wohl nicht. Und wenn man mich erkennt, mag man mich nach Sibirien schicken; dann ist alles ganz gleichgültig, und das Schicksal hat es nicht anders gefügt! Auch hier wollen wir irgendwo in der Einöde das Land bestellen, und ich werde mein ganzes Leben lang den Amerikaner spielen. Dafür können wir dann auf dem Heimatboden sterben. Dies ist mein Plan, und er ist unumstößlich. Billigst du ihn?«

»Ja«, sagte Aljoscha, der ihm nicht widersprechen wollte.

Mitja verstummte für eine Weile und sagte dann plötzlich: »Und wie sie mich bei Gericht hereingelegt haben! Wie sie mich hereingelegt haben!«

»Auch wenn sie das nicht getan hätten, wärest du verurteilt worden«, sagte Aljoscha seufzend.

»Ja, ich bin dem hiesigen Publikum zur Last geworden. Hol sie der Teufel, aber schwer ums Herz ist mir doch!« stöhnte Mitja gramvoll. Wieder schwiegen sie beide eine Weile.

»Aljoscha, töte mich sofort!« rief Mitja plötzlich. »Sprich, wird sie jetzt kommen oder nicht? Was hat sie gesagt? Wie hat sie es gesagt?«

»Sie sagte, daß sie kommen wird, doch weiß ich nicht, ob schon heute. Es wird ihr schwer!« erwiderte Aljoscha mit einem schüchternen Blick auf den Bruder.

»Nun, das will ich meinen, freilich wird es ihr schwer werden! Aljoscha, ich werde darüber verrückt. Gruscha sieht mich die ganze Zeit an. Sie begreift. O Herr und Gott, schenke mir Frieden – was verlange ich denn? Katja verlange ich! Bin ich mir denn klar darüber, was ich verlange? Das ist diese ruchlose karamasowsche Zügellosigkeit! Nein, zum Leiden bin ich nicht fähig! Ein Schuft bin ich, damit ist alles gesagt!

»Da ist sie!« rief Aljoscha.

In diesem Augenblick zeigte sich plötzlich Katja auf der

Schwelle. Für eine Sekunde blieb sie stehen und sah Mitja mit fassungslosem Blick an. Mitja sprang hastig auf die Beine; sein Gesicht drückte Schreck aus; er erblaßte, doch sogleich huschte ein zaghaftes, bittendes Lächeln um seine Lippen, und plötzlich streckte er unaufhaltsam beide Hände Katja entgegen. Als sie das sah, eilte sie auf ihn zu. Sie nahm ihn bei den Händen und zwang ihn fast mit Gewalt auf das Bett zurück. Sie setzte sich neben ihn, und ohne seine Hände loszulassen, drückte sie sie fest und krampfhaft. Mehrere Male wollten beide etwas sagen, verstummten aber gleich wieder und sahen wieder schweigend und starr, wie angeschmiedet, mit einem seltsamen Lächeln einander an. So vergingen etwa zwei Minuten.

»Hast du mir verziehen oder nicht?« stammelte Mitja schließlich, wandte sich im selben Augenblick zu Aljoscha um und rief ihm mit vor Freude verzerrtem Gesicht zu: »Hörst du, was ich sie frage, hörst du es?«

»Deswegen liebe ich dich ja, weil du im Herzen großmütig bist!« entrang es sich Katja plötzlich. »Und du brauchst meine Verzeihung gar nicht, wohl aber ich die deine; aber ganz gleichgültig, ob du mir vergibst oder nicht – du bleibst für mein ganzes Leben in meiner Seele eine Wunde und ich in der deinen . . . so muß es auch sein . . .«

Sie hielt inne, um Atem zu schöpfen.

»Weswegen bin ich gekommen?« begann sie wieder hastig und wie außer sich. »Deine Füße zu umschlingen, deine Hände zu drücken, siehst du, so, bis sie schmerzen – erinnerst du dich, wie ich sie dir in Moskau drückte –, dir wieder zu sagen, daß du mein Gott bist, meine Freude; dir zu sagen, daß ich dich unsinnig liebe«, stöhnte sie wie in Qualen und preßte plötzlich gierig die Lippen auf seine Hand. Die Tränen rollten ihr aus den Augen. Aljoscha stand stumm und verwirrt da; er hätte keineswegs das, was er sah, erwartet.

»Die Liebe ist vergangen, Mitja«, begann Katja wieder, »aber das, was war, ist mir schmerzlich teuer. Wisse das für ewige Zeiten. Doch jetzt möge für einen kurzen Augenblick das sein, was hätte sein können«, stammelte sie mit verzerrtem Lächeln und sah ihm wieder froh in die Augen. »Du liebst jetzt eine andere, und ich liebe einen anderen, dennoch aber werde ich dich ewig lieben und du mich, hast du das gewußt? Hörst du, liebe mich, liebe mich dein ganzes Leben lang!« rief sie mit einem beinahe drohenden Zittern in der Stimme.

»Ich werde dich lieben, und . . . weißt du, Katja«, begann

nun auch Mitja, der bei jedem Wort Atem holen mußte, »weiß du, ich liebte dich vor fünf Tagen, an jenem Abend ... als du niederstürztest und man dich forttrug ... Mein ganzes Leben lang! So wird es sein, so wird es ewig sein ...«

So stammelten sie einander fast sinnlose, verzückte Worte zu, die vielleicht nicht einmal wahr waren; aber in diesem Augenblick war alles Wahrheit, und sie selber glaubten uneingeschränkt daran.

»Katja«, rief Mitja auf einmal, »glaubst du, daß ich den Mord begangen habe? Ich weiß, daß du es jetzt nicht glaubst, aber damals ... als du aussagtest ... hast du da wirklich daran geglaubt ... wirklich?«

»Auch damals glaubte ich es nicht! Niemals glaubte ich es! Ich haßte dich, und plötzlich redete ich es mir ein, in jenem Augenblick ... als ich aussagte ... redete ich es mir ein und glaubte es ... und als ich meine Aussage beendet hatte, hörte ich sogleich auf, es zu glauben. Das alles sollst du wissen. Ich vergaß, daß ich gekommen war, mich zu bestrafen«, sagte sie in einem plötzlich völlig veränderten Ton, der dem Liebesgestammel von vorhin gar nicht mehr ähnlich war.

»Schwer hast du es, Weib!« entrang es sich Mitja ganz unaufhaltsam.

»Laß mich jetzt gehen«, flüsterte sie, »ich komme wieder, jetzt ist mir zu schwer ums Herz! ...«

Sie erhob sich schon von ihrem Platz, doch plötzlich schrie sie laut auf und taumelte zurück. In das Zimmer war unversehens, wenngleich ganz leise, Gruschenka getreten. Niemand hatte sie erwartet. Katja schritt eilig zur Tür, doch als sie bei Gruschenka war, blieb sie jäh stehen, kreideweiß im Gesicht, und sagte zu ihr leise, fast flüsternd, mit einem Stöhnen: »Vergeben Sie mir!«

Die andere blickte sie starr an, wartete einen Augenblick und erwiderte boshaft und giftig: »Schlecht sind wir beide, meine Liebe! Beide schlecht! Wie könnten wir denn verzeihen, du und ich? Rette ihn, dann werde ich mein ganzes Leben lang für dich beten.«

»Verzeihen aber willst du ihr nicht!« rief Mitja ihr mit bitterem Vorwurf zu.

»Sei ruhig, ich werde ihn dir retten!« flüsterte Katja rasch und eilte aus dem Zimmer.

»Und du konntest ihr nicht verzeihen, nachdem sie selbst dir gesagt hatte: ‚Vergib‘?« rief Mitja wieder in bitterem Ton.

»Mitja, wage es nicht, ihr einen Vorwurf zu machen; du hast dazu kein Recht!« rief Aljoscha leidenschaftlich seinem Bruder zu.

»Ihr stolzer Mund hat es gesagt, aber nicht ihr Herz«, sagte Gruschenka mit einer Art Ekel. »Wenn sie dich rettet, verzeihe ich ihr alles . . .«

Sie verstummte, als hätte sie etwas in ihrer Seele erstickt. Sie konnte noch immer nicht zur Besinnung kommen. Wie sich später zeigte, war sie ganz unversehens gekommen, ohne überhaupt irgend etwas zu argwöhnen, und hatte nicht erwartet vorzufinden, was sie dann vorfand.

»Aljoscha, eile ihr nach!« wandte sich Mitja hastig an seinen Bruder. »Sag ihr . . . ich weiß nicht was . . . aber laß sie nicht so fortgehen!«

»Vor dem Abend komme ich wieder zu dir!« rief Aljoscha und eilte hinter Katja her. Er holte sie erst außerhalb der Umzäunung des Krankenhauses ein. Sie ging rasch, sie eilte; doch als Aljoscha sie eingeholt hatte, sagte sie hastig zu ihm: »Nein, vor dieser kann ich mich nicht strafen! Ich sagte zu ihr: ‚Verzeih mir', weil ich mich bis zum letzten demütigen wollte. Sie verzieh mir nicht . . . Ich liebe sie dafür!« fügte Katja mit entstellter Stimme hinzu, und ihre Augen funkelten in wildem Zorn.

»Mein Bruder hatte sie ganz und gar nicht erwartet«, murmelte Aljoscha. »Er war überzeugt, daß sie nicht kommen werde . . .«

»Ohne Zweifel. Lassen wir das!« erwiderte sie kurz. »Hören Sie: Ich kann jetzt mit Ihnen nicht zu dem Begräbnis gehen. Ich habe Blumen für den kleinen Sarg geschickt. Geld haben sie wohl noch. Wenn sie Geld brauchen, sagen Sie den Leuten, daß ich sie in Zukunft niemals im Stich lassen werde . . . Nun, jetzt gehen Sie, gehen Sie, bitte! Sie sind ohnedies spät daran; man läutet schon zur Messe. Bitte, lassen Sie mich allein!«

3

Iljuschetschkas Begräbnis. Die Rede am Stein

Er hatte sich tatsächlich verspätet. Man hatte auf ihn gewartet und sich schon entschlossen, den hübschen, mit Blumen geschmückten kleinen Sarg ohne ihn in die Kirche zu tragen.

Es war der Sarg Iljuschetschkas, des armen Knaben. Zwei Tage nach der Verurteilung Mitjas war er gestorben. Schon beim Tor des Hauses wurde Aljoscha von den Rufen der Knaben, der Kameraden Iljuschetschkas, empfangen. Sie hatten alle mit Ungeduld auf ihn gewartet und freuten sich, daß er nun endlich da war. Insgesamt hatten sich etwa zwölf Jungen eingefunden; alle waren mit ihren Ranzen und mit ihren Büchertaschen über der Schulter gekommen. »Papa wird weinen, verlaßt ihn nicht«, hatte Iljuscha ihnen sterbend aufgetragen, und die Knaben dachten daran. An ihrer Spitze war Kolja Krasotkin.

»Wie froh bin ich, daß Sie gekommen sind, Karamasow!« rief er und streckte Aljoscha die Hand entgegen. »Hier ist es schrecklich. Es ist wirklich bedrückend, das anzusehen. Snegirjow ist nicht betrunken; wir wissen ganz bestimmt, daß er heute nichts getrunken hat, aber er ist doch wie betrunken ... ich bin sonst immer fest, aber das ist schrecklich. Karamasow, wenn ich Sie nicht aufhalte, darf ich Sie noch etwas fragen, bevor Sie hineingehen?«

»Was ist es denn, Kolja?« fragte Aljoscha und blieb stehen.

»Ist Ihr Bruder unschuldig oder nicht? Hat er den Vater ermordet, oder war es der Diener? Was Sie auch sagen, ich werde es glauben. Vier Nächte habe ich wegen dieses Gedankens nicht geschlafen.«

»Der Diener hat ihn ermordet, mein Bruder ist unschuldig«, antwortete Aljoscha.

»Das sage ich auch!« rief plötzlich der kleine Smurow.

»Er ist also ein unschuldiges Opfer für die Wahrheit!« rief Kolja. »Er ist glücklich. Aber wenn er auch zugrunde geht, ist er doch glücklich! Ich könnte ihn beneiden!«

»Was reden Sie da? Wie ist das möglich, und warum?« rief Aljoscha verwundert.

»Oh, wenn ich mich nur irgendeinmal der Wahrheit zum Opfer bringen könnte!« sagte Kolja voll Begeisterung.

»Aber nicht in einer solchen Sache, nicht mit solcher Schmach, nicht in so entsetzlicher Weise!« sagte Aljoscha.

»Natürlich ... ich stürbe gerne für die ganze Menschheit, was aber die Schmach betrifft, so wäre das gleichgültig – mögen unsere Namen untergehen! Ich achte Ihren Bruder!«

»Ich auch«, rief ganz unerwartet aus der Menge jener Knabe, der früher einmal erklärt hatte, er wisse, wer Troja gegründet habe, und nachdem er das gerufen hatte, wurde er, genau wie damals, ganz rot bis zu den Ohren wie eine Pfingstrose.

Aljoscha trat in das Zimmer. In einem himmelblauen, mit weißen Rüschen geschmückten Sarg lag Iljuscha mit gefalteten Händen und geschlossenen Augen. Die Züge seines abgemagerten Gesichts hatten sich beinahe gar nicht verändert, und sonderbar, von dem Leichnam ging fast kein Geruch aus. Der Gesichtsausdruck war ernst und gleichsam nachdenklich. Besonders schön waren die gekreuzten Hände, als wären sie aus Marmor gemeißelt. In die Hände hatte man ihm Blumen gelegt, und der ganze Sarg war bereits außen und innen mit Blumen geschmückt, die schon beim Morgengrauen von Lisa Chochlakowa geschickt worden waren. Aber auch von Katerina Iwanowna waren Blumen gekommen, und als Aljoscha die Tür öffnete, streute der Hauptmann mit zitternden Händen wieder Blumen auf seinen teuren Sohn. Er blickte zu dem eintretenden Aljoscha kaum auf und wollte überhaupt niemanden ansehen, nicht einmal seine weinende geistesgestörte Frau, sein »Mamachen«, das sich immer wieder bemühte, sich auf den kranken Füßen zu erheben und ihren toten Jungen aus der Nähe zu betrachten. Ninotschka hatten die Kinder mitsamt ihrem Stuhl aufgehoben und nahe an den Sarg gestellt. Sie saß da, schmiegte den Kopf an den Sarg und weinte offenbar ebenfalls leise. Snegirjows Gesicht hatte einen lebhaften, aber wie verstörten und zugleich verbitterten Ausdruck. In seinen Gebärden, in den Worten, die sich ihm entrangen, lag etwas halb Irres. »Mein Alter, mein lieber Alter«, rief er jede Minute, indem er Iljuscha ansah. Er hatte die Gewohnheit gehabt, noch als Iljuscha lebte, zu ihm zärtlich zu sagen: »Mein Alter, mein lieber Alter!«

»Papa, gib auch mir Blumen, nimm sie ihm aus der Hand; diese weiße gib mir!« bat das geistesgestörte Mamachen schluchzend. Entweder gefiel ihr die kleine weiße Rose in Iljuschas Händen so sehr, oder sie wollte aus seiner Hand eine Blume als Andenken haben, jedenfalls wurde sie ganz unruhig und streckte die Hände nach dieser Blume aus.

»Niemandem gebe ich sie, nichts gebe ich!« rief Snegirjow hartherzig. »Das sind seine Blumen und nicht deine. Alles gehört ihm, nichts ist dein!«

»Papa, geben Sie doch der Mama die Blume,« rief Ninotschka und hob das tränennasse Gesicht.

»Nichts gebe ich her, und ihr am allerwenigsten! Sie hat ihn nicht geliebt. Sie hat ihm damals die kleine Kanone weggenommen, und er hat sie ihr geschenkt!« rief der Hauptmann und schluchzte bei der Erinnerung daran, wie Iljuscha einst der Mama seine Kanone abgetreten hatte. Die arme Irre bedeckte das Gesicht mit den Händen und weinte leise vor sich hin. Als die Knaben sahen, daß der Vater den Sarg nicht von sich ließ, obgleich es schon Zeit war, ihn wegzutragen, umringten sie auf einmal den Sarg in dichtem Haufen und hoben ihn auf.

»Ich will ihn nicht auf dem Kirchhof begraben lassen!« schrie Snegirjow. »Ich begrabe ihn bei dem Stein, bei unserem Stein! So hat es Iljuscha angeordnet. Ich lasse ihn nicht wegtragen!«

Er hatte auch früher schon, alle diese drei Tage, gesagt, daß er den Knaben bei dem Stein begraben wolle; aber Aljoscha, Krasotkin, die Hauswirtin, deren Schwester und alle Knaben hatten Einspruch erhoben.

»Was hat er sich denn da ausgedacht, ihn bei dem heidnischen Stein zu begraben wie einen Selbstmörder!« sagte plötzlich die alte Hauswirtin streng. »Dort auf dem Kirchhof ist die Erde geweiht; dort wird man für ihn beten. Aus der Kirche hört man dort den Gesang, und der Diakon liest so deutlich und klar, daß jedesmal alles zu dem Knaben hindringen wird, als würde der Gottesdienst auf dem Grabe selbst gehalten.«

Schließlich machte der Hauptmann eine müde Handbewegung, als wollte er sagen: Tragt ihn fort, wohin ihr wollt! Die Kinder hoben den Sarg auf, doch als sie ihn an der Mutter vorbeitrugen, blieben sie für einen Augenblick bei ihr stehen und senkten ihn ein wenig, damit sie von Iljuscha Abschied nehmen könne. Doch als sie das teure Gesichtchen, das sie in allen diesen drei Tagen nur aus einiger Entfernung gesehen hatte, in der Nähe erblickte, zitterte sie mit einemmal am ganzen Leibe und begann ihren grauen Kopf krampfhaft hin und her zu bewegen.

»Mama, bekreuzige ihn, segne ihn, küsse ihn!« rief Ninotschka ihr zu. Die Mutter aber zuckte wie ein Automat immerzu mit dem Kopf und begann sich plötzlich wortlos mit schmerzverzerrtem Gesicht mit der Faust an die Brust zu schlagen. Der Sarg wurde weitergetragen. Ninotschka drückte ein letztesmal die Lippen auf den Mund des verstorbenen Bruders, als man ihn an ihr vorbeitrug. Aljoscha wandte sich beim Verlassen des Hauses an die Hauswirtin mit der Bitte, auf die Zurückgebliebenen zu achten, aber sie ließ ihn nicht aussprechen.

»Ich weiß, was ich zu tun habe; ich werde bei ihnen bleiben; auch wir sind Christen.« Bei diesen Worten weinte die alte Frau. Der Weg zur Kirche war nicht weit, etwa dreihundert Schritt, nicht mehr. Es war ein klarer, stiller Tag; es herrschte leichter Frost. Das feierliche Geläute erklang noch immer. Snegirjow lief geschäftig und zerstreut in seinem alten, kurzen, fast sommerlichen Mäntelchen mit unbedecktem Kopf hinter dem Sarg her und hielt seinen alten, breitkrempigen weichen Hut in der Hand. Er war in ständiger Sorge: bald streckte er die Hand aus, um das Kopfende des Sarges zu stützen, womit er die Träger nur störte, bald lief er nebenher und suchte, wo er sich wenigstens hier nützlich machen könne. Eine Blume fiel in den Schnee, und er stürzte hin, sie aufzuheben, als ob von dem Verlust dieser Blume Gott weiß was abhinge.

»Aber die Brotrinde haben wir vergessen, die Brotrinde«, rief er plötzlich ganz erschrocken. Doch die Knaben erinnerten ihn sogleich daran, daß er die Brotrinde schon lange mitgenommen habe und daß sie in seiner Tasche stecke. Er nahm sie sofort aus der Tasche, und nachdem er sich überzeugt hatte, daß sie da war, beruhigte er sich.

»Iljuschetschka hat es befohlen, Iljuschetschka«, erklärte er gleich darauf Aljoscha. »Er lag nachts da; ich saß neben ihm, und plötzlich befahl er mir: ‚Papa, wenn man mein Grab zuschüttet, zerbröckle darauf ein Stück Brot, damit die Sperlinge kommen; ich werde hören, wie sie heranfliegen, und mir wird froh zumute sein, daß ich nicht allein liege.'«

»Das ist sehr gut«, sagte Aljoscha. »Wir müssen öfter Brot hinbringen.«

»Jeden Tag, jeden Tag!« stammelte der Hauptmann und lebte gleichsam wieder auf.

Endlich waren sie in der Kirche angekommen und stellten den Sarg in die Mitte hin. Alle Knaben stellten sich um ihn herum und blieben während des ganzen Gottesdienstes artig so stehen. Die Kirche war alt und ziemlich arm; viele Ikone waren fast ohne Zierat, aber gerade in solchen Kirchen kann man besser beten. Während der Messe schien Snegirjow etwas ruhiger zu werden, obgleich von Zeit zu Zeit dennoch die unbewußte und zwecklose Geschäftigkeit bei ihm wieder durchbrach: bald ging er zu dem Sarg, um die Decke oder den Kranz zurechtzuschieben; bald sprang er, wenn eine Kerze

aus dem Leuchter gefallen war, hinzu, um sie wieder hineinzu
stecken, und machte sich damit sehr lange zu schaffen. Dann
beruhigte er sich wieder und stand stramm beim Kopfende
mit stumpfem, sorgenerfülltem und gleichsam staunenden
Gesicht. Nach der Verlesung der Apostelgeschichte flüsterte e
dem neben ihm stehenden Aljoscha plötzlich zu, daß man di
Apostelgeschichte *nicht richtig* gelesen habe, nicht nach seinen
Sinn, doch er klärte das nicht näher auf. Bei der Cherubhymne
wollte er mitsingen, hörte aber bald wieder auf, sank in di
Knie, schlug mit der Stirn gegen den Steinboden der Kirche
und lag ziemlich lange Zeit so da. Endlich wurde der Schluß
gesang angestimmt; man verteilte die Kerzen. Wie von Sin
nen, begann der Vater wieder geschäftig zu werden, aber de
rührende, erschütternde Totengesang erweckte seine Seele
und rüttelte sie auf. Auf einmal krümmte er sich ganz zusam
men und begann rasch und stoßweise zu schluchzen, wobei e
das zuerst verbarg, doch dann laut herausweinte. Als man nu
von dem Toten Abschied nahm und den Sarg schloß, um
faßte er diesen mit den Armen, als wollte er nicht zulassen, daß
man Iljuschetschka bedecke, und begann rasch, gierig, ohne
sich losreißen zu können, seinen toten Jungen auf den Mund
zu küssen. Schließlich beruhigte man ihn und wollte ihn schon
die Stufen hinabführen, doch da streckte er hastig die Hand
aus und raffte einige Blumen aus dem Sarg. Er sah sie an, und
eine neue Idee schien ihm zu kommen, so daß er für eine
Minute das Wichtigste gleichsam vergaß. Allmählich versank
er in Gedanken und widersetzte sich nicht mehr, als man den
Sarg aufhob und zu dem Grabe trug. Das Grab lag nicht weit
auf dem Friedhof, gleich bei der Kirche, es war ein teures
Grab; Katerina Iwanowna hatte es bezahlt. Nach dem übli-
chen Ritual ließen die Totengräber den Sarg hinab. Snegirjow
beugte sich mit seinen Blumen in der Hand so sehr über das
offene Grab, daß ihn die Knaben erschrocken am Mantel er-
griffen und zurückzogen. Aber er schien nicht mehr recht zu
verstehen, was geschah. Als man das Grab zuschüttete, deu-
tete er sorgenvoll auf die hinabfallende Erde und begann
sogar etwas zu sagen, aber niemand konnte es verstehen, und
er selber verstummte sofort wieder. Da erinnerte man ihn
daran, daß er das Brot zerbröckeln müsse, und er geriet in
große Aufregung, holte die Brotrinde hervor und begann sie
zu zerkrümeln, wobei er die Stückchen auf das Grab warf.
»Da habt ihr, Vögelchen, kommt herbeigeflogen; da habt ihr,

Spätzlein, kommt herbeigeflogen!« murmelte er besorgt. Einer der Knaben machte ihn darauf aufmerksam, daß es ihm unbequem sein müsse, mit den Blumen in den Händen das Brot zu zerbröckeln, und daß er die Blumen einstweilen jemandem zum Halten geben solle. Doch er gab sie nicht her; er hatte sogar Angst um seine Blumen, als wollte man sie ihm ganz wegnehmen. Nachdem er auf das Grab geschaut und sich gleichsam davon überzeugt hatte, daß nun alles getan und das Brot zerbröckelt sei, wandte er sich unerwartet und sogar völlig ruhig um und trollte sich nach Hause. Sein Schritt wurde jedoch immer hastiger und eiliger; er lief beinahe. Die Knaben und Aljoscha blieben ihm auf den Fersen.

»Blumen für Mamachen, Blumen für Mamachen! Man hat Mamachen gekränkt!« begann er auf einmal zu rufen. Jemand sagte ihm, er solle den Hut aufsetzen, denn es sei kalt; doch als er das hörte, schleuderte er wie im Zorn den Hut in den Schnee und sagte: »Ich will keinen Hut, ich will keinen Hut!« Der kleine Smurow hob den Hut auf und trug ihn ihm nach. Alle Jungen ohne Ausnahme weinten, am ärgsten aber Kolja und jener, der Troja entdeckt hatte, und obwohl Smurow, den Hut des Hauptmanns in der Hand, ebenfalls sehr weinte, gelang es ihm doch noch, beinahe im Laufschritt, ein Stück Ziegelstein aufzuheben, das rot auf dem Schnee des Pfades lag, und damit nach einem rasch vorbeifliegenden Sperlingsschwarm zu werfen. Natürlich traf er nicht und lief weinend weiter. Auf halbem Wege machte Snegirjow plötzlich halt, blieb eine halbe Minute lang stehen, als wäre er über etwas verblüfft, machte zu der Kirche hin kehrt und wollte zu dem allein gelassenen Grab hinlaufen. Aber die Knaben holten ihn sofort ein und klammerten sich von allen Seiten an ihn. Da fiel er wie entkräftet in den Schnee und begann um sich schlagend, heulend und schluchzend zu rufen: »Mein alter Iljuschetschka, mein lieber Alter!« Aljoscha und Kolja hoben ihn auf, baten ihn, sich zu beruhigen, und sprachen auf ihn ein.

»Hauptmann, lassen Sie es gut sein, ein tapferer Mann muß Kummer ertragen können«, murmelte Kolja.

»Sie zerdrücken die Blumen«, fügte Aljoscha hinzu, »und Mamachen wartet darauf; sie sitzt da und weint, weil Sie ihr vorhin keine Blumen von Iljuschetschkas Sarg gegeben haben. Dort steht auch noch Iljuschetschkas Bett . . .«

»Ja, ja, zu Mamachen«, erinnerte sich Snegirjow plötzlich, »Man wird das Bett wegräumen, wegräumen!« fügte er hinzu, wie erschrocken darüber, daß man es wirklich wegräumen werde; er sprang auf und eilte wieder heimwärts. Aber es war nicht mehr weit, und alle kamen gleichzeitig dort an. Snegirjow öffnete hastig die Tür und rief seiner Frau, mit der er erst kürzlich so hartherzig gestritten hatte, laut zu: »Mamachen, teures, Iljuschetschka schickt dir Blumen; deine Füße sind ja krank!« Er streckte ihr das Sträußchen erfrorener und verwelkter Blumen hin, die zerdrückt worden waren, als er sich soeben auf dem Schnee herumgewälzt hatte. Doch in diesem Augenblick erblickte er vor Iljuschas Bett in der Ecke die Stiefel des Knaben, die nebeneinander standen und eben erst von der Hauswirtin hingestellt worden waren – alte, rötlich verfärbte, abgetragene kleine Stiefel mit Flicken. Als er sie sah, hob er die Hände und stürzte auf die Stiefel zu; er fiel in die Knie, packte einen der Stiefel, preßte die Lippen darauf und begann ihn leidenschaftlich zu küssen, wobei er rief: »Iljuschetschka, mein Alter, lieber Alter, wo sind jetzt deine Füße?«

»Wohin hast du ihn getragen? Wo hast du ihn hingeschafft?« heulte die Irrsinnige mit herzzerreißender Stimme. Jetzt begann auch Ninotschka zu schluchzen. Kolja lief aus dem Zimmer, auch die Knaben folgten ihm. Endlich ging hinter ihnen auch Aljoscha hinaus. »Mögen sie sich ausweinen«, sagte er zu Kolja. »Hier kann man natürlich nicht trösten. Warten wir ein Weilchen, und gehen wir dann wieder zurück.«

»Ja, das kann man nicht, es ist entsetzlich«, bestätigte Kolja. »Wissen Sie, Karamasow«, fügte er mit gesenkter Stimme hinzu, damit niemand ihn höre: »Mir ist sehr traurig zumute, und wenn es nur möglich wäre, ihn zum Leben zu erwecken, gäbe ich alles in der Welt darum!«

»Ach, ich auch«, sagte Aljoscha.

»Was meinen Sie, Karamasow, sollen wir heute abend herkommen? Er wird sich ja betrinken.«

»Vielleicht wird er sich betrinken. Wir wollen aber nur zu zweit kommen, das ist genug, um ein Stündchen mit den Leuten zu sitzen, mit der Mutter und mit Ninotschka, denn wenn wir alle zusammen hingehen, erinnern sie sich wieder an alles«, riet ihm Aljoscha.

»Dort deckt jetzt die Hauswirtin den Tisch – das wird wohl der Leichenschmaus sein, und der Pope wird kommen; sollen wir jetzt gleich zurück, Karamasow, oder nicht?«

»Unbedingt«, sagte Aljoscha.

»Sonderbar ist das alles, Karamasow: Ein solches Unglück, und dann plötzlich Pfannkuchen! Wie unnatürlich sind doch diese Dinge in unserer Religion!«

»Sie werden auch Lachs haben«, bemerkte der Knabe, der Troja entdeckt hatte, mit lauter Stimme.

»Ich bitte Sie ernstlich, Kartaschow, sich nicht mehr mit Ihren Dummheiten in unser Gespräch einzumischen, besonders wenn man nicht mit Ihnen redet und nicht einmal wissen möchte, ob es Sie auf der Welt gibt«, sagte Kolja scharf und in gereiztem Ton zu ihm. Der Knabe wurde ganz rot, wagte aber nicht, etwas zu antworten. Unterdessen schlenderten alle auf einem Fußpfad, und plötzlich rief Smurow: »Da ist Iljuschas Stein, unter dem man ihn begraben wollte!«

Alle blieben schweigend bei dem großen Stein stehen. Aljoscha sah hin, und das ganze Bild dessen, was Snegirjow einst von Iljuschetschka erzählt hatte, wie dieser weinend den Vater umarmte und rief: »Papachen, Papachen, wie hat er dich erniedrigt!« erstand auf einmal in seiner Erinnerung. Er fühlte sich tief in seiner Seele erschüttert. Mit ernster, gewichtiger Miene umfing er mit dem Blick die lieben, hellen Gesichter all dieser Knaben, der Kameraden Iljuschas, und plötzlich sagte er zu ihnen: »Freunde, ich möchte zu euch hier, an eben dieser Stelle, ein Wort sagen.«

Die Knaben umringten ihn und richteten sofort erwartungsvoll und gespannt ihre Blicke auf ihn.

»Freunde, wir werden uns bald trennen. Ich bleibe jetzt noch einige Zeit bei meinen beiden Brüdern, von denen der eine in die Zwangsarbeit geht und der andre todkrank darniederliegt. Aber bald werde ich die Stadt hier verlassen, vielleicht für sehr lange. Und so müssen wir uns trennen, Freunde. Wollen wir hier, vor Iljuschas Stein, verabreden, daß wir erstens Iljuschetschka und zweitens einander niemals vergessen werden! Und was später im Leben mit uns auch geschehen mag, und wenn wir auch zwanzig Jahre einander nicht mehr begegnen, so wollen wir dennoch daran denken, wie wir den armen Knaben begruben, nach dem ihr früher mit Steinen geworfen habt – erinnert ihr euch, dort bei der kleinen Brücke? – und den dann alle so liebgewannen. Er war ein prächtiger Junge, ein gütiger und tapferer Junge. Er hatte Gefühl für die Ehre seines bitter gekränkten Vaters, für die er sich einsetzte. Und so wollen wir erstens ihn im Gedächtnis behalten für unser ganzes Leben, Freunde. Und obgleich wir vielleicht mit den wichtigsten

Dingen beschäftigt sein, hohe Ehren erreicht oder in großes Unglück gestürzt sein werden – das alles gilt gleich; vergeßt niemals, wie wohl wir uns einmal gefühlt haben, vereint durch ein so schönes und gutes Gefühl, das uns in dieser Zeit unserer Liebe zu dem armen Knaben vielleicht besser machte, als wir in Wirklichkeit sind. Meine Täubchen – laßt mich euch so nennen, denn ihr alle ähnelt ihnen sehr, diesen hübschen graublauen Vögeln, jetzt in diesem Augenblick, wenn ich eure lieben guten Gesichter ansehe –, meine lieben Kinder, vielleicht werdet ihr nicht verstehen, was ich euch sage, weil ich oft recht unverständlich rede; aber ihr werdet es doch im Gedächtnis behalten und später einmal meinen Worten zustimmen. Wisset also, daß es nichts Höheres und Stärkeres und Gesünderes und fürs Leben Nützlicheres gibt als irgendeine gute Erinnerung, zumal, wenn man sie aus der Kindheit mitbringt, aus dem Elternhause. Man spricht zu euch viel über eure Erziehung, aber irgendeine schöne, heilige Erinnerung, aus der Kindheit bewahrt, ist vielleicht die beste Erziehung. Wenn man ins Leben viele solche Erinnerungen mit sich nehmen kann, so ist der Mensch für sein ganzes Leben gerettet. Und bleibt uns auch nur eine einzige gute Erinnerung im Herzen, so kann uns auch das einmal zur Rettung dienen. Vielleicht werden wir später sogar schlecht werden, vielleicht werden wir nicht imstande sein, vor einer schlechten Handlung haltzumachen, vielleicht werden wir über menschliche Tränen lachen und über Menschen, die, so wie vorhin Kolja, rufen: ‚Ich will für alle Menschen leiden', und vielleicht werden wir uns über solche Leute in boshafter Weise lustig machen. Aber wie schlecht wir auch werden mögen, was Gott verhüten wolle, so wird doch, sobald wir daran denken, wie wir Iljuscha zu Grab trugen, wie wir ihn in den letzten Tagen liebten und wie wir jetzt so einträchtig bei diesem Steine sprechen, auch der Härteste unter uns und der Spöttischeste, falls wir solche Menschen werden sollten, dennoch nicht wagen, in seinem Inneren darüber zu spotten, wie gut und brav er in diesem jetzigen Augenblick war! Nicht genug damit, vielleicht hält ihn dann gerade diese eine Erinnerung von etwas sehr Bösem ab, und er wird sich besinnen und sagen: ‚Ja, damals war ich gut, kühn und ehrenhaft.' Mag er bei sich lachen, das macht nichts; der Mensch lacht oft über das Gute und Schöne; das geschieht nur aus Leichtsinn; aber ich versichere euch, Freunde, sobald er lacht, wird er in seinem Herzen sofort sagen:

Nein, daran habe ich schlecht getan, daß ich lache, weil man über so etwas nicht lachen darf!«

»Das wird unbedingt so sein, Karamasow, ich verstehe Sie, Karamasow!« rief Kolja, und seine Augen funkelten. Die Knaben gerieten in Erregung und wollten ebenfalls etwas rufen, hielten sich aber zurück und sahen den Redner unverwandt und gerührt an.

»Das sage ich für jenen Fall, daß wir schlecht werden sollten«, sprach Aljoscha weiter. »Aber warum sollen wir schlecht werden, nicht wahr, meine Freunde? Wir werden erstens und vor allem gut sein, dann ehrenhaft, und dann – wollen wir niemals einander vergessen. Ich sage das noch einmal. Von meiner Seite gebe ich euch das Wort, Freunde, daß ich keinen einzigen von euch vergessen werde; an jedes Gesicht, das mich jetzt ansieht, werde ich mich erinnern, und mag es auch nach dreißig Jahren sein. Vorhin hat Kolja zu Kartaschow gesagt, wir wünschten gar nicht zu wissen, ‚ob es ihn auf der Welt gibt oder nicht'. Aber kann ich denn vergessen, daß es Kartaschow auf der Welt gibt und daß er jetzt nicht mehr so errötet wie damals, als er Troja entdeckte, und daß er mich mit seinen prächtigen, guten, fröhlichen lieben Augen ansieht? Meine Freunde, meine teuren Freunde, laßt uns alle großmütig und kühn sein wie Iljuschetschka, klug, kühn und großmütig wie Kolja – der aber weit klüger sein wird, wenn er einmal herangewachsen ist –, und laßt uns ebenso schamhaft, aber klug und lieb werden wie Kartaschow! Doch warum rede ich nur von diesen beiden! Ihr alle seid mir von nun an lieb, ihr Freunde; euch alle schließe ich ins Herz, und ich bitte euch, auch mich ins Herz zu schließen! Nun, und wer hat uns in diesem guten, schönen Gefühl vereint, dessen wir uns jetzt für immer und für unser ganzes Leben erinnern wollen und erinnern werden – wer, wenn nicht Iljuschetschka, der gute Knabe, der liebe Knabe, der Knabe, der uns teuer ist für alle Zeit? Vergessen wir ihn niemals; er lebe in ewigem und gutem Angedenken in unseren Herzen, jetzt und in alle Ewigkeit!«

»So ist es, so ist es, in alle Ewigkeit! Ehre seinem Andenken! Ehre seinem Andenken!« riefen alle Knaben mit ihren hellen Stimmen, und ihre Gesichter waren gerührt.

»Wir wollen uns an sein Gesicht erinnern und an seine Kleidung und an seine armseligen Stiefelchen und an seinen kleinen Sarg und an seinen unglücklichen, sündigen Vater und daran, wie Iljuscha einmal gegen die ganze Klasse kühn für ihn eintrat!«

»Wir wollen uns daran erinnern, gewiß!« riefen die Knaben wieder. »Er war mutig, er war gut.«

»Oh, wie sehr ich ihn liebte!« rief Kolja.

»Ach, meine Kinder, meine lieben Freunde, fürchtet das Leben nicht! Wie schön ist das Leben, wenn man Gutes und Gerechtes tut!«

»Ja, ja«, wiederholten die Knaben begeistert.

»Karamasow, wir lieben Sie!« rief unaufhaltsam eine Stimme – anscheinend war das Kartaschow.

»Wir lieben Sie, wir lieben Sie!« fielen alle ein. Vielen funkelten Tränen in den Augen.

»Hurra, Karamasow!« rief Kolja begeistert.

»Und ewiges Andenken dem toten Knaben!« fügte Aljoscha voll Gefühl hinzu.

»Ewiges Andenken!« fielen von neuem die Knaben ein.

»Karamasow!« rief Kolja. »Ist es wirklich wahr, was die Religion lehrt, daß wir alle von den Toten auferstehen und neu leben und einander wiedersehen werden, wir alle und auch Iljuschetschka?«

»Gewiß werden wir auferstehen; gewiß werden wir einander wiedersehen und froh und fröhlich alles, was war, einander erzählen«, antwortete Aljoscha, halb lachend, halb begeistert.

»Ach, wie schön das sein wird!« rief Kolja unwillkürlich.

»Nun, doch jetzt wollen wir mit dem Reden Schluß machen und zu dem Totenmahl gehen. Seid nicht verwirrt darüber, daß wir Pfannkuchen essen werden. Das ist ein uralter Brauch, und auch darin liegt etwas Gutes«, erklärte Aljoscha lachend. »Nun kommt also! Jetzt gehen wir Hand in Hand!«

»Und ewig so, das ganze Leben Hand in Hand! Hurra, Karamasow!« rief Kolja noch einmal begeistert, und noch einmal stimmten alle Knaben in seinen Ruf ein.

PERSONENVERZEICHNIS

Fjodor Pawlowitsch Karamasow, Gutsbesitzer

Adelaida Iwanowna, geborene Miusowa, seine erste Frau

Dmitrij Fjodorowitsch Karamasow, auch Mitja, Mitjenka, Mitjka und Mitrij genannt, sein Sohn aus erster Ehe

Sofja Iwanowna, verwaiste Diakonstochter und Zögling der Generalswitwe Worochowa, seine zweite Frau

<table>
<tr><td>Iwan Fjodorowitsch Karamasow (Wanjetschka Wanitschka, Wanjka)</td><td rowspan="2">seine Söhne aus zweiter Ehe</td></tr>
<tr><td>Alexej Fjodorowitsch Karamasow (Alexejtschik, Aljoscha, Aljoschenka, Aljoschka, Ljoscha, Ljoschetschka)</td></tr>
</table>

Jefim Pawlowitsch Polenow, Gouvernements-Adelsmarschall, Erbe der Generalswitwe Worochowa und Pflegevater von Iwan und Alexej Karamasow

Pjotr Alexandrowitsch Miusow, auch Petruschka genannt, Vetter von Adelaida Iwanowna Miusowa

Pjotr Fomitsch Kalganow, ein ferner Verwandter Miusows

Grigorij Wassiljewitsch Kutusow, alter Diener der Karamasows

Marfa Ignatjewna, seine Frau

Lisaweta Smerdjastschaja, stadtbekannte Geistesgestörte, Tochter des heruntergekommenen Kleinbürgers Ilja

Pawel Fjodorowitsch Smerdjakow, ihr Sohn

Marja Kondratjewna, ehemaliges Dienstmädchen

Katerina Iwanowna Werchowzewa (Katja, Katjenka, Katjka), adelige Oberstentochter

Agafja Iwanowna, ihre Schwester

Agrafena Alexandrowna Swetlowa, Gruschenka genannt, ehemalige Mätresse des Kaufmanns und Stadtoberhauptes Samsonow

Matrjona, ihre Köchin, und deren Enkelin Fenja (Fedosja Markowna), Dienstmädchen

Morosowa, Kaufmannswitwe, Gruschenkas Hauswirtin

Katerina Osipowna Chochlakowa, Gutsbesitzerin

Lisa, auch Lise genannt, ihre gelähmte Tochter

Der Starez Sosima

Iosif, Mönchpriester und Klosterbibliothekar

Paisij, alter gelehrter Mönchpriester

Ferapont, Einsiedler

Porfirij, Novize

Michail Osipowitsch Rakitin (Mischa), Seminarist
Maximow, Gutsbesitzer aus Tula
Nikolaj Iljitsch Snegirjow, Hauptmann im Ruhestand
Arina Petrowna, seine Frau
Iljuscha, sein Sohn
Nina Nikolajewna (Ninotschka) } seine Töchter
Warwara Nikolajewna (Warja) } seine Töchter
Anna Fjodorowna Krasotkina, Beamtenwitwe
Kolja Krasotkin, ihr Sohn
Pjotr Iljitsch Perchotin, ein kleiner Beamter
Michail Makarowitsch (Makarytsch) Makarow, Kreispolizeichef
Mawrikij Mawrikitsch Schmerzow, Bezirkspolizeikommissar
Ippolit Kirillowitsch, stellvertretender Staatsanwalt
Nikolaj Parfenowitsch Neljudow, Untersuchungsrichter
Trifon Borisowitsch (Borisytsch), Wirt in Mokroje

INHALT

BIGZ, Beograd